图书在版编目（CIP）数据

天津市西青区志．1979—2010 / 天津市西青区地方志编修委员会编．-- 北京 ：方志出版社，2020．1
ISBN 978-7-5144-4120-8

Ⅰ．①天… Ⅱ．①天… Ⅲ．①西青区—地方志—1979-2010 Ⅳ．① K292.13
中国版本图书馆 CIP 数据核字（2020）第031831号

天津市西青区志（1979—2010）

编　　者：天津市西青区地方志编修委员会
责任编辑：冯　松

出 版 者：方志出版社
地址　北京市朝阳区潘家园东里9号（国家方志馆4号）
邮编　100021
网址　http：//www.zgfzcb.cn
发　　行：方志出版社图书经销中心
电话（010）67110500
经　　销：各地新华书店
印　　刷：天津午阳印刷股份有限公司

开　　本：889×1194　　1/16
印　　张：53.5
字　　数：1070千
版　　次：2020年1月第1版　　2020年1月第1次印刷
印　　数：0001～2000册

ISBN　978-7-5144-4120-8　　定价：598.00元

西青区在天津市位置图

审图号：津 S（2019）005 号

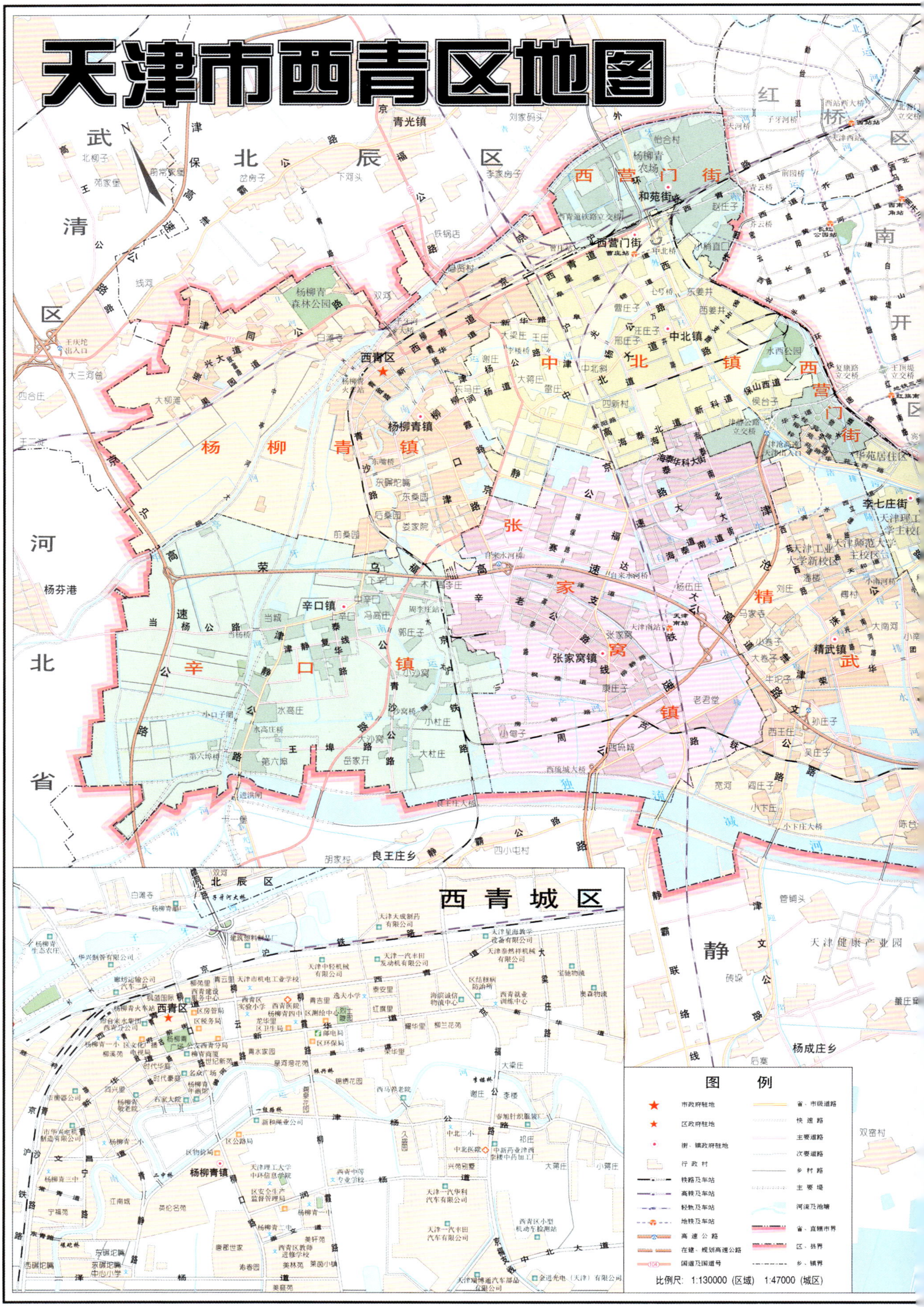

天津市西青区行政区划图

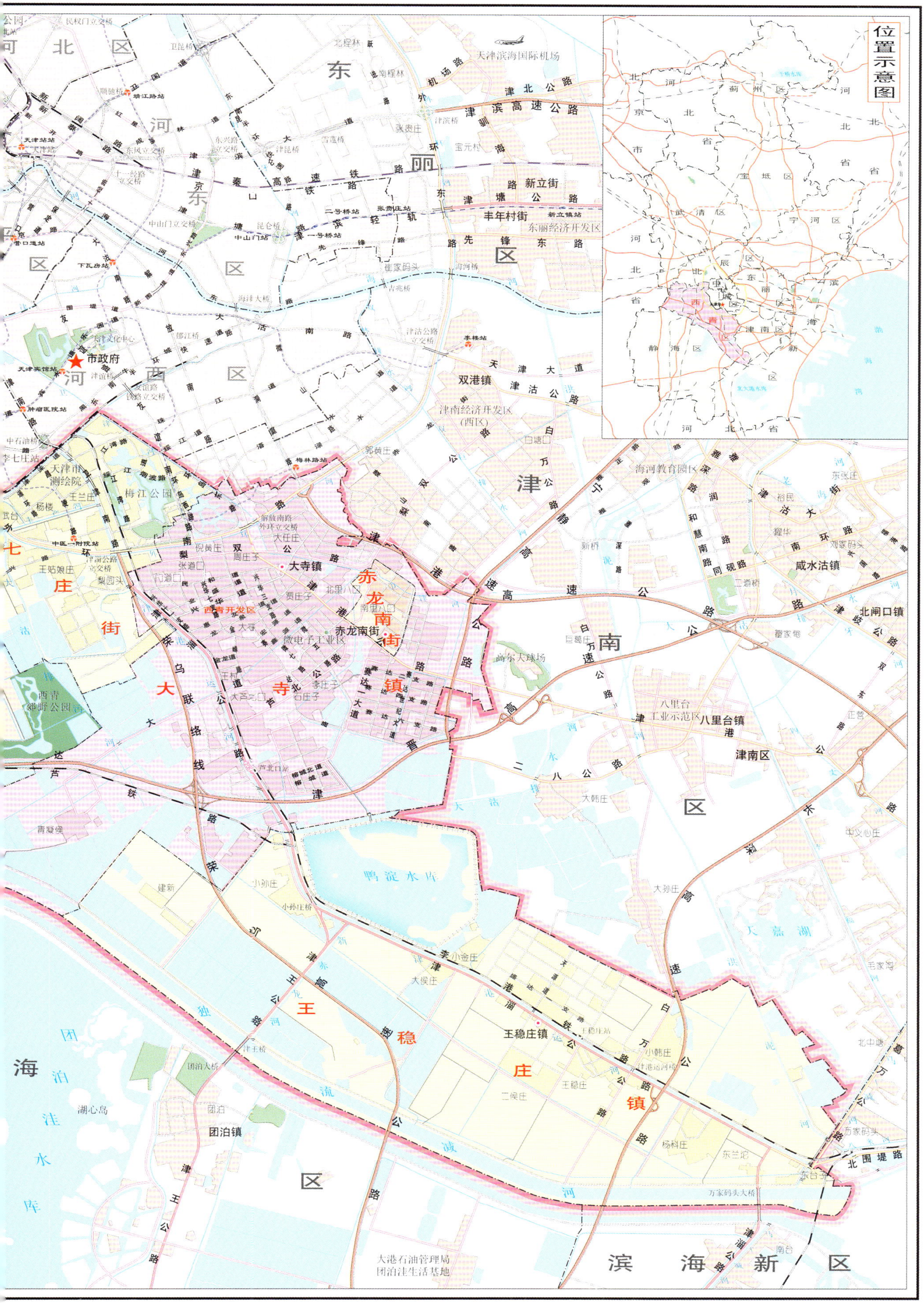

审图号：津 S〔2019〕005号

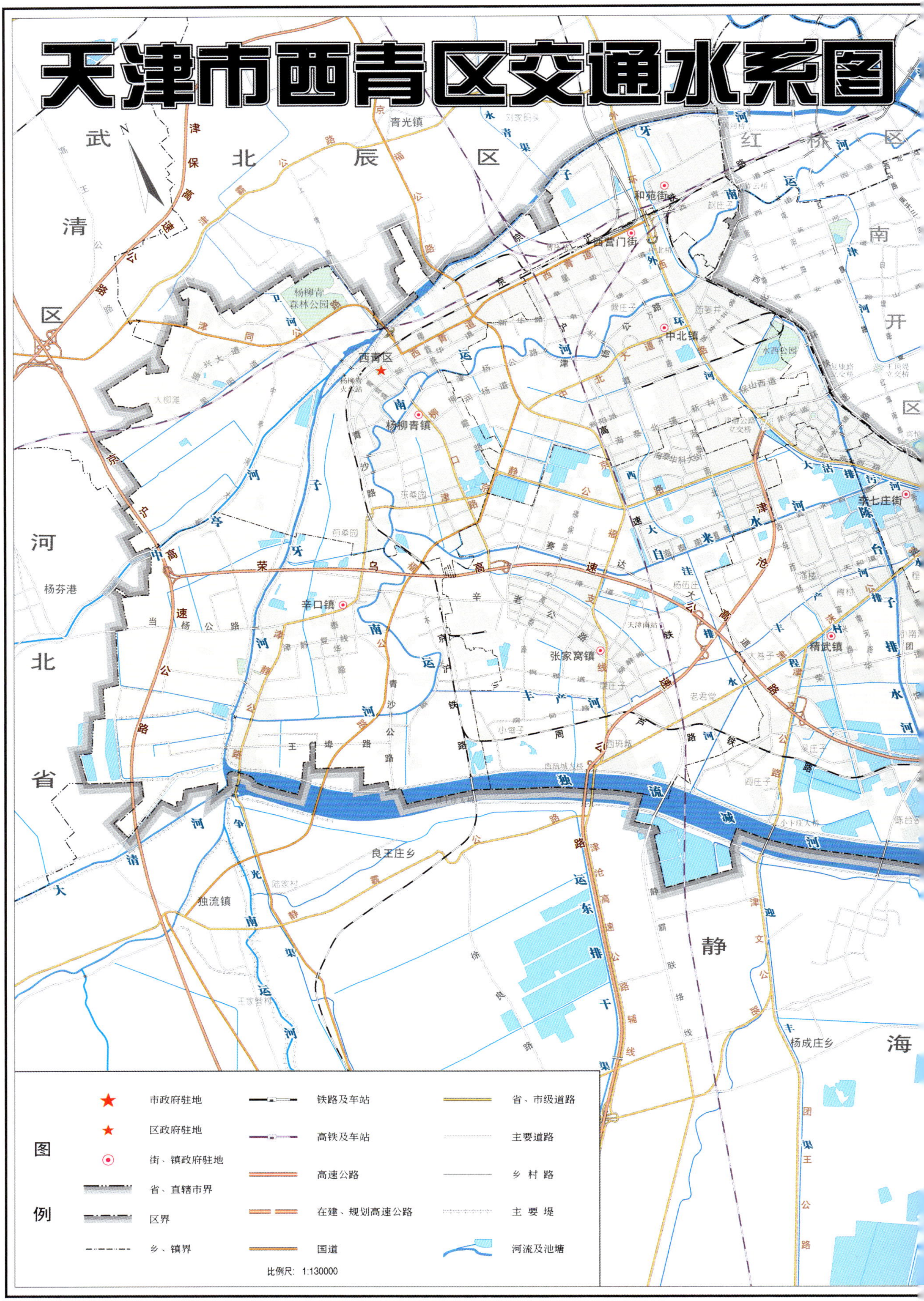

天津市西青区交通水系图

N
E
S
W
西营门街
子牙河
京厂红
曹庄地铁站
永旺购物中心
环球购物中心
天津热带植物观光园
新城市中心
中北贝利泰陶艺体验中心
曹庄花卉市场
中北南运河广场
外环西路
京福公路
中北镇
中北大道
永西公园
31 841 851 路
环亚国际马球会
赛象国际酒店
津静公路
杨伍庄地铁站
京福支线公路
社会山文旅港
天津南站
津沧高速公路
157 71 677 路
707 路
津沧高速张家窝互通
津涞路
津沧高速入口
荣乌高速入口
津文大道
团泊大道
153 31 161 路
天津西站
大悲院码头
古文化街码头
古文化街
海河
天津站码头
天津站
五大道
824 672 645 路
齐园道
复康路
吴家窑大街
卫津南路
周邓纪念馆
水上公园
文化中心
新围堤道
解放南路
外环西路
凌奥创意产业园
天津一二·九抗日救亡运动纪念馆
梅江会展中心
友谊南路
梅江皇冠假日酒店
霍元甲文武学校
外环南路
李七庄街
梨双公路
紫园
开发区
101汽车文化广场
精武门·中华武林园
西青郊野公园
96 170 711 838
161 832 路
赛达大道
荣乌高速公路
常青藤国际艺术小镇
精武镇
赛达七支路
津港公路
荣乌联络线
峰山药王古寺
友谊南路延长线
同仁堂
津淄公路
赛达二大道
赛达世纪大道
大寺镇
津晋高速公路
独流减河
金三农休闲旅游度假区
鸭淀水库
荣乌高速公路
王稳庄镇
稻香公园
交通枢纽
Transportation hub
曹庄地铁站（地铁二号线）
杨伍庄地铁站（地铁三号线）
天津南站（地铁三号线）

杨柳青大院区（2010年摄）

中北镇新城镇建设（2010摄）

国家 AAA 级旅游景区——水高庄园（2010年摄）

杨柳青古镇御河景区（2010年摄）

《西青区志（1979—2010）》编修委员会

名誉主任：李　清（2017年3月至2019年12月）

主　　任：王学旺（2015年10月至2017年3月）

陈绍旺（2017年3月至2018年7月）

白凤祥（2018年7月至2019年12月）

常务副主任：张　劲（2017年3月至2019年3月）

副 主 任：刘　红（2015年10月至2017年3月）

兰　强（2015年10月至2017年3月）

惠　冰（2017年3月至2019年11月）

杜全胜（2019年11月至2019年12月）

肖培芝

高　艳

胡有刚（2015年10月至2017年3月）

高向军（2017年3月至2019年12月）

委　　员：各相关单位主要负责人（名单略）

《西青区志（1979–2010）》编修委员会办公室

主　　任：张国庆（2015 年 10 月至 2017 年 3 月）

孙国春（2017 年 3 月至 2018 年 2 月）

林小琳（2018 年 2 月至 2019 年 8 月）

杨鸣起（2019 年 8 月至 2019 年 12 月）

副 主 任：张有昌（2015 年 10 月至 2019 年 8 月）

谷大丽（2015 年 10 月至 2017 年 3 月）

薛安鲁（2017 年 3 月至 2019 年 12 月）

成　　员：王富盛　马淑霞　杨茂枫　王　坤　刘孟月　庞新斌

《西青区志（1979–2010）》编辑人员

主　　编：张国庆（2015 年 10 月至 2017 年 3 月）

孙国春（2017 年 3 月至 2018 年 2 月）

林小琳（2018 年 2 月至 2019 年 8 月）

杨鸣起（2019 年 8 月至 2019 年 12 月）

副 主 编：薛安鲁　范秀敏

执行主编：王富盛

顾　　问：王铁鹏　赵继华　陈　克　于培福

特约编辑：张殿成

编　　辑：王洪海　张立民　谢连华　李　刚　刘向阳　宫桂桐

天津市地方志编修委员会
区县志审定验收组

主　审：关树锋

副主审：张月光　白文平

编　审：陈　颖　沙　洵　王中玮　韦　恬　张　轶　郭天天

序

《西青区志》续志，经编纂人员六个寒暑的辛勤编纂、精心雕琢，终于纂修成书、出版发行。《西青区志》续志逢盛世付梓，是继2003年第一部《西青区志》问世之后，西青区社会主义精神文明建设又一重要成果，为全面记载西青区改革开放的历史和现状提供了详实的资料。

西青区物华天宝、人杰地灵。伴随着新中国改革开放的42年，西青区也发生了气壮山河、翻天覆地的历史巨变，从一个远郊农村地区变成了生态宜居城区，从农业主导变成了产业基础雄厚的产业新区，西青大地处处展新颜，经济和社会事业都取得了令人瞩目的成就，全区人民实现了从温饱到全面小康的历史性跨越，这是西青经济腾飞、人民安居乐业的盛世，是历史上繁荣和谐的大发展时期。特别是党的十八大以来，全区上下坚持以习近平新时代中国特色社会主义思想为指导，全面落实新发展理念，以“干在实处、走在前列”的精神风貌，不断开创经济社会发展的新局面。

盛世修志，志载盛世。续志客观准确地反映这一时期的建设成就，记述社会变革的轨迹，既是一部“改革志”，也是一曲盛世华章。续志突出时代特点和地方特色，在全面记述基础上，对西青特色产业进行专题回顾，对地域商标、特色历史文化进行详细记述，对环境、资源、人才、科技等各方面情况给予全面介绍。纵观全志，资料广征博引、据事实录，是一部了解西青、认识西青、研究西青的百科全书，具有资料的全面性和权威性。通读《西青区志》，可以感受到西青区改革旋律的激昂、奋斗意志的强劲、探索精神的坚韧。

以史为鉴，照鉴未来。我们要始终坚持中国共产党的领导，在新的征程上更加自觉地牢记初心使命，不断加大改革开放力度，创新竞进，实干担当，加快建成创新发展、开放包容、生态宜居、民主法治、文明幸福的社会主义现代化新城。愿西青区的明天更加美好！愿西青区的人民更加幸福安康！

西青区委书记　李　清

2020年10月

凡　例

一、本志以马克思列宁主义、毛泽东思想、邓小平理论、“三个代表”重要思想、科学发展观、习近平新时代中国特色社会主义思想为指导，坚持辩证唯物主义、历史唯物主义的立场、观点、方法和实事求是原则，为存史、育人、资政服务。

二、本志力求全面、系统、准确地记述西青区1979—2010年的发展历程，突出改革开放和民计民生，用客观鲜活的史料揭示西青社会发展规律，突出时代特色和地方特色，力求科学性、著述性和资料性统一。

三、本志以西青区2010年行政区域为基本记述范围。凡与其他区县共管地域，记述所分管事务及相关内容；对单位或个人在区域外进行与区经济社会发展相关的事务适当记述。

四、本志对西青历史上于国内甚至国际上产生重大影响且精神实质一直得到延续、继承的杨柳青年画、精武文化和“赶大营”特设“西青异彩”专题予以重点记述，并置于卷首，以突出地域文化特色。

五、本志上限起于1979年，下限至2010年。为保证事物发展相对完整和连续，部分事类及“西青异彩”记述根据需要适度上溯。

六、本志采用述、记、志、传、图、表、录诸体，以志为主。编下设章，章下设节，节下设目。编章下设无题序，概括引领下文。志首设有地图，图表随文。文风追求严谨朴实，简洁流畅。

七、本志采用现代规范的语体文，以记述体客观纪实，述而不论。引用古文不加注释。标点符号使用执行《中华人民共和国国家标准标点符号规范用法》（GB/T15834-2011）。

八、本志对中华民国及中华民国后的历史时期使用公元纪年。中华民国前采用历史纪年括注公元纪年。凡未标明世纪的年代，均指20世纪某年代。

九、本志采用第三人称记述。所记地域、机构、团体、组织、会议等，均以当时称谓为准。机构名称第一次出现时使用全称，括号注明简称，之后酌情使用简称。如中共天津市委员会简称市委、天津市人民政府简称市政府等。局部重复区名时，以区、西青、区境内代指。为行文简洁，表格中含西郊区数据仍以西青区总称。

十、本志数字按《中华人民共和国国家标准出版物上数字用法的规定》（GB/T15834-2011）执行。计量单位按1993年国家技术监督局公布的有关量、单位、符号的国家标准规定执行。志中部分计产或计量沿用习称“亩”，某些不确定年、月沿用旧称“是（这）年”“是（这）月”。

十一、本志图表照片按编排号，用“X-X”表示，第一个“X”代表编序号，第二个“X”代表在此编中的序号。照片均为所属单位提供，志中不注明出处。

十二、本志所用地名为天津市地名办公室规范的地名。使用历史地名时，在时称地名后括注本志下限时该地的名称。

十三、本志人物编收录本籍和客籍对西青区社会发展有突出贡献和较大影响的人物。坚持“生不立传”原则，排序以生年为序。对首部志书遗漏人物予以补记。

十四、本志资料主要由各承编单位提供及核实，并经主管领导审阅签字。无承编单位的，所用资料来源于档案、志鉴、报刊或口述史料等。所用数据均以区统计局公布的为准，其他专业数据以主管部门提供为准。本志资料均经甄别核准，志稿中不注出处。

十五、由于本志1979—1995年记述与上志有时间重合，本志对重合内容采用新视角择要简记，以保持对改革开放记述的相对完整。

十六、本志设前志勘误表，对前志发现的舛误予以更正。

目录
CONTENTS

西青异彩

第一编　建　置

第二编　自然环境

第三编　人　口

第四编　基础设施

第五编　城乡建设

第六编　水利　电力

第七编　运输 邮政 电信

第八编　环境保护

第九编　经济要览

第十编　农　业

第十一编　工业 建筑业

第十二编　经济技术开发区

第十三编　商业 服务业

第十四编　财政 税务

第十五编　金　融

第十六编　综合经济管理

第十七编　中国共产党

第十八编　人民代表大会

第十九编　人民政府

第二十编　政治协商会议

第二十一编　民主党派　人民团体

第二十二编　法　治

第二十三编　军　事

第二十四编　教　育

第二十五编　科学技术

第二十六编　文化旅游 广播电视 档案

第二十七编　卫　生

第二十八编　体　育

第二十九编　人力资源与社会保障

第三十编　民　政

第三十一编　社会生活

第三十二编　精神文明建设

第三十三编　人　物

附　录

Contents

Part 1 construction

Part 2 The natural environment

Part 3 population

Part 4 infrastructure

Part 5 Urban Construction

Part 6 Water Conservancy&Electricity

Part 7 Transportation, post, telecommunications

Part 8 environmental protection

Part 9 Economic Highlights

Part 10 Agriculture

Part 11 Industres

Part 12 Economic and Technological Development Zones

Part 13 Commerce and Services

Part 14 Finance and Taxation

Part 15 Finance

Part 16 Comprehensive Economic Management

Part 17 The Communist Party of China

Part 18 The People's Congress

Part 19 People's Government

Part 20 The Chinese People's Political Consultative Conference (CPPCC)

Part 21 Democratic Parties and People's Organizations

Part 22 Law

Part 23 Military Affairs

Part 24 Education

Part 25 Science and Technology

Part 26 Cultural Tourism, Radio and Television

Part 27 health

Part 28 Sports

Part 29 Human Resources and Social Security

Part 30 Civil Administration

Part 31 Civil Life

Part 32 Spiritual Civilization Construction

Part 33 Figure

Appendices

概述

天津市 西青区志（1979—2010）

TianJin Annals of Xiqing District

2010年，国家级开发区——天津西青经济技术开发区

中国四大木版年画之首的杨柳青年画原生地和近代爱国武术家霍元甲、韩慕侠的故乡西青区，是天津市环绕市区的新四区之一。位于天津市西南部，北纬38°51′~39°11′、东经116°53′~117°20′。东与红桥区、南开区、河西区及津南区毗邻，东南与滨海新区的大港相连，南靠独流减河与静海区隔河相望，西与武清区和河北省霸州市接壤，北依子牙河与北辰区交界。自然地势为西高东低，南北长48千米，东西宽11千米，全区总面积570.8平方千米。区政府驻地杨柳青镇。2010年，设2街道7镇，有160个行政村（包括自然村）及50个居委会。全区户籍人口36.6万人，有39个少数民族。地区生产总值526.3亿元，财政收入111.49亿元。农民人均纯收入1.44万元。

西青区地处中国沿海开放前沿的京津冀经济圈内，距天津市区中心22千米，距北京116千米，距雄安新区149千米。距天津滨海国际机场45千米，距天津新港80千米，为天津市西南部京津冀协同发展的重要节点和迅速兴起的新型城市。

区境内公路有京福公路等11条干线公路，京沪铁路穿越西青地段，还有陈塘支线、周芦铁路、李港铁路及南曹支线贯穿南北。京沪高铁自东向西贯穿区境北部。域内通往市中心区公共汽车路线6条。有省道8条、区级公路8条、乡村公路300条，形成以京沪铁路、京沪高速公路及国道、市道为骨架、街镇与乡村道路为支路的交通网络，路网纵横交错，贯通全国各地。域内河道沟渠纵横，坑塘洼淀密布。有一级河道3条，二级河道10条，另有两处面积约127平方千米的地热田。优越的地理环境、发达的交通条件和优良的水资源，为西青区经济社会可持续发展提供了良好的环境和条件。

一、底蕴丰厚的特色文化区

西青历史文化底蕴厚重，拥有杨柳青年画和精武文化为代表的丰厚文化遗产。1978年后，西青区人民在继承优秀传统文化的基础上，创造出较丰硕的当代艺术成果，形成独具特色的系列文化品牌。

杨柳青年画属木版印绘制品，是中国著名民间木版年画，与苏州桃花坞年画并称“南桃北柳”，具有600年历史的杨柳青年画以造型质朴、线条流畅、色彩鲜艳、寓意深邃而享誉中外。采用木版套印和手工彩绘相结合的方法，具有笔法细腻、人物秀丽、色彩明艳、内容丰富、形式多样、气氛祥和、情节幽默、题词有趣等特色，形成鲜明活泼、喜气吉祥、富有感人题材的独特风格。题材范围广泛，包括风俗、历史故事、戏曲人物、娃娃、仕女、花卉、山水及神话等，尤以反映现实生活、时事风俗、历史故事等题材为特长。不仅富有艺术欣赏性，而且具有珍贵的史料研究价值。以这些优秀作品为代表的现实主义和浪漫主义相结合的创作方法，形成杨柳青年画艺术的主流。通过寓意、写实等多种手法，表现人民的美好情感和愿望。1978年后，杨柳青年画这一民族文化瑰宝随着改革开放得以新生并迅速走向繁荣。90年代，民间年画作坊在杨柳青重新兴起，杨柳青镇建起新时期第一家年画作坊。2004年，杨柳青木版年画被文化部批准为中国民族民间文化保护工程试点项目。2006年，杨柳青年画经国务院批准列入第一批国家级非物质文化遗产名录。2007年，杨柳青画社被命名为天津老字号，成为天津标志性品牌商铺。此后，每年均有大量年画系列产品畅销国内外，杨柳青年画已成为西青区的靓丽名片。

西青区是全国著名的武术之乡，出现过霍元甲和韩慕侠两位杰出的武术大师。霍元甲创办的精武体育会蜚声海内外，武脉传播至今，影响极为深远，2010年全球20多个国家成立有56个精武会。韩慕侠参与创办的中华武士会虽历时未久，然其爱国和勇武精神薪火相传，绵延至今犹盛。1978年后，西青区加强对精武文化历史资源的挖掘和传承，推广武术进校园活动，在霍元甲家乡精武镇小南河村成立“霍元甲文武学校”，为中国武术培养合格人才。修建霍元甲陵园和霍元甲纪念馆，召开“世界精武·霍元甲英雄会”，促进与世界各地的文化交流，扩大中国文化的影响力。精武镇开展“与精武同行·为精武喝彩”系列文明活动，推进武术进企业、进军营等“武术六进”活动，打造精武武术之乡，让精武文化、精武精神得以传承和发展。2007年，霍氏练手拳入选天津市级非物质文化遗产保护名录，凝聚中华文化精髓的精武文化已成为西青区的文化象征之一。

杨柳青人“赶大营”已成为杨柳青历史长河积淀的文化遗产。清光绪年间（1875—1908）在杨柳青人为收复新疆大军提供军需，促进了西部边陲和渤海之滨两地的商业往来，使两地商贸都得到发展。此后至民国的数十年间，杨柳青商人成年累月地流动在古丝绸之路和乌里雅苏台大草地上，或挑担步行，或推车前进，或陪伴着驼铃声移动。赶大营充满辛酸和苦难，但也造就了晚清以来意义深远的津商传奇，其间形成的物质与文化成果已成为一笔厚重的文化遗产。21世纪后，赶大营壮举的开拓进取精神、收复保卫边疆、发展经贸以及与各民族之间的团结友谊和文化交融的历史意义与文化价值得到重新认定，天津市委宣传部和天津电视台联合拍摄6集大型纪录片《赶大营》、区内作家创作长篇小说《赶大营》，都对赶大营历史给予记述，对这一精神遗产的现实意义给予肯定。

1978年后，西青人创造出丰硕的当代艺术成果，其中有运河文化、民俗文化、大院文化、红色文化、生态文化等。进入新世纪，举办国内国际年画展，举办精武大会，连续十几年打造文艺大舞台，元宵节组织秧歌及花会展演等。修建天津“一二·九”抗日救亡运动纪念馆、杨柳青博物馆、杨柳青年画馆、平津战役天津前线指挥部旧址陈列馆、霍元甲纪念馆。2006年，杨柳青广场被评选为（第二届）“全国特色文化广场”，杨柳青元宵节灯展与秧歌会入选“全国特色广场文化活动”。21世纪后，每年举办一届“颂祖国·赞西青”文艺大舞台演出活动。连续推出第十二届“文艺大舞台·欢乐西青行”群众性品牌文化活动，被列为区民心工程。先后举办民族戏曲公益演出活动、西青文化大讲堂、“我的舞台我作主”——群众文化队伍大展示活动等。群众性品牌文化活动形成“政府搭台、团队唱戏、群众受益”模式。2010年，举办大型“世界精武·霍元甲英雄会”。文艺大舞台成为西青区新的文化品牌。

21世纪，西青区高度重视区内非物质文化遗产及文物保护工作。2003年，对区内非物质文化遗产进行普查。2006年，申报国家级非物质文化遗产杨柳青木版年画获得批准，3名木版年画工作者被认定和命名为首批“中国民间文化杰出传承人”。2007年，霍氏练手拳成功申报省市级非物质文化遗产，编辑出版杨柳青民间文化系列丛书。2008年，对区境内近现代重要史迹及代表性建筑和其他6大类不可移动文物进行普查。杨柳青镇被住房和城乡建设部、国家文物局评为“中国历史文化名镇”。2009年，西青区公布第一批区级非物质文化遗产名录。至2010年，西青区有区级非物质文化遗产16项，区级文物保护单位4处，44人被定为区级非物质文化传承人；有市级非物质文化遗产5项，市级文物保护单位4处；石家大院、京杭大运河（西青段）被列入全国重点文物保护单位。有国家级、市级、区级不可移动文物19处。

二、开发开放先行区

西青为天津市最早对外开放的地区，率先成立经济技术开发区。采取多种措施把开发区做大做强，使西青经济技术开发区成为天津区县级第一家国家级开发区，也是天津市区经济效益最好的开发区之一。随着改革的深入，西青区不断扩大开放，采用多项内引外联举措，吸引世人共建西青，使西青走在天津改革开放的潮头。

90年代初，西青经济技术开发区开始大规模基础设施建设。按照国际市场的要求，高标准，大配套，大投入，实现水、电、路、气、通信、供热等系统化的配套。坚持“整体规划、功能分区、集中控制、滚动开发”发展思路，创新招商引资模式，扩大经济总量规模。加强软环境建设，制定出台多项优惠政策，创新招商引资模式，优化服务环境，率先建立一站式服务体系，为企业提供全方位便捷免费服务，保护外来投资企业合法权益和正常生产活动。以西青经济技术开发区为龙头，强化工业园区内交通、通信、电力等硬件设施建设，构筑以保税仓库为主体的物流配套平台，为企业入驻和发展创造良好的环境及发展平台。2007年，开发区建成占地2.3万平方米的赛达工业园区。2010年，开发区总体规划面积150平方千米，已建成区16.88平方千米，另有规划的100平方千米电子信息产业基地和31平方千米的复合型休闲旅游度假区，成为以电子信息产业为龙头，汽车配套、生物制药为主体的多功能、现代化、国际化的工业园区。几十个国家和地区近千家企业落户，累计吸引资金近百亿美元，成为全国单平方米经济效益最高的开发区之一。2010年底，西青区经济技术开发区经国务院批准正式升级为国家级开发区，实行现行国家级开发区各项政策。

21世纪初，西青区委、区政府相继制定街镇招商引资暂行规定和西青经济技术开发区、街镇工业园（科技园）建设扶持政策和招商引资优惠政策。2009年，制定区招商引资政策指南。在招商引资中，采取宣传造势、功能招商、信息招商、以情招商、配套招商、文化招商、恳谈会招商等多项措施。以西青经济技术开发区为依托，突出发展重点产业，打造产业集群。强化西青经济技术开发区龙头地位，带动全区产业招商，不断创新招商引资模式，采取以商招商、中介招商、产业招商、市场招商等方式，多渠道、多方位引进资金、项目和人才，使园区招商引资成效显著，园区经济质量和发展速度居全市区县级开发区之首。

80年代末，西青区努力建设国内经济协作网络，促进经济技术合作与交流。组团赴外省市考察交流，宣传西青，推介合作意向，与多个城市缔结友好城市关系。吸引津外企业到西青投资，支持域内企业到外省市投资办企业。90年代中期，以西青经济技术开发区为基地，实行以外促内，以外带内，内外结合，全方位开发，加快发展外向型经济。鼓励企业到海外办"窗口"，从事跨国经营，发展一批国际化、实业化、集团化的跨国公司，推动更多的生产和流通企业直接进入国际市场。这一时期，域外企业到区内投资建厂兴业的逐渐增多，一些大型集团有限公司和大项目纷纷落户西青经济技术开发区。21世纪，西青区坚持把扩大开放作为牵动发展全局的关键环节，使西青区成为海纳百川、客商云集的创业热土，成为现代制造业的密集区，成为面向世界的高新技术产业加工制造基地。全区出口生产企业坚持自营出口与代理出口平行，外销与内销并重，及时调整、优化出口产品结构，主动与国际市场接轨。2005年，区内出现第一家经批准在国外投资建立的企业。2009年，一些公司在香港地区建有代办处，开展进出口和经营国际保理业务。2010年，西青区按照"超前规划，基础先行，滚动开发，完善功能"原则，乡镇工业实施联合开发，建立高效、快捷的外商投资服务和管理体制，着力开发名牌产品，增加高新技术产品、高附加值产品和最终产品在出口中的比重，提高西青产品在国际市场的占有率。

三、经济活力强劲区

1978年后，西青区委、区政府全面贯彻改革开放以来党的路线、方针、政策，对西青区社会主义物质文明和精神文明建设作出一系列重要决策并推动落实，使全区经济社会建设快速稳定发展，取得令世人瞩目的成就。

1979年至21世纪初，是西青区经济由计划经济——有计划商品经济——社会主义市场经济过渡时期。在继续保持宏观调控的前提下，计划经济逐步让位于市场调节，政府的服务职能替代行政命令。区各经济管理监督部门调整工作方向，理顺多重关系，改变工作方式，从有利于西青经济建设和提高人民生活水平目标出发，在计划、统计、物价、税收、技术质量监督、工商管理、审计、安全生产监管等多个层面，进行观念更新与转变。进行机构改革，建立新的经济管理监督部门，以适应市场经济和区域经济发展的需要，以宏观调控为主要职能的综合经济管理模式逐渐形成，制定实施多项支持和保护措施，宏观调控与监督管理并重，起到对经济发展保驾护航作用。至2010年，全区经济快速发展，经济结构实现大调整，全区生产总值增长500余倍，财政收入增长近278倍，农民人均纯收入增长78倍，人民生活水平大幅度提高。

改革开放32年间，西青区先后制定实施六个“五年计划”，根据不同时期实际情况确定不同发展战略，谋划建设空间布局，不断扩大招商引资，适时进行结构调整，发展外资项目，建设副食品基地、“一园两区五个密集区”、“一城一区三镇四廊”，使全区经济和项目建设处于正确、健康、可持续发展轨道。进入21世纪，西青区发展目标为现代制造业的密集区、面向世界的高新技术产业加工制造基地，把西青建设成为具有深厚的历史文化底蕴和浓郁的现代文明气息，经济发达、社会和谐的新型城区，成为全国乃至举世闻名的现代化地区之一。2010年，天津市政府《关于明确郊区县功能定位及产业发展重点的指导意见》对西青的功能定位为：建成电子、汽车产业基地，科教研发基地，历史文化与生态宜居城区。重点发展电子信息（集成电路和移动通信设备、电子元器件和数字视听设备等）、汽车及零部件、新能源、旅游、物流和都市型设施农业。

90年代初，西青区实施经济强区战略，促进工业和建筑业发展，形成区办工业、乡镇企业、个体私营工业三头并举的格局，村镇办集体工业一跃占据全区经济主导地位，区工业企业数量大量增加，进入规模化、集团化、专业化发展阶段。随着改革的深入，区经济发展指导原则为：以大投入做强二产，以大企业做强二产，以高科技做强二产，创建各种工业园区、专业生产基地，推行集团化经营，全区工业形成大规模、系统化、高水平占主导地位良性发展，进入“高端化、高质化、高新化”发展阶段。这一时期，改革创新招商引资方式，加速传统产业结构和技术改造提升，推进大集团和创名牌战略，促进信息化与工业相融合，形成区镇经济开发区、乡镇工业、私营和外资企业协同发展新局面，多品种、高科技含量、高附加值产品形成规模。2010年，工业经济成为全区经济和财政的主要支柱，成为全区发展势头强劲的产业之一。

1979年，全区地区生产总值0.84亿元。80年代，工作重心转向经济建设，区经济呈现低速波动增长，地区生产总值增至1.2亿元。90年代初期，通过扩大经济总量，提高经济素质，区经济出现两波高速增长。90年代中期，区委提出“二次创业”，提出经营多元化、产品国际化、技术现代化、管理科学化，实现国民生产总值、集体自有资产、区级财政收入、农民人均纯收入四项主要经济指标翻番，“再造一个西青”的奋斗目标，全区经济发展趋势保持良性快速发展势头。进入21世纪，由“高投入、低质量、低效益”发展，步入速度与效益同步增长、效益高于速度的质量效益型健康轨道，形成以科技为先导，多轮驱动、多业并举、构筑开放式经济新格局。2010年，地区生产总值完成526.3亿元。区财政收入从1979年的4000余万元增长到2010年的111.49亿元，增长近278倍。

四、人文特色旅游区

西青区具有丰厚的历史文化遗产和当代文化成果，其中精武文化、年画文化、赶大营文化、大院文化、红色文化、生态文化等均已成为特色文化品牌和旅游资源。进入21世纪，随着旅游业快速发展，形成杨柳青民俗、中北生态、峰山旅游度假、霍元甲精武、辛口生态民俗5大旅游区，成为天津人文旅游最集中和最丰富的热点地区。

90年代，通过开发人文旅游资源，逐步形成石家大院、霍元甲陵墓及故居、文昌阁、平津战役天津前线指挥部、“一二・九”抗日救国义教点等人文景点。21世纪初，杨柳青博物馆、霍元甲纪念馆、中华医圣文化苑被天津市旅游局评为AA级旅游景区。2003年，杨柳青民俗旅游区被评为“津门新十景”。2004年，天津热带植物观光园被国家旅游局评为AAAA级旅游景区。2006年，杨柳青博物馆被国家旅游局评为AAAA级旅游景区。2008年，杨柳青镇被评为“中国历史文化名镇”。第六埠农业生态观光园、花卉之乡曹庄、天津市农业高新技术示范园区成为国家农业旅游示范点，水高庄科技示范园、杨柳青庄园、杨柳青鑫三农田庄、津西现代农业示范园等8家旅游点升级为市级乡村旅游特色点。

2010年，精武门·中华武林园、杨柳青庄园、水高庄园被评为国家级AAA旅游景区。杨柳青镇获得国家旅游特色景观名镇称号。全区有国家级AAAA景点2个、AAA级景点4个、AA级景点1个、全国农业旅游示范点3个、市级乡村旅游特色点12个。

至2000年，区内形成以杨柳青博物馆为龙头，以森林公园、杨柳青年画社、玉成号画庄、民间艺人和民间花会为基础的民俗文化旅游网络。西青区被列入天津市旅游总体规划之民俗文化旅游区，划分为杨柳青民俗旅游区、霍元甲故居旅游区、大寺旅游度假区。2001年，杨柳青年画馆、安家大院、杨柳青广场、御河景观、天津热带植物观光园和第六埠农业生态观光园等一批新旅游项目、新景点相继得到规划开发，并开通水上旅游专线。2004年，旅游布局调整为杨柳青民俗旅游区、中北生态旅游区、峰山旅游度假区、霍元甲精武旅游区、辛口生态民俗旅游区。全区初步形成以千年古镇杨柳青为龙头，集民俗、生态、休闲、红色旅游为一体的特色旅游区。2010年，玉佛禅寺建成并对外正式开放。全区旅游景点有22个，其中民俗类8个、生态类10个、红色旅游类2个、休闲景观类2个。其中，津门第一宅——石家大院、亚洲最大室内植物园——天津热带植物观光园、现代农业核心区——水高庄园、精武元祖故居地——精武镇霍元甲纪念馆、千年药王文化聚集地——峰山药王古寺、世界玉佛数量最多的寺庙——玉佛禅寺等景点均拥有较高的知名度。

90年代，西青区举行交流会、庙会，在霍元甲故居、陵园和石家大院举办“纪念精武元祖霍元甲逝世八十周年大会”“国际精武邀请赛”和“中国天津杨柳青年画艺术节”活动。与天津市旅游局共同创办天津市民俗风情游（杨柳青灯会）、花会踩街、民俗堂会、民间游艺表演、民间工艺品展卖、风味小吃等丰富多彩的特色活动，提升西青旅游形象和知名度。2002年始，每年举办一届峰山药王庙会，包括药王出巡、民间花会、法事等多项活动，开展文化商贸交流活动。至2010年，先后举办9届峰山药王庙会、承办3届世界精武武术文化交流大会，共有32个国家和地区的代表团队参与活动，共襄盛举。

21世纪后，西青区规范旅游市场秩序及旅行社经营行为，推进导游持证上岗及培训考核，设立旅游咨询投诉电话、举办“3·15”消费维权旅游咨询活动。在黄金周和节假日加强旅游安全监督，增加和更新景区景点旅游安全设施配备，健全和落实突发紧急旅游事件预案，增强全系统的旅游安全意识。组织全区旅游从业人员进行旅游服务技能培训和行业安全培训。编制《西青区文化旅游发展总体规划》，对农民旅游执业者进行技能培训。至2010年，全区有旅行社9家，旅行社门市部5家。

五、和谐宜居美好家园

经过32年的政治、经济和各项社会事业建设，西青区政治生态优良，社会安定。基础设施和环境建设水平大为提高，居民收入大幅增加，城乡面貌发生巨大变化。优良的生态环境、和谐的社会氛围，使西青区成为天津市最为宜居的地区之一。

全区政治环境风清气正，积极向上。历届区委全面贯彻党的十一届三中全会以来的路线、方针、政策，对西青区社会主义物质文明和精神文明建设作出一系列重要决策并推动落实，使全区经济社会事业快速稳定发展。政法系统为维护经济秩序、维护社会安定、创建和谐社会发挥着保驾护航作用。民主法治和精神文明建设逐步加强，督查、监察和反腐倡廉卓有成效，社会秩序持续稳定。从80年代始，讲文明、树新风系列活动深入开展，精神文明建设全面铺开，干部职工思想素质日渐提高，自律意识不断增强，城乡居民的道德水准逐步提升，一大批精神文明建设的典型得以涌现。至2010年，全区城乡基础设施实力雄厚，社会事业全面发展，人口增长趋势平稳，人民生活水平得到很大提高，呈现出政通人和的良好局面。

文教卫生体育条件和环境得到根本改善。改革开放后，西青区不断改善中小学办学条件，整合教育资源，合理布局学校、学制及课程设置，教育质量不断提升。1986—1990年，西青高考成绩位列全市郊区县前列。1991年，高考上线率和实录率在郊区中均为第一名。2001年，西青区被教育部、财政部、国家计委授予"全国两基工作先进区"称号。2009年，西青区被教育部认定为全国社区教育实验区，获中国成人教育协会颁发全国农村成人教育先进单位称号。2010年，西青区高考本科一次上线1456人，本科上线率突破80%。区内建立农业广播学校、天津电大西青分校，各街镇、村普遍建立农民技术学校，实施"351"农民培训工程，开展职业技能培训，成人教育步入规范化发展轨道。卫生事业随着改革的逐步深化，全系统推动综合目标管理责任制、人事制度和分配制度改革，重新整理卫生区划，进行卫生院改扩建工程。实行城镇职工医疗保险、医疗机构改革和药品流通体制改革。医疗机构以病人为中心，提高服务质量，实施综合服务。全区推行新型农村合作医疗，建设70余个社区卫生服务站和125个村卫生所，统一配备设备，全区卫生系统发展能力得到增强。至2010年，全区形成专业门类齐全、科室设置完善的综合性医疗体系，人民群众的医疗保健水平得到充分保障。区内城乡体育设施设备齐全，全民健身等群众性体育活动普遍开展，每年都举办多种体育赛事，群众的身体素质得到大幅提高。

随着改革开放红利的释放，西青区城乡建设投入不断加大，城乡面貌大为改观。区委、区政府所在地杨柳青镇高楼林立、街道通畅、贸易发达，与正在建设中的现代化国际大都市天津市逐渐融合。通过创建生态宜居新城区，实施"五路五河"（即津静公路、津同公路、津涞公路、津淄公路、津港公路和南运河、丰产河、津港河、东西排总河、程村排河）改造，打造宜居水生态环境，城镇基础设施条件得到显著改善，道路交通骨架基本形成。建成大批住宅区，新建多所小学、中学，改造扩建多所医院和体育场馆。区内商业发达，社会服务设施齐备，能满足市民生活的各项需求。21世纪后，启动以各街镇政府所在地为重点的小城镇建设，按照布局合理、建筑风格新颖、基础设施配套、环境优美的目标，完成多个城镇的改建，多处村庄实行平房改造，建起新型住宅小区，大批农村居民迁入环境优美、设施齐全的现代住宅楼。全区乡村实现道路硬化、环境绿化美化，村容村貌大为改观。人民生活实现从"温饱"到"小康"的历史跨越，正朝着更加殷实、宽裕的全面小康目标迈进。西青区日益成为经济繁荣、环境优美、设施完备、功能齐全、具有城乡综合特色的城市化宜居之区。

大事记

天津市 西青区志（1979—2010）

TianJin Annals of Xiqing District

2010年11月13日，在霍元甲故乡精武镇召开世界精武大会

本志大事记选录1979—2010年区内政治、经济、文化和其他社会生活中的大事、要事及对民生有影响的事件，突出对建设中各方面取得的成绩和作出优异成就群体、个体的记述，兼记灾害、事故等资料以存史与镜鉴。

1979年

1月5日　区委下发《关于认真学习宣传中共十一届三中全会的通知》，在全区开展中共十一届三中全会学习宣传活动。

1月　西郊区对外经济贸易局成立。

2月3日　西郊区人民委员会作出《关于恢复杨柳青早市和张家窝集市的决定》。

2月8日　在城区设杨柳青市场、开办王稳庄农贸市场。

2月　区委召开4级干部会议，提出以生产为中心，建设城市副食品基地的发展方向。

3月12日　区、乡(镇)各级领导干部带领机关、学校、工厂、农村等干部群众开展义务植树活动。

4月　区教育局举办西青区中小学田径运动会。

6月　区科学技术协会成立，与科学技术委员会为一套班子，两块牌子。

7月　西郊区劳动局成立。

7月18日　区境内出现强降雨，付村公社两个多小时降雨140毫米，全区涝灾面积813.33公顷，成灾面积633.33公顷。

12月　中共西郊区纪律检查委员会筹备组成立。

12月　杨柳青镇在新华里西侧兴建国办西郊区第一幼儿园。

12月　区委对新中国成立后出现的冤、假、错案进行平反昭雪。复核8399人，属于冤假错案683人。改正“右派分子”身份99人，对其中56人重新安排工作。复核647名“四类分子”，改正644人。

是年　天津广播电视大学西郊分校成立。

是年　在北京中国美术馆举办的《天津杨柳青年画展》中，32幅杨柳青年画入选中国人民对外友好协会主办的《中国民间年画展览》，赴法国、意大利、比利时、卢森堡等国展出，其中有25幅被收藏。

1980年

1月12日　区委、区革命委员会授予4个公社、157个生产大队和生产队先进集体称号，授予27人劳动模范称号，授予220人先进生产者称号。

3月15日　首次选民直选工作结束，历时3个月。全区158个选区、22.04万名选民选举产生西郊区第八届人民代表大会代表226人。

春　区境内遭遇干旱，河道断流，水资源奇缺，水库仅蓄水1200万立方米。

4月26—29日　西郊区第八届人民代表大会在西郊礼堂召开。会议审议通过区革命委员会、区人民法院、区人民检察院工作报告。选举产生区人大常委会、区人民政府组成人员，区人民法院院长、区人民检察院检察长，选举产生天津市第九届人民代表大会代表32人。

4月　中旬，区内农业停用海河水。

4月　撤销西郊区人民委员会，成立西郊区人民政府，区政府下设22个科室、31个局及公司。

5月10日　区委、区政府分署办公。

5月　区委组织万名党员参加如何做新时期合格党员大讨论。

5月　改变中小学管理体制，撤销各公社教育组。全区设中学22所、小学34所，其中杨柳青镇内小学7所。

7月　区委党校恢复建立。

8月28日　大寺公社供销社卫南洼门市部职工张同书只身与3名歹徒搏斗，身负重伤，经抢救无效身亡，被天津市人民政府批准为革命烈士。

8月　区内二级河道基本干涸，5000公顷农田严重干旱。

9月1日　区境内遭受冰雹袭击，张家窝、木厂、付村3个公社受灾尤重。区委、区政府及各公社干部深入村队组织群众开展救灾。

11月16日　天津市地质部门在大寺公社青凝侯大队开凿热水深井1眼，井深1100米，水温78℃，日产水量3000吨。

11月26日　西青区红十字会恢复。

11月　区内开设南河农贸市场和李七庄农贸市场。

11月　区人防办公室被列入区政府编制序列。

12月17—26日　区委召开农村工作会议，贯彻落实中共中央《关于进一步加强和完善农业生产责任制的几个问题》文件精神，传达贯彻市农村工作会议精神，部署全面落实农业生产责任制。

12月　西郊区物价委员会成立。

12月　王稳庄公社小年庄为每户社员家庭购置1台黑白电视机，成为天津市第一个电视村。

12月　境内青沙路竣工，全长8.51千米。

12月　区委、区政府召开“区农业科学技术总结表彰大会”，表彰奖励做出突出贡献的86名科技工作者和12个先进单位。

是年　区文物部门对平津战役天津前线指挥部遗址进行复原、维修，搜集复制遗物、照片及历史资料。

是年　建成西郊区图书馆，投资23万元，占地3500平方米，建筑面积1880平方米，藏书6000余册。

是年　杨柳青水厂建成通水，供给杨柳青镇居民生活饮用。

1981年

1月　西郊区城市建设管理局成立。

3月27日　全区农村取消各种“禁养”“限养”规定，鼓励农村发展家庭养殖业。

3月　区政府颁发《关于鼓励晚婚 控制生育第二个子女的决定》。

4月15日　区委农村工作部成立。

4月18日　王稳庄公社小孙庄化工厂发生火灾，基干民兵孙儒全与烈火搏斗遇难，被天津市政府批准为革命烈士，天津警备区为其追记一等功。

5月　区境内持续干旱，麦田旱死1533.33公顷，毁种1000公顷，2666.67公顷大田不能播种，全区成灾面积4600公顷。

8月　西郊区新建第一幼儿园竣工投入使用。幼儿园占地面积3464平方米，建筑面积706平方米。招收新生300余人，组成10个教学班。

12月3日　西郊区良种繁殖场移交天津市农业局。

是年　王稳庄公社小年庄大队成为天津市3个沼气试点村之一，建沼气池315个。

是年　西郊区工农教育委员会成立。

1982年

1月18日　上海《文汇报》报道李七庄公社邓店大队农民办国画班的消息并选登其作品。

1月　大寺公社成立区第一所农民文化技术学校。

4月至翌年8月　西青区开展农村财务整顿，对161个村、1097个生产队的固定资产、粮食物资、现金、债权债务和基金使用等进行清理。

5月16日　付村公社大南河村社员何玉贵在天津市水上公园沉船事件中连救10人，《天津日报》对何玉贵舍己救人的事迹予以报道。

5月27日　区委召开学习宣传《宪法修改草案》广播大会。报告会主会场设在西郊礼堂，各公社设分会场，有1万余人参加会议。

6月　区棒球队成立。

7月1日　全区开始进行第三次全国人口普查。

8月12日　王稳庄乡机关地下汽油库发生爆炸，死亡5人、受伤5人。烧毁汽车1辆、汽油1.2吨、平房5间，造成直接经济损失10.92万元。

12月　区委、区政府召开全区表彰大会，全区126名农业劳动模范、先进集体、先进生产工作者和先进专业户代表受到表彰和物质奖励。

12月　西郊区农业区划委员会成立，开始对全区土地资源进行全面调查。

12月　西青区被全国绿化委员会授予全国义务植树先进单位称号。

12月　白万公路建成，路面宽7米，区境内长2.29千米。

是年　区境电话55分局改为天津市电话局79局。

是年　区委统一战线工作部恢复设立，区交通管理委员会、区文化局成立。

1983年

1月18日　全区开展“拥军优属”慰问活动，纪念“双拥”活动40周年。

2月3日　区委、区政府召开农业劳动模范表彰大会，对530名劳动模范进行表彰。

2月13日　西营门公社杨庄子大队为每户农民购置1台洗衣机，成为天津市第一个洗衣机村。

5月7日　张家窝村第三生产队农机组汽油桶发生爆炸，灼伤6人，其中2人抢救无效死亡。

6月4日　中国人民政治协商会议西郊区筹备组成立。

6月6日　中共天津市委任命王育德为区委书记。

6月　西郊区审计局成立。

7月　全区撤销农村人民公社、生产大队管理体制，改为乡（镇）政府和村民委员会。设8个乡、1个镇、160个村民委员会。三级所有，队为基础的管理体制宣告结束。

8月27日　西郊区个体劳动者协会建立。

9月20日　天津市地方铁路——李港铁路客运通车典礼在李七庄车站举行，天津市长李瑞环出席剪彩。

10月　区第一次土地资源详查工作结束，编写出《天津市西郊区土地利用现状详查报告》。

11月23日　区政府常务会议决定，1984年1月1日起撤销西营门乡西湖村。

11月　区委老干部局成立。

12月5日　区委、区政府表彰在惩治严重刑事犯罪活动中涌现出的先进集体32个、先进个人157人。

12月　区供销社由全民所有制恢复集体所有制形式，推行经营承包责任制。

12月　平津战役天津前线指挥部旧址陈列馆对外开放，成为西青区国防教育基地。

12月　杨柳青镇在天津郊区县创文明竞赛评选中名列第一。

是年　区内红光油库发生漏油污染事故，子牙河6万立方米水体污染。经过一个半月的治理，污染得以清除。

是年　区房地产清查换证办公室成立，开展首次房地产清查换证，发放天津市统一制发的房产所有证和土地使用证。

1984年

1月14日　区委召开会议，贯彻中共中央整党工作指导委员会通知精神，开展党风、党纪教育活动。

1月　区内完成南运河、丰产河两条河道全长30千米的清淤工程。

1月　中共西郊区纪律检查委员会成立。

3月16—18日　杨柳青镇织带厂发生丙酮吸入中毒事故，11人中毒，其中两例病人出现严重急性肾功能衰竭，经市一中心医院急救后脱险。

3月20日　区境内蔬菜作物遭遇大风袭击，园田受灾面积121.6公顷、温室54间、阳畦180处，经济损失56万元。

4月　春寒成灾，区境内543.33公顷蔬菜园田绝收。

5月17日　中日合资企业——天津大家制药有限公司在付村乡举行开工典礼。

5月　区委政法委员会成立。

6月　区劳动局与区政府人事科合并为西郊区劳动人事局。

6月　西郊区标准计量局成立。

7月12日　九一九乡更名中北斜乡，木厂乡更名上辛口乡，付村乡更名永红乡。

7月　区文学艺术创作研究会成立。

8月9日　区内遭遇大暴雨袭击，降雨量179.5毫米，农作物受灾面积7400公顷。

8月17日　国务院副总理万里到西青区考察。

9月18—21日　政协西郊区第一届委员会第一次会议召开，政协西郊区委员会正式成立。会议听取讨论区政协筹备组所作《关于工作情况和今后任务的报告》，选举产生区政协第一届委员会主席1人、副主席4人、常委20人。全体委员应邀列席西郊区第九届人民代表大会第一次会议。

9月19—22日　西郊区第九届人民代表大会第一次会议召开，张崇智当选为区长。

9月30日　区广播电视局在区工商局登记，开始经营广告业务。

10月10日　区内地名普查完成。

12月　西营门乡怡和村、永红乡马家寺村相继发生火灾，烧毁房屋16间，损失2.6万余元。

12月　在全国年画评奖中，杨柳青年画13幅作品分获二等奖和三等奖，杨柳青年画创作机构获得年画研究工作奖和编辑工作奖。

12月　区境内累计发现霍乱病人45例，其中杨柳青镇有17例。

是年　西青区开展首次文物普查工作。

是年　区属11个村划入市区管辖范围，其中宁家房子、凌庄子、赵金庄、八里台、前园、小园、兴业里、王顶堤、北菜园9个村划入南开区，杨庄子划入红桥区，纪庄子划入河西区。划入各村的党务、经济工作仍由西郊区领导。

是年　区信访办公室成立。

1985年

2月11日　西营门乡兴业里村、李七庄乡赵金庄村获市级文明卫生红旗单位。

2月20日　西郊区霍元甲史料征集办公室、上海市精武体育会和天津市历史博物馆联合举办的近代爱国武术家霍元甲生平事迹展，在天津市历史博物馆开幕。

3月　中国人民保险公司西郊区保险公司成立。

4月4日　西青区首届科技市场开业。

5月7日　贺龙元帅夫人、解放军总参谋部顾问薛明到李七庄乡王兰庄村重访1936年暑期从事革命活动旧址，会见当年的地下党员。

5月24日　经市民政局审查，确定区内87个村庄为抗日根据地。

5月31日　境内部分地区出现大风，伴有冰雹，麦田倒伏953.33公顷、玉米倒伏453.33公顷，经济作物倒伏793.33公顷。粮菜、果树受灾面积3333.33公顷，经济损失约400万元。

6月10日　区防汛指挥部决定拆开子牙河坝、第六埠坝，西河闸提闸放水，以解决杨柳青镇居民自来水咸度高、氯味大问题。

6月13日　中国工商银行西郊支行成立。

7月2日　晚9时许，龙卷风自境东北向西南掠过大寺乡，夜降大雨90毫米，致300棵电线杆倾倒，造成供电、电信、供水中断，130余间民房、厂房、库房、校舍遭到破坏，造成经济损失70万元。

9月10日　区政府召开庆祝首届教师节大会。

10月　全区完成自来水入户工程，自来水入户率达100%。对134个含氟超标村分批进行改水除氟治理。

12月9日　市委、市政府在王兰庄村举行"1936年天津学生抗日救亡义务教育点遗址纪念碑"揭幕仪式。翌年，王兰庄村被定为天津市级文物保护单位和天津市青少年爱国主义教育基地。

12月　撤销永红乡，改建南河镇，永红工业区改称南河工业区。

是年　区棒球队被国家体委列为重点队。

是年　西青区落实《国务院关于殡葬管理的暂行规定》，开展丧俗治理工作。

1986年

春　西青区进行第二次全国工业普查。

春　西青区开始进行"一五"普法工作，在全区普及宪法、刑法、诉讼法、民法通则等"十法一条例"。

2月3日　国务委员、中国人民银行行长陈慕华到西营门、大寺镇信用社考察，听取区银行办事处、杨柳青信用社负责人工作汇报。

3月至6月　在全区农村开展整党工作，143个党支部、4778名党员参加。

4月5日　海军司令员萧劲光为位于杨柳青镇的平津战役天津前线指挥部旧址陈列馆题写"平津战役天津前线指挥部旧址陈列馆"匾额。

5月14日　中国人民解放军原第四野战军特种兵副司令员苏进（曾为平津战役天津前线指挥部成员）参观平津战役天津前线指挥部旧址陈列馆，将珍藏的《天津战役作战图》《天津守敌布防图》捐献给陈列馆。

6月30日　新建成的西郊医院开诊。

7月10日　市一商局、市供销社在杨柳青镇批发站举办工业产品展销会，华北、东北地区9个省市客户参展。展销品种9945种，成交额806万元。

7月22—25日　中共西郊区第四次代表大会召开，出席代表299人，列席代表19人。选举张崇智为区委书记，选举产生区纪律委委员11人、书记1人、副书记1人、常委3人。大会提出在1989年全区实现工农业总产值翻两番的奋斗目标。

8月9日　龙卷风袭击境内上辛口乡，180余棵大树被连根拔起，造成经济损失4.58万元。

8月17—19日　天津市民间音乐盛会在西青区举行，9个省市的音乐界代表前往观摩。杨柳青镇香塔老会等7个单位获奖，7人获乐师称号、33人获民间乐手称号。

8月25日　首批居民身份证完成填卡制发证。翌年正式启用。

8月　大寺镇周庄子村为全村321户村民安装太阳能淋浴器，成为天津市第一个利用太阳能的村庄。

9月　《西郊党建通信》创刊。1992年4月，更名为《党建报》。1995年1月，易名为《西青报》。

11月15日　外环线西郊区段25.47千米第一期土方工程完成，土方量180万立方米。

12月　西郊区经济协作办公室成立。

12月　全区开展惩治严重经济犯罪斗争，累计揭露各类经济案件160件，追缴赃款、赃物折款52万元。

是年　干旱少雨。全区旱灾面积214.13公顷，成灾面积126.13公顷。

是年　杨柳青镇内带状公园建成，分为儿童园、青年园、老年园三个部分，均采用古典园林建筑风格。

1987年

1月14日　区委、区政府表彰农业系统1986年度先进集体55个、先进个人58人。

1月17日　西郊区工商联第六次会员代表大会召开，恢复工商联工作。

2月27日至3月3日　西郊区政协第二届委员会第一次会议召开。会议通过《进一步搞好政治协商、民主监督 为促进全区各项工作更快向前发展》决议，选举主席1人、副主席4人、常委19人。张玉林当选为主席。

2月28日至3月4日　西郊区第十届人民代表大会第一次会议在西郊礼堂举行，会议听取和审议区政府及区人民法院、区人民检察院的工作报告并作出相应决议。选举产生第十届区人大常委会组成人员，选举李桂秋为区人大常委会主任。选举王怀勤为区长。

3月18日　西青区18个单位在天津市精神文明建设表彰大会上，被命名为市级文明单位，2个单位被评为军民共建先进单位。

4月28日　杨柳青公园举行开园仪式。

5月12日　中国国民党革命委员会西郊区支部成立，有党员5人。

6月13日　法国农业部长一行7人到王稳庄乡小孙庄村参观淡水养鱼业。

6月　区内第一家民办科技机构天津市通达电子新技术开发研究所成立。

7月1日　天津杨柳青画社与天津风筝厂合办的杨柳青画社西郊分社成立。

7月16日　狂风暴雨袭击境内部分乡镇，持续25分钟，局部风力达11级，王稳庄乡受灾尤重。

7月　上辛口乡获全国民政系统先进集体称号。

8月1日　区政府召开经济信息发布会，15个省、市、地区驻津办事处负责人参加会议，提出28

个合作意向。

8月27日　西青区被国家体委命名为全国第三批体育达标区县。

9月28日　引滦入青工程举行通水典礼，杨柳青镇居民喝苦咸水、高氟水的历史宣告结束。

11月14日　横跨境内独流减河的第六埠大桥竣工。

12月9日　李七庄乡王兰庄村天津学生抗日救亡义务教育点陈列馆举行开馆仪式。

是年　区内开展第二次文物普查。

1988年

1月16日　区委、区政府召开农村普法表彰大会，23个先进集体、89名先进个人受到表彰。

2月28日　西青区与河北省石家庄市结为友好区市。

2月　区内开展惩治流窜犯罪、清理暂住人口统一行动。全区出动警力1100人次，查处犯罪嫌疑人30人，破获刑事案件15起，其中重大案件2起。

5月22日　上辛口乡一家乡镇企业化工容器发生爆炸，死亡1人，重伤4人，轻伤1人。

6月18日　天津市地矿部门探明全国最大的中低温大地热田——王兰庄地热田。面积1002平方千米，水温最高88摄氏度，总储量9万余亿千卡，年可开采地热水2400万立方米。

8月13日　大清河上游白洋淀的洪水以每秒400立方米的流量突然涌来，境内独流减河、子牙河、中亭河水位猛涨，致使西河闸的水位从原来的2.7米上升至5.2米，危及东淀以及邻县的农田安全。

8月19日　区政府组织1.5万名民工上堤加固东淀围埝，用两天时间筑起一道长22千米、平均高度0.5米防水子埝，对堤埝加固加高，封堵涵闸20处。

8月21—28日　区内抢购商品风日趋严重，导致各金融机构存款余额持续下降。

10月2日　国家副主席王震、国防部长秦基伟到王稳庄乡小孙庄村考察淡水养殖业。

10月　王兰庄津兰化工研究所研制的染料桃红精6GDN填补国家一项空白，获国家级科技进步三等奖。

12月　西郊区卫生防疫站被卫生部评为全国儿童计划免疫先进单位。

12月　大寺乡周庄子村被评为“1988年度全国文明卫生村”。

是年　冬春干旱无降水，全区农田成灾面积1733.33公顷。

是年　区中小学教师首批评定专业技术职称。

1989年

1月16日　西青区计划生育工作总结表彰大会召开，对先进单位和个人给予表彰。

1月18日　区内前进化工厂一女工因硫化氢气体中毒晕倒，抢救无效身亡。另两名女工在实施抢救中毒，经抢救脱险。

1月　撤销西郊区劳动人事局，分建区劳动局、区政府人事室。

春　西青区进行第一次土地详查，调查面积571.72平方千米。

春　区内久旱无雨，大柳滩、白塔寺、东淀及独流减河南岸的4466.67公顷农田无自备水源，当地政府组织群众挖河中河、渠中渠，多级导水，挑水点种，尽力减轻损失，全区旱灾成灾面积1533.33公顷。

3月　西郊区森林公园建设工程被市政府列入改善人民生活重点项目。

4月12日　杨柳青镇一乡镇企业发生火灾爆炸事故，造成经济损失3万元。

4月29日　位于小南河村的霍元甲陵园竣工，占地面积8500平方米，建筑面积1763平方米。霍元甲棺木当日迁葬于此。

4月　区委、区政府将每年4月份定为爱国卫生月，定期开展环境卫生治理。

5月24日　西郊区残疾人联合会成立。

6月4日　区委、区政府召开领导干部会议，学习中共中央、国务院《告全体共产党员和全国人民书》，贯彻天津市委常委扩大会议精神，维护安定团结大好局面。

6月16日　区委、区政府召开创建文明村总结现场会，表彰12个文明村、15个文明单位、45个市级卫生先进村。

6月23日　区第一次残疾人代表大会召开，出席会议代表155人。

7月下旬至8月中旬，区境内降水量仅10.6毫米，遭遇百年不遇的大旱。

9月14日　全区2镇7乡158座地名碑全部完成并拍照存档。

9月　西郊区物资局成立。

10月23日　西郊区开展惩治卖淫嫖娼、赌博、诈骗专项斗争。

11月4日　由全国人大常委会、国家教委和国务院有关部委组成的中小学教育工作督导团到西郊区中北斜、张家窝乡检查实施九年制义务教育情况。

11月9日　中国民主促进会西郊区工作委员会成立，有民进会员21人。

11月　区统计局成立。

12月10—12日　中共西郊区第五次代表大会举行。出席大会正式代表297人、列席代表18人、特邀代表1人。大会选举王怀勤为区委书记，提出三年发展思路和党建主要任务。

12月　李七庄电话局建成，引进日本NEC程控数字交换机1万门开通使用，由模拟交换机转换为数字程控交换机。

12月　区内开展反盗窃犯罪专项斗争，累计有338名盗窃违法犯罪嫌疑人投案自首，查处各类违法犯罪嫌疑人157人。

12月　区财政收入突破亿元大关，进入全国百强县（区）行列。

是年　西郊区棒球队代表国家少年队参赛，分别获得亚太地区少年硬式棒球锦标赛第三名、第七届世界少年软式棒球锦标赛冠军。

1990年

1月1日　西青区开始进行居委会换届选举筹备工作，建立居委会43个。

2月16—20日　区政协第三届委员会第一次会议召开，选举产生区政协主席1人、副主席8人、常务委员23人。

2月17—20日　西郊区第十一届人民代表大会第一次会议召开，李桂秋当选为区人大常委会主任，杨宝生当选为区长。

2月20日　在津全国政协委员19人到王稳庄乡小孙庄村，视察该村的水产养殖业生产。

2月　天津市总工会西郊区办事处更名为西郊区工会，召开第二次会员代表大会。

6月21日17时3—25分　境内上辛口、大寺、王稳庄、杨柳青、精武、张家窝6个乡镇普遍遭受特大冰雹袭击，雹粒最大者似鹅蛋，一般者似核桃大小，最重0.45千克，雹粒积厚15厘米以上，为历史罕见。2200余名群众被冰雹砸伤，3509间民房和厂房被砸坏，1万余株树木被折损，241万块砖坯被砸毁。22—28日，市领导谭绍文、聂璧初等带队到西郊灾区考察慰问。

7月15日　狂风暴雨再次袭击区境，6个乡镇遭受损失，王稳庄乡受灾尤重，造成损失291万元。

7月16日　区内6个乡镇再次出现冰雹和短时大风，直接经济损失6000万元。区内各界群众纷纷为遭受雹灾的上辛口、大寺、张家窝、南河等乡镇捐款，募集善款200余万元。

7月　区内进行第四次全国人口普查。

7月　区地名办命名街道、里巷、胡同8476处，门牌7.14万个。

7月　区救灾互济会向境内受灾群众发放救助款33万元。

8月15日　张家窝派出所民警执行例行检查，一负案夏利车司机突然向警察开枪后欲逃窜，身受枪伤的民警李建祥中弹牺牲，公安部授予李建祥一等功，张家窝派出所获集体二等功。

8月　西郊区被国家体委命名为全国第三批体育达标先进区（县）。

9月14日　西青区和市有关部门在小南河村联合举办纪念霍元甲逝世80周年大会暨天津市精武会成立大会。国家体委有关负责人应邀出席大会。上海精武体育总会，以及美、英、日等国的精武会派代表参加。

9月16—19日　应上海精武体育总会邀请，天津精武体育会派14人组成代表团，参加上海首届国际精武武术邀请赛，获得5枚金牌、2枚银牌和5枚铜牌。

9月18日　迎亚运火炬传递活动在西青区展开，区体育场举行大型武术表演。

9月　区民政局实施乡镇婚姻登记站标准化建设，区内第一个婚姻登记站在大寺乡政府成立。

10月10日　津港运河、丰产河两座节制闸工程开工，翌年3月20日竣工。

10月　全国人大常委会副委员长廖汉生、国务委员陈俊生及民革中央考察团相继到王稳庄乡小孙庄村考察。

11月　西青区被评为全国"百强县"和全国"百个贡献超亿元"县（区），中北斜、张家窝、李七庄、大寺乡跨入全国"百强乡"行列，大任庄、王村、第六埠村、王兰庄村跨入全国"百强村"行列，张家窝乡天津渤海化工总厂跨入全国"百强企业"行列。

12月23日　区政府法制办公室成立。

12月29日　中国少年先锋队西郊区第一次代表大会召开，成立少先队西郊区第一届委员会。

12月　西青区与辽宁省沈阳市苏家屯区、大连市金州区结为友好区。

12月　杨柳青镇北"大绿工程"建设完成投资453万元。西青区第四次被评为全国绿化先进县（区）。

12月　区双拥（拥军优属、拥政爱民）工作领导小组成立，西青区被市委、市政府和天津警备区评为"双拥先进区"。

是年　西青区承办全国儿童棒球锦标赛。

是年　中北斜乡曹庄子小学棒球队赴北京参加国际少年棒球邀请赛获得亚军，并获得亚太地区少年棒球锦标赛第二名。

1991年

1月12日　国务院总理李鹏到区内天津市微型汽车厂考察。

1月19日　农业部和国务院农业综合开发办公室一行5人考察上辛口乡现代化园田试点建设项目。

1月　西青区各乡镇开始设立人大主席团，由主席、常务副主席、专职秘书各1人组成。

1月　西郊区保密局成立，与区委保密委员会办公室为一套机构两块牌子。

2月　西青区启动"二五"普法教育活动。

5月12日　泰国妇女代表团到南河镇小南河村参观访问。

5月28日　日本渔业专家考察团到王稳庄乡小孙庄村考察淡水养殖技术。

6月4日　占地面积2.7万平方米的王顶堤水产批发市场开业。

6月25日　投资365万元、历时3年建设的西郊区体育馆竣工并投入使用。

7月28日　中共中央总书记、国家主席江泽民在中共中央办公厅主任温家宝、天津市委书记谭绍文陪同下，视察王稳庄乡小孙庄村、南河镇小南河村，听取两个村党支部书记工作汇报，到村民家中与群众交谈。

7月　全区为遭受洪灾的安徽地区募捐149.84万元、衣被48万件、食品5万袋、药品80箱。

8月2日　杨柳青镇内文昌阁被定为天津市文物保护单位。

8月20日　国务院副总理朱镕基到区内天津市微型汽车厂考察。

8月　国际红十字理事会到李七庄乡王兰庄村考察。

8月　区内第一所特殊教育学校——西郊区启智学校成立。

9月1日　王稳庄乡小孙庄村遭受狂风暴雨和冰雹袭击，受灾面积266.66公顷。市保险公司、救灾互济会理赔38万元。

9月6日　区委、区政府召开大会，表彰同盗窃杀人犯罪嫌疑人英勇搏斗的张学良、张洪树、张学森、张俊娥等人。

9月28日　印度尼西亚妇女代表团到南河镇小南河村参观、访问。

9月　区境内稻田发现大面积稻飞虱灾害，经除治得到控制。

9月　霍元甲故居被天津市政府确定为市级文物保护单位。

9月　西青区15家乡镇企业产品在“七五”星火博览会上参展，获得金牌7枚、银牌8枚。

9月　西青区举办第二届农民运动会。

10月12日　天津市政府决定把杨柳青作为天津市汽车工业发展区域，以夏利轿车生产基地为基础，逐步形成以汽车工业为主体的卫星城。

11月13日　中共中央政治局常委、中央组织部部长宋平到王稳庄乡小孙庄村考察。

12月7日　农工民主党西郊区工作委员会成立。

12月31日　天津杨柳青博物馆正式开放。

12月　西郊区委台湾工作办公室成立。

12月　历时三年的土地详查工作结束，全区土地总面积571.72平方千米。

是年　西青区进行全区第一届村民委员会选举。

1992年

1月27日　首届中国天津杨柳青国际年画艺术节在杨柳青博物馆开幕，16个国家的外交使节和社会各界名流500余人出席会议，多家国家新闻媒体予以报道。

3月6日　西郊区更名为西青区。

4月2日　由农业部举办的各省、市乡镇企业管理局长学习班学员，到西青区参观中津制药厂、天津市煤化工厂、渤海染料总厂等企业。

4月11日　民政部副部长陈虹到西青区调研农民实行社会养老保险制度情况。

4月12日　区境内发生霜冻，全区1000公顷蔬菜受冻，直接经济损失100余万元。

4月15—16日　全国人大常委会义务教育检查组到张家窝乡、中北斜乡检查《中华人民共和国义务教育法》落实情况。

4月　境内遭受40年不遇的干旱，农作物成灾面积505.87公顷。

5月　杨柳青镇第二小学工地出土一批金、元、明三代陶瓷器、釉陶、墓砖、古钱币等文物。市历史博物馆考古队将这处文化遗址定名为“磨厂遗址”。

6月22日　经天津市政府批准，设立西青区经济技术开发区，规划面积22平方千米。开发区第一期工程在大寺乡周庄子村北破土动工。

7月18日　国家计委、国家教委组成的检查组到西青区检查社会支教工作。

7月　区房地产管理局成立。

8月14日　区内有偿出让第一宗国有土地使用权，出让面积9900.1平方米，出让土地用途为工业用地。

9月8日　上辛口乡水高庄村投资170万元，为水高庄示范小学兴建三层封闭式教学楼并交付使用。该校成为西青区投资最多、标准最高、建筑面积最大的示范小学。

9月18日　中国人民建设银行西青支行正式挂牌营业。

9月23日　区政府召开第一次地方志工作会，首部《西青区志》编修全面展开。

10月10日　全区规模最大的杨柳青综合批发市场建成，主要经营蔬菜、肉类、果品、日用品、建材。

11月12日　法国共产党中央政治局委员费朗西斯·乌尔兹率法共代表团，到王稳庄乡小孙庄参观水产养殖、乡镇企业。

11月　区交通运输管理局成立。

12月19日　张家窝乡被中央社会治安综合治理委员会命名为全国社会治安综合治理先进单位。

是年　区内第一家中外合资企业——天津华宜医疗保健用品有限公司在开发区建成，协议投资额160万美元，注册资本120万美元，其中外方投资36万美元。

是年　西青区分别与黑龙江省满洲里市、哈尔滨市太平区，四川省广元市，河北省献县，内蒙古自治区莫力达瓦达斡尔族自治旗结为友好市、区、县（旗）。

是年　公安西青分局被公安部授予全国优秀公安局称号。

1993年

1月7日　区委、区政府召开群英会，表彰先进党组织、天津市明星小康村、十佳乡镇企业、十佳服务单位、双十佳改革带头人和十佳公仆。

2月20—26日　区政协第四届委员会在西青礼堂举行第一次会议，杨宝生当选为主席，选举产生副主席6人、常委26人。

2月23—27日　西青区第十二届人民代表大会在西青礼堂召开，选举出人大常委会主任及西青区区长。

3月21日　天津市高等学校师生4000人到西青区参加植树活动，栽树3.1万株。

4月6—8日　区境内低温，全区566.67公顷蔬菜被冻死，153.33公顷中、小棚蔬菜死苗率将近40%。

4月12日　中共西青区委成立西青区小康建设办公室，抽调75名机关干部组成工作队，分别进入30个村庄，开展小康村建设。

4月17日　区电话局举行5000门程控电话割接仪式，西青区进入通信设备现代化新时代。

5月12日　西青区委、区政府召开劳动模范事迹报告会，全区各系统千余人听取天津市特等劳动模范张永柱，市劳动模范赵增乃、周长泉的事迹报告。

5月17—18日　共青团西青区委员会召开区第八次代表大会。

5月21日　爱尔兰共和国德罗赫达市访问团到区九十五中学参观访问。

7月9日　区境普降大到暴雨，最大降雨量为120毫米。

8月6日　越南妇女代表团到大寺乡大任庄村参观老年活动中心、中津制药厂、一日化一分厂及文明家庭。

8月16日　中央军委委员、国务委员、国防部部长迟浩田到杨柳青博物馆参观。

9月10日　出席全国公路系统职工思想政治工作联席会的28个省、市、自治区代表到西青区检查公路管理情况，参观杨柳青博物馆。

9月　区规划土地管理局成立。

11月6日　区境内出现霜冻，上辛口乡8.8万吨大白菜受损。

11月25日　贸易部工作组考察西青区年度税收、物价、财务大检查情况。

12月12日　张家窝乡撤乡建镇。

12月24日　区委、区政府召开毛泽东主席诞辰100周年纪念大会，全区各界1000余人参加大会。

是年　市政府、区政府将石家大院二期复原修缮工程列入天津市为群众办10件实事之一，由西青区负责实施完成。

是年　位于杨柳青火车站前广场的火车站游园建成。

1994年

2月1日　杨柳青镇西派出所民警王洪江被公安部授予全国优秀人民警察称号。

春　中国科学技术馆选派玉成号画庄参加在瑞士举办的欧洲文化交流展览，杨柳青年画传人霍庆顺代表中国民间年画作坊表演，受到瑞士及欧洲各国观众欢迎。

3月6日　全国政协副主席杨汝岱考察杨柳青镇大柳滩村万亩果园和“菜篮子”工程。

4月15日　全国人大常委会副委员长王光英在北京出席西青区企业天津东洋油墨奠基仪式。

4月29日　中央党校省部级干部进修班一行30人到杨柳青博物馆、金世集团和宏利集团参观。

4月　天津精武会组团赴马来西亚8个州10个市轮回义演，历时18天，演出14场。

5月16日　中共中央政治局常委、全国人大常委会委员长乔石在天津市主要领导陪同下，到南河镇小南河村考察畜禽养殖业。

5月　民政部授予张家窝镇全国民政工作优秀乡镇称号。

5月　平津战役天津前线指挥部旧址陈列馆被评定为天津市爱国主义教育基地。

6月1日　市长张立昌、副市长张好生等一行49人到李七庄乡梨园头村检查蔬菜大棚生产情况，参观宁家房子村别墅区及南河镇小南河村鼋鱼养殖场、种猪场、奶牛场。

6月21日　中共中央政治局常委、书记处书记胡锦涛考察西青区党建工作和乡镇企业。

7月8日　区内第一家旅行社——天津市青电旅行社注册成立。

7月26日　区广播电视局成立。

9月7日　日本福冈县中小企业中国经济考察团到西青区考察乡镇企业。

9月9日　中国民主同盟中央委员会负责人到西青区考察台资企业发展情况。

9月27日　澳门妇女代表团一行6人到南河镇小南河村参观访问。

10月22日　天津市委决定王文华任中共西青区委书记。

10月　区少儿图书馆新馆在杨柳青镇文化路建成，建筑面积190平方米，藏书1.2万册。

10月　西青区被列入天津市旅游总体规划，被命名为民俗文化旅游区。

12月24日　位于杨柳青镇的杨柳青商城开业。

12月26日　农业部减轻农民负担检查团到李七庄乡、张家窝镇进行实地检查。

12月　王兰庄的天津学生抗日救亡义务教育点纪念馆被市政府命名为天津市爱国主义教育基地。

12月　李七庄乡王兰庄村党支部书记郭宝印获“全国十大杰出青年”称号，受到党和国家领导人接见。

是年　区检察、公安部门在审查一起特大盗窃团伙案件和一起重大盗窃团伙案件中，两日内批捕35人，时为全市批捕人数最高纪录。

是年　区内进行第二届村民委员会换届选举。

是年　由香港爱国人士邵逸夫捐资50万港元，区政府、杨柳青镇政府斥资105万元建造的逸夫小学教学楼竣工。

1995年

春　全区开始实施以宣传学习宪法为核心、以专业法为重点的“二五”普法活动。

2月13日　区政府和市旅游局共同举办天津市民俗风情游（杨柳青灯会），举行踩街、遛百病、民俗堂会、民间游艺表演，以及民间工艺品、风味小吃展卖等活动。

4月10日　区政府在南河镇小南河村召开农业现场交流会，推动建设“高优高效”农业和“菜篮子”工程。

5月13日　天津市第三届农民运动会在西青区体育场开幕。

5月22日　叙利亚阿拉伯复兴社会党副书记阿卜杜拉·艾迈尔等一行9人，到大柳滩村万亩果园、前桑园村农民住宅区和恒兴顺集团参观。

6月22日　杨柳青、中北斜、西营门等乡镇遭受雹灾。冰雹持续7分钟，雹粒最大直径3厘米。受灾面积328公顷。

6月27日　中共上海市委、市政府领导参观西青区宁家房子村、大柳滩村。

7月6日　西青区被天津市委、市政府命名为天津市社区文化先进区（县）。

8月16日　国家体委副主任袁伟民到西青区考察国家女子柔道队训练基地。

8月21日　西青区举行纪念抗日战争胜利50周年各界人士座谈会暨《西青文史——纪念抗日战争胜利50周年专辑》发行仪式。

9月5日　中共中央政治局委员、国务院副总理姜春云考察大柳滩村万亩果园、第六埠村蔬菜示范区、大南河村水稻和玉米种植及小南河村元鱼养殖。

9月　农业部确定西青区为全国农村集体资产管理试点单位。

11月1日　杨柳青镇前桑园村先达集团人才培训基地被共青团中央命名为中国星火技术推广中心。

11月12日　王稳庄乡农民捐资383万元（总投资660万元），参与建成设施一流的王稳庄中学。

11月14日　美国摩托罗拉半导体芯片工厂奠基仪式在西青经济技术开发区举行。副市长李盛霖、电子工业部副部长刘剑锋，摩托罗拉公司总裁、美国驻华大使馆参赞以及西青区有关方面负责人出席。

11月23日　全国乡镇企业家协会一行40人到西青区参观考察恒兴顺、津华企业集团和宁家房子村。

12月31日　杨柳青镇居民杜文海为抢救落水儿童而牺牲。翌年1月3日，区委、区政府为杜文海举行追悼大会。26日，召开向革命烈士杜文海学习暨表彰抢救落水儿童有功人员大会，宣读市政府《关于批准杜文海为革命烈士的批复》和区委、区政府《关于向革命烈士杜文海学习的决定》。

12月　区内各村全部实行农民养老保险制度。

12月　西青区被司法部评为全国普及法律知识先进区（县）。

是年　区年画艺人霍秀英、韩秀英代表天津市参加世界妇女第四次代表大会，在会上参加中国妇女百项技艺表演，其彩绘杨柳青年画受到欢迎。

是年　杨柳青博物馆被列为全国百个爱国主义教育基地。

是年　区内画家吴国恒创作的国画《山水》获得全国“天马书画大赛”优秀奖，张树清创作的云南大观楼对联获得中国硬笔书法大赛优胜奖，徐乃华等创作的舞蹈《与共和国同欢乐》获全国表演唱大赛二等奖。

1996年

1月　西青区获全国社区文化先进区（县）称号。

2月12日　全国第四次体育运动场地普查工作动员会议在西青区召开。

3月13日　日本代表团到西青经济技术开发区考察。

3月14日　瑞士代表团到上辛口乡参观考察农业产业项目。

3月20日　天津市长张立昌、副市长张好生与在津工作的外国专家40余人在杨柳青森林公园参加营造“友谊林”活动。

3月28日　以越共中央委员、宣光省委书记何氏洁（女）为团长的越南共产党省委书记代表团一行7人，参观李七庄乡宁家房子村。

4月22日　农业部外经办领导在市农委有关负责人陪同下，到西青经济技术开发区、小南河养殖场、第六埠高标准园田、津福织布厂考察。

5月1日，西青电视台成立并正式开播节目。翌年初改为有线电视台。

5月9日　中央政法委调研组到西青区检查指导社会治安综合治理工作。

5月21日　建设部建设司考察团先后到中北斜乡侯台村、谢庄村，杨柳青镇前桑园村和张家窝镇考察村镇建设情况。

5月28日　西青区科学技术协会第一次代表大会召开。

5月　区内进行机构改革，区政府设35个工作部门和3个管理机构。

6月1日　中共西青区经济技术开发区工作委员会、开发区管理委员会成立。

6月6日　全国人大环保执法检查团到西青区检查环境保护执法工作。

6月26日　台湾地区农业参观团到南河镇小南河养殖公司、杨柳青镇大柳滩村万亩果园参观。

8月7日　西青区抗洪抢险前线指挥部在水高庄成立，区委、区政府主要领导指挥全区防汛抗洪工作。

8月10日　天津市长张立昌、副市长朱连康带领天津市防汛抗旱总指挥部有关人员，检查东淀、杨柳青、第六埠分洪口门爆炸准备工作。

8月17日　大清河上游洪水进入东淀西青区地段，淀内水位6.4米。市防汛抗旱总指挥部下令在18时分4次爆破第六埠滞洪水口门，实施分洪。22日，市防汛抗旱总指挥部决定在第六埠村西侧3.5千米西青区、静海县交界处“老龙湾”开挖分洪口门。24日，在水高庄小口子闸对面开挖分洪口门。9月20日，东淀内洪水全部排完，受灾地区恢复生产。本次洪水为天津市1963年后最大的一次，西青区2800公顷耕地被淹，直接经济损失1.5亿元。

9月13日　天津飞鸽集团将价值6.83万元加重自行车捐赠给受灾严重的第六埠村、水高庄等村庄。

10月23日　王稳庄乡小孙庄村青年农民王振宏被评为全国首届“十大杰出青年农民”。

12月2—3日　共青团西青区第九次代表大会在区礼堂召开。

12月19日　西青电视台信号实现天塔微波发射传输。西青区成为天津市首家利用天塔发射本区有线电视台信号的区县。

是年　区内第一部乡镇级地方志书《王稳庄乡志》出版。

是年　上辛口乡第六埠村建立天津市第一个村办法律服务所。

1997年

1月1—31日　区内进行第一次全国农业普查。

1月22—24日　政协西青区第四届委员会第五次会议召开。

1月23—25日　西青区第十二届人民代表大会第六次会议在西青礼堂召开。

3月9日　中共中央宣传部副部长郑必坚考察西青经济技术开发区、李七庄乡宁家房子村和杨柳青镇前桑园村。

3月10日　上辛口乡、中北斜乡撤乡设镇。

3月23日　市委书记高德占、市长张立昌与香港同胞代表100余人在杨柳青森林公园举行天津市香港回归纪念林、纪念碑揭幕仪式和植树活动，西青区干部群众400余人参加。

4月12日　西青区与河北省晋州市结为友好市区，国家土地管理局长邹玉川、西青区有关领导参加签字仪式。

4月18日　中国农业发展银行西青支行成立。

5月12日　中央综合治理委员会检查组检查中北镇、李七庄乡社会治安综合治理情况。

5月　西青区内电话号码升至8位。全区电话用户发展到6.63万户，话机普及率每百人23部。

6月4日　第一届民革西青区工作委员会大会召开，民革西青区支部升格为民革西青区工作委员会。

6月24日　西青区与韩国釜山市广域镇签订建立友好关系意向书。

6月25日　区委、区政府在西青体育馆召开“庆七一、迎回归”大会。表彰先进党组织、优秀共产党员、优秀党务工作者及演出迎接香港回归为主题的文艺节目。

7月31日　王稳庄乡撤乡建镇。

8月6日　全区机关干部向周恩来、邓颖超纪念馆捐赠17万元。

10月19日　中共中央政治局常委、书记处书记胡锦涛考察张家窝镇农民住宅新区，听取西青区工作汇报，到小学、老年公寓考察。

10月24日　西青区召开庆祝首届天津市环卫工人节大会，对8位环卫岗位标兵予以表彰。

10月29日　国务委员、国家科委主任宋健考察西青经济技术开发区丹海股份有限公司，对西青经济技术开发区给予较高评价。

10月　天津市公安交通管理局西青支队成立。

11月3日　杨柳青镇前桑园村被全国“万村书库”工程组委会授予先进集体称号。

11月28日　位于西青区的天津市旧物调剂市场举行开业庆典。

12月12—14日　中共西青区第七次代表大会召开。大会选举区第七届委员会委员25名、候补委员5名，选举产生区纪委委员13名。大会提出五年内实现国内生产总值、区级财政收入、农村集体自有资产再翻番，农民人均纯收入超过6000元的奋斗目标。

12月13日　撤销李七庄乡，设李七庄街道办事处。

12月　西青区与天津市机电工业总公司达成协议，重组大桥集团有限公司。

12月　西青区被民政部、国家体委评为全国体育先进单位。区体育部门被评为全国体育系统群体工作先进集体。

是年　西青区组队代表天津市参加第三届全国农民运动会，获得武术比赛和摔跤比赛金牌、银牌各1枚。

是年　市、区两级财政投资50万元，在西青区烈士陵园建设平津战役英烈纪念室。

是年　区政府对霍元甲故居重新修建，设立霍元甲纪念馆，占地8.8万平方米，展厅面积5754平方米。

1998年

1月9—11日　政协西青区第五届委员会第一次会议召开，区政协主席杨宝生作题为《总结经验 开拓进取 努力把区政协工作推向新水平》的工作报告和提案工作报告。

1月10—13日　西青区第十三届人民代表大会第一次会议召开。会议听取和审议区政府、区人大常委会、区人民法院、区人民检察院工作报告，并通过相应决议。选举产生第十三届区人大常委会组成人员、区人大常委会主任。选举产生区政府区长、副区长、区人民法院院长、区人民检察院检察长。

3月27日　“西青之窗”网站开通。设今日西青、政务公开、招商引资、西青经济技术开发区和民俗旅游”等栏目。

3月28日　国际计生联秘书长英格布·鲁格曼女士一行考察中北镇计划生育实施情况。

3月30—31日　区第十三届人民代表大会第二次会议在西青礼堂召开，选举产生西青区出席天津市第十三届人民代表大会代表16名。

7月12日　天津市银座集团举行向西青区捐资助教赠款仪式。

7月25—27日　天津市农村基层组织建设检查组到西青区张家窝、南河、杨柳青、西营门和辛口等乡镇检查农村基层建设工作。

8月1日　中共中央政策研究室副主任郑科阳到张家窝镇考察。

8月14—20日　全区开展为长江、嫩江、松花江流域受灾群众捐款、捐物活动，共捐款550万元，捐送救灾物资折款330万元，捐送衣被43万件。

9月22日　国家农产品保鲜工程技术中心在区内成立。

9月25日　中共中央政治局委员、全国人大常委会副委员长谢非到中北镇恒兴顺集团、张家窝镇考察小城镇建设情况。

11月18日　西青区举办主题为“共创辉煌”的大型文艺庆祝活动，纪念中共十一届三中全会召开20周年。

11月　撤销西营门乡，改建西营门街道办事处。

11月至翌年初，区委批准水高庄村、前桑园村、谢庄村、大任庄村、王顶堤村、宏发集团公司首批组建村厂（集团）党委。

12月18日　区委、区政府召开土地延包工作推动会。

是年　西青区当城集团、精武集团、中北花卉中心、红旗农贸综合批发市场被确定为市级农业产业化龙头企业、市级农业产业化龙头市场。

是年　津沧高速公路竣工通车，西青区境内长度12.5千米。

1999年

1月15日　区委在西青烈士陵园举行纪念天津解放50周年祭悼革命烈士仪式，曾参加解放天津战斗的老战士和区党政主要领导参加。

1月15日　西青区第一座全封闭落地式新型垃圾转运站在杨柳青镇投入使用。

1月　西青区籍运动员赵顺欣、张洪杰分别获得女子柔道48公斤级全国冠军和女子跆拳道72公斤以上级全国冠军。

5月　区政府对文昌阁进行全面修缮，当年11月竣工。

7月15日　区委召开"三讲"教育动员大会。

7月23日　杨柳青发电厂30万千瓦6号机组网发电。

8月12日　区政府为人民办的"10件实事"之一的杨柳青镇集中供热工程全线开工，工程总投资4000万元。

9月28日　区委、区政府在区体育馆召开庆祝中华人民共和国成立50周年大会。

11月21日　天津市综合治理环境秩序检查团到杨柳青镇检查工作。

11月　西青区获天津市创建文明村镇工作先进单位称号，张家窝镇获得全国创建文明村镇工作先进单位称号。

12月10日　途经西青区境的天津市农村北水南调工程全线开工。

12月　天津市公路管理局西青分局成立。

是年　杨柳青广场开工建设，广场占地面积7.55万平方米。

是年　区内完成"中华人民共和国成立50周年献礼纪念林""青年林""友谊林"等多项造林工程。造林面积400公顷，植树40万株。

是年　区内发生重大蝗灾，全区施治面积533.33公顷。

2000年

1月4日　西青区"公仆接待日"开通，开设区长热线，当场解决群众反映的问题12件。

1月13—15日　区政协第五届委员会第三次会议召开。会议听取和审议《区政协常委会工作报告》《区政协提案工作报告》。

1月14—15日　区第十三届人民代表大会第五次会议在西青礼堂举行。收到代表建议、批评和意见27件。

2月25日　国家计委副主任刘江在天津市有关方面负责人陪同下检查张家窝镇小城镇建设情况。

2月25日　科技部副部长邓楠在天津市有关负责人陪同下考察西青经济技术开发区东洋油墨公司污水处理工程。

2月　中国北方第一家生产生物有机肥的厂家——中北镇恒兴顺集团生物有机肥项目投产。

春　开始拆迁杨柳青石家大院南门前及东侧的居民住宅，以恢复建设民俗文化街（杨柳青明清街）。

3月20日　来自20余个国家的专家、学者、留学生，在杨柳青森林公园参加第五届"友谊林"植树活动。

3月28日　重庆市委书记贺国强、市长包叙定率代表团到西青区考察，天津市委书记张立昌、市长李盛霖等陪同。

4月4日　全国人大常委会委员、北京军区原司令员李来柱在天津警备区领导陪同下到西青区考察。

4月12日　内蒙古自治区政府主席云布龙率代表团参观、考察张家窝镇老年公寓、辛口镇第六埠蔬菜精品园。

5月　曹庄花卉市场被国家林业局命名为全国重点花卉市场。

6月10日　西青区籍运动员张洪杰在全国女子78公斤以上跆拳道锦标赛上获得冠军。

6月29日　中北镇通过科技部委托天津市科委星火技术密集区验收。

6月　中北镇被中国花卉协会评为中国晚香玉之乡。

8月24日至9月24日　绿天赋科技实业有限公司捐资15万元，赞助西青电视台赴新疆、甘肃寻踪采访，并拍摄制作《情洒大西北——杨柳青人赶大营寻踪》系列专题片34集。

9月4日　第六届世界精武武术文化交流大会在小南河村举行。来自15个国家32支代表队的220名运动员和香港、澳门、上海、广州、佛山、余姚、陆丰精武会代表参观拜祭霍元甲陵园，进行武术、象棋、书法、绘画比赛。

9月5日　全区开展向甘肃省、河北承德贫困地区群众募集衣被活动。

10月25日　在天津体育彩票首届全民健身运动会上，西青区运动员获得个人金牌5枚、银牌7枚、铜牌3枚，取得无线电遥控特技模型飞机团体第一名和中国式摔跤团体第二名。

11月4日　在全国第四届农民运动会上，西青体育代表团获1枚金牌、3个第四名和2个第五名。

11月8日　区文化馆集体创作的群舞《嬉莲图》获全国群星奖大赛天津赛区一等奖，被确定为全国重点参赛项目。

11月13日　杨柳青电厂供热主干管线铺设工程竣工，工程投资4400万元。

11月　中国电信集团西青电信局成立，下设李七庄、杨柳青、华苑、大寺、张家窝、南河、王稳庄、上辛口8个分局。

11月　国内著名大型连锁企业大润发、万客隆、国美电器等进驻西青区。

12月26日　区委召开"三个代表"重要思想学习教育动员大会。

12月28日　区人民法院被最高人民法院授予人民满意的好法院称号，并立集体一等功。

12月　西青区撤乡建镇工作全部完成。

是年　区采购中心成立，开始推行政府采购制度。

2001年

1月6—7日　区政协第五届委员会第四次会议在西青宾馆召开。听取和审议《区政协常委会工作报告》和《区政协提案工作报告》。

1月7—8日　区第十三届人民代表大会第七次会议在西青宾馆召开。会议听取和审议区政府、区人大常委会、区人民法院、区人民检察院工作报告。作出《关于西青区国民经济和社会发展第十个五年计划纲要的决议》。会议补选区人大常委会副主任、委员各1人。收到代表建议、批评和意见44件。

2月20日　市委书记张立昌和有关部门负责人到西青区对开展"三个代表"重要思想学习教育工作进行调研。

3月9日　全国农村"三个代表"重要思想学习教育联席会议督查组对西青区开展"三个代表"重要思想学习教育进行督查。

4月16日　内蒙古自治区锡林郭勒盟党政考察团一行36人到大寺镇王村鸵鸟养殖场、龙居花园居民小区、镇敬老院参观考察。

6月26日　区委在西青宾馆召开庆祝中国共产党成立80周年表彰大会。

6月　西青区宽带网正式开通。

7月1日　中共中央组织部授予张家窝镇党委全国先进基层党组织称号。中共中央宣传部、中央文明办、建设部、农业部及国家环保总局等单位命名张家窝镇为全国创建文明小城镇示范点。

7月12日　教育部副部长王湛到西青区检查基础教育工作。

7月20日　民政部授予西青区民政局全国民政系统"三五"法制宣传教育先进集体称号。

9月15日　国务院发展研究中心、农业部农村经济研究中心、中国城郊经济研究会、中国年鉴社，授予西青经济技术开发区优秀开发区称号。

9月27日　市领导张立昌、李盛霖、房凤友、刘胜玉等到"卫津河七景"之一的纪庄子椿树广场慰问卫津河改造工程建设人员。

10月1日　中共中央宣传部、国家计划生育委员会授予西青区计划生育委员会全国"婚育新风进万家"活动先进集体称号；授予中北镇、杨柳青镇全国"婚育新风进万家"活动先进乡镇称号；授予西青区文化馆"全国婚育新风进万家"活动先进企事业集体称号。

10月4日　天津市新四区第一所投资超亿元的示范高中校——杨柳青第一中学落成。

10月22日　杨柳青广场举行落成升旗仪式。

11月5日　法国碧西市代表团到西青区参观访问。

11月9日　中央军委副主席、国防部长迟浩田考察中北花卉市场和新建成的杨柳青广场。

11月11日　国家体育总局授予西青区业余体校和西营门街全国群众体育先进单位称号，授予西营门街"全国2001年全民健身活动先进单位"称号。

11月23日　最高人民法院副院长李国光到西青区人民法院检查指导工作。

12月26日　天津市药品监督管理局西青分局成立。

12月28日　外交部代表团到西青区参观访问。

12月　区内历时三年重建的峰山药王庙竣工。

12月　教育部、财政部、国家计委授予区西青区"全国两基工作先进地区"称号。

是年　西青区被国家体育总局、国家武术院授予全国武术之乡称号。

2002年

1月22—24日　政协西青区第五届委员会第五次会议召开。

1月23—25日　区第十三届人民代表大会第八次会议在西青宾馆召开。会议收到代表建议、批评和意见27件。

2月　西青区安全生产监督管理局成立。

3月15日　市领导张立昌、李盛霖等到区外环线西青区段绿化带参加义务植树活动。

3月　峰山药王庙作为区内临时佛教活动场所对外开放。

4月1日　区市容环境卫生管理委员会成立，加挂区爱国卫生运动委员会办公室牌子。

4月22日　市政协港澳委员到西青区考察小城镇建设。

4月18日　全国人大常委会内务司法委员会代表团一行到西青区检查消防安全工作。

5月　美国费切伯格市以市长罗伯特·庞特布莱德为团长的友好代表团一行8人，到西青区进行工作访问，双方签订友好关系协议书。

6月24日　王兰庄村党支部被评为全国农村"三个代表"重要思想学习教育活动先进党支部，在中央召开的表彰大会上受到表彰。

6月　西青区恢复建设边村天主教活动场所。

8月13日　市领导张立昌、房凤友等及有关部门负责人到西青区调研小城镇建设和新农村建设情况。

8月27日　市委、市政府有关部门在李七庄街王兰庄村召开全市农口系统开展向郭宝印学习现场推动会。

9月16日　经国家农业综合开发办评审，王顶堤现代农业高科技示范基地成为天津市唯一的国家级农业高科技示范区。

10月29日　在全国精神文明创建工作先进单位表彰大会上，西青区被中央文明委授予全国创建文明村镇工作先进县(市)称号。

11月6日　内蒙古自治区呼伦贝尔市学习考察团到西青区参观访问。

11月15日　日本丰田株式会社副理事长长谷川一行数人到西青区考察。

11月27日　奥地利副总理苏珊·里斯—帕塞尔到区内参观访问。

11月　天津市引黄济津工程竣工通水，西青区居民开始饮用黄河水。

12月6—9日　政协西青区第六届委员会第一次会议召开。会议听取区政协常委会《主动服务大局　认真履行职能　努力为我区率先基本实现现代化做出积极贡献》工作报告和《提案工作情况报告》。选举产生区政协第六届委员会领导机构。

12月7—10日　区第十四届人大一次会议在西青宾馆召开。会议听取和审议区政府、区人大常委会、区人民法院、区人民检察院的工作报告，并作出相应决议。选举产生第十四届区人大常委会组成人员，选举产生区长、副区长和区人民法院院长、区人民检察院检察长，选举产生天津市第十四届人民代表大会代表15人。

12月12日　台湾地区经贸考察团到西青区考察。

是年　意大利伦巴第大区经济部长乔治亚·鲍兹、瑞士萨纳市市长、德国商会会长，意大利、瑞士、德国及欧盟驻华使节，日本名古屋食品考察团，国内甘肃、云南、沈阳党政代表团等，分别到西青区参观考察。

是年　台湾地区年代新闻电视台拍摄杨柳青运河景观、石家大院和台资企业康地万达(天津)有限公司，节目在台湾岛内播出。

是年　西青烈士陵园被命名为天津市爱国主义教育基地。

2003年

1月　区广播电视大楼工程动工，11月主楼封顶。两年后大楼全面竣工，成为西青区最高建筑物。

1月15日　由西青区宁发集团投资建设的湖南省张家界市天门山客运索道工程举行奠基典礼，西青区、张家界党政领导为工程开工奠基。

1月25日　区邮政局在杨柳青镇举办《杨柳青木版年画》特种邮票首发式，北京、山东、河北、天津等地集邮爱好者和观众5000余人参加。

3月18日　最高人民法院院长肖扬、副院长万鄂湘一行到西青区人民法院考察工作。

3月20日　北京军区政委杜铁环上将到西青区考察民兵预备役工作。

3月　杨柳青镇被国家环保总局命名为第一批全国环境优美乡镇。

4月7日　天津市区县文化事业和文化产业发展现场推动会在西青区召开，与会人员参观考察西青区文化事业和文化产业发展情况。

4—6月　西青区开展“非典”疾病防治工作，建立区卫生防病站、街镇医院、村医三级疫情报告网和120个单位“非典”疾病监测网络。全区处理“非典”疑似病例疫点4起，密切接触者调查12起，处理疫点19个，隔离观察273人，医学观察474人。

5月29日　北京军区司令员朱启中将带领军区机关有关部门负责人考察西青区武装部、预备役高炮四团听取工作汇报，观看民兵专业技术分队科技练兵成果演示。

6月2日　中共中央政治局委员、中宣部部长刘云山到西青区考察经济和精神文明建设情况。

6月2日　西青经济技术开发区首个标准化工业园区项目5.8万平方米赛达工业园竣工。

6月11日　国务院安全生产检查组到西青区检查建设施工安全情况。

6月13日　市公安局在西青宾馆召开表彰会，表彰破获“王士红重大暴力犯罪团伙案”有功人员，公安西青分局刑侦支队立集体二等功。

6月18日　被市政府列为“2003年度改善城乡人民生活20件实事”之一的西青区热带植物观光园正式向游人开放，被确定为天津市青少年科普教育基地。

6月28日　杨柳青明清街一期建设工程竣工举行“开街”仪式。

7月13日　区政府邀请中共中央、国务院有关部门40余位知名专家、学者组成专家论证委员会，对西青经济发展战略研究课题进行论证。中共中央政策研究室、国务院研究室、国务院发展研究中心、国务院西部开发办、国家发展改革委员会等部门有关负责人及有关专家等出席论证会。

9月28日　杨柳青年画馆正式开馆。

9月30日　新中国反腐败第一大案——刘青山、张子善贪污腐败案展览开展仪式在杨柳青博物馆举行。天津市、西青区有关负责人参加仪式。

10月　丹拉高速公路支线竣工通车。支线自区境王稳庄镇小韩庄村东进入西青区，全长度10千米，设王稳庄收费站。

11月4日　北京军区政治部副主任纪耀威、天津警备区司令员段端武带领在津出席“八个一”活动成果观摩暨经验交流会的民兵预备役人员到西青区参观。

11月6日　建设部及中残联领导一行数人到西青区检查创建全国无障碍设施建设示范区情况。

12月9日　天津“一二·九”抗日救亡运动纪念馆在李七庄街王兰庄村落成。团中央、市委宣传部和西青区有关负责人出席开馆仪式。

是年　杨柳青御河景观被评为“津门新十景”之一。

是年　西青区被全国双拥工作领导小组、民政部、解放军总政治部评为全国双拥模范城。

是年　西青区改厕工作受到中共中央办公厅通报表扬，《人民日报》等多家媒体给予专题报道。

2004年

1月5—7日　政协西青区第六届委员会举行第二次会议，听取审议《区政协常委会工作报告》《区政协提案工作报告》。

1月6—8日　西青区第十四届人民代表大会第二次会议在西青宾馆召开，收到代表建议、批评和意见23件。

1月　春节期间，西青区举办首届杨柳青民俗文化旅游节。

2月1日　联合国经济社会文化权利委员会主席旦丹女士到西青经济技术开发区考察。

2月9日　在李七庄、大寺、王稳庄等街镇建立防疫隔离带，隔离封锁津南区高致病性禽流感疫情传入。

2月20日　司法部、民政部联合检查组到西青区检查农村基层民主法制建设工作。

2月25日至3月5日　西青区经贸考察团到台湾地区参观考察。

3月17日　以越南共产党中央书记处书记、中检委主任阮文芝为团长的越共中检委代表团到西青区参观考察城镇建设情况。

3月27日　民政部副部长杨衍银到杨柳青镇大柳滩村考察社会扶贫救助解困工作。

3月　区文化局加挂区新闻出版局（版权局）牌子。

4月16日　中国残联主席团副主席、执行理事会理事长汤小泉率领中国残联省级理事长培训班学员一行到李七庄街考察残疾人“三站”建设情况。

4月25日　非洲莫桑比克人民共和国劳动部部长马里奥·塞韦内率代表团考察杨柳青博物馆、杨柳青年画。

5月15日　日本企业家代表团一行30余人到西青区参观考察投资环境，并参加西青经济技术开发区召开的天津投资开发合作研讨会。

5月29—30日　西青区房地产交易大厦落成并举办为期两天的首届西青房交会。

6月10日　上海市人大常委会主任龚学平率领代表团到西青区考察，天津市委副书记、市人大常委会主任房凤友等市领导陪同。

7月　辛口镇第六埠农业开发中心被确定为首批全国农业旅游示范点。

8月26日　西青区向贵州省希望工程捐款50万元，在该省建设镇宁布依族苗族自治县丁旗新房村、息烽县九庄镇腰塞村希望小学。

8月30日　由市文化局主办、杨柳青年画社承办的杨柳青木版年画保护工程研讨会暨天津杨柳青年画社藏品展开幕。

9月18日　全国城郊经济四届四次年会暨理论研讨会在西青区召开，中国扶贫基金会长王郁昭、农业部常务副部长尹长杰和天津市政府秘书长何荣林出席开幕式。

9月20日　吉林省党政领导率有关部门负责人到西青区考察。

9月　杨柳青镇被评为全国亿万农民健身活动先进乡镇。

9月　西青区杨柳青木版年画业协会成立，会员100余人。

10月12日　全国人大常委会原副委员长彭珮云考察西青区文化旅游产业发展情况。

10月14日　上海市副市长胡延照一行到西青区热带植物观光园参观考察。

10月26日　蒙古国代表团一行参观考察西青区社会经济和建设发展情况。

11月9日　中国民主建国会天津市委员会直属西青区支部成立。首批编入民建西青支部的民建会员共8名。

11月17日　中国人民武装警察部队政委隋绳武到西青区考察文化旅游事业发展情况。

11月　西青区被文化部命名为首批全国文化产业示范基地。

12月　中北镇被国家环保总局命名为第二批全国环境优美乡镇。

是年　西青区天津热带植物观光园被国家旅游局评选为AAAA级景区、国家级科普教育基地。

是年　西青区出现第一例艾滋病病例。

2005年

1月4日　西青区开展为印度洋海啸灾区捐款活动，全区干部职工踊跃捐款。

1月10—12日　政协西青区第六届委员会第三次会议在西青宾馆召开。

1月11—12日　西青区第十四届人民代表大会第四次会议在西青宾馆召开。会议补选2名区人大常委会委员，收到代表建议、批评和意见18件。

2月1日　西青区第二届杨柳青民俗文化旅游节开幕，至24日（正月十六）结束。

3月1日　杨柳青大院文化区、杨柳青元宝岛、霍元甲精武文化旅游区、玉佛禅寺、杨柳青庄园、水高庄园等十余个超亿元旅游项目启动。

3月31日　国家信访局联合督查调研组到西青区检查信访工作。

4月5日　中共中央政治局常委、全国政协主席贾庆林到西青区考察文化旅游产业和小城镇建设工作。

4月28日　“中国·杨柳青木版年画精品展”在北京中国美术馆开展，展出杨柳青木版年画135种、168幅。

7月1日　西青区新型农村合作医疗工作正式启动。

7月　加拿大甘露市政府代表团一行23人到杨柳青一中访问考察，举行加强中加文化教育交流座谈会。

8月16日　区境内普降大雨，全区平均降水118毫米，李七庄街最大降水量183毫米，为50年一遇。

9月10日　解放军总政治部副主任、全国双拥工作领导小组副组长唐天标带领总政机关和北京军区领导到天津预备役高炮四团和区武装部调研。

9月27日　原中共中央总书记江泽民到杨柳青镇考察。

10月12日　外交部党校社会调查团一行30人到西青区考察城镇建设和民俗文化发展情况。

10月12日　台湾地区独资企业天津胜兴家具有限公司董事长蔡豪志向区慈善协会捐款50万元。

10月23日　甘肃省玉门市党政考察团到西青区考察小城镇建设和品牌农业发展情况。

10月31日　国家计生委有关负责人到西青区张家窝镇检查生殖健康服务站建设情况。

11月8日　西青区慈善协会成立。

11月8日　在中央电视台举办的“魅力中国·魅力名镇”展示评比活动中，杨柳青镇获中国魅力文化传承名镇称号。

11月16日　中国环境与发展国际合作委员会外方委员考察团到西青区参观考察城镇可持续发展情况。

11月17日　辽宁省沈阳市政府办公厅考察团到区内参观考察。

12月16日　天津市首家少儿图书馆暨青少年教育基地在张家窝镇成立。

12月　西青区被文化部、国家文物局评为全国文物工作先进县（区）。

本月　张家窝镇被国家环保总局命名为第四批全国环境优美乡镇。

2006年

1月4—6日　政协西青区第六届委员会第四次会议召开。

1月5—7日　西青区第十四届人民代表大会第五次会议在西青宾馆召开。会议补选区人大常委会副主任1名，补选区人民法院院长。收到代表建议、批评和意见25件。

1月10—20日　杨柳青年画民俗展在韩国首尔中国文化中心举行。

1月13日　中央巡视组组长祁培文一行到西青区考察。

2月2日　中共中央政治局常委、中纪委书记吴官正到西青区考察。

3月21日　中共上海市南汇区委书记戴海波带领56人考察团到西青区考察交流新农村建设工作。

4月4日　区委、区政府举行革命烈士纪念馆新馆开馆仪式暨祭悼革命先烈活动。老战士代表、驻区部队官兵、在校师生、机关干部和社会各界群众1500余人参加。

4月19日　西青区与内蒙古自治区呼和浩特市新城区结成友好区。

4月21日　中共中央政治局常委、中央精神文明建设指导委员会主任李长春到西青区考察。

5月1—7日　“五一黄金周”期间，西青区推出“魅力名镇看民俗·赏景踏春到西青”系列旅游项目，接待游客58.1万人次。

5月15日　西青区行政审批管理办公室成立，加挂西青区行政许可服务中心牌子。

5月20日　杨柳青年画入选国务院公布的第一批国家级非物质文化遗产名录（美术类）。

5月25日　杨柳青博物馆（石家大院）和御河（京杭大运河西青段）入选国家重点文物保护单位。

6月8日　重庆市巴南区委书记姚代云率巴南区党政考察团一行到西青区参观考察。

6月28日　西青区有线电视由微波传输实现主干光缆联网传输，在天津市农口区县第一个实现有线电视全区光缆联网。

7月　天津市村务公开、民主管理示范单位创建活动现场推动会在中北斜村召开。

9月　天津杨柳青博物馆被全国旅游景区质量等级评定委员会评定为国家AAAA级旅游景区。

11月　由中国群众文化学会、中国文化报社主办的第二届全国特色文化广场评选中，杨柳青广场当选为全国60个特色文化广场之一。杨柳青元宵节灯展和秧歌会入选全国特色广场文化活动。

12月6—8日　中共西青区第九次代表大会在西青宾馆召开。大会听取和审查中共西青区第八届委员会和区纪律检查委员会的工作报告，并通过相应决议。选举产生中共西青区第九届委员会和纪律检查委员会。

12月23日　西青区被国家环保局批准为全国生态示范区建设试点。

12月31日　区内开展第二次全国农业普查。

12月　西青区被科技部评为全国星火科技先进单位。

12月　曹庄花卉市场、农业高新技术示范园区获全国农业旅游示范点称号。

是年　杨柳青木版年画工作者霍秀英、霍庆顺、霍庆友入选中国文联和中国民协认定和命名的首批中国民间文化杰出传承人。

是年　台湾地区东森电视台到石家大院、霍元甲故居拍摄电视专题系列片。

2007年

1月1日　西青广播电台加盟天津人民广播电台组建的天津区县广播联盟，合作期5年。

1月7—10日　政协西青区第七届委员会第一次会议举行。听取区政协主席作《高举团结民主两大旗帜　促进西青又好又快发展》的常委会工作报告和《区政协关于提案工作情况报告》。会议选举产生区政协第七届委员会领导机构。

1月8—11日　西青区第十五届人民代表大会第一次会议在西青宾馆召开。会议听取审议通过区政府、区人大常委会、区人民法院、区人民检察院的工作报告，并做出相应决议。作出《关于西青区2006年预算执行情况及2007年预算的决议》。选举产生第十四届区人大常委会组成人员、区政府组成人员和区人民法院院长、人民检察院检察长。

1月9日　西青区被科技部评为全国星火科技先进单位。

1月20日至3月25日　“迎新接福·一纸万象——杨柳青木版年画展”在澳门博物馆举办。

本月　台湾地区独资企业日新（天津）塑胶公司向西青区慈善事业捐款100万元。

2月　西青区被国家环保总局命名为国家级生态示范区，辛口镇被命名为全国环境优美乡镇。

3月5日　文化部副部长周和平一行到李七庄街王兰庄村考察村图书馆建设。

本月　西青区城市管理综合执法局成立。

4月10日　西青区全民健身运动会开幕，运动会设4个组别13个项目，历时6个月。

4月11日　中央宣传部督查调研组到李七庄街王兰庄村进行专题调研。

4月　辛口镇蔬菜试验示范基地被中国科协、财政部命名为中国科普惠农试验示范基地。

5月24日　台湾新同盟会2007高雄地区会员（会友）北京参观访问团一行30人到西青区参观考察。

6月21日　人事部部长张柏林到西青区调研公务员法实施情况。

7月　西青区棒球队在全国少年棒球赛中获得冠军。

8月22日　天津市国土资源和房屋管理局西青区国土资源分局成立，西青区规划土地管理局随之撤销。

9月13日 中央综合治理委员会平安建设督导组到区内督查平安建设和警务室建设。

9月30日 张家窝首届冬枣节开幕。

10月18日 最高检察院副检察长朱孝清一行到西青区检查工作。

10月 杨柳青火车站被评为市级“十佳不可移动文物”。杨柳青安氏祠堂和董家大院被确定为市级文物保护单位。

10月 西青区开展第三代美国白蛾防治工作。全区出动1800余人次、车辆600余部次，用药2.9吨，防治作业面积1300公顷。

10月 西青区文化部门编辑出版《中国木版年画集成·杨柳青卷》。

11月4日 中纪委驻最高人民法院纪检组组长李玉成一行到区人民法院检查指导工作。

12月4日 西青区举办“文明礼赞——西青区百名之星”颁奖典礼，100名先进人物受到表彰。

12月6日 位于辛口镇的天津市华源石化石油有限公司油库发生爆炸引起火灾，事故造成1个高位汽油罐炸毁、5辆汽油槽车及轿车被毁损，4人受伤。

12月18日 区政府召开颁发科技进步奖暨专业技术人才命名表彰大会。对38项技术成果授予科技进步奖，对新一届区级拔尖人才16人、学科带头人53人、优秀青年技术骨干89人进行命名表彰。

12月 辛口镇沙窝萝卜获国家工商总局、国家商标局核准注册证明商标。

12月 杨柳青镇被评为国家卫生镇。全区110个村庄成为市级卫生村，占村庄总数73.8%。

12月 西青区被命名为第五批国家级生态示范区。

是年 张家窝商业街被评为全国示范商业街。

是年 霍氏练手拳获批省市级非物质文化遗产，霍元甲文武学校被国家体育总局评为先进教学单位，霍氏迷踪拳入选天津市重点非物质文化遗产保护名录。

是年 西青区举办第四届全民健身运动会，设比赛项目13个，620人参赛。

2008年

1月6—8日 政协西青区第七届委员会第二次会议在西青宾馆举行。

1月7日 首届辛口镇中国沙窝萝卜文化旅游节落下帷幕。期间接待游客1500人，销售萝卜300万吨。

1月7—9日 西青区第十届人民代表大会第三次会议在西青宾馆召开，会议补选段春华为西青区出席天津市第十五届人民代表大会代表；收到代表建议、批评和意见16件。

1月15日 曹庄花卉市场被农业部批准为全国重点农业批发市场。

1月29日 新加坡企业代表团到大寺镇新家园参观考察。

1月31日 西青区体育局、中北镇和霍元甲文武学校被国家体育总局评为“2007年度全民健身与奥运同行活动先进单位”。

2月7日 辛口镇成为天津市首批科技部新农村建设科技示范乡镇。

2月10日 全国妇联副主席黄晴宜一行到西青区考察新农村建设情况。

2月21日 农业部副部长高鸿宾一行10人考察辛口镇第六埠村农业精品园无公害蔬菜生产基地情况。

5月1日至12月31日 西青区举办首届大众读书节活动。

5月 全区干部群众为四川汶川特大地震灾区募捐，共募集救灾款3647万余元，募集棉被、毛毯、帐篷等各类物品5982件，价值946万余元。

6月16日　西青区鑫三农田庄被市科协、市科委、市教委联合命名为天津市科普教育基地。

8月2日　西青区火炬传递手参加第29届北京奥林匹克运动会天津市火炬传递仪式。

8月10日　中国国民党主席吴伯雄率领台湾参访团参观杨柳青博物馆和杨柳青年画博物馆。

8月16日　中北镇被命名为联合国开发计划署试点城镇和全国发展改革试点小城镇。

8月19日　区委、区政府举行"感动西青"颁奖典礼，20人分别被评选为"十佳人物"和"十优人物"，27人获得"十佳人物"提名奖。

8月26日　中共中央政治局常委、中纪委书记贺国强到西青区杨柳青镇、辛口镇，实地考察新农村建设情况。

8月　西青区人民法院被最高人民法院评为全国模范法院。

10月15日　中国网通、联通红筹公司联合成立中国联合网络通信有限公司西青区分公司。

本月　全市第一座一级B标准的大寺污水处理厂一期工程竣工并投入使用。

11月1日　国务院副秘书长、国家信访局局长王学军率国家信访局一行到西青区考察指导工作。

11月12日　公安西青分局被公安部授予北京奥运会残奥会安全保卫先进集体称号。

11月26日　霍元甲文武学校代表队赴马来西亚参加第十届世界精武武术文化大会比赛，获集体刀术一等奖。个人项目获得8枚金牌、3枚银牌、3枚铜牌，对练表演项目双刀、双枪、空手夺枪获一等奖，团体总成绩第三名。

12月19日　西青区"改革开放三十年成就展"在杨柳青光明大殿开幕。

12月23日　辛口镇沙窝萝卜通过中国绿色食品发展中心审核认证，获得绿色食品标志商标使用权。翌年12月，沙窝萝卜商标在第三届中国商标节上被评为"2009最具竞争力的农产品商标"。

12月23日　杨柳青镇被住房和城乡建设部、国家文物局公布为第四批中国历史文化名镇。翌年2月9日，举行中国历史文化名镇杨柳青命名揭牌仪式。

12月24日　天津市反腐倡廉教育基地暨"中华人民共和国反腐败第一大案"展览揭幕仪式在杨柳青博物馆举行。中纪委副书记李玉赋及天津市、西青区领导出席揭幕仪式。

是年　第29届奥运会协调委员会主席维尔布鲁根，全国人大常委会副委员长、民进中央主席严隽琪到杨柳青博物馆参观。日本友人香西博子女士捐赠给馆内"五子夺莲""金玉满堂"两幅工艺年画。

2009年

1月4—5日　政协西青区第七届委员会第三次会议在西青宾馆举行。

1月4—6日　西青区第十五届人民代表大会第四次会议在西青宾馆召开，会议收到代表建议、批评和意见23件。

1月18日　南河镇更名为精武镇。

1月　中北镇中北斜村获第四批全国创建文明村镇工作先进村镇称号。

2月8—10日　西青区举办庆元宵大型灯展活动。

2月28日至3月5日　精武镇举办第一届农民文化艺术节。

3月16日　西青区"博士后创新实践基地"授牌暨"博士后创新实践基地项目实施单位"揭牌仪式在中北工业园圣纳科技有限公司举行。

3月25日　新加坡驻华大使馆商务处官员到西青区参观考察。

3月28日　全球经济发展促进会会长、全球华盟集团副主席聚博圣一行到西青区考察洽谈投资事宜。

5月8日　西青区被评为全国平安建设先进区，蝉联全国治安最高奖——"长安杯"。

5月16日　由天津市政协文史委、西青区政协、西青区广播电视局和西青报编辑部联合组成寻访赶大营后裔采访团，启程赴新疆采访。

6月29日　国家经济普查数据质量检查组到西青区检查工作。

6月　杨柳青民间音乐等七大类16个非物质文化项目列入西青区第一批非物质文化遗产名录。

7月22日　在第九届全国武术学校武术比赛中，霍元甲文武学校学生赵澜夺得女子虎拳、南刀两枚金牌，杜木舟摘取男子南拳和南棍两项金牌，该校获得团体总分第三名。

7月29日　新加坡商会考察团到西青区参观考察。

8月　西青区举办"2009年全民健身日"活动。

9月12日　梅江会展中心工程开工，翌年5月31日竣工。

9月23日　区委、区政府举办孙占权先进事迹报告会。会上宣读公安部授予公安西青分局刑侦支队长孙占权二级英雄模范的命令和中共西青区委授予孙占权优秀共产党员标兵的决定。

9月26日　西青区开展群众歌咏展演活动，庆祝中华人民共和国成立60周年。

10月1—5日　西青区推出"十一黄金周"生态休闲游。

11月6日　中纪委第六检察室负责人到西青区参观考察天津市反腐倡廉教育基地、中华人民共和国反腐败第一大案展览馆。

11月13日　中央综治委检查督导组一行到西青区检查指导社会治安综合治理工作。

11月14日　凌庄子凌奥创意产业园被国家人力资源和社会保障部授予国家级创业园称号，被天津市人力资源和社会保障局认定为首批实验园区。

12月11日　日本参议院议员藤田幸久带领日本民主党议员友好访华团到西青区考察。

12月17日　西青区被科技部评为国家级科技进步考核先进区。

12月31日　西河闸管理处完成"北京2009应急调水"任务，累计输水1.19亿立方米。

12月　霍元甲文武学校被评为全国优秀民办学校。

12月　西青区完成147个村委会、19个居委会第七届换届选举，开始提倡党支部书记、村(居)委会主任"一肩挑"。

12月　西青区被中央社会治安综合治理委员会授予"2005—2008全国平安建设先进县(市、区)"。

是年　中共中央政治局委员、全国政协副主席王刚到天津杨柳青博物馆(石家大院)参观考察。该馆被命名为中华传统文化教育基地。

是年　沙窝萝卜种植与窖藏技艺、运河文化(杨柳青段)、杨柳青剪纸被确定为市级非物质文化遗产。

2010年

1月26—27日　西青区政协第七届委员会第四次会议举行。

1月26—28日　西青区第十五届人民代表大会第五次会议在西青宾馆召开。会议表决通过《西青区人民代表大会议事规则》，收到代表建议、批评和意见16件。

3月26日　环境保护部生态司技术评估组到西青区对生态建设示范工作进行技术评估。

3月　民革西青工委成员、画家邓学来绘制骏马图《夺标》赠送台湾地区领导人，对方回复加以称赞并表示感谢。

4月14日　"精武门·中华武林园"奠基仪式在霍元甲故乡精武镇小南河村举行。

4月　西青区开始进行机构改革。区商委与区对外贸易委员会合并为区商务委员会。组建市容和园林管理委员会，加挂爱国卫生运动委员会办公室牌子。组建区招商局。组建区文化广播电视局，挂新闻出版局、版权局牌子，撤销区广播电视局，成立区新闻中心。

5月24日　浙江省商会代表团到西青区参观考察。

5月29日　新疆维吾尔自治区和田地委代表团到西青区参观。

5月　西青区反腐倡廉教育基地暨“中华人民共和国反腐败第一大案”展览被中纪委、监察部命名为第一批全国廉政教育基地之一。

6月11日　西青区开展文化遗产日宣传活动，举办杨柳青剪纸艺术展览，香塔老会传统花会展演、保护和传承成果展示，组织参观天津市“非遗”展馆等系列活动。

6月29日　海南省驻天津农产品流通办事处揭牌仪式在王顶堤红旗农贸综合批发市场举行。

6月　西青区金融服务办公室成立。

7月1日　海南省省长罗保铭率代表团到西青区参观考察。

7月1日　西青区开展全国第六次人口普查。

7月5日　台湾地区“杰出农民协会团组”到西青区参观考察。

7月25日　在新加坡举办的第三届亚洲青少年武术锦标赛中，霍元甲文武学校学生代表中国队参赛，获长拳冠军。

8月24日　被列为天津市重大项目之一的深福保天津创意产业园项目在张家窝镇工业园区举行开工奠基仪式。

9月6日　京津冀百家旅行社到西青区开展“媒体看西青”活动。

10月20日　韩国韩华集团参观团到西青区参观考察。

10月29日　天津市西南部最大的现代化农业示范园区梨园花卉市场开业。

11月1日　江西省萍乡市委书记刘和平率团到西青区参观考察。

11月13日　“世界精武·霍元甲百年英雄会”在精武镇小南河村中华武林园举行。12个国家和地区、39个精武体育会会友代表4000余人汇聚津门，到霍元甲家乡小南河村祭奠精武元祖霍元甲。

11月22日　在“凯伦杯”全国空手道冠军赛上，霍元甲文武学校学生获4项冠军。

11月　西青区作家协会、美术家协会、书法家协会相继成立。

12月30日　国务院批准西青经济技术开发区为国家级开发区，实行国家级经济技术开发区政策。

是年　在全国民办教育先进集体、先进工作者评选中，霍元甲文武学校被教育部中国教师发展基金会授予全国民办教育先进集体称号。

是年　西青区作为第一批国家级文化产业示范基地通过文化部验收。

西青异彩

天津市 西青区志（1979—2010）

TianJin Annals of Xiqing District

杨柳青木版年画经典名作——《莲年有余》

西青区是中国四大木版年画之首杨柳青年画的发祥地，是著名爱国武术家霍元甲和韩慕侠的故乡，还是清代“赶大营”始发地。年画艺术、精武文化对后世曾产生巨大影响，“赶大营”对清代收复新疆和民族交融起到重要作用。这三项西青特色文化多年为社会各界所重视，各种媒体进行大量报道和宣扬，学术界进行各种研究与探讨。进入21世纪后，区委、区政府对西青文化遗产高度重视，投入大量人力、财力、物力加以保护与继承，使这三项遗产成为西青文化特色品牌和新时期西青区文化建设的原动力。为使世人览其源流，得其发展新变，本志以专题形式特设“西青异彩”于卷首。

一、杨柳青木版年画

杨柳青年画起源于明代。永乐年间（1403—1424），多有河北、山东和江南移民定居杨柳青，其中携带年画技艺者，见附近村庄盛产杜梨木，适于刻板，遂刻印门神、灶王之类版画于年节出售。京杭大运河开通后，商贸日渐繁荣，习此艺者渐多，遂有专业作坊出现。清“康乾盛世”时期，年画业达之鼎盛，杨柳青镇年画作坊最多时有100余家。大作坊年产画作百万张，从业者多达3000人。一些知名画庄还把年画店开到北京城，使杨柳青年画声名远扬。

杨柳青年画进入京城后，品位从通俗渐趋高雅，形成绘画工整、构图新颖、色彩鲜艳柔和、墨线鲜明有致的特点。创作群也迅速扩大，京师绘画高手和南北画家纷纷加入年画创作，使杨柳青年画具备文人气质；题材增至十四大类，精品佳作大量涌现，使杨柳青年画进入巅峰期，成为国内“四大木版年画之首”。

清中后期内忧外患不断，国力衰退，百业萧条，社会购买力下降，杨柳青年画业在劫难逃，自此举步维艰，挣扎求存。抗日战争时期，受侵华日军铁蹄践踏，年画业几乎损毁殆尽。

杨柳青年画《五子夺莲》

新中国成立后，党和政府针对杨柳青年画的衰微状况，鼓励民间艺人抢救年画。国务院总理周恩来曾到杨柳青镇视察，对抢救年画作出重要指示。周总理的指示，对杨柳青年画的复兴起到重要促进作用。1978年后，随着国力逐渐昌盛和人民生活水平提高，杨柳青年画这一民族文化瑰宝得以新生并迅速走向繁荣。

（一）源　流

明代初期，杨柳青年画初兴，多于过年时印售门神、灶王、吊钱、神马之类的应时画作。明代中期，杨柳青年画初具规模，作品得到市场认可，已有专业经营年画的作坊出现。嘉靖末年权臣严嵩被抄家产中，就有《三阳开泰图》《天师像》《高冠进步图》等木版年画，说明年画已得到社会各阶层的普遍认可和收藏。万历年间（1573—1620），杨柳青年画出现套色木刻，改用白纸，用朱、绿、黄、黑等颜色套印，画稿创作与制作工艺逐渐成熟，成为今日木版年画的雏形。此时尚无店铺和作坊名称，属艺人自己绘制、自己雕刻印刷和销售的阶段。

清“康乾盛世”时期，社会稳定，经济好转，给年画业带来生机，杨柳青年画逐渐步入鼎盛时期。这一时期，画店开创手工彩绘先河，艺人在画坯子上进行增色描绘，年画的质量和观赏性大为提高，杨柳青年画得以快速发展。一些较大规模的画店不墨守成规，而是培养更多乡村巧手进入画业，习学彩绘手艺后，带动乡村亲朋参与彩绘加工，杨柳青形成“家家会点染，户户善丹青”的画乡之势。

乾隆皇帝去世，在“国丧”期间禁止使用大红大紫颜色，年画艺人发明以蓝色为主色调的“伞蓝”年画，创作出一批清新淡雅作品，使人耳目一新。市场上，伞蓝年画也大受欢迎，自此这一风格流传不衰，代表作有《琴棋书画》《孟母断机》等。

门神秦琼

清代中期，杨柳青年画一个重大的变化，是聘请著名宫廷画师给年画作坊出画稿，使画作增添高雅的“殿堂”韵味。还有一些上海画家也加入年画创作中，带来一股南方海派画风。两股画风的融入，使杨柳青年画锦上添花，雅俗共赏，声望登峰造极。

太平天国北伐时期，年画变为以花鸟草虫为主要题材，许多作品不见一个人物。这一改变正好填补杨柳青年画缺少风景和花鸟的传统，使杨柳青年画的题材更为广泛多样。

清末，随着朝廷腐败和列强入侵，民怨沸腾，杨柳青年画出现抗击外敌侵略和讥讽官场腐败的作品。这充分说明，杨柳青年画并非只是形式上好看，还富有时代和政治色彩，蕴含着忧国忧民情怀。

齐健隆画店出品的伞蓝年画《大登殿》(清 嘉庆)

杨柳青人“赶大营”兴起后，杨柳青年画进入新疆。由于少数民族同胞不喜欢年画中有人物和动物，初期很少有人购买和张贴杨柳青年画，而更喜欢在宝格中陈设博古静物和中东式样的蓝色调穆斯林风格建筑画。为打开新疆市场，杨柳青年画商家便根据少数民族同胞的欣赏习惯，创作和印制出被称作“格锦画”和“洋林画”的年画，终于打开新疆市场。这种创新，使渐趋衰落的杨柳青年画又重新振作起来。

民国初年，受当时政治气候影响，当政者以“年画有维护旧风俗、旧道德之嫌”为由，对杨柳青年画题材进行审查，只批准个别画师的历史题材画可以销售，其余都被封杀，因而造成春节市场年画缺失，引发百姓不满。当时，直隶教育司石印一批“改良年画”投入市场，但因艺术性低劣而无人问津。形势好转后，年画艺人又重新振作起来，开始新的创业，先后创作出《太平世界》《渔家多子》《文明娶亲》《文明戏》《自动车》《民国花卉》《谎言无益》《女学堂演武》《中华成立 欢迎共和》等紧跟时代潮流的作品，颇受民众欢迎。

第一次世界大战结束后，天津始有进口油墨，一些印刷局搜集年画画版，聘请画师重绘后采用油墨印刷。因胶印物美价廉，对手绘年画市场的冲击强烈，致使杨柳青年画店纷纷倒闭。

日军侵占天津后，杨柳青年画遭受灭顶之灾：日军军车强行进入杨柳青镇时，因下雨路途泥泞难行，竟悍然用年画画版为军车铺路，将画版碾入泥沼。占领杨柳青镇后，还将画版用于盖碉堡，或用在农田的挡水口，甚至劈柴烧饭，使画版损毁丢失极为惨重，致古镇数百年的艺术精华几近灭绝。

（二）画　店

明代，杨柳青年画经营均为家庭操作，有坊无名。

清代中期，一些画坊雇佣多名工匠，作坊越开越大，便为作坊立起名号，各家作坊纷纷响应，也都起名挂牌。年画业的红火，使加入此道者越来越多，杨柳青出现年画作坊近百家。乾隆年间（1736—1795），杨柳青镇年画作坊鳞次栉比，画牌相连，彩幌并立，其中较大的作坊有画案上百个，每年制作画作上百万张。一些作坊除扩建作坊增加画案外，还增设有专门画店。这一时期，有十多家画店拓展市场，在外地设立作坊。这些作坊中，有的从杨柳青运来年画销售；有的聘请画师、招募徒工就地生产，就地销售。杨柳青年画早期覆盖河北省唐山、玉田、兴隆等地，后延展到东北，在沈阳设立作坊，将年画打入东北市场，在相当一段时间内辐射整个东三省。清乾隆年间，杨柳青人将画店开到北京，设立作坊，就地加工，印制批发。乾隆五十年（1785），已有十多家画店进入京城，在崇文门至正阳门一带开设画店。有些画店设坊自印，供客户贩售，产出的年画除供应北京市场外，还远销河北、西北、漠南蒙古等地。一进腊月，画店员工还走出柜台，去庙会或繁华街市搭棚展销年画，同时还兼营灯画、扇画和文房四宝。

渔樵耕读（戴连增画店作品）

杨柳青木版年画进入北京后，一些画店为皇宫、王宫府邸、豪门大户特制门神画，其中皇宫门神规格最大，通常高8尺、宽5尺；王府门神次之，高6尺、宽4尺。画面门神顶盔贯甲，佩剑悬壶，全用金箔“堆金沥粉”制作。画纸和画版都是拼合，制作费时费力，卖价昂贵，每对门神需银三五十两，被称为“金贡笺”。宫廷戏台也要用年画装点，标志着杨柳青年画达到鼎盛期。杨柳青年画精细典雅、富丽堂皇，又具雅俗共赏特质，故能得到不同阶层人们的广泛喜爱。

新中国成立后，在政府关怀倡导下，杨柳青年画老艺人于1953年在原年画作坊基础上，成立“杨柳青木版年画生产互助组”，聘请年画老艺人任画师，收徒授艺，在镇政府和地方文化馆支持扶助下，恢复年画生产。1992年，杨柳青玉成号画庄传人在旧址恢复老字号画庄名称，正式营业。一些老字号画店后代纷纷效仿设立年画店。至2005年，杨柳青镇有近50家画店。

附：

画乡36村

杨柳青年画鼎盛时期市场需求量大，杨柳青镇上的作坊无法满足，画商便把加工手绘向镇外分发。其中贫穷的杨柳青镇南乡36个村成为首选，有画坊派画师教乡民手工彩绘的技艺，由点到面逐步带动，把印完墨线的画坯子分发给南乡百姓去着色描金，形成南乡36个村家家户户皆善丹青彩绘，成为年画之乡。

由于杨柳青木版年画较早进入南乡，村民中出现一代又一代高手，还有经营高手，把画店开到天津卫。南乡也培养出一大批画师高手，有的手绘技法细腻擅画美女，有的善画梅兰竹菊和仕女，有的擅绘制灶王、海神、麒麟送子，有的善画古装戏出画，有的擅长画花鸟和山水作品。也形成过整村的经营特色，有的村庄以手工彩绘为主，有的以装裱为主，有的以作坊画店为主，有的以加工彩绘为主，还有的村庄家家会点染、人人是画工。至2010年，镇南36村仍有不少人受年画传统影响，仍经营画店。（详见附录）

（三）画　师

无名氏　早期杨柳青木版年画是杨柳青人集体智慧的结晶。一幅好的年画问世，与画样儿、雕版、印线、刷版、彩绘、装裱等各道工序上的能工巧匠都密切相关。六百多年间，年画业曾出现无数优秀画师。由于历史上木版年画被视为“不入流”的画作，画师也未得到应有的尊重。明代年画只有画作题目，无画店字号，更没有画师名字。清代早期年画只有画店字号，也没有画师名称。乾隆年间杨柳青年画声名鹊起后，所聘请的宫廷画师和南方画师皆为文艺界著名人士，年画上才出现画家的落款名称。

海派画家　在杨柳青木版年画鼎盛时期，一批南方海派画家纷纷北上，为杨柳青年画创作画稿，开始具有开创意义的年画题材创作，使年画增加海派清风和文雅之气。海派画家有的善工笔画，以人物仕女为专长，间作风格笔法遒劲、意境娴雅的花卉山水，既有民间村野淳朴风味，又兼有宫廷高雅富贵之气；有的在线条勾画后略加淡墨渲染，使人物面容的立体感和质感出神入化。这些画家在不违背杨柳青年画的基本规律、不破除其艺术特征的前提下，将文人画的神韵、院体画的精髓扩展到杨柳青年画中。在他们的影响下，杨柳青年画打破长期对称式构图方式，主要色调风格也由浓艳转向淡雅，突出文人画的诸多因素，有的将奔放的热情聚于笔端，流淌在画作上，构图喜庆热烈，充满对生活的热爱和对美好的向往，令人耳目一新，深受大众喜爱，至今畅销不衰。以钱慧安为代表的许多海派画师由于画作被大量印行并广泛传播，成著名画家。

《淀上渔歌》　张锡武创作

宫廷画师　宫廷画师为杨柳青年画风格走向典雅起到重要作用，比较著名的有：高桐轩（1835—1906），是从杨柳青走出去的宫廷画师，一生画作颇多，留下大批受人喜爱的作品。画师张祝三早年供职于皇家画院“如意馆”，晚年离职后返回故里杨柳青，受聘于画店当画师，首创杨柳青年画戏剧题材之先河，很受大众喜爱，遂将杨柳青年画的销量推向高峰。所绘《北京城百姓抢当铺》，反映社会畸形状态，成为具有历史研究价值的名作。

“草根”画师　在杨柳青年画发展过程中，众多寂寂无闻的“草根”画师起到铺路作用，作出重大贡献。代表人物“阎美人”擅画仕女，由于出类拔萃，被同行戏称为“阎美人”。潘忠义从八岁起立志学画，成年后成为远近知名的丹青妙手。张兴泽用笔自由、勾染快捷，极具奔放写意的民间风味，画作色调鲜艳而不浮躁，在杨柳青年画业公认他的调色技艺堪称一绝。

新时期画师 新中国成立后，部分新画师从不同角度反映新生活、新人物、新变化。在借鉴民间年画的绘画技法上，突破旧程式，着力于艺术创新，作品质量上乘。1978年后，新时期画师迎来年画业的繁荣期，创作出大量反映时代特征的新年画。1977—1980年，杨柳青年画创作者有一百余人，完成作品近三百件。1979年，在北京中国美术馆举办天津杨柳青年画展。中国人民对外友好协会主办中国民间年画展览，选入杨柳青年画32幅，赴法国、意大利、比利时、卢森堡等国展出，其中有25幅为国外博物馆收藏。

《山集春早》 张克森作

附

年画世家

戴氏年画世家 戴氏先人自明永乐年间（1403—1424）携画艺从江南到杨柳青定居，经营木版年画。代表人物为戴连增，清乾隆中期首创以名姓为店名的“戴连增画店”，时为杨柳青规模最大、年画品种最多的画店。从业者近百人，雇工200余人。清代戴氏共建画店9处。戴氏首创“套印加手工彩绘”技法，形成杨柳青年画独有风格，留下许多传世佳作。

齐氏年画世家 齐氏代表人物为齐健隆，清嘉庆十九年（1814）建“齐健隆画店”。因画艺有特色，套色可达20多版，与戴家画店齐名。最兴盛时，画店有画师和雇工250余人，各种工序设施齐全，年画品种丰富多样，为杨柳青年画特大作坊之一。

霍氏年画世家 霍氏的玉成号画店由第五代传人霍玉堂创办，为新中国成立后的第一家民间年画作坊。1953年，霍玉堂与人联合组建年画生产互助组，使杨柳青年画数十年后重获新生。1979年初，开始雕版印刷年画。1992年，创办玉成号画店并正式营业。

（四）体裁与题材

年画体裁 主要有板屏、条屏、屏对、横三裁、竖三裁、炕围子、门画、历画、灯画、斗方、缸鱼、窗花纸、格景、选仙图、洋片等16大类，还可分出横条花边、圆光子、天地家堂、朝衣大像等。

年画题材 杨柳青年画取材约3000种。主要有神话故事、历史故事、小说传奇、各业始祖、神马、仕女、娃娃、戏出、吉祥图样、财迷图样、山水花卉、时样节景、历画、灯画、风筝纸。

呈现方式 主要有过稿、印本、拓本、粉本、绘本、印本着色、彩色套印、套色彩绘、淡墨套版、朱墨套印等。

（五）工序与模式

一幅年画的制作完成，除需要上等材质板材、白绵纸等优质纸张和自焙颜料外，还要经过勾、刻、印、画、裱5道工序。杨柳青年画有“秘籍宝典”，主要为绘画总诀和配景要义，均蕴含画理精华。加工模式为分工制作、以师带徒、婆领媳作、外订加工、应季销售5种。

（六）拯救与复兴

成立画社组织 新中国成立后，在党和政府支持下，杨柳青木版年画重获生机。1953年，年画老艺人韩春荣、霍玉堂、张兴泽在倒闭的“德盛恒”“新记”“景记”基础上，成立杨柳青木版年画生产互助组。在镇政府和地方文化馆的支持下，恢复年画生产。1956年，互助组发展到十余人，随即成立杨柳青和平画业生产合作社。社址设在霍玉堂的私人住宅里，因陋就简，生产普及品，颇有影响。1958年，天津荣宝斋、德裕公画店合并，更名为杨柳青画店，增聘民间年画彩绘艺人进店，招收徒工十余人。1960年，画店招收学员60人，举办杨柳青木版年画训练班，聘请年画老艺人和专业美术工作者授课。1992年，玉成号画庄成立，恢复年画生产。1978年后，从事杨柳青木版年画生产和销售的作坊和画店如雨后春笋般涌现出来，镇内先后开办前店后厂的年画作坊30余家。各画坊拓展年画体裁，增加品种，开发衍生品，以提高年画对新时期市场的适应能力。

画版征集与馆藏 1960年初，市文化局组织人力到杨柳青镇各街及附近村庄，征集画版和早期年画印制品、画稿等，由国家收购，捐献者亦给予奖金或精神鼓励。至1961年，共征集到画版4328块，有关资料1528件。资料中有清乾隆年间（1736—1795）画师王天来的扇画稿，还有张祝三和其他画师的作品。还征集到齐建隆、戴廉增和其他画铺、作坊契约、账簿、合同、牌匾、戳记等物。此外，征集到很多贡尖、三才、对楼、四扇屏、门童、方子等印版。还有早期年画、过稿年画、画稿、墨线稿、扇画稿、灯芯子以及画铺、作坊的遗物等。

杨柳青年画馆藏主要是在国外。1932年，日本美术研究所编印的《古版画图录》收有杨柳青年画作品；1961年，民主德国出版《中国版画》；1966年，苏联出版《中国民间画》；1973年，联邦德国汉堡博物馆将收藏年画40余帧编选出版；1978年，巴黎吉美博物馆选出87幅，作为《亚洲艺术丛书》出版。以上诸种中国年画图册，大部分都是杨柳青年画作坊清代印绘之品。近年曾幼荷编印的《美国人收藏的中国民间艺术》和奥地利维也纳1984年出版的《中国四季喜庆画》，也都收有杨柳青年画精品。日本奈良市大和文华馆于1972年编印的《中国明、清时代之版画》中，有戴廉增画店印的一幅《种种得魁》，是罕见的一幅蔬果题材的中堂画。清朝中叶流到国外的杨柳青年画，数以千计的作品收藏在英国、俄国、法国、日本、德国、美国、奥地利等国和中国台湾地区等各大博物馆中。

复兴工程 进入21世纪，杨柳青木版年画出现快速发展态势。2000年，区委、区政府将杨柳青木版年画内容编写进西青区九年义务教育乡土教材中。2003年，区投资50万元，修复安氏祠堂，辟为杨柳青木版年画馆。画馆集收藏、展览、现场绘制表演为一体，自开馆至2010年，接待游客近10万人。2004年9月，西青区杨柳青木版年画业协会成立，吸收会员100余人。协会举办画展、组织会议和联谊活动，研究、完善杨柳青木版年画理论，丰富年画体裁、题材，探讨年画绘制技艺，交流营销经验。至2010年，组织各类会议和活动20余次。举办短训班和专题知识讲座，以促进年画传承。采取认师授徒形式，使青年年画专业人员增加近百人。区政府与南开大学合作，举办学制两年的杨柳青木版年画大专培训班，招收学员20人。

举办年画展 2005年，杨柳青木版年画展在北京中国现代文学馆举行。年画经典作品参加由文化部、天津市政府共同主办的意大利·天津周活动。另在韩国首尔举办“中国魅力名镇杨柳青木版年画展”。

二、武林双杰

西青区是著名武术之乡。清末民初，西青地区先后出现两位杰出的武术大师：一位是霍元甲，一位是韩慕侠。霍元甲以迷踪艺著称于世，韩慕侠则是以八卦、形意拳而南北闻名。霍元甲曾经威服俄国大力士，吓跑英国大力士，打败日本柔道队，并创办精武体育会；韩慕侠则是打败康泰尔，与师傅一起创办中华武士会，受聘南开学校武术教练，自办武术专馆，担任过周恩来的武术教练。为军队培训过大刀队。霍元甲创办的精武体育会蜚声海内外，武脉传播绵延至今，全球20余个国家成立56个精武会，影响深远；韩慕侠参与创办的中华武士会曾广有影响，其爱国和勇武精神至今传承不衰。

(一)霍元甲

霍元甲，字俊卿，西青区精武镇小南河村人，清末著名的武术大师。生于清同治七年十二月初七(1869年1月19日)，卒于清宣统二年八月十一日(1910年9月14日)。

精武元祖

霍氏家族在西青小南河始祖为霍利通。霍氏本河北省东光县安乐屯人，家族一直以尚武之风安身立命。清康熙年间(1662—1722)，霍氏三兄弟避难逃至静海县境，霍利通在小南河村落脚，另两人一在阎家村落脚、一人则远走关东。霍元甲之父霍恩第即霍利通后裔，武艺超群，常出入关东为客商保镖，在武林中颇有名望。晚年回乡务农，督教子侄辈习文练武，继承家业。霍恩第弟兄三人共生十子，人称“霍家十兄弟”。按年龄排为：元贞、元善、元栋、元甲、元和、元卿、元良、元祥、元忠、元臣，大排行霍元甲居第四。霍恩第有三子，即老大元栋、老二元甲、老三元卿。霍元甲秉承七代家学，即从小南河七代始祖霍利通算起。

国内外精武体育会悬挂的霍元甲遗像

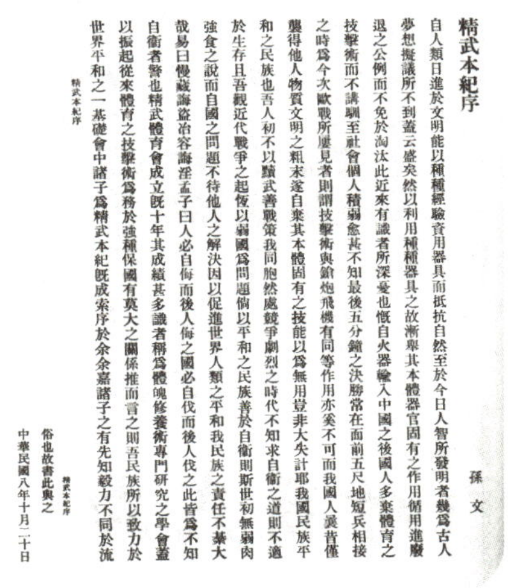

精武本紀序

孫文

自人類日進於文明能以種種經驗資用器具而抵抗自然至於今日人智所發明者幾爲古人夢想擬議所不到蓋云盛矣然以利用種種器具之故漸舉其本體器官固有之作用循用進廢退之公例而不免於淘汰此近來有識者所深憂也慨自火器輸入中國之後國人多棄體育之技擊術而不講馴至社會個人積弱愈甚不知最後五分鐘之決勝常在面前五尺地短兵相接之時爲今次歐戰所屢見者則謂技擊術與鎗炮飛機有同等作用亦奚不可而我國人曩昔僅襲得他人物質文明之粗末遂自棄其本體固有之技能以爲無用豈非大失計耶我國民族平和之民族也吾人初不以黷武善戰策我同胞然處競爭劇烈之時代不知求自衛之道則不適於生存且吾觀近代戰爭之起恆以弱國爲問題倘以平和之民族善於自衛則斯世初無弱肉強食之說而自國之問題不待他人之解決因以促進世界人類之平和我民族之責任不綦大哉易曰慢藏誨盜冶容誨淫孟子曰人必自侮而後人侮之國必自伐而後人伐之此皆爲不知自衛者警也精武體育會成立既十年其成績甚多識者稱爲體魄修養術專門研究之學會蓋以振起從來體育之技擊術爲務於強種保國有莫大之關係推而晉之則吾民族所以致力於世界平和之一基礎會中諸子爲精武本紀既成索序於余余嘉諸子之有先知毅力不同於流俗也故書此與之

中華民國八年十月二十日

精武本紀序

孙中山为《精武本纪》作序

霍元甲成年后，面对列强入侵，清廷腐败无能，国家危难日甚的局面，他和仁人志士一样，苦寻救国之路。为谋生计，身怀家传绝技的霍元甲在天津老城北门外竹竿巷帮农劲荪经营怀庆药栈。农劲荪是同盟会员，曾留学日本，也有一身武术功夫，受孙中山之命在天津设秘密联络据点。霍元甲从此接触到当时最先进的革命思想和团体。中国第一个民间武术组织——上海精武体操会于1910年7月在上海创办，农劲荪任会长，霍元甲任技击主任。精武会遍及大江南北和海外，霍元甲成为名副其实的“精武元祖”。此后一百多年间，所有精武会都悬挂巨幅肖像，像下均书“精武元祖霍元甲”。

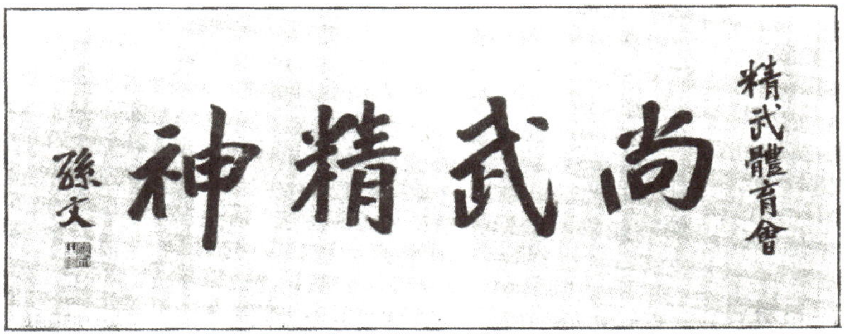

孙中山为精武会题词“尚武精神”(选自1919年《精武本纪》)

霍元甲成为世界精武爱好者心中的偶像，成为世界各国精武会的精神象征。在精武会创建十周年庆典时，上海精武会出版《精武本纪》以志纪念。孙中山为《精武本纪》作序，题写“尚武精神”匾额，予以褒奖、鼓励。

从迷踪拳到迷踪艺

霍元甲家传绝技本为迷踪拳。青年时期的霍元甲面对国事危难，希图用武术救国抵抗外侮。

八国联军占领北京后，霍元甲觉得迷踪拳劲力稍弱，实战效果差。于是，他设想改进家传绝技，把迷踪拳变得更快更神秘更具实战效应。新改进的拳路来无影去无踪，追求快和狠，让对方无踪可寻。自此，迷踪拳成为迷踪艺。

新创的迷踪艺总括鹰爪、螳螂、八卦、形意、太极、少林等各派精华，比迷踪拳的境界要高而且精。此拳套路精练，一招一式常有出乎意料的变化，不愧有迷踪之称。霍元甲在编练此拳时，尤其注重攻防效果，步法使用的是有利于攻防的四、六步，招式以攻击为核心，使用抹腮扪心掌。此招是霍元甲独创，就是用左手去“抹”对方的脸腮，造成对方紧张防守时，右手铁砂掌闪电出击，重创对手心脏。如一招不成，紧跟着换手再进攻，连连紧逼对方。此招为迷踪头路拳的核心，也是迷踪艺核心，当为霍元甲的经典之作。另有童子拜佛招法，双手合十成拜佛式，蓄势待发，瞬间双撩掌，向对手裆部上方击去，招法十分厉害。

迷踪艺之称，最早见于民国初年的《静海县志》，上载：“元甲承家学，通迷踪艺，挟其技，往来津沪间……”

新加坡精武体育会《会刊》中提到：霍氏练手拳为霍家迷踪艺之一种，经霍家流传七代，至霍元甲先生，始打破传媳不传女之例。其哲嗣东阁更将其秘谱公之同好。南传者为王玉琴、卢炜昌。

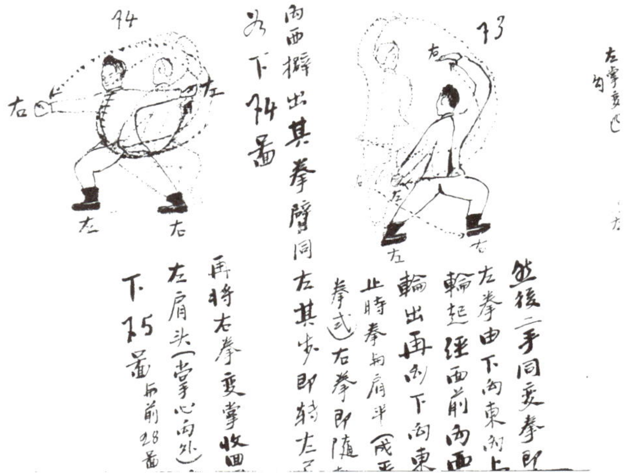

霍东阁绘制的练手拳图

精武体育会著名老教练魏元峰谈及迷踪艺时说：迷踪技艺以飘忽轻灵见称，与之交手者，总是为其闪展腾挪，开合收闭之法所败。

1984年上海精武会《会刊》撰文说：霍氏练手拳又称迷踪艺。此拳没有花门，重攻防技术，套路结构上既吸取各家之长，又突出其本身特点。此拳内容丰富多彩，手型有拳、掌、勾、爪，步行有弓、马、虚、扑、偷。其手法融鹰爪、螳螂、八卦、太极、长拳、潭腿、短拳、形意、佛家各门精华于一炉。迷踪艺注重手脚并重，严密圆活，在劲力上颇有讲究，“刚劲”刚而不僵，“柔劲”则柔而不软。有局部运动，亦有全身合力。此拳具有实用价值和锻炼价值，既可增强体质，又可提高自卫能力。

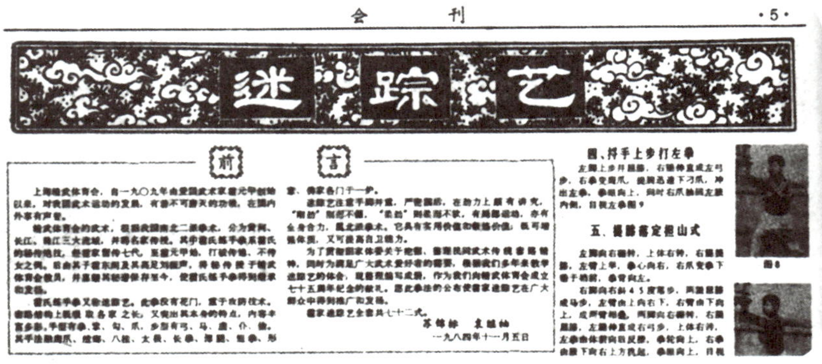
会 刊 ·5·

迷踪艺

前言

上海精武会会刊一角

演练迷踪艺需要相当功

力做基础，故精武体育会在安排课程时，分初级、中级、高级，四年后进入高级班才能练迷踪艺。霍元甲创办精武会后，迷踪艺便以“霍氏练手拳”之名在精武会推广，并传播到海外。

精武会

上海精武会 上海精武体操会于1910年7月创办。当时，上海英国大力士奥皮音在张氏味莼园设擂，声称自己是“世界第一大力士”，“东亚病夫”没人敢来挑战。霍元甲知晓后，毅然前往上海滩挑战。奥皮音经打听才知道天津“黄面虎”霍元甲的厉害，不敢比武，竟临阵脱逃。霍元甲威名吓退敌手，为国人争光出气，一时间使上海滩沸腾起来，人人都觉得国粹武术原来很重要，是能强身健体保家卫国的。当时正值暑假期间，上海各学校争先邀请霍元甲和弟子去传授武术。

上海精武会最初会所（1910年摄）

霍元甲看到上海爆发习武风潮，非常高兴。他认为上海人已经认识到武术的重要，各学校都有学习武术的意愿，不如就势造势，尽快开办一个大武馆，让有志青年都来学武术，改变吴越之地的文弱之风，使人民强壮起来。他将想法说与农劲荪，两人所见相同，便在闸北王家宅用168银圆租下一所房子，上海精武体操会便在那里诞生。后来，又将精武体操会更名为精武体育会。

精武会每年都在秋季举行毕业典礼，并召开运动会以展示成绩。参加表演的教练有霍东阁、叶凤池、孙赞轩、孙玉峰、赵连城、陈维贤等。第三届运动会因参加人员较多，便租用法租界民兴歌舞台作为场地。会员武功日臻成熟，社会影响力越来越大。因精武会所遭飓风被毁，后迁至虹口区提篮桥倍开尔路73号。

1915年，上海精武体操会改名上海精武体育会。由于入会者越来越多，会所难以满足需用，便在北四川路崇明路口成立第一个精武分会。后又相继成立第二、第三个精武分会。同时，绍兴、南浔、松江、香港、汉口、广州、佛山、余姚也纷纷成立精武会，由上海精武会派教练前往指导。

陈公哲捐建的民国年间上海精武会新会址

体育会成立的深远意义在于打破武林界狭隘的门派观念，变各家各姓的门派武馆为中华民族的大武馆，停止门派争斗，把武术这一国粹奉献给国人，用以强国自卫。

精武体育会在不同时期有不同的宗旨和追求。在灾难深重的清末时期，精武会宗旨是“血洗东亚病夫耻辱，提高国民素质”。后来精武会走出国门，宗旨明确为“谋全世界人类之健康，不使有此强彼弱之弊，而收一视同仁之功”。现今，发展为“爱国、修身、正义、助人”新理念，致力于与世界人民共享健身之乐和健康之福。

马来西亚雪兰莪精武会

天津精武会 1922年10月，上海精武会陈公哲等人率精武旅行团到天津宣传精武，创办精武会。经多方努力，“天津精武会发起人筹备会会议”终于召开，选举主任、副主任，后因多方原因，精武会未真正成立。1935年春夏之交，霍东阁准备在天津成立精武会，因各种缘故未成功。1990年6月，天津精武会在霍元甲出生地小南河村成立，霍氏几代人的夙愿终得实现。

国外精武会 1920年，上海精武会派遣罗啸璈等5人下南洋去宣传精武，到处表演精武拳术，当地华人富商和居民大力支持。1921年9月，精武会完成在政府注册，正式成立起马来西亚第一个精武会——“雪兰莪精武体育会”。1924年，怡保精武会成立，至1939年已初具规模。后因日军南侵，怡保精武会停顿。1945年日本投降后，怡保精武会得以恢复。马来西亚精武会分会最多时发展到20个。

从1923年到1927年的4年中，霍东阁等人在爪哇岛先后创办有三宝垄、万隆、北加浪、梭罗、芝利昆、西冷等9个精武会。

精武群英

霍元甲 霍元甲身怀家传绝技，曾经在天津城厢戏院逼服俄国大力士，在上海滩吓跑英国大力士。一时间，国人掀起尚武风潮。霍元甲与农劲荪在上海成立精武体育会后，日本武术组织便上门挑战，精武会刘振声等高手连胜日方武士数人。日领队见状，亲自出阵与霍元甲较量，一经交手，便处下风，步武渐渐凌乱，被霍元甲寻机用肘猛磕其臂，臂骨被磕折，霍元甲获胜。赛后，怀恨在心的日本人知道霍元甲正患咳病，便介绍一个名叫秋野的日本医生为其治病。霍元甲生平胸怀坦荡，失于防范，欣然接受为其治疗。服药后，病情不但没有好转，反而逐渐恶化。不出一月，霍元甲含恨离开人世，年仅四十二岁。时为宣统二年（1910）八月十四日。国人闻讯，无不深感痛惜。

《精武本纪》记述：时有小人国艳大力士之技，嬲与角，折肋者数人，乃衔恨力士。知力士方患呛，荐其同党医生秋某为治呛，力士性率直，受之不疑。当时，力士正创立精武体操会，不旬日，而力士骤归道山矣。力士殁之次晨，秋医已鼠窜归窟。力士门弟子大疑，检力士日服之余药付公立医院察之，院医曰，此慢性烂肺药也。此药今仍贮公立医院，吾侪矢誓永不忘此纪念。然杀一霍元甲，而第二、第三，以至无量数之霍元甲乃继续产生，其又将若之何哉！

晚年农劲荪像

农劲荪 农劲荪是霍元甲挚友，上海精武体育会第一任会长。农劲荪本姓许名农，出生在清代官僚家庭，长大后去日本留学，结识孙中山，加入同盟会。归国后，孙中山令其在天津联络爱国志士、武林英豪，为革命积蓄力量。辛亥革命后，清帝退位，农劲荪认为自己追求的推翻清朝统治的目的已经达到，便悄然隐退。袁世凯称帝时，孙中山让农劲荪出山，去日本进行倒袁的外交活动。九·一八事变后，农劲荪曾到东北去联络武术家，组织抗日力量，被日本宪兵逮捕投进沈阳城外监狱，经营救得以逃脱。后归老。

霍东阁 霍元甲次子，1895年出生，自幼酷爱武术，练功刻苦，极受霍元甲宠爱。父亲被害后，16岁的霍东阁与叔父霍元卿一道，随刘振声前往上海扶持精武会，精武会很快振作起来。1919年，霍东阁奉调去广东精武会任教练。其间，霍东阁被广东海军司令温树德聘请任教练。后霍东阁去南洋爪哇岛创办精武会，使精武体育会在南洋爪哇岛上遍地开花。抗日战争爆发后，霍东阁与侄子霍寿嵩及精武会员上街或者在戏院义演，每天为国内抗日募捐。1956年4月，霍东阁病逝，终年62岁。

霍东阁(右)与霍寿嵩合影

刘振声 霍元甲所收第一个外姓徒弟。刘随母改嫁到小南河村落户，喜欢使枪弄棒，继父便带他投奔霍元甲，拜在霍元甲门下，跟他学习武术。因刘振声习武能吃苦，胳膊上功夫厉害，后被人称为"铁胳膊刘"。1910年，刘振声跟随霍元甲到上海创办精武会，刘振声成为精武会第一批教练。

上海精武会成立月余，日本柔道高手到上海找霍元甲比武。比赛开始，霍元甲命刘振声出阵，嘱咐他先用诱敌之法，观其动静，然后变攻为守，以静制动，寻机取胜。刘振声上场后，以站桩功夫立在场中，犹如泰山纹丝不动。日本武士以为有机可乘，便猛扑过去，抓住刘的衣襟，试图将其摔倒，没想到刘竟撼然不动。使用多种招数，都无济于事，日方惊愕，怀疑刘振声的功夫中有魔术。日方派力气最大者上阵，与刘振声交手中，突然仰卧地上，把一条腿伸进刘的胯下，想把刘振声勾倒，刘振声突然飞起一脚，踢向对方股部，日方运动员惨叫一声，顿时不能动弹。刘振声以静制动，以逸待劳，连胜日方五人。

霍元甲遇害后，农劲荪派刘振声北上，去请霍元甲之弟霍元卿和霍元甲之子霍东阁到上海精武会，又去家乡请武林高手赵连和与赵汉杰，充实精武会教练队伍。一年后，刘振声和农劲荪悄然离开精武会。后来得知农劲荪奉孙中山之命去东北执行秘密任务，刘振声陪同一起离开精武会，之后刘振声再无消息。

赵连和 河北省景县赵虎头庄人。1910年霍元甲在上海遇难后，北派少林拳名家赵连和被聘到上海精武会。到精武会后，赵连和以精湛的武技赢得敬重，很快成为最有名望的教练。某次庆典活动时表演武技助兴，赵连和表演绝技"斩马刀"，让一名学员配合到台上，鼻子尖涂上白粉。赵连和持刀挥舞，手起刀落，学员鼻子上白粉坠落，而鼻子却完好无损。观者目瞪口呆，无不惊叹。后赵连和成为上海精武会总教练，被评为上海精武会"四大名师"之首。

陈子正 河北省雄县人，鹰爪拳拳师，是上海精武会"四大名师"之一。陈子正被上海精武会聘为教练，鹰爪拳术在精武会大受欢迎。1928年，南京举办第一次国术大赛，陈子正率弟子前往，弟子登台打擂连败各方高手。陈子正登台后，对手慑其威名，不战而退。南京武术名家张之江惊叹其功，亲笔题字"鹰爪王"。

罗光玉 螳螂拳王范旭东得意弟子，上海精武会"四大名师"之一。他亲自培养出多位武术人才。在1928年举行的全国运动会第一届国术比赛中，罗光玉的弟子马建超荣膺榜首，威震武林。

吴鉴泉 著名太极拳师，上海精武会"四大名师"之一。幼年在父亲指导下，对太极拳苦心钻磨，造诣精深，曾用太极拳术连摔美国大力士数跤。受聘于精武会任太极拳教练后，于1933年创办鉴泉太极拳社，门徒遍布海内外。

李汇亭 山东省济宁人，以查拳闻名天下，曾开设锦源公镖局。霍元甲创办精武会后，聘请李汇亭到精武会任教练，成为精武会著名教练。广东佛山精武会成立后，李汇亭被派往佛山，既传授武功，又管理会务。1928年，南京举办武术国考擂台赛，71岁的李汇亭在赛场上一举夺魁，为上海精武会争得荣誉。李汇亭子女和外孙都是精武传人，2015年上海精武会在全国评选出五户“精武世家”，其外孙刘元榜上有名。

李小龙 原名李振藩，出生于美国加州旧金山，祖籍中国广东顺德均安镇，截拳道创始人。曾师承邵汉生，而邵是霍东阁徒弟，李小龙为霍元甲第四代传人。后邵与李二人既是精武人，又是电影人。李小龙后来名扬四海，在功夫片中把中国武术发挥到极致，使功夫电影作为武术文化的一个重要符号风靡全世界。

霍元甲文武学校

2010年，霍元甲文武学校师生出席第八届全国少数民族运动会

霍元甲文武学校坐落在小南河村南，比邻霍元甲陵园和霍元甲纪念馆。1999年8月，经天津市教委批准成立，是一所全封闭、准军事化的寄宿式学校，学校分南校、北校两个校区。南校建有3000余平方米的教学楼，近5000平方米的宿舍楼，配有武术、散打、太极、举重、中国式摔跤、国际式摔跤 、跆拳道、柔道、空手道9个近6000平方米的训练场馆，有艺术厅、健身房各一处和幼儿园一所。学校有供千名学生用餐的食堂，另设回民食堂。其他如洗衣房、淋浴室等配套设施一应俱全。北校区有幼儿园、学前班和一、二年级学生学习训练和生活场所，楼房2000平方米，各类设施配套齐全。21世纪初，学校教职员工近200人，武术教练40名，文化教师60名。两个幼儿园共400余名幼儿；中小学学生1000余名。校长由“世界武术锦标赛冠军”获得者、“南拳王”郎荣标担任，武术总教练由39枚金牌获得者侯冬媚担任。

精武门·中华武林园

2010年，西青区精武镇在霍元甲家乡小南河村建有“精武门·中华武林园”。项目总投资计划21.5亿元，占地258.67公顷，建筑面积60万平方米。一期工程包括两个单体建筑，即霍元甲纪念馆和霍元甲陵园。

霍元甲纪念馆

霍元甲纪念馆占地约8.8公顷，建筑面积1.26万平方米。为三层建筑，阴阳鱼结构，下由八卦型底座高高托起。纪念馆全面系统地展示霍元甲的传奇一生和精武会创建发展历程，供世界各地精武爱好者和游人前去参观。

纪念馆展览分为“少年磨砺”“威震津门”“以武报国”“世界精武” 4个部分。通过一代武术宗师传奇的人生经历和精武会百年历程，展现霍元甲精神和精武体育的无穷魅力。

在“少年磨砺”板块中，率先映入眼帘的是一座小南河村沙盘。通过沙盘模型，可以直观了解霍元甲年轻时的生活环境。“少年磨砺”的核心内容当属霍元甲“枣林练武”的经历。展览采用真实枣树形象与艺术加工后的树干交错混搭，辅以枣林背景油画，展现霍元甲练武的枣林全景。穿插于树干间的武术动作投影，映射着霍元甲日复一日刻苦练武的精神，已渗透到这片土地的每一个角落。

“威震津门”主要讲述霍元甲虽然武功高强，却从不恃强凌弱。许多为后人津津乐道的故事如激战柴市、怒打皇差、结义王五、挑战俄国力士等历史场景在这里以创作画、动画、老照片及立体场景等多媒体方式展现在观众面前。

“以武报国”板块，展示的是霍元甲创办精武会，以尚武精神唤醒民族精神，救国救民的诸多壮举。受孙中山等人进步思想的影响，霍元甲在上海创办精武会，决心“以武报国”。该板块通过动画、照片、文献等多种方式，展现霍元甲在上海设擂吓跑英国大力士并创办精武体育会，留下尚武火种。

2010年，霍元甲纪念馆

在“世界精武”板块记述精武会发展至今已遍布全球二十余个国家和地区，全世界有56个精武分会。霍元甲逝世后，他创立的精武会和尚武精神一直激励着后来人，“爱国、修身、正义、助人”已经成为世界精武的训条和灵魂。精武会在走出国门之后，依然能够受到全世界人民欢迎，正如其宗旨：“谋全世界人类之健康，不使有此强彼弱之弊，而收一视同仁之功。”

在纪念馆的二楼入口处有一座“武”字群雕，以42个大小不一的武字托起“爱国、修身、正义、助人”八个大字，寓意霍元甲一生42年对武术执着追求与改变国人之“弱”的不懈努力。

霍元甲陵园

陵园在原址上扩建，占地约7.33公顷，建筑面积3533平方米，包括观武亭、广场、山门、大殿、牌坊、陵墓等，供各国精武友人和各界人士前去恭仰祭拜。

2010年11月13日，霍元甲陵园和纪念馆迎来24个国家和地区的56个精武体育会代表，大家汇聚一堂，在爱国武术家霍元甲的故乡——天津市西青区精武镇小南河村，举行霍元甲陵园开园仪式、世界精武会公祭仪式和霍元甲纪念馆开馆仪式。还有迷踪拳表演、精武论坛等活动。与会各精武会会长及代表交流霍元甲研究成果及精武会发展情况，并发表共同宣言。

2010年，各国精武会成员在陵园祭奠霍元甲

（二）韩慕侠

韩慕侠原名韩金镛，清光绪二年（1876）出生在现西青区大寺镇青凝侯村一个贫苦农民家里。祖父韩良模原居住在大韩庄村（今属津南区），清同治初年迁居青凝侯村。其父韩长恩娶小泊村武师王义顺之女为妻，生韩慕侠。

韩慕侠少年酷爱习武，一心追求深造，年过三十不娶，走遍天下寻师学艺，前后拜师九人，终得绝技。1918年北京万国赛武大会期间，韩慕侠一掌击败号称“震环球”的俄国大力士康泰尔，夺得11枚金牌，大长中华民族志气，使韩慕侠名声大振。80年代初，国内各地报纸、杂志纷纷登载当年韩慕侠打败康泰尔为国争光的事迹，影视界以其为原型摄制影片《武林志》、电视片《十一枚金牌》等，再现其当年打败洋人的壮举。

拜九师 修真功

韩慕侠练功照

韩慕侠7岁时跟外祖父王义顺学武术。王义顺做过镖师，精通迷踪拳和摩祖拳，也常常到青凝侯村传授武艺。

韩慕侠12岁时，随父进津卖柴，被富豪张绵文家护院周镖师收为弟子，习艺3年，打下扎实功底。一次，韩慕侠随其师张绵文去赴“鸿门宴”，与一个绰号“浪里鲛”的豪强争田，酒宴上双方互不相让，“浪里鲛”便高叫一声，当即闯进两个手持钢刀的彪形大汉，向张绵文逼来，此时韩慕侠从袖里抽出一件闪亮发光的利器，一个箭步跨到“浪里鲛”身后，顶住其肋部。“浪里鲛”赶忙喝退手下，韩慕侠保得张绵文全身而退。事后，张绵文更加欣赏韩慕侠，周镖师也愈加倾心传授韩慕侠武术。后周镖师年事渐高，见韩慕侠已经尽得自己武功，便推荐他去拜张占魁为师，继续深造。

张占魁是八卦掌名师董海川的得意弟子，得其真传。韩慕侠拜师后，精研苦练，不到两年便在师兄师弟中出类拔萃。

后韩慕侠又拜形意拳大师李存义为第四位师傅。在勤学苦练下，功夫日进，20多岁时，在津名气已很大。但他不满足，决定遵师爷董海川临终嘱咐，去南方寻找董海川师弟、练就一身反八卦绝技的应文天求艺，顺便寻访名师高手，增加阅历。

韩慕侠在南游途中，路过太谷县，拜会李广亨、宋约斋、车毅斋三位形意拳大师，形意拳术又得长进。后来，韩慕侠在蒲州拜访了武术名家戴拜陵的后人。至此，韩慕侠已有八师。

韩慕侠到达安徽九华山，踏遍周围崇山峻岭，遇到一位拄拐跛脚、散发邋遢的老者。韩慕侠细观老者红光满面，气度不凡，便急步随其追进一小庙内，经攀谈方知，老者正是应文天。应文天得知韩是八卦掌门徒，年近三十而不娶，又不远数千里来求师，甚为感动，便很快答应传授武功。

韩慕侠得到应文天言传身教，在九华山苦练八卦真功，四年后敏捷善变，动如闪电，定若泰山，刚柔相济，达到很高的境界，这才拜别祖师，返回天津。

筹办中华武士会

韩慕侠深得形意、八卦拳术真传，成为名震京津的武术名家。中华民国成立后，韩慕侠想在天津的河北公园创办一个武士会团体，以此为基地向大众传授中华武术。后经教育部、陆军部、内务部考核备案批准，民间武术组织“中华武士会”于1912年6月在天津大经路河北公园正式成立。中华民国代总统冯国璋任中华武士会名誉会长，并题写“中华武士会”五个大字。在武林界资望很高的李存义任会长，张占魁任副会长。建会初期，武术界人士纷纷加入，慕名而来者众多。韩慕侠深知“强军”的重要，希望把技艺传授给军队，使中国军队精兵强将，成为保卫国家的威武之师。由于与多数人在办武士会的宗旨分歧越来越大，两年后他离开武士会自办武术馆。

任教南开

1915年，韩慕侠受聘于天津南开学校。3月15日，校长张伯苓破例把修身课让给韩慕侠讲授，请他舞剑，讲授武术，进行时事教育。事后，张伯苓赞许说：“同学们不但为你的剑术所陶醉，更为你的爱国情操所折服”。

韩慕侠在南开学校成立柔术团，自己又开设另一家武术专馆。因武术专馆逐渐扩大，事务增多，他只得辞去南开学校武术教员职务。有不少南开学子继续追随韩慕侠在武术专馆习武，周恩来就是其中之一。

韩家迁祖茔，韩慕侠请南开弟子给起堂名，弟子们各抒己见，韩慕侠都不中意。周恩来说：韩师傅曾经拜过9位恩师，就叫‘韩九师堂’如何？韩听后欣然同意，便请石匠刻石碑立于茔地。

1915年，南开武术馆师生合影（左起第五为韩慕侠，第七为周恩来）

1917年，周恩来东渡日本求学，路费不足，四处筹措，韩慕侠得知后慷慨解囊。行前，韩慕侠请弟子们在武术专馆前合影留念，特意把周恩来拉到自己身边。周恩来东渡后，很想念恩师，常以此照片随身。韩慕侠在《提倡武术书》中写道：举国昏睡，行将倾陷，有清醒之脑筋者，惟今日之学生；有纯洁爱国之思想者，惟今日之学生……

开办武术专馆

韩慕侠开办武术专馆的宗旨为普及武术教育，保存武术国粹，以忠心爱国为经，以强身健体为纬，造就武术专门人才。他在《益世报》上刊登义务授徒启事，声明授徒不讲贵贱，不分男女，不问工农学商，只要愿意习武，一律认真教之。不收学费，但可随意捐助，以补助各项经费，添置需用器械。这一启事在社会上引起强烈反响，不少社会名流、大家子弟纷纷前去拜师学艺，其中有袁世凯的儿子袁克定、曹锟的女婿何树新、东北军少帅张学良、军政要人段祺瑞等，也有不少南开学校和直隶女师的学生前来学艺。

1917年正月韩慕侠过生日时，曹锟、冯国璋及天津各界名流都驱车前往祝寿，其中一些富豪弟子向武馆捐赠，袁克定曾献金马一个、银圆一箱。对于穷苦人家子弟，韩慕侠不但不收学费，还管吃管住。

武术专馆设在闹中取静的天津河北区宇纬路宝兴里一套四合院内。东西六间厢房分别为男女练功房，正面为迎客厅，后面为寝室、伙房。迎客厅布置得很有气势。迎面一大横匾，书写“武术专馆”四个苍劲大字，为临时大总统黎元洪所书，有落款签名。与大横匾对称两边是“韩慕侠武术专馆”匾牌。客厅中间是一幅达摩老祖画像和一把达摩剑。画像左右有对联，上联“剑匣之中有龙气”，下联“酒杯以外皆鸿儒”。此外，墙壁上还有两帧巨幅，其中左面一幅是一首明世祖“送毛伯温”诗，右面是赞武当拳法武功武德的一首诗，另两帧条幅则是描写形意和八卦掌武功拳法精妙。

武馆所收弟子中，南开学校有周恩来、于文志、梁镜尧、何树新和岳润东等。北洋女师有刘清扬，直隶女师有乔咏菊、乔咏荷姐妹等。

韩慕侠在办武术专馆时，念念不忘为强国强兵建武备学堂。1919年，韩慕侠上万言书给大总统冯国璋，恳请帮助创办武备学校。后因政局动荡，冯下台病殁，韩慕侠创办武备学校的设想终成泡影。

打败康泰尔

1918年9月，号称“二十世纪世界无敌大力士”的俄国人康泰尔想与中国武士角赛，致函邀请天津中华武士会与赛。武士会会长李存义和张占魁一致认为韩慕侠武功最好，要邀请他加入武士会参赛。韩慕侠虽已退出武士会，但他知道事关国体荣誉，义不容辞，痛快地应允进京比赛。到京后，武士会派代表往谈比武条件，康泰尔提出比武以将对手携起保持三分钟者为胜；而武士会提出：双方比武必须在五分钟内决胜负，死伤勿论。康泰尔此时已被中华武士的凛然正气震慑，深感惶恐与后悔，于是送厚礼托请警察总监吴炳湘和步军统领李长泰，以“比赛武力势必不能相让，恐有生命之虞”为由，强行把比武改为演武，通过表演区分高低名次。这样的决定当然对康泰尔有利，既能保住他世界第一大力士的美誉，还能确保十一面金牌荣归。

韩慕侠对警察总监等人的决定强烈不满，众武士不愿就此罢休，当晚直奔六国饭店去会康泰尔，并公推韩慕侠出面迎战康泰尔。

这是一场中华传统武功与俄国技击之术的角逐，也是一场智慧与力量的较量，几轮搏斗下来，康泰尔应声倒地，跌出丈外。韩慕侠喝叫再继续比试，康泰尔连连求饶，表示认输。韩慕侠当即令康把“世界第一大力士”头衔撤销，交出全数11面金牌，康泰尔只得一一应允。

韩慕侠将11面金牌献给中华武士会。经过武士会研究，为表彰韩慕侠的功劳，决定把其中大的金牌送给韩慕侠，其余10面小金牌按照韩慕侠的意见保存于武士会，俟后有与外人较胜者以此奖之。

少帅麾下大刀队

韩慕侠创办武备学校的抱负，直到50岁时才得以实现。1925年，韩慕侠受张学良之邀，出任十六军千人武术团教官兼团长，并兼任东北军武术总教官。他的弟子赵云彪和郝俊杰任武术副教官。

韩慕侠训练集体冲锋格斗，整个练兵场杀声震天，连续不绝。在训练中，韩慕侠注重思想教育，给官兵讲近代史，讲岳飞精忠报国的故事，还把激励斗志的老歌填入新词，教给全团官兵传唱。在杨柳青训练武术团近两年，韩慕侠为破日军的拼刺，把武术团编成三支“大刀队”。人员扩大到1500人，分为长枪拼刺、大刀砍杀和长柄大刀各500人。用八卦刀中的“缠头裹脑”等要领，施行顺步砍、拗步砍、左右砍、连剁带劈等攻防动作，使敌人防不胜防。

北伐战争后，东北军首领张学良改旗易帜，韩慕侠训练的大刀队被编入宋哲元的29军。日军进攻华北前夕，宋哲元用大刀队员任教师，到各师团组织训练大刀队。韩慕侠还到天津中山公园亲自指导训练。

1933年，日军进攻喜峰口时，大刀队埋伏在峰峦隐蔽处，奋勇拼杀，给日军以重创。后又袭击日军炮兵阵地，毁大炮、烧辎重，大刀队勇士虽多壮烈牺牲，却使疯狂的日军受到沉重打击。

1937年，抗日战争全面爆发后，音乐家麦新怀着对日寇的满腔仇恨和强烈的抗日激情，谱写出《大刀进行曲》歌曲，激励全国人民奋起抗击侵略者，所起的巨大作用不可估量。《大刀进行曲》一直被人们传唱，韩慕侠的名字也被人们铭记。

三、杨柳青人赶大营

清光绪初年，左宗棠率大军进入新疆收复失地，杨柳青货郎随军贩售物资，由于是追着西征军大营做生意，故谓之“赶大营”。赶大营人多货众，基本能解决官兵日用所需，成为西征军后勤供给的重要保障。新疆收复后，半数清军成为边防驻军，一些货郎也随之留下来，由“行商”变为“坐贾”。此后至民国的数十年间，古丝绸之路和乌里亚苏台大草地上，成年累月地流动着杨柳青商人，或挑担步行，或推车前进，杨柳青货郎成为新疆商界最具实力的天津商帮。赶大营不仅为大军收疆提供军需，还促进西部边陲和渤海之滨两地的商业往来——商人把京津货物运进新疆售出后，又把新疆土特产运到天津，使两地商贸都得到发展。“百艺进疆”是赶大营人的又一贡献。津商带去工业、手工业、种植业、饮食和儿童游戏等“百艺”，增进各族人民的凝聚力和亲和力，促进了民族团结。杨柳青人赶大营虽充满辛酸和苦难，但其间形成的物质与文化成果，已成为历史长河积淀的文化遗产。

（一）赶大营兴起

缘起

太平天国失败后，东部捻军活动在山东一带，西部捻军进入陕西，陕甘回民起义向西北蔓延，已席卷整个新疆。同治三年（1868），清廷派陕甘总督左宗棠率湘军追剿西部捻军。7月，东部捻军被淮军围困，急向西部捻军求援，西部捻军挥军东进，企图与东部捻军会合以解危局，然未及救援，东部捻军已被歼灭。西部捻军深陷重围，也被全歼。

安文忠像

是年秋，左宗棠挥师西进，准备攻克被回民义军占领的陕甘地方州县。但西北多年战乱，民不聊生，大军进入后，粮草难筹，军需物资需水路运输，便在白沟和杨柳青征用船只和纤夫运送粮草。此时的杨柳青早已停运漕粮，大批靠运河漕船生存的人失业，左宗棠征船、征夫给双倍工钱，原船户和纤夫遂多应征，随湘军西进。

应征者中有个纤夫名叫安文忠，头脑灵活。他把随军的物资运到潼关岸上后，发现当货郎赶湘军大营做生意很赚钱，便不随大伙回家乡，而是与部分伙伴改行当起货郎，留在大西北。三年后，带所挣银三百多两回乡。未几，又重返大营路，挑起货郎担再去追赶湘军大营。此时，新疆已被外国侵略势力占领，左宗棠向朝廷建议尽快武力收复新疆。光绪元年（1875），清廷授左宗棠全权督办新疆军务。经过一年的整军和筹粮筹饷，西征军于1876年5月开进新疆。为保证军队后勤供应，西征军广召货郎随军贩售，并发给“龙纹执照”，将货郎纳入军队后勤管理。安文忠便随军进入新疆，成为杨柳青人追随军队赶大营的第一批人。

兴盛

清光绪四年（1878），新疆土地除伊犁外全部收复。因为对西征军收疆有功，军方允许杨柳青大营客在当地建房。从此，货郎成为坐商，赶大营在新疆进入兴盛期。

战事结束后，货郎在迪化（乌鲁木齐）大十字路口建房设店，杨柳青商铺很快占满东大街、南大街。这两条街是清一色的杨柳青人开设的商铺，后来者又在西大街、北大街建店，掺杂着各地的生意。大十字路成为“大十字商业街”，后来发展成中亚商贸中心。东大街和南大街后面，住的也是杨柳青人，因此那里被称作“小杨柳青”。杨柳青方言已成当地重要语言。

光绪九年（1883），沙俄归还伊犁后，安文忠响应官府号召，带领大批赶大营的大营客随军进入伊犁，或设店，或摆摊，或当货郎，开始创业。安文忠先是在绥远城设京货店，后在伊宁建文丰泰号京货总店。惠远城将军府建成后，又在府旁设文丰泰京货分店。惠远官府专为“赶大营”商贩建商店40家，又分别在城东关、北关的城厢部建民族商店。一时间，城内旗幌招展，商铺林立，有“小天津”之称。

津商古城子直隶会馆遗址（2010年摄）

古城子（奇台）是新疆著名的旱码头，赶大营的杨柳青货郎纷纷在此落脚。天长日久，大营客们资本积累日益增加，有的开设商店，有的开酱园，从杨柳青到新疆的菜农还在北关开荒种菜。一些人生意越做越大，便学安文忠开始雇用骆驼队去京津等地行商运货，往来传递西域信息。此时，天津的一些富户巨商见新疆有利可图，有的出钱给古城商号作东家，有的出货合伙。赶大营至清光绪末年，古城子"津帮"商业达到鼎盛。

这一时期，以古城子西大街经营京货批发业务的南、北二店为龙头，向北门一条街直到北菜园子，几乎都是天津杨柳青人的生意店铺和聚居区。最兴旺时，天津杨柳青人的店铺字号多达470家。

赶大营的兴盛期是在清光绪年间（1875—1908），在新疆最集中的地方是迪化、伊犁、古城子、哈密、塔城。其他如吐鲁番地区、阿勒泰地区、阿克苏地区、喀什地区、和田地区等也有很多杨柳青人在经商做买卖。可以说，所有新疆土地，赶大营的大营客几乎都曾经涉足过。

（二）经营活动

经营场所

随军销售　大营客最初的货郎担如同一个杂货铺，追着军营做生意。西征军入疆时，将货郎纳入后勤供应的重要部分，发给龙纹执照。领取者可享受军中优惠待遇，免费搭军车、住官店、在军队大营的买卖圈（商业街）里做生意。

入城摆摊　新疆收复后，军需供应趋于缓和。军方号召货郎发展商贸，把市场搞活，从此货郎变成坐商。天气好时在门口路边摆摊售卖，阴雨天则在屋内。安文忠首先在大十字路东盖起简易住房，相继有多人或建房或摆摊设点。售货摊点以此为中心，向东、南、西、北沿路扩展。伊犁回归后，一批赶大营商贩随军队进入绥定城，搭盖土房，摆摊设点，经商范围向各城扩散，成为大营客的另一重要商贸区。

开办商店　新疆设省后，满汉官员增多，远近牧民进城贸易渐多，商业开始活跃。官府把大十字路改扩为"大十字街"，为赶大营商贩提供扩大经营便利条件。大营客纷纷占地盘开店，或独资或合伙，使东西两大街全被杨柳青人占用，大小店铺林立。伊犁归还后，安文忠等人舍弃迪化的店铺进入伊犁，率先在绥定城建房开店，后又在宁远城（伊宁）的汉人街附近建京货总店。后来者纷纷效仿，迪化的大商户也到伊犁开分店。在新疆南路，各城都有大营客经商的足迹。大营客在喀什噶尔、喀喇沙尔、和田、阿克苏等地设有铺面。几年后，新疆的杨柳青商帮积蓄厚实，都纷纷拆掉泥草房屋，兴建砖木结构京津风格的店堂，资金雄厚者盖成两层楼房，作为经营场所。

设庄　设庄是津帮商户设在天津及外省市的经营机构，主要是采购商品，组织货源，向新疆发送货物，接收和推销来自新疆的回货，有货栈、经销、采购的多重作用，还有沟通外界工商企业、金融界，掌握商品行情及动向，为新疆商业提供情报等作用。常年设立的机构称为"常庄"，常住的经营人员叫做"驻常庄"。新疆津帮在外地设立常庄的商户有20余家，以迪化的同盛和京货店和伊犁的文丰泰京货店设庄最多。

商品来源

进货　杨柳青货郎追赶军队大营做生意时，主要进货是针头线脑、布袜、辣椒、烟、茶、中药等消费品。入疆后，因内地"京货"无货源，进货集中在沙俄商人的洋货上，另有少数民族的土特产品。大营客使用骆驼队回乡进货后，货品种类增多，大宗商品都由天津商帮于京津等内地采购。

第一次世界大战开始后，英、俄商品短缺，津商在内地进货增多，仅京津两地每年进疆货物均在2万驮（每驮150千克）以上。

回货 天津商帮雇佣骆驼队进货不空驼去津，将新疆土特产运销内地，叫“回货”。这样，使往返途程都有利润。回货品种很多，清光绪十年（1884）始，津帮商人回货多携带鹿茸、羚羊角、麝香等名贵药材。新疆产的羊毛和棉花一直为各商号的大宗回货，金制品、兽皮也是回货的主要物品。杂品多为葡萄干、胡桃等新疆特产。

安文忠于1885年在伊宁建文丰泰总店原址（2009年摄）

经营方式

自购自销 第一阶段是追赶军队大营时期，主要是围绕西征军大营做生意，沿途就近趸货，到军营驻地销售。随时了解军需，按需求组织货源，满足西征军官兵。第二阶段是进入新疆后，大营客的客户转为军屯、民屯、犯屯各方，货源多为沙俄商人提供，搭配新疆土特产。第三阶段是大营客生意做大成为天津商帮后，雇佣骆驼队去京津上货。自购货分两头，在新疆购各种土特产，名贵中药、皮货等到京津自销，由京津自购百货产品（统称京货）运到新疆销售。

合伙经营 大营客经营方式灵活，最初开店时因资金不足，不少人合伙经营，积累足够丰富后，再分开单干。有的做大宗生意资金不足，采取“招股集资、按股分利”和“人资双入、共担风险”方法筹集资金。一些仍做肩挑或摆摊生意的同乡，把积蓄的资金投入信任的店铺入股，使游资向店铺集中。合伙经营也有靠才能技艺进行合伙，自带手艺者与店铺各占股份，按股分成。

批发 早期大营客雇佣骆驼队到天津进货，由于路途遥远，往返费时，只有进货量增大才划算。大批物资入新疆需租用货栈存放，然后向各京货分店分发，故多建有自己的货栈，逐渐成为批发点。做货郎生意的都到津商货栈取货。津帮批发商逐渐发展到上百户，批发生意覆盖北疆广大地区。最集中的城市为古城子、迪化和伊犁。

零售 津帮在新疆境内的零售商前后有3000户，从业者一万余人，一直保持“津商卖津货”，形成批发与零售互相依存的格局。零售店多数都有正规的铺面，容纳后续进疆的亲友参与经营，年轻人可入店学徒。批发商都开办零售业务，设有豪华店堂，专司零售。零售商经营商品灵活多样，可以跨行经营，也可用洋货、土特产补缺。

经营范围

商业 有京货店、杂货店、绸布店、鞋帽店、金店、银楼、五金杂品店、干货店、青货店、酱园、糕点铺、袜子铺、药房。

饮食服务业 花轿房、轿车房、扎彩铺、浴池 、理发店、照相馆、客店、草料店、腊味店、切面店、鸡鸭行、饭店、风味小吃店。

医疗诊所 药店（多为专科）。

工业及手工业 水磨楼、烧酒坊、棉花店、建筑作坊、捞纸坊、毛巾厂、羊毛加工厂、肠衣加工厂、铝品制造厂、制鞋厂、发电厂、毡筒厂。

农牧业 菜园、葡萄园、菜籽店、牧场。

运输业 骆驼队、汽车运输队、货栈、家眷车队。

文化行业 杨柳青年画店、电影院、吊钱店、风筝铺、书店、音乐班、工艺美术社。

其他 支放、押当。

贸易金额

大营客初期贸易金额不大，本金能上一货郎担货物即可，有余皆为闲置资金。向坐商过渡后，多数商贩积累下一定资金，由货郎式经营转入大批量的商贸经济，一般拥有资金数千数万两白银，多者上百万两。大营客接办朝廷协助饷银时期，天津商帮的货物进疆数量值在每年600多万两白银，相当900万银圆。协助饷银中断后，商帮流动资金锐减，进货量下降。民国初期，天津商帮进疆货物值700万银元。天津商帮每年要用2万头骆驼，大商户一次用2000头骆驼，可见全年贸易金额均极为可观。

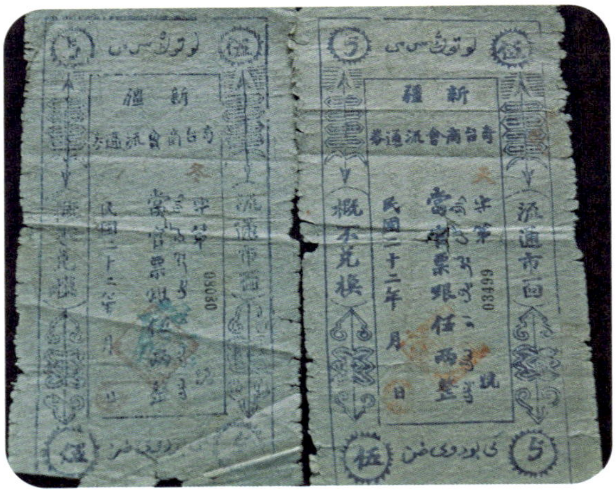

大营客使用的当票（2009年摄）

商贸路线

南线 “赶大营”所走南线是一条可以步行也可骑驴、骡、骆驼或乘马车的路线。从杨柳青出发，途经静海、沧州、德州、临清、聊城、新乡、温县、洛阳、潼关、西安、平凉、六盘山到兰州，过乌鞘岭、古浪，沿长城脚下西抵凉州、甘州、肃州，出嘉峪关过玉门、安西至猩猩峡，再经过新疆戈壁滩的“苦八站”（因其八个站最艰苦而得名），而后到达哈密、古城子和迪化。此路是左宗棠进军新疆时修整连接的驿路，属古丝绸之路，也是赶大营153站所走的路。

中线 中线是从杨柳青经北京、张家口、归化、百灵庙，进入蒙古的乌里雅苏台大草原，后分成两路，一路往西北经科布多转入新疆，抵达阿勒泰、布尔津，折向西南至塔城、伊犁，其间经蒙古国大草原约1750千米；一路向西进入新疆的巴里坤、古城子至迪化，约经蒙古大草原1000千米。中线为18世纪初，清平定准噶尔时所辟，适合大宗货物驮运。

北线 北线为火车线路，绕行俄国。从天津坐火车经长春、哈尔滨、扎兰屯、海拉尔到满洲里。出境至沙俄西伯利亚大铁路外贝加尔斯克火车站，华语称此地为“十八里”，乘“俄台”（沙俄的火车）西行7昼夜，到达阿勒泰支线的阿亚古斯（斜米）车站。下车后渡过阿亚古斯河，至塔城。

民国时期线路有变化。主要为南北两线：

南线 民国初年，津浦、陇海铁路通车后，南线从杨柳青乘火车到徐州，转乘陇海路火车至观音堂。后陇海路延长至宝鸡，经兰州间至迪化通汽车。1930年中国航空公司成立后，飞机从迪化、肃州、兰州，抵郑州、北平（北京），津帮巨商间或乘坐以应急。1911年，蒙古国宣布“独立”，断绝驼队行经乌里雅苏台大草原交通，津帮商人改走内蒙古、甘肃之间的长城内外，选择水草丰盛地带穿行。第一次世界大战期间，大量皮毛、棉花运津后出口，大草原或小草地成为往返新疆的热线。商户在津采购货物雇车船运到北京，经德胜门外骆驼店运到归化，由大驼队转运新疆。京绥铁路建成通车后实行联运，津商把货物交到天津车站托运至归化后转运新疆。1931年，由天津至迪化全程联运。1937年“七七事变”后，汽车被迫停业，往返新疆的通途被隔断。

北线 民国时期，北线一度经东北、蒙古国、沙俄至新疆。国内火车、驼队、汽车实行联运后，津商不再走北线。东三省被日军侵占后，北线商途完全被阻断。

（三）天津商帮

商帮组织

商帮分布 天津商帮开办的店铺多集中在北疆的迪化、伊犁、古城子、哈密和塔城等地。迪化是津帮店铺最多的城市，杨柳青人聚居的街区被称为“小杨柳青”。北疆津帮商人多，古城子是入疆首个旱码头，也是货物纳税处。南疆津帮商店多集中在喀什噶尔、阿克苏、喀喇沙尔、库车、和田等城，受地理、交通等因素制约，繁华不及北疆。南、北疆的边城外县有少量津帮开办商店，在偏远地区落户散居。清军进疆之际，有部分杨柳青商贩滞留在河西走廊，其后改营店铺。进疆后为运转方便，在走廊沿线城市设立分号或货栈。津帮商店多集中在肃州、甘州（今张掖）、凉州（今武威）、兰州等地。

津帮八大家 除在新疆的店铺外，津帮八大家（限迪化所选）多数在天津、北京、上海、武汉等大城市设有货庄，组织货源、销售回货和融通资金，开办子店、联营店，设立钱庄、银号。以火烧津帮为转折点，前为老八大家，后为新八大家。老八大家是新疆津帮商人改营坐商最早的一批商户，也是代办协饷的八户商家，经营年代最久，实力最强。老八大家为：同盛和京货店、复泉涌酱园、永裕德京货店、德恒泰绸缎庄、公聚成京货店、忠利祥京货店、升聚永京货店、聚兴永京货店。新八大家为：同盛和京货店、复泉涌酱园、永裕德京货店、德恒泰绸缎庄、公聚成京货店、升聚永京货店、聚兴永京货店、新盛和京货店。

和田玉印章“文丰泰号”（2009年摄）

津帮团体

各城商会 清光绪十年（1884），新疆建省后各城倡建商会。首建商会的地方是伊犁，而后是迪化、古城子。商会宗旨是广泛团结商界，为繁荣经济服务，维护商民利益，纳税守法，倡办公益。迪化总商会成立于1911年，迪化总商会是集迪化所有商家之总称，有津帮、晋帮、陕帮、湘帮等八个省的商帮，当时共有工商业户1134家，其中商店764家，手工业作坊370家。“八帮”中津帮在商会中占绝对优势，商会绅董基本都是津帮商人，会长几乎被津帮包揽。

直隶会馆 清末民初，天津商帮在绥定和古城子各建有直隶会馆。绥定杨柳青同乡会，约在清光绪十四年（1888）建立，有房10多间。作为各地商号集合和联络的处所，为初到伊犁谋生者提供食宿方便，过世商客也可在此停灵追悼。古城子直隶会馆，建于1913年。津帮各商号捐助，有北房厅堂5间，东西厢房10间，有可供100人聚餐的大院厨房。大门口高悬蓝底金字大匾一块，由代总统冯国璋亲笔书写“直隶会馆”四字。会馆旁同时修建“理门公所”。直隶会馆的第一任会首是“品隆当”经理张兰坡。

水龙局 纵火案后，迪化总商会向官府请准成立水龙局（即消防水会）允准后，由怡和永京货店筹办。划地建房，购置杠杆式压力机等用具。各商号选派精壮青年为救火员，每年集中训练，常年戒备灭火。

天津商帮同乡公会 清光绪二十年（1894），建于伊犁，发起人安文忠。组建目的为家乡捐助做善事。1928年，迪化和天津两地同时成立天津旅新同乡公会。会址分设两地，新疆公会在迪化东大街复泉涌酱园，会长周海东；天津公会在日租界寿街（今兴安路）同盛和京货店津庄院内，会长李春华。同乡公会的宗旨为团结乡亲，增进友谊，沟通商品经营信息，促进商贸活动发展，办理家乡公益事业。

南疆阿克苏亦有同乡会，在北门内右侧，院子有庙堂有议事厅和客舍。1957年被拆，建成阿克苏群艺馆。

代办协饷

新疆建省后，地方收入不支开销，清政府补助库银路远难达，加之途中耗费巨大，迪化津帮谋拟代省府进京领饷，此议深合当局之意，协助饷银遂应运而生。

清光绪十一年（1885），迪化津帮八户巨商联合，首次进京代办协饷。省府要求办协饷的八大商户联保，向省府缴纳保险金，省府选派库员同行。商户进京后，先赴户部办理手续，后取银两。津商遂将库银充作资本，连同自备资金分别在京津两地购进大宗货物，按户分运新疆。省派库员监控购货实情，以杜挪支荒用。后同津商押运回省，应酬开支均由津商承担，货到新疆限期结算，由津商如数缴纳饷银入库。清光绪二十二年（1896），改“八商联办”为“分户单领”。预交半额入库，货物进疆，限30天结算交清余额，逾期欠款则由省官钱局垫交省库，加收滞交期的利息。伊犁将军府协饷由文丰泰牵头，与津商大户合办代领。伊犁将军委任安文忠以伊犁官钱局总办，直到各省解调协饷，俱按官场行事。凭户部照准数额，就地支取用以趸货，常购湖南、湖北茶叶，四川、浙江绸缎布匹及军需民用物品等，回疆变银交库。钱属官有，利为商得，双方便利。

货税稽征

新疆建省以后，依旧制征收进疆货税及附征厘金和加捐，因偷漏税严重，省府遂邀津帮巨商30多户共议承包进疆货物税事。经协商，准由同盛和等11家联合承包，建立“进疆货税稽征所”。在古城子德泰成北栈设进疆首驿，委派稽征员。在喀什等地设代办所，公推迪化庆春和经理钱仁斋与商会代表为总管，负责汇兑结算。进疆货物每年应收税款分两季向省衙交清，承包商先交股金垫底，年底结算，按股分利。

公益善举

资助水局 直隶会馆曾捐助杨柳青水会添置大型灭火器具等。八国联军入侵天津时，捐款救助战伤饥民。伊犁旅新贸易同乡会每年向杨柳青18家水局捐银1000余两，用于房屋修缮，置办设备。捐赠款打深井数眼。

兴办教育 安文忠捐款银万元，在杨柳青药王庙西建“安氏私立小学”。另捐1顷多土地做校产，收入归学校所有。

建施医局 安文忠在杨柳青购捐一所宅院设“施医局”，聘请名医为乡亲治病，花重金为当地群众接种牛痘。

赈灾 历次旱灾、水灾、兵祸，均有迪化商会、伊犁同乡会的巨额捐款，用于赈灾救济、开设暖棚粥厂、施舍棺木等。伊犁贸易同乡会每年向家乡捐银1000余两。八国联军入侵天津，安文忠、周恒德、郑永清、杜春弟捐银数万两，救济杨柳青的病伤饥民。

资助同乡 各地商会、同乡会对初到新疆谋生衣食无着或有疾病等困难的杨柳青人，均有资助传统，帮助寻亲、谋职等。

建公墓 迪化商会在城郊建杨柳青公墓，寄埋客死新疆的杨柳青人。安文忠在新疆伊犁和杨柳青都捐有义地，为贫困死

奇台县博物馆藏品，上铭有“天津文丰泰助”6字（2009年摄）

无葬身之地者提供棺木和掩埋之处。

抗日活动 抗日战争时期天津沦陷后，津帮商人积极参加抗日宣传和捐献活动，商会组织义卖、义演，配合剧院演出抗日节目。

津帮习俗

拜庙出行 赶大营兴起时，有“拜庙出行”之说。大营客选择吉日结伴而行，在运河南玉皇庙烧香叩头，祭拜神灵，祈求神灵护佑一路平安，到新疆发财。然后在庙门口与家人告别，踏上征程。后出现女眷随行，“家眷车”应运而生，期盼“车行万里路，人马保平安”。每年农历正月十五以后，择吉日起行，连人带车用摆渡摆过南运河，先到玉皇庙祭拜天帝，祈祷保佑平安，然后送行家属、亲友在庙前为其饯行。一时间鞭炮齐鸣，声泪俱下，送至镇外。

铜钱闯关 第一批肩挑小篓赶大营商贩行至嘉峪关，回首关里景象繁华，过关后是茫茫戈壁，前程尚有数千里，福祸难料，出关后不舍离去，便向嘉峪关关门叩拜，祈福求顺，取出铜钱数枚，用力抛向关门，抛进关门为好，象征“发财还家”。后来者模仿此举，又增加堆土焚香，渐成习俗。

打二饭 新疆地广人稀，偶有村落，村屯少数民族热情好客，尤其对远道而来的汉族客有百般热情。货郎天晚需饮食求宿，向主人抱拳作揖，主人便献上奶茶、烤羊腿、抓饭，客人入乡随俗，喝足吃饱，次日给付银两，主人却拒收分文，只是好客，不是卖饭。这一习俗，后来被大营客称为“打二饭”。

休长假 津帮商人在新疆，离家万里，探亲困难。有的离家多年，父母衰老，妻子久守空房，有的需要回家成亲。对此，商户规定工作满7年可回家探亲一年，薪酬照发，时称休长假。后来条件放宽，工作虽不满7年，家乡确有婚丧病老等情，亦可休长假。

打软包 “赶大营”者客死新疆，在各城有“天津公墓”寄埋。无公墓的地方寄埋在野外荒坡，超过2年可起灵运回家乡。起灵人烧香化纸祭拜，把干尸折叠起来，用白布或被单包裹，然后装入上有素文图案的新疆粗布制作的“大书包”式样的“软包”，系好扣，形同一件行李，叫做“打软包”。运到家乡杨柳青，举行入葬仪式后葬埋。

津帮社火 每年各城津帮社火争奇斗艳。古城子直隶会馆还出资购买服装乐器，组织起由家乡杨柳青带来的高跷社火。

另有京剧“票友”表演、“理门法鼓会”演奏和“理门公所轿会”等文化组织与娱乐形式。

（四）赶大营衰落

辛亥革命后，主政新疆的杨增新视新疆为自己的“领地”，闭关自守，对天津商帮严加控制，将迪化商会会长杨绍周视为心腹之患，软禁于迪化不准回津，给津帮带来很大压力。1928年，金树仁继任省主席后，新疆政局不稳，地方治安严重恶化。这一年，成为津帮赶大营由盛转衰的转折点。

1931年，哈密动乱，津帮商人屡遭打劫。津帮商号回津物品骆驼队被劫持，损失货物300多驮、黄金2万余两，驼队运输开始败落。津帮也因此不敢夹带黄金，导致货物进出新疆困难。1932年发生吐鲁番事变，800多商民（主要是津帮商人及其眷属）随省军撤离，至迪化只剩200余人，余者多死于战乱。不久战火扩大，省城附近西路各县先后发生暴动，南疆道阻，全疆大乱。伊犁的天津商帮有大批商户和汉民横遭焚杀，伊犁商户从此一蹶不振。1933年，叛军包围迪化。此后数年连续有多处发生事变，新疆局势动荡不安，天津商帮生命财产难保，无法经营，往日的繁荣景象全然失去。盛世才统治新疆时期（1933—1944），津帮有资望的商人石寅甫、董树棠等先后被捕入狱，大多被害或病死狱中。在此期间，遭杀害的津帮商人达100余人，受到封门、抄家产等株连者不计其数。

1937年七七事变后，津帮在京津的货源落入日本侵略者手中，大宗商品被禁运、查封和没收，津庄业务往来停顿，南货中断。骆驼队因无货运输而停运。至此，历时70余年的杨柳青人赶大营基本停止，后有零星大营客入疆，已不成规模。

第一编 建置

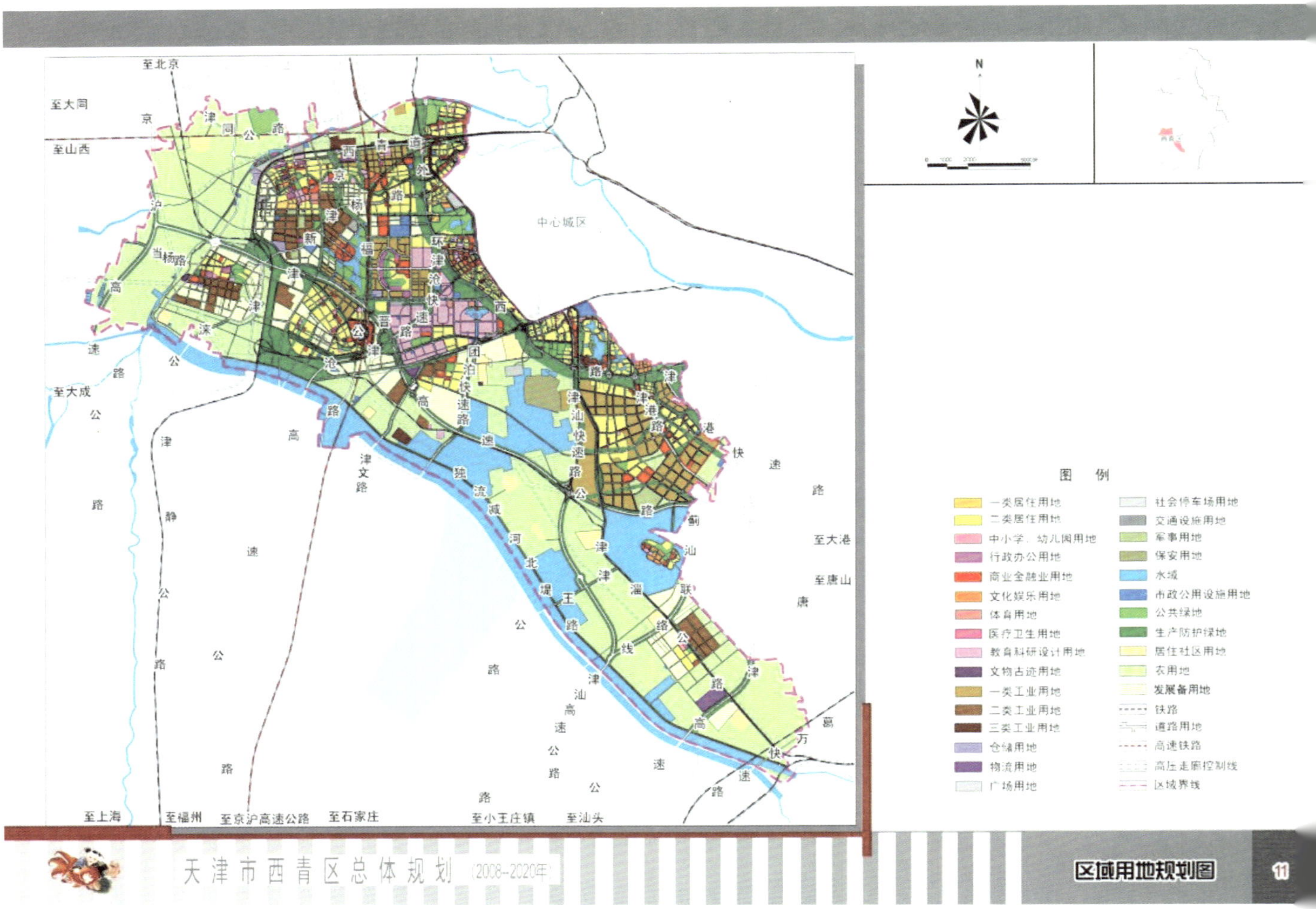

西青区总体规划和西青新城总体规划（2008年编制）

1979年，西郊区为天津市4个郊区之一。1992年易名西青区。西青区地处中国沿海开放前沿的环渤海经济圈，背靠天津，毗邻北京，地理位置优越，发展现代化都市经济区位优势明显。区境内交通便捷，高速公路、高速铁路和各级公路形成立体交叉网络。杨柳青镇为西青区政治、经济、文化中心，城市建设和各项配套设施日臻现代化，成为天津市西南部京津冀协同发展的重要节点和迅速崛起的新型城市。至2010年，城乡行政体制完整，镇街乡村发展迅速，城镇乡村面貌日新月异，西青成为天津市经济发展最快、现代化程度最高的行政区之一。

第一章　区位 区划

西青区设置时间较短。辖区历经易名、撤乡建镇、撤镇（乡）建街道办事处，区辖12个村行政管理划入市区等变化，与邻省县市及周边区界稳定。

第一节　区　位

一、地理位置

西青区是天津市所辖16个区之一。

西青区位于天津市西南部，地处海河流域下游。地理坐标为北纬38°51′~39°11′、东经116°53′~117°20′。南北长48千米，东西宽11千米，北端最宽处19千米，南端最狭处4千米。全区总面积570.8平方千米。

以区政府驻地杨柳青镇为起点，西青区东距（公路距离，下同）天津市中心（中心公园）22千米，距天津滨海国际机场45千米，距天津新港80千米，东北距北辰区北仓镇31千米；西南距静海区静海镇30千米，西距河北省霸州市60千米，西北距武清区王庆坨镇11千米；北距武清区杨村镇35千米，距河北省廊坊市安次区67千米，距北京市界116千米。

二、四邻

西青区东与天津市红桥区、南开区、河西区、津南区毗邻，东南与天津市滨海新区（大港）相连，南隔独流减河与天津市静海区相望，西与天津市武清区及河北省霸州市接壤，北隔子牙河与天津市北辰区为界。

三、发展定位

2010年，市委、市政府根据对西青区发展的总体要求和天津市发展状况与条件，综合西青区的各项规划和专题研究成果，确定到2020年要将西青区建成环渤海地区以电子信息为主导的高新技术产业基地，以汽车产业为主导的先进创造业基地，以高等教育和研发孵化为主导的科教研发基地，具有文化特色的生态宜居地区。

第二节　区　划

一、沿革

1979年，区名天津市西郊区，区政府驻杨柳青镇。1992年3月，改称天津市西青区。2010年，下辖7个镇和2个街道。

1984年，天津市将西郊区毗邻市区、位于市郊接合部村庄的行政管理纳入市区管理范围，其中将李七庄乡纪庄子村划入河西区，宁家房子、凌庄子、赵金庄村划入南开区，将西营门乡兴业里、八里台、王顶堤划入南开区，前园、小园、杨庄子、赵庄子、北菜园村划入红桥区。1992年，将西青区李家园居民小区移交南开区代管。

至2010年，西青区行政区划、境域面积总体无变化。各公社、乡镇除改称改建外，所辖区域如故。

（一）社改乡镇

1983年，西郊区撤销人民公社体制，恢复农村乡镇基层行政体制。将9个公社改为1镇、8乡，即杨柳青镇，九一九乡、付村乡、西营门乡、大寺乡、李七庄乡、王稳庄乡、木厂乡和张家窝乡。同时，撤销生产大队体制，设村民委员会。1984年，九一九乡改称中北斜乡；付村乡改称永红乡；木厂乡驻地移驻上辛口村，改称上辛口乡。

（二）撤乡建镇

1986年，区内永红乡改设南河镇，镇政府驻地“永红工业区”改称“南河工业区”。1994年，张家窝乡撤乡设镇。1995年大寺乡撤乡设镇。1997年，上辛口乡撤乡设镇，改称辛口镇；中北斜乡撤乡设镇，改称中北镇；王稳庄乡撤乡设镇，改称王稳庄镇。撤销李七庄乡，设李七庄街道办事处。1998年，撤销西营门乡，设西营门街道办事处。2009年，南河镇改称精武镇。

二、勘界

（一）与市区勘界

1984年，西郊区与市区区划界线重新勘界：西郊区所辖津浦铁路陈塘庄支线（卫津河至紫金山路一段）东北一侧、津盐公路以东、西郊区密云路（南运河至芥园西道一段）面积2.1平方千米，分别划归南开、河西、红桥区管辖。1997年，西青、红桥区联合勘定行政区划界限，两区界线以西横堤中心线和密云路中心线贯通，涉及红桥区邵公庄、西沽街和西青区西营门乡，边界全长2.34千米。南开、西青区进行区划勘界，《制定联合勘界实施方案》，确定南开、红桥、西青区“三交点”位置，核对确定双方标绘的边界走向位置。两区边界线涉及南开区5个街道和西青区3个乡镇，总长14.9千米。河西、西青区进行区划勘界。按照两区《联合勘界实施方案》，确定南开、西青边界线走向位置：从河西、南开、西青“三交点”起，沿津浦铁路陈塘庄支线与李港铁路之间的中心线及其延伸线向东，接津浦铁路陈塘庄支线石子路基南侧下沿，至紫金山路西侧便道下沿止。以上述线为界，以北属河西区管辖，以南属西青区管辖，全长4千米。

（二）与郊区县勘界

1997年，西青区与武清县重新勘定行政区域界线：边界线东起西青、北辰、武清三区县边界交汇点，西至西青区、武清县、河北省霸州市边界交会处，总长10.8千米，全线不设界桩。西青、北辰区达成勘界协议书，确定两区边界走向是：西起西青、北辰、武清“三交点”；东至红桥、西青、北辰“三交点”。边界线主要以子牙河中心线和沟渠、道路、农田、地埂为主。经协商边界线不设界桩。1998年，西青区与静海县联合勘定行政区划界限。西青区与静海县边界共涉及双方10个乡，以及大港石油管理局团泊洼生活基地、独流减河进洪闸管理处。边界线大体走向是：与静海县交界51千米，自西青、静海、大港三区县界线交会处（西兰坨村），向北沿独流减河中心线至西青、静海、河北省霸州边界交会处（第六埠村）。2001年，西青区与津南区、滨海新区（大港）进行边界勘定，确定双方边界线走向。2004年，西青区与滨海新区（大港）、津南、北辰、红桥等区进行“三交点”及边界线联合检查。

至2010年，西青区与周边北辰、红桥、南开、河西、津南、滨海新区（大港）、静海等区县，以及河北省霸州市边界稳定，未进行勘界。

第二章 街 镇

1979年后，西青区所辖各街镇历经人民公社、撤公社建乡、撤乡建镇（街）等体制变革。至2010年，辖2个街道办事处、7个镇，杨柳青镇为全区政治、经济、文化中心。各街镇发挥各自优势，培育发展特色产业，经济社会迅速发展，人民生活幸福安逸。

第一节 街 道

一、西营门街

位于西青区东部，地处城乡接合部 。东与南开、红桥区相邻，南与李七庄街搭界，西与中北镇接壤，北隔子牙河与北辰区相望。1983年，公社改乡，称西营门乡。1998年，撤乡设街。2010年，总面积21.85平方千米。辖10个行政村、7个居委会，其中包括杨柳青农场居委会和1个厂属居委会。人口3.87万人，其中农业人口1.36万人。实现生产总值27.19亿元，税收收入完成2.87亿元。农民人均纯收入1.68万元。

（一）经济建设

农业 1979年后，扩大水源，增加水稻种植。1980年，种植456.33公顷，生产水稻316万吨。90年代，水稻种植120~150公顷，亩产450~570吨，年产水稻90~114万吨。进入21世纪，西营门街可耕地面积萎缩，水稻种植逐年减少。2006年后，再无水稻种植。境内为天津市传统蔬菜产地。1979年后，推广新技术，引进新品种，蔬菜每亩单产逐步提高。1980年，全公社蔬菜种植482.53公顷，平均每亩单产（下同）2255吨，总产量1632万吨。2003年，西营门街发展蔬菜保护地和南菜、特种菜栽培种植，蔬菜总产量431.9万吨。2010年，发展蔬菜保护地面积，蔬菜种植173.6公顷，单产2490吨，总产量648.4万吨。

工业 1979年后，公社利用地理优势发展乡镇企业。1980年，境内有乡镇企业17家，有从业人员2055人，工业总产值1684.7万元。1983年，乡村两级开始组建农工商联合公司。1990年，乡镇企业93家，有从业人员5702人，工业总产值3.5亿元。1999年，西营门街关停小微亏企业5家。投入资金2000万元，加强企业技措技改。2005年，开展招商引资，引进内资企业50家。2007年，骨干企业轻工制品、医药制造和运动器材制造3个主导行业实现销售收入9亿元。2010年，开工建设4个工业项目。全街有私营、个体企业441家，从业人数1.4万人。工业总产值31.05亿元，上缴利税额3.43亿元。

第三产业 1979年，公社有7个村利用便利条件兴办旅馆服务和汽车修理业。1983年，西营门乡在密云路建标准汽车修理厂房和配套设施，进行汽车改

照1-1 2009年，王顶堤红旗农贸综合批发市场

装项目。1984年，兴业里、小稍直口等村庄利用闲置空地发展仓储业，建仓库和存料场。1990年，王顶堤村开办红旗农贸批发市场，设固定摊位2000处。1992年，王顶堤村建“天津市汽车交易市场”“复康路烟酒食品批发市场”。1999年，专业性市场发展到13家，租赁面积38万平方米。开发商品住宅楼房13.7万平方米。2002年，密云路商城、天津市汽车城二期配件城、渔夫码头海鲜美食城等建成并投入营业。2009年，调整产业结构，淘汰低端落后企业，引进医药、商贸等优势产业。2010年，引进内资企业48家、外资企业1家。

（二）社会事业

教育 1979年，公社成立王顶堤小学和小稍直口中心小学。1984年，赵庄子小学建砖混结构教学楼1幢。1985年，西营门乡小稍直口中心小学校小园分校并入南开区汾水道小学。1992年，投资11.5万元，建小稍直口中心小学和怡和村小学教学楼。1995年，赵庄子中学开办3期职业中专班、1期电大专业证书班，培养学员100余人。1997年，改造部分教室，为各学校购置新课桌椅320套，配齐中学语音室、电子计算机房等教学设备。2001年，组织安全生产、会计财务、企业管理等多种短期教育培训。2004年，举行农业短期培训19期，培训745人。2010年，开展理论和业务培训，培训4000人次。

文化 1983年，乡成立文化站。1985年，建乡图书室，面积60平方米，藏书3000余册。1988年，各村相继成立农民文化俱乐部。1997年，各村利用有线电视、颐寿亭、青年活动之家开展多种群众业余文化活动。2002年，西营门街组织小园村、八里台村等4支秧歌队参加区首届“宏利杯”秧歌大赛，参加“颂祖国·赞西青”文艺大舞台专场演出和区“杨柳之声”声乐比赛。2004年，开展较大文化活动20次，参加人数3万人次。2005年，全街有文化活动队伍62支，有各种室内活动场所14处、室外活动场所18处。2006年，组织大型文化活动10次，参加“西青区文艺大舞台”专场演出。2010年春节、“三八”妇女节、“五四”青年节期间，组织各种形式文艺联欢活动。

体育 1985年，乡举办首届农民运动会。1987年，成立农民体育协会。1994年，西营门获市体委等授予体育之乡、体育先进乡和体育达标乡称号。1999年，有中国象棋队3支、乒乓球队12支、腰鼓队和秧歌队8支。2005年，组织农民选手参加市农民手扑球比赛，获第一名。2009年，完善居民小区文化体育阵地建设，为余个村安装各类体育健身器材。

卫生医疗 1983年，乡卫生院扩建，增设外科手术室、住院病房和专家门诊部。1984年，居民开始饮用洁净滦河水。1987年，组织800人灭鼠队伍，投药4次，投药1400吨。1994年，改扩建西营门卫生院，称咸阳路医院。迁入居民住宅楼的村，建卫生保洁制度和保洁队。2008年，参加合作医疗人数1.28万人。2010年，有甲级卫生所4个，乡村医生14人。

村镇建设 1997年，对乡域西青道部分地段卫生死角、违章建筑进行重点清理。1999年，对西青道两侧及“四构件”宿舍违章建筑进行拆除。拆除违章建筑470间、7600平方米，清运垃圾渣土4500吨。2005年，投资550万元，建垃圾转运站1座。拆除违章建筑棚亭1500平方米。2007年，拆除杨柳青农场内拆车厂240平方米违章建筑，对区境内外环线外侧500米绿化带内现状进行调查，翌年投资1000万元，整修赵苑东里、赵苑西里小区内道路、地面设施工程，修建道路6000平方米，维修水井77座，新修甬道4000平方米。增加绿地面积1.5万平方米。2010年，对工业园区内路标指示牌进行统一维修和粉刷。

2010年西营门街各村基本情况一览表

表1-1

村庄名称	户数	农业人口（人）	劳动力（人）	耕地面积（公顷）	经济总收入（万元）	农民人均纯收入（元）
小稍直口村	933	2465	1860	59.20	125563	14549
赵庄子村	498	1251	728	45.93	60593	13834

续表

村庄名称	户数	农业人口（人）	劳动力（人）	耕地面积（公顷）	经济总收入（万元）	农民人均纯收入（元）
怡和村	503	1237	737	22.20	125418	16952
王顶堤村	2156	5035	2900	37.20	185833	18682
八里台	130	410	280	0.00	26007	17538
兴业里	344	751	603	0.00	56142	19536
小园村	310	608	382	4.06	6485	12897
前园村	460	1200	553	10.40	26330	13685
杨庄子	470	971	487	14.00	130461	16892
北菜园村	113	292	150	6.670	14820	16879

二、李七庄街

地处西青区东部，东与天津市河西区相邻，西与精武镇接壤，南与大寺镇毗邻，北与南开区相连，紧邻天津市奥体中心、天津第三高教区、西青经济技术开发区、华苑高新技术产业园区和梅江生态居住区。1983年，改称李七庄乡。1997年，撤乡设街，称李七庄街。2010年，面积54平方千米，辖20个村和2个居委会（其中凌庄子、宁家房子、纪庄子、赵金庄4个村位于市区）。全年实现生产总值29.76亿元。农民人均纯收入1.64万元。

照1-2　2008年，李七庄街金庄公寓

（一）经济建设

农业　李七庄街为天津市重要的蔬菜种植区域。1978年后，全乡蔬菜生产快速发展，产量和品种不断增加。1983年，蔬菜种植512.73公顷，总产量2703.5万吨。1995年，蔬菜种植347.06公顷，总产量3466万吨。蔬菜种植品种有40个，其中西红柿种植历史时间长、面积大、产量高、品质好而畅销全国十几个省市。2010年，蔬菜种植707.46公顷，平均亩产3115吨，总产量3305.63万吨，其中大白菜种植53.33公顷，总产量400万吨。

李七庄街水稻种植历史悠久，为小站稻原产地之一。1978年后，引进优良稻种，合理高肥密植，产量不断提高。1985年，水稻种植442.33公顷，总产量306.9万吨。1990年，水稻种植131.6公顷，总产量66.2万吨。1995年，水稻种植200余公顷，总产量159万吨。2005年，水稻种植116.73公顷，单产550千克，总产量96.3万吨。2006年后，无水稻种植。

工业　1978年后，域内乡镇企业进入全面发展时期。1979—1983年，围绕农业搞服务、围绕工业搞配套、集中各小厂优势搞联合。乡工业总产值、总收入和利润总额年递增分别为9%、17.5%和27%。1984—1987年，全乡工业总产值、总收入和利润总额，年均递增分别为44.6%、27.6%和49.5%。1988—1995年，乡镇工业总产值、总收入和利润总额年平均递增分别为62.7%、42.2%和40%。2010年，李七庄街有工业企业204家，实现工业总产值24.1亿元。

第三产业　1988年，全街有个体商业103户，从业人员198人。1992年，个体商业增加到123户，从业人员240人，年营业额27.13万元。1995年，增加到155户，从业人员273人，年营业额153.03万元。经营种类由开始的烟酒副食、日用百货，发展到蔬菜瓜果、鱼肉禽蛋、布匹服装、五金化工、建筑材料、农机配件等。2003年，建成红旗南路商业楼，扩建王台亚通物流中心二期工程，对津淄线王兰庄市场群进行重新整合。2008年，凌庄子村创建天津市首个创意产业发展平台——凌奥创意产业园。2010年，全街实现营业收入77.2亿元，总收入1.27亿元。有三产服务企业500家。

照1-3　2008年，天津市首个创意产业凌奥创意产业园

（二）社会事业

教育　1979年，全街有3所中心小学，教学班93个、在校学生3512人、教职工245人。1985年，乡内保留两所中心小学，有教学班58个、在校学生2173人、教职工155人。2003年，对蔡台中心小学进行改建。2005—2010年，街投资700万元，铺设蔡台小学和梨园头分校塑胶操场，建蔡台小学食堂，加固校舍房屋，添置幼儿园设施，安装监控网，新增现代化达标建设设备等。

文化体育　1982年，全街有16个大队成立青年俱乐部，内设图书室（角）、活动室、棋牌室。1985年，李七庄乡成立青年之家20个、图书室25个。1987年，成立农民体育协会，各村、各厂成立农民体育协会25个。1991年，各村相继成立老年协会，有7个村建立老年活动室。1993年，各村成立老年活动室，购置象棋、麻将牌及乐器等文娱用具。2000年，全街有文体组织23个，成立京剧票友社和书画培训学校。2003年，李七庄街被评为全民健身活动先进单位。2010年，全街11个村农家书屋、文化室建设达到验收标准。

照1-4　2008年，李七庄街道获国家卫生镇称号

卫生医疗　2002年，街道投资15万元改善农村医疗条件，进行预防保健和集中接种。2005年，实施新型农村医疗合作，筹集医疗保险资金63.5万元。2006年，全街参加新型农村合作医疗制度2.3万人。2008年，参合（农村合作医疗，下同）2.5万人，参合率为96.5%。2009年，参合率为98.1%，收缴个人资金76.61万元。2010年，全街有农村甲级卫生所15个，乡村医生25人。

环境治理　1979年后，街道每年4月份开展春季爱国卫生运动，清理卫生死角。1998年，修建及维修40个垃圾地，增添30部小拉车，维修3部机动车。保洁队伍160余人负责全街环境卫生清整。2002年，建大型农贸市场1个，改造规范化小型菜市场2个，使占路商贩全部退路进厅。2010年，制定《李七庄街城管理考核办法》，推行垃圾代运、道路扫保市场运作机制。

2010年李七庄街各村基本情况一览表

表1-2

村庄	户数	农业人口（人）	劳动力（人）	耕地面积（公顷）	经济总收入（万元）	农民人均纯收入（元）
边村	450	1305	726	50.73	32685	15711
程村	1049	2718	1599	49.53	44203	15900
邓店	506	1257	787	1.60	12119	15804
于台	668	1902	1192	56.06	13492	15730

续表

村庄	户数	农业人口（人）	劳动力（人）	耕地面积（公顷）	经济总收入（万元）	农民人均纯收入（元）
王台	330	848	559	39.33	3950	15724
蔡台	169	482	289	7.20	5120	15793
辛院	470	1244	760	30.60	34018	15387
武台	472	1127	676	5.60	45142	15652
杨楼	490	1270	845	29.53	53850	15900
凌口	223	514	315	0.00	6450	15794
王兰庄	782	1944	1200	25.46	20297	16053
高庄子	349	858	500	15.06	13000	15779
小倪庄	190	547	350	10.80	3021	14635
大倪庄	304	659	431	13.46	4961	13032
王姑娘庄	332	820	514	12.20	5421	15056
梨园头	1106	2791	1600	88.53	52440	15081
纪庄子	1128	2432	1521	2.86	22960	15260
凌庄子	1183	2989	2046	33.20	46231	15849
赵金庄	290	650	409	2.13	2057	15728
宁家房子	37	147	77	4.06	32219	33011

第二节　建制镇

一、杨柳青镇

位于西青区西北部。东与中北镇、杨柳青农场毗邻，南与张家窝镇和辛口镇接壤，西与河北省霸州市搭界，北与北辰区、武清区相连。1983年，撤销杨柳青人民公社体制，称杨柳青镇。2010年，全镇面积64平方千米，辖25个行政村和25个居委会，人口4.49万户、12.78万人。实现生产总值38.1亿元，实现税收收入3.94亿元。农民人均纯收入1.48万元。

照1-5　2010年，御河明珠杨柳青镇

（一）经济建设

农业　1982年，全公社粮食播种3180.53公顷，总产量445.4万吨。1999年，杨柳青镇播种1650.73公顷，总产量551.6万吨。进入21世纪，引进京科糯120、京科甜鲜食玉米和水果玉米等新品种。2003年，引进种植鲜食糯玉米、小粒黄豆、黑花生等粮食作物，调整种植1133.33公顷。2004年，实施综合开发土地治理项目，治理改造中低产田666.67公顷。种植“懒棉花”200公顷，种植鲜食糯玉米133.33公顷。2010年，粮食作物播种1101.53公顷，其中小麦43.3公顷、水稻谷20公顷、玉米1024.8公顷、豆类53.35公顷。

1984年，镇蔬菜种植387.89公顷，品类以西葫芦、土豆、白萝卜等减少，黄瓜、西红柿为主，又从外地引进空心菜、生菜、苦瓜等品种。蔬菜总产量2706.3万吨，单产5025千克，上市总量2566.8万吨。1992年，蔬菜种植488.6公顷，其中温室32.86公顷、大棚61.2公顷、小棚124.67公顷。2002年，发展优质高效农业，形成棚载蔬菜和二代节能温室为主蔬菜种植区。2005年，蔬菜种植389.73公顷，总产量7659万吨，平均亩产3696千克。2010年，蔬菜种植430.33公顷，总产量7965.8万吨。

工业 1985年，全镇有乡镇企业122家，工业总产值4387万元。1986年，全镇乡镇企业133家，总产值5664.74万元。1988年，工业总产值突破亿元大关。1997年，投入1.4亿元调整企业产业结构。1998年，5家企业完成ISO 9000系列质量认证。2000年，实现工业生产总值8.96亿元，完成乡镇企业营业收入29.8亿元。2003年，杨柳青工业园一期1平方千米面积具备企业进驻条件，3.2万平方米标准厂房建设进入施工阶段。新增个体私营工业企业25家，全镇个体私营工业企业增至290家，从业人员5000余人。2010年，投资7.1亿元，建设面积25万平方米的新能源、新材料产业生产基地项目竣工投产。工业园区整理土地133.33公顷，完成雨污排水管线铺设、修建道路、路灯安装和天然气、自来水、通信管网铺设等基础设施建设。

第三产业 1979年，杨柳青公社恢复早市交易，开放杨柳青市场。1980年，公社国营旅馆、浴池等社会服务业营业总金额68.41万元。1988年，在杨柳青火车站附近建蔬菜批发市场。1996年，完成二经路市场改造，开发新华路商品楼。增加杨柳青森林公园旅游娱乐项目。1999年，开发杨柳青森林公园高尔夫球场。2001年，建筑面积65万平方米广汇园商贸街和新华购物中心主体工程完工。2005年，有批发零售企业210家，交通运输、仓储物流企业50家，房地产开发企业40家，餐饮、商务、社会服务企业390家，各类个体经营户4420家。2010年，完成占地4公顷杨柳青民俗文化旅游区项目建设，一期建设面积1.53万平方米，包括62户居民动迁安置及修缮土建、市政配套等项工程。

（二）社会事业

教育 1980年，杨柳青镇在胜利路南段西侧新建杨柳青第四小学教学楼。1982年，调整中学布局，杨柳青一中改为高中校。后杨柳青二中、三中高中班并入杨柳青一中。1991年，筹建西青区启智学校，建筑面积540平方米。1992年，第一小学扩建教学楼。1994年，香港爱国人士邵逸夫捐资在杨柳青镇兴建“逸夫小学”。2001年，完成杨柳青二中、三中迁址工作以及启智学校校舍改造项目。2010年，对杨柳青三中和大柳滩中心小学教学楼予以加固，为5所小学铺设塑胶场地，对杨柳青二中、三中和杨柳青二小、逸夫小学基础设施进行完善。镇域有5所小学、3所中学、1所高中。

文化 1978年后，镇内群众文化活动得到恢复和发展。1980年，建公社文化站，设图书室、说书场、录像厅、青年活动室、老年活动室、台球室、卡拉OK室等场所。组织篮球队、秧歌队、业余京剧队等。开展各种文体活动。1982年，公社文化站组建“文学创作研究小组”。以杨柳青年画为题材创作的独舞《莲年有余》在全国舞蹈比赛中获编舞、音乐、服装、道具等多种奖项。1984年，《杨柳青文艺》刊物和文艺小报《杨柳青》相继内部发行。1989年，《杨柳青年画组舞》参加庆祝中华人民共和国成立40周年、第二届中国艺术节等演出。1996年，健身舞、大秧歌队发展到7支队伍700余人。成立镇中老年健身舞协会。1997年，组建业余艺术团。2002年，举办首届“杨柳青之声”歌手大赛。群众自发形成的业余文化活动队伍发展到50支。2005年，完善社区图书室，组建腰鼓队、老年合唱队、秧歌队等群众业余文化队伍。

体育 1980年，公社组织篮球、乒乓球等队伍，定期举行各种比赛。相继成立农民体育协会、健身舞协会、篮球协会和民间花会协会等体育组织。1996年，镇群众体育健身活动场地有10处，各村(街)设有乒乓球室、棋类室等。1997年，杨柳青镇被国家体委评选为全国农民体育先进乡镇。1999年，全镇有乒乓球室17处、网球场1处、篮球场9处、足球场2处、保龄球场1处、高尔夫球场1处、室外活动场地8处。全镇有体操健身队9支、篮球队7支、乒乓球队3支。2001年，全镇组建群众晨、晚练队伍20支，被评为天津市优秀晨练站。2004年，投资20万元完善各小区公园健身设施和路径工程。2005年，完成7处老年体育活动中心建设。

照1-6　2010年，杨柳青高尔夫球场

卫生医疗　1983年，镇内各村街建立农村新型卫生所。1985年，镇卫生院升格为西郊区中医医院。1996年，全镇有卫生所25处、医师30人、医士36人、卫生员1人，70%的卫生所均达到甲级卫生所标准。2007年，杨柳青镇被评为国家卫生镇。2010年，全镇有卫生所24个、医师33人、卫生员5人，参加农村合作医疗保险2.18万人。

环境整治　1981年，镇政府组织清理脏乱死角25处，清理垃圾、粪肥、污秽物2260车。1987年，组建镇民办清扫保洁队，有职工80人，配备小拉车16辆。垃圾箱增至110个。1993—1995年，开展“爱国卫生月”活动。改造公厕10座。2000年，确定杨柳青和外环线两个控烟区。改造维修公厕13所、建垃圾池12个和垃圾站4处。拆除违章建筑200处、违章棚亭80处。2005年，改造燃煤设备14台，强制清理、取缔小型燃煤设备9台，6个重点污染企业全部完成污染源深化治理。2010年，改造农村公厕6座，维修公厕7座，更换垃圾桶600个。清理垃圾堆放物150吨，打捞漂浮物20吨。杨柳青热电机组脱硫和燃煤锅炉脱硫改造完成，全镇二氧化硫排放得到控制。

(三)特色风物

杨柳青镇为著名旅游区，主要旅游场所有杨柳青森林公园(高尔夫球场)，建筑面积5.97万平方米商贸街、明清街、御河人家商业街、名众广场商贸楼等商贸旅游区；有安家大院、石家大院、董家大院、周家大院、乔家大院等大院文化旅游区；还有杨柳青庄园一期“鑫三农田庄”餐饮区、住宿区、种植区、垂钓区，二期养殖区、娱乐区。

2010年杨柳青镇各村基本情况一览表

表1-3

村庄	户数	农业人口(人)	劳动力(人)	耕地面积(公顷)	经济总收入(万元)	农民人均纯收入(元)
一街村	915	1988	1258	53.60	6108	15015
二街村	585	1280	520	91.67	6992	19012

续表

村庄	户数	农业人口（人）	劳动力（人）	耕地面积（公顷）	经济总收入（万元）	农民人均纯收入（元）
三街村	317	590	200	50.46	8249	15405
四街村	268	672	300	71.46	1081	15015
五街村	352	864	486	78.53	13900	15023
六街村	293	607	239	66.93	7029	15008
七街村	288	726	227	61.26	1741	13085
八街村	119	341	145	58.60	12344	15015
九街村	179	362	226	54.40	7096	15027
十街村	357	735	331	78.00	538	16312
十一街村	230	473	265	93.26	856	14905
十二街村	355	812	443	131.46	897	13500
十三街村	530	1166	710	166.33	10247	15360
十四街村	916	2204	1053	120.53	4824	13295
十五街村	730	1620	927	56.00	2418	15012
十六街村	1003	2188	1280	36.53	16480	15009
十七街村	436	1204	722	78.20	3286	13870
十八街村	1546	5078	3213	527.86	4824	15070
十九街村	170	510	322	18.26	1219	13362
东桑园	700	2196	1080	75.60	757	15010
前桑园	282	682	439	29.80	318977	15039
后桑园	339	962	561	54.73	221	13115
东嘴村	1158	2712	1200	54.53	52912	15011
西嘴村	256	586	328	53.13	278	14308
娄家院	259	729	363	34.73	204	11495

附

刘紫蘅书写杨柳青界碑

1987年，杨柳青镇政府设立地名碑，碑阴由镇农民书法家郭丕丞书写，石碑造型设计和汉语拼音由区政协谢玉明负责。经人推荐，镇政府派人赴北京邀请书法大家、杨柳青人刘紫蘅撰写碑阳杨柳青三字。当时刘紫蘅已卧病在床，又久未动笔书字，知晓来意后，刘紫蘅欣然应允，数日后病情稍好，即书写“杨柳青”三字。字迹雄遒苍健，功力尽显，刘紫蘅自己也不禁连连叫好。在场的弟子问因由，刘紫蘅说此“柳”字写得好啊！接着，又复叫好。遂吩咐弟子写字的这支笔不要洗了，用手攥干。又对弟子说：“挂上吧，我封笔了！”。事后不到半月，刘紫蘅病逝，终年84岁，“杨柳青”三字遂成绝笔。

照1-7　刘紫蘅撰写的杨柳青界碑

二、张家窝镇

位于西青区西南部。东与精武镇接壤，南隔独流减河与静海区良王庄乡相望，西邻辛口镇，北与工农联盟农牧场相连。1983年，改称张家窝乡。1994年，撤乡设镇，称西青区张家窝镇。2010年，面积62.7平方千米，耕地面积1463.87公顷。辖16个自然村、4个居委会，1.36万户、3.38万人，其中从业人口2.93万人。全年实现生产总值25.7亿元。税收5亿元。农民人均纯收入1.48万元。

照1-8　2010年，张家窝镇区

（一）经济建设

照1-9　2010年，张家窝镇农业产业园灵芝种植

农业　镇域历史上属于传统的农业产粮区，主要种植小麦、玉米、水稻、高粱等大田作物。90年代，农业生产由原来的传统型向商业化迈进，产量和收益大幅增加。1996年，小麦种植1133.33公顷，平均亩产308千克；玉米种植938.06公顷，平均亩产360千克；水稻种植233.33公顷。2000年，全镇粮食总产1301万吨，生产猪肉556万吨、蛋73万吨、淡水鱼11.9万吨，实现农业产值6501万元。2004—2005年，建成津西现代农业示范园，组建天津市百维现代化农产开发有限公司。2010年，鲜鱼产量1540万吨，生猪出栏2000头，果品314万吨。实施冬枣万亩果园计划，冬枣种植318公顷，年产量500万吨。

工业　1979年，公社有企业47个，有从业人员6440人。1987年，全乡有企业109个，从业人员8441人，固定资产2965万元，利税1938万元，产值突破亿元。1993年，宏发集团居全国乡镇化工企业首位，“凤翔”牌硫化黑是出口免检产品，出口量占全国出口总量的三分之一。长城化工厂的“兰豚”牌吐氏酸为市优产品，生产规模居全国同行业首位。红联橡胶厂的“天征”牌胶靴等名牌产品被评为部优，产品行销世界30余个国家和地区。1994年，实行“三集中”，工业向工业园集中。1996年，全镇形成以染料化工、石油化工、橡胶制品、医药中间体四大行业为主导的工业格局。2000年，启动工业园建设，至2007年工业园累计基础设施投入资金2亿元，实现通水、通电、通路、通天然气、通宽带、通邮、通信和土地平整“七通一平”。建标准厂房13万平方米，累计投入1.2亿元。2010年，投资6亿元引进深福宝创业园、天安数码城项目。全镇销售收入在500万元以上的企业有86个，工业增加值2.2亿元。实现产值310亿元，税收35亿元。

第三产业　1978年后，域内第三产业快速起步，至1993年，全乡有集体商店18家、个体商店83家。1995年，逐步形成产业群体，多种经济成分共同发展格局。从事商业174家、餐饮业63家、运输业172家、服务业107家、封闭市场2个，营业收入3.7亿元。1998年，有个体经营1000余户，从业人员2600人。年营业收入5.4亿元，利税5700万元。占全镇三产总量的60%。2007年，为第三产业发展高峰期，有第三产业单位1312个，营业收入10.18亿元，实现增加值2.48亿元。2009年，投资1.5亿元建设物美超市，在杰盛里建设商业建筑714平方米。沿辛老路在董庄子村、薛庄子村规划两条商业街，启动董庄子村商业街工程，占地2.6公顷，建筑面积2.2万平方米，于2010年投入使用。

（二）社会事业

教育　卫生　1983年，域内实施张家窝中学改扩建工程，建校舍、操场等占地6.6公顷，建筑面积1.7万平方米。建有多种教学设备和体育场所。图书馆藏书1.7万册，有48个教学班，在校学生2399人。1992年，投资90万元改建张家窝乡卫生院。至2000年，全镇有医务人员67人，增加妇产科病床20张、内外科病床各10张。2004年，全镇有保洁员220人。投资130万元，购置环卫设备；投资建垃圾转运站，当年垃圾无害化处理率93%。2005年，张家窝镇被评为市级卫生镇。2010年，开展城乡清洁活动，组织大规模市容环境卫生清整活动。

文化　体育　1979年后，域内各村陆续恢复高跷会、吹歌会、秧歌队等组织，安装室外健身器材，建立图书室、青少年活动教育基地，成立放映队、民乐队、锣鼓队。举办文艺联欢会、花会、棋类、球类比赛、书法、绘画展览等活动。1982年，乡成立电影放映队。至1984年，各村购置电影放映机，设专人放映。1992年，安装卫星地面接收装置。有体育场地32个，老年活动室8个，业余文化队伍49支，成员1510人，参加体育锻炼占全镇人口的60%。至1996年，先后投资210万元，安装有线电视和卫星电视接收器。2006年，投资30余万元，组建14道民间花会。2009年，全镇安装9套室外健身器材、篮球架和乒乓球台。2010年，成立梨园剧社等30余个各类民间团体组织，有农家书屋16个，藏书2万册。

（三）特色风物

镇内有万亩果园，张家窝冬枣为驰名产品，种植面积大。镇域农业产业园区种植蝴蝶兰、食用菌、灵芝、有机果蔬等，成为现代观光和果蔬采摘基地。

2010年张家窝镇各村基本情况统计表

表1-4

村庄	户数	农业人口（人）	劳动力（人）	耕地面积（公顷）	经济总收入（万元）	农民人均纯收入（元）
张家窝	1462	3758	2805	143	2049	7189
老君堂	626	1528	706	172	2856	40453
高村	888	2263	890	299	1369	15382
董庄子	698	1769	781	95	1249	15992
薛庄子	235	556	290	36	807	27827
炒米店	740	1790	909	112	1286	14147
古佛寺	470	1450	800	98	1138	14225
周李庄	603	1431	812	72	987	12155
南赵庄	327	760	378	59	487	12883
康庄子	254	625	430	25	486	11302
房庄子	262	670	452	39	567	12544
东琉城	395	1021	520	77	907	17442
西琉城	542	1457	710	114	1232	17352
西闫庄村	304	737	454	53	563	12400
宫庄子	258	684	396	65	482	12171
小甸子	509	1327	859	127	1089	12677

三、大寺镇

位于西青区东南部，东与津南区毗邻，南与王稳庄镇相依，西与精武镇接壤，北靠外环线与李七庄街相邻。2010年，面积86平方千米，辖15个自然村，2个居委会。常住人口3.74万人，流动人口9.2万人。1983年，大寺公社改称大寺乡。1995年，撤乡设镇。2010年，实现生产总值47.04亿元，农民人均纯收入1.66万元。

照1-10　2010年，大寺镇区

（一）经济建设

农业　1980年，域内粮食种植4218.9公顷，其中水稻种植358.53公顷，水稻总产242万吨；小麦种植1281.86公顷，总产量286.7万吨。1990年，粮食种植2065.6公顷，其中水稻种植1040.93公顷，玉米种植578.06公顷，高粱种植446.6公顷。1997年，实施科技兴农战略，建设66.67公顷水稻示范田。2006年，压缩旱田作物，扩大水稻种植。粮食种植719.85公顷。2010年，玉米播种379.58公顷，总产量232万吨；小麦播种21.3公顷，总产量12.2万吨；大豆播种21.76公顷，总产量36.8万吨。

镇域蔬菜种植历史久远，尤以韭菜、芹菜、大白菜、青萝卜、西红柿闻名。1980年，种植蔬菜412.53公顷，总产量908.9万吨。1991年，种植蔬菜457.2公顷，总产量1765.96万吨。2002年，压缩粮食作物种植153.33公顷，引进12个蔬菜新品种。2008年，蔬菜种植536.26公顷，蔬菜总产1679万吨，其中大白菜种植33.33公顷，总产量200万吨。2010年，蔬菜种植212.86公顷，蔬菜总产2765万吨。

工业　1980年，全公社工业产值1684.3万元。1985年，全乡工业总产值3718万元。1990年，工业总产值上升到3.89亿余元。1993年，工业总产值达14.59亿元。1997年，实施培育重点行业战略目标，形成医药、食品、焊条、化工、自行车等7大行业和大桥、中津、仙鹤、天姿等名牌。2004年，进行集体企业或集体控股企业改制，涉及总资产

照1-11　2010年，天津大桥集团电焊条生产线

11.4亿元。2009年，投资50亿元，在南口和北口村附近建高新产业园区，占地220公顷，规划建筑面积100万平方米。2010年，全镇有集体、民营等各类工业企业356家，超亿元企业21家。实现工业总产值157.54亿元，实现利税6.78亿元，实现增加值35.22亿元。

第三产业 1985年，域内有个体私营商户94家、集体服务型组织20家、供销社下属单位17家。1990年，乡村办商业22家，销售金额3637万元。1995年，村镇办商业128家，从业人员3540人，销售金额2.73亿余元。个体私营商户283家，从业人员636人，营业金额4802.6万元。2001年，第三产业企业1973家，产值占大寺镇经济总量40%。2002年，全镇第三产业从业人员6980人，产值占经济总量50%。开始建设峰山药王庙旅游区。2006年，建大型仓储企业4家。2010年，有各类三产企业5583家，从业人员1.6万人。营业收入170亿元，完成利税4.82亿元。

（二）社会事业

教育 1979年，公社成立业余教育办公室。1983年，开办16个业余中学班，招收学员485人。1985年，迁建青凝侯小学。1989年，实现无文盲乡镇。1995年，开办各类技术班294个，受教育人员1.03万人次。2006年，为6所小学添置教学设备、招聘教师，设立教育奖励基金。2007年，建芦北口小学及育英小学教室竣工并投入使用。2009年，对青凝侯、大寺小学进行加固维修，为芦北口小学增添教学设备。2010年，为各校安装监控系统，聘用保安人员12人。

文化 1980年，大寺公社建文化站。1984年，建设各村“青年之家”。1987年，建青年之家23处、文化活动室51间。成立大寺乡轻音乐团。1990年，大任庄、门道口等村庄安装闭路电视设备。1995年，全镇建成综合性文化活动室5所，各类文化活动室138间，总建筑面积1.22万平方米。2006年，开展各项文化艺术活动，有老年大学书画绘画班、舞蹈艺术班、写作培训班；大任庄傩画艺术培训班、剪纸艺术培训班等。2009年，开展爱国歌曲演唱大会、“快乐西青行—大寺专场”演出活动。2010年，全镇有大型文化活动中心7处、图书室7处、室内文化活动室17处、室外文体活动阵地19处。

体育 1982年，乡举办第一届农民乒乓球比赛。1984年，举办首届农民田径运动会。1985年，举办第一届农民象棋比赛。1986年，举办第一届青年足球联赛。乡内足球队发展到24支，队员480人。1995年，镇有篮球场20处、足球场7处、乒乓室37个、标准田径场7处。各类运动队55支。常年参加体育锻炼的有1.1万人。2008年，举办“迎奥运，促和谐”大寺镇首届全民健身运动会。2010年，举办镇第二届全民健身运动会和广场舞大赛。全镇有室内体育活动室17处、室外体育活动阵地19处、室外健身器械22处200余件。

卫生医疗 1980年，域内有社村医生51人、卫生员7人。开始对农村“赤脚医生”进行技术考核和重新定级。1986年和1987年，连续开展大规模灭犬灭鼠。1988年，对学龄前儿童进行疫苗接种，接种396人。1994年，对全乡60岁以上老年人免费体检。2007年，实行新型农村合作医疗保险制度，全镇参保人数3.09万人。2008年，审核报销病例1246例，发放补助金521.07万元。2009年，农村居民缴纳参合资金95.6万元，参合居民3.18万人。2010年，农村居民缴纳参合资金85.9万元。全镇有甲级卫生所14个，乡村医生44人。

村镇建设与管理 1982年，域内推行土地规范化、法制化管理。1983年，制定村镇建设规划。1983—1985年，15个村实现饮水入户。1987年，改造电力低压线路，更新低压线路17条。1997年，全镇投资1.2亿元，建设住宅小区19.6万平方米。

照1-12　2010年12月，大寺镇被全国爱卫会评为国家卫生镇

改造路面1.98万平方米。1998年，建成住宅楼房30万平方米，公共建筑1.74万平方米。2001年，建设以峰山药王庙为中心的旅游度假区。2010年，对大寺等3个老平房村庄生活垃圾和私搭乱盖进行集中清理。对卫津河重点地段进行清淤护砌改造。

2010年大寺镇各村基本情况一览表

表1-5

村庄	户数	农业人口（人）	劳动力（人）	耕地面积（公顷）	经济总收入（万元）	农民人均纯收入（元）
大寺	722	1908	732	43.33	871	18579
王村	620	1685	674	101.60	2045	14208
芦北口	1654	4511	1548	266.93	1583	22747
青凝侯	1583	4045	1792	303.86	587	18728
王庄子	260	735	319	49.13	432	19918
石庄子	275	743	265	57.93	1209	19366
李庄子	951	2679	1378	34.20	1668	13383
南里八口	881	2894	1115	97.93	538	14197
北里八口	840	2330	1012	211.46	1494	15615
贾庄子	450	1136	540	58.93	956	17248
大任庄	1592	4416	1607	46.66	1809	15069
周庄子	507	1358	603	86.46	198	12745
倪黄庄	602	1576	667	1.66	547	17133
张道口	460	1608	760	0.00	348	15184
门道口	672	1726	765	91.00	199	16316

四、精武镇

位于西青区中部，东与李七庄街道相连，东南与大寺镇接壤，西临独流减河与静海区杨成庄乡相望，西隔西大洼排水河与张家窝镇相邻，北与宏达农工商总公司和天津第三高教区搭界。1983年，付村人民公社改为付村乡。1984年，再改为永红乡。1986年，改为南河镇。2009年，改为精武镇。2010年，全镇面积57.2平方千米，辖18个行政村和两个居民委员会。有1.18万户、2.9万人。实现工业总产值80亿元，税收2.75亿元，财政收入7346万元。农民人均纯收入1.2万元。

照1-13　2010年，精武镇区

（一）经济建设

农业 域内主要粮食作物为小麦、玉米、水稻。1980年，种植“鲁原四号”高产玉米，平均亩产350千克。水稻种植400余公顷。1982年实行联产承包责任制后，水稻种植骤减。1991年，仅姚村种植不足1公顷。1986—1989年，引进高产麦种，一些村将稻田改为鱼池，水稻种植266.67公顷。2000年，选择北京、山东优质麦种播种866.67公顷，总产量569.4万吨。2009年，全镇只有陈台子村种植水稻26.06公顷。2010年，全镇小麦种植170.13公顷。已无水稻种植。蔬菜产量1450万吨、粮食产量107.4万吨、棉花产量96万吨、水产品产量322.7万吨。

工业 1978年后，域内乡镇工业迅猛发展，成立乡工副业管理站。1984年，成立工业公司，对乡办、村办企业实行管理与监控。1995年，镇办企业12家，工业产值8600元，从业人员1432人。村办工业企业有85家。1998年，设立镇企业改制办公室，完成38家企业改制。2001年，全镇完成65个企业改制。建立南河镇工业园区，规划用地500公顷，当年开发面积244.8公顷。2002年，全镇74家集体企业（镇、村）全部改制完毕。通过拍卖出售、股份合作、租赁等多种改制形式，涉及资产3亿元，占全镇工业企业的93%。工业园区一期完成，投资210万元，占地20.67公顷，注册资金13388万元。2009年，园区基础设施投入3亿元，其中销售收入1000万元以上企业36家，亿元以上6家、10亿元以上1家。是年，筹建学府工业园区。2010年，全镇完成工业产值80亿元。

照1-14　2010年，新宇彩板有限公司车间

第三产业 1982年，域内在津涞公路北建商贸小区，小南河、南河工业区先后建集贸市场和农贸市场，商品有五金、家电、食品、文教用品、纺织品、服装鞋帽等。1988年，全镇领取个体营业执照235户。1995年，有个体商业347户，从业人员700人，年营业额1735万元。1987年，投资5万元建立小南河集市，年成交额1.4亿元。2001年，对霍元甲故居、陵园进行整修，发展旅游事业。2006年，投资4000万元建占地66.67公顷的华通物流项目。当年，一期工程建设完毕并试运行。2010年，小南河商业街建成投入使用。第三产业在镇经济总量的比重提高到33%。年内完成霍元甲陵园和纪念馆全部工程，建设小南河和牛坨子商业街及宽河商业街主体工程，启动姚村文博园项目建设。

（二）社会事业

1980年，公社建文化站，设有图书室、乒乓球室、电影放映室及灯光篮球场等文化设施，成立文化艺术者协会、农民体协，举办农民摄影、书画展。1989年，各村恢复高跷会、秧歌队等群众团体活动。1992年，有16个村加入图书馆网络，3个村图书室被列为区一级图书室，镇办企业均建图书室。2010年，姚村、潘楼成为天津市第二批“农家书屋”试点村。

1978年后，域内调整教育布局，相继建成永红中学、付村中学及镇中心、马家寺、小南河、孙庄子中心小学。1992年，成立科学技术协会，组织教育培训。1996—2008年，5120人次参加成人继续教育，参加各类培训3.5万人次。1996年，南河镇被评为天津市乡镇企业系统教育培训工作先进集体。2010年，中小学校重新划片重组，两所中学合并为付村中学，4所小学合并为天津师范大学第三附属小学、天津工业大学第一附属小学、小南河小学。12所幼儿园均为民办幼儿园。

（三）特色风物

精武镇为著名武术家霍元甲故乡，霍元甲文武学校为天津著名武术和文化学习学校之一，曾多次获得国内外各种武术比赛好成绩。

精武集团为农业产业龙头企业，天津市最大的副食品生产基地之一。有甲鱼、鲫鱼养殖鱼池，养殖鸭、孵化鸭，观赏鱼园区养殖金鱼、锦鲤、鹦鹉、地图、罗汉、皇冠、招财等40个品种，为天津市优势水产品园区、乡村旅游特色点。

照1-15　2010年，霍元甲文武学校培训班训练中

2010年精武镇基本情况一览表

表1-6

村庄	户数	农业人口(人)	劳动力(人)	耕地面积(公顷)	经济收入(万元)	农民人均收入(元)
小南河	1587	4026	2510	43.86	1487	15000
大南河	1183	2758	1768	100.40	900	13000
付　村	728	1972	1070	99.66	907	12800
姚　村	756	1913	1150	56.40	1908	23800
潘　楼	356	871	560	12.86	479	12700
郭　村	308	801	556	68.46	720	9000
刘　庄	385	989	594	79.00	690	11000
马家寺	662	1590	1041	133.06	801	12600
小卷子	385	802	531	74.06	700	8000
大卷子	290	721	284	59.06	1921	12100
牛坨子	409	992	610	30.73	214	12700
王庄子	199	494	331	17.40	59	11500
孙庄子	219	456	305	14.06	150	14000
吴庄子	260	730	422	15.60	462	11100
阎庄子	486	1198	710	83.40	3120	8100
小卞庄	227	571	348	42.66	260	18000
宽　河	719	1845	1205	199.26	12000	11400
陈台子	431	1126	635	114.80	290	11000

五、中北镇

位于西青区东北部，东邻西营门街，西与杨柳青镇搭界，南与天津市宏达农工商总公司接壤，北靠京沪铁路与杨柳青农场相连。1983年，公社改称中北乡。1997年，撤乡设镇。2010年，全镇面积39.75平方千米。辖23个自然村，人口1.67万户4.33万人。实现生产总值52亿元。农民人均纯收入1.68万元。

（一）经济建设

农业　域内种植业以水稻、蔬

照1-16　2010年，中北镇区

照1-17　2010年，中北镇曹庄花卉基地

菜、花卉为主。1979年，区境内粮食总产661万吨，粮食播种面积2100公顷，种植品种有小麦、玉米、水稻、高粱、大豆等。实行家庭联产承包责任制以后，所有粮田均种植水稻。至2002年，水稻依然为主要粮食作物。2010年，玉米种植66.53公顷，平均亩产351千克，总产量35万吨。

中北镇是传统蔬菜种植区域，是天津市重要蔬菜种植基地之一。80年代发展蔬菜保护地，温室、大棚种植迅速增加。1986年，上市蔬菜6963万吨，其中大白菜上市2357.63万吨，“李楼1312”中核桃纹大白菜出口至香港。1995年，蔬菜保护地面积402.14公顷。王庄村为温室黄瓜村，全村90%园田种黄瓜，成为天津市温室黄瓜的主要生产基地。2006年，镇蔬菜种植1106公顷，总产量3613万吨。2010年，镇蔬菜种植1035.66公顷，总产量3612万吨，产值4562万元。

域内种植花卉有200余年历史。90年代，引导农民退菜种花，退稻种花，使花卉种植增加到240公顷，种植品种300余个，形成晚香玉、月季、菊花、霸王鞭、剑兰、百合等传统优势产品。1995年始，建成4万平方米的曹庄花卉市场和雷庄设施花卉基地，主要经营鲜切花和花卉批发零售。花卉经营品种达上千种。曹庄花卉市场年销售量2000余万枝（盆），年交易额1.26亿元，是中国北方最大的鲜切花生产基地和重要的集散中心。2007年始，雷庄设施花卉基地被列为市级重点农业项目，形成曹庄花卉市场、雷庄花卉基地现代农业新格局。2010年，花卉种植179.4公顷，总产值2130万元。

工业　1978年后，域内个体工业、联营工业相继出现并逐年增加。1985年，乡村办企业发展至80家。90年代初，村办企业围绕汽车配套行业，规模不断扩大。曹庄剪板厂、大稍口消声器厂、谢庄冲压件厂相继建成。1992年，谢庄村办企业冲压件厂年产值超亿元，跨入全国最大规模乡镇企业行列，谢庄村成为全乡第一个产值超亿元村。1995年，乡办、村办企业发展到148家，从业人员2万人，形成以汽车配套为龙头、多门类并存的格局。谢庄、西姜井村相继组建企业集团。全乡有汽车企业35家，产值、利润分别占全乡企业的50%和57%。2000年，开始建设中北工业园，主导产业为汽车及汽车零部件、电子信息和精密机械制造三大产业。2009年，新规划的汽车工业园被批准为天津市示范工业园区。2010年，工业园区引进内外资企业672家，规模企业186家。为汽车配套的企业有107家，涉及300余种汽车零部件和冲压、装焊、涂装、总装四大生产工艺，成为天津汽车工业最大的配套基地。全镇工业企业年销售收入150亿元。

第三产业　1979年后，域内个体商业迅速得到恢复和发展。至1995年，全乡有个体、私营、合伙商业298户。经营品种以百货、五金、土产、建材等生活生产资料为主。2002年，个体工商户发展到1284家，实现利税1.47亿元。2010年，全镇个体工商户4240家，私营经济占全镇经济总量的25%。

90年代，乡商业营业点大多分布在外环线、津杨公路、西青道两侧，主要经营汽车配件、五金水暖、建材土产等，津杨公路形成汽车配件一条街，有汽车配件、汽车修整业75个。1996年始，中北乡花卉产业、旅游观光、房地产、商贸物流、金融服务等现代服务业发展迅速。2003年，建成集旅游观光、科普教育于一体的天津热带植物观光园，成为全国AAAA级旅游景点和全国青少年科普教育基地。南运河都市商务休憩旅游区子项目——中北运河冰雕乐园、企鹅馆、4D影院相继建成。2010年，建成碧岭园、碧轩园、溪秀苑、水语花城、假日风景、大地12城、富力湾等10个中高档商品房小区，开发面积230多万平方米。

（二）社会事业

文化体育 1979年，公社成立文化站。1987年，16个村安装闭路电视。1990年始，每两年举办一次农民运动会。1995年，乡成立集广播、有线电视、音像服务、维修于一体的中北影视发展服务中心。1996年，成立中北镇有线电视台，镇、村两级电视宣传网络逐渐形成。1996年中北镇获“全国亿万农民健身活动先进乡镇”。2003年，有线电视全部纳入市级有线电视网络。2005年，举办“环球杯”迎国庆首届新秧歌大赛和“付龙欣”杯首届歌手大赛。中北镇获全国群众体育活动先进乡镇称号。2006年，举行中北镇“和谐杯”第九届全民运动会、“迎国庆·颂家乡”万人健步走、唱红歌比赛消夏文艺大舞台演出。2008年，获全国亿万农民健身活动先进街镇称号。2010年，举办第二届红色歌曲大赛和第二届万人健步走活动，直接参与者5000余人。历时7个月的第十一届全民运动会，共有39个运动队、3380人参加，为中北镇全运会历史上参赛人数和比赛人数最多的一次。

教育 1979年，域内建大稍口、李楼和北斜中心小学，中心校下设分校11所。1996年，调整中小学校布局。2000年，将大稍口中学和北斜中学合并称中北中学。2008年，3所中心小学合并搬迁到新校址，改称中北小学。2010年，中北第二小学建成投入使用。2010年，有中学1所、小学2所。

卫生医疗 1991年始，域内投资150万元扩建中北医院，建成标准社区卫生服务站、村卫生所13个。1999年，健全村级卫生组织。2005年，建立健全无偿献血血库名单，号召公民无偿献血。2010年，全镇有农村甲级卫生所16个，乡村医生38人，全部实行农村合作医疗制度。

（三）特色风物

2010年，中北镇内107家企业为汽车工业配套，涉及座椅、空调等300多种汽车零部件和冲压、装焊、涂装、总装4大生产工艺，是天津最大汽车生产配套基地。

中北镇花卉种植历史久远，有“百年花乡”之誉。2010年，全镇花卉种植179.4公顷，形成花卉市场、花卉基地现代农业新格局。

2010年中北镇基本情况一览表

表1-7

村庄	户数	农业人口(人)	劳动力(人)	耕地面积(公顷)	经济收入(万元)	农民人均收入(元)
李家园	297	677	370	7.4	220	17533
东姜井	455	1076	700	3.46	1137	17342
西姜井	449	1266	768	0.73	1009	17496
大卞庄	1710	3701	2010	58.46	563	16344
侯　台	704	1804	1107	42.13	16800	20942
大稍口	550	1490	834	13.93	1342	16940
曹　庄	1687	4661	3005	145	2262	16606
汪　庄	653	1856	1162	3.4	3406	18227
邢　庄	278	669	301	21.4	934	16472
东北斜	445	1077	660	41.53	339	15794
中北斜	430	1127	782	25	3596	19290
西北斜	418	1104	762	63.93	100	15193
四　新	186	504	330	22.8	512	15833
雷　庄	404	919	658	70.06	960	15804
小蒋庄	542	1284	656	75.66	93	14952
大蒋庄	340	989	445	30.73	81	16117
祁　庄	269	664	414	25.56	61	15659
李　楼	547	1414	900	66.06	288	15714
谢　庄	600	1803	800	42	1231	17375

续表

村庄	户数	农业人口（人）	劳动力（人）	耕地面积（公顷）	经济收入（万元）	农民人均收入（元）
东　马	497	1481	972	42.6	323	16550
西　马	545	1678	950	49.13	586	16240
大　梁	792	2129	1456	84.6	1025	16327
王　庄	579	1460	886	68.4	586	16534

六、辛口镇

位于西青区西南部，东与张家窝镇接壤，南隔独流减河与静海区独流镇、良王庄乡以河为界，西与河北省霸州市杨芬港乡毗邻，北与杨柳青镇前桑园村相连，面积62平方千米，辖18个村民委员会。1983年，上辛口人民公社改称上辛口乡。1997年，撤乡设镇，称西青区辛口镇。2010年。全镇有1.28万户、3.82万人，其中农业户口3.35万人。少数民族有满、土家、蒙古、苗、黎族等。年实现生产总值13.3亿元，农民人均纯收入1.22万元。

照1－18　2010年，辛口镇区

（一）经济建设

农业　域内粮食种植品种主要是小麦、玉米、水稻以及各种豆类，粮食主产地主要集中在东淀和莲花淀内。1979年，粮食种植4360公顷，平均每亩单产155.2千克，总产量1015万吨，其中冬小麦种植2273.33公顷，年产625万吨，占区冬小麦总产量的23.4%。2010年，加强农业基础设施建设，农田旱涝保收面积扩大到3510.23公顷。粮食播种2192.33公顷，总产量1458.7万吨。

照1－19　2010年，沙窝萝卜

域内蔬菜种植历史悠久，是天津市重要的蔬菜种植区域之一。1982年，蔬菜种植2285.2公顷。1997年，发展高效益小棚茄子、韭菜等菜品，其中沙窝萝卜以皮色肉色翠绿、水分多、甜辣可口、大小整齐而闻名于世。2005年，申请“沙窝牌”沙窝萝卜证明地理商标，申报市级科技攻关项目。

当年成立六埠蔬菜协会，推广成熟的新品种、新技术和无公害蔬菜品种。2006年，实施沙窝萝卜产业化经营。2007年，开发11.33公顷沙窝萝卜示范基地，推行沙窝萝卜标准化生产。2009年，完成反季节沙窝萝卜栽培技术应用研究。

工业 1978年后，域内乡村工业快速发展，至1985年有乡办企业11家，工业总产值696.7万元。1993年，乡办企业发展到20家，工业总产值9438万元。1998年，辛口镇优化工业调整，全镇工业增加值3.52亿元，利税总额2.42亿元。2005年，全镇有工业企业130家，实现工业产值2.91亿元，工业利税1.31亿元。2010年，推进招商引资，完成中发盛钢结构等19个项目签约落户。

第三产业 1980年，域内有个体商业户50家、村办商业5家。1987年，个体、村办商业户达100家。1998年，形成当城、辛口底商、六埠商厦为基础的商业街格局。第三产业从业3185人。2004年，规划建设以千尊玉佛寺、当城市场为核心的第三产业群。2009年，建设水高庄都市型现代农业示范核心区和玉佛寺项目，规划发展农业风情园区、子牙河风情区、欢乐谷采摘区等旅游项目。2010年，发展生态旅游，形成以东淀都市型现代化农业示范核心区和玉佛禅寺景区为龙头的旅游格局。

（二）社会事业

教育 1979年，域内有小学6所、中学3所。1983年，学龄前儿童入学率99.97%。1990年，普及九年制义务教育达标。2001年，投资提升当城中学、木厂小学教学设备。2005年，小学在校学生2216人，其入学率、巩固率、义务教育完成率、毕业率均为100%。2009年，对大沙窝、水高庄等5所小学校舍进行加固。对镇中心小学取暖、消防设施、食堂等硬件设施予以改造。2010年，开展以提高农民素质工程的成人学校学历教育和技能培训。

文化体育 1980年，公社建文化站，开设绘画培训班、摄影培训班、声乐培训班，组建农民业余评剧团。1983年，12个村建立老年活动室、青年之家等文化活动场所。1988年，各村成立农民体育协会分会，组建篮球、排球、乒乓球队以及武术队等农民业余体育组织，不定期组织比赛活动。2003年，改扩建镇文化站，建农民科技图书馆，添置办公设备。2008年，举办辛口镇第一届全民健身运动会。2010年，建农家书屋13家，为16个文化活动室配备设备。

环境治理 1985年，全乡公共厕所进行消毒灭菌标准化管理。1986年，投资44万元，在水高庄、上辛口等村庄除氟达到国家规定标准。2000年，对主要村街道实行全天保洁，生活垃圾日产日清。2010年，兴建标准化公厕32座，清除垃圾300余吨，拆除违章建筑6000平方米。

卫生医疗 1993年，全乡有17个卫生合作医疗站、医生63人。2008年，全镇参加新型农村合作医疗制度的农民3万人，参合率96.45%，合作医疗报销580万元。2009年，为加强三级卫生服务网络，建设7所村级卫生所。2010年，全镇有甲级卫生所17所、乡村医生47人。

（三）特色风物

辛口镇旅游资源有玉佛禅寺和水高庄园。玉佛禅寺供奉缅甸玉佛1万余尊，数量号称世界之最。水高庄园以生态农业景观、农业风情景观为内涵，是集观光旅游、现代农业示范、科普教育、住宿餐饮、商务会议、休闲娱乐于一体的农业生态旅游景区。

辛口镇素有天津市“菜篮子”之称，所产“沙窝萝卜”历史上可溯至清代中叶，以其皮薄肉色草绿、水分多、甜辣可口、大小整齐闻名遐迩，已成为天津著名“地标性”产品。

2010年辛口镇各村基本情况统计表

表1-8

村庄	户数	农业人口（人）	劳动力（人）	耕地面积（公顷）	经济总收入（万元）	农民人均纯收入（元）
当城村	2039	5565	3215	1018.86	27048	9001
水高庄	1517	4265	2498	714.60	59274	13801
第六埠村	1530	4334	2545	617.46	29945	11300

续表

村庄	户数	农业人口（人）	劳动力（人）	耕地面积（公顷）	经济总收入（万元）	农民人均纯收入（元）
上辛口村	378	1068	515	31.46	19896.00	9800
中辛口村	620	1584	892	93.06	10739.70	11073
下辛口村	203	427	196	34.80	10101.00	11000
郑庄子	391	976	880	61.20	1297.00	9600
郭庄子	448	1257	787	56.66	8360.00	9720
木厂村	790	1995	1197	66.67	3490.80	9000
冯高庄	750	1940	1212	78.66	9982.00	9299
大沙窝	820	2219	1588	180.60	16142.00	10748
小沙窝	931	2495	1240	158.60	8603.00	8188
大杜庄	582	1620	890	107.20	1600.00	8025
小杜庄	330	950	570	62.60	2319.00	8122
宣家院	355	1020	487	46.26	1557.00	8764
毕家村	273	801	508	43.53	1551.65	8327
王家村	315	793	491	62.20	4351.00	9079
岳家开	64	161	851	21.66	317.40	9130

七、王稳庄镇

位于西青区东南部，东与天津市津南区毗邻，西隔独流减河与静海区相望，南与滨海新区中塘镇接壤，北与大寺镇相依。1983年，王稳庄人民公社改称王稳庄乡。1997年，撤乡设镇。2010年，全镇面积116平方千米，耕地2117公顷。辖15个行政村，人口1.09万户、3.74万人。是年，王稳庄镇实现生产总值20.85亿元。农民人均纯收入1.24万元。

照1-20　2010年，王稳庄示范镇区

（一）经济建设

农业　域内为西青区传统农业粮食种植区，主要品种有水稻、玉米、小麦。1980年，全域种植水稻1248.73公顷，平均亩产310千克，水稻总产581.97万吨。1996年，开辟水稻种植样板田66.66公顷。年粮食总产量965.8万吨。2010年，种植水稻251.6公顷种植66.67公顷，总产量430万吨。

1978年后，域内利用域内洼淀、荒地多的地理环境，发展水产养殖业。小孙庄成为天津市最大的淡水商品鱼养殖基地之一。1983年，全乡有养殖水面675.56公顷，总产量48.35万吨。1998年，镇引进南美白虾新品种养殖成功，年生产各类水产品1700万吨。2003年，引进淡水鱼新特优品种，增加品种放养量。南美白虾养殖水面扩大到133.33公顷。2005年，推广南美白虾养殖技术，养殖南美白虾水面333.33公顷，生产虾116万吨。2010年，全镇有养殖水面1519.6公顷，生产各类水产品1645万吨。

工业 1979年，域内有社办村办工业企业27家、从业人员2400余人、总产值1088.6万元。1986年，乡村工业企业发展到123家、从业人员9863人、生产总值1.01亿元。1992年，乡、村联合企业108家、从业人数1.05万人、工业生产值5.57亿余元。1996年，投资6500万元，新建扩建项目22个。1999年，完成集体企业改制60家，占全镇企业总数70%。2002年，完成改制企业73家。开始建设工业园区。2003年，有3家公司、7家企业进驻工业园区。2004年，投资772万元，用于园区基础设施建设。2006年，园区引进企业27家，吸引内资3.33亿元；外资740万美元。2010年，工业园区升为天津市级示范工业园区。

照1－21 2010年，王稳庄镇工厂化水产养殖

第三产业 1984年，王稳庄村恢复原有集市贸易。1985年，王稳庄村扩大集市贸易占地面积，可容纳经营摊位100余个。1992年，经营摊位扩大到200余个，经营品种数十种，每个集日成交额2万元。1996年，全乡第三产业增加值5300万元。1997年，投资400万元建设商贸一条街，建成商贸交易楼5000平方米。2010年，全镇第三产业从业人员2700余人，完成营业收入2.04亿元，利税2.28亿元，实现增加值3.96亿元。

（二）社会事业

文化 1984年，乡文成立化站，组建乡文艺队。1990年，大侯庄、建新村安装卫星电视接收器。1992年，乡广播电视站每天进行专线直播，广播线路长度5万米。1997年，实现与西青电视联网。1999年，全镇建成文化活动室15处。2005年，举办书法、绘画、乐器培训班，以及书画笔会等文化活动。2006年，组织全镇文化活动5场，开展基层文化活动10场。举办青年文化活动周。2010年，完成东台子村、小孙庄村图书室建设，完善9个村级文化娱乐活动场所配套设施建设。

体育 1984年，全乡成立农民篮球队11支。1986年，举办乡第一届“庆丰收”农民足球赛。1989年，成立乡农民体育协会。1998年，举行中国象棋选拔赛，镇第二届篮球、足球等比赛。2001年，举办象棋邀请赛、乒乓球赛、台球赛和“三八”杯趣味运动会。2002年，举办全镇第四届台球联赛、第五届乒乓球赛、第三节篮球联赛、第二届象棋邀请赛。2008年，举办首届全民运动会，开展羽毛球、篮球、乒乓球等10个项目比赛，组织选手参加全区举办的健身操、手扑球、羽毛球等项目比赛。2009年，为9个村安装体育活动配套设施。2010年，举办镇第二届全民运动会。

教育 1979年，域内建大侯庄中学、大侯庄中心小学、王稳庄中心小学。1981年，全公社有小学2所、教学点12处。1987年，开始改扩建各小学校舍和两所中学校舍。1997年，投资120万元建成建新小学新教学楼。1999年，投资400万元完成大侯庄、小韩庄教学楼和小金庄校舍工程。2001年，投资450万元建王稳庄小学教学楼。2007年，投资200万元建设东兰坨小学塑胶操场，配齐体育和卫生保健相关教学仪器设备。2008年，投资32.5万元对王稳庄、西兰坨、小孙庄小学基础设施进行更换和维修。2010年，投资740万元，实施王稳庄和建新小学校舍加固提升。

医疗卫生 1982年，公社建卫生院。1984年，各村均设垃圾箱或垃圾池，由专人运至指定地点。1992年，各村均设甲级标准卫生所，有乡村医生73人。2001年，投资110万元建镇卫生院，增添医疗设备。2005年，全镇参加农村新型合作医疗2.5万人，占农业人口86.2%。2007年，投资1800万元购置垃圾箱2173个，购置各种清扫保洁车98辆。2009年，参加农村新型合作医疗人数3万人。全镇有村级甲级卫生所15个、乡村医生45人。2010年，镇卫生院诊治人数1.78万人次，免费接种人数1.95万人次。

村镇建设 1981年，域内小年庄开发沼气池315个。1985年，全乡自来水入户率100%。1986—1990年，统一设计街道标准，修建各村街道2.93万米。1997年，建成以镇政府办公楼为轴心，集办公、财税金融、文化教育、商业贸易、邮电通信和居民住宅为一体的中心镇区。2004年，投资500万元，修建小年庄、小金庄等乡村公路和进村桥梁。完成天然气进镇工程。2007年，投资600万元，修建中心村上下水道3.5万米，硬化道路6万平方米。2009年，启动津淄公路拓宽改造工程。投资2000万元，建居民住宅楼3栋，建筑面积1.4万平方米。2010年，中盛路工程竣工，修建桥涵4座，总投资3060万元。

2010年王稳庄镇各村基本情况一览表

表1-9

村庄	户数	农业人口（人）	劳动力（人）	耕地面积（公顷）	经济总收入（万元）	农民人均纯收入（元）
东台子	570	1655	604	83.6	1272	7685
东兰坨	800	2760	1146	138.2	3307	11981
杨科庄	224	752	323	64.8	1179	15678
西兰坨	766	2204	1216	129.6	1235	5513
小张庄	243	786	333	58.9	370	4707
小韩庄	970	3034	1358	304.4	1502	4950
王稳庄	1495	4780	2463	348.9	7464	15615
二侯庄	276	1027	424	113.5	675	6572
小年庄	524	1667	810	178.5	1193	7156
大侯庄	530	1706	760	196.6	1045	6125
小金庄	511	1604	692	134.7	858	5349
大　泊	619	1820	780	120.7	1170	9140
小　泊	540	1914	672	172.4	694	3625
小孙庄	1810	4380	2035	377.6	4027	9194
建　新	680	2360	970	140.7	2190	9279

第二编

自然环境

2010年，京杭大运河西青段

西青区旧有“津西屏障”之称，战略地位重要。区境地势平缓，地形狭长，呈西北东南走向，河流众多。新中国成立后，兴修水利设施，治理河道，沥涝灾害大为减少。区境内为冲积平原，地表坦荡地平，海拔一般3~4米，地面坡降很小。地表随地势自西北向东南方向逐渐降低。土壤分布有潮土、湿潮土、盐化潮土等类型，经历代开垦耕耘，已成沃野良田。区境内地热条件良好，有面积120平方千米地热田。气候四季分明，属暖温带大陆性季风气候，降水多集中于夏季，冬季气候寒冷，春季气候燥，常年平均气温为13℃。

第一章 地理环境

区境为第四纪全新世形成的冲积平原，潮土类土壤经早年开垦耕耘，荒地渐成良田。区内河流、沟渠众多，京杭大运河穿境而过。区境属北温带季风性气候，光热资源丰富，降水集中，多雨季贮水，风资源充足。地热资源环境条件得天独厚，热水贮量丰富。各类植物众多，天然林已被人工园林、河岸林和行道树替代，少量草本和灌木还留有野生品种。动物种群基本状况虽早已改变，仍可以见到鸟类、鱼类、昆虫及爬行和两栖类野生动物。

第一节 地 质

西青区在大地构造体系中，属新华夏构造体系华北沉降带沧县隆起的北部。区域所属沧县隆起受地壳运动的影响，形成一系列北北东向的断裂带及其控制的凸起和凹陷。这些构造形体支配着地下第三、第四系深积物的厚度及地热异常区的分布。区境地下主要受5条断裂带的影响。

一、断裂带

（一）大城断裂

主要影响西青区中部地下构造，走向北北东，属压扭性断裂。

（二）天津北断裂

主要影响南河镇、西营门街地下构造，走向北北东，属压扭性断裂。

（三）白塘口西断裂

主要影响大寺镇一带地下构造，走向北北东，属压扭性断裂。

（四）白塘口断裂

主要影响大寺镇、王稳庄镇地下构造，走向北北东，属压扭性断裂。

（五）白塘口东断裂

主要影响王稳庄镇一带的地下构造，走向北北东，属压扭性断裂。

（六）沧东内断裂

沿静海区西青区王稳庄——津南区一线分布，走向北北东，属压扭性断裂。

二、凸起和凹陷

区境内地质构造由于受到地层凸起和凹陷的影响，其中双窑凸起影响区内面积203平方千米；小韩庄凸起影响区内面积仅26平方千米；白塘口凹陷影响区内面积97平方千米。

（一）双窑凸起

分布在天津市河西区陈塘庄——西青区李七庄街王兰庄——静海区杨成庄乡双窑一带，面积375平方千米。王兰庄基岩顶板埋深1000米。

（二）小韩庄凸起

分布在天津市津南区小韩庄——滨海新区大港万家码头——西青区王稳庄镇东台子村一带。东台子村基岩顶板埋深1000米。

（三）白塘口凹陷

分布在天津市静海区团泊洼——西青区大寺镇南口村——津南区白塘口镇一带，面积200平方千米。白塘口基岩顶板埋深2800米。

第二节　地　貌

一、成因

约距今5500年，渤海西岸天津低地平原自西向东逐渐海退成陆，西青区域陆地环境形成除受全球气候变冷、海面下降大背景控制外，黄河及海河水系携带巨量泥沙填海造陆作用非常重要。

区域地处“九河下梢”众河汇流之地，历史上黄河北流全部从天津东部入海，将子牙河三角洲连成一片，使区域以三角洲块形式成陆地速度大大加快。

区域成陆始于距今5000年左右。距今3500年前，境内海退成陆过程中遗留下来的湖泊、沼泽、低湿地等，在以黄河为主的众多河流搬运泥沙填充改造下，区境内陆地连成一片。此后，再未遭受海侵。

二、特征

西青区位于华北大平原北部。地貌类型包括平原、洼地、古河床高地、微高地及人为地貌，即河堤、库堤、洼地、河渠、池塘、路沟等，这些因素共同组成区境平原地貌。

区境内地势略呈西北向东南微微倾斜之状。一般地面高程在海拔3~4米之间，古河床高地在海拔5米以上，洼地高程大部分在2.5米以下。区内地势最高点为中亭河大堤堤顶，海拔为10米。区内平原地貌形成动力，主要为河流流水搬运和泥沙堆积共同作用。流经区境内的大河主要有黄河、南运河、子牙河、大清河等，这些河都发源于黄土高原和有黄土分布的太行山山脉，河流含沙量较大，特别是黄河与永定河携带的泥沙更多，在填海造陆、塑造西青区地貌中发挥出关键作用。

区境5000年前曾是海洋的一部分。渤海湾的潮流、波浪、沿岸流等携带的物质与河流泥沙，共同堆积成海积冲积平原地貌。在平原右河道、决口泛滥地．组成物质多为细沙，结构松散。在冬春强劲风力吹扬之下，常形成各种沙丘、沙地和沙土岗。杨柳青森林公园的沙丘、沙地即为永定河南迁时携带泥沙被风力吹扬形成。随着河流改道和人工植树造林绿化，沙丘、沙地已成为固定的沙地地貌。人类的各种经济活动对区境内的地貌形成产生深刻影响，在开挖河渠、修筑防洪堤、修建水库、烧砖取土、垫房基、垫路基、挖鱼塘、平整农田等各项活动中，又塑造出各种各样的人工地貌。

三、结构

西青区地处中国地貌区划中属华北平原的海河平原区，在天津市地貌分区中属中南部海积冲积平原区。区境内海积冲积平原地貌是中国较年轻的陆地之一，地势低平，洼淀众多。除古河道和河堤、库堤以外，均在5米以下，有不少地区在3米以下。

域境地貌区主要是由低平地和洼地组成，局部为古河床高地和微高地。地面坡度较小，一般1／6000~1／10000左右。排水不畅，历史上洪涝灾害较多。地下水位较高，土质细黏。土壤和地下水矿化度较高，土壤盐渍化现象普遍。地貌区地下蕴藏有石炭二叠化的煤层和地下热水资源，极具开发潜力。地表面种植蔬菜和水稻历史悠久，是天津市最著名的蔬菜种植基地之一。因地制宜利用洼地、坑塘养鱼，是西青区开发地貌资源的一大特色。

第三节 气 候

西青区属暖温带半湿润大陆性季风区。其特点是干湿季节分明，寒暑交替明显，冬季受西伯利亚冷气团影响，寒冷、干燥；春季少雨、多风、干燥、气温变化明显；夏季受太平洋副热带高压和西南来的暖湿气流影响，闷热、降水集中；秋季受高压控制，天气晴爽。全年平均气温12.6℃，日极端最高气温40.5℃，出现在2000年7月1日，日极端最低气温 -20.5℃，出现在1985年1月7日。全年无霜期213天，年际变化不大。全年日照总量2810.4小时。年降水总量505.6毫米，单日最大降水量137.1毫米，出现在1984年8月10日。年平均风速2.4米/秒，年最多风向西南偏南。

一、四季

春季（3—5月） 随着太阳直射点北移，太阳高度角逐渐增大，日照时间逐渐变长，气温回升，天气转暖，蒸发旺盛，空气干燥，多风少雨，易出现春旱。当北方冷空气势力较强时，常会出现“倒春寒”现象，对越冬作物返青和春播作物不利。夏季（6—8月），是一年当中太阳高度角最大，白昼时间最长，气温最高的季节。源于太平洋热带东南季风，给境内送来高温、高湿气候，形成雨季，降水集中，时有洪涝、冰雹、连阴天等灾害天气发生。秋季（9—11月），暖温气团势力减弱，冷空气开始活跃，气温逐步下降，降雨明显减少。晴朗少云，寒暖适中，为“秋高气爽”天气，利于大秋作物和水果的成熟与收获，有时也会出现秋旱、冰雹和霜冻天气。冬季（12—翌年2月），在干冷的极地大陆气团控制下，天气以晴为主，雨雪稀少，加之太阳高度角最小，白昼时间较短，气温为全年各季的低值，此时河水结冰，大地封冻。

二、气温

区境内气温最热月为7月，多年平均气温为26℃，高于北半球同纬度大陆东西两岸地区的7月气温值；最冷月为1月，多年平均气温为 -4.9℃，低于北半球同纬度大陆东两岸地区最冷月1月的气温值。多年平均气温年较差即最热月7月，与平均气温最冷月1月，平均气温之差为30.9℃，高于北半球同纬度大陆东西两岸地区的年较差。多年平均气温日较差为11.6℃，一日最大较差为24.5℃。日较差以春季最大，以4月为代表，平均日较差为13.3℃。秋季次之，夏季最小，以7月为代表，平均日较差仅为8.9℃，有利于农作物养分的制造、积累、储存。夏季（6—8月）是全年高温期，此时也是季风盛行期，由东南季风从热带海洋带来丰富水汽，降水集中，形成高温期（6—8月每月平均气温均在24℃以上）与多雨期（6—8月降雨量占全年降水量73%）相一致，即“雨热同季”。夏季既高温又多雨，正值农作物和林果旺盛生长期，光、热、水的有机配合，对农业、林业、渔业的发展有利，是西青区气候的一大特点和优点。

历年及累年各月平均最高气温为17.7℃，历年及累年各月平均最低气温为 -6.4℃。区内的初霜日为每年10月中旬，终霜日为翌年4月中下旬，霜期持续约180天，余为无霜期，长达6个月的无霜期可满足喜凉作物、喜温作物和喜暖作物生长需要。2005年，最高气温39.2℃（7月14日）；最低气温 -11.6℃（12月31日）。2010年，年极端最高气温38.9℃；年极端最低气温 -18.1℃。

三、日照

天文日照数从冬至的9小时25分，增加到夏至的14小时56分，全年总计可照时数4446.8小时。

由于受到阴雨、云雾等天气影响，据观测到的实际照时数为2810.4小时。太阳高度角在夏至时可达75度22秒，冬至时也有27度28秒，较大的太阳高度角和较长的日照时数，使区境内的太阳总辐射值达127.4千卡／平方厘米·年，作物生长期的光合有效辐射值达62.4千卡／平方厘米·年，这对提高粮食、蔬菜及水果的产量和品质有重要作用。2010年，日照时数2089.2小时。

四、降水

（一）降雨

区域历年平均降水量为566.4毫米。1月至12月份，各月平均降水量是：3毫米、5毫米、8毫米、7毫米、21.2毫米、31.4毫米、69.4毫米、189.5毫米、158.5毫米、44.4毫米、20.7毫米、4.3毫米。最大降水量是最小降水量4倍多。历年平均降水日为67.7天。降水日季节分配相差悬殊，夏季（6—8月）最多，32.7天，占全年降水日的48.3%；秋季（9月至11月）次之为15天，占全年降水日的22.25%；冬季（12月至2月）最少，只有6.5天，占全年降水日数的9.6%。年均有效降水日一般15天，主要集中于夏季。由于受到东南季风影响，全区一年当中有明显降水量较为集中的雨季。雨季平均开始日期为6月底，平均结束日期为8月底。持续时间在两个月左右，雨季的降水量平均可达400~500毫米。占全年降水量的70%以上。2005年，总降水量为190.5毫米。2010年，总降水量355.4毫米。

（二）降雪

区域降雪一般从12月5日至翌年3月。最早初雪日在10月25日，最晚初雪日在1月28日。年平均积雪日13天，最多年积雪日32天，出现在1978—1979年，最少积雪只有2天。积雪深度一般都在10厘米以下，个别年度遇有强大暖温气流过境时，也会偶降大雪，最大积雪深度为22厘米。

五、风

西青区位于东亚暖温带季风性气候区内，风有明显的季节转换现象，冬季受蒙古—西伯利亚高气压的支配，盛行西北风；夏季受北太平洋副热带高气压控制，盛行偏南风；春秋两季为冬、夏季风转换季节，高空盛行西风，环流乘虚而入以吹西南风为主，全年以西南风和静风频率最多。

历年平均风速为3.1米／秒。1月至12月平均风速为：3.2米／秒、3.3米／秒、3.7米／秒、4.1米／秒、3.7米／秒、3.1米／秒、2.4米／秒、2.1米／秒、2.3米／秒、2.6米／秒、3.0米／秒、3.1米／秒。各月平均风速的季节变化以春季（3—5月）最大，平均风速为3.7至4.1米／秒；冬季（12—2月）次之，平均风速为3.1~3.3米／秒；夏秋两季最小，平均风速为2.1~3米／秒。风速大于17米／秒的风为大风，全区平均大风日数50.5天。全年每个月皆会出现大风天气，而以春季（3—5月）最多，冬季（12—翌年2月）次之，夏秋季较少。

第四节　水　文

一、特征

西青区地下水水文地质属于海积冲积平原有碱水体分布区。发育了第四系松散岩类孔隙地下水和浅埋岩溶裂隙地下水。第四系地层上部普遍分布有咸水体，咸水体之上在大河附近、古河道分布的局部地区有浅层淡水，咸水体之下为深层淡水。第三系半固结碎屑岩和深埋基岩溶裂隙中发育温度较高的地下热水。新生界第三系、第四系松散沉积层厚度一般在1000~2000米，其中第四系地层厚600米左右。沉积物颗粒较细，层次较多，砂层单层厚度较薄。大致在深度200米以上，以河流相、海相沉积物为主，砂层稳定性较差，厚度和粒度变化均较大；200米以下，以湖相沉积为主，砂层稳定性较好，厚度和粒度变化相对较小。含水砂层随深度的增加由薄变厚，粒度由细变粗，呈粉砂——细砂——细中砂规律变化。隔水层为砂质黏土、黏质砂土互层，深部向厚层黏土变化。含水砂多为条带状或透镜体状分布。富水程度随深度由小到大，水位年下降速率随深度的增加逐渐加大。浅层淡水水位变化很小。第Ⅱ含水组年下降速率为0.09米／-1.12米／年；第Ⅲ含水组为1.66米／-3.97米／年；第Ⅳ含水组为1.55米／-3.98米／年；第Ⅴ含水组为3.95米／年~4.74米／年。

区境内平原深部埋藏有碳酸盐类岩溶裂隙含水岩组，分布在1000~1800米以下。主要含水岩组是中上元古界蓟县系雾迷山组石灰岩、白云岩及古生界赛式—奥陶系的石灰岩，白云质灰岩等构成。

二、地下水

西青区地下水有松散地层孔隙地下水和浅埋基岩溶裂隙地下水两种类型。

（一）松散地层孔隙水

主要指新生代第三系、第四系松散沉积地层中储存地下水。因经济技术条件的限制，区域地下水开采主要集中在第四系含水组。第四系松散地层孔隙水，依据贮存条件、水动力性质、水质特征，从上至下又划分为浅层淡水含水组、第Ⅰ微承压含水组、第Ⅱ承压含水组、第Ⅲ承压含水组、第Ⅳ承压含水组、第Ⅴ承压含水组、第Ⅵ承压含水组7个含水组：

（二）浅埋基岩溶裂隙地下水

区域平原深部的岩石基底主要由古生代寒武纪、奥陶纪和中上元古纪蓟县系的碳酸盐类的石灰岩、白云质灰岩、白云岩构成。钻探岩心均有溶蚀现象，其中奥陶纪钻孔揭露溶洞一般在0.5米，大者可达4~11米。富水性强，钻孔自流量一般200~400吨／时，大者可达500吨／时。水温较高，多为70℃以上的地热水，含氟量较高，不宜作饮用水。

第五节　土　壤

一、分布

西青区系被深厚第四系河流相，湖泊相和海相松散沉积物广泛覆盖的海积冲积平原区。地势低平，河渠纵横交错，洼淀坑塘星罗棋布，排水不畅，地下水位较高，地面组成物质较细，土壤剖面中有不同程度的盐分活动。根据地势、地下水埋藏状况、土壤质地及含盐的不同，全区土壤划分为1个土类、4个亚类、16个土属、36个土种。全区土壤呈现由沙质潮土—沙壤质潮土—轻壤质潮土—中壤质潮土—重壤质潮土—湿潮土—盐化潮土有规律地分布。

（一）沙质潮土

沙质潮土与沙壤质潮土系由沙质河流冲积物发育而成。主要分布在杨柳青镇子牙河以西、中亭河以北地区，是永定河故道及冲积扇的一部分。地面高程5米以上，沙层厚度1.5米左右，土壤表层疏松、绵软，有中度风蚀，沙质潮土在大风的作用下，其中一部分形成沙壤质潮土，耕层为沙壤，心底淤土有沙黏相间的夹层。

（二）轻壤质潮土

系由轻壤质河流冲积物发育而成，质地适中，耕作性能良好。主要分布在杨柳青镇南洼和南运河、子牙河两侧。当地称为“壤土”“二合土”。对浅位夹黏的壤土又叫“蒙金土”，对浅位夹砂的土壤又称为“火沙子土”。

（三）中壤质潮土

表层系由中壤质河流冲积物发育而成，或由重壤质土属经改良熟化而成。质地较重，耕作性能较差，肥力较高，水肥保持性好。主要分布在张家窝镇、精武镇、杨柳青农场及子牙河以西的东淀等地区。是历史上大清河、子牙河、南运河携带泥沙沉积而成。近河地区土质偏轻，低洼沥洪区土质黏。当地人称为“黏土地”“小红土”。

（四）重壤质潮土

土壤表层为重壤，心土底为黏土，土质黏重，种植困难，表面含盐0.4%~0.6%，因含盐量极高，属于盐碱地。主要分布在独流减河左岸，精武镇西南部王庄子、小卞庄一带。系河流堤外洼地静水沉积所成，沉积物多为浅棕色黏粒物质。雨天黏如胶，干时坚似石，当地人称为“红土”“红胶泥”。

（五）湿潮土

属于沼泽土的一类过渡土壤类型，以黏质土为主。湿潮土土体潮湿，土性冷凉，质地较黏，透气性较差，耕种困难。主要分布在侯台子西洼、付村北洼、大寺镇跑水洼、夹道洼等地区。系洼地历史上季节性积水和常年积水沉积而成。常有芦苇及水生、湿生杂草生长，也受城市排水影响。土质黏重、颜色黑灰，黑土层厚达60厘米以上。

（六）盐化潮土

域内地表与地下盐分的汇集地区土壤和地下水含盐量高，形成盐化潮土。春季土壤返盐严重，轻度的地面板结，中度的地表发潮，重度的地表有盐斑、盐结皮。对旱作物危害较大，宜发展水稻和鱼池。即“盐碱地”。主要分布在李七庄街、王稳庄镇一带。地势低洼，地面海拔绝大部分在2.5米以下。

（七）菜园潮土

为河流冲积的轻壤质、中壤质潮土。主要分布在区境南运河两岸20~500米范围内。受人为耕种、施肥、灌溉影响深刻。耕层深厚一般25~30厘米，养分含量丰富，颜色灰暗。当地称为“御河沿”“老园子”。

二、形成

（一）气候条件

区域冬、春干旱，夏季多雨，干湿季节更替明显。降水量小于蒸发量，土壤淋溶作用较弱。全区降雨多集中，且多暴雨。夏季土壤发育为淋溶过程，土壤表层的盐分和黏粒一方面随水垂直渗透下移，另一方面随地表和地下径流发生搬运和迁移。一年中冬夏冷热变化加速土壤形成和养分循环。夏季高温，促使土壤中物质和能量转化。秋、冬季，土壤中矿物质和有机质处于相对稳定状态。春季，是土壤速效养分的释放时期。

（二）地形条件

区域为冲积平原区，一般海拔3~4米，低洼地区小于2.5米。地势平坦，地面坡降很小，大部分地区为1／6000~1／10000。区内地形与土壤发育关系密切，影响着地表水和地下水流动的方向和速度，从而制约着土壤中物质的流动和元素的迁移。在不同的地形部位上形成不同性质的土壤。在地势较高的永定河改道及冲积扇地区，海拔在5米以上，排水较好，地下水位埋藏较深，质地较粗，发育沙质、沙壤质潮土；在南运河、子牙河两岸带状地区，地势4~5米，质地中等，排水较好，地下水矿化度较低，pH值为7.2~8.2，形成轻壤质、中壤质的菜园潮土；在海拔3米以下的低洼地区，排水不畅，地下水位较浅，矿化度较高，质地细，形成多种盐化潮土。

（三）水文条件

区域为南运河、独流减河、子牙河、大清河、中亭河的汇流地。地势低洼，排水不畅，历史上河流曾多次决口泛滥，为区域携运来大量的泥沙和化学元素。地下水位较浅，因年内气候干湿分明，地下水也发生季节性升降。雨季，地下水位升高；干季，地下水位降低，春季是地下水位最低时期。当地下水位低时，地下水位以上的土层为氧化层；当地下水位为高水位时，土壤全剖面或部分土层为水分所饱和，而产生还原过程。周年的干湿变化所造成的土壤氧化与还原交替过程，影响着土壤剖面中明显的锈纹、锈斑。

（四）母质条件

区域沉积物类型有河流冲积物、洼淀湖积物、海相游积物及海陆交互相沉积物。历史上洪水沉积物有砂黏交错，特别是含沙量较大的永定河多次南徙从西北部流入子牙河，给全区留下近万亩的黄土沙地。母质条件影响成土的速度和发育程度。区境内西北部为砂质、砂壤质沉积物，质地较粗，发育为通体沙质潮土和沙壤质潮土。子牙河、南运河两岸地区，多属中壤质、轻壤质沉积物，不黏不砂，质地适中，土壤透水性较强，水分沿毛管升降性能较好，氧化、还原频繁，土壤内部、水分、养分、空气、温度因素协调好，成土过程进行快，土壤发育好，生产性能好。东南部地区地势低洼，多属黏质沉积物，土体紧实、黏重、物理性状不良，通透性差，生物活动受抑制，成土过程缓慢。

（五）人为影响

区内人为耕作对土壤的形成和发育有很大影响，耕作、施肥、灌溉等使土壤肥力得到显著改善，土壤结构也发生明显变化，随着耕作熟化层不断增厚，土壤层中孔隙率增高，土壤产生团粒、团块状结构，改善土壤理化性状。由于人工施肥，也改变土壤的化学性质，使土壤表层中有机质含量比底土高，土壤上层颜色变深，腐殖质层增厚，有利于生产发展。人为施化肥、农药和灌溉，导致一些地区土壤有机质含量减少，土壤板结、土壤肥力降低，土壤理化性状变坏，不利于生产发展。

第六节　动植物

一、植物

随着农业开发，区境内自然植被逐渐由人工栽培的植被代替，仅在农田隙地、河流、洼淀、坑塘、沼泽、古河道、沙地和盐碱地等处尚能见到一些野生植物，并发育出洼地、沼泽植被，水生植被、沙生植被和盐生植被等类型。

（一）野生植被

土壤排水较好的旷野（地下水较浅处）主要植物有：节节草、画眉卓、虎尾巴草、马唐草、刺蓟、苦荬菜、狗尾巴草、紫苑等。地热平缓低洼处主要植物有：马唐、苍耳、薹草、蒿、马齿苋等。河槽或河漫滩地上，地下水位较高，砂质土质地区，主要植物有：白茅、节节草、芦草等。在沙土地或固定的沙丘上，主要分布着各种沙生植物，有沙引草、猪毛菜等。在有积水的洼地及淀泊地区，分有的湿生、水生植物主要有金鱼藻、狐尾藻、黑藻等。湿生植物主要有：打碗花、马蓼等。

在区境内东南部的王稳庄镇、大寺镇镇等地域的盐碱地里，分布着各种盐生植物，主要有：盐蒿、碱蒿、獐毛草、盐角草、白茅、槎柳、芦苇等。

（二）人工植被

主要分布在区内村落、河堤、路旁等地域。乔木有小叶杨、白毛杨、大青杨、榆、槐、河柳等；果木主要有梨、苹果、桃、杏、李、枣、红果、葡萄等；农作物主要有小麦、玉米、水稻、高粱、棉花、豆类、芝麻、红薯、花生、向日葵，以及各种类蔬菜等。

二、动物

西青区为平原区域，动物种类品种较少。2010年主要动物种类有：

（一）哺乳类

狐狸、獾、黄鼬、野兔、刺猬、大仓鼠、中华鼢鼠、棕色田鼠、小家鼠、褐鼠、田姬鼠、蝙蝠等。

（二）爬行类

华北壁虎、北滑蜥、麻蜥、黄石龙子、黄脊游蛇、棕黑锦蛇、虎斑游蛇、华北蝮蛇等。

（三）两栖类

中华蟾蜍、大蟾蜍、花背蟾蜍、金线蛙、北方狭口蛙、黑斑蛙、泽蛙等。

（四）鸟类

喜鹊、灰喜鹊、猫头鹿、猎隼、灰背隼、雀鹰、啄木鸟、大杜鹃、四声杜鹃、黄鹂，黑卷尾、黑尾蜡嘴、锡嘴、金翅、交嘴、朱雀、黄雀、绣眼、寿带、乌鸦、翠鸟、百灵、伯劳、鹎、芦莺、柳莺、苇莺、麻雀、雨燕、家燕、楼燕、金腰燕、白脸山雀、沼泽山雀、铁爪鹀、黄胸鹀、黄喉鹀、三道眉草鹀、苍鹭、白鹭、草鹭、池鹭、夜鹭、鹈鹕、鹗鹛、大麻鳽、白鹳、鸟鹳、鸳鸯、绿头鸭、斑嘴鸭、花脸鸭、绿翅鸭、白眉鸭、秋沙鸭、红骨顶、白骨顶、红嘴鸥、灰背鸥、黑嘴鸥、黑尾鸥、银鸥、游隼、白头鹞、白尾鹞、鹊鹞、金眶鸻、中杓鹬、白腰杓鹬、扇尾沙锥、鹌鹑、罗纹鸭、斑背潜鸭、青头潜鸭、红头潜鸭、戴胜、鸺鹠等。

（五）鱼类

鲢、鳙、草鱼、鲤、鲫、翘嘴红鲌、梭鱼、麦穗、棒花、逆鱼、白鲦、长春鳊、鲶、刀鱼、黄颡鱼、黑鱼、圆尾斗鱼、银鱼、鲂、乌鳢、鳜鱼，此外还有甲利用龟、河蟹、黄鳝、泥鳅、青虾、南美白虾等。

（六）软体动物

河蚌、三角帆蚌、剑状矛蚌、河螺、中国菜田螺、无胃狭口螺、椭圆萝卜螺、纹汉螺、蜗牛等。

（七）昆虫

螳螂、斑螳螂、蜻蜓、七星瓢虫、马蜂、蝎子、蜈蚣、马陆、蜘蛛、蟋蟀、油葫芦、蝉、蚂蚁、土鳖、蝼蛄、地蚕、天牛、东亚飞蝗、大垫头翅蝗、中华稻蝗，中华蚱蜢、金龟子、麦蛾、苹果巢蛾、豆天蛾、谷蛾、黄凤蝶、菜粉蝶、梨星毛虫、梨食心虫、桃食心虫、棉叫螨、黏虫，玉米螟、二化螟、三化螟、谷螟、棉卷叶螟、棉铃虫、桑尺蠖、绿旱象、蚕头象、蚜虫、牛虻、舍蝇、金蝇、绿蝇、红蜘蛛、绿盲椿象、三点盲椿象、中黑盲椿象、稻褐飞虱、榆金花虫、潮虫、蚯蚓等。

第二章　自然资源

区境自然资源得天独厚，有广袤的土地，丰富的地上水资源，王兰庄地热田和万家码头地热田有蕴水量极为丰厚的地热资源，富有广阔的开发利用前景。

第一节　水资源

一、降水

1979—1996年，西青区每年平均降水量566.4毫米计算，每公顷降水量6300立方米，年平均降水总量为3.15亿立方米，历年最大降水量1093.3毫米，折合降水总量为5.9亿立方米；历年最小降水量为270.4毫米，折合降水总量为1.46亿立方米。2000年降水量458.8毫米，2005年降水量618.5毫米，2010年降水量355.4毫米。

二、地表径流水

区域年平均径流深为91毫米，区内径流总量(自产水量)为0.49亿立方米。丰水年度，径流深230毫米，径流总量为1.24亿立方米；保证率20%的丰水年，径流深105毫米，径流总量为0.89亿立方米；保证率50%的平水年，径流深63毫米，径流总量为0.34亿立方米；保证率75%的枯水年，径流深为27毫米，径流总量为0.15亿立方米。

三、客水

区域客水主要来源于独流减河、子牙河和中亭河，入境水量以7—9月份为多。3条河来水量差异较大，同一条河年际间来水量也有很大变化。丰水年，西青区可直接引独流减河部分水源为鸭淀水库补水蓄水，枯水年则不能补水。在确保天津市区海河水位的前提下，为保障全区园田蔬菜上市，天津市每年给西青区分配一定量的引滦水，平均每年调入引滦水2120万立方米。

四、地下水

区内地下水资源主要源于区境内大气降水补给，其次是河渠渗透、农业灌溉回归水，丰水年为0.24亿立方米，平水年为0.2亿立方米，枯水年为0.17亿立方米。区地下水多年平均实际开采量为0.35亿余立方米，超量开采造成地下水位急剧下降。全区地下水资源开采具体表现情况为：农田灌溉用井、村镇生活用井、农副业生产用井，以及工业生产用井，其中工业生产用井占地下水开采量44.83%。

第二节　土地资源

一、土地总量 构成

1982年，西郊区土地总面积5.8万公顷。1983年，全区总土地面积5.26万公顷，其中农业占地3.18万公顷，占土地总面积的60.46%；非农业占地2.08万公顷，占土地总面积39.54%。有耕地面积2.23万公顷，果园面积999.39公顷，水域面积1.2万公顷，城乡居民居住区和工矿用地6373.87公顷，交通用地1568.6公顷，特殊及难利用土地36.3公顷。

2005年，西青区土地总面积5.64万公顷。全区农用地总面积3.32万公顷，占土地总面积的58.86%，其中耕地为1.56万公顷，占土地总面积的27.66%。建设用地总面积1.87万公顷，占土地总面积的33.15%，其中城乡建设用地为1.57万公顷，占土地总面积的27.89%；交通水利及其他用地为2862.5公顷，占土地总面积的5.08%；未利用地总面积4511.7公顷，占土地总面积的7.99%左右。

2010年，全区减少耕地面积226.97公顷(国家占地)，增加耕地面积37.19公顷，全区实有土地总面积5.71万公顷，其中耕地1.4万公顷、林地8264.2公顷、果园1164.53公顷。在耕地面积中，水田1062.67公顷、菜田3538.73公顷。

二、土壤类型分布

区境内土壤系海积与河流冲积而成，形成平整而广阔洼地。地势低平，河渠纵横交错，洼淀坑塘星罗棋布，地下水位较高，地面组成物质较细，土壤剖面中有不同程度的盐分活动。根据地势、地下水埋藏状况、土壤质地及含盐的不同，结合土壤发育过程人为影响和生产需要等条件，全区土壤划分为1个土类、4个亚类、16个土属、36个土种。

区境土壤随着地势从西北向东南逐渐降低，土壤质地由沙变黏，土壤盐化程度由轻变重，土壤呈现由沙质潮土—沙壤质潮土—轻壤质潮土—中壤质潮土—重壤质潮土—湿潮土—盐化潮土有规律地分布。沙质潮土与沙壤质潮土主要分布在杨柳青镇子牙河以西、中亭河以北地区，轻壤质潮土主要分布在杨柳青南洼和南运河、子牙河两侧，中壤质潮土主要分布在张家窝镇、精武镇、杨柳青农场及子牙河以西的东淀地区，重壤质潮土主要分布在独流减河左岸、精武镇西南部，湿潮土分布在侯台子西洼、付村北洼、大寺镇跑水洼和夹道洼等地区，盐化潮土主要分布在李七庄街、王稳庄镇一带，菜园潮土主要分布在南运河两岸200~500米范围内。

第三节　地热资源

一、地热地质

西青区地热田在地质构造上，地处太平洋板块和亚欧板块俯冲带西侧的沧县隆起上，具备形成地热田的良好条件。区内地热按形成机制，属于传导成因热水型地热田，按水文地质条件和水温可分为两种类型：一是浅层低温孔隙热水；二是深层中温基岩岩溶裂隙热水。热储层分上下两层，上部为新生界第三系微胶结构散地层；下部为古生界寒武系、奥陶系灰岩、白云岩及中上元古界灰岩、白云质灰岩、白云岩地层，基岩顶板埋深900~2000米。沧东内断裂带和白塘口西断裂为西青区地热的热传导通道。

二、地热梯度

区境内分布着王兰庄地热田和万家码头地热田，地热梯度分别是4℃／100米~8.5℃／100米和4℃／100米~8.8℃／100米。王兰庄地热田主要分布在李七庄街、大寺镇、精武镇。万家码头地热田主要分布王稳庄镇东南部一带。

三、地热储量

（一）第三系孔隙热水

王兰庄地热田热水储存量1.46×1010立方米，热水天然可采量1.73×109立方米，地热储存量2.02×1015千卡，地热天然可采量4.34×1013千卡；万家码头的地热田热水储存量0.79×1010立方米，热水天然可采量0.71×109立方米，地热储存量1.32×1015千卡，地热天然可采量1.78×1013千卡。

（二）基岩岩溶裂隙热水

王兰庄地热田热水储存量6.9×109立方米，热水天然可采量6.9×108立方米，地热储存量8.9×1015千卡，地热天然可采量3.8×1013千卡；万家码头地热田，热水储存量2.44×109立方米，热水天然可采量2.44×108立方米，地热储存量3.14×1015千卡，地热天然可采量1.34×1013千卡。

（三）热水水化学类型

矿化度小于0.8克／升~1.0克／升，水质好，是理想的天然低温热水水源。

（四）基岩岩溶裂隙热水

水质矿化度为1.5克／升~1.8克／升。

四、地热田（井）

区境内有两个地热田，面积约127平方千米。第三系孔隙热水，埋深在390米~420米~1000米~2000米，水温55℃~77 ℃，为中低温热水，水质较好。基岩岩溶裂隙热水，王兰庄地热田顶板埋深为1000米；万家码头地热田顶板埋深1000~2000米，水温70℃~98℃，为中高温热水。

区内有位于大寺镇张道口的地热井和位于青凝侯的地热井。主要用于农副产品生产加工和冬季供暖。

第三章 自然灾害

1979—2010年，区内多次发生严重旱情，春旱连夏旱时有发生。80年代末、90年代末曾两次发生洪灾，因涝致灾不足5次，较严重雹灾4次。2010年，各种自然灾害基本能得到有效控制。

第一节 洪涝 冰雹

一、洪涝

（一）雨涝

1979年，区境内出现强降雨，付村公社两个多小时降雨140毫米，全区涝灾受灾面积813.33公顷，成灾面积633.33公顷。

1991年汛期，区境内降水量合计为340.9毫米，大清河上游普降大到暴雨，子牙河第六埠水位不断上涨，至7月31日8时上升到5.62米。来水淹没子牙河滩地农田273公顷，直接经济损失73.8万元。

1994年汛期，区境内平均降水551.7毫米，为及时排除沥涝，开泵8456台时，排水总量5870万立方米。

2003年，全区平均降雨128毫米，最大地区164毫米，10条二级河道水位普遍上涨。

（二）连阴雨

1979年，区境内出现重型麦收连阴雨，连阴雨6日，过程雨量114毫米，为有记载以来连阴雨天数最多的一次。

（三）洪水

1988年，子牙河上游来客水，天津为向大港水库及独流减河蓄水，闭西河闸抬高水位，使独流减河及子牙河高水位持续月余，区域东淀围埝沿途闸涵多处漏水，区内农田被淹360公顷，拖地（离水源近且与水面长期在一个水平面上的地）1333.33公顷。

1996年，西青区遭受1963年后最大一次洪水：大清河北支洪水通过新建水利枢纽工程，整个东淀一片汪洋，水位最高时6.4米，普遍水深2米，最深处4米。在东淀蓄滞洪区内，淹没耕地2800公顷，其中粮食作物1266.67公顷，经济作物1533.33公顷。受灾常住人口102户363人，镇办企业1个、村办企业3个、机井63眼、泵站11座，大量生产生活物资受损，累计经济损失1.5亿元。

2008年，大沽排水河受下游河道排水能力所限和河道淤积影响，发生污水泵站下游2300米右堤管涌险情，未造成损失。

二、冰雹

区域冰雹活动时间在4—9月。主要集中在5月下旬至6月上旬，一般出现于下午至夜间。

1980年9月1日，区境内冰雹持续33分钟，为有记载以来时间最长的一次。

1990年6月21日17时3—25分，辛口、大寺、王稳庄、杨柳青、精武、张家窝6个乡镇遭到特大冰雹袭击。雹粒最大者如鹅蛋、一般如核桃大小，最重的雹粒重0.45千克，雹粒积厚15厘米以上。冰雹所造成的灾害为百年罕见。在成灾较重的45个村庄中，19个村属于毁灭性灾害。全区成灾面积6666.67公顷，其中园田1686.66公顷被砸平绝收，372公顷高标准园田蔬菜试验区的各类蔬菜全部砸毁，773.33公顷果园、786.66公顷大田和356公顷瓜田绝收。农作物直接经济损失达6026万元。

1990年7月16日，出现异常冰雹（直径6毫米）和短时大风天气，工厂、仓库、农业直接经济损失6000万元。

2000年5月17日，辛口镇、杨柳青镇、中北镇、张家窝镇等地降雹，冰雹直径0~15毫米，最密处每平方米1000粒，一般处每平方米50粒，有600公顷农田受灾。

第二节　干旱 干热风

一、干旱

1980—1984年，区域发生百年不遇持续旱灾，河道断流，全区农田受灾面积5000公顷。1986年，干旱，受灾面积214.13公顷，成灾面积126.13公顷。1987年，春天至8月，累计降水量347.1毫米，比历年同期平均值少300毫米。全区旱灾成灾面积1400公顷。1988年和1989年，冬春后干旱无雨。全区成灾面积1733.33公顷。1992年，遇到40年不遇干旱，成灾面积505.87公顷。1993年6月，降雨仅45.2毫米，2333公顷稻田插秧及农作物生长受到影响。1997年，因旱受灾面积6667公顷，成灾面积4667公顷，主要是玉米、高粱和大豆。1998年，旱情严重，以张家窝镇、辛口镇受灾最重。2000年，累计降雨量56.56毫米，受旱灾面积6890公顷，成灾960公顷。2002年，降水量仅为383.1毫米，二级河道基本干枯，农业用水严重短缺。

二、干热风

干热风是区境内小麦生长后期主要气象灾害之一，多发于5—6月。1980年6月，区境内出现干热风天气。1983年5月28—30日，连续出现3天较强干热风天气。1986年6月上旬，出现较强干热风，对小麦生长产生不利影响。

第三节　风霜 虫灾

一、风灾

1985年5月31日，境内出现大风伴有冰雹，全区麦田倒伏953.33公顷、玉米倒伏453.33公顷、经济作物受灾面积793.33公顷。粮菜、果树受灾面积约3333.33公顷，估计经济损失400万元。1995年11月16日夜，大风，杨柳青镇麦田地头7米高的砖墙被刮倒，砸伤民工7人。

二、霜冻（低温）

1992年4月12日，区境内发生霜冻，全区1000公顷蔬菜受冻，导致直接经济损失100多万元。1993年4月6—11日，较强冷空气进入西青区境，全区有780公顷菜地受灾，其中600公顷菜地绝收。还有2000公顷果园受冻害严重。

三、虫　灾

1991年，张家窝乡水稻、小麦出现大面积病虫害。1996年，区域105个村庄大约2000公顷农田发生大面积美洲斑潜蝇。1997年，王稳庄镇2133公顷小麦发生麦蚜虫灾害。1999—2000年，全区发生重大虫灾，蝗虫面积533.33公顷。2004年，林木中发生美国白蛾、东亚飞蝗，面积1.48万公顷。2009—2010年，区域连续发生美国白蛾、东亚飞蝗、尺蠖灾情，受灾面积6666.67公顷。

第三编 人口

2010年，西青区启动免费孕前优生健康检查

1979—2010年，西青区总人口呈快速增长趋势，人口密度显著增加。人口性别构成从1982年的102发展至2010年的105.2，性别比基本均衡。进入21世纪，区人口年龄结构从年轻人为主向老年社会过渡。在总人口中，文化程度普遍提高，大学文化程度人口在总人口中的比例不断增加。2010年，全区有汉族和39个少数民族。在总人口中，从事农业生产越来越少，务工经商人口逐渐增加，家庭结构向小规模家庭发展。由于长期注重优生优育，人口素质得到很大提高。

第一章 人口规模

1979—1990年，全区户均规模大于3.5人。2010年，平均每个家庭户人口2.65人，人口密度由1982年每平方千米514人增至630.5人，人口分布不均，城区占全区总人口25%左右，最少的街人口仅占3%。流动人口迅猛增长，总量超过户籍人口的近30%。

第一节 人口数量

一、全区人口总量

1979年，全区户籍人口总户数6.77万户、总人口近29万人。1990年，比1979年增加1.74万户、9937人。2000年，比1990年增加1.51万户、6434人。2010年，总户数12.19万户、人口36.6万人，比1979年增加5.42万户、7.6万人。

1979—2010年部分年度西青区户数人口统计表

表3-1　　单位：户、人

年度	户数	人口
1979	67683	289986
1982	72454	297524
1990	85085	299923
1995	97435	341209
2000	100203	306357
2005	119639	314773
2010	121867	365958

二、城区人口数量

1996年，城区杨柳青镇人口7.12万人。1997年，城区人口7.23万人，其中农业人口3.4万人，非农业人口3.83万人。1998年，城区总户数2.68万户，7.62万人。1999年，有2.68万户，8.06万人。2000年，城区常住户数3.73万户，7.9万人。2000年，城区（杨柳青镇）常住户数2.73万户、人口7.76万人，其中男性3.83万人、女性3.93万人。2010年，城区常住人口3.22万户、8.11万人，其中农业人口3.13万人。

第二节　人口密度 分布

一、人口密度

1978年后，西青区人口向乡镇企业发达的乡镇（街）集中。西青汽车工业基地的建立，带动杨柳青镇和中北斜镇企业发展；精武镇的南河工业区、位于城乡接合部 的西营门街、李七庄街开发房地产区内人口开始向工业相对集中、房产相对集中的中心镇转移，逐渐形成中心镇人口密度大、边远农村人口密度小的局面。

1982年，人口平均密度为每平方千米514人。1990年，人口平均密度每平方千米525人，其中每平方千米200~400人的为大寺镇、王稳庄乡；400~600人的有西营门乡、李七庄乡、上辛口乡和张家窝镇；900~1300人的有中北斜乡和杨柳青镇。杨柳青镇人口密度最大，每平方千米为1265人；王稳庄乡人口密度最小，每平方千米仅260人。2005年，全区人口平均密度每平方千米551人。2010年，人口平均密度每平方千米630.5人。

二、人口分布

1979—2010年，西青区常住人口城乡与各镇街间分布很不均衡，其中城区占总人口的25%左右，最小的街人口占总人口的比例不足3%。

2005年和2010年，各街镇户数人口分布见下表：

2010年西青区各街镇人口统计表

表3-2　　单位：个、人

镇街	行政村	居委会	户数	人口	男性	女性
杨柳青镇	25	29	32211	81086	40530	40556
王稳庄镇	15	-	12328	35428	17934	17494
中北镇	23	-	16781	43604	21410	22194
精武镇	18	2	11823	29074	14497	14577
大寺镇	15	-	13725	37429	18394	19035
张家窝	16	2	13326	31640	15677	15963
辛口镇	18	-	13370	36031	18031	18000
李七庄街	20	3	10076	25141	12059	13082
西营门街	10	3	4036	9438	4578	4860

第三节　人口变动

一、自然变动

1990年，全区死亡率为8.46‰。1995年，人口出生率11.90‰，死亡率为5.67‰，人口自然增长率为6.23‰。2000年，死亡1858人，死亡率6.06‰。2010年，全区出生4895人，其中男2562人、女2333人。人口出生率8.46‰。全区死亡2412人，死亡率3.52‰。

二、社会变动

1985年，全区有流动人口6541人，其中暂住在居民户1151人、工厂企业2700人、工地工棚1311人、租赁房屋1379人。全区10个派出所建立暂住人口管理办公室，对拟暂住超过3个月以上16岁以上暂住人口进行登记照相，发给暂住证，核发流动人口暂住证1025人。

1994年，区内持有暂住证的流动人口5365人，其中务工3985人、经商674人、服务行业561人、投亲靠友71人、探亲访友65人。1995年，全区暂住人口3.31万人，其中务工1.47万人、务农368人、经商2789人、服务行业1409人、因公出差28人、培训28人、治病疗养201人、投靠亲友317人、探亲访友181人，其他1.31万人。2010年，全区流动人口46.19万人，其中务工40.54万人、务农6790人、经商6292人、服务行业718人、因公出差24人、借读培训1.56万人、治病疗养23人、投靠亲友3464人、探亲访友673人、旅游观光22人、随迁836人、其他2.21万人。

第二章　人口构成

1979—2010年，区内人口性别变动不大，由1982年的102转为2010年的105.2。90年代，人口年龄结构由成年型逐渐转为老年型。人口文化素质不断提高，少数民族人口不断增多，农村劳动力逐渐向第二、三产业转移。

第一节　性别 年龄构成

一、性别构成

1979—2010年，区境内人口性别构成的变动起伏不大，发展比较均衡。4次人口普查表明，性别比的波动幅度均处于正常范围之内。

1982年，全区性别比102。1990年，全区性别比103.11。按年龄划分，0岁性别比为106.76；7岁性别比为109.27；18岁性别比为111.82；35岁性别比为97.47；56岁性别比为135.58；60岁性别比为124.13；80岁性别比为91.13；95岁性别比14.29。2000年，全区男性占人口比例为49.6%，女性占人口比例为50.4%。

2010年，全区总人口中，男性占全区总人口比例为48.8%，女性占全区总人口比例为51.2%。比例100:105.2。人口性别构成在地区间存在差异，杨柳青镇男女性别比为103.5；南河镇为106.6，中北斜乡为99.3，西营门乡为104，李七庄乡为106.9，大寺乡为103.3，王稳庄乡为101，张家窝镇为103.1，上辛口乡为101.3。

二、年龄构成

1982年，区人口年龄分布：0~14岁人口8.88万人，占全区总人口29.84%；15~64岁人口19.47万人，占总人口65.45%；65岁及以上人口1.4万人，占总人口4.71%。全区人口平均年龄27.47岁，年龄中位数22.97岁。1990年，区内0~14岁人口占总人口22.71%，60岁及以上人口占总人口8.26%。人口平均年龄为29.41岁，年龄中位数27.13岁。

2000年与2C10年西青区人口年龄组构成对比表

表3-3

年龄组别(周岁)	2000年		2010年	
	人口数	比重%	人口数	比重%
总人口	306357	–	365958	–
新生婴儿(不满周岁)	2307	0.75	3287	0.90
学龄前儿童(1~6岁)	18447	6.02	19981	5.46

续表

年龄组别（周岁）		2000年		2010年	
		人口数	比重%	人口数	比重%
小学适龄人口（7~12岁）		22821	7.45	18744	5.12
初中适龄人口（13~15岁）		13803	4.51	9293	2.54
高中适龄人口（16~18岁）		14727	4.81	11260	3.08
育龄妇女（15~49岁）		92804	30.29	216269	59.09
劳动年龄人口	男（15~59）	108498	35.42	127847	34.93
	女（15~54）	102376	33.42	123464	33.74
男性60周岁以上		16744	5.47	25179	6.88
女性55岁以上		24830	8.10	41375	11.31

第二节　民族 姓氏构成

一、民族构成

1979—2010年，区内居民汉族占绝大多数，少数民族个数和人口数量呈逐渐增长态势。

1982年，全区汉族人口29.65万人，占全区总人口的99.67%。少数民族13个：回族880人，满族53人，蒙古族18人，朝鲜族9人，锡伯族5人，苗族和彝族各4人，壮族、白族和维吾尔族各3人，侗族、傣族和毛南族各1人。

1990年，全区汉族人口为29.89万人，占全区总人口的99.66%。少数民族12个，人数1000人，其中回族667人。满族216人。朝鲜族54人。蒙古族29人。壮族和维吾尔族各7人。苗族和土家族各6人。锡伯族5人。畲族、藏族和撒拉族各1人。外国人加入中国籍1人。

2000年，全区汉族人口30.53万人，占全区总人口的99.64%。少数民族1060人，全区23个少数民族中，回族588人、蒙古族56人、满族256人，朝鲜族31人、苗族13人、壮族49人、土家族31人，其他少数民族不足10人。在少数民族人口中，男性570人，占53.8%；女性490人，占46.2%。少数民族人口总数占全区人口总数的0.36%。

2010年，全区汉族人口36.15万人，占全区总人口的98.78%。全区有39个少数民族，其中（按人数排序）满族1373人、回族1018人、蒙古族799人、朝鲜族328人、土家族177人、壮族170人、苗族117人、维吾尔族69人、侗族61人、彝族40人、瑶族39人、布依族36人、白族33人、藏族32人、达斡尔族32人、黎族19人、仡佬族14人、锡伯族14人、哈萨克族13人、土族13人、仫佬族12人、畲族12人、鄂温克族7人、水族7人、傣族6人、羌族6人、哈尼族5人、纳西族5人、撒拉族5人、俄罗斯族3人、东乡族2人、柯尔克孜族2人、鄂伦春族2人、傈僳族1人、佤族1人、怒族1人、乌孜别克族1人、拉祜族1人、毛南族1人。

二、姓氏

（一）分布

1990年第四次全国人口普查，区各乡镇姓氏均在200个以上，全区有476个姓氏。万人以上的姓氏有6个，占全区总人口的44.11%，遍布9个乡镇，其中张姓最多，有3.44万人；王姓2.81万人；李姓2.49万人；刘姓2.22万人；孙姓1.18万人；高姓1.08万人。复姓仅有诸葛、皇甫2姓。

至2010年，西青区姓氏总数变化不大，主要姓氏有194个。

2010年西青区主要姓氏一览表

表3-4

姓氏笔画	姓　　氏
2	丁卜刁
3	万于马下广么
4	王仉方车尹毛牛孔邓支文韦勾卞
5	白史石冉卢付田尔平玄冯边兰叶皮左只母申布宁
6	并师孙乔朱刘任齐祁吕纪那毕安许庄闫邢伊关多
7	吴沈汪张辛苏杜宋迟何佐李陈陆间肖严佟时邵冷花
8	国尚屈房金林呼庞罗范周武郎郑岳孟项杨
9	郝宣胡侯贺赵宫贸姜姚顾恪柳施段娄费钟
10	高部唐聂宴耿展郭秦袁徐陶倪凌贾夏盛桂柴
11	黄姬章康常梁崔盛曹强扈隋廉商阎
12	董普韩程彭蒋谢敬鲁善强焦葛
13	简解靳楫窦鲍甄路詹褚
14	蔺裴翟
15	蔡樊滕潘臧
16	薛霍薄衡
17	戴魏

（二）部分姓氏考源

区内姓氏构成较复杂，有的姓氏源流已不可考，部分姓氏有族谱可考其源。

王兰庄郭姓　祖籍山西洪洞县，1736年左右，郭文焕携四子逃荒，一子去东北，一子至静海县，一子落在大稍直口村，一子落在王兰庄，现已9世。

梨园头村秦姓　祖籍山东省济南府隶成县，后迁至天津秦庄子。清乾隆年间（1736—1795）秦子珍、秦子敬兄弟俩由秦庄子迁徙至梨园头，今已16世。秦氏先后于1995年、2005年续谱，2010年《梨园头秦氏家谱》定稿。

梨园头村郭姓　明朝永乐年间，山西汾阳的汾阳王郭子仪后裔——郭氏兄弟四人郭桥、郭梁、郭玉、郭柱迁至天津梨园头村，后郭玉一家留在梨园头村，现已20世。明弘治七年修家谱，后于1930年前后、1991年10月、2010年7月数次续谱。

王姑娘庄杨姓　康熙、雍正年间，杨氏后裔追随先祖从山西太原等地落户于王姑娘庄，今已16世。杨氏家族家训为：敬业、保家、报国、仁义、孝道。要求子孙遵祖训，守家规，顺父母，睦兄弟，和宗族，完国赋，承祖德，家风厚，俭务勤，勤耕读，居仁义，忍家宁，慎嫁娶，安本分，守公法，记名言。

王姑娘庄张姓　与清河、大南河、小南河张姓为一脉，始祖张开祥于清顺治、康熙年间从小南河迁居王姑娘庄。张氏家族有“百忍、金鉴、孝友、亲睦、冠英、燕贻、敦睦、宗岳、敬谊、源流”等10个堂号和家训“百忍歌”。

东兰坨村万姓　《万氏宗谱》载：始祖系江西省南昌万家楼村人，于明建文年间中武探花，后为官，于明永乐年间在王稳庄地区跑马占地，建东兰坨村。其后裔一部分迁居小韩庄、王稳庄和大孙庄等村。

大侯庄村徐姓　始祖为江西省余干县人。明末因连年灾荒逃往关外，在奉天，编入汉军正蓝旗。随清军入关后，因立战功被封为襄平侯。清顺治年间）划分其天津南四五十里土地建大侯庄。

张家窝村靳姓　原为旗人，先祖历代居官，后得罪权贵被杀，后辈为免受株连，逃至张家窝村落户，隐去旗姓，改随汉姓靳。

当城村高姓　当城高氏远祖为春秋时期孔子弟子高柴，系七十二贤人之一。先祖于永乐年间迁徙河间府静海县高家村，至第四世祖配妻当城尚氏，后迁来当城村。已传25代，后代高姓人口2600余人。

第三节　文化 职业构成

一、文化构成

1979—2010年，西青常住人口文化构成变化较大，总体呈快速上升趋势。21世纪后，文化水平提升迅速，文盲率大幅度下降。2010年与2000年相比，每10万人中具有大学程度的由5366人上升为2.03万人，具有高中程度的由1.6万人下降为1.47万人，具有初中程度的由3.78万人上升为3.99万人，具有小学程度的由3.08万人下降为1.84万人。文盲人口（15岁及以上不识字的人）为1.4万人，与第五次全国人口普查相比，文盲人口减少4726人，文盲率由5.01%下降为2.04%，下降2.97个百分点。

1982—2010年部分年度西青区人口文化程度对比表

表3-5

文化程度及占%	1982年	1990年	2000年	2010年
大专以上人口	3525	4836	23700	-
占总人口%	1.18	1.6	5.37	13.89
高中（中专）人口	21000	26470	71000	-
占总人口%	7.07	8.81	16.05	10.07
初中人口	73500	92109	167000	-
占总人口%	24.7	30.71	37.75	27.33
小学人口	112780	111836	132300	-
占总人口%	37.91	37.29	29.9	-
文盲半文盲人口	46698	37824	-	-
占总人口%	15.7	12.61	-	-

注：以上数据包括各类学校的毕业生、肄业生和在校生

二、职业构成

1982年，全区在业人口16.22万人，其中农林牧渔从业人员7.96万人，占在业人口的49.08%；运输、建筑行业工人6.38万人，占在业人口的39.33%；商业、饮食业等服务性行业从业人员1.61万人，占9.90%；国家机关、党群组织工作人员2741人，占在业人口的1.69%。1990年，区在业人口17.84万人，占全区总人口的59.49%，其中男性10.07万人，占在业人口的56.45%；女性7.77万人，占在业人口的43.55%。

2010年，全区乡村从业人员12.5万人，占乡村劳动力总数的89.22%，其中从事农林牧渔劳动者2.5万人，占乡村从业人员总数的20.03%；从事制造业劳动者5.37万人，占乡村从业人员总数的43.02%；从事建筑业劳动者3609人，占乡村从业人员总数的2.89%；从事交通运输、仓储和邮政业人员1.12万人，占乡村从业人员总数的8.93%；从事批发和零售业人员1.06万人，占乡村从业人员总数的8.45%；从事住宿和餐饮业人员2871人，占乡村从业人员总数的2.3%；从事租赁和商务服务业的人员2368人，占乡村从业人员总数的1.89%；从事居民服务和其他服务业人员1.38万人，占乡村从业人员总数的11.04%；从事公共管理与社会组织人员899人，占乡村从业人员总数的0.72%；从事其他行业人员912人，占乡村从业人员总数的0.73%。

第三章 人口管理

1979—2010年，区内进行4次人口普查。对区内人口登记管理常规化，实现外来人口户籍、就业、教育“一站式”管理。

第一节 普查登记

一、人口普查

1982年，区进行第三次全国人口普查。全区常住人口7.2万户，29.75万人，空挂户254人，无户口1065人，人户分离534户1288人。户均人口数4人，全区民族数15个。

1990年，区进行第四次人口普查。全区划分成171个普查区和1092个调查小组，选调辅导员200人、普查员1800人。经查全区常住人口8.51万户，29.99万人，其中男性15.23万人、女性14.76万人。

2000年，区进行第五次人口普查，全区常住人口总数为44.26万人（包括外来人口，不包括外出人口），与第四次人口普查相比，增加14.27万人，增长47.57%；平均每年增加1.38万人。家庭户12.54万户，人口37.59万人，占总人口的83.21%，家庭户平均2.99人，与第四次人口普查相比，家庭户平均户规模减少0.41人。在全区人口中，0~14岁的人口为6.94万人，占15.68%；15~64岁的人口为34.63万人，占78.25%；65岁及以上的人口为2.68万人，占6.07%。与第四次人口普查相比，0~14岁人口的比重下降7.03个百分点，65岁及以上的人口的比重上升0.8个百分点。

照3-1 1987年，西青区被全国人口抽样调查办公室评为先进区

2010年，进行第六次人口普查。全区常住人口总数为68.47万人，与第五次普查相比较，增加24.21万人，增长54.69%。年平均增长率为4.46%。常住人口中有家庭户18.58万户，家庭户人口为49.17万人，平均每个家庭户人口2.65人，比第五次普查减少0.35人。常住人口中男性35.52万人，占51.88%；女性32.94万人，占48.12%。男性对女性比例由112.38%下降为107.83%。常住人口中，0~14岁6.75万人，占9.86%；15~64岁人口为5.76万人，占84.19%；65岁及以上人口4.08万人，占5.95%。与第五次普查相比，0~14岁人口比重下降5.8个百分点；15~64岁人口的比重上升5.97个百分点；65岁及以上人口的比重下降0.17个百分点。

二、人口登记

1978年后，区内各派出所按辖区村、户数划分户勤区，居民以600~800户、农村以800~1000户为一个户勤区进行管理，此制度沿用至1995年。户籍登记的项目包括户主、与户主关系，姓名、别名、性别、出生年月日、民族、文化、婚姻状况、籍贯、出生地、服务处所和身份证号码。

1996年始，区内实行人口抽样调查制。调查内容为8项：户数、人口、出生、死亡、外出、民族、文化和在业人口。2009年，调查减少为4项：户数、常住、出生和死亡人口。

第二节　流动人口管理

一、流动人口登记

80年代初，各乡镇开始设立流动人口登记站，推行流动人口登记制度。1985年，全区10个派出所建立管理暂住人口办公室，对拟暂住超过3个月以上16岁以上暂住人口进行登记，发给暂住证。核发流动人口暂住证1025人。1987年，全区有各类民工3523人。建立民工治保会78个，在村设立暂住登记站190个，有户口协管员215人。登记站负责私人电报、电话通信的联系送达等服务。1995年，全区暂住人口比1985年增加4倍多，多为外省市务工、经商、服务人员。2010年，西青区流动人口超过户籍人口的26%。在流动人口中，男性占58.53%，女性占41.47%。

二、外来人口管理

1988年，区内对旅店、工棚、私房出租户、车站及市郊接合部 进行清查，查获各类流窜违法犯罪嫌疑人19人，破获刑事案件13起，其中重大案件3起。

1991年，区政府成立暂住人口管理工作领导小组，各乡镇成立办公室，负责暂住人口管理。1996年，区成立流动人口管理工作领导小组，流动人口管理逐步规范化。1996年，对流动人口计划生育进行管理，各乡镇流动人口婚育登记发证率85%。1997年，正式征收流动人口管理费。1999年，统一设置村厂流动人口计划生育管理台账，对西青经济技术开发区等流动人口多的地区和行业加强管理。

2001年10月，西青区取消暂住（流动）人口管理费等7项行政事业性收费。2005年，对区内出租房屋依法征收营业税、房产税和个人所得税款。2008年始，在杨柳青镇、大寺镇分别建区人口管理服务中心和分中心，设立蓝印户口及居民身份证办理服务窗口，实现外来人口户籍、就业、教育“一站式”管理。

第四章　计划生育

80年代，区内早婚早育增多，晚婚率逐渐下降。区执行国家计划生育政策，落实配套奖励措施，把计划生育管理、宣传教育、技术服务融为一体，使人口控制工作逐步走向正常化、规范化、法治化轨道。90年代至2008年，全区计划生育率均在99%以上。

第一节　政策 宣传

一、政策

（一）独生子女政策

1979年，在全区提倡一对夫妇只生一个孩子。对只生一个孩子（不再生育二胎的）家庭，发给独生子女证，对独生子女发给儿童保健费和补贴工分。公职人员由所在单位每月发给儿童保健费5元，农村社员由所在生产队每月补贴工分30分或5元现金，发至孩子14周岁为止。1989年，执行《天津市计划生育条例》，规定一对夫妻只生育一个子女。对遵守条例只生一个子女的，给予更多奖励和优惠政策，对违反超生给以惩处。1992年，对退二胎指标的农业人口实行优惠服务。2010年，仍执行对生育独生子女奖励和超生惩罚政策。

（二）二胎生育政策

1981年，区政府颁发《关于鼓励晚婚控制生育第二个子女的决定》，对符合条件生育二胎者做出“两胎间隔4年以上”等3项规定。1983年，生育二胎条件增为8条：有非遗传性残疾、再婚夫妇（含一方再婚一方初婚）家庭原只有一个孩子的、婚后多年不育经批准抱养一个孩子后又怀孕、夫妻一方残疾基本丧失劳动能力、独生子女结婚、兄弟几人中有一人不能生育其他各生一个孩子的（允许一人再生一个）、男到独女家落户并负责赡养老人的、夫妻均系归国华侨可生育二胎。1989年，补充规定二胎生育的例外条件。对未经批准生育第二个子女者征收社会抚养费。2003年，制定出台《西青区计划生育行政执法责任制》等4项制度。2010年，开展“关爱女孩行动”，落实有利于女孩和计划生育户的利益导向机制。

二、宣传

1996—1998年，区计划生育宣传教育工作面向基层，建设宣传网络活动阵地，建立和完善乡村宣传服务阵地34处。宣传内容突出避孕节育、优生优育、生殖保健知识。利用报纸杂志、广播电视传播计生知识，宣传模范人物先进事迹。

1999年，在西青有线电视台开辟“计生之窗”专题节目，介绍计生动态、计划生育政策、计生先进人物事迹，宣传优生优育和避孕节育、生殖保健知识。2000—2001年，开展咨询服务一条街活动，演出大型歌舞快板剧《婚育新风进万家》节目。

2003—2005年，区计生部门开展“婚育新风进万家”活动，利用西青政务网宣传计生法律法规和优生优育知识，设立“婚育新风”专栏。在互联网页上制作“婚育新风在西青”与“西青区关爱女孩行动”网页，拓宽计生宣传广度。

2009年，区计生部门开展图片征集活动，利用重大纪念日开展宣传咨询活动，向群众发放宣传材料8000份、宣传品2000份。2010年，区计生部门组织村以上负责计划生育人员进行业务培训。

照3-2　2010年，西青区开展“关爱女孩行动”

第二节　服务 优生

一、服务

1996年，区计生部门接待计生应诊者2000余人次，其中中西医结合治疗各种疾病400人次，为不孕症妇女建立病案。1997年，李七庄街成立区第一家生殖健康服务中心，街计生办与卫生院联合推行孕产妇保健保偿责任制。1999年，对全区1990—1998年出生人口和计划生育情况进行清查，清查入户10万户、调查登记3.71万人，年误差率2.85%。

2000年后，区内各街镇每年3至4次B超健康查体，为育龄妇女查体1.34万人次，检查内容包括乳透检查、B超检查、刮片防癌、阴道分泌物检查等。建立生殖健康档案2000余份。

2004—2006年，在全区设20个药具自取点，发放价值49万元避孕药具。为3万人育龄妇女进行生殖道感染检查，建立生殖健康档案6200份。

2009年，区计生部门为各街镇、村居统一印制流动人口基础卡单18万份，实现流动人口同管理、同服务、同宣传、同投入。2010年，区妇幼保健部门为全区孕妇4667人建立孕产妇保健手册。孕前筛查人数5844人，产前筛查人数3641人，为农籍孕妇2234人进行免费孕前检查，为2823人进行免费产后访视。2010年，在全区开展禁止非医学需要进行胎儿性别鉴定宣传。

照3-3　2010年，西青区开展禁止非医学需要进行胎儿性别鉴定宣传

二、优生优育

80年代中期，区计生部门开展“六期服务”（青春期、新婚期、怀孕期、育儿、更年期）活动，在中学举办青春期健康知识讲座，对青年学生心理和生理进行科学卫生教育，提供青春期发育障碍咨询服务。90年代，区计生部门定期向孕妇授课，提供各种生育咨询，减少出生缺陷。21世纪初，区计生部门对各种出生缺陷实行一级干预，利用广播电视播放优生优育宣传片，发放宣传品。建立出生缺陷高危孕妇综合管理档案，定期督促产前检查、产前诊断，实行孕妇重点监控。

2001年，区各街镇计生、卫生部门推行孕产妇优生保健保偿服务。2002年，对查出患妇科病的2170人给予科学治疗，治愈率为87%。2007—2009年，全面开展优生优育，遗传咨询，孕前、产前诊断和围生期保健，初生婴儿缺陷筛查，检测高危人群500人。2010年，全区有已婚育龄妇女7.75万人，初生婴儿4487人，人口出生率8.46‰，出生人口性别比为108。

第四编

基础设施

天津市 西青区志（1979—2010）

TianJin Annals of Xiqing District

2010年，西青公交总站

2010年，西青区赛达大道

1979年始，西青区加快推进基础设施建设，不断提升基础设施水平。2000年后，对城区实施大规模改造，杨柳青镇和全区其他各镇（街）陆续兴建生产、办公、居住的现代化建筑。逐步完善区内路网、桥梁建设，搞好排水工程，建设污水处理厂，实施自来水入户、煤气入户、集中供热、陕气入青等多项基础工程。实施绿色西青工程，添置垃圾处理设施，进行公厕改造。建设多条市级、区级道路，发展邮电通信和宽带网建设。日趋完善的基础设施，为区域经济和社会发展发挥着巨大作用。

第一章 城镇设施

1979年后，西青区结合经济结构的调整，开展社会主义新农村建设，带动城乡一体化进程，区域化城镇水平不断提高，城镇基础设施逐步完善，同时注重环境效益、经济效益与社会效益的协调统一，西青区日益成为环境优美、设施完备、功能齐全、具有城乡综合特色的城市化宜居之区。

第一节 城镇建筑

一、生产性建筑

1978年后，区内乡镇、村办企业发展迅速，建筑规模越来越大。1985年，全区有大中型仓库43处，主要分布在京沪铁路两侧，占地89.27公顷，建筑面积10.48万余平方米，皆为砖混结构。有小型扬水站24处、大型扬水站2座，均为砖混结构平房。80年代末，全区一部分乡镇工业规模较小，生产用厂房相对比较落后，场地有的比较狭小。在杨柳青镇区内还建有工业用厂房，布局混乱，工业用房、居民住宅混杂，污染严重。90年代，新建厂房均安排在镇区边沿，按规划逐步改造。1996年，杨柳青镇有各种企业131家，占地面积215.7万平方米，建筑面积42.89万平方米。厂房建筑形成规模，建筑质量有相当提高。

照4-1 2010年，西青经济技术开发区新兴产业园

90年代，西青经济技术开发区开始进行大规模基础设施建设，至1995年，建成面积为8万平方米生活服务区和配套标准厂房。

2002年，西青经济技术开发区建成古河电器工业园区，占地面积5.4万平方米。2004年，开发区赛达汇亚工业园、集美工业园相继竣工，占地面积16.8万平方米，其中建成标准厂房6.8万平方米。2007年，开发区建成占地2.3万平方米的赛达工业园区，其中建成高标准工业厂房32万平方米。2010年，开发区加快机械产业园、赛达新兴产业园等专业园区基础设施建设，建成厂房、公寓、楼宇100万余平方米，其中赛达新兴产业园建高标准厂房23.8万平方米。

二、非生产性建筑

1998年，中国农业银行西青支行大楼竣工，位于杨柳青镇柳霞路东侧。占地面积0.92万平方米，

照4-2　2006年竣工的西青建委大楼

建筑面积1.27万平方米。为9层钢混、混合结构。2002年，广汇商厦竣工。该商厦位于杨柳青镇新华路与柳口路交口西南侧。占地面积3.57万平方米，建筑面积5.97万平方米，建有3至4层框架结构商用楼6幢，其中条形4幢、墩形1幢、L形1幢。2003年，西青经济服务中心大楼竣工，该建筑位于杨柳青镇柳口路与津杨公路交口。占地2000平方米，建筑面积6362平方米，为6层框架结构。2004年，天津市自来水集团西青分公司大楼竣工，该建筑位于杨柳青镇西青道与青远路交口，占地面积7947平方米，建筑面积6869平方米。2005年，西青区广播电视大楼竣工，并交付使用。该建筑位于杨柳青镇西北部，占地面积7265平方米，总建筑面积9600平方米，其中附属楼1100平方米。主楼建筑10层，局部12层，地下1层，裙楼建筑2层。使用面积7300平方米。为当时西青区最高建筑物。2006年，西青区建委大楼竣工，该建筑位于杨柳青镇柳口路与西青道交口西北侧。占地面积6980平方米，建筑面积1.65万平方米，为12层框架结构。2007年，西青区文化中心大楼竣工，该建筑位于杨柳青镇府前街与青致路交口。占地面积9454平方米，建筑面积2.04万平方米，为6层框架结构。2008年，西青区司法局大楼竣工，该建筑位于西青道与青致路交口东南侧，占地面积6710平方米，建筑面积1.3万平方米，为6层框架结构。2010年，物美商厦竣工，该商厦位于杨柳青镇青远路与新华道交口。占地面积6259平方米，建筑面积3.18万平方米，属于6层框架结构商用楼。

第二节　公用设施

一、供气设施建设

1979年，区内村庄开始使用罐装石油液化气，80年代开始普及。1984年，西青区建设输气站，为市内和区内供应管道天然气。组织杨柳青镇及周边区域天然气中压管道及附属设施的铺装建设，受理和发展工业、商业及居民用气。天津市在西青区王顶堤村附近建第一煤制气厂（西郊煤制气厂），开始生产煤制气，设计日产气28万立方米，供10万户居民用气。1997年，天然气陕津支线投入建设，区内陆续铺设高压输气管道，在中北镇天津市第一煤制气厂范围内发展居民住宅等各类天然气用户。1998年，“陕气入青”工程质检验收、新管道设施投入运行。2002年，杨柳青镇、张家窝镇分别与天津市燃气集团达成协议，将已投入运行的燃气资产一次性整体移交到天津市燃气集团，包括工业、商业、居民用户1.31万户和74.4千米中、低压管网及附属设施。2010年，全区运行输气管道262.5千米，调压计量设施240处，居民用户5.8万户，工商用户155户，全年总供应气量1931万立方米。

二、供水设施

（一）基本用水

80年代初，区经济发达村庄始建水塔，安装压力罐，铺设入户管网。1982年，全区打深井23眼，打浅井30眼，修复机井9眼。1983年，全区有饮用水深井227眼，101个村实现自来水入户，入户率67%。1984年，自来水入户村庄145个、5.14万户，入户率88.2%。1985年，全部实现自来水入户。1990年，全区有机井530眼。1993年，张家窝镇实施引滦河水入境工程，铺设主管道2.1万米。至1995年，杨柳青镇铺设自来水管道57千米。2003年，全区打人畜饮水浅井140眼。2009年，完成全区6个街镇、51个村铺设管道1854公里，饮用地下水全部改为饮用引滦水。2010年，区水务局审批13个单位新凿进取水许可，新打机井22眼。

（二）水厂供水

1980年，杨柳青水厂建成通水，自子牙河取水，净化后供给杨柳青镇居民生活饮用。1987年，实施引滦入青工程，杨柳青水厂改为供应芥园水厂净化后的滦河水。是年，引滦入青工程期间建三号清水库。1990年，建送水二泵房。2001年，将柳口路供水管道沿丰产河引入镇区，配套建设供水加压站。建设1000立方米/日清水库2座，泵房1座。是年，由梨园头沿津淄公路铺设400毫米供水管道1.88万米至王稳庄镇。2003年，建设子牙河南路800毫米源水管道1.3万米，将滦河水引入杨柳青水厂，使水厂供水能力增加1.5万立方米/日。2006年，铺设安福道400毫米管道4644米，为张家窝泵站提供第二水源。2008年，建设中北大道1000毫米管道4615米，为中北镇建设发展提供水源保障。2009年，天津实施第5次引黄济津应急供水，西青各街镇同步供应黄河水。是年，全区实施农村饮水安全及管网入户改造工程。2010年，西青区6个镇、56个村3.7万户农民饮用自来水，实现西青区所有居民饮用洁净自来水。

三、公共交通

80年代，市区始发至杨柳青镇，或途经区境公交线路有16条，分别是：3路（跃升里至下瓦房）、11路（南开五马路至跃升里）、16路（海光寺至凌滨路）、25路（天津站至密云路）、31路（西站至李家园）、36路（金星里至北里八口）、153路（西站至杨柳青公交站）、157路（东风里至小卞庄）、158路（密云路至杨柳青公交站）、161路（南营门至大港火车站）、162路（东风里至西琉城桥）、164路（杨柳青至第六埠）、168路（南营门至南和顺）、170路（杨柳青至王稳庄）、173路（杨柳青至线河）、175路（杨柳青至下瓦房）。

90年代末，区域运营线路增加公交线路7条，有运营车辆100余台。杨柳青镇有公交线路10条。

2006—2008年，分别建南河镇大学城公交总站和西青经济技术开发区公交总站。2010年，天津市公交集团经由西青境内公交线路64条、民营客运线路10条。

2010年西青区民营客运线路一览表

表4-1

线路名称	起止地点	车辆数量
便民1路	小卞庄至北辰科技园	16
便民2路	石家大院至北辰汉沟	10
便民6路	杨柳青至天津东站	20
便民8路	杨柳青至红桥区大胡同	12
便民9路	杨柳青至塘沽	10
津西1路	杨柳青至杨楼村	16
津西2路	杨柳青至王村	20
津西3路	杨柳青至大杜庄	6
津西5路	杨柳青至第六埠村	10

四、供电

1983年，西郊区供电所建万家码头变电站，引入110千伏输电线2条，全长56.33千米。1984年，在汪庄子建变电站，引入110千伏输电线2条，全长21.86千米（此线路与杨柳青供电所共用）。1992年，建张家窝变电站，引入110千伏输电线2条，全长35千米。1993年，建西青开发区梨园头变电站，引接入110千伏输电线2条，全长30千米。1995年，杨柳青供电所有35千伏输电线路共8条，全长50.65千米。1997年，建设一批电力项目，全区用电量年均增长12%以上。是年，全区用电总量10亿千瓦时。1999年，全区新农村建设铺设电力设施4.47万延米。2003年，完成利民道220千伏、小稍直口变电站路建设的征地拆迁。2004年，对南北路进行电力管线的铺设，铺设10千伏高压电力线路1.1千米。辛口镇投入120万元增容1.2万千瓦用电容量。2006—2010年，新建、重建西青、海泰110千伏变电站，系统变压器4台，实际新增容量200兆伏安；退运重建为高村、西青临时35千伏变电站，实际新增容量80兆伏安。新增电缆线路126.25千米，架空线65.37千米。

五、供暖设施建设

1999年始，区新农村建设集体供热面积67.2万平方米。杨柳青镇集中供热工程完成10千米管网，供热面积8万平方米。2000年，投资4400万元，完成杨柳青电厂供热主干管铺设工程。杨柳青镇居住小区的6个片区使用电厂集中供热。对9个公建单位的旧锅炉拆除，改为电厂集中供热，供热面积40万平方米。2001—2005年，杨柳青镇建换热站23座。杨柳青镇公建与居民住宅集中供热面积95万平方米，集中供热普及率100%。2007年，西青区供热计量抄表试验面积11.22万平方米。对10万平方米的老旧楼区进行供热设施改造。2008年，全区供热计量面积35.23万平方米，其中热计量收费项目涉及2个小区，供热建筑面积11.22万平方米，热计量抄表试验项目涉及4个小区，供热建筑面积24.01万平方米。2010年，全区实施供热计量面积35.23万平方米，涉及3个供热单位、5个小区。全区实施小锅炉并网9座，其中李七庄街4座、西营门街5座。

第三节　市政设施

1979—2010年，西青区城镇基础设施建设快速发展。80年代初，开始生产煤制气。1997年，天然气高压输气管道入境。90年代末，开始集中供暖。至2010年，道路交通更加完善，供水、排水、供电、供暖、天然气、公共交通、环境保护、环卫等设施齐全。

一、排水设施建设

1981年，区编制杨柳青镇排水工程总体方案，分管网和泵站两条线逐年实施。至1985年，建成各种排水管道3.56万延米。1986—1994年，杨柳青镇近百条街道铺设排水支侧管，入户工程竣工。1995年，杨柳青镇排水管道总长10.04万延米，排水泵站9座，雨水、生活污水、工矿企业废水经管道排放。2005年，杨柳青至咸阳路污水处理厂排污管道工程完工投入使用。完成京杭大运河河道改造工程。完成城区排水支、干管37.5千米，总长191.6千米。2009年，对陈台子排河、沿津淄公路、赛达大道等污水主干管道建设，累计铺设污水主干管道37.44千米，铺设污水次干管道90.5千米。至2010年，西青区累计投入资金4.83亿元，全区污水处理率达85%。

二、污水处理设施建设

1981年，开始排水改造工程后，排污建筑改进为埋放排污水泥管道，多为合流制。杨柳青镇区全部污水经西洼排水干渠排出，余量污水排入大沽排污河，雨水排入子牙河和南运河。1992年，杨柳青镇区共铺设主干管道12条。1992年，镇区铺设主干管道12条，总长2.8万米。1995年，杨柳青镇区排水主干管道为2.77万米，支线管道1.9万米。乡村基本解决排水设施入户问题。2002—2004年，改建镇区污水雨水排水管网工程，全长近50千米，改建镇南泵站、建柳苑里泵站和自来水河泵站。2006年，被列为天津市重点工程之一的西青区大寺污水处理厂动工修建。建设规模9524平方米。2008年，污水处理厂竣工并正式投入使用，年生产回用水547.5万立方米。2009年，启动大寺污水处理厂二期工程建设。日处理能力6万吨。2010年，实施杨柳青镇明清街排水改造工程，建污水管道598米。开展污水管网主干管工程建设，全长约37千米。津淄公路污水排水管道工程总长度18千米，赛达大道污水排水管道工程总长19千米。

第四节　环卫设施

一、垃圾处理设施

1980年，区为清洁队配备机动清洁车2台。1987年，杨柳青镇组建民办清扫保洁队，配备垃圾转运小拉车16辆。1988年，建集装箱垃圾转运站1处。1991年，有集装箱式垃圾转运站3座、垃圾装卸运输车11辆。1993年，在杨柳青镇西环路旁建集装箱垃圾转运站1座。1998年，购置4吨装载机1部、厢式垃圾自卸车1部，建新式垃圾中转站1座。1999年，建全市第一座落地全封闭垃圾转运站。2001年，购置装载机、自卸车，扫路机等车辆，在杨柳青镇区主干道路两侧设置果皮筒。2002年，在街镇建转运站9座，各街镇购买环卫车辆12部。2006年，建垃圾转运站2座，全区垃圾转运站37座。2008年，增加各种环卫机动车辆20辆、非机动车辆70辆、垃圾箱桶3000余个。2010年，购置环卫专用车辆81辆、农用车及保洁车辆188辆、垃圾箱桶1593个。

二、公厕建设

80年代，区内各村在路口村边修建公共厕所。部分村庄修建水冲式公厕农户自筹资金建公厕。1992年，改造杨柳青镇3座公厕，对主干线二经路、新华路上的2座公厕按标准进行改造，对清掏、保洁、消毒都固定专人定岗、定责。1998年，对杨柳青镇主干道两侧15座公厕实行保洁员挂牌服务。2001年，杨柳青镇区主干道路两侧设置公厕12座。2004年，改造户厕2.25万座，改造旱厕59座，对杨柳青的6座公厕按照标准增设无障碍设施。2005年，农村户厕改造完成下水道式7571座、三格化粪池式5156座。2006年，改建公厕74座。全区有保洁公厕1223座、水冲公厕304座，公厕水冲率24.8%。2008年，全区新建、改建公厕312座，公厕水冲率33.3%，各街镇建成区公厕水冲率83.8%。至2010年，新建、改造公厕135座。

第二章　交通设施

中共十一届三中全会后，随着经济结构的调整，西青区加速交通设施建设，逐步实现村村通公路，形成以铁路、高速公路以及国道、市道为骨架，街镇与乡村道路为支路的交通网络。交通设施的瓶颈状态得到迅速突破，区境交通运输进入新时代。

第一节　道　路

1983—1988年，全区修建村内水泥或柏油公路130千米。1989年，建成乡村柏油公路118条，总长174.7千米。1995年，全区乡村村内道路改造和路灯等配套建设完成。2000年，全区道路面积124.87万平方米。

2001—2005年，城区道路交通迅速发展，先后建成和改造西青道、新华道、柳云路、柳霞路、柳

照4-3　2010年，修整后的西青道

口路、一中南路、和平路、文化路、营建支路、尊美街、宝华街等一批道路工程，基本完成城区骨架路网的改造建设。累计道路工程量10.54万平方米，城区道路总长度52.45千米，面积57.92万平方米，路网密度3.41千米/平方千米，接近中心城区平均水平。

2006年，完善区内路网建设，投资30亿元，新修和改造新华路、柳口路延长线等30条道路。全区道路563条、350千米。2007年，投资46亿元，新建、改造道路240千米。实施“五路五河”改造工程，全长58.5千米，绿化面积222万平方米，建桥梁28座。2010年，赛达大道竣工通车，道路全长20.5千米，面积66万平方米，绿化80万平方米，建设6座桥梁等配套设施。

1995—2010年西青区道路改造工程统计表

表4-2

年度	长度（千米）	面积（万平方米）	年度	长度（千米）	面积（万平方米）
1995	86	65.00	2003		
1996	88	67.00	2004	262.80	309.20
1997	100	79.60	2006	350	410
1998	149	92.42	2007	207	252
1999	155	155.70	2008	237	326
2000	145.86	124.87	2009	246	337
2001	156	148.60	2010	305	460
2002	117.33	190.81	–	–	–

一、铁路 火车站

（一）京沪铁路

自西营门街西横堤进入区境内，至静海县良王庄铁路大桥出区境，长23千米，设曹庄、杨柳青、周李庄3个火车站。

（二）陈塘庄铁路支线

由天津西站至河西区陈塘庄，原是天津南货场专用铁路。铁路北起西营门街赵庄子西，南至李七庄街纪庄子，通过区境18千米。

（三）李港铁路

属地方铁路，原隶属天津铁路集团有限公司。1985年，李港铁路延伸至滨海新区邓善沽。该铁路北起西青区李七庄，南至滨海新区邓善沽。区境内长37千米，设李七庄、芦北口、王稳庄站。1987年，正式开办客运业务。2009年，李港铁路隶属天津南环铁路有限公司。

（四）杨柳青火车站

位于西青道北侧，为京沪铁路二等客货两用站。1980年，建旅客候车室及其他服务设施，设有客货站台、地道、候车室、售票室、站务室。货运业务有综合性仓库、装卸机械设备等。1995年，接发旅客列车由原来的37对，增加到80对。2005年，火车站停靠旅客列车3对，为北京至烟台快速旅客列车和两对为北京铁路局管内普通旅客列车。2009年，天津西站进行大规模重建，部分客运业务移至杨柳青火车站，成为临时客运站。杨柳青火车站进行改扩建，建人行天桥1座、临时旅客候车大厅和售票大厅各1处。2010年，在杨柳青火车站停靠的旅客列车有66列。

二、高速公路

（一）京沪高速公路

京沪高速公路天津段于2003年12月开工兴建，2006年11月建成通车。为双向8车道，设计时速120千米。自杨柳青镇大柳滩村北进入西青区，至辛口镇第六堡村附近出境，在西青区内长13.2千米。

（二）津沧高速公路

天津至河北省沧州市高速公路，于1996年动工建造，1998年竣工并交付使用。原为104国道（京福公路）一条支线，属国家一级公路，经改建后成为京沪高速公路（代用线），津沧高速公路为双向四车道，路面宽20.3米。自王顶堤收费站进入西青区境内，穿过精武镇、张家窝镇，在张家窝镇东琉城村与津晋高速公路相交叉，至西琉城大桥进入静海区境，区境内长度为12.5千米。

（三）丹拉高速公路

为辽宁省丹东市至西藏拉萨的高速公路，2001年始建，2003年竣工并交付使用。双向四车道，路面宽20.3米。丹拉高速公路自王稳庄镇小韩庄村东进入西青区境内，至小张庄西跨过独流减河后进入静海区境。区内长度为10千米，并设有王稳庄收费站。

（四）津晋高速公路

天津至山西省的高速公路，2002年动工建造，2006年1月，天津段竣工并交付使用。双向6车道，路面宽31.45米。自津南区团洼村北过入西青区境内，穿过大寺镇、精武镇、张家窝镇、辛口镇，在辛口镇当城村附近与京沪高速公路相衔接。区境内长度为23.8千米。在张家窝镇周李庄村附近设有收费站。

三、国道

（一）津同公路

天津至山西大同的公路，国家编号为112国道，全长840千米。1987年改建拓宽，天津西站至杨柳青火车站段称“西青道”。区境内路段起自西营门街西横堤，至杨柳青镇大柳滩村进入武清区界，长17.66千米，路面宽18~26米，沥青路面。2008年5月，津同公路改造工程竣工通车。该路起止点为外环线至京福公路，区境内全长5.6千米。总体断面宽度为110米，包括道路断面67米，上下4车道，其中中央隔离带6米，快车道15.5米，副隔离带3米，辅道9米，人行道3米。南侧绿化带23米，北侧绿化带20米。于2008年5底通车。沿线与京沪铁路、外环线相交，为西青区通往市区的主要道路，也是天津市通往冀、晋两省主干线之一。

（二）京福公路

北京至福建省福州市的公路，国家编号104国道，全长2334千米。西青区路段北起杨柳青镇隐贤村附近的子牙河桥，经李楼村，穿过天津市宏达农工商总公司、西青区张家窝镇，南至西琉城大桥后进入静海区界，区境内路段长16.08千米，宽14米，沥青路面。为国家二级公路。跨越区境内子牙河桥、京沪铁路立交桥、南运河桥、自来水河桥、丰产河桥、西琉城大桥等。

（三）山深公路

河北省秦皇岛山海关至广东省深圳市的公路，国家编号205国道。西青区段起点为外环线，终点为静海区团泊引河桥，全长16.48千米。外环线至小孙庄段修建于1974年，小孙庄至团泊引河桥段修建于1993年，主要走向为：外环线往南行至王稳庄镇小孙庄处，往西行至团泊引河桥与静海区交界。跨越独流减河，沿线经过大寺镇和王稳庄镇。桥梁有龙泉桥、王村桥、横向连接桥、污水河桥、团泊引河桥。2010年，对外环线至小孙庄段进行改建，路面加宽至24米。

四、市(省)道

(一)津港线

起点为西青外环线，终点为滨海新区大港界，全长30.5千米。西青区境内从外环线至津南区界，全长8.1千米，修建于1991年，路面宽度为24米。路线走向为外环线往南经过大寺镇至津南区界，为市区通往滨海新区大港的省道。与之相交的道路为梨双路、芦北路、白万路。2009年8月，津港公路拓宽改造工程开工。2009年底，完成主体道路的大修工程。

(二)津涞线

起点为外环线津涞立交桥终点为津沧高速津涞收费站，全长11.5千米。修建于1973年，路线走向为由东向西，途经李七庄街和精武镇。道路宽9~12米。2008年9月开工，对该路进行改造。道路拓宽后，总体断面总宽131米，其中中央绿化带8米，两侧车行道各20米，人行道各2米，两侧绿化带各15米，南侧景观河及辅道共45米宽。2009年竣工。沿线桥梁有小南河桥、牛坨子桥和高村桥，与之相交的道路为津文线和辛老路。

(三)津静公路

起点为外环线，终点为静海区G104分离式立交处，全长32千米，为天津市区通往静海区的省道，西青区境内为外环线至进洪闸，全长19.9千米，始建于1969年。西青区内路线的走向为：由外环线往西至当杨路，往南至进洪闸，途经杨柳青镇、辛口镇。2007年，对外环线至京福线交口段进行拓宽改造。改造后，沿线桥梁有南运河桥、郑庄子桥、中排干桥、水高庄桥。与之相交的道路有京福线、营建线、辛老路、青沙路和当杨路。

照4-4　2010年，津静公路西青段

(四)津淄线

起点为西青区小孙庄终点为西河湾，路线长34.137千米，西青区境内起点为小孙庄至万家码头大桥，全长25.68千米，始建于1974年。路线走向从小孙庄往南至陈台子村后，往西至万家码头大桥与静海区交界，途经王稳庄镇，跨越独流减河，沿线桥梁为三八桥和万家码头大桥。2009年2月，对该路进行拓宽改造，路面加宽至24米，路基宽34米。起点为津汕高速分离立交与津淄公路交叉口，终点为葛万公路。设计为双向6车道，共分3个断面，由二级公路提升为一级公路。沿线与之相交的路线为山深线、制万线和白万路。

(五)津文线

始建于2001年。起点为津涞线，终点为河北省文安县，全长42.7千米，路面宽12米。西青区内起点为津涞线至杨成庄大桥南，全长6.16千米，跨越独流减河。路线走向为由北向南至静海区后寨村交界，位于西青区精武镇，沿线桥梁有牛坨子桥和杨成庄特大桥，为天津市通往河北省的省道。

(六)新津杨线

始建于1998年，起点为天津外环线，终点为京福支线，全长4.75千米，路线走向为由东向西，西青区段位于中北镇内。2008年，对新津杨线进行拓宽改造，路面宽43米，路基宽51米，为杨柳青镇和中北镇通往市区的主要省道，此路按照区县行政命名为中北大道。

（七）津静复线

修建于1998年，路线起点为京福线，终点为津静线，全长2.85千米，西青区段位于辛口镇内，路线走向为由东向西。

（八）外环线

外环线为环绕天津市中心城区外目的环形公路，穿越东丽、津南、西青、北辰区。1987年1月建成，全长71.3千米。横断面为各36米两块板断面，中间隔离带6米，路两侧各有绿化带8米。内环沟的外侧各有4米宽堤埝。西青段北起天津市宏达农工商总公司杨柳青农场，东至大寺镇大任庄村东卫津河，区境内路段长25.8千米。

五、主要区级公路

（一）梨双路

位于大寺镇内，为区主要区级道路。始建于1983年，起点为山深线，终点至津南区，全长7.3千米，路线走向为由西往东南方向，桥梁有大任庄西桥。与之相交的路线为山深线、友谊路延长线、津港线、静水道和芦北路。

（二）芦北路

位于大寺镇内，始建于1987年，起点为山深线，终点为梨双路，全长6.49千米，路线走向为由西往东北方向。2004年，对其进行大修改造，路面宽7~9米，沿线桥梁为李庄子桥和芦北口桥。

（三）辛老路

始建于1983年，路线起点为津静路，终点为津涞线，全长10.08千米。2003年后分段对其进行拓宽改造，路面宽度为12~28米，路线走向为由西向东，跨越辛口镇和张家窝镇，沿线桥梁为冯高庄桥。与之相交的路线为津静线、京福线、营建线、京福支线。

（四）津杨路

始建于1978年，路线起点为外环线，终点为营建线，全长8.1千米，路面宽度为7米，路线走向为由东向西，穿越中北镇和杨柳青镇。与之相交的路线为万卉路、星光路、京福线和柳口路。

（五）青沙路

始建于1980年，路线起点为杨柳青镇西，终点为辛口镇大沙窝村独流减河堤，全长8.51千米，道路分为3段：杨柳青镇西——桑园地道；桑园地道——上辛口；上辛口——独流减河堤，路线走向为由北向南。2009年，对其进行加宽改造，路面宽度7~19米，穿越杨柳青镇和辛口镇，桥梁有沙窝桥。

（六）当杨路

建于1986年，路线起点为津静线，终点为河北省霸州市杨芬港村。全长4.42千米，修建于1986年9月，路面宽度12米，主要跨越辛口镇当城村和子牙河，

路线走向由东至西，沿线桥梁为当城桥。

（七）西河闸路

1958年建成通车，路线起点为西河闸，终点为北京环线，全长1.47千米，路面宽度7米。路线走向由东南至西北，沿线桥梁为西河闸大桥。

（八）白万路

始建于1982年，路线起点为西青区与津南区交界处，终点为山深线，区境内2.29千米，路面宽7米。走向为西南至东北，沿线桥梁为津港运河桥。

2010年西青区国、市（省）线及区级公路一览表

表4-3

路线名称	起点名称	终点名称	里程（千米）	面积（万平方米）
京福线	武清界	静海界	24.86	40.09
山深线	外环线	团泊引河桥	16.48	55.08
津港线	外环线	津南交界	8.10	19.43
津涞线	外环线	西琉城大桥	11.79	48.06
津静线	外环线	进洪闸桥	19.90	49.43
津淄线	小孙庄	万家码头桥	15.09	34.48
新津杨线	外环线	京福支线交口	4.76	20.45
津静复线	京福线	津静路	2.85	7.98
京福支线	丰田汽车厂	津涞线	11.77	19.18
营建线	杨柳青	辛老路	6.09	17.06
武静线	西青界	京福线	1.51	1.51
制万线	陈台子	津淄线	1.19	2.86
津文线	津涞线	杨成庄大桥南	6.16	7.40
赛达大道	大寺	营建线	23.26	76.10
梨双路	山深线	津南界	7.31	10.05
芦北路	山深线	梨双路	6.50	5.14
辛老路	津静路	津涞路	10.09	21.13
津杨路	外环线	营建路	8.10	5.67
青沙路	杨柳青	独流减河堤	8.52	8.60
当杨路	津静路	河北省界	4.42	5.30
白万路	津南界	山深线	2.30	1.60

六、街镇公路

1979年，区内有4条乡村沥青公路，总长4.7千米。1983—1989年，区内以民办公助形式筹集资金，累计修建乡村公路163.6千米。至1990年，境内建成乡村沥青公路118条，总长度108.3千米；村内水泥面道路6.15千米。实现村村通公路并与国道、市级、区级公路相连接，逐步形成农村乡村公路网。2010年，全区有乡村公路300条，长311.52千米，其中街镇道路82.85千米，村道228.66千米。

照4-5　2010年，区内乡村公路

2010年西青区街镇公路一览表

表4-4

街 镇	数量（条）	长度（千米）	街 镇	数量（条）	长度（千米）
西营门街道	8	8.45	大寺镇	48	45.95
杨柳青镇	22	25.38	辛口镇	51	36.58
李七庄街道	23	24.24	张家窝镇	13	17.64
精武镇	38	38.00	王稳庄镇	65	77.02
中北镇	32	38.23	-	-	-

第二节 桥 梁

一、西琉城大桥

位于张家窝镇西琉城村南的独流减河上。始建于1969年。1987年，在原桥西侧建1座新桥。新桥全长845.53米，宽18.5米，车行道16米，两侧人行道各宽1.25米。共42孔。跨径分别为19.5米两孔、20.5米12孔、20米28孔。飞虹载荷汽车20吨、拖拉机120吨。是天津地区连接京沪高速公路、104国道的主要桥梁之一。

二、津同公路子牙河桥

位于杨柳青镇北1千米处子牙河上。1988年修建，1989年6月竣工。全长275米，各孔跨度均为25米。桥宽18.5米，其中车行道15米，两侧人行道各宽1.75米，系钢筋混凝土公路桥。

照4-6 2010年，西青区子牙河飞虹桥

三、当城桥

位于辛口镇当城村西1千米处子牙河。1977年建造，系钢筋混凝土拱桁架桥。全长122.4米，桥面宽9米，其中车行道7米，两侧人行道宽1米。共计4孔，孔径均为30.5米。载荷15吨，是连接天津市与河北省霸州市主要桥梁之一。

四、第六埠桥

位于辛口镇第六埠村附近独流减河之上。1987年建造。桥长80米，宽8米，其中车行道6米，两侧人行道各1米。共7孔，孔径中孔20米，其余各孔均为10米。系钢筋混凝土公路桥，载荷限20吨。

五、一经路立交桥

位于杨柳青镇一经路北端，1986年始建，1987年竣工。南起西青道，北至子牙河，跨京沪铁路。桥长900米，车行道宽12米，两侧非机动车道各宽4.5米，人行道两孔各宽2米，外形呈蝴蝶状，钢筋混凝土结构。铁路涵为3孔，中孔为行车道，两侧为人行道。路面为混凝土，引路为沥青路面。机动车与非机动车分隔处有栏杆和照明灯，立交桥转弯有环岛。该立交桥连接津同公路。

六、西青道铁路立交桥

位于杨柳青镇东，杨柳青农场东南部外环线上。南北跨京沪铁路和西青道，是西青区与天津市区沟通的重要桥梁之一。1987年建，系钢筋混凝土铁路立交桥。上部为普通T形梁，下部为灌注桩，桥面为沥青路面。上层为南北走向公路桥，全长458米，两道车行道各12.5米，最大载荷20吨，下层东西方向，北侧为京沪铁路，南侧为西青道。

2010年西青区国、省线及区县级公路桥梁一览表

表4-5

桥梁名称	桥梁桩号	桥长米）	桥宽（米）	桥梁分类	桥面积（平方米）	修建年代
三号桥	17.74	40	17	中	680	2004
李楼桥	124.541	40	17.5	中	700	1988
大柳滩桥	19.32	41	18	中	738	2005
跨津淄立交桥	21.1	685	35	大	23975	2010
东桑园桥	130.777	48	16	中	768	2002
冯高庄桥	133.387	48	16	中	768	2002
改道河桥	135.858	69.6	13	中	904.8	2004
龙泉桥	301.06	34.04	15	中	510.6	2010
王村桥	301.5	34.04	15	小	510.6	2010
横向连接桥	303.4	34.04	15	小	510.6	2010
污水河桥	306.3	43.6	14.4	中	627.8	1993
污水河桥	306.3	43.6	14.4	中	627.8	1993
小南河桥	14.2	64.83	52	中	3371	2009
牛坨子桥2	17.15	37.66	32	中	1205	2009
中排干桥	27.21	10.58	12	小	127	2005
干校桥	4.362	30.5	36.75	小	1121	2007
自来水河桥	6.15	45	30	中	1350	1980
自来水河桥	3.95	58.89	36	中	2120	2010
丰产桥	7.6	43.64	36	中	1571	2010
程村排水河桥	8.5	34.24	36	中	1233	2010
陈台子排水河	13.65	84.84	36	中	3054	2010
大沽排污河桥	18.6	43.64	36	中	1571	2010
津港运河桥1	21.2	37.6	12	中	451	2010
津港运河桥2	21.2	37.6	12	中	451	2010
大任庄西桥	3.885	30.6	19	中	581	1984
沙窝桥	6.5	44	9	中	396	1985
津港运河桥	19.23	30.6	11	中	337	1982
子牙河桥	120.702	277	17	大	4709	1989
杨成庄大桥	5.398	1530	12	特大	18360	2001
跨津沧高速桥	6.4	653.64	35	大	22877.4	2010

第三章　邮政电信设施

1979—2010年，西青区邮政电信设施进入快速发展时期。实施一系列邮政工程，完善邮政网络，服务面积遍及全区各乡镇村（居）。电信设备设施不断改造更新，80年代初实现长途电话半自动拨叫通话，90年代中后期实现全自动拨叫通话。21世纪初，宽带网开通，并迅速普及城乡。进而实施模拟网、数字网建设及改造提升，接入网、驻地网设施覆盖面迅速扩展，全面实现通信现代化。

第一节　邮政设施

一、邮政工程

1986年，李七庄邮电支局开始使用天津市计算中心研制的GBS-2型国际包裹收寄机。1988年，完成商品包裹收寄机工程验收，在各邮电局投入使用。1989年，各邮电局正式实行邮政编码分拣。1992年，李七庄邮电支局实施邮政储蓄电子化工程。1995年，西青邮电支局开通营业电子化窗口。

1999年，成立西青区邮政局。有邮政支局2个、局所4个、代办所7个、对外服务窗口13个，服务面积570.8平方千米，服务人口10.1万人。2000年，区邮资机工程、报刊发行计算机信息管理系统、新商函设备工程正式投入使用。2004年，全区实现出口总包邮件全部条码化。2005年，区内开通使用“邮件容器日报系统”，速递系统与中心局生产作业系统实现信息互联互通，实现EM收邮件的全程跟踪查询。2008年，西青区邮政局速递物流一体化工程完成改革整合。2010年，区国际邮件批译系统工程、邮件容器管理信息系统工程开始上线运行。

二、邮政网络

1979年，李七庄邮电局投递邮路增至8条，邮路长300千米，投递时间改为每日上、下午各一班。1992年后，全区投递邮路增至11条，邮路总长为350千米，为每日上、下午班，负责李七庄、大寺、王稳庄、张家窝、南河等街镇以及河西、南开部分街道的邮政投递。1995年，全区有邮路27条，总长度860千米。区境内东部的部分村庄由黄河道、红旗路邮政局负责投递。1996年，西青区邮电局主要担负杨柳青、辛口、张家窝、中北镇邮电服务；李七庄邮电局主要担负李七庄、南河、大寺、王稳庄等街镇邮电服务。1999年，李七庄邮电局划属南开区邮政局。杨柳青邮政支局下设7个邮政所，西青经济技术开发区邮政支局下设4个邮政所。2003—2005年，设置杨柳青、王稳庄、微电子3个投发部，全区形成16条投递道段网络。有邮路24条，总长度1200千米。2007年，扩充4条揽收路段。2008年，扩充5条揽收路段。进行投递网改造，合理并段2条，优化投递作业流程，提高投递时限和服务质量。2010年，西青区邮电局下设5个专业分局、17个邮电所，服务面积570平方公里。2010年，全区邮路增加到34条，总长度2600千米。服务面积570.8平方千米。

第二节 电信设施

一、装机容量

1979年，杨柳青电话局交换机总容量600门。1982年，有交换机容量8000门，小交换机容量2950门。1983年，增加装机容量2000门，长途电话实现半自动拨叫通话。1984年，长途台可通过173台和112台进行长途半自动拨叫通信。1986年，全区有交换机容量3000门，出局线对4200对，电话接通率30%。1987年，李七庄电话局装机容量由原500门增加到900门，门户700余户。1989年，李七庄电话局实现由模拟交换机向数字程控交换机变革。1993年，全区5000门集装式程控交换机开通。区内电话号码升至7位。1995年，区内电话分局和支局全部采用程控自动交换机，新增出局线为光纤电缆传输。装机总容量13.5万门。1997年，程控交换机总容量10.9万门，能直拨全国200余个城市和世界100余个国家和地区。2004年，李七庄分局数字程控交换机更新3万门。2008年，西青联通有基站155个，G网用户9.8万户。2010年，西青联通在李七庄立达公寓进行光纤入户试点。

二、传输设施

1983年，杨柳青电话局建传输管道10千米，线路总长119千米，建电讯电缆皮长97千米，电缆出局线对2400对，配线电缆3500对。1994年，西青区长途中继线增至60路，新增出局线8340对，总量1.83万对。电话电缆全部采用全塑色谱电缆，总计273孔千米。1994—1995年，全区有杆路400杆程千米、传输电杆2500棵。1998年，杆路总长773千米，电缆皮长1800千米，管道长度277沟千米，管孔长度2835孔千米。2000年，电讯传输出主干电线153条、23万对，配线电缆42万对。2001年，电缆皮长1756千米，电缆出局线对23.8万对，配线电缆45万对，主杆电缆159条，管道长度412沟千米。2010年，全区有电讯传输出主干电缆219条、配线电缆75万对、交接箱495个，管道长度712千米。电讯传输管道720米。出局线对1130对，中继线84条，通往市区的长途专用线30条。

第三节　网络设备

2001年，西青区宽带网正式开通，覆盖全区9个街镇、160个村庄。2005年，拓宽网络出口，宽带网接入总户1329户，入网计算机3000台。2010年，对城镇和农村光纤宽带进行改造，发展用户1.55万户。

一、模拟网

2005年，全区模拟网覆盖各街镇的112个小区和108个村，光电缆皮长306.67千米。2006年，完成33个建小区分别配网建设，施工电缆289千米，光缆1969芯千米。

二、数字网

2007年，全区立项小区光缆、电缆28个，完成光缆切改立项12个。完成1个一级分中心机房、6个二级分中心机房、5个远端机房和3个中继机房的数字平台搭建。至2010年，对第一个整转小区——杨楼模拟网完成数字网改造，光缆2.54千米、芯千米36.42千米。2008年，完成建光电缆网络设计56个。2009年，建光节点77个，新敷设光缆皮长度36.84千米。2010年，光电缆皮长1079.68千米。完成光、电缆立项86个，覆盖用户3.2万户。

三、接入网

2006年，完成接入网光缆线路分配网设计33处，切改11项，全年施工用电缆290千米、光缆1969芯千米。2007年，完成接入网光缆线路切改8处。完成小区光缆接入工程6处，全区各小区分配网工程建设3处，光缆线路切改立项5处，有1万余个终端。2010年，完成光、电缆接入网立项49处，切改工程16处，覆盖用户4.9万户。

四、驻地网

2010年，驻地网立项62项，建设驻地网区43处，新增客户线路2.8万线。

第五编

城乡建设

天津市 西青区志（1979—2010）

TianJin Annals of Xiqing District

2010年，西青区杨柳青广场

2005年，西青区南河镇付村居住小区

1979—2010年，西青城乡面貌发生历史性巨变时期。区科学制订城市建设、村镇建设规划，加快城乡一体化进程，城区面积不断扩大。开展建设用地、基础设施投入、引资制度等一系列城镇建设体制改革，城镇基础设施条件得到显著改善，道路交通骨架基本形成。修建多条环城路，改建多条骨干道路，干道两侧普遍绿化美化。城区排水形成完整体系，供水供热面积迅速扩大。对城区实施大规模改造，兴建生产、办公、居住的现代化建筑。先后实施自来水入户、煤气入户、集中供热、陕气入青多项基础工程。开展爱国卫生运动，创建国家卫生城。村镇建设开始向高层次发展，小城镇建设、村镇公共设施建设和住宅建设都发生量和质的变化，村容村貌明显改观，实现道路硬化、环境绿化、美化，建成多个各具特色、功能齐全的新型城镇，创建小康村、明星小康村，涌现出一批富足、美丽的现代化新农村典型，城乡民居环境发生巨大变化。

第一章 城建体制改革 规划

1979—2010年，随着城乡面貌的巨变，西青区城建系统管理体制进行多次变革。设立区建设管理委员会（区城乡建设委员会）、市容和园林委员会（市容环卫管理局）、城市管理综合执法局等，其职能和内设机构、人员编制不断增加，管理队伍不断壮大，以适应西青区城乡建设与管理的飞速发展。进行建设用地制度、基础设施投入制度、引资制度等一系列城镇建设体制改革，出台并推行土地开发利用、小城镇建设试点、村镇规划建设管理等多项政策。实行土地出让，拓宽基础设施建设投入渠道，逐步实现城市建设体制规范化、科学化。

第一节 用地制度改革

一、管理制度改革

80年代，征用、划拨区境天津外环线以外范围耕地0.33公顷以下、其他土地1公顷内由区政府审批。1995年，区政府出台小城镇建设试点实施办法，镇区建设用地（包括工业小区）实行“统一规划、统一开发建设和统一管理”，实行出让、转让、出租、抵押，由区土地局选址，取得“建设用地规划许可证”，分期规划征用核减土地。1999年，区制订实施村镇规划建设管理暂行办法，村庄建设用地，人均不过100平方米，一户村民只能有一处宅基地。农民分配或购置住宅楼，原宅基地由村委会按政策收回。2000年，区出台村镇规划建设管理办法、主干道路两侧规划控制管理办法等6个规定。对建设用地、未利用土地及可复垦的土地进行调查摸底，建立闲置土地及可复垦土地台账，为开发建设提供土地资源储备。

二、用地审批

1998年，完成街镇建设用地补证736件，用地面积635.44公顷。完成国家建设用地审批16件，占地面积129.5公顷；完成村镇建设用地审批13件，占地面积16.25公顷。2003年，办理建设用地审批件10件，占地面积21.76公顷。补办建设用地审批8件，占地面积11.26公顷。2005年，西青区建设用地总面积1.87万公顷，占土地总面积33.10%。未利用地总面积4511.7公顷，占土地总面积8.01%。2008年，审批市、区重点建设项目占地4943.49公顷，其中农用地4545.31公顷（耕地3975.86公顷）、未利用地172.57公顷（其中纳入市发改委区县第一、二批重大项目44项，占地面积4789.51公顷，其中农用地4463.04公顷）、未利用地164.73公顷。2009年，审批建设用地36个批次，总占地面积713公顷，涉及农用地转用和未利用地转用371公顷，重点项目供地实现应保尽保。全年出让地块56宗，总面积404

公顷。2010年，核发《建设用地批准书》67个（含延期变更项目），面积约485公顷。

第二节　资金投入机制改革

一、利用优惠政策

1990年，区政府加强对城市维护建设资金管理，逐年提取设备折旧费，保证设备的正常更新。推进市政基础设施的有偿使用、有偿服务，拓宽基础设施投入资金来源。1994年，利用市政府基础设施大配套优惠政策，实施危陋房屋改造、翻建计划项目及配套主干管线工程。1995年，区基础设施投入90万元。1996年，实施5项市政基础设施工程，区、市级投资约占50%。1998年，区基础设施投入960万元。

二、自筹拨款相结合

2000年前，全区基础设施投入资金以两项城市维护建设资金、企事业自筹和其他收入为主。是年，区基础设施投入972万元。2001年，除两项城市维护建设资金、企事业自筹和其他收入以外，地方财政拨款和国内贷款占投入资金的大部分。2002年后，区基础设施资金投入完全由城市维修建设资金和中央地方财政拨款分担。是年，区基础设施投入增至2.09亿元。2003—2010年，区基础设施投入资金7.3亿元。

三、多元投资

1987年，区内开始推行外商投资开发土地政策，吸引外资企业在区境内购、建房屋或从事房地产经营活动。1995年，区城乡建设逐步建立以集体和个人出资为主，吸纳社会和外资共同投资的多元投资机制。1996年，区政府制订优惠政策，鼓励开发商参加城镇建设。坚持依托乡村企业发展城镇建设的原则，新建乡村企业一律进连片工业区。2002年，全区“协议出让”国有土地使用权130宗，面积373.91万平方米。2006年始，区内建立多种融资渠道，初步建立以财政资金为导向、信贷资金为辅助、广泛吸纳社会资金的多元投资机制。是年，基础设施投入6亿元。2008年，出让土地34宗，面积387.58万平方米，出让金20.79亿元。2009年，出让土地33宗，面积162.42万平方米，出让金18.78亿元，完成基础设施投入17.76亿元。2010年，出让土地36宗，面积221.26万平方米，出让金22.35亿元。完成津淄公路改造工程，投入10.64亿元。对城区市政设施进行养护管理，投入维修资金355万元。

第三节　住房制度改革

一、公积金制度

2000年，区职工住房公积金缴存比例为单位、个人各8%，缴存基数由1998年职工个人月均工资总额，调整为1999年职工个人月均工资总额。其后，缴存基数和比例进行多次调整。2005年，落实补充公积金制度。将新职工（1999年6月30日以后参加工作），补充公积金以现金形式一次性发放，全区补发金额922.61万元。2006年1月，开始建立补充住房公积金账户，并按15%比例进行缴存。2008年11月，发放机关和全额事业单位老职工住房货币补贴。2009年1月，为在职老职工建立补充住房公积金制度，缴存比例为10%。2010年，全区职工住房公积金缴存比例为单位、个人各15%，缴存基数为2009年职工个人月均工资总额。新、老职工补充住房公积金缴存比例分别调至19%、14%。

1999—2010年西青区职工住房公积金缴存比例调整情况统计表

表5-1 单位：%

年度	单位缴存	个人缴存	年度	单位缴存	个人缴存
1999	7	7	2004	15	15
2000	8	8	2006	15	15
2003	9	9	2010	15	15

二、公房租售

2004年1月，公房出售收入纳入集中管理，实行单一账户，分账核算，集中收付。对2003年以前的公房出售收入进行清理，纳入集中管理，统一公房出售收入归集和使用管理政策，使公房出售收入管理规范化。

三、住房解困

2006年，完成区行政机关和全额事业单位离退休职工住房补贴审批发放，为1430名离退休职工发放补贴1318.29万元。2007年9月，完成自收自支、企业单位离休人员住房档案补充、完善，为74人发放补贴219.08万元。2008年7月，落实低收入家庭承租公有住房补贴政策，开展经济适用房资格审核工作。至2010年，发放低收入家庭出租人补贴383户，发放“天津市限价商品住房购买资格证明”252个、“经济适用房资格证明”91户。对全区享受低保和优抚对象承租公房减租，核减69户，月核减租金2135元。

四、廉租房

2008年起，区内为解决中低收入居民住房安置问题，办理各项廉租住房审批手续。至2010年，累计发放《天津市廉租住房租房补贴资格证明》856户，发放补贴存折852个。

第四节　城镇建设规划

一、城镇体系规划

1995年1月，区制订《西青区土地利用总体规划》。规划期为1990年至2010年。至2010年，西青区土地利用结构调整是：耕地面积1.45万余公顷，占总面积的25.4%，其中水田2760余公顷，水浇地5186. 66公顷，蔬菜地6386. 66公顷，林木覆盖率8.8%；城、镇、村及工矿用地面积为1.43万余公顷，占总面积25.07%；交通用地面积2253.33公顷，占总面积的3.9%；水域面积近2.12万余公顷，占总面积的37%，全区土地利用率达100%；城市建设用地1.1万公顷，主要分布在与红桥区、南开区、河西区毗邻的外环线东侧和北侧地区，含西营门街、中北镇、李七庄街、大寺镇的土地面积3926.66公顷，加之其他建设用地共1.43万余公顷；杨柳青镇区建设用地2200公顷，精武镇区建设用地283.6公顷，张家窝镇镇区建设用地142.8公顷，大寺镇区建设用地75.62公顷。建设用地主要为基础设施建设、工矿企业用地、居民点用地、公用设施用地；全区林果用地占地4160公顷，2010年林木覆盖率达8.8%；河湖水面区占地近2.12万余公顷，其中鱼塘面积近3493.33公顷，基本鱼塘保护区面积近2793.33公顷。

二、总体规划

2007年，西青区启动全区总体规划的编制工作。总体规划期限为近期2011年，远期2020年。西西青区总体规划是天津市高新技术产业基地，要逐步建设成为环渤海地区的电子信息、汽车产业基地、科教研发基地和具有历史文化特色的生态宜居城区。

总体规划主要包括位于西青区北侧的子牙河生态廊道、位于西南侧的独流减河生态廊道、位于东西组群之间的南河生态廊道以及沿外环线形成的防护绿带廊道。东西组群联动是指沿中心城区——西青新城、中心城区——大寺片区两条城镇发展带，形成以西青新城与大寺片区为区域主、副中心的西部组群和东部组群联动发展的格局。新片区分别为西青新城片区、大寺片区、西营门片区、李七庄片区、辛口片区、南河片区、王稳庄片区。外围居住社区是规划在各片区外形成10个外围居住社区，分别是大柳滩村居住社区、青凝侯居住社区、小孙庄居住社区、建新居住社区、东兰坨居住社区、大侯庄居住社区、宽河居住社区、小南河居住社区、第六埠居住社区、于台居住社区。

三、专项规划

1991年，西青区在1982年村庄建设规划基础上，对外环线以外的107个村庄，进行规划修编。1993年，围绕乡村城市化的总体目标，重点改善农村群众住行条件，制订村庄建设控制规划。1995年，全区编制外环线外65个村的村庄规划，确定外环线内21个村为城中村改造试点，其中宁家房子、前桑园、王顶堤、兴业里、八里台、赵金庄等村的村民全部搬进楼房。2004年，为配合社会主义新农村建设，组织编制李七庄街边村、邓店村，南河镇潘楼、姚村、付村，大寺镇张道口村等村庄规划编制工作。2007年，全区新农村试点增至50个。村庄规划全面实施，农村住房向城市居民楼房化迅速推进。2010年，西青区在完成杨柳青、中北、张家窝镇城市设计方案的基础上，编制西青新城市规划设计初步方案。

第二章　房地产业

1979—1982年，区内房地产业发展迟缓，管理滞后。产权清理、换证，标志着区内房地产业进入有序发展阶段。90年代后，随着区域经济发展，房地产需求随之提高，房地产市场逐渐形成。进入新世纪，区政府开展一系列住房制度改革，不断加大房地产开发、房地产交易、动拆迁、房地产管理、物业管理力度，房地产业迅速成为全区支柱行业，城市形象得到显著提升。

第一节　房地产开发

一、开发管理

90年代初，西青城乡基础设施建设速度加快，房地产开发迅猛发展。区政府坚持经济效益、社会效益、环境效益相统一原则，出台一系列扶持、引导政策，加强行政管理，区内房地产业步入全面规划、合理布局、综合开发、配套建设有序发展轨道。2006年，区内出现最早的房地产经纪企业。2007年，区政府印发《关于进一步加强西青建设项目管理的通知》，批转《西青区住宅及商业小区配套建设管理办法》《关于进一步加强全区规划管理工作的意见的通知》《西青区社区工作用房和公益性服务设施规范化建设实施办法的通知》等文件，对新建居住小区、商业小区配套验收程序做出明确规定，引导区内房地产配套管理良性发展。至2010年，有26家房地产开发企业落户西青，有房地产经纪企业7家。

2007—2010年西青区房地产配套管理情况统计表

表5-2

年度	办理配套（件）	面积（万平方米）	收取大小配套费（万元）	验收竣工住宅小区（个）	建筑面积（万平方米）
2007	32	219.42	13690.56	15	94.64
2008	19	60.17	4121.23	19	104.75
2009	4	24.35	1341.15	23	134.24
2010	13	54.08	4367.09	14	85.39

二、新建住宅

（一）空间布局

1979—2010年，区境主要有杨柳青、南河镇、李七庄、外环线环城4个较大居住区。杨柳青居住区呈放射状向四周扩展，以杨柳青镇东部，西青道、新华路、光明路、二经路两侧发展最快，逐步建成耀华里、荣华里平房住宅区，西青道、新华路、光明路两侧住宅楼群和公共建筑群相继出现。1985年，镇域建设各类房屋30.13万平方米，其中1980—1985年建成14.7万平方米，占城区房屋总数32.43%。90年代初，城区建成面积扩展到12.8平方千米。

南河镇居住区是集生产、生活于一体的津郊卫星城，1979年建成。全镇开发建设总面积17.55万平方米，其中楼房11.16万平方米，平房6.39万平方米。1989年，全镇单位产建筑面积20.47万平方米，其中平房12.54万平方米，楼房7.93万平方米。

李七庄居住区位于西青区东部，是西青区环城3乡镇之一。东与河西区交界，北与南开区相连。至90年代初，建成以体院北、宾水南里、体院东才华里、紫金山路西园西里、鹤园里花园、宁家房子住宅楼群。80年代末，按照市政府新行政区规划方案，上述大部分地区被划入河西、南开区辖管。

照5-1　2010年，体院北住宅楼群

外环线环城居住区，始建于80年代末。1992年后，原西青地块相继建成天津市体育中心、华苑安居工程、新技术产业园区。村镇建设和房地产开发成为各街镇发展经济重要载体。以小城镇建设试点张家窝镇带动全区各乡镇全面启动实施规划，原属西青区辖区新建的大片住宅区，按照天津市总体规划相继划入南开、河西区管理。

（二）住宅建设

1992—2000年，村镇建设累计投入资金45亿元，新建住宅460万平方米，全区外环线外7个新镇区建设全部启动。1998年，全区新农村建设试点村新增西

照5-2　2010年，杨柳青镇成发花苑住宅小区

碾砣嘴、西马庄、当城、凌口4个，总数增至29个。年投入近3亿元，建成别墅式和公寓式农民住宅33.5万平方米。2009年，村民住宅项目新开工146万平方米，完成建设投资13.5亿元。商品房项目新开工96万平方米，完成建设投资8.2亿元。完成建设总投资21.7亿元。2010年，区房地产开发和住宅建设项目在建面积253万平方米，完成投资36.6亿元，新开工100万平方米，竣工100万平方米。

三、产业现代化

（一）新技术推广

2006年始，区内推广应用建筑节能新技术，加强对建筑节能施工过程控制，建设单位在工程竣工验收前，实施闭合控制，确保节能施工质量。2009年，完成张家窝、大寺、王稳庄3个镇8个成片居住小区、48万平方米居住建筑供热系统节能改造、透明围护结构（主要指墙体、门窗、屋面）改造和供热计量系统改造。每年节煤3000余吨。

（二）住宅智能化

2000年，区内制订住宅智能化标准，推行住宅智能化。2007年，区内开展供热计量抄表试点，试验面积11.22万平方米。2008年，全区供热计量面积35.23万平方米。2009年，全区供热计量面积35.23万平方米，其中热计量收费项目涉及2个小区，供热建筑面积11.22万平方米；热计量抄表试验项目涉及4个小区，供热建筑面积24.01万平方米。

第二节　房地产交易

一、房屋交易

（一）商品房销售

2002年，区内开始实行商品房销售许可证制度。2006年，为中北镇假日风景等16个新建小区商品房做销售备案工作。2007年，完成商品房备案登记6513件，建筑面积59.7万平方米。完善住房交易动态管理，全面实行二手房交易资金监管，通过资金监管系统成交资金3.92亿元，交易面积8.9万平方米。2008年，通过资金监管系统成交资金7.41亿元。2009年，实行商品房买卖合同网上打印制度，对商品房合同进行严格审查，查处炒买炒卖等行为，有效治理商品房交易市场。成交商品房155万平方米，并全部备案。2010年，对《天津市商品房买卖合同》进行修订，严格退房手续，禁止期房转让，成交商品房1.29万件，通过资金监管系统成交资金1.42亿元，交易面积127.4万平方米。

2003—2010年西青区商品房销售备案情况统计表

表5-3

年度	件数	面积（平方米）	金额（万元）	年度	件数	面积（平方米）	金额（万元）
2003	35	357.61	751.97	2007	9589	1028306.70	609870.88
2004	57	7123.28	2629.70	2008	6541	623573.79	444574.88
2005	1497	171829.14	79699.50	2009	16327	1550829.43	1100595.36
2006	5156	577712.70	287717.55	2010	12890	1274549.31	1425307.98

（二）其他房屋交易

2000年，全区办理交易571件，挽回契税损失15万元。2006年，实行二手房资金代收代付，实行交易价格申报及价格评估制度，二手房交易量1400件。2008年，区二手房交易资金代收代付系统办理业务407件，8368平方米，交易资金1.4亿元，服务覆盖面达90%。2009年，实现平均资金监管比例

85%以上，执法人员定期对全区房地产市场进行巡查。二手房交易量27.46万平方米，成交资金14.59亿元。2010年，通过资金监管系统成交资金15.96亿元。

二、交易市场

（一）产权交易登记

1984年8月，区房产交易所开展房产清查换证收件工作，办理1958年以后及其他年代遗留未税白税补税1028件。至1990年，全区成交单位产、私产房屋2315件（户），成交额591万元。1991年成交1.36万平方米，成交额165万元。1994年成交额4359.06万元。1995年，集中对房管条规、条例进行汇集、分解，对全区各类违章房屋进行核查清理，对违反法规、政令的酌情处理。1999年，房产交易281件，查出隐价、瞒价56件，追收契税4万元。2004年，推出各类商品房44万平方米，存量房740套、5.7万平方米。工业厂房可租售面积47万平方米，土地可出让、出租面积1600万平方米。2010年，对全区房地产市场进行巡查，对存在问题的经纪机构，督促其进行整改。对登记权利人入住满两年后办理房地产权登记进行清理和调查，开展经营性房地产开发用地出让合同证后监管。

1984—1990年西青区房产交易情况统计表

表5-4　　单位：件

年度	成交	年度	成交
1984	17	1988	294
1985	1028	1989	145
1986	280	1990	258
1987	293	合计	2315

2002—2010年西青区产权交易情况统计表

表5-5

年 度	总套数	总建筑面积（平方米）	金额（万元）
2002	459	32788.24	3288.14
2003	663	43709.01	5438.77
2004	961	70071.21	11894.27
2005	1127	90355.99	21988.46
2006	2184	190033.57	60798.39
2007	1226	104534.06	36684.53
2008	1258	195600.09	43153.66
2009	3680	396126.69	174936.30
2010	3826	414840.44	243260.58

（二）交易服务

1998年，区房管部门开始使用初级软件系统。2008年，区内建立房地产市场信息查询系统。为交易双方提供适时商品房项目、经纪、估价、资金监管银行信息。2010年，完善公积金住房贷款政策，调整普通住房价格标准，放宽还迁安置房上市条件，加快保障性住房建设，调整经济适用房开发税收政策。加强房地产市场监测分析和信息发布，引导住房理性消费，规范房地产市场秩序，促进房地产市场健康发展。

第三节　拆迁管理

一、拆迁总量

1996—2010年，全区完成拆迁1.55万户、96.39万平方米，一次拆迁并完成改造超万平方米项目16项，一次搬迁百万户以上的31次，其中天津师范大学、天津理工学院新校区建设项目规模最大，改造面积10.53平方米，涉及221户2920间房屋。

1996—2010年西青区拆迁项目一览表

表5-6

年度	拆迁项目	完成数（m^2）	户、间数
1996年	轻机厂职工宿舍区（14排－19排）危楼平房改造项目	2472.00	96户149间
	新华路南侧危改第一期工程的房屋拆迁项目	5491.24	6户162间
1997年	杨柳青镇原电业所一片危房改造（拟建佳园里）项目	2456.00	34户123间
	打通西青道拆迁铁路车站以西拆迁项目	1607.41	48户102间
	建青开发片危楼平房改造项目	2130.00	1户138间
	中北镇东姜井村首期平房改造工程项目	3041.00	32户175间
	轻工业机械厂职工宿舍区危楼平房拆迁重建项目	2235.00	86户137间
1998年	杨柳青镇龙华里住宅小区拆迁项目	4221.34	1户211间
	春畅里二期片项目	9392.45	2户200间
	中北镇西姜井村片项目	8263.99	124户459间
	农林局林果良种场片项目	534.42	10户17间
1999年	轻机厂杨柳青宿舍区（1排－4排）项目	520.00	24户30间
	区政府办公楼前后两片住宅拆迁项目	1861.21	50户91间
	实施理工学院宿舍危改工程拆迁项目	7310.00	116户266间
	杨柳青十一街芹邑胡同2号4号平房拆迁项目	146.27	5户10间
	新泰五金装饰城拆迁项目	765.00	17户20间
	统建区（光明楼）项目	4328.09	117户169间
	杨柳青镇光明路21#地段房屋拆迁（拟建宏兴园）项目	3260.00	1户40间
2000年	西青道拓宽项目	6572.00	461户161间
	拓宽杨柳青镇新华路片项目	413.81	17户17间
	广汇商厦片拆迁项目	3293.87	52户174.5间
	柳苑里封闭市场（崇仁里片）拆迁项目	732.38	25户26间
	杨柳青商贸一条街（后大道）拆迁项目	18651.00	355户951.5间
	"邦子团"片拆迁项目	5782.20	128户219间
	长新楼汽发楼拆迁项目	6478.19	146户190间
	区政府办公楼建设项目	4906.89	88户132间
	河沿道街片拆迁项目	11726.33	218户494间
	杨柳青镇光明路拓宽项目	14316.53	199户569间
	杨柳青镇光明路拓宽改造项目	3458.52	90户142.5间
	新建杨柳青广场（聚兴里）项目	11781.80	156户297间
2001年	光明路道路拓宽工程（文昌阁片）项目	1627.04	34户71间
	梅江南居住区4片的拆迁项目	16802.00	38户807间
	拟建明清街项目	3363.00	77户174.5间
	新建绿化景点（东明里片）项目	2015.00	21户73间
	拟建柳溪苑片项目	1410.00	53户56.5间
	世纪新苑一期片项目	21492.00	372户1679间
	柳青一街片拆迁项目	82636.00	3339间985户
2002年	房地产交易中心劳动局办公楼及宏兴园建设开发项目	3189.51	55户107间
	光明路拓宽项目	24992.17	130户871.5间

续表

年度	拆迁项目	完成数(m^2)	户、间数
2002年	李七庄凌庄子项目	46000.00	1234户2800间
	拟建“御河人家”项目	4505.95	120户248间
	新建民俗文化城项目	5080.03	137户254.5间
	外环线外侧绿化(辛院片)项目	3724.00	28户28间
	实验小学片项目	700.00	9户30.5间
	新建停车场项目	3822.31	10户105间
	世纪新苑二期片项目	17768.40	356户865.5间
	西青区经济发展服务中心片项目	934.42	20户41间
2003年	杨柳青步行街(东段)道路拓宽项目	4377.38	46户252间
	轻机厂宿舍片项目	3254.00	64户126间
	和平路南段拓宽改造工程项目	13520.57	288户899间
	友谊路绿化带项目	7001.00	29户32间
	柳溪苑三期片项目	3615.09	64户240.5间
	拟建杨柳青食品城一期片项目	11329.41	241户770间
	建设明清街(二期)食品城项目	7816.28	215户589.5间
	时代公寓一期项目	12614.58	186户815.5间
	杨柳青购物广场片项目	1899.47	4户99间
	天津师范大学天津理工学院新校区建设项目	105280.14	221户2920间
	元宝岛沿河景观工程项目	38269.73	417户2244间
2004年	杨柳青藏珍馆项目	913.00	27户66间
	廊坊化工机械厂片项目	8125.00	153户473间
	修建威乌高速公路片项目	197.00	3户11间
	快速路系统建设工程项目	19522.00	208户754间
	西青区建设路打通改造工程项目	14370.00	245885间
	西青区时代华庭二期项目	21110.00	462户1450间
	西青区世纪新城项目	1232.54	31户97间
	西青区少年宫项目	2488.60	55户200间
2005年	西青区建设路打通改造项目	867.10	10户55间
	西青区后大道拓宽工程项目	1773.54	28户122.5间
	西青区密云路快速路项目	45748.00	1073户2124间
	西青区新华路西段拓宽项目	10401.06	120户566间
	西青区杨柳青镇成发花园一二期项目	5777.14	76户454间
	西青区杨柳青镇十街南里项目	25657.19	295户
	西青区耀华里一期片项目	5226.55	664户2780间
	西青区华苑科技城华庄子村林荫道项目	972.03	9户60间
	西青区明月花苑A区住宅项目建设	5396.87	1户270间
2006年	西青区密云路快速路三期(楼房片)项目	26455.27	632户2333间
	西青区李七庄津涞路南片项目	11221.00	1户561间
	西青区司法局办公楼项目	4748.58	83户317间
	西青区市容委办公楼项目	4450.24	83户298间
2007年	西青区树德里商品房项目	26455.27	632户2333间
	西青区李七庄津涞路南片项目	11221.00	1户561间
	西青区司法局办公楼项目	4748.58	83户317间
	西青区市容委办公楼项目	4450.24	83户298间
2008年	京沪高速铁路主线工程项目	10441.00	156户889间
2009年	地铁二号线芥园西道站(一期)项目	1027.27	24户
	地铁二号线芥园西道站(二期)项目	54183.00	1604户
	京沪高速铁路西青区中北镇西北斜村片项目	8510.72	91户
	西青区南运河(赵庄子)地块土地整理项目	3364.53	86户
2010年	西青区杨柳青镇十街南里项目	25657.19	295户

二、拆迁管理

（一）评估测算

90年代中期，区内全面调查拆迁范围内住户基本情况，包括拆迁户数、拆迁房屋面积、土地及附着物面积和类型、被拆迁户家庭成员、经济状况等，征求被拆迁户对补偿安置的意见。在完成调查摸底工作基础上，按照国家有关政策规定进行评估测算。根据补偿安置方案和评估测算结果，协商拆迁补偿安置事宜，签订拆迁补偿安置协议书。

（二）拆迁裁决

区拆迁工作履行立案审查、调查取证、现场核实、草拟裁决、领导讨论、裁决下达等各个程序。协调拆迁人、市国土房管局、区法制办、区人民法院等部门对诉讼、复议案件进行调查核实，积极商谈解决方案，确保依法维护裁决权威性。1996至2010年，共下发房屋拆迁裁决书和补充裁决书3209份。

（三）信访调处

1996–2010年，区拆迁办针对被拆迁群众反映的有关拆迁方面问题，安排专职人员做好信访接待，耐心解释政策，善意化解矛盾问题。对日常由区信访办、局信访室转发上访答复信件及时妥善回复，认真做好拆迁遗留户接待和政策解释工作，维护全区和谐稳定。入户讲解城市规划范围及拆迁有关政策文件，研究制订处置方案，进行事前疏导、化解，使不稳定因素消除在萌芽中。

第四节　房地产管理

一、土地利用管理

（一）土地征用审批权限

1984年起，区房管局对土地征用具有0.33公顷以下（含0.33公顷）审批权限。1992年，获得征用、划拨外环线绿化带以外范围内耕地0.33公顷以下、其他土地1公顷以下审批权限。1997年，具有农用地转为建设用地或者存量建设用地1公顷以下审批权限。

（二）补偿安置

1984年，对征用耕地、菜地、果园、鱼坑、藕地、苇地，按征地前3年平均亩产的6倍给予补偿。已征用土地上树木，核发树木补偿费。对地上的涵洞、桥梁、道路、机井、坟墓等都给予补偿。对被征地单位人均不足1亩耕地，征地后剩余劳动力做出具体安置规定。1992年，国家建设征用集体所有土地，由用地单位按照规定支付土地补偿费和安置补助费。国家建设征用土地造成多余劳动力，通过发展生产和其他就业途径就地安置。安置不完且人均耕地不足1亩，根据被征地单位征地数量与土地、劳动力比例，安排部分符合条件人员转为工人。2007年，征地综合补偿标准包括土地补偿费和安置补助费两部分，不包括青苗及地上附着物补偿费。区境划分为10个征地区片，标准从每亩3.5万元至每亩22万元，覆盖区内9个乡（镇），160个行政村集体土地范围，不包括基本农田。2008年，根据区域实际情况和补偿项目具体状况浮动补偿金额，浮动范围不超过30%。

二、房地产权籍管理

（一）总量与产权构成

1985年，全区城镇有房屋369.41万平方米，其中直管公产房屋19.41万平方米，占房屋总数5.25%；单位自有房屋316.85平方米，占房屋总数85.77%；私产房屋31.24万平方米，占总数8.46%；中外合资房屋1.91万平方米，占总数0.52%。2010年，全区城镇有房屋1954.37万平方米，其中单位自有房产1200.09万平方米，占房屋总61.41%；私有房屋738.99万平方米，占房屋总数37.81%。

（二）登记发证

1983年，区内进行首次房地产清查换证工作。对杨柳青镇、南河镇、李七主街及工业区、工业点在内的私产，单位自有产、公产房屋的产权和使用国有土地情况进行验证、绘图、核实登记，办理产权登记2500余件，确权发证1754件。1985年，开展全区房屋普查。对私产进行收件、登记工作，登记收件5106户。1989年，建立全区房屋产权管理专门机构，把产权管理纳入正常管理，对产权变更、新建房屋收件、发证等随收件、随测绘、发证、建档。完成清查换证中遗留公产登记、发证工作和永红、李七庄两站民用公房发证。

照5-3 2010年，西青区房管部门开展商品房产权登记宣传

1990年，区内产权登记323件，发证479件。各类房屋确权发证277万平方米，土地使用证发放5248万平方米。1996年，区房管局进行确权发证、变更登记及“三资”企业审核发证，开展全区单位产清查。2003—2005年推行“一站式”服务等举措。统一规范房地产登记程序和要件，确保权属登记质量。2006年，落实《国有土地住宅房地统一登记发证暂行规定》，实施两证合一发放。完成产权登记9602件，抵押登记5724件，商品房备案7300件。2009年，开展国有土地住宅房地统一登记发证，商品房产转移登记100万平方米，办理换证、补证登记1550件。2010年，为李七庄御溪园等16个项目办理抵押权预告登记4166件。办理换证、补证登记700件。为天湾园、天阔园、柳兰花苑等20个小区商品房办证，开展利海家园高层住宅权属补登工作，完成登记发证87件。

2003—2010年西青区房屋产权登记情况统计表

表5-7　　单位：件、万平方米

年度	登记件数	登记面积	年度	登记件数	登记面积
2003	5992	225.42	2007	28535	502.97
2004	7321	171.12	2008	24095	509.59
2005	10869	395.26	2009	34332	583.47
2006	15721	307.57	2010	34309	519.86

三、房地产市场管理

（一）中介组织管理

2010年，区房地产管理部门在全区范围内开展房地产经纪机构普查，有取得营业执照房地产机构21家，已备案7家。房管部门主动上门服务，了解企业备案情况及存在问题，督促未备案机构补办备案手续。与工商部门合作，实现动态化管理。

（二）商品房预售管理

2010年，区房管部门定期到新建商品房销售现场，重点检查是否按照规定公示有关商品房的政策和信息情况，统一建档存放开发商“销售许可证”。加强项目跟踪管理和辖区证后监管的现场检查、核实，对监管数据进行汇总、统计、上报。

四、公房管理及安全鉴定

（一）公用公房管理

1979—1983年，区内公用公房多集中在区政府所在地杨柳青镇。由产权单位提出申请、房管人员现场勘查批准后产权单位雇佣修缮队自行修缮，再由房管所考核施工质量审核后使用财政拨款决算。1984年始，区内公用公房执行租金制。按建筑面积计租，根据房屋等级、结构等条件计租标准分别为0.4元/平方米、0.5元/平方米、0.6元/平方米。1988年，将计租标准调整为0.60元/平方米、0.75元/平方米、0.90元/平方米。1990年，公用公房租金收缴方式由直收改为区财政局拨款。1994年，对转租、转让和改变用途的公用公房进行清理。

1984—2010年西青区公用公房统计表

表5-8 单位：件、万平方米

年度	建筑面积	间数（间）	年度	建筑面积	间数（间）
1984	36718	1420	1998	55974	2238
1985	36907	1430	1999	58971	2358
1986	38480	1999	2000	59793	2391
1987	36462	1987	2001	57237	2579
1988	53189	2181	2002	57212	2383
1989	57609	2223	2003	59157	2464
1990	58991	2306	2004	212367	8848
1991	58367	2237	2005	212493	8172
1992	57257	2146	2006	211974	8343
1993	54329	2019	2007	210367	8216
1994	54187	2007	2008	211679	8319
1995	55461	2218	2009	213492	8164
1996	55197	2207	2010	218797	8264
1997	55497	2219	–	–	–

（二）民用公房管理

1979—1984年，房管部门对房产来源、数量、建筑设备、使用情况及租金收入、管理档案进行"四清一建"。90年代后，民用公房实现规范化管理。按照市房管局有关规定，对公产住房乱拆、乱改、转租、转让、转借现象集中进行摸底清理，收回空闲住房，将临街住房调整为门面房进行租赁。

21世纪初，区内进行住房制度改革，允许居民购买所承租的民用公房，民用公房逐渐转为私人所有。

1984—2010年西青区民用公房统计表

表5-9 单位：平方米

年度	建筑面积	修缮面积	年度	建筑面积	修缮面积
1984	204740	5625	1998	246893	35948
1985	223238	4981	1999	240094	88441
1986	228240	7116	2000	235943	6372
1987	268148	4953	2001	209486	8200
1988	202067	8519	2002	196348	85332
1989	137597	10568	2003	165943	102830
1990	201039	8162	2004	164736	72500
1991	218969	1658	2005	135964	59614
1992	225946	86459	2006	126498	18000
1993	245688	3695	2007	123594	8654
1994	257789	5984	2008	116594	5987
1995	259942	7954	2009	110649	3447

续表

年度	建筑面积	修缮面积	年度	建筑面积	修缮面积
1996	234986	5982	2010	100954	3323
1997	256849	10596	–	–	–

（三）房屋安全鉴定

2008年，区房屋安全鉴定中心对区属22所学校、87幢房屋、建筑面积4.6万平方米的校舍进行房屋安全鉴定，对1幢危险房屋、24幢严重损坏房屋提出处理意见和加固要求。2009年，鉴定中心开展全区中小学校舍安全鉴定，完成鉴定学校38所、79幢、20.2万平方米，出具鉴定报告4套38份。至2010年，共接受各类房屋鉴定委托项目493件，鉴定面积253.53万平方米，实现服务费收入1702万元。

五、物业管理

2002年，区物业管理纳入行政管理范畴，开始实行业主委员会备案制度。2009年，区首次申请使用房屋专项维修资金47.6万元，使小区房屋得到及时维修。至2010年，小区业主委员会与物业企业申请使用应急解危专项维修资金13.7万元，归集房屋维修资金7.6亿元。全区30个物业小区成立业主委员会。物业管理企业47家，其中二级资质1家、三级资质34家、三级暂定企业12家。较大物业公司有碧岭园物业管理公司、赛达物业管理公司等。

第三章　村镇建设

1993—2010年，西青区以加速农村城市化为目标，进行旧楼区改造，实施农村平房改造工程，开展示范镇和社会主义现代化新农村建设，创建小康村、明星小康村。多个镇被确定为示范小城镇，杨柳青等镇首批成为经济繁荣、设施完善、功能齐全、环境优美、具有城乡结合特色的新型城镇，涌现出王兰庄等一批现代化新农村典型。

第一节　示范镇建设

一、建立样板

1986—1990年，区内建成一批整齐、美观、洁净的样板村庄。1995年，确定25个新农村试点。1998—2002年，初步建成张家窝镇、大寺镇、中北镇、杨柳青镇等各具特色功能齐全的新型城镇，涌现出王兰庄、程村、八里台等一批现代化新农村典型。2008年，张家窝镇被列入第二批示范小城镇。2009年，完成中北镇、精武镇、王稳庄镇第三批示范小城镇申报。2010年8月，中北镇、精武镇、王稳庄镇、杨柳青镇、辛口镇、张家窝镇（二期）被新确定为第四批示范小城镇。

照5-4　2009年，西青区张家窝示范小城镇

二、建设提速

1986—1990年，区内村镇建设逐步向集中、整齐、规范方向发展。1993—1997年，编修区域、乡（镇）域、土地利用、农田保护等规划，制定部分详规，编制外环线外61个村庄规划。1998—2002年，全区新建住宅260万平方米，2.7万户农民迁入新居。南河、大寺、中北等7个街镇引进滦河水和天然气，天然气用户1.8万户。1999年始，对杨柳青镇进行大规模建设改造，拆除危陋房屋36万平方米，建设一批高标准的住宅小区，集中供热面积76万平方米。2003年，全区村镇建设总投入21.5亿元，其中投资近3亿元完成杨柳青镇区7条道路的新建改建工程。投资8000余万元，完成贯穿辛口镇的6.5千米的津静复线道路工程和王稳庄镇、辛口镇自来水、天然气入镇工程。2005年，全区小城镇、新农村建设完成投资30.8亿元，其中农民住宅及商品房开发27亿元，公建1.8亿元，基础设施及绿化2亿元。新开工农民住宅104万平方米，商品房84万平方米。全区城镇绿化覆盖率达37%。2009年，张家窝镇建成30万平方米农民安置房，2600户迁入新居。

第二节　小康村建设

1993年，西青区成立小康村领导小组，制定方案，确定标准，选派工作队进村指导，在全区农村开展小康村创建活动。至1998年，全部村庄、街镇实现市级小康村标准，半数以上村庄实现市级小康明星村。

一、标准

1993年3月，西青区委参照国家统计局关于小康生活的量化指标，提出创建小康村和小康明星村标准。

（一）小康村标准

在经济发展前提下，逐步实现物质生活富裕，精神生活充实，居住环境改善，健康水平提高，公益事业发展，社会治安良好，积极推进农村社会全面进步。

集体经济有较好基础　年人均国民生产总值达到3000元，人均村级集体累计积累达到300元。

农民生活宽裕　年人均纯收入达到1100元，文化生活服务支出占消费支出的10%以上。

精神文明建设较好　有文化体育活动场所和设施，经常开展活动；全面完成计划生育各项指标，基本无赌博、无封建迷信、无婚丧事大操大办，无重大刑事案件；遵纪守法户和文明家庭占总产数的85%以上。

公益事业得到发展　普及九年义务教育，经常对劳动力进行文化技术培训，村镇建设布局合理，主要街道硬化、绿化、美化，饮水达到卫生标准，有标准公厕，孤老户基本享受五保待遇。

村级组织配套健全　村级组织有战斗力，村支部班子团结稳定，有较强的事业心。村级组织配套，能发挥整体功能，党员能发挥先锋模范作用。

（二）小康明星村标准

在达到小康村标准基础上，经济和社会发展有较大突破。

集体经济实力雄厚　有一个年产值在1000万元以上的骨干龙头企业，或具有一定规模和经济实力的农业企业。集体经济发展后劲不断增强，年人均国民生产总值达到6000元，人均村级集体累计总积累达到6000元。农业社会化服务体系健全，并有效地发挥作用，促进土地经营逐步向集体规模经营发展。

农民生活富裕　年人均纯收入在2300元以上，文化生活服务支出占生活消费支出的12%以上，闭路电视普及率达100%，村有自办节目。

精神文明程度较高　文化体育活动场所和设施齐全配套，村有文化室、球场、老年人活动中心，开展活动经常化。全面完成计划生育各项指标。无赌博、封建迷信活动，无婚丧事大操大办，社会治安良好，遵纪守法户和文明家庭达总户数的90%。

公益事业全面发展　普及九年义务教育，有对劳动力进行文化技术培训的阵地。村镇建设布局合理，基础设施配套，主要街道硬化、绿化、美化。饮水达到卫生标准。公厕卫生设施较好。有老年退休制度，孤老户全部享受五保待遇。农民参加合作医疗比例达100%，优抚工作达到规定要求。

组织坚强有力　以党支部为核心的村级组织建设坚强有力。

二、创建

（一）组织领导

1993年4月，区委、区政府成立小康村建设领导小组，下设办公室。明确各成员单位在小康村建设中应尽职责和承担的具体任务。各乡镇、村成立小康村建设领导小组，设立专门机构，指派专人负责。区抽调75名机关干部组成工作队进驻典型村，从政法部门选派4名干部进驻到7个社会治安较差的重点村开展社会治安综合治理，消除治安隐患，稳定局面，推动小康村创建活动。

（二）规划实施

1993年，各乡镇、村均根据创建小康村标准制订包括经济建设、精神文明建设、村镇建设、文化教育、健康事业、公益事业、村风民风建设发展规划。区小康村建设领导小组成员单位结合各自工作特点，制订出各单位、各系统小康村建设的发展规划，指导小康村建设的开展。1995年，区制订《西青区明星小康村三年创建规划（1995—1998年）》，选派机关干部充实创建工作队，小康工作队总人数119人。1995年，全区160个村全部达到市级小康村标准，其中72个村达到市级明星小康村标准。至1998年，全区实现市级明星小康村92个，市级小康街镇8个，市级明星小康街镇1个。

第三节　旧楼区改造

一、水电暖改造

2007年，全区投资1200余万元，完成青云里、柳苑里暖气切换工程，供热面积9.63万平方米。疏通上下管道500处，检修线路754处，修换上水节门及更换下水管道166处。2009年，完成3个街镇48万平方米供热系统节能改造、供热计量系统改造。每年节煤3000余吨。2010年，对中北镇溪秀苑小区下水管道、景观路灯进行更新修整，新建排水泵站。万卉路和溪秀苑老旧楼房加装空调罩780平方米，空调移机141户。

二、道路硬化

2007年，区内完成禾和湾、新华里、新华东里、聚盛里、凌云里等小区路面修补、铺砖。2008年，硬化杨柳青镇青吉里小区道路2.4万平方米。西营门街完成赵苑东里、赵苑西里小区内的道路、地面设施工程，维修、新建道路6000平方米，新修甬道4000平方米。2010年，对中北镇溪秀苑小区路面进行更新修整。

三、其他设施改造

2007年，区内对柳苑里、青云里等老旧住宅小区基础设施进行改造，完成5个小区围墙修补粉刷等工程，受益居民5000余户。2008年，杨柳青镇完成青吉里小区改造工程。西营门街对赵苑东里、赵苑西里小区基础设施进行改造，投入资金1000多万元。增加绿地面积1.5万平方米，绿地覆盖率37%。2010年，投资1200万元对中北镇溪秀苑小区进行提升改造。增设2000平方米活动广场和娱乐设施，建起500平方米的木质人行走廊，整修老旧楼房11栋，粉刷立面2.8万平方米。

第四章　绿化管理

1979–2010年，区内绿化主要以道路绿化、村庄社区绿化、工业园区绿化及河道绿化为主，建设带状公园、公共游园等园林设施。绿化以乡土树种为主转向引进新植物品种，花灌木品种不断更新换代，逐步实现园林人文化、绿植立体化。

第一节　植树造林

一、植树绿化

1979年，全区开展全民植树活动。1983年，区政府确定每年3月的19日、20日、21日为全区植树活动日。1984年，西青区被评为全国义务植树先进单位。

90年代前期，全区林业用地4793.33公顷，其中果园2133.33公顷、防护林2066.66公顷、用材林186.66公顷、未成林100公顷、四旁树木396.66公顷，有树木420万株。全区林木覆盖率10.3%。1997年，造林面积401.27公顷，植树49.16万余株，其中农业田林网完成361.3千米、植树38.96万余株，植树面积315.26公顷。西青区创建“全国绿化百强县”经林业部验收通过。1998年，植树49.64万株，造林面积400公顷，其中农业林网306.27公顷、经济林66.67公顷、四旁种树38.07公顷、育苗21.13公顷。西青区被评为“全国造林绿化百佳县”称号。2004年，全区造林绿化面积297公顷，植树42.3万株，其中义务植树12.6万株。新增育苗面积32.6公顷，全区林木覆盖率超过15%。2008年，造林398.67公顷，植树43万株。林木覆盖率16.6%。2010年，全区林木覆盖率为20.3%，建成区绿化覆盖率为39.5%。

二、造林工程

1984年，全区共有树木500万株，实现农田林网化面积1.9万公顷，占耕地面积的82%。1986年，区内开始实施西北部大绿工程。1987年春，杨柳青森林公园工程开工建设，栽植果树275.33公顷，完成主副林带67.3千米，栽植片林4.8公顷、绿化村厂17个、栽植乔木11万株、果树35万株。至1990年，大绿工程共栽植果树466.67公顷，林带40余千米，片林133.33公顷，栽植毛白杨、刺槐、垂柳等乔木树种13万余棵。1999年，市级绿化重点工程完成5项，总面积289.47公顷，植树31.7万株，其中，农田林网区域化综合防治工程造林和更新林网181.33公顷，植树22.67万株；防治荒漠化工程造林面积21.03公顷，植树2.63万株；外环绿化带续建工程，建设林网12.67公顷，植树1.6万株；生态风景林工程，绿化面积635.8亩，植树1.4万

照5–5　2009年，西青区造林工程区

株，新建绿地50万平方米；建设中华人民共和国成立50周年献礼、青年林、友谊林等纪念林，栽植乔灌林4.59万株。

2002年，完成京福公路绿化带、外环线绿化带续建工程等市级造林绿化工程项目，造林17.6公顷，植树14万余株。2003年，主要完成外环线外侧绿化带植树37.98公顷，3.3万株；京沪高速公路绿色通道工程建设林带20.53公顷，植树1.8万株；在东淀、中亭堤两侧栽种大面积速生林173.33公顷，植树15万株；西青道北侧13.33公顷草皮更新。2010年，绿色西青工程全年植树127.17万余株，绿化面积822.4公顷。

第二节　公园 广场

一、公园

（一）杨柳青带状公园

位于杨柳青镇内南运河故道之上。1984年开始修建，1987年建成。因公园呈一条彩带状，故称为带状公园。公园长1100米，宽36米。占地3.96万平方米，建筑面积2468平方米。自西向东分为3个园区：儿童园、青年园、颐寿园，均采用古典园林设计风格。以光明路（今柳口路）为界，路东侧为儿童园，路西侧依次为青年园、颐寿园。儿童园建有各种儿童游乐设施，有“五子夺莲”“翠林莺歌”等景点，青年园以假山、亭台、喷泉、长廊等设施为主，颐寿园除主要的园林景观绿化外设有“松鹤延年”“寿星”等雕塑。公园种植草坪1.3万平方米、乔木699株。2002年，杨柳青带状公园实施改造，沿御河两岸建成御河景区。御河景区河面面积18.7万平方米，草坪面积6.79万平方米。建有御赐园、精武园、风筝园、年画园、砖雕石刻园5个主要景点，各景点以石刻、年画、雕塑等为主题，每一主题自成一园，中间多为拱桥、绿地连接。

照5-6　2005年，杨柳青御河景区带状公园

（二）明珠园

位于杨柳青镇御河景观区御河桥北侧，建于2003年，因其主体建筑犹如一颗硕大的明珠而得名。以主体建筑“明珠”为中心，周围簇拥着各式各样的植物，园内种植乔木52棵、灌木102棵，草坪面积4738平方米。

（三）群众园

位于杨柳青镇公交汽车站西侧，建于2005年，绿化面积3800平方米，草坪3600平方米。种植乔木35株，灌木33株，建有走廊、小亭，设有长椅和健身器械。

（四）小区公园

区政府所在地社区公园有杨柳青镇成发花苑、锦绣花园、柳溪苑、世纪新苑等

照5-7　2005年，杨柳青镇柳溪苑公园

小区公园，公园建有甬道草坪，喷泉凉亭，总绿化面积6.78万平方米。

二、杨柳青广场

位于西青区行政中心区，始建于1999年，建成于2001年。占地面积7.55万平方米，绿化面积3.54万平方米。由主广场和副广场两部分组成。主广场占地6.95万平方米，以国旗广场为中轴线，向东西两侧延伸开，中部由北向南依次建有庄严肃穆的国旗平台、古朴典雅的汉白玉旱桥、平台。往南是高16米的巨型不锈钢雕塑"百福之门"。与"百福之门"相呼应的是坐落在主广场东西两侧的蓝色"8"字造型的不锈钢雕塑"发展无限"和黄色的"文"字造型的"文明之光"。

主广场两侧以疏林草地为主，在3.54万平方米绿茵茵的草坪中，有300余株落叶乔木和常绿树木。主广场西侧建有舞台园。主广场东侧由北向南依次建有花架园、水池园和百花园。南侧副广场建有104米长、8米高的弧形柱廊，整体采用大理石铺装。其前方建有大理石花坛，花坛中2万余株串红和千头菊相间种植。

照5-8　2010年，杨柳青广场

第三节　建成区绿化

一、城区道路街景绿化

西青城区街景绿地均为主干道路两侧的草坪绿化和植物绿化，总绿化面积91.69万平方米。主干道路有11条，还有钢珠厂把角处、加油站前、建委大楼前、武装部南侧、元宝岛5处路边大面积街景绿化。

2000年，完成西青道和新华道的道路绿化。总绿地面积92.05万平方米，其中草坪33.45万平方米、草花1.09万平方米。2006年，完成柳口路加油站周边街景绿化，总绿化面积3.78万平方米，其中乔木725株、灌木510株。2007年，完成区建委大楼前街景绿化，总绿化面积6758平方米，建有曲径小路，有草坪4823平方米、草坪砖343平方米。2008年，完成城建大厦庭院、泽杨道、外环线

照5-9　2006年，西青城区柳口路绿化街景

十七、十八标段等新建工程绿化，绿化面积20万平方米。2010年，完成区武装部南侧街景绿化、钢珠厂把角处街景绿化、柳口路御河桥至文昌桥路段元宝岛绿化，总绿化面积2.5万平方米。

二、镇区绿地

随着区内城镇建设的开发与发展，街镇绿化面积不断提高，杨柳青镇、中北镇和大寺镇等镇结合地域特征，分别以绿地街景、林地、绿色通道等为重点，实施多项绿化工程。至2010年，杨柳青镇街景绿地总绿化面积91.68万平方米。主要绿化道路10条，另在5处路边大面积街景绿化。主要道路绿地中，草坪33.44万平方米、乔木4.57万株、灌木9.96万株，常绿830株，有组球1.24万个、绿篱10.11万平方米，藤本2.34万株，草花1.09万平方米。中北镇绿化林地面积456.9公顷、灌木林地面积2.6公顷、四旁树面积107.1公顷，森林覆盖率19.3%。绿化以树木、花灌木和绿篱为主。造林35.36公顷，栽植乔木3.23万株、灌木4.5万株，植树成活率90%。大寺镇以绿色通道、绿色河道、绿色村庄、绿色农田、绿色园区等重点绿化工程为主，完成绿化造林面积112.03公顷，栽植乔木13.2万株、灌木261.6万株，林木覆盖率14%。

三、农业绿化

照5-10　2010年，辛口镇农村林荫路

1979年后，开展大规模植树造林运动。90年代，全区有林业用地4793.33公顷，占农业用地总面积20%。林木蓄积量18万立方米，人均占有0.5%立方米。全区林木覆盖率为10.3%。2002年，完成京福公路绿化带、外环线绿化带续建工程等市级工程造林绿化项目，造林17.6公顷，植树14万余株。2004年，全区造林绿化面积297公顷，植树42.3万株，其中义务植树12.6万株。新增育苗面积32.6公顷，全区林木覆盖率超过15%。2005年，引导扶持个体民营林发展，个体民营造林绿化面积184公顷。2009年，进行绿色西青工程，全年植树76万株，面积641.2公顷。2010年，全年植树127.17万余株，绿化面积822.4公顷。全区林木覆盖率为20.3%，建成区绿化覆盖率为39.5%。

第五章　市容环卫

80年代，区内道路清扫由人工完成。多数村庄设有卫生清洁队，各街镇陆续成立环卫管理所。80年代末，开始对城区街道进行综合整修，开展道路环境秩序专项治理，加强户外广告设置管理。90年代末，开始进行景观灯光建设，城区主干道路逐步实现机扫。进入21世纪，生活废物无害化处理、粪便收集运输处理、建筑垃圾管理等均纳入常规化管理。

第一节　市容管理

一、街道综合整修

1989年，区市容管理部门对杨柳青镇主干道路两侧建筑进行全面装修改造，拆除新华路两侧12个单位的临建棚、简易房1100平方米，粉刷沿街楼体。1994年，为迎接"世乒赛"，对5条迎宾主干道两侧87个单位再次装修粉刷墙壁楼体1.91万延米。1995年，对世乒赛组委会确定的霍元甲故居、杨柳青博物馆两个旅游参观点的必经之路津涞路、津淄路、复康路、解放南路、西青道及外环线全长70余千米迎宾线环境进行3次整治。2001年，制定街景立面治理、规范实施方案，开展规范街景立面的专项治理。2006—2007年，对外环线、复康路等大型违法户外广告进行拆除清理。建成字号牌匾精品街14条，升级改造牌匾420块。2010年，综合整治8条道路和各街镇、西青经济技术开发区内两侧建筑成型区街道。

二、户外广告设置与清理

1992年，区市容管理部门统一制作商品信息牌100块。1999年，清除乱贴乱画570处1.6万张，清理违法广告制作窝点3个。2002年，清除乱贴乱画2.5万张，清除乱设广告牌、信息牌4745块。2009年，对杨柳青镇22条主干道路、墙体立面及各类设施上的"涂鸦"、小广告进行彻底清除。清除乱贴乱画6875张，清拆灯箱牌匾823块，清理违章广告信息牌844块，清除即时贴8278张。2010年，清除乱贴乱画7610处，广告牌等2115个，乱堆乱放5369处，布标幔帐1219件。

1992年，区市容管理部门统一制作商品信息牌100块。1999年，清除乱贴乱画570处1.6万张，清理违法广告制作窝点3个。2002年，清除乱贴乱画2.5万张，清除乱设广告牌、信息牌4745块。2009年，对杨柳青镇22条主干道路、墙体立面及各类设施上的"涂鸦"、小广告进行彻底清除。清除乱贴乱画6875张，清拆灯箱牌匾823块，清理违章广告信息牌844块，清除即时贴8278张。2010年，清除乱贴乱画7610处，广告牌等2115个，乱堆乱放5369处，布标幔帐1219件。

照5-11　2002年，区环卫人员清理街头小广告

三、景观灯光建设与管理

1997年，区市容管理部门开始实施灯光夜景建设。首批完成光明路、新华路、西青道东段3条景观灯光街建设，设置灯光107处，建成6个灯光组团。在新华路、光明路安装10个市民守则公益宣传灯箱，在10条主干道沿街32个单位透视墙上设置有各单位奋斗目标和文明行为准则的霓虹灯近1600平方米。2003年，对全区主要道路两侧1890处影响市容观瞻的各类不规范灯光设施进行拆除、整改。2005年，在天津市街景灯光评比中，西青区被评为环城四区第一名。

四、整治道路环境秩序

1987年，区市容管理部门整治新华路东段、光明路南段、青沙路和一经路的道路环境。1990年，拆除上辛口、南河镇及李万公路、津浉路沿线不合格摊点7处，清理门前堆物80余处。1996年，组建道路环境秩序联合执法队。规范和平路、新华路临时摊群市场。2001年，对违章占路经营开展专项治理。对京沪高速公路、津港公路、京福公路两侧103个点位、13个村庄及2个居住小区100米范围内的环境进行治理。2006年，对杨柳青镇23条主干道路实行24小时全天候管控。专项治理道路污染撒漏，查扣未封闭苫盖污染撒漏车辆600余辆。

第二节　环卫管理

一、道路保洁

（一）道路清扫

80年代后，区各村大多成立卫生清洁队，负责主要街道的清扫和卫生保洁。90年代初，区购置机扫车，城区部分道路实现机扫作业。2000年后，城区主干道路机扫率实现100%。2010年，城区挤压车、机扫水洗车等各种环卫专用车辆50余部。道路保持无明显泥沙、土绺、无漏洗痕迹、无积水、路见本色，洒水均匀。

（二）清理路面积雪

1991年，区环卫部门对杨柳青的主干道路全部喷洒融雪剂，清扫路面积雪。1992年初，区境遭遇两次较大降雪过程，环卫作业人员喷洒盐水融雪，主干线两天清净，杨柳青镇居民区三天基本清完。2002年，路面清雪使用环保型融雪剂融雪，结束盐水融雪历史。2007年，制定融雪应急预案，提前准备融雪剂200吨，融雪布撒器3台，使融雪作业实现机械化。2009年，出动撒布机4台，撒融雪剂350余吨，清融雪桥梁5座，涵洞2个，道路22条。2010年，购置融雪布撒器6台，推雪铲2个。路面积雪能够在短期内完成清整。

照5-12　2010年，区环卫清洁队清除便道积雪

三、生活废弃物管理

（一）生活废弃物收集和处理

80年代中期，区内多数村设立固定垃圾箱（池），由专人负责清运至村外指定地点。城市居民将生活废弃物投入到废弃物管道或收集容器内，由作业人员进行清理，日产日清率100%。2001年，区内建有5座垃圾转运站，配备集装箱生活垃圾清运车。2004年，全年清运生活垃圾2.95万吨。运往双口、潘楼垃圾处理厂，垃圾无害化处理实现零的突破。2006年，全区生活垃圾进场量3.12万吨，保持公厕清掏率、垃圾清运率100%。2010年，城区机关及企事业单位生活垃圾实现密闭直运，有50%以上自然村实行生活废弃物密闭收运，各街镇建成区生活废弃物密闭直运率100%，全区（含自然村）生活垃圾无害化处理率平均80%。

（二）餐饮废弃物管理

90年代后，区内不断开展厨余垃圾治理。2010年，全区开始推行餐厨垃圾无害化处理，取缔非法处置餐饮废弃物点位14个，其中炼地沟油5个，有30家餐厨垃圾无害化处理试点单位与天津市餐厨垃圾处理厂签订协议。

三、粪便收集运输处理

80年代，区内多数村庄建成沼气池，使粪便管理更符合卫生需求。一些村将粪便用于淡水养殖业。90年代，进行厕所提升改造，粪便清除与运输逐步实现机械化。2004年，改造、新建水冲厕59座，建垃圾转运站7座，购买吸粪车、挤压车4部。2007年，城区粪便开始进入潘楼有机废弃物处置场。至2010年，每年进入废弃物处置场粪便1万吨。

四、建筑渣土管理

1991年，区内开始对建筑垃圾进行统一治理。1992年，对杨柳青18个建筑工地进行整治，纠正违章占道5处，清运渣土2625吨。2001—2003年，与建筑工地签订环境卫生责任书。全区施工工地都做到实墙围挡，进出口道路实现硬化，生活垃圾和工程渣土分类存放，工程渣土按规定的路线和时间密封运输。2005年，查处违章车辆500部，与25个施工单位签订《天津施工工地环境卫生责任书》。2008年，分别在柳霞路、柳云路、柳口路等设立岗勤点位，开展“零点”夜查行动，对过往的未苫盖运输车辆进行查处。2010年，对夜间乱倒乱卸建筑垃圾行为进行不定期设点检查，查扣车辆300余辆。对城区主干道路运输扬尘、污染撒漏现象进行定点夜查，查处违章违法车辆180余辆。检查各类建筑施工工地70个，签订《环境卫生责任书》19份。

第六章　综合执法

1984—2006年，区内综合执法队伍多由各行政管理单位临时组建而成，开展各类专项整治活动，日常市容管理则由区城建委、区市容环卫管理所、区市容环境卫生管理局负责。2007年，区城市管理综合执法局开始行使市容环境管理职能，进行法制宣传，开展市容环境卫生、城市规划、城市绿化、市政、环境保护、工商行政、侵占道路行为的监督处罚，保障区内市容环境整洁、有序、和谐发展。

第一节　综合执法宣传

一、法制宣传

1998年，区市容环卫部门组织1361人次上街进行《天津市环境卫生管理条例》宣传。2000年，利用媒体对村镇容貌治理、“畅通工程”等重大活动进行宣传，上街发放宣传材料2万份。2005年，制作宣传牌，印制创卫宣传材料2.4万份，悬挂布标62条，设置宣传拱门，在杨柳青广场开展“创卫宣传日”活动，组织知识竞赛。2009年，组织开展“法制进社区”“法制进商户”“法制进校园”宣传活动，

照5−13　2009年，区环卫执法队员入户进行法制宣传

发放宣传单3.7万份。2010年，发放宣传单2.5万份，宣传册200本，宣传画500张。

二、执法保障

1999年，区市容环卫部门组织60名应急保障队员对城郊接合部10条主干路进行治理，对城区施工工地进行重点监督管理。2001年，围绕卫津河重点改造工程综合治理辖区段环境，拆除体育馆周边违法违章建筑，清理丧葬用品市场，清理文化市场。2002年，承担大型活动卫生保障任务30余次。2008年，查处重点工程沿线违法建设行为，对津涞公路沿线各类建设依法进行拆迁。2009年，监督相关街镇完成津涞路沿线920户23万平方米各类建筑拆迁任务。完成津淄公路、津港公路沿线各类建筑24.82万平方米、902户拆迁任务。2010年，为杨柳青民俗旅游节、达沃斯论坛、世界气候大会、世界精武会等重大活动提供执法保障。完成梅江会展中心外围、赛达大道和地铁二号线等工程的拆迁任务，协议拆迁300户，拆迁面积12万平方米。

第二节 违章查处

一、清理违章建筑

1989年始，区内开始清理违章建筑，整治城镇环境。1998年，组织开展以杨柳青镇区为重点的市容环境清整活动，镇区主要街、路容貌明显改观。对水上公园、周邓纪念馆、华苑社区及城郊接合部等周边地区进行清整，拆除违章建筑。2000—2006年，对津静路东段12千米北侧30米范围内违法建筑和违章棚亭进行拆除。2010年，拆除各类违章设施1.2万平方米。

二、整治“四乱”

1989—1995年，区内开始规范市场老环境，清理遏制乱摆乱卖、乱停乱放、乱贴乱画、乱悬乱挂等“四乱”现象。1998年，对杨柳青镇区、水上公园、周邓纪念馆及城郊接合部等周边地区进行市容环境清整活动。2000—2006年，联合执法队伍对全区“四乱”违章行为进行集中清理。2009年，清理占路摆卖等违法行为4063处次，清理乱堆乱放3691处次，清理占路加工作业710处次。2010年，开展市容环境综合整治“大干300天”活动，查处马路烧烤、马路餐桌等违法行为512起，受理群众各类投诉与信访案件380件。

第七章 建设管理

1979—2010年，区政府不断加大投入，组织实施市政设施、重点基础设施的维护改造与管理，加强城乡园林绿化管理，民用建筑管理、地名管理日益精细化、专业化。区建委、市容园林委、综合执法局等城乡建设管理机构历经多次机构改革，其管理职能不断完善，效率不断提高。

第一节 市政工程管理

一、市政工程维护

1988年，加强区内镇区排水管理，杨柳青镇、南河镇等镇区排水达到“雨污分流，集中排污，就近排放，城乡兼顾”规划要求。1992年，区公路养护投入410万元，解决营建路、建设路、文化路等

10处路段及居民片雨水淹泡、排水不畅等问题，16万米排水管道无堵冒。2002—2004年，整修道路侧石7200米，维修车行道5203平方米、人行道9114平方米，里巷道路维修6093平方米。2009年始，将市政所、园林所、排水收费所、景区管理所纳入管理监督网络，维修改造润杨道、青沙路，改造提升柳口路。2010年，杨柳青镇、南河镇共完成疏通、维修管道工程。

二、公路新建改造

照5-14　2007年，西青津同公路拓宽改造施工中

80年代，区内开始大规模公路建设，新建一经路、二经路、西欢路、平云路，改造和拓宽光明路，新华路以及城区街巷全部实现柏油面、机砖铺地。90年代，新建和改造街道80条，长44千米，新建南运河西欢、二中、光明、振兴和子牙河（一经路）5座桥梁，实现城区给排水入户。1992年，全区公路建设形成网络化格局。2007年，实施"五路五河"总体改造工程。全年修建村镇道路26千米，铺设供排水管道11.3万延米，对10万平方米的老旧楼区进行供热设施改造，西青经济技术开发区公交总站等一批配套设施投入运营。2010年，更新杨柳青镇内车行道、人行道侧、缘石4250米，新建便道1655平方米、道路罩面1500平方米，对柳霞路泵站、青致路污水泵、柳苑里雨水泵进行更新改造。

第二节　民用建筑管理

一、管理机制

1984年，区内开始建立以区城建委为主、各乡镇为辅的建筑工程质量监督管理机制。1991年，制定实行建设工程质量监督办法、建筑工程监督工作程序，建筑工程质量监督管理开始走向正规化、法治化轨道。1996年，在区内推行建筑工程招投标制度，扩大工程监督覆盖面，建立监督网点。2002年，开展城建检测实验室的ISO 9002质量体系认证，实现计算机评标系统。区所有工程必须进场进行招标，开展监理招标试点。2003年，推行工程质量清单招标，区公开招投标率100%，推行安全监理和人身意外伤害保险，文明安全施工措施等制度。2008—2010年，修订区建设工程质量（安全）监督管理办法、建设工程质量（安全）监督工作制度，实施质量监督工作细则。

二、检查监督

1984年始，区内开展乡镇新建公共建筑及企业生产建筑质量检查。2001年，对违反招标法规避招标、假招标、不履行法定程序办理施工许可证，擅自施工违法分包，不执行国家强制性规范等行为进行查处。对全区施工工程进行4次拉网式检查。对294项、总面积94万平方米在建工程进行质量监督。2003年，组织三次全区性的工程质量大检查，监督面积130万平方米，对存在各种质量隐患下达整改通知200余份。2009年，加强对建筑节能施工过程控制。启动张家窝、大寺、王稳庄3个街镇的8个居住区48万平方米供热系统节能和计量系统改造、透明围护结构改造。2010年，新接监督工程52项，总建筑面积95万余平方米。新接义务监督工程43项，面积574万平方米。下发质量整改通知单104份，安全整改通知单45份。对中、小学校舍加固提升改造工程进行质量、安全监督。

第三节 基础设施养护与管理

一、基础设施养护

1992年，公路建设在全区形成网络化格局，全区公路养护投入410万元。1996年，道路小修养护完成3.3万平方米，大修工程7.8万平方米。1997年，道路养护里程78.25千米，面积759.4平方米，畅、洁、绿、美，好路率达94%。1998年，完成津港公路、沙窝桥、水高庄桥的中修工程。路面维修4.21万平方米，三合土挖补1.45万平方米，路肩、路坡整修110.93万平方米，桥头护坡维修26立方米，标志维修929个，平交路口改造3处。1999年，完成津静公路营建路及营建路支路、东桑园、第六埠共3.8千米道路大修工程。完成辛老路、津港路、津杨路新津杨路外环河涵洞，津静路盖板涵加宽、津静路南运河桥中修工程。完成养护里程83.2万平方米，栽植各种行道树共1.87万株，完成马路草皮7200平方米的小修养管工程。2002—2004年，完成道路整修侧石7200米，车行道维修5203平方米，人行道维修9114平方米。里巷道路维修6093平方米。维修雨水井、检查井1448座，疏通管道75.28万米。至2010年，完成杨柳青镇区润杨道、青沙路等维修改造，完成实施柳口路改造提升工程。

二、重点基础设施管理

90年代中期至21世纪初，区路政部门对重点基础设施采取出巡检查制，行程数十万公里，定期“治理公路三乱”，并配合区政府对镇区7条主干线开展清理整顿。2009年，西青区建立基础设施管理监督网络。将市政所、园林所、排水收费所、景区管理所等四个部门纳入基础设施管理监督网络。至2010年，区路政部门每年定期对所辖地区道路、环境等方面进行联查，形成基础设施养护工作中及时发现、准时调度、限时处理、随时监督的新模式。

第四节 地名管理

一、普查命名

（一）地名普查

1982年7月至1984年10月，西青区组织实施地名普查，落实地名957条，其中行政区划单位名称205条，居民地名称643条，重要的、有地名功能的其他名称109条。填写地名普查登记表、地名卡片6000余张，编写重要地名文字概况材料38份，标注标准地图1套（28幅），绘制地名示意图1套（12幅）。针对有实体无名称、一地多名、名地不一致等问题进行地名标准化处理，对新建街道、里巷206条给予命名，对重名、区划变更的22条进行更名，对有名而实体消失的8条注销除名。1988年10月至1989年6月，完成地名补查和资料更新。补查地名280条，资料更新地名392条。填写地名补查、资料更新表2133张，标绘地名图263张。

（二）地名命名

1982—1984年，对历史上有地无名和新建的街道、里巷206条给予命名。对重名和区划变更及现用名称不雅、不健康的22条进行更名。1990年，对1988年后新建公产宿舍和居民建房进行调查，命名里巷127条。1997年，完成龙华里、西青经济技术开发区等地区建筑面积50.19万平方米的住宅及相关道路命名。1999年，完成全区9镇（街）地名规划、开发小区23条地名更名手续，通过专家论证发放地名使用证，按规范标准统一制作安装地名标志。2006年，完成5条道路、35个住宅小区、4个建筑物命名更名手续。2007年，向市、区政府报批使用54条地名。完成3条道路、30个住宅小区、2个建筑物命名更名手续。2010年，完成全区居住区地名命名更名25项，道路命名更名3条，建筑物命名更名2项，区片命名更名6项，站台命名更名1项。

二、标志设置

1979—1985年，区内主要街道的路牌由市政管理所按要求装设和更换。村镇设置永久性的地名碑，公安西郊分局对各种地名标志进行整编、制作和装订，每年进行一次检查补正。1987年，各乡镇开始统一制作设置地名碑、牌。1989年，全区2镇7乡158座地名碑全部完成并拍照存档。1994年，全粗村村设有地名碑，户户设有门牌（限于镇区），街巷有名牌，道路有标志。1997年，制作安装道路标志牌46块、楼牌160块，完成27个村沿国道设置地名标志工程。1999年，统一制作安装23条地名标志。2001—2010年，核发标准门牌720件。

照5-15　2010年，西青区设立的村名碑

三、地名使用

1988年，区政府公布《西郊区地名管理实施细则》，区地名办编辑出版《西郊区地名录》，成为全区各行业使用地名范本。1998年，实行“属地管理”原则，规范城乡接合部地名管理。1999年，重点完成上辛口镇、张家窝镇驻区企事业单位的规范地名。2005年，完成西青区新版地名标准地图的资料收集，会同相关单位进行该图的整理、标对。2006年，西青新版地名标准地图面世。2010年，完善地名命名管理系统，实现地名信息化管理。

第六编

水利　电力

2008年，综合改造后的西大洼排河

2010年，杨柳青热电厂

80年代初，区内水利建设形成比较完整的排灌系统，电力供应基本适应工农业及人民生产生活的需要。其后，区境内水利重点转向河道治理、万亩以上的节水型灌溉区建设，电力建设以建设变电站、发电厂为重点，进行低压改造，以适应乡镇企业发展。21世纪初，按照开源节流并重、抗旱除涝并举的方针，与农业区域化基地化建设相结合，与节水农业建设相结合，与改造中低产田相结合，与增加自备水源能力相结合，继续加大河道治理和农田水利建设投入，实施"五路五河"改造，打造宜居水生态环境，促进区域经济发展。

第一章 水 利

1979—1990年，实行开挖支渠、斗渠"水、田、林、路"综合治理，进行河道治理、建设节水型灌区，巩固提升水利实施效能。90年代始，全区进行防汛抗旱、河道治理、地下水资源开发、农业节水、田间渠系配套、堤岸绿化等建设，形成与区域经济相适应、可持续发展的水利建设新机制。

第一节 河道治理

一、一级河道治理

（一）独流减河

1991年始，区内对独流减河进行复堤、灌浆、堤顶沥青混凝土路面工程及部分险段的抛石、部分口门涵闸拆建。

堤防工程 1991—2010年，完成独流减河堤防工程16处，土方30.14万立方米、混凝土995.9立方米、浆砌石1590立方米、铺设混凝土路面400平方米，完成投资881.72万元。

岁修工程 1991—2010年，完成独流减河岁修工程8处，开挖土方2.02万立方米、回填土方6.39万立方米、平整堤顶0.99万立方米，完成投资33.88万元。

复堤加固工程 2005年至2006年，完成独流减河左堤西青段复堤加固工程，堤防加高总长25.4千米。对部分堤防进行锥探灌浆，对左堤沿线11座穿堤建筑物高喷灌浆，对建筑物穿堤连接处进行封堵加固。建新泵站1座，维修加固琉城东泵站1座，修筑堤顶路面及陈台子、建新、小泊、西兰坨4处防汛专用道路，新建小卞庄管理用房1座，总面积300平方米。

（二）子牙河（西河）

1991年，对子牙河堤防进行维修养护和口门改造及涵闸维修。

堤防工程 1991—2010年，每年3至5月，实施子牙河堤防工程。20年间，完成工程21处，开挖土方15.45万立方米、回填土方0.29万立方米、石方7.81万立方米，投资2130.92万元。

岁修工程 1991—2010年，完成岁修工程4处，土方14.43万立方米、石方0.22万立方米、勾缝5000平方米，总投资402.23万元。

综合治理工程 2000年，实施西河右堤综合治理工程。修建4条道路坡道，堤顶背侧设集料平台8处，各宽4米，长100米。治理后堤顶高程9.24米，堤顶宽8米，沥青混凝土路面宽6米，后戗坡比1:3，后坡绿化栽植杨柳树。

（三）中亭河

1991—2010年，区内对中亭河堤进行堤防、建闸等工程。

堤防工程 1985—1990年，在中亭堤8.4千米堤段内坡修筑浆砌片石护坡工程，为天津市防洪安全起到保障作用。1991—2010年，中亭河进行堤防工程3处，完成土方4.95万立方米、石方0.26万立方米、混凝土306立方米、砌砖304立方米，投资162.08万元。

建节制闸 2000年，配合天津市北水南调工程建中亭河低水节制闸，流量为每秒100立方米。

岁修工程 1991—2010年，进行中亭堤岁修工程5处，完成土方开挖5.29万立方米，回填土方5.85万立方米、解剖回填獾洞45个，投资37.83万元。

二、二级河道改造

（一）津港运河综合治理

1991—1992年，组织李七庄、大寺、王稳庄3个乡完成津港运河清淤工程。完成大沽排水河2.3千米的清淤工程。完成大卞庄桥至杨柳青交界处3800米南运河清淤工程。2003—2004年，完成津港运河倒虹工程，外环河西青段实现河道水循环。2009年，实施津港运河综合治理工程。使之恢复原河道功能，提高调蓄能力，改善河道水环境。

（二）新赤龙河改造

2007年，完成河道疏浚施工任务。东起津港运河6孔涵闸，西至小孙庄泵站，河道全长4千米。其断面为河底高程-1米，河底宽度12米，坡比1:2.5，上口宽37米，设计流量24立方米/秒，与津港运河一起承担防汛排涝任务。

照6-1　2007年，改造后的赤龙河王兰庄段

（三）陈台子排水河治理

2010年，治理陈台子排水河清淤1.12万立方米，开挖土方1.57万立方米，回填土方4135立方米，浆砌石5580立方米，碎石垫层901立方米。治理后，该河上口宽45~64米，下口宽20~28米，边坡比1:2.5，设计流量40立方米/秒。

（四）西大洼排水河综合改造

2003年，区水利部门在排水河西侧建林荫渠，长4千米。土方开挖19.08万立方米。2008—2009年，完成东西排总河西起杨柳青镇南泵站，东至二级河道管理所，长7.8千米，浆砌石护坡与浆砌石挡墙综合改造工程。2010年，完成西大洼排水河北斜泵站至大学道涵闸长2.7千米清淤扩挖工程。

（五）程村排水河改造

2009年，区内完成程村排水河改造工程，治理长度12.03千米，完成清淤23.5万立方米，土方开挖36.52万立方米。修建于台闸、陈台子倒虹、高村闸倒虹、西琉城排水涵管。

（六）卫津河改造

2010年，区内完成陈塘支线至外环线段长5.1千米、外环河大任庄节制闸至津港公路长9千米综合治理。在三场泵站处进行排水调头，新开挖河道2.7千米。在津港公路顶管3排（直径2.4米涵管）处与南引河沟通。

（七）丰产河治理

2010年，区内完成丰产河治理工程，治理长度23.05千米，其中主河道长13.86千米（津涞公路至宣家院闸）。丰产河支渠共3条，分别为西琉城排干1.96千米（丰产河至琉城

照6-2　2008年，改造后的丰产河护砌段

东泵站），八百米排干2.65千米，丰产河故道部分段4.58千米。

（八）自来水河综合治理

2006年，完成华拓产业园区自来水河华拓路至杨伍庄段北侧护砌工程，开挖土方1.07万立方米、河道清淤2.29万立方米、碎石垫层2283立方米、浆砌石5847立方米。2007—2009年，治理长度5.3千米，其中海泰科技园区海泰发展一路至园西路长2.7千米，治理后断面为河底高程 –1米，河底宽度12米，边坡比1:2.5，海泰科技园区侧采用浆砌石护坡，堤顶高程3.1米。2008—2009年，完成海泰园西路至张家窝工业园桥河段治理，长2.6千米，清淤扩挖后其断面为河底高程 –2米，河底宽度12米，边坡比1:2.5，堤顶高程4米，堤顶宽度10米，河道上口宽42米。

（九）南引河综合改造

2005年，完成西青经济开发区南引河李庄子寝园至津港运河段改造工程，完成清淤4.89万立方米，开挖土方43.61万立方米，复堤加固26.53万立方米，清基3.33万立方米。是年，完成南引河东起津港公路，西至津港运河5孔直径2.4米涵闸改造工程，南引河东起津港公路，西至津港运河5孔直径2.4米涵闸与津港运河平交，开挖河道全长7.5千米。河道治理后断面为河底高程 –1米，河底宽度17米，坡比1:2.5，堤顶高程4米，上口宽42米，堤顶宽度10米，设计流量30立方米 / 秒。

（十）大沽排河改造

1991—1993年，区水利局完成大沽排水河3.3千米的清淤工程。1994年，区水利局完成大沽排水河改造工程，清淤土方5.4万立方米，清淤1千米；大沽排水河复堤工程1.7千米，堤顶高程达到5米（大沽高程）。2008—2010年，完成大沽排水河（西青区段）综合改造工程。其中2008年12月—2009年3月，完成大沽排水河西青区段清淤工程。清淤长度16.8千米，土方总量57.91万立方米。2009年5月，完成拆除重建大沽排水河下穿津港运河倒虹工程、污水泵站维修、沿线口门维修等工程。2009年3月至2010年5月，完成沿河两岸绿化工程，沿河种植国槐、白腊、柳树等树种10万余株。

（十一）外环河道综合改造

2002年，实施外环河打通工程。项目完成后外环河西青段与大沽排水河彻底分开，清水与污水分开，使外环河成为景观河道。2002年3月—2003年7月，完成西青区界内11.842千米的外环河外侧护砌工程，工程开挖土方4.18万立方米、回填土方3.45万立方米、混凝土板预制块3433立方米、钢筋制作207.5吨、浆砌石4418.5立方米。2003年3月—2004年7月，完成外环河河道内侧护砌工程，工程包括河道清淤和河道护砌。2010年3月—6月，完成外环河670米的维修加固工程。工程清基640立方米，土方回填840立方米，混凝土砌块安装铺设221立方米。

（十二）南运河治理

1991—1992年，西青区水利局组织完成从大卞庄桥至杨柳青交界处南运河清淤工程，全长8.47千米，清淤段3.8千米。1992年，完成南运河3.8千米清淤工程，完成土方5000立方米，续建花墙4.03千米。1994年12月—1995年1月，完成南运河大沙沃至大杜庄段河道清淤工程，全长2.6千米，动土4.2万立方米。2009年，完成南运河外环线7号桥至王庄桥东段治理工程，工程完成后，提高西青区二级河道的调蓄能力，减轻城区汛期排涝压力，为中北镇镇区发展提供良好的水环境。

照6–3 2009年，改造后的南运河（西青段）

其他工程还有总排河清淤、中引河治理等改造工程。

1991—2010年西青区二级河道基本情况一览表

表6-1　　　　　　　　　　　　　　　　　　　单位：千米、万立方米

序号	河道名称	起 止 点	总 长	外环线以内段	外环线以外段	正常蓄水量
1	津港运河	纪庄子河口至马场减河	29.50	3.2	26.30	111
2	丰产河	宣家院闸至王兰庄闸	21.10	2.7	18.40	40
3	南运河	大杜庄至小园村	31.80	5.2	26.60	151
		下改道河（南运河至小口闸）	4.50	–	4.50	18
		东场引河（南运河至新东场）	4.80	4.8	–	16
		南运河总长	41.10	–	–	185
4	陈台子排水河	陈塘支线至陈台子泵站	15.50	4.6	10.90	80
5	卫津河	陈塘支线至三场泵站	14.10	5.1	9.00	55
6	新赤龙河	鸭淀水库至小孙庄泵站	4.00	–	4.00	26
7	大沽排水河（代管）	咸阳路泵站至津南界	28.80	3.5	25.30	138
8	西大洼排水河	北斜泵站至宽河泵站	14.30	–	14.30	88
		东西排总河（104国道至河道二所）	7.80	–	7.80	24
		西大洼排水河总长	22.10	–	–	112
9	程村排水河	纪庄子污水处理厂至独流减河	15.84	3.8	12.04	54
10	自来水河	娄家院闸至外环线	14.00	–	14.00	72
11	南引河	津港公路至津港运河	7.50	–	7.50	52
12	总排河	芦北口路至二期泵站	5.30	–	5.30	19
13	中引河	北口至大沽排水河	7.70	–	7.70	28
14	外环河（市管）	子牙河至大任庄	25.40	–	25.40	114
总计		–	315.14	32.9	219.04	1383

第二节　水利工程

一、工程建设

（一）河闸工程

1987年，区内对小泊闸进行维修，新建闸井及更换木闸门为铸铁闸门。1991年，完成津港运河、丰产河2座节制闸修建，总投资75万元。2000年，完成天津北水南调工程（卫河）西青水利工程处中标施工，完成三街节制闸、中亭河低水节制闸等工程。2003—2004年，完成西河闸除险加固工程。2010年，续建程村排水河综合治理工程、高村节制闸及倒虹工程和新建大台子涵闸工程。该工程153米河道改线段采用混凝土连锁板护砌与穿堤涵闸相连。

（二）南水北调工程

2007年，西青区南水北调工程区境段占地实物指标进行复核和初步设计评审。2008年，区政府与市南水北调工程建设委员会办公室签订南水北调天津干线工程征地拆迁投资包干协议书，将南水北调临时用地土地复垦保证金缴纳至区国土资源分局。2009年，杨柳青镇、中北镇政府与施工单位签订南水北调工程临时用地协议。2010年，区有关部门提出复核南水北调临时用地现状地类性质申请，向区国土资源分局提出调整复垦方案书面申请。

（三）防洪工程

1979—1981年，区内对子牙河右堤采用堤顶灌浆方式进行固堤防渗。1982—1984年，子牙河右堤修筑浆砌片石护坡，全长11.04千米。1983年，对独流减河左堤进行灌浆固堤，灌浆长度850米，灌浆量927立方米。1984—1986年，对中亭河左堤采用堤顶灌浆方式进行固堤防渗。1985—1990年，在中亭堤左堤内坡普遍修筑浆砌片石护坡二程，全长8340米。1991—2010年，独流减河进行堤防工程16处，完成土方30.14万立方米。

（四）其他工程

1979年，区水利工程处修建二期泵站。位于鸭淀水库北、污水河左岸，排水面积4.79万亩。1981年，建西排咸泵站。位于津西大洼东西排水总渠东头与大沽排水河相交处，单站排水能力每秒10米。1985年，完成陈台子泵站局部重修工程。1996—1997年，辛口镇当城、水高庄、第六埠3村在东淀新建每秒2立方米的排水泵站3座。2001年，区水利工程处承建完成西青区经济技术开发区（三期）泵站，排水量每秒6立方米雨水、4立方米污水。2002年，施工完成东场引河玉门路桥工程。2003年，修建开发区微电子区每秒9立方米的泵站1座。2005年，建设外环河杨柳青农场桥。2005—2006年，建西青经济技术开发区小孙庄排水泵站。2010年，完成子牙河第六埠橡胶坝工程。

照6-4　2006年，西青区小孙庄泵站

二、质量管理

2000年，区水利部门对区内水利工程及承揽的域外水利工程进行安全检查，制定项目法人质量管理制度和工程建设单位质量体系、监理单位质量控制体系、施工单位质量保证体系及设计单位现场服务体系，规范地做好工程日志，会同设计、监理、监督部门制订工程检测计划，按时对工程材料和工程质量进行检测检验和验收。

第三节　农田水利

一、排灌泵站

1990—2010年，区内莲花淀灌区有国营排灌站2座、乡（镇）管排灌站4座。有北斜泵站、小孙庄泵站、陈台子泵站、鸭淀水库泵站等区管泵站21座。

二、水库蓄水

区境有鸭淀水库一座。1980年遭遇干旱，水库蓄水1200万立方米。1986年，从子牙河调滦河水2295万立方米。1992年，水库开始蓄水。10月，水库水位（大沽高

照6-5　2006年，蓄水后的西青区鸭淀水库

程，下同）从3米上升到5.7米，蓄水量2700万立方米。2000年，完成扬水站35千伏变电站及高、低压电力设施的更新和改造。2008年，鸭淀水库补水500万立方米，水位2.5米。

三、河闸机井

（一）涵闸建设

1989年，东淀围埝工程改建涵闸11座。当城、水高庄、第六埠3座泵站涵闸均为两排1.5米混凝土管，长度22米。木家地涵闸为单排直径1.5米混凝土管，长度16米。杨柳青十四街地、十七街地两座涵闸为单排1.5米，长度22米。赵家圈、三街地涵闸为单排直径1.2米混凝土管，长度16米。十一街地闸函单排直径1.2米混凝土管，长度12米。十街地闸函为单排直径1.2米混凝土管，长度18米。六街地闸函为单排直径1.2米混凝土管，长度22米。2002年，投资26万元，对高村闸进行更新改造。

（二）机井建设

1980年，全区实有机井490眼。1990年，外环完好机井530眼。1998—2000年，大规模开发浅层地下水，在辛口镇等街镇打浅井1800眼。1999年，开始建设地下水自动化监测设施。2001年，开展机井普查，全区有管井2104眼，其中深井470眼、浅井1634眼、农业井1703眼、生活井212眼、企业井189眼。2002—2004年，打农村人畜解困井57眼。2005年始，陆续回填报废机井。至2010年，区地下水动态监测网基本建成。有省级观测井28眼、国家级自动监测井12眼。回填报废机井22眼，封停自备井70眼。

四、水库工程

1979—1985年，对鸭淀水库进行干抛石护坡8000延米，完成大堤浆砌片石护坡长度6918延米。1989—1999年，完成浆砌片石大堤护坡长度3000延米。1993年，首次采用混凝土护坡。

照6-6　2005年，改建后的西青区鸭淀水库排水站

2000—2002年，完成大堤砌石护坡1808延米。对扬水站设施进行更新、维修和闸涵改造。2006年，完成水库清淤工程。完成北、东、南3个大岛、库心4座小岛以及14座异形小岛的堆筑工程。2007—2008年，鸭淀水库扬水站实施改建工程。2009年，总投资28.15万元，实施水库南岛泵站及输水渠道工程、水库南岛苜蓿地工程、水库垂钓园工程。

五、节水工程

（一）防渗渠道

1980年，区水利部门在九一九公社李楼、大卞庄、祁庄、大梁庄、四新庄等5个大队修防渗渠道3.12千米。木厂公社木厂大队科技队修防渗渠道3.89千米，大寺公社门道口大队修防渗道2.5千米。1986年，全区有防渗渠道221.28千米，喷灌设施273台（套）。1987年，杨柳青大柳滩村新修防渗渠道7.2千米。1992年，全区创建防渗渠道92千米，控制面积320公顷。1997年，新建防渗渠道136千米，新增节水灌溉面积3333公顷，全区防渗渠道增至406千米。建成南河镇大、小南河村建设200公顷节水示范田，成为天津市以防渗渠道为主的节水示范区之一。

（二）喷灌

1987年，杨柳青镇大柳滩村购置喷灌机78台套，为区内最早使用喷灌技术的村。1992年，区水利局为杨柳青镇、上辛口乡、张家窝乡下拨小型农田水利工程补助费16万元、12万元、2.8万元，用于购置喷灌机、防渗渠道建设及打井抗旱。2007年，全区节水灌溉及相关配套建设投资810万元，新建防渗渠道5.3千米，铺设低压输水管道21.5千米，新增节水控制面积360公顷，新建喷灌节水示范区178.7公顷。2008年，全区投入资金392万元，铺设低压输水管道6千米，新建微灌3.67公顷，改善灌溉面积243.33公顷。2010年，全区节水控制面积1.25万公顷，占全区有效灌溉面积的86%，其中具有防渗渠道节水设施耕地1.03万公顷、长度465.46千米。有低压输水管道设施的耕地139公顷，长度267.9千米。有喷灌设施的耕地67.7公顷，有微灌设施的耕地15公顷。全区灌溉水利用系数由建设前的0.5提高到0.76。

第四节　防汛抗旱

一、防汛

（一）防洪减灾

1988年8月中旬，区境内子牙河上游来客水，使独流减河及子牙河高水位持续一月有余，全区党政军民2万余人上堤抢险。1991年汛期，大清河上游普降大到暴雨，造成子牙河第六埠水位不断上涨，紧急加固东淀小埝400米。1993年7月，境内普降大到暴雨，全区20座泵站采取提闸自流排水，水位下降后及时启动宽河等独流减河沿河泵站开泵排水。2003年10月上旬，区境大雨，独流减河水位上涨，致使低水闸坝体出现险情，农田出现大面积积水，部分二级河道堤段出现险情。全区排水设施10日内连续开泵7345台时，排水量5361万立方米。2008年7月，污水泵站下游200米右堤决口、污水泵站下游2300米右堤管涌险情。两处险情在短时间内化解，未造成损失。

（二）应急度汛工程

1988年，大清河上游水入境，境内水位猛涨。8月，区组织1.5万名民工上堤加固东淀围埝，用两天时间筑起一道长20千米防水子埝，封堵涵闸20处，加高加固5处2千米长堤埝。1996年8月汛期，东淀水位达6.4米（水深达2米），分4次爆破第六埠洪水口门，对西河闸预设泄洪口门采用机械开挖，在第六埠西侧3.5千米开挖分洪口门．在水高庄小口子闸对面开挖分洪口门。4个泄洪口门合计泄洪量为350立方米/秒。

（三）防汛信息化建设

2004年7月，完成建设降雨量观测点及重点涵闸、河道及泵站等水文自动测报系统。系统采用无线传输方式，区防汛工作进入信息化阶段。

（四）抢险纪实

1988年8月13日，大清河上游白洋淀以平均400立方米/秒的流量突然来水，使区内的独流减河、子牙河、中亭河水位猛涨，西河闸上水位从原来的2.7米上升到5.2米，危及东淀以及邻县农田。8月19日，杨柳青和上辛口乡1.5万名民工上堤加固加高东淀围埝，封堵闸涵。25日，西河闸上出现5.5米高水位，东淀围埝原已封堵的20处涵闸有7处跑水、下沉，另有5处2千米长堤埝急需加高加固，驻区舟桥部队派出打桩班和机械连给予增援，和民工一起防汛抢险，总计用草袋7.5万条、麻袋1万条、抛石500吨、木桩500棵，总动土方4万立方米，淹泡农田360公顷，经济损失54万元。

1996年8月，区内遭受1963年以来最大的一次洪水，大清河北支洪水通过新盖房水利枢纽工程，以最大流量1100立方米倾入境内，整个东淀一片汪洋，水位最高时6.4米，普遍水深2米，最深处4米。

在东淀蓄滞洪区内，有2800公顷耕地，常住人口102户363人和大量生产生活物资，需在洪水来袭之前完成抢运转移。8月6日，区政府召开防汛动员大会，成立水情侦测组进行侦测，每天将洪水水头位置、深度反馈给区前线指挥部。7—12日，组织2000余部运输车辆，每天组织动员上万人，对淀内102户、364名群众进行转移安置，共转移抢运大棚草苫子420万片、架材200万根、粮食85万吨、化肥60吨。9日，制定分洪实施方案。17日，洪水进抵东淀第六埠村。19日，淀内水位达6.4米（水深2米左右），高于淀外子牙河、大清河水位/秒差0.05米。市防汛抗旱总指挥部下令在18时分4次爆破第六埠滞洪水口门。20日，对西河闸预设泄洪口门采用机械开挖，两个分洪口门泄洪量100立方米。22日，在第六埠西侧3.5千米西青区、静海县交界处“老龙湾”开挖分洪口门，由于地势低洼，泄洪量达150立方米/秒。24日，在水高庄小口子闸对面开挖分洪口门，泄水量100立方米/秒，4个泄洪口门合计泄洪量为350立方米/秒。9月18日，由泄水前的水位6.4米降到淀内洼地水位4.06米，淀内农道和大部分耕地露出水面，局部低洼地区积水采用机泵排出。20日，东淀内洪水全部排完，共7亿立方米。24日，对第六埠、水高庄、西河闸3处泄洪口门进行修复。此次抗洪历经1个月，蓄滞洪水造成直接经济损失1.5亿元。

二、抗旱

（一）抗旱减灾

1980—1984年，区内连续5年干旱，河道断流，地下水位下降，区全力投入抗旱斗争。1982年，持续干旱第三年，春夏连秋旱，各乡镇村开始推行打井、喷灌、防渗渠道等节水设施，减少成灾面积。1987年，春旱连伏旱，全区组织2万人投入抗旱，挖“渠中渠”“井中井”，人工与机械相结合，挑水点种，多级提水，使成灾面积大为减少。1992年，遇40年不遇的干旱，区水利局依靠自备水源及时调水及引水灌溉等有效措施，缓解旱情。2000年，区内利用水库、河道、坑塘等自备水源保浇园田、麦田和稻田。2002年，区内10条二级河道基本干枯，农业用水严重短缺，调度鸭淀水库储备水源和纪庄子污水处理厂、咸阳路排放的城市再生水，为鸭淀水库补充蓄水。2003年，采取南水北调措施，将区境东南部水源调往西北部较为干旱的张家窝、辛口和杨柳青镇，引调水4500万立方米。确保全区小麦、鱼池的蓄水和水稻用水。

（二）应急工程

1981年，全区投入劳力1.76万余人，疏通渠道40余条。1999年，采用水利工程设施调配水源，在陈台子排水河打软体坝壅高水位。辛口、杨柳青两镇利用地下水资源，新打浅井270多眼进行灌溉。王稳庄镇投资30万元，在独流减河深河槽挖土方24万立方米、开挖9千米长的河中河引水灌溉。大寺镇、中北镇分别投资10余万元，在中排干河、南运河中心挖河中河，引水灌溉。

（三）抗旱纪实

1980年秋，境内干旱。10月，区水利部门调污水1900万立方米，冬灌面积1.67万公顷，1981年，由冬至夏200多天未降过透雨，南运河干枯，农业生产面临困境，全区实行水源统一调度、统一管理，昼夜查水护水。4月，利用鸭淀水库自备水源放水900万立方米，保障张家窝乡以东小麦用水，浇地6106.67公顷。从南运河9次调水1700万立方米，南运河沿岸西营门等4个公社2133.33公顷园田用水得到保障。6月，挖掘地下水源，利用机井抗旱，开动机井374眼，灌溉园田1237公顷、大田595.53公顷。

1982年3月10—30日，区水利部门向南运河调入污水355万立方米，由黄家房子扬水站向南运河调入市分配的净水20万立方米混合使用，向丰产河导流150万立方米。经三产河、纪庄子污水河导入鸭淀水库122万立方米，重新调整用水管理措施：确定机井配水定额，每眼机井保浇园田6.67公顷。4月，全区开动机井167眼、小型泵点547台、移动式喷灌机133台。

1989年，区境遭遇百年不遇大旱，7月下旬至8月上旬主汛期降水量10.6毫米。期间，鸭淀水库放水2200万立方米，保浇麦田2336.47公顷、园田5692公顷、鱼池补水3280.53公顷。南运河调水2950万立方米，浇灌南运河两岸园田3333.33公顷以及张家窝乡的部分麦田。8月中旬，区境内旱情加重，从北大港水库调水1500万立方米。8月下旬，南部5个乡镇利用城市污水灌溉稻田，用水622万立方米。

1999年，为境内连续三年干旱最严重的一年，全年降水量390.7毫米，春季鸭淀水库比往年同期提前一个月放水，为农业生产供水2600万立方米。由污水泵站和陈台子泵站分别给王稳庄镇、大寺镇调入城市污水1000万立方米，用于浇麦和稻田。4月，由中北斜泵站调城市污水400万立方米，基本保证南运河沿岸西营门等4个街镇的园田用水。辛口、杨柳青两镇利用270余眼浅井进行灌溉，王稳庄、大寺、中北等开挖河中河引水灌溉，9个街镇为农业灌溉增设多处临时泵站、延长开泵时间。

第五节　水利管理

一、工程管理

1991年，区水利局工程科负责区内水利工程实施管理。1992—1999年，区水利工程队负责全区水利工程建设和维修。2003年，组建天津市顺峰水电建设工程公司，承建区内水利堤防工程。2007年，鸭淀水库管理处、河道管理一所、河道管理二所调整为水管单位。区水利工程管理部门负责制定全区水务发展规划，组织指导水务各专业规划的编制和实施，负责全区水利工程规划、设计、编制预算决算和工程技术指导，审核工程设计方案、工程图纸，负责项目立项，指导水利基本建设评估。

二、河道管理

1982年，区水利管理重点转向对大江大河的治理。制定堤防管理标准和《每日巡堤及三带制度》《险情报告制度》等制度。在3条一级河道重点村庄路口设立拦路杠12个，在人群集中的地方设立宣传牌42个，在雨后车辆容易上堤的地方设立雨后停车牌14个，埋设乡镇堤防分界牌14个。1990年，实行依法治水、管水。2005年，主要负责区境内河道堤防闸涵的管理、巡视、检查、维修、养护，以津涞公路为界划分管理区域。2010年，区内有市管一级河道3条75.61千米，市管二级河道1条，代管二级河道1条，区管二级河道12条，总长度251.94千米。河道调蓄能力1000万立方米。各河头渠道建节制闸，形成完整的排灌体系。

三、水资源管理

（一）地下水开采

1979年，随着全区经济发展和人民生活水平提高，境内地下水开采量迅速增加。1983年，引滦河水入境，地下水开采量逐渐减少。2000—2004年，开发浅层地下水，水量有所增加。后大规模切改城市自来水，地下水开采进入规范化管理轨道。

1979—2010年西青区地下水开采量统计表

表6-2

序号	年度	开采量（万立方米）	序号	年度	开采量（万立方米）
1	1979	3015.45	17	1995	3241.53
2	1980	3371.16	18	1996	3351.86
3	1981	3968.22	19	1997	3245.58

续表

序号	年度	开采量（万立方米）	序号	年度	开采量（万立方米）
4	1982	4812.39	20	1998	1897.00
5	1983	4010.33	21	1999	1924.72
6	1984	3817.17	22	2000	2575.31
7	1985	3626.60	23	2001	2980.93
8	1986	3165.10	24	2002	2632.70
9	1987	2725.48	25	2003	2672.77
10	1988	2585.20	26	2004	2195.89
11	1989	2534.10	27	2005	1910.00
12	1990	2608.28	28	2006	1714.00
13	1991	2693.63	29	2007	1550.00
14	1992	2898.72	30	2008	1530.20
15	1993	3069.27	31	2009	1304.70
16	1994	3089.77	32	2010	1194.00

注：以上开采量1997年前包括区管单位和市管驻区单位。1998年始，市管驻区单位地下水开采量不再统计。

（二）地下水监测

西青区地下水动态观测始于70年代。1999年，区内建设自动化监测设施。2010年，地下水动态监测网基本建成，有省级观测井31眼、国家级自动监测井12眼。

（三）收费及管理

1988年，区内开始收取乡镇企业地下水资源费，标准为每立方米5分。1998年提高到5角，2002年调到1.3元，2007年增至2元，2010年为4元。

1994年始，执行取水许可制度，为区管地下水用水户发放取水许可证。2003年，建立149个村、56个居委会节水工作联络站，形成区——街镇——村（居委会）节水三级管理体系。2006年，对超计划用水累进加价实行微机化管理。2008年，在水高庄实施“高标准智能温室”科技示范工程，杨柳青一中浴池推行IC智能卡系统。2009年，完成天津交通职业学院“再生水回收”建设改造示范项目，月节水8000余吨。至2010年，共审核下发取水许可证265套，批准许可水量1328万立方米/年。

四、水政监察

1989年，组建区水政监察大队，以局属基层单位和街镇水利站为主体组建4个水政监察中队作为执法前沿队伍。1991年始，每年制定年度执法工作培训计划，组织水政监察人员系统地学习相关法规政策和法律知识。1999年，组建西河闸水政监察支队，行使水行政管理职能，负责辖区近57万平方米管理区域的水行政执法及水政监察、辖区边界水事纠纷协调处理、治理区水土流失、水体水质监测与保护。2000—2010年，消除违法占用河道、占用土地、非法打鱼等问题。

1991—2010年，区水利管理部门不断加强水政监察管理，先后制定《西郊区地下水管理暂行办法》《关于征收排污设施使用费的实施办法》《西青区水政监察人员行为规范》等地方法规、规章及示范性文件，全区水政监察形成有法可依、管理完善的制度体系。

五、水生态环境建设

1978年后，区内工业废水和生活污水排放量持续增加，污水处理基础设施滞后，废污水直接排入河流，导致水体严重污染，河道排蓄功能不畅，河道水体丧失自身功能。一些化工厂不能达标排放，部分村引污灌溉，加重二级河道水质污染。全区河网化后河河相通，清污合流，造成土壤污染，生态环境恶化。进入90年代，全区加强水生态环境保护和治理，制订实施《西郊区水政监察组织及管理暂行办法》，不断提升企业环保意识。1995—1997年，以治理二级河道的私搭滥建为重点，对津港运河沿岸的违章建筑进行联合执法，栽种树苗1000棵，在路边设置水泥桩柱。

2000—2002年，实施"蓝天工程"，对3条一级河道及10条二级河道和景观河道环境进行综合治理，清除河心网箱等阻水障碍物50余处，清除废弃土、垃圾2.56万立方米。2007年，实施新赤龙河等7条河道、综合治理工程，全年发现并制止违法行为18起，立案查处2起。清除河道违章建筑155处、4.99万平方米，拆除违章棚亭2900平方米。基本达到"水清岸绿"治理目标。2009年，对辖区内各河道排水（污）口门进行普查登记，为管理单位提供翔实的数据资料。2010年，发现并制止违法行为22起，完成涉河审批项目73项。以创建生态宜居新城区为契机，开展二级河道环境整治，清理垃圾418.5立方米、打捞漂浮物206.6立方米。

第二章　电　力

1979年，区内输变电网只有杨柳青镇东35千伏变电站1座。80年代后，加大电力设施建设投入，新建多个大容量变电站，对电网进行提升改造。至2010年，遍及城乡的供电网络安全、高效运转，为全区经济社会发展提供电力保障。

第一节　电力建设

一、变电站建设

1981年，区电力部门在杨柳青镇南建35千伏变电站，容量为7500千伏安和6300千伏安各1台。1984—1998年，建中北斜乡汪庄子、上辛口乡、边村3个35千伏变电站建设，原有的5座35千伏变电站全部实现双电源供电。1999年，前桑园、边村35千伏变电站开始送电。完成杨柳青运河南、凌庄子、辛口35千伏变电站扩建，完成李七庄35千伏变电站迁建工程并投入运行。2006年，完成微电子110千伏扩建，西临、凌庄子35千伏变电站投运，天河路等变电站投产。2010年，新建西青110千伏系统站1座，重建海泰110千伏系统站1座，实际新增容量280兆伏安。

照6-7　2009年，供电公司为用户安装新变压器油枕

二、线路改造

1996年，区电力部门为220户增容2.89万千伏安，完成低压线路改造100千米，新建3条乡级路灯线路，为工农业生产及人民生活办理用电增容412万千伏安。2003年，改造完成10千伏新出线14条、进行110千伏站改造，完成10千伏及以下配网改造工程11项。2009年，区新建、改建110千伏线路2条，新增电缆4.5千米。新建、改建35千伏线路45条，新增电缆线路21.02千米。新投系统变压器5台，新增容量100兆伏安。新建10千伏线路56条。新增、扩建35千伏用户站9座，新增供电容量151.17兆伏安。2010年，新增、扩建35千伏用户站6座，退运2座，实际新增供电容量81.85兆伏安。新建、改建110千伏线路5条。

三、电网建设

照6-8　2009年，西青区电网改造施工现场

1996年，全区新建3条乡级路灯线路。1997年，制定西青区电网改造发展三年规划，新架线路31.5千米，低压线路改造10千米，变电站新出线7回，改造低压站4座。全年装表送表1281户。1999年，对区内135个自然村低压电网线路进行换新改造，新设变压器315台。2001年，完成133个自然村低压配电网络改造，接收农村10千伏配电变压器311台，改造低压线路650千米。2003年，完成35千伏及以上11座变电站和15条输电线路大修工程。农网二期改造重点完成东桑园110千伏站建设并投入运行。2005年，制定完成《西青区“十一五”配电网建设规划》，投运35千伏系统站3座。2006年，完成电网建设改造项目48项。2010年，完成西青110千伏电站建设，增客30万千伏安。新投35千伏及以上线路15条、25千米，配网10千伏线路90条。电网建设、技改项目累计投资2.49亿元。

四、天津华能杨柳青热电有限公司

1984年，天津第三发电厂复命杨柳青发电厂。1996年5月，由华能发电公司、天津市津能投资公司和华北电力集团公司按出资比例，共同投资组建天津华能杨柳青热电有限责任公司，实现公司与厂合一运作。

（一）发电

1999年，杨柳青发电厂三期工程两台300兆瓦燃煤抽气供热机组先后投产发电，年设计发电量39亿千瓦时，设计供热面积760万平方米。2004年，发电量40.57亿千瓦时。是年，天津市政府和中国华能集团公司决定华能杨柳青热电厂建设四期扩建工程，国家发改委对四期工程批复立项。2008年，完成发电量68.9亿千瓦时，完成1.49万吨标准煤节能量任务，保证奥运会残奥会安全供电。2010年，全年完成发电量64.39亿千瓦时，完成供热量546万吉焦，节能量完成1642吨标煤。

（二）供热服务

1999年，华电供热有限公司投入运营，设立两个运行值班及维修点。2000年，在杨柳青镇宏兴园社区换热站设立综合服务站，负责供热运行、管网维修及热费收缴。2003年，在杨柳青镇世纪新苑社区建立供热收费站，新建软件收费系统。2009年，供热收费软件功能完善升级，世纪新苑社区、青水家园社区、明清街供热收费站的数据，实现同步联网。至2010年，供热范围主要在杨柳青镇域内，北至京浦线，南至津静公路，东至京福公路，西至青纱路。

1999—2010年华能杨柳青热电公司供热面积统计表

表6-3　　单位：万平方米

年度	供热面积	年度	供热面积
1999	4.01	2005	125.36
2000	26.59	2006	155.78
2001	43.57	2007	210.00
2002	78.72	2008	258.33
2003	94.74	2009	283.80
2004	107.78	2010	300.11

第二节 电力管理

一、用电服务

1996年，城西供电分公司全年普查2726户。对电费抄、核、收方法进行变革，推行付费售电，与银行实行微机联网。1997年，完成40个村、2个住宅小区的磁卡表安装。实施电网调度运行自动化建设，建立西青区域网调度监控系统，设立调度远动通道及区调与市调数据通道，实现远距离抄表和电量时分结算。1998年，完成46个村2.69万块磁卡表安装。2001年，所有变电站实现无人值守，新建的变电站全部实现综合自动化号。在辛口镇5个村推广农业磁卡表。全区售电量12.76亿千瓦时。2006—2010年，建设投资总额44.39亿元。管辖35千伏及以上变电站54座，主变119台，容量3385兆伏安。2007年，全区执行阶梯电价。2010年，全区售电量增至48.07亿千瓦时。

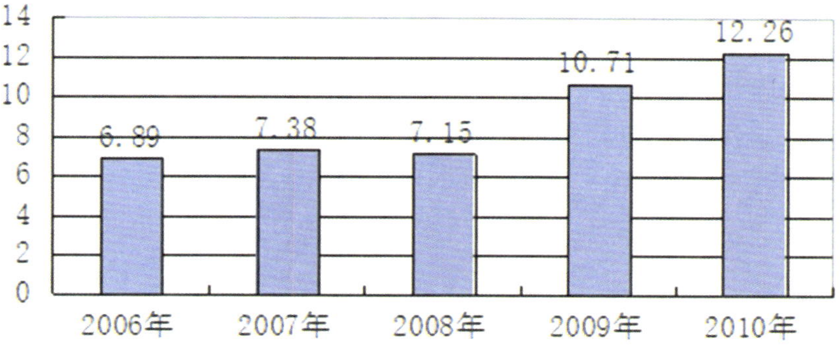

西青区“十一五”期间电网建设投资示意图（单位：亿元）

二、供电营业所建设

1979年，杨柳青供电所设立专职营业员，开设营业厅。80年代，不断提升服务水平，实行服务窗口供电职工服务守则公开、用户用电须知公开、电费电价公开、各项收费公开、优质服务标准公开、办事程序公开。1995年，李七庄供电所成立。1997年，两个供电所全年受理一户一表2047户，装表送电1281户、报装受理220户，增加容量3.31万千伏安。2003年，辖区两个供电所启动伙表、小动力和一户一表MIS系统整合，推行并通过ISO 9000标准认证。2010年，李七庄供电所、杨柳青供电所推行营业厅标准化建设，开通津工超市售电点，方便居民购电。

第七编

运输 邮政 电信

天津市 西青区志（1979－2010）

TianJin Annals of Xiqing District

2010年，天津南站外景

2008年，西青区邮电局开展校园包裹邮寄业务

1979—2010年，西青交通以提高公路等级为目标，进行各等级公路的更新改造及日常养护，确保条条道路通畅、安全。运输业迎来大发展，国有和集体经营逐渐被个体私营运输所取代，货运车大量增加，客运线路、班次、站点规范有序，各种客运车辆遍及城乡。邮政业始终紧跟时代步伐，创新发展，扩大服务范围，提升服务质量，使之发展平稳。电信业发展迅猛，传输设备先进，网络遍及区境各个角落，成为区内发展速度最快、变化最多的行业之一。

第一章　运输业

1979—1999年，随着经济发展，区内货运量加大，全民、集体所有制单位运输车辆不断增加，个体运输业发展迅速。2000—2010年，集体运输企业进行股份制改革，个体私营运输成为区内货运、客运的主体。客运线路、班次、站点成倍增加，覆盖区内大部分行政村，辐射市区、滨海新区、北辰等地区客运网络。

第一节　公路运输

一、客运

（一）公共交通

1979年，途经西青区的公交线路11条，均为天津市公交系统经营。其后，撤出区内和停运的有8条。1985年，西营门乡赵庄子、杨柳青镇东桑园、李七庄乡王姑娘庄等村开始有个人从事营业客运，多为短途运输。至2010年，经由西青区公交线路74条，其中民营客运线路占13.5%。

（二）出租车

80年代后期，区内出租汽车业逐渐发展，有个体出租车200余辆。区交通局成立出租汽车联队。西青客运管理所成立后，转由客运管理所管理。2003年，区内出租车全部转归到联众出租汽车服务中心和平分部，由天津市客运管理办公室管理。

（三）长途客运

1979年，区内来往乘客靠天津市长途汽车公司车辆运送。1986年，西营门乡个人开始申请经营由天津至北京的营改为客运业务。1989年，上辛口乡津发运输社购置31座客车，经营天津至白沟的客运业务。西营门乡怡合庆喜运输社购置40座解放客车1辆，经营天津至永清的客运业务。1990年，环亚毛纺厂客货汽车运输队购置50座东风客车和41座哈尔滨客车各1辆，经营天津至石家庄的客运业务。1998年，由河北省廊坊运输公司天津运输二场投资，开通区内中巴客运。2005年，开通石家大院到北辰汉沟客运专线。2010年，区内有长途客运班线9条，客运车辆120部，覆盖全区大部分行政村，并辐射市区、塘沽、北辰等地区客运网络。

二、货运

（一）集体汽车货运

1979年后，区内运输货源大量增加，运输工具逐渐发展为汽车，集体汽车货运成为交通运输主要力量。1985年，开始签发跨省市长途运输路单。1989年，集装箱货运量1540吨、货运周转量1.76万吨公里。1990年，公路运输营运额开始下降。1991年，拓宽业务渠道，增加从业人员，跨省市货物运输物资流量5271车次3.39万吨。1995年，成立货运包车服务队4个，有350余辆运输车。2000年后，集体企业进行股份制改革，集体汽车货运转变为民营或个体。

1990—2010年部分年度西青区货运情况统计表

表7-1

年度	货运量（万吨）	周转量（亿吨公里）	营运额（万元）
1990	-	-	11008
1991	1004	4	13050
1992	1745	7	22685
1995	3825	18	40000
2005	4350	18	52500
2010	1456	12	48000

（二）个体私营汽车货运

1979年后，区内个体私营汽车货运开始发展。从事货运的个体户主要承担农副产品运输和农村生产、建设所需物资及生活物资运输，也承担其他运输任务。1989年，全区个体运输户增至520家。2000年后，集体企业进行股份制改革，个体运输大多以挂靠公司形式存在，单纯个体运输户逐渐减少。2010年，区内私营个体运输户132家。

（三）人力车货运

1979年后，区内人力车运输逐渐消失，被机动车运输替代。1989年，全区有人力车76辆，1994年仅有64辆。2010年，人力车全部消失。

（四）危险品运输

80年代，区内出现危险品运输户。1993年，发展到53家、151辆车、852.25个吨位。2002年，全区67家危险品运输企业重组为9家。2010年，全区有10家危险品运输企业、164辆车、1173.68吨位。

第二节　运输管理

一、路政管理

1986年，区运输管理部门对各村镇企业在道路私自开设路口进行管控。安装路政标志、挡板、宣传牌等100余块。1990年，对各类涉路工作严格按照制度上报审批，路政管理逐渐规范化。2000年，完成津同公路外环线至京福公路口段、津静公路工农联盟农场段、京福公路张家窝段的清障任务，拆除各类违章建筑4.49万平方米，治理"脏乱差"穿村段1.92千米。2002年，重点治理津静公路华苑产业园区，津港、芦北路西青经济技术开发区，梨双路大寺工业园区等规模较大的污染源。对58个加油站进行治理和强制整改。2003年，落实抗击"非典"职责，抽调人手24小时坚守在津保高速津同匝道卫生消毒检查站，累计检查消毒车辆5万余辆。2007年，治理严重影响路容污染源6处，清理路面3200平方米，治理"脏乱差"穿村段长约2000米。2008年，清挖历史遗留违章填垫边沟400米，治理严重影响路容污染源2100平方米、治理穿村段600米。2009年，治理严重影响路容污染源3200平方米，治理"脏乱差"穿村段处118米。2010年，清挖历史遗留填垫边沟673米，处理严重影响路容污染源4处，治理穿村段550米，治理摊群摆卖199个。

照7-1　2006年，区交通路政人员清理桥下占压障碍物

2004—2010年部分年度西青区路政管理指标完成统计表

表7-2

年度	巡视率（%）	行政许可率%	因工掘路恢复率%	拆除遗留违章建（平方米/间）	案件稽查率%	案件办结率%	案件赔付率%	清理杂牌（块）	清理倾倒弃物（平方米/处）	清理沿路摆卖（个/处）
2004	120	-	100	-	100	98	-	-	-	-
2007	143	100	100	120/6	100	100	100	279	3772/14	295/24
2008	149	91.3	100	359/24	100	100	100	-	1450	298/25
2009	158	100	100	1500/90	100	100	100	-	1440	526/63
2010	165	100	-	-	100	100	100	194	113/9	671/203

二、货车管理

1984年，区内开始整顿治理运输市场，对运输经营者进行经营资格审验，对无证照经营和不符合规定的各种名义货运车辆进行逐户清理。1989年，清理领票单位，查处违反票据使用规定用户。1991年，改进票据管理方法，规范票据管理。1995年，按货运车辆吨位代征代扣税费，开通区境内"绿色通道"（城市鲜菜供应主要运输干道）。1998—2009年，变"等上门"为"送上门"，进行跟踪服务。2010年，落实危险品运输管理安全责任制，定期召开危险品运输企业安全管理现场交流会，坚持每月两次安全检查。开展危险品运输专项整治活动，检查危险货物运输车辆830部次。

三、客车管理

1985年，区内开始报请发放客运经营许可证。1998年，区内第一条班线客运开通。2003年，开展班车租赁服务。发展省际旅游，协调运输公司与多家旅游公司和用车单位挂钩，开展节假日和旅游旺季的旅游包车服务。2007年，开通杨柳青石家大院至北辰汉沟客运专线。2008—2010年，制定客车运输突发事件应急预案，对区内102部客运中巴车、133辆旅游包车进行综合性能检测，严格车辆出车前、运营中、收车后的"三检"制度，坚持每日巡查制度，与企业签订安全责任书，监督企业落实安全运营制度。

四、汽车维修市场管理

1979年，区内汽车维修企业维修主要以交通运输部门所属企业和单位车队内部保修为主。80年代中期，单位内部保修车组多改为专营或兼营的汽车修理厂，一些维护级企业升为汽车大修企业。1987年，对审查合格的43家补发技术合格证。1990年，取消汽车小修企业类别。2008年，实施汽车维修质量信誉考核制度，在106家维修企业中选出AAA企业1家、AA企业32家、A企业46家。2010年，对维修企业的经营行为进行规范。全区拥有汽车维修企业394家，其中一类企业14家、二类企业92家、三类企业288家。

五、公路养护

1979年，全区设立6个养护道班，陆续进口压路机、摊铺机、刮平机投入施工。1982—1990年，完成津杨公路李家园铁路地道洞东中修。津同公路改建工程铺筑5.4千米路面，修建子牙河大桥。新建津港公路8.1千米。1992—1997年，对津杨公路进行大修，对津静公路进行拓宽改造，路面由原来的7米拓宽为9米。2000年，对津同公路、津港公路、新津杨公路路肩及内外边坡进行整修。2006—2007年，对津淄公路等路段集中进行路面维修，对京福公路的子牙河桥和津浦地道等进行加固维修。开展创建和谐公路活动。2009年，完成路面维修面积12.98万平方米，完成津港公路、津涞公路等拓宽改造工程，对津淄公路的污水河桥等4座桥拆除重建。2010年，对京福公路、津静公路部分路段路肩进行平整、削坡处理。对津静公路、津同公路、津港公路、津淄公路实施绿化景观工程，绿化里程33.6千米，绿化总面积111万平方米。

附：

水上运输

70年代末，区境内水上运输已经衰落，只有独流减河尚有少量运输业务。丰水期，区境有6条小船在陈台子、小卞庄河段运送来往行人过河，主要是往返西青与静海两岸走亲访友及买卖商品的人员，年运送旅客2万人次左右。枯水期，行人可以徒步过河，无须船运。2010年，区境水上运输消失。

第二章　邮　政

1979—2010年，区境邮政机构和网点、业务迅速扩大。邮政部门不断进行机构和经营体制改革，完善提升机构管理、邮运网络和服务质量，满足全区人民日益增长的邮政需求。

第一节　邮政业务

一、函件

80年代，区邮政支局负责平信、挂号、明信片、印刷品等类别函件收寄业务，回复回执和增办代收货价、代发广告业务。1991年，办理函件总数179.1万件。90年代中期，交寄信函开始使用标准信封。2000年，制作精武大会纪念封1万枚进行邮品展卖。2004年，开发“见义勇为”公益事业邮资封。2006年，完成《西青邮政DM商务名片册》承揽制作，开发商务名片22页504个广告位，发行1万册，全年实现收入93.56万元。2010年，完成收入315.09万元。

二、包裹

1986年7月1日始，包裹邮寄分为民用包裹、商品包裹、快递小包3种。1992年1月1日始，商品包裹集中在李七庄、杨柳青和市内16处邮电支局收寄。2006年，杨柳青支局和微电子支局在天津城建学院和大学生公寓等处现场收寄包裹，收寄包裹1000余件。2008年，收寄校园包裹235余件，全区收寄包裹4000件。2010年，收寄校园包裹851件，全区共收寄包裹4210件。

1999—2010年西青区包裹邮寄收入统计表

表7-3　　单位：万元

年度	收入	年度	收入
1999	28.79	2005	91.0
2000	31.00	2006	107.3
2001	39.80	2007	124.9
2002	48.20	2008	209.0
2003	65.40	2009	155.7
2004	74.70	2010	99.9

三、报刊发行

1980年，区邮电支局主要发行《人民日报》等10余种报刊。区农业人口平均每5人订阅1份《天津日报·农村版》。1982年，增设报刊零售亭6个。1990年，邮局发行报刊330万份。2010年，报刊发行业务比1999年增加近1倍，年收入164.59万元。

1999—2010年西青区报刊发行情况统计表

表7-4

年度	发行份数（万份）	收入（万元）	年度	发行分数（万份）	收入（万元）
1999	310	–	2005	358	–
2000	320	–	2006	340	65.98
2001	330	–	2007	385	69.29
2002	345	–	2008	420	80.41
2003	350	–	2009	470	106.25
2004	360	66.6	2010	610	164.59

四、机要通信

50年代始，区内专设机要员，负责传递天津地区机关、部队等机要文件。1990年，机要文件进出口交换量8516件。2005年，对机要管理和生产作业系统升级改造。至2010年，实现机要通信连续18年无事故，对外服务用户满意度98%。

五、集邮业务

1982年，天津市邮票公司在杨柳青邮电支局开设兼职集邮台和集邮点3处，出售纪念邮票、特种邮票、小型张邮票和小全张邮票。后又增添集邮册、放大镜及集邮用品。1990年，售邮票12万枚，1992年，售邮票20万枚。1999年，组织各支局为世界体操比赛等集邮用户加盖纪念戳，将集邮活动推广到工厂、机关和学校。2000年，规范集邮市场秩序，查处非法销售点8家，查获非法邮票1042枚，面值645元。2002年，成立集邮广告公司，以支局、分局经营为平台，开发集邮个性化邮品和热点题材，制作发行《民宅百年·石家大院风光邮资纪念折》，售出930套。2003年，举办《杨柳青木版年画》特种邮票首发式，开发杨柳青年画明信片、极限封。2005年，开发邮资明信片门禁系统500版。2008年，销售集邮品、奥运明信片、火炬传递明信片、首日封等奥运产品。2010年，通过为政府提供服务，实现集邮业务创收入499万元。

1999—2010年西青区集邮完成情况统计表

表7-5　　单位：万元

年度	完成收入	年度	完成收入
1999	102.9	2005	70.4
2000	117.1	2006	81.4
2001	70.0	2007	190.4
2002	205.6	2008	440.7
2003	220.0	2009	514.6
2004	60.8	2010	499.4

六、快递业务

1998年，区内“185”特快揽收业务改由各支局按局界负责。2000—2002年，成立速递市场营销中心，组织投发人员走向市场，实行“三送四代”（送包、送汇、送快递；代寄包裹、代寄汇款、代寄特快、代收话费）。2009年，私营物流公司发展迅速，国有速递业务收入开始出现下滑态势。2010年，区邮政快递完成收入仅为73万元。

2000—2010年西青邮政局快递业务情况统计表

表7-6　　单位：万元

年度	完成收入	年度	完成收入
2000	75.4	2006	515.9
2001	129.0	2007	523.2
2002	143.6	2008	724.0
2003	215.5	2009	105.0
2004	388.3	2010	73.0
2005	436.7	-	-

第二节　汇兑 邮政储蓄

一、汇兑

1979年，区内居民办理出口电汇直通业务需要到天津站邮电支局电汇组办理。1990年，区内杨柳青、李七庄邮电支局开始办理汇兑业务。1999年始，汇兑业务增多，汇兑收入额逐年增长。

1999—2010年西青汇兑收入情况统计表

表7-7　　单位：万元

年度	完成收入	年度	完成收入
1999	50.5	2005	125.5
2000	60.1	2006	139.0
2001	71.2	2007	183.0
2002	66.6	2008	197.8
2003	90.3	2009	138.4
2004	105.2	2010	225.3

二、邮政储蓄

1986年，区内杨柳青、李七庄邮电支局正式开办邮政储蓄业务。1997年，李七庄支局发展卡片式代发工资转储蓄业务200余户，收储余额14.3万元。西青支局实现储蓄余额1.39亿元。1999年，扩大企宣传，提高邮政储蓄知名度。储蓄余额增长321万元。2000年，区邮政局发展代发工资业务，代发工资1364人。开发汇兑业务、礼仪汇款、电报汇款业务，全年余额增长1980.54万元。2002年，揽储1432万元。2006年，区邮政局正式开办定期存单小额质押贷款业务，年邮政储蓄余额首次超过10亿元。至2010年，储蓄余额净增额1.87亿元，年储蓄余额连续增长亿元以上。

2000—2010年西青区邮政储蓄业务情况统计表

表7-8　　单位：亿元

年度	余额规模	年度	余额规模
2000	2.4	2006	10.4
2001	3.2	2007	11.2
2002	3.2	2008	12.3
2003	3.5	2009	15.4
2004	5.0	2010	12.5
2005	7.3	-	-

第三章 电 信

1979—2010年，区内电信机构名称由电话局演变为电信局、网通公司、联合网络通信公司与移动通信公司并存，交换机由纵横制自动升级换代为模拟交换机、数字程控交换机、下一代网络（NGN），电话机由传统手摇式更新为半自动拨叫、全自动拨叫、移动通信、互联网，电信成为区内发展速度最快、更新换代最频繁、变化幅度最大的行业之一。

第一节 固定电话 传真

一、固定电话

1982年，区内有电话用户616户，小交换机用户实际使用话机1100部。1983年，全区电话用户1388户，电话普及度2.2%。1986年，机线使用率95%以上，纵横交换机饱和度75%，电话接通率30%。1989年，实现由模拟交换机向数字程控交换机变革。1996年，杨柳青电话局电话1.77万部，年内新发展6118部，完成业务总量2675万元，业务收入2094万元，小交换机代维修49户，业务咨询3000件。1998年，西青分局有电话用户4.86万户，话机普及率每百人72.3部、业务收入9100万元。2004年，固定电话用户话净增1.39万部、小灵通用户2.48万部。2010年，开始光纤入户试点。发展3G业务，出账用户为7.8万户，其中手机用户6.6万户、上网卡用户1.2万户。

二、电报 传真

1979年，区内应用国产55型电传机传送电报。电报类别有气象、政务、电汇、汇款等。1997年，区内出口电报6041份，进口电报6870份，传真844件。业务量呈逐年递减态势。1999年，随着固定电话和移动通信业务的迅速发展，电报业务自行消失，传真业务依然存续。

三、无线寻呼

1996年，区无线寻呼网“126”“127”台实现与全国联网漫游运行。1997年，为迎接“5·17”世界电信日，向社会推出高速编码数字寻呼机、有摩托罗拉讯捷型、摩托罗拉捷进型、日本卡西欧NP—218型数字寻呼机。1999年后，随着移动通信迅速发展，无线寻呼逐渐消失。

第二节 移动通信

一、联通业务

90年代中期，区中国联通移动通信开通。至2009年，西青联通分公司拥有移动用户9.4万户、基站155个。是年，发展联通3G业务，推广“沃”品牌，发展7000余户，用户达到13.5万户。2010年，联通移动用户发展到14.6万户，基站增至250个。

照7-2　2010年，西青界内移动基站

二、移动业务

2003年前，西青区中国移动通信业务由天津移动公司统一经营管理。是年，成立中国移动通信集团天津有限公司西青营销中心。2007年，中国移动通信集团天津有限公司西青分公司向西青区域内提供基本话音服务，并提供短消息、IP电话以及基于"移动梦网"无线数据业务，其服务内容涵盖信息、通信、娱乐、商务类等多种增值业务及新业务。将区域内第2代移动通信网络过渡到2.5代，并开始建设3G试验网。2009年，西青移动由第2.5代移动通信网络过渡到2、3代移动通信网络并存、融合阶段，并在热点地区开通高速数据下载业务。2010年，有区域交换机容量189万户、2G基站404个、3G基站209个，拥有各类实体网点77个，遍布辖区7镇2街，"一镇一店、一村一点"网点布局基本形成。区内全球移动通信系统用户数69万户，3G用户数0.7万户。

2007—2010年天津移动西青区域通信数据统计表

表7-9

年度	交换机容量（万户）	2G基站数（个）	3G基站数（个）	GSM用户数（万户）	3G用户数（万户）	日均数据流量（GB）	营业收入（亿元）
2007	118	214	-	46	-	-	3.96
2008	149	277	-	55	0.1	86.1	4.85
2009	179	357	176	63	0.4	158.8	5.35
2010	189	404	209	69	0.7	324.7	5.59

第三节　网络通信

一、政务网

2006年，西青区电子政务专网成立。区政府专门设立常设机构——电子政务信息与网络中心，负责电子政务专网的维护。区电子政务专网覆盖全区各街镇、委办局等51个节点，共79个单位，420个信息点，完成区内电子政务专网及OA办公系统建设，实现公文网上管理和网上收发文等功能。2007年，开展网络建设拓展，完善OA协同办公系统功能，拓展电子政务专网应用。2009年，更新网站内容，挖掘整合潜在资源。为网站部署IPS、防火墙等安全设备，提高区门户网站安全性。为内外网重要业务系统引入RAID磁盘阵列，实现各业务系统前台应用与数据分离，实现数据的冗余存储和异地灾备功能。2010年，电子政务专网覆盖全区单位89个单位、52个节点，572个信息点。

二、互联网

90年代末，区内开始出现电话线及模拟调制解调器拨号上网。1997年，采用窄带拨号上网。2000年，开始使用宽带模式上网。2001年，互联网用户数706户。2009—2010年，实施光纤入户改造。2010年，区内有宽带用户9万余户。

第八编

环境保护

2010年，西青区大寺污水处理厂

2008年，天津市首个水环境护示范工程兰湖生态公园

八九十年代，随着区内经济发展．环境污染日趋严重，尤以化工、金属加工业为主体的乡镇污染最为严重。区环保部门执行强化环境监管，治理老污染片，防治和控制新的污染源，开展环境综合整治和惩治不法排污企业专项行动，坚持环境影响评价，强化排污管理等多项法规、制度和举措，使全区生态环境良性循环达到可持续发展。经过治理整顿，环境恶化趋势得到全面遏制。进入21世纪，开展创建国家环境模范保护城区活动，实施蓝天、碧水、安静、生态等环境工程，区内环境面貌焕然一新。杨柳青镇等4个镇被国家环保总局命名为“全国环境优美镇”。

第一章 环境质量

80年代初，区内开始对大气环境、水环境、声环境进行质量检测。至2010年，区境空气质量二级天数达标率显著提升，饮用水质6项指标符合地表水Ⅲ类水体水质标准，达标率100%。河道水质有较大改善。环境噪声主要声源为社会噪声和工业噪声，道路交通噪声环境质量等级总体评价为较高等级。

第一节 大气 水环境监测

一、大气质量监测

1986年，区内开始大气监测。时大气中二氧化硫、二氧化氮、二氧化碳、总悬浮颗粒年日均值浓度4项指标未超过国家二级标准。1991年，监测一氧化碳和总悬浮颗粒物浓度年日均值分别下降为每立方米1.29毫克和0.27毫克。大气中的二氧化硫和二氧化氮浓度依然偏高，年日均值分别为每立方米0.78毫克和0.05毫克。1994年，区内大气环境中的二氧化碳和氮氧化物呈上升趋势，悬浮颗粒和一氧化碳呈下降趋势。大气污染源主要污染物来自燃煤，大气环境质量达到国家二级环境质量标准。2001年，以“蓝天工程”为主线，改善大气环境质量。大气中二氧化硫（SO2）、总悬浮颗粒（tsP）均有所下降。2010年，大气环境质量指标：空气污染指数（API）≤100的天数占全年天数比例82.2%，可吸入颗粒物（PM10）年平均值每立方米0.1毫克。二氧化硫（SO2）年日均值浓度每立方米0.03毫克。二氧化氮（NO2）年日均值浓度每立方米是0.03毫克。

照8-1 2010年，区环保部门对上路汽车进行尾气检测

2006—2010年西青区化学需氧量减排统计表

表8-1 单位：吨

年度	削减计划（新增量）	完成削减量
2006	538.34	277.60
2007	412.27	1687.74
2008	455.49	939.04
2009	410.31	947.51

续表

年度	削减计划（新增量）	完成削减量
2010	474.68	677.53
合计	2345.00	4529.00

二、水环境质量监测

1982年，区内开始监测水环境质量。初期在子牙河西河闸设点位检测。区入境水主要来源于独流减河、子牙河和中亭河3条河道。水资源总量历年平均为0.42亿立方米。监测项目为酸碱度、化学需氧量、硝酸盐氮、六价铬。1986年，在5条河道设5个监测站位，其中独流减河西琉城大桥和子牙河西河闸断面监测项目水温、溶解氧等13项，实行单月监测。1988年，开始对外环河实行监测，设南运河杨柳青桥、卫津河十七号桥和外环河曹庄子桥断面3处点位。

90年代，区内水污染主要为工业生产用水和生活用水。1991年，子牙河化学需氧量超标率为33.3%，其余检测项目达到地面水二级标准。独流减河、南运河及其他二级河道因受上游来水和区内染料、化学、电镀等行业排放废水影响，耗氧量及挥发酚和油类污染物严重超标。1994年，检测结果表明超标率较多的项目有氨氮非离子氨、高猛盐酸指数二项。1999年，在子牙河、南运河、独流减河、自来水河、外环河等河道设8个监测点位，每月监测一次。

2006—2009年，全区监测地表水环境21条河道，设监测断面26个，其中市控农业用水断面2个，市控城市景观河道断面3个，区控二级河道9个断面和1个水库，分别在5月、10月份监测；中心城区改造河道监测断面为11个，其中7条河道每月监测、4条单月监测。2010年，区内工业企业污水排放总量的91%进入污水处理厂，占排放总量9%的污水直排河道或坑塘。全区生活污水排放总量的46.5%进入污水处理厂，直接排入河道的污水占排放总量的53.5%。

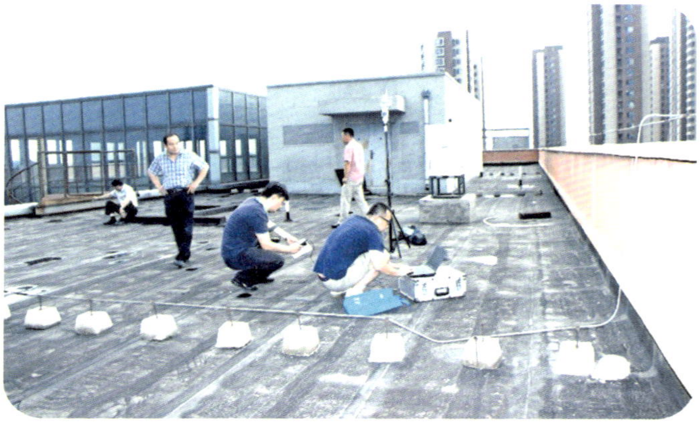

照8-2　2010年，区环保局在环保监测站测量气象数据

第二节　声环境监测

一、区域环境噪声检测

1983年，区环保部门开始进行噪声监测。1984—1986年，在城区进行噪声监测，多数监测点噪声超过标准。1989年，在杨柳青镇4.5平方千米范围内，划分为50个网点进行监测，全镇噪声平均值52.6分贝，符合二类混合区环境噪声标准。1997年，杨柳青镇区域监测等效声级均值为62.9分贝。超过城市区域环境标准，噪声增幅原因主要是商业和道路交通。1999年，在杨柳青镇建成二类噪声达标功能区，达标区覆盖面积4.5平方千米，经过余个等面积网格的两次检测，白天平均等效声级为53.3分贝，夜间平均等效声级为46.7分贝，均达到国家二类区域噪声标准。2002年，对杨柳青镇区5.5平方千米区域实施环境噪声监测，环境噪声平均等级是52.4分贝，达到国家二类区域噪声标准。2008—2010年，区域环境噪声平均值分别为53.6分贝、52.1分贝、53.2分贝，低于国家60分贝标准值。区域

环境噪声监测面积为63.39平方千米，监测网格数74个。建成区声环境状况保持较好水平，功能区噪声仍超标。

二、交通环境噪声监测

1994年，区环保部门对外环线交通噪声进行监测，白天等效声级平均值为76.63分贝，夜间等效声级平均值为68.38分贝。1996年，交通噪声占12%，交通噪声为杨柳青镇区主要噪声来源。2001年，对外环线声环境进行监测结果是，全年平均昼夜间等效声级为70.7分贝。略高于标准值，夜间平均等效声级为65.5分贝，远高于4类区域夜间标准值。2003—2010年，区内交通干线噪声平均值低于国家70分贝标准值。2010年，区内道路交通噪声监测道路总长130.7千米，有14条道路，14个监测点位，全区噪声功能区定期监测点位4个。道路交通噪声保持平稳。

第二章　环境污染防治

1979—2010年，区环保部门在环境质量评价、制定环境质量标准、拟定环境规划的基础上，采取防治结合、人工处理和自然净化结合等措施，以技术、经济和法治等手段，实施防治污染的最佳方案，以控制和改善环境质量。

第一节　污染源调查

一、调查

（一）工业企业污水

1982年，根据国家《征收排污费暂行办法》，区环境保护部门开展排污调查摸底。1983年，对全区120家驻区企业、162家乡镇企业进行工业污染源调查，摸清水污染物排放底数。1996年，开展乡镇企业污染水源的调查。2003年，污染源水质监测数据6616个。对全区78套水污染处理设施的运行进行全面检查。2004年，监测检测688厂次，废水数据4495个。2005年，对全区77套重点污水治理设施进行现场检查和监督性监测。2006年，西青区与天津市环保局联网，对企业排水实现实时监控。2010年，全区2094家工业企业排放污水3149.8万吨，其中932家工业污水进入污水处理厂，年排放污水2871.4万吨。排入污水处理厂的污水中，排入咸阳路污水处理厂的528家，年排放污水2211.4万吨。排入大寺污水处理厂的392家，年排放污水640.2万吨。排入纪庄子污水处理厂的12家，年排放污水19.8万吨。1162家企业年排放污水278.4万吨未进入处理厂，直排河道或坑塘。

（二）生活污水

80年代后，生活污水成为区内主要水污染源之一，生活污水监测被列为河道监测类项。90年代，境内河道设8个监测点位，每月监测一次。2006—2010年，监测地表水环境包括21条河道，设监测断面26个，监测项目包括全盐、粪大肠菌群等。2010年，开展“整顿违法排污企业，保障群众健康”环保专项行动、酸洗电镀行业专项整治、水环境专项治理、重点环境风险源企业专项检查、工程建设领域突出问题专项治理等检查。检查企业1170家，填写现场检查记录831份。全区生活污水排放总量2807.9万吨/年，其中进入污水处理厂1306.8万吨/年，未进入污水处理厂直接排入河道的生活污水1501.1万吨/年。

（三）燃煤供热

80年代，区内固体废弃物中，燃煤炉渣产量最大，生活垃圾逐渐增加。90年代，大气中的二氧化硫（SO_2）和二氧化氮（NO_2）浓度偏高，并呈上升趋势。大气污染源主要污染物来自燃煤。1996年，大气总悬浮颗粒年日均值每立方米0.371毫克，二氧化硫（SO_2）年日均值每立方米0.06毫克。21世纪后，燃煤供热面积扩大，生活垃圾大量增加。2010年，空气可吸入颗粒物（PM10）年平均值每立方米0.102毫克；二氧化硫（SO_2）年日均值浓度每立方米0.033毫克；二氧化氮（NO_2）年日均值浓度每立方米是0.029毫克。

2010年，区内有燃煤锅炉712台4209.28蒸吨，集中供热面积1069万平方米，其中燃煤锅炉供热面积728万平方米，地热供热面积51万平方米，热电联供热面积290平方米（主要为杨柳青镇建成区与西营门街西青道沿线）。

二、污染物

2007年，区内开展第一次全国污染源普查。2009年，对主要排放污物数据进行动态更新。2010年，区境主要污染物为：工业源化学需氧量1385.87吨，氨氮229.65吨，二氧化硫14728.89吨，氮氧化物1.71万吨。生活源化学需氧量2118吨，氨氮678.81吨，二氧化硫525.53吨，氮氧化物260.86吨。农业源化学需氧量3802.62吨，氨氮284.56吨。

2010年西青区各街镇及西青经济技术开发区主要污染物排放统计表

表8-2　　单位：吨

街镇名称	化学需氧量	氨氮	二氧化硫	氮氧化物
西营门街	239.86	66.97	204.1	98.64
李七庄街	271.46	78.14	500.07	241.69
中北镇	414.66	68.36	955.1	461.62
杨柳青镇	447.13	112.38	11527.86	15608.02
张家窝镇	441.25	131.93	535.13	258.64
大寺镇	749.51	234.72	474.27	229.22
辛口镇	212.57	65.27	237.08	114.59
精武镇	185.93	46.79	505.82	244.47
王稳庄镇	163.19	48.04	289.41	139.88
西青经济技术开发区	378.31	55.86	25.58	12.36
合计	3503.87	908.46	15254.42	17409.13

注：表内数字不包括农业源

第二节　大气污染防治

一、排放

1979年后，区内乡镇村办企业生产中排放出大量工业废气和使用煤炭、石油类燃料产生的烟尘。1984年，全区1000余家工业企业年耗煤量200万余吨，排放废气5.2亿立方米，产生烟尘2.7万吨，其中二氧化硫2.04万吨、氮氧化物6200吨、一氧化碳130吨、其他气体270吨，均造成对大气的污染。1986—1990年，废气排放量最大的是染料行业，其次是印染和化工行业。工业废气排放中含有硫酸盐、二氧化硫、氢氧化物等污染物质。1996年，全区二氧化硫平均值每立方米0.06毫克，二氧化氮平均值每立方米0.04毫克。2001年，投入902.5万元治理工业废气。监测废气数据2133个。2003年，开展大气24小时连续自动监测系统，监测工业废气数据699个。2010年，环保监测结果显示，区境空气污染指数小于100的天数占全年天数比例82.2%，其中可吸入颗粒物平均值每立方米0.1毫克，二氧化硫平均值每立方米0.03毫克，二氧化氮平均值每立方米0.03毫克。

二、治理

1996年，区内开始进行大规模大气污染治理。在杨柳青镇和外环线以内设两个烟尘控制区，控制区面积41.5平方千米。1999年，烟控区110家企业经过改燃，每小时2吨以上锅炉除尘、脱硫双重治理率为90%。2002年，进行源头治理，全年消减化学需氧排放量3035.88吨，减少燃煤用量1.17万余吨，消减烟尘排放量88.2吨，削减二氧化硫排放量103.5吨。2004年，检测工艺废气3次，获得监测数据4495个。检测锅炉烟气109台，炉前煤监测30个样品，检测进京汽车尾气263辆。2005—2006年，推进清洁生产，工业二氧化硫排放达标率100%，工业烟尘排放达标率100%，工业粉尘排放达标率100%。2009年，完成一汽夏利等6台165蒸吨锅炉脱硫改造工程，将二氧化硫总量控制在全年0.97万余吨以内。2010年，监测杨柳青热电有限责任公司120兆瓦机组脱硫改造和燃气锅炉脱硫改造后的运行管理，全区年二氧化硫总量控制在9720吨以内。

照8-3　2010年，西青区环保局对区内化工厂硫酸车间进行环保检查

第三节　水污染防治

一、地表水污染防治

1983年，区内开始治理子牙河水体污染。1990年，投资1025万元实施杨柳青污水排向调头工程，使杨柳青镇原排入子牙河的污水转向排至西大排干统一处理，避免子牙河水源被污染。1994年，治理子牙河硫化物污染。2003年，污染源水质监测数据6616个。2004年，监测检测688厂次，废水数据4495个。2006年，与天津市环保局联网，实现实时监控。

2006—2010年西青区二氧化硫减排情况统计表

表8-3　　　　单位：吨、台

年度	削减总量			锅炉脱硫完成情况	
	合计	杨柳青热电公司	非电企业	台数	蒸吨
2006	28.78	-	28.78	1	20
2007	10312.00	10264.00	48.00	3	60
2008	8827.62	8697.70	129.92	12	280
2009	284.48	-	284.48	6	165
2010	173.10	-	173.10	-	-
合计	19626.07	18961.70	664.37	22	525

二、工业废水污染防治

80年代，区内对染料、化工、电镀3个行业的发展进行限制。对新开工排放污水企业实行环保

"三同时"管理，不达标企业不得开工。对印染业废水治理采用中合—絮凝沉淀—气浮—过滤法，使印染废水基本得到处理。80年代末，指导12个电镀厂采用先进低铬镀铬法，使铬酐浓度降低50%左右。90年代，染料、化工、电镀企业采用新工艺。1996年，对污染严重的企业进行整顿，取缔8家化工厂，关停4家印染厂、3家电镀厂。1997年，开展分三年完成限期治理任务，其中治理水污染源18个。1999年，治理环境污水项目88项。年污水中化学需氧量排放量削减3447吨。2006年，对52家排污单位设立安装排污口标志牌，登记发放排污口登记证。2010年，加强对老污染源企业治理，督促企业污染处理设施升级改造。重点企业工业废水排放稳定达标率100%。

三、污水处理设施

1985年，区内永红乡筹资14万元建成天津第一个镇级环境保护监测站，全镇10余家排放废水工厂建成污水处理设施。1986年始，全区未发生过因超标排放废水引起的污染事故。2002年，区建设污水输送管道，将杨柳青镇、中北镇污水接入咸阳路污水处理厂进行处理。对全区76套污水处理设施运行率和达标率进行现场考核、检查。2003年，对全区78套水污染处理设施的运行进行全面检查。2009年，实施大寺污水处理厂及各街镇管网建设，督促企业调整污水管网，规范企业污水排放。

照8-4　2009年，西青区大寺污水处理厂污水处理

第四节　噪声污染治理

一、监测点位

1980年，区成立环境保护监测站，对境内的大气环境、地面水质、环境噪声、交通噪声等项环境质量指标进行定期、定点的常规监测。确定区域环境噪声监测点50个，为定量考核监测点。1994年，完成各类监测数据5325个，其中环境噪声监测数据400个、交通噪声监测数据384个（96组）。杨柳青镇环境噪声等效声级平均值为56.56分贝。1996年，噪声监测项目为交通噪声、污染源噪声、区域环境噪声。1997年，外环线交通干线噪声等效声级值为74.6分贝。1999年，在杨柳青镇划定治理噪声功能区范围。通过现场监测，对固定声源、交通噪声、社会噪声施工噪声进行规范化管理。2001年，结合杨柳青镇建设规划，调整杨柳青镇噪声功能区达标划分方案。加强5.2平方公里噪声达标区日常管理，严格控制建筑施工、社会噪声，以及企业扰民噪声。2002年，对杨柳青镇内4条道路14个路段进行监测，监测长度6700米。全镇道路平均等效声级为68.1分贝，其中交通噪声平均等效声级最高的是西青道70.3分贝，最低是新华道65.7分贝。2004年，采集噪声监测数据72个，监测10厂次。2005年，区域环境噪声平均值为51.3分贝，交通干线环境噪声平均值为66.6分贝。噪声达标覆盖率95.55%。2010年，采集4个功能区、杨柳青镇域及道路交通噪声数据2048个。

二、治理

90年代，区环保部门治理城区噪声污染，打通西环线，将过境车流外引，加强交通管理，规定在一些街道不准鸣喇叭。配合老镇区改造，将大部分企业进行搬迁或转产。拓宽街道，栽植树木，以减轻交通噪声及扬尘污染。1999年，在杨柳青镇划定治理噪声功能区范围。通过现场监测，对固定声源、交通噪声、社会噪声、施工噪声进行规范化管理。2002年，对镇内4条道路14个路段进行监测，监测长度6700米。2003年，采集噪声污染源监测数据567个。噪声达标区覆盖率为95%，仍大于60%标准值。2009年，处理涉及噪声信访案件54件。2010年，采集4个功能区和杨柳青镇域，以及道路交通噪声数据2048个。办理涉及噪声污染信访案件124件，办结率100%。

第五节 固体废物污染防治

一、废物利用

80年代末，随着工业经济发展，区内固体废弃物主要是化工废渣、炉渣、废砖及生活垃圾等。区主管部门将固体废物治理向资源化、无害化方向推进，将废渣作为原料回收再加工，直接用于加工建筑材料新产品，用于修路建房垫基础。1992年，全区综合利用固体废物量21.2万吨，综合利用率54.4%。1996年，全区综合利用危险废物4204吨，工业固体废物综合利用率为55.7%。2003年，创建国家环保模范城市，突出完成各项环保指标，其中工业固体废物综合利用率为70%。2010年，建立危险废物和工业固体废物明细台账，提高固体废物资源化水平，促进危险废物和工业固体废物减量化、资源化与无害化处置。制定并实施生活垃圾分类收集与无害化处理相关管理办法，实现城镇生活垃圾收集、运输和分类处理。建立并完善废旧金属、报废电子产品等废旧物资回收利用体系，实施对本区域废旧物资的拆解再利用。

二、废物处置

1996年，全区工业固体废物产生量40.4万吨，其中危险废物5612吨，处置1408吨。1997年，全区工业固体废物产生量40.57万吨，处置量1.18万吨。2001年，全区工业固体废物处置率为99.32%，危险废物处理率100%。2004年，全区工业固体废物处置率100%，无危险废物排放，生活垃圾无害化处理率82.5%。2005—2009年，全区工业固体废物处置率100%，危险废物集中处置率100%。2010年，加强电子废物污染防治的环境监管，明确电子电器生产者、经营者回收和处理废旧产品的责任，从源头控制电子废物污染。

附：

重大环境污染事件

柴油污染事件 1983年秋，天津红光油库穿子牙河零号柴油输油管线出现破裂，造成子牙河水质石油类污染。子牙河为杨柳青镇居民饮用水源，此事件引起各级政府高度重视，立即采取应急措施，杨柳青水厂取地下水代替河道饮用水源。市区两级环保部门成立专门调查监测组，对事发地段水质上下游分层采样、分析，并跟踪监测。红光油库采用隔油栏对污染水面进行围挡、打捞，紧急修复输油管线，区有关部门对子牙河进行清淤、换水。经过一个多月跟踪监测，河道水质恢复正常。

化学危险品污染事件 1994年2月，河北省廊坊市化工五厂趁着夜色将大量化学危险品倾泻在杨柳青镇北的子牙河内，该河段属于西青区饮用水保护范围。事件发生后，市长张立昌对这次事件做出紧急批示，中央电视台《焦点访谈》专栏节目予以采访报道。驻西青区解放军某部舟桥团派出潜水官兵，打捞被遗弃河底装有化学危险品铁桶。公安消防十四中队官兵与潜水官兵共同将河底有毒淤泥吸排干净，历时3天清除污染物。市政府紧急从宝坻尔王庄水库调水230万立方米，置换污水。

第三章 生态环境建设

进入21世纪，西青区将生态环境建设作为实现可持续发展战略，通过开展植树绿化、治理水土流失、发展生态农业、建设文明生态村、创建绿色社区、绿色家庭等方式，优化美化环境，建设美好家园。至2010年，全区建成王兰庄等47个文明生态村，杨柳青镇等3个镇被命名为全国环境优美乡镇，西青生态区建设通过国家考核验收。

第一节 创建生态村 生态区

一、生态村建设

2002年，全区开展创建市级生态村活动，实施张家窝镇无裸地示范镇建设。水高庄和第六埠村通过市级生态村考核。2004年，创建王兰庄、东姜井、大沙窝、当城4个生态村。2005年，区内开始实施文明生态村创建工程。创建生态文明村26个，其中示范性文明生态村24个，标准型文明生态村2个。完成辛口镇上辛口村、郭庄子村两个生态村申报工作。2006年，大寺镇张道口村等7个村达到文明生态村建设标准。2007年，完成7个生态文明村创建工作。全区基本达到村庄美化、道路硬化、街道亮化、村院绿化、饮水卫生化、能源清洁化和生活健康化。2009年，启动4村及1个镇综合创建生态文明村镇建设工程。2010年，完成辛口镇第六埠和水高庄村绿化、美化、净化新农村试点工程以及4个文明生态村建设。全区文明生态村增加到47个。

二、创建国家级生态区

2003年，西青区被国家环保局批准为全国第八批生态示范区建设试点单位。2006年，编制《西青区生态区建设规划》(以下简称《规划》)，制定国家生态区建设三年行动计划。区创建国家级生态示范区通过国家环境保护总局的考核验收。2008年，修订完善西青区《规划》各项指标，实施目标责任制，把责任落实到部门、街镇、村庄和个人。2009年，制作专题片及“创建国家生态区，打造西青生态新天地”宣传册，绘制《西青区生态区建设示范点简介》，生态区建设通过市级预考核验收。2010年，围绕创建国家生态区的5项基本条件和21项建设指标，提升创建国家生态区的质量和水平，生态区建设通过国家技术评估，顺利通过国家考核验收。

三、创建全国环境优美乡镇

进入21世纪，全区各镇(街)把创建环境优美镇与新农村建设有机结合，加大资金投入，按照国家级环境优美乡镇标准，高标准、高起点编制创建规划，修订环境发展规划，全面提升软硬件设施建设，城镇布局合理，管理有序，街道及镇域村庄环境整洁、优美，城镇建设与周围环境相协调。2002年，杨柳青镇被国家环保总局评为首批全国环境优美乡镇。2004年，中北镇被国家环保总局命名为第二批全国环境优美乡镇。2005年，张家窝镇被国家环保总局命名为第四批全国环境优美乡镇。

第二节　创建绿色社区 家庭

一、绿色社区创建

照8－5　2009年，西青区美丽绿色社区

1998年，区内开展绿色单位创建试点工作。2002年，建成10个绿色示范居民小区，完成裸地绿化面积43.76万平方米，建成60个无裸地绿色示范单位。2003年，创建区级绿色小区9处。2004年，创建绿色小区20个、绿色学校30所。2006年，完成杨柳青实验小学和杨柳青第一幼儿园市级绿色学校创建。2007年，打造新型现代化社区，开展“绿色社区”和文明小区“八个一”创建活动。2008年，组织开展“家里门外净起来”及“绿色社区”创评活动。2009年，创建区级绿色社区5个、绿色学校2所。2010年，将群众文化建设阵地与绿色文明社区建设相结合，评选出市级绿色社区1个、区级绿色社区5个。

二、绿色家庭创建

2002年，全区开展环保进社区活动，创建绿色家庭214户。2003年，创建区级绿色家庭263户。2004年，组织绿色家庭环保知识竞赛活动，创建绿色家庭800户。2005年，结合开展“创卫”活动，推进绿色家庭创建，中北镇侯台村王쓰柱家庭被评为“全国绿色家庭”。2007年，创建市级绿色家庭7户、区级绿色家庭300户。2008—2009年，开展“绿色家庭”创评活动，王稳庄镇涌现出区级“绿色家庭”30户，辛口镇区级“绿色家庭”36户、镇级“绿色家庭”54户。2010年，区内以镇为单位开展“百户绿色环保家庭”评选活动，评选出区级绿色家庭120户。

第三节　农业生态保护

一、发展无公害种植业

1997年始，区内加强农业生态建设，发展无公害种植业。1999年，推广无公害蔬菜综合配套技术，使蔬菜产品逐渐达到国家标准。2001年，实施农业环保工程，建立无公害蔬菜农药残留检测系统。2003年，全区实现无公害蔬菜面积1800公顷。2004年，推进无公害蔬菜生产计划，增加无公害蔬菜面积626公顷、无公害果品面积225公顷。2005年，实施蔬菜无公害行动计划和依标生产，落实无公害蔬菜基地3000公顷、无公害果品基地292公顷。2007年，新增农业环保无公害基地115公顷。

二、秸秆综合利用

1997年，区内推广使用农业机械进行秸秆还田、旱作农业深松作业。1999年，区政府与杨柳青等4个镇签订秸秆禁烧责任书。2000年，投入资金12万元，投入各种农业机械955台（套），实现秸秆禁烧5333公顷，秸秆还田面积1666公顷。2001年，推广秸秆综合利用，实现综合利用秸秆面积2800公顷。

2008—2010年，实施秸秆禁烧、秸秆还田作业，出动秸秆还田农机86台（套），使农作物秸秆得到综合利用。

第四章　环境管理

80年代，区内开展环境质量监管和监测。90年代，按照政策法规，对违反环保行为进行治理。进入21世纪，开始实施建设项目环境保护管理、企业排污管理及环境监测管理，运用经济、法律、技术、行政、教育等手段，限制和控制损害环境质量、协调社会经济发展与保护环境、维护生态平衡之间的关系，打造全区良好环境。

第一节　环境规范

一、管理体系认证

2003—2010年，区内推行清洁生产，制定绿色企业标准，推广清洁生产工艺和技术，通过ISO14000国际环境管理体系认证企业有115家。2005年，有1家企业获得环境标志产品认证证书，2家企业获得市级“环境友好”企业称号。

2003—2010年西青区环境管理体系认证情况统计表

表8-4　　单位：家

年度	通过认证	年度	通过认证	年度	通过认证
2003	11	2006	16	2009	13
2004	15	2007	21	2010	17
2005	9	2008	13	–	–

二、治理

1997年，全区重点检查42家企业，发现处理问题18处。1999年，区环保部门下达164个限期治理项目，涉及142家乡镇企业，其中涉及废水治理88项、烟尘治理57项、工艺粉尘治理19项。2002年，对39家生产有毒化学品企业进行年审，其中责令停产5家，为34家企业办理年审手续。2010年，落实国家“以奖代补”政策，帮助各街镇申报中央农村环保专项资金，王稳庄镇、中北镇、杨柳青镇获得国家环保专项资金。

第二节　环保宣传教育

一、宣传

1989—1991年，区环保部门开展多种环保宣教活动。在中小学开展环境教育，向中小学赠送环保图书。表彰环保先进工作者、先进集体。利用广播电视宣传报道、曝光反面典型。2001年，配合蓝天工程、碧水工程，在科技周期间开展环保科技下乡活动。2002—2005年，利用综合整治宣传日、地球日、科技周、世界环境日开展宣传活动。制作发放“环保在我身边”宣传册，在住宅小区增加宣传图画和宣传布标，组织中小学生开展“关爱家园保护环境”征文活动。2009年，开展以“西青生态区建设”“污染减排进展”“节能环保常识”为主题的系列环保宣传活动，推出宣传展牌32块，标语条幅10条，发放宣传资料7300余份。2010年，开展系列环保宣传活动，发放创建生态区倡议书2.8万张，发放民意调查表1000份，发放环保购物袋4000个。

二、培训

1983年，区环保部门组织区内企业环保工作人员学习环保法律、法规和新的环保知识。1986年，举办两期乡镇企业环保管理人员培训班。1987年，举办双层炉排和半煤气炉的司炉工培训班和乡镇环保员培训班。1988—1989年，组织技术人员为西青职业中专环保班学员讲授环境监测、仪器分析、环境科学和环境法学。1990年，在渤海染料化工总厂举办成人环境教育试点，参加人数400人。1989—1991年，每年对全区9个乡镇的企业厂长、环保员进行环保法等法规培训。1997年，举办污染源申报登记变更、征收建筑施工噪声、餐饮服务业排污费征收、环保法律法规等各类环保培训班，参加人数290人次。2002年，在中小学生中开展“关爱环境·从我做起”专题教育活动，组织学生参加环保绘画和环保征文比赛。2005年，举办环保法律法规、环保知识培训，培训人数500人次。2010年，组织企业开展法律知识培训5次，培训人数300人次。

第三节　建设项目管理

一、环境准入制

80年代，区内开始对建设项目进行审批管理与监督，对不符合环保要求的项目不予批准。1999年，审批新项目312个，其中街镇企业259个，驻区单位项目53个，无污染项目。2001年，对严重污染项目实行一票否决制，否决小电镀、小染料、小漂染项目6个。2003年，否决小浴池、底商餐饮业8家，“十五小”企业3家。2006年，排查18个石化化工类建设项目，其中存在重大危险源6个、一般危险源12个。2007—2009年，审批各类建设项目635个，否决存在污染项目17个，完成建设项目环保竣工验收207个。2010年，审批各类建设项目265个，建设项目环保验收130个。

二、烟气减排

1997年，全区限期治理项目45个，其中烟气污染源27个，减少烟气排放441.79吨，减少二氧化硫排放25吨。1999年，坚持巡回检查制度，在烟控区企业中召开改燃现场会4次，烟控区296台小型燃烧设备都达到改燃要求。2001年，推广锅炉除尘、脱硫双重治理改燃工程，对262台每小时2蒸吨锅炉采取双重治理。2008年，消减烟气（二氧化硫）8915.22吨。2009—2010年，工业烟气排放达标合格率为100%。

第四节　监测管理

一、质量监测项目

1982年，区环保监测站开始对境内大气环境、地面水质、环境噪声、交通噪声等项环境质量指标进行监测，设大气监测点位4个。至1983年，获环保监测数据609个。1991—1992年，获环保质量监测数据9951个。2009年，获社会服务性监测数据6454个。至2010年，监测项目增至75个，涉及环境空气、室内空气、废气等要素的环境质量评价、固定和流动污染源监测及信访监测、突发环境污染事故监测等领域。其中硫酸盐化速率和降尘监测数据144个。

1991—1998年度西青区环境监测数据统计表

表8-5　　单位：个

年度	各类数据总数	环境质量数据	大气环境	水质	环境噪声	交通噪声	污染源数据
1991	4819	–	–	–	–	–	–
1992	5132	–	–	–	–	–	–
1993	5215	–	–	–	–	–	–
1994	5325	2809	1100	925	400	384	–
1995	6142	–	–	–	–	–	–
1996	6468	3015	–	–	–	–	3243
1997	9054	–	1120	–	118	–	6625
1998	7647	4453	–	–	56	69	1953

1999—2010年度西青区环境监测数据统计表

表8-6　　单位：个、组

年份	各类数据总数	环境质量数据	污染源数据	废气	水质污染源	噪声污染源	汽车尾气	锅炉
1999	5646	–	–	873	4189	200	873	388
2000	12088	5387	4827	–	–	–	1824	275
2001	5163	–	6922	2133	–	352	–	313
2002	6914	–	9198	–	–	–	389	323
2003	6980	–	–	699	6616	567	–	302
2004	–	2752	–	30	4495	72	263	109
2005	12000	3930	8117	–	–	–	–	–
2006	12100	4629	7527	–	3365	–	–	–
2007	17063	3383	13680	–	–	–		
2008	18730	3220	4728	–	–	–	–	–
2009	3152	3152	3564	–	–	–	–	–
2010	19200	19200	2048	–	6807	–	–	–

二、环境指标考核

1991年，西青区执行城市环境综合整治与定量考核管理各项环保指标。1996年，将环境质量指标、污染控制指标、环境管理指标、环境更设指标定为城市环境综合整治与定量考核的主要指标。2002年，对子牙河按13项考核指标统计，总体水质达标率为92.3%。对南运河、独流减河、自来水河等地表水体实行双月监测，执行地面水质V类标准。2010年，全区其他工业固体废物处置利用率、危险废物集中处置率、工业废水排放稳定达标率、工业烟尘排放达标率、工业粉尘排放达标率、二氧化硫排放达标率均为100%。

1996-2010年部分年度西青区环境建设指标完成情况统计表

表8-7

年度	集中供热率%	生活垃圾无害化处理率%	自然保护区覆盖率%	建成区绿化率%	环保投资指数%
1996	37.17	–	5.79	–	–
1997	38.01	–	–	–	–
1999	51.56	30.00	5.79	–	–
2001	61.01	30.00	–	31.25	–
2003	60.00	50.00	–	38.12	–
2004	69.58	82.50	–	35.35	–
2005	77.06	81.47	–	36.67	4.54

续表

年度	集中供热率 %	生活垃圾无害化处理率 %	自然保护区覆盖率 %	建成区绿化率 %	环保投资指数 %
2006	–	92.13	–	38.58	4.36
2007	–	95.26	–	39.33	4.31
2008	–	97.11	–	39.45	4.56
2009	–	98.43	–	39.51	4.43
2010	–	99.27	–	39.77	3.71

第五节 环保执法

一、违法查处

90年代始，区环保部门执行一系列环境保护法规政策，对有污染、效益低、治理污染无方的企业予以关停并转。1996年，对污染严重的企业进行整治，取缔8家化工厂，关停4家印染厂、3家电镀厂。1997年，现场检查重点查处42家企业，查处环保问题18处，对20家重点企业进行治理。2001年，开展“整顿违法排污企业·保障群众健康”环保专项行动、酸洗电镀行业专项整治、水环境专项治理、重点环境风险源企业专项检查、工程建设领域突出问题专项治理等检查工作。依法查处环境违法行为95件，解决群众信访116件。对涉及环境违法行为行政处罚95件。2002年，检查发现环境违法行为70起，进行行政处罚55家，停产治理12家，取缔关闭3家。2006年，立案163件，其中经济处罚84家，停产整顿9家，限期整改75家，取缔1家。2009年，立案查处企业93家，其中经济处罚22家，停产整顿23家，限期整改43家，限期治理4家，关闭并移送1家。2010年，执法检查企业1170家，处罚44家，立案58家。

2002—2010年西青区环保执法情况统计表

表8-8 单位：起、家、个

年度	检查企业	发现违法行为	行政处罚企业	经济处罚企业	停产治理企业	限期整改	取缔关闭	挂牌督办	立案查处	出动人员
2002	152	70	55	–	12	–	3	–	–	–
2003	1000	27	7	–	13	–	6	–	–	134
2004	488	116	–	58	23	–	7	3	–	810
2005	625	–	78	40	5	–	–	–	–	844
2006	260	–	116	84	9	75	1	–	–	1000
2007	600	–	116	67	44	68	–	1	–	1500
2008	2257	–	–	49	91	88	2	–	–	–
2009	1060	–	22	–	23	47	1	–	–	2338
2010	1170	–	–	44	4	10	–	–	58	2253

二、征收排污费

1982年，区环保部门开展排污调查摸底。1983年，对120家驻区企业、162家乡镇企业进行工业污染源调查。1986—1988年，开始依法征收排污费，全年征收排污费194.05万元。1989—1991年，征收排污费307.26万余元。1996年，排污费征收面62.9%。1999年，征收排污费范围从工业企业扩展到三产业。2003年，开始向环境排放污染物单位和个体工商户全面征收排污费。2006年，征收排污费972.72万元。2010年，征收排污费1027.84万元。

第九编

经济要览

天津市 西青区志（1979—2010）

TianJin Annals of Xiqing District

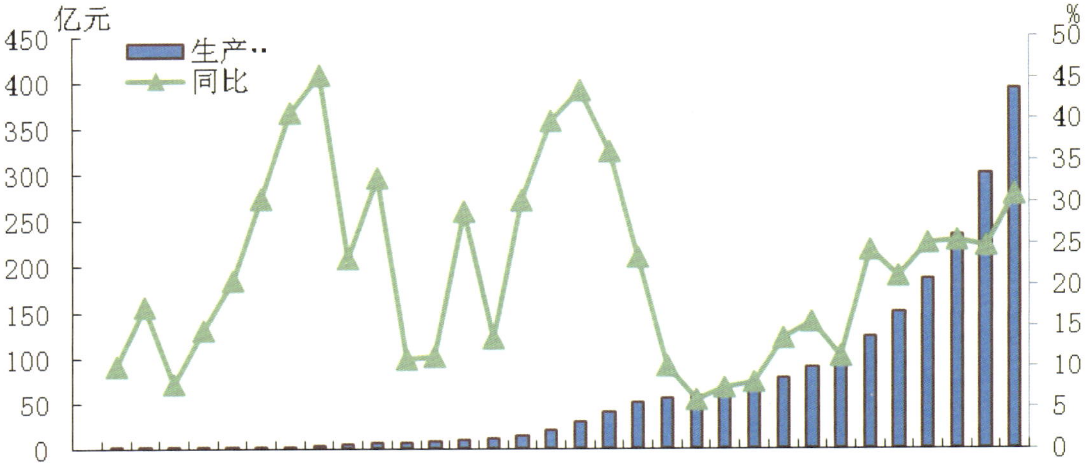

1979—2010年西青区生产总值完成示意图

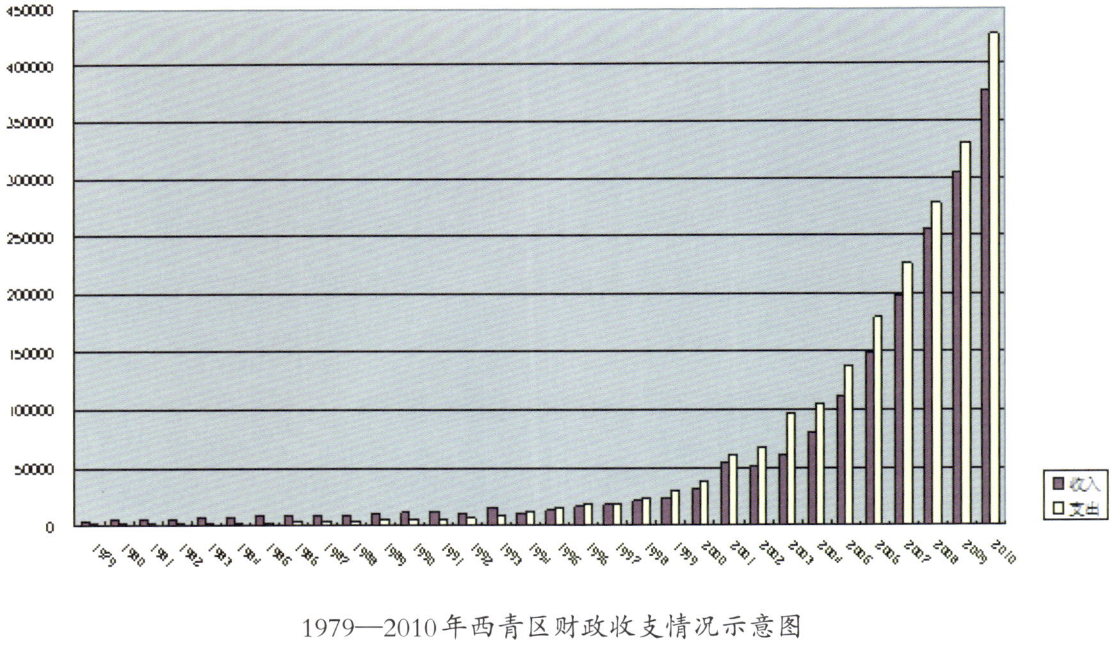

1979—2010年西青区财政收支情况示意图

1979—2010年，区制定实施西青区国民经济发展和社会发展长远规划及“五五计划”至“十一五规划”，实现国民经济持续、健康、稳定、协调、快速发展。区委、区政府把农业放在国民经济发展的基础地位，推动农业产业化格局。坚持工业强区理念，加快产业结构、资源消费结构调整，优先发展高新产业，形成以电子信息、汽车配套为主导的新型工业化体系。第三产业迅猛发展，建成多批具有特色的市场群，构筑高增值、多层次、广就业、强带动的现代服务业格局。国民经济高速发展，使全区城乡居民收入不断增加，生活追求由数量增加转向追求质量提高，社会由“温饱型”向“小康型”和“富裕小康型”转化。

第一章　经济发展战略

1979—2010年，西青先后制定实施7个“五年计划”，根据不同时期实际情况确定不同发展战略，谋划建设空间布局，不断扩大招商引资，适时进行结构调整，发展外资项目，建设副食品基地，使全区经济和项目建设始终处于正确、健康、可持续发展轨道。

第一节　功能定位

一、“七五计划”(1986—1990年)

《西郊区国民经济和社会发展第七个五年计划纲要》提出，坚持服务城市，富裕农民方针，坚持三个面向，放宽搞活，通过外引内联把西青区建成“开放型与郊区型”新型农村经济体系。

二、“八五计划”(1991—1995年)

《西郊区国民经济和社会发展第八个五年计划纲要》确定新的发展指导思想，即“推进集体规模经营，提高基地效益水平，开发新的生产领域，增强自我发展能力”。

三、“九五计划”(1996—2000年)

《西青区国民经济和社会发展第九个五年计划纲要》明确九五期间主要任务是：坚定不移地贯彻执行党的基本理论、基本路线和基本方针。发扬西青精神，促进两个根本转变，推进国民经济继续、快速、健康发展，经济实力跃上新台阶，对外开放形成新格局，产业结构进入新高度，人口素质达到新水平，生活质量跨入新阶段，城乡建设展现新风貌，构筑农村现代化基本框架，提前完成二次创业宏伟目标，为下世纪初率先建成社会主义现代化新农村奠定基础。

四、“十五计划”(2001—2005年)

《西青区国民经济和社会发展第十个五年计划纲要》提出：到2005年把西青建设成为经济繁荣、文化进步、环境优美、小城镇布局合理的现代化新区。

五、“十一五规划”(2006—2010年)

2010年，市政府提出西青区的功能定位为：建成电子、汽车产业基地，科教研发基地，历史文化与生态宜居城区。重点发展电子信息(集成电路和移动通信设备、电子元器件和数字视听设备等)、汽车及零部件、新能源、旅游、物流和都市型设施农业。按照天津市对西青区功能定位要求，并结合实际，《西青区国民经济和社会发展第十一个五年规划纲要》提出，要坚持以人为本，不断增加城乡居民收入，改善人民生活，努力把西青建设成为经济发达、文化先进、环境优美、社会和谐、人民幸福的先进地区。

第二节　空间布局

一、建设副食品基地

1979年，区委、区政府坚持服务城市、富裕农民方针，贯彻以生产为中心，把农业搞上去，建设城市副食品基地方针，发展农副产品种植及基础设施配套建设。1986年，从实际出发，采取有力措施，有序地转移农村的剩余劳动力，实行以工补农，推进全区城乡一体化发展进程。

二、一区两园五个密集区

1992年，市委、市政府作出设立开发小区决定，确定在大寺乡建立西青经济技术开发区。7月9日，西青经济技术开发区正式成立。2005年起，发挥开发区龙头作用，依托各园区产业基础和比较优势，打破园区界限，积极整合资源，进行产业定位，最终规划建设西营门泰和、李七庄凌奥创意两个都市工业园和杨柳青中北汽车零部件、南河高新轻工、王稳庄金属制品、侯台精密机械制造、张家窝循环经济5个产业密集区。全区“一区两园五个密集区”发展框架初步形成。

三、一城一区三镇四廊

2010年，西青区提出在全区形成“一城、一区、三镇、四廊”空间布局。一城即包括杨柳青镇、中北镇、张家窝镇区在内的西青新城，努力打造文化中心；一区包括即西青经济技术开发区和大寺镇在内的现代工业区，打造经济中心；三镇即辛口镇、精武镇、王稳庄镇3个镇区，与一城一区紧密联系，互为补充，推动周边村向镇区集中；四廊即外环线绿化廊道、独流减河生态廊道、子牙河生态廊道和精武生态湿地廊道，形成环绕全区的绿化生态屏障。

第三节　项目建设

一、投资管理

1989年始，区计委负责管理乡村集体固定资产在500万元以下的项目投资计划，对投资额500万元以上项目加强立项协调工作。至1995年，共审批技改项目和新立项目602个，纳入固定资产投资计划11.04亿元。1996年，全区审批固定资产投资项目178个，纳入固定资产投资计划11亿元。

二、结构调整

1997年，区计委加大投资管理力度，使投资向技改、“三资”、农业倾斜，全年审批固定资产投资项目170个，下达固定资产投资计划5.3亿元。1998年，根据国家产业政策和西青区经济发展总体要求，区计委引导固定资产投资向农业、第三产业和工业结构调整倾斜。全年共办理99个投资项目，纳入固定资产投资计划3.14亿元，其中农业和三产项目65个，投资2.06亿元。

三、固定资产投资

1999—2002年，全区办理固定资产投资项目438个，总投资49.08亿元。2003年，审批、上报各类项目244个，投资总额21.21亿元2005年，全区完成固定资产投资33.5亿元。2007年，全年核准备案内外资项目150个，其中内资备案项目111个，投资总额24.1亿元。外资核准项目39个，投资总额1.4亿美元。全区完成固定资产投资192.77亿元，完成全年目标100.4%。2008年，审批内资备案项目72个，总投资25亿元。外资核准项巨33个，总投资2亿美元。完成全社会固定资产投资280亿元（区口径），完成市考核口径185亿元目标任务。2009年，筛选市、区、街镇三级五类重点项目175个，投资额836亿元。累计完成投资387.3亿元，投资完成率46.3%。

三、重大项目储备

2010年，全区固定资产投资（区口径）达到502.7亿元，审批内资备案及核准项目158个，计划总投资292亿元，占地面积680万平方米，建筑面积768万平方米。核准外资项目39个，计划总投资4.4亿美元，占地面积98万平方米，建筑面积73万平方米。推出100个重点项目，总投资441亿元，并申报10个第六批市级区县重大项目，总投资100.16亿元。

第二章　经济总量

1979—2010年，全区经济发展曾经出现过两次增速高峰值、两次低峰值。经过宏观调控，抑制经济过热，进行财税体制改革，使全区经济发展趋势一直保持良性快速发展势头。由“高投入、低质量、低效益”发展，步入速度与效益同步增长、效益高于速度的质量效益型健康发展轨道，形成以科技为先导、多轮驱动、多业并举的开放式经济新格局。

第一节　国民生产总值

一、W形波动增长

1979年，全区地区生产总值0.825亿元。1982年，工作重心开始转向经济建设，全区经济呈现低速波动增长，地区生产总值增至1.197亿元，平均增长速度为13.2%。其后，随着改革开放步伐不断加快，农村经济结构开始发生变化，以家庭联产承包责任制为基础、统分结合双层经营体制逐步确立，全区经济进入高速增长阶段。1986年，地区生产总值3.853亿元，平均增长速度为33.9%。1987至1992年进入经济高速发展之后的调整时期，全区经济增长呈现“W”形波动，平均增长速度为19.9%。1989年、1990年连续两年经济增长速度为11%左右，低于平均增长速度8个百分点。

1979-2010年西青区生产总值完成情况统计表

表9-1

年份	生产总值合计	第一产业			第二产业			第三产业
	完成（亿元）	同比（%）	完成（亿元）	同比（%）	完成（亿元）	同比（%）	完成（亿元）	同比（%）
1979	0.825	10.15	0.250	6.38	0.505	10.26	0.070	25.00
1980	0.968	17.33	0.290	16.00	0.594	17.62	0.083	18.57
1981	1.045	7.95	0.320	10.34	0.640	7.74	0.085	2.41
1982	1.197	14.55	0.385	20.31	0.722	12.81	0.090	5.88
1983	1.443	20.55	0.391	1.56	0.940	30.19	0.113	25.56
1984	1.881	30.35	0.487	24.55	1.173	24.79	0.221	95.58
1985	2.650	40.88	0.736	51.13	1.653	40.92	0.261	18.10
1986	3.853	45.40	1.271	72.69	1.914	15.79	0.668	155.94

续表

年份	生产总值合计	第一产业			第二产业			第三产业
	完成（亿元）	同比（%）	完成（亿元）	同比（%）	完成（亿元）	同比（%）	完成（亿元）	同比（%）
1987	4.751	23.31	1.376	8.26	2.575	34.54	0.800	19.76
1988	6.319	33.00	1.871	35.97	3.884	50.83	0.565	-29.38
1989	7.018	11.06	1.865	-0.32	4.334	11.59	0.818	44.78
1990	7.814	11.34	1.798	-3.59	4.995	15.25	1.022	24.94
1991	10.080	29.00	2.311	28.53	6.370	27.53	1.400	36.99
1992	11.434	13.43	2.361	2.16	7.230	13.50	1.843	31.64
1993	14.900	30.31	2.400	1.65	10.200	41.08	2.300	24.80
1994	20.846	39.91	2.700	12.50	13.670	34.02	4.476	94.61
1995	29.900	43.43	3.573	32.33	20.126	47.23	6.201	38.54
1996	40.680	36.05	3.640	1.88	26.040	29.38	11	77.39
1997	50.184	23.36	4.004	10.00	31.180	19.74	15	36.36
1998	55.316	10.23	4.250	6.14	31.310	0.42	19.756	31.71
1999	58.637	6.00	4.600	8.24	31.833	1.67	22.205	12.40
2000	63.002	7.44	4.462	-3.00	34.721	9.07	23.819	7.27
2001	68.099	8.09	5.019	12.48	36.420	4.89	26.661	11.93
2002	77.308	13.52	5.625	12.07	42.283	16.10	29.399	10.27
2003	89.283	15.49	6.439	14.47	50.891	20.36	31.953	8.69
2004	99.410	11.34	6.830	6.07	57.360	12.71	35.22	10.22
2005	123.565	24.30	6.977	2.15	76.539	33.44	40.05	13.71
2006	149.55	21.03	6.56	-5.98	95.64	24.96	47.35	18.23
2007	187.11	25.12	6.750	2.90	128.94	34.82	51.42	8.60
2008	234.59	25.38	7.03	4.10	163.45	26.76	64.11	24.68
2009	300.8	24.7	8.3	18.1	205.4	22.3	87.1	31.6
2010	393.8	30.9	9.8	18.0	247.4	20.5	136.6	56.9

二、调整

1992年，确立以工业为主导产业发展格局，全区经济出现第二波高速增长，地区生产总值由1992年的11.434亿元增至1995年的29.9亿元，平均增长速度达到37.8%，而1995年增速43.43%，形成又一个增速峰值。1996年始，全区经济增长速度明显放缓，地区生产总值同比增速呈下降趋势，1996—1999年，地区生产总值平均增长速度仅为13%，1999年，增速降至当期最低点。

三、速度效益同步增长

进入21世纪，西青区经济发展步入速度与效益同步增长、效益高于速度的质量效益型健康轨道，以科技为先导，多轮驱动，多业并举，发展城郊型经济，努力构筑开放式经济新格局。2000年，地区生产总值63亿元。至2010年完成393.8亿元，平均增长速度为20.1%。

第二节　产业增长速度

一、产业比率变化

1979—2010年，全区三次产业比率发生显著变化：第一产业迅速萎缩，第二产业强势发展，第三产业由弱变强，占三分之一。

1978—2010年西青区分阶段三次产业占比统计表

表9-2

时间	起始年三次产业比率%			截至年三次产业比率%		
	一产	二产	三产	一产	二产	三产
1978—1983	31	61	8	27.1	65.1	7.8
1984—1991	26	62.3	11.7	22.9	63.2	13.9
1992—2002	20.6	63.3	16.1	7.3	54.7	7.38
2003—2005	7	57	36	5.7	61.9	32.4
2006—2010	4	58	38	2.5	63.9	33.6

二、增长速度

改革开放初期（1978—1983年），西青区年国内生产总值由1978年的7490万元增至1983年的1.44亿元，年均增长14%。计划经济与市场调节双轨制时期（1984—1991年），区国内生产总值年均增长32.5%，增至1991年的10.1亿元。社会主义市场经济初期（1992—2002年），区内地区生产总值猛增至2002年的77.3亿元，为1992年的6.78倍，年均增长21%。2003—2005年，西青地区生产总值跨入百亿元行列，2005年达123.6亿元。"十一五"时期（2006—2010年），地区生产总值成倍增长，2010年达526.3亿元。

1979—2010年西青区三次产业增速统计表

表9-3　　单位：%

年度	生产总值增速	第一产业增速	第二产业增速	第三产业增速
1979	10.20	6.38	10.42	24.33
1980	17.23	16.00	17.63	18.71
1981	7.96	10.34	7.65	2.41
1982	14.59	20.31	12.88	5.91
1983	20.59	1.56	30.08	25.56
1984	30.32	24.55	24.88	95.65
1985	40.87	51.13	40.83	18.46
1986	45.40	72.69	15.83	155.59
1987	23.33	8.26	34.5	19.88
1988	33.00	35.94	50.83	-29.40
1989	11.06	-0.28	11.60	44.85
1990	11.35	-3.61	15.24	24.83
1991	29.00	28.51	27.53	37.04
1992	13.43	2.18	13.51	31.63
1993	30.32	1.65	41.08	24.81
1994	39.90	12.50	34.01	94.61
1995	43.43	32.33	47.23	38.54
1996	36.05	1.87	29.39	77.39
1997	23.36	10.000	19.739	36.36
1998	10.23	6.144	0.417	31.71
1999	6.00	8.228	1.669	12.39
2000	7.44	-2.994	9.073	7.27
2001	8.09	12.48	4.89	11.93
2002	13.52	12.08	16.10	10.27
2003	15.49	14.48	20.36	8.68
2004	11.34	6.07	12.71	10.22
2005	24.30	2.14	33.44	13.71

续表

年度	生产总值增速	第一产业增速	第二产业增速	第三产业增速
2006	21.03	-6.02	24.96	18.23
2007	25.12	2.90	34.82	8.60
2008	25.37	4.150	26.76	24.68
2009	24.72	18.07	22.30	31.57
2010	30.90	18.00	20.50	56.90

第三章　经济结构

1979—2010年，西青区三次产业结构在国民经济总体比率由“二一三”发展为“二三一”，即第二产业总量始终排在第一位，第三产业上升为第二位，第一产业让位于第三产业，排在第三位。各产业内部结构和行业、投资、所有制结构不断调整优化，质量和效益大幅提升，整体结构越来越趋于合理。

第一节　产业结构

一、农业结构

1979—1982年，区内开始实行农业生产责任制，改革农业经营体制，农业生产呈现稳步增长态势，年平均增长率13.1%，所占比重均保持在30%以上。1983—1999年，持续进行农业内部结构调整，缩减粮食和棉花播种面积，扩大经济作物种植面积，发展城郊型农业，实现由自给自足经济向商品经济、由传统农业向现代农业转变。农业比重由1983年的27.1%降至1999年的7.8%。农业生产总量增加值由1983年0.39亿元增长到1999年4.6亿元，平均增长速度为16.7%。2001年，西青区纳入“国家农业综合开发县”，利用大城市近郊区田园景观，自然生态及环境资源，发展都市型现代农业。2008年始，允许农民以转包、出租、互换、转让、股份合作等形式流转土地承包经营权，发展多种形式的适度规模经营。2010年，农业比重降至2.5%。出现大寺镇凯润、辛口镇水高庄等一批都市现代农业龙头示范项目。

二、工业结构

改革开放32年间，西青区第二产业比重一直保持在60%左右。增加值由1979年的5050万元增长至2010年247.4亿元，增长488倍，平均增长速度为22.1%。2010年，全区已经形成电子信息、汽车零部件、生物医药为主导的优势产业群。

三、第三产业结构

1978年后，区第三产业逐步发展壮大，逐步形成以交通运输、住宿餐饮、商贸物流、房地产为主导，其他服务业并举格局，逐渐形成一个中心（天津西翼制造业服务中心商务区）、五大职能（环渤海产业适配型科创服务区、东北亚民俗旅游枢纽型节点、大型企业的后台办公服务集聚区、天津西翼特色主题商业集聚区、天津西翼的供应链增值型物流服务区）。全区第三产业营业收入由1986年的0.98亿元增至2010年687.93亿元，增长701倍，平均增长速度为31.4%。1995年，第三产业营业收入出现增速峰值。地区生产值高于往来43.4%。1990年、1998年，区第三产业增速低值，地区生产总值也出现低于阶段平均增速较低值；1999年后，第三产业增长速度基本持平，均保持在20%左右。区内以中心城镇和外环线为依托，形成以市场建设、房地产开发、商贸流通、住宿餐饮为主的第三产业带，第三产业步入持续平稳良性发展轨道。进入21世纪后，第三产业增长基本与全区经济增长相向而行，一直保持在20%左右。

1986—2010年西青区第三产业主要经济指标完成情况

表9-4　　单位：万元

年度	企业个数	从业人数	营业收入	税金	利润总额	工资总额
1986	1881	14167	9811	606	2559	2473
1987	1784	6871	6617	474	1657	804
1988	1905	8497	13578	827	3566	803
1989	1841	7687	17730	952	3944	1090
1990	1887	7808	14505	1656	1331	1140
1991	1814	8072	15133	796	1741	1133
1992	1836	8571	20835	908	6176	1478
1993	2634	10907	56085	1462	3154	1983
1994	3729	13379	50902	2315	6998	2639
1995	4996	19160	242277	7103	27518	11675
1996	6678	29846	336348	20509	35978	27420
1997	9040	42167	830239	8430	64645	40303
1998	11890	44294	569579	7842	75553	43349
1999	12798	46815	626970	12070	84214	59655
2000	14186	56676	675609	10401	111396	57968
2001	14049	47155	727316	10326	116876	59923
2002	14755	46981	824478	13445	127753	69306
2003	16642	55755	995415	21564	192964	81338
2004	16897	58572	1198480	28887	235981	92812
2005	23481	74391	1750907	38931	265697	103171
2006	23472	74356	2075848	39297	197558	136235
2007	24526	86055	2335132	43882	238057	159413
2008	25036	85886	2703401	48851	256462	167600
2009	32644	96726	3500000	60988	319904	209029
2010	32785	106725	68792559	79870	418861	273654

第二节　所有制结构

一、国有企业

70年代末，全区16家区属工业企业和1家国有工业企业全部划归天津市二轻局、化工局、纺织局、一机局等部门管理。

八九十年代，西青区企业以乡镇企业为主，区属和国有企业无统计。

2001年，全区有国有企业2个，工业总产值1.31亿元，利润202万元。2005年，有国有企业106个，其中规模以上企业18个。国有企业总产值21.07亿元，利润296万元，2010年，全区有国有规模以上企业15个，其中中央企业1家、地方企业14家，实现出口交货值2800万元，资产总计10.17亿元。

二、民营企业

（一）乡镇（村联）企业

1980年，全区有社队企业382家，固定资产原值5476万元。1982年，全区社办企业41家，总产值6344万元。1987年，区内乡镇办企业90家，总产值2.61亿元。1990年，乡镇工业企业发展到1464家，总产值30亿元，实现利润总额1.36亿元。村办工业899个，总产值16.51亿元，总收入10.67亿元，利润总额6865万元。乡镇企业发展跨入全国先进行列。1994年，全区乡镇工业企业5044个，实现工业总产值116.77亿元，总收入68.66亿元，利润总额5.89亿元。1995年，村办工业企业993家。工农联营工业企业187家，乡村联工业总产值145亿元。1999年，有集体企业840个，总产值133.05亿元，利润总额10.5亿元。2000年后，乡村集体企业纳入全区工业企业统计。

（二）私营个体企业

1987年后，区内出现一批私营工业企业大户。1989年，私营工业企业注册111家，拥有资金736万元。1991年，有私营工业企业153家，拥有资金1023万元。1995年，私营工业企业发展到415家，从业人员5881人，注册资本6123万元，服装、橡胶制品、汽车配件等行业发展较快。1998年，重视发展非公有制经济，推行下岗职工新办个体工商户免征一年工商管理费等措施，新增个体私营企业3216户，个体私营经济增加值15.48亿元，利税6.45亿元。2001年，有私营个体企业1154个，总产值39.26亿元，利润总额3.14亿元。2005年，区内有个体私营工业企业2594家，拥有固定资产33.72亿元，年创产值116.27亿元，实现利税14.29亿元。2006—2010年，私人控股企业占全区工业企业总数的89.12%，其他控股企业占2.34%。2010年，全区注册民营企业2.11万户，注册资本499.74亿元，其中个体私营工业企业4050家，固定资产上升到111.3亿元，年创产值587.82亿元，实现利税133.96亿元。

三、“三资”企业

1988年，区内开始对“三资”企业立项审批。1992年，以西青经济技术开发区为龙头，入住“三资”企业逐年增加。至2010年，全区累计引入外资企业830家，合同外资额57.4亿美元，到位51.3亿美元，其中港澳台地区商家控股企业占全区工业企业总数的0.76%，外商控股企业占全区工业企业总数的5.61%。

第四章　经济体制改革

1979—2010年，西青区陆续进行农村经济体制、工业体制、市场体制等一系列配套改革。农业率先落实家庭联产承包责任制，推行土地集约化经营。工业企业先后推行集体承包责任制、企业产权制度改革。商业流通领域由计划供应与市场调节“双轨制”变革为市场调节。随着房地产、资本、劳动力、土地、技术、文化等市场的建立、发展、完善，区内现代化市场体系逐渐形成。

第一节　农村经济体制改革

1979—1984年，西青区进行农村第一步改革——实行家庭联产承包责任制，继而启动第二步改革，即调整产业结构，推进土地适度规模经营，疏通流通渠道，发展商品生产。90年代，延长土地承包期，加强科技兴农，发展优质、高产、高效农业，推进农业集约化经营，不断深化农业经营体制改革。21世纪初，传统农业转变为都市型农业，向生态农业发展，培育农业龙头企业，促进种养业和花卉生产。

一、家庭联产承包责任制

（一）全面推行

1981年，全区普及和落实家庭联产承包责任制，实行联产责任制形式和基本做法包括专业承包、联产计酬，统一经营、联产到劳，包产到户、包干到户，口粮田、责任田“两田制”等。1982年，全面推行和完善联产承包责任制。1983年，全区农村所有核算单位都落实各种形式生产责任制，其中家庭联产承包责任制占各种责任制形式85.8%。

（二）稳定完善

农业承包合同管理 1981年，全区落实农业生产责任制的生产队与承包者签订书面合同，大队、公社两级管委会负责签证、监督检查合同的执行，解决合同纠纷。1982年，区内生产大队、生产队的农业和各行各业承包合同由公社经营管理站管理和鉴证。1984年，全区有111个村签订各类承包合同1.41万份，

因地制宜确定承包期 1995年，对地处城郊接合部、土地集体所有权处于不稳定状态的地区实行较短时间的土地承包期。对纯农业村或远郊村及地力好、产出效益高的园田，则实行较长时间的承包期。

（三）延长土地承包期

1998年，区内对全区农村土地承包经营现状开展全面调查，制定《西青区稳定和完善农村土地承包关系试点方案》和《西青区农村土地延包工作程序》，二轮土地延包工作全面铺开。1999年，全区有耕地的142个村中，除51个村因人均占有耕地少且已纳入市、区规划用地等因素未落实二轮延包外，其余91个村均落实延长承包期30年不变政策，占有延包任务村的64.08%，延包面积7507.85公顷，签订规范的土地承包合同2.91万份，颁发土地承包经营权证书2.24万本。

二、农村产业结构调整

（一）初期调整

1979年始，全区陆续引进小麦、玉米、水稻以及蔬菜甘蓝、菜花、西红柿等优良新品种30余个，引进地膜覆盖技术、工厂化育苗技术、化肥深施技术。1981年始，区内扩大生产队和个人植树范围，开始进行林木确权发证工作。1982年，蔬菜生产和养殖业迅速发展。推行果树承包责任制，建成农田林网化面积1.67万公顷，果园结果面积600公顷。畜禽养殖模式主体实现由原来的禁止、限制个体养殖，向扶持、鼓励个体养殖转变；畜禽养殖品种结构实现由原来以养殖大牲畜、生猪为主，向养鸡、养兔等小家禽家畜多元化转变。农业产值由1978年3405万元增加到1982年4095万元，增长20%多。林业由1978年17万元增加到1982年42万元，增长145%。牧业由1978年445万元增加到1982年860万元，增长93%；渔业由1978年44万元，增加到1982年259万元，增长481.21%；副业由1978年6444万元，增加到1982年1.48亿元，增长130%。

（二）优化升级

1982年，区政府以宜菜则菜，宜粮则粮原则，对全区菜田重新调整。全区菜田面积增至4437.42公顷，菜田面积占全区耕地面积19.52%。1984年，发展淡水养鱼业，在沿独流减河一带低产田区实行退耕养鱼。90年代初，首次引进并建成现代化全日光温室面积900平方米，成为全市“菜篮子工程”基地示范点。1995年，政府出台《"九五"蔬菜产业化发展思路》，以市场带动、服务组织带动、企业带动、科技带动4种模式实施蔬菜产业化。1996年，发展“两高一优”农业，建设一批观赏农业、休闲农业等各具特色产业化实体和农业集团。1997年，实施淡水养殖开发工程。开发东淀荒地200公顷进行淡水养殖，形成精武集团等一批以淡水养殖为主综合性龙头企业。2000年，全区蔬菜种植面积4000公顷，累计向市场提供22万余吨淡水鱼产品，成为天津市最大淡水鱼生产基地。花卉面积200公顷，中北花卉市场成为天津最大花卉生产销售基地和中国北方最大晚香玉切花生产基地。全区花卉产值5000万元，占农业总产值5.6%。

（三）政策及资金扶持

1996年，区政府对中北花卉市场开业起二年内所得税、区提留部分的营业税、增值税实行先征，后由财政按100%比例返还，第三年至第五年，按50%返还。积极扶持中北花卉市场产业化发展。

20世纪末，区对新建设施农业给予优惠扶持。在设施农业规划区内按期完成建设任务的农户或农业企业，每亩钢架大棚补贴1000元，绿色保温大棚补贴2000元，二代节能温室补贴3000元。两级政府为建设大棚、温室农户协调专项贷款，并对享受项目补贴农户或企业给予贷款贴息扶持。在规划区内农业设施所占耕地，按实际占耕地面积给予3年免交土地承包费的优惠待遇。还在配套建设、生产服务、农产品销售流通服务、水产畜牧设施化建设等给予补贴。

（四）增加农业投入

1992年，区财政投入支农资金519万元，重点扶持农业生产和水利设施建设。1993年，投入支农资金745万元，推进“两高一优”农业建设。1995年，区财政投入支农资金5100万元，完善张家窝、南河等乡镇10个节水示范工程，引进推广110项农业新技术、新成果，新建集体农场3个，集中333.33公顷耕地。1997年，区投入支农资金348万元，乡、村集体投入6178万元，推进基础工程、示范工程和龙头工程建设。实施一大批农业科技试验示范推广项目。1999年，区财政用于农业基础设施和科技投入420万元，推广农业实用技术35项。

2000年，区投入981万元，建成第六埠精品园示范区、辛口镇无公害生产示范区等一批示范工程和现代化重点项目建设。区累计投入支农资金4214万元，农林水利事业经费2358万元，农业项目资金和乡镇、村投入资金2.72亿元。2004年，投资2700万元，完成第六埠万亩无公害高新科技示范项目和当城无公害农产品加工配送服务中心建设项目，建成智能型工厂化育苗温室4680平方米、节能温室和加工配送车间2812平方米。

2008年，累计投资3.72亿元，实施5个农业重大建设项目：东淀都市型现代农业示范区项目投资1.37亿元，完成水高庄设施农业核心区2万平方米智能温室建设；大寺镇食用菌生产基地项目投资9000余万元；第六埠脱毒马铃薯种薯基地投资1600万元，扩建400平方米组培车间；杨柳青果蔬博览园项目投资8000万元，建成2万平方米智能温室和5000平方米科研温室；张家窝中国北方蝴蝶兰基地项目投资4500万元，建成智能温室2.2万平方米，新型节能日光温室2万平方米。2010年，全区下达资金实施项目5个，总投资7286万元。完成王顶堤批发市场、张家窝花卉批发市场2个产业化财政补贴项目和凯润食用菌、英特农产品储藏加工等5个货款贴息项目建设，总投资2.18亿元，贴息金额571万元。

三、农村经营体制改革

（一）调整经营管理方式

1980年，全区9个公社建立经营管理站。每站配备专职经营管理干部，负责计划管理、财务管理和收益分配。1981年，区委、区政府建立农村财务整顿小组，村、队两级也建立相应领导小组和办公机构，开展农村财务整顿。对全区161个大队、1097个生产队固定资产、现金、债权债务和基金使用等进行清理，制定费用定额蓝本。

80年代中期，开展撤队清产核资，解决一些村因集体积累没有妥善处理，在管理和使用上出现许多新问题的现象。以折股资金成立乡农村股份基金会，实行乡镇统管，取得较好社会效益。

（二）发展专业户

1981年始，全区鼓励发展多种经营，对户养为主的集体与个人家禽饲养从资金、物资、技术、产供销等方面给予扶持。区内农村一部分家庭开展家庭养殖、花卉种植，开始出现种植、养殖专业户。

（三）农业社会化服务体系建设

80年代初期，农业社会服务化体系应运而生，运用集体所有农机具每年为农户耕地1万公顷，为农户播种1066~4666公顷，为农户收割小麦、水稻等266~2000公顷。部分村成立水利服务组（队），使用集体脱粒、排灌机械和设施为农户提供服务。实行家庭联产承包后，全区建立103个流通服务组织，其中区级10个、乡级11个、村级82个。为农户联通市农副产品收购部门，并为80%以上农户进市交易大宗商品菜提供运输服务。全区建成39个农产品交易市场，其中专业批发市场28个，年吞吐量2亿多吨。全区农业社会化服务体系成型。

（四）社队企业兴起

1978年，全区有社队企业372家，实现产值1.37亿元。1980年，取消“从事工副业劳力不超过15%”“工副业利润不得直接参加分配”“生产队不准办工厂”等规定。社队企业出现许多合办、联办和自营企业。形成冶金、机械等多元行业结构。1982年，境内社队企业415家，实现产值2.11亿元。社队企业逐步走上健康发展轨道。

四、改革农产品购销体制

1993年，区粮食总公司统一负责国家和地方储备粮油安全保管、轮换及经营。全区开展新一轮粮食流通体制改革，粮食购销和区粮油经营面向市场，独立核算、自主经营、自负盈亏，实现政企分开。蔬菜集中产区乡镇建蔬菜产销服务公司，蔬菜大村和重点村成立蔬菜产销服务站，帮助当地菜农做生产、技术、外销等工作。2000年，建成并投入使用蔬菜交易市场6个，设立季节性临时产地市场，市场集散量占全年产地总量90%以上。全区“贸工农”产业结构开始替代传统粗放型生产经营，并以国际市场为导向，以京、津等大城市市场为依托，扩大出口生产，增加产品深加工，使区农产品销售形成完整体系。

第二节 工业体制改革

80年代中期，区内工业企业开始实行集体承包、厂长选聘及任期目标责任制。90年代，开展乡镇企业二次创业，实施产权制度改革，组建股份有限公司，实行股份合作制及出售产权等多种改制形式。2003年，全区镇、村集体企业产权制度改革基本完成。

一、企业承包经营责任制

1984年，西青区在乡镇企业中开始推行“一包三改”（实行承包经营责任制，改干部任命制为聘任制，改固定工为合同工，改固定工资为浮动工资）经验，使乡镇企业干部制度、用工制度、工资制度与企业经营机制改革相配套，扩大企业经营自主权。对企业进行松绑放权，实行人、财、物、产、供、销等生产经营权全部下放给企业。1985年，实行各种承包责任制社队集体企业达90%以上。经过放权，企业基本具备实行内部管理改革条件。

1987年完善乡镇企业内部责任制。乡镇企业中实行厂长负责制承包和个人承包，绝大多数推行风险抵押承包。承包总现上交30%，分配30%，企业留利40%。1988年始，在全区范围开始推行厂长任期责任制，通过延长承包期，克服企业厂长短期行为。厂长任期目标责任制对厂长明确提出经济效益指标、发展目标、管理指标等。在部分企业推行风险抵押承包制。90年代初期，所有乡村集体企业都落实各种形式经营承包责任制。90%以上企业实行以“五制”为内容的企业内部经济责任制，半数以上企业推行厂长任期目标责任制。

二、乡镇企业改制

1997年初，区内乡镇企业改制正式起步，每个乡镇选择两家企业进行试点。1998年，对产值在300万元以下企业全面进行改制。2000年，企改重心转向大型企业集团和经济规模较大的村，开始企改攻坚。2003年，重点优化股权结构和完善公司治理。具体形式包括整体产权出让、先售后股、公司制改造，也有部分企业采取租赁、承包等形式。全区有812家集体企业完成改制（占总数的98.3%），涉及资产89.52亿元，其中拍卖、出售企业350家，股份制改造企业193家。其他改制形式(关停、兼并、破产、租赁)269家。通过改制，集体收回资金3.66亿元，吸收法人股金2.88亿元，个人股金2.15亿元，盘活闲置资产4亿元。

第三节　现代市场体系建设

一、商品市场建设

（一）市场建设

1979年，杨柳青早市和张家窝集市恢复，新开设杨柳青市场和王稳庄农贸市场。1980年，开设南河镇农贸市场，兴建李七庄农贸市场。1983年，开设杨柳青综合农贸市场和柴草市场，在天津轻机厂和古佛寺村开设摊群市场。1984年，在杨柳青新华路西段建设综合性农贸市场，新建新台牲畜市场、五台机动车交易市场。1985年，分别建立杨柳青蔬菜批发市场、杨柳青北门摊群市场和中北斜乡农副产品批发市场。1986年，李家园农贸市场建成，开办上辛口集贸市场。1987年，建立小南河集市，兴建第六埠集贸市场。1990年，建成半封闭式西青道综合批发市场、杨柳青“三不管”蔬菜农贸市场和中北斜乡曹庄子农贸市场。1991年，在杨柳青二经路东侧，建立一处大型综合批发市场，还新建当城、周庄子、王台等蔬菜批发市场。1993年，投资1220万元，建封闭式商业市场杨柳青商城。1994年，建成南河镇集市、农机汽车销售中心和李七庄乡于台集市。1995年，开设上辛口乡小沙窝集市，恢复建设旧机动车交易市场。经过30余年市场主体建设，全区已基本形成布局合理、档次齐全的市场框架体系。

（二）商贸流通体系建设

1995年，按照“超前规划、分类指导、量力而行、稳步前进”原则，城镇建设与商贸流通市场相结合，改造完善基础设施，为全区商贸流通的发展创造良好环境。1996年，区内对全部商业网点进行统一规划，重点开发建设王顶堤自行车市场、净菜小包装市场、万米商城、中北镇花卉市场等10大专业批发交易市场。1998年，对区市场建设进行统一规划，新建中北汽车交易市场、中北家具装饰城等10个具有一定规模专业市场，总建筑面积达到5.78万平方米，使区规模以上市场达50个，其中专业市场24个、农贸市场20个、集贸市场6个。1999年，乡镇投资完成王顶堤装饰城、张家窝农贸市场等8个市场新建和扩迁，总建筑面积2.3万平方米。2000年，南河时代超市、张家窝时代超市开业，新建改扩建王顶堤汽车城、兴业里农贸市场等10个商品市场。2002年，基本形成王顶堤红旗农贸、杨柳青金三角农贸、中北花卉、当城蔬菜和王兰庄综合市场为主的五大市场群，其中王顶堤红旗农贸综合批发市场成为天津市三大综合批发市场之一。2004年，政府引导企业开发应用现代技术，优化企业结构。引进韩国三星、美国联邦快递、保税仓储物流公司进驻西青经济技术开发区，使全区物流企业低、散、小局面得到改变，基本形成南、北、中三个物流基地。南部亚通、小卞庄物流，构成津涞线物流基地，中部以兴达配货中心为主形成外环线物流基地，北部西青道一线，集中南方、奥森、恒通达、安驰、佳宇等5家物流企业，以大市场、大商贸为主体商贸流通新格局逐步形成。

二、房地产市场

1985年，区政府开始整顿房地产市场，房屋买卖价格管理纳入正规。1994年，执行商品房销售许可证制度和公告制度。1996年，开展私产、单位产房产确权发证、变更、登记及“三资”企业审核发证。1997年，成立西青区房地产交易市场。编制产权市场达标专辑，确保产权市场按时达标。1998年，建立房产交易申报制度。1999年，建立产权产籍区域网络。成立区房地产交易所、房地产评估事务所、房屋置换中心，培育激活区房地产二、三级市场。2001年，对全区商品房交易、房屋中介、房屋租赁、物业管理等市场进行全面整顿。全年办理房地产交易1259件，查出隐瞒房价金额500万元，追缴税费14万元。2004年，举办首届西青房交会。展会期间，共销售商品房84套、7221平方米。2008年，对12个村民住宅小区开展登记发证。完成江东花园等18个小区商品房转移登记发证和各类房屋登记。2010年，启动预告登记权利人入住满二年后办理房地产权登记清理和调查。办理租赁登记备案1020件、43万平方米。办理廉租住房租赁登记备案610件、4.26万平方米。

第十编 农业

2010年，西青区万亩高标准农田

2008年，西青区第二代智能温室大棚

中共十一届三中全会后，西青区农业经济体制改革逐步向纵深发展。1979年起，开始推行多种形式农业生产责任制，以"大包干"为主家庭联产承包制不断完善。进入90年代，巩固完善联产承包责任制基础，以市场为重点，适时调整农业内部结构，加快农业集约化经营管理进程。21世纪初，全区农业坚持走"高效富农、产业兴农、科技强农"之路，全面促进农业向专业化、合作化、产业化、特色化迈进。经过土地由个体向集体流转、土地资源整合和综合开发，使全区农业进入良性发展轨道。农业园区和出口创汇型农业等新兴业态的出现，使农业效益大为提升。

第一章　农业生产资料

改革开放初期，西青区推行农业经济体制改革，耕地、林地和可养水面实行承包责任制。随着农村和农业经济的发展，农业机械化、科学化程度不断提高，劳动力数量和结构发生很大变化，从事农业生产人员逐步减少。进入21世纪，现代农业生产和管理模式被广泛引用，效益大为提高。随着天津城市扩张和西青经济社会发展，许多村庄农业土地等生产资料减少或消失，农民成为居民。

第一节　土　地

一、耕地

1979年，全区有耕地面积2.27万公顷。后因基本建设占地增多，加之行政区域变化，境内耕地数量逐渐减少。2010年，全区耕地1.42万公顷，其中水田276.6公顷，菜地3465.27公顷。

1979—2010年西青区耕地面积变化情况统计表

表10-1　　单位：公顷

年份	耕地面积	水田	菜地	年份	耕地面积	水田	菜地
1979	22674.47	2136.53	3105.73	1995	16310.27	2743.73	3755.53
1980	23117.33	3167.67	3322.67	1996	16310.27	3143.40	3690.47
1981	22968.07	1963.60	21004.47	1997	16266.33	3256.47	3651.93
1982	22764.93	1674.20	4437.40	1998	16263.67	3097.00	3914.13
1983	22276.20	2256.13	4338.27	1999	16240.07	3074.63	3914.13
1984	19724.13	2694.73	4106.27	2000	16198.61	3074.63	4007.80
1985	19119.07	2328.40	3852.40	2001	16170.47	1980.59	3638.13
1986	18919.60	2473.07	3902.27	2002	16137.27	1978.20	3613.60
1987	16612.80	2434.07	3899.00	2003	15947.94	1955.84	3544.92
1988	16588.53	2434.07	3899.00	2004	15296.91	1333.33	3840.69
1989	16507.80	1490.93	3875.67	2005	15279.33	1333.33	3895.13
1990	16498.53	1564.33	4015.20	2006	15059.99	1333.33	3895.17
1991	16461.87	1556.80	4181.80	2007	14845.17	365.40	4643.93
1992	16461.93	2669.33	4181.80	2008	14721.47	422.27	3602.27
1993	16371.73	2500.00	4173.13	2009	14483.61	422.27	3602.27
1994	16355.87	2702.60	3876.73	2010	14189.79	276.60	3465.27

二、林地

1979年，重点发展四旁绿化、农田林网化和片林，林地总面积1229.85公顷。1980年，基本实现全区农田林网化。1998年，西青区获全国造林绿化"百佳县"称号。2010年，区境林地面积9738.21公顷，32年间增长近7倍。

1979—2010年林地面积变化情况统计表

表10-2　　单位：公顷

年度	林地面积	同比增长(%)	年度	林地面积	同比增长(%)
1979	1229.85	-	1995	3702.33	2.99
1980	1268.53	3.15	1996	3735.47	0.89
1981	1301.30	2.58	1997	3931.47	5.25
1982	1833.65	40.91	1998	4227.27	7.52
1983	1848.53	0.81	1999	6800.66	60.88
1984	2044.62	10.61	2000	7269.98	6.90
1985	2261.29	10.60	2001	7430.20	2.20
1986	2489.79	10.11	2002	6474.10	-12.87
1987	3112.22	25.00	2003	7786.20	20.27
1988	3478.06	11.75	2004	8131.07	4.43
1989	3681.29	5.84	2005	8401.48	3.33
1990	3745.13	1.73	2006	8445.98	0.53
1991	3773.92	0.77	2007	5235.60	-2.49
1992	3850.15	2.02	2008	8503.87	3.26
1993	3587.93	-6.81	2009	9247.76	8.75
1994	3594.80	0.19	2010	9738.21	5.30

三、可养水面

1979年，全区有可供水产养殖的水面360.61公顷。1980年始，扶植水产养殖业，可养水面逐年扩大。2010年，全区可养水面增至4096公顷，32年间增长10倍多。

1979—2010年西青区可养水面变化情况统计表

表10-3　　单位：公顷

年份	可养水面	同比增长(%)	年份	可养水面	同比增长(%)
1979	360.61	-	1995	4693.00	-0.62
1980	449.07	24.53	1996	4688.80	-0.09
1981	619.97	38.06	1997	4688.87	0.00
1982	1085.69	75.12	1998	4751.87	1.34
1983	1916.53	76.53	1999	4735.87	-0.34
1984	2763.17	44.18	2000	4735.87	0.00
1985	3362.59	21.69	2001	4734.93	-0.02
1986	4577.50	36.13	2002	4733.33	-0.03
1987	5324.30	16.31	2003	4733.33	0.00
1988	5342.90	0.35	2004	4697.40	-0.76
1989	5305.70	-0.70	2005	5148.80	9.61
1990	5149.07	-2.95	2006	5169.27	0.40
1991	5061.53	-1.70	2007	5077.80	-1.77
1992	4998.47	-1.25	2008	5069.13	-0.17
1993	4945.20	-1.07	2009	4921.13	-2.92
1994	4722.13	-4.51	2010	4096.00	-16.77

第二节　劳动力

一、总数

1979年，全区有农业户5.12万户、劳动力10.7万人。1996年始，随着农村产业结构变化和中心城区开发建设，区内农村人口涌入市中心城区或向外省市流动，贫困地区或欠发达省市农村劳动力向西青区内农村流动，造成区籍农村劳动力逐年减少，外来劳动力逐年增加局面。20世纪末，滨海高新区和西青经济技术开发区的建设发展及各街镇工业、商业、物流、服务业兴起，推动农村劳动力大转移，全区农村劳动力每年都在发生着变化。2010年，全区有农业户9.55万户、劳动力13.12万人，其中西青籍农村劳动力2.71万人。

二、从业结构

1979年，全区从事农、林、牧、渔业的劳动力7.78万人，占劳动力总数72.7%。1990年，从事农业劳动力占总数38.86%，从事乡镇企业劳动力占总数50.74%，从事其他行业劳动力占总数4.13%。2000年，全区从事农业劳动力占劳动力总数27.49%，从事乡镇企业劳动力占总数40.46%，从事其他行业劳动力占总数12.33%。2010年，全区从事农业劳动力占劳动力总数17.61%，从事乡镇企业劳动力占总数38.72%，从事其他行业劳动力占总数15.4%。32年间，劳动力从业结构发生明显变化，从事农林牧渔业劳动力减少55个百分点。

1979—2010年西青区农村劳动力从业结构统计表

表10-4　　　　单位：万人

年度	劳动力总数	农业	乡镇企业	其他劳动力	外省市劳动力
1979	10.70	–	–	–	–
1980	10.53	–	–	–	–
1981	10.99	–	–	–	–
1982	11.24	–	–	–	–
1983	11.48	5.55	4.30	0.47	1.18
1984	11.75	5.26	4.68	0.61	1.20
1985	12.11	5.23	5.43	0.65	0.80
1986	12.17	5.18	5.59	0.47	0.93
1987	12.34	5.10	5.87	0.46	0.91
1988	12.05	4.65	6.00	0.54	0.86
1989	13.15	4.95	6.89	0.48	1.55
1990	12.12	4.71	6.15	0.50	0.76
1991	12.08	4.77	6.16	0.39	0.66
1992	12.10	4.45	6.12	0.49	1.04
1993	12.10	4.27	6.34	0.53	0.96
1994	11.71	3.95	6.26	0.43	1.07
1995	11.39	3.75	6.33	0.50	1.19
1996	11.11	3.04	5.97	0.61	1.49
1997	11.10	2.98	5.79	0.66	1.67
1998	11.14	3.06	5.26	0.91	1.91
1999	11.16	3.18	4.82	1.19	1.97
2000	10.95	3.01	4.43	1.35	2.16
2001	10.97	3.21	4.26	1.44	2.15
2002	11.35	3.22	4.05	1.93	2.15
2003	11.43	3.37	3.96	1.55	2.54
2004	10.35	3.34	4.19	1.69	1.13
2005	10.72	3.17	4.34	1.95	1.26
2006	11.15	3.03	4.52	2.37	1.23
2007	11.03	2.77	4.66	2.31	1.29
2008	11.91	3.66	4.76	2.24	1.25
2009	10.13	2.42	4.83	2.00	0.88
2010	11.13	2.31	5.08	2.02	1.72

第三节　农业技术

一、设施农业技术

（一）地膜覆盖

1981年，区内引进地膜覆盖技术，该技术于2010年被广泛应用。1983年，引进推广改良式“先盖天后盖地”地膜覆盖技术，使农作物可安全度过晚霜危害，产量和产值增加30%左右。

（二）工厂化育苗

1993年，在上辛口乡水高庄村推广工厂化育苗新技术，利用地热在保护地内培育蔬菜种苗，统一为农户提供种苗。

（三）二代节能温室

1991年，区二代节能温室开始使用，采用钢结构骨架。2008年始，推广二代节能温室技术，较大规模建设二代温室达2000余公顷。

（四）保护地

1999年，全区保护地面积3029公顷，其中温室面积390.4公顷，大棚面积996.07公顷。2000年，保护地面积增至3096.53公顷，其中温室面积418.47公顷，大棚面积1038公顷，中小棚面积1367.27公顷。

（五）越夏反季节覆盖生产

八九十年代，区内采用塑料遮阳网技术解决夏季光照过强、温度过高造成蔬菜市场供应断档的保护措施，生产品种达16个。至2010年，全区年用网量200万平方米，增加产量4000万千克。

二、综合配套生产技术

（一）双万亩工程

90年代，区内推广实行套作栽培及综合防治措施，使小棚生产得到长足发展。2010年，小棚品种增至12个，土地利用率增加25%~30%。

（二）无公害蔬菜综合配套技术

90年代，区内实行蔬菜植保联合攻关，对蔬菜品种实施水质、农药、肥料栽培等综合配套技术措施，蔬菜产品达到国家质量标准，为区内大面积无公害蔬菜生产以及天津市提供无公害蔬菜产品。

（三）千克粮田生产技术

1986年始，区内推广小麦“模式化栽培”20.36公顷，小麦增产1.13万千克。推广小麦配方施肥、玉米的前重型栽培、化学封闭除草等综合丰产栽培技术，使266.67公顷小麦、夏玉米连作，亩产达450千克。

三、新设施应用

（一）防水加筋保温纸被

90年代，区内推广使用防水保温纸被在保护地生产上的应用技术。1997年，引进1万平方米防水加筋保温纸被在大、中、小棚和温室上应用，增温3~5度，作物提早上市15~20天，亩增值1000元以上。

（二）改造喷粉器

90年代，将上海丰收—32型喷粉器由本身发动改用东方红—20拖拉机牵引，日工作效率由原来的33.33公顷提高到86.67公顷，操作人员由原4~5人减到2~3人。

（三）飞机治蝗

90年代末，采用“蜜蜂三号”小型飞机和“运五”型农用飞机喷洒农药，大面积防治水稻、小麦病虫害，防治效果达到90%以上。在蝗虫偏重发生年度，用飞机喷药防治蝗虫。1999年，施治农田533.33公顷。2000年，施治农田1800公顷。

（四）人工影响天气技术应用

90年代，区内采用人工影响天气的防雹增雨新技术应用，及时向天空发射炮弹驱散雹云，减少雹灾，增加降雨量，化害为利。

（五）脉冲灌溉机

1991年，区内引进美国产脉冲灌溉样机，在上辛口乡园田示范区安装调试成功并使用。

照10-1 1991年，上辛口园田进行脉冲喷灌

四、先进栽培技术

1979—2010年，区内采用主要农业栽培技术：

（一）水稻抛秧栽培技术

利用所育秧苗根部带土重力进行抛撒移栽的一项种植新技术。降低劳动强度，工作效率比人工插秧提高5倍，一般亩产500千克以上。

（二）蔬菜生产先进技术

改良大棚黄瓜种植技术，推广大棚西红柿防老化薄膜应用，万亩小拱棚茄子栽培技术，矮丰灵生物肥料、CO2施肥技术。1981年，推广南瓜嫁接黄瓜防治枯萎病技术，防治效果达96%%。1987年，借鉴日本技术，嫁接大棚黄瓜成功。

（三）果树栽培新技术

推广果树果实套袋技术。果园铺设地下管道喷药植保技术，缩短施药时间，提高防治病虫害的效果及果品质量，好果率提高15%。引进“苹果高产优质栽培新技术”“优质梨的引进栽培技术”等项目。

（四）种子包衣技术

21世纪初，为防治作物苗期病虫害，采取播种前将含一定数量微量元素和农药的物质包裹在农作物种子种皮上，使之形成药膜，进行种子包衣，保证每粒种子发芽后健壮生长，起到保苗增产作用。2000年，推广13.35千克，其中夏玉米6000千克，小麦12.65万千克，大豆1000千克，播种面积866.67公顷。

（五）测土配方施肥技术

示范推广333.33公顷小麦，采取检测小麦不同生长期养分含量，根据指标指导施肥，减少肥料浪费，平均亩产430千克。

第二章　农业结构

1979—2010年，全区农业结构发生较大变化。为了适应变化的需要，全区农业在区域结构上，加强区域规划，强化区域经营与管理。至2007年，全区农业总产值13.97亿元，比1979年增长12.4倍。这期间，经济结构从适应发展需要出发，稳步推进产业结构调整和农业对外经济的发展，至2010年，种植、养殖业结构更为合理，城郊型农业特色突出。

第一节　种植结构

一、农作物面积

1982年，对全区农作物结构重新调整，发展蔬菜面积4437.42公顷，占全区耕地面积19.52%；粮食作物面积2.4万公顷，占种植业播种总面积79.27%；经济作物面积1840公顷。1985年，全区家庭联产承包责任制得到全面落实。全区粮食播种面积1.74万公顷，与种植业播种面积70.42%。2001年，粮食播种面积0.98万公顷，占种植总面积63.66%；蔬菜面积3638.13公顷，占种植总面积23.63%；经济作物面积1957.4公顷，占种植总面积12.71%。2010年，全区粮食播种面积下降到 6531公顷，占全区种植总面积48.29%；菜田面积3465.27公顷，占种植总面积25.74%；经济作物播种面积3495公顷，占种植总面积25.97%。

1979—2010年西青区农作物种植面积及比率统计表

表10-5

年度	粮食作物		蔬菜		主要经济作物		总面积（万公顷）
	播种面积（万公顷）	占种植总面积%	面积（公顷）	占种植总面积%	播种面积（公顷）	占种植业总面积%	
1979	2.80	85.20	3105.73	9.45	1759.87	5.35	3.29
1980	2.77	84.21	3322.67	10.10	1870.13	5.69	3.29
1981	2.54	52.21	21004.47	43.17	2248.67	4.62	4.86
1982	2.40	79.27	4437.40	14.65	1840.00	6.08	3.03
1983	2.23	80.05	4338.27	15.57	1219.47	4.38	2.79
1984	2.19	77.01	4106.27	14.44	2432.67	8.55	2.84
1985	1.74	70.42	3852.40	15.59	3457.93	13.99	2.47
1986	1.44	70.39	3902.27	19.08	2154.40	10.53	2.05
1987	1.36	71.74	3899.00	20.57	1458.93	7.69	1.90
1988	1.21	69.89	3899.00	22.52	1313.33	7.59	1.73
1989	1.21	70.25	3875.67	22.50	1249.33	7.25	1.72
1990	1.21	70.30	4015.20	23.33	1096.25	6.37	1.72
1991	1.23	72.53	4181.80	24.66	476.27	2.81	1.70
1992	1.23	72.95	4181.80	24.80	380.07	2.25	1.69
1993	1.22	72.91	4173.13	24.94	359.07	2.15	1.67
1994	1.23	75.25	3876.73	23.72	168.60	1.03	1.63
1995	1.23	75.83	3755.53	23.15	164.57	1.02	1.62
1996	1.27	77.04	3690.47	22.39	93.20	0.57	1.65
1997	1.31	78.04	3651.93	21.76	33.07	0.20	1.68
1998	1.30	76.39	3914.13	23.00	104.67	0.61	1.70
1999	1.30	76.76	3914.13	23.11	22.67	0.13	1.69

续表

年度	粮食作物		蔬菜		主要经济作物		总面积（万公顷）
	播种面积（万公顷）	占种植总面积 %	面 积（公顷）	占种植总面积 %	播种面积（公顷）	占种植业总面积 %	
2000	1.23	75.30	4007.80	24.54	26.00	0.16	1.63
2001	0.98	63.66	3638.13	23.63	1957.40	12.71	1.54
2002	0.88	64.78	3613.60	26.60	1170.60	8.62	1.36
2004	0.82	56.21	3840.69	26.33	2548.00	17.46	1.46
2005	0.87	56.41	3895.13	25.26	2826.53	18.33	1.54
2006	0.81	53.05	3895.17	25.51	3274.33	21.44	1.53
2007	0.68	45.04	4643.93	30.76	3652.67	24.20	1.51
2008	0.63	44.44	3602.27	25.41	4273.40	30.15	1.42
2009	0.77	54.12	3602.27	25.32	2925.20	20.56	1.42
2010	0.65	48.29	3465.27	25.74	3495.00	25.97	1.35

第二节　区域结构

一、区域规划

1979年，区内开始农业资源调查和区划工作。在摸清全区农业资源基础上，本着因地制宜，因时制宜原则，立足郊区农业发展特点，引导各乡镇发展各具特色的农业生产。1985年，东淀建立蔬菜示范区。1989年，在上辛口乡当城、水高庄、第六埠实施现代化园田建设试点。东淀蔬菜现代化建设试点工程开工，占地353公顷，投资1750万元。1990年，上辛口园田示范区在发展大、中、小棚基础上，推广日光温室，实行反季节种植，进行“外菜内引”“南菜北引”扩大特种蔬菜生产规模，做到“疏旺补淡”实现四季均衡上市。2010年，区内新建张家窝镇花卉产业园、大寺镇凯润食用菌产业园等8个农业产业园。

照10-2　2008年，大寺镇凯润食用菌产业园

二、区域经营管理

（一）基础设施建设

1996年，全区总投资超过2000万元，用于改土，更新改造扬水站，新建防渗渠等水利设施。建成温室272.4公顷、大棚704.27公顷、中小棚1542.67公顷，保护地总面积2519.33公顷。其中，上辛口万亩韭菜、万亩小棚茄子，李七庄大棚西红柿等各具特色的蔬菜基地形成规模。

（二）产业链条建设

90年代中期，区内实行综合开发，延伸配套，组建蔬菜精细净菜小包装配货中心，开展蔬菜出口业务，延伸产业链，向客户直销，形成产业化经营。

（三）完善社会化服务

80年代末，区各乡镇村加大对农业投入，发挥乡村社会化服务组织作用。水利部门科学调度水源，农林部门加强技术指导和病虫害防治，组织包括生产、技术、流通等产前产中产后等一体化组织，供销部门完善市场流通环节。

（四）市场建设

1984年，区内实行农民种菜，商业经营，自产自销一条龙经营体制。1985年，杨柳青镇蔬菜实行市场敞开，自产自销。1995年，试行蔬菜直销及净菜小包装上市项目。1999年，全区建有专业农副产品批发市场26个。

第三节　农业经济结构

一、产业结构

1979年后，区农业内部结构不断调整，蔬菜种植面积扩大，粮食种植面积逐步缩减，以农副产品生产为主的多种经营迅速发展。至2010年，经过数次调整，全区基本形成“以蔬菜产业为龙头，水田、果树、水产养殖、畜牧业和其他经济作物同时发展”的合理结构。与1979年相比，全区粮食作物播种面积减少2.15万公顷，蔬菜种植面积增加4829.4公顷，水产养殖面积增加3729.99公顷，实现总产量4.52万千克，增长36.67倍。果园面积增加169.41公顷，增长17.16%，实现总产量1.67万千克，增长7.79倍。2010年，全区农业总产值20.71亿元，比上年增长18倍。

1979—2010年西青区农业总产值构成情况统计表

表10-6　　单位：万元

年份	农业总产值	农业	林业	牧业	渔业	副业
1979	10939	3495	23	406	77	6938
1980	13572	4749	10	651	252	7910
1981	13683	4201	39	428	188	8827
1982	20082	4095	42	860	259	14824
1983	22448	4319	541	928	373	16773
1984	29144	5264	80	1198	603	21997
1985	40081	5112	59	1281	903	32724
1986	26682	18427	102	2529	4941	683
1987	28177	20187	121	3147	4082	640
1988	35561	23525	239	5749	5375	674
1989	37182	23939	117	7999	4481	646
1990	38098	22673	127	9866	5092	340
1991	42460	24014	176	9586	8166	518
1992	43610	24938	149	9497	8445	580
1993	45695	25632	163	11425	8475	–
1994	52218	28724	172	14157	9162	–
1995	68907	37126	178	17386	14216	–
1996	75501	38995	224	20770	15510	–
1997	84625	39921	249	23917	20538	–
1998	89729	46083	537	15830	27279	–
1999	85282	44391	1872	14918	24101	–
2000	885243	47563	423	16611	23927	–
2001	104167	58179	508	19721	25759	–
2002	114624	57964	519	26726	29415	–
2003	122882	59665	375	30398	32442	–
2004	130677	67605	466	27352	35254	–
2005	133256	61070	466	31695	40025	–

续表

年份	农业总产值	农业	林业	牧业	渔业	副业
2006	136063	64145	480	32045	39393	–
2007	139690	68972	490	31378	38850	–
2008	146308	64653	507	38403	42745	–
2009	175437	84456	720	42947	47314	–
2010	207110	124264	745	40958	41142	–

二、出口创汇农业

80年代，区传统型农业逐渐转变为“贸工农”型，扩大天津大白菜、沙窝萝卜出口生产。区内一些企业开展出口加工业务。1987年，成立以辛口镇兴达集团为代表的农副产品直销中心和辛口菜果服务公司，开辟时令新鲜蔬菜产品直供业务，直销量3000万千克。利用大白菜和青萝卜在港、澳地区较高的知名度扩大出口。在辛口、杨柳青、李七庄街镇20个村开展大白菜、沙窝萝卜种植，并按照出口标准，常年组织人员加工保管，作为天津市四大名菜中的青麻叶大白菜、卫青萝卜（沙窝萝卜）成为西青区出口创汇拳头产品。

第三章 种植业

1979—2010年，区内种植业结构发生显著变化。以天津市区居民需求为导向，不断进行种植结构、品种结构调整，粮食作物、蔬菜、经济作物结构逐步升级，加大病虫害监测防治等一系列植物保护力度，科学合理地进行土肥、种子、农药、农机管理，全区种植业走上良性发展轨道。

第一节 粮食作物

一、谷类

区内传统谷类种植主要有小麦、玉米、水稻、高粱。1979年，全区粮食播种面积2.8万公顷，亩产199.05千克，总产量8.36万吨。其后，经过农业结构调整，不断提高粮食单产。1999年，播种面积减少到1.3万公顷，亩产提高到312千克，总产提高到6.02万吨。2010年，粮食播种面积下降到6531.4公顷，粮食总产4.07万吨。

（一）小麦

1980年，区内推广北京丰抗新品种。1983年，引进丰抗号小麦，推广北麦22号、昌东5号、沧州1号。引进育成津青新品种。1985年，引进小麦优良品种3号小麦、农大142和146等，推广津西1号和7号。1991年，引进输抗6号和8号。春小麦、春大麦有少量播种。2010年，全区小麦种植面积1187.87公顷，亩产增至312千克，增长57.84%。

（二）玉米

1979年，亩产玉米182千克。80年代，引进京黄113等新品种。90年代，引进掖单4号和13号、高油6号。后由于种植结构调整，玉米种植面积逐年下降，2010年种植面积673.6公顷，产量提高到455千克，比1979年增长149.51%。

（三）水稻

1979年，全区水稻种植面积2649公顷，每公顷产量5.55吨，总产1.47万吨。后引进京香1号等多种优良品种，单产稳步提高。2010年，全区水稻种植面积276.6公顷，每公顷稻谷产量增至7.23吨，总产2000吨。

照10-3　2010年，西青区水稻种植

（四）高粱

1979年，全区高粱种植面积3366公顷，亩产192千克，总产9677吨。80年代后，高粱种植面积逐年减少，引进津杂9号等优良品种。2010年，高粱种植面积减至66.67公顷，亩产增至430千克，总产430吨。

二、豆类

境内豆类种植以大豆为主。1979年，全区大豆播种面积958.73公顷，亩产60千克，总产量860吨。1986年，大豆播种面积869.6公顷，总产量1498吨；红小豆播种面积110.8公顷，总产量79吨；绿豆播种面积69.86公顷，总产量31吨。2010年，全区大豆播种面积326.6公顷，亩产172吨，总产量842吨。

三、薯类

区内种植薯类作物主要有两种：马铃薯（土豆）和红薯（山芋）。1979年，红薯播种面积为94.93公顷，总产量208吨。1997年，薯类总产9吨。

1979—2010年西青区粮食产量播种面积变化统计表

表10-7

年度	粮食产量（吨）	同比上年（%）	播种面积（万公顷）	同比上年（%）
1979	8.36	–	2.80	–
1980	8.03	−3.95	2.77	−1.1
1981	7.11	−11.46	2.54	−8.3
1982	6.01	−15.47	2.40	−5.5
1983	6.45	7.32	2.23	−7.1
1984	7.15	10.85	2.19	−1.8
1985	6.45	−9.72	1.74	−20.5
1986	6.25	−3.18	1.44	−17.2
1987	5.63	−9.80	1.36	−5.6
1988	5.20	−7.72	1.21	−11.0
1989	5.26	1.22	1.21	0.0
1990	5.48	4.07	1.21	0.0
1991	5.88	7.40	1.23	1.7

续表

年度	粮食产量(吨)	同比上年(%)	播种面积(万公顷)	同比上年(%)
1992	6.33	7.53	1.23	0.0
1993	6.34	0.27	1.22	-0.8
1994	6.35	0.13	1.23	0.8
1995	7.26	14.27	1.23	0.0
1996	6.92	-4.65	1.27	3.3
1997	6.03	-12.86	1.31	3.1
1998	7.33	21.50	1.30	-0.8
1999	6.01	-17.90	1.30	0.0
2000	5.61	-6.65	1.23	-5.4
2001	4.20	-25.15	0.98	-20.3
2002	4.35	3.44	0.88	-10.2
2003	3.52	-18.97	0.66	-25.0
2004	4.49	27.41	0.82	24.2
2005	4.57	1.78	0.87	6.0
2006	4.34	-5.02	0.81	-6.7
2007	3.71	-14.57	0.68	-16.0
2008	3.51	-5.39	0.63	-7.4
2009	4.73	34.97	0.77	22.2
2010	4.07	-13.95	0.65	-15.6

第二节 经济作物

区内经济作物主要有棉花、向日葵、蓖麻、芝麻等。1979年，播种面积1800.6公顷。2010年，增加至3495公顷。

一、棉花

1979始，全区棉花种植面积163.58公顷，亩产94.3千克，总产23.13吨。80年代，引进鲁棉1号和冀8号。1985年，试种“无毒棉”，推广地膜覆盖新技术，春播棉花提前至4月下旬播种。棉花种植面积3328.33公顷，亩产231千克，总产1.15万吨。

二、向日葵

1979年，区内向日葵播种面积906.67公顷，亩产191千克，总产2596吨。1985年，播种面积2012.13公顷。2002年，播种面积52公顷，亩产200千克，总产186吨。2003年后，区内鲜有向日葵规模种植。

三、蓖麻

80年代中期，引进日本塔穗蓖麻等优良品种。1985年，全区蓖麻播种903.2公顷，总产1535.35吨。2001年，蓖麻播种1373.33公顷，总产3110吨。2010年，区内鲜有蓖麻种植。

四、芝麻

1979年，全区芝麻种植面积78.6公顷，总产22.4吨。2010年，种植13.33公顷，总产15吨。

1979—2010年西青区主要经济作物播种面积产量统计表

表10-8

年度	总产量(吨)	同比上年(%)	播种面积(公顷)	同比上年(%)
1979	1518.69	-	1759.87	-
1980	1889.55	24.42	1870.13	6.27
1981	2682.10	41.94	2248.67	20.24
1982	2265.00	-15.55	1840.00	-18.17
1983	1950.00	-13.91	1219.47	-33.72
1984	3431.50	75.97	2432.67	99.49
1986	3430.50	-22.88	2154.40	-37.70
1987	2349.08	-31.52	1458.93	-32.28
1988	3852.80	64.01	1313.33	-9.98
1989	1440.20	-62.62	1249.33	-4.87
1990	1561.50	8.42	1096.25	-12.25
1991	714.00	-54.27	476.27	-56.56
1992	647.00	-9.38	380.07	-20.20
1993	590.60	-8.72	359.07	-5.53
1994	294.00	-50.22	168.60	-53.04
1995	375.90	27.86	164.57	-2.39
1996	61.00	-83.77	93.20	-43.37
1997	32.30	-47.05	33.07	-64.52
1998	266.00	723.53	104.67	216.53
1999	35.20	-86.77	22.67	-78.34
2000	39.00	10.80	26.00	14.71
2001	4856.00	12.82	1957.00	7428.46
2002	3313	-31.78	1170	-40.20
2003	2464	-25.63	670	-42.70
2004	9351	279.50	2548	279.88
2005	8425	-9.90	2826	10.93
2006	10162	20.62	3274	15.84
2007	12193	19.99	3652	11.55
2008	13475	10.51	4273	16.99
2009	3519	-73.88	2925	-31.55
2010	11921	238.76	3495	19.48

第三节　植物保护

一、病虫害防治

1979年，境内农作物病害主要有小麦白粉病和锈病，玉米大、小斑病，水稻稻瘟病等。病虫害防治以药物防治为主，生物防治为辅。80年代始，区内病虫防治办法主要采取选育优良抗病品种、倒茬轮作、合理密植、增施有机肥料及喷施各种有效杀菌剂。90年代后，药剂拌种及施用完全腐熟的有机肥料，地下害虫未造成危害。1996—2010年，多次使用小型飞机和农用飞机喷洒防治大面积水稻、小麦和菜田病虫害，防治效果90%以上。

二、植物检疫

1979—2010年，区农林技术部门实行蔬菜植保联合攻关，对8个蔬菜品种实施水质、农药、肥料栽培等综合配套技术措施，使蔬菜产品达到国家质量标准。

三、驱云防雹

1979—2010年，区人工影响天气办公室按照操作规程，及时向天空发射炮弹驱散雹云，减少雹灾增加降雨量，化害为利。

第四节 农业管理

一、土肥管理

1979年，全区化肥施用量1422万千克。1982年，全区化肥实用量1465万千克。2010年，对333.33公顷麦田根据指标指导施肥，减少肥料浪费，平均亩产430千克。农田化肥施用量（折纯量）氮肥3265吨、磷肥1254吨、钾肥305吨、复合肥2024吨。

二、种子管理

1979年后，区内种子供应由原来的统一调供转变为多渠道繁育经营，严格执行《天津市农作物种子管理暂行办法》《天津市农作物种子“三证”管理实施办法》等规章，依法依规管理种子，对不具备“三证”种子禁止进入市场。

三、农药管理

1979年，以辛口镇为试点，实行蔬菜植保联合攻关，实施水质、农药、肥料栽培等综合措施。全区农药施用量由1979年的17.65万千克减少到1982年的12.45万千克。1995年，区内化学药剂除草水稻秧田100%，小麦60%，玉米5%。2010年，全区农田农药施用量106吨。

四、农机化示范推广

1987—1990年，西青区作为全国综合试点区，完成全国副食品生产机械化试点县课题。2000—2002年，实施蔬菜保护地机械化技术项目。2004年始，在区内实施保护性耕作项目，实施保护性耕作面积6940公顷，辐射区4060公顷，补贴购置保护性耕作专用机具387台，实施秸秆还田、免耕播种、土壤深松、病虫害防治4项重点技术。2007—2008年，实施玉米生产机械化技术示范推广项目。2007—2009年，实施激光平地机械化技术示范推广项目设施蔬菜物理农业工程技术示范推广项目。2008—2010年，实施设施农业精细生产管理技术试验示范项目、畜禽舍空气电净化防病促生技术引进示范项目。

照10-4 2000年，西青区采用农机收割小麦

第五节　农业示范园

一、示范园建设

照10-5　2010年，西青区王稳庄镇二侯庄温室大棚

90年代中期，区内开始建设农业示范园。90年代末，进入快速发展阶段。2004年，全区形成6个农业产业示范园区，区投入资金2.48亿元。2010年，发展到8个农业产业示范园区：辛口镇设施农业产业园、辛口镇东淀都市型现代农业示范园、张家窝镇花卉产业园、中北镇雷庄花卉产业园、精武镇观赏鱼产业园、大寺镇凯润食用菌产业园、大寺镇绿色农业产业园、王稳庄镇设施农业产业园。园区供排水、供电、供暖系统完善，部分园区采用机械化，智能化种植、管理、养护手段和电子监控系统，基本达到农业设施现代化。

二、土地资金投入

1996年，区财政对土地投入资金280万元。乡、村集体投入6166万元。1997年，区级财政支农资金348万元。乡村集体投入6178万元，主要用于建设示范工程和龙头工程。2000年，区内建成六埠精品示范区等3个农业示范区。至2002年，各街镇投入农业基础设施建设2亿余元。2007年，投入2700万元，完成第六埠万亩无公害高新科技示范等项目。2008年，东淀都市型现代农业示范园项目投资1.37亿元，建成水高庄设施农业核心区2万平方米。2010年，全区农业产业示范园区建设投入资金24.81亿元。其中辛口镇设施农业产业园新建和改造提升园区设施投资1.92亿元。辛口镇东淀都市型现代农业示范园投入1.28亿元，用于扩建和改造提升园区设施。张家窝镇花卉产业园总投资为8.5亿元。中北镇雷庄花卉产业园总投资8700万元。精武镇观赏鱼产业园，园区分为核心示范区和养殖区两个功能区，总投资1.5亿元。大寺镇凯润食用菌产业园总投资2.56亿元，大寺镇绿色农业产业园总投资2.3亿元。王稳庄镇设施农业产业园总投资5.88亿元。

三、扶持政策

2002年始，区内将资金、科技、服务扶持倾向于重点农业龙头企业，涉农部门扶持园区发展。对园区主要扶持政策有：财政增加支农资金；加强金融信贷支持，银行给予贷款贴息补助，农产品加工技改项目给予贷款贴息。提供有关税收优惠，免征企业所得税等。简化核准登记进出口资格手续，出口创汇达到一定额度予以奖励，鼓励企业开拓国际市场。鼓励企业上市或发行债券，拓宽筹资渠道。支持申报国家重点龙头企业，申报无公害、绿色食品生产基地和农业名牌产品。占用一般耕地时，视同于农业结构调整用地。

第四章　养殖业

八九十年代，区内养殖业进入全面发展时期。畜禽品种结构由过去以饲养大牲畜和生猪为主，转向鸡、鸭、羊、牛等多品种和特种养殖发展。进入21世纪，区水产养殖由粗放经营向科学精养、工厂化繁育养殖转化，引进国内外新品种，推行订单养殖，实现畜禽优种化，使畜禽养殖向专业化、现代化，管理科学化发展。

第一节 畜禽养殖

一、家畜养殖

（一）马

区内养马历史悠久，多为农业生产或运输所用，但数量不多。1979年后，马匹数量逐年减少。1980年，全区马匹存栏3988匹，其中蒙古马343匹、伊犁马181匹、苏高血马14匹、杂交马3450匹。2010年，无规模存栏马匹。

（二）骡

70年代末，区内骡饲养量有所上升，1985年增至5441匹。80年代末，饲养量逐渐减少，1992年，骡存栏2963匹。2010年，已无规模存栏。

（三）驴

1979年，全区驴存栏2182头。1995年，驴存栏1781头，主要分布在王稳庄、辛口、张家窝等乡镇。随着农业机械化和农村城镇化，驴的饲养量逐渐减少。2010年，区内已无规模存栏。

（四）牛

1979年，区内饲养量446头，主要分布在南河镇和王稳庄乡。1982年，杨柳青镇二街购进黑白花奶牛94头，建区内第一家奶牛场。1984年，大寺镇的南口村、大任庄和青凝侯村的3三户农民，购进黑白花奶牛29头。是年，全区饲养奶牛126头。1985年，中北斜乡的汪庄、南河镇的姚村、李七庄乡的王兰庄部分村民开始饲养奶牛。2001年，西营门街王顶堤集团投资1200万元，新建奶牛场，建成72套棚圈、3个挤奶车间，购进奶牛300头。2002年，王稳庄镇小孙庄村民开办凯润奶牛场，辛口镇第六埠村村民创办宏乐奶牛养殖场。2010年，全区有规模奶牛场5家，奶牛存栏4300头，鲜奶总产量1200万吨。

照10-6　2010年，西营门街王顶堤集团奶牛农场化养殖

（五）猪

1979年后，区内传统猪品种逐步由杜洛克、长白、大白等优质瘦肉型品种取代。1985年，李七庄乡凌庄子村9户农民联办千头猪饲养场。1988年，王稳庄乡小泊北村与供电联营双方各投资50万元，建成千头生猪的大型综合养殖场，为区内第一家联合综合养殖场。2001年，小南河村种猪场建立杂交自繁自养体系，引进比利时长白等外国种猪。2010年，生猪标准化规模养殖逐步完善。全区生猪饲养量30万头，肉类总产量2880万吨。

二、家禽养殖

（一）鸡

1979年，区内实行水产品换饲料政策，农民养鸡积极性增加。1985年，中北斜乡曹庄子村养鸡专业户筹建1个万只蛋鸡的饲养场。1990年，境内开始饲养肉鸡。上辛口乡第六埠村饲养艾维茵肉鸡9万只。1991年，饲养肉鸡范围扩大，部分村庄开始规模化饲养。1995年，全区蛋鸡饲养量达到100万只以上，肉鸡存栏745万只。2000年，以大成集团为依托，区内利用地域优势扩大肉鸡饲养，养殖鸡总数180万只。2010年，隆鑫发现代肉鸡示范园区建成，肉鸡饲养量850万只。是年，全区蛋鸡存栏43万只。

（二）鸭

1979—1984年，区内养鸭处于小规模散养阶段。1985年，大寺乡、李七庄乡部分村庄为天津市养鸭场放养、代养肉鸭，李七庄乡5个村代养13万只。1992年，二侯庄建万只蛋鸭场，小南河村建万只肉鸭场，全区鸭存栏5.9万只。2001年，种鸭场引进生产速度快、耗料低的奥白星种鸭。2002年，实施金定鸭高产配套饲养技术，使鸭苗成活率提高到95%以上，蛋鸭的养殖数量递增30%。2008年，全区形成以南河种鸭饲养为龙头，沿独流减河蛋鸭产业带。2010年，全区蛋鸭存栏20万只。

（三）鹅

1979年，区内有9000只。1986年后，呈逐年减少状态。1992年，下降至2400只。1995年，饲养量有所回升，为1.2万只。2002年，无大规模养殖，只有个别农户零星散养。

第二节　水产养殖

1979年后，区内水产养殖进入快速发展。1983年，大寺镇青凝侯村与市淡水渔业公司配合引进尼罗罗非鱼亲鱼，建立养殖基地。1984年，全区建立21个商品鱼饲养基地，14个商品鱼繁殖基地，养殖水面2533.33公顷，淡水鱼总产4738.5千克。2000年，区内引进推广南美白对虾，开展主养、精养鱼套养的养殖模式。2010年，全区水产养殖投产面积为4260公顷，其中淡水鱼池塘养殖面积3693公顷，南美白对虾精养面积566顷，南美白对虾套养3666.67公顷，优质南美白对虾苗种投放占全区总投放量的90%以上；乌克兰鳞鲤良种养殖面积2000公顷以上，占鱼类总养殖面积的55%；鲫鱼良种养殖面积3333公顷，占鱼类总养殖面积90%以上；观赏鱼池塘养殖面积133公顷，设施化观赏鱼养殖面积14万平方米，年产各类观赏鱼8000万尾。区水产品总产量4.76万吨，渔业经济总产值4.6亿元。

1979—2010年，区内水产养殖主要模式：

一、池塘淡水养殖

1979—1991年，主要为肥水养殖模式，养殖品种包括花白鲢、鲤鱼、鲫鱼、草鱼。养殖结构为每亩投放花白鲢400~600尾、鲤鱼20~30尾、草鱼5尾。不投喂饲料，全以城市生活污水培养水生生物饵料，鱼类自然生长，平均亩产225千克左右。

二、鲤鱼稀放精养

1979—1991年，鱼养殖技术为传统模式。1992年，由肥水鱼为主向以吃食性鱼类为主的养殖模式转变，平均每亩投放鲤鲫鱼200~800尾、鲢鳙鱼200~300尾。开始投喂颗粒性全价饵料。1993年，开始研发生产鲤鱼饲料添加剂，推广鲤鱼稀放精养和精养技术，养殖由肥水养殖向精养模式转化。1994年，开始应用自动投饵机，替代人工投喂。1996年，实现自动投饲全覆盖，叶轮式增氧机得到普及应用。

三、精养鱼套养虾、精养虾

2000年，引进南美白对虾，进行混养池塘主养鱼套养虾的养殖模式。2003—2005年，引进推广管道式、混流式和气石增氧设施，养殖模式逐步发展为小面积池塘主养、大池塘主养、家鱼套养等多种模式。2004年，养殖规模700公顷，亩产350千克，亩产效益2600元。2010年，最高单产815千克，亩效益近万元。

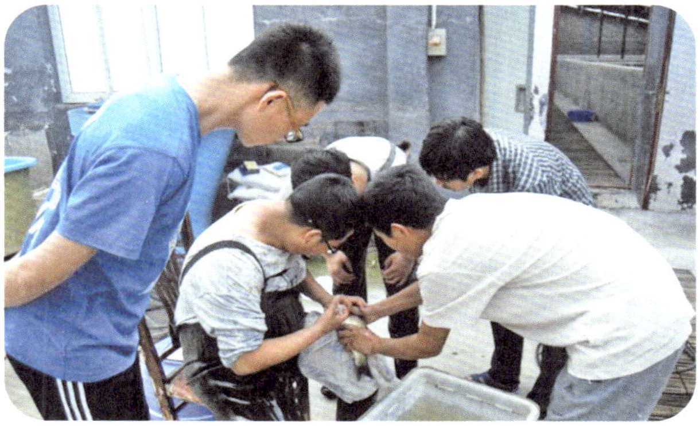

照10-7　2010年，区水产技术人员帮助养殖户鲫鱼孵化

第三节　特种养殖

一、特种禽类养殖

1991年，区内出现特种禽类养殖。1994年，全区有4个珍禽饲养场，其中大寺乡无利物种珍禽场占地6000平方米。1996年，全区珍饲养量7.8万只。2000年，区内鸵鸟养殖向商品肉鸵发展。全区放养肉鸵500只，放养范围涉及蓟县、武清区。王村鸵鸟养殖场向北京食品厂供应食用商品鸵337只，进行熟食加工。2001年，王村投资300万元，扩建养殖场。2002年，区生态养殖场饲养品种主要有鹧鸪、飞龙（花尾榛鸡）、珍珠鸡等，以鹧鸪为主。2010年，华野生态养殖场飞龙存栏发展到6万羽（只），销售产品主要有蛋类、白条禽、真空包装熟禽产品。杨柳青镇益君生猪养殖工业合作社投资600万元，建成1座特色生猪繁育养殖基地。

照10-8　2010年，西青区王村鸵鸟养殖

二、特种水产养殖

1990年，区内养殖户首次引进革胡子鲶，采用精养鱼套养革胡子鲶养殖模式。90年代初，鸭淀水库王稳庄镇、大寺镇等处发展甲鱼、河蟹养殖。1993年，精武镇小南河渔业养殖公司引进美国斑点叉尾鮰。90年代中期，大寺镇部分养殖户引进并精养泥鳅。1996年，精武镇引进史氏鲟，并成功进行苗种繁育。2003年，德仁水产养殖公司开始设施化高密度养殖革胡子鲶，养殖面积1.2万平方米，单产最高每平方米600千克。2008年，养殖公司引进大鲵种鱼、幼鲵，开展繁养试验研究。

第四节　养殖经营

一、订单养殖

21世纪初，区内订单畜牧水产养殖在境内逐渐兴起。2002年，区畜牧水产部门与外地公司合作开展肉鸡放养、防疫、防病、技术培训等，一些奶牛场（户）与光明奶业、海河奶业、伊利奶业联合协作，养牛业得到发展。2003年后，订单畜牧业和小区饲养业成为区畜牧业主要经营方式。肉鸡、肉鸭、奶牛饲养户与大型畜产品企业挂钩，实行合同饲养，饲养规模逐渐扩大。

二、规模化经营

80年代初，区内出现休闲垂钓行业，李七庄乡程村建成区内第一家室内垂钓园。90年代，各村渔业队养殖方式改为由个人或公司承包鱼池水面为主，相继成立水产养殖专业合作社，全区渔业生产逐渐向产业化发展。2006年，全区以养殖小区为载体，发展养殖大户，推广自繁自养，提升设施水平和科技生产水平，规模养殖成为全区养殖业的主体。2010年，全区室外垂钓面积186.67公顷，主要分布在大寺镇、李七庄街、精武镇、辛口镇和中北镇。

第五章　林果业

1979—2010年，西青区积极发展林果业，把林果业发展摆到重要位置。引进优良品种，强化优良树种培育和林地苗圃管理，开展群众性植树绿化活动，科学规划实施多项造林工程，先后获得全国义务植树先进单位、全国绿化百强县和全国造林绿化百佳县等称号。

第一节　林木培育

一、苗木栽培

1981年始，区内稳定村权，建立林业生产责任制。按照林业资源清查和平原地区林业发展规划，有计划地扩大林网建设。1987年，在外环线500米绿化带重点工程中，引进林木新品种有火炬树、雪松、桧柏、银杏、泡桐等观赏性树种。

二、林地苗圃

1997年，区内果树育苗12公顷。2000年，开始实施农业示范基地建设。2010年，建设成第六埠精品园、大寺镇鸵鸟基地、中北花卉中心、大寺镇南口村南洼防渗渠道、王稳庄镇西兰坨村节水灌溉区等5个林地苗圃基地。

第二节　果树栽培

一、规模

1986年始，杨柳青18街连续4年栽种果树26.4万株，面积533.33公顷，成为华北地区最大的村级果园之一。1988年，延外环线14个村建成带状果园268.6公顷，栽果树34.5万株，成为外环线绿化带的组成部分。1991年，全区果园面积2070公顷，年产果品8491万吨，其中产量最大的果品为苹果、桃、梨、枣、葡萄和红果。1995年，全区实有果园1601公顷，果品总产量1.1万吨。主要集中在杨柳青镇、上辛庄乡、张家窝镇、大寺镇、南河镇和李七庄、王稳庄乡，其中杨柳青镇达560余公顷。1996年，林果生产以大柳滩万亩果园示范区为龙头，带动全区树大发展。1997年，新增树28.75公顷，育苗180。1999年，更新果园1公顷，栽种果树6600余棵。2005年，全区果树面积1250.48公顷，果品产量1.28万吨，其中主产地杨柳青镇、张家窝镇和辛口镇果树面积均较上年有增加。2010年，全区果树面积1154.11公顷，果品产量1.67万吨，其中杨柳青镇产量1.27万吨，占全区果品总产的76%；张家窝镇产量3448.52吨，占全区总产量的20%。

二、主要品种

（一）苹果

1987年，杨柳青镇大柳滩村建立万亩果园，成为津西北果园区，引进美国短果枝型苹果红星系列品种有红星、日本红富士等品种，为区面积最大的苹果园。

（二）冬枣

2004年，上辛口镇引进枣新品种早脆王5000株、石榴新品种大红石榴1500株。张家窝镇引进杏李杂交新品种味帝、味王、恐龙蛋各50株。2005年，引进蜜枣王150株，新增优质冬枣种植面积100公顷。2010年，从山西引进枣树新品种骏枣及其栽培技术。

照10-9　2010年，精武镇大卷子村冬枣园

（三）葡萄

1987年，区内葡萄有大粒型品种巨峰、乍娜、红瑞宝、黑奥林。2009年，引进金手指和红乳两个葡萄新品种及其栽培技术。

（四）梨

1987年，区内从河北引进鸭梨、水晶梨、锦丰梨和雪花梨。2005年，引进黄金梨800株，大果水晶梨70株。2006年引进梨新品种美人酥20株、绿宝石40株、库尔勒55株。

第六章　农业服务业

1979—2010年，区农林局和涉农部门不断提高农业服务质量，对阻碍和影响农业发展的问题进行有效跟踪处理，及时改进对农业发展服务方法和措施，不断提升农业现代化服务水平和服务手段，创新服务农业新机制和新思路，形成一套科学、规范、高效的服务体系。

第一节　种植业服务

一、生产服务

（一）农技推广

1984年，区农业部门开始机械化养鱼技术推广。1989年，推广饲料加工、水质改良、增氧机、排灌等机械898台套，机械化养鱼水面占53%。1990—1991年，实施玉米生产机械化技术项目。完成玉米免耕施肥精量播种面积1340公顷，玉米收割面积1364.67公顷。2004年，推广应用保护性耕作技术。2008—2009年，建立辛口镇水高庄村和张家窝镇张家窝村两个激光平地机械技术项目示范点，推广机械化旋耕技术、激光平地机械化技术和深松机械化技术，推广面积933.33公顷。

（二）植保检疫

1992年，区检疫100公顷水稻零星发生稻水象甲并得到封锁除治。1997年，对稻水象甲实现一级防治指标。21世纪初，组建区、街镇、村三级植保检疫网络，各街镇设立9个测报点。各测报点根据历年发生情况、片林性质推断虫情发展趋势，调整监测时间和方法。2010年，农业植保与检疫体系对各种疫情的预测预报及时、准确，境内病虫害发生率极低。

照10−10　1997年，区农业部门在南河镇召开水稻良种种植现场会

二、农业机械化服务与推广

1987年，农业部确立西青区为副食品生产机械化试点县，全区农业机械总动力40.6万千瓦。1991年，区内承担农业部“丰收计划”项目，对鱼、猪、鸡养殖业农业机械加大扶持。至1992年，引进推广农机具1630台套。2003年，开始实施苜蓿草机械化生产项目，引进推广先进牧草生产机具12台套。2004年，引进大型打捆机、大型拖拉机、五铧犁各1台，实现牧草机械化“一条龙”服务。2006年，引进苜蓿草粉加工机1套。2008年，推广各类补贴农机具644台，其中大型拖拉机39台、玉米收获机7台、电除雾防病促生系统28套、微耕机403台、还田机21台、铡草机和青饲收获机14台、增氧机105台、其他机具27台。

1990—2010年西青区农机总动力及主要农机具变动情况统计表（表一）

表10-9　　　　单位：台、台/千瓦

年度	农机总动力（千瓦）				拖拉机			收获机		大中拖配套农机具	小拖配套农机具	渔业机械	
	合计	柴油机	汽油机	电动机	合计	大中型	小型	割晒机	联合收割机			机动船	增氧机
1990	39.53	8.03	13.96	17.54	1370	729	541	34	11	–	–	84	135
1991	37.62	8.48	12.91	16.43	1304	622	682	–	16	–	–	140	179
1992	39.88	8.78	14.12	16.70	1427	618	809	–	26	–	–	142	258
1993	39.46	8.31	18.79	12.36	1346	573	773	68	32	716	286	178	347
1994	28.62	10.35	7.53	10.64	1290	535	755	–	56	549	361	145	–
1995	27.63	5.19	11.26	11.19	1133	475	658	–	42	695	313	107	–
1996	25.52	8.22	9.83	7.09	1185	585	600	33	68	600	200	130	575
1997	46.62	11.24	13.73	21.65	1146	546	600	–	106	600	300	132	–
1998	47.80	14.50	9.90	23.40	1313	613	700	–	136	800	400	200	1335
1999	48.70	17.72	11.38	19.60	1372	672	700	22	163	800	400	518	1513
2000	49.21	18.81	10.35	20.05	1200	700	500	32	168	800	400	1800	–
2001	47.99	18.88	11.54	17.12	1211	692	519	26	185	554	300	2787	–
2002	50.31	22.27	11.13	16.91	1239	703	536	–	184	794	339	2800	–
2003	48.33	23.69	8.79	15.86	1210	730	480	10	150	730	300	2630	–
2004	45.64	22.81	7.85	13.76	1061	594	467	–	156	702	317	2596	–
2005	44.48	22.87	7.85	12.94	800	460	340	–	150	800	510	2380	–
2006	41.75	20.96	7.85	12.94	800	480	320	–	120	750	460	2230	–
2007	38.83	19.48	7.29	12.06	770	490	280	–	114	790	420	2090	–
2008	35.14	19.53	4.16	11.45	765	700	65	–	95	1060	140	4300	–

续表

年度	农机总动力（千瓦）				拖拉机			收获机		大中拖配套农机具	小拖配套农机具	渔业机械	
	合计	柴油机	汽油机	电动机	合计	大中型	小型	割晒机	联合收割机			机动船	增氧机
2009	33.38	18.55	3.95	10.88	765	700	65	–	90	1050	130	4410	–
2010	33.38	18.55	3.95	10.88	780	670	110	–	79	1090	170	5780	–

1990—2010年西青区部分年份主要农机具变动情况统计表（表二）

表10-10　　单位：台、台/千瓦

年份	机动脱粒机	农产品加工	畜牧业机械	植保机械	排灌机械	林业机械	运输业机械	农田基本建设
1990	1157	3507	24	156/1067	4800/48580	2	2373/166319	249/18675
1991	1494	–	–	–	4731/57974	–	–	–
1995	–	–	–	293/318	–	4	–	–
1997	1064	–	37	–	–	–	–	–
1999	1144	–	–	–	–	–	–	–
2000	1000	3034	78	105	6432/77834	5	3317/93571	660/60361
2001	–	3036	62	133	5329/76929	–	2210/63361	897/74196
2002	–	–	200	–	5268/77355	–	–	–
2003	–	–	–	–	4856/72683	–	–	–
2009	260	135/833	68/488	227/531	3443/44515	15/142	5209/41761	1183/84540
2010	260	135/833	116/676	252/682	3443/39967	15/142	5010/40152	1183/84540

注：表中所缺年份数据无统计。

三、水利灌溉服务

1979年，区内修建机井防渗渠道工程，分为马槽型、水泥管等形式。1981年，全区修防渗渠道3800米，改善灌溉面积47.33公顷。1982年，修建防渗渠道1.5万米，利用机井430眼，灌溉面积1888.4公顷。1983年，新增井灌面积466.67公顷，防渗渠道累计6.01万米，连接机井65眼，控制面积866.67公顷。1990年，全区有机井530眼，其中农灌井420眼、生活用井110眼。井灌面积增至2984公顷，其中园田井236眼、灌溉面积134.67公顷。为机井配套防渗渠道6.11万米，控制面积946.67公顷。

1995年始，国家计委、水利部投资，在区内建设4个高标准节水灌溉示范项目：张家窝镇高标准节水灌溉示范项目、水高庄节水灌溉示范项目、南河镇节水灌溉示范项目和西营门街节水灌溉增效示范项目。1999年，全区清淤干、支渠44条，挖坑塘11处，打浅井185眼，改善灌溉面积3.5万亩。2000年，清淤干、支渠106条，挖坑塘10处，新建防渗渠道73.66千米，改善灌溉面积2万亩。2002年，加大节水型农业建设，新建防渗渠道26.7千米，新建低压输水管道68.7千米，增加节水控制面积2.07万亩。2008年，新挖及清淤各类沟渠132千米，新挖水柜2处，增加蓄水能力18万立方米。2010年，衬砌防渗明渠1.8千米，打浅井4眼，深井2眼，改善灌排面积1.01万亩。节水灌溉工程全部安装水表设施。

四、现代化农业服务

（一）技术服务

1994年，区内推广夏季使用遮阳网，促进植物生长和品种均衡上市。1996年，引进以苦瓜为代表的南菜系列品种。2007年，推广基质培沙培、水培、雾培等无土栽培模式。2008年，推广营养块育苗。2009年，推广熊蜂授粉，提高生态环境效益。

（二）信息服务

1979年始，区物联网技术及设备在区内农业产业开始应用，利用物联网相关技术和设备，用于农业生产中相关信息采集，指导生产，实施智能化管理。90年代末，各大批发市场农产品价格信息每天由专门信息员采集、上传农业部网站对社会公布。2004年，建设“西青农林信息网”，搭建“西青休闲农业网站”，采纳200余家农业企业、园区、合作社等单位信息，集中展示推介。2008年，实施农业部“金农工程”，开通12316农业专家咨询服务热线，实现“信息化服务进万家最后一千米”。

五、技能培训

1979—2010年，区内启动天津市“351”农民教育培训工程等农民培训工程，建立4个多媒体教学基地，培养多个专业的中专生1188人、实用技术培训3.5万人次、农民技术员500余名、涉农产业职业技能人员2612人。2008年，启动“天津市农民素质提高工程”。2009年，组织586名农民参加中专教育培训，2589人参加涉农产业职业技能培训，1640人获职业资格等级证书。

第二节　养殖业服务

一、动物疫病防治

1998年起，区内每年开展春防、秋防两次大规模疫病防控，对口蹄疫等疫病实行强制免疫。1984年，设乡镇畜牧兽医站，形成区、乡、村三级畜禽防治网络。2004年，开始对高致病性禽流感实行强制免疫。2007年，开始对口蹄疫、猪瘟、高致病性猪蓝耳病实行强制免疫。2009年，改造提升基层兽医站和疫病预防控制中心化验室建设，强化对动物疫病防治力量。

二、繁育繁殖

1979年后，区内加强水产品设施建设，增加引进繁育繁殖水产品种类和数量。1985年在大南河村建繁育繁殖基地。1986年，区利用中北镇李楼村和谢庄村盐碱地设立水产试验基地。1993年，研发生产鲤鱼饲料添加剂，养殖模式向吃食性鲤鱼、鲫鱼为主模式转变。1995—1998年，进行应用稀放精养技术模式试验示范。2002年，引进南美白对虾，鱼虾混养实验获得成功。2007年起，以标准化规模养殖场、现代养殖示范园区等项目建设为载体发展规模化养殖，推广先进适用繁育繁殖技术。2010年，累计建成标准化规模养殖场4个、现代养殖示范园区3个，其中益君生猪养殖专业合作累计建成养猪发酵床2000平方米，发酵床养猪面积为全市最大。

三、疫情监测

1979—2010年，区主管部门制订春季、秋季重大动物疫病防控应急预案，每年制定实施《动物免疫实施方案》《重大动物疫病监测方案》等规章制度。建立所辖村动物防疫免疫档案，监督养殖场（户）建立用药记录及动物的无害化处理记录，记录畜禽存栏、购入、出栏、报检等情况。2010年，区内承办天津市首次重大动物疫情应急演练。

四、技术推广

1979年，区技术人员定期向全区及周边养鱼户进行养殖技术服务。1993年，安排两部服务车随时下乡进行技术服务。2006年，推广南美白对虾淡水养殖、精养鱼池套养南美白对虾等技术在水产养殖中应用。2000年，在小孙庄、精武镇建立水产服务站，配专人专车，服务全区养殖户。2009年，在北方地区首次引进异育银鲫“中科3号”夏花原种进行培育选育。2010年，进行异育银鲫“中科3号”成鱼养殖。选育成鱼新本进行苗种繁育。推广南美白对虾产业升级集成技术等先进成熟技术。

2000—2010年度西青区畜禽和水产品科技成果一览表

表10-11

年 度	项 目	获得奖项	级 别
2008—2010	南美白对虾产业升级集成技术示范与推广	全国农牧渔业部丰收奖集体一等奖	国家级
2008	淡水水产品健康养殖技术研究与示范	天津市科学技术进步奖二等奖	市级
2004	革胡子鲶高产养殖技术示范	西青区科技进步一等奖	区级
2005	观赏鱼综合养殖技术	西青区科技进步一等奖	区级
2007	半咸水体新型套养模式示范	西青区科技进步一等奖	区级
2009	乌克兰鳞鲤良种繁育及健康养殖技术示范推广	西青区科技进步一等奖	区级
2006	高致病性禽流感综合防控技术	西青区科技进步一等奖	区级
2007	淡水水产品健康养殖技术	西青区科技进步奖二等奖	区级
2000	法氏囊病综合防治技术	西青区科技进步奖二等奖	区级
2000	法氏囊病综合防治技术	西青区科技进步奖二等奖	区级
2003	肉鸡饲养综合配套技术	西青区科技进步奖二等奖	区级
2009	规模化养猪主要疾病控制技术研究与示范	西青区科技进步奖三等奖	区级

第三节　林业服务

一、病虫害监测

1979年，区农业部门开展森林病虫害普查，采取定点布控办法，监测病虫害发生与防控效果。1986年，开展果树病虫害普查。1997年，检疫木材1700立方米，果品15万千克，花卉50万株。1998年，查治网幕主虫933.33公顷。2002年，区各街镇设立病虫害监测点，制订《测招员岗位责任制》《监测信息管理办法》。至2010年，普查和监测发现区境森林病虫害种类25种、天敌昆虫12种，果树害虫61种。

二、生态保护

70年代末，全区林木5万株，林地面积千余亩，森林覆盖率不足1%。区内开始在沟边河滩、大道两旁开展规模植树造林。八九十年代，区林业生产快速发展。1997年，经林业部验收，西青区跨入“全国绿化百佳县”行列。2006年，西青区成功创建为第五批全国生态示范区，全区7个镇成为全国环境优美镇。2007年始，开展大规模造林绿化工程建设。2009年，全区湿地面积1.16万公顷，其中湿地保护面积959.62公顷，自然保护区834.95公顷。2010年，受城市扩张影响，全区湿地生态系统减少四分之一，农田生态系统减少近30%，城镇生态系统增加1倍，占全区面积的比例从22%提高到41%。

三、森林防火

1979年始，区各街镇陆续建立林业站，配备3~5人专兼职人员。各村有专职护林员或林业队，负责树木保护、日常管理和森林防火。21世纪初，区和镇街加强森林防火知识宣传、不定期抽查火灾隐患、制定森林防火预案，落实防范措施。至2010年，森林火灾零报告、人员零伤亡。

附

杨柳青农场

杨柳青农场为区内国有农场，占地322.93公顷。1979年，农场生产的农产品、副食品、工业产品主要服务于天津市区。其后，调整产业结构，扩大林业、牧业和渔业生产比例，开辟果树种植、园艺栽培和花卉种植，实行多种经营。1984年，开展商业销售，经销、代销、批发、零售各种商品。1995年，养牛1193头，养猪1700头，增加淡水鱼养殖。开发玉米淀粉、饮料等产品。与日本合资成立华和食品有限公司，生产咸菜，销往日本。与台湾地区合资成立岩津公司生产床上用品、化纤服装，服务于大学生、宾馆和家庭。与内蒙古合资成立福实得奶业有限公司，生产乳制品。2009年始，建设农业采摘服务旅游项目。2010年，开始厂房租赁业务。

工农联盟农牧场

工农联盟农牧场又名天津市农工商宏达总公司，为区内国有农场，始建于1956年。为集农业、工业、地产业和服务业于一体的独立经营国有企业。90年代初，农牧场所属工业有淀粉厂、漆布厂等8个厂。1992年，仅存化工厂、燊辉电力工程公司。1996年，农场主管种植业、渔业的5个单位合并。实现国有资产重组，成立农业公司。农业生产实行承包制，将土地、鱼池承包到人。2002年，农牧场发展畜牧业、工业生产，开发新产业。2003年，成立凯茵物业服务公司，发展服务业。2006年，注册天津华鼎工业投资有限公司，运作天津新技术产业园区内36.67公顷工业土地开发。2010年，农牧场工业增加值2042万元，农牧业增加值128万元，总场盈利5015万元。工业产值140万元，盈利538.82万元，实现资产总值9.31亿元。

第十一编

工业 建筑业

天津市 西青区志（1979—2010）

TianJin Annals of Xiqing District

2010年，大寺镇大桥集团生产车间

1979—2010年，西青区工业发展分为三个阶段：1979—1997年，为乡镇企业快速发展时期，村镇办集体工业一跃占据全区经济主导地位。1998—2000年，为集体经济产权制度改革时期，区委、区政府推行集体经济产权制度改革，推行集团化经营，成为汽车生产基地，化学、医药、冶金和橡胶工业颇具规模，使全区工业形成大规模、系统化、高水平占主导地位良性发展局面。2001—2010年，为园区经济发展时期，9个街镇规划建设10个工业园区。各园区改革创新招商引资方式，加速传统产业结构和技术改造提升，推进大集团和创名牌战略，促进信息化与工业相融合，形成区、镇经济开发园区、乡镇工业、私营和外资企业协同发展新局面，多品种、高科技含量、高附加值产品形成规模。建筑业向机械化施工转变，形成多专业、多层次，可以承揽各类建筑工程的产业大军，打造出一批优质工程，成为全区发展势头强劲的产业之一。

第一章 工 业

改革开放初期，西青区推出一系列完善承包经营责任制、扩大改革开放举措，使乡镇工业迅速崛起，化学、医药、冶金和橡胶工业等均有长足发展。90年代，乡镇工业向大中型集团化发展，开发建设多个工业园区，不断完善对中小企业社会化服务体系。进入21世纪，加速产业调整，推进名牌战略，发展高端、高质量、高新技术工业经济，实现工业经济健康有序、快速发展。

第一节 规模 结构

一、经济规模

1979年，全区工业企业395家，累计实现产值1.49亿元。1985年，工业企业突破1000家，产值突破5亿元大关。1995年，区内开展“二次创业、再造一个新西青”活动。年实现产值138.6亿元，利润总额10.3亿元。2000年，全区1817家企业实现工业产值181.6亿元，固定资产原值47.4亿元。2005年，4005家企业实现工业产值348.9亿元，利税总额28.65亿元。2010年，全区5271家企业实现工业产值1202.6亿元，利税总额152.5亿元，固定资产原值达389.8亿元。其中991家规模工业企业（年主营业务收入500万元以上）实现产值1130.8亿元，利税总额144.2亿元，固定资产原值373.7亿元。

1979—2010年西青区工业企业主要经济指标完成情况统计表

表11-1　　单位：万元

年度	企业个数	从业人数	总产值	营业收入	出口产品交货值	税金	利润总额	工资总额
1979	395	23635	14888	10879	0	1196	3191	1245
1980	382	26829	17894	13614	0	1455	3331	1571
1981	394	30565	18686	14920	0	1517	3371	1808
1982	415	35134	21135	17675	0	2364	3288	2195
1983	696	49730	27744	22565	0	3270	3489	3114
1984	949	60222	34526	25756	0	3116	3026	3696
1985	1125	68173	50019	39211	0	4277	5449	5381
1986	1124	67236	64793	50870	0	4928	6468	6259
1987	1174	80537	106889	69778	0	6350	8770	7616
1988	1416	81123	190408	113874	0	6741	12596	9618
1989	1394	85796	254043	160615	18533	7987	12875	11369
1990	1464	91129	334100	205967	11584	7893	12232	12172

续表

年度	企业个数	从业人数	总产值	营业收入	出口产品交货值	税金	利润总额	工资总额
1991	1439	91478	380442	227861	17105	9133	14506	14946
1992	1342	92051	478266	312463	38769	9655	20075	16461
1993	1392	97303	805999	509917	73812	19229	38244	21065
1994	1376	96285	1175087	623000	93000	12994	50500	29848
1995	1421	93127	1385793	924404	113015	21492	102607	34219
1996	1873	103375	1749454	1352215	136652	30824	123989	61982
1997	1455	102655	1878948	1612251	404479	26701	151522	76700
1998	1591	99867	1822874	1759512	233944	40782	169874	83006
1999	1844	91456	1655921	1603254	172239	44065	135438	87564
2000	1817	91911	1816232	1712946	271760	55438	163559	92017
2001	1867	93947	1996647	1838112	259873	74634	155417	102555
2002	1781	108873	2454091	2089889	325693	67025	165964	109732
2003	2082	117824	2692308	3005517	439490	97953	196777	134999
2004	2731	158777	3634783	3590022	704473	150737	269744	230846
2005	4005	119343	3489087	3474595	436112	91336	169013	201427
2006	4195	119979	4399942	4314658	676068	98948	195165	220736
2007	4422	145818	5902716	5901836	1248383	133857	218568	257310
2008	4123	151300	7398783	7468880	1467103	197656	223672	387294
2009	5247	171410	9100000	8950000	1349500	246600	278997	483037
2010	5271	212648	12025944	12165007	1642400	322886	365309	632416

二、经济结构

（一）行业结构

80年代，区内工业生产多为与生产生活相关产品。随着为国有企业配套与联营建厂，开始形成冶金、机械、纺织、化工、轻工等多元化行业结构。1991年，行业集中度开始显现，化学工业、纺织、金属制品等8个产值过亿元行业。1999年，化工行业规模扩大，化工行业产值达25亿元。产值超5亿行业有化工、交通运输、设备制造、金属制品、黑色金属压延、橡胶制品、石油加工、纺织和医药行业。2000年始，重点发展电子信息、汽车配套、生物医药3个主导行业，加快发展新能源新材料等高新技术产业。

（二）工业布局

1978年后，全区工业企业逐渐发展壮大。90年代，以西青经济技术开发区为龙头，建设中北镇、张家窝镇、杨柳青镇汽车工业区，王稳庄镇高端金属工业区，精武镇学府工业区等一批产业园区。“十一五”期间，区内加快调整工业空间布局步伐，加快园区开发和建设，工业园区建设持续快速发展。各级工业园区累计完成“七通一平”（见前）53.74平方千米，投入基础设施建设资金81.37亿元。园区载体功能基本健全。按照布局集中、产业集聚、资源集约要求，形成国家级开发区、市级示范工业园区。

（三）劳动力结构

1979年，全区工业企业从业2.36万人。1986年，增至6.72万人。以乡村办企业为主，从业人数达总人数85%以上。1990年，从业人员达到91129人，其中村办59165人，乡办11982人，联营15674人，联户3239人，个体1069人。1995年，全区1368家工业企业从业人员91854人，工资总额达到3.38亿元，劳动生产率1.91万元/人，其中乡联16415人，村联72900人，户联体1613人，个体926人。2000年，工业从业9.19万人，其中集体7.98万人、私营9835人、个体2218人。2005年，全区2909家工业企业从业人员131143人，工资总额达到17.19亿元，其中集体67182人，私营58308人，个体5653人。2010年，工业从业21.73万人，其中991家规模企业从业16.78万人。

（四）企业规模结构

1979年，全区300万元产值以上企业3家，100~300万元企业27家，100万元以下企业365家。1990年，年产值500万元以上企业143家，年产值千万元以上企业64家。1995年，收入千万元以上企业203家，企业规模扩大。2000年，营业收入亿元以上企业25家，5000万元以上企业59家，千万元以上企业178家。2005年，营业收入5亿元以上企业8家，亿元以上59家。2010年，主营业务收入50亿元以上企业1家，10亿元以上23家，亿元以上197家。

第二节　主要行业

一、电子行业

90年代，西青区电子信息行业有企业10家。2000年，全区电子行业产值1560万元。2010年，全区电子行业产值增至193亿元，占全区工业产值比重由0.12%上升至17.1%，行业位次由末位次上升为第二大行业。

二、交通运输设备制造业

1999年，交通运输设备制造业产值由1991年第六位升至第二位。2000年，有交通运输设备制造企业73家，产值18.6亿元，占全区工业总产值14.8%。2005年，交通运输行业规模企业有58家，产值41.7亿元，占规模工业产值16.9%。2010年，交通运输行业规模企业有115家，产值213.4亿元，占规模工业产值的18.9%，工业总产值及规模工业总产值位列区内行业第一。

三、现代医药制造业

80年代，区内医药厂家主要为城市医药工业加工药材与中成药。1988年，建成医药业生产企业7家，较大的有大任庄村市药业公司联建中津制药分厂和王顶堤村兴建的河北制药一分厂。1995年，医药企业发展到20家，固定资产1.3亿元。2010年，医药业产值比1995年增长3倍，行业比重由2000年的6%下降至3%。

四、化学原料与制造行业

1979年，张家窝镇与天津市染料厂联营建分厂，生产硫化氢，为区内最早的化学制造行业企业。1980年，西营门街、李七庄街等相继建成化工企业，生产染料。1988年，张家窝镇投资300万元，建成天津市长城化工厂。中北镇与天津铁厂联合投资7000万元，兴建煤化工厂。天津渤海染料化工总厂成为全区第一家产值亿元企业。1995年，区内化工企业156家，总产值25.4亿元。2010年，化工行业产值80.6亿元，比2000年下降11个百分点。行业位次由2000年第一位降至第六位。

五、黑色压延行业

1984年，区内大寺镇、李七庄街、精武镇等街镇分别建立钢铁企业。1988年，全区有黑色压延企业25家，主要产品有高频焊管、镀锌钢管等。90年代初，天津汽车城在区内建成，催生乡镇企业新项目。2000年，境内黑色压延行业企业增至31家，实现产值15.52亿元。2005年，黑色压延行业规模企业34家，实现产值44.59亿元。2010年，黑色压延钢铁行业规模企业48家，实现产值127.32亿元，仍处在支柱行业之列，占规模工业比重11.3%。

第三节　重点企业和产品

一、重点企业

80年代至2010年，西青区内重点企业主要有：

（一）天津市丽华色材总厂

为王稳庄镇集体企业。建于1984年，占地面积9.4万平方米，建筑面积4.66万平方米。1989年，被命名为市级企业。1990年，被农业部评为先进企业。1995年，有固定资产2180万元、职工2600余人，下属7个分厂、1个合资厂。主要产品有汽车用涂料、氢气，年产量3000吨，为区内最大汽车专用漆生产厂家。1990年研制的多项新产品性能达到国家汽车工业换代新材料标准，通过化工部鉴定，填补国内空白。1991年，所生产的蓝星牌清漆获得农业部优质产品称号。2010年，实现工业总产值2734万元，销售收入2451万元，实现利税137万元。

（二）天津市津达钢管厂

为大寺镇大芦北口村村办集体企业。建于1987年。占地面积6.2万平方米，建筑面积4000平方米。有职工300人，拥有固定资产1669万元，主要生产设备有50型焊管机1台。1990年，被西青区政府定为二级企业。1991年，投资600多万元购置国内先进水平280型焊管机组，形成一套完整的具有国际水平焊管机组和纵剪生产线。率先在国内同行业使用全数字微机控制，采用德国西门子电子技术传动及切割，产品质量居国内先进水平。有60余个品种，100余个规格的钢管销往全国10余个省市。企业为区重点企业之一。2010年，实现工业总产值5.91亿元，销售收入5.12亿元，实现利税1.59亿元。

（三）天津市福星胶鞋厂

为王稳庄镇小韩庄村办企业。建于1983年。占地面积1.8万平方米，建筑面积8500平方米。拥有大型专用设备17台、中型专业设备12台。主要产品有彩色女中跟胶靴、农用高筒靴等20多种，年产量420万双。1989年，被命名为市级先进企业，生产的福泰牌农用高筒靴、彩色女便胶靴获农业部优质产品称号。1991年，被市政府命名为重合同守信誉单位。1994年，投资400万元，引进国内外先进设备，建立出口鞋车间。产品销往日本、韩国、马来西亚等国家，年出口交货值1600万元。2010年，实现工业总产值4598万元，销售收入5615万元，实现利税922万元。

二、企业集团

80年代至2010年，西青区重点企业集团主要有：

（一）宁发集团

集团中三环化学工业总厂为支柱企业。1991年，筹建化工染料厂，下设滨水、滨江、前进、治安4个化工分厂。主要产品有：分散深蓝HGC、盐基青莲2B等及还原物，年产值1000余吨，主要销往10余个国家和地区。2010年，实现工业产值4.7亿元，销售收入4.12亿元，创利税6544万元。

（二）金世集团公司

为村办集体企业，大寺乡大任庄村与天津市药业公司联营，始建于1987年。1992年，成立天津市金世集团公司。占地面积20万平方米，建筑面积2.8万平方米。主要产品有维生素B1等118个，年产量1000余吨。主要产品中津牌盐酸硫胺连续3年获得全国制药行业技术经济指标奖，产品出口90%以上，远销美国、法国、日本等30余个国家。2010年，实现工业产值2.35亿元，销售收入1.8亿元，创利税1000万元。

（三）王顶堤集团公司

组建于1995年，是集一、二、三产业为一体的大型企业集团，属王顶堤村村办企业。建筑面积7

万平方米，资产总值1.5亿元。2010年，有职工2400人，其中各类专业技术人员210人，高级职称8人。集团公司下属32个经济实体，其中工业企业有制药、化工、纺织、服装、机械加工、光学仪器、电子仪器等。主要产品有核环牌咖啡因、吉利牌衬衣等多种，其中天然澄清剂为国内最新技术成果。2010年，工业产值5亿元，销售收入4.45亿元，创利税8000万元。

照11－1　2010年，王顶堤集团公司

（四）兴业集团公司

属西营门镇兴业里村办企业。1993年建立。占地面积1.75万平方米，建筑面积9480平方米。2010年，创工业总产值4.5亿元，实现销售收入4.1亿元，实现利税7200万元。

三、名牌产品

80年代，区内乡镇工业企业开始创立名优产品。1995年，全区有16种产品成为部级名优产品，50种产品定为市级名优产品。

1985—1998年西青区乡镇工业获市级以上优质产品一览表

表11-2

序号	获得年度	授予部门	企业名称	产品名称	商标名称	所属街镇
1	1985	天津市政府	天津市有机陶土厂	有机陶土	三鱼	王稳庄
2	1986	农业部	天津市有机陶土厂	有机陶土	三鱼	王稳庄
3	1987	天津市政府	津西胶管厂	输水胶管	广野	上辛口
4	1987	天津市政府	津西胶管厂	输水胶管	广野	上辛口
5	1987	天津市政府	天津市津西兴华服装厂	女衬衣	彩菊	西营门
6	1987	天津市政府	天津市轮绒厂	花轮绒	劲松	西营门
7	1987	天津市政府	天津市中华不锈钢器皿厂	24厘米不锈钢复合低压力锅	三角	西营门
8	1987	天津市政府	天津市染料厂分厂	双倍硫化氢	友好、凤羽	张家窝
9	1988	农业部	天津市津西兴华服装厂	女衬衣	彩菊	西营门
10	1988	农业部	天津市中华不锈钢器皿厂	24厘米不锈钢低压力锅	三角	西营门
11	1988	农业部	天津市染料厂分厂	双倍硫化氢	友好、凤羽	张家窝
12	1988	农业部	天津市津西胶管厂	输水胶管	广野	上辛口
13	1988	农业部	天津市荣华服装厂	女大衣	荣华	李七庄
14	1988	农业部	天津市津西服装厂	女大衣	金明	南河
15	1988	轻工部	天津市中华不锈钢器皿厂	24厘米不锈钢复合低压力锅	三角、津华	西营门
16	1988	天津市政府	天津市津西服装厂	防寒服	金明	南河
17	1988	天津市政府	天津市动物药厂	禽宝	三福	中北斜
18	1988	天津市政府	天津市动物制药厂	北里霉素	三福	中北斜
19	1988	天津市政府	兴强酱菜厂	咸蒜肉	龙星	中北斜
20	1988	天津市政府	天津制锨厂	机制钢锨	耐久、飞燕	上辛口
21	1988	天津市政府	天津市复康电视电子设备厂	串接分支器	爱波	西营门
22	1988	天津市政府	天津市复康电视电子设备厂	ZD型终端座	爱波	西营门
23	1988	天津市政府	天津市复康电视电子设备厂	小型宽带放大器	爱波	西营门
24	1988	天津市政府	天津市福星胶鞋厂	农用高筒靴、彩色女轻便胶靴	福泰	王稳庄
25	1988	天津市政府	卫南铅网厂	先织后镀六角网	金环	王稳庄
26	1988	天津市政府	大中鞋厂	牛皮面男浅鞋	大中	中北斜
27	1988	天津市政府	天津市杨柳青钢珠厂	钢珠	广环	杨柳青
28	1989	农业部	天津市动物制药厂	禽宝	三福	中北斜

续表

序号	获得年度	授予部门	企业名称	产品名称	商标名称	所属街镇
29	1989	农业部	天津市福星胶鞋厂	农用高筒靴、彩色女鞋便胶靴	福泰	王稳庄
30	1989	天津市政府	上辛口街缝绣品厂	工艺被罩、童被	大丽	上辛口
31	1989	天津市政府	振华毛巾厂	印花毛巾	精武	南 河
32	1989	天津市政府	天津市氯乙酸厂	一氯乙酸	上化	上辛口
33	1989	天津市政府	天津市丽华色材总厂	聚氨酯清漆	蓝星	王稳庄
34	1989	天津市政府	永升压力锅胶圈厂	压力锅胶圈	天凤	中北斜
35	1989	天津市政府	丰收橡胶厂	力车内胎	大力	杨柳青
36	1989	天津市政府	上辛口福利机带厂	YBC 型三角带	上福	上辛口
37	1989	天津市政府	津兰电缆厂	通用橡套软电缆	金兰	李七庄
38	1989	天津市政府	津西汽车油箱厂	TJ133C 汽车油箱	TL	中北斜
39	1989	天津市政府	珠江饮料厂	柠檬甲级汽水	利爽	西营门
40	1989	天津市政府	有机陶土厂	有机陶土	三鱼	王稳庄
41	1989	天津市政府	中津制药分厂	盐酸硫胺	中津	大 寺
42	1989	天津市政府	天津市色织十五厂	40J*40J 色织纯棉精梳府绸	JJ	中北斜
43	1989	天津市政府	天津市津兰电缆厂	YZ 型电焊机用电缆	雪兰	李七庄
44	1990	电子部	津兰电缆厂	YH10–95mm 电缆	雪兰	李七庄
45	1990	化工部	天津染料厂分厂	双倍硫化氢	友好凤羽	张家窝
46	1990	农业部	永升压力锅胶圈厂	压力锅胶圈	天凤	中北斜
47	1990	天津市政府	天津市丽华色材总长	阴极电脉漆	蓝星	王稳庄
48	1990	天津市政府	天津市西兰纺织厂	丝织背面	西兰	王稳庄
49	1990	天津市政府	天津市渤海兽药厂	氯化胆碱	佳宝	大 寺
50	1990	天津市政府	天津市汽车货箱厂	TJ133汽车货箱	天宫	中北斜
51	1990	天津市政府	伊美天然化妆品厂	貂油系列面霜	幽谷梅	西营门
52	1991	农业部	中津制药分厂	盐酸硫胺	中津	大 寺
53	1991	化工部	天津市丽华色材总厂	单组份聚氨酯清漆	蓝星	王稳庄
54	1991	天津市政府	天津市长城化工厂	吐氏酸	蓝豚	张家窝
55	1991	天津市政府	天津市永盛毛巾厂	茶巾系列	上卉	上辛口
56	1991	天津市政府	天津市津西油毡厂	油毡	津西	李七庄
57	1991	天津市政府	天津市天华制灯厂	灯	永明	中北斜
58	1991	天津市政府	天津市新新化工厂	二氨基和萘苯磺酸钠	新时代	大 寺
59	1991	天津市政府	西青区向阳针织厂	针织秋衣秋裤	向阳	西营门
60	1991	天津市政府	津西胜利油脂厂	淬火油	津霸	中北斜
61	1991	天津市政府	津西胜利油脂厂	淬火油	津霸	中北斜
62		天津市政府	天津市东洋化工厂	硫酸二甲酯	高宇	张家窝
61	1991	天津市政府	天津市利民钢材厂	冷轧带钢	LM	中北斜
62	1991	天津市政府	天津市树脂二厂	酚醛电木粉	攀峰	李七庄
63	1991	天津市政府	天津市染料分厂	4– 硝基 –2– 氨基苯磺酸钠	凤羽	张家窝
64	1991	天津市政府	天津市王顶堤玻璃纤维厂	玻璃纤维布	双宝	西营门
65	1991	天津市政府	天津市百灵打火机厂	打火机轮	明阳	杨柳青
66	1998	农业部	津西兴华服装厂	男大衣	吉利	西营门

2007年，西青区质量技术监督部门接管名牌产品培育工作。至2010年，区内有天津名牌产品30个，中国名牌产品2个。

2007—2010年西青区获天津名牌、中国名牌产品一览表

表11-3

序号	称号	年度	授予部门	企业名称	产品名称	商标名称	所属街镇
1	天津名牌产品	2007	天津市实施名牌拳头产品战略领导小组	中国大冢制药有限公司	大输液系列产品	COP	精武镇
2	天津名牌产品	2007	同上	天津市染分化工有限公司	硫化黑200%	凤羽	张家窝镇
3	天津名牌产品	2007	同上	天津太平洋制药有限公司	阿莫西林胶囊	图形	大寺镇
4	天津名牌产品	2007	同上	天津市长城化工厂	吐氏酸、J 酸	兰豚	张家窝镇
5	天津名牌产品	2007	同上	天津市汽车灯厂	夏利系列汽车灯具	礼花	中北镇
6	天津名牌产品	2009	同上	天津市益中汽车安全带厂	汽车安全带	益中	大寺镇

续表

序号	称号	年度	授予部门	企业名称	产品名称	商标名称	所属街镇
7	天津名牌产品	2009	同上	天津市春合体育用品厂	体育运动器械	CCH	西营门街
8	天津名牌产品	2009	同上	天津市新宇彩板有限公司	彩色涂层钢板	新宇	精武镇
9	天津名牌产品	2009	同上	天津一汽夏利汽车股份有限公司	轿车	夏利、威姿	中北镇
10	天津名牌产品	2009	同上	天津一汽夏利汽车股份有限公司	TJ376QE 系列汽油机	天内	中北镇
11	天津名牌产品	2009	同上	天津一汽夏利汽车股份有限公司	威志系列轿车	威志	中北镇
12	天津名牌产品	2009	同上	天津飞龙橡胶制品有限公司	胶布制品	中工	大寺镇
13	天津名牌产品	2009	同上	天津东洋油墨有限公司	印刷油墨	SKYEY LION 天狮	西青经济技术开发区
14	天津名牌产品	2009	同上	天津中津药业股份有限公司	维生素 B1	金世牌	大寺镇
15	天津名牌产品	2009	同上	天津大桥焊材集团有限公司	焊接材料	大桥牌	大寺镇
16	天津名牌产品	2009	同上	天津市梦得舒羊绒制品公司	羊绒衫	梦得舒	辛口镇
17	天津名牌产品	2009	同上	天津市依依卫生用品公司	纸用卫生用品	依依	张家窝镇
18	天津名牌产品	2010	同上	天津达仁堂京万红药业公司	京万红软膏	京万红	西营门街
19	天津名牌产品	2010	同上	天津达仁堂京万红药业公司	痹祺胶囊	京万红	西营门街
20	天津名牌产品	2010	同上	天津同仁堂集团股份公司	肾炎康复片	太阳牌	西青经济技术开发区
21	天津名牌产品	2010	同上	天津市立孚光电线缆开发有限公司	层绞式光缆、中心束管光缆	L·F·O·C 图形	西青经济技术开发区
22	天津名牌产品	2010	同上	天津一汽夏利汽车股份公司	轿车	威乐	中北镇
23	天津名牌产品	2010	同上	天津百利特精电气股份有限公司	模压外壳断路器、万能式断路器	百利、BENEFO、低字牌	西青经济技术开发区
24	天津名牌产品	2010	同上	天津万化股份有限公司	双向拉伸聚酯薄膜	天华	西青经济技术开发区
25	天津名牌产品	2010	同上	天津三环化学有限公司	染料及染料中间体	飞船	李七庄街
26	天津名牌产品	2010	同上	天津市红联橡胶制品有限公司	下水裤及橡胶制品	天征	张家窝镇
27	天津名牌产品	2010	同上	天津市全友钢丝绳有限公司	钢丝绳、镀锌钢绞线	三环	辛口镇
28	天津名牌产品	2010	同上	天津太平洋制药有限公司	析清包醛氧淀粉胶囊	析清、图形	大寺镇
29	天津名牌产品	2010	同上	天津市利达钢管有限公司	焊管、镀锌管、钢塑复合管	利达	大寺镇
30	天津名牌产品	2010	同上	天津市鑫阔化工厂	2- 萘酚	鑫阔	精武镇
31	中国名牌产品	2006	中国名牌战略推进委员会	天津市春和体育用品厂	专业竞技举重杠铃	中华	西营门街
32	中国名牌产品	2007	同上	天津市春和体育用品厂	体育器械	中华	西营门街

第四节　工业园区

进入21世纪，西青区建有多个工业园区。其中较为著名的工业园区有：

一、天祥工业园区

照11-2　2006年，天祥工业园

2006年建成并投入使用，隶属于李七庄街办事处。园区规划总面积3平方千米，一期开发面积1平方千米，建成标准厂房15万平方米，写字楼15万平方米。厂房单体面积2200~6000平方米。园区建有企业投资服务中心、综合配套区等设施2.5万平方米。综合服务区包括公寓式住宅楼2栋、职工宿舍楼1栋、商业店铺1栋、物业楼1栋。园区设施齐全，保证全天候供水、供电、供气，多媒体宽带等通信设施和最新资讯服务。至2010年，有美国、西班牙等多个国家和地区的44个企业投资进驻。

二、精武镇工业园区

建于2001年，规划用地面积500公顷，开发面积244公顷。2002年，工业园区一期工程完成，投资210万元，园区注册企业18家，注册资金2025万元。2003年，工业园区二期工程完成，投资4340万元，占地188公顷，园区注册企业52家，注册资金1070万美元。2004年，营业收入500万元以上规模企业20家。2005年，镇工业园区新增面积66.67公顷，投资1400万元，完成各项基础设施建设，引进项目28个，完成工业总产值6.23亿元。2010年，实现工业总产值22.31亿元，销售收入21.82亿元。

2003—2010年精武镇工业园区经济数据统计表

表11-4　　单位：万元

年度	产值	销售收入	利润	税金
2003	57515	56365	2536	885
2004	62312	62001	2790	943
2005	69240	68202	3069	1029
2006	78104	76386	3437	1337
2007	101535	99302	4469	2005
2008	131996	129093	5809	3408
2009	171594	167821	7899	4680
2010	223073	218167	10125	5879

三、大寺镇工业园区

建于2001年，产业发展重点定位于引进汽车零部件及配套产业企业。园区有津港快速、津沽二线、津淄公路及外环线等交通网络。2010年，入驻企业43家，其中外资企业12家。逐步形成电缆、汽车配套和生物医药三大产业。年实现工业产值14.41亿元，营业收入17.23亿元，纳税4854万元。

2005—2010年大寺镇工业园区主要经济指标完成情况统计表

表11-5　　单位：万元

年度	工业产值	营业收入	利润	税金
2005	32096	31867	2783	726
2006	70583	68591	4362	2814
2007	80583	78591	5962	3067
2008	85628	81625	6132	3213
2009	96583	108033	7496	3444
2010	144063	172302	7388	4854

第五节　企业管理

一、质量管理

1979年，西青区工业实行规范化、制度化、科学化管理。1984年，一大批乡村工业与大企业先进工艺技术联合，引进先进科学技术，使产品质量不断提高。1987年，区内163家工业企业厂长、总工程师全面负责产品质量，车间段、班组技术人员把关，提高产品质量。关停并转58家设备陈旧、工艺落后、产品质量差企业。1988年，建立三级质量保证和监督体系，推行全面质量管理。1995—2010年，企业开展争创市级名牌产品和ISO 9000系列质量管理体系认证，严格生产许可证管理和强制性认证产品监督。2010年，对7家名牌产品质量稳定合格率99.02%。全区有24大类36小类产品、125家企业取得工业产品生产许可证，定期监督检验合格率100%，强制性认证产品生产企业93家，企业持有效证书率100%，市级定期抽查合格率98%。

二、人才管理

90年代始，区内实施人才战略，制定年度引进、培训人才计划，采取引进与培训并举、长期与短期结合的方式，举办厂长经理、业务员、班组长管理业务培训班，初级工、中级工技术等级培训班，大、中专学历培训等。落实天津市“蓝色证书”培训工程和天津市农村劳动力“351”培训工程，建设三级培训网络、基地。区级以市乡镇企业局培训中心和区诚信科技培训服务中心为依托，街镇一级主要以各街镇劳动服务中心为平台，建立11家培训实习基地。初步形成区、街镇、村三级培训网络。2000—2010年，每年组织中小企业经营管理人员培训，通过刊物、培训、咨询、信息多种途径加强企业经营管理者素质建设，培育高层次、复合型职业企业家队伍。

三、技术管理

1979年始，区内推动以企业为主体、市场为导向、产学研相结合技术创新体系建设。2003年，开展技术中心认定。至2010年，完成认定市级技术中心工业企业19家，认定区级技术中心工业企业29家。

四、安全管理

1990年，西青区在区达标企业中推行安全基础管理，建立企业档案。1991年，开展“百日安全竞赛”和“119消防安全日”活动，安全培训1218人。1992年，培训司炉工、电气焊工、车辆驾驶员211人。1994年，对乡镇工业实行风险抵押制度，培训163人。1995年，树立安全标兵100家。开展“保险杯百日安全竞赛”活动，培训人员731人。2003年，建立“安全专家”制度，全区聘请专家50名，定期保持人员更新。2005年，合理调整全区产业布局，严格准入机制，危险化学品项目原则上不予批准。2006—2010年，在危化企业中实行标准化管理，对部分重点工贸企业推行标准化管理。

第二章　建筑业

80年代初，西青区内从事建筑企业者多为小型包工队。90年代中期，区内建筑作业方式由传统手工操作逐渐向机械化转变，多数“包工队”变为专业性公司或集团公司。区政府因势利导，组织开展规划编制，加强建筑业管理和服务，使全区建筑业进入有序发展阶段。进入21世纪，区内加大城乡建设力度，加强对建筑市场和建筑工程管理，使全区建筑业得到快速、健康发展。

第一节　设计与勘测

一、建筑设计

1983年，西郊区城乡建筑设计室成立，区内对建筑市场建筑设计进行管理，在区域内进行新建、

照11-3　2010年，西青区建设中的还迁楼项目

改扩建和翻建等所有工程建设项目，建设单位必须到建筑设计行政管理部门立项。未经立项的建筑设计工程项目，建管单位严禁予以办理建设形式手续。1984年，区城乡建筑设计室为区城建委下属科室。资质与等级为“建筑丙级工程设计”，经济类型为国有经济、事业单位（自收自支，自负盈亏）。至1997年，共完成委托设计项目721项，工程设计面积82.09万平方米。包括区开发公司、凌云里小区建筑设计、区商业局开发公司柳苑里小区设计等重点项目。至2010年，完成设计项目1678项，总面积1000万平方米，其中包括住宅楼、办公楼、公建设施等。

二、建筑勘测

1988年，区建设测量队承担全区范围内乡域规划、土地划拨等测绘任务。1995年，区建筑测量队具有丙级测绘资格，主要从事全区范围内工程测量、地籍测绘、房产测绘。1997—2000年，对杨柳青镇规划区进行1:500地形测绘，测绘面积23.81平方千米。2001年，通过市规划和国土资源局数据鉴定，对西青区完成真彩色航空摄影测量。2002年，完成DOM的制作、建库。利用1:1万真彩色影像图，按技术规范进行控制加密，以内业解析为主，结合外业调绘，绘制一套比较准确的1:2000地形图。2003年，区测绘中心晋升为乙级测绘单位，测绘业务扩大。2004年，对区域进行测量标志普查。2005年，为天津师范大学、理工大学、工业大学新校区建设提供各类地形图纸和数据。2007—2010年，配合区“五路五河”改造，对津静公路、津同公路等道路河流及周边地块进行1:10000面积测算、1:2000地形图测绘，测绘长度百千米。

第二节　建筑材料管理

一、散装水泥使用

90年代，区内限制袋装水泥生产，要求水泥生产企业根据袋装水泥销售数量，缴纳散装水泥专项资金。新建、扩建、改建的建设工程，建设单位要根据工程预算使用水泥数量，在申请领取施工许可证前，预先缴纳散装水泥专项资金。散装水泥专项资金征收标准：水泥生产企业每销售1吨袋装水泥缴纳散装水泥专项资金1元；建设单位和其他使用，每使用1吨袋装水泥缴纳散装水泥专项资金3元。2006年，收取散装水泥专项基金56万元。

二、新型墙体材料推广

90年代初，实行墙体材料改革。2003年，区内开始推广使用承重混凝土空心砌块、轻集料混凝土空心砌块、加气混凝土砌块和条板、多功能轻质（复合）墙等新型建筑结构体系材料，对使用实心黏土砖住宅项目，不予批准。2004年，规定凡2003年后设计审批工程，禁止使用实心黏土砖。2007年始，外环线以内工程全面禁止使用实心黏土砖。

三、砂石料管理

90年代起，区内对砂石料堆场、搅拌站企业进行定期排查治理，查看进货车辆吨位、过秤清单。严禁“大吨小标”车辆出现，规范装载行为，把好车辆安全“出门关”。至2010年，对辖区砂石料和搅拌站经营全面实施安全规范管理。

第三节 施工管理

一、工程质量监督

1988年，区建筑工程质量监督站成立并对区内建筑工程质量实施监理。1991年，制定《西郊区建设工程质量监督办法》《建筑工程监督工作程序》。至2010年，对建筑工程质量依法监理，未出现重大工程质量问题。

二、工程安全监督

1988—2010年，区内开展安全监督，严格按“一岗三责”原则、施工安全资料和监理资料与施工部位同步。对建设工程实行三阶段抽查，竣工验收后要求竣工工程出具安全监督评价报告。整理、装订竣工工程安全监督档案并与质量监督档案，严格工程安全档案管理。

三、材料质量监督

90年代至2010年，区内施工安全资料和监理资料与施工部位做到同步检查。定期监督抽（巡）查建筑工程基础、主体、外墙保温样板、竣工验收等阶段质量安全。不定期抽（巡）查对影响结构安全和使用功能等重要部位的质量检查、安全检查及其他需要检测项目：地质基础不少于两次，主体多层不少于三次，高层每五层不少于两次。抽测行为遵循科学、公正原则，抽测中发现工程质量不符合工程建设强制性标准，或对工程质量有怀疑，责成责任单位委托具有相应资质检测单位检测。

附

西青区部分获奖工程项目：

西青医院综合楼 2006年开工，2008年竣工，施工单位为天津天一建设发展有限公司。项目获高级优质工程“海河杯”和“鲁班奖”。

西青司法局、市容委新建办公楼 2006年开工，2007年竣工，施工单位为天津天一建设发展有限公司。项目获市级优质工程“海河杯”荣誉。

中北旺商业广场一期工程 建于2010年，施工单位为天津天一建设发展有限公司。项目获市级优质工程“海河杯”荣誉。

第四节 建设市场管理

一、招投标管理

1992年，西青区成立建设工程招标管理站，对区内工程招标进行管理。1994年，更名为区建设工程招标管理办公室，监督区内建设工程施工招投标活动。2006年，办理招标项目50余项，其中招标30项，公开招标进场交易率、应公开招标工程公开招标率均为100%。2008年，实现公开和邀请两种不同招标方式下采用不同备案管理方法。完成建设工程招标项目149项，全年完成中标标价21亿元，中标规模137万平方米。应公开招标工程公开招标率、招标工程进场交易率、合同审查备案率均为100%。2010年，办理招标项目107项，中标规模约340万平方米，中标金额约72亿元。

二、企业资质管理

1997年，成立西青区建筑施工企业管理站，对区内土木工程、设备安装、园林绿化等单位和个人开始接收资质审查。当年完成61个建筑企业资质年检。2005年，申报资质19家，资质年检71家，实际通过67家。房地产开发企业资质预审2项。2006年，完成招标管理104项，总建筑面积67万平方米。审查建设工程合同325项。2006年，完成招标管理104项，总建筑面积67万平方米。审查建设工程合同325项。2008年，完成企业资质年检企业96家。2010年，完成企业资质年检151家。

附

西青区建筑企业选介：

西青区建筑工程公司　1975年成立，属集体独立核算单位，注册资金261.1万元。1995年，有职工1100余人，其中工程师等技术人员21人，一线生产工人平均技术等级6级以上。施工资质为建筑三级。1989年，公司施工资质被注销，保留工程队四级资质。1990年，开始搞商品房开发，施工面积1.8万平方米，创产值3000万元。2006年后，再无经济实体业务。

杨柳青镇建筑安装工程公司　1990年成立，由杨柳青十几个建筑队合并组成。1996年，在册职工450人。主要经营三级土木工程建筑、水电安装等业务。

三、建筑市场整顿

（一）施工许可

1992年始，区招标管理办公室统一核发施工许可证。1996年，全区建筑市场监察132项工程，核发施工许可证43个。2001年，核发施工许可证59个，监察建筑市场工程186项。2005年，核发施工许可证92个，合同备案113份，检查施工企业132个。2006年，现场办公百余次，跟踪服务50余项，完成行政许可审批112项，发放施工许可证74个。2010年，完成113项、总金额为19.8亿元施工合同备案。

（二）施工安全

1988年始，对区内建筑施工企业实施建筑安全生产管理。1996年，扩大工程监督覆盖面，建立监督网点，对工程结构安全监督检查。2006年始，强制实行为施工人员办理意外伤害保险。施工企业安全责任书签订率100%，安全基础管理达标单位100%，外环线内安全检查达标率100%，隐患整改率100%。2008年，开展安全大检查和专项治理，对经济适用房进行强制性监督。全区外环线内施工安全达标率100%。2009年，对区内51项、156个单体在建工程实施安全监督，组织各类专项检查61次，下达整改通知书729份，竣工备案37项。总承包单位安全监督备案率100%，总承包单位与专业承包单位、劳务分包单位安全生产责任书签订率100%。2000—2010年，组织安全施工培训1000余人次，并组建安全巡查组，落实施工单位安全管理机构。

第十二编

经济技术开发区

天津市 西青区志（1979—2010）

TianJin Annals of Xiqing District

2010年，生态环保的西青经济技术开发区

2010年，西青经济技术开发区地图

90年代初，西青区实施经济强区战略，在天津市中心城南部建成西青经济技术开发区。开发区加强软环境建设，制定出台多项优惠政策，创新招商引资模式，建立一站式服务体系，为企业提供全方位便捷免费服务，保护外来投资企业合法权益和正常生产活动。以西青经济技术开发区为龙头，强化乡（镇）工业园区内交通、电力等硬件设施建设，为企业入驻和发展创造良好的环境及发展平台。至2010年，西青经济技术开发区已经发展成为一个以电子信息为龙头，以汽车配套、生物医药为主体的现代化、国际化工业园区，几十个国家和地区近千家企业落户，累计吸引资金近百亿美元，成为全国单平方米经济效益最高的开发区之一，被国务院批准升级为国家级开发区。

第一章　园区建设

西青经济技术开发区（以下简称开发区）建立至2010年，为营造招商引资良好环境，开发区管委会将投资环境建设作为工作重中之重，制定园区建设发展规划，充分利用区位优势，加大基础设施建设投入，使基础设施建设发展达到国家园区水平。生活设施加大投入，使生活设施与基础设施同步配套，许多好项目、大项目纷纷入驻园区。

第一节　园区规划

一、规划布局

西青开发区总体规划面积150平方千米。2010年，建成开发区一至四期工程，设立新兴产业园、微电子工业区、生物医药园等特色园区。建成区有：

（一）赛达工业园

位于西青区天源道，北临兴华五支路，西临兴华四支路，东临兴华三支路，占地面积9.92万平方米，总建筑面积4.35万平方米。建有标准厂房14间，全部为单层厂房。2010年，入驻企业17家。

（二）集美工业园

位于赛达一大道和七支路交口，占地面积17.4万平方米，总建筑面积6.46万平方米。2010年，入驻企业28家。

（三）汇亚工业园

位于赛达五支路与赛达一号路交口，占地面积16.78万平方米，总建筑面积6.8万平方米。2010年，入驻企业22家。

（四）国际工业城

为西青开发区四期，占地总面积100万平方米，建筑面积为70万平方米，总投资12亿元，分为A、B、C、D四个区，其中A、B、C区已经建成，企业入住率达90%以上。2010年，入驻企业60多家。

（五）赛达模具园

位于赛达一大道南。2010年，有30家模具企业，投资2亿多美元，主要以电子及半导体用模具为主。

（六）建福工业园

位于西青经济技术开发区民和道北，占地面积约为2.52万平方米，总建筑面积约为1.97万平方米。

二、产业发展规划

西青经济技术开发区产业发展规划有：

（一）主导产业体系

电子信息、装备制造、新材料、新能源、生物医药。

（二）配套和支撑产业体系

模具产业、物流产业、现代服务业。

（三）综合产业园

为主导产业和其他投资额较大、前景好的产业及符合电子产业基地发展的企业提供发展空间。

三、区位优势

西青开发区位于天津市城区南侧，与天津市政治、商业、金融、人文、休闲、展示交流中心融为一体，毗邻外环线和天津市最大生态居住区梅江生态居住区，距市中心8千米，距京沪高铁天津南站7千米，距天津滨海国际机场15千米，距中国北方最大口岸天津港30千米。周边有京沪高速等9条高速通往全国各地，其中两条到达北京、两条到达天津港。毗邻天津高级生态居住区梅江、华苑等高档生活区，周边建有多个高中档生活居住区。区内建有不同层次的生活区，设有蓝白领职工公寓5处。距天津梅江会展中心5分钟车程，周边有天津瑞金国际学校等多所中小学及国际学校。

第二节　建设历程

1992年，天津市委、市政府提出设立12个开发小区构想后，西青区委、区政府提出高标准、高速度建设西青经济技术开发区实施方案。西青经济技术开发区建设坚持整体规划、功能分区、集中控制、滚动开发发展思路，以平均每年近1平方千米开发速度，高标准推进基础设施建设，形成完备基础设施。

一、一期工程（1992—1996年）

1992年7月，市政府下发《关于建立天津市西青区经济开发小区的批复》。7月9日，西青经济技术开发区挂牌成立。

1993年，开发区完成开发区起步区20公顷填土工程，修建柏油路15.3万平方米，铺设供水管线1.5万米，排水、排污管线3.3万米。建成110千伏变电站、排水能力5.6立方米/秒排污泵站。完成2万门程控电话局主体基建工程，动工兴建供气能力为70万平方米的液化气站。至1995年，西青经济开发总公司投资近4亿元，建成可综合开发利用的土地8平方千米，建立比较完备的生产、生活基础服务配套设施。至1998年，开发区投入10.5亿元，完成第一期基础设施建设，实现“六通一平”（路、给排水、电、通信、供暖、土地平整）。

二、二期工程（1996—2001年）

1996年3月，市政府批准西青经济技术开发区开发第二期2平方千米土地。1998—1999年，修筑兴华七支路至兴华十一支路道路基础施工和二期道路，打通友谊路延长线。投资修建园区透视围墙，将4平方千米区域封闭。引进直径60厘米的天然气管线。实施路灯建设，将原有的供电、通信架空线路改为地下线缆。2000年，投资158万元，铺设一、二期便道花砖7.6万平方米。投资170万元，对开发区内2.14万平方米绿地进行提升改造。

三、微电子工业区

1996年，西青经济技术开发区与天津经济技术开发区共同投资建立起步区为1.8平方千米的微电子工业区，东至津港公路，西至微八路，南至芦北路，北至南引河。园区的建立为开发区向微电子为主导的高科技园区发展创造条件。

四、三期工程（2001—2002年）

2001年，开发区启动建设。东至津港公路，西至兴华七支路，南至中引河，北至惠友道，面积2平方千米。2002年，对西青经济技术开发区电网结构进行规划，对35千伏、10千伏变电站进行布点规划。新建三期雨水泵站，排水能力为9立方米/秒。

五、四期工程（2002—2006年）

2002年，开发区采取与周边行政村共同开发模式，完成开发区四期6平方千米土地开发。2003年，园区2.81万延米排水、自来水管网、中引河涵洞、10千伏新出线电气、路灯等四期市政配套工程开始施工。2004年，实施西青经济技术开发区内全长1600米南引河新河道工程、四期C区起步区排水管道工程。建设四期B区10千伏线路电气工程。完成四期起步区道路工程。在11平方千米土地上实现“七通一平”（路、给排水、电、通信、供暖、燃气、土地平整），完成标准厂房建设40万平方米，总资产达25亿元。至2010年，完成绿化面积约65万平方米。共有厂房、楼宇100余万平方米，引进企业200余家。

1992—2010年西青经济技术开发区基础设施投入情况统计表

表12-1 单位：万元

年度	基础设施	年度	基础设施
1992	1556	2002	27723
1993	7309	2003	25618
1994	11483	2004	24592
1995	15297	2005	19217
1996	15685	2006	35902
1997	23762	2007	70932
1998	30144	2008	101057
1999	5741	2009	69210
2000	3722	2010	44826
2001	15414	合计	549190

六、赛达国际工业城（2005—2010年）

2005年开工建设。工业城开发面积1平方千米，东至友谊南路延长线，西至赛达十支路，南至赛达南道，北至赛达一大道。建设面积70万平方米，建成标准厂房16万平方米。2006年，新开工标准厂房和员工公寓25万平方米，赛达国际工业城A区和B区竣工，企业开始入驻。2007年，新开工标准厂房和公寓20万平方米，为企业代建厂房12万平方米，企业自建厂房21万平方米。2009年，建设C区外围3万平方米和D区16万平方米厂房，启动开发区重点物流配套项目普青物流

照12-1　2009年，赛达工业园区

园，完成4万平方米的物流库和办公楼工程。2010年，完成赛达国际工业城和捷普绿点集团10万平方米公寓主体工程，完成5万平方米厂房建设，赛达国际工业城开发建设工程全部竣工，为天津市最大的电子信息标准厂房工业园。

七、赛达生物医药园（2007—）

2007年启动建设，医药园开发面积1.33平方千米，东至友谊南路延长线，西临赛达十一支路，南至赛达一大道，北至赛达北四道。2009—2010年，完成73.33公顷的路网建设，实现"九通一平"。赛达一号立交桥投入使用，全桥总长980米，横跨李港铁路、津淄公路、津港运河以及规划津淄公路。完成赛达大道建设，东接微电子爱迪生路，西至津汕高速公路，距外环线约5千米。

八、赛达新兴产业园（2009—）

2009年，赛达新兴产业园破土动工。开发面积6平方千米，东至津淄公路，西至津汕高速，南至津晋高速，北靠外环线。2010年，产业园23.8万平方米厂房竣工并投入使用，能容纳企业300余家。新建标准厂房、定做厂房、改造厂房30万平方米并投入使用。

第三节　基础设施

一、交通

1992—1995年，开发区修筑开发区东西向主干路5条、支线路2条，与南北走向7条主干路纵横交织，车道宽度9~21米。中央大道长1千米，宽60米。道路总长1.39万米。1996—1998年，完成兴华七支路兴华十一支路道路基础施工，面积1.85万平方米，新建二期道路5.3万平方米。1999年，打通友谊路延长线，使开发区到市中心时间缩短一半。修建透视围墙，封闭建成的4平方千米小区。

照12-2　2010年，开发区赛达大道

2000—2004年，赛达桥工程竣工，面积990平方米。全长4.8千米的友谊路延长线工程全线通车，四期起步区道路工程完成17.1千米。2005—2008年，完成四期B区和C区道路建设30万平方米，完成兴华道大修工程，新建西青经济技术开发区公交总站。启动赛达大道建设，总长度10千米的友谊路延长线改造工程竣工。2009—2010年，完成73.33公顷路网建设，赛达一号立交桥投入使用，全桥总长980米，横跨李港铁路、津淄公路、津港运河和津淄公路。新铺设一、二期便道花砖7.6万平方米，完成新兴产业园一期道路4.5千米，建成西青经济技术开发区公交总站，形成四通八达交通网络。

二、园林绿化

1992—1995年，开发区规划绿地面积20%，完工率80%。1999年，投资500余万元，全面铺开绿化工程，购进20个品种的苗木，种植苗木9.64万株，实现四季常绿、三季有花。2000年，投资170万元，对开发区内2.14万平方米绿地进行提升改造。2003—2010年，重点实施三期、四期工程绿化项目建设。完成绿化面积65万平方米，开发区绿化率25%。

三、环境卫生

1992年，开发区编制《西青开发区区域环境评价与规划》。2005年，开发区再次做区域环境评价，对于电子信息企业通过采用过滤、吸附、净化技术和装置，全部实现达标排放。2006年，实施“蓝天工程”，完成所有企业煤改燃工作，建有日处理能力6万吨污水处理厂，污水集中处理率100%。企业清洁生产达标率100%，强制清洁生产审核实施率100%，固体废弃物综合利用率100%。发展循环经济，开发区80%以上企业通过ISO 14000环境管理体系认证。2010年，西青开发区生态、环保综合环境条件达国内开发区一流水平。

四、水电气热

1992—1995年，开发区引入市中心自来水厂水源，东西两侧铺设自来水供水管道，建设排污泵站，铺设全部雨、污分流排放管线。建成双电源110千伏变电站。设有液化气站和燃油供热系统。1998年，成立开发区供水站，完成微电子工业区送水工程。2001年，园区内实行双水源环状供水、双电源环网供电、双气源环网供气。2006年，完成四期B区自来水、燃气、通信等配套建设，使B区达到出让、建设条件。2008年，建成污水处理厂，完成独流减河小孙庄泵站改造。完成C区二期排水、道路市政配套工程。2010年，建成83个燃气数据采集终端站，完成天津德通电器有限公司等43项天然气工程。完成调度指挥中心改造，建设大屏幕及“3S”监控系统，建成57个数据采集终端站。引进无线远传抄表系统，实现西青经济技术开发区供水远传数据全覆盖。

1992—2010年西青经济技术开发区基础设施投入情况统计表

表12-2　　单位：万元

年度	基础设施投入	年度	基础设施投入
1992	1556	2002	27723
1993	7309	2003	25618
1994	11483	2004	24592
1995	15297	2005	19217
1996	15685	2006	35902
1997	23762	2007	70932
1998	30144	2008	101057
1999	5741	2009	69210
2000	3722	2010	44826
2001	15414	合计	549190

五、通信设施

2008年，开发区电子政务邮箱正式开通，为230家企业开通政务邮箱。2010年，开发区建有国内一流信息基础设施。中国电信天津分公司在园区内建有枢纽大楼。中国移动、中国联通等电信运营商设有办事机构，形成覆盖开发区网络专线和宽带网络。开发区内60%以上企业建有公司网站，集团公司100%建有异域管理网络平台和研发设计协同平台，100%的企业建设企业内部网、75%企业建设ERP（企业资源规划）系统。开发区建立门户网站定期组织区内企业开展信息化建设交流会。鼓励企业购买和采用各种专业应用软件，对信息化建设优秀企业进行奖励，促进企业管理效率和管理水平提高。

六、生产设施

1992—1995年，开发区建成面积8万平方米的配套标准厂房和生活服务区。2003年，占地5.8万平方米赛达工业园竣工。2004年，赛达汇亚工业园、集美工业园竣工。建集海关监管、出口买断、保税仓储多功能为一体3万平方米保税仓库。2005年，建成赛达国际工业城厂房10万平方米，开发标准厂房16万平方米。2007年，建厂房12万平方米，企业自建21万平方米。2010年，累计建设厂房、楼宇100余万平方米，引进企业200余家。

第二章　招商引资

开发区园区成立后，西青经济技术开发区工委、管委会制定招商引资优惠政策，落实区委、区政府有关优惠政策，创新招商引资模式，采取“以商招商、中介招商、产业招商、市场招商”等方式，多渠道、多方位引进资金、项目和人才，使园区招商引资成效显著，位居全市各区县之首。

第一节　招商政策

1992年后，贯彻执行国家、市有关招商优惠政策，结合西青区实际，出台相关配套政策。2010年，西青经济技术开发区升级为国家级开发区，开始执行国家经济技术开发区的所有相关政策，提升招商引资吸引力度。

一、项目扶持和引荐奖励

2002年，区制定《西青经济开发区及所属工业园（科技园）招商引资优惠政策》《西青经济开发区街镇工业园（科技园）建设扶持政策》，对鼓励投资、贷款贴息、收费优惠、土地使用、中介机构及个人奖励等作出规定。2003年，制定开发区项目引荐奖励办法，对引荐者的奖励以项目注册资本实际到位额为计奖依据，工业项目按注册资本实际到位额的一定比例予以奖励。对于开发区鼓励的四大产业，按比例的上限奖励；房地产业等第三产业项目按注册资本实际到位额的一定比例予以奖励；对于高新技术项目、世界500强项目及在开发区购买土地或厂房的项目另给予奖励。

二、科技创新扶持

2009年，西青区出台扶持科技创新实施办法，建立区级科技创新专项资金，重点支持新产品开发、具有国际先进水平的高新技术引进和自主知识产权重大高新技术成果转化，每年支持10项左右区级科技创新重点项目，资助额度为100~500万元，对提升区内科技竞争力和产业升级有重大意义的项目上不封顶。鼓励企业开展自主创新活动，获得国家级重点新产品证书、国家级高新技术成果转化认定证书的一次性资助20万元，获得市级重点新产品证书、高新技术成果转化认定证书的一次性资助10万元。支持企业实施专利成果转化，对授权职务发明专利每项资助1万元，对授权职务实用新型专利每项资助0.2万元。2010年，规定加大财政资金投入力度，“十二五”期间区财政每年安排不少于1亿元专项资金支持各类科技型中小企业发展，扶持创新创业服务平台建设，对科技孵化器和生产力促进中心提供不超过300万元和200万元的资助额度。

第二节　招商方式

一、边建设边招商

开发区建立初期，坚持边规划、边招商、边建设原则，制定适中合理的地价，通过吸引资金，实行滚动开发，一期2平方千米土地很快形成招商条件，为开发区实现招商渠道畅通，形成多元化、多渠道招商新格局打下坚实基础。

二、以商招商

开发区成立后，通过联谊会、走访企业、为企业提供人性化服务等多种形式，加强与入驻企业的沟通交流，增强企业对西青经济技术开发区投资环境情感上的认同，由入驻企业向本国同类型企业和自己的加工配套企业做义务宣传员、口碑相传，推介投资，实现引进一个、带动一批。通过以商招商渠道引进企业数十家，形成电子、生物医药等特色产业链。

三、中介招商

开发区成立后，先后发展30余家外国驻华机构、商社作为开发区引资中介。2003年引进的项目中，三分之一以上的项目均由中介公司介绍，涉及投资额近1亿美元。

四、产业招商

1992年后，开发区借助松下电子、宝洁公司等世界500强企业的品牌，重点引导同类企业和为之配套企业入区投资，产生集聚效应。在一汽丰田落户天津之际，引进西青经济技术开发区14家配套企业。借日元升值、美国经济复苏后对华投资趋热、中国台湾上市企业向大陆转移资本等机遇，突出对美国、日本和中国台资企业招商。

五、创新招商模式

照12-3　2010年，西青经济技术开发区在北京召开招商推介会

2001年，开发区提出市场化招商思路。2002年，开发区实施招商引资改革。进行机构、招商人员工资制度改革，出台招商奖励政策，聘请兼职招商顾问。推出对中介公司招商奖励办法。依靠中介谈成项目32家，占全年项目总数三分之一。2004年，围绕电子、汽车配套等产业进行招商引资。2005年，重点围绕世界500强企业，抓项目延伸聚商；围绕赛达国际工业城，进行载体引商；围绕日本、韩国项目说明会，主动出击请商，实施服务安商。2008—2009年，加强招商市场化水平，建立一批重要招商引资平台。对招商队伍重新整合，设立7个招商部。2010年，开发区管委会为企业提供全方位服务。企业前期注册、后续登记、建设和运营等各个阶段都可以节约10~15天的时间成本。在投资洽谈、注册、建设阶段、生产经营及市场开发阶段都有部门协助企业进行事务办理。招商部为区内企业提供终身制服务，企业在任何时间出现任何问题都可以向招商部表达诉求，获得帮助。

第三节　招商成果

1992年，开发区第一家中外合资企业——天津华宜医疗保健用品有限公司建成。是年，兴建外商独资企业5家，协议投资额87万美元，外方投资额83万美元，建成中外合资经营企业6家，协议总投资247万美元，注册资本203万美元，外方投资额119万美元。1993年，建立中外合资经营企业40家，协议投资额8751万美元。外方投资3403万美元。建成中外合作经营企业3家，协议投资额800万美元，注册资本525万美元，外方投资额466万美元。建成外商独资企业25家，共建成“三资”企业68家。1994年，开发区建成中外合资经营企业11家，协议投资3700万美元，注册资本2755万美元，外方投资1862万美元。外商独资企业建成4家，协议投资1480万美元，注册资本658万美元，外方投资额658万美元。1995年，摩托罗拉、利通电梯等一大批高素质项目相继进入开发区。注册企业182家，其中“三资”企业101家，投资12.8亿美元。1997年，注册企业189家，吸引投资13亿美元，有54家企业在西青开发区投资建厂。1999年，新建和增资企业6家，增资额3365万美元。

2000年，开发区有10家企业增资，增资额7.53亿美元。引进欧洲亿顺工业园等29个项目。累计出让土地240.64万平方米，注册企业229家，其中“三资”企业99家，吸引资金19亿美元。2001年，西青开发区吸引资金1.18亿美元，注册企业43家，投资总额7907万美元，注册资金6.4亿美元。2002年，新开发的三期成为开发区重要的引资平台，引进项目15家，引资6000万美元。2003年，外资项目投资2.75亿美元，内资投资10亿元。本田摩托、富士胶卷等世界500强企业也相继进入开发区。2004年，引进的千万美元以上项目6项，总投资6.94亿美元，占外资总额的83%。年内项目总购地51万平方米，吸引投资6.7亿美元，每平方米吸引资金1308美元。2005年，引进汽车配套项目9个，引进资金1.75亿美元，世界500强企业电装配套项目5家，投资1.5亿美元。2006年，西青开发区引进23家电子信息产业项目，投资总额1.22亿美元。引进欧盟项目11个，总投资5544万美元。欧盟项目比重增加，打破日韩项目为主的格局。2007年，新批和增资外资项目87个，合同外资额4.9亿美元，实际利用外资及中国港澳台地区投资2.53亿美元，新批和增资内资项目34个，内资到位17亿元。2010年，引进项目165家，其中外资项目70家，内资项目95家，全年实现合同外资额5亿美元，外资到位5.03亿美元，内资到位76.31亿元。

第三章　园区经济

1992—2010年，开发区园区经济发展从起步到快速发展期，经历“两个高峰值、两个低峰值”，其间经过多次调整提升，各项经济指标持续攀升，一批主导产业逐渐形成规模，一批主要企业经济效益突飞猛进，园区经济质量和发展速度居全市区县级开发区之首。

第一节　发展与管理

一、发展概况

1992—1998年，为开发区建设起步期，累计出让土地249.11万平方米，收回资金4.55亿元。企业累计完成产值44.2亿元，实现销售收入38.4亿元，上缴税金1.92亿元，实现利税总额4.8亿元。

2000—2010年，为开发区快速发展时期。开发区土地出让面积、吸引资金数量、引进企业规模和科技含量以及基础设施功能等一直走在天津各区县开发区前列。注册企业192家，吸引资金131亿元。有来自12个国家和地区的63家企业受让土地投资建厂，50家建成投产。天津松下电子部品有限公司成为西青经济技术开发区第一家产值超5亿元的企业，天津宝洁工业有限公司成为园区第一家税收超过5000万元的企业。在开发区投资建厂的外资企业中，投资1亿美元以上的3家，投资1000万~1亿美元的13家，投资500~1000万美元的10家。在外资企业中，美国12家、日本13家、韩国5家、欧洲5家、东南亚国家3家。企业累计完成产值57.88亿元，实现销售收入65.6亿元，上缴税金4.85亿元，实现利税10.74亿元。2004年，日新（天津）塑胶有限公司成为西青经济技术开发区第一家营业收入超10亿元、第一家税收超1亿元企业。

"十五"期间（2001—2005），开发区累计实现税收30.64亿元，实现生产总值124.68亿元。在主要经济指标中，税收增长速度大于其他经济指标增长速度，税收收入从2001年的3.66亿元增长到2005年的10.61亿元，增长近3倍，开发区成为全区最大的经济增长点。

西青经济技术开发区"十五"期间主要经济指标完成情况一览表

表12-3

指标	2001年	2002年	2003年	2004年	2005年	合计
外资投资（亿美元）	1.02	2.97	2.75	8.34	3.72	18.80
内资投资额（亿元）	3.00	10.90	8.00	16.65	11.54	50.09
销售收入（亿元）	42.90	50 50	80.00	113.00	174.60	461.00
税收收入（亿元）	3.66	3.70	5.15	7.50	10.61	30.64
生产总值（亿元）	13.70	13.70	26.20	32.48	38.60	124.68
出口值（亿美元）	1.20	1.33	2.00	2.50	3.93	11.23

"十一五"期间（2006—2010），开发区各项经济指标保持年均25%以上增幅，累计完成销售收入1878亿元，实现生产总值444亿元，实现税收收入94亿元，外资到位额20.6亿美元，内资到位额221亿元，圆满完成"十一五"规划目标。

2001—2010年，为开发区基础设施建设和招商引资工作大发展、经济指标快速增长的10年。主要经济指标增幅保持在25%以上，实现销售收入2340亿元，税收收入125亿元，各项经济指标位居全市农口区县开发区前列。

西青经济技术开发区"十一五"期间主要经济指标完成情况一览表

表12-4

指标	2006年	2007年	2008年	2009年	2010年	合计
外资投资额（亿美元）	3.90	4.90	3.20	3.58	5.02	20.60
内资投资额（亿元）	22.00	24.00	42.00	57.00	76.00	221.00
销售收入（亿元）	240.00	280.00	351.00	452.00	555.00	1878.00
税收收入（亿元）	12.22	14.73	23.13	19.05	24.88	94.00
生产总值（亿元）	67.00	70.00	78.00	106.00	123.00	444.00

二、服务管理

开发区成立后，管委会为使企业入驻和健康发展，制定出多项制度，为企业提供全方位的服务。主要有：

（一）服务制度

首问负责制 最先接到企业诉求者负责到底，未负责到底者被追究责任，不在其职责范围内的事，要负责及时协调相关部门办理。

限时办结制 对企业提出的问题，管委会部门能解决的，限时解决，不能解决的，给企业满意的答复。

企业走访制 开发区管委会开通24小时专线服务电话，成立企业联谊会，对区内企业定期走访听取意见和建议，解决企业在经济运行中遇到的困难和问题。

（二）手续办理

1999年，开发区成立投资服务中心，为企业提供一站式办公、一条龙服务。在涉及企业前期投资过程中的注册、立项、规划建设等方面实行一次性收件，由开发区专人免费代办。企业落成后的纳税申报、法律咨询等事宜由西青经济技术开发区投资服务中心提供透明、公开的一门式服务。2005年起，天津海关驻西青办事处在西青经济技术开发区开始办公，使驻区企业通关时间大为缩短。

第二节 主导产业

至2010年，开发区形成电子信息、汽车配套和生物医药3大支柱产业，高档生活用品和高端机械制造两大产业势头强劲，现代服务业初具规模。

一、电子信息产业

2004年，天津市成为国家首批9大电子信息产业基地之一，开发区为基地的重要组成部分，汇集三星通信等世界500强企业和中芯国际等国际行业龙头企业。2010年，开发区电子信息产业实现产值1020亿元，占天津市的45%。有电子信息企业150家，形成以重点企业为中心的较为完整的5大产业集群链和完善的配套体系。成为中国北方最知名、产业集聚度最高的集研发、生产、应用一体化的电子信息产业基地之一。

（一）集成电路产业集群

开发区形成从芯片设计、生产、封装到测试一体化、经济规模达到百亿元的集成电路产业链，是国内重要的集成电路芯片制造基地，代表企业有中芯国际等。在现有集成电路设计、生产、封装产业基础上，针对集成电路企业大型化特点，将重点支持骨干企业整合优势资源，加大创新投入，推进工艺升级，增设生产基地和研发中心，完善集成电路设计支撑服务体系，做强集成电路产业链。

（二）移动通信产业集群

开发区移动通信产业以世界500强企业三星通信、捷普绿点为龙头，聚集以中环通信、威盛电子为代表的配套企业110多家，形成西青经济技术开发区产业链条最为完善、产业集聚度最高的手机产业集群。围绕三星通信和捷普绿点集团手机项目，西青经济技术开发区形成一条比较完整的手机产业链，包括手机模具、外壳、主板、显示屏、按键、耳机、话筒、照相镜头、电路、真空喷涂、组装项目等。

（三）电子元器件产业集群

开发区电子元器件产业以片式元件产品为核心，形成以三星电机、松下电子部品、研二电子等为代表的元器件产业集群。主导产品为片式电阻、片式电容等。是松下公司在中国的通用电子元件的生产基地。

（四）消费类电子产业集群

开发区以三星光电子等为代表，主要产品包括各种显示器、数字电视及机顶盒、数字照相机、数字录像机等，产业集中度全国领先，并与周边地区构建显示产业全国最完善的供应链。显示器企业在生产技术、工艺设备、配套和研发能力等方面均处于国内领先地位，产品技术与国际同步。巨大的手机产业集群以及三星数字电视、数码相机等大型区内企业，为发展消费电子产业提供巨大的周边市场需求。

（五）电子模具产业集群

开发区电子模具产业以罗姆模具为代表，主要产品包括电子、家电、手机部品、非金属模具、模具成形制造等，形成产品范围广、产业发展集中度高的产业特点，并与其他产业集群形成紧密的共生关系。

二、汽车配套产业

进入21世纪，依托西青汽车产业优势，开发区汽车配套产业加速聚集，汇聚日系、欧美系等国内外知名汽车行业厂商50家，累计吸引资金7亿美元，发展成为亚太地区规模最大的汽车空调零部件生产基地和国内最大的汽车转向泵生产基地。开发区汽车零部件产业规模大、产品品类全、知名企业汇集，形成包括底盘系统、空调系统、安全系统、电气系统等完整的汽车配套产业链。高档汽车服务项目的引进，使西青经济技术开发区形成汽车制造和汽配服务并重发展的新格局。

三、生物医药产业

开发区成立后生物医药产业是开发区重点打造和全力推动的产业，主要围绕心脑血管、抗菌和抗癌三大类核心药品，打造具有自身特色的产业集群和产业链，汇聚包括以日本乐敦、武田、大冢、田边为代表的外资药业企业，以力生制药、同仁堂、宏仁堂、太平洋、怀仁等为代表的内资中药知名企业。开发区生物医药产业累计吸引资金3亿美元，引进企业18家，2010年实现产值7.6亿元，为中国华北地区重要的生物医药产业基地。

四、高档生活用品产业

2010年，开发区高档生活用品产业累计吸引资金6.5亿美元，宝洁、恒安、蓝月亮、尤妮佳等4家知名企业落户，形成完整的个人生活用品产业链，其中天津宝洁是宝洁公司在中国北方最大的生产基地。蓝月亮项目成为蓝月亮公司在北方的生产、销售和物流基地。尤妮佳项目为中国北方最大的妇女儿童卫生用品生产基地。

五、机械制造产业

开发区成立后开发区机械制造产业主要集中在液压、电气自动化、矿山机械三个领域。液压产业以优瑞纳斯、通洁高压泵、派克汉尼汾、岛津液压等企业为代表，形成上游原材料、中游液压产品到终端应用的完整产业链，主要产品包括液压缸、液压泵等液压产品。电气自动化代表企业有加拿大的合时自动化，主要从事自动化生产线研发与生产。新能源领域还有天津瑞能电气，主要生产风电控制系统等。

六、现代服务业

开发区成立后逐渐形成金融和物流为核心的现代服务业体系。金融业以四大国有商业银行、深发展、浦发行等股份制商业银行为核心，赛达担保公司、赛达小额贷款公司为补充。现代物流业以联邦快递、GLP、大田物流、保税仓等第三方物流企业为代表。2010年，以赛达新兴产业园、深国投等项目为代表，现代服务业成为西青经济技术开发区快速发展的潜力产业之一。

第三节　主要企业

开发区成立至2010年，园区内拥有产值2000万元以上规模企业243家，其中外资企业206家，内资企业37家，500强企业31家。产值超5000万元企业111家，产值超亿元企业86家，税收超1000万元企业47家。

一、电子信息类

（一）中芯国际集成电路制造（天津）有限公司

成立于2003年，是中芯国际公司在国内的5大制造企业之一，也是天津市唯一投入生产运营的芯片生产企业，主要提供8英寸制程工艺的集成电路代工服务，提供从集成电路开发、设计到晶圆代工、封装、测试以及光掩膜制造等全方位服务。2010年，芯片产量39.7万片，实现销售收入17.8亿元，完成出口2.41亿美元，盈利1.3亿元。

（二）天津华宁电子有限公司

成立于2002年，以煤矿井下通信、保护、控制、高低压电器产品的开发设计、生产制造及销售为主的国家高新技术企业。公司申请和获得专利61项，其中发明专利5项、实用新型专利46项、外观设计专利10项。自主研发的专利产品"矿用隔爆兼本质安全型组合开关"各项技术指标达到国际先进水平。2009年获得天津市科技型中小企业技术创新专项资金项目立项，2010年获得天津市自主创新产品证书。

（三）天津松下电子部品有限公司

成立于1995年，投资总额204亿日元，注册资金80亿日元，占地面积11.4万平方米，主要产品为片式电阻器、片式电感器、卷线电阻器、传感器等电子元件。2010年，实现营业收入5亿元。

（四）宜科（天津）电子有限公司

2003年10月注册，投资总额1018万美元。从事光电旋转编码器的研发、生产和销售。2010年，实现销售收入1.8亿元，上缴税金约1200万元。

（五）飞思卡尔半导体（中国）有限公司

成立于2004年12月，为亚太地区最大的芯片封装企业。每周产品出货量1300万件以上，出口率100%，出口地主要为美国、德国进口比例为90%，进口产品为芯片晶圆。2007年，公司获"中国电子成就奖"。2008年，获天津市出口企业50强第4名。2010年，生产集成电路终端产品8.15亿件，完成产值85.28亿元。

（六）韩天电子技术（天津）有限公司

成立于2005年，韩国外商独资企业，主要生产、开发、加工、销售电子元器件机器专用材料并提供相关服务，是天津三星视界移动的一级供应商，同时为天津凯赫威、三星通信等大型电子公司提供相应产品。2010年，实现销售额2200万美元。

（七）日新（天津）塑胶有限公司

1995年注册，投资总额9999万美元，主要为世界级通信电子厂商做零部件代工。公司员工8000余人，是捷普集团在大陆地区最大、也是最重要的生产基地。2010年，实现收入约20亿元，纳税2600余万元。

二、生物医药类

（一）天津力生制药股份有限公司

为天津市医药系统的大型企业，是开发区首家区内注册上市医药企业，拥有"寿比山"等著名产品。2010年完成营业收入7.4亿元。2004年、2005年获得"天津市优秀企业"称号。

（二）天津同仁堂集团股份有限公司

2002年5月注册，投资总额1.1亿元。天津同仁堂是全国首批"中华老字号"企业、高新技术企业，拥有1个市级企业技术中心，注册"太阳牌"商标为天津市著名商标。2010年5月，天津同仁堂高新技术产业园在西青经济技术开发区正式落成，总投资2.5亿元，具有年产14亿片中药的生产能力。公司拥6大剂型40余个品种，其中余个品种获得国家认证专利。2010年，实现销售收入1.4亿元，利润总额5000万元。

（三）天津武田药品有限公司

1994年3月注册，投资总额1.01亿美元，1996年8月建成投产。公司主要产品为治疗糖尿病的胶囊和药片、消炎药物等，80%的产品出口到欧洲地区。2010年，完成产值2亿元，实现纳税额2758万元。

三、高端生活用品类

（一）天津宝洁工业有限公司

1995年注册，注册资本3990万美元，投资总额8900万美元。投入运营后多次增资扩产、增加产品种类，产品由最初的香波扩展到沐浴液、牙膏、纸尿裤及妇女用品，注册资本增至1.99亿美元，投资总额2.48亿美元。一期项目建筑面积2.28万平方米，可装备各类型生产线13条。2010年，纳税额过亿元。

（二）恒安（天津）纸业有限公司

成立于2006年，为综合性生产基地和物流配送中心，拥有心相印牌系列抽纸生产线4条、手帕纸生产线2条、卷筒纸生产线4条、钱夹纸生产线1条、面巾生产线4条。2010年，实现销售收入3亿元，上缴税金1500万元。

四、汽车配套类

（一）电装（天津）空调部件有限公司

成立于2005年，为全球第二、日本最大的汽车系统部件供应商——日本电装集团在西青经济技术开发区设立的独资公司，主要生产轿车用空调蒸发器、冷凝器以及水箱等，主要客户有富奥电装、一汽丰田等。2010年，实现产值11亿元。

（二）天津电装空调管路有限公司

成立于2004年，为丹索空气系统在中国投资的全资子公司，主要产品为汽车空调用软管、配管、热水管、内配管，为区内富奥电装供货，产品最终应用于丰田系、韩国现代系列、欧美系车型的车载空调。2010年，实现产值2.4亿元。

五、高端装备制造类

（一）天津瑞能电气有限公司

成立于2008年，注册资金2.69亿元，总资产9.07亿元，是国内首家、也是唯一具备风力发电机组电气系统整体解决方案设计和制造能力的企业。兆瓦级风电控制系统的研制成功，填补国内企业涉足风电电气市场的空白。2008年，实现产值3000多万元。2010年，实现产值6亿元。

（二）天津优瑞纳斯液压机械有限公司

成立于2002年，注册资本676万美元，投资总额1352万美元，是一家开发研制高端液压产品和机电流体传动与自动化控制的高科技技术密集型企业，主要产品为非标液压缸（方坯液压剪、线棒材液压剪、气液增压缸等）。

第十三编

商业 服务业

2010年，西青物流园

1979—2010年，西青区对供销、物资等领域进行产权制度、经营管理体制、流通体制改革，使商业服务业所有制结构发生明显变化。开发建设专业批发交易市场，商品流通载体规模迅速扩大，商业网点迅猛增加，经营形式多样化，商品流通市场日益兴旺。先后建成中北汽车交易市场等专业市场和许多商场超市。开放粮油、农用物资、煤炭石油、烟草经营、土特产品购销等市场，商品营销模式发生根本性转变。21世纪后，编制《天津西青区服务业发展定位与战略规划》，加速发展现代服务业，推动服务业升级换代，服务业由传统的饮食、住宿、浴池为主转变为以金融、信息、服务外包等现代服务业为主，商业服务业进入高质量发展时期。

第一章 流通领域改革

80年代始，区内商业服务业系统深化机构改革时，对供销、粮食、物资等领域进行产权制度、经营管理体制、流通体制改革，使区内商业服务业行业结构、所有制结构发生明显变化，促进全区商业服务业健康发展。

第一节 经营体制改革

一、粮食经营体制改革

1992年，粮食流通领域转变经营机制，扩大市场，成立区粮油贸易总公司。1993年，粮食市场放开，全面实行议价销售。1995年，区粮油贸易总公司推行风险抵押承包责任制，分解到班组，落实到人头，制定奖惩办法，粮食系统成为全区粮油商业经营主渠道。1999年，粮食企业进行改制，实行企业机构改革，政企分开，先后成立粮食购销公司和粮油经营公司。2001年，成立粮食办公室。2005年，面粉厂列为西青粮食企业深化改革试点单位，24名职工通过工龄买断方式实现身份置换，通过拍卖、转让等方式对面粉厂及杨柳青粮镇东粮站进行资产处置，两单位职工购买产权，成立新的、具有完全法人地位的吉庆面粉厂，实现资产人员双置换。企业甩开负担、包袱，集中精力搞发展。

2004—2010年，区内两次进行粮食管理体制改革，粮食经营实行社会化统计，强化粮食市场行政执法，保证粮食收购、储存、流通环节的质量安全。强化粮食市场行政执法，完善粮食应急供应网点体系建设，加强对三级地方储备粮管理的监督检查，规划储备粮食总体布局和制定轮换计划。

二、供销社经营体制改革

1979年后，区供销社经历由官办改为民办的体制改革。1983年，制定不同行业的承包办法，层层签订承包合同和提成比例。1984年，区供销社所属零售网点和饮食服务业实行承包，实现小门小店灵活经营。1985年，建立区联社，恢复供销社理事会、监事会组织。1986年，完善租赁门市部的经营方案。翌年，在110个小型零售门市部中推行租赁制。1992年，在系统内推行经营、物价、用工、分配四开放，有97个门市部采取定额分成、利润分成、提成工资方式。1993年，在零售商业内推行“公有民营”式承包。1997年，推行企业兼管兼并，进行小企业改组和较大企业联营、合营经营。1998年，实行富余职工转岗就业，精简机关和企业职工。1999年，推进下岗分流、减员增效。

2000年，区供销社按照有退有进原则，对企业进行调整和重组。联合组建跃华集团有限公司和方茂贸易有限责任公司。2001年，调整组织结构，将多个供销社合并或被较大的商贸集团农资公司、百货公司兼并。2003年，在两个超市实施股份合作制。2005年，实施日用消费品连锁经营进村庄、农业生产资料连锁经营进乡镇、农副产品进市场“三进”工程。2008年，优化机构组合，李七庄、大寺、王稳庄、南河等4个供销社合并为李七庄综合社。

三、物资经营体制改革

1980年后，区物资部门开始实行以计划经济为主、市场调节为辅的管理机制，物资作为商品投入流通领域。指令性计划逐步减少，计划外物资所占比例剧增。1990年，在购进的各类物资中，计划外物资占90%。1993年，计划内物资指标已不存在，物资经营主要依赖市场。在市场机制引导下，不断调整经营结构，实行多种经营。1996年，通过融通资金，发展第三产业。1998年，总公司实行资产重组，兼并改造，将10个流通企业调整为商贸公司，新组建燃气工程公司。初步形成以房地产开发为龙头，带动燃气、商贸协调发展产业格局。1999年，实行经营模式和人事管理的改革，所属分公司分别签订承包合同，实行目标管理。2005年，区物资总公司实行内部改革，公司98名员工有97人与公司办理内部离岗手续。委托区供销社、房管局进行资产托管，协调公司离岗人员安置工作，有25名职工实现重新就业。

第二节　商业结构变革

一、所有制结构变革

1979—1995年，区集体商业企业为商业主体。随着改革开放逐步深入，个体私营商业逐渐成为商业主流。2000年，全区乡村办三产企业244家，私营三产企业279家，个体三产企业1.37万家。私营三产商业企业增加值占全区第三产业增加值19.57%，个体经营增加值占74.09%，两者相加占据全区第三产业增加值近94%。2005年，批发零售业成为区商业体系中最大组成部分，其中私营公司和其他公司分别占全行业营业收入29.05%和63.35%。第三产业增加值中，个体经济占63.97%，私营企业占5.21%。私营企业占比有所下降，国有企业和集体企业增加值占比上升至17.71%和12.66%。2010年，在交通运输业和服务业中，私营经济占比分别达59.33%和51.83%。私营经济重回区内商业的主导地位。

2010年西青区交通运输、社会服务业企业经营情况统计表

表13-1　　　　单位：亿元

所有制	交通运输业企业				社会服务业企业			
	总资产	营业收入	总资产占%	营业收入占%	总资产	营业收入	总资产占%	营业收入占%
国有	2.05	4.42	16.40	27.96	5.48	0.57	3.14	1.80
集体	2.16	1.35	17.28	8.55	87.38	6.95	50.15	21.91
股份合作	0.36	0.20	2.85	1.24	8.96	0.56	5.14	1.75
其他有限责任公司	0.48	0.36	3.86	2.27	36.28	5.99	20.83	18.89
私营有限责任公司	5.42	9.38	43.36	59.33	32.51	16.43	18.66	51.83
中外合资企业	2.03	0.10	16.25	0.65	–	–	0.83	1.68
联营	–	–	–	–	0.6	0.53	0.35	1.67
其他企业	–	–	–	–	1.54	0.1	0.88	0.31
港澳台资	–	–	–	–	0.04	0.05	0.02	0.17
外资	–	–	–	–	1.44	0.53	–	–
合计	12.5	15.81	100.00	100.00	174.23	31.71	100.00	100.00

二、行业结构变革

1979年，西青区第三产业增加值700万元。至1990年，全区服务业增加值实现1.02亿元，突破亿元大关。2000—2005年，全区商业服务业主要集中在交通运输、仓储、批发零售、住宿餐饮、房地产等行业，增加值年均增长6.6%。2009年，制定完成《西青区服务业发展定位和战略规划》，确定“一带、两廊、四核、十个聚集区”规划布局，明确以科技服务、旅游业为引擎，以现代物流与商贸流通为基础，发展服务外包与数字信息等国际新兴服务业，建立强辐射、高能级、广就业的服务业体系。充分发挥人流、物流、信息流的集聚优势，促进居住、创业、生态、文化、商务等多种产业配套功能，相继建成普青物流、津兰国际商贸中心、千尊玉佛寺、名众假日广场、物美超市等服务业项目。永旺商业广场、学府科技产业基地等服务业项目也开始规划建设。2010年，全区共有各类市场91个，其中综合市场6个、专业市场12个、商业街11条、菜市场19个、物流公司10个、超市31个、商城2个。

1993—2010年西青区第三产业各行业增加值完成情况统计表

表13-2　　单位：亿元

年度	第三产业增加值	其中				
		交通运输仓储	批发 零售	住宿 餐饮	房地产业	其他服务业
1993	2.30	0.80	0.13	0.07	0.50	0.80
1994	4.48	1.23	0.80	0.42	0.90	1.12
1995	6.20	1.99	1.51	0.80	0.90	1.00
1996	11.00	2.69	3.15	1.66	1.76	1.74
1997	15.00	4.35	4.29	2.27	1.00	3.09
1998	19.76	5.76	6.56	3.46	0.81	3.17
1999	22.21	6.24	6.84	3.61	0.85	4.66
2000	23.82	6.39	7.21	3.74	1.05	5.43
2001	26.67	7.08	6.18	3.14	1.53	8.73
2002	20.02	7.28	6.33	3.16	1.34	11.30
2003	31.95	11.91	5.33	2.60	1.91	10.20
2004	35.22	11.36	5.70	2.78	2.53	12.85
2005	40.05	12.60	6.56	3.23	2.79	14.88
2006	45.58	13.62	7.17	3.60	3.23	17.97
2007	51.42	12.2.	8.88	4.02	4.53	21.79
2008	64.12	15.45	10.34	4.56	5.41	28.35
2009	87.07	7.65	10.46	4.17	17.10	32.51
2010	130.22	12.95	19.90	6.58	15.05	56.29

2010年西青区第三产业主要经济指标分行业完成情况统计表

表13-3　　单位：个/人/万元

行业分类	单位个数	从业人员	增加值	营业收入	利税
交通、运输、仓储	5143	15663	129493	417719	82875
批发零售贸易	14196	34963	198987	4879740	99341
住宿餐饮	2470	10025	65753	252106	20383
房地产	261	4050	150518	342086	94826
其他服务	10715	42024	562937	987608	270209
合计	32785	106725	1302211	6879259	567643

第二章　商业业态

1979—1995年，西青区内商业经营规模较小，品种单一，市场流通不畅。区供销社为区内商业主体。1996年始，加大商业设施投入，重点开发建设专业批发交易市场。随着一批批商贸设施的落成，商品流通载体规模迅速扩大，商业网点迅猛增加，经营形式多样化，商品流通市场日益兴旺。

第一节　商业街

一、发展概况

2001年，区物资局完成杨柳青商贸街一期工程建设。2006年始，区商业委员会推行社区商业中心建设。是年，汪庄子商贸街竣工并开始营业。2007年，新建石庄子商业街、当城仿古商业街、中北镇镇南商贸街。至2010年，全区新建、改造17条商业街，总建筑面积50万平方米，从业人员7400余人。杨柳青宝华街、大寺王石李等10条商业街被批准为市级示范街。商业街内有超市、餐饮、洗染等行业，牌匾标志统一，经营规范有序。

二、全国示范商业街

2010年，区内张家窝商业街和董庄子步行街为全国示范商业街。张家窝商业中心包括物美超市和董庄子步行街，其中物美超市占地3.33公顷，建筑面积3.2万平方米，总投资2.7亿元，结构为地下一层为停车场、二三层为超市，四层为电影院。

董庄子步行街占地2.4公顷，建筑面积2.1万平方米，总投资8000万元，2008年开工，2009年竣工投入使用。

第二节　专业市场

一、发展概况

照13-1　2005年，杨柳青名众广场外景

1996年，区内建成王顶堤自行车市场、中北斜乡花卉市场、木材市场、家具市场、建筑材料市场和宏利集团钢材市场。1997年，新建中北汽车交易市场、中北家具装饰城、北方花卉市场万米展厅、王顶堤铝材批发市场、王顶堤淡水鱼交易市场、津兰旧汽车交易市场。1998年，区商委对全区市场建设进行统一规划，指导街镇投资1.73亿元，新建10个具有一定规模的专业市场，市场总建筑面积5.78万平方米，全区规模以上市场增至50个。各类市场年成交额85亿元，实现增加值9487万元，创利税5392万元。全年实现社会消费品零售额2.24亿元。2000年，投资新建鑫泰五金装饰城，改扩建王顶堤汽车城、新泰五金城等。2002年，中北花卉市场建成热带雨林厅、科普厅、花卉厅和综合服务大厅。当城蔬菜批发市场扩建完

成。全区基本形成王顶堤红旗农贸、杨柳青金三角农贸、中北花卉、当城蔬菜和王兰庄综合市场为引领的五大市场群。2004年，全区规模以上各类市场57个，年交易额达50多亿元。2005年，利用连锁网络优势，发展特许经营，其中建成百顺日用消费品等经营网点47个。2008年，建成中北镇尧舜家装市场。至2009年，全区新建、改造杨柳青镇柳口路、中北镇东兴里等19个封闭菜市场，总建筑面积4万多平方米，摊位2200余个，从业人员3400余人。其中杨柳青镇广汇和柳口路、大寺镇龙居、中北镇东兴里4个菜市场被商务部命名为标准化菜市场示范工程。

二、花卉市场

1995年，始建曹庄花卉市场，占地面积10公顷，是天津地区花卉市场的重要源头和华北地区超大花卉集散中心，被国家林业局命名为“全国重点花卉市场”，被农业部定为全国农产品定点市场。市场共分为3个大厅，其中南厅建于1995年，投资815万元；北一厅建于2010年，投资580万元；北二厅建于2002年，投资650万元。项目总投资2045万元。1995年，曹庄花卉市场投入运营。至2010年，累计租赁收入8000万元，完成花卉交易额20亿元。

第三节 商场超市

一、大型商场

1996年，万米商城、津兰集团家电商城建成开业。杨柳青商城运营良好，年成交额3亿多元。2008年，南河镇付村商厦建成。

二、超市 连锁店

1997年，侯台超市一期工程竣工。1999年，杨柳青时代超市、杨柳青万家乐超市、李七庄时代超市、杨柳青华润超市相继开业。2000年，南河时代超市和张家窝时代超市建成开业。2006年，物美杨柳青店开业。2009年，物美中北店开业。

照13-2 2009年，杨柳青物美超市

2000年始，区内发展连锁经营、品牌经营，大润发、万客隆、国美电器等大型专业经营公司进驻西青。2005年，全区有米盖尔、好利来等60余个品牌经营店。2006年，建成百顺日用消费品等网点47个，总面积3.54万平方米。

照13-3 2010年，汪庄子菜市场

三、乡村综合商店

1981年，全区有集体商业32个，注册资本183万元。1984年，集体商业发展到306个，注册资本3930万元。1994年后，乡镇村厂办集体商业发展较快。经营品种迅速增多，主要有汽车配件、石油化工、建材装饰、五金交电、日用百货、农资农机、粮油食品等。1995年，注册资本百万元以上的集体商业企业有88个。2006年，全区投资6300万元，新建和改造日用消费品、农业生产资料经营网点59个，总面积3.9万平方米。改造耀华农业生产资料等经营网点12个，面积3600平方米。基本形成区、镇、村三级日用消费品、农资加盟连锁服务网络。2010年，乡村综合商店遍及全区各乡镇村，销售品种繁多。

四、企业选介

（一）西青百货大楼

1989年12月迁入杨柳青镇光明路中段，占地面积1332平方米，建筑面积3282平方米，营业面积3000平方米，属区供销合作社管理。有职工142人，26个柜组，经营百货、鞋帽、食品等18大类。

（二）杨柳青商城

位于杨柳青镇中心，1994年建成开业，占地面积8000平方米，建筑面积1.3万平方米。商城以经营服装、鞋帽、日用百货为主。2010年，有380户经营者，经营商品1.4万种。

（三）物美超市中北店

2009年开业，主营业务为超市零售，占地面积1.33公顷，建筑面积3.47万平方米，总投资1.3亿元。2010年，销售额8500万元。安排就业300余人，日均客流量5000余人。

第四节　商品批发 集市

一、商品批发

1992年，区内建成杨柳青综合批发市场，坐落在杨柳青二经路，主要经营蔬菜、果品、日用品、建材、肉类，批发兼零售。1993年，建成天塔温州服装商城，商品有服装、粮油、日用百货，零售兼批发，年成交额100万元。1994年，天塔温州城市场实行标准化管理。1995年，温州城市场客流量、商品上市量、交易额均比1994年增加20%，货物辐射到全国各地。2007年，区内建成辛口镇当城蔬菜批市场。2010年，全区有批发（兼零售）企业1.41万个，从业人员3.5万人，全年营业收入487.97亿元。

二、集贸市场

1980年，区内建成李七庄农贸市场和永红工业区农贸市场。1983年，新建杨柳青新华路农贸市场。4月，在杨柳青镇营建路南侧建立柴草市场（后迁至京津公路铁道口东侧空地）。7月，在古佛寺建立农贸摊群市场，上辛口集市、王稳庄集市、大任庄集市、小南河集市、曹庄集市、第六埠集市相继开市。1988年9月，在杨柳青十三街建蔬菜批发市场，后迁至二经路，建立二经路批发市场。至1992年，全区共建市场39个，其中集贸市场11个。1996—1999年，新建净菜小包装市场、津兰农贸食品市场，完成张家窝农贸市场改扩建工程。2000—2010年，完成兴业里农贸市场改扩建、红旗农贸市场外迁、当城农贸市场扩建等工程。新建中北镇汪庄子菜市场、大寺龙居等农贸市场。

三、企业选介

红旗农贸市场　位于西营门街王顶堤村，始建于1989年，曾为全国百强农贸市场，市区居民70%的水产品、50%的水果、40%的蔬菜来自红旗农贸批发市场。2001年，交易量5.51亿吨，成交额18.35亿元。2008年，实施红旗农贸市场外迁工程，建设总投资5.7亿元，占地32公顷，建筑面积27万平方米。2009年，完成主体工程建设及全部850家固定商户和2000余家固定摊位招租。2010年市场每天客流量近3万人，日成交量300余万吨，日交易额3000万元。每年可实现村级租赁收入5000余万

照13-4 2009年，王顶堤红旗农贸综合批发市场

元。被国家工商局评为“全国文明集贸市场”。

王兰庄汽车交易市场 位于李七庄街王兰庄村。1998年建成，经三次改造、扩建、搬迁，由初期占地5万平方米发展到20万平方米。2010年，拥有经销商户近200家，累计成交过户车辆13万余辆，总成交金额40多亿元，年均增幅超过20%。

杨柳青二经路批发市场 位于杨柳青镇，1992年建成，占地面积2公顷，建筑面积1500平方米，容纳650个摊位。90年代，平均日上市量17万吨，年经营额3.1亿元。2010年，年经营额10余亿元。

第三章 商品营销

1979年后，西青区实行经营体制改革，由计划经济逐步向市场经济过渡。90年代初，粮油、农用物资、煤炭石油、烟草经营、土特产品购销等市场相继放开，商品营销模式发生根本性转变。2010年，区内商品以市场需求为导向，营销市场更加繁荣。

第一节 粮油购销

一、粮油征购

1979年，区内上调粮食统购价格20%，超购加50%，而经销价格不上调，形成价格“倒挂”。1981—1984年，全区年平均粮食总产量6487.5万吨，平均征购基数312万吨，实际平均征购848万吨，平均超购536万吨。1982年始，对农村实行购销包干一定3年不变，粮食购销包干3年统算，丰年可多购少销，歉年可少购多销。1982—1984年，征购任务数1150万吨，其中基数450万吨。实行粮食加价额包干，1984年秋粮征购实行“倒三七”比例计价办法：凡生产大队、农户交售给国家的粮食30%按统购价，70%按超统购价，加价为统购价的50%。各类奖售粮按“倒三七”附加价。1985年，取消粮食统购，改为合同定购。将粮食合同订购任务逐级落实到村队及农户，基层粮管站与生产队及农户签订分品种的粮食订购合同，继续按“倒三七”比例计价收购，并与化肥、柴油、预购定金三挂钩。1997—1998年，区内实行粮食保护价收购。

1984年西郊区部分乡镇粮食合同订购任务分配情况统计表

表13-4 单位：万吨

乡镇	合同定购任务	其中	
		稻谷	杂粮
杨柳青镇	5	–	5
上辛口乡	20	–	20
张家窝乡	85	–	85
南河乡	85	–	85

续表

乡镇	合同定购任务	其中	
		稻谷	杂粮
大寺乡	53	15	38
王稳庄乡	52	10	42
合计	300	25	275

二、粮油供销

（一）粮油供应

1979年，西青区菜农人均口粮220吨，实行基本定量加蔬菜补助粮的办法。城镇居民每人/月供应16.79吨、食用油0.4吨。供应品种以小麦粉、大米、玉米面为主，配有各种杂粮。1980年，菜农口粮供应改为以贸易粮折成品粮。1984年起，贸易粮供应45%的小麦。1985年，取消上市蔬菜补助粮，菜农口粮标准改为每人/年220吨，供应品种和价格不变。至1990年，粮食市场放开，停止菜农补助粮、居民粮油定量供应。

（二）粮油营销

1986年后，西青区议价粮油购销量逐年上升。1999年，粮食局所属粮站、西青国家粮食储备库、天津市粮油购销公司西青分公司划归区粮食购销有限公司管理，主要承储三级储备粮，保障军粮、救灾粮的供应，为政府提供应急粮油供应网点以及市场经营。2002年，陆续建成高大平房仓12座、钢板仓3座，增加容量6.41万吨。2005年，区军粮供应站由粮食经营公司规划粮食购销有限公司管理。2010年，公司下属3个独立核算的收储及军粮供应企业属于政策性经营企业。

三、粮油存储

1979年，区内统一粮食安全制度的分类检查期限。1987年，采用低药量科学保粮方法。1989年，建成14座砖圆仓，每座储粮95吨。建成砖筒仓10座，每座储粮261吨。1990年，实施科学保粮，进入全市粮食系统先进行列。1993年，建成基建房式仓4座，每座仓房储粮1500吨。2005年，增设区级储备粮6500吨。2006年，添加政策性周转粮3000吨。储存粮实行定期更新轮换。2008年，建高大平房仓10座，每座仓容5000吨。2009年，区粮食系统仓容量7.05万吨，储存各级储备粮7.27万吨。2010年，区粮食系统被市粮食局评为“四无（无虫、无螯、无鼠、无雀）单位”。

四、粮籍管理

1979年，西青区非农业居民粮籍管理，执行婴儿出生凭出生证报户口，再办理粮食关系。人口死亡后，凭死亡证注销粮食关系。人口迁入后凭户口、粮食迁移证办理粮食关系。人口迁出后，先申请办理粮食关系，再办理户口。因升学、招工、分配、职工调动均由所在单位填报变动通知，再办理粮食关系。此制度一直延续到1992年，期间规定不准携带粮食出市或私自贩运粮食，不准任何单位或个人收购粮食。1992年后，随着区内市场价格放开，统购统销计划经济结束，粮籍管理取消。

第二节　燃料经营

一、成品油经营

1980年，成立西郊区石油经营处并建立杨柳青等6个供应站。区供销社销售煤油1980吨、汽油4443吨、柴油2.92万吨、润滑油2606吨、润滑脂296吨。1981年，区石油经销处改为石油公司。成品油全部由区石油公司独家经营。1986年，天津市石油公司西郊区公司建成5座联营加油站。1988年，计划油源占全部油源的50%。90年代，石油市场开放，区石油公司陆续在区内开设20个加油站。1998年，西青石油公司由区直属单位变更为驻区单位。2003年，西青石油公司增设零售经营部、批发经营部、润滑油经营部。在外环线兴建两座加油站，新增3个经营部，实行专业化运营。2004年，建立专业垂直经营管理体制，全区有成品油经营企业69家、成品油批发5家、成品油仓储4家。2006年，全区有成品油经营企业69家，成品油仓储4家。2008年，石油公司设5个部门，分别归属市总公司5个专业中心，有员工353人。2010年，全区有成品油经营企业46家，其中加油站39家；成品油批发4家。成品油批发企业中，隶属中石化1家、社会办3家；成品油仓储3家，均为社会办企业。

1980—1999年西青区石油公司成品油经销情况统计表

表13-5　　　　单位：万吨、万元

年度	销售量	销售值	利润	上缴利税
1980	–	274	23.00	17.72
1981	–	269	31.71	25.39
1982	–	480	53.25	39.44
1983	–	835	68.88	62.28
1984	–	1196	72.59	65.93
1985	–	1513	89.71	96.29
1986	–	1497	142.24	178.01
1987	–	1842	203.80	199.31
1988	1.70	1882	176.00	188.54
1989	1.96	1926	153.96	176.92
1990	2.58	3322	179.50	122.90
1991	2.89	4036	205.75	205.30
1992	3.40	5298	318.16	206.72
1993	3.44	7968	184.37	275.45
1994	3.64	8367	206.49	142.00
1995	3.88	9068	60.00	118.50
1996	2.54	6255	130.97	70.49
1997	2.07	5157	106.00	59.32
1998	1.26	3151	50.05	110.41
1999	1.16	2720	59.05	142.31

注：1980—1983年，成品油销售由区供销社渠道。1984年后由石油公司销售。

2000—2010年西青区石油公司成品油经销情况统计表

表13-6　　　　单位：万吨、万元

年度	销售量	加油站零售	销售加油卡	充值金额
2000	2.92	–	–	–
2001	5.33	–	–	–
2002	6.30	–	–	–
2003	6.73	–	–	–
2004	7.78	–	–	–
2005	1.87	–	–	–
2006	1.64	–	–	–
2007	1.46	–	–	–
2008	1.88	12.68	2.15	2.94
2009	2.03	12.94	1.74	2.82
2010	5.33	34.03	2.00	4.27

二、煤炭经营

（一）供应政策

1979—1991年，煤炭经营实行统一价格、统一分配，有计划、凭本定量供应。农业户分为无柴区、半有柴区、少有柴区，按户籍划分为农业户、城镇居民户。采暖期间城镇居民户按人口分为3个档次，每月供应150吨、200吨、250吨。农业户少有柴区、半有柴区、无柴区每户每月供应50吨、100吨、150吨，有柴区不供应。后根据货源情况，对园田村队煤炭供应量少有调整。采暖期间对各单位供应煤炭范围根据单位人员配置、场地面积，供应标准不同。

（二）经营网点

1988年，区供销社系统有煤店24处，从业人员201人。至1992年，区供销社系统经营网点26个，全年销售煤炭19.41万吨。

（三）经营品种

1979—1990年，煤炭经营主要品种太原混煤、晋中混煤、邯郸无烟煤、京西甲末、京西乙末、大同块煤等数十个品种。

80年代中期，区煤建公司增加仓储面积，增购大蜂窝煤机，开始加工销售大蜂窝煤。1992—2000年，煤炭经营品种40余个，有供应煤炭网点26个。2007年，区内建有煤炭经营企业50家，储煤场地面积25.83万平方米，年购入煤炭274.79万吨，销售煤炭267.34万吨。

1979—2010年西青区供销社煤炭购销统计表

表13-7　　　　单位：吨

年度	国内纯购进	国内纯销售	年度	国内纯购进	国内纯销售
1979	–	120059	1995	84572	84548
1980	–	84883	1996	126689	118942
1981	–	127750	1997	112784	119794
1982	–	131369	1998	8661	87141
1983	–	135628	1999	9675	60898
1984	–	145118	2000	61752	114725
1985	–	144886	2001	59271	57741
1986	–	187045	2004	28277	27546
1987	–	201465	2005	4827	12181
1988	–	195463	2006	11350	13276
1989	1393	180023	2007	4590	18208
1990	4004	179890	2008	9173	10013
1991	3063	200332	2009	5072	5296
1992	1931	194100	2010	8089	8089
1993	120725	114725	–	–	–

第三节　烟草经营

一、市场管理

1981—1990年，区内开始烟草行业专营。销售、批发由烟草公司负责，零售有国营商业，供销社和批准的集体、个体商业经营。1991—1996年，烟草专卖由新组建的城郊烟草专卖分局、烟草分公司统一进行卷烟市场管理和货源供应。1997—2000年，成立烟草专卖执法监察中队，对辖区卷烟市场进行统一管理、监督、检查，对违法案件进行处罚。区局专卖监管职能与经营机构单独设置，建立专卖管理所、稽查队伍，实行辖区管理责任制，推行“户籍化”管理，确立以专卖管理所为载体的网络管理模式，与入网的经营户逐户签订守法责任书。2001—2009年，开展全面清理整顿卷烟市场联合行动和“治理卷烟体外循环”等专项活动，发挥专卖网络功能。开展“津门百日打假”活动和跨省贩运假烟情况专项治理活动，对辖区物流中心、配货站等重点场所详细摸底、逐一登记造册，进行清理，有针对性地开展专项市场整治行动。2010年，设立“12313”举报电话，接听群众举报30起，全部落实并形成反馈意见。根据案件查处情况，建立情报信息库，对辖区重点零售户进行动态管理。在辖区开展全面清理整顿卷烟市场的联合行动。

照13-5 2010年，烟草专卖局查没违法卷烟

2006—2010年西青区查扣假烟案统计表

表13-8

年度	真烟案件(件)	条数	假烟案件(件)	条数	罚没款额(元)
2006	33	15694	-	-	118910
2007	56	12122	10	3461	94567
2008	106	17416	-	-	182551
2009	240	22859	-	-	395446
2010	140	22752	-	-	181620

二、许可证管理

1986年，区内开始实行烟草专卖生产许可证、烟草专卖批发许可证和烟草专卖零售许可证制度。1988年，第一次换发专卖许可证，增补烟草专卖收购许可证、烟草专卖调拨许可证和烟草专卖特种批发许可证。1992—2009年，全面实施卷烟市场户籍化管理，对无证经营而符合办证条件的经营户，补办许可证并将其纳入销售网络。2010年，辖区所有专卖零售许可证申请归专人受理，新办零售许可证182个，注销323户，歇业89户，变更20户，办理延续2314户，停业134户，有效许可证户2496户。

1999—2010年西青区烟草专卖局销售情况统计表

表13-9

年度	卷烟销售量(箱)	销售收入(万元)	利润(万元)	利税(万元)
1999	5518	3006	-	-
2000	5973	4536	202	216
2001	4535	5828	158	175
2002	9893	6017	365	379
2003	11755	7648	568	738
2004	16709	14023	1488	1745
2005	20529	19531	1886	2377
2006	21623	22327	2278	2876
2007	22133	25373	5195	5996
2008	22633	30944	6579	7715
2009	23900	34329	6258	8287
2010	24880	40653	6702	9975

第四节　药品经营

一、经营种类

1979—1999年，全区药品批发业务主要由区供销社所属3个采购供应站和百货公司药品批发部承担。药品经营包括中西成药、西药制剂、饮片、医药用品、药械、保健用品等3000余个品种。

2000—2002年，区供销社组建合作药业有限公司、佰利公司、跃康医药批发公司、跃强医药批发公司、百兴医药批发公司，主要经营医药、中药饮片、中成药、保健食品、预包装食品、医疗器械、消毒用品等。

二、经营企业

2000—2002年，区供销社组建合作药业有限公司、佰利公司、跃康医药批发公司、跃强医药批发公司、百兴医药批发公司，有在职职工137人，其中在岗74人。建立生生堂药房、跃华大药房、跃居药房、康馨堂、康生堂、跃明大药房，经营医药零售。2007年，佰利药批公司、跃康药批公司由个人承包经营。2010年，全区药品批发有佰利公司、跃康医药批发公司、跃强医药批发公司、百兴医药批发公司4个单位，在职职工137人，其中药师17人、医师2人。

2001—2010年西青区供销社医药商品购销情况统计表

表13-10　　单位：万元

年度	购进	销售	年度	购进	销售
2001	5287	5598	2006	8720	9466
2002	7464	7637	2007	12398	12673
2003	8069	8734	2008	16829	18652
2004	8978	9479	2009	29104	28318
2005	6844	7731	2010	41311	42223

第五节　土特产品购销

一、农副产品购销

1979年，区供销社收购、推销积压的农副产品有高粱帽、秫秸把等十余种数千吨（万件）。1980年，完成计划内收购后，收购麦秸5647吨、高粱秸48吨。1981年，供销社农副产品收购额完成374万元，为农业增加收入152万元。1984年，完成籽棉收购245吨。1986年，收购蜂蜜7.5吨、蜂王浆1.22吨、黑瓜子30吨及各种草苇制品，收购总额81.7万元。1988年始，农副产品收购下降。1992年，全区农副产品收购完成205万元。

二、土特产品购销

1990年前，土特产品供销主渠道是供销社系统，其中炉具供应凭购货本按政策供应。年供应烟筒12.4万节，炉子9750套。1991年，烟筒、炉子敞开供应。1992年，区内有1个专营公司和遍布全区的综合性网点，经营品种上千种。

三、烟花爆竹销售

2004年，区供销社下属的天津市同庆烟花爆竹销售有限公司为具有烟花爆竹批发资质的专业公司。公司与湖南浏阳市等烟花爆竹主产区30多家有业务联系，经销十几大类、1000余个规格品种，年销售额500余万元。2007年，区同庆公司成立运输服务分公司，配置6辆具有危险品运输资质的货车，为零售摊点配送烟花爆竹，以保证烟花爆竹运输安全。2010年，在凌奥综合市场开办凌奥专卖店，是天津市区第一家烟花爆竹专卖店，客户选购订货后，用危爆专用车送货上门。

第六节　生产资料购销

一、化肥经营

1979年，区供销社销售尿素1.5万吨、磷酸二铵1.7万吨。至1986年，化肥由国家调拨指标，实行统一经营管理，由区农林部门分配，供销社负责组织货源销售。后随着经济体制改革，除计划供应的尿素、磷酸二铵等主要品种外，其他均放开经营。供销社按政策规定实行专肥专用，收购产品与增供化肥挂钩。1996年，区供销社销售化肥8000吨、农药280吨。2003年，发展农资经营连锁店，跃华农资公司与北京、山东、河北及市内等十几个地区化肥营销单位签约订购合同，销售钾肥1.2万吨，完成销售额2292万元。2008年，农资公司连锁经营销售化肥1600吨。

二、其他主要生产资料

落实农业生产责任制后，农膜、农药及器械和中小农具等主要农业生产资料需求量骤增。80年代初期，多由区供销系统供应。市场放开后，供应主渠道发生显著变化，个体、私营公司逐渐成为农资经营的主体。90年代初期，全区农资年销售量呈波浪式增长趋势。90年代中期后，农资销售量呈下降趋势。

1979—1993年西青区农业生产资料主要品种购销统计表(一)

表13-11

年度	化肥(吨)		农药(吨)		农膜(吨)		中小农具(百件)		喷雾器(架)		喷粉器(架)		机动喷粉器(台)
	购	销	购	销	购	销	购	销	购	销	购	销	销售
1979	15018	16959	-	317	-	53	618	1622	-	1823	-	115	20
1980	8449	13243	2	263	2	246	300	1500	1	1159	50	151	30
1981	1906	13214	2	200	71	256	686	1037	-	963	-	107	23
1982	178	11735	-	199	73	477	671	1386	-	1795	-	36	15
1983	-	11161	3	180	64	517	948	1490	1599	4534	-	25	27
1984	-	10513	5	116	4	431	1330	1667	1998	5883	20	65	9
1985	-	10787	43	62	589	829	390	917	2372	3090	20	45	1
1986	-	10241	127	144	234	718	982	1266	1708	3574	33	17	4
1987	530	8859	40	103	293	613	845	1166	2611	3157	-	17	2
1988	3345	12360	67	132	21	695	616	1070	90	3330	-	17	-
1989	6874	15664	53	122	73	447	457	667	207	2959	-	17	6
1990	4259	13419	69	120	393	552	359	732	920	2106	-	5	2
1991	4237	12915	90	104	367	822	663	568	708	2809	-	-	—
1992	3024	12080	42	56	389	1174	398	428	870	1880	-	-	1
1993	13251	20517	73	85	668	620	498	476	3496	1994	275	275	-

1994—2010年西青区农业生产资料主要品种购销统计表（二）

表13-12

年度	化肥（吨）		农药（吨）		农膜（吨）		中小农具（百）	
	购	销	购	销	购	销	购	销
1994	20483	20546	62	63	576	605	547	565
1995	31605	31492	58	60	610	597	304	350
1996	10138	9967	31	30	456	439	438	302
1997	4765	5392	21	24	511	545	95	240
1998	7840	7355	17	17	642	620	518	613
1999	6013	5612	7	7	550	449	-	-
2000	12724	10458	12	16	550	657	-	-
2001	11095	13769	9	12	691	703	-	-
2002	9854	10028	-	-	504	578	-	-
2003	8532	8617	-	-	485	526	-	-
2004	8118	9174	-	-	392	504	-	-
2005	4656	4529	-	-	456	391	-	-
2006	1412	2126	-	-	419	351	-	-
2007	2668	1585	-	1	73	142	-	-
2008	881	1479	1	1	122	163	-	-
2009	2126	536	-	-	135	126	-	-
2010	1518	2357	-	-	141	136	-	-

第四章　服务业

1979—1995年，西青区服务业主要集中在饮食、住宿、理发、照相、浴池等传统领域。90年代中期后，金融、信息、服务外包等现代服务业起步发展。至2010年，广告会展、租赁、家政服务等新兴服务业态发展势头强劲。全区有各类服务企业1.3万余个，从业人数5.2万人，年营业收入114亿元，税金近2亿元。

第一节　商务服务业

一、广告 会展

改革开放至2010年，区内广告、会展业起步较晚，规模不大。2009年9月，坐落在友谊南路与外环线交口处的市重点建设项目——梅江会展中心动工兴建，2010年5月全面竣工并交付使用。会馆中心占地面积35.62万平方米，建筑面积10万平方米，展厅面积4.8万平方米，5个展厅共设置近2600个国际标准展位，是天津市规模最大的会展中心。2010年6月，首次开放举办第17届津洽会。9月，“2010夏季达沃斯论坛”在天津梅江会展中心举行。是年，全区共有广告企业2家，营业收入1283.6万元。有会展企业2家，营业收入1277.9万元。

二、咨询服务

进入21世纪，区内出现咨询服务业。2007年，全区有咨询服务业企业3家，营业收入4183.1万元，从业人员574人。2010年，全区有咨询服务企业2家，营业收入1340.4万元，从业人员44人。

三、计算机服务

2007年，区内有计算机服务企业1家，为科源办公设备有限公司，营业收入379.3万元，从业人员21人。2010年，科源办公设备有限公司营业收入1287.4万元，从业人员365人。

第二节 住宿餐饮业

1986年，区内住宿餐饮企业实行登记注册，当年注册企业144个，有从业人员1340人，全年营业收入210万元。此后，区内餐饮业快速发展，至2010年有企业2470个，从业人数1万余人，年营业收入25.21亿元，税金3928万元。

一、住宿

1979年，西郊区招待所为区内首家较大规模的住宿企业。80年代，区招待所从石家大院搬到新址。杨柳青第一、第二旅店相继开业。其后，区内开始兴办不同档次和不同类型的宾馆、旅店。1995年，区内有集体性质的旅店44家，其中规模较大、效益较好的有西青宾馆、老干部疗养院、天塔宾馆、香园宾馆、西苑大酒店、天福温泉宾馆等。2004年，全区有住宿业企业25家，从业人员122人，完成营业收入1.44亿元。2010年，全区住宿业限上企业19家，主营业务收入2565.2万元。

二、餐饮

80年代，区内国营、集体经营的餐饮业在市场竞争中逐渐失去优势，许多经营单位陆续停业，职工下岗，而个体经营的餐饮业逐渐成为主流。2000年，全区有餐饮企业1546家，从业人员8504人，完成营业收入10.73亿元。2005年，全区餐饮企业1977家，从业人员8016人，营业收入14.99亿元，其中正餐服务营业收入1亿元。2010年，住宿餐饮业有企业2470家，从业人数1万人，营业收入25.21亿元，其中正餐服务主营业务收入1.93亿元，其他餐饮服务主营业务收入1987.7万元。

照13-6　2010年，杨柳青润通通联酒楼

附

津呈酥皮老月饼

历史悠久的津呈酥皮老月饼是古镇杨柳青民俗小吃中的精品。

津呈酥皮老月饼诞生于清乾隆二十七年(1762)，第一代传人王昭明，原为北京人氏，后来到杨柳青做饼谋生，人称“王家津呈酥饼”。儿媳王氏、孙媳徐凤兰承袭制饼手艺。经徐凤兰之子王永呈再传至其后

照13-7　2010年，西青区津呈酥皮老月饼

人王红梅，津呈酥饼制作工艺历经六代传承，经营延续300余年不断。1946年，徐凤兰在杨柳青镇经营“王家小卖铺”。她传承制饼技艺，并对制饼技艺加以改良。津呈酥饼因保持着独特的纯手工制作技艺，选料考究，制作工序繁杂，口味酥脆独特，成为周边地区百姓逢节或馈送亲友的首选特色小吃。津呈酥皮月饼经六代传承，不断进行新产品研发，先后成功申报21项专利证书，并成功申报第三批西青区非物质文化遗产项目。

第三节　居民服务业

一、理发美容

80年代后，区内个体理发店不断增加，国营理发店日渐减少。1992年，仅有两家国营理发店，而个体理发店、美发店遍及各街镇，杨柳青后大道为美容、美发一条街，集中美发店、理发店30余家。2010年，全区有美容美发店100余家，中高档美容院开始出现。

二、修理业

70年代末，自行车、摩托车修理摊点遍布区城乡。80年代，随着汽车数量的增加，汽车维修服务应运而生。初期主要为区交通运输部门所属企业及单位车队保修。后因汽车修理厂、点不断涌现，部分乡镇村也兴建集体、个体维修厂（点）。1990年，全区有汽车维修厂131家，其中从事大修3家、小修18家、维护保养56家、专项维护54家，年营业额2333万元。1991年，对维修企业进行整顿，一些小修理厂升级为大修企业。1995—2010年，全区有维修企业有262家，其中大修7家、维护105家、专项维护级150家。

三、物资回收

1979年，区供销社系统是废旧物资回收主渠道。1986年，区供销系统收购废杂铜52吨、废铝45吨、废钢铁1.46万吨、废铅锡90吨、废橡胶144吨、旧鞋14吨、破布322吨、杂骨104吨、废纸4323吨、废麻93吨。1992年始，区供销社系统购销量开始萎缩，个体废旧物回收网点逐渐遍及城乡。至2010年，废旧物资回收市场被个体、私营网点、公司取代。

四、洗浴服务

90年代初，区内各机关企事业单位多开设为职工服务的浴池，全区仅有1家国营浴池在营业。90年代末，乡镇集体企业开始建立浴池，个体、私营洗浴服务开始发展。2010年，全区有较大规模洗浴服务企业1家，从事私营洗浴服务企业50余家。

五、其他服务

1978年后，西青城乡居民需求内容不断增加，家政、清洁、洗染、摄影扩印、婚丧等服务业应运而生，随着市场需求，逐渐向专业化发展。家政服务由传统的保洁、搬家、保姆延伸为以陪护、理财、保健为主。90年代后，洗衣店行业出现，洗染服务进入百姓生活，宾馆酒店等公用纺织品洗涤逐步社会化。供销社照相馆、店开始承包给职工，个体照相馆发展迅速，乡镇陆续开设照相馆、录像厅。90年代末，逐渐形成以婚纱摄影、结婚录像等业务为主的婚庆公司。西城寝园是区内主要丧葬服务企业。2010年，全区开设家政服务企业2家，从业70人。有清洁服务企业5家，从业人数755人。

第五章 仓储 物流

区内仓储物流业始于90年代的货运配送。21世纪后，西青区地理优势显现，仓储物流业发展速度加快，逐步形成“南、中、北”三大物流基地，收益成为区财政收入的重要组成部分。

第一节 发展概况

1997年，西青区把培育和发展现代物流产业纳入全区经济总体规划之中。整治规范运输市场，向现代物流融入和拓展，筹办天津市第一个规范性物流市场。2000年，全区有仓储业企业268个，其中242个企业为个体企业，占据仓储业绝大部分的份额，库房面积40.91万平方米，从业人数2048人，营业收入9360万元。2002年，全区有兴达配货、奥森等7家规模较大的物流企业，总建筑面积4.94万平方米。2003年7月，天津南方物流有限公司落成并投入使用。韩国三星、美国联邦快递、保税仓储物流公司进驻西青经济技术开发区，一改全区物流企业低、散、小的局面。2005年，区内形成3个物流基地：南部的津涞物流基地，中部外环物流基地，北部西青道物流基地。2006—2007年，全区限额以上物流企业13家，进驻物流基地的企业1762家，年货物吞吐量增至1380万吨。2008年，全区仓储业营业收入上升至3.59亿元。2010年，推行定制式仓储物流企业，全区限额以上物流企业18家，进驻物流基地的企业5143家，其中个体企业4860家，从业人员1.57万人，年货物吞吐量2000万吨 。

2000—2010年西青区交通运输仓储业主要经济指标统计表

表13-13 单位：个、人、万元

年度	单位个数	从业人员	增加值	营业收入	利税
2000	597	2005	13070	23478	5287
2001	588	1935	13677	21424	5163
2002	585	1969	14990	20571	5769
2003	395	2118	17884	27152	8523
2004	364	1982	18421	33517	10191
2005	4049	9866	124700	304712	112518
2006	4048	9854	136175	329321	121569
2007	5146	14799	122000	401771	148678
2008	5146	14799	154464	373550	137896
2009	5134	14058	147595	399984	145070
2010	5143	15663	129493	417719	82875

第二节 企业选介

一、天津市南方物流有限公司

照13-8 2005年，天津市南方物流有限公司

天津市南方物流有限公司始建于2003年10月，隶属于西青区交通运输管理局，坐落于西青区中北工业园内。企业性质为大型货物中转配载中心，占地面积13.33公顷，建筑面积10万平方米，园内库房分为一期库和二期库，库房200余间。2010年，设有ABC区和钢平房为生活办公区，

房屋150余间，租赁户280余家。

二、天津市奥森物流有限公司

天津市奥森物流有限公司成立于2003年，位于西青道，距天津外环2.5千米。注册资金500万元，占地20公顷，设有A、B、C三个业务功能区，区内备有高台库2万平方米，多功能货架仓储库2万平方米，为汽车制造业配套的配件仓储库房和业务办公用房。2010年，公司建有1000床位宾馆、洗衣房等服务设施。

三、天津市兴达运输配货中心

天津市兴达运输配货中心1998年成立。位于西青区外环线津静公路立交桥北侧，占地4.93公顷，建筑面积9.6万平方米，总投资800万元。主要经营范围：运输仓储、中转、配货等。2010年，完成货物吞吐量600万吨，物流额80万元。

照13-9　2010年，天津市兴达运输配货中心

四、天津市昊民物流有限公司

天津市昊民物流有限公司成立于2007年，位于西青道66号奥森物流配货中心院内。拥有多台小型货车、厢式货柜车、大件运输车、飞翼车等。2010年，已发展成为集运输、仓储、配送、包装、装卸、代办保险于一体的信息化、现代化的物流中心。

五、天津市普青物流有限公司

天津市普青物流有限公司位于西青经济技术开发区赛达一支路7号，占地面积8.6公顷，建筑面积4万平方米，总投资1亿元，由天津普青物流园有限公司投资建设。设有两栋国际标准物流库及设备房等配套设施，以物流设施的出租为主要经营方式。2010年，租金收入1170万元，利润400万元，纳税270万元。

第六章　对外经贸

1979—1995年，西青区对外出口贸易主要为五金矿产、化工产品、纺织品、工艺品等，农副产品出口量逐年减少，工业品出口量逐年增加。1996—2010年，全区出口产品生产企业坚持自营出口与代理出口平行，外销与内销并重，及时调整、优化出口产品结构，主动与国际市场接轨，出口商品以机电、音像设备及其零部件、纺织服装、医药化工、金属制品、光学仪器仪表、塑胶制品等为主。

第一节　外贸出口

一、出口规模

1982年，西青区开始发展外向型经济，逐步建立“贸工农”型和城郊开放型的农村经济体制。1985年，扩大经济作物播种面积，恢复油料、长毛兔、鲜菜等外贸出口基地，全年实现外贸产品收购值2228万元。1986年，发展出口创汇企业和面向国际市场的农副土特产品，加快出口基地建设。以乡、村集体企业为主，带动联体、户办“四个轮子”一起转，扩大企业规模，增强企业实力。是年，实现外贸出口总值5307万元。

1990年，区建立相关办事机构，开设窗口，与深圳、海口、漠河、大连等20余个口岸建立业务联系，形成区政府牵头，乡村参与，开辟边境贸易、转口贸易新途径。全区71家生产出口产品的企业实现产值3.15亿元，其中外贸收购值1.8亿元，创历史最高水平。1991年，区外向型企业89家，共14个门类120余个品种的产品出口到130余个国家和地区，出口交货值3.48亿元。1993—2000年，全区出口产品生产企业发展到百余家，自营进出口企业28家，280余个产品远销100余个国家和地区。2003—2004年，街镇工业外贸出口高速增长，全区外贸出口连续保持年均45.8%的增长速度，外商投资企业发挥主导作用。2005年，区出口产品涉及20大行业，出口额亿元以上企业11家。2008年，全区有外贸企业419家，其中国有企业14家、集体民营企业119家、“三资”企业286家，主要出口美国、日本、欧盟等30余个国家和地区，产品以通信电子、钢铁制品、机械设备为主。2009年，全区有实际出口业绩企业390家，其中外资企业275家、内资自营出口企业115家、出口总值呈下降趋势。2010年，区内有外贸出口业绩企业428家，其中内资出口企业133家、外资出口企业295家。

1996—2010年西青区外贸出口情况统计表

表13-14

年度	自营进出口权企业数	出口总值(亿元)	创汇额(亿美元)
1996	7	17.00	–
1997	11	15.00	–
1998	13	–	0.26
1999	18	0.30	0.23
2000	28	–	0.25
2001	38	–	0.30
2002	67	–	–
2003	79	19.99	–
2004	124	27.10	–
2005	–	30.40	–
2006	–	67.10	12.50
2007	–	125.40	21.70
2008	419	–	–
2009	390	17.10	–
2010	428	19.47	–

二、出口产品

1980年，全区农副产品出口额为1503万元。1982年，上辛口乡、张家窝乡、杨柳青镇建有长毛兔养殖基地。1988年，出口兔毛146吨，创产值1550.8万元，创汇369.2万美元。上辛口乡当城村、水高庄村、第六埠村和王稳庄乡各村分别建立葵花籽、蓖麻籽生产基地，年收购葵花籽14.48吨，创产值1626万元，创汇387.1万元。工矿产品年出口额占全区出口总额的71.33%。1989年，玫瑰精、二酴酚的收购额均超过1000万元，靛蓝酚、盐酸硫胺的收购额300万元。

90年代始，农副产品出口量减少，工业品出口量大幅增加。五金矿产、化工产品、纺织品、工艺品等成为出口商品主体。1996—2010年，出口产品主要是机电、纺织服装、医药化工、金属制品、光学仪器仪表、塑胶制品等18大类1870种，其中机电产品及零部件、化工产品、纺织服装，金属制品，光学医疗仪器、塑胶制品等年出口额均超1亿美元。

三、出口市场

1991年9月，上辛口乡加工速冻菠菜出口日本，成为日本市场上的抢手货，出口580吨，创汇145万美元，获纯利34.8万元。1995年，区内建成外向型食品加工企业6家，直接出口产品货值39.6万元。外货间接出口货值2828万元。随着乡镇企业的逐步发展，农副土特产品的收购量逐渐减少，工业品的收购量逐步增多。主要出口到美国、日本、韩国、印度等141个国家和中国香港、台湾地区。2001年，组织有关企业参加“广交会”等经贸活动。期间与外商签订出口合同20笔，出口金额630万美元。2002年，通过参加“广交会”，中津制药等4家企业与外商签订出口合同金额542.7万美元。2010年，出口美国2.89亿美元，出口日本2.77亿美元，出口韩国2.57美元。销往中国香港1.37亿美元、销往中国台湾地区1.27亿美元。

第二节　外贸进口

一、进口商品结构

80年代初，区内进口商品种类少、数量小，主要集中在少量急需的仪器设备、特种机电产品上。先达集团公司首家引进日本先进驾驶模拟设备和成套闭路电化教学设备。中国大冢制药有限公司在区内成立后，从日本引进PP成型机，用于生产500毫升聚丙烯塑料瓶输液产品。90年代，西青经济技术开发区、各街镇开发加速，金属制品产业企业增多，主要进口生产设备、检验检测设备、自动化生产线设备等基础设施设备，计算机零部件、手机部件、电子元器件、塑胶料件、汽车发动机零部件等加工贸易原材料进口量大幅增长。恒兴顺集团公司从俄罗斯引进先进冲压设备，津达钢管厂从日本购进280型焊接机组，率先在国内同行业中使用全数字微机控制。六埠实业集团公司融资4000万元，从日本引进具有国际先进水平的超宽幅织面，成为天津纺织业首例。2000年，机电等一般贸易进口量保持较快增长。2005年后，随着社会消费品需求上升，农副产品等消费品进口量增长。至2010年，进口产品涵盖机电、塑胶制品、金属、光学仪器等20大类1492种产品，其中机电产品等4类产品年进口额均超过1亿美元。全区累计投资总额53亿美元，引进贴标机等技术设备上万台。

二、进口市场

80年代，全区少量进口的仪器设备、特种机电产品主要来源于日本、美国、西欧等西方发达国家。1990年，外向型经济发展所急需的工业生产设备、检验检测设备、自动化生产线等基础设施设备进口，主要进口来源地为日本、美国、中国香港、英国、德国等。1990—2005年，开展加工贸易料件主要来源于韩国、日本，一般贸易国逐渐扩大到西方主要工业发达国家。2005年后，澳大利亚、新西兰、加拿大、法国、英国、北欧国家的食品、畜禽肉制品、海产品、奶制品、服装鞋帽、高档手表等消费品开始进入区内市场。

2010年，西青区主要商品来源国家和地区64个，进口额超1000万美元的国家和地区有13个。日本为第一大来源国，年进口8.23亿美元。韩国为第二大进口来源国，年7.61亿美元。德国为第三大进口来源国，年进口9940万美元。美国为第四大进口来源国，年进口6391万美元。中国台湾地区、香港地区为第五、第六大来源地区，年分别为4242万美元、3910万美元。

第三节　对外及中国香港投资

一、投资国外

2005年6月，天昌（天津）活性炭有限公司投资10万美元，在老挝成立天昌（老挝）活性炭有限公司，经营范围为活性炭、木炭。这是新中国成立后区内第一家经批准在国外投资建立的企业。2007年，天津市春智装饰板业有限公司投资30万美元，在越南成立泉茂发展有限公司，为独资公司，主要生产装饰板纸。2008年，大桥焊材集团有限公司出资70万美元，与越南某公司成立大桥越南焊条有限公司，主要生产低碳钢电焊条。2010年，中野塑料制品有限公司在越南开设中野塑料制品有限公司越南办事处，重点开拓东南亚市场。是年，全区有4家企业在国外建立分公司或办事处。

二、投资香港地区

2009年，飞马（天津）缝纫机有限公司在中国香港建立飞马（天津）缝纫机有限公司香港代表处，开展缝纫机进出口业务。2010年，嘉融信（天津）国际保理有限公司出资1287.7美元，在香港成立独资公司，经营国际保理业务。

2005—2010年西青区内企业对外和中国香港地区投资统计表

表13-15　　单位：万美元

国内企业名称	境外企业名称	投资方式	投资国别	投资总额	注册资本	中方投资额	经营范围	批复时间
天昌（天津）活性炭有限公司	天昌（老挝）活性炭有限公司	独资	老挝	10	10	10	活性炭木炭	2005年6月
天津市春智装饰板业有限公司	泉兴茂发展有限公司	独资	越南	30	30	30	装饰板纸	2007年8月
大桥焊材集团有限公司	大桥越南焊条有限公司	合资	越南	140	140	70	低碳钢电焊条	2008年3月
飞马（天津）缝纫机有限公司	飞马（天津）缝纫机有限公司香港代表处	–	中国香港	–	–	–	缝纫机进出口业务联络	2009年3月
嘉融信（天津）国际保理有限公司	嘉融信（中国香港）国际保理有限公司	独资	中国香港	0.13	0.13	0.13	国际保理业务	2010年9月
中野塑料制品有限公司	中野塑料制品有限公司越南办事处	–	越南	–	–	–	开拓市场	2010年11月

注：中国香港、越南代表处无实际投资和注册资金，亦无对应的投资额。

第十四编

财政 税务

天津市 西青区志（1979—2010）

TianJin Annals of Xiqing District

2006年，区财政局参加天津市财政系统学习考察

1979年，西青区财政收入以传统农业税为主。80年代，随着全区农林牧副渔全面发展，乡镇企业异军突起，财税改革步伐加快，逐步实行利改税和分税制。充分发挥财政税收宏观调控作用，涵养税源，保护企业生产积极性，调节产品结构，营造稳定、健康、和谐的经济环境。21世纪初，对街镇实行“划分税种、核定基数、超收分成、短收抵扣”的财政体制，使经济发展进入快车道，全区财政收入、税收成倍增长。不断完善公共财政体系建设，加大城镇建设、文教卫生科技、社会保障等项事业的投入，人民生活环境和生活质量显著提高。

第一章 财 政

1979—2010年，随着西青经济迅速发展，区财政收入迅速提高，80年代末财政收入突破亿元，进入全国百强县（区）行列。21世纪，区政府充分发挥财政宏观调控作用，加快财政管理体制改革，促进职能转换和升级，全区财政收入成倍增长，收入结构不断优化，保持可持续增长状态。科学、合理地确定支出预算，加强财政监管，优化支出结构，保障重点支出，保持收支平衡，略有结余。

第一节 财政体制改革

一、区级财政体制改革

1979年，区级财政收入按固定比例留成，超收分成，支出按支出指标包干。1985—1991年，实行核定基数、总额分成、比例包干政策。调整区收支基数，确定区总额分成比例为24%，将区财政收入与支出挂钩。1992年，实行“分税制”财政体制改革试点。调整确定区财政收支基数。区级固定收入全部留给西青区，市与区共享收入按五五比例，由两级财政分成。区级固定收入加50%共享收入之和，大于支出基数的定额上缴，每年递增2%。小于支出基数的，由市财政定额补助。1994年，实行“分税制”财政体制改革。按照企业财务隶属关系，划分财政收入预算级次，确定区财政收入范围，以企事业单位财务隶属关系确定区财政支出。重新调整确定西青区收入基数、支出基数和补助基数，上划中央消费税和75%增值税超收返还基数为7808万元。2003年，完善市与区分税制财政体制改革，实行统一规范的财税管理体制。2006—2010年，在企业所得税、营业税、个人所得税等税种上进行分成改革，总体上对区级财政收入无大影响。

二、街镇财政体制改革

2001年前，街镇财政一直实行统收统支财政体制。2002年起，实行“划分税种、核定基数、超收分成、短收抵扣”新财政体制。收支基数确定后，收大于支的部分上解区财政，收小于支的部分由区财政补贴。街镇年度内收入超出所核定基数及其他分成部分区与镇街按4:6比例分成。对未完成上划财政收入基数部分，相应扣减街镇级财力，确保每年度完成上缴财政收入基数。2005年，调整完善街镇财政体制，根据事权和财权统一原则，理顺和规范区、街镇两级政府分配关系，加大让利于街镇幅度。继续按原街镇财政体制口径计算街镇财力，保证街镇财力逐年增加。街镇财政体制改革前，全镇街财政收入1.58亿元，2005年，镇街财政收入增至2.42亿元，增长1.53倍。2010年，镇街级财政收入增至11.87亿元，比镇街财政体制改革前增长6.5倍。

第二节　财政收入

一、企业收入

1979—1992年，区属国有企业少、规模小，企业收入在财政税收中比例很低。1993年后，对企业财务制度进行改革，区内源于企业的财政收入不复存在。

二、工商税

1994年分税制前，西青区工商各税主要是以产品税、增值税、营业税为主的流转税及其附加、各种所得税、固定资产投资方向调节税、燃油特别税、奖金税等。1994年实行分税制财政体制后，地方财政收入主要税种是中央与地方共享税增值税的25%部分，以及营业税、企业所得税、个人所得税等。区工商各税成为财政的主要来源。1994年，区内工商各税占全年财政总收入98%。2004年后，随着城镇建设发展，其他及一般非税收入和基金收入占地方财政收入的比重逐年增大，工商税收在区级财政收入中呈下降趋势。2010年，区级财政收入56.7亿元，其中税收收入33.66亿元，占财政收入的59.4%。

三、农业税

区内农业税包括农业税、农业特产税、耕地占用税和契税。1994年，分税制财政体制改革后，市财政将农业税划为区（县）固定收入，在财政总收入中的比例很小。2004年，区内停征农业税及其附加。农业四税只剩下耕地占用税和契税。2006年5月，由财政部门承担的契税、耕地占用税征管划转地方税务局征管。

四、基金收入

1997年始，地方财税附加收入作为基金性质的收入列入预算，一般为出让地价，但规模较小。2004年后，随着城镇建设用地增加，土地有偿使用金增长较快。2008年，增加农业土地专项资金收入。但土地出让金收入、农业土地专项资金收入在财政收入构成中不够稳定。

五、其他及一般非税收入

1994年分税制后，区内其他及一般非税收入逐年增加。1999年，收入1301万元。2010年增至4亿元，其中罚没收入1224万元、专项中教育费附加收入9486万元、排污费514万元、行政性收费2.74亿元、其他收入1347万元。

1979—2010年西青区财政收入情况统计表

表14-1　　　　单位：万元

年度	企业上交利润	工商各税	农业税	其他一般收入	基金收入	财政总收入	区县级收入
1979	42	3880	77	5	-	4004	-
1980	13	4616	81	10	-	4720	-
1981	4	4661	84	18	-	4767	-
1982	24	5719	84	53	-	5880	-
1983	24	6245	85	43	-	6397	-
1984	24	6644	94	37	-	6799	-
1985	20	8324	90	33	-	8467	-

续表

年度	企业上交利润	工商各税	农业税	其他一般收入	基金收入	财政总收入	区县级收入
1986	11	8967	89	58	–	9125	–
1987	62	9223	98	50	–	9433	–
1988	140	8793	97	45	–	9075	–
1989	215	9937	109	78	–	10339	–
1990	14	10857	125	49	–	11045	–
1991	4	11888	129	34	–	12055	3964
1992	23	10776	157	29	–	10985	4923
1993	–	18577	166	209	–	15743	7670
1994	–	22630	335	393	–	23358	9000
1995	–	25650	604	813	–	27067	12635
1996	–	30936	218	686	–	31840	16426
1997	–	36776	458	899	18	38151	18609
1998	–	46181	816	720	56	47773	21023
1999	–	55634	652	1301	22	57609	23491
2000	–	85698	629	1011	143	87481	31100
2001	–	10128	2906	1461	24	110543	53732
2002	–	124853	3775	1565	29	130222	50893
2003	–	172486	10579	2965	37	186067	60101
2004	–	205382	10968	6838	29565	252753	109457
2005	–	282241	12587	15062	25536	335426	137646
2006	–	–	18379	17273	10355	406881	158807
2007	–	–	32367	20419	14301	539646	212236
2008	–	–	32441	22172	44816	731152	300631
2009	–	–	42788	51382	151005	876389	456030
2010	–	–	58256	39923	190418	1114989	566984

注：1. 从2004年开始，天津市免征农业税（含农业特产税）及其附加，农业税栏目中仅剩耕地占用税和契税两税

2. 区县级收入为一般预算收入 + 基金收入

第三节 财政支出

1979—1982年，区行政事业经费和公费医疗经费实行“定额包干，超支不补，节约留用”办法，财政累计支出5238万元，其中基本建设类支出314万元，占总支出的6%；农业支出1206万元，占总支出的23.02%，历史上支农资金占财政总支出比重最多。

1983—1991年，粮食、肉食、鸡蛋等价格改革政策出台，财政用于增加工资及价格补贴等刚性支出增长较快。财政累计支出3.44亿元，其中基建挖潜类支出3237万元，占总支出的9.42%；城镇建设维护费支出3178万元，占总支出（3.44亿元）的9.25%；行政类支出4094万元，占总支出（3.44亿元）的11.91%；抚恤和社会福利救济支出1040万元，占总支出（3.44亿元）的3%，主要用于优抚，社会救济困难群众等。财政支出年平均递增率17.57%。

1979—1986年西青区财政支出情况（一般预算支出）统计表

表14-2　　单位：万元

支出项目	1979年	1980年	1981年	1982年	1983年	1984年	1985年	1986年
基本建设	103	96	97	18	85	168	195	514
科技三项费用	–	1	–	3	10	10	10	3
支援农业产品	–	250	150	391	288	143	192	256
农林水气事业费	263	–	151	–	301	166	213	226

续表

支出项目	1979年	1980年	1981年	1982年	1983年	1984年	1985年	1986年
工业交通部门事业费	–	1	–	3	3	7	9	8
文教卫生事业费	494	536	623	637	731	822	1175	1424
其他部门事业费	–	–	–	22	29	29	33	49
抚恤和社会救济费	141	161	69	39	67	54	81	96
行政管理费	107	133	99	127	167	242	228	307
城市维护费	92	95	113	101	98	140	306	278
城镇人口下乡经费	–	1	–	–	–	–	–	–
人民防空经费	–	2	–	3	1	1	–	–
其他支出	8	20	17	3	2	32	64	559
合计	1233	1296	1361	1347	1782	1814	2506	3720

注：1979、1981两年数字摘自《天津财政统计》（1979—1986），支出项目中列项不全，与合计数不相等

1992—1995年，受分税制初期财政收入因素制约，区财政支出较为困难，在支出预算安排上坚持量入为出，控制“人员、车辆、会议、电话”类支出，实行“经费定额包干，超支不补”预算管理办法。期间，全区财政累计支出4.09亿元，其中基建挖潜类支出5231万元，占总支出的12.8%；文教卫生类支出1.77亿元，占总支出的43.44%；农业支出2762万元，占总支出的6.8%；抚恤和社会福利救济支出976万元，占总支出的2.39%；城镇建设维护费类支出2463万元，占总支出的6.03%；行政类支出8711万元，占总支出的21.32%。

1987—1995年西青区财政支出情况（一般预算支出）统计表

表14-3　　单位：万元

支出项目	1987年	1988年	1989年	1990年	1991年	1992年	1993年	1994年	1995年
基本建设	676	200	335	210	356	330	836	885	1530
企业挖潜改造	–	100	200	200	–	200	400	400	650
科技三项经费	8	4	10	–	–	–	–	50	–
支援农业生产	385	329	557	527	458	519	745	331	246
农林水气事业费	229	201	401	221	190	193	208	321	199
工交部门事业费	9	13	18	19	38	33	52	57	119
文教卫生事业费	1397	2058	2623	2390	2680	2820	3666	4997	6264
科学事业费	–	2	3	1	4	1	2	2	3
税务部门事业费	70	88	38	61	91	104	151	179	271
抚恤福利救济费	97	136	136	195	178	167	198	251	359
行政管理费	353	314	324	354	472	692	920	1837	2115
公检法司支出	–	141	146	204	231	275	376	661	869
城镇建设维修费	343	344	547	582	540	533	497	736	697
政策性补给支出	–	20	–	–	–	–	23	30	30
专项支出	–	–	–	–	451	366	180	480	675
其他支出	264	165	285	235	92	87	519	188	329
合计	3831	4115	5622	5199	5781	6320	8773	11405	14356

1996—2000年，区级财政收入逐年增长，财政拮据局面得到初步缓解，财政支出结构得到优化，市财政对西青区的经费补助逐年增加，区级财政用于支持各项事业建设的力度增强。这一时期，财政累计支出12.91亿元，其中基建挖潜类支出3.56亿元，占总支出的27.56%；农业支出3435万元，占总支出的2.66%；文教卫生类支出4.56亿元，占总支出的35.33%；城镇建设维护费类支出6494万元，占总支出的5.03%；抚恤和社会保障类支出2833万元，占总支出的2.19%；行政类支出2.67亿元，占总支出的20.72%。财政支出年平均递增率为23.08%。

1996—2001年 西青区财政支出情况(一般预算支出)统计表

表14-4　　　　单位：万元

支出项目	1996年	1997年	1998年	1999年	2000年	2001年
基本建设	2982	3003	4497	5944	13355	22149
企业挖潜改造	1528	1000	1360	1560	348	8649
科技三项经费	–	20	20	50	67	75
支援农业生产	268	348	352	425	605	639
农林水气事业费	207	238	295	321	376	471
工业交通部门事业费	121	120	131	119	130	147
文体广播事业费	–	–	648	737	926	766
教育事业费	5085	5645	5808	7772	7759	9403
科学事业费	32	11	8	8	17	18
卫生事业费	1635	1964	1969	2516	2417	3106
税务等其他部门事业费	321	311	397	567	615	670
抚恤和社会福利救济费	427	622	534	578	615	706
行政事业离退休经费	50	53	63	50	48	53
社会保障支出	–	–	9	22	26	5
行政管理费	2234	2772	3157	3309	3750	4912
公检法司支出	1217	1269	1621	2233	2357	2860
城镇建设维修费	776	952	1151	1766	1859	1218
政策性补给支出	25	25	27	117	355	1798
专项支出	1039	–	450	414	278	311
其他支出	914	769	764	1850	1583	2088
合计	18861	19122	23261	30358	37486	60044

2001—2005年，区级财政收入快速增长，财政调控职能不断增强。5年间，财政累计支出46.66亿元，其中基建挖潜类支出24.39亿元，占总支出的52.28%；农业支出1.02亿元，占总支出的2.18%；文教卫生类支出8.54亿元，占总支出的18.3%；抚恤和社会保障类支出5413万元占总支出的1.16%；行政类支出7.46亿元，占总支出的15.99%。财政支出年平均递增率为29.7%。

2002—2005年西青区财政支出情况(一般预算支出)统计表

表14-5　　　　单位：万元

支出项目	2002年	2003年	2004年	2005年
基本建设	25442	47884	48236	58474
企业挖潜改造	7837	7907	7951	9424
科技三项经费	90	65	123	1783
农业综合开发	80	–	–	–
支援农业生产	886	–	–	–
农林水气事业费	430	–	–	–
农业支出	–	1005	2318	2317
林业支出	–	35	21	44
水利气象支出	–	519	470	954
工业交通部门事业费	122	126	137	148
文体广播事业费	924	982	1162	1788
教育事业费	11059	11433	14268	16015
科学事业费	25	24	33	70
卫生事业费	3124	2982	3423	4938
税务等其他部门事业费	553	573	709	455
抚恤和社会福利救济费	766	884	1230	1408
行政事业离退休经费	50	54	49	47

续表

支出项目	2002年	2003年	2004年	2005年
社会保障支出	－	19	138	257
行政管理费	6008	6535	7907	8861
公检法司支出	2979	3262	4019	5922
城镇建设维修费	2044	1996	1973	8742
政策性补给支出	1655	3162	3189	7660
专项支出	284	30	605	1583
其他支出	3653	7099	6550	6594
合计	68011	96576	104511	137484

2006—2010年，加大对公共基础设施建设、教育、卫生、社会保障体系的投入，在国民收入再分配方面向低收入人群倾斜。财政累计支出144.35亿元。投入城乡社区事务资金59.05亿元，占总支出41.32%，主要用于西青经济技术开发区及街镇工业园区建设、基础设施建设、环境保护支出、新建中小学等。投入教育经费22.31亿元，占总支出的15.45%。安排农林水事务资金5.9亿元，占总支出的4.1%。主要用于设施农业、现代农业示范园等建设。社会保障投入5.63亿元，占总支出的3.9%，主要用于加快社区综合服务中心等建设。

照14-1　2006年，区财政监督人员赴基层检查财务支出情况

2010年，全区社会保障支出2.5亿元，将全区农村养老补贴政策同天津市城乡居民养老补助、养老保险等政策顺利对接。支出资金4.62亿元，支持区医疗卫生中心建设，加快社会服务站、卫生所标准化建设，实施城镇居民基本医疗保险制度和行政事业单位医疗保障制度，增加对重点优抚对象的住院医疗补助。

2006—2010年西青区财政支出情况（一般预算支出）统计表

表14-6　单位：万元

支出项目	2006年	2007年	2008年	2009年	2010年
一般公共服务	26108	20685	26006	27506	32747
国防	413	441	382	287	1153
公共安全	8025	16377	24070	23702	29563
教育	22126	32205	41353	55699	71694
科学技术	2062	3306	3982	4544	9703
文化体育与传媒	4685	2453	5483	5305	6461
社会保障和就业	2850	9098	9116	11803	23394
医疗卫生	9285	12507	16543	29337	46181
环境保护	1256	5247	5493	3060	8631
城乡社区事务	78969	98696	118611	135176	159018
交通运输	70	142	372	409	1047
工业商业金融等事务	12395	11020	9656	2231	3123
资源勘探电力信息等事务	－	－	－	10377	11010
粮油物资储备管理等事务	－	－	－	1110	133
商业服务业等事务	－	－	－	－	4617

续表

支出项目	2006年	2007年	2008年	2009年	2010年
国土资源气象等事务	–	–	–	–	694
住房保障	–	–	–	–	401
其他支出	8540	6668	2158	5046	550
合计	181901	225873	277943	331068	426752

第四节 财政预决算

一、收入预决算

1979年，区内征收税种较少，主要有工商统一税、工商所得税、农业税等。1980年始，增加中外合资经营企业所得税、外商投资企业和外国企业所得税。1983年，实行国营企业税利分流后，对国有企业征收所得税。1984年，纳入财政预算收入的项目，主要包括各项税收、企业收入和其他收入。1985—1993年，实行总额分成体制，每年预算收入安排基本上采用基数加增长计算，由上级财政部门确定，每年10月根据当年财政收支情况，进行预算调整。1994年，实行分税制后，收入预算项目包括工商税收、农业税、企业所得税等11项。全区预算收入5100万元，实际完成1.09亿元，完成预算任务的213.7%。财政决算中，除区级财政收入外，包括市级补助收入2307.1万元、体制补助688.1万元、地方政府总付有价证券本金收入7.8万元、上年结余805.8万元，总计1.32亿元。2010年，全区预算收入37.66亿元，比1994年增加34倍。

1980—2010年西青区财政预算收入与决算收入情况统计表

表14-7　　　　单位：万元

年度	预算收入数	决算收入数	增加数	增加 %
1980	4168	4720	552	13.20
1981	4513	4767	254	10.56
1982	4859	5880	1021	21.00
1983	6207	6397	190	3.00
1984	6666	6799	133	2.00
1985	7439	8467	1228	16.50
1986	8997	9124.7	148	1.60
1987	9147	9432.8	285	3.10
1988	9011	9031	20	0.22
1989	9515	10340	825	8.70
1990	10757	11045	288	10.27
1991	12000	12055	55	0.46
1992	10727	10985	258	2.40
1993	15500	15743	243	1.60
1994	5100	10090	499	19.78
1995	9000	12634	363	14.03
1996	16200	16426	226	1.40
1997	17600	18187	587	3.30
1998	20967	20967	–	–
1999	23469	23469	–	–
2000	30957	30957	–	–
2001	53708	53708	–	–
2002	50864	50864	–	–

续表

年度	预算收入数	决算收入数	增加数	增加 %
2003	60064	60064	–	–
2004	79892	79892	–	–
2005	112110	112110	–	–
2006	148452	148452	–	–
2007	197935	197935	–	–
2008	255815	255815	–	–
2009	305025	305025	–	–
2010	376566	376566	–	–

注：1998—2010年决算收入均完成调整预算收入100%。

二、支出预决算

80年代后，随着全区财政收入不断增加及各项事业发展，财政预算支出费用上涨。1990年至2010年，区预决算坚持统筹兼顾、勤俭节约、量力而行、讲求绩效、收支平衡原则，在保证基本公共服务合理需求前提下，优先安排区确定的重点支出，严格控制各部门、各单位机关运行经费和楼堂馆所等基本建设支出，使区支出预决算保持收支平衡、略有结余。

1980—2010年西青区财政支出预决算情况统计表

表14-8　　单位：万元

年 份	本年支出预算数	本年支出决算数	完成当年预算(％)
1980	1546	1297	83.90
1981	1712	1322	77.22
1982	1879	1347	71.70
1983	2251	1782	79.20
1984	2150	1815	84.10
1985	3346	2504	74.80
1986	4419	3719	84.20
1987	4450	3836	86.20
1988	4812	4114	85.50
1989	5784	5622	97.20
1990	5794	5199	89.73
1991	5805	5783	99.60
1992	6556	6320	96.40
1993	9578	8772	91.60
1994	12317	11406	92.60
1995	15795	14356	90.90
1996	20876	18861	90.30
1997	23120	19122	82.70
1998	29476	23261	78.90
1999	35878	30358	84.60
2000	44436	37486	84.40
2001	67965	60044	88.30
2002	77183	68011	88.10
2003	112758	96576	85.60
2004	120314	104511	86.90
2005	150607	137484	91.30
2006	191864	181901	94.80
2007	240429	225873	93.90
2008	302828	277943	92.10

续表

年 份	本年支出预算数	本年支出决算数	完成当年预算(%)
2009	362724	331068	91.30
2010	444859	426752	95.90

第五节 财政监管

一、预算定额管理

90年代中期，区行政事业单位划分为全额预算管理单位、差额预算管理单位及自收自支单位，实行不同的预算管理形式。全额预算管理单位按编制人员核拨工资、多项补贴、奖金、公用经费、机关采暖及实有在编机动车经费，实行定额管理。各单位按定额编制预算，区财政再根据机动财力适当安排一些事业发展经费。差额预算管理单位按编制人员核拨工资前4项，其他经费由单位自行解决。自收自支单位财政则不予核拨经费，按预算定额编制预算，奖金发放标准略高于全额预算管理单位，对其收支实行预算外资金管理。预算编制依据国家规定的预算科目进行编制。90年代中期后，制定预算支出定额，将部门、单位职能和发展规划与财政资金供给范围和规模相结合，为分配财政资金、调整公共支出结构、优化配置公共资源提供重要依据，优化调整支出结构，提高支出效益，逐步建立公共财政体系。

二、财政支出管理

（一）细化预算管理

2001年始，区财政改变基数加增长的预算方式，对预算单位的业务量实行零基预算。改变预算由各单位根据收支情况自报、财政审核的做法，在编制预算过程中，有标准的一律按标准核对，将不合理的支出全部剔除。建立单位人员数据库和机构信息库，研制出预算指标管理系统，为预算编制提供准确数据，为实行综合预算、部门预算打下基础。根除“大预算，小支出”和改变资金用途等不合理开支现象。至2010年，累计节约财政资金1亿余元。

（二）实行部门预算

2007年始，根据《中华人民共和国预算法》和《天津市标准周期管理办法》，在区级预算单位全面推行部门预算。2010年，覆盖率100%。

（三）改革支付形式

2000年，实行国库集中支付工资。2003年6月，开始由区财政支付中心直接支付全区行政事业单位的专项资金、基建资金、政府采购资金和人员工资等大额财政资金，形成“漏斗式”资金支付模式。2007年，全区建立国库集中支付信息网络系统，翌年区内45个一级预算单位和75个二级预算单位正式上线，国库集中支付改革覆盖全区所有符合条件的预算单位。2010年，全区通过国库集中支付系统累计支付财政资金达41.37亿元。

（四）实施政府收支分类改革

2006年，全面实施政府收支分类改革。至2010年，区财政部门每年对全区机关事业单位会计人员进行培训，对各街镇和区级有关部门执行新的政府收支分类科目进行安排部署，研发使用与新科目相适应的预算指标管理程序，完成全部预算指标的转换。

三、预算外资金管理

1991—1994年，对区属及驻区单位的行政事业性收费实行统一票证管理制度。行政事业性收费资金采取资金专户储存，计划管理促进经济发展，涵养财源。1995—2000年，区行政事业性收费和罚没收入实施“收支两条线”，对全区执收执罚单位的收费项目、标准、收费票据等进行清理检查，撤销所有收入单位代转户。2000年，全区执收单位收费资金财政专户储存率100%。2001—2010年，区财政对有预算外收入的单位进行预算外资金核算，先核定收入，后安排支出，确定以收定支的预算编制管理方式。协调预算单位和相关银行，统一财政事业性收费和政府性基金缴库程序，将土地出让金，残疾人保障金、地下水资源费纳入预算管理。

四、政府采购管理

1999年，区公务用车等支出项目中实行政府采购，节约资金70余万元。2000—2005年，区出台《政府采购资金管理和核算办法》，制定《采购中心内部操作运作规程》《年度政府采购目录》《评标工作纪律》，完善供应商数据库，拔营采购范围，引入市场竞争机制。对部分机关单位办公家具和区行政机关单位现代化办公设备、公务用车等项目实行政府采购。2006—2010年，区政府采购管理实现采、管分离。制定和完善，开发设计供应商投标抽签系统，推行项目前期论证制度，对本地企业、节能节水、环保建材等产品优先采购，在评标中实行3%~8%的加分，对在区境建立服务机构企业再加分支持。

2001—2010年西青区政府采购情况统计表

表14-9　　单位：万元

年度	采购预算金额	合同金额	节约资金	节约率％
2001	1452.00	1343.00	109.00	7.50
2002	817.00	753.00	64.00	7.80
2003	1567.40	1432.60	134.80	8.60
2004	888.96	804.42	84.54	9.51
2005	1287.36	1178.50	108.86	8.46
2006	3090.00	2798.00	292.00	9.40
2007	10015.00	9631.00	384.00	3.80
2008	10874.15	9740.83	1133.33	10.42
2009	3460.00	3075.50	384.50	11.10
2010	18300.00	16200.00	2100.00	11.00

五、会计事务管理

90年代初期，区会计管理职能由天津市会计师事务所西郊分所代管。2001—2005年，西青区实施《中华人民共和国会计法》执行检查，对资产的范围、标准、计价及调出、出售、报废、报损等行为作出具体规定，设计国有资产处置申报表和批复书，规定国有资产处置的程序、权限和处置收入的财务处理，规范国有资产管理。对全区各行政、事业单位会计人员进行培训。对辖区内的会计人员发放会计从业资格证书，组织会计人员进行年度继续教育，对会计从业资格证书进行年检、换证。建立会计人员数据库，实现对全区会计人员动态管理，在区属行政事业单位推广会计电算化。2006—2010年，区制定实施会计基础工作规范化文件，举办会计人员培训班300期，全区所有全额预算单位实现会计电算化。2010年，区内5个街镇实现会计电算化。

六、控制社会集团购买力

80年代中期，区内开始控制社会集团购买力，由财政局代理实行审批职责。1992年，区行政事业单位指令性指标300万元，指导性指标260万元，专控指标40万元；200人以上企业指令性指标260万元，指导性指标、专控指标均为90万元。1995年，区行政事业单位指令性指标400万元，指导性指标500万元，专控指标60万元。1997年后，随着市场经济发展，国家放开专控商品，取消对社会集团购买力控制。

七、财政检查

1983年，区财政部门原有的财政监察机构转至审计部门。1991—1994年，区财政每年对三分之一的乡镇财政支出情况进行检查。1995年，对全区新税制执行情况进行抽查。开展财务大检查及"小金库"检查，重点检查30家。1996—1999年，区财政等有关部门联合对9个乡镇的工业公司企业负担情况开展检查，对存在的问题提出整改意见。2002—2010年，对全区基建工程资金支出使用、农业税灾情减免等进行监督检查，节约资金26.63万元。依法对区粮食系统、政法委综治经费、水利系统维修改造工程项目以及街镇对区重大财政投资项目进行检查，对有关问题进行督促整改，帮助相关部门对财务管理内控制度、账务处理等进行规范。

第六节 国有资产管理

一、登记汇总

1991年，区财政开始行使全区国有资产管理权。对属行政事业单位国有资产进行产权登记，国有资产总值1.31亿元，对区属国有资产办理审验。1994年，对全区25家国有企业进行清产核资，有固定资产1531万元，流动资金9066万元，负债金额6328万元，国有资产权益4269万元。1997年，对区属21家国有企业资产进行产权登记并颁发产权证书，对148家区属行政事业单位国有资产产权进行年检，对区物资系统7家区属国有企业下达国有资产保值、增值指标。2000—2005年，完成全区国有企业、集体企业、行政事业单位现有资产摸底汇总。全区有国有企业24家，国有资产总额3.82亿元，负债总额3.09亿元，所有者权益7300万元。全区有集体企业18家，集体资产总额2.27亿元，负债总额2.11亿元，所有者权益1600万元。全区有行政事业单位146家，国有资产总额3.3亿元，固定资产总额2.98亿元。在全区9个街镇、42个行政事业单位范围内开展固定资产清理检查，对水利局等6个单位进行重点抽查。报废处置资产745件，金额38.8万元。

二、处置调拨

2006—2009年，区财政部门为全区行政事业单位处置汽车83部，批准处置调拨资产6019件，涉及金额1347.49万元。对5家企业改制的143名职工解决身份转换问题，收缴财政资金213万元。2009年，开展区直属单位非经营性资产检查，处置资产原值935万元。调拨国有资产665件，资产原值近100万元。2010年，补贴各类家电下乡产品2976台（件），财政审核补贴资金63.69万元。补贴各类汽车下乡产品2395辆，财政审核补贴资金888.14万元。全年补贴各类家电以旧换新产品9700台（件），财政审核补贴资金275.81万元。

第二章　税　务

1979—2010年，西青区进行税务机构改革，实行利改税、分税制和涉外税收改革，税收体制不断完善，税收总量稳步增长，税源结构不断优化。国税、地税两部门不断改进服务手段，提升服务质量，严格税收征管，促进全区经济健康有序地发展。

第一节　国家税务管理

一、税制改革

1979年始，调整原有工商税收、税率，取消对合作商店、个体工商户加成征收所得税规定。调整税负，改按集体手工业的负担水平征收。1982年起，逐步建立建筑税，超额累进奖金税，烧油特别税以及能源交通重点建设基金等税种。1983年，对国有企业实行第一步利改税改革，对有盈利的国营企业普遍征收所得税，大中型企业按55%的比例税率征收所得税后，超过企业合理留利部分，税后利润除企业合理留利外，再分别以“递增包干”“固定比例”“调节税”“定额包干”4种形式上缴国家预算。对小型企业按八级超额累进税率征收所得税后，基本由企业自负盈亏，对留利过多企业征收一定比例承包奖税。1984年，实行第二步利改税，将工商税按不同征收对象分解为产品税、增值税和营业税。完善对国营企业征收所得税和调节税办法，放宽对小型企业划分标准，并设计新的八级超额累进税率，降低小型企业所得税负担。将大中型企业税后利润超过合理留利部分一律改为征收调节税。开征资源税和城市维护建设税，恢复征收土地使用税、房产税及车船使用税等税种。1986年，城乡个体工商户实行10级超额累进税率，对全年所得税额超过5万元部分加征10%至40%的所得税。扩大奖金税和增值税征收范围。开征个人收入调节税，国家预算调节资金和印花税。

1994年，税收制度进行重大改革，建立以增值税为主体、消费税和营业税为补充的流转税制度。新的增值税实行价外税和凭发票注明税款的形式扣税办法规定，将特别消费税并入消费税，统一企业所得税制度。1997年，对金融、保险企业所得税、营业税税率进行调整，所得税税率由55%统一降为33%，营业税税率由5%调整为8%。1998年，对国地税机关征收管理工作进行重新调整，将原由国家税务局代地方税务局征管的集贸市场和个体工商户营业税、个人所得税和其他地方税收，交由地方税务局负责征管。将原由国家税务局代地方征收的各类增值税和消费税缴纳的城建税、教育费附加、防洪工程维护费，交由地方税务局征管。将原由地方财政部门征收的非银行金融企业、中央与地方所属企事业单位组成的联营企业、中央企事业单位投资的股份制企业和军队办国有企业的所得税交由国家税务局负责征管。2008年，对内外资企业统一适用企业所得税法实现“两税合并”，终结内、外资企业所得税制两法并存的状况，将企业所得税纳税人分为居民纳税人和非居民纳税人。2009—2010年，实施增值税转型改革，小规模纳税人征收率降低为3%。

二、税收收入

（一）农业税

1984年起，结合房产清查登记换证，由区房管部门代征契税（农业税之一），补齐

照14-2　2010年，张家窝国税所送税法下乡座谈会

1958年后民间房产私自交易漏支契税。1985年，区国税部门对1983年人均分配水平100元以下的村免征农业税3年。对农产品改为合同订购制，区内农业税按稻田、园田和旱田分别确定常产，并按比例折征代金。1987年，对占用耕地建房或从事其他非农业建设的单位和个人征收耕地占用税。以纳税人实际占用耕地面积计税，实行一次性征收，农民建房按应交税额减半计税。1989年，对人均年收入500元以下的村减征农业税，全区有14个村免征农业税。1990年，开征农林特产税，干鲜果品10%，苹果15%，林地收入8%，水生植物、淡水养殖收入10%，其他农林特产收入8%。为平衡税收，结合区内实际情况，按亩核定不同品种计税产量，按区核定中上价格核计税额征收。

1979—1989年西青区农业税征收情况统计表（一）

表14-10　　单位：万元

年度	农业税	年度	农业税
1979	78	1985	90
1980	81	1986	89
1981	83	1987	98
1982	84	1988	97
1983	85	1989	110
1984	94	–	–

1990—1995年西青区农业各税征收情况统计表（二）

表14-11　　单位：万元

年度	农业税	农林特产税	耕地占用税
1990	82	22	–
1991	93	36	–
1992	119	38	–
1993	103	130	88
1994	106	87	155
1995	113	63	424

1996—2004年西青区农业税征收情况统计表（三）

表14-12　　单位：万元

年度	农业税	农林特产税	耕地占用税	契税
1996	150	30	20	–
1997	130	50	278	–
1998	145	71	600	–
1999	173	50	399	30
2000	234	64	226	105
2001	119	39	1787	961
2002	192	28	1971	1584
2003	139	8	4841	5591
2004	156	–	5503	5309

注：2004年，天津市停止征收农业税，2005年数字为历年尾欠补缴数

（二）工商税

1980—1984年，区内工商税收入主要以流转税为主，年均增长率为9.65%。1984年，完成各项税收6645万元。1985—1993年，实行利改税。乡镇企业税收收入大幅增加，年均增长率为13%。1994—2000年，开始实行分税制，税务征管实现电脑软件管理，在全区私营企业中逐步推行持卡纳税缴税方式。2001—2005年，制定执行《税源管理办法》等法规，实行属地化征管，建立反避税信息管理系统，

加强涉外税收政策管理。2006—2010年，对重点税源企业实行一对一纳税辅导和重点审核，亏损、微利、跳跃式盈利企业、减免税到期后，按盈转亏企业的税前扣除事项管理。

1994—2010年西青区国税税收情况统计表

表14-13

年度	征收总额（亿元）	增收（亿元）	增幅（%）	年度	征收总额（亿元）	增收（亿元）	增幅（%）
1994	1.53	0.24	–	2003	11.06	3.01	37.38
1995	1.60	0.12	8.14	2004	15.77	4.71	42.61
1996	1.74	0.14	8.93	2005	18.14	2.37	15.03
1997	2.09	0.44	26.96	2006	23.07	4.93	27.18
1998	2.88	0.86	42.80	2007	31.24	8.15	35.29
1999	3.70	0.82	28.60	2008	40.89	9.66	30.91
2000	6.44	2.74	74.00	2009	36.75	-4.14	0.00
2001	7.04	0.59	9.24	2010	48.05	11.30	30.75
2002	8.05	1.01	14.31	–	–	–	–

（三）税源变化

80年代初，区税收主要来源于化学工业、机械工业、橡胶制品工业、石油工业、轻纺工业和商业零售业。1994年，纺织及服装制造、化学原料及制品、交通运输机械制造等行业成为全区税收主要来源。2003年，区国税局税收主要来源于食品加工、造纸、纺织、化学原料及制品、橡胶制品、设备制造等制造业。2010年，区国税收入主要来源于汽车制造、房地产、计算机通信、医药制造和批发5大行业，税收额26.52亿元，占国税收入的55.2%。天津一汽丰田发动机有限公司等6家重点税源企业纳税合计占当年全部税收的比重20%左右。

（四）税收结构

80年代后，全区主要以第二产业税收为主，重工业比重较大。1994年，制造业税收收入占增值税收入超八成。2000年，比重下降至不足七成左右。2009年，比重又上升至接近九成。全区以第二产业为主，第一产业税收占比微弱，第三产业受房地产业影响税收波动较大，趋势发展向好。1994年实行分税制后，区国税收入一直以增值税为主，2000年，增值税收入占国税税收总额近八成。2010年，增值税收入约占国税税收总额三分之二，企业所得税约占税收总额三分之一。

1978年前，集体所有制经济在较长一段时间内占据工商税收的重要位置，1978年后，所占比重呈下降趋势，至1994年比例下降至75%。同时，涉外企业税收增长迅猛。2003年，外商投资企业和外国企业所得税突破亿元大关，成为全区税收收入重要组成部分。

三、税收管理

（一）税务登记

70年代末，区税务部门对全区商业、供销社企业、交通运输及饮食服务业进行税务登记。1993年，清理漏管户，统一换发税务登记证，实行全国统一编码。1999年，在办理税务登记中，对下岗职工兴办个体私营企业，主动做好政策业务咨询。2001年，对处于歇业状态的281家企业督促办理注销税务登记手续，采取征管单位调查、主管科室复查的办法，加强对一般纳税人的认定管理。2002年，清理整顿5个专业市场，补发税务登记证300余家、重新核定定额500余家，补征税款36万元。2003年，实行新的属地化征管。按时进行迁出、迁入企业资料交接，全年迁入企业266家，转入税款2.12亿元，迁出企业25家，转出税款1.13亿元。2006年，换发税务登记证，全区登记开业的纳税人3358家，其中国有企业149家、集体企业197家、私营企业1559家、个体工商户540家。2007年，实行国税、地税联合办证，实现国、地税两局信息共享，强化纳税人户籍管理。2009年，加大对零散无照个体户的清理力度，对部分集贸市场和大型超市实行委托代征。2010年，全区登记开业的纳税人6417家，其中国有企业72家、集体企业220家、私营企业3252家、个体工商户1280家。

（二）纳税申报

1979年后，调整税收征管，国营、集体企业一般采用自填自缴、自报核缴的征收方法，恢复个体经济定额征收方法。1983年始，对个体商业和部分集体商业企业实行由批发部门代扣代缴的征收方法。1986—1989年，两次对纳税鉴定的范围、申报、修改补充及资料的管理进行清理整顿，维护正常纳税秩序。1994年始，纳税鉴定不再作为税务机关的公务，必要时可以使用纳税通知书，将有关纳税要求通知纳税人。1997年，对私营企业纳税方式进行改革。通过试点，在全区私营企业中逐步推行持卡纳税缴税方式。2000—2004年，对8个征收单位同时一次性完成纳税申报方式的转换，实施防伪税控认证、报税与纳税申报的审核、对比工作机制。推行新的增值税纳税申报办法。2007年，开展清理三无纳税人活动。2010年，推行网上申报和网上认证，对各税源管理所征管质量进行考核通报，全年准期申报率上升0.07个百分点，一般纳税人零申报率下降0.59个百分点、负申报率下降0.53个百分点，小规模纳税人零申报率下降2.72个百分点。

（三）发票管理

1980年，区税务部门开始行使发票管理职能。1984年，区内发票使用种类8类14种。1985—1989年，各种缴款书逐步过渡到一税一票。1990年7月，开始使用行业专用发票制度。1994年，一般纳税人销售货物和应税劳务须按规定开具增值税专用发票。1997年，对区内2190家增值税一般纳税人进行检查、清理。定期组织检查，确保发票领、用、存、管等制度落实。2001年，使全局发票领、售、存、报工作全部纳入微机管理。设置征收、管理11个岗位、283个职责，实行“一人多岗、一岗余人”管理办法。2002年，对全区1600余家增值税一般纳税人全部推行防伪税控系统，完成全区税控加油机安装，为燃油税开征做好准备。2005—2007年，实现利用防伪税控系统开具普通发票，对利用假海关完税凭证抵扣税款的违法行为进行查处，对税负率低于行业平均税负率的商贸企业实行以票控税管理办法，严格控制发票使用量。2010年，开展行业普通发票复核，加强普通发票管理。对长期零申报的1037家企业核减增值税专用发票3.38万份。

（四）减免税管理

1981年，恢复征收工商统一税，对工商所得税给予减免。1984年，对乡镇企业、村办企业、农民个人新建独立核算的冷库、仓库所得收入，从投产之日起，免征工商所得税2至3年。1985年，对新办乡镇企业免征工商所得税1年，期满后纳税仍有困难的企业，可再免工商所得税。对贫困村的集体企业、农民联办企业、家庭工厂及个体商贩免征工商所得税3年。对亏损两年以上后转亏为盈的乡镇企业当年免征工商所得税1年，转亏为盈但上年亏损的企业，继续减征或免征1年。1987年，对新办的乡镇集体企业，除生产销售税法规定不能减免税的产品外，从取得第一笔营业收入的月份起，免征产品税、营业税1年。对销售利润率在10万元以下以及利润额在5万元以下的，免税2年。凡一次性或一年内累计新增固定资产总额在5万元以上，并达到企业原有固定资产原值30%以上的乡镇企业，对其新增加的销售收入和新增利润，给予免征产品税和所得税照顾。2001—2004年，对福利企业审核管理提出新的要求，规范代征代扣管理办法，加强日常监督检查和业务指导，减少税款流失。完成221家次出口企业免抵退税的审核、审批。2010年，区内审核审批退免税额11.76亿元。

（五）涉外税收征管

1989年，西青税务部门对因客观因素造成亏损、纳税困难的41家涉外企业，给予保本退税照顾，其中年减免额5万元以下29家，年减免额10万元以上6家。1991年，对涉外企业依法征缴所得税。2004年，对涉外税收征管进行调整，实行单独管理。建立《反避税信息管理系统》资料库，开展涉外企业反避税活动。对从事进料加工贸易深加工结转企业进行检查，补税和调减进项税220余万元。

2008—2010年，对内外资企业统一适用企业所得税法。

（六）信息化建设

2000—2005年，税务部门添置计算机、投影仪等设备，实行税务征收微机管理。完成防伪税控网络版的升级，推行新的增值税纳税申报软件，对纳税申报与防伪税控系统进行整合，建立公开办税局域网站。开展推广应用税收综合征管软件程序。对津西等7个所及区服务中心网络进行改造。2006—2010年，税收综合征管软件上线，对使用增值税普通发票企业开票系统进行一机多票系统升级，完成稽查查账软件、执法责任制考核系统、国地税联合办证系统整合，推行网上申报和网上认证。2010年，开通网上申报户97.45%，实现网上远程报税户96%，开通网上认证一般纳税人占88.17%，使用网络认证发票占需认证发票的94.77%。

（七）税务稽查

1981年，区内开始清理拖欠税款，对于拒绝检查或者弄虚作假的按日加收滞纳金并处以偷漏税5倍以下罚金。1985年，开展纳税检查75家，查补税款9.53万元。1991年，开展税收大检查，检查个体、私营、乡镇、国营企业4161家次，补税162.1万元，罚款1.45万元。1995年，区国税局对全区企业共进行3次大规模税收检查，查补税款1000余万元。1998年，对商业批发行业、涉外企业和年纳税额50万元以上企业进行专项稽查，查补税款和执行罚款计757万元。2001年，相继开展企业所得税、出口退税、国务院807专案协查等专项稽查，查处违法案件296件，查补税款403万元，执行罚款37万元。2002—2007年，开展对涉外重点企业、涉及增值税专用发票违章企业、区外及城乡接合部经营企业、出口企业、注册资金在150万元以下的商贸企业重点检查，查处接受虚开发票4700份，抵扣税款1.7亿元。2010年，对房地产、建筑安装等行业开展专项检查，共检查320家，查补入库税款、罚款、加收滞纳金9920万元。对7起违法案件进行审理。对塑料行业等136家企业开展纳税评估，补交税款4334万元，调增所得税1617万元。

（八）纳税服务

1998年，西青国税公开办税程序，公布各岗位职责，公布纳税人的权利和义务及应负法律责任等。各基层所推出以方便纳税人办理纳税事宜为主要内容的服务措施。1999年，完成全区393家发票保证金清退，办理福利校办企业减免税审批、增值税一般纳税人资格考核。对政务公开8项内容进行归纳调整，在全区10个征收单位公布上墙，在征收大厅内采用电脑触摸屏等形式公布办税程序和纳税相关事宜。2003年，实行《税务登记管理办法》，对税务登记办证范围、税务登记类别、办理程序、办证地点及相应责任等依法作出细则规定。2005—2007年，推行政务公开，建立完善监督网络。实行纳税申报、认证分流和预约服务，实行延时服务。2010年，注重对不同纳税人提供个性化服务。落实新的岗位责任制体系，减少122个审核、审批环节，办理时间缩短40%。

第二节　地方税务管理

一、税收体制改革

（一）利改税

1979年，原工商统一税及其附加、城市房地产税、车船使用牌照税、屠宰税等合并为工商税。对国营企业征收工商税，对集体企业征收工商税和工商所得税。1983年始，国营企业由上缴利润改为上缴所得税，中型企业实行比率税率，小型企业实行8级超额累进税率。

（二）分税制

1994年1月，实行分税制财政管理体制。区内原产品税、增值税、营业税组成改由增值税、消费税和营业税组成流转税。统一适用于内、外资企业，取消对外资企业征收的工商统一税。内资企业所得税与外商投资企业和外国企业所得税税率均为33%。将原个人所得税、个体工商户所得税和个人收入调节税合并征收个人所得税，对不实行增值税的劳务交易和第三产业征收营业税。开征土地增值税、证券交易税、遗产税。取消集市交易税、牲畜交易税、特制消费税、燃油特别税、资金税和工资调节税，其中特别消费税并入消费税，盐税并入资源税，取消对外商投资企业和外籍人员征收城市地产税和车船牌照税，统一实行房产税和车船使用税等。1994年8月，西青国税、地税分设，地税局主要负责营业税、企业所得税、个人所得税等地方税种征管。

照14-3　2007年，西青区地税局进行依法纳税宣传

（三）**涉外税制改革**

1996年，西青区对涉外税收业务征管范围进行调整，地税局分管营业税、企业所得税、个人所得税和其他税种，并于1997年实行。1999年12月，实行所得税分享体制改革，对企业所得税和个人所得税收入实行中央和地方按比例分享。2002年起，在各级工商行政管理部门办理设立（开业）登记的企业，在其他行政管理部门新登记注册、领取许可证的事业单位、社会团体、律师事务所、医院、学校等缴纳企业所得税的其他组织，其企业所得税由国家税务总局负责征收管理。除少数特殊行业、企业缴纳的所得税外，其他企业缴纳的所得税和个人缴纳的所得税实行中央与地方按各50%比例分享，将增值税一般纳税人购进农业生产者销售的免税农业产品的进项税扣除率从10%提高到13%。

二、税收收入

1994—2010年，西青地税税收收入从7315万元增至3.09亿元，收入规模增长53.44倍，税收平均增幅为29%。

1994—2010年西青区地税收入情况统计表

表14-14　　　　单位：万元

年度	税收额	增幅 %	年度	税收额	增幅 %
1994	7315	-	2003	73000	65.00
1995	9707	32	2004	70724	-3.00
1996	13398	37	2005	97622	38.00
1997	15541	16	2006	144750	48.00
1998	17418	11	2007	189003	30.60
1999	18048	3	2008	243197	28.70
2000	20689	14	2009	295618	21.60
2001	35418	71	2010	390945	32.20
2002	44215	24	-	-	-

三、税收管理

（一）**税务登记**

1994年，区地税实施“一证、四表、两章”控管办法。税务登记156家。2003年，对税务登记办证范围、税务登记类别、办理程序、办证地点及相应责任等依法作出相应规定。是年，税务登记1029

家。2008年起，辖区实行国、地税联合办理税务登记，改变原纳税人到国税、地税分别办理税务登记证、分别提交申请资料的做法，实现“一方受理、联合审批、资源共享、一证两章”管理目标，税务登记1590家。2010年，税务登记2722家。

（二）税收征管

1998年，区内税收征管履行“申报、销号，入库、再销号”管理程序，提高申报率。2000年，对全区2675家企业所得税征收方法进行重新核定，把原来按纯益率征收的92家改按核实征收。2001年，规范运输业和建筑业的税收秩序。各街镇运输管理站停止代征代缴运输业税款。运输发票由西青地税局管理，建筑业代征代扣税款由市外管站统一代征。2004年，对重点税源企业实行税收管理员制度。建立重点税源企业台账，分行业编制企业基本情况调查表。

（三）税务稽查

1994—1999年，区地税局在全区开展个人所得税、财税物价大检查，对全区金融保险业进行为期10天的税收检查，重点对金融、保险及乡镇企业进行税务稽查。2000—2006年，实行日常稽查、专项检查、交叉稽查和调账稽查方法，首次实施国地税联合对20家企业进行税务稽查，实现稽查资料共享。建立稽查首查责任制。制定实施《申报未入库税款清欠管理制度》，建立欠税档案，落实欠税公告制度，开展契税、残保金的陈欠清缴活动，累计清缴陈欠契税2880万元。2010年，建立《稽查档案案卷考核办法》，使稽查每案都有资料佐证。

1994—2010年部分年份西青地税税务稽查情况统计表

表14-15　　单位：家、万元

年度	检查企业数	补罚税款	年度	检查企业数	补罚税款
1994	616	1392	2004	616	1514
1997	1007	570	2006	229	640
1998	1326	737	2010	–	5982
2000	1340	1850	–	–	–

（四）发票管理

1994年，区地税局开始启用完税票证。2002年，使用计算机征收税款。2004年，“津税系统”上线，由计算机开具完税凭证，推行开具缴款书征收税款方式，由纳税人持缴款书到银行自行入库，手工开票逐渐成为一种补充。2006年，加强对建筑、安装和货运发票的管理，12家自开票运输企业和106家建筑安装企业未数据软件发生使用发票违纪情况。2007年，启用新版“税收通用缴款书”和新版“税收通用完税证”。2010年，定期使用BO数据软件查询发票领用情况并进行分析，督促各所对领票异常企业进行排查，避免发票违法现象。

（五）纳税申报

1997年，在全区私营企业中逐步推行持卡纳税缴税方式。2000—2004年，对部分小企业实行简并申报期限，按季或半年进行纳税申报。实行办税引导员制、首问责任制、互动监督制等制度。2005年，区内220家企业实现网上申报，累计缴纳税款1.58亿元。2008年，依托全员全额管理系统加强个人所得税办理，完成年所得12万元以上个税自行纳税申报，全年受理年收入12万元以上纳税人自行申报累计1918人次，申报税款735万元。2010年，对涉及技术转让

照14-4　2006年，区地税局开展税收管理联网平台培训

中商标权的征税问题，通过约谈、拍照等方式与企业谈判，补缴税款110余万元。

（六）减免税管理

1994年，减免工商税7万元，减免企业所得税438.3万元。1995年，减免工商税19.3万元、企业所得税2682.6万元。2002年，对区劳动服务公司、校办厂、福利厂及民营科研单位的减免税情况进行核实、认定，取消劳动服务公司企业4家、校办企业9家、福利企业48家税收减免，补缴税款520万元。2006年，落实各项税收优惠政策，办理福利企业所得税减免39家，减免税款3346万元。2010年，落实房地两税税收优惠政策，有序开展两税属地化管理，减免类型以困难企业、供热企业为主。房产税减免27家137万元，土地税减免27家227万元。

（七）信息化建设

2001年，区地税系统各所局域网内部运行开通，基层所内部网络联通。2003年，建立征收服务厅、办税窗口以及稽查所一体化的税收征、管、查服务平台。机关局域网建成，各类公文、文件全部通过网络收发、批阅、承办，实现税收征管信息化和办公自动化。2004年11月，“津税软件系统”上线，完成局机关与基层所网络联通。2005年，在全系统范围内推广使用BO软件。2006年，全区有320家企业实现网上申报纳税，约占征管总户数的4%。2010年，对税收管理信息平台数据进行关联分析，依法实施税收征管。

第十五编

金融

2010年，中国农业银行天津分行西青支行

2010年，中国人民保险公司财产保险有限公司西青支公司

1979—2010年，西青区金融组织不断增加，金融系统不断进行内部经营机制和分配体制改革，扩大经营范围，开办外汇、异地金融结算、购房贷款等新业务，提升硬件水平和服务档次。逐步向现代化、国际化、商业化、规模化发展，使金融保险各业呈现前所未有的发展局面。32年间，西青金融系统加速国有银行商业化进程，实施股份制改革，金融服务领域、行业监管体系与机制进一步完善，在西青经济建设和人民生活中发挥出巨大作用。

第一章 银 行

1979—1984年，区金融业信贷资金实行统一计划，分级管理，存贷挂钩，差额包干管理办法，农村贷款增加工业贷款、商业贷款和乡镇企业贷款。农村合作金融组织迅速发展，信用社独立经营、独立核算、自负盈亏，民间借贷作用得到充分发挥。1985—1996年，区金融体系逐步走向市场化。金融基本制度进行一系列的制度创新，管理放权让利，引入竞争机制和市场机制，发展非银行金融机构，信贷资金由计划指标改为信贷指标，资金使用上由供给型向经营型转变，农村贷款余额大幅度增加。1997—2010年，区金融体系加速国有银行商业化的改革进程，实施股份制改革。扩大金融服务领域，启动消费信贷市场。完善行业监管体系，建立行业监管机制，完善法制建设，防范金融风险。2009年起，平安银行、渤海银行、光大银行、招商银行、上海银行、盛京银行、上海浦东发展银行、华夏银行相继在区内设立支行。2010年，区内有银行17家。各项贷款余额313余亿元，各项存款余额515余亿元。

1979—2010年驻区银行人民币存贷款情况一览表

表15-1　　　　单位：万元

年度	年末存款余额	年末贷款余额	年度	年末存款余额	年末贷款余额
1979	8084	3108	1995	170629	132864
1980	9154	4142	1996	412173	319715
1981	13305	5414	1997	532443	405847
1982	15971	5349	1998	735130	551735
1983	20384	6552	1999	871733	678952
1984	22581	10178	2000	992490	839007
1985	18442	9205	2001	1130222	971407
1986	25165	14228	2002	1361711	1234698
1987	29692	19955	2003	2312142	1750714
1988	33685	24150	2004	2395828	1828562
1989	38150	36090	2005	2554416	1841479
1990	40289	44344	2006	2902862	2104697
1991	70027	55776	2007	3238642	2560601
1992	88112	76698	2008	3393731	2399634
1993	113596	99309	2009	4337067	3009528
1994	158532	105804	2010	5154570	3134262

第一节　农业银行天津西青支行

一、存贷款业务

1979—1996年，农行西青支行注重优化资产结构，把发展新业务、中间业务作为新的经济增长点，加强信贷综合管理，支持全区农业和乡镇企业发展。1997—2004年，加强市场调研，以贷款投放促调整，与大型优质客户建立信贷关系。通过广泛宣传、客户联谊、产品推介等营销手段，维护和巩固已有客户，拓展大批优质客户，资金实力快速壮大。2005—2010年，深化网点经营转型，构建适应市场的组织体系和运作模式，发挥考核机制激励作用，储蓄存款实现平稳增长。2010年，各项存款余额123.31亿元，增量在区内金融系统中份额占32%。各项贷款余额54.36亿元，其中法人贷款投放28.68亿元、个人贷款投放3.68亿元。实现利润2.76亿元、不良贷款清收1.94亿元、中间业务收入3495万元。实现拨备后利润1.44亿元、经济增加值540万元、经济资本回报率51.95%。

1981—2010年农行西青支行存贷款情况统计表

表15-2　　单位：万元

年度	存款		贷款	
	人民币	美元	人民币	美元
1981	13305	–	5414	–
1982	15971	–	5349	–
1983	20384	–	6552	–
1984	22581	–	10178	–
1985	18442	–	9030	–
1986	25165	–	14228	–
1987	29692	–	19955	–
1988	33685	–	24150	–
1989	33424	–	28583	–
1990	31832	–	34303	–
1991	59750	–	40754	–
1992	68599	–	50259	–
1993	85110	–	65223	–
1994	119258	420	61999	210
1995	117420	448	77000	472
1996	143713	604	103713	499
1997	181043	435	136154	444
1998	211909	562	152954	420
1999	236455	621	166913	387
2000	260888	623	159123	162
2001	289607	727	188331	152
2002	307700	–	248400	–
2003	446000	–	383300	–
2004	605800	–	441700	–
2005	761800	–	536600	–
2006	921000	–	665900	–
2007	1048000	–	808500	–
2008	779882	833	553177	516
2009	1008033	686	628890	0
2010	1228041	757	542834	84

二、结算业务

照15-1　2010年，西青农行大楼

1979—1999年，农行西青支行传统结算方式主要有现金、汇票、本票、支票4种。21世纪初，在传统结算模式基础上进行产品整合、业务创新，逐渐开办银行卡、电子汇兑、网上支付等结算方式，有效拓展结算业务内容和结算服务范围，更好地满足客户资金需求。

三、外汇业务

1993年，农行西青支行成立国际业务部，经营现钞类币种有美元、日元、港币、欧元、经营各种货币的现汇业务。1995年，外汇存款450万美元。1996年，外汇存款602万美元。1998年，外汇存款516万美元，贷款420万美元，办理国际结算803万美元，结售汇876万美元。2004年，外汇存款余额1043万美元，实际利润1.1亿元，国际业务结算量2亿美元。2006年，实现国际结算量2.82亿美元。2007年，打包放款等国际业务实现零突破，实现国际结算量4.63亿美元、外汇买卖收益344万元，国际结算手续费收入156.55万元。2010年，农行西青支行实现国际结算量3.05亿美元，结售汇量2.1亿美元。

四、信用卡业务

1994年，农行西青支行成立信用卡部，业务以准贷记卡为主。1996年，发行信用卡4381张，存款余额1123万元。1998年，发行信用卡4.93万张，存款余额2647万元。2006年11月，发行金穗公务卡。2007年，推出为大学生群体量身设计的贷记卡产品“优卡”，发行金穗国际旅游卡。2008年，发行金穗环保卡，倡导“绿色生活”环保消费理念。2010年，加大卡业务培训力度，完善网点硬件设施，重点针对代发工资客户、事业单位、部队等客户推进业务。有效启动“缴费通”，增加新的客户市场来源，提高高端客户、个贷客户发卡占比，信用卡业务得到快速发展。

五、中间业务

照15-2　2010年，农行西青支行大厅自动取款机

1996年，农行西青支行开始发展中间业务，分别与平安保险和人寿保险签订合同，由王顶堤所、李七庄所、体育中心分理处为平安保险代理业务。2000年，扩大中间业务占比，办理代理业务57.45万笔，金额24.04亿元。2005年，将中间业务各项指标分解落实到个人，建立台账，利用新的考核机制，强化激励机制，调动全员营销积极性，实现中间业务收入991万元，其中代理保险费收入124万元，银行卡手续费524万元。2010年，实现自主理财产品销售37.3亿元，基金销售9020万元，寿险销售4932万元，出售黄金2.33万克。

第二节　工商银行天津西青支行

一、存贷款业务

1985—1996年，工商西青支行以经济效益为中心，挖掘潜力，调整储蓄网点布局，落实责任制，建立健全激励机制，加强服务规范管理，不断提高信贷资产质量。1997—2004年，以“发展、质量、效益”为第一要务，拓展营销贷款新领域，发展中间业务，建立风险防范体系，为客户提供优质服务。2005—2010年，加大对新能源企业、新技术产业园区及中北镇、张家窝镇示范小城镇建设项目的资金支持，建立完善负债业务管理营销体系，发挥联动营销机制作用，存贷款呈现较好发展态势。

1985—2010年工商西青支行存贷款情况统计表

表15-3　　单位：万元

年度	存款		贷款	
	人民币	美元	人民币	美元
1985	1814	–	175	–
1986	1830	–	419	–
1987	2906	–	860	–
1988	4181	–	2528	–
1989	4726	–	3924	–
1990	7232	–	7507	–
1991	8355	–	9337	–
1992	9962	–	12217	–
1993	13768	–	15549	–
1994	17293	–	20485	–
1995	18364	23	24369	–
1996	24910	4	28474	–
1997	26570	75	30538	–
1998	50750	280	56521	–
1999	98020	1742	90849	–
2000	115387	2197	139229	–
2001	110696	1070	128662	–
2002	126731	999	145968	–
2003	150400	845	98930	–
2004	150758	793	52760	42
2005	156936	655	51881	55
2006	174033	614	64302	150
2007	189316	461	114427	539
2007	189316	461	114427	539
2008	258683	275	143867	593
2009	381031	242	248892	550
2010	474591	261	429330	520

二、结算业务

1985年，工商西青支行建行之初，采用支付记账法，以手工为主。随着会计科目改革和科学技术发展，变为借贷记账法，业务处理使用电脑，开通“通存通兑”业务。结算业务分为国际结算和国内结算，结算方式包括办理银行本票支票、汇兑、委托收款、异地托收承付、银行汇票业务。21世纪初，发挥互联网优势和联动营销机制作用，增强网点掌控市场能力，确保信息渠道畅通，宣传结算与现金管理优势，不断吸揽优质客户到行开户、办理结算等相关业务，依托分行客户结算网络平台，健全完善支行与所属二级支行结算与现金管理运作模式，及时掌握客户资金在行内流转信息，优质客户账户占比有较大提高。

三、外汇业务

1998年，工商西青支行成立国际业务部。1998—2010年，加强对存量客户的深度营销，结合企业的贸易方式和运作流程，在生产经营的各个阶段，适时为客户提供咨询、结算、融资和理财服务，积极营销外汇业务。加强对新兴外汇客户营销，拓展外汇客户市场，提高外汇市场占比。统筹投行业务、国内贸易融资业务，推广国内信用证、发票融资等产品，帮助客户挖掘需求，配套相关产品，拓展业务范围。

四、信用卡业务

90年代初，工商西青支行开始推行信用卡业务。围绕市场拓展渠道，提升服务品质，强化风险管控，使信用卡业务工作取得长足发展。2010年，拓宽发卡渠道，创新发卡方式，以网上银行为载体，推进网上办卡，客户可通过网上银行申办信用卡。依据市场需求变化，大力营销联名卡、主题卡、公务卡、津通卡等信用卡产品，开办电子银行、手机银行、企业网上银行等业务，使人足不出户即可办理业务。

五、中间业务

90年代中期，工商西青支行开始发展中间业务并形成业务优势。其后，加强对中间业务的组织推动，稳健发展新兴业务。依靠上下联动网络及资产、负债业务的带动作用，发动员工积极提供信息，推进中间业务发展步伐。开办客户理财、网上银行、代理基金、代理国债、代理保管箱业务以及牡丹卡、灵通卡、现金管理、投行业务及企业年金业务等，为客户提供便捷的理财服务。

第三节 工商银行天津津西支行

一、存贷款业务

1997—2004年，工商青西支行坚持以客户为中心服务宗旨，创新营销理念，通过多种方式、多种渠道，促进各项存款保持良好的增长态势，发展中间业务和国际业务，通过业务宣传和服务创新，促进银行业务实现稳步发展。2005—2010年，转变储蓄存款工作理念，在规模与效益之间寻求协调发展，在发展与创新中提升核心竞争力，确保储蓄存款稳定增长。2010年，存款余额59.16亿元，其中对公存款余额为30.88亿元、储蓄存款余额为28.28亿元。贷款余额48.55亿元，其中法人客户贷款余额37.42亿元、国内贸易融资增量3500万元、小企业贷款增加29户、投放金额3.41亿元、个人贷款余额11.13亿元。

2000—2010年工商津西支行存贷款情况统计表

表15-4　　　　单位：万元

年度	存款	贷款	年度	存款	贷款
2000	117013	128846	2006	297931	313026
2001	64675	169615	2007	372206	373884
2002	90375	227178	2008	415679	320734
2003	162791	253811	2009	526201	378418

续表

年度	存款	贷款	年度	存款	贷款
2004	188844	290039	2010	591600	485543
2005	229028	313126	–	–	–

二、结算业务

1997年，工商津西支行建行初期，结算业务分为国内结算和国际结算。国内结算包括银行汇票、支票、委托收款、托收承付、商业汇票、银行本票、汇兑、国内信用证。国际结算包括汇款、托收结算、信用证。随着电子计算机的应用和普及，上述业务已经实现联网和实时划转。2000年，业务结算按照总行统一安排，会计档案影像管理系统、清算业务管理系统、业务集中处理系统、应用监控系统、综合档案管理系统成功上线，促进业务快速发展。结算速度快捷，不断创新结算产品，增强结算创新能力。

三、外汇业务

1997年2月，工商津西支行成立国际业务部，主要为西青经济技术开发区“三资”企业服务。以国际结算为“龙头”，拓展贸易融资业务，进行产品创新和服务创新，实现国际业务跨越式发展。2008年始，津西支行国际业务占比在分行连年提高，成为分行国际业务发展最快的重点行之一，亦为业务发展重点之一。2010年，支行新开立外币账户15户。

2007—2010年工商津西支行外汇情况统计表

表15-5　　　　单位：万美元

年度	国际业务结算	国际贸易融资累计	信用证	结售汇
2007	32873	1677	2929	1972
2008	59177	5300	5829	1230
2009	90319	20708	258	1086
2010	121933	30789	900	6744

四、信用卡业务

1997年，工商津西支行通过公私联动有效营销信用卡，市场占有率不断提升。2007年，新增发信用卡2700张。2008年，新增发信用卡2820张。2009年，新增发信用卡3002张。2010年，新增发信用卡3225张。

五、中间业务

2007—2010年，工商津西支行个人网上银行、企业网上银行、手机银行、个人电话银行等中间业务发展迅速。2010年，实现中间业务收入3921万元，4年间增长1倍多。是年，销售个人理财产品8.94亿元。

2007—2010年工商津西支行中间业务情况统计表

表15-6　　　　单位：个、万元

年度	个人网上银行	企业网上银行证书版	手机银行	个人客户证书(U)盾	个人电话银行	中间业务收入
2007	7592	92	2162	518	4896	1900
2008	8020	113	3552	1115	6637	2594

续表

年度	个人网上银行	企业网上银行证书版	手机银行	个人客户证书(U)盾	个人电话银行	中间业务收入
2009	10052	107	6321	1775	6972	2977
2010	10772	154	8095	3871	9876	3921

第四节 建设银行天津西青支行

一、存贷款业务

1992—1999年，建行西青支行重点支持农业产业化、集约化经营，支持乡镇企业集团化、规模化。培植增长点，发展优良客户群体。实行所长负责制，开展“优胜储蓄所”活动。2000—2004年，支行进行资产结构、承兑汇票业务结构调整，开展主动营销，与一大批大型优质客户建立信贷关系，加强贷后管理，定期检查监管。2005—2010年，根据网点区域特点，结合不同客户群体个性化需求，创新营销模式，对产品实行有效整合，实现个人金融产品、信用卡和电子银行产品捆绑销售，扩大营销成果。2010年，存款余额49亿元，5年间增长近30倍；贷款余额38亿元，5年间增长58倍。

1992—2010年建行西青支行存贷款情况统计表

表15-7 单位：万元

年度	存款	贷款	年度	存款	贷款
1992	3107	337	2002	66508	39163
1993	5592	3586	2003	87108	61197
1994	8333	3908	2004	93185	49951
1995	15985	6432	2005	110896	65767
1996	30507	10125	2006	152306	110705
1997	48987	12892	2007	208896	188153
1998	58759	12959	2008	255370	252665
1999	58588	11359	2009	394300	386200
2000	59105	13192	2010	490000	380000
2001	67948	30491	–	–	–

二、结算业务

1992年，开始采用单机记账。结算业务分为国际结算和国内结算，结算方式包括办理银行本票支票、汇兑、委托收款、异地托收承付、银行汇票业务。1996年，成功切换CBS新系统，实现全行业务联网操作。2005年，DCC系统上线，为企事业单位和个人带来便利。2007年，按总分行统一部署，实现CLPM系统、A+P个贷系统、十二级分类系统网络版、出纳综合系统、尾箱控管等系统上线。

三、外汇业务

2007年，建行西青支行成立国际业务部，新增客户16户，结算量6814万美元，结售汇量1641万美元。2008年，完成结算量4.08亿美元，结售汇量8815万美元。2009年，完成结算量4.55亿美元，结售汇量1.12亿美元。2010年，积极拓展贸易融资业务，坚持产品创新和服务创新，实现国际业务跨越式发展。完成结算量5.5亿美元，结售汇量2.3亿美元。

四、信用卡业务

21世纪初，开展公私联动营销，贷记卡发卡量迅速增加。2007年，新增发贷记卡5630张。2008年，贷记卡保持稳步增长，发卡3919张。2009年，新增贷记卡2965张。2010年，发卡5.2万张。

五、中间业务

2002年，开立证券委托和证银转账账户40户。代收保费业务开户85份，金额8.05亿元。代收电话费业务8万笔。2007年，代理保险销售3169万元，代销基金1.61亿元，办理基金赎回4562万元，电话银行及网上银行签约7874户。2009年，个人网银（含手机银行）签约新增9512户，短信通签约新增1.22亿户，实物黄金销售1.8万克。2010年，销售理财产品"盈系列"1.3亿元，折合存款新增1.04亿元。电子银行综合指标完成率120%，其中个人网银签约总量7029笔，手机银行签约总量6664笔，短信通业务1.4万笔，实物黄金销售5万克。

第五节　农业发展银行天津西青支行

一、存贷款业务

1997—2006年，农发行西青支行贷款主要涉及中央及地方储备粮、调销、产业龙头企业、简易建仓等粮食政策性贷款。2007年，与区政府合作，发放第一笔农村基础设施建设贷款。2010年，以新农村建设为重点，发放新农村基础设施建设类政策性贷款23.5亿元，各项贷款余额31.63亿元，各项存款余额6.04亿元。

1997—2010年农发行西青支行存贷款情况统计表

表15-8　　单位：万元

年度	存款	贷款	年度	存款	贷款
1997	1244	45843	2004	3262	38506
1998	1466	18506	2005	5207	40323
1999	917	30348	2006	7019	40241
2000	1664	44979	2007	16406	73204
2001	1969	40669	2008	5995	88280
2002	2416	41158	2009	48323	153278
2003	2257	37433	2010	60436	316268

二、结算业务

1997年，支行建立初期，以手工联行的形式单机记账处理业务，结算业务为国内结算，结算方式包括办理银行本票支票、汇兑、委托收款、异地托收承付、银行汇票业务。2002年，中国农业发展银行全国电子联行系统正式开通，单机记账由手工联行形式变更为电子联行形式，资金调请审批和资金汇划业务进入电子化阶段。2005年，中国农业发展银行综合业务会计应用系统正式上线运行，实现系统内资金汇划的实时处理。全行业务数据大集中，规范会计核算流程。2007年，中国农业发展银行综合业务会计应用系统与CM2006信贷管理系统对接。2008—2009年，相继完成中国农业发展银行综合业务会计应用系统改造项目，完成支票圈存、支付密码、密押汇划等一些新业务的开发，综合柜员制实现成功切换。

三、中间业务

2005年，支行开办首笔企业代理保险投保业务。2010年，与人保公司、新华人寿保险公司保持合作，对贷款项目单位提供优质金融服务，完成中间业务收入251万元。

第六节 中国银行西青支行

一、存贷款业务

1990年始，中行西青支行依托西青经济技术开发区、微电子工业区、华苑产业区及周边逐步成熟的工业园，拓展公司业务。不断改进服务方式，为客户提供网上银行产品、国际结算系列产品、授信业务系列产品等。2009年，美元贷款额154.21万美元。至2010年，人民币贷款、存款额10年间增长6~7倍。美元存款额4041.21万美元，美元贷款额172.26万美元。

1979—2010年中行西青支行存贷款情况统计表

表15-9 单位：万元

年度	存款	贷款	年度	存款	贷款
1998	53030	32175.80	2005	211478.90	118411.20
1999	56583.63	32175.80	2006	238700	118149.00
2000	67952.38	32021.05	2007	231643.20	155647.10
2001	85333.30	33721.14	2008	323425.50	168391.20
2002	117317.69	47553.46	2009	411804.03	293717.81
2003	188802.39	48947.46	2010	448725.30	244112.00
2004	171180.62	121536.96	–	–	–

二、结算业务

1989年，中行西青支行建行初期，支行依附于业务转账结算，结算品种单一，时间长、到账慢。其后，不断拓宽结算渠道，由原来独家办理，发展到依靠多家国有银行办理，手工业务过渡到电子化操作。1998年，开始办理国际结算业务，依托中国银行海外众多机构，产品丰富，结算优势明显。

三、外汇业务

1998年始，支行办理个人外汇业务，业务以结售汇业务为主。主要币种逐年增加，由最初的美元、英镑、加元等基础币种，拓展到澳元、菲律宾比索、泰铢、欧元、新台币等27个币种的结售汇业务及10余种货币的外币零钞兑换业务。

四、信用卡业务

1990年始，支行办理信用卡业务，种类为长城人民币信用卡。至2010年，发展到24个信用卡品种，拓宽市场占有率，尤其是海外留学、出国旅游、境外投资、开户等方面优势明显，累计销售信用卡5.17万张。

五、中间业务

2010年，支行建行初期不断发展中间业务，提供各种理财产品，有1天至5年等不同期限的理财产品，满足客户不同的投资需求，还可以办理外币(美元、欧元、澳元等)理财产品。中国银行网上银行可以提供进行查询服务、转账汇款、民生缴费、投资理财、结售汇、信用卡申请、电子支付、贷款管理、跨境现金管理、便捷服务等。

第七节 天津银行西青支行

一、存贷款业务

1997—2004年，支行坚持以服务中小企业、个体企业和市民为重点，支持效益好的国有企业、“三资”企业和高新技术企业。不断开辟新的客户资源，严格执行标准化贷款审批程序，根据市场变化及时调整信贷资产结构，实现业务创新，保障风险控制。2005—2010年，坚持规模、质量、效益协调发展，加快实现零售业务转型，优化信贷资产结构，强化贷款风险管理和内控制度建设，发挥地方性股份制银行优势，服务地方经济，服务中小企业，存贷款呈现良好发展态势。

1997—2010年天津银行西青支行存贷款情况统计表

表15-10

年度	存款		贷款
	万元	万美元	万元
1997	53667	–	21585
1998	51148	–	20838
1999	51803	–	66640
2000	59254	–	39001
2001	76300	–	47863
2002	81400	46	42900
2003	101687	94	34446
2004	120614	127	20023
2005	137133	123	16126
2006	146827	119	46589
2007	154136	26	91707
2008	174411	20	92885
2009	190256	52	63751
2010	224757	32	34438

二、结算 外汇 信用卡业务

2002年，支行始有外汇业务，依托总行国际结算部，坚持产品创新、服务创新，实现国际业务的快速发展。2004年，开始发行贷记卡，依托公司部、个金部，通过到企业上门服务、贷卡联动，推行公务卡等多种渠道开展发卡业务。2010年，累计发卡3901张，个人外汇储蓄32万美元。

三、中间业务

1990年起，支行坚持规模、质量、效益协调发展的经营理念，推进零售业务转型，承办国债代理发售业务，拓展中间业务，发挥地方性股份制银行优势，服务地方经济。2010年，代理发售国债7570.49万元。

第八节 天津农商银行西青支行

一、存贷款业务

1979—1996年，西青信用联社结合区域经济发展需要，为农民、农业和农村经济服务的宗旨，加大支农投入，积极支持农业和化工、医药等支柱产业发展。1997—2004年，进行管理体制产权制度改革，推进体制和业务创新，改善资产质量，实施贷款结构调整，提高经济效益。2005—2010年，农商行西青支行遵循服务“三农”经营宗旨，面向农户、个体工商户和中小企业，推进代发代缴农民基本养老保险、代发粮食补贴和代理“家电下乡”补贴等业务，为区经济建设服务。2010年，西青农村合作银行改建天津农商银行西青支行。各项存款余额139亿元，其中对公存款余额65亿元，储蓄存款余额74亿元。各项贷款余额60.1亿元，实现账面利润1.27亿元，实际经营效益2.63亿元。

1979—2010年天津农商银行西青支行信贷情况统计表

表15-11 单位：万元

年度	存款	贷款	年度	存款	贷款
1979	3688	127	1995	140905	102380
1980	4067	243	1996	171555	127547
1981	6350	251	1997	210131	157858
1982	8358	215	1998	261143	205666
1983	11284	258	1999	313110	245310
1984	6889	1321	2000	350741	279494
1985	8165	3466	2001	405722	340052
1986	12220	5037	2002	506215	466896
1987	16799	8785	2003	1010672	748610
1988	22868	12905	2004	862432	710938
1989	26292	15988	2005	906061	719656
1990	33874	22088	2006	947358	739897
1991	44195	29385	2007	969237	767412
1992	61084	46284	2008	1088943	719261
1993	80301	63783	2009	1227418	760283
1994	106253	80981	2010	1390550	601163

二、结算业务

1979—1996年，区信用联社各项结算业务全部通过中国农业银行进行转账结算，结算品种单一，中间转汇环节较多，资金在途时间长，到账慢。1996年，农村信用社与中国农业银行完全分离初期，因属地方性金融机构，只能办理同城业务，农村信用社自行选择临近国有商业银行代理异地结算业务。1998年，全区10家农村信用社全部加入特约汇兑系统，实现全国农村信用社之间的对公结算业务。2003年，加入人民银行大额支付系统，实现全国银行间的资金清算实时到账业务。2004年，信用社特约汇兑系统升级为农信银系统。2005年，西青区农村信用合作联社改建为西青农村合作银行。开通人民银行小额支付系统。实现全国范围内双线路的个人通存通兑资金清算业务、电子汇兑资金清算业务和银行汇票资金清算业务。2006年始，加入人民银行全国支票影像交换系统，使同城清算的支票业务实现全国流通。

第二章 保 险

西青区保险业始于80年代初。初期机构只有中国人民保险公司天津市分公司西郊区保险代理处。90年代中期后，中国人民保险公司进行经营体制改革，中保财产保险公司西青区公司、中保人寿保险公司西青区公司相继成立。随着经济快速发展和人民生产生活水平不断提高，区内保险机构陆续增加险种，调整险种结构，强化内部管理，提高经营水平，为全区经济建设、生产生活服务，各种保险费不断增加，至2010年，保险费比保险业出现初期增长100余倍。

第一节 财产保险西青支公司

一、经营险种

1985年，财险西青区公司开办的险种有企业财产险等业务、养老金保险、各种人身保险、机动车保险、货物运输保险。1992年，开办企业财产险、家庭财产保险、机动车辆保险、种植业保险、企业职工养老保险、团体意外险、学生平安险等。张家窝镇、王稳庄镇、西营门街等街镇办企业承保企业财产险100%。在各村建立保险代办员，建立健全保险制度。2000年，支公司开办雇主责任险、钞票保险等10余个新险种。2006年，公司设立3个营业部，分别负责车辆保险，财产险、责任险、意外险。2008年，通过与辛口镇政府合作开办大棚保险业务，承保蔬菜大棚400公顷，保费收入66万元。分别承保全区大棚、奶牛、能繁母猪保险，实收保费124万元。2009年，实现政策性农险收入79万元。统保4所坐落于区内大中专院校，实现公司校园方责任险零的突破。2010年，发展非车险、企财险、雇主责任险、货运险业务。发展国家政策性农险业务，收取大棚保险费52.8万元，收取农房、农财、农意外保费86.6万元。

二、经营业务

1981—1985年，公司业务规模逐渐扩大，保费收入逐年增加。1986—1990年，实行分工包片，落实责任到人，完善激励机制，实行独立核算，保险业务呈现较好发展态势。1991—2000年，实行岗位聘任制，完善工作流程。2001—2010年，适应保险业务向电子化、统一化方向发展的趋势，从保险业务的承保和理赔方面更新业务处理程序，加大信息技术工作管理，确保计算机设备安全运转，调整险种结构，强化内部管理。

1981—2010年财产保险西青支公司经营情况统计表

表15-12　　单位：万元

年份	保费收入	赔款金额	年利润	年份	保费收入	赔款金额	年利润
1981	26.90	-	-	1996	3265.65	1171.50	299.00
1982	44.00	0.51	-	1997	4641.71	1154.10	1113.10
1983	55.10	4.70	-	1998	4861.13	1315.00	1235.26
1984	86.00	12.40	-	1999	4910.60	3640.60	983.50
1985	118.00	-	-	2000	3643.30	1595.00	583.35
1986	219.01	90.61	0.89	2001	4122.70	1865.90	311.30
1987	352.96	112.11	140.64	2002	4038.60	1826.60	778.45
1988	527.35	142.67	289.66	2003	4214.52	2071.30	678.33

续表

年份	保费收入	赔款金额	年利润	年份	保费收入	赔款金额	年利润
1989	668.72	215.67	254.72	2004	5655.10	3204.00	400.05
1990	802.40	322.66	292.64	2005	5317	3517.00	292.64
1991	981.11	455.13	230.69	2006	5677	3308.35	230.69
1992	1097.55	693.04	131.95	2007	6118	3785.00	131.95
1993	1817.04	1055.92	1.39	2008	5315	5855.00	16.39
1994	2103.41	1628.01	9.12	2009	6102.80	4426.60	-343.75
1995	2596.32	1452.65	175.79	2010	5370	2650.00	-1427.63

第二节　人寿保险西青支公司

一、经营险种

1996—2010年，人寿保险西青支公司主要经营人寿保险、健康保险、意外伤害保险等各类人身保险业务，各类人身保险服务、咨询和代理业务。1997年始，公司险种种类由单一不断向多元化发展，主要有国寿99鸿福两全保险、国寿美满一生年金保险、国寿康宁终身重大疾病保险、国寿福禄双喜两全保险、国寿瑞鑫两全保险、国寿长久呵护住院费用补偿医疗保险、国寿绿洲意外伤害保险、国寿附加学生儿童住院费用补偿医疗保险、国寿农村小额定期寿险等数十种。

二、经营业务

1996—2010年，人寿保险西青支公司推进自主创新，加快业务结构调整，发挥商业保险保障功能，主要经营意外、伤残、医疗保险和年金业务，为区域企业提供承保、理赔服务。为中小学生、妇女、老年人、残疾人和计划生育家庭提供包括意外、医疗、伤残等多项保险保障。启动企业年金保险，为全区大中型企业职工补充养老保险提供服务保障。与银行合作，提供多款分红型两全保险产品，拓宽百姓理财渠道。

1996—2010年人寿西青支公司经营发展情况统计表

表15-13　　单位：万元

年度	保费收入	赔款金额	理赔件数
1996	1060	148	-
1997	2538	195	-
1998	5185	303	4000
1999	4707	315	4133
2000	5033	534	284
2001	4135	402	3569
2002	8728	375	4649
2003	8147	355	5000
2004	9000	452	5200
2005	10700	406	4538
2006	12600	316	3431
2007	14200	544	3368

续表

年度	保费收入	赔款金额	理赔件数
2008	16424	582	3248
2009	14722	522	2905
2010	21600	518	3142

附

天津证券有限责任公司赤峰道证券营业部

2000年，天津证券有限责任公司赤峰道证券营业部在西青成立服务部，为区内首家证券公司营业部服务部。地址位于新华道152号西青体育馆前厅，主要业务范围是证券经纪。2001年，天津证券有限责任公司与市四家信托公司所属证券营业部重组，成立渤海证券股份有限公司，服务部随之并入渤海证券。

2009年，根据证监会要求，服务部在原址升级为渤海证券股份有限公司天津新华道证券营业部，主营范围仍为证券经纪业务。

第十六编

综合经济管理

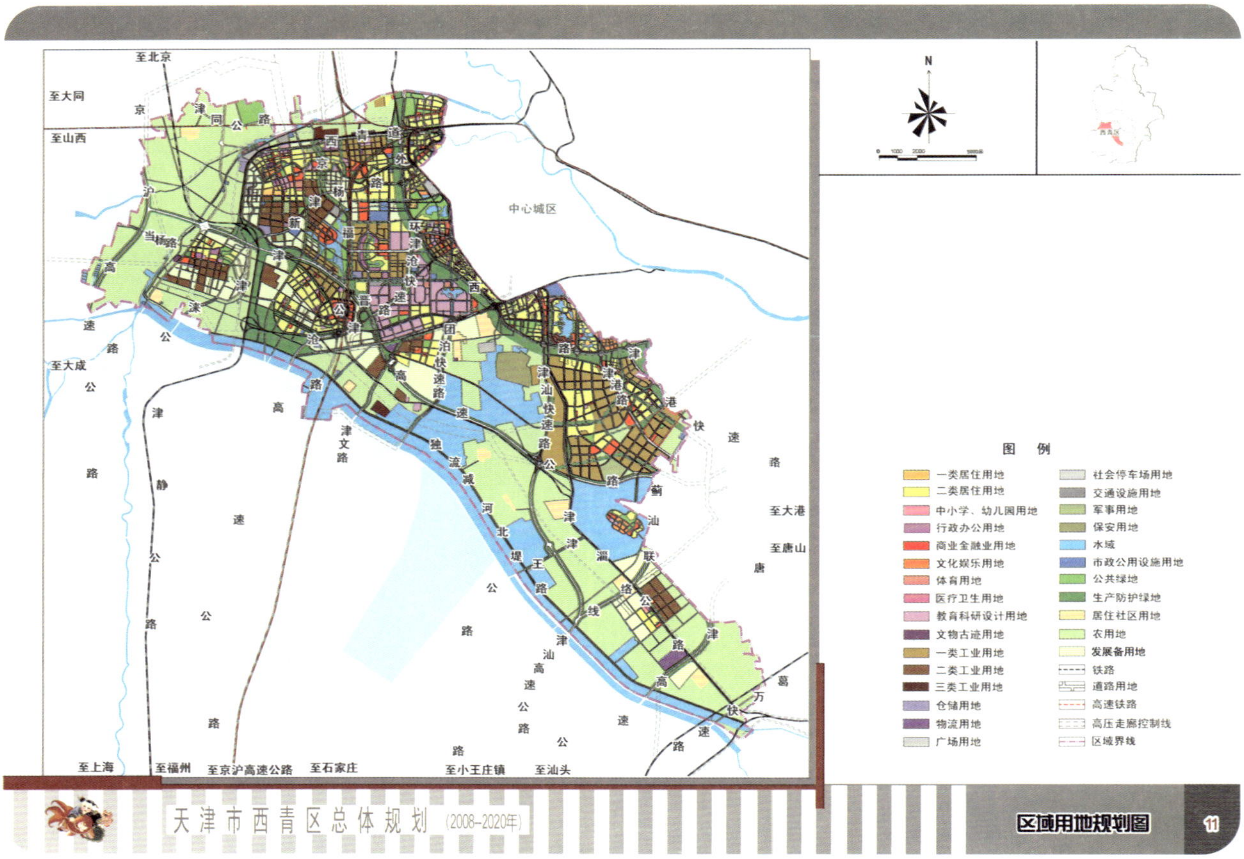

2006—2020年西青区土地利用总体规划图

1979—2010年，西青区在保持宏观调控的前提下，计划经济逐步让位于市场调节，服务职能替代行政命令。各经济管理监督部门调整工作方向，理顺多重关系，从有利于经济建设和提高人民生活水平出发，在计划、统计、物价、税收、技术质量监督、工商管理、审计、安全生产监管、国土资源等多个层面，进行观念更新与转变，进行机构改革，建立新的经济管理监督部门，以适应市场经济和区域经济发展的需要。以宏观调控为主要职能的综合经济管理模式逐渐形成，制定实施多项支持和保护措施，宏观调控与监督管理并重，起到对经济发展保驾护航作用。

第一章 计划 规划

1979—2010年，西青计划管理机构历经计委、计经委、发改委多次变革，管理体制从以计划经济为基础逐步向市场经济过渡，行政命令转变为提供服务。在规划编制执行、固定资产及重大项目管理、能源管理、信息化建设与管理等多个层面制定实施多项措施，加强宏观调控与协调服务，促进全区经济发展方式、经济结构向好转变。

第一节 计划管理体制改革

1979年后，西青区计划经济体制进行重大改革，指令性计划内容逐步减少，指导性计划内容随之增加，逐步由计划经济向宏观调控下的市场经济转化。

1980—1985年，全区确定以发展农业为主体、以多种经营和乡镇企业为两翼，大力发展乡镇企业。推行多种形式农业生产责任制。撤销生产队，由公社经营管理站负责农业承包合同、集体财务和农民负担监督管理及农村合作经济审计等。1986—1990年，农业推行集体规模经营，提高基地效益水平，建立副产品生产基地，农业不断向商品经济转化。指令性计划逐步缩小，指导性计划逐步扩大。全区经济基本形成开放型与城郊型相结合的农村经济体系。

90年代中期，全区基本形成宏观调控与市场调节相结合的计划管理体制。1996—2004年，按照政企、政事分开的原则，把部分专业经济管理部门、侧重行业服务部门的建制转为经济实体和服务型事业单位。把任务相近、职能交叉的机构改为合署办公或由部门管理，撤并职能重叠的机构。

2010年，区内指令性计划指标和产品产量指标减少，计划工作重点开始转移，逐步向加强部门间综合平衡，注重全区经济、社会、科技综合平衡发展。

第二节 经济管理方式

一、基本建设管理

1989年，开始实施年度固定资产投资管理计划。1996年，全年列入计划38个项目，投资规模1.68亿元，其中教育、卫生系统的基建项目占项目总数的31.5%。农民个人建房纳入投资计划1.35亿元。1997—1998年，小城镇建设在资金的投入数量和计划建设面积达到最高峰。1999—2003年，全区投资计划41.15亿元，确保全区示范小城镇和新农村建设推进。2004年后，对企业投资项目实行核准备案制，政府性投资项目实行审批制，发改委不再下达计划指标。

二、固定资产管理

1989年，区内开始实施年度固定资产投资管理计划。至1995年，审批技改项目和新立项目602个，纳入固定资产投资计划11.04亿元。1996年，全区审批固定资产投资项目178个，纳入固定资产投资计划11亿元。1997年，区政府投资向技改、“三资”企业、农业倾斜。1998年，完成农业和三产项目65个，投资2.06亿元。2002年，对各街镇及有关单位固定资产投资考核目标进行分解、下达，全区固定资产投资完成24.7亿元。2003年，制订项目管理新机制和新方法，完善项目备案登记制度和投资计划审批程序。2007年，全区核准备案内资项目110个，完成投资总额24.1亿元；外资核准项目39个，投资总额1.4亿美元。2008年，为3家内资、7家外资企业办理进口设备免税和国产设备退税申报手续。有76个重点储备项目被列入区项目库，总投资584亿元。2009年，选定市、区、街镇三级五类重点项目175个，投资额836亿元。累计完成投资387.3亿元，投资完成率46.3%。将全区175个重点项目目标责任分解至各街镇、西青开发区及有关委局。2010年，全区内资备案核准项目158个，计划总投资292亿元，占地面积680万平方米，建筑面积768万平方米；外资核准项目39个，计划总投资4.4亿美元，占地面积98万平方米，建筑面积73万平方米。落实储备项目，推出100个重点项目，总投资441亿元。申报10个第六批市级区县重大项目，总投资100.16亿元。

1996—2010年西青区固定资产项目审批完成情况统计表

表16-1　　　　单位：亿元

年度	项目数(个)	投资额	年度	项目数(个)	投资额
1996	178	11.00	2004	304	27.24
1997	170	5.30	2005	113	17.10
1998	99	3.14	2006	128	16.60
1999	90	4.67	2007	110	24.10
2000	88	6.67	2008	147	51.20
2001	71	13.04	2009	288	292.40
2002	189	24.70	2010	265	733.60
2003	244	21.21	–	–	–

三、物资分配管理

1980年，区内物资分配实行以计划经济为主、市场调节为辅的管理机制。物资部门及时调进计划内物资，集中采购计划外物资。之后随着指令性计划逐渐减少，计划外物资所占比例剧增。至1990年，在购进总值7956万元的各类物资中，计划外物资占90%左右。1993年，计划内指标取消，物资经营主要依赖市场。通过与外地部门建立业务联系，建立稳固资源基地，变主要靠上级部门调配单一渠道为自行采购的多渠道进货。

第三节　计划编制执行

一、年度计划

70年代末至80年代，区年度宏观计划主要由区政府制定，微观计划制定由各委办局负责。随着社会经济发展，年度计划以制定经济指标为主。90年代，区年度计划开始由下达各项经济指标改为固定资产投资项目的备案与审核。

2010年，全区国民经济和社会发展的主要预期目标：地区生产总值增长26%，财政收入增长26%，农民人均纯收入增长12%，全社会固定资产投资增长30%，实际利用外资及港澳台投资增长30%，内资到位额增长30%，城镇登记失业率控制在3.5%以内。全年实现地区生产总值386亿元。财政收入111亿元，农民人均纯收入1.48万元，固定资产投资502.7亿元，规模工业万元增加值综合能耗下降6%，完成年度节能减排任务。

二、五年计划及执行

1971年，区内开始编制全区中期发展计划，称为“五五”计划。以后每隔5年便编制下一个五年发展计划，至2010年，编制到第十一个国民经济和社会发展规划。随着经济社会发展，规划内容由最初主要针对经济发展制定发展目标逐渐扩展到经济、社会等多个领域。

（一）“六五”计划（1981—1985年）执行情况

1985年，全区实现工农业总产值5.79亿元，比1980年增长1.9倍；农业总产值达到7970万元，比1980年增长86.5%。全区粮食总产6.45万吨，平均播种亩产256千克，油料总产4885吨。全区农民人均收入644元。

（二）“七五”计划（1986—1990年）执行情况

1990年，全区粮食总产量5.48万吨，完成计划的109.6%；蔬菜量产达25.94万吨，完成计划的123.5%；水产品产量为2.04万吨，完成计划的185.1%；果品产量7091.7吨，完成计划的70.9%。全区农业生产总值1.15亿元，增长26.3%。乡镇工业总产值30亿元，完成计划的285.7%。

（三）“八五”计划（1991—1995年）执行情况

1995年，全区实现农村社会总产值160亿元，年均增长32%；国民生产总值30亿元，年均增长31%；农村经济总收入110亿元，纯收入达到16亿元；区级财政收入达到1.26亿元，集体自有资产总值达到25亿元，工业总产值实现143亿元，工业固定资产原值达到21亿元，利税总额11亿元。农林牧渔总收入达到6亿元，年均增长9.6%；第三产业总收入达到18亿元，实现利税2亿元。初步形成房地产开发、餐饮旅游、商贸流通等几个支柱行业，建成一批功能齐全、辐射面广的大型批发市场。全区“三资”企业300家，利用外资及港澳台投资9.05亿美元；全年出口产品交货值达到15亿元，创汇2000万美元。西青经济开发区1992年开发建设以来，累计出让土地151.72公顷，注册企业171家，其中“三资”企业95家，吸引投资120亿元。

（四）“九五”计划（1996—2000年）执行情况

全区国内生产总值由29.9亿元增至73亿元，年均增长19.51%，三级财政收入由2.68亿元增加到7.6亿元，年均增长23.1%，其中区级财政收入由1.26亿元增加到2.6亿元，年均增长23.36%，以公有制为主体，多种经济成分共同发展的新格局已经形成，社会主义市场经济体制初步建立，经济结构进一步优化，三次产业和产业增加值占国内生产总值的比重由12:67:21转变为6:54:40；直接利用外资及港澳台投资由9.05亿美元增至22.5亿美元，增长2.5倍；全区农民人均纯收入由3018元增加到5500元。

（五）“十五”计划（2001—2005年）执行情况

区“十五”计划确定的主要经济目标提前一年实现。生产总值172亿元，年均增长19%；三级财政收入33亿元，年均增长34%，其中区级财政收入达到13.6亿元，年均增长30%；固定资产投资累计完成110亿元（市口径），年均增长25%；农民人均纯收入达到8850元，年均增长10.2%。经济结构不断优化，三次产业比重4:58:38，非公有制经济占全区经济比重65%。农业结构调整深化，粮经比例达到40:60，种养比例达到45:55。全区投入21.5亿元，实施技术改造413项，基本完成集体企业的第一轮产权制度改革，初步形成以电子信息、汽车零部件、生物医药为支柱，以精细化工、金属制品、机械制造为基础的工业体系。5年新增外商投资企业391家，吸引外资22亿美元，外资到位13.5亿美元。全区城市化率由36%提高到55%。5年全区累计投入8亿多元用于新项目的引进与开发，科技贡献率由2000年的49.5%提高到56%。农民人均纯收入年均增长保持在10%以上。

（六）“十一五”规划（2006—2010年）执行情况

区生产总值连跨两个百亿元台阶。2010年达到386亿元，年均增长25.6%，人均生产总值达到10

万元；财政收入跨过百亿元台阶，2010年达111亿元，年均增长27%，其中区级财政收入达到56.3亿元，年均增长32.5%；固定资产投资累计达到1385亿元，年均增长67.3%；农民人均纯收入跨过万元台阶，2010年实现1.48万元，年均增长11%。经济发展质量明显提高。财政收入年均增速高于地区生产总值年均增速1.4个百分点，2010年财政收入占全区生产总值的比重达到28.8%。

农业产业园区为主要载体的设施农业实现历史性突破。全区设施化种养面积达到6000公顷，比"十五"末增加1倍。"沙窝萝卜"成为中国著名商标，农产品的市场竞争力明显增强。农业功能由单纯生产型向生产、生活、生态等多功能转化，农业劳动生产率、土地产出率分别比"十五"末提高91%和57%，西青区成为全市唯一的国家级现代农业示范区。

工业总产值跨过千亿元台阶，2010年达1200亿元。电子信息、汽车及零部件、生物医药三大主导产业占工业比重达到40%，新能源、新材料等战略性新兴产业迅速壮大。规模以上企业数量比"十五"末的524家增加1倍。累计实施技术改造项目697个，投入技改资金190亿元。高新技术产业占工业比重达到25%。西青开发区升级为国家级开发区，汽车工业区、学府工业区、高端金属制品工业区成为市级示范工业园区，街镇工业园区全面提升，各级工业园区累计投入基础设施建设资金74.5亿元，完成"七通一平"土地面积33.7平方千米，建设标准厂房363万平方米。

建成津兰国际商贸中心、新红旗农贸市场等一批商贸集散地，引进日本永旺集团、天物化轻公司、物美集团等一批知名商贸企业，打造杨柳青大院文化区、霍元甲纪念馆、玉佛禅寺等一批新景点，全区A级景点达到7个。楼宇经济、创意产业、服务外包、金融服务等现代服务业取得较大进展。2010年，服务业增加值达到135亿元，占全区经济的比重提高到35%。

编制《西青区总体规划》《西青新城总体规划》，确定"一城一区三镇四廊"总体空间布局，完善街镇控制性详细规划。完成津静公路、津同公路、津淄公路、津涞公路、津港公路和南运河、丰产河、程村排河、东西排总河、津港运河"五路五河"改造工程。新建全长23.5千米的赛达大道，形成南北相连、东西贯通的30分钟交通圈。2010年空气质量好于二级良好水平天数占有效监测天数比例达到83%。西青区通过环保部关于创建国家生态区的考核验收。全区城市化率由55%提高到74%。

三、中长期规划

1975年，制定《天津市西郊区1976—1985年农业生产规划》，为区内第一个长期规划规划，因1976年地震及政策原因未能实施。1994年，制定《西青区1994—2000年改革与发展纲要》，规定经济发展及包括城镇建设、文化教育、人口、环境和社会保障为主体的各项社会发展目标。1996年，制定《西青区国民经济和社会发展及2010年远景规划》，全部计划以经济发展为中心。

2009年，《西青区三年行动计划》正式成稿，计划以2008年经济指标为基数，确保到2011年全区生产总值、财政收入、固定资产投资和内外资到位额等主要经济指标翻一番。即到2011年，地区生产总值实现470亿元，财政收入147亿元，其中区级财政收入61亿元；全社会固定资产投资615.16亿元。

第四节　重大项目管理

1979年，全区贯彻以粮为纲，全面发展方针，重点项目建设的主要精力放在农副产品生产及基础设施上，至"七五"计划末建成综合性商品粮基地。1998年，区优化投资结构，将总投资500万元以上的固定资产投资项目单独推出。2000年，建成重大项目储备库，将推动重大项目建设作为支撑地区经济发展的主要基础，重点项目数量逐年增加。至2010年，全区累计推出275个重点项目，总投资1277亿元，当年完成投资733亿元。

一、项目库建设

2000年，建立西青区重大项目储备库（二级项目库）。收录储备项目28个，总投资23.07亿元，其中18个项目纳入市一级储备库，总投资21.68亿元。其后，每年对区重大项目储备库进行动态更新。2002年，项目库收集各类项目27个，总投资76.4亿元。2008年，对全区储备项目进行系统梳理，剩余储备项目76个，计划总投资584亿元。

二、投资管理

1989年始，区计划经济委员会实施年度固定资产投资管理计划。按照市计划经济委员会下达给区的固定资产投资规模，区计委负责管理乡村（主要是对全民及个体建设项目审批投资计划）固定资产在500万元以下的项目投资计划。

1989—2010年西青区投资总量示意图

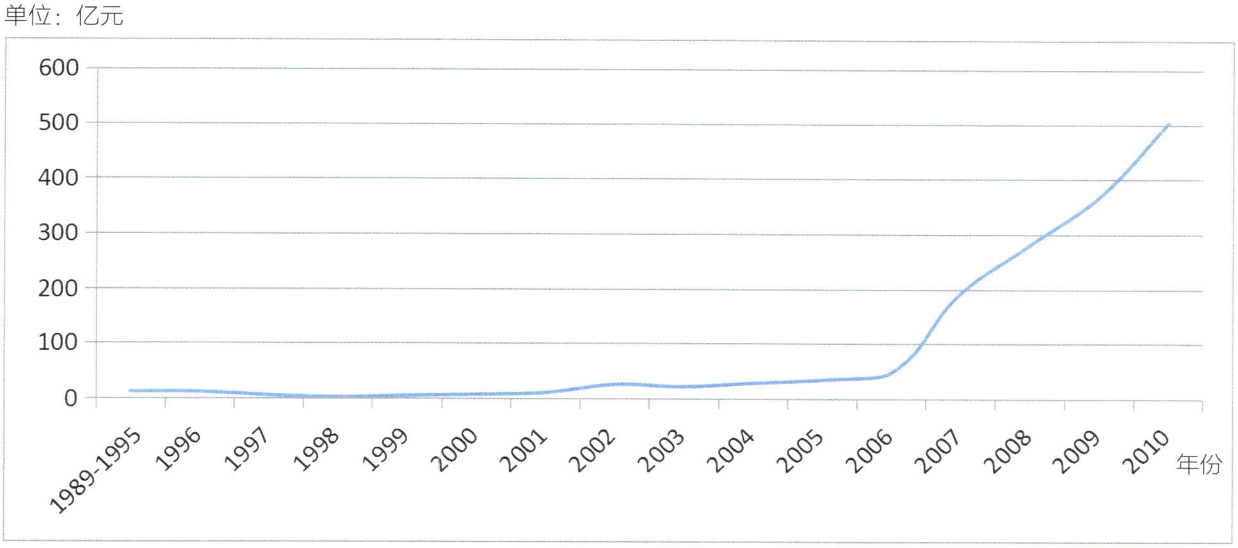

1989—2010年西青区投资总量情况统计表

表16-2 单位：亿元

年份	投资总额
1989—1995	11.04
1996	11.00
1997	5.30
1998	2.06
1999	4.67
2000	6.67
2001	10.13
2002	24.70
2003	21.21
2004	27.42
2005	33.50
2006	45.90
2007	192.77
2008	280.00

续表

年份	投资总额
2009	366.69
2010	502.70

三、协调与服务

1978年，随着区内计划经济体制重大改革，指令性计划内容逐步减少，指导性计划内容随之增加，逐步由大一统的计划经济向宏观调控下的市场经济转化。至90年代中期，全区已基本形成宏观调控与市场调节相结合的计划管理体制，区计委不断转变职能，提高服务质量，统筹区域经济建设，促进全区经济协调、稳定、快速发展。

八九十年代，区内适应经济体制改革，加强重大项目的申报、核准、立项、实施全方位服务，统筹区域经济建设，促进经济协调、稳定、快速发展。

2000年，推进全区电子商务发展，引导企业使用互联网。打造网上营销平台，通过网络反馈供求状况，为企业转发信息，帮助企业在网上营销。2004年，组织企业申报国际市场开拓资金计划。申报、协调康利陶瓷制品有限公司等15家企业被列为扶持对象，获得扶持资金87.52万元。2008年，放宽项目审批权限，为3家内资、7家外资企业办理进口设备免税和国产设备退税的申报手续。2010年，在高科技产业化项目、设施农业项目、工业区基础设施项目以及乡镇文化体育活动中心等余个领域，开展调查和组织申报，全年累计争取资金支持3486万元。

第五节　能源管理

一、电力政策

1979年至90年代中期，区电力相关政策法规以执行全市统一标准为主。1997年，制定用电管理、设备管理、指标考核等方面制度。1999年，通过并落实《西青区“两改一同价”工作实施方案》。2000年，成立区电力管理办公室。2001年，根据全区经济发展趋势及地区电网负荷情况，制定西青区“十五”电网建设与改造计划及2015年远景目标。2004年，完成西青区配电网“十一五”发展计划及2020年远景规划。2005年，制定完成《西青区“十一五”配电网建设规划》。

二、协调服务

1988年5月，区计划委员会增设电管科。1989年7月，电管科改为能源科，对全区农电进行管理，以推广使用作为重点。1996年，为企业解决平价电指标1.25万度/日，为企业减轻电力负担72万元。1998年，为23个单位办理免用电权1.79万千伏安，节约资金2388.25万元。争取福利电指标2.84亿度，为86家企事业单位增容27895伏安。2000年，协调电力部门解决冯高庄村160千伏安变压器无偿安装和大任庄积压多年的35千伏电站送电问题。2001年，配合杨柳青镇区改造，协调解决光明路、营建路改造工程的用电供应。2002年，协调市电力公司及其主要职能部门，召开西青区供电协调会议，确定在大寺、东桑园各建110千伏变电站1座。全年为西青区灯展、文艺大舞台演出和王村峰山药王庙活动等提供保电服务。2004年，经多方协调，解决双协机械厂、太阳诱电、益博轧钢厂等企业在生产中的用电需求，完成张家窝镇、小孙庄村等村民住宅的用电配套移交。2006年，成立“电网建设与改造领导小组”，召开西青区“十一五”电网规划与建设暨优质服务座谈会，解决电网建设中的各种问题。2007—2010年，与西青供电分公司召开“电网发展与服务座谈会”，签订《关于加快电网建设、服务地区经济发展的协议》，为服务地区经济发展解决电力需求。

第六节 信息化管理

一、网站建设

1998年，建成“西青之窗”网站，为全区提供互联网信息服务，通过主页形式向世界介绍宣传西青。2000年，完成“西青之窗”第四次改版，改进网站风格、内容和观赏效果，加强网络知识宣传，促进区内网络应用。2004年，对“西青之窗”网站内容进行改进，增添西青旅游网和政策查询等内容。

二、信息公用平台建设

2005年，建设西青信息公用平台，整合政务、工业、农业和社会公益服务信息资源，建设公用信息资源库。2006年，完成全区电子政务专网及OA办公系统建设，实现公文网上管理和网上收发文等功能，实现公文的网上管理、收发。2007年，加强电子政务专网网络拓展，专网应用。不断完善OA协同办公系统的功能，对门户网站进行整改。2008年，完善电子政务专网基础设施建设，优化OA协同办公系统，拓展应用范围。2010年，为全区各单位新建、改建政务网信息点76个，涉及部门39个。

三、维护网络安全

2009年，完善网站工作制度和网站内容的发布制度，做好政府信息安全保障。为网站部署IPS、防火墙等安全措施，提高全区门户网的安全性。为内外网重要业务系统引入RAID磁盘阵列，实现各业务系统前台应用与数据分离，实现数据的冗余存储和异地灾备功能。2010年，区信息化办公室挂牌至区政府办公室。规范信息化管理，出台《西青区政府网络与信息安全管理办法》等一系列规范性文件，使政府电子政务应用、安全、管理上及信息化发展更加规范。

第二章 统 计

1979—2010年，区统计管理体制、统计方法制度逐步健全完善，服务于西青经济建设和社会发展，农业、工业、商业、人口等全国性重点普查有序进行，农村住户调查、抽样调查、经济普查、专业定期统计调查等专项调查实现常规化，适时进行统计分析预测，汇编发布统计信息，加强统计法制建设，使统计工作实现面向公众、为社会服务，发挥其特有的信息、咨询、监督职能作用。

第一节 统计制度改革

一、专业统计改革

80年代初，开展专业统计。1980—1990年，统计调查制度进行一系列改革。统计报表先后增加对个体经济、城镇集市贸易、“三资”企业、国民生产总值、投入产出等方面的统计内容。1996—2002年，全区建立财政收入、社会消费品零售总额等多项经济指标的月报、季报、年报制度，以及劳动工资联审年度报告制度和区属各单位统计年报制度。对企事业单位（部门）以及各产业、各行业每年上报社会经济指标数据，进行审核、录入、汇总、上报并公布。2005年，建立以专业统计为基础的区级GDP指标核算评估体系。

二、行业统计改革

1980—1990年，区统计部门按行业统计口径、统计范围分为区街工业、商业以及饮食、社会服务等行业的月、季、年定期统计报表，区属企业以及行政事业单位劳动工资等方面定期统计报表。1991—1995年，主要以工业、建筑业、商业、服务业、人口与劳动工资统计调查为主。2005年，对地区GDP指标核算以及工业、建筑业、批发零售贸易业和餐饮业主要指标实行下管一级。2010年，对GDP指标、劳动工资、工业、建筑业、交通运输业、批发零售业、住宿餐饮业、社会服务业8类专业的数据进行统计。

第二节　统计调查

一、普查

（一）人口普查

1982年、1990年、2000年、2010年，西青区按照国家统一部署，先后开展4次人口普查。区三级人口普查员，按全国统一时点完成第三次、第四次、第五次、第六次人口普查，通过区统计局汇总，分别整理编纂西青区4次人口普查资料。2010年，开展户口整顿，通过全面调查，掌握辖区内常住人口、寄宿人口、人户分离人口、暂住人口、境外人员的情况和数据资料，清理解决户籍管理工作中存在的突出问题，完善户口登记项目和管理制度，确保人口资料准确翔实，为开展人口普查登记提供数据支撑。

照16-1　2010年10月20日，西青区开展第六次人口普查咨询活动

第三至第六次全国人口普查西青区主要数据统计表

表16-3　　单位：人

序次	普查时点	总户数	总人数	男性	女性
三普	1982年7月1日零时	72657	297524	150206	147318
四普	1990年7月1日零时	85085	299923	152257	147666
五普	2000年11月1日零时	135362	442610	234209	208401
六普	2010年11月1日零时	220296	684690	355243	329447

（二）基本单位普查

1996年和2001年，区内进行两次基本单位普查，范围为西青区内农户以外的所有法人机构和产业活动单位。第一次基本单位普查标准时点为1996年8月31日，调查资料年度为1996年，全区有法人单位3534个。第二次基本单位普查标准时点为2001年10月31日，调查资料年度为2001年，全区有法人单位4103个。

（三）农业普查

1996年，成立以区统计局为主的农业普查办公室，负责农业普查。西青区第一次农业普查登记时间为1997年1月1日，1月31号结束。普查结果：全区农业生产经营单位34529个，从业人员88754人，其中男性48337人，女性40417人；耕地面积21234公顷，其中水田4684公顷，旱田16550公顷。第二次农业普查时点为2006年12月31日。普查结果：全区农业生产经营户32320户；从业劳动力32465人，其中男性15049人，女性17416人。耕地面积271057.8亩。

（四）工业普查

1986年第一季度进行第二次全国工业普查，普查结果：全区乡镇企业1124个，企业人数67236人，工业总产值64792.21万元。利润6468.06万元，销售税金4928.15万元，年末固定资产原值21306.25万元。第三次工业普查时点为1996年1月1日，普查结果：全区乡镇企业1873个，企业人数103375人。总产值1749454万元，利润总额123989万元，企业利税总额30824万元。

（五）商业普查

第一次商业普查的时点为1996年12月31日，普查的范围为第一次基本单位普查中被确定为批发零售贸易业、餐饮业的所有法人单位和产业活动单位。普查结果：全区企业个数6678个，其中批发零售业2267个；住宿餐饮业968个；其他服务业业681个。第二次商业普查时点为2001年12月31日，时期指标为2001年度数据。普查结果：区共有企业14049个，其中批发零售业5542个；住宿餐饮业1476个；其他服务业3015个。

（六）国内生产总值普查

1984年，进行第一次国民生产总值普查。普查结果：全区增加值5.10亿元，比重3.46%，人均增加值2337元／人。1990年第二次国民生产总值普查，普查结果：全区总产出28.87亿元，中间消耗17.05亿元，增加值7.82亿元，其中劳动者收入4.98亿元，销售或经营利润0.99亿元，销售或经营税金0.94亿元。1998年进行国内生产总值普查，这次普查除全面搞准经济总量外，重点解决一些日常统计难以准确反映的问题。普查结果：全区国内生产总值55.3亿元，其中第一产业4.25亿元，第二产业31.31亿元，第三产业19.76亿元。

（七）第三产业普查

1992年全区开展第三产业普查。普查结果：全区国民生产总值222720万元，其中第三产业29406万元；交通运输业企业数为120个，商业、饮食业、服务业网点数为75个，社会商品零售额为36635万元。2003年7月，将原有的工业普查、第三产业普查、基本单位普查合并为经济普查。

（八）经济普查

第一次经济普查标准时点为2004年12月31日，普查资料的调查年度为2004年。普查结果：全区法人单位 4532个，个体经营户22188个。区属口径生产总值99.41亿元，其中第一产业6.83亿元，第二产业57.36亿元，第三产业35.22亿元。第二次经济普查标准时点为2008年12月31日，时期资料为2008年度。普查结果：全区共有从事第二、三产业的法人单位7335个，产业活动单位389个，个体经营户32245户。全区区属口径生产总值为374.98亿元，其中第一产业7.03亿元，第二产业278.4亿元，第三产业89.56亿元。

二、专项调查

（一）农村住户调查

1980年，开展农村住户调查，调查对象为农村常住户。调查内容主要包括：农村居民收入支出情况、家庭基本情况、居住情况、住户成员与劳动力从业情况、农业生产结构调整与技术应用以及所在村的发展情况等。1993年起，将国家和地方1000户样本作为全市法定数据，通过调查取得农民人均纯收入和生活消费支出等数据。2000—2010年，以区为抽样子总体，建立地方农村居民收支调查网络，原地方点调查样本终止。

（二）抽样调查

2000年，完成限额以下工业个体商业和商品交易市场、畜牧业及播种面积、粮食产量、生猪家禽、固定资产等抽样调查。2003—2004年，推进各项统计方法制度改革，推行抽样调查方法，开展个体商业、规模以下工业、农民旅游等多项抽样调查。2005—2009年，开展全国1%人口抽样调查，开展城乡划分调查、人口和劳动力调查等调查。完成住户调查、第二产业和第三产业抽样调查、人口劳动力调查等常规和临时调查任务50余项。2010年，开展非公有制企业人才资源状况调查、烟草零售商满意度调查、工业成本费用调查、劳动力、人口变动情况调查。完成组织工作满意度调查、居民出行调查、公民人文素质调查、新农村建设调查、蔬菜调查以及批零住餐、服务业等重点企业调查。

（三）专业定期统计

1986年，西青区开展国民生产总值和国民收入统计。1994年起，对区属单位进行试算投入产出统计，不定期向市统计局提供所需要的各种试算依据。

第三节　统计宣传 执法

一、统计宣传

1998年，区统计局开始行使统计宣传、统计执法、统计教育职能。1998—2010年，开展以统计法为主要内容，以各级领导干部、企事业单位和社会公众为主要宣传对象的宣传活动，每年举办一次领导干部及统计人员统计普法考试，为提高统计能力和政法统计公信力提供法制保障。

二、统计检查

1984年始，区统计局规范统计范围和统计口径，对统计数据进行质量检查，对虚报、瞒报等问题进行纠正，每年开展一次统计执法大检查。1994年，下发《关于加强统计报表管理的决定》，对制表目的及审批程序作出重新规定。2003年，1261家企业进行自查，重点检查单位51家，责令改正单位27家，立案查处9家。2006年，对26家企业进行执法检查，对5家企业进行立案查处，罚款1.35万元。2010年，对130家企业进行执法检查，对12家企业进行立案查处，罚款0.2万元。

第四节　统计服务

一、分析 预测

1991—1995年，区统计局编写统计分析资料70余篇。1996—2001年，撰写统计分析200余篇。2002—2010年，撰写统计分析资料409篇。其中较为重要的有：2006年撰写的《西青区经济实力及动态变化分析》、2008年撰写《上半年第三产业运行形势分析》、2009年撰写《规模以上工业生产稳定增长》等。

二、资料汇编 公布

1979—2010年，区统计局编印《西青区主要经济指标（1979—2010）》《西青区统计年鉴（1981—2010年）》《西青区国民经济和社会发展统计公报（起始年至2010年）》。编印1996年、2006年《农业普查资料汇编》各200卷，2004年第一次、2008年第二次经济普查资料汇编各200卷，第五次人口普查《西青区2000年人口普查资料》、第六次人口普查《西青区2010年人口普查资料》汇编各200卷。

第三章 审 计

1979—2010年，西青区审计工作紧紧围绕经济建设这个中心，把审计工作的出发点和落脚点放在促进发展、促进管理、促进提高效益、强化内部控制和防范风险上，推进审计工作从以真实性、合规性为主的财务审计向财务审计与管理审计并重转型，开展国家审计、内部审计、社会审计，使其成为区内严肃财经纪律、加强内控管理、维护经济秩序、促进党风廉政建设的重要手段。

第一节 国家审计

一、预算执行情况审计

1995年，区审计部门对西青区1994年财政预算执行和其他财政收支情况进行试审。1996年，加强同级预算执行情况、预算外资金收支管理情况审计。查处违纪金额4.4万元，全部上缴区财政。1998—2000年，对各年度财政预算执行情况进行审计。向区政府提交区财政各年度预算执行和其他收支情况的审计结果报告。2000年，对区人大常委会、区纪检委5个重点单位的预算执行情况进行审计，延伸审计区级国库和上述主管预算单位所属的计量所和质监站。对审计查出问题提出审计建议，下达审计决定。2006年，以财政部门的预算编制、转移支付资金、国库集中收付、政府采购和部门预算为重点进行审计，审计总金额16.18亿元，涉及不规范资金5055.46万元。2010年，在区财政预算执行审计中，从预算管理、国有资产管理、政府采购、集中支付和制度建设5个方面提出管理建议，对土地局等4个预算单位进行延伸审计。上缴土地资金、入库收费资金5874余万元。

二、行政事业单位审计

（一）专项审计

1983年，区审计部门对杨柳青三中等6所学校的校办工厂试审计。1985年，对区计划生育委员会、区外贸局及物资系统进行财务收支审计，查出违纪金额40万元，上缴财政8.88万元。1991年，对财务收支进行审计监督，对政府部门和群众信访开展定期审计和专案审计。1998年，审计行政性收费单位，被审单位将行政性收费收入全部纳入财政专户管理，实行收支两条线并进行专户储蓄。罚没款收入889.99万元，全部上缴区财政。开展招待费使用专项审计。2002年，对区民政局及9个街镇2001年度最低生活保障资金的收支和管理情况进行全面审计，延伸调查杨柳青镇和张家窝镇及各选村委会两个低保户12家。2004年，对农村人畜饮水困难工程建设资金审计、外环线外侧绿化带建设审计调查和农民集体土地补偿费管理使用情况进行审计，被审计单位涉及9个街镇和区财政局等。2007年，开展对区创卫资金、新型农村合作医疗资金、最低生活保障资金、粮食直补资金等4项专项资金的效益审计。审计资金量达到5.91亿元，延伸被审计单位40个，提交效益审计报告4份。

照16-2 2008年，区审计局审计区内设施农业

（二）重点部门审计

1996年，区审计局配合区农工部审计利润千万元的乡镇企业利润实现的情况、还贷情况及各类账款，核实企业利润真实性和偿还能力，确认授奖单位14个。对6个预算外大户核定其1996年指标，各单位计上交预算外资金408万元。1998年，对全区7个重点单位的预算外资金的管理情况进行审计，摸清预算外资金底数，制止和纠正预算外资金存在的违规问题。2001年，审计单位7个，共查出违规行为金额8594万元，其中指明要求纠正金额4029万元、处理处罚金额3207万元，上缴区财政1358万元。2003年，对全区8家骨干企业进行重点审计，摸清被审计单位的资产负载和损益的真实情况，向区委、区政府系统地反映被审计单位的经济运行和财务管理状况。2005—2010年，审计重点放在农业夏秋粮、水稻良种补贴和农村户厕、旱厕改造项目补贴资金和大宗农业及水利建设资金及城维资金等方面。

三、固定资产投资审计

2000年，区审计部门对杨柳青第一幼儿园教学楼工程和李七庄集贤里住宅小区供热及配套工程项目进行审计，查出建设单位的各单项工程未按照规定进行明细核算，提出审计建议。2003年，对区财政投资建设的区农业综合大楼和杨柳青一中教学主体楼项目，利用计算机和基建应用软件进行建设项目预决算审计，针对存在的问题，建议有关部门完善相关制度。2006年，完成区财政资金投资建设的杨柳青柳口路延长线工程、建设路道路拓宽工程和区排水管道工程项目的审计项目。查出建设项目虚报工程量、高套定额、多计工程量等问题，提出审计建议6条，核减区财政拨款134余万元。2008年，完成区城建大厦工程等多项工程项目审计。审计区财政基本建设投资总额4616.74万元，查出冒算工程量、多计工程造价203.2万元，依法核减区财政拨款。2010年，加大对重点建设项目、民心工程的程序审计、造价审计和效益审计。完成对区文化中心工程及西青大寺污水处理厂等建设项目审计，核减区财政拨款111万元。

四、经济责任审计

1997年，区审计部门对区建设开发公司法定代表人进行经济责任审计。1999年，完成对14个单位处级干部的任期经济责任审计。对查出的问题出具审计意见书、作出审计决定，其中问题严重的移交检察院立案处理。2000年，开展首轮处级领导干部任职期间的经济责任审计。2005年，把经济责任审计的重点放在任期中审计，将审计关口前移。完成7个单位的审计，在审单位2个。对存在财务管理不规范问题的单位提出审计意见和建议。2008年，安排经济责任审计项目15个，完成对区财政局、区农委、区发改委等10个单位领导干部的经济责任审计。延伸审计下属基层单位19个，审计金额总量1.65亿元，查出不规范资金总额457.82万元，提出审计意见和建议9条，下达审计决定书3份。2010年，对15个委局进行经济责任审计，出具审计管理建议书5份，纳入财政监督管理资金8614.13万元，上缴财政资金2474.45万元。

五、街镇财政审计

2000年，区审计部门对全区9个街镇1999年度财政收支情况进行审计。查出个别街镇在自筹资金中有列支不合格票据和应收款清理不及时问题，建议予以纠正。2002—2005年，分别对全区9个乡镇的各年度预算内资金、预算外资金进行审计，对审计查出的应收款数额过大、挂账时间较长问题，本着依法审计、宽严适度的原则，区分情况进行处理。2007年，开始街镇任期试审，审计全区9个街镇的预算内资金、预算外资金和自筹资金51501.78万元，提出审计意见和建议5条。2009—2010年，加大街镇审计力度，街镇财政决算和领导经济责任审计相结合，纠正收入沉淀在部门未纳入财政管理、重点项目不招标、账实不符、白条列支等10类核算问题，促进规范资金超亿元。

六、委托审计项目

1998年，区审计部门对西青区粮食系统和静海县农业发展银行进行清查，对粮食亏损挂账和不合理占用贷款进行审计。查处不合理占用农业发展银行贷款1552万元。1999—2003年，连续5年对区红十字会、天津日报西青发行站进行审计，对会计核算中欠规范的问题进行指导和纠正。2004年，接受委托审计项目11项，涉及被审计单位19个。对西营门街兴业里村进行财务收支审计，对区整顿治理铁路沿线指挥部外环线内铁路沿线拆迁资金和农业开发项目等进行审计。2005年，受委托对《天津日报》西青发行站财务收支、中安药业有限公司年度会计报表、区红十字会救助基金进行审计，摸清资金使用情况，为领导决策提供可靠依据。

七、其他专项审计

（一）金融审计

1995年，区审计部门对建行西青支行上年资产、负债、损益进行审计。1997年，对区城市建设开发公司、农业银行西青支行上年财务收支情况进行审计。1998—2002年，连续5年对区内各国有商业银行等金融机构进行审计，查出金融机构损益不实、违规经营、信贷资产不高等问题，并针对上述问题提出审计建议。2002—2010年，继续加强对金融机构的审计，对查出的问题进行整改，监督各金融机构守规经营。

（二）企业审计

1987年，区审计部门对天津轴承二厂进行效益审计。1996年，对区物资局化轻公司、区基建办联建商品房收支情况和区重点工程指挥部历年收支进行审计，对财务管理方面问题提出可行性审议建议。1997年，对全区百强企业的14项经济指标进行审计核，实规范核实企业财务管理。2002—2010年，重点对国有企业、村级集体企业进行审计，查出应收款款项未清理，损益不实、会计核算不规范等问题，对规范提高企业财务管理提出可行性审计意见。

第二节　内部审计 社会审计

一、内部审计

1987年，全区内部试审369户，审计金额840万元。1988—1995年，区审计部门开展专项和定期审计，审计710个单位，查出违纪金额172.19万元。1996年，各单位开展离任审计。1997年，各街镇审计所和行政事业单位内审部门开展百强企业审计核实，街镇亏损企业审计。2002年，全区内审机构和专兼职内审人员完成审计项目5项，审计单位299个，纠正违规金额50万元，被采纳审计意见和建议13条。2010年，区内编制《街镇内部审计业务模块》，开展房管系统、卫生系统、西青经济技术开发区等16个基层单位内部辅导审计。

二、社会审计

1988年，区审计事务所受托查账2家，验资59家。1990—1995年，企业验资6549家，审验资金21.96亿元。1998年，围绕企业改制等全区经济工作重点，开展清产核资和评估，全年资产评估234户。2000年，结合对国有商业企业审计，对社会审计组织出具的验资报告的真实性进行检查，把检查情况报送市审计局。是年，按照国家对会计审计事业改革要求，区审计事务所注销。

第四章　工商行政管理

1979年，区工商行政管理局进行区内企业登记和合同管理。1980—2010年，西青区逐步进行工商行政管理体制改革，发挥宏观调控作用。依法核定工商企业、外商投资企业和从事经营活动的单位、个人的注册登记，确认各类经营者的主体资格，监督管理各类市场，依法规范市场交易行为，依照法律、法规惩治流通领域的走私贩私行为和经济违法违章行为，保护正常的市场经济秩序。

第一节　企业登记

一、国营 集体企业登记

1979年始，区工商部门对全民、集体等工商户的注册资本、企业法人、企业名称、商户名称逐一进行登记注册，每年进行年检。1981年，对区商业、饮食业、运输业企业进行普查登记，制发或更换营业执照。1984—1985年，制定支持乡镇企业发展10项措施，简化登记手续。1991—1995年，制定实施支持大中型企业和乡镇企业拓宽经营、扭亏增盈10条具体措施。调整登记程序，支持第三产业的登记发展。2004年，实行网上年检，简化年检程序，延长年检时间。全区注册登记国有、集体企业2419户，注册资金59.7亿元。2010年，全区各类国有、集体企业2.11万家，注册资金494.56亿元。

1979—1994年西青区国营集体企业登记情况统计表

表16-4　　单位：家、亿元

年度	国营企业	集体企业	联营（办）企业	注册资本	乡镇企业	全区工商企业合计
1979	13	–	–	–	–	–
1980	1	132	4	–	–	137
1982	10	42	–	–	–	1473
1983	–	–	–	207	–	1680
1984	43	102	27	–	554	2230
1985	–	–	–	684	505	2359
1986	56	451	15	–	–	2881
1987	41	553	31	3.24	–	3049
1988	82	159	106	4.6	–	4016
1989	–	–	–	–	–	4050
1990	–	–	–	–	–	3577
1991	461	3002	182	–	–	3655
1992	571	1143	214	–	2782	4710
1993	641	1596	261	–	3005	5503
1994	624	4495	215	–	2946	5334

注：1979—1990年国营企业、集体企业、联营企业栏为当年新增数，1991年始，上述3栏为累计数

1995—2005年西青区国营集体企业登记情况统计表

表16-5　　单位：家、亿元

年度	国营企业	集体企业	联营（办）企业	注册资本	股份制（公司）	股份合作制	其他企业	全区工商企业合计
1995	628	4272	195	–	81	37	–	5213
1996	583	3835	171	–	156	–	–	4745
1997	537	3513	142	–	224	20	–	4441

续表

年度	国营企业	集体企业	联营(办)企业	注册资本	股份制(公司)	股份合作制	其他企业	全区工商企业合计
1998	519	3170	127	–	265	33	1	4115
1999	476	2781	114	–	393	41	1	3806
2000	449	2590	91	–	346	41	–	3517
2001	337	1942	60	56.6	363	43	–	2745
2002	304	1618	45	55.5	469	43	–	2480
2003	318	1563	–	56.2	553	–	88	2522
2004	311	1247	–	59.7	593	–	88	2419
2005	–	–	–	54.72	–	–	–	1981

2006—2009年西青区国营集体企业登记情况统计表

表16-6　　　　单位：家、亿元

年度	内资企业	注册资金	新设立	
			内资企业	农民合作社
2006	1909	102	90	–
2007	1906	123	–	–
2008	1813	126	67	18
2009	8750	610	–	–

二、个体私营企业登记

1980年后，区内个体和私营经济开始恢复和发展，至1982年有个体工商户580户，从业人员711人。1983年，新开业个体户720户。1984年全区进行商业体制改革后，个体工商户、私营企业迅速发展，其规模、分布行业结构不断扩展、优化。1993年，对私营企业进一步放宽政策，全区私营企业278户，同比增加14.4%。至2010年，全区个体工商户12453户，私营企业6841户。

1984—1998年西青区个体私营企业登记情况统计表

表16-7　　　　单位：家、万元

年度	个体工商户	从业人数	注册资金	私营企业
1984	1	1	1.2	3
1985	0	0	0	15
1986	0	0	0	3
1987	1	2	0.3	6
1989	7	10	10.05	39
1990	162	297	172.29	22
1991	219	397	172.5	46
1992	860	1514	734.08	76
1993	856	1578	1585.67	201
1994	872	1442	2359.38	329
1995	722	1355	1656.61	355
1996	1693	3157	4198.65	453
1997	1418	2981	4928.95	452
1998	1456	2981	5077.37	495

1999—2010年西青区个体私营企业登记情况统计表

表16-8　　　　　　　　　　　　　　　　　　　　单位：家、万元

年度	个体工商户	从业人员	新增个体工商户	注册资金	私营企业				
					总数	当年注册	其中有限公司	其中个人独资	其中合伙
1999	9509	18123	1240	24643.13	3012	467	1354	102	57
2000	10304	19764	795	27819.69	3479	467	1646	167	75
2001	10956	21210	652	31276.76	4110	631	2096	321	100
2002	11703	22648	747	34595.94	5034	924	2799	507	135
2003	12740	24622	1037	39990.37	6118	1084	3667	677	181
2004	14139	26956	1399	49365.92	7219	1101	4566	843	217
2005	15968	29552	1829	58402.01	8461	1242	5558	1058	252
2006	18145	32830	2177	65828.07	9598	1137	6570	1159	276
2007	21099	37883	2954	75580.84	10658	1060	7559	1214	292
2008	23547	42447	2448	85639.04	11662	1004	8484	1275	310
2009	25832	47214	2285	100849.99	12776	1114	9537	1323	323
2010	29640	54458	3808	123378.52	14203	1427	10905	1371	334

三、外资企业登记

1981年，中国制药工业公司与大冢株式会社落户西青区，为区内第一家登记注册的中外合资企业。1992年，区工商局设外资企业登记管理科，负责开发区外资登记和企业登记管理。90年代后，区内中外合资、外商独资、中外合作企业迅速发展，登记注册及时到位。1996—2010年，西青区制订一系统鼓励发展外向型经济的措施，“三资”企业迅速发展，截至2010年，西青区规模企业中，外资企业360家，总资产386.61亿元。外资企业实现收入576.72亿元，占全区规模企业的49.82%。实现利润总额36.63亿元，占全部规模企业的41.48%。销售收入利税率达12.9%，高于内资企业0.89个百分点，高于区内规模企业平均水平0.45个百分点。

1991—1995年西青区外资企业登记情况统计表

表16-9　　　　　　　　　　　　　　　　　　　　单位：家、万美元

年度	合计	投资总额	注册资本	吸引外资	合资企业			独资企业		合作企业		
					家	注册资本	吸引外资	家	注册资本	家	注册资本	吸引外资
1991	33	–	5928	–	24	5295	2768	8	390	1	242	24
1992	95	11121	8555	4031	59	6739	3045	33	912	3	904	74
1993	236	24667	19195	10741	142	14367	6818	87	3377	7	1451	546
1994	299	39045	29432	17821	178	23222	17821	115	5211	6	999	506
1995	321	43875	33789	20960	190	26617	14323	123	6030	8	1142	607

1996—2010年西青区外资企业登记情况统计表

表16-10　　　　　　　　　　　　　　　　　　　　单位：亿美元

年度	外资企业个数	注册资金	年度	外资企业个数	注册资金
1996	315	6.77	2004	551	12.30
1997	293	6.81	2005	638	14.71
1998	286	7.26	2006	643	17.50
1999	291	7.36	2007	720	28.46
2000	296	7.70	2008	744	31.13
2001	307	8.30	2009	735	34.97
2002	383	9.54	2010	775	35.62
2003	454	10.80	–	–	–

第二节 经济合同管理

一、合同鉴证

1979年，区内经济合同由各业务主管部门自行管理。1980年，区工商局开始行使经济合同管理职能。1982—1985年，企业凭签订经济合同法定代表人证明书和签订经济合同委托代理证明书对外签订经济合同，经济合同管理步入规范化。1986—1989年，加强对经济合同空白文本管理，各企事业单位他统一使用市工商局批准的经济合同文本。1991年，合同经区工商局（或公证处）鉴证后生效作为合同必备条款。1997—1998年，向企业宣传《合同法》《单据法》。对《商品房买卖合同》《房屋买卖合同》签订情况进行检查，规范合同签订。2001年，办理抵押登记140件，办理签证179份。2004年，合同鉴证办法被废止，区工商部门不再承担合同签证职能。

二、合同仲裁

1981—1983年，区工商部门调解合同纠纷3起。1984年，成立经济合同仲裁委员会，发挥仲裁职能作用，帮助企业依法解决拖欠款纠纷。2000—2002年，为企业解决经济纠纷8起，进行资信调查21次，为企业挽回经济损失210万元。2010年，开展《商品房买卖合同》《旅游合同》专项检查，对合同中存在不规范条款的企业下达整改通知。

1984—1994年西青区部分年度仲裁合同情况统计表

表16-11　　单位：起、万元

年度	仲裁合同纠纷		争议
	起数	金额	金额
1984	3	24	10
1985	8	86	23
1986	5	74	17
1987	5	73	14
1988	20	69	44
1989	15	50	12
1991	11	96	50
1992	1	18	8
1994	15	71	67

三、申报“重合同 守信誉”单位

80年代中期，区工商局开始承担为企业申报市级“重合同，守信誉”单位职责。1985—1986年，有11家企业被市政府批准命名为“重合同，守信誉”单位。1987年，组织动员区内企业参加申报活动。1988年，36户企业提出申请，被命名的25家企业中，获市级优质产品的11家，获部级优质产品的2家。1991年，7家企业被市政府命名为“重合同，守信誉”单位，复查保留称号企业73家。1999年，被命名天津市“重合同守信誉”企业9家，复查保留称号57家。

第三节 商标广告管理

一、商标管理

1979年，区内恢复商标统一注册制度。1983年，全区加快商标注册进程，部分乡镇企业为产品申办商标注册手续，全区商标注册增至458件，实有商标389件。1984—1986年，建立起商标登记及转移商标迁入迁出登记制度。1990年，核转国营、集体、个体商标101个，实行定点企业印制商标制度，核准商标印制定点企业24户。1991—1992年，注册商标213个。1995年，注册商标管理体制由行政审批制转变为民间代理制，区级商标管理的工作重点转向惩治侵权假冒商标行为，保护商标所有权人利益方面。全年查处商标侵权案件10起，收缴侵权作案工具印版3件、假冒商标标志1.26万个。1996—2005年，区内注重农产品和服务商标的注册，促进第三产业发展。2006—2010年，实施“商标战略”，引导企业及时注册商标和创立驰名、著名商标，发挥商标专用权对企业发展的作用。

照16-3　2010年，西青区召开著名商标企业表彰大会

1996—2010年西青区注册商标情况统计表

表16-12　　单位：个

年度	注册商标	其中：天津市著名商标	其中：全国驰名商标	年度	注册商标	其中：天津市著名商标	其中：全国驰名商标
1996	908	–	–	2004	978	15	1
1997	935	–	–	2005	1102	18	1
1998	856	–	–	2006	1776	2	1
1999	1100	4	–	2007	2318	5	1
2000	1040	–	–	2008	3125	30	1
2001	1200	2	–	2009	3866	4	5
2002	915	–	1	2010	4916	11	3
2003	924	13	1	–	–	–	–

二、广告管理

1984年，区工商局对区内30个印制企业重点进行调查，对制印板厂加强管理、指导。1984年9月，区广电局第一个注册登记经营广告业务。1988年，对99家国营、集体、乡镇企业单位下发通告，治理整顿广告经营收费，广告兼营单位增至8户。1990年，对广告单位进行年检注册，6户通过年检。1995年，对全区广告经营单位主体资格进行审核。吊销2户广告经营许可证。2001年，对药品、保健食品广告等进行专项整顿，查没违法广告4种2万余份。2006年，严把户外广告发布点，审查户外广告登记12户。集中开展广告专项检查，全区有广告经营单位108户。2007年，户外广告发布登记核准11户。对涉及保健食品、药品、医疗、化妆品、美容服务5类广告项目，严格手续，从源头上维护全区的广告市场环境。2008年，重点开展奥运标志使用的专项检查，检查有关企业和经营户321户，对2户违法使用奥运标志的店堂广告责令改正。至2010年，违法广告得到全面治理。

第四节　市场管理

一、市场培育

1979年，杨柳青早市和张家窝集市恢复。80年代，建南河镇农贸市场、李七庄农贸市场、杨柳青农贸市场等大型农贸市场。另外，组建武台牲畜市场、王台农贸和旧制动车交易市场，为区内市场多元化和专业化建设起到示范作用。90年代，先后建成杨柳青二经路综合批发市场、西青道综合批发市场、天塔服装城等现代综合市场。1999年，全区注册市场35个，成交额7.05亿元。2002年，全区注册市场36个，交易额6.1亿元，其中集贸市场交易额4.2亿元，工业品市场交易额1.9亿元。至2010年，各种集贸市场、交易市场遍及区域，档次逐步提升。

1979—1995年西青区农贸市场情况一览表

表16-13　　单位：平方米、个

年度	名称	坐落地	占地面积	摊位
1979	杨柳青早市	杨柳青镇改善街(三不管)	-	-
	张家窝集市	张家窝镇	-	-
	王稳庄农贸市场	王稳庄津港公路西	600	50
1980	南河镇农贸市场	南河镇	480	100
	李七庄农贸市场	黑牛城道	240	50
1983	和平路南农贸市场	杨柳青镇	805	647
	柴草市场	杨柳青镇营建路东侧	-	-
1983	轻机厂摊群市场	杨柳青镇	-	-
	古佛寺摊群市场	张家窝镇	800	40
1984	杨柳青综合农贸市场	杨柳青镇新华路西段	5000	450
	武台牲畜市场	李七庄街武台	-	-
	王台农贸旧机动车市场	李七庄街王台	-	-
1985	杨柳青蔬菜批发市场	杨柳青镇	-	-
	杨柳青北门摊群市场	杨柳青镇	-	-
	中北斜农副产品批发市场	中北斜村	-	-
1986	李家园农货市场	李家园村路两侧	3000	150
	上辛口集贸市场	辛口镇上辛口村	-	-
1987	小南河集市	南河镇小南河村	5000	1200
	第六埠集贸市场	辛口镇第六埠村	650	400
1989	一经路农贸市场	杨柳青一经路	-	578
	后大道服装百货市场	杨柳青后大道	4300	-
1990	西青道综合批发市场	津港铁路以东赵庄子	16700	600
	三不管街蔬菜市场	杨柳青镇	-	-
1991	曹庄子农贸蔬菜市场	中北斜乡曹庄子	10000	200
	董庄子集市	张家窝董庄子	-	-
1991	一经路小商品市场(扩建)	杨柳青镇	-	-
1992	二经路综合批发市场	杨柳青十六街二经路东侧	66700	650
	当城蔬菜批发市场	辛口镇当城	8000	200
	周庄子蔬菜批发市场	大寺镇周庄子	21300	
	王台蔬菜批发市场	李七庄街王台	61300	
1993	杨柳青早市	杨柳青镇	-	-
	天塔服装城	李七庄街	-	-
1994	三不管大型商城	杨柳青镇	11750	520
	南河镇集市	南河镇	-	-
	农机汽车销售中心	南河镇	-	-
	于台早市	李七庄街	-	-
1995	小沙窝集市	辛口镇小沙窝	-	-
	旧机动车交易市场	南河镇	-	-

二、市场清整

1979—1983年，西青区放宽计划外工业品市场管理限制，允许计划外一二类工业品上市交易。放宽农副产品限制，允许集体和个体有营业执照的商户从事长途贩运活动。1984—1988年，区工商局

照16-4　2008年，区工商执法人员对经营食品进行检查

重点查处市场内无照经营行为，惩治不法商贩。1989—1991年，采取定员、定岗、定责的方法规范市场，责任分解到人，实行岗位管理目标责任制。1991—1993年，对全区书店、经销图书摊点、录像放映点、租赁点、舞厅、卡拉OK厅，机关、企业、事业单位的图书馆（室），进行大清理。1995年，开展春节药品食品、春耕农资、夏季饮料、冬季“双打假”（假冒商标、虚假广告）市场专项治理活动。全区市场管理逐步走向规范化。2000年，开展集贸市场专项整顿。检查经营户5000余户，查处并取缔无照经营747户，取缔乱摆乱卖321人次。2005—2010年，开展节日市场专项整治活动20余次。查获私屠滥宰猪肉5160吨、查获涉嫌商标侵权白酒124箱，查获违法标志7万余个。关注农业，开展农资市场整治，与农业部门联合检查有关经营户369户次，取缔违法经营12户，查获并没收劣质籽种272袋。关注家装行业，开展对家具和装饰材料企业整治。2010年，全区227户家具和室内装饰装修企业全部建立并执行自律制度。

第五节　经济监督检查

一、查处假冒伪劣产品

照16-5　2008年，区工商干部深入田间地头开展“红盾护农”帮扶活动

1979—1985年，区工商局查处区内汽车制假售假行为。严查伪冒组装汽车的违法经营者，规范市场经济秩序。1987年，举办全区性假冒伪劣产品展览会，组织开展打假治劣活动，没收劣质产品，销毁假冒注册商标标识1.3万个。1989年，组织对全区国营集体商业、乡镇企业及个体户进行查假、打假大检查活动。1992年，查扣处理假过滤嘴香烟包装5000套，没收假飞鸽自行车3辆、假雪碧汽水箱100个、假标签1.2万个。1995年，查处制售假冒伪劣案件8起，查扣组装销售假冒伪劣摩托车10辆，没收处罚款经营额1.5万元。1996—2000年，对各个市场加强监督管理，对经营者进行资质审查、执照经营，每年进行一次验照工作，杜绝市场上无照经营。将市场按商品类型、商户划分成不同商品经营区，经常或专项进行市场巡查，将食品、农资经营等作为重点，按流通领域商品质量监测办法进行检查，建立评优机制，每年在商户中开展文明经商户活动。2001—2010年，多部门组成专项检查小组对区内重点市场内食品、罐头、酒类、月饼等经营户进行检查，组织各基层工商所对辖区内有关经营户进行检查。开展食品安全整治、“红盾护农”、治理商业贿赂专项行动。

二、打击走私贩私活动

80年代初，区工商部门对倒卖进口零部件组装手表、彩电、电冰箱等进口限控商品行为进行查处。1984年，查处一贸易公司非法购销艾美牌20寸彩电100台、夏普电冰箱30台、摩托车200辆。1993年，在西琉璃城大桥北侧设卡检查走私进口汽车，查扣韩国走私汽车28辆，罚款14.7万元。1994年，在各市场开展检查走私烟违法活动，查缴进口走私名烟470条，对出售走私烟户进行罚款处理。1996年，查办各类案件168起，罚没款18万元，其中万元以上大案6起。1998年，开展烟酒市场治理、农资市场检查、汽车市场治理等6项专项治理，查处经济违法案件317起，维护公平竞争经济市场稳定。2000年，查没走私空调421台、走私自行车400辆、赌博机16台。2001年始，对走私贩私活动监管以海关监管为主，不再是工商行政管理部门主要职责。

三、治理违法经营

80年代始，区工商部门监督检查区内国营、集体、个体工商户是否严格执行国家物价政策，是否随意提价或变相涨价等问题，加强城乡集贸市场购销活动管理，稳定集市上的一、二类农副产品价格。严禁国营商业倒卖紧俏商品，惩治倒卖粮票等非法经营行为。1986年，对拼攒汽车、钢材改制及拆船卖钢材等违法行为进行调查，引导有关犯有轻微违章生产经营活动的10个厂家理顺经营方式，按照现行政策要求正常健康发展。

1981—1999年西青区查处经济违法案件情况统计表

表16-14　　单位：件 万元

年度	查处案件	罚没款	年度	查处案件	罚没款
1981	443	3.32	1990	13	8.22
1982	10	9.40	1991	5	0.76
1983	10	2.67	1992	10	0.03
1984	12	1.44	1994	12	0.92
1985	9	20.83	1995	16	4.68
1986	17	19.80	1996	168	18.00
1987	8	2.23	1998	317	270.00
1988	15	3.20	1999	323	135.97
1989	13	12.44	-	-	-

2003年，区工商局与区药监局、区文化局联合对药店进行专项检查，与区文化局联合对文化娱乐场所进行专项检查，查封违法网吧4家、游戏厅2家，查获用于非法经营的电脑60余台、游戏机20台。开展集贸市场专项检查，9个检查分队对区内各集贸市场进行全面检查，查获无照经营26户。检查各类经营户5120余户次，各类市场56户次，查处违法经营110余户。2004年，与文化、公安等部门相互配合，对全区网吧经营户进行拉网式检查，查处并取缔黑网吧19家，查获用于非法经营的电脑301套，责令6家存在违法问题的网吧进行整改。2005年，查办经济违法案件195件，查处无照经营779户，使其中419户具备经营资格的经营户办理营业执照。2006年，查办经济违法案件101件，查处无照经营462户。2007—2010年，立案查处违法案件60件。监督食杂店、超市、市场食品经营户建立进货台账。查处无照经营512户，为其中846户具备经营资格的经营户办理营业执照。

照16-6　2010年，区工商局开展"3·15"宣传活动

第六节　保护消费者权益

一、争议投诉受理

1990年6月，区消费者协会成立并开始行使保护消费者权益职能。至1994年，区消协接待来访咨询3861人次，受理投诉488件，为消费者挽回经济损失11.14万元。1996—2000年，受理消费者投诉1471件，依法解决1443件，立案查处48件，为消费者挽回经济损失991.18万元，罚没款30万元。2004年，完善12315投诉网络建设，西青12315指挥分中心建成并正常运行。2010年，工商西青分局充分发挥举报网络作用，全年受理举报案件622件，案件审结率98.87%。

2001—2010年部分年度区消协受理争议投诉情况统计表

表16-15　　单位：件、万元

年度	投诉	调解（办结）	挽回经济损失	立案查处	年度	投诉	调解（办结）	挽回经济损失
2001	252	252	7.25	-	2007	565	536	67
2002	152	148	20	4	2008	520	520	79
2004	290	-	26	-	2009	639	639	68
2005	316	302	28	18	2010	622	615	27.92
2006	500	495	50	-	-	-	-	-

二、维护个体劳动者权益

1983—1986年，区个体劳动者协会在个体劳动者中开展法制和职业道德教育。1988年，对全区从事服装加工裁剪行业个体户进行技术培训、考核、定级。1992年，8个基层分会建立资金互助会，筹集资金20余万元，为个体工商户解决流动资金不足问题。1994年，配合技术监督部门查处倒卖假“孔府家酒”商贩，罚没款2000元。召开首届私营企业代表大会。1995—2003年，在各乡、镇所在地、大中型商场等居民较集中地区相继建立多个监督岗（站），设立监督员41人，颁发监督证书。2004年，在全区开展保护商标专用权活动，加大区内名牌产品保护力度，扶持个体劳动者快速发展。引导区内企业提高商标注册率，依法维护自身利益。2005—2010年，推进“12315”体系“四个平台”建设，推行消费申诉回访制度。开展消费者权益保护日活动，在公众场所集中宣传及受理群众举报、申诉和投诉。

第五章　质量技术监督

80年代末，区质量技术监督部门开始加强质量技术监督。推行法定计量单位，组织开展计量器具的强制检定和量值传递，规范市场计量行为。推进质量认证、监督，加强区内锅炉、压力容器、压力管道等特种设备的安全监察和监督管理。实行质量技术监督行政执法，依法依规查处相关违法行为。组织开展市场专项整治，开展质量技术监督宣传、教育、培训、信息工作。

第一节　计量管理

一、计量器具管理

1981—1984年，区计量局开始周期检定木杆秤、台案秤、血压计，对商业、粮食等系统的计量器具进行检查。1989年，对区党政机关、商业、卫生系统及天大机电分校推行法定计量单位情况进行复查，合格率为95.9%。对各乡镇及有关局、公司所属的1544个企、事业单位进行监督检查，检查计量器具4879台（件），合格率95.6%。对全区农贸市场使用的计量器具进行15次抽查/564台（件），合格率98.8%。现场处罚21人次，立案处罚2起，罚款510元。1998年，对全区各企业单位使用的强制检定工作计量器具进行登记、备案。2006年，对全区43家耗能企业进行摸底调查，与7家大型耗能企业签订《共同节能降耗责任书》。对全区50余家企业在用计量器具进行监督检查，对6个乡镇300余家企业的强制检定计量器具进行登记备案。2007年，对50余家企业的在用计量器具进行监督检查，对全区30家加油站、15家餐饮行业单位、3家大型批发市场进行专项整治。2009年，注重节能减排，建立年耗标准焊3000吨以上的企业电子档案。2010年，开展"关注民生·计量惠民"活动，对两个社区进行血压计免费检定服务，免费为群众检定血压计90余台（件），免费检定菜市场摊贩的电子秤600台。

二、含量定量管理

1986年，区政府下发《关于贯彻执行国家法定计量单位的意见》，保护消费者合法权益。1997年，区计量局对70家定量包装生产企业进行计量验收。2001—2005年，对区生产黏合剂企业进行定量包装检查，检查6家定量包装生产企业台案秤10台，对93家定量包装企业进行考核，对流通领域的定量包装商品进行抽查，抽查合格率90%以上。2008—2010年，现场检查定量包装商品360批次，对6家超市15个批次商品缺斤短两现象进行处罚，有效地规范了市场秩序。

三、许可证管理

1986年始，区计量局开始对制造、修理计量器具许可企业进行计量合格确认，对定量包装产品生产企业和事业单位的最高计量标准进行审核、验收、发证及定期复查换证。

1986—1999年西青区部分年度计量审验情况统计表

表16-16　　单位：家

年度	三级计量合格企业	二级计量合格企业	验收合格企业	考核单位数
1986	1	–	–	1
1987	15	–	–	15
1988	43	3	8	54
1989	15	–	31	46
1990	15	2	51	68
1991	7	4	34	45
1992	2	2	32	36
1998	11	3	23	–
1999	24	2	46	160

2000—2010年西青区计量审验情况统计表

表16-17　　单位：件

年度	强制检定登记备案	计量合格确认	定量包装换发证	年度	强制检定登记备案	计量合格确认	定量包装换发证
2000	630	37	31	2006	–	89	–
2001	450	34	–	2007	350	–	–
2002	350	38	42	2008	–	18	20
2003	465	26	30	2009	–	20	15
2004	300	–	–	2010	200	20	15
2005	214	16	16	–	–	–	–

第二节　质量管理

一、质量监督抽查

照16-7　2010年，区质监局抽查天津好利来生产车间

1991年，区技术监督局开始设立产品质量监督检验所并配置化验室，开展产品质量抽查。1994年，对278家企业开展质量监督检验。1994年，对278家企业开展质量监督检验，合格226家，合格率81%。2000年，对全区产品质量定期监督检验的360个企业187个品种进行定期监督检验，合格率100%。2004年，接受群众举报18起，检查生产企业和单位1202个，抽查产品4200余批次，查处违规产品321批次。2008年，对区内3家定点供奥运会食品企业实施驻厂监管，巡查企业197家次。对全部以乳粉为原料的54家生产企业进行排查。2009年，质检所完成资质认定，取得17大项检验产品157种产品检验资质，其中新增食品检验项目48种，出具检验检测报告1700份。2010年，出动执法人员496人次，分4轮检查涉乳企业297次，抽检乳制品及含乳食品109批次，乳制品原料63批次，未发现含有三聚氰胺的问题乳制品及乳制品原料。

二、质量监督执法

1990年，区技术监督局设立质量监督岗和举报电话，开始每年分批次、分行业对区内企业产品质量进行检查整改。1993年，受理投诉案件21件，涉及金额17.26万元。1996年，对区橡胶制品和信封进行监督检查，合格率为91.7% 和50%。受理投诉案件23件，挽回经济损失17万元。1998年，进行制售假酒和面粉市场、黑心棉、木材市场专项检查，查处制假酒窝点3处。1999年，开展生产领域定期监督检验，受检企业118家，产品合格率91.52%。协助企业查获假冒大桥牌电焊条247.5吨，总价值110万元，没收假冒包装6000个。2005年，完成152家食品生产企业建档，更新其数据库。建立三级监督网络，与企业签订食品安全责任状117份。2006年，制定推动重点企业节能降耗实施方案，对全区43家耗能企业进行摸底，与7家大型耗能企业签订《共同节能降耗责任书》，帮助指导3家企业通过计量检验体系合格确认，对43家定量包装产品企业和46家乡镇企业的计量检验体系进行合格确认。2007年，实行食品企业生产加工企业添加剂备案制度，全区146家食品企业全部完成食品添加剂备案。进行农资打假，检查农资经营单位21家。2008年，严格小作坊日常监管，取缔10家不符合食品生产加工条件的小作坊。对146家食品企业基本实现信息动态管理，完成355家生产加工重点产品企业建档。2009年，开展重点产品专项整治。对全区142家装材料生产企业全部建立纸质档案。2010年，组织实施“质量提升服务进万企”活动，各类企业取得ISO9000系列质量管理体系认证证书512张。许可证企业定期监督检验合格率100%，产品质量安全状况总体保持平稳。

第三节　标准化管理

一、标准化登记备案

1983年，全区有产品标准企业3家。1985年，区内有1家企业的产品采用国际标准。1989年，区计量管理局成立标准化科，开始办理企业标准登记备案。1992年，有231家企业家实行产品标准备案，有35种产品采用国际标准，并获得国外先进标准采标证书。1996—2000年，为295家企业的520种产品标准登记备案。完成693家企业的1625个产品有效登记，完成1307个国家级行业标准、41个地方标准登记备案，136家企业的238个产品获得执行标准登记证书。2001—2006年，办理企业标准备案645项，发放执行标准登记证书438个。2007—2010年，审查备案企业标注243个，受理复审企业标准223个，登记国家标准105个，登记备案行业标准108个，发放证书173个，废止企业标准6个。

二、标准实施监督

1990年起，区技术监督局按照国家食品标签通用标准，对全区进行4次监督检查，检查食品生产企业11家、经销企业28家，其中合格商品59种，合格率50%。1991年，2次检查生产企业12家、经销企业13家，53个品种12.05万件，价值39万元，合格率94%。1992年，分别对25家生产企业和35家经销单位进行标准化监督检查，检查商品94种，共36.38万件，食品标签合格率98.94%。1993年，对食品标签执行情况进行两次监督检查，检查企业15家，45个品种8758件。生产企业食品标签合格率100%，外埠企业合格率为78%。1994年，宣传贯彻GB7718—94标准要求，对全区生产企业、商品企业进行重点检查。1995年，开始实施《查处食品标签违法行为的规定》，加强对食品标签的监督管理。1996—2000年，加强标准化监督检查，对企业实施标准审查认可，审验3122个企业的300个标准，帮助企业进行整改，为企业挽回经济损失数万元。2001—2010年，检查审验企业1715个，审验项目2195个，合格率89%~96%。

三、组织机构代码

1993—1995年，区技术监督局对全区组织机构调查摸底，登记单位3026个，为2696个区属单位，颁发、使用了统一组织机构代码证书。1996年，为1700家企业和部门办理代码证书，发正副本5629个。开展产品条形码注册，为16家企业25种产品申办产品条形码注册。1997—1999年，新办代码1811个，变更480个，换证342个，年检3133件。2000—2005年，新办代码5786个，变更2219个，换证2724件，废止数据1494件，年检1.26万件，条码注册150件，办理代码合计1.44万件。2006—2010年，新办代码8436个，变更代码3599个，换证5602个，废止数据3988件，年检3.01万件，条形码注册55件，办理代码合计5.21万件。完成代码数据的清理工作，补扫电子档案149家。

第四节　特种设备管理

一、登记备案

2001年，区内特种设备安全监察职能由劳动局划转到质量技术监督局，开始对特种设备进行登记普查。至2002年，区技术监督局普查登记结束，普查锅炉1216台、压力容器2300台、设备受检率95%，从业人员持证上岗率100%。2003年，发放锅炉使用证明360个，换发压力容器使用证494年，办理锅炉安装审批105台。2005年，组建培训安全监察协管和特种设备安全管理队伍，形成动态化网络管理，全年办理特种设备使用登记证8661件。2008—2009年，办理1798台特种设备施工告知书，特种设备行政许可3600件，与90家特种设备使用单位签订特种设备安全使用责任书。2010年，与100家重点特种设备使用单位签订安全使用责任书，办理特种设备许可证3884件，办理特种设备安装告知238件。

二、安全监察

2002年，区技术监督局检查锅炉压力容器189个单位，发出监察意见通知书152份，处罚4起。与68家特种设备使用单位签订安全使用责任书。2004年，检查锅炉125台，压力容器579台，检测超重机械300余台，电梯23部、气瓶充装台15个。2009年，对79家危化单位特种设备进行全面检查，对300家特种设备使用单位进行安全检查，下发特种设备安全监察指令书66份，取缔“土锅炉”5台，与90家特种设备使用单位签订特种设备安全使用责任书。2010年，区质监局制定专项整治方案，对全区400家特种设备使用单位进行安全检查，下达特种设备安全监察指令书23份，受理举报11起，排查安全隐患23起，与100家重点特种设备使用单位签订安全使用责任书，强化特种设备使用单位主体责任意识。

第六章　价格管理

1979年后，西青区物价管理体制经历“调放结合，以调为主”“以放为主”“治理整顿为主”“新价格体系形成”四个发展阶段，区物价管理部门不断加强价格管理、价格监测、价格监督检查、提供价格优质服务，为生产和经营单位提供决策依据。至2010年，物价管理继续发挥宏观经济的调节和监督职能，促进全区经济持续、快速发展。

第一节　价格管理体制改革

1979年后，区内以农产品价格调整为主，开展农产品购销价格改革，不断调整价格结构，深入开展价格改革治理，逐步建立与市场经济要求相适应的价格管理体制。

1979—1984年，西青区以国家有计划地调整价格为主，重点是对农产品购销价格改革。1979年，大幅度提高18种主要农产品价格和8种主要副食品价格。1982年，放开工业品中100种小商品价格，后逐年扩大放开小商品的品种范围。1983年，提高棉纺织品价格，降低化纤纺织品价格，提高铁路、水路运输价格。6年间，区商品价格与全国零售物价总指数上升17.7%相沉浮，基本保证价格总体水平稳定。

1985—1988年，区价格改革转入价格结构调整和价格机制形成阶段。价格改革以放为主，调控结合。至1985年，除粮食、食用植物油的合同订购部分及棉花、烤烟、糖料等少数几种关系国计民生和重要农产品价格由国家定价外，绝大部分农产品价格和少数工业消费品价格放开，适当提高部分农产品收购价格和城市副食品的销售价格。

1989—1991年，区价格改革进入以治理整顿为主的深化改革阶段。在加强对价格总水平控制的同时，以防止通货膨胀为中心，放慢价格调整步伐，对一些突出不合理的价格进行适当调整。1991年，全区社会商品零售总额中，政府定价的比重为21%，市场调节价比重为69%，其余10%为政府指导价。在农民出售农产品总额中，政府定价的比重为22.2%，市场调节价比重为57.8%，其余20%为政府指导价。在工业企业出售的生产资料总额中，政府定价的比重为36%，市场调节的比重为45.7%，其余18.3%为政府指导价。

1992—2010年，区价格改革进入以建立适应发展社会主义市场经济要求的新的价格机制和价格管理体制为主的新阶段。价格形成机制转换取得重大突破，价格关系进一步理顺，基础产品价格得到较大提高，产品之间比价关系逐步改善。针对经济发展中价格上涨幅度较大的问题，政府加强对价格的宏观调控。对大多数商品及服务价格实行市场调节价。对与日常生活关系密切的商品和少数服务实行市场定价。

第二节　价格调整审定

一、价格调整

1979年，区内按照国务院和市政府统一部署，先后调整14种粮食和6种油料的统购价格，粮食上调幅度为20%，油料上调幅度17%至43%。对超过统购部分的粮食与油料，实行加价，在提价的基础上再加50%。水产品等8种主要副食品的销售价格，职工每人每月增加5元副食品价格补贴。1981年，区物价局先后提高烟、酒销售价格。甲、乙、丙级卷烟销售价格分别提高30.88%、25.42%和16.13%，降低涤棉布、弹力尼龙袜及民用电度表的销售价格。1982—1983年，先后4批放开针棉织品、百货、五金、文化用品、土产杂品以及医疗器械、化学试剂等共计638种商品的价格，其中属集团购买的有127种。1984年4月起，国营粮食部门对计划外粮食实行议价销售。标准粉0.64元/千克，富强粉0.84元/千克，玉米粉0.356元/千克。1985年，对生猪、蔬菜等农副产品进行价格改革。取消对生猪的派购，实行合同订购，收购价由国家统一定价改为国家指导价，实行产销挂钩，收购价提高。取消对蔬菜的统购包销，实行合同订购。大宗蔬菜实行国家指导价，细菜议购议销。家禽及水产品价格则全部放开，随行就市。对居民实行副食品价格补贴，汉族人口每人每月7.5元，回民每人每月9元。1986年，对生产资料实行最高限价，并加强监督检查。先后放开黑白电视机、电冰箱、收录机（含进口）、80支以上纯棉纱及纺织品等日用品价格。1987年，放开毛巾、服装、鞋帽及部分搪瓷制品的销售价格，实行市场调节价。1988年，放开毛纺织品价格。调整猪肉、牛肉、羊肉和粮食、蔬菜等销售价格，调价后居民每月补贴7.5元。1990年，上调牛奶、食糖、油料、豆浆等副食品及洗衣粉、火柴以及平价饲料价格，同时放开烟筒、炉子价格。提高水运、货运价格，调幅分别为28.7%、23.8%。1991年，调整中小学学杂费，上调统销粮食和油料价格，大米500克提高0.09元，玉米提高0.56元。放开饲料、鸡蛋及食糖的价格。1992年后，除少数重要商品外，商品价格基本放开，实行市场调节。2000—2010年，随市场经济逐步建立，国家定价商品和服务极少。

二、价格审定

（一）产品价格审定

80年代始，区物价局对全区企业产品进行价格审定。1980—1984年，主要对全区乡镇企业、校办企业、私营及个体企业申报的产品价格在政策上加以引导。1985年，要求申报定价需提出报价申请、出示营业执照、产品成本核算单据、进货单据，生产经营食品的企业需出示防疫部门核发的卫生合格证。1991年起，除重要产品由物价管理部门定价外，一般产品可由企业自定。1999年，为6家药品生产企业定调46个品种的商品价格，审核88个药品的出厂价格。2000—2010年，区管商品价格逐年减少。

（二）非商品性收费审定

1984年，区内对非商品性收费标准按分管权限开始实施管理。1991年，区物价局对17家旅馆进行检查审定验收，为合格的14户发放户级证。1996年，规范客运租价，对全区550辆客运出租汽车运营单位和个人实施年度检验制度。1998年，开展行业价格管理引导规范价格行为。对区内符合经营条件的歌舞厅给予户级审定，为餐饮业199户进行户级核定。2006年，对新建成6个住宅小区物业等级和收费标准进行核定。2009年，为3个物业审核制定服务级别和收费标准，为石家大院调整门票价格。2010年，对新增两所学校高中外地生学费收费项目进行调整，对道路班车客运价格进行规范。

三、行政事业性收费

1988年，开展清理整顿行政事业性收费，进行清理登记、复查验收。1989年，区物价局对全区的行政、事业性收费实行收费许可证管理。1994—1996年，区收费许可证发放和收费年度审验开始实施。1997年，规范收费管理，对全区832辆客运出租进行年度检验。组织开展行政事业单位收费情况年度审验，审验收费单位298个。1998年，对全区317个行政事业性收费单位的收费进行审验，全区收费总额6999万元。2007年，对全区行政事业性收费进行统计分析，不再向经营服务性单位发放收费许可证。全面实施“两免一补”收费政策，取消义务教育的杂费和教育补偿金及学前班收费。2010年，审验行政事业性收费单位的收费许可证87个，向符合政策规定的12个单位发放收费登记审核证。

四、经营服务性收费

2000年以前，区内不存在经营服务性收费。2003年，开始对住房交易费、住房所有权登记收费、流动人口管理收费进行调整清理，按照规定换发收费许可证296个。2004年，区物价局对550名收费人员进行上岗培训、考核、发证。2009年，发放收费许可证4个，发放收费登记（审核）证18个，对全区100个单位的收费进行审验，取消劳动合同鉴证费等收费项目，停止征收建设工程合同审查费等收费。2010年，开展收费年审和收费统计分析，审验收费登记（审核）证74个，调整地下水资源费征收标准，实行涉企经营服务性收费减半收取登记备案。

第三节　价格监测　成本调查

一、价格监测

1987年起，区内开展市场价格监测，进行价格预测和编写价格信息。1993年，确立监测品种、内容、报告时间、网点设置。1996—1997年，以粮食、蔬菜等13大类46个品种为监测依据分析市场动态，上报监测表186份，专题监测分析30份。1998年，执行市场价格监测报告制度，对粮油、肉、蛋、菜、农贸等84个生活必需品实施重点监测。2003年，对因“非典”引发的市场波动和国庆节后粮食价格上涨情况进行跟踪监测。2005—2007年，对与群众生活关系密切的14大类90余种商品的市场价格走势进行重点监测。2010年，完成十大类近50个品种的价格监测报表211份。

二、农产品成本调查

1979年，在区内设农产品成本调查点6个，调查品种包括蔬菜种植和淡水鱼养殖2个品种。1985年，淡水鱼调查面积由3.33公顷增至299.6公顷，调查蔬菜品种增至9个。

1980年、1985年西青区农产品成本调查统计表

表16-18　　单位：千克、元

年度	蔬菜				淡水鱼			
	亩产	亩产值	亩成本	亩纯收益	亩产	亩产值	亩成本	亩纯收益
1980	2832	394.28	289.96	107.77	377	349.42	177.58	163.39
1985	3320	1587.50	553.79	1029.67	182	402.52	251.03	151.49

1990年起，区物价局开展果品成本调查，果品纯收益高于其他种植业。至1995年，农产品成本调查点扩大到9个，主要调查蔬菜、淡水鱼、蛋鸡、生猪、苹果5大类，21个调查品种的生产成本。1996—2000年，农产品成本调查拓展到农资价格、粮食存售、饲料价格、生猪直报专项调查，撰写调查分析报告39篇，调查品种23个。

八九十年代西青区农产品部分年度成本调查统计表

表16-19　　单位：吨、元

年度及调查品种	调查总量	饲养天数	产量	收入	生产成本	纯收益
1986年蛋鸡(百只)	55.80	484	1384	3625.55	3302.36	323.19
1989年生猪(头)	133.00	172	9190	302.29	252.05	50.44
1992年国光苹果(亩)	-	-	1719	1447.88	669.49	762.89

2001—2005年，农产品成本调查品种增加肉鸡一项，蔬菜成本调查分为设施蔬菜和露地蔬菜两大类，调查品种达30个。2006—2010年，农产品成本调查增加水稻、棉花、奶牛成本调查，开展生猪、蛋鸡成本收益和饲料价格、生猪屠宰量、生猪调查户生产情况调查。开展农户种植意向、农资购买、农户存售粮等专项调查，对十大类26个品种农产品成本收益进行调查汇总，撰写58篇调查分析报告。

第四节　价格监督检查

一、市场价格监查

1979年，区物价监管实行经管部门统一管理。1981—1983年，区物价委员会出动726人次，对涉及257个单位的零售、批发等重点行业进行检查。1984年，区物价检查所开始行使物价检查职能。物价检查内容逐年增多，检查形式主要包括日常检查、节日检查、季节性检查、专项检查和财政、税收、物价大检查等。1986年，开展节日和季节性商品检查，检查单位847个，罚没金额7.45万元。1992年，以行政部门和农贸、农电等行业为检查重点开展检查，查出价格违法单位12户，罚没金额31.9万元。1995—1997年，开展对医疗收费、化肥价格、农资、自来水、石油、电力、教育、民政、医药、交通、司法、农机等行业价格及收费情况进行监督检查。1998—2002年，价格监督检查重点向群众、企业反映强烈的收费方面倾斜，其间出动2078人次，检查2572户次，处理价格违法案件56件，罚没10.38万元，退还用户543.96万元，落实群众来信来访82件，为消费者挽回经济损失36.22万元。2003—2006年，价格监督检查坚持依法行政，突出服务主题。设立“12358”价格举报专用电话。各街镇建立价格监督站，农村价格监管工作纳入一体化、规范化管理轨道。2007—2010年，重点开展对农业生产资料、医药品价格及医疗服务、农业机械、存管车辆以及行业协会、教育收费等进行专项检查。

照16-8　2006年，区物价局对超市明码标价情况进行专项检查

二、物价专项检查

1985年，区物价局重点开展钢材加工改制行业、贸易公司、冷食冷饮等行业的

专项检查。1988—1990年，对区内经营农业生产资料单位进行专项检查，查处违法金额18.7万元，有效遏制农业生产资料价格上涨趋势。

2007—2010年，重点开展以农资、药品、电力、房地产、物业、停车场、食品、供热、成品油价格及涉农、涉企、行业协会、质量监督、教育、医疗服务收费为主要内容的专项检查，保持市场价格稳定，维护群众切身利益。

三、物价投诉与查处

计划经济时期，价格举报投诉较少。90年代，随着市场经济的发展，消费者法律意识逐步增强，价格投诉和举报数量增加迅速。2001—2010年，开通12358价格举报热线，逐步建成农村价格监督网络。

2001—2010年西青区价格投诉与查处情况

表16-20　　单位：元

年度	投诉举报数量	受理数量	办结率	经济制裁金额	
				罚没金额	退还金额
2000	18	18	100%	1590	4824
2001	17	17	100%	2000	3730
2002	4	4	100%	–	2597700
2003	6	6	100%	2400	1200
2004	4	4	100%	500	190
2005	5	5	100%	3460	3460
2006	17	17	100%	820	24489.85
2007	8	8	100%	–	166
2008	7	7	100%	–	1918
2009	17	17	100%	–	2930
2010	21	21	100%	–	5380

第五节　价格服务

一、价格认证

1992年，设立西青区价格事务所。2001年，更名为西青区价格认证中心，对区内刑事、民事、经济和行政案件涉及的各类财产、物品、有形产品、无形资产和有偿服务进行价格鉴定和认证。对自主定价产（商）品、服务收费的价格行为合法性和价格水平合理性进行评估并提供价格认证评估报告。1996—2010年，区价格认证中心共出具价格认定结论书2.63万份，认证件次3.96万次，评估金额2.01亿元。

1996—2010年西青区价格认证情况统计表

表16-21　　单位：万元

范围 年份	公、检、法涉刑认证			车辆定损评估	
	认证件数	认证金额	认证件次	定损数量	定损金额
1996	183	180	600	700	300
1997	141	110	530	988	448
1998	215	200	700	1050	533
1999	182	304	915	1400	420
2000	157	124	600	980	500

续表

范围 年份	公、检、法涉刑认证			车辆定损评估	
	认证件数	认证金额	认证件次	定损数量	定损金额
2001	172	243	705	1152	604
2002	266	366	1200	1150	530
2003	191	106	800	1320	488
2004	295	287	1052	1560	520
2005	480	1400	2000	1170	1050
2006	564	650	2000	1580	1167
2007	497	650	1600	4120	1970
2008	576	760	1800	1190	1100
2009	820	1015	2200	1220	678
2010	732	2234	2100	1260	1200

二、价格咨询服务

11979–1995年，区内商品价格基本上由国家集中控制，价格信息主要以商品统购价格调整的公示为主。1996年始，区物价局开始编制《西青物价信息》，为区域内各单位在《天津价格信息》上发布信息。2002年，为区内大桥集团等10个企业进行网上报价。发放《天津价格信息》50份。为区5个单位21个品种在天津价格信息上发布信息。2005年后，价格信息咨询服务模式转为以互联网为主。价格信息主要围绕价格监测与农产品成本调研逐步融合。至2010年，共编制西青价格信息1162期，发放各类信息刊物4.8万份，发布信息单位数293个，发布信息品种1807个。

第七章　食品药品监督管理

1979—2010年，区食药监局执行国家和天津市食品安全、药品医疗器械监督管理的法规政策，推动落实区内食品药品安全企业主体责任、政府负总责的管理机制。制定食品药品安全科技发展规划并组织实施，推动电子监管追溯体系、诚信体系和信息化建设。进行食品安全监督管理综合协调，推动健全协调联动机制，保障食品药品安全。

第一节　食品监督管理

一、履行监督职能

2004年，食品药品监管局西青分局开始履行食品药品安全综合协调监督职能。成立区食品安全委员会，负责区食品安全工作组织领导和沟通协调。2006年，区政府分别同街镇和相关监管部门签订《西青区食品安全工作责任书》。定期向区委、区政府和市食品安全委员会报告工作信息，向区各成员单位通报食品安全工作动态。2007—2008年，建设覆盖区、街镇、村（居）委会三级食品安全监管网络，建立街（镇）工作站和村（居）委会监控点，聘请食品安全基层监管人员277人，实

照16–9　2008年，食品药品监管局西青分局召开食品及食品相关产品生产企业监管会议

现食品安全监督全覆盖。

二、行政执法

2006年始，西青分局建立区无公害蔬菜种植制度、宣传体系等信用体系。2008年，完成对李七庄街等重点街镇开展奥运餐饮专项规范行动。开展乳制品专项检查行动，查处“问题奶粉”1673吨。开展为期4个月的惩治违法添加非食用物质和滥用食品添加剂专项整治活动。出动执法检查893人次，检查各类单位2898个，查处违法行为4件。2009年，协调卫生局等部门，开展查处销售和使用澳宴牌灭活罂粟籽油脂粉末专项行动，对178户重点单位发放“禁止使用含有罂粟及罂粟籽油脂成分的系列调味品”的告知单。协调质监局、工商分局、卫生局等部门开展“绵白糖”专项检查，对无索证材料的散装“绵白糖”的餐饮单位，并下达监督意见书。检查各类单位120户，逐户告知、发放《涉嫌违法产品名单》。

照16-10　2010年，食品药品监督局西青分局执法人员对商户进行食品监管

2002—2010年，全区受理并查处群众举报133件，查办各类违法违规案件238件，执行罚没款89.67万元。

2002—2010年西青区食品药品（药品）查办案件情况统计表

表16-22　　　　单位：元

年度	查处举报数	查办案件数	执行罚没款数
2002	2	15	85722.58
2003	12	22	12021.46
2004	23	6	195824.60
2005	22	19	65424.91
2006	12	27	83373.55
2007	19	56	50103.54
2008	13	29	220184.26
2009	20	32	72484.49
2010	10	32	111510.74

第二节　药品监督管理

一、许可证管理

2002年起，西青区药监部门依程序进行药品零售企业的审批、医疗器械零售企业初审、一类医疗器械生产企业备案，实施GSP认证，把被动监管转化为指导性服务，建立健全“一次性告知”“首问负责制”等服务制度。2009年，行政审批时限缩短至3天，逐步建立起高效、快捷的行政审批体系。2010年，累计完成药品医疗器械行政审批事项1160项，当事人满意率100%。

2002—2010年西青区食品药品(药械)行政审批情况统计表

表16-23 单位：项

年度	合计数	药品	医疗器械	年度	合计数	药品	医疗器械
2002	58	45	13	2007	110	56	54
2003	105	49	56	2008	131	68	63
2004	137	88	49	2009	240	120	120
2005	152	95	57	2010	108	54	54
2006	119	70	49	-	-	-	-

二、药品器械监管

(一)医疗器械审批

2002年，全区累计审批医疗器械零售企业48个。建立"一次性告之""首问负责制"等审批制度。2010年，完成药品医疗器械行政审批事项1160项。

(二)药械生产监管

2005年，开展对15家药品生产企业、5家大型医疗机构制剂室监管和48家医疗器械生产企业的监管。对检查中发现的GMP质量管理一般缺陷项目，向企业提出限期整改要求。2009—2010年，区药监局重点加强对5个基本药物生产企业监督检查，区内28家二类以上生产企业全部通过体系考核。对影响医疗器械质量缺陷的3个企业，下达责令限期整改通知书，进行跟踪检查。

(三)药品质检

1997年，对药品批发一站和西营门卫生院药品质量开展清查。2003年，22家药品生产企业有15家通过GMP认证，68家药品零售企业有29家通过GSP认证。至2010年，每年制定年度抽验计划，惩治制售假劣药品，使监督抽验成为保障公众用药安全的重要手段。

(四)药械流通监管

2001年，区药监局对全区药品批发企业11家、医疗器械批发企业18家、药品零售企业235家、医疗器械零售企业243家依托GSP认证和认证后跟踪检查，加强对药品零售企业监管。2010年，累计开展政策咨询服务活动27次、深入企业帮促432户次。234个药品兼营器械店经营较规范，9个医疗器械专营店被列为重点检查对象。

(五)药械使用监管

区药监局成立后，在农村卫生所开展规范化药房创建工作，对全区356家卫生所实行三级分类管理，对等级低的卫生所加大监察力度和频次，推行管理规范化。2008年始，区药监局加强医疗机构所用的二类以上大型医疗设备监管。2010年，全区有168家卫生所通过使用监管验收。

2002—2010年西青区食品药品(药品)抽验情况统计表

表16-24

年度	完成抽验批次	不合格批次	抽验合格率%	年度	完成抽验批次	不合格批次	抽验合格率%
2002	500	24	95.2	2007	260	4	98.46
2003	300	0	100	2008	260	2	99.23
2004	400	1	99.75	2009	260	8	96.92
2005	280	2	99.29	2010	260	15	94.23
2006	320	3	99.06	-	-	-	-

三、日常监管

1979—1999年，由区供销社系统负责全区药品批发及监管。2002年始，建立局、院两级质量管理体系，健全以单位内部质量考评为中心的4项制度，开展以惩治制售假劣药品、医疗器械为重点的专项斗争，连续组织实施医疗机构制剂、麻醉药品使用管理等6项专项整治行动。2003年，对农村卫生所实行定期检查和专项清查。至2005年，出动执法检查1686人次，监督检查1800余户次，接待投诉举报18件，捣毁制售假劣药品、非法经营药品窝点9个。2007年，开展"产品质量和食品安全"专项整治行动，至2010年累计出动执法人员2100人次，集中力量组织开展非药品冒充药品第二阶段专项整治行动、集中治理利用互联网发布虚假信息非法销售药品等9次专项整治行动，实施监督检查896户次，开展12次假劣药品清查行动、5次专项治理行动。

第八章　安全生产监督管理

2001—2010年，区安全生产监督管理部门组织全区生产经营单位开展安全生产监督管理，建立、完善并组织实施辖区内安全生产责任制，建设安全管理信息系统，形成全区安全监督管理、安全信息完整网络。组织安全生产检查及安全隐患的及时整改，督查各乡镇、街道安全生产管理系统和安全生产监督检查。对辖区内安全生产违法行为、安全生产事故进行(予以)查处，开展安全生产宣传、教育与培训，提高全社会安全生产意识，减少隐患和事故的发送。

第一节　综合监督管理

一、监管机制

2001年，区安全生产委员会对重点行业和重要领域分别设立专门工作机构，统筹部署落实专项监督检查。2003年，区安监局重新修订《西青区安全生产管理暂行规定》，颁布《西青区安全生产工作管理细则》，在全市率先组建街镇安全生产办公室。全区基本形成安全生产工作全覆盖，安全生产职责全分解、全落实的格局。2005年起，调整全区产业布局，严格准入机制，危险化学品项目原则上不予批准。2006年，全区危化企业全面实行标准化管理，对部分重点工贸企业推行标准化管理。2008年，陆续成立街镇安全生产执法队，由区安监局授予相应执法权。2010年，各村街均设立1~2人的村级安全生产巡防员，负责监督检查村街企业安全生产，提供基层安全生产信息。区、街镇、村三级监察队伍体系逐步完善。

照16－11　2005年，西青区召开安全生产工作会议

二、安全检查

2002年，区政府组织召开安全工作联席会议，开展区级安全大检查。2005年，区安监局在全区开展危险化学品生产企业检查。2005年，开展安全生产专项检查328次，监督检查企业267家。对查出的隐患进行跟踪督促、整改和验收。2006年，区安委印发《西青区关于集中开展大灾隐患普查整治工作实施方案》，在全区开展为期6个月的隐患普查整治活动。2007年，开展安全生产隐患排查治理专项行动，对相关企业进行监督检查。对645家涉及硫化氢单位进行排查，对发现的隐患114项进行整

改。2008年，对重点行业、领域开展全面、系统的夏季安全检查。2010年，开展防止煤气中毒事故安全检查和预防硫化氢中毒事故专项治理活动，开展防止危险化学品从业单位常压容器专项整治等专项整治活动。开展安全生产大检查，对206家重点企业逐一按照具体要求逐项对照检查。对全区拟关停企业进行约谈，开展冬季“百日安全无事故”活动。

三、行政执法

2002年，区安监局对南营房内出租企业安全管理混乱问题进行集中治理，对全区有毒有害化学品生产销售和使用单位进行专项整治。2003年，结合“非典”期间安全生产工作特点，对涉及过氧乙酸等危化生产企业和经营单位开展专项执法检查。2004年，取缔违法生产企业6家，清理不规范企业11家，约谈警示企业6家，处理举报6次。2006年，开展危险化学品、消防安全、特种设备、交通秩序等专项整治活动。对全区5大类、60多家重点化工企业进行重点检查，对存在的安全隐患提出具体整改意见并责成专人督促落实。对全区229家危险化学品从业单位进行重点排查，查出事故隐患267起，提出整改意见324条，对存在重大事故隐患的1家企业作出停产整改处理。2008年，开展“迎奥运·安全生产百日攻坚战”活动，对剧毒、易燃易爆化学品严格检查。2009—2010年，对区内连续3起火灾和爆炸事故依法给予行政处罚，对存在安全隐患的企业进行整改处理。

第二节 专项监督检查

一、危化品安全监管

2005年，区安全监管向坚持每周两天的日常检查和节假日重点检查制度。2006年，推行易制毒从业单位易制毒品核量和备案制度，对全区危险化学品进行专项治理。完成176家重大危险源单位网上申报注册登记，对3类易制毒化学品经营单位严格备案审查。2005—2007年，建立危化品企业安全档案，按照实际情况进行分类排队，按照轻重缓急分别实施关、停、并、转、迁措施。2008年，区安委会制定《化工企业安全生产检查方案》，对全区所有化学工业企业及使用存储危化品单位开展安全检查和全面统计。2009年，组织开展危化企业安全生产“百日安全大检查”活动，推动危化品企业安全生产标准化，检查企业467家(次)，提出隐患整改意见1298条，对59家存在重大安全隐患的企业下达停产整顿指令。2010年，强化B类危险化学品从业单位安全监管工作，按照安全规范标准指导危化企业检查、整改，进行验收评级，实现全区危化企业安全生产的规范化、本质安全化。

照16-12　2009年，区安监局执法人员到高危化工企业开展检查

二、烟花爆竹安全监管

2005—2007年，区安监局审核发放烟花爆竹临时零售经营许可证，由63个减少到34个，实现逐年递减。在烟花爆竹零售摊点上市经营期间，及时开展对烟花爆竹零售摊点的多种形式的检查，规范烟花爆竹摊点的经销行为。与公安分局配合，查缴不符合安全规定的爆竹160余箱，保持春节期间全

区烟花爆竹经营零售安全的平稳态势。2008年11月，区安委办印发《西青区2009年度烟花爆竹零售经营（临时）许可工作方案》的通知，从烟花爆竹的销售、储存、运输、燃放和应急救援等各个环节落实责任，明确并细化应对措施。2005—2007年，审核发放烟花爆竹临时零售经营许可证由63个减少到34个，实现逐年递减。2010年，查获大寺镇1家土产门市部非法生产、经营烟花爆竹，依法责令立即停止非法行为并给予经济处罚。

三、职业危害防治

2010年，区安监局印发《关于开展西青区作业场所职业危害申报工作的通知》，开展区作业场所职业危害申报工作，区内存在或产生职业危害的生产经营单位，于始按照《作业场所职业危害申报管理办法》要求，及时、如实申报职业危害。

第三节　安全生产教育培训

一、宣传教育

2002年，区安监局组织开展"安全生产月"活动。利用展牌、广播、录像、有奖竞猜等多种方式宣传安全生产法律法规、科技常识，形成浓厚的宣传氛围。2003年，组织211人参加5期市局举办的危险化学品经营单位人员培训班。2004年，对农民工开展安全培训教育，侧重企业内部"三级教育"。2005年，开展以"遵章守法，关爱生命"为主题的"安全生产月"活动。组织360余名危险化学品生产企业的管理人员进行危险化学品安全知识培训，对67家烟花爆竹经营户的180余名经销人员和1400名特种设备作业人员进行培训考核。2008年，在全区范围内开展安全生产教育培训。2009年5月，组织开展以"关爱生命、安全发展"为主题的安全生产月活动。2010年5月，组织开展以"安全发展、预防为主"为主题的第20次安全生产月活动。在杨柳青广场组织开展安全生产宣传咨询日，一些街镇设立分会场。

二、安全培训

2003年，区安监局举办13期特种工种培训班。培训1363人，其中电工369人，电气焊工994人。2006年，对电工初试人员和升高压电工进行实地操作考核，培训企业安全管理人员考核合格58人。2007年，组织开展企业主要负责人、安全管理人员培训班13期，培训考核合格1615人。2008年，组织危险化学品生产、使用、储存单位的主管负责人、安全生产应急管理人员和安全生产管理人员、企业专兼职应急救援工作的负责人，开展安全生产应急管理和现场处置救援培训。2009年，组织开展一线操作人员安全培训404人，培训架子工20人。组织开展村居干部安全培训365人，企业主要负责人、安全管理人员培训班17期，培训考核合格2187人。2010年，组织开展村居干部安全培训492人，培训烟花爆竹从业人员132人。举办企业主要负责人、安全管理人员培训班18期，培训考核合格1692人。

2002—2010年西青区安全管理和特种作业人员培训情况统计表

表16-25　　　　单位：人

年度	管理人员	电工	焊工	制冷工	其他	合计
2002	-	580	270	-	-	850
2003	-	600	930	-	-	1530
2004	-	1780	660	-	-	2440
2005	-	380	670	50	-	1100

续表

年度	管理人员	电工	焊工	制冷工	其他	合计
2006	-	2070	850	57	-	2977
2007	1615	400	690	44	-	2749
2008	422	1145	375	32	-	1974
2009	2187	745	879	78	789	4678
2010	1692	2503	778	64	624	5661

第九章　国土资源管理

1979—2010年，西青区持续推进国有土地、集体土地、农村宅基地使用制度改革，进行土地资源调查、地籍调查、土地测绘、土地监察，加强规划、资源、地籍、市场等管理，科学合理编制土地规划、城镇体系规划、村庄规划，在土地划拨等环节强化管理，土地利用率和后备资源总体充分。

第一节　土地使用制度改革

一、城镇国有土地

1979年，区土地局对集体所有制单位使用的土地开始收取使用费。1989年，土地使用费用转由区税务部门征收。1984年，按“土地使用证”登录面积向所有使用国有土地的单位和个人计征土地使用税。1988年，由政府主管部门向全民、集体、联营及个体单位所拥有的自有房产占用国有土地征税，科研单位、自收自支单位有经营活动及业务收入的、事业单位有经营活动部分缴纳土地使用税。1992年，执行天津市国有土地使用权出让和转让暂行办法。1995年，逐步缩小土地使用权划拨范围，扩大土地出让范围，推动土地使用制度改革。2002年，对全国有土地使用权的出让、转让、出租、抵押、终止、土地出让金、划拨土地使用权的办理办法做出详细规定。2003—2010年，贯彻执行《天津市国有土地有偿使用办法》，加强对国有土地有偿使用管理，建立规范统一的土地市场。

二、农村集体土地

1979—1980年，在不改变人民公社经济体制和组织结构的情况下，对土地公有制的种植业推行多种形式的生产责任制。1981年，完善农村生产责任制，主要包括专业承包、联产计酬、统一经营、联产酬劳等形式。1982年，结束“三级所有、队为基础”管理制度，农民在公有制基础承包土地。80年代中期，全区实现土地集体所有、个人承包使用的新型土地制度。1985—2010年，逐步取消农副产品统购派购制度，土地开始向种田能手集中。在农业生产方面，对土地进行适度规模经营，由分散经营向农业化经营转化。

三、农村宅基地

80年代中期前，村镇建设用地管理较为松散，基本为无偿使用国有土地。1985年后，区内陆续出台关于农村宅基地审批、土地有偿使用等政策性文件。1991年，对农村宅基地使用制度改革的做法和政策作出具体规定：由村委会负责按标准收取住宅土地使用费。使用费90%留在乡（镇）政府，10%上交区建委。1993年，农村宅基地有偿使用收费项目被取消。2004年，加强农村宅基地管理，正确引导农村住宅建设合理、节约使用土地，切实保护耕地。2009—2010年，区国土资源分局创新工作模式，下乡入村服务，规范办理相关审批手续，办理集体宅基地过户登记1000多宗。

第二节　土地规划管理

一、土地规划编制

1993年，结合区土地资源特点、利用现状和经济发展需要，以1996年为基期，2000年为近期，2010年为远期，编制《西青区土地利用总体规划》，为第一次由政府主持编制的综合性土地利用总体规划。2004年，成立区土地利用总体规划编修工作领导小组，进行土地利用总体规划修编。2010年，编制完成《西青区土地利用总体规划（2006—2020年）》。

二、规划总体目标

（一）基本农田、耕地保护保有量指标

至2010年，耕地保有量不低于1.83万公顷。至2020年，耕地保有量不低于1.81万公顷。规划期内基本农田保护面积不低于8790公顷。

（二）园地、林地、其他农用地利用指标

至2010年，园地规模为1474.3公顷，林地规模为736.9公顷，其他农用地规模为1万公顷。

（三）建设用地指标

至2010年，建设用地总规模控制在2.1万公顷以内，其中城乡用地规模控制在1.75万公顷以内，交通水利及其他建设用地规模控制在3480.9公顷以内。提高建设用地节约、集约利用水平，全区人均城镇工矿用地不高于330平方米；新增建设占用耕地控制在1482.6公顷以内；探索补充耕地的新途径，通过土地整治完成补充耕地821.9公顷。

第三节　土地资源管理

一、土地资源调查

1982年，区农业区划委员会对全区土地资源进行全面调查。1983年，完成土地资源详查，编写《西郊区土地利用现状详查报告》，全区土地总面积为579.63平方千米。1989—1991年，开展土地利用现状调查。撰写《西青区土地利用现状调查工作报告》报告书，完成全区村、乡镇、区三级《土地利用面积汇总表》。详查结果全区土地总面积为571.72平方千米。2005年，西青土地总面积8.92万公顷，其中农用地总面积3.32万公顷，占土地总面积的56.04%。

2007—2010年，完成集体土地所有权确权登记、土地利用现状调查、基本农田调查和城镇地籍调查。调查成果包括农村土地调查范围内集体土地1402宗、面积373.50平方千米，完成土地发证1380宗、面积367.06平方千米；城镇土地调查范围内2685宗、面积138.41平方千米，完成登记发证2457宗地、面积131.12平方千米，土地登记发证率94.73%、土地登记覆盖率91.51%，基本实现全区覆盖。

2004—2008年西青区土地资源情况统计表

表16-26　　　　单位：公顷

年度	耕地	园地	林地	其他农用地	居民点及独立工矿	交通运输用地	水利设施用地	未利用土地	其他土地
2004	15747	1474.34	722.03	15483.41	15752.3	928.85	1740.43	507.46	4004.55
2005	15657	1467.41	717.58	15348.35	15988.74	928.85	1740.43	507.15	4004.55
2006	156497	1455.05	704.63	15339.79	16180.05	957.16	1741.74	376.23	3957.12

续表

年度	耕地	园地	林地	其他农用地	居民点及独立工矿	交通运输用地	水利设施用地	未利用土地	其他土地
2007	15509	1452.95	692.82	14869.22	16697.93	1153.22	1751.69	314.59	3918.44
2008	15451	1364.19	673.22	14702.28	17010.81	1248.84	1751.69	257.64	3897.34

2009—2010年西青区土地资源情况统计表

表16-27　　单位：公顷

年度	耕地	园地	林地	草地	城镇村及工矿用地	交通运输用地	水域及水利设施用地	其他土地
2009	14039.28	912.64	1136.98	560.16	19210.48	2554.17	17743.18	379.14
2010	13681.77	907.64	1128.81	511.78	19709.22	2794.26	17359.57	442.98

二、土地划拨与征用

1979—1998年，全区征收（征用，下同）土地962个项目，面积约3396.19公顷。1999—2007年，颁布新《中华人民共和国土地管理法》后至区国土资源分局成立前，共征收土地129个批次或项目，总面积约2173.75公顷。2007年区国土资源局成立后至2010年，共征收土地133个批次，面积约为2367.18公顷。

1979—2010年，区内累计征收土地1224个批次或项目，总面积约7937.12公顷。以划拨方式供应土地5157.93公顷。

三、土地出让

1992年，西青区有偿出让第一宗国有土地使用权，出让面积9900.1平方米，出让土地用途为工业。至2002年，全区共出让国有土地使用权130宗，面积373.91万平方米，全部为“协议出让”。2003-2010年，全区出让国有土地使用权426宗，其中工业用地出让324宗，经营性用地出让102宗。2008年，出让土地34宗，面积387.58万平方米，出让金20.79亿元，其中工业用地出让32宗，经营性用地出让2宗。2009年，出让土地33宗，面积162.42万平方米，出让金18.78亿元，其中工业用地出让29宗，经营性用地出让4宗。2010年，出让土地36宗，面积221.26万平方米，出让金22.35亿元，其中工业用地出让27宗，经营性用地出让9宗。

四、土地复耕

1999年，落实耕地占补平衡制度，采取委托补充方式落实耕地占补平衡，由占用耕地单位向财政部门缴纳耕地开垦费，由市土地主管部门统一安排补充耕地。2007年，财政部门不再收取耕地开垦费，建设项目全部采取自行补充方式落实耕地占补平衡。至2010年，区开垦征地事务中心先后组织实施3个土地开发整理项目，新增耕地260公顷。

照16-13　2009年6月25日，区国土局开展“土地日”宣传活动

五、耕地保护

2002年，西青区落实“耕地占补平衡”政策，建设项目占用耕地按规定“占多少，补

多少”，不能落实占补的，足额缴纳耕地开垦费，用于异地开垦与所占耕地数量和质量相当的耕地。2006—2010年，落实耕地占补平衡1146公顷。2007—2010年，区、街镇、村三级层层签订《耕地保护责任书》。责任书明确签订年度耕地保有量和基本农田保护面积。

第四节　地籍管理

一、地籍调查

1988年，开始在蔡台村进行地籍调查试点。1989年，在全区160个自然村实施农村地籍调查、土地登记、确权发证，发证6.39万个，发证土地1057.05公顷。1989—1992年，进行第一次土地详查，调查面积571.72平方千米。外业调绘比例尺1:10000聚酯薄膜底图42幅，清绘1:10000分幅土地利用现状图42幅，清绘1:10000分幅权属界线图42幅，汇总全区各种地类面积，汇总土地边界协议书。

2007—2009年，西青区开展第二次土地调查。包括农村土地权属调查、土地利用现状调查、城镇地籍调查三部分。全区农村土地所有权总宗地数为1402宗，总面积为373.5平方千米，已登记发证1380宗，面积367平方千米，土地登记发证率98.43%、土地登记覆盖率98.27%。2008年8月，在农村土地权属调查基础上，全面开展1:2000大比例尺土地利用现状调查。通过对全区826幅土地利用现状调查成果工作底图进行核查，完成全区565.4平方千米土地利用现状调查成果核查。2009年，以西青开发区为试点，本着先易后难的原则，依据土地权属情况及时补录电子数据。全区城镇地籍范围内总宗地数为2685宗，总面积为138.41平方千米。完成登记发证2457宗地、面积131.12平方千米，其中已登记国有土地2025宗，面积78.49平方千米；已登记集体土地432宗，面积52.63平方千米。2010年，全区土地登记发证率94.73%、土地登记覆盖率91.51%，基本实现全覆盖。

二、土地登记发证

1983年，西青区进行新中国成立以来第一次城镇房地产清查换证，清查换证范围包括杨柳青镇、南河镇、李七庄及工业区、工业点在内的私产、单位自有产、公产房屋产权和使用国有土地情况。通过清查和全面审核，发放天津市统一制发的房产所有证和土地使用证。1984年，区规划土地管理局对杨柳青镇各类产权房屋依次进行测绘，对单位开始收件复核代测，做到随清查随发证。1985年，对私产房进行收件登记，登记收件5106户。1986—1987年，私产房除一部分手续不清和产权纠纷外，发证4001户，随发证并完成私产房建档。1987—1995年，完成国有土地换证361件，集体建设用地换证1227件，“三资”企业用地换证29件和基建权属确认480件。1988年，对区属保管自修公用公房进行清查，大部分进行测绘、换证。全区有公用公房保管自修单位122个，占地面积约825万平方米，建筑面积约17万平方米。1989年，私产房登记收件192件，发证204件；公产房登记收件65件，发证37件；单位产房登记收件45件，发证50件；军产房登记收件5件，发证5件。至1990年，全区各类房屋确权发证379.99万平方米。1993—1998年，完成宗地测绘调查登记317宗，分别是10宗、40宗、61宗、70宗、52宗、84宗。1999—2007年，完成宗地测绘登记317宗，办理土地使用权登记1063宗。2010年，办理集体土地使用权登记23宗，面积585.61万平方米；办理国有土地登记192宗，面积1672.71万平方米。

三、地价调整

进入21世纪，西青土地级别与基准地价分别于2000年、2007年、2009年进行3次更新，为政府进行地籍管理、土地利用规划、土地开发决策等提供重要依据。

2000年西青区土地级别和基准地价更新成果统计表

表16-28

序号	土地级别	商业用地基准地价（元/平方米）	住宅用地基准地价（元/平方米）	工业用地基准地价（元/平方米）
1	一级地	熟地930	熟地580	熟地390
2	二级地	熟地750，生地300	熟地450，生地210	熟地300，生地220
3	三级地	熟地490，生地180	熟地245，生地100	熟地240，生地100
4	四级地	熟地290，生地100	熟地120，生地60	熟地120，生地60

2007年西青区土地级别和基准地价更新成果统计表

表16-29

序号	土地级别	商业用地基准地价（元/平方米）	住宅用地基准地价（元/平方米）	工业用地基准地价（元/平方米）
1	一级地	1350	1310	440
2	二级地	960	930	380
3	三级地	720	650	336
4	四级地	480	360	-

2009年西青区土地级别和基准地价更新成果统计表

表16-30

序号	土地级别	商业用地基准地价（元/平方米）	住宅用地基准地价（元/平方米）	工业用地基准地价（元/平方米）
1	一级地	3000	2200	460
2	二级地	2100	1500	410
3	三级地	1300	1100	370
4	四级地	700	700	340

第五节　土地整理 监察

一、地籍测绘

1983年，区规划用地部门对杨柳青镇、南河镇、李七庄街及工业区、工业点进行1:200和1:500地籍图的放图，在杨柳青镇进行逐户逐院勘丈、调查、放图、装图。1984年，对杨柳青镇各类产权房屋依次进行测绘。1997年，对杨柳青镇规划区进行1:500地形测绘。测绘面积23.81平方千米。2000年，《西青区基础地理信息数据库的建立与研究》被天津市规划设计管理局列为2000年度立项科研项目。2001年，对西青区进行真彩色航空摄影测量。为杨柳青镇建设、改造提供测绘服务。主要完成运河改造土方量计算、明清街地形图及道路中心桩测设、运河人家拆迁面积和计算等。2004年，按市规划局统一部署，对区内进行永久性测量标志普查。2005年，完成李七庄街28个企事业单位地形测绘，测绘面积达75万平方米。2006年，完成西青开发园区国家二次批征面积及范围测绘。配合区土地局对西青开发区和西青区中北工业园进行1:2000定界测量，测绘面积约20平方千米。对张家窝镇进行1:500地形测量。测绘面积达13平方千米。2006—2009年，配合区9个街镇的集体土地确权发证进行测绘。对京沪高速铁路全区区域现状地上物调查和1:500地形图测绘。测绘范围宽80米，长27千米。配合“五路五河”改造，对道路河流及周边地块进行1:1万面积测算、1:2000地形图测绘，测绘长度100千米。至2010年，完成精武工业园、张家窝蝴蝶兰基地、王稳庄工业园等前期调查及地形测量。

二、土地评估

1979年，西青区对国有土地实行可以出让转让和有偿使用等政策，宗地估价逐步恢复，依照征地开发投入资金计算补偿，个人之间以交易价为准。1993年，区为土地估价开始步入正轨。1994年5月，区规划土地局组织开展西青区城镇土地定级估价。实际范围约117平方千米，包括杨柳青镇建成区和规划区约34平方千米，杨柳青与天津外环线间中北斜乡、西营门乡和工农联盟农牧场部分区域约38平方千米，南河镇建成区和规划区26平方千米，西青经济开发区19平方千米。1995年，进行土地定级估价资料的补充调查，扩展西青区城镇土地定级估价工作范围适当扩展，对杨柳青镇、南河镇和西青道、津静公路、津涞公路沿线的商业、住宅用地转让、租赁情况，房地出售租赁情况进行典型调查。对西青区的940多个乡镇企业，50多个国有企业和“三资”企业基本情况进行比较分析。对杨柳青镇、南河镇、西青经济技术开发区、市区和杨柳青之间村镇的土地作估价。

三、土地收储

2001年，区规划土地管理局组建土地整理所，收购整理河北省廊坊市木材总公司所属土地，出让给西青建设开发公司。2002年，对石家大院中心外围老街实施整体拆迁，为打造杨柳青明清一条街收储土地。对濒临破产企业天津市不锈钢厨具厂所属土地进行整理，建成杨柳青镇第一个以出让方式供地住宅小区。2003年，收购整理天津市肯达化工机械厂所属土地，为城建大厦和房管局提供土地。2004—2006年，对天津市便鞋底厂、汽车车轮分厂、杨柳青二街集体土地进行收购整理，建设西青区医疗中心。2008年，收购天津市西青监狱部分土地，建设公安分局101指挥中心。通过与中国银行、建设银行接洽，融资3.2亿元，解决张家窝地块整理资金问题。2009年，收购王顶堤批发市场，为快速路拓宽改造提供置换土地。2008—2009年，为全区提供工业项目用地29宗，其中包括精武镇新宇彩板、西青开发区蓝月亮等知名企业。2010年，整理杨柳青十四街及东嘴村集体土地，拟建江南城、御河墅两个高档住宅区。

2001—2010年西青区土地整理情况一览表

表16-31

序号	年度	划拨项目			整理出让项目		
		个数	面积／公顷	重点项目	个数	面积／公顷	重点项目
1	2001	–	–	–	1	2.68	河北省廊坊市木材总公司
2	2002	1	13.49	民俗文化城	–	–	–
3	2003	1	2.94	天津市肯达工贸公司肯达化工机械厂	1	8.19	不锈钢厨具厂
4	2004	–	–	–	11	23.84	工农联盟牧农场
5	2005	1	2.37	天津市便鞋制底厂	2	2.45	大寺供销社
6	2006	3	5.65	和平区环卫局	–	–	–
7	2007	3	135.76	天津市围巾厂	–	–	–
8	2008	1	2.59	天津市西青监狱	–	–	–
9	2009	4	4.3	王顶堤批发市场	–	–	–
10	2010	2	6.91	天津市肯达工贸公司肯达化工机械厂	3	54.53	杨柳青宝安项目

四、土地监察查处

1996年，区规划土地管理局开展对外环线、津淄公路、津港公路两侧巡查，查出违章建筑59起2.9万平方米，拆除2830平方米，清理违章占地5300平方米。1997年，成立西青区土地监察大队，纠正违章建筑61起，面积3.81万平方米。1999年，全区拆除违章建筑2246间，面积4.7万平方米。2001—2004年，查处违法用地535宗，进行立案查处。2006年，对快速路至规划范围内的违法建设用地进行综合整治，查处、立案违法建设用地33宗。2008—2010年，加大对违法用地行为行政处罚力度，立案查处违法用地205宗170.85公顷，提请移送公安机关12人，落实移送12人。

天津市

西青区志

1979—2010

（下册）

天津市西青区地方志编修委员会　编纂

方志出版社
Publishing House of Local Records

目录
CONTENTS

第十七编　中国共产党

第十八编　人民代表大会

第十九编　人民政府

第二十编　政治协商会议

第二十一编　民主党派　人民团体

第二十二编　法　治

第二十三编　军　事

第二十四编　教　育

第二十五编　科学技术

第二十六编　文化旅游 广播电视 档案

第二十七编　卫　生

第二十八编　体　育

第二十九编 人力资源与社会保障

第三十编　民　政

第三十一编　社会生活

第三十二编　精神文明建设

第三十三编　人　物

附　录

Contents

Part 17 The Communist Party of China

Part 18 The People's Congress

Part 19 People's Government

Part 20 The Chinese People's Political Consultative Conference (CPPCC)

Part 21 Democratic Parties and People's Organizations

Part 22 Law

Part 23 Military Affairs

Part 24 Education

Part 25 Science and Technology

Part 26 Cultural Tourism, Radio and Television

Part 27 health

Part 28 Sports

Part 29 Human Resources and Social Security

Part 30 Civil Administration

Part 31 Civil Life

Part 32 Spiritual Civilization Construction

Part 33 Figure

Appendices

第十七编

中国共产党

2009年，中共西青区委第九届六次全体会议全景

1979—2010年，中国共产党西青区委员会（简称区委）按照中共十一届三中全会确定的路线、方针、政策，根据区内不同发展阶段的实际，制定实施一系列区域发展战略决策，不断加强党的组织建设、思想建设、作风建设、制度建设和防腐倡廉建设。这一时期，区委先后召开6次中共西青区党员代表大会、42次区委全体会议和500余次区委常委会议。党员人数由1979年的8062人增加到2010年的21275人，增长1.64倍。32年间，区委在党中央和市委领导下，率领全区党员群众锐意改革，创新发展，砥砺前行，在西青区政治、经济和精神文明建设中起到领导核心作用。

第一章　党　员

1979—2010年，西青区党员从8000人发展到2万余人。这期间，青年党员所占比例呈上升趋势，中老年党员比例呈下降趋势，离退休党员增多。女党员和少数民族党员比率逐渐增长。党员队伍学历结构均衡，文化程度不断提高。党员的行业分布广泛，其中在岗职工和从事农牧渔业的党员占绝大多数，并在不同岗位上起到先锋模范作用。

第一节　党员数量

1979年，全区有党员8062人，其中女党员占党员总数17.8%，少数民族党员占党员总数0.2%。1994年，党员总数1.21万名，其中女党员占党员总数的17%，少数民族党员占党员总数0.2%。2003年，全区女党员3341人，占党员总数20.3%；少数民族党员49人，占党员总数0.3%。2010年，全区党员2.13万人，其中女党员5391人，占总数25.3%；少数民族党员136人，占总数0.6%。

1979—2010年西青区党员情况统计表

表17-1　　单位：人

年度	总数	其中		年度	总数	其中	
		女性	少数民族			女性	少数民族
1979	8062	1437	17	1995	12655	2163	30
1980	8280	1475	18	1996	13138	2292	33
1981	8452	1484	19	1997	13728	2567	35
1982	8562	1499	19	1998	14100	2641	38
1983	8611	1489	23	1999	14673	2804	38
1984	8908	1531	22	2000	15172	3004	38
1985	9242	1559	22	2001	15503	3047	36
1986	9464	1551	24	2002	15891	3204	37
1987	9824	1596	20	2003	16429	3341	49
1988	10044	1656	22	2004	17017	3508	46
1989	10395	1672	24	2005	17526	3816	62
1990	10733	1762	22	2006	18376	4171	75
1991	11019	1822	27	2007	19094	4448	92
1992	11399	1894	25	2008	19809	4753	107
1993	11707	1936	26	2009	20624	5077	132
1994	12116	2060	28	2010	21275	5391	136

第二节　年龄构成

1979年，全区党员中25岁以下的党员376人，占党员总数的4.7%；60岁以上党员94人，占党员总数不足1%。1994年，25岁以下的党员372人，占党员总数的3.1%；60岁以上党员2412名，占总数的20%。党员年龄呈老化趋势。1995年，全区1.26万名党员中，其中35岁以下的占17%，60岁以上党员占总数的20%。2002年，全区1.59万名党员中，35岁以下党员占总数的20%；60岁以上占总数的24%，党员老化比例仍在扩大。2003年，全区1.64万名党员中，35岁以下占26%，60岁及以上占25%。2010年，全区2.1万名党员中，35岁以下占总数的21%，60岁及以上党员占29%。

1979—2010年西青区党员年龄构成统计表

表17-2　　单位：人

年度	25岁以下	26~45岁	46~60岁	61岁及以上
1979	376	6834	852	94
1980	261	4968	2525	526
1981	269	4891	2719	573
1982	281	4795	2856	630
1983	259	4619	3013	720
1984	313	4686	3128	781
1985	344	4716	3290	892
1986	350	4757	3353	1004
1987	429	4818	3439	1138
1988	415	4934	3470	1225
1989	246	4908	3719	1522
1990	269	4956	3882	1626
1991	252	4939	4056	1772
1992	285	4934	4271	1909
1993	314	4691	4427	2275
1994	372	4764	4568	2412
1995	2113	3348	4663	2531
1996	2318	3294	4780	2746
1997	2699	3335	4813	2881
1998	2736	3183	5063	3118
1999	2844	3403	5117	3309
2000	2984	3453	5306	3429
2001	3016	3478	5280	3729
2002	3155	3447	5517	3772
2003	3221	3361	5783	4064
2004	3367	3345	6013	4292
2005	3495	3502	5872	4657
2006	3672	3731	5931	5042
2007	3878	4110	5815	5291
2008	4099	4227	5946	5537
2009	4326	4078	6353	5867
2010	4529	4012	6550	6184

第三节　文化构成

1979年，西青区小学以下文化程度党员5174人，占党员总数64.2%；大专以上文化程度的党员170人，占党员总数的2.1%。1994年，党员文化程度提高，小学以下文化程度党员下降为4504人，占党员总数37.2%；大专以上文化党员1128人，占党员总数的9.3%。1995年，初中及以下文化党员8409人，占党员总数的59.6%；大专及以上文化党员2141人，占党员总数的15.2%。2003年，大学以上文化程度党员1377人，占总数的8.4%。2010年，大学及研究生文化党员8015人，占总数的38%；初中以下文化党员占40%，不再有文盲党员。

1979—2002年西青区党员文化程度统计表

表17-3　　单位：人

年度	大专以上	中专	高中	初中	小学	文盲
1979	170	-	454	2264	4399	775
1980	211	242	259	2301	4502	765
1981	213	262	291	2427	4497	762
1982	208	288	315	2549	4443	759
1983	202	279	470	2915	4153	592
1984	243	312	479	2682	4485	707
1985	327	355	559	2880	4452	669
1986	385	414	719	2913	4410	623
1987	474	470	779	3056	4362	683
1988	597	487	816	3165	4323	656
1989	645	595	858	3432	4275	581
1990	710	673	924	3525	4382	555
1991	802	677	957	3786	4273	524
1992	887	768	1116	3934	4195	499
1993	937	805	1241	4087	4199	438
1994	1128	1039	1243	4202	4135	369
1995	1259	1285	1301	4514	3991	305
1996	1458	1412	1413	4635	3954	266
1997	1703	1701	1642	4721	3739	222
1998	2141	1805	1745	4884	3423	102
1999	2418	1965	1855	4999	3354	82
2000	2675	1977	1975	5133	3333	79
2001	3066	1986	1995	5179	3212	65
2002	3615	2057	2118	5221	2833	47

2003—2010年西青区党员文化程度统计表

表17-4　　单位：人

年度	研究生	大学本科	大学专科	中专	高中	初中及以下
2003	69	1308	2557	2118	2081	8296
2004	107	1651	2679	2357	2130	8093
2005	94	2166	2798	1975	2091	8402
2006	108	2532	3032	1980	2181	8543
2007	159	2939	3269	2028	2226	8473
2008	217	3275	3426	2078	2331	8482
2009	298	3655	3585	2132	2423	8531
2010	349	3978	3688	2227	2485	8548

第四节　行业构成

1979年，全区党员从事农林渔业者居多，占总数的65.2%；机关科研文教卫生行业人数占总数的16.9%，交通业党员较少，占党员总数的0.1%。

80年代，从事工业生产的党员人数增加，从事农林渔业的党员呈下降趋势。1989年，从事工业生产的党员占3.6%，从事农林渔业的党员占64.2%，从事商业金融服务业的党员占4.7%，从事科研文教卫生业的党员占8.4%，党政干部中的党员占14.2%，其他行业占2.8%。

90年代，全区党员从事农林渔业的比例大幅减少。1995年，从事农林渔业的党员占37.7%，工业生产的党员占36.0%，交通业的党员占0.7%，商业金融服务业的党员占8.7%，科研文教卫生业的党员占7.5%，党政机关的党员占14.8%，其他行业的党员占4.2%。1999年，在岗职工党员13229人中，从事农牧渔民党员4721人，离退休党员1444人，其他党员33人。

进入21世纪，区内离退休人员党员人数增多。至2009年，全区有在岗职工党员1.65万人，占党员总数80.2%；从事农牧渔业党员7583人，占党员总数36.8%；其他行业的党员714人，占党员总数3.5%；离退休人员党员4084人，占党员总数的19.8%。

第二章　党代表大会

1979—2010年，西青区委召开第四次至第九次代表大会、42次区委全体会议和500余次常委会议。换届会议每5年左右召开一次，确定每次代表大会期间的工作目标和选举。届中各次会议每年年初召开一次全体会议，对当年工作进行部署，通报人事调整情况。各次代表人数不断增加，代表结构保持平衡。

第一节　党代会代表

一、选举

1979—2009年，西青区召开6次区党代会，各次区党代会代表的产生均由区委按照全区党员总数的一定比例，将名额分配到各基层单位，由基层单位党组织召开党员代表大会或党员大会，反复酝酿代表候选人，采取无记名投票、差额选举的办法，选举出席区党代会代表。代表选举产生后，各基层单位把选出的区党代会代表报区委代表资格审查委员会审查。

这6次代表大会共选举产生区党代会代表1815人次，其中第四次党代会代表299人，第五次党代会代表297人，第六次党代会代表295人，第七次党代会代表300人，第八次党代会代表306人，第九次党代会代表318人。

二、构成

西青区第四次至第九次代表大会代表主要由领导干部、专业人员、劳动模范、先进专业户优秀分子和其他方面代表组成。

西青区第四次至第九次党代表大会代表构成统计表

表17-5　　单位：人

届次	领导干部	专业人员	劳模 专业户优秀分子	劳模 先进工作者
第四次	195	49	44	11
第五次	180	57	50	10
第六次	192	–	–	103
第七次	198	–	–	102
第八次	209	66	–	31
第九次	209	25	12	72

第二节 党代表大会

一、第四次代表大会

1986年7月22—25日，中共西郊区第四次代表大会在西郊礼堂举行。此为西青区时隔16年首次召开党代表大会。出席大会代表299名，列席19人，代表全区499个支部的9242名党员。大会主要议程：听取并审查中共西郊区第三届委员会工作报告，听取并审查中共西郊区纪委工作报告，选举中共西郊区第四届委员会，选举中共西郊区纪委；审议通过关于加强思想政治工作和端正党风的两项决定。区委副书记王怀勤主持大会开幕式并致《开幕词》。大会听取并审议了区委书记张崇智代表中共西郊区第三届委员会所作题为《深入进行农村改革，全面加强党的建设》的工作报告，通过《中国共产党天津市西郊区第四次代表大会关于加强思想政治工作和端正党风两项决定（草案）的决议》和区委、区纪委工作报告。经过民主选举，选出中共西郊区第四届委员会委员25名、候补委员4名；选出区纪委委员11名。

照17-1 1986年7月22日，西青区第四次党代表大会召开

二、第五次代表大会

1989年12月10—12日，中共西郊区第五次代表大会在西郊礼堂举行。出席大会代表297名，列席人员18名，特邀代表1名，代表全区1万余名党员。大会主要议程：听取并审议中共西郊区第四届委员会工作报告，听取并审议中共西郊区纪委工作报告，选举中共西郊区第五届委员会和纪委。区委副书记杨宝生主持开幕式并致《开幕词》。大会听取并审议了四届区委书记王怀勤代表第四届区委作题为《总结经验 坚定信心 团结一致 再展宏图》的工作报告。大会经过民主选举，选出中共西郊区第五届委员会委员21名，候补委员4名。区纪委委员11名。

照17-2 1989年12月10日，西青区第五次党代表大会召开

三、第六次代表大会

1992年12月17—19日，中共西青区第六次代表大会在西青礼堂召开。出席大会代表295名，列席人员22名，代表全区575个支部的1.14万名党员。大会主要议程：听取并审议中共西青区第五届委员会工作报告，听取并审议中共西青区纪委工作报告，选举中共西青区第六届委员会，选举中共西青

区纪委。大会听取并审议区委书记王怀勤代表第五届区委作题为《解放思想 改革开放 奋战五年 再展宏图》工作报告。大会通过《中共西青区第六次代表大会关于第五届委员会工作报告的决议》和《中共西青区第六次代表大会关于纪委工作报告的决议》。大会经过民主选举，选出中共西青区第六届委员会委员23名、候补委员4名，选出区纪委委员9名。

照17-3　1992年12月17日，西青区第六次党代表大会召开

四、第七次代表大会

1997年12月12—14日，中共西青区第七次代表大会在西青礼堂召开，出席大会代表300名。大会主要议程：听取和审查中共西青区第六届委员会工作报告，听取和审查中共西青区纪委工作报告，选举中共西青区第七届委员会，选举中共西青区纪委。大会听取并审议区委书记王文华代表第六届区委所作的题为《解放思想 抢抓机遇 把西青区现代化建设事业全面推向21世纪》工作报告。批准中共西青区第六届委员会的工作报告和中共西青区纪委工作报告。大会经过民主选举，选出中共西青区第七届委员会委员25名、候补委员5名，选出区纪委委员13名。

照17-4　1997年12月12日，中共西青区第七次代表大会召开

五、第八次代表大会

2002年11月1—3日，中共西青区第八次代表大会在西青宾馆召开。出席大会正式代表306名，代表全区1.55万名党员。大会主要议程：听取和审查中共西青区第七届委员会工作报告，审查中共西青区纪委的工作报告，选举中共西青区第八届委员会；选举中共西青区纪委。大会听取并审议了七届区委书记所作的题为《把握大势 与时俱进 加快发展 争创一流 为率先基本实现现代化而奋斗》的工作报告。通过《中国共产党西青区第八次代表大会关于中共西青区第七届委员会工作报告的决议》和《中共西青区纪委的工作报告的决议》。大会选举产生中共西青区第八届委员会委员27名、候补委员5名，选举产生中共西青区纪委委员15名。

六、第九次代表大会

2006年12月6—8日，中共西青区第九次代表大会在西青宾馆召开，出席会议代表318名，代表全区1.8万名党员。大会主要议程：听取和审查中共西青区第八届委员会的工作报告，审查中共西青区纪委的工作报告，选举中共西青区第九届委员会，选举中共西青区纪委。大会听取并审议了八届区委书记所作的题为《坚持以科学发展观统领全局努力构建社会建设与经济建设 政治建设文化建设协调发展的社会主义和谐西青》的工作报告，通过《中共西青区第九次代表大会关于中共西青区第八届委员会报告的决议》和《中共西青区第九次代表大会关于中共西青区纪委工作报告的决议》。经过民主选举，选出中共西青区第九届委员会委员31名、候补委员6名，选出区纪委委员19名。

第三章　组织机构

1979—2010年，区委组织机构历经多次调整和换届选举，机构和人员变化较大。区委工作机构在改革调整中，由数个发展到十数个。基层党委、党支部（总支）由421个增至966个。

第一节　中共西青区委

一、领导机构

1979—2010年，西青区委、西青区委常委会由1名书记、2~7名副书记和9~21名常委（含书记、副书记）组成，在全会闭幕期间，行使全委会职权，成为区核心领导机构。

1979—2010年中共西青（郊）区委书记 副书记 常委一览表

表17-6

届别	职务	姓名	任职时间
区委领导人名录（1976.10—1983.5）	书　记	孟令殿	1976.10—1981.03
	副书记	张树生	1976.10—1983.05
		李　明	1976.10—1983.05
		李耀军	1976.10—1983.05
		尹来华	1976.10—1979.03
		王育德	1981.03—1983.05
	常　委	孟令殿	1976.10—1981.03
		张树生	1976.10—1983.05
		李　明	1976.10—1983.05
		李耀军	1976.10—1983.05
		尹来华	1976.10—1979.03
		王育德	1981.03—1983.05
		刘建选	1981.10—1983.05
		孙维勤	1976.10—1983.05
		刘连仲	1976.10—1983.05
		郎润田	1976.10—1982.02
		张文海	1976.10—1983.05
		安秀荣（女）	1976.10—1979.02
		贺德泰	1976.10—1983.05
区委领导人名录（调整后）	书　记	王育德	1983.06—1986.03
	副书记	张崇智	1983.06—1986.07
		杨宝生	1983.06—1986.07
	常　委	王育德	1983.06—1986.03
		张崇智	1986.06—1986.07
		杨宝生	1983.06—1986.07
		王怀勤	1983.06—1986.07
		孙芳原	1983.05—1986.07
		张维森	1983.06—1986.07

续表

届别	职务	姓名	任职时间
区委领导人名录（调整后）	常　委	李存博	1983.06—1986.07
		刘建选	1983.06—1983.11
		樊　悦	1983.11—1986.05
中共西郊区第四届委员会	书　记	张崇智	1986.07—1989.12
	副书记	王怀勤	1986.07—1989.12
		杨宝生	1986.07—1989.12
		李桂秋	1986.07—1986.09
	常　委	张崇智	1986.07—1989.12
		王怀勤	1986.07—1989.12
		杨宝生	1986.07—1989.12
		李桂秋	1986.07—1986.09
		王树良	1986.07—1989.12
		刘聿旺	1986.07—1989.12
		李存博	1986.07—1989.12
		张维森	1986.07—1989.12
		马新良	1986.07—1987.10
中共西郊区第五届委员会	书　记	王怀勤	1989.12—1992.12
	副书记	杨宝生	1989.12—1992.12
		王树良	1989.12—1992.02
		张守信	1989.12—1992.12
		王文华	1992.06—1992.12
	常　委	王怀勤	1989.12—1992.12
		杨宝生	1989.12—1992.12
		王树良	1989.12—1992.02
		张守信	1989.12—1992.12
		张保友	1989.12—1992.12
		张维森	1989.12—1992.12
		李存博	1989.12—1992.12
		王文明	1989.12—1993.02
		王文华	1989.12—1992.12
中共西青区第六届委员会	书　记	王怀勤	1992.12—1994.10
		王文华	1994.10—1997.12
	副书记	杨宝生	1992.12—1997.12
		王文华	1992.12—1994.10
		杨文成	1992.12—1997.12
		张景泉	1995.09—1997.12
		陈鸿恩	1995.09—1997.12
	常　委	王怀勤	1992.12—1994.10
		杨宝生	1992.12—1997.12
		王文华	1992.12—1997.12
		杨文成	1992.12—1997.12
		刘聿旺	1992.12—1997.12
		李存博	1992.12—1997.01
		韩治国	1992.12—1994.04
		张景泉	1992.12—1997.12
		陈鸿恩	1992.12—1997.12
		程文武	1992.12—1997.12
		李国文	1992.12—1995.09
		高孝德	1994.10—1997.12
		王志强	1995.04—1997.12

续表

届别	职务	姓名	任职时间
中共西青区第六届委员会	常 委	臧永芬(女)	1995.08—1997.12
		刘念胜	1996.08—1997.12
		崔祥昌	1997.05—1997.12
		李秋福	1997.08—1997.12
中共西青区第七届委员会	书 记	王文华	1997.12—1998.06
		杨文成	1998.06—2002.11
	副书记	杨宝生	1997.12—2001.04
		杨文成	1997.12—1998.06
		张景泉	1997.12—2002.01
		陈鸿恩	1997.12—2001.04
		崔祥昌	1998.12—2002.11
		戴永年	2001.04—2002.11
		张国庆	2002.05—2002.11
	常 委	王文华	1997.12—1998.06
		杨文成	1997.12—2002.11
		杨宝生	1997.12—2001.04
		张景泉	1997.12—2002.01
		陈鸿恩	1997.12—2001.04
		刘聿旺	1997.12—2002.11
		崔祥昌	1997.05—2002.11
		李存博	1997.12—2001.04
		程文武	1997.12—2002.11
		李国文	1997.12—2000.12
		李秋福	1997.12—2002.11
		王志强	1997.12—2001.04
		刘念胜	1997.12—2002.11
		胡有刚	1997.12—2002.11
		于茂珍(女)	1997.12—2002.11
		戴 永	2000.04—2002.11
		张国庆	2001.04—2002.11
		周家彪	2001.04—2002.11
		燕连玉	2001.04—2002.11
		刘忠林	2001.04—2002.11
中共西青区第八届委员会	书 记	杨文成	2002.11—2006.12
	副书记	张国庆	2002.11—2006.12
		崔祥昌	2002.11—2006.12
		周家彪	2002.11—2006.12
		燕连玉	2002.11—2006.12
	常 委	杨文成	2002.11—2006.12
		张国庆	2002.11—2006.12
		崔祥昌	2002.11—2006.12
		周家彪	2002.11—2006.12
		燕连玉	2002.11—2006.12
		程文武	2002.11—2003.12
		吴宝忠	2002.11—2006.12
		刘念胜	2002.11—2006.12
		胡有刚	2002.11—2006.12
		于茂珍(女)	2002.11—2006.12
		刘忠林	2002.11—2006.06
		王宝仁	2002.11—2006.12

续表

届别	职务	姓名	任职时间
中共西青区第八届委员会	常　委	杨茂荣	2002.11—2006.12
		周学九	2005.11—2006.12
		左建平	2006.06—2006.12
中共西青区第九届委员会	书 记	张国庆	2006.12—2009.03
		王宝弟	2009.03—
	副书记	周家彪	2006.12—
		燕连玉	2006.12—
		王宝仁	2006.12—
	常 委	张国庆	2006.12—2009.03
		王宝弟	2009.03—
		周家彪	2006.12—
		燕连玉	2006.11—
		王宝仁	2006.12—
		于之河	2006.12—
		杨茂荣	2006.12—
		董景川	2006.12—
		杨　震	2006.12—
		左建平	2006.12—
		陈　川	2006.12—
		刘红（女）	2006.12—

二、区委工作机构

1980年，区委工作部门有办公室、组织部、宣传部、纪委筹备组、党校。1981年3月，成立党史资料征集小组；4月，成立农村工作部。1982年4月，建立机关党委；7月，成立统战部、教育卫生体育工作部。1983年8月，成立政法工作领导小组及办公室；11月，成立老干部局。1984年6月，撤销教育卫生体育工作部，撤销政法小组办公室，成立政法委员会。1986年4月，成立政法委办公室。1988年4月，成立党史资料征集委员会。1991年1月，成立保密局；3月，成立农村工作部，与研究室合署办公；12月，成立台湾工作办公室。

1996年10月，区委机构进行调整，设立6个工作机构：办公室、组织部、宣传部、统战部、政法委员会、研究室（加挂区经济体制改革委员会的牌子）。不列入区委工作机构，与有关机构合署办公、由部门管理、改变隶属关系和单位性质的机构有：社会治安综合治理委员会办公室与政法委员会合署办公；台湾工作办公室（区政府台湾事务办公室）与区委统战部合署办公；档案局、档案馆一套机构、两块牌子，为区委和区政府的直属机构，由区委管理；老干部局由区委组织部管理，对外名称不变；保密委员会办公室（保密局）由区委办公室管理，对外名称不变；党史资料征集委员会改为党史研究室，为事业单位，由区委组织部管理；精神文明建设活动指导委员会办公室由区委宣传部管理；区委机要科规格、管理体制不变；撤销农村工作部，职能分别转交区委研究室和区政府农业委员会；保留区直机关党委。1998年，机要科更名为区委机要局，为区委办公室内设机构。

2001年11月，区委工作机构再次调整，设立7个工作机构：纪检委、办公室、组织部、宣传部、统战部、政法委、研究室；部门管理机构有保密委员会办公室（保密局由办公室管理）、老干部局（由组织部管理）；不列入区委工作部门的机构有精神文明建设委员会办公室（设在宣传部）、台湾工作办公室（与统战部合署办公）、机构编制委员会办公室（与人事局合署办公）、档案局（与档案馆合署办公，由区委管理）、直属机关党委等6个。党校、党史研究室为区委直属事业单位。2009年，区机构和编制委员会办公室与区人事局合署办公调整为单独设置，列入区委工作机构序列。机要局由区委办公室内设机构调整为由区委办公室管理。

三、重要会议

（一）区委全体会议

1986—2010年，区委五届委员会共召开38次全体会议。各届情况为：

第四届委员会 1986年7月至1989年12月，区委第四届委员会共召开4次全体（扩大）会议。参加会议人员：区委委员25人、候补委员4人。

第五届委员会 1989年12月至1992年12月，区委第五届委员会共召开5次全体（扩大）会议。参加会议人员：区委委员21人，候补委员4人。

第六届委员会 1992年12月至1997年10月，区委第六届委员会共召开9次全体（扩大）会议。参加会议人员：区委委员23人，候补委员4人。

第七届委员会 1997年12月至2002年11月，区委第七届委员会共召开8次全体（扩大）会议。参加会议人员：区委委员25人，候补委员5人。

第八届委员会 2002年11月至2006年12月，区委第八届委员会共召开8次全体（扩大）会议。参加会议人员：区委委员27人，候补委员5人。

第九届委员会 2006年12月至2010年12月，区委第九届委员会共召开6次全体（扩大）会议。参加会议人员：区委委员31人，候补委员6人。

（二）常委会议

1979—2010年，区委常委会在全委会闭会期间，共召开区委常委会会议500余次。会议主要内容：传达中央、市委召开的会议精神和中央、市委重要文件、指示，讨论决定区经济建设、政治建设、文化建设、社会建设、生态文明建设和党的建设等方面的问题，对区级国家机关、人民团体、经济组织、文化组织和其他非党组织的领导机关中的党组请示问题作出决定，讨论决定召开党代表大会（党代表会议）和全委会议有关事项，讨论区委下发的重要文件和区委主要领导人代表区委所作的重要工作报告、讲话；按照管理干部权限和规定程序，讨论本区干部的推荐，提名，任免和奖励，讨论处级（含副处级）组织机构的设置和调整，对应由全委会决定的事项事先进行审议和提出意见，对必须由常委会决定的其他重要问题作出决定。

第二节 中共西青区纪律检查委员会

一、机构设置

1979年8月，成立中共西郊区纪律检查委员会（以下简称纪委）筹备组。1984年，成立中共西郊区纪委。1986年后，内设科室增加，成立查处经济案件办公室。1993年，区纪委与监察局合署办公。2010年，区纪委、监察局内设8个职能部门。

1985年，各乡镇纪检干部多为兼职。至2010年，各镇街专职纪检干部编制1至2人。

二、领导名录

自1979年区委设纪律检查委员会筹备组至2010年九届纪律检查委员会（含筹备组），选举（任命）产生各届书记（组长）、副书记（副组长）和常委。

1979—2010年西青区纪委（筹备组）主要领导一览表

表17-7

届别	职务	姓名	任职时间
纪律检查委员会筹备组	组　长	李　明	1979.08—1980.10
	副组长	张文海	1979.08—1979.12
	成　员	陈松友	1978.08—1979.12
1980年纪律检查委员会筹备组	组　长	李　明	1980.01—1980.10
		李耀军	1980.10—1982.03
1984年纪律检查委员会	书　记	杨宝生	1984.01—1984.07
		郭醒民	1984.07—1989.01
	副书记	张巨川	1984.01—1984.12
		李洪起	1984.01—1984.12
1985年纪律检查委员会	书　记	郭醒民	1985.01—1986.07
	副书记	张巨川	1985.01—1986.07
		李洪起	1985.01—1986.07
第四届纪律检查委员会	书　记	郭醒民	1986.07—1989.01
		刘聿旺	1989.01—1993.06
	副书记	李洪起	1986.07—1987.03
		陈步川	1988.05—1989.12
第五届纪律检查委员会	书　记	刘聿旺	1989.01—1993.06
	副书记	陈步川	1989.12—1992.12
第六届纪律检查委员会	书　记	刘聿旺	1993.06—1997.12
	副书记	胡宝善	1992.12—1997.12
		高问平	1995.01—1997.12
第七届纪律检查委员会	书　记	李存博	1997.12—2001.04
		戴永年	2001.04—2002.11
	副书记	高问平	1997.12—1999.06
		张宝泉	1997.12—2002.10
		杨茂荣	1998.05—2002.11 1998.05—2001.01援藏
		张文平	1999.06—2001.10
		崔国宪	1999.10—2002.11
		李　祥	1999.12—2002.11
		孙家玉	2000.09—2001.06
第八届纪律检查委员会	书　记	燕连玉	2002.11—2006.12
	副书记	兰　强	2002.11—2006.12
		李　祥	2002.11—2004.05
		孙家玉	2004.05—2006.12
		王凤清	2006.11—2006.12
第九届纪律检查委员会	书　记	燕连玉	2006.12—
	副书记	兰　强	2006.12—2008.02
		孙家玉	2006.12—2007.03
		王凤清	2006.12—2008.12
		崔国宪	2007.09—2010.07
		赵　文	2008.02—2008.06
		房国海	2008.12—
		王永美	2008.12—
		杨书伟	2008.03—2008.09援疆
		李　祥	2010.07—
		韩广霖	2010.07—

注：2003年3月以后，由区委常委戴永年兼管纪检工作。

第三节 中共基层组织

一、党委

1979年，全区有基层党委10个。1982年，有党委20个、党组7个。1998—1999年，批准在“五村一厂”（水高庄村、前桑园村、谢庄村、大任庄村、王顶堤村和宏发集团公司）组建党委。2000年，全区有基层党委25个，其中村（厂）级党委6个。2010年，全区共有党委29个。

二、党总支 支部

1979年，全区有基层党总支2个、党支部409个。1982年，党总支4个、党支部418个。2000年，党总支56个、党支部592个、党小组1049个。2010年，全区共有党总支69个、党支部868个。

第四章 重要活动 决策

1978年后，区委全面贯彻改革开放以来党的路线、方针、政策，结合西青区实际，对西青区社会主义物质文明和精神文明建设作出一系列重要决策并推动落实，使全区经济社会事业快速稳定发展。

第一节 重要活动

一、平反冤假错案

1978年中共十一届三中全会后，区委开展“实践是检验真理的唯一标准”大讨论，消除“文化大革命”所造成的消极后果，在全区开展大范围的落实政策工作。区委成立落实政策办公室，对“文化大革命”中造成的冤假错案和受审查8494名干部群众的问题依据政策给予平反纠正。为103名党员恢复党籍，对非正常死亡的123人作出实事求是的结论。2991户被查抄财物陆续发还。对中华人民共和国成立后563人的案件进行复查更正。纠正错划错定阶级成分118户。改正被错划为“右派分子”的99人。落实原独立劳动者的政策、国民党起义投诚人员政策、台属侨胞政策、民族宗教统战政策。

1984年，区内对涉及9个乡镇、17个局、公司的298件重点案件进行复议，其中151件改变原复查结论，14件“老大难”案件得到妥善解决。

二、整党

1984年11月至1986年10月，区内分6个梯次在437个单位428个支部、9464名党员中开展整党。核查“文化大革命”中的“三种人”（即追随林彪、江青集团造反起家的人，帮派思想严重的人，打砸抢分子），对“三种人”进行清理。1986年，在全区农村进行整党工作，有143个农村基层党支部、4778名党员参加整党，处理党员90人，占党员总数的1.9%。

三、“三讲”教育

1999年4月始，区内开展“三讲”（讲学习、讲政治、讲正气）教育活动。活动历时一年半，分为三个批次进行。第一批为区级领导班子及领导干部，第二批为区直机关处级领导干部和区纪委领导班子、处级领导干部，第三批为街镇委局领导班子、领导干部。经区委常委会研究，确定参加区级领导干部“三讲”教育人员名单和四机关“三讲”教育联络员。

四、“三个代表”重要思想学习

2000年12月，区委召开“三个代表”重要思想学习教育活动动员大会。2001年，印发教育活动的实施意见，明确学习教育活动的指导思想、基本原则、目的要求、方法步骤及组织领导。区委成立由18名干部组成的“三个代表”重要思想学习教育活动督查组，分成9个督查组深入各街镇督查指导。2001年9月底，“三个代表”重要思想学习教育活动结束。

五、保持共产党员先进性教育

2005年，区委分党政机关、企事业单位和农村基层三个批次，在全区26个基层党委、687个党支部、1.75万名党员中开展保持共产党员先进性教育活动。活动历时150天，分三批进行。进行学习培训、解决实际问题、建立长效机制，结束时召开总结大会，2006年4月，区先进性教育活动结束。

六、深入学习实践科学发展观

2009年3月，西青区启动深入学习实践科学发展观活动。活动分两批进行，至2010年2月，第二批学习实践顺利完成各项任务，学习实践活动基本结束。在两个批次活动单位群众满意度测评中，“满意”和“比较满意”率均为100%，其中对区委常委会“满意”率为99%，对区政府“满意”率为98.6%。

第二节　重大决策

一、历次党代会总体目标

1986年7月，中共西郊区第四次代表大会提出，在1989年实现工农业总产值翻两番的奋斗目标，要求全区各级党组织贯彻落实大会的决议，通过加强思想政治工作和端正党风，加强和改善党的领导，提高党的战斗力，带领党员和群众，努力实现全区第二次经济翻番和党风根本好转的战斗任务。

1989年12月，中共西郊区第五次代表大会提出，今后三年的主要思路和党建工作的主要任务，要求从本次党代会至下次党代会三年间，搞好治理整顿，克服经济困难，使全区农村经济走上持续、稳定、协调发展之路。

1992年12月，中共西青区第六次代表大会提出，今后五年继续重点抓好集体经济的发展，在高水平、高起步基础上，再上新台阶。目标为向全国先进地区看齐，总的战略构想是：五年分作两步走，前三年即到1995年“八五”计划末，全区社会总产值保120亿元，争取150亿元，平均每年递增28.16%；后两年，即到1997年，保150亿元，争200亿元，平均每年递增29.1%。

1997年12月，中共西青区第七次代表大会提出，五年内实现国内生产总值、区级财政收入、农村集体自有资产再翻番，农民人均纯收入超过6000元的目标，初步设计出中心城镇和新型村庄梯次结构、组团发展、功能互补、各具特色的现代化新农村建设的总体框架，把西青区的建设推向新阶段。

2002年11月，中共西青区第八次代表大会提出，力争提前全面完成“十五”计划的基础上，把西青建设成为经济发达、文化先进、环境优美、社会安康、人民幸福的先进地区，率先基本实现现代化。要全面优化经济结构和所有制结构，使三次产业的比重和公有制与非公有制经济的比重更加合理，高新技术产业和现代服务业成为全区经济的重要支撑，经济整体素质明显提高，竞争能力进一步增强。

2006年12月，中共西青区第九次代表大会提出，今后五年地区生产总值、财政收入要在比2005年翻一番的基础上实现更快地增长，人均生产总值和其他主要经济指标以及社会发展指标达到中等发达国家水平。全面优化经济结构，使三次产业的比重更加合理，现代制造业和现代服务业成为全区经济的重要支撑，经济整体素质明显提高，国际竞争力明显增强。

二、功能定位

21世纪，西青区坚持把扩大开放作为牵动发展全局的关键环节，使西青成为海纳百川、客商云集的创业热土，成为现代制造业的密集区，成为面向世界的高新技术产业加工制造基地。加快社会主义新农村和城镇建设的步伐，使载体功能更加完善，对经济的带动作用更加明显。大力加强精神文明和民主法制建设，全面发展各项社会事业，使西青充满生机和活力。显著提高人民生活水平，在稳定和提高农民收入的基础上，加快公益事业的发展，提高农民的物质文化生活质量。正确处理改革发展稳定的关系，密切党同人民群众的血肉联系，建立和谐的文明社会。力争提前全面完成“十一五”规划的同时，经过不懈的努力，把西青建设成为具有深厚的历史文化底蕴和浓郁的现代文明气息，经济发达、社会和谐的新型城区，成为全国乃至世界闻名的现代化地区之一。

第三节　经济发展战略

一、实行农村经济体制改革

1979年，区委系统清理农村工作中“左”的影响，在全区开始实行家庭联产承包责任制。1980年，加强和完善农业生产责任制，尊重干部群众意见，让基层干部群众在实践中选择适合的责任制形式。1983年，全区农村全部落实农业生产责任制，建立起集体统一经营和农民家庭分散经营相结合的农村经济新体制。农业经济体制改革包括落实生产责任制和调整产业结构两个部分，区委提出“提高亩产值，提高亩产量”口号，本着“扬长避短，发挥优势，因地制宜，调整结构”原则，对农业进行大规模产业结构调整。依据水源、土壤等自然条件，规划出“洼地养鱼、坡上种果、河边种菜、其余种粮”产业布局。

二、深化企业改革

1984年，区委把经济体制改革同总结改革实际和制订规划相结合，推动完善承包和管理的企业改革。在企业中实行所有权与经营权分离，推行厂长任期目标责任制，把企业要实现的各项指标与厂长和职工的责、权、利相结合。完善企业内部责任制，将各项承包指标与生产经营的各要素结合，将核定的指标逐级分解到各生产环节，以合同形式实行层层承包，使每个生产者都有明确的任务和质量要求，并紧紧与报酬挂钩，保证企业整体任务的完成。实行管理人员岗位责任制，将各科室的工作指标落实到人，按完成指标情况给予报酬，保证管理不空白，不扯皮。实行供销人员“四联”效益提成制，对供销人员联供、联销、联收货款、联收集信息，从效益中提成。实行企业内部厂币结算制，通过有价格的厂币或计价单位进行结算。实行浮动工资制，将企业每一职工的劳动质量、数量与报酬直接挂钩，增大分配透明度，体现多劳多得。

三、扩大乡镇企业自主权

1984年，开始废除限制乡镇企业发展的各种清规戒律，区委提出各职能部门对乡镇企业只能服务、不可刁难设卡。在乡镇企业中推行“一包三改”经验（实行承包经营责任制，改干部任命制为聘任制，改固定工为合同工，改固定工资为浮动工资），使乡镇企业的干部制度、用工制度、工资制度与企业经营机制改革相配套，扩大企业经营自主权。对企业进行松绑放权，把经营权全部下放给企业。

1988年，推行厂长任期责任制。

四、发展乡镇企业

80年代，区委提出乡镇企业“上规模、上水平”口号，推动乡镇企业在资金、技术等方面多形式、多层次、多渠道联合与协作，使生产要素走向优化组合。1990年，制定“一手抓难点，一手抓发展”战略，明确“强化管理，锤炼内功；创造条件，挤着发展；用足政策，内方外圆；发挥优势，关停并转”等措施。

五、“城乡一体化发展”战略

1986年，区委采取措施转移农村剩余劳动力，实行以工补农、推进西青“城乡一体化发展”进程，发展土地适度规模经营，发展非农产业，实行“以工补农”政策，加强村镇建设，改善群众生活。

六、开展二次创业

1994年，区委提出进行“二次创业”，即要在第一次创业基础上，用6年时间，通过扩大经济总量，提高经济素质，使全区经济总体上新水平，迈向经济规模化、经营多元化、产品国际化、技术现代化、管理科学化；实现国民生产总值、集体自有资产、区级财政收入、农民人均纯收入四项主要经济指标翻番，再造一个西青。1996年，要求全区党员干部树立创新观念，推进二次创业顺利开展。1997年，提出“集中力量抓调整、开拓市场求突破、狠抓管理促提高、千方百计攻效益”总要求，要求农业生产要再造优势，加快“三化”农业的进程、加快种养布局和品质结构调整、加快经营方式调整、加快经营机制调整；工业生产要以效益为中心，搞活经营、增强竞争实力，以“清欠”为重点，提高资金运行质量；第三产业要拓宽发展思路，发挥地缘优势，变资源为资产，充分发挥人才优势，做足联合发展的文章，保证强劲的发展势头。

七、发展城郊型经济

1998年，区委确定“以科技为先导、多轮驱动、多业并举、大力发展城郊型经济”经济工作总思路，提出在各项产业上，要以龙头为重点，加快农业产业化建设；以集团和镇办企业为重点，营造竞争优势；以外环沿线开发为重点，加快第三产业发展；以西青开发区为重点，加快外向型经济发展。

八、工业强区战略

21世纪初，西青区实施工业强区战略，指导原则为：以大投入做强二产、以大企业做强二产、以高科技做强二产。

九、“三年倍增”计划

2009年8月，区委提出“实现三年倍增，造福西青人民”奋斗目标，编制“经济发展三年行动计划”。以2008年经济指标为基数，确保到2011年使全区生产总值、财政收入、固定资产投资和内外资到位额等主要经济指标翻一番。到2011年，地区生产总值实现470亿元，年均增长26.1%，比2008年增长100.35%。财政收入147亿元，年均增长26.2%，其中区级财政收入61亿元，年均增长26.6%；全社会固定资产投资615.16亿元，年均增长34%。

十、“一三六五”工作思路

2009年8月，区委提出“一三六五”工作思路：即把握一个总体要求，更加自觉地坚持以科学发展观为统领，以深化改革为动力，以科技进步为先导，以构筑产业高地为目标，以富裕人民为目的，以加强党的建设为保障，全面推进三次产业升级，全速加快五类项目建设，全力实现主要经济指标翻番，全方位加强环境建设，全身心改善民计民生，推动改革发展稳定走在前列，各项工作再上新台阶。明确各阶段的目标任务。抓好六项重点工作，即抓好项目建设、产业优化升级、文化旅游产业、工业园区建设、生态宜居高地与和谐社会建设。落实五项保证措施，即解放思想，更新观念，为发展提供有力的思想保证；抓好班子，带好队伍，为发展提供有力的组织保证；完善政策，解决问题，为发展提供有力的政策保证；健全体系，落实奖惩，为发展提供有力的责任保证；真抓实干，优质服务，为发展提供有力的作风保证。

第四节 社会事业发展战略

一、科教兴区战略

1995年，区委明确依靠科技进步是实现二次创业的必由之路的思路，把不断提高经济增长中的科技含量作为科技进步的主要任务，作出大力推进科教兴区战略部署。

二、教育优先发展战略

90年代初，区委确定区内各级各类教育发展目标：深化教育改革，坚持协调发展，增加教育投入，提高教师素质，提高教育质量。1993年，制定教育改革和发展意见，采取一系列措施，推动教育事业发展。把教育摆在优先发展的战略位置，大力实施素质教育，不断调整优化教育结构，合理配置和充分利用教育资源，巩固提高教育基础，积极发展职业教育、成人教育，全面推进教育创新。

三、旅游发展战略

2001年，区委确立以“千年古镇”杨柳青历史文化优势为重点，开发全区旅游资源。在第十个五年计划纲要中，明确西青区“大力发展旅游业，积极开发现有资源，形成地方特色，全面提升旅游业的层次和水平。通过五年努力，使旅游业成为全区第三产业的一个重要支柱”旅游发展战略。

四、文化品牌发展战略

2005年，区委以杨柳青镇获“中国魅力文化传承名镇”为契机，实施文化品牌发展战略。坚持文化兴区，以文化带动全区经济社会协调发展，以文化带动全区环境水平整体提升，以文化带动全区人民素质全面提升，进而营造出独具特色的招商引资良好环境。

第五章 组织工作

1979年后，区委组织部按照党管干部原则，对干部实行分级管理，加强基层领导班子建设，调配充实乡镇局级领导班子，重视干部管理监督和后备干部培养。90年代，进行干部体制改革，加强基层组织建设和党员培养，开展各种创建活动。进入21世纪，重视在非公有制经济组织和社区建立党组织，基层党组织数量和党员人数大幅增加，全区党员干部队伍更加坚强有力。

第一节　干部队伍建设

一、领导班子调配

1979年，区委组织部门为劳动局、外贸局、种子公司和石油经营处配备领导干部。1980年，实行党政分设，调整各级领导班子，撤销公社副职1人。1983年，提拔37名干部担任区委及各局、公司等领导班子成员，领导干部平均年龄由50.37岁下降到46.9岁，高中以上文化程度者占领导干部总人数的53%，大专及以上文化程度的占22.1%。1984—1992年，对全区498名干部职务进行调整，为各部委办局和法检、供销社等单位配备正职54名、副职106名，为区属公司充实24名经理、副经理、经理级巡视员、调研员，调整安排乡镇正副职。1993年，调整充实换届后的乡镇政府领导班子，提拔任用65名处级干部。1994年，调整充实23个处级领导班子，对36名处级干部进行工作调整或提拔任用。2001年，完成9个街镇党委换届，为各街镇增设一名政法副书记，配齐女干部。2002年，调整领导干部72人次，其中提拔30人，轮岗交流15人，改任非领导职务8人。2003年，提拔13名优秀年轻干部，轮岗交流26名处级领导干部，改任非领导职务8人，办理退休11人。2006年，完成街镇领导班子换届工作，换届后，街镇党政领导班子成员平均年龄42.5岁，比换届前下降2岁；大学以上文化的占82.9%，比换届前提高19.3个百分点；女干部占13.1%，比换届前提高2.5个百分点。2009年，调整干部18人次，其中有4个副处级领导职位面向全市公开选拔，有9个副处级审判员、副处级检察员职位在系统内部竞争上岗。2010年，调整处级干部143人，其中交流轮岗33人，提拔处级领导干部38人。

二、干部管理监督

1999—2010年，区有关部门对领导干部任期经济责任审计120人次。2000年，实行区管干部任前公示制。2001年，执行区管党政领导干部任职试用期制。2002年，实行干部考察预告制，对提拔的处级干部建立选拔任用工作文书档案卷。2003年，制定区委常委会无记名投票决定干部任免实施意见，对区管处级干部任免全部实行无记名票决。2006年，实行干部选拔任用工作纪实登记制度。2008年，实行科级干部考察预告制和建立科级干部选拔任用工作文书档案。2006年始，执行处级党员领导干部报告个人有关事项规定。2008—2010年，对全区52个有任免权限单位的科级干部选拔任用进行监督检查。

三、科级干部选用

1979年始，西青区各级干部实行分级管理。1987年，下放科级干部任免权限。1990年，各委局及直属事业单位建立党组或党委的，其副科级干部任免，经区人事局审核职数同意后由本单位任免；未建党组或党委的，由单位提出意见，由人事局审核职数并考察同意后任免。2004年，各街镇、委局机关及所属单位正科级干部、区机关各部门正副科级干部由区科级干部任免审批小组决定任免，各街镇、委局副科级干部由各街镇党委、各委局党委（党组）决定任免。开始实行科级干部任职资格考试制度。2006年，设党委（党组）单位科级干部的任免，由单位党委（党组）审批；未设党委（党组）单位科级干部的任免，由区人事局审批。2009年，科级干部任职前除参加任职资格考试外，还要参加法律知识考试。2008—2009年，出台加快优秀年轻科级领导干部培养选拔实施意见和公务员培训管理暂行办法。

四、后备干部培养

1979年，对“文化大革命”中培养提拔的青年干部按政策适当调整。1980年，区委组织部推荐11

照17-5　2008年，区委组织部举办全区组织干部培训班

名中青年干部。1981年，确定培养后备对象63人，进入区级领导班子25人，占培养对象的39.6%。1995年，制定后备干部补充调整通知，明确按照正职一职二备、副职"一职一备"要求，配齐后备干部。1996年，建立500名优秀年轻干部队伍、300名后备干部预备人选，确定100名基本成熟、近期能够上岗人选。乡镇、处级后备干部平均年龄38.5岁。从各部门后备干部中选派8人担任乡镇长助理或科技副乡镇长，选派9人担任政法副乡镇长。4名35岁左右有大学文化程度的后备干部担任局长(主任)助理，5人担任乡镇党委委员。2000年，开展全区推荐处级后备干部和优秀年轻干部活动，各单位召开48个民主推荐会，1505人参加民主推荐，推荐出604人，优秀年轻干部453人。确定617名人进入区级人才库。2005年，全区召开50次民主推荐会，民主推荐确定处级后备干部254名。2008年，调整13人的区级(副职)后备干部库，新增区级(副职)后备干部5人。选派53名优秀年轻干部到委办局、街镇、社区和村里进行实践锻炼，选派9名优秀年轻干部到街镇担任书记助理或镇长(主任)助理。2009年，制定处级后备干部管理办法，通过"双推双考双公开"方式选拔产生处级后备干部。2010年，选派124名干部参与"解难题、促转变、上水平"活动和创先争优指导推动，选派2名干部到区外挂职锻炼。

第二节　干部制度改革

一、选派科技副镇长

1990—1999年，区委组织部选派农口科技干部19人到乡镇任职。2000年，选派15名年轻干部到街镇担任科技副镇长(副主任)和街镇党委书记(镇长、主任)助理。通过个人报名与组织推荐相结合方式，从各部委办局选派一批干部担任街镇科技副镇长(副主任)和街镇长(主任)助理。

二、选拔农村优秀人才

1996年，区委组织部制定从农村优秀人才中选任乡镇领导干部规定，从优秀的村干部、乡镇企业领导骨干中经过依法选举担任乡镇党政机关领导职务。至1998年，选拔7名乡镇企业厂长、村党支部书记、村委会主任等农村基层干部担任乡镇班子中的领导职务。

三、改任非领导职务

1995年，区委组织部制定设立乡镇级调研员规定。1998年，处级正职年满57周岁(女53周岁)一般改任为非领导职务。处级副职年满55周岁(女53周岁)一般改任为非领导职务，对任职时间较长且政绩不突出的不再提任实职，提任调研员。

2008年，印发提任调研员、副调研员实施意见和副处级审判员、副处级检察员选拔任用规定。全区有4个调研员和6个副调研员职位面向全区进行公开选任，6个副处级审判员、检察员职位竞争上岗。

四、公开选拔 任前公示

2000年，区委组织部对33名处级干部在规定范围内进行公示，对10名新提任的委任制副处级领导干部实行为期一年的试用期。有6个副处级领导职位在全区范围进行公开选拔，经过资格审查、笔试、面试、组织考察，4人上岗。2001年，对9个副处级领导职位面向全市进行公开选拔，7人经过公示走上副处级领导岗位。对58名拟提拔的处级干部进行任前公示。14名新提拔的副处级领导干部进行为期1年的试用期。2002年，实行干部考察预告制，对拟提任处级干部（含非领导职务）人选考察，实行考察预告。2003年，制定区委全委会任用街镇党政正职表决办法、区委全委会闭会期间任用街镇党政正职征求意见办法、区委常委会无记名投票决定干部任免的实施意见。印发选拔任用处级领导干部实行差额考察办法。2009年，实行组织部办理干部任用时听取区纪委意见制度。

第三节　基层组织建设

一、支部建设

1980年，区委组织部门按照《中国共产党农村支部工作条例》对全区农村支部进行改选，明确党支部职责范围，初步落实党内"三会一课"制度。1998—1999年，批准五村一厂首批组建村厂党委，制定村级党委工作规则。2000年，全区有基层党委25个，其中村（厂）级党委6个，党组31个，党总支56个，党支部592个，党小组1049个。2010年，全区有党委29个，总支69个，支部868个。

二、村级干部队伍建设

1982年，区委组织部门对9个公社和全区农村基层党支部开展调查，对问题多的领导班子派出工作组进行整顿。1984—1986年，分6个梯次在428个支部、9120名党员中开展整党，核查"三种人"。2003年，制定村级党组织换届选举和届内调整办法。2009年换届选举后，全区村两委会成员870人，平均年龄46岁，其中大专以上文化的占56%。村党组织书记、村委会主任"一肩挑"的有56个村，两委会其他成员交叉任职166人。实行村干部助理制，每村任命一名村干部助理。开展村级班子及成员目标管理绩效考评，制订考评意见。2004—2007年，区镇两级组织231期集中培训班，362名村干部和后备干部参加大专以上学历学习，1284名村级在岗和后备干部取得任职资格证书。至2010年，完成岗位集中培训1840人，任职资格培训226人。

三、新经济组织党建

2000年，区委组织部制定非公有制经济组织党建实施意见，在具备条件的26家非公有制经济组织中建立党组织，对不具备条件的非公有制经济组织选派党建工作指导员。至2010年，全区建立非公有制企业党组织255个，依托街镇工业园区建立联合党组织11个，把不具备条件单独建立党组织企业纳入党的工作范围。

四、社区党建

2003年，区委组织部制定社区党建工作意见。2007年，制定加强和改进社区党的建设工作意见。至2010年，全区社区党组织数量发展到40个，社区党员2211名。

五、创建活动

1998—2010年，区委组织部开展多项党组创建活动。

（一）“三强”党组织创建

1998年，在全区基层党组织中开展“三强”（战斗力强、凝聚力强、号召力强）党组织创建活动。73个村通过验收达到“三强”标准。至2001年，全区90%的村级党组织达到“三强”标准，31个村级党组织被评为市级红旗党组织。

（二）农村党建“三级联创”

2004年，在全区农村开展党的建设“三级联创”活动。至2006年，7个街镇党委、132个村党组织、119个村委会达到“五个好”标准。

（三）机关“红旗党组织”创建

2003年，在区委机关开展“红旗党组织”创建活动。2005年，启动创评“党员先锋号”和“党员模范岗”活动。2006年，开通网上党建信箱。2007年，区直机关党委创建“片区”工作制，将所辖40个单位划分为5个工作片，建立片区季度联席会议制度。

第四节　党员队伍建设

一、党员发展

1982年，区委组织部制定入党积极分子教育、培养、发展制度。至1995年，全区建立学党章小组426个，参加学习的团员青年骨干6175人、入党申请人4706人、入党积极分子队2204人。2003年，全区发展党员2207名，其中高中、中专以上文化程度的占76.9%，35岁以下的占67.3%，女党员占33.5%。

1979—2010年西青区党员人数示意图

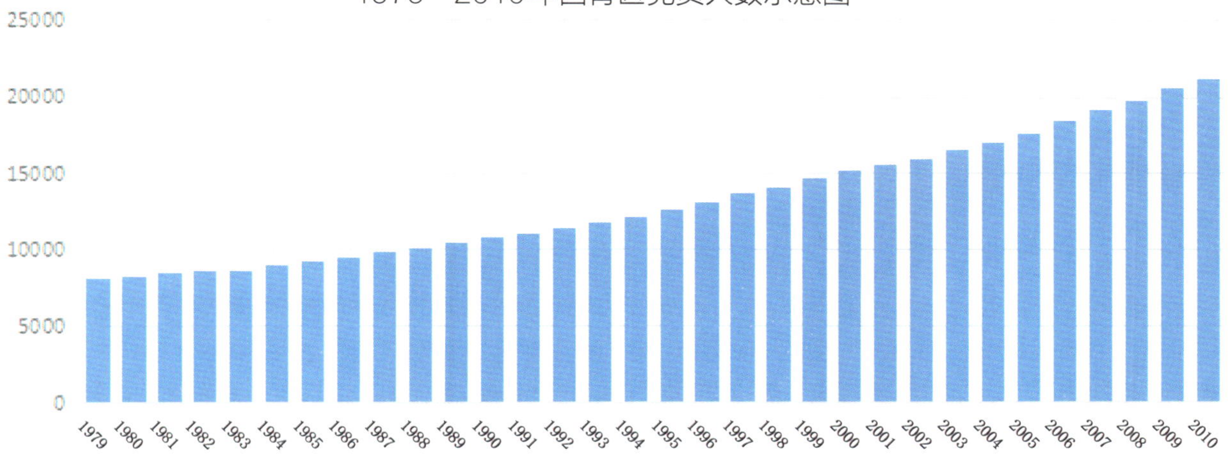

二、目标管理

1988年，区委组织部对农村党员实行目标管理，由传统定性管理向定量化、科学化管理转化。1989年，在全区推行党员目标管理，建立区、乡、村三级党建目标管理责任制。1994年，结合全区“二次创业”，确立“围绕创业抓党建，抓好党建促创业”工作方针，推行《党支部工作规范化手册》和《党小组工作规范化手册》。2007年，在党员中开展“建设新农村、党员做先锋”党性实践活动。

三、经常性管理

2003年，在区委机关开展“红旗党组织”创建活动。2007年，创建“片区”工作制，开展优秀党日评选、微型党课评比活动，建立流动党员活动证制度，普遍实行以“我是共产党员·我承诺”主题公开承诺制。

第五节　老干部工作

一、老干部人数

1979年，西青区有1978年前接收安置的外省市退休干部和1981年以前接收安置军队退转离休干部19人。离休干部中，土地革命时期参加工作1人，抗日战争时期参加工作87人，解放战争时期参加工作206人，其中男性287人、女7人；地市级待遇13人、县处级待遇168人；离休后就地安置的292人、安置到异地2人；接收安置外省市离休干部16人（代管）。

1981—2009年，病故离休干部256人。1993年，全区办理离职休养手续的干部有359人，其中来自军队转业到西青5人。

1990年，西青区将县处级退休干部纳入老干部管理范围，除医药费报销外，其他待遇相同。1991—2009年，区接收退休处级以上干部409人，去世59人。2010年，全区有离休干部121人，退休处级以上干部363人。

二、待遇

（一）政治待遇

1983年，开始建立老干部政治学习、阅读文件、情况通报、参观考察、走访慰问、联系老干部等制度。至2010年，每年区领导与各部门、各单位主管领导均签订老干部工作目标管理责任书，积极落实老干部的各项政治待遇。

（二）生活待遇

1991年，区委老干部局开始组织区离退休干部到区内和外出健康疗养。2000年，离休干部实行医疗费定额制度，超出部分实报实销，剩余归己。2003年，投入40万元，帮助企业老干部解决医药费困难。春节期间，对生病、生活有困难的老干部发放慰问品及慰问金。2004年，为离休和副处级以上退休干部调整信息费标准。由集中组织老干部疗养改为按每人每年500元标准发放养老补贴。2005年，为全区离休和退休处级以上干部颁发“老年援助卡”，看望38名抗日战争时期参加革命工作的老干部，为每位老干部发放纪念章和慰问金。2006年，为148名离休干部发放一次性住房补贴414.6万元。发放慰问金20万元。2007年，为7名企业老干部支付一次性抚恤金21.4万元。将企业离休干部统筹外部分纳入财政帮助解决机制。2010年，为118名离休干部安装“一键通”电话，累计为71名离休干部无固定收入配偶或遗孀办理天津市城乡居民基本医疗保险。

三、老干部活动

1985年始，西青区建立杨柳青新华路新华里老干部活动室、南开区金福里活动室、河西区体院北宾水里活动室。3个活动室总建筑面积2353平方米，内设健身室、书画室等9个活动室。1991年，创办老年大学。每月、每季度定期举办各类比赛。2002年，落实老干部的政治、生活两项待遇和老干部工作“三项制度”。2004年，召开老干部工作会议，组织部分离退休老干部参观全区招商引资、民营经济、旅游业、农业现代化建设和基础教育工作，通报全区经济发展情况。2007年，开展“我为西青又好又快发展提合理化建议”活动，提出合理化建议294条。组织离退休干部参加中共十七大和纪念建军80周年知识竞赛活动。2009年，组织老年合唱队开展唱红歌活动。举行西青区老干部党校揭牌仪式。为125名离休干部颁发中华人民共和国成立60周年纪念章。2010年，举办离退休干部创建“五好党支部”经验交流会暨离退休党支部书记培训班。

照17-6　2010年，区老干部局组织离退休干部进行健康咨询

第六章　宣传工作

1979—2010年，西青区宣传工作坚持党的领导，结合区情实际，开展中共十一届三中全会以来改革开放的路线方针政策以及国内外形势的宣传教育，加强党员干部以中国特色社会主义理论体系、社会主义核心价值体系为重点的理论学习，搞好新闻报道和先进典型的宣传。坚持以科学的理论武装人，以正确的舆论引导人，为促进西青区可持续发展提供精神动力和思想保障。

第一节　宣传教育

一、形势政策宣传

1979年，开展“真理标准”大讨论，把学习贯彻中共十一届三中全会精神和开展真理标准问题讨论作为学习重点。80年代初，清理“左”的思想影响，适应经济发展新形势进行思想建设。1983年，贯彻实施《农村思想政治工作试行条例》，对农村思想政治工作进行规范。1986年，召开第一次乡镇企业思想政治工作经验交流会，出台乡镇企业思想政治工作标准。90年代，组织大规模理论宣讲，学习社会主义初级阶段理论、中共十四大和十五大会议精神、社会主义市场经济理论、邓小平关于建设有中国特色社会主义理论。

进入21世纪，区委组织宣讲团围绕全区经济社会发展新形势进行宣传活动，每年都围绕形势任务教育主题进行宣讲。2008年，制定解放思想大讨论活动实施方案，开展以“抢抓机遇 创新实干 加快发展”为主题的解放思想大讨论活动。举办各类讲座、研讨会、座谈会1200多场，征集意见1.35万条。北京奥运会期间，在电视台、报纸、网络开办奥运会专栏节目，联合有关部门制作迎奥运、宣传西青的公益广告牌，发放宣传奥运资料数千张。

二、主题宣传教育活动

1979年，宣传工作以经济建设中心，开展宣传教育活动。通过学习邓小平视察南方重要谈话，开展“学讲话找差距 解放思想迈大步 转变观念 闯新路 研究招法 快致富”活动。

80年代，持续开展清理“左”的思想影响宣传教育活动。1980年，进行“真理标准大讨论”活动，重点学习中共中央《关于中华人民共和国成立以来若干历史问题的决议》。90年代，面对改革开放新形势，开展一系列主题宣传教育活动。1992年，开展解放思想大讨论活动，重点解决思想认识、深化改革、转变职能、提高效率、搞好服务问题。1996年，组织“西青精神”报告会，推动乡镇、村厂层层组织以“发扬西青精神·搞好二次创业”为主题的演讲活动，利用媒体对二次创业进行系列宣传。1998年，开展“深化二次创业认识 把握二次创业内涵，坚定二次创业信心”形势任务教育活动。

照17-7　2007年，西青区处级领导干部参加学习党的十七大精神读书班

进入21世纪，宣传工作围绕全区经济社会发展新形势进行相关主题宣传教育活动。每年制定相应主题的形势任务教育活动，组织编写教材、发放相关宣传册、宣传标语及展牌。2003年，开展“率先基本实现现代化”主题教育活动。2004年，开展“全面建设小康社会·率先基本实现现代化”主题教育活动。2005年，开展“颂祖国赞天津·爱西青促发展”主题教育活动。2007年，开展“坚持科学发展·构建和谐西青”主题教育活动，进行“和谐在西青”为主题的知识竞赛、演讲比赛、问卷测试、摄影比赛等系列活动。2008年，组织开展“高举伟大旗帜·坚持科学发展·建设和谐西青”主题教育活动，将主题教育与“解放思想 干事创业 科学发展”大讨论相结合。2009年，开展“坚持科学发展·建设和谐西青”主题教育活动。2010年，开展“实现三年倍增·造福西青人民”主题教育活动。

第二节　理论教育

一、中心组理论学习

1979年，区委理论学习中心组学习贯彻中共十一届三中全会文件精神。采取分散学习、集体讨论的方法，召开两次真理标准讨论会、一次组织路线研究会，将学习讨论的收获向干部群众宣讲。

照17-8　2008年9月12日，西青区理论中心组学习报告会现场

90年代初，区内组织学习邓小平“南方谈话”和中共十四大精神。1996年，重点学习邓小平关于“发展是硬道理”论述，进行“改革、发展、稳定三者间关系”“两手抓两手都要硬”“讲学习、讲政治、讲正气”和“两个根本性转变”专题学习。1998年，安排“高举邓小平理论伟大旗帜不动摇”“社会主义初级阶段理论”“中共十五大关于经济体制改革的新突破”“知识经济”“党的建设和中共十五届三中全会精神”等专题学习。1999年，组织安排“邓小平关于解放思想、实事求是的论述”“三讲”教育的基本精神、关于科

学技术是第一生产力的论述、中共十五届四中全会精神和进一步坚定共产主义理想信念5个专题学习。

进入21世纪，区委中心组制定学习计划，确定学习专题，聘请专家学者进行专题辅导。2001年，组织开展“三个代表”重要思想和江泽民“七一”重要讲话精神的学习活动。2003年，建立健全各级中心组理论学习制度和检查考核制度，使各级中心组学习走上制度化、规范化轨道。2005—2009年，开展保持共产党员先进性教育、中共十六届六中全会精神、中共十七大精神、深入学习实践科学发展观等多项理论教育活动，举办中心组学习会、读书会、专题讲座及专题辅导报告会。2010年，各级中心组对理论学习进行专题部署，建立健全党委(党组)中心组学习长效机制。

二、党员教育活动

中共十一届三中全会后，区内党员教育活动服从服务于经济建设，组织各类训练班、培训班以及区管干部轮训班。结合党校组织“四本书”(党史、哲学、政治经济学、科学社会主义)学习，每年对干部进行普遍轮训。各机关坚持每周半天政治学习制度。80年代，开展大学习、大培训活动。1980—1981年，对区属单位机关干部、党员开展轮训，举办5期领导干部学习《决议》轮训班。90年代初，通过座谈会、组织专题培训班等形式，学习邓小平视察南方重要谈话和中共十四大精神。1998年，组织编写“高举伟大旗帜不动摇”“正确认识社会主义初级阶段基本国情”等教材，对基层干部进行系统理论培训。

进入21世纪，结合经济社会发展形势开展党员教育活动。2000年，举办7期处级以上领导干部理论学习系列讲座，开办3期科级干部培训班和1期新提拔处级干部培训班。2002年，举办两期处级领导干部学习中共十六大精神培训班，对党员干部进行理论培训；举办5期处级领导干部集中培训讲座和两期村党支部书记培训班。2005—2006年，结合保持共产党员先进性教育活动及学习中共十六届六中全会精神，聘请市有关专家举办专题讲座60场。2008年，开展“高举伟大旗帜，坚持科学发展，建设和谐西青”主题教育活动，并与“解放思想，干事创业，科学发展”大讨论有机结合。2009年，开展“实现三年倍增，造福西青人民”主题教育活动，将活动与学习实践活动相结合，编印学习材料7000余册，悬挂标语300余幅，制作橱窗板报200余块。2010年，继续开展“实现三年倍增，造福西青人民”主题教育暨立功活动。结合“创先争优”活动，组建“我身边好典型”巡回演讲报告团，到街镇、委局进行演讲。

第七章　纪检监察

1979—2010年，区纪委、监察部门贯彻落实市纪委及区委关于加强党风廉政建设的决定，实施党章规定范围内的监督，维护党的章程和党内法规，检查党的路线、方针、政策和决议的执行情况，建立健全教育、制度、惩防并重的惩治和预防腐败体系，逐步形成党委统一领导、党政齐抓共管、纪委组织协调、部门各负其责、依靠群众支持参与的防腐败领导体系和工作格局，为全区经济社会发展保驾护航。

第一节　纪律检查

一、党风廉政建设

(一)宣传教育

80年代，区纪委采取集中、分散和听课、观看光盘、学习条例和制度等形式，开展廉政宣传教育活动。1988年，采取“走下去，请上来”方法，结合案例进行严禁公款吃喝、送礼问题的教育。召开12次座谈会，50余名乡镇局主要负责人参加。1990年，安排3个月时间对全区党员干部进行党风廉政教育。组织40名基层单位负责人进行讲纪律教育党课，党员学习、受教育面达90%。1997年，编写党课教材130套520份，讲党课240课次，举办骨干培训班8期，培训骨干690次。2004年，开展“为民·务实·清廉”和遵守“四大纪律·八项要求”专题教育，学习《中国共产党党内监督条例（试行）》和《中国共产党纪律处分条例》活动。2010年，组织全区党员干部观看学习《廉政准则》辅导讲座和系列剧《不可逾越》光盘，参观中纪委、监察部首批命名的全国反腐倡廉警示教育基地《中华人民共和国反腐第一大案展》，观看《国企反腐警示录》电教片。

（二）制度建设

80年代初，党风廉政建设以制度建设落实作为主要形式，制定多项廉政制度。1989年，制定《关于加强廉政建设的几项规定》《关于落实区委区政府惩治腐败 加强廉政建设的七项规定和市农委廉政具体措施意见》。编写《坚持从严治党 严肃党的纪律》《坚决惩治腐败 加强廉政建设》等党员教育参考材料。1999年，制定领导班子和领导干部党风廉政建设责任制，下发《关于党风廉政建设责任制的实施意见》。2003年，重新修订党风廉政建设责任制，对落实责任制工作监察督导、把执行责任制情况纳入各单位的工作考核。2004年，制定《西青区委区政府关于对违反党风廉政建设责任制规定进行责任追究的实施细则》。2005年，制定《西青区2005年党风廉政建设和反腐败工作任务分解表》，形成责任网络。修订完善《西青区落实党风廉政建设责任制检查考核办法》。2007年，制定完善领导干部任期和离岗经济责任审计、领导干部重大事项报告、领导干部述职述廉、处级干部外出请销假、处级干部任前廉政谈话等多项制度。2008年，颁布禁止公款旅游制度。2010年，制定《学习贯彻〔廉政准则〕工作方案》《西青区区管处级领导干部问责暂行办法》《关于同区管处级领导干部进行诫勉谈话的办法》等制度。

（三）领导干部廉洁自律

1979—1994年，结合组织纪律教育，对干部在分房、办公电话、移动通信工具等享有特权情况进行清理，出台若干管理规定和检查制度，落实领导干部廉洁自律工作。1996年，重点治理领导乘坐超标小汽车。1997年，集中整治，清理规范住宅公配电话。2000年，通过警示教育活动和“三公开”制度，对领导干部廉洁自律进行具体教育和约束。2002年，制定农村干部廉洁自律“九不准”规定，杜绝公车私用、公款旅游、婚丧嫁娶等借机敛财问题，对领导干部配偶以及子女经商办企业进行登记。对9个部门“一把手”落实责任制情况进行民主评议。2003—2010年，实行干部述职述廉、大事报告、外出请销假等制度。

二、查办案件

1979—1984年，区纪委恢复建立初期，按照制度和规定查办一批党员干部违纪违法行为。1986年，查处经济案件10件，查处违反财经纪律案件16件，违反党纪案件13件，复查党员申诉案件12件。共查处违纪党员48人。1989—1992年，查处违纪立案86件，其中经济案件居于首位。区纪委建立与司法、组织、人事等部门联席会议制度，研判处理违纪案件。1993—1999年，区纪委对案件实行承办制。2000—2010年，以查处大案要案为主，完善司法机关、行政机关、审计机关联合办案制度。1979—2010年，全区处理违纪党员393人，其中开除党籍120人，留党察看55人，撤销党内职务15人，严重警告56人，警告39人，其他处分108人。

三、处理信访举报

1986—1991年，区纪检部门受理群众举报899件，结案率95%以上，其中反映经济问题、作风问题、房屋分配问题、以权谋私问题居多。经过及时受理、排查、处置，重信重访率降至5%以下。1992—1998年，受理群众来信、来访、电话举报863件，反映对象以区管处级、科级和乡村干部居多，形式上以匿名举报为主。全部举报件数中，结案率95%。2000—2010年，受理群众来信、来访、电话举报、网上举报1407件，其中反映问题主要为以权谋私、经济问题，结案率97%。这一时期，群众上访和集体上访、解决后缠访情况出现。

第二节　行政监察

一、执法监察

1986年始，区纪律整顿和行政监察部门在国家机关和党群组织中开展宗旨意识教育、法律法规学习和制度建设。1989年，通过政务、村务公开，对农民减负、治理建设市场、整顿医药领域、完善行风评议，强化行政监察。1994年，对多个行政执法部门的处罚案件进行监督检查。1996年，把法院、检察院等单位列为纠风重点单位，治理党政机关向企业乱收费、乱罚款、乱摊派与开展保护服务相结合，进行行风建设。开展减轻农民负担执法检查，制定预算外管理办法，清理33个收费单位、391个收费项目，清理预算外收入6026万元，上缴财政996.5万元。全区43个执收执法部门全部落实"收支两条线"规定。2000年，在全区党政机关和司法、行政执法部门，开展对吃拿卡要不正之风的专项治理和行业作风教育整顿。2003年，开展明察暗访行业风气。2009—2010年，组织政风行风建设单位修订完善服务承诺，每年安排30个重点部门"一把手"走进区电视台直播间，向社会公开承诺，接受社会监督。

二、专项监察

1979—1985年，区行政监察以查处国家机关为民服务不到位、不及时、拖沓、推诿为主。1996年，制定建筑工程项目执法监察意见，规范对50万元以下建设工程项目的管理。2000年，提出政务、村务、厂务"三公开"要求。在行政机关中开展能效监察，在全区34个重点职能部门和9个街镇推行建立工作日志，加强"四率"考核为主要内容，以提高办事效率、服务水平为目标进行行政效能监察。2001年，进行有形建筑市场的监督管理，规范招投标工作。2002年，制定深化村务公开意见，全区160个村中村务公开达到"六规范"要求的占90%。全区所有国有、集体企业和30多个乡镇企业落实厂务公开制度。区政府、各委局、街镇、基层站所全面推行政务公开，实行对政务公开档案规范化管理。2005—2006年，重点治理拖欠农民工工资问题，对城镇拆迁行为和拆迁补偿款进行检查监督。2007年，重点治理医疗设备、医疗购销及医疗服务中的收受红包和回扣的不正之风。2010年，在全区推进行政审批制度改革。加强医德医风建设，纠正医药购销和医疗服务中的不正之风，落实院长行风建设责任制，协调健全医务人员医德考评制度。对全区药品集中采购开展监督，督促建立网上采购平台，实行网上采购。

第八章　统战工作

1979—2010年，西青统战工作按照"坚持平等协商、坚持民主协商、坚持求同存异、坚持真诚服务、坚持广交朋友"的原则，积极开展各项工作，促进区各民主党派和中国共产党的合作，同时与区人民政协加强合作沟通，鼓励支持民主党派、无党派人士为区域发展建言献策、参政议政。

第一节　多党合作

一、学习培训

1987年始，区委统战部组织民主党派和党外人士进行“坚持四项基本原则，反对资产阶级自由化的斗争”学习。1991年，协助民主党派组织学习《关于社会主义若干问题的学习纲要》，与区政协联合举办思想教育讲习班。1993年，编辑坚持中共领导下的多党合作、政治协商制度的《知识问答》，提供给各级党组织和民主党派、工商联进行学。1997年，举办“迎香港回归专题报告会”，举办“迎七一·庆回归”活动，帮助民主党派对其成员进行“多党合作史”教育，对新成员进行培训等。1999年，组织民主党派、工商联骨干进行培训。安排民主党派负责人参与区级干部“三讲”教育活动。2000年起，每年邀请民主党派主任、副主任委员参加处以上领导干部理论学习专题讲座。2005年，组织各民主党派、工商联领导成员进行培训，学习传达《中共中央关于进一步加强中国共产党领导的多党合作和政治协商制度建设的意见》。2007年，向各民主党派、工商联部署学习贯彻中共十七大精神的重大意义。2008年，统战系统开展“解放思想干事创业 科学发展”大讨论活动。各民主党派、工商联领导和骨干70多人参加。2010年，组织各民主党派200人观看电视剧《黄炎培》，宣传多党合作的历史。

照17-9　2010年，西青区各界代表人士参加爱国主义教育培训班

二、协商活动制度

1993年，区委统战部建立健全对口协商制度。确定民革西青支部与区台办、民进西青工委与教育局、农工西青工委与卫生局对口协商单位。1994年，教育、卫生、农林、供销社和李七庄乡建立部门党政领导同政协委员、党外代表联系的制度，完善各民主党派联席会制度。1995年，乡镇局党委普遍建立统战理论学习和统战工作汇报制度、党政主要领导与重点统战对象交友联系制度。区人民检察院等单位完善特约检察员、监察员和教育督导员的活动制度。统战部制定联系党派领导班子制度。2007年，区委建立健全各项制度，主要有《关于完善同各民主党派政治协商的有关规定》《关于支持民主党派加强自身建设的意见》等。

1997—2010年，区统战部每年坚持联席会制度，定期通报区重要会议精神。

三、支持参政议政

1987年起，各民主党派、工商联主要负责人每年均参加区委召开的民主协商会、座谈会、情况通报会。举荐民主党派成员、无党派人士担任各级人大代表、政协委员和特约监察员、检察员、审计员、教育督导员等。

1993年，区人大换届首次实现党外常委超过30%比例。各委办局推荐15人作为党外处级干部培养对象。1995年，区农村工作会议前，向民主党派通报并征求意见，为各民主党派参政议政创造条件。民主党派成员20件提案被有关部门采纳。1996年，引导帮助3个民主党派围绕发展经济参政议政、发挥作用，通过大发动、大讨论、大学习，引导党派成员开展“为二次创业献计出力活动”。1997年，坚持每季度联席会制度，定期通报全区重要会议和领导讲话精神，民主党派成员有针对性地提出建议、意见和要求。2000—2010年，各民主党派及无党派人士政协委员审议“十五”“十一五”规划草案和历年《政府工作报告》等文件，共提出提案368件，重点提案20件。

四、视察调研

1998—2010年，区委统战部多次组织各民主党派主委、工商联主席和成员赴区内和外地考察，学习先进经验和进行各种调研活动。

1988年，区委统战部为服务经济建设，抽调干部对部分私营企业进行调查，写出调查报告。1989年，对全区私营企业进行调研，在数据基础上划分“私营企业重点大户”。1994年，对非党知识分子动态变化情况进行调查，确定3个重点联系单位和20多名重点联系对象。1995年，组织各民主党派、工商联领导班子成员为区“二次创业”进行调研。1999年，开展农业社会化服务调研，为西青区率先实现农业现代化提出相关建议。开展“成人中专、职业中专如何为经济建设服务”“如何加快培养外向型经济人才”“如何防范经济领域的金融风险”等专题调研。2000年，围绕区委中心工作及对非公有制经济的发展进行专题调研，提出建议。2003—2007年，统战系统完成7个调研课题，在全区党外人士建设、如何发挥民主监督作用等方面工作提出意见、建议。2008年，开展农村养老保险情况调研。2009—2010年，民主党派、工商联对各自联系对象开展调研，撰写调研报告10余篇。

第二节　对台工作 海外交流

一、对台工作

（一）联络接待

80年代，区对台办公室通过走访、摸底，建立健全对台工作对象卡片，开展海外联系工作。1987年，确定10户重点联络对象。春节期间，为海峡之声广播电台“故乡鸿雁”节目撰写稿件，录制台属与台湾亲人讲话录音，送海峡之声电台播出。1988年，接待首批探亲、观光台胞14户32人次。1991年，联系区台胞、台属114户，其中住区台胞6户，有探亲来往的台属90户，通信来往的台属18户。2002年，协助台湾年代新闻电视台拍摄杨柳青运河景观、石家大院和台资企业节目并在台湾岛内播出。2004年，建立涉台突发事件紧急联系人网络和涉台突发事件协调办公室，建立完善处理涉台突发事件工作机制。2006年，接待参加台湾地区第一批公派生到大陆求学60周年联谊活动名参会人员，接待新同盟会高雄地区会员（会友）大陆工商参访团30多人参观访问。2008年，接待台湾地区松井国际股份有限公司考察组到西青开发区进行经贸交流考察，协助台湾中天电视台《台湾脚逛大陆》摄制组到杨柳青民俗博物馆、年画馆采访和拍摄节目。2009年，建立服务台商季谈会制度，接待“2009海河情夏令营”、台湾大学生旅游团、台湾海峡两岸民间交流团等6批129人次。2010年，接待台湾地区电机电子工业同业公会等台湾团组4批100余人次，接待第三届津台投资合作洽谈会和台湾名品博览会与会台商20余人考察座谈，宣传推介西青区优质农业项目。

（二）对台交流

1999年，台湾地区“9·21”大地震后，西青区中华文化交流合作促进会组团赴台进行文化交流，进行赈灾书画义卖活动，将义卖所得120万新台币捐献给灾区。2004年，组成西青区赴台经贸交流考察团，访问台湾地区。2006年，西青开发区管委会等部门参加在福州、厦门举行的海峡两岸经贸博览会、第八届海峡两岸经贸交易会。2007年，区内画家赴台参加两岸文化交流书画展。2009年，区台办负责人赴台参加第一届两岸连锁加盟暨品牌代理大会。

二、海外交流

1990年，西青区成立海外联谊会，开展海外联谊活动。1992年，按照自愿、就近原则，建立西青区海外统战工作网络和26个海外联谊小组。海外文艺机构华艺摄制组拍摄《中国年画之乡——杨柳青镇》，向世界播放。1993年，白俄罗斯科贸代表团与区乡镇企业注委经贸公司建立联系，并达到合作意向。2004年，区联谊会接待菲律宾SM集团、马来西亚雪隆广东会馆等代表团来访。2005年，区联谊会接待加拿大侨胞访问团。2005—2007年，区统战系统共接待来访海外团组21批800人次。2007年，接待海外新华侨代表团。

第九章　政策研究

80年代始，区委研究室（农工部）对全区贯彻执行中共中央路线、方针、政策的落实情况和对全区经济社会发展的重大问题以及带有全局性、方向性的热点、难点问题进行调查研究，提出意见和建议。围绕区委、区政府重点调研课题，组织协调各有关部门共同开展调查研究，参与起草和修改区委、区政府部分重要政策文件，整理推介调研成果，在广泛进行经济发展和社会发展调研的基础上，获得重要调研成果100余项。

第一节　调查研究

一、经济发展调研

1989年，区委研究室对全区私营企业情况、乡镇企业积累与分配情况进行调研。1990年，对农村产业结构调整情况、土地规模经营及发展对策进行调研分析。1992年，对发展农业机械化促进农业规模进行调研。1993年，进行组建企业集团、发展规模经济的调研，对政府加强市场农业宏观指导调研。1994年，进行区"三资"企业发展情况调查研究，撰写《非农化——城郊农业重要的发展趋势》调研报告。1995年，进行区土地承包状况及农业社会化调研，形成《面对市场 发挥优势 建设特色农业》调研报告。1997年，对发展区域经济特点和经验进行调研，形成《发挥城乡结合部优势 加快发展区域经济》研究报告，被中共中央政策研究室、国务院研究室主办的《学习・研究・参考》杂志发表。对部分村庄集体发展渔业开展情况调查研究。2001年，对全区农村集体经济组织建设现状进行调查。2002年，开展"加快区域经济发展"课题研究。2003年，围绕招商引资、发展个体私营经济、"非典"、影响经济发展的障碍性因素进行调研。2005年，开展关于坚持协调发展、做强区县经济的调研，开展转变增长方式、提高开放水平和发展壮大村级集体经济的调研。2008年，开展土地承包现状的调查、对全区农村改革30年进行回顾和总结。2009年，开展设施农业发展、扶持集体经济薄弱村发展、村级集体资产管理状况、街镇区园区建设、经济发展战略研究和促进农民增收调研。2010年，开展企业上市融资和园区经济发展的研究。

二、社会发展调研

1991年，区委研究室对乡镇企业专业技术人员现状及培养途径进行调查研究。1996年，对城乡结构状况进行调查分析，撰写《冲破城乡二元结构的有益尝试》调研报告，进行推行企业平等协商签订集体合同调研。2002年，对加强服务业进行调研，提出《关于建立西青区经济发展服务中心的建议》。

完成“关于外环线及周边地区占地”“西青区关于理顺城郊接合部 管理关系的调研”等课题研究。2004年，开展国家宏观政策对区经济发展影响、失地农民和社会保障、运河文化、安置农村富余劳动力就业和小城镇建设调研。2005年，开展建立长效机制，维护群众利益和统筹人与自然协调发展调研。2006年，开展社会主义新农村建设、村庄基本情况、文化产业、经济与环境协调发展、加强社区建设与促进社会和谐、创新党的群众工作方法调研。2007年，开展社区建设、强镇战略、城镇职工养老保险情况调研。2009年，开展“走在前列”可行性研究和街镇区园区建设调研。2010年，开展城郊划界、推进“城中村”改造和管理、增加农民收入对策调研，开展“扩权强镇”试点、农村生源大中专毕业生待遇等问题调研。

第二节 政策研究制定

一、家庭联产承包责任制政策

1980年，区政策研究部门参与区委落实中央加强和完善农业生产责任制意见的制定。1981年，起草推行多种形式联产计酬责任制意见，参与制定普及和完善联产责任制意见，总结推广区内“专业承包、联产计酬”“统一经营、联产到劳”“包产到户、包干到户”“口粮田加责任田‘两田’责任制”联产责任制形式。提出建议实行联产责任制的主要形式和基本做法。1983年，参与起草稳定和完善联产承包责任制中处理若干具体问题试行办法。

二、农村集体经济体制政策

1985—1990年，区委研究室起草西青区“以工补农”文件，对集体提留比例、承包使用费和有偿服务费做规定。1991年，提交“强化合作经济组织管理职能，促进农村经济健康发展”汇报材料，对理顺村级经济管理体制、强化村级合作经济组织管理职能等提出研究意见。1995年，起草加强农村集体资产管理的决定。2007年，参与制定区发展都市型现代农业政策意见。2008年，参与制定提升优化都市型现代农业实施意见，明确对农业产业化、农业科技、设施农业、生态农业的支持政策。

三、企业体制改革政策

1987年，区委研究室起草西青区完善乡镇企业承包经营责任制意见。1989年，起草落实乡镇企业承包合同兑签工作意见。1993年，起草出台乡镇企业股份合作制试行意见。1997年，起草深化乡镇集体企业改革意见和8个规范性操作指导性文件。2000年，参与制定深化乡镇企业改革意见和乡镇企业改革实施办法。

四、招商引资优惠政策

2001年，区委研究室参与制定西青区街镇工贸小区招商引资暂行规定。2002年，制定经济开发区街镇工业园（科技园）建设扶持政策和西青经济开发区招商引资优惠政策。2009年，制定区招商引资政策指南（试行）。2002年，制定街镇财政体制改革实施方案。2004年，制定鼓励个体私营经济发展的若干规定，出台市场准入、土地使用、财政扶持、减免收费、鼓励投资、权益保护、表彰奖励、附则等八个方面23条政策规定，制定加快科技型中小企业发展的若干政策。2009年，制定优化都市型现代农业扶持意见、鼓励工业企业技术改造实施办法、促进服务业发展扶持意见、促进街镇工业园区发展扶持意见、促进文化旅游业发展扶持意见、扶持科技创新实施办法、节能专项资金使用管理办法、招商引资政策指南，制定保增长、渡难关、上水平政策措施等扶持区产业发展意见和办法。

五、绩效考核奖励政策

1996年，区委研究室起草西青区乡镇联绩考核办法，拟定五强乡镇、十强集团、百强企业评选产生办法和做好承包合同兑签、严格执行收益分配和重奖政策通知。1999年，按照“双百分”考核原则确定各街镇机关干部年度奖金，参与制定街镇联绩考核办法和乡镇集体企业厂长（经理）推行退休后享受净资产增值报酬待遇意见。2001年，参与重新修订对有突出贡献经营者的奖励政策。2004年，重新起草制定表彰奖励有突出贡献经营者政策。2010年，参与制定区内经济社会发展目标责任考核办法和机关单位目标管理绩效考核办法。

第十章　保密工作 党校 党史

90年代始，区保密部门采取多种形式宣传《中华人民共和国保密法》，制定区机关单位的保密制度，开展保密检查，全社会保密意识大幅提高。至2010年，全区未发生窃密、泄密事件。

80年代至2010年，区委党校加强教师队伍建设，组织开展教学研究，每年举办多层次、多类型的干部理论培训班和学历班，完成上百项教学研究成果。党史征集工作常年征集、整理、编写党史资料，随着区经济和社会建设发展，扩展征集范围，编辑出版各类党史资料书籍12种。

第一节　保密工作

一、保密法宣传

1991—1999年，区保密局每年5月利用一周时间集中开展全区保密宣传教育活动，以学习宣传《中华人民共和国保密法》和《保密法实施办法》为主要内容，落实中央和市委新形势下保密工作指示精神，举办保密知识报告会、发放宣传材料、张贴宣传标语、收看保密知识录像、组织保密知识竞赛等活动，向干部群众宣传保密工作性质、任务和方针政策，累计受教育人数1万人。2000—2010年，宣传周活动以专题讲座、知识竞赛、观看保密教育专题片为主，加强对领导干部和涉密人员宣传教育，在公务员队伍中开展学法、知法、守法教育。2007年，编印《保密工作制度汇编》和《保密工作实用手册》。2008年，组织机关干部观看保密教育专题片《警钟长鸣》。2010年，在杨柳青广场开展《保密法》大型宣传活动。

照17-10　2007年，区保密局在杨柳青广场开展《保密法》宣传周活动

2006—2010年，加强计算机网络安全保密知识的培训，指导机关工作人员掌握计算机网络安全防范技能。

二、保密监察管理

1991始，区保密局每年均对全区各单位开展保密大检查，主要内容有：领导干部保密责任落实、涉密文件管理、各项保密制度执行情况等，采取自查、互查、专项检查与抽查相结合的方式，做到查隐患、堵漏洞。1995年，完成第43届世界乒乓球锦标赛期间空中信号保密技术检查。1997年，在全区党政机关实行领导干部保密工作责任制。2007年，规范保密要害部门、部位计算机保密管理标识。2009年，开展党政机关涉密人员保密承诺书签订工作，全区1233名涉密人员签订承诺书。2000—2010年，进行不定期专项检查，主要有：计算机信息系统专项检查、清理取缔涉密文件资料交易专项检查、政府信息公开保密专项检查等。开展计算机信息系统、涉密计算机、涉密移动存储介质等检查。强化保密技术防范，抓好保密检查技术的装备和应用，对计算机信息系统及移动存储介质使用存在隐患单位下达整改通知书，杜绝网络窃密泄密事件发生。

第二节　党校工作

一、干部培训

1979—1995年，区委党校举办各种类型的培训班、轮训班，参加人员包括党员干部、处级领导、农村党支部书记、入党积极分子等。1996年，全面实施人才工程计划，举办各类培训班5种7个班次，培训干部590人次。1997年，举办入党积极分子、政工师等培训。举办6个主体班次培训，培训干部1400人次。1998年，举办6类11期培训班，培训干部、专业技术人员1221人次。1999年，完成3个主体班次6期的教学任务，其中科级干部理论培训班4期540人；农村后备干部和区直机关入党积极分子培训班84人。2000年，举办农村基层干部任职资格培训和农村后备干部培训班9期，培训农村基层干部875人，入党积极分子培训71人，中青年干部培训38人，科技干部学哲学培训399人，副处级领导干部培训66人，政工干部培训60余人。2001年，区委党校联合举办9个主体班次培训11期，培训1109人。2002年，举办3个主体班次5期，培训500人。2003年，举办主体班8个类别11期，培训轮训学员1869人次。2004年，举办主体班36期，培训轮训学员2800人次。2005年，围绕党的先进性建设、提高党的执政能力，举办各级各类培训班9期，培训党员干部1538人次。2006年，举办新任科级干部、农村干部、高级知识分子等培训班7期，培训各级各类干部780人次。为基层服务讲授《树立科学发展观，构建社会主义和谐社会》等十多个专题课，受益人数2500人次。2007年，举办主体班12期，培训干部991名。2008年，完成主体班9期，培训5100人次。2009年，举办西青医院窗口服务人员培训班、卫生局中青年干部培训班、公安局特勤培训班，全年培训1145人。2010年，共举办主体班次26期，其他班次6期，培训1678人。

二、学历教育

1984年始，区委党校开设学历班，设有中共天津市委党校函授学院西青学区大专班，设置党政管理专业、经济管理专业、行政管理专业、公共管理专业。开设中共天津市委党校本科班，设有公共管理专业、行政管理专业；开设中央党校函授学院天津分院西青学区本科班，设有行政专业、经济专业、党政专业、管理专业。开设天津市师范大学研究生进修班（西青班）。

1996年，区委党校录取中央党校函授学员98名、半脱产大专学历班294名。1997年，党校的函授班和半脱产大专班在籍学员498人，其中函授本科生98人，半脱产大专生400人。1998年，录取九八级党政、经济管理两个专业函授本科生156人，半脱产大专生126人。2000年，录取新生255人，其中大专生137人，本科生118人。2001年，录取新生242人。与天津师范大学共同开办首期研究生班，招收学员43人。2003年，录取新生137人，其中本科生101人，专科生36人。2004年，在校学历班有12个，学员378人，其中本科生198人，大专生180人。录取新生124人，其中本科生58人，专科生

66人。为党校学历教学班和学员最多的一年。2006年，党校函授教育10个教学班，在籍学员383人。2008年，区内函授生源日渐枯竭，学历班停止招生。

三、教学研究

1979—2010年，西青党校教师完成科研成果168篇，其中获奖67篇。多篇文章发表在研究文选或在交流会上交流，有的被评为优秀论文。编撰《资料选编》8期。

第三节　党史研究

一、资料征集

1985—1995年，西青区委党史办公室通过调查走访，征得800余万字的《津南县革命史》党史资料。1986—1990年，征集中共天津市西郊区组织史资料，查阅档案2.66万卷，走访和信访多名当事人、知情人，收集近150万字文献资料。1987—1988年，通过查阅档案、系统调查走访，对农业合作化历史进行资料征集。1989年，党史研究室完成民主革命时期党史资料的征集任务，厘清民主革命时期西郊区地方党组织建立、党领导下革命斗争和重要事件，整理出19篇专题资料。1992—1995年，征集天津县党史大事记资料330多万字。1998—1999年，征集区党史有代表性照片16幅，专题材料13篇，典型材料18篇，文件14份。2000—2001年，征集整理区党史统计资料4万字，摘录大事记883条16万字。2001—2009年，征集1948—1978年各阶段中共党组织的奋斗历程照片、文献和回忆文章。

2010年，区委党史办参与区内革命遗址普查。普查民主革命时期的革命历史文化遗址7处，其中革命遗址6处，其他遗址1处；重要党史事件和重要机构旧址2处，重要党史事件及人物活动纪念地2处，纪念设施3处。

二、编研出版

1987—1988年，编选《天津市西郊区农业合作化大事记年表》《天津市西郊区农业合作化史典型资料》，撰写《天津市西郊区农业合作化简史》。1989年，编写《西郊区党史资料汇编》。1992—1993年，编写《天津县党史大事记（1948年12月—1953年5月）》。1994—1995年，编写《西青区党史大事记（1948—1956）》。1998—1999年，编写《新时期农村党建工作——天津市西青区党建纪实》。2000—2001年，编写《西青区党史大事记（1957—1978）》。2001—2009年，编写从1948—1978年各阶段《奋斗的历程·西青区卷》。2009—2010年，完成编写《中共天津市西青区历史（1948—2010）》。

第十八编

人民代表大会

天津市　西青区志（1979—2010）

TianJin Annals of Xiqing District

1990年2月17日，西郊区第十一届人民代表大会第一次会议开幕

1980年，西青区人民代表大会（简称区人大）恢复职能后，至2010年共召开8次代表大会。历届区人民代表大会及其常委会依法履行职责，对全区经济社会发展、重要人事任命及全民普法等作出重大决议、决定，对区人民政府、区人民法院、区人民检察院（简称一府两院）进行法律监督和工作监督，正确行使人事任免权，在推动西青区经济社会发展和民主法治进程中发挥出重要作用。

第一章　代　表

1979—2010年，西青（郊）区依法选举产生区级人大代表1569人次、市级人大代表133人次。各次会议期间，区人大代表作为全区人民大众根本利益的代表，在人民代表大会中起到区委、区政府与人民群众联系的纽带作用。

第一节　代表产生

一、选举办法

1979年始，西青区根据第五届全国人大二次会议通过的《中华人民共和国全国人民代表大会和地方各级人民代表大会选举法》规定，区人大代表改由选民直接选举产生，并实行差额选举办法。

二、选举程序

按照选举法，区（镇）人大代表名额由市人大常委会依法确定。选举程序一般分四步：第一步，成立选举机构，划分选区，宣传培训；第二步，选民登记，审查选民资格，公布选民名单；第三步，分配代表名额，提名推荐，酝酿代表候选人；第四步，选民投票选举人大代表，召开新一届人民代表大会第一次会议。

1979—2010年西青区历届区人大代表选举情况统计表

表18-1　　单位：人

届次	选举时间	选民参选情况		选举产生人大代表
		选民数	参选率%	
第八届	1979年12月19日至1980年3月15日	220476	–	226
第九届	1983年11月10日至1984年1月20日	250809	98.04	200
第十届	1986年10月10日至1987年1月5日	264944	94.80	200
第十一届	1989年9月至1989年12月	281130	95.20	200
第十二届	1992年9月至1992年12月	297044	94.80	200
第十三届	1997年10月至1997年12月	311557	96.80	181
第十四届	2002年8月至2002年11月	326071	95.12	181
第十五届	2006年7月至2006年11月	405521	85.40	181

第二节　代表构成

一、代表阶层

西青区第八至第十五届区人大代表均由农民、工人、干部、知识分子、解放军、民主党派及其他爱国人士组成，具有先进性、广泛性和代表性。

二、代表比例

第八届区人大代表中，中共党员占63.7%，民主党派占0.9%，妇女代表占21.7%，农民代表占50%，工人代表占9.3%，其他代表占40.7%。第九届区人大代表中，中共党员占64%，农民占39.5%，工人占6%。各条战线先进人物代表比例增至32.5%，大专以上文化程度占19%。第十届区人大代表中，中共党员占64%，农民占43%，知识分子代表占19%，干部代表占23%，民主党派及无党派人士代表占3.5%，解放军代表占1.5%，非党代表占36%，大专以上文化程度代表占22.5%。第十四届区人大代表中，大专以上学历增至59.1%。第十五届区人大代表中，中共党员占65%，农民占24.9%，工人占15.5%，大学本科以上学历占42%。

第八届至第十五届西青区人大代表组成一览表

表18-2　　单位：人

届次	中共党员		妇女代表		农民		工人		其他	
	人数	%	人数	%	人数	%	人数	%	人数	%
第八届	144	63.7	49	21.7	113	50.0	21	9.3	92	40.7
第九届	128	64.0	51	25.5	79	39.5	12	6.0	109	54.5
第十届	128	64.0	44	22.0	86	43.0	19	9.5	95	47.5
第十一届	146	73.0	42	21.0	89	44.5	8	4.0	103	51.5
第十二届	151	75.5	43	21.5	81	40.5	2	1.0	117	58.5
第十三届	122	67.4	46	25.4	77	42.5	23	12.7	81	44.8
第十四届	123	68.0	53	29.3	50	27.6	28	15.5	103	56.9
第十五届	118	65.0	54	29.8	45	24.9	28	15.5	108	59.7

第二章　代表大会

历届西青区人民代表大会主要议程为：听取和审议区人民政府、区人大常委会、区人民法院、区人民检察院工作报告；审查和批准区上一年度国民经济和社会发展计划执行情况与本年度国民经济和社会发展计划草案的报告；审查和批准区上一年度预算执行情况及本年度预算草案的报告；选举区人大常委会正、副主任、常委会委员和区政府正、副区长，选举区人民法院院长和人民检察院检察长；通过人大代表议案；收集整理人大代表建议、批评和意见。1980—2010年，共召开8届、39次区人民代表大会，收到代表提案、建议、批评和意见3368件。

第一节　第八届人民代表大会

此届人民代表大会代表任期4年5个月。第八届人民代表大会共召开4次会议。

一、第一次会议

会议于1980年4月26—29日在西郊礼堂召开。会议听取西郊区革命委员会工作报告和区人民法院工作报告、区人民检察院工作报告。会议通过关于政府工作报告、关于区人民法院工作报告和区人民检察院工作报告的决议。选举产生区人大常委会组成人员，李明为主任，王稷先、张文海、耿厚、谢校亭为副主任，委员12人。选举张树生为区长，王怀义、王怀勤、孙维勤、张玉林、李桂秋、贺德泰为副区长。选举尹朝学为区人民法院院长、李建新为区人民检察院检察长。选举出席天津市第九届人民代表大会代表32人。会议收到代表提案865件。

照18-1 1980年4月26日，西郊区第八届人民代表大会第一次会议开幕

二、第二次会议

会议于1981年5月6至9日在西郊礼堂召开。会议听取和审议区政府工作报告、区人大常委会工作报告、财政预决算报告、区人民法院工作报告、区人民检察院工作报告，并通过对上述报告的决议。会议收到代表提案71件。

三、第三次会议

会议于1982年3月9至13日在西郊礼堂召开。会议听取和审议区政府工作报告、区人大常委会工作报告、区人民法院工作报告、区人民检察院工作报告，并通过对上述报告的决议。6人进行大会发言。会议收到代表提案和意见130件。

四、第四次会议

会议于1983年2月22至25日在西郊礼堂召开。会议听取和审议区政府工作报告、区人大常委会工作报告、区人民法院工作报告、区人民检察院工作报告，并通过对上述报告的决议。大会作出《全区人民行动起来，继续深入开展1983年“全民文明礼貌月”活动的决议》《关于动员全区人民认真贯彻“服务城市，发展出口，城乡互助，劳动致富”的方针，开创农业生产新局面的决议》。选举出席天津市第十届人民代表大会代表20名。会议收到代表建议、批评和意见74件。

第二节 第九届人民代表大会

此届人民代表大会代表任期2年5个月。第九届人民代表大会共召开4次会议。

一、第一次会议

会议于1984年9月19至22日在西郊礼堂召开。会议听取和审议区政府工作报告、西青区1983年财政决算和1984年财政预算（草案）的报告、区人大常委会工作报告和区人民法院工作报告、区人民检察院工作报告，并作出相应决议。选举产生第九届区人大常委会组成人员，李明为主任，王稷先、白旭、刘在生、张文海为副主任，委员12人。选举张崇智为区长，王怀义、王怀勤、李桂秋、赵以贞为副区长。选举兰瑞福为区人民法院院长、李德盛为区人民检察院检察长。会议收到代表建议、批评和意见253件。

二、第二次会议

会议于1985年3月26至29日在西郊礼堂召开。会议听取和审议区政府工作报告、西青区1984年财政决算和1985年财政预算草案的报告、区人大常委会工作报告、区人民法院工作报告、区人民检察院工作报告，并作出相应决议。会议收到代表建议156件。

三、第三次会议

会议于1986年3月26至29日在西郊礼堂召开。会议听取和审议区政府工作报告、西青区1985年财政预算执行情况和1986年财政预算草案的报告、区人大常委会工作报告、区人民法院工作报告、区人民检察院工作报告，并作出相应决议。会议收到代表意见和建议232件。

四、第四次会议

会议于1986年7月28至29日在西郊礼堂举行。会议听取区政府上半年工作情况的报告。通过关于接受张崇智辞去西郊区区长职务的决议、关于接受李桂秋辞去西郊区副区长职务的决议。补选王怀勤为区长，王树良为副区长。

第三节　第十届人民代表大会

此届人民代表大会代表任期3年。第十届人民代表大会共召开3次会议。

一、第一次会议

会议于1987年2月28日至3月4日在西郊礼堂召开。会议听取和审议区政府工作报告、西青区1986年财政预算执行情况和1987年财政预算草案的报告、区人大常委会工作报告和区人民法院工作报告、区人民检察院工作报告，并作出相应决议。选举产生第十届区人大常委会组成人员，李桂秋为主任，张文海、王稷先、郭春林、陈宗骞为副主任，委员9人。选举王怀勤为区长，王树良、王怀义、赵以贞、石晓成为副区长。选举兰瑞福为区人民法院院长、李洪起为区人民检察院检察长。会议收到代表建议、批评和意见161件。

二、第二次会议

会议于1988年2月29日至3月3日在西郊礼堂召开。会议听取和审议区政府工作报告、西青区1987年财政预算执行情况和1988年财政预算草案的报告、区人大常委会工作报告、区人民法院工作报告、区人民检察院工作报告，并作出相应决议。大会选举西郊区的天津市第十一届人民代表大会代表17名。会议收到代表建议、批评和意见200件。

三、第三次会议

会议于1989年3月8日至11日在西郊礼堂召开。会议听取和审议区政府工作报告、西青区1988年财政预算执行情况和1989年财政预算草案的报告、区人大常委会工作报告、区人民法院工作报告、区人民检察院工作报告，并做出相应决议。会议收到代表建议、批评和意见119件。

第四节　第十一届人民代表大会

此届人民代表大会代表任期3年。第十一届人民代表大会共召开3次会议。

一、第一次会议

会议于1990年2月17日至21日在西郊礼堂召开。会议听取和审议区政府工作报告、西青区1989年财政预算执行情况和1990年财政预算草案的报告、区人大常委会工作报告和区人民法院工作报告、区人民检察院工作报告，并做出相应决议。选举产生第十一届区人大常委会组成人员，李桂秋为主任，郭春林、怀禹、刘占丰、张中庸、王军庆为副主任，委员13人。选举杨宝生为区长，张保友、王怀义、蒋兆文、韩治国等为副区长。选举兰瑞福为区人民法院院长、李洪起为区人民检察院检察长。会议收到代表建议、批评和意见216件。

二、第二次会议

会议于1991年3月5日至9日在西郊礼堂召开。会议听取和审议区政府工作报告、西青区1990年财政预算执行情况和1991年财政预算的报告、区人大常委会工作报告、区人民法院工作报告、区人民检察院工作报告，并做作出应决议。会议收到代表建议、批评和意见147件。

三、第三次会议

会议于1992年2月19日至23日召开。会议听取和审议区政府工作报告、西青区1991年财政预算执行情况和1992年财政预算的报告、区人大常委会工作报告、区人民法院工作报告、区人民检察院工作报告，并做出相应决议。作出关于西郊区国民经济和社会发展第八个五年规划纲要的决议。会议收到代表建议、批评和意见125件。

第五节　第十二届人民代表大会

此届人民代表大会代表任期5年。第十二届人民代表大会共召开6次会议。

一、第一次会议

会议于1993年2月23日至27日在西青礼堂召开。会议听取和审议西青区政府工作报告、西青区1992年财政预算执行情况和1993年财政预算草案的报告、区人大常委会工作报告和区人民法院工作报告、区人民检察院工作报告，并做出相应决议。选举产生第十二届区人大常委会组成人员，王怀勤为主任，张保友、王文明、蒋兆文、张中庸、王军庆为副主任，委员13人。选举西青区区长及韩治国、程文武、高洪涛、张全福、高孝德、沈正国等副区长。选举张德山为区人民法院院长、戴永年为区人民检察院检察长。会议收到代表建议、批评和意见127件。

二、第二次会议

会议于1993年4月28日在西青礼堂召开。会议选举出西青区的天津市第十二届人民代表大会代表17名。

三、第三次会议

会议于1994年2月19日至21日在西青礼堂召开。会议听取和审议区政府工作报告、西青区1993年财政预算执行情况和1994年财政预作出案的报告、区人大常委会工作报告、区人民法院工作报告、区人民检察院工作报告，并做出相应决议。会议收到代表建议、批评和意见70件。

四、第四次会议

会议于1995年2作出日至11日在西青礼堂召开。会议听取和审议区政府工作报告、西青区1994年财政预算执行情况和1995年财政预算草案的报告、区人大常委会工作报告、区人民法院工作报告、区人民检察院工作报告，并做出相应决议。会议补选张保友为区第十二届人大常委会主任。会议收到代表建议、批评和意见57件。

五、第五次会议

会议于1996年1月23日至26日在西青礼作出开。会议听取和审议区政府工作报告、西青1995年财政预算执行情况和1996年财政预算草案的报告、关于西青区国民经济和社会发展“九五”计划及2010年远作出划纲要（草案）的报告、关于西青区城乡建设规划的报告、区人大常委会工作报告、区人民法院工作报告、区人民检察院工作报告，并做出相应决议。会议补选张保友为区第十二届人大常委会主任。会议收到代表建议、批评和意见81件。

六、第六次会议

作出议于1997年1月23日至25日在西青礼堂召开。会议听取和审议区政府工作报告、西青区1996年财政预算执行情况和1997年财政预算草案的报告、区人大常委会工作报告、区人民法院工作报告、区人民检察院工作报告，并做出相应决议。会议补选方文贤为区第十二届人大常委会副主任。会议收到代表建议、批评和意见55件。

第六节　第十三届人民代表大会

此届人民代表大会代表任期5年。第十三届人民代表大会共召开9次会议。

一、第一次会议

会议于1998年1月10日至13日在西青礼堂召开。会议听取和审议区政府工作报告、西青区1997年财政预算执行情况和1998年财政预算草案的报告、区人大常委会工作报告和区人民法院工作报告、区人民检察院工作报告，并做出相应决议。选举产生第十三届区人大常委会组成人员，陈鸿恩为主任，张全福、方文贤、王界义、杨宝江、王军庆为副主任，委员15人。选举产生区长，程文武、李国文、臧永芬、沈正国等副区长。选举蒋月华为区人民法院院长、戴永年为区人民检察院检察长。会议收到代表建议、批评和意见41件。

二、第二次会议

会议于1998年3月30至31日在西青礼堂召开。会议选举出西青区的天津市第十三届人民代表大会代表16名。

三、第三次会议

会议于1998年7月14日在西青礼堂召开。会议补选张景泉为西青区区长。

四、第四次会议

会议于1999年1月27日至28日在西青礼堂召开。会议听取和审议区政府工作报告、西青区1998年财政预算执行情况和1999年财政预算草案的报告、区人大常委会工作报告、区人民法院工作报告、区人民检察院工作报告，并做出相应决议。会议收到代表建议、批评和意见29件。

五、第五次会议

会议于2000年1月14日在西青礼堂开幕，会期两天。会议听取和审议区政府工作报告、西青区

1999年财政预算执行情况和2000年财政预算草案的报告、区人大常委会工作报告、区人民法院工作报告、区人民检察院工作报告，并作出相应决议。会议收到代表建议、批评和意见27件。

六、第六次会议

会议于2000年9月16日召开。会议补选张福来为区人民检察院检察长。

七、第七次会议

会议于2001年1月7日至8日在西青宾馆召开。会议听取和审议区政府工作报告、西青区2000年财政预算执行情况和2001年财政预算草案的报告、区人大常委会工作报告、区人民法院工作报告、区人民检察院工作报告，并作出相应决议。作出关于西青区国民经济和社会发展第十个五年计划纲要的决议。会议补选沈正国为区人大常委会副主任；何振声为区人大常委会委员。会议收到代表建议、批评和意见44件。

八、第八次会议

会议于2002年1月23日至25日在西青宾馆召开。会议听取和审议区政府工作报告、西青区2001年财政预算执行情况和2002年财政预算草案的报告、区人大常委会工作报告、区人民法院工作报告、区人民检察院工作报告，并作出相应决议。会议收到代表建议、批评和意见27件。

九、第九次会议

会议于2002年8月5日在西青宾馆召开。会议补选西青区区长；补选房学明为区人大常委会副主任。

第七节　第十四届人民代表大会

此届人民代表大会代表任期5年。第十四届人民代表大会共召开5次会议。

一、第一次会议

会议于2002年12月7日至10日在西青宾馆召开。会议听取和审议区政府工作报告、西青区2002年财政预算执行情况和2003年财政预算草案的报告、区人大常委会工作报告和区人民法院工作报告、区人民检察院工作报告，并作出相应决议。选举产生第十四届区人大常委会组成人员，崔祥昌为主任，张全福、臧永芬、沈正国、杨宝江、房学明、张同生为副主任，委员14人。选举产生区长，周学九、肖培芝、于之河、董景川、杨震等副区长。选举蒋月华为区人民法院院长、张福来为区人民检察院检察长。会议选举出西青区的天津市第十四届人民代表大会代表15名。会议收到代表建议、批评和意见49件。

二、第二次会议

会议于2004年1月6至8日在西青宾馆召开。会议听取和审议区政府工作报告、西青区2003年财政预算执行情况和2004年财政预算草案的报告、区人大常委会工作报告、区人民法院工作报告、区人民检察院工作报告，并通过对上述报告的决议。会议收到代表建议、批评和意见23件。

三、第三次会议

会议于2004年4月29日在西青宾馆召开。会议补选靳延秋为区人大常委会副主任。

四、第四次会议

会议于2005年1月11至12日在西青宾馆召开。会议听取和审议区政府工作报告、西青区2004年财政预算执行情况和2005年财政预算草案的报告、区人大常委会工作报告、区人民法院工作报告、区人民检察院工作报告，并通过对上述报告的决议。会议补选孙勇、孙继光为区人大常委会委员。会议收到代表建议、批评和意见18件。

五、第五次会议

会议于2006年1月5至7日在西青宾馆召开。会议听取和审议西青区国民经济和社会发展第十一个五年规划纲要草案的报告、区人大常委会工作报告、区人民法院工作报告、区人民检察院工作报告，并通过对上述报告的决议。会议补选高秀冬为区人大常委会副主任；蔡志萍为区人民法院院长。会议收到代表建议、批评和意见25件。

第八节　第十五届人民代表大会

此届人民代表大会代表任期5年。至2010年底共召开5次会议。

一、第一次会议

会议于2007年1月8日至11日在西青宾馆召开。会议听取和审议区政府工作报告、区人大常委会工作报告和区人民法院工作报告、区人民检察院工作报告，并作出相应决议。作出关于西青区2006年预算执行情况及2007年预算的决议。选举产生第十四届区人大常委会组成人员，选举主任1人，选举于茂珍、高秀冬、徐世魁、勾树松、张同生、邢克智等副主任8人，委员18人。选举区长、副区长、区人民法院院长和区人民检察院检察长。会议收到代表建议、批评和意见24件。

二、第二次会议

会议于2007年11月27至28日在西青宾馆召开。会议选举出西青区的天津市第十五届人民代表大会代表16名。

三、第三次会议

会议于2008年1月7至9日在西青宾馆召开。会议听取和审议区政府工作报告、区人大常委会工作报告和区人民法院工作报告、区人民检察院工作报告，并作出相应决议。作出关于西青区2007年预算执行情况及2008年预算的决议。补选段春华为西青区的天津市第十五届人民代表大会代表 。会议收到代表建议、批评和意见16件。

四、第四次会议

会议于2009年1月4至6日在西青宾馆召开。会议听取和审议区政府工作报告、区人大常委会工作报告和区人民法院工作报告、区人民检察院工作报告，并作出相应决议。作出关于西青区2008年预算执行情况及2009年预算的决议。会议收到代表建议、批评和意见23件。

五、第五次会议

会议于2010年1月26至28日在西青宾馆召开。会议听取和审议区政府工作报告、区人大常委会工作报告和区人民法院工作报告、区人民检察院工作报告，并作出相应决议。作出关于西青区2009年国民经济和社会发展计划执行情况与2010年国民经济和社会发展计划的决议、关于西青区2009年预算执行情况及2010年预算的决议。表决通过《天津市西青区人民代表大会议事规则》。会议收到代表建议、批评和意见16件。

第三章　人大常务委员会

1980年，西青区第八届人民代表大会设区人大常务委员会，为区人民代表大会常设机构，对区人民代表大会负责并报告工作。至2010年，历届区人大常委会任期与区人民代表大会任期相同。

第一节　机构组成

一、工作机构

1980年，区人民代表大会设常委会办公室。第十届人大常委会期间，增设政法、财政建设、教科文卫3个工作委员会。1996年，下设办公室、调研室、代表联络室。2005年，增设财经建设、内务司法和教科文卫3个委员会。

二、常委会组成

历届区人大常委会由主任、副主任、委员组成。第八届至第十五届区人大常委会历经8次换届。区人大常委会组成人员16~25人，其中主任1人，副主任4~6人，委员9~18人。

1980—2010年西青区历届人大常委会主任 副主任一览表

表18-3

届次	职务	姓名	出生年度	任职时间	学历	籍贯
第八届	主　任	李　明	1923.07	1980.04—1984.09	初中	河北定县
	副主任	王稷先	1922.01	1980.04—1984.09	大专	北京大兴
		张文海	1927.06	1980.04—1984.09	初中	山东文登
		耿　厚	1912.00	1980.04—1984.09	–	–
		谢校亭	1918.00	1980.04—1984.09	高小	山东阳谷
第九届	主　任	李　明	1927.06	1984.09—1987.02	初中	山东文登
	副主任	刘在生	1925.09	1984.09—1987.03	初中	河北邢台
		张文海	1927.06	1984.09—1987.03	初中	山东文登
第九届	副主任	王稷先	1922.01	1984.09—1987.03	大专	北京大兴
		白　旭	1929.02	1984.09—1987.03	大专	河北胜芳
第十届	主　任	李桂秋	1931.01	1987.03—1990.02	初中	河北滦南
	副主任	张文海	1927.06	1987.03—1990.02	初中	山东文登
		王稷先	1922.01	1987.03—1990.02	大专	北京大兴
		郭春林	1930.01	1987.03—1990.02	初中	天津
		陈宗骞	1928.09	1987.03—1990.02	大学	河北青县
第十一届	主　任	李桂秋	1931.01	1990.02—1993.02	初中	河北滦南
	副主任	郭春林	1930.01	1990.02—1993.02	初中	天津

续表

届次	职务	姓名	出生年度	任职时间	学历	籍贯
第十一届	副主任	怀　禹	1931.03	1990.02—1993.02	高中	上海
		刘占丰	1931.04	1990.02—1991.02	中专	河北东鹿
		张中庸	1929.09	1990.02—1993.02	大学	–
		王军庆	1935.10	1990.02—1993.02	大学	江西南昌
第十二届	主任	王怀勤	1932.07	1993.02—1994.11	高中	天津
		张保友	1935.10	1995.02—1998.01	大专	江苏沭阳
	副主任	张保友	1935.10	1993.02—1995.02	大专	江苏沭阳
		王文明	1935.04	1993.02—1997.01	中专	天津
		蒋兆文	1937.12	1993.02—1998.01	大学	安徽临泉
		张中庸	1929.09	1993.02—1998.01	大学	–
		王军庆	1935.10	1993.02—1998.01	大学	江西南昌
		方文贤	1942.08	1997.01—1998.01	大专	天津
第十三届	主任	陈鸿恩	1941.10	1998.01—2002.12	大本	天津
	副主任	张全福	1945.05	1998.01—2002.12	大本	河北蔚县
		方文贤	1942.08	1998.01—2002.8	大专	天津
		王界义	1946.05	1998.01—2002.12	大学	河北正定
		杨宝江	1945.04	1998.01—2002.12	高中	天津
		王军庆	1935.10	1998.01—2000.12	大学	江西南昌
		沈正国	1944.06	2001.01—2002.12	大学	安徽定远
		房学明	1945.07	2002.08—2002.12	大专	天津
第十四届	主任	崔祥昌	1946.11	2002.12—2007.01	大学	江苏盐城
	副主任	张全福	1945.05	2002.12—2005.12	大本	河北蔚县
		臧永芬	1950.07	2002.12—2007.01	大专	天津
		沈正国	1944.06	2002.12—2007.01	大学	安徽定远
		杨宝江	1945.04	2002.12—2004.04	高中	天津
		房学明	1945.07	2002.12—2005.12	大专	天津
		张同生	1952.07	2002.12—2007.01	中专	天津
		靳延秋	1947.01	2004.04—2007.01	大专	天津
		高秀冬	1952.09	2006.01—2007.01	大本	天津
第十五届	主任	杨文成	1947.04	2007.01—	大专	天津
	副主任	于茂珍	1952.03	2007.01—	大本	河北河间
		高秀冬	1952.09	2007.01—	大本	天津
		徐世魁	1952.02	2007.01—	大本	河北河间
		勾树松	1955.08	2007.01—	大专	天津
		张同生	1952.07	2007.01—	中专	天津
		邢克智	1956.07	2007.01—	大本	河北大城

第二节　重要会议

一、常委会主任会议

1978—2010年，区人大常委会主任会议均由主任、副主任组成。主任会议一般在拟召开区人大常委会会议的一周前举行，必要时可以临时召开。会议主要内容是草拟提请人大常委会审议的区人代会召开日期、主席团和秘书长名单、会议议程及其他建议事项；讨论人大常委会向代表大会所作工作报告和人大常委会年度工作要点，讨论人大常委会决议、决定草案；决定人大常委会会议日期，拟订议程草案，决定列席人员；对区“一府两院”向人大常委会提出的议案、人事任免案，决定是否提请人大常委会会议审议，讨论决定以人大常委会名义召开的工作会议、组织视察及其他活动；决定人大常委会工作机构的建设及日常工作等。

二、常委会会议

历届人大常委会期间，区人大常委会会议每两个月至少举行一次。区第八届人大常委会期间，建立常委会全体会议、主任办公会议制度。1990年5月24日，区第十一届人大常委会第二次会议通过区人民代表大会常务委员会议事规则，后又根据需要分别于1994年、2006年、2009年进行修正。1980年4月至2010年，区人大常委会共召开常委会会议221次，听取和审议区“一府两院”工作报告和执法情况报告等事项，依法任免国家机关领导人员1033人次。

第四章　常委会工作

1980—2010年，区人大常委会依法履行职责，通过听取和审议工作报告、组织视察及执法检查，开展对“一府两院”法律监督和工作监督，依法行使重大事项决定权和人事任免权。尊重代表主体地位，扎实推进代表工作。加强自身建设，促进常委会工作有效开展。

第一节　依法监督

一、审议报告

1980—2010年，区第八届人大常委会举行39次常委会会议，听取和审议区“一府两院”工作报告41项，内容涉及农业生产情况、环境卫生、社队企业发展，劳动就业、春节市场供应、市场物价、抗旱节水、市场供应、土地管理、村规民约等内容。

区第九届人大常委会听取和审议区政府贯彻执行《中华人民共和国食品卫生法（试行）》情况、关于1985年农田基本建设情况和“七五”期间规划设想及关于乡镇企业发展、外贸工作、渔业生产、民政工作、集资改善办学条件、社会治安治理、物价政策监督执行等专项工作汇报。

区第十届人大常委会围绕宪法和法律、法规贯彻实施，听取和审议区政府贯彻执行《中华人民共和国土地管理法》《中华人民共和国环境保护法》《中华人民共和国经济合同法》等12个法律、法规情况汇报。听取和审议法院、检察院关于民事审判、刑事审判、农业承包合同纠纷案件的审理和反贪污、反受贿等情况汇报。围绕经济建设和改革开放中重大问题，听取和审议有关方面关于经济发展情况、农业生产情况、乡镇企业发展状况以及物价、环保、市场和教育、卫生、城镇建设，惩治严重危害社会治安犯罪情况和惩治经济犯罪情况等方面报告。

区第十一届人大常委会听取有关部门执法情况汇报23次。听取和审议区政府《关于西郊区农业发展规划执行情况的汇报》等报告。

区第十二届人大常委会开展法律监督，听取和审议法律、法规执行情况报告15项，听取审议“一府两院”关于科技兴农、农田水利建设、开发小区建设、产业产品调整、加强流动人口管理、“普九”达标、计划生育、惩治刑事犯罪和经济犯罪等情况汇报118次。

区第十三届人大常委会召开常委会会议38次，审议议题152项。听取和审议区政府关于《中华人民共和国审计法》等法律贯彻实施情况汇报。对全区10个工业园区建设进行调研，就园区布局、产业方向等问题进行探讨，提出一些政策性意见和建议。围绕加强农业基础地位、加快发展乡镇企业、外向型经济发展、个体私营经济发展、依法治区工作、城镇建设和环境整治等重点工作，听取和审议政府专项工作报告。

区第十四届人大常委会召开人大常委会会议27次，听取和审议“一府两院”工作汇报43项，内容涉及乡镇企业改革、城镇管理网络建设，法律法规贯彻执行情况，招商引资、医疗教育改革、旅游业发展、计生工作、“两院”专项工作情况、社会治安整治情况。

区第十五届人大常委会至2010年召开常委会会议27次，审议议题涉及农业产业化建设、现代服务业发展、职业教育、社会保障、居民社区建设、就业再就业、食品安全等方面。

二、视察调研

区第八届至第十一届区人大常委会，围绕区委、区政府中心工作和人民群众普遍关心的问题，组织委员和代表对春节市场供应、市场物价、冬煤供应、教育卫生、村容村貌、环境保护等工作开展视察和检查61次。1984年，区第九届人大常委会组织部分委员和市、区人大代表对《中华人民共和国环境保护法（试行）》和国务院《关于加强乡镇街道企业环境管理的规定》贯彻落实情况进行视察。1985年，听取和审议区政府贯彻执行《中华人民共和国食品卫生法（试行）》情况报告，视察食品生产经营单位。1987年，区第十届人大常委会组织6个乡镇60名人大代表对贯彻执行《中华人民共和国土地管理法》解决和防止土地撂荒情况进行视察。1987年，部分委员和代表5次对杨柳青、南河、西营门等街镇执行《食品卫生法》情况进行视察。对《关于张家窝乡执行〔合同法〕推行承包合同制的情况调查》《关于教育经费情况的调查》《关于保护专业户（联合体）合法权益的调查》《关于完善乡镇人民代表大会制度的调查》《关于农村集体化规模经营的调查》等13项内容进行调查，写出调查报告，提出建议和意见。区第十一届人大常委会对《中华人民共和国义务教育法》《中华人民共和国行政诉讼法》《中华人民共和国档案法》《中华人民共和国残疾人保障法》《中华人民共和国村民委员会组织条例》《天津市保护消费者合法权益条例》《天津市计划生育条例》等多项国家法律和地方性法规的实施情况进行调查和检查。对科技兴农、医疗卫生、保护妇女儿童合法权益、文化市场管理、扫黄和除“六害”以及体育工作等进行检查、视察和座谈。

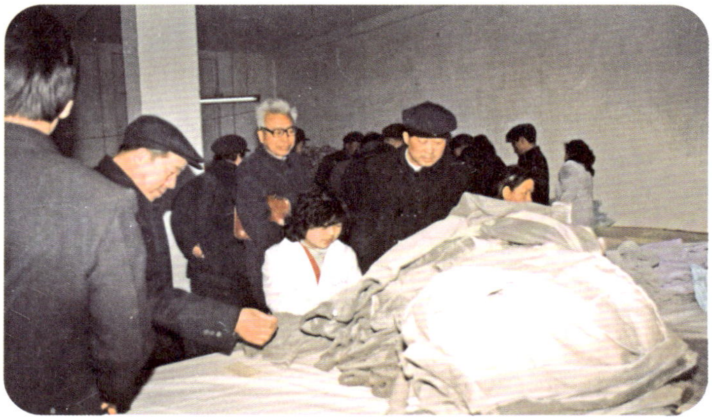

照18–2　1988年，西青区第十届人大代表视察南河镇服装厂

第十二届区人大常委会组织代表开展视察、检查活动51次。对31部法律、法规的执行情况和重点项目建设、第三产业发展、社会治安综合治理、文化教育、医疗卫生、社会保障等工作开展情况进行视察、检查。

第十三届人大常委会组织委员和代表对《中华人民共和国科学技术进步法》《中华人民共和国合同法》《中华人民共和国城乡规划法》《中华人民共和国环境保护法》等30余部法律、法规贯彻执行进行监督检查。围绕农业结构调整、社会化服务、乡镇企业结构调整等全区重点工作进行检查视察，提出建议和意见。

第十四届人大常委会组织委员和代表视察区经济发展中心，对区政府规范行政许可行为、设定和实施行政许可提出具体要求。对“四五”普法规划的实施情况进行视察、检查。围绕全区经济社会发展的重大举措和群众关心的热点问题，对财政预算、推进城市化进程、招商引资等工作进行专项视察。

第十五届人大常委会至2010年，组织视察、检查和调研52次。涉及设施农业发展、西青经济开发区和街镇工业园区以及重大工业项目建设、现代服务业发展、新农村建设、文化旅游、群众体育、公共卫生服务、劳动就业、防汛抗旱、消防安全以及区法院和区检察院重点工作。

第二节 重大事项决定 人事任免

一、重大事项决定

1980—2010年，区人大常委会对"一府两院"工作报告、财政决算、代表选举等常规事项作出决议、决定，对区内其他重大事项依法作出决议、决定。

1982—2008年西青区人大常委会决定部分重大事项一览表

表18-4

届次	决议 决定事项
第八届	《关于学习宣传执行中华人民共和国宪法的决议》
	《关于动员全区人民 积极行动起来 把严厉惩治刑事犯罪活动的斗争进行到底的决议》
	《关于动员全区人民认真贯彻"服务城市 发展出口 城乡互助 劳动致富"方针 开创农业生产新局面的决议》
	《全区人民行动起来 继续开展"全民文明礼貌月"活动的决议》
第九届	《关于在全区人民中开展学习宣传落实"天津市民守则"的决定》
	《关于在全区公民中普及法律常识的决议》
	《关于批准天津市西郊区1985—1990年林业发展规划（草案）的决议》
第十届	《天津市西郊区人民代表大会常务委员会关于设立三个工作委员会的决定》
第十一届	《关于实施法制宣传教育第二个五年规划的决议》
第十二届	《关于国家机关实行执法责任制的决定》
	《关于开展第三个五年法制宣传教育的决议》《关于进一步开展法制宣传教育工作 加快依法治区的决议》
第十三届	常委会审议通过区政府制定《天津市西青区村民自治示范章程（草案）》并作出相应决议
第十四届	《西青区法制宣传教育规范化管理办法》
第十五届	《西青区人大常委会关于深入开展法制宣传教育全面推进依法治区的决议》
	《关于张家窝镇 辛口镇两个中心镇总体规划的决议》
	《西青区人大常委会关于西青区生态区建设规划的决议》
	《西青区人大常委会关于西青区总体规划和西青新城总体规划（2008—2020年）的决议》

二、人事任免

1980—2010年，历届区人大常委会均依法对区重要人事任免、撤销作出表决和决定。

（一）任免办法

1986年12月，区第九届人大常委会第二十二次会议通过《西郊区人民代表大会常务委员会关于任免、撤销国家机关工作人员暂行办法》。2001年，区第十三届人大常委会第二十六次会议审议通过《西青区人民代表大会常务委员会人事任免办法》，增加对拟任职人员进行任前法律知识考试制度，健全对拟任职人员资格审查、询问、审议、表决等程序。2006年和2009年分别对任免办法进行修正。

历届区人大常委会任免干部基本方法：提请机关提出书面议案，区人大常委会组织对拟任命人员进行法律知识考试，考试成绩合格者，方可提请任命。审议人事任免事项时，提请人或其委托的人员须到会说明情况，回答有关问题；拟任命人员应到会与区人大常委会组成人员见面。区人大常委会采取无记名方式表决，以区人大常委会全体组成人员过半数为通过，当场颁发任命书并对被任命人员提出任职要求，被任命人员作履职发言。

（二）国家机关工作人员任免

1980—2010年，区人大常委会共任免区属国家机关工作人员1033人次，其中第八届95人次，第九届68人次，第十届92人次，第十二届139人次，第十三届198人次，第十四届151人次，第十五届193人次。

第三节　议案督办

一、工作办法制定

1991年，西郊区第十一届人大常委会第九次会议审议通过《西郊区人大常委会关于办理区人民代表建议、批评和意见的办法》。2000年，区第十三届人大常委会第二十三次会议对《办法》进行修正。区第十三届人大常委会第二十三次会议审议通过《西青区人民代表大会代表议案工作办法》。2006年，区第十四届人大常委会次会议审议通过新的《西青区人民代表大会代表议案工作办法》和《西青区人民代表大会代表建议、批评和意见工作办法》。

二、建议意见督办

区人大常委会设有专门机构对代表建议、批评和意见及时转办，中期进行检查、推动，答复后回访代表，对落实结果重点抽查，对重点建议、批评和意见给予协调、参与办理。1980—2010年，办理代表议案、建议、批评和意见3641件，内容涉及政治、经济、文化、教育、卫生等各个方面，代表满意率均为100%。

区第八届人大一至四次会议，收集督办代表议案、建议、批评意见1280件。区第九届人大一至四次会议，收集代表建议、批评和意见641件，其中为督办杨柳青镇旧镇排水和道路问题，区政府安排37项工程，投资190万元。为修建青凝侯津港桥，经区有关部门和有关乡反复协商，采取民办公助办法，区里拨款15万元，由乡政府组织力量修建完成。区第十届人大一至三次会议，收集代表建议、批评和意见480件，其中督办改善杨柳青饮水条件意见，经区政府筹措资金立项，于1987年国庆节竣工通水。

区第十一届人大一至三次会议，收办代表建议、批评和意见488件。区第十二届人大一至六次会议，收集代表建议、批评和意见390件。对代表提出的李家园铁路涵洞拓宽意见，区政府采纳代表意见，列入1995年改善城乡人民生活十件实事，按期完成涵洞拓宽任务。区第十三届人大一至九次会议，收集代表建议、批评和意见168件。五次会议期间，代表提出新建王稳庄中学高中教学楼建议，经多方筹资200万元建成。七次会议期间，代表提出关于修复辛院东乡村公路建议，经有关部门与街、村协力共建，公路于2001年6月竣工。

区第十四届人大一至九次会议，收集代表建议、批评和意见115件。第四次会议期间，11名代表提出关于张家窝中学师生饮用水问题亟待解决建议，经区政府责成张家窝镇办理，饮水管道铺设工程于当年8月完工。区第十五届人大一至五次会议，收集代表建议、批评和意见79件。五次会议期间，代表提出《关于西青道321号居民区安装路灯的建议》等建议，区政府在办理过程中，与全区重点工作"奋战300天"环境综合整治活动相结合，投资2841万元对包括以上小区在内的部分小区进行提升改造。

第四节　信访办理

一、制度制定

1980年始，区人大常委会处理代表和群众来信来访。按照"属地管理、分级负责，谁主管谁负责"的原则，对来信来访及时转办和督办，并协调有关部门解决所反映的问题，推动群众合理诉求的解决。

2006年，区人大主任会议通过《西青区人民代表大会常务委员会机关信访工作规定》，对来信来访的受理、办理上级人大常委会交办的信访事项、信访事项的交办、异常上访情况的处理和联席会议制度作出明确规定，为规范信访工作提供制度保障。

二、接待办理

1980—2010年，区人大常委会办理和接待群众来信来访3333件(人)次。

1980—2010年区人大常委会办理接待群众来信来访情况统计表

表18-5

届次	办理接待来信来访件(人)次数	届次	办理接待来信来访件(人)次数
第八届	310	第九届	85
第十届	86	十一届	198
第十二届	580	十三届	230
第十四届	384	十五届	1460

第五节　代表工作

一、工作制度制定

区八届人大常委会制定《区人大常委会关于组织区人民代表组和代表联系选民的试行办法》，后又经区第九届、第十届、第十一届人大常委会先后三次修订，办法明确区人大代表的职责和开展工作的方式方法，以及各代表组组织代表开展活动的形式和内容。区第十届人大常委会第一次会议审议通过《关于制发西郊区人民代表大会代表工作证的决定和使用办法》，区十一届人大常委会又进行修订。1990年，区十一届人大常委会第二次会议通过《天津市西郊区人民代表大会代表视察、检查办法》。1992年，区十一届人大常委会通过《关于认真学习、宣传和贯彻 < 中华人民共和国人民代表大会和地方各级人民代表大会代表法 > 的决定》。区第十三、十四届人大常委会期间，相继修订、完善、建立包括《天津市西青区人民代表大会常务委员会关于代表执法检查、视察工作办法》、《天津市西青区人民代表大会议案工作办法》、《天津市西青区人民代表大会常务委员会关于区人大代表活动的若干规定》、《天津市西青区人民代表大会代表建议、批评和意见工作办法》、《区人大常委会联系区人大代表办法》、《区人大代表联系选民办法》《街代表组工作实施办法》等文件，健全完善代表工作制度体系。

二、代表联系活动

1981年，区人大首次召开代表经验座谈会。后历届人大常委会均采取多种形式，举办代表经验座谈交流活动，提高代表参政议政水平，推动代表工作开展。区十二、十三届人大常委会组织代表开展每一位代表在每个季度联系一次选民、一年提出一项有价值的意见和建议、一年为群众办一件实事和创建先进代表组、争做优秀代表的活动。区十四、十五届人大常委会在全体代表中开展“发挥代表作用·共谋西青发展”“爱家乡·做贡献”“为和谐西青献计献策”等活动，激发代表参与管理国家和社会事务积极性。

第六节　指导乡镇人大

一、组建机构

1991年，西青区9个乡镇全部设立乡镇人大主席团常设机构。主席团设主席1人，常务副主席1人和专职人大工作秘书至少1人。

二、区人大工作指导

1990年，区十一届人大常委会第八次会议讨论通过《乡镇人民代表大会主席团工作试行办法》，对发挥乡镇人大主席团作用提出指导性意见。

第十一至第十五届区人大会议期间，区人大均召开乡镇人大工作座谈会、人大工作联席会，组织开展乡镇人大工作经验和体会交流，对做好乡镇人大工作进行研讨。定期到乡镇就如何围绕乡镇中心工作、加强民主法制建设、发挥人大作用进行工作指导，听取意见、建议。帮助各乡镇完善各项工作制度，解决实际工作中遇到的问题。区人大常委会会议一般都邀请乡镇人大主席或副主席列席。每年都要按计划对乡镇人大干部进行政策理论、法律法规、形势任务、业务知识的培训。

第十九编

人民政府

2010年，西青区政务服务大厅

1979—2010年，历届西青（郊）区人民政府（简称区政府）研究制定“五五”至“十一五”7个国民经济和社会发展规划，围绕经济建设，促开放、谋发展，使经济建设全面快速发展。把农业作为国民经济的基础产业来抓，加速传统农业向现代化农业转变。坚持工业强区理念，全面实施企业体制改革，全区工业企业数量和规模激增。全区形成以电子信息、汽车配套为主导新型工业化体系。发展以文化旅游、商贸服务、现代物流为代表的服务业，建成多批具有特色的市场群，构筑高增值、多层次、广就业、强带动现代服务业格局。全区城乡基础设施实力雄厚，社会事业全面发展，所有行政村全部跨入市级小康村行列，西青区多次入围全国综合实力百强县（区）。

第一章　政府组成

1979—2010年，西青区政府进行3次机构改革。1996年5月机构改革，区政府设35个工作部门和3个部门管理机构。2001年11月机构改革，区政府设29个工作部门和3个部门管理机构。2010年6月机构改革，区政府设30个工作部门和2个部门管理机构。32年间，区政府领导班子进行了8次换届选举。

第一节　领导成员

一、换届选举

1980年，根据地方组织法有关规定，撤销西郊区革命委员会，恢复建立区人民政府。4月26—29日，选举产生西郊区第八届政府，任期4年5个月。第九届区政府任期为2年5个月，第十届和第十一届区政府任期均为3年，从第十二届开始，每5年换届一次。经区第九至第十五届人民代表大会选举，产生7届区政府。1992年3月西郊区易名为西青区后，改称西青区政府。历届区政府领导成员均由区人民代表大会选举产生。

二、领导名录

区第八届政府设区长1名、副区长6名。区第九届至第十一届政府设区长1人、副区长5人。区第十二届政府设区长1人、副区长7人。区第十三届政府设区长1人，改选2次。设副区长5人、区长助理1人，增选2人。区第十四届政府设区长1人、副区长6人、区长助理1人。区第十五届政府设区长1人、副区长6人、区长助理2人。期间，由于人事变动和补选，8届区政府产生区长12人、副区长47人、区长助理4人。

1980—2010年西青（郊）区历届人民政府领导人一览表

表19-1

届别	职务	性名	任职时间
第八届1980.04—1984.09	区　长	张树生	1980.04—1983.06
		张崇智	1983.06—1984.09
	副区长	贺德泰	1980.04—1983.06
		孙维勤	1980.04—1983.06
		王怀义	1980.04—1984.09
		张玉林	1980.04—1983.06
		王怀勤	1980.04—1984.09
		李桂秋	1980.04—1984.09
第九届1984.09—1987.02	区　长	张崇智	1984.09—1986.09

续表

届别	职务	性名	任职时间
第九届 1984.09—1987.02	区　长	王怀勤	1986.09—1987.02
	副区长	王怀义	1984.09—1987.02
		王怀勤	1984.09—1986.09
		李桂秋	1984.09—1986.07
		赵以贞（女）	1984.09—1987.02
		王树良	1986.07—1987.02
第十届 1987.02—1990.02	区　长	王怀勤	1987.02—1990.02
	副区长	王树良	1987.02—1990.02
		王怀义	1987.02—1990.02
		赵以贞（女）	1987.02—1990.02
		史晓成	1987.02—1990.02
第十一届 1990.02—1993.02	区　长	杨宝生	1990.02—1993.02
	副区长	张保友	1990.02—1993.02
		王怀义	1990.02—1993.02
		蒋兆文	1990.02—1993.02
		韩治国	1990.02—1993.02
		杨文成	1990.02—1993.02
第十二届 1993.02—1998.01	区　长	杨文成	1993.02—1998.01
	副区长	张保友	1993.02—1995.02
		韩治国	1993.02—1994.03
		程文武	1993.02—1998.01
		高洪涛（女）	1993.02—1998.01
		张全福	1993.02—1998.01
		高孝德	1993.02—1997.02
		沈正国	1993.02—1998.01
第十三届 1998.01—2002.012	区　长	杨文成	1998.01—1998.07
		张景泉	1998.07—2002.08
		张国庆	2002.08—2002.12
	副区长	程文武	1998.01—2002.12
		李国文	1998.01—2000.12
		臧永芬	1998.01—2002.012
		沈正国	1998.01—2000.12
		张国庆	1998.01—2002.08
		吴宝忠	1998.01—2002.12
		周学九	2000.12—2002.12
		肖培芝（女）	2001.05—2002.12
	区长助理	龙亚伟	1998.01—2002.12
第十四届 2002.012—2007.01	区　长	张国庆	2002.12—2007.01
	副区长	吴宝忠	2002.12—2006.01
		周学九	2002.12—2007.01
		肖培芝（女）	2002.12—2007.01
		于之和	2002.12—2007.01
		董景川	2002.12—2007.01
		杨　震	2002.12—2007.01
	区长助理	龙亚伟	2002.12—2007.01
第十五届 2007.01—	区　长	周家彪	2007.01—
	副区长	于之和	2007.01—
		董景川	2007.01—
		肖培芝（女）	2007.01—
		杨令生	2007.01—

续表

届别	职务	性名	任职时间
第十五届2007.01—	副区长	李治阳	2007.01—
		杨洪跃	2007.01—
	区长助理	龙亚伟	2007.01—
		杨祥林	2007.01—

第二节 工作机构

一、委办

1984—1992年，区政府设委员会、办公室18个：体改委（挂靠办公室）、计划经济委员会、乡镇企业经济委员会、体育运动委员会、城乡建设委员会、农业经济委员会、科学技术委员会、计划生育委员会；政府办公室、法制办公室、人民防空办公室、信访办公室（加挂区委信访办公室牌子）、爱国卫生运动委员会办公室、机构编制委员会办公室、老龄委员会办公室、经济协作办公室、托幼办公室、农业区划办公室。

1992—1996年，区政府增设对外经济贸易委员会、社会治安综合治理委员会办公室（与区委双重领导），其他委办没有变化。

1996—2001年，区政府设委员会、办公室17个：对外经济贸易委员会、科学技术委员会、计划生育委员会、体育运动委员会、城乡建设管理委员会、计划委员会、农业委员会、商业委员会、教育委员会；政府办公室、信访办公室、机构编制委员会办公室、人民防空办公室、经济协作办公室。合署办公的办公室有爱国卫生运动委员会办公室、法制办公室、民族宗教事务办公室。

2001—2010年，区政府设委、办11个：农业经济委员会、工业经济委员会、发展计划委员会、建设管理委员会、人口和计划生育委员会、商业委员会、科学技术委员会、对外经济贸易委员会、办公室、信访办公室、人民防空办公室。此一阶段合署办公、改变单位性质的机构有：绿化委员会办公室、经济协作办公室、安全生产监督管理局、安全生产委员会办公室、爱国卫生运动委员会、粮食办公室、经济体制改革委员会、国有资产管理办公室、老龄工作委员会办公室、地震办公室、节约用水办公室、法制办公室、民族宗教事务办公室。取消农业委员会、乡镇企业经济委员会。

2010年6—12月，区政府设政府办公室、发展和改革委员会、建设管理委员会、市容和园林管理委员会、工业经济委员会、农业经济委员会、科学技术委员会、商务委员会、人口和计划生育委员会、信访办公室、人民防空办公室、金融服务办公室、招商局、法制办公室。撤销商业委员会、对外经济贸易委员会、市容环境卫生管理委员会。合署办公、由部门管理、改变单位性质的委办有：知识产权局、国有资产监督管理委员会、绿化委员会办公室、爱国卫生运动委员会办公室、节约用水办公室、合作交流办公室、行政复议办公室、信息化办公室、电子政务信息与网络中心、地震办公室、民房办公室、民族宗教事务办公室、粮食办公室。

二、区属局

1984—1992年，西青区设区属局25个：劳动局、物价局、技术监督局、环保局、司法局、财政局、畜牧水产局、教育局、水利局、农林局、农机管理局、民政局、档案局、工商局、卫生局、交通运输管理局、审计局、物资局、外贸局、商业局、供销社（与商业局一套机构）、粮食局、统计局、监察局、文化局。

1992—1996年，增设人事局、房地产管理局、规划土地管理局（与建委合署办公）、广播电视局。

1996—2001年，区属局有：市容环境卫生管理局、人事局、劳动局、财政局、工商行政管理局、审计局、环境保护局、房地产管理局、文化局、卫生局、民政局、统计局、技术监督局、司法局、规划土地管理局、交通运输管理局、农林局、水利局、畜牧水产局、乡镇企业管理局。合署办公单位有物价局、国有资产管理局、农业机械管理局、广播电视局、粮食局。撤销物资局、托幼办公室、农业区划办公室、商业局、外贸局。

2001—2010年，设区属局18个：监察局、民政局、司法局、监察局、财政局、人事局、劳动和社会保障局、教育局、体育局、交通运输管理局、水利局、畜牧水产局、文化局、卫生局、审计局、统计局、环境保护局、房地产管理局。此一阶段合署办公、改变单位性质的机构有：规划和国土资源局、物价局、广播电视局。取消农林局、农业机械管理局（事业单位）。

2010年6—12月，区属局有：人力资源和社会保障局、水务局、文化广播电视局、旅游局、教育局、监察局、民政局、司法局、财政局、房地产管理局、环境保护局、卫生局、审计局、统计局、体育局、安全生产监督管理局、交通运输管理局。撤销人事局、劳动局、社会保障局、水利局、文化局、广播电视局、畜牧水产局。合署办公、改变单位性质的区属局有：知识产权局、公务员局、新闻出版局、版权局、畜牧兽医局、中小企业促进发展局、物价局。

三、事业单位

1992—1996年，区政府直属处级事业单位有：农业机械管理局，副处级事业单位有区广播站（1994年改为区广播电视局）、区招待所、鸭淀水库管理处。

2001—2010年，农业技术推广服务中心改为区属事业单位。

2010年，区属事业单位有：畜牧水产产业发展服务中心、农业技术推广服务中心。

四、派出机构

1980年，区政府派出机构1个：杨柳青街道办事处。

1996年，区政府派出机构有：杨柳青街道办事处、西青经济技术开发区管委会。

1997年，区政府有3个派出机构：杨柳青街道办事处、西青经济技术开发区管委会、李七庄街道办事处。

1998年，新增西营门街道办事处。

2000年，区政府有4个派出机构：杨柳青街道办事处、李七庄街道办事处、西营门街道办事处、西青经济技术开发区管委会。

2001—2005年，区政府有3个派出机构：李七庄街道办事处、西营门街道办事处、西青经济技术开发区管委会。

2006—2010年，区政府有4个派出机构：李七庄街道办事处、西营门街道办事处、西青经济技术开发区管委会、区政府行政审批管理办公室（加挂西青区行政许可服务中心的牌子）。

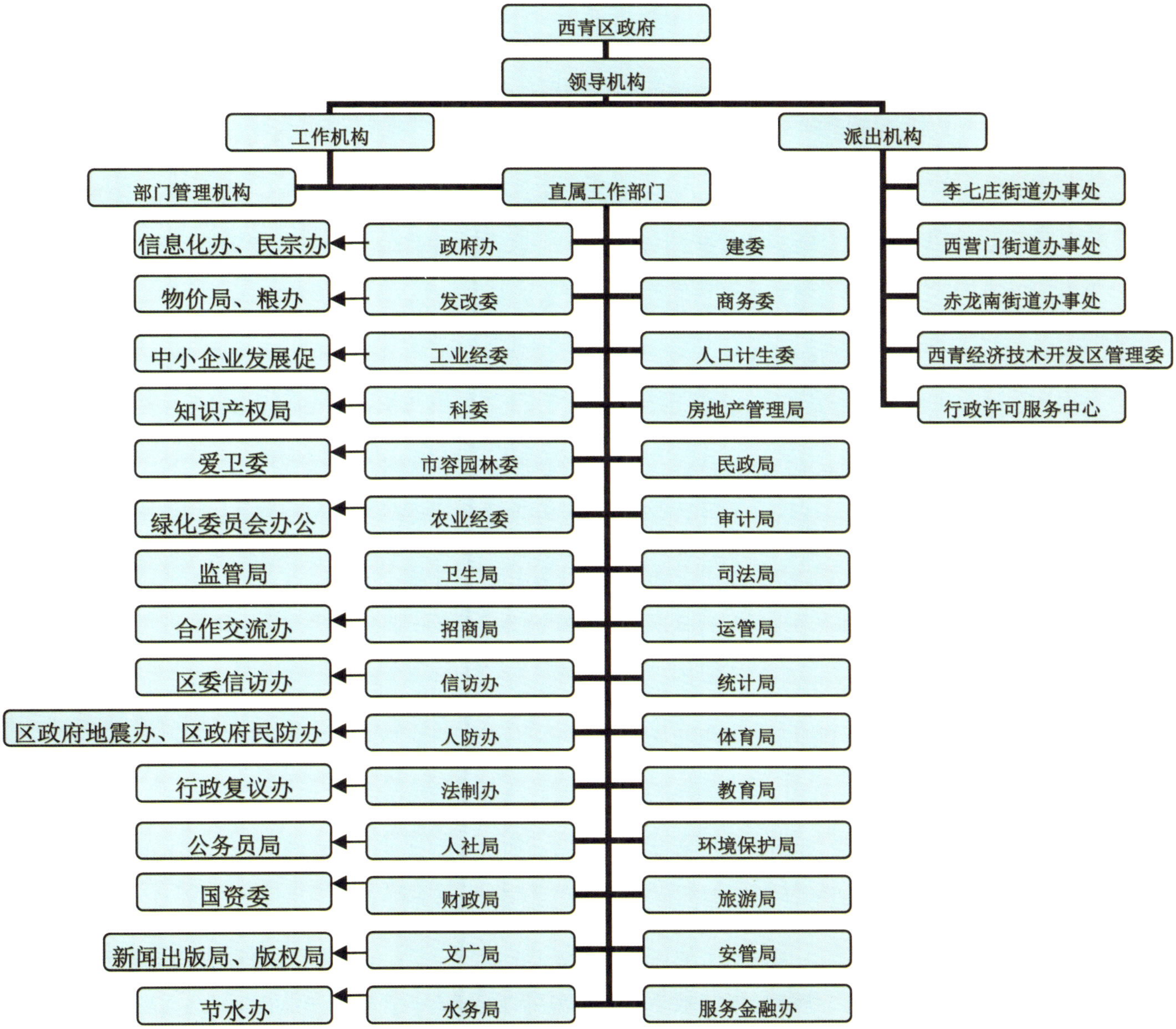

西青区政府机构示意图（2010年）

第二章　重大施政纪略

1980—2010年，历届区政府均贯彻落实党和国家路线方针政策及市、区重要决策，加快政府职能向统筹规划、宏观管理公共服务和优化环境方面转变。严格规范政府行为，加快推进政务公开，努力打造服务型政府。在推进区域经济增长、城区建设、民主法治建设、社会事业发展、保障和改善民生中，发挥了重要作用。

第一节　政府机构改革

一、三次机构改革

1996—2010年，西青区政府工作机构先后进行3次机构改革，分别在1996年5月、2001年11月、

2010年6月。

1996年5月，将物价局纳入区计划委员会管理，组建由财政局管理的国有资产管理局。撤销物资局，改建物资总公司。撤销托幼办公室，其职能转交教育委员会。撤销商业局、外贸局。

2001年11月，撤销农业委员会、农林局、农业机械管理局（事业单位），组建农业经济委员会，加挂绿化委员会办公室的牌子。组建农业技术推广服务中心（事业单位），由农业经济委员会管理。撤销乡镇企业经济委员会、经济协作办公室，组建工业经济委员会，在工业经济委员会挂经济协作办公室的牌子。设立安全生产监督管理局（副处级），与安全生产委员会办公室为一个机构两块牌子，设在工业经济委员会。粮食管理局更名为粮食办公室，在商业委员会挂粮食办公室的牌子。经济体制改革委员会更名为经济体制改革办公室。国有资产管理局并入区财政局，在财政局加挂国有资产管理办公室的牌子。物价局由发展计划委员会管理。

2003年12月，西青区经济发展服务中心（简称区服务中心）筹备试运行。2005年3月，服务中心正式成立。2006年5月，服务中心扩充职能，成立区政府行政审批管理办公室，加挂西青区行政许可服务中心牌子，为区政府派出机构。

2010年6月，区政府第三次进行机构改革，将商业委员会（粮食办公室）对内贸易管理的职责、对外经济贸易委员会的职责整合划入商务委员会，不再保留商业委员会、对外经济贸易委员会。

组建人力资源和社会保障局，挂公务员局牌子。将人事局的职责、劳动和社会保障局的职责整合划入人力资源和社会保障局。不再保留人事局、劳动和社会保障局。将原人事局、劳动和社会保障局下属事业单位划归人力资源和社会保障局管理。

组建水务局，挂节约用水办公室牌子。将水利局的职责、建设管理委员会涉水事务管理的职责整合划入水务局。不再保留水利局。将原水利局下属事业单位和建设管理委员会管理的排水事业单位划归水务局管理。

组建文化广播电视局，挂新闻出版局、版权局牌子。将文化局（旅游局、新闻出版局〔版权局〕）的文化、新闻出版、版权工作的职责、广播电视局的行政职责整合划入文化广播电视局。不再保留文化局、广播电视局。将原文化局（旅游局、新闻出版局〔版权局〕）下属事业单位划归文化广播电视局管理。

将区政府法制办公室由区政府办公室管理改为区政府工作部门，挂区政府行政复议办公室牌子。

将畜牧水产局（兽医局）的职责、农业技术推广服务中心的行政职责整合划入农业经济委员会，在农业经济委员会挂畜牧兽医局牌子。不再保留畜牧水产局（兽医局）。组建畜牧水产业发展服务中心，为农业经济委员会管理的副处级事业单位。农业技术推广服务中心调整为农业经济委员会管理的副处级事业单位。将原畜牧水产局（兽医局）管理的事业单位中的动物卫生监督所划归农业经济委员会管理，其他事业单位划归畜牧水产业发展服务中心管理。

工业经济委员会挂中小企业发展促进局牌子。区政府人民防空办公室挂区政府地震办公室、民防办公室牌子。

组建区政府粮食办公室（副处级），由发改委管理。将原商业委员会（粮食办公室）粮食工作职责划入粮食办公室。撤销物价局，将物价局职责和下属行政机构划入发改委，发改委仍挂物价局牌子。

二、转变职能

1996—2010年，西青区在机构改革中把转变政府职能作为重要指导方针。1996年的机构改革，实行“政企分开”，政府不再直接进行商业经营，对经济管理由行政干预逐步转向物价干预、指导，宏观调控，以适应市场经济体制需要。

2001年第二次机构改革中，合并多个涉农单位、工副业管理机构，分别组成农业经济委员会、工业经济委员会。使政府由微观、多极化管理逐步向宏观调控方面转化。经济体制改革办公室的设立和物价局划归计划委员会管理，体现政府转变职能，向宏观管理，逐步实现市场经济体制的转变过程。2006年，深化行政审批制度改革，成立区经济发展服务中心（行政许可服务中心），完善首问负责制、并联审批、限时办结等制度。清理行政审批事项，由268项减至194项。

2010年第三次机构改革中，政府精简职能相似、相同部门，弱化计划经济时代的职能部门，有的直接撤销、划并，政府部门职责更加清晰，加强宏观经济调控。区行政许可服务中心清理、规范行政许可事项，创新运行机制，优化审批服务，提升审批效率，打造西青优质投资环境。区政府法制办成为独立行政机构，为区政府推行民主法治、依法治区奠定基础。

经过三次政府机构改革，区政府职能转向宏观调控、社会管理、公共服务。

三、政务公开

1998年，区政府落实村民委员会直接选举、村民议事、村务公开三项制度。2001年，推进全区“政务公开、村务公开、厂务公开”，增加工作透明度。加强财务监督，实行政府统一采购，落实干部离任审计和领导干部经济责任审计制度、重大工程项目招投标制度，对群众关心的重大事项，坚持公开、公平、公正原则。2002年，推行《西青区村民自治示范章程》，加强村民自治组织民主决策、民主管理、民主监督。2006—2007年，全区政务、村务、厂务公开逐步规范化、制度化。82个单位实现政务专网协同办公，39个职能部门扩大网上信息公开范围实行“阳光政务”。2008年，建成区级查阅中心和互联网服务系统，全区46个机关全部实现信息公开。区行政许可服务中心对审批工作实行“六公开”（审批事项公开、提交要件公开、审批条件公开、收费标准公开、收费依据公开、审批时限公开）。2009年，公开政府信息626件，解答“政民零距离”群众网上留言228件，全年受理群众反映各类问题1521件。

第二节　发展产业规模

一、农业

（一）实行农业生产责任制

1978年后，区政府积极进行农业经营体制改革，推行以家庭承包为主要形式的联产承包责任制。1982年，全区158个生产大队实行农业生产责任制，占98.1%，全年有承包内容的有148个大队，占总数91.9%。全区1162个基本核算单位，实行各种形式责任制的有1146个，占98.6%，其中，联产承包的有356个，占30.6%。1998年，区内第一轮土地承包到期的村落实第二轮土地延包政策，土地承包期限再延长30年。

（二）区域规划

1978年始，区政府本着“发挥优势，扬长避短，因地制宜，统筹安排”原则，广泛征求群众意见，聘请专家论证，根据土壤性质，自然条件等诸多因素，推行种植业区域化：以蔬菜为主的运河两岸蔬菜种植区；以林木、林果为主的大消河沿岸林业区；以水稻和水产为主的独流减河北岸水稻种植和水产养殖区；以旱田为主的其他区域为粮食作物种植区。加大农业投入，发动区属单位开展对口支农，组织乡、村筹集资金“以工建农”，强化社会化服务体系，加快基地建设。

（三）特色农业

90年代始，大力发展“两高一优”农业，加快农业产业化、集约化、现代化步伐。推进城郊型农业建设，发展农业规模经营。以市场为导向，重点发展高技术含量、高附加值的“名、特、优、新产品和绿色食品”，建设一批观赏农业、休闲农业、创汇农业等各具特色的产业化实体和农业集团，形成区域化布局专业化生产、一体化经营、社会化服务、企业化管理。2000年，建成十大副食品生产基地和一批现代化农场，规模经营粮田4666.67公顷，节水型农田1万公顷，农田机械作业量达到95%，农业发展转到依靠科技进步的轨道上来，逐步成为具有自我发展能力的产业。加强产业化龙头企业建设，至2010年，全区资产在千万元以上规模的农业企业达到20家以上，进入产业化体系的农户达到75%。农业合资、合作企业和开发项目突破30个。

（四）农业现代化

90年代，区实施科技兴农战略，发展农业高新技术、农产品深加工技术、农业生产技术，发挥区、街镇两级科技组织作用，提高农业科技园区的示范带动功能，增强龙头企业连接农户、推进标准化生产、开展科技创新的能力。加大新技术应用工作力度，通过胚胎移植、多元杂交、系统选育，不断提高畜禽、水产良种养殖比率和水平。至2010年，全区农业土地产出率超过4.5万元/公顷，农业机械化综合作业率达到90%以上，农业科技进步贡献率达60%以上。

二、工业

（一）超常规量变

1984年，区政府出台一系列重要政策，废除限制乡镇企业发展的“清规戒律”，实行“六权下放”（见前），各职能部门对乡镇企业提供多方位服务，乡镇企业发生超常规量变。1988年，提出乡镇企业的总体发展思路：着眼于提高，突出外向，按照城乡一体化要求，统筹规划，全面安排，坚持集体为主的多种成分一齐上，加速整顿，使之尽快提高，促进联合，实现共同开发。至1991年，全区乡镇企业开始由粗放的量变逐步向提升质量转化，从传统生产工艺向现代化工艺流程迈进。以适应国际竞争，提高竞争能力为目标，从抓速度为主转移到以提高效益为中心，从抓铺摊、上项目为主转移到抓内涵挖潜为主，从抓产品大路货转移到上档次、上水平、创名牌、抓“龙头”上来，以从内贸市场为主转移到内、外两个市场一起抓，从小生产管理模式转向现代化管理。

（二）发展中求质变

90年代，区政府在调整思路、调整目标、调整部署、调整政策的同时，稳定老企业，在调整中求发展，开发新项目，保持速度不减。按照建立现代企业制度的要求和“抓大放小带中间”思路，对大型骨干企业和集团公司进行公司制改造，对小微亏企业实行兼并、租赁、拍卖等办法，盘活资产存量；推行和深化全员风险抵押承包，把生产者、经营者、所有者的利益和企业命运紧密地联系在一起，改革和完善指标考核体系，着重考核效益指标和素质指标，促进经济增长质量达到一流水平。

（三）改造重组

90年代末，区内开始对一批企业进行嫁接、联合、重组，理顺企业经营机制，完善法人治理结构，发挥各自优势，壮大企业规模，增强市场竞争力。根据企业状况，选准优势产业和优势产品，加大扶持力度，进行扩大延伸，尽快形成规模。对工艺设备落后但产品有市场的企业，加快技术改造步伐和提高产品档次。开发建设一批新项目，重点开发以高新技术为支撑的电子信息、生物技术、现代医药、新材料、新能源、环保型等项目。培育一批企业，尝试资本运营，拓展融资渠道，实现低成本快速扩张。打造一批名牌企业和名牌产品，依靠技术进步、技术创新，加快产业产品结构调整，提高全区工业整体素质和运行质量。

在企业改造重组中，开展企业产权制度改革和经营体制创新。推广目标成本管理，开展会计基础规模化达标。

（四）技术创新

21世纪初，区政府坚持引进先进技术与增强自主创新能力相结合，提高技术水平与提高管理水平相结合，全面提高企业核心竞争力。鼓励有条件的企业建设技术中心和研发机构，构建以企业为核心、产学研有机结合的技术创新体系。用高新技术和先进实用技术改造传统产业，更新落后的工艺和装备，开发和推广节能降耗新技术，提高资源、能源利用率和原材料转化率。“十一五”期间(2016—2010年)，全区工业单位增加值综合能耗年均降低5%。对符合产业导向，采用新技术、新能源、新材料的技改项目，给予贷款贴息等政策扶持，努力培育新的骨干企业。五年计划累计投入资金50亿元，完成技术改造项目600个。

(五)实施名牌战略

2006年始，区政府支持企业争创国家驰名商标、市著名商标和国家、市级名牌产品。每年选树5~10家科技示范企业，使名牌产品在原有基础上增加10个，累计达到29个。注重产品质量，实行全面质量管理，保证产品质量的稳定提高。推行ISO9000认证工作，使认证企业达260家。

三、第三产业

(一)发展集体和个体商业

1979年始，区政府坚持在国营商业为主导的前提下，改变独家经营、渠道单一、经营呆板的旧体制，发展多种经济形式，多种流通渠道，多种经营方式，减少渠道环节的新体制，扶持和发展各种形式的集体商业、个体商业，使之成为商业流通的重要渠道。

(二)粮食议价购销

1979年，开始推行粮食议价购销工作。初期，对农村余粮户开展零散收购，年收购量不足500吨，1980年收购量达3375吨。1986年，专门成立议价粮油购销公司。1993年，粮食市场开放和城镇居民凭本供应粮食制度废止，粮食销售量骤增至1.02万吨。外省市粮食进入区内市场后，区内粮食销售水平下降至1995年的8465吨。

(三)建立物资 食品 石油供应系统

1979年，初步建立全区石油供应系统。至1984年，物资部门执行区计划委员会下达的生产资料供应计划负责采购，根据计委下达的分配任务，按计划内价格向各单位供应各类生产物资，年销售额550万元。1985年后，生产钢材等生产资料企业的超指标计划外产品供应加大，价格开始随行就市，生产资料市场逐步放开，计划指标逐年减少。至1989年，物资局建立时，计划指标的作用削弱，按照生产需要和市场行情组织货源，根据市场变化和企业自身的利益，供应生产物资。由于乡镇工业、农村、城镇住房建设的发展，物资供应采取主动、灵活的服务措施，年销售额上升至2000万元以上。1991年，区物资系统按行业建成金属、煤炭木材、机电、化工轻工材料、生产资料5个专业公司，各公司根据市场需求兼营其他物资，实行独立核算，自负盈亏，按销售额向物资局上缴一定比例管理费的办法。在各乡镇也相应建立物资供应站。

(四)发展集市贸易

80年代始，区政府每年均筹集专项资金进行市场建设，鼓励国有单位、乡镇集体投资兴建农贸市场和专业市场。至1995年，全区建成各类农副产品交易市场和专业市场38处，累计投资达亿元。区政府逐渐完善市场管理机构，制定多项管理政策和规范，建立市场信息网络，推行乡镇村及有关单位出资建设、联合管理，利益分成的“联营共管”模式。“十五”期间，投资8.7亿元，建设54个市场，总占地面积200万平方米，总建筑面积60万平方米。

(五)房地产开发

1989年始，区政府将房地产开发列为新的经济增长点和发展第三产业的龙头，提出邻近市区的乡镇要抓住契机，全面启动，重点突破，全面开发，以带动第三产业全面发展。1995年，全区房地产开发公司增至13家。房地产开发成为西青区经济发展新的增长点，投资逐年上升，1995年达到4.2亿元，完成开发建筑面积71.5万平方米。“十五”期间，区内房地产开发瞄准市场，合理开发，重点建设华苑新城、梅江、禾和湾、广汇园等若干个设施齐全、环境优美，具有较高品位和档次的新型住宅区。

（六）发展旅游业

90年代，区政府发挥区内历史文化积淀优势，重修多处人文景点和重要遗址。至1995年，已经开发景点6处，其中5处被列为“市级文物保护单位”，西青区被市政府定为“民俗旅游区”。其后，开发现有资源，形成地方特色，全面提升旅游业的层次和水平。重点完善中华医圣苑、霍元甲故居、高尔夫球场和杨柳青民俗文化区4个景点功能，加快开发卫南风景区、水上娱乐城和王兰庄“一二·九”义教点等旅游景点，使旅游业成为全区第三产业的一个重要支柱。按照“近代中国看天津”“民俗文化看西青”旅游定位，充分挖掘文化底蕴和人文资源，发展民俗文化旅游，全面推进具有西青特色的旅游区建设。逐步形成以杨柳青镇为主的民俗风情游、以中北镇和杨柳青镇为主的观光娱乐游、以辛口镇为主的自然生态游、以鸭淀水库综合开发为载体的休闲度假游、以霍元甲为品牌的精武文化游等几个景区同步发展的旅游发展态势。

（七）服务大学新校区

90年代始，西青区发挥域内南大教育社区、农业经济学院、北方职业教育学院、津静路新大学区等资源优势，发展教育社区社会化服务和物业管理。“十五”期间，区境内大学后勤社会化服务成为第三产业的一个支柱行业。

（八）发展现代服务业

进入21世纪，西青区立足产业基础，发挥比较优势，提升经营业态，加快构筑高增值、多层次、广就业、强带动的现代服务业体系。在具备条件的中心城区，规划建设中央商务区，集中布局金融商务服务机构和中高档商场、大型知名连锁店，形成中心商贸圈和特色商业街区。到2007年，基本形成区、街镇、村三级布局合理、设施达标、功能齐备的日用消费品和农业生产资料连锁经营服务网络，基本形成农业产业化龙头企业、农民专业经济合作组织、产地型农副产品批发市场等多种载体强力带动的农产品流通体系。建立公共物流信息平台，促进物流信息共享和物流网络互通互联。推进现代物流基地建设，大力发展综合物流中心、专业物流中心和配送分拨中心，做大做强津西南物流园区，建成天津西部的内地“无水港”和货物分拨中心。依托杨柳青商务活动中心和城郊地带，以楼宇为载体，引导发展法律、会计、审计、咨询、评估、广告、策划、调查、就业和劳务中介、经纪代理等服务业态。大力发展家政服务、物业管理、养老托幼、便民商业、医疗保健等与人民生活密切相关的社区服务业，增加就业岗位。

至2010年，全区服务业的发展目标是：总量实现倍增、布局相对集中、结构明显优化、功能大幅提升。使第三产业的增长速度高于一、二产业的增长速度，在国民生产总值中的比重达到30%以上。

第三节　科技兴区

一、建立科技网络

70年代末，恢复设立科技管理机构，加强科技队伍建设。80年代中期，全区成立自然科学类16个专业学会和3个协会，会员增至2100人。1986年，区科学技术开发咨询服务中心成立，各乡镇组建科技站及蔬菜、林业、水利、农机、养殖、种子、植保、畜牧兽医等站所，配备科技人员506人。各行政村建立936人的科技服务组织，承担着试验、示范和推广任务。1990年始，各乡镇都配备科技副乡（镇）长，主管科技工作，141个村委会都设有主管科技工作的副主任，形成区、乡（镇）、村三级科技网络。

二、完善政策

90年代，区政府制定加强科学技术普及工作、加速科学进步的实施办法、重奖有突出贡献农业科技人员等激励政策，健全和完善科学技术应用和科学技术成果向市场转化的经营机制。加大科技宣传，增加科技和教育投入，促进群众性科研活动的发展。坚持经济、科技、教育“三位一体”，加大教育改革力度。实施“新世纪园丁工程”，建设高素质教师队伍。优化教育机构和教育资源配置，推进素质教育。推进“351”培训工程，使农民转化为高素质的现代职业劳动者。营造良好环境，引进、培养和用好人才。深化干部人事制度改革，建立公平竞争、优胜劣汰的用人机制，推动人才脱颖而出，形成人尽其才、才尽其用的社会氛围。充分发挥人才发展专项资金作用，大力引进、培养急需人才。采取多种形式，积极吸引海内外优秀人才到西青区定居、讲学、合作科研项目等。建立并利用好博士后创新实践基地，实现人才与项目的对接，推进博士后科研成果转化。重视对人才的培养，注重同各类院校的合作，多渠道、多形式培养人才。抓紧对中青年科技人才的培养，造就一批学术、技术带头人和科技型实业家。不断完善服务机制，提高服务水平，为经济和社会发展提供有力的智力支持和人才保障。

三、自主创新

90年代，区政府开始把增强自主创新能力作为西青发展的大战略，提高原始创新、集成创新和二次创新的能力，建立与区经济快速发展相适应的科技创新体系，创建国家级科技进步示范区，使西青科技综合实力进入全国先进地区行列。实施专利战略，建立鼓励知识产权的创造、保护和运用的机制，引导企业加强技术开发中心或产品研发机构建设，促进自主知识产权拥有量提高，加强企业自主知识产权保护，增强企业自主开发能力和市场竞争力。“十一五”期间，全区年专利申请量达到700件以上，市级高新技术企业达到30家以上，每年组织骨干企业承担市级以上科技计划项目不少于20项。强化科学普及，创建“全国科普示范区”。组织利用科技教育资源，加快科技成果转化。

第四节　招商引资

一、发展“三资”企业

1985年始，区政府实施城郊型、外向型经济发展战略，把发展“三资”企业作为推动科学技术进步、带动地区经济实力增长的重要手段。1987年，奥逊日用电子有限公司落户兴业里，推动、加快了全区招商引资步伐。至1995年，区内合资、合作、独资形式的“三资”企业发展到300家。到西青区投资的外商来自25个国家和地区。到20世纪末，“三资”企业达600家，累计实际利用外资及港澳台地区投资15亿美元。“十五”期间，利用国内外市场两种资源广泛参与国际竞争与合作，提高全区经济的开发程度。发展以西青开发区为龙头的开放型经济，建成与国际接轨的开放型经济区。到2005年，全区吸引外资企业达到350家，吸引外资总额达到220亿元。

1995年西青区“三资”企业投资构成情况统计表

表19-2　　单位：万元

投资方式	个数	总投资	注册资本	利用外资及港澳台投资
合计	300	107367	99926	90523
合资	157	23496	18191	9185
合作	8	1320	925	528
独资	135	82551	80810	80810

二、开发区招商

1992年成立西青开发区后，区政府坚持高起步规划，瞄准国内最先进的目标，按照适应国际市场经济的要求，制定比较超前、完备的基础设施建设规划。采取“宣传造势、功能招商、信息招商、以情招商、配套招商、以商招商、文化招商、恳谈会招商”等措施进行招商引资。强化西青开发区龙头地位，做好乡镇工业小区的联合开发，带动全区产业招商。

第五节　文化建设

80年代中期开始，西青区政府实施“以古镇杨柳青为龙头，以建设乡村文化阵地为重点，以弘扬民族文化为特色，以创建小康明星村为动力”的总体部署，开展文化建设。1995年，全区建成147个文化活动室和灯光球场等多个体育设施，被市委、市政府授予首批天津市社区文化先进区称号。1996年，西青区获全国社区文化先进区（县）称号。

一、文化队伍建设

90年代中期，全区有音乐队伍240人、戏曲队伍210人、舞蹈队伍285人、摄影书画篆刻队伍165人。民间花会发展到56道1540人，涉及30个村。民间艺术队伍扩大到680人。形成“音乐之乡”王稳庄、“书画之乡”中北斜乡、“民间音乐之乡”上辛口乡、“戏剧之乡”西营门、“花会年画之乡”杨柳青5个独具特色乡镇，乡镇文化建设门类突出，特色鲜明，队伍强大，表演水平高，每年均于节日和庆典中表演、展览。

二、文化阵地建设

90年代，区文化中心剧场投入使用后，开展文化信息共享工程建设，完善区文化信息中心配套建设，开通文化信息共享工程区级支中心电子阅览室、期刊借阅室，为读者提供优质、贴心的服务。提高9个街镇级分中心和160个村以及社区基层服务点的档次和水平，形成共享工程三级网络系统。完成张窝镇和杨柳青镇文体中心主体建设。

三、文艺创作

90年代后，相继成立区书法家协会、美术家协会、作家协会，吸纳文学艺术爱好者200人。鼓励文学艺术创作，以优秀的文学艺术作品宣传西青、赞美西青，许多文艺作品获得全国和市级奖项。

四、开展读书活动

90年代，全区完成第一、二批“农家书屋”工程建设和“阳光书屋”建设。建成22家“农家书屋”，对农村基层图书馆（室）进行新建、巩固和提高，协助基层图书室整理分类图书3万余册。利用流动图书车送书进社区、部队和企业，每周下基层服务1至2次。利用电子阅览室开展网络阅读服务，区图书馆电子阅览室免费向读者开放，向读者提供公益性电子文献网络阅读服务。西青图书馆每年接待读者2.5万人次，借阅图书7.5万册次。延伸图书馆阵地功能，利用市图书馆电子文献资源，开展网上联合参考咨询和“一码通”工作。开展电子文献网络阅读服务，接待读者近万人。

五、文物保护

80年代，全区开展文物普查，对区内非物质文化遗产的数量、分布、特征、保护现状等进行整理、挖掘。公布区第一批非物质文化遗产名录，杨柳青剪纸等4个项目被列入第二批天津市非物质文化遗产名录。开展“文化遗产日”系列宣传活动。杨柳青博物馆完成商俗、灯箱画、婚俗等9个展览的布展更新。印制《石家大院》等宣传画册。对平津战役天津前线指挥部旧址进行大规模修缮，重新进行规划、设计。普查文物162处，其中新发现不可移动文物112处，复查“二普”文物50处。首次对市级文物保护单位进行测绘，制作测绘图。对区内现存的石碑进行拓制，拓片50张。在“文化遗产日”，举办杨柳青剪纸艺术展览、香塔老会传统花会展演、保护和传承成果展示、文化遗产知识普及讲座等一系列活动。

六、文化产业

90年代，西青区发展文化事业。积极开展系列文化活动，加强基层文化建设，精心打造文化品牌。进入新世纪，广泛开展文博事业，启动民间艺术复兴工程。合理布局、整合文化资源，开展文化市场建设，提高文化产业在国民生产总值中的占有份额。2010年，西青区作为第一批“国家级文化产业示范基地”通过文化部验收。以石家大院为依托，为天津市御苑文化产业有限公司申报第四批国家级文化产业示范基地并通过市级初审。为文化产业项目或企业提供信息通报、扶持政策咨询、融资平台推介等服务，为“精武门·中华武林园”项目申请文化部专项扶持资金，并纳入《天津市文化事业文化产业“十五”发展规划》。评定10家杨柳青年画业协会会员画店，命名23名杨柳青年画区级传承人。在“中国经典城市名片”评选中，被文化部命名为“中国经典城市名片”，整体提升杨柳青年画的艺术影响力和市场竞争力。杨柳青年画年总产值实现2527万元，营业额1787万元，创历史最好成绩。

第六节　城镇建设

一、定位 规划

七八十年代，杨柳青镇、南河镇被列为卫星城镇，城镇建设速度逐年加快。

1982年，区政府按照“农村城市化和城乡一体化”总体思路，以“服务经济，合理利用土地，不占用耕地，推动经济发展”为前提制定蓝图，开展144个村庄新村规划编制，加速新农村建设。引导外环线两侧村庄以建楼房化新农村为主，在有条件的村庄结合商品房开发建设别墅式楼群，向立体化发展；外环线以外，结合平房改造，建设联体单元式住宅楼；条件较差的建新式平房。建设宁家房子等一批“楼房样板村”，建设41个乡级“样板村”，使每个乡都有适合本乡发展的样板。

1990年，杨柳青、大寺镇被列入天津中心市区8个外围组团之一。杨柳青镇以汽车工业为主，南河镇以轻纺工业为主，安排一定规模的骨干企业，带动卫星城建设与发展，疏散市区工业、人口和控制市区规模扩大，促进卫星城发展。1991年始，每年新建房以5~7万平方米的速度累进，至1995年，王顶堤等村的农户全部入住有物业管理的住宅小区。全区形成以天津市外围组团和卫星城镇为中心，初具城镇规模的居民点18个。

二、中心城镇建设

90年代，西青区按照“超前规划、基础先行、稳步推进”原则，多方聚集建设资金，加快中心城镇建设。提高载体功能，建设一批功能完备、服务齐全、生活方便、管理科学的公寓式住宅新区。坚持经济效益、社会效益和环境效益相一致的原则，引导工业企业适当集中，实现工业区和生活区的适度分离。建立农田保护区，逐步改变自然村落星罗棋布、生产力布局严重分散、自然资源大量浪费等资源配置不合理的状况，加速城乡一体化、农村城市化进程。2000年，全区投入资金31.4亿元，建设住宅和公建326万平方米，新修道路92万平方米，铺设给排水管道21万延米，新增绿化面积46万平方米，实施陕气入户和集中供热工程。小城镇和新农村建设取得突破性进展，撤乡建镇任务全部完成，各街镇政府所在地的建设全面启动，杨柳青、大寺、张家窝、中北4个新型小城镇初具规模。初步形成中心城镇和新型村庄梯度结构、组团发展、功能互补、各具特色的现代化城市群格局。2001—2005年，开展小城镇和新农村规划的修编工作，全面启动以各街镇政府所在地为重点的小城镇建设。2005年，小城镇和新农村规划建设总面积达到520万平方米，集中人口24万人。实施天然气入户工程，加快集中供热进度，全区新增天然气用户1万家，新增集中供热面积240万平方米。建设一批绿地、广场，新增绿化面积50万平方米。完善城市管理政策和措施，保持全区过境公路和街镇主干道路的环境优美有序。

照19-1　2010年，西青城镇建设起步区开工仪式现场

三、建设新城区

进入21世纪，区政府按照“规划设计高标准、因地制宜有特色、科学布局配套建设、多元投资综合开发、管建结合提高水平”的原则，加快提升城市载体功能，建设现代化西青新城区。

“十一五”期间，西青城区增加自来水日供水量，建设杨柳青水厂净水系统，新建3座变电站，新增供热面积600万平方米，新增燃气用户6万户；新建5处公交车首末站。建设全国生态示范区，为人民创造良好的生产生活和居住环境。加强环境卫生基础设施建设，建设渣土堆放场和粪便处理厂。实施蓝天、碧水、安静、生态、污染防治、细胞等六大环保工程，开展整治违法排污企业，从源头上遏制新污染源产生。建设全国生态示范区，为人民创造良好的生产和生活环境。2010年，全区样本覆盖率达17%以上。镇区实施灯光夜景工程，建设道路、沿河景观带和公园绿地，美化城市环境。

第三章　信访 法制

80年代，区信访多为申诉“文化大革命”中制造的冤、假、错案。90年代，区政府设立法制办公室、行政复议办公室、信访办公室，机构逐渐扩大。至2010年，信访工作不断摸索发展，来信来访及案件查办机制逐步完善。在全区广泛开展学习宣传法律法规，加强行政执法队伍建设，坚持依法行政，依法监督，开展行政复议，使行政执法不断规范化、法制化。

第一节　信　访

一、领导接访

80年代中期，区委、区政府实行信访工作“一岗双责”，将信访工作纳入各级党政领导工作重要议事日程。坚持对疑难信访问题落实区“领导包案”，定期开展党政领导干部接访下访活动。此制度一直延续至2010年。

二、案件查处

1978—1984年，区信访接待内容多为申诉冤、假、错案及历史遗留问题的复议等，其间接待信访量达3540件。1985年始，来信来访内容向“参政型”发展。信访内容多是为区经济发展、改革开放提意见和建议，反映工资、生活、福利、待遇问题的案件仍占一定数量，且集体上访量增加。1995年始，随着城镇化发展，土地征用量增加，土地问题信访量骤增。2000年后，群众反映信访事项多为征地、拆迁补偿问题，且集体上访数量较多。2010年，随着群众法律意识的增强，反映重点问题逐步转向劳资纠纷方面，涉法涉诉问题增多。

1980—1995年西青区信访情况统计表

表19-3

年度	来信(件)	来访(人)	年度	来信(件)	来访(人)
1980	889	682	1988	207	116
1981	605	589	1989	195	83
1982	422	396	1990	144	119
1983	318	315	1991	792	947
1984	335	133	1992	801	2141
1985	326	157	1993	815	1120
1986	221	127	1994	924	2964
1987	169	112	1995	804	2121

1996—2008年西青区信访总量统计表

表19-4

年度	信访总量(件)	年度	信访总量(件)
1996	312	2002	487
1997	263	2004	675
1998	426	2006	778
1999	451	2007	1194
2000	318	2008	1293
2001	353	–	–

注：2003年无相关数据。

第二节　政府法制

一、依法行政

1991年，区法制办开始对全区各行政执法机关执法主体资格进行确认，对执法依据进行梳理。对区政府制定或转发的规范性文件进行清理，提出废止和修改建议，按清理结果编写《西青区规范性文件汇编》。1992年始，对行政执法部门执法人员发放行政执法证件，对持证人调离、执法类别变更，随时做出更换调整，对离退休人员的证件及时回收注销。1997年始，每两年对执法证进行年检、注册，1999年始，负责对区政府行政规范性文件的法律审核和向市政府备案审查，对区政府所属部门行政规范性文件备案审查。2006年，区行政执法主体47个，其中法定行政机关39个，法律法规授权的组织6个，依法受委托的组织2个，执行法律法规规章共计约670部，具体行政执法职权约3392项。2008年始，开展依法行政工作考核，制定年度依法行政考核目录。至2010年，西青区政府连续三年被评为依法行政考核优秀单位。

二、行政监督 复议

（一）行政监督

1991年始，区法制办对各行政执法部门执行新法律法规规章情况进行检查。1998年始，在全区落实行政执法责任制，对行政执法部门行政处罚案件进行抽查检查，组织案卷评查，纠正执法程序上存在问题的案件。落实《国旗法》，在元旦、春节、五一、国庆期间，对区机关、企事业单位、团体、学校及公共场所升挂国旗情况进行检查，更换破损、褪色国旗。2005年，清理整顿行政执法服装，对符合国务院规定的依法予以保留，对违规着装依法予以清理。2008—2010年，审核西青区综合执法管理局和房管局行政执法强制执行案卷279份。为杨柳青镇元宝岛拆迁和西营门街拆迁安置提供法律意见书。

（二）行政复议

1991年，区法制办受理西青区第1件行政复议案件。至2010年，共办理行政复议案件123件。案件集中在2005—2010年，复议内容集中在房屋拆迁、强制拆除违法建设和征地补偿。

三、培训宣传

（一）法制培训

1992年，区法制办组织行政执法人员学习讨论天津市有关行政执法规定。2001年，组织行政执法程序培训，召开全区行政执法部门中层干部、骨干法律培训会，学习行政执法办案程序及在行政诉讼中的对策等法律知识。2004年，举办行政机关科级干部《中华人民共和国行政许可法》学习培训班，全区200人参加培训。制作《中华人民共和国行政许可法》知识问答，在西青电视台《法制方圆》栏目中开办专题节目。

（二）法制宣传

1992年，区法制办组织行政执法主体单位学习、宣传《天津市行政执法和行政执法监督暂行规定》。1994年，印制《中华人民共和国国家赔偿法》单行本1000册，各行政执法部门领导及执法人员人手一册。1997年，编写《持证执法》培训材料，发放给600多名行政执法人员。1997年和1999年，为区行政执法人员宣讲《中华人民共和国行政处罚法》等行政法律法规。2007年后，进行《行政许可法》《行政处罚法》《国家赔偿法》《公务员法》实施情况的调研。开展法制宣传、信息化建设和依法行政工作情况调研。

第四章 综合政务

80年代后，区政府建立查办通报、落实重点督办和领导签批办理制度，按照制度规定办复人大代表议案建议和政协委员提案。成立联合审批机构，提供一站式优质服务，促进区域经济发展。政府职能逐渐完善，信息化管理、应急管理、金融服务与管理、经济协作与对外联络工作逐步独立成体系。

第一节 行政许可 提案办理

一、行政许可

2006年，区行政许可服务中心成立后，清理规范行政许可事项，清理项目由原来268项减少到

194项，并对社会进行公示。中心建立审批公开、集中审批、现场审批、限时审批、网上审批、联合审批长效机制，扩大现场审批和立等可取事项，强化现场审批授权，落实“一审一核、现场办理”机制，现场审批率95%以上，即时办结率70%以上。2009年，对全区行政审批事项再次进行清理，将全区行政审批事项减少20项，减少审批要件30%。至2010年，办理各类审批18万余件，发放证照6万余件。

2010年，中心实现联合审批“一站式”服务。实行审批时间和自然时间“双限时”。投资项目联合审批，审批时间由过去180工作日缩减到31个工作日。对企业进行联合审批，由过去的90天缩减到5个工作日以内。政府信息查阅平台及时发布信息，全年接待信息查阅140余人次，查阅信息162件。中心“8890”社会服务网络解决市民家庭日常生活需求，在市民家庭生活需求与服务性企业的供给之间架起信息对接、双方受益的桥梁。

二、提案议案办理

（一）受理

1979—1995年，区政府对人大代表、政协委员提出的有关农业、工业等方面的议案、提案进行梳理，采取分发来件、随提随办、化整为零的方式办理。1996年，办理区人大十二届五次会议、政协四届四次会议期间人大代表意见和建议81件、政协委员提案46件。1997年，在区十二届人大第六次会议和区政协四届五次会议期间，区政府收到人大代表政协委员意见、建议、提案共97件。1998年，承办市政府转来的市人大代表、政协委员提案11件，办理区人大代表、政协委员的意见、提案77件。1999年，办理市、区两级代表建议、政协委员提案75件。2000年，收到人大代表建议、政协委员提案121件。2001—2002年，办复市、区人大代表关于道路、路灯交通信号灯等问题建议、政协委员提案近200件。2003—2010年，共受理提案议案937件，办复率95%以上。

（二）办理回复

1998—2010年，在区人大代表建议、政协委员提案办理过程中，区政府办公室将建议、提案层层筛选，从中列出涉及人民群众切身利益的重点督办件，由区政府常务会议进行专题研究，责成有关副区长、有关部门逐件落实，办理完成。历年办复满意率均在98%以上。

2001—2010年西青区提案议案办理情况统计表

表19-5

年度	建议提案总数（件）	办复率%	办复满意率%	年度	建议提案总数（件）	办复率%	办复满意率%
2001	103	–	98	2006	63	100	100
2002	94	100	98	2007	69	80	100
2003	119	100	98	2008	65	90	100
2004	74	100	100	2009	95	100	100
2005	81	100	100	2010	371	100	100

第二节 信息化 应急管理

一、信息化

（一）网站建设

1998年，区政府建成“西青之窗”网站，为全区提供互联网信息服务，并通过主页形式向世界介绍西青情况。2004年，对“西青之窗”网站内容进行升级改造，增添西青旅游网和政策查询等内容。2009年，完善网站工作制度和网站内容发布制度，更新维护网站内容。网站部署IPS、防火墙等安全设备，提高安全性。内外网业务系统引入RAID磁盘阵列。

（二）电子政务平台

2005年，区政府推进高速宽带多媒体信息区域网络建设，建设区信息公用平台，整合政务、工业、农业和社会公益服务的信息资源，建设公用信息资源库。建成电子政务专网、机关局域网，应用党政办公自动化系统。2006年，完成区电子政务网及OA办公系统建设。2007年，进行电子政务专网建设，拓展专网应用。2008年，拓展区电子政务专网的应用。全区新建、改建政务网信息点76个，涉及部门39个。

（三）信息化管理

2010年，区政府制定实施区信息化建设促进、网络与信息安全、政府网站管理、协同办公系统管理、电子政务专网管理、门户网站管理办法，投资信息化建设项目细则等，提升信息安全水平，提高政府信息化应用能力，规范信息化管理。

二、应急管理

2005年，处理全区发生的公共突发事件14件。2006年，处理公共突发事件18件。2007—2008年，处理公共突发事件20件。2009年，健全应急组织机构，建立覆盖区、街镇、村（社区）三级应急组织网络，完善24小时值班制度和突发事件报告制度，畅通公共突发事件的信息渠道。充实应急预案，全年组织编制及修订甲型流感、雨雪冰冻灾害等111项专项预案和燃气、建筑工程突发事件等29项部门预案。处置杨柳青广场意外触电死亡等19起突发公共事故。2010年，开展应急物资储备调查，登记造册。处理天津金汇药业反应釜爆炸等突发事件16起。调整梳理1个总体应急预案、46个专项预案、27个部门预案、17个镇级预案和17个村、社区、企事业单位预案，形成“横向到边、纵向到底”应急预案体系。

第三节　金融服务

一、引进金融机构

2010年4月，区人民政府金融办公室成立后，开展金融机构引进工作。天津银盛小额贷款有限公司获市金融办批准并在西青区筹建。引进招商银行股份有限公司天津中北支行、上海银行股份有限公司天津中北支行、盛京银行股份有限公司天津西青支行、上海浦东发展银行股份有限公司天津浦和支行、华夏银行股份有限公司天津西青支行。

二、企业融资服务

21世纪初，开展金融政策培训，举办企业财务管理、金融知识、金融产品培训，帮助企业建立完善的财务管理制度，提升金融知识水平，提高融资能力。举办银企对接，组织银行和企业面对面座谈交流，加强银企双方互动。带领企业参加在津举办的第四届中国企业国际融资洽谈会，与中外资银行、投资机构等金融机构对接交流。

三、项目融资服务

21世纪初，区金融管理部门组织调查汇总项目融资需求，向驻区金融机构集中推介，带领金融机构与项目单位对接，推动项目融资工作。设施农业项目向天津农商银行融资2573万元，天祥工业园基础设施建设向天津农商银行融资5800万元，西青开发区基础设施建设向工商银行、农业银行、天津银行累计融资10.2亿元。

第四节　经济协作 外事活动

一、经济协作

（一）考察推介

1990年，区委、区政府主要领导参加全国化工订货会，并前往重庆江北区考察学习。1999年，区有关部门组织企业参加厦门国际投资贸易洽谈会、99夏季上海国际科技成果合作暨农业利用外资项目洽谈会、PECC国际贸易投资博览会、广州秋季交易会等。编印《西青区出口商品目录》和《招商项目目录》，把30个招商项目推上因特网，62家企业开展网上招商和销售业务。2005年，区政府在广州举办“西青投资环境及项目推介会”，推介项目12项，与30多位参会代表建立联系。组织招商引资、考察调研、企业管理、研讨等会议500次，接待6500人。2006年，西青区与天津市外商投资服务促进中心、市商务委、市发改委等涉及海外部门联系，搭建招商引资平台。2009年，建立项目库，将全区项目进行整合、包装、推介。筹办西青区投资项目签约洽谈会，来自15个国家和地区及国内的175家知名企业代表500人参加签约仪式。签约项目63个，总投资突破350亿元。2010年，西青区与北京凯德投资公司等20余家中介签订招商协议，确定长期联系的中介机构70余家。组织示范园区推介会，与天津驻广州、深圳等8个办事处洽谈落地15个项目，协议投资额20亿元。

（二）项目洽谈

1984年，区乡镇企业经委和外商联系接触的项目100多个，同外商洽谈合作项目13个。2000年，组织有关街镇参加国内举办的大型商贸活动，将有关项目报送市外经贸委参加香港投资洽谈会、第四届中国厦门投资贸易洽谈会。2005年，区政府组团参加“津洽会”，达成意向成交额3亿元，成交额1000余万元。组织台湾地区有一定规模和影响的企业经理与区负责人举办座谈会，邀请市商务委、经委、农委等部门，组织西青开发区和街镇工业园召开恳谈会。

（三）域外投资企业

90年代中期，域外企业到西青区投资建厂兴业的逐渐增多。1996年，全区实现外地投资协议金额7237万元，实际利用内资3920万元。审批乡镇企业驻外办事处4家，外地驻区办事处1家。2002年，天津晶顶医学技研中心落户侯台科技园。2006年，区内街镇引进津外电子信息、汽车、生物医药等优势工业项目24项，注册资金1.79亿元。有24个增资项目，增资金额23.2亿元。2008年，全区引进电子信息、汽车、生物医药行业项目34项，资金到位额5.85亿元。2010年，区政府与天津燃气集团有限公司、天津市电力公司、北京世纪互联信息工程技术有限公司鉴定战略合作协议。深保福天津创意产业园项目、中国有色集团天津新材料产业园、天津冶金轧一钢铁集团精密焊接项目在区内奠基开工。

1979—1993年部分年份西青区域外投资企业情况统计表

表19-6

年度	域外投资企业	企业名称	坐落地点
1979	天津市金笔厂	天津市制笔零件厂	大寺乡
1980	天津市服装19厂	大寺衬衣厂	大寺乡
1984	天津市煤气总公司	天津市第一煤气厂	汪庄子
1986	天津红旗油厂	天津市津港植物油厂	中北斜乡

续表

年度	域外投资企业	企业名称	坐落地点
1988	客商	天津奥逊日用电子公司	兴业里
1988	天津国际联合轮胎有限公司	内胎分厂	小甸子村
1988	天津铁厂	天津市煤化工厂	中北斜乡
1992	天津汽车工业公司	汽车消声器厂	大稍直口村
1993	天津市大桥集团哈尔滨焊接研究所	天津市京哈轧辊维修中心	大寺乡
1993	北京矿业学院	天津市型煤开发公司	大寺乡

（四）投资外地企业

1995年，西青区企业从事跨国经营，发展一批国际化、实业化、集团化的跨国公司。1997年，天津大桥集团有限公司在宁夏银川注册成立天津大桥银川电焊条有限公司。1998年，西青宁发集团在海南省开发建设三亚市金陵宾馆、金陵度假村等项目。2002年，宁发集团启动湖南省张家界天门山风景区客运索道建设，总投资5.3亿元。2004年，天津中津药业股份有限公司合成及改造项目被列入国家双高一优项目计划。2010年，天津市凯润淡水养殖有限公司在新疆和田地区策勒县租贷148.2公顷土地，开展设施农业建设。

照19-2　2004年，西青宁发集团投资张家界天门山客运索道

（五）友好城市

1987年，西青区与沈阳市于洪区缔结友好市区协议。1988年，与河北省石家庄市结为友好市区。1990年，与大连市金州区和沈阳苏家屯区缔结友好市区。1996年，与甘肃省酒泉市、哈尔滨市太平区、河北省衡水市等17个区、市、县建立友好地区关系。1997年，与河北省晋州市举行友好市区签字仪式。2006年，与内蒙古自治区呼和浩特市新城区正式结成友好市区。

二、外事活动

80年代初期，西青区开放上辛口村、小南河村为外宾参观点，由市旅游局或市外事办公室安排每年接待外宾10余批。1984年，西青区成为天津市较早对外全面开放的区县。进入90年代，全区每年接待外宾4000人左右。至1995年，全区办理从事外资活动鉴证270人。2000年，编印《西青旅游宣传画册》，设计制作西青招商引资网页，单独建立网站。将有关项目报送参加欧洲投资洽谈会。2002年，审批48个出国组团，78人次超18个国家和地区出访。美国马萨诸塞州费切伯格市友好代表团来西青区工作访问，双方签订友好关系协议书。意大利、德国及欧盟驻华使节考察团等到西青参观考察。2004年，接待菲律宾SM集团、马来西亚雪隆广东会馆参观团等来访。2008年，接待来访团组6批122人次。根据出国审批规定，向市外办招送外事出访计划。2010年，接待来访团组6批160余人次。完成阿拉伯国家联合记者访津团等外事接待任务5批，完成外事服务保障工作。

第五章　民族 宗教 侨务

1979—2010年，随着区内少数民族人口逐年增多，区政府设置民族宗教事务专门工作机构，贯彻执行党和国家民族宗教政策，重视改善少数民族经济文化生活和政治地位的提高，恢复宗教活动场所，加强宗教事务、侨务工作管理，促进民族团结、维护社会和谐稳定。

第一节　民族事务

一、落实少数民族政策

改革开放后，随着区内少数民族人口增多，区政府设有民族宗教事务专门工作机构，在各乡镇和少数民族聚居村配有专兼管负责人、工作人员的管理网络。1979—2010年，为少数民族群众恢复办理错填漏登的民族成分，按政策落实少数民族考生高考照顾加分政策。每逢少数民族重大节日，区委、区人大、区政府、区政协及相关部门负责人应邀参加活动，看望少数民族群众。每逢少数民族的重大节日，组织有关部门到各商场、批发市场、餐饮行业进行清真食品检查，贯彻国家、市关于加强清真食品生产、经营、销售的市场有关管理规定，依法加强对清真食品市场监督、审批、把关。

二、提高少数民族地位

改革开放后，区委、区政府逐年改善少数民族群众物质文化生活，重视少数民族的政治生活和社会地位的提高，选举产生多名少数民族人大代表和政协委员，使他们得以行使法律赋予的政治权利参政议政，其中一批少数民族干部走上行政事业单位和基层领导岗位。

至2010年，西青区先后多次组团参加天津市少数民族体育运动会，其中参加天津市第六届少数民族体育运动会获民族节目展演“最佳风貌奖”。

第二节　宗教事务

一、恢复活动场所

（一）佛教寺庙

改革开放后，西青区按照国家政策，恢复区内宗教场所，信众在法律规定范围内从事宗教活动。

2010年，区内有大寺镇峰山药王古寺和辛口镇玉佛禅寺两处佛教活动场所。

照19-3　2010年，西青区峰山药王古寺

峰山药王古寺坐落在大寺镇王村。明代始，寺庙每年农历四月二十至四月二十八（药王孙思邈诞辰日期间），均举办大型庙会。1997年，大寺镇王村筹集资金，重建峰山药王古寺。寺庙占地面积3万平方米，建筑面积9000平方米。由山门、前殿、中殿、后殿、东西配殿及钟楼、鼓楼等组成，布局协调浑然一体，楼阁殿宇错落有致，建筑整体恢宏精美。2002年，市宗教局批准峰山药王作为临时佛教活动场所并对外开放。

玉佛禅寺位于辛口镇当城村，始建于北周和隋朝之间，历史上屡遭灾害兵燹毁坏。2003年恢复重建，2010年建成并对外开放时同更名为玉佛禅寺。寺庙每年有大批海内外信众和游客祭拜游览。

（二）天主教堂

区境内有天主教堂1座，位于李七庄街边村。清宣统二年（1910），紫竹林天主堂派员在边村设立公所。1947年，原天津锦衣卫天主堂中国籍神父由紫竹林出资购地建房，公所被称边村教堂。1987年，教堂因年久失修倒塌。2002年，应边村信众请求，区有关部门决定选址重建。教堂重建后，占地1300平方米，其中主堂建筑面积260平方米。教堂于每周日举行弥撒，每年复活节及平安节等节日举办大型宗教活动。

（三）基督教堂

区内有天主教堂1座，位于张家窝镇董庄子村。中华基督教董庄子福音堂始建于清光绪二年（1876），于“文化大革命”时期被禁用，90年代初恢复宗教活动。2007年，董庄子村被列入小城镇规划范围，教堂整体拆迁。2010年，在董甸路附近选址700平方米重建新教堂，建筑面积300平方米。教堂于每周三、六、日进行宗教活动，日常活动人数100人左右。

二、落实宗教政策

1979年后，全区宗教信众人数显著增长，各种宗教活动依法正常开展。1996年，区政府研究制定《对宗教活动依法管理的办法》，对信教群众较集中的乡镇村主管领导开展宗教政策培训。2005—2010年，区政府每年召开宗教联席会议，组织宗教干部，参加中央统战部和国家宗教局举办的《宗教事务条例》培训。组织各街镇主管宗教工作负责人参加天津宗教工作培训班。2006年，完善全区民族宗教突发事件应急预案。每年圣诞节、春节前夕，对宗教活动场所进行专项检查，确保安全。2010年，开展“加强少数民族、宗教界代表人士队伍建设”问卷调查。对全区少数民族分布和构成进行分析，对全区佛教、伊斯兰教、天主教、基督教四个教派信徒群众进行统计，掌握工作基础数据。

第三节　侨　务

一、侨胞

七八十年代，西青区旅外侨胞较少。90年代中期，数量有所增加。旅外侨胞主要分布在美国、日本、新加坡，苏联、印尼、澳大利亚、加拿大、巴西、墨西哥、马来西亚等国家。1995年，区内有美国、日本、新加坡侨胞侨眷38人。进入21世纪，一些寄寓海外的西青籍华侨开始回到故乡。2010年，西青区侨胞侨眷有来自日本、加拿大、美国、澳大利等国38人。归国华侨5人，来自日本、加拿大、朝鲜、泰国。

二、侨务工作

80年代始，区政府建立侨务工作管理组织，组成由侨眷同胞亲属参加的海外联谊会，有会员242人。每年春节召开侨胞侨眷座谈会，通报区内经济建设和各项事业发展情况。平时通过会员加强与海外联谊，鼓励海外赤子发挥专长、投资祖国经济建设的积极性，回报家乡。90年代中期始，区内对生活困难的归侨、侨眷给予照顾，帮助解决实际问题。进入21世纪，落实部分农村困难归侨、城镇困难归侨困难补助金政策。2008年，天津市侨商会成立，区侨办为市侨商会成员。2010年，区侨办以《归侨侨眷权益保护法》颁布20周年为契机，以“宣传侨法·为侨服务”为主题，召开侨界座谈会。在“12·4”全国法制宣传日活动中宣传《归侨侨眷权益保护法》，提高全社会维护归侨侨眷合法权益意识，帮助解决归侨侨眷在生活中遇到的实际问题。

第二十编

政治协商会议

天津市 西青区志（1979—2010）

TianJin Annals of Xiqing District

2009年，区政协召开提案督办工作会议

1984年，中国人民政治协商会议天津市西郊区委员会（简称区政协）成立后，设立区政协日常办公机构。至2010年，区政协充分发挥政治协商、民主监督、参政议政职能，围绕经济建设和社会生活中的重要问题以及人民群众普遍关心问题，开展一系列调查研究，反映社情民意，进行协商议政，为全区经济和其他社会事业建设献计献策，做出重要贡献。

第一章　委　员

1984—2010年，区政协广泛联系社会各界人士，扩大政协委员范围。界别构成总数和界别多有变化，委员人数持续上升。

第一节　委员产生

历届西青（郊）区政协委员的产生一般为提名推荐、协商确定建议名单、审议通过、公布等程序。

一、产生办法

1984年，政协西郊区第一届委员会界别、名额、人选由区委邀请区各人民团体、各界人士代表酝酿、协商后确定产生。第二届至第七届区政协委员人选，由区委与人民团体、各界人士代表酝酿、协商后，提交上届区政协常委会议讨论决定。历届任期内委员变更，均由区政协常委会讨论决定。委员当选后，区政协颁发政协委员证书。

二、委员人数

政协西青区第一至第七届委员分别为82人、103人、119人、144人、157人、160人、166人，人数呈历届上升态势。

第二节　委员界别

政协西青区第一至第七届委员会委员界别构成总数和界别多有变化。

一、届别

第一届委员会委员来自20个界别，第二届为18个界别，第三届和第四届均为17个界别，第五届和第六届均为16个界别，第七届为18个界别。

二、比例

第一届委员中共占9.76%，民主党派占3.66%，群众团体占10.98%，农民占6.1%，科技界占10.98%，文教卫体界占23.17%，台胞台属、侨胞侨眷占6.1%，其他界占29.25%。

第二届委员中共占7.77 %，民主党派占5.83%，群众团体占12.62%，农民占2.91%，科技界占15.53%，文教卫体界占25.24%，台胞台属、归侨侨眷占13.59%，其他界占16.51%。

第三届委员中共占7.56 %，民主党派占9.24%，群众团体占12.61%，农民占4.2%，科技界占20.17%，文教卫体界占25.21%，台胞台属、归侨侨眷占8.4%，其他界占12.61%。

第四届委员中共占10.42 %，民主党派占6.25%，群众团体占11.11%，农民占7.64%，科技界占9.72%，文教卫体界占17.36%，台胞台属、归侨侨眷占6.94%，其他界占30.56%。

第五届委员中共占9.55 %，民主党派占9.55%，群众团体占15.92%，农民占9.55%，科技界占8.28%，文教卫体界占22.93%，其他界占24.22%。

第六届委员中共占9.38 %，民主党派占11.25%，群众团体占17.5%，农民占7.5%，科技界占6.87%，文教卫体界占14.38%，其他界占33.12%。

第七届委员中共占8.52%，民主党派占12.5%，无党派人士占3.41%，群众团体占15.34%，农业、经济界占19.89%，科技界占5.68%，文教卫体界占14.77%，少数民族占2.84%，宗教界占1.14%，对外友好界占2.27%，特邀人士占13.64%。

西青区第一至第七届政协委员构成统计表

表20-1　　单位：人

构成	第一届	第二届	第三届	第四届	第五届	第六届	第七届
中 共	8	7	9	15	15	15	15
民主党派	3	6	11	9	15	18	22
无党派人士	–	–	–	–	–	–	6
工会系统	2	4	3	3	6	6	5
青年联合会（共青团）	3	2	2	3	6	6	6
妇 联	4	3	5	5	6	6	6
工商联	1	4	5	5	7	10	10
农业界（农民）	5	3	5	11	15	12	12
经济界	–	–	–	21	27	19	23
科技界（农业、经济、科技）	9	16	24	14	13	11	10
教育界	6	8	11	7	10	7	8
医药卫生界	8	9	9	8	6	4	5
文化艺术界	3	7	7	7	5	8	8
体育界	2	2	3	3	2	4	5
少数民族	3	4	2	3	4	5	5
宗教界	1	–	–	–	–	–	2
特邀人士	12	8	7	17	14	23	24
对外友好界（海外联谊会）	–	–	–	–	6	6	4
台胞台属	2	6	4	4	–	–	–
归侨 侨眷	3	8	6	9	–	–	–
老红军 烈军属	2	–	–	–	–	–	–
供销物资系统	4	6	6	–	–	–	–
个体劳动者协会	1	–	–	–	–	–	–

第二章　全体会议

历届西青区政协全体会议主要议程为：听取并讨论政协常委会工作报告和提案工作报告，选举产生本届委员会主席、副主席和常务委员，通过大会决议。

第一节　第一届委员会

此届政协委员会议任期1年6个月，召开第一届全体会议3次。

一、第一次会议

1984年9月18日至21日举行。会议听取并讨论区政协筹备组所作关于工作情况和工作任务的报告、学习政协章程等。会议选举区政协第一届委员会主席一人、副主席4人、常委20人。全体委员应邀列席西郊区第九届一次人民代表大会。会议听取区政协副主席李福琛代表区政协第一届常委会做的工作报告。中共西青区委副书记李桂秋在会上讲话。会议选举产生区政协第二届委员会主席1人、副主席4人、常务委员19人。会议通过《进一步搞好政治协商、民主监督，为促进全区各项工作更快向前发展》决议。

二、第二次会议

1985年3月25日至29日举行。会议听取区政协主席李耀军代表区政协常委会作的工作报告。中共西青区委书记王育德传达中共中央召开的沿海开放城市和经济特区统战、政协工作座谈会精神。

三、第三次会议

1986年3月25日至29日举行。会议听取区政协主席李耀军代表区政协常委会做的工作报告。中共西青区委副书记杨宝生在会上讲话。会议作出《大力推动社会主义精神文明建设，坚决反对和纠正各种不正之风，旗帜鲜明地抵制和反对资本主义、封建主义和其他腐朽思想侵蚀》的决议。

第二节　第二届委员会

此届政协委员会议任期2年，共召开全体会议3次。

一、第一次会议

1987年2月27日至3月3日举行。会议听取区政协副主席李福琛代表区政协第一届常委会做的工作报告。中共西青区委副书记李桂秋在会上讲话。会议选举产生区政协第二届委员会主席1人、副主席4人、常务委员19人。会议通过《进一步搞好政治协商、民主监督，为促进全区各项工作更快向前发展》的决议。

二、第二次会议

1988年3月1日至4日举行。区政协主席张玉林代表区政协常委会做工作报告，中共西青区委副书记杨宝生在会上讲话。在会议上进行发言的委员有6人。

三、第三次会议

1989年3月7日至10日举行。区政协副主席于焕文代表区政协常委会作工作报告，区政协副主席鲍崇汉作政协委员提案办理情况的报告。在会议上进行发言的委员10人。

第三节　第三届委员会

此届政协委员会议任期2年，共召开全体会议3次。

一、第一次会议

1990年2月16日至20日举行。区政协副主席于焕文代表区政协二届常委会作工作报告。区政协副主席鲍崇汉作提案办理情况报告。中共西青区委副书记杨宝生在会上讲话。会议通过《围绕治理、整顿和深化改革，充分发挥政协职能，协助党和政府克服当前困难》的决议。会议选举产生区政协第三届委员会主席1人、副主席8人、常务委员23人。

二、第二次会议

1991年3月2日至7日举行。区政协副主席于焕文代表区政协常委会做工作报告。中共西青区委书记王怀勤在会上发表讲话。

三、第三次会议

1992年2月19日至24日举行。区政协副主席于焕文代表区政协常委会做工作报告。中共西青区委书记王怀勤、副书记张守信、市政协副秘书长孙维甫讲话。区政府部分职能部门负责人到会通报情况。

第四节　第四届委员会

此届政协委员会议任期4年，共召开全体会议5次。

一、第一次会议

1993年2月20日至26日举行。区政协副主席于焕文代表区政协第三届常委会做工作报告。天津市政协副主席廖灿辉出席会议。会议选举产生区政协第四届委员会主席1人、副主席6人、常务委员26人。会议通过决议，要求全体委员继续坚持和完善中国共产党领导的多党合作和政治协商制度。中共西青区委书记王怀勤和区政协主席杨宝生在会议闭幕式上讲话。

二、第二次会议

1994年2月17日至20日举行。区政协主席杨宝生代表区政协常委会作工作报告。中共西青区委书记王怀勤讲话。在会议上进行发言的委员有4人。

三、第三次会议

1995年2月7日至12日举行。区政协主席杨宝生代表区政协常委会做工作报告。天津市政协副主席陆焕生和中共西青区委书记王文华到会讲话。在会议上进行发言的委员有6人。

四、第四次会议

1996年1月22日至26日，召开政协西青区第四届委员会第四次会议，区政协主席杨宝生代表区政协常委会做工作报告。区政协副主席王怀义作提案工作情况报告。天津市政协主席刘晋峰和中共西青区委书记王文华出席会议并讲话。

五、第五次会议

1997年1月22日至24日，召开政协西青区委员会第四届第五次会议，区政协主席杨宝生代表区政协常委会做工作报告，政协副主席王怀义作提案工作情况报告。在会议上进行发言的委员有5人。

第五节　第五届委员会

此届政协委员会议任期4年，共召开全体会议5次。

一、第一次会议

1998年1月9日至11日，召开政协西青区第五届委员会第一次会议，区政协主席杨宝生代表区政协常委会做题为《总结经验 开拓进取 努力把我区政协工作推向新水平》的工作报告和提案工作报告。

二、第二次会议

1999年1月26日至27日，召开政协西青区委员会第五届第二次会议，区政协副主席蒋志贤代表区政协常委会做工作报告。政协副主席王乐和作提案工作情况报告。

三、第三次会议

2000年1月13日至15日举行。区政协副主席蒋志贤代表区政协常委会作工作报告。政协副主席王乐和作提案工作情况报告。天津市政协副主席周绍熹出席会议并讲话。

四、第四次会议

2001年1月6日至7日举行。区政协副主席蒋志贤做工作报告。政协副主席王乐和作提案工作情况报告。天津市政协副主席张德铨出席会议并发表讲话。

五、第五次会议

2002年1月22日至24日举行。区政协副主席蒋志贤做工作报告。政协副主席周连荣作提案工作情况报告。

第六节　第六届委员会

此届政协委员会议任期4年，共召开全体会议4次。

一、第一次会议

2002年12月6日至9日举行。区政协副主席蒋志贤代表常委会委托作《主动服务大局，认真履行职能，努力为我区率先基本实现现代化做出积极贡献》的工作报告。政协副主席周连荣作提案工作情况报告。会上选举产生区政协第六届委员会领导机构。

二、第二次会议

2004年1月5日至7日，召开政协西青区委员会第六届第二次会议，区政协副主席蒋志贤代表区政协常委会做工作报告，政协副主席周连荣作提案工作情况报告。

三、第三次会议

2005年1月10日至12日举行。区政协副主席蒋志贤做工作报告，政协副主席周连荣作提案工作情况报告。

四、第四次会议

2006年1月4日至6日举行。区政协副主席蒋志贤做工作报告，政协副主席周连荣作提案工作情况报告。

第七节　第七届委员会

此届政协委员会议至2010年任期3年，共召开全体会议4次。

一、第一次会议

2007年1月7日至10日举行。区政协主席作《高举团结民主两大旗帜，促进西青又好又快发展》工作报告，政协副主席孙秀华作关于提案工作情况报告。会上选举产生区政协第七届委员会领导机构。

二、第二次会议

2008年1月6日至8日举行。区政协主席作工作报告，政协副主席孙秀华作关于提案工作情况报告。

三、第三次会议

2009年1月4日至5日举行。区政协主席作工作报告，政协副主席孙秀华作关于提案工作情况报告。

四、第四次会议

2010年1月26日至27日举行。区政协主席作工作报告，政协副主席孙秀华作关于提案工作情况报告。

第三章　常务委员会

1984—2010年，政协西（郊）青区委员会设常务委员会。常务委员会由主席、副主席、秘书长和常务委员组成，其候选人由参加各地方委员会的各党派、团体、各民族和各界人士协商提名，经全体会议选举产生。

第一节　组　成

一、常委会组成

1984—2010年，历届政协西青区全体委员会闭幕期间，由常委会主持会务。常委会由主席、副主席、秘书长、副秘书长、常委会委员组成。

西青（郊）区第一届至第七届政协主席、副主席一览表

表20-2

届别	职务	姓名	党派	界别	出生年月	籍贯	学历	任职时间
第一届（1984年9月至1987年2月）	主席	李耀军	中共	中共	–	–	–	1984.09—1987.02
	副主席	鲍崇汉	中共	中共	1927.09	–	–	1984.09—1987.02
		张玉林	中共	中共	1927.03	河北黄骅	初中	1984.09—1987.02
		李福琛	无党派	科技界	1926.03	广东中山	大学	1984.09—1987.02
		佟彬章	无党派	少数民族	1931.11	–	–	1984.09—1987.02
第二届（1987年3月至1990年2月）	主席	张玉林	中共	中共	1927.03	河北黄骅	初中	1987.03—1990.02
	副主席	鲍崇汉	中共	中共	1927.09	–	–	1987.03—1990.02
		于焕文	中共	中共	1930.04	河北黄骅	大专	1987.03—1990.02
		李福琛	无党派	工程科技界	1926.03	广东中山	大学	1987.03—1990.02
		佟彬章	无党派	少数民族	1931.11	–	–	1987.03—1990.02

续表

届别	职务	姓名	党派	界别	出生年月	籍贯	学历	任职时间
第三届（1990年3月至1993年2月）	主席	王怀勤	中共	中共	1932.07	天津	-	1990.03—1993.02
	副主席	于焕文	中共	中共	1930.04	河北黄骅	大专	1990.03—1993.02
		赵以贞	中共	中共	1932.10	天津西青	高中	1990.03—1993.02
		王培植	中共	中共	1931.10	河北饶阳	高中	1990.03—1993.02
		高博文	无党派	教育界	1931.11	河北易县	大学	1990.03—1993.02
		朱梓光	民进	民进	1941.03	浙江平阳	大学	1990.03—1993.02
		吴宗元	农工	农工	1937.06	辽宁阜新	大学	1990.03—1993.02
		李智安	无党派	工程技术界	1934.05	天津	大学	1990.03—1993.02
		董维先	民进	工程技术界	1933.03	天津市	大学	1990.03—1993.02
第四届（1993年3月至1997年12月）	主席	杨宝生	中共	中共	1935.01	天津西青	大专	1993.03—1997.12
	副主席	张维森	中共	中共	1936.07	天津西青	中专	1993.03—1997.12
		王怀义	中共	中共	1936.01	山东黄县	大学	1993.03—1997.12
		朱梓光	民进	民进	1941.03	浙江平阳	大学	1993.03—1997.12
		吴宗元	农工	农工	1937.06	辽宁阜新	大学	1993.03—1997.12
		董维先	民进	科学技术界	1933.03	天津市	大学	1993.03—1997.12
		刘先喆	无党派	科学技术界	1932.03	湖南长沙	研究生	1993.03—1997.12
第五届（1997年12月至2002年12月）	主席	刘聿旺	中共	中共	1945.08	江苏泗阳	大学	1997.12—2002.12
	副主席	蒋志贤	中共	中共	1946.09	天津西青	大学	1997.12—2002.12
		王乐和	中共	中共	1945.12	天津西青	大学	1997.03—2002.12
		张同生	中共	经济界	1952.07	天津西青	初中	1997.12—2002.12
		董维先	民进	经济界	1933.03	天津市	大学	1997.12—2002.12
		朱梓光	民进	民进	1941.03	浙江平阳	大学	1997.12—2002.12
第五届（1997年12月至2002年12月）	副主席	吴宗元	农工	农工	1937.06	辽宁阜新	大学	1997.12—2002.12
		毛树森	民革	民革	1948.02	浙江奉化	大专	1997.12—2002.12
第六届（2002年12月至2007年1月）	主　席	刘聿旺	中共	中共	1945.08	江苏泗阳	大学	2002.12—2006.01
	副主席	蒋志贤	中共	中共	1946.09	天津西青	大学	2002.12—2007.01
		王界义	中共	中共	1946.05	河北正定	大学	2002.12—2007.01
		周连荣（女）	中共	中共	1946.01	河北香河	大学	2001.01—2006.07
		朱梓光	民进	民进	1941.03	浙江平阳	大学	2002.12—2007.01
		毛树森	民革	民革	1948.02	浙江奉化	大专	2002.12—2007.01
		郭宝印	中共	经济界	1956.03	天津市	大专	2002.12—2007.01
		施为德	民盟	科技界	1940.12	江苏海门	大学	2002.12—2007.01
		董肇君	无党派	科技界	1944.12	辽宁鞍山	大学	2002.12—2007.01
第七届（2007年1月至2011年12月）	主　席	吴宝忠	中共	中共	1947.11	河北海兴	市委党校	2006.01—
	副主席	胡有刚	中共	中共	1955.01	天津市	中央党校	2007.01—
		周学九	中共	中共	1953.07	天津市	大专	2007.01—
		臧永芬（女）	中共	中共	1950.07	天津市	大专	2007.01—
		孙秀华（女）	中共	中共	1952.09	天津市	大学	2006.01—
		毛树森	民革	民革	1948.02	浙江奉化	大专	2007.01—
		郭宝印	中共	经济界	1956.03	天津市	大专	2007.01—
		史　津	致公	科学技术界	1966.05	天津市	研究生	2007.01—
		刘　强	民进	教育界	1953.12	内蒙古包头	大学	2007.01—
		万国普	无党派	科技界	1957.07	河北文安	大学	2007.01—

二、工作机构

1984年，区政协第一届委员会工作机构有：文史、教育、医药卫生、供销、科技、经济、文化、民族宗教、侨务、妇女儿童、政策研究、体育12个工作组和学习委员会等机构。1987年，第二届委员会工作机构有：工业、农业、商业供销、教育、医药卫生、民族宗教侨务、文化、妇女儿童等工作组和委员会。1990年，第三届委员会工作机构有：学习、提案、文史、工交建、农贸财经、文教体、医药卫生、社会法制等专业委员会。1993年，第四届委员会工作机构有：学习、提案、文史、经济、技术咨询、文教体、医药卫生、社会法制、农业等委员会。1998年，第五届委员会工作机构有学习、提案、文史、工贸、农业、文教体、医药卫生、社会法制、技术咨询9个委员会。2002年，第六届委员会工作机构有：提案、文史、社会法制、农业、科技咨询、教体、医药卫生、城镇建设、经济等委员会机构。2006年，增设研究室。2007—2010年，工作机构有：提案、文史、法制、农业、科技咨询、教体、医卫、城建、经济、港澳台侨委员会及9个街镇委员学习联络组。

第二节　重要会议

1984—2010年，区政协重要会议为政协主席会议和常委会会议。

一、主席会议

1984—2010年，区政协主席会议由主席、副主席组成。根据实际情况适时召开，主要任务研究部署学习工作，处理常务委员会的重要日常工作，对西青区委和区政府的重大决策部署以及社会生活中的重大问题进行讨论，提出建议、意见或建议案，审议以政协西青区委员会或常务委员会名义向西青区委、区人大常委会、区政府提出的重要建议案。

第三、第四届主席会议主要是学习和讨论行政事务，要求专委会开展工作，研究向党政负责人及有关部门提出建议和意见。第五届政协主席会议将常委会主要工作由行政事务转变为协商议政，制定各专门委员会工作计划。第六、七届政协主席会议听取政府经济及其他事业进展通报，审议政协常委会年度工作要点，提出加大对民营企业、开发区等经济体的视察和调研力度，为促进企业发展提出意见和建议。

二、常委会议

区政协常委会议由主席、副主席、秘书长和常务委员参加，一般每年召开4~5次，主要任务是协商讨论西青区经济建设和社会各项事业的重要问题，审议重要建议案、提案和调研报告，研究政协工作中重要事务等。

第一届政协常委会主要就日常工作、调研考察、提案办理等进行安排部署。

第二届常委会安排委员调研考核和实地考察参观。第三、第四届常委会听取区政府情况通报，开展协商议政。对委员提出开展咨询及建设性提案要求、建议。第五至第七届常委会会议听取区政府关于经济建设和社会发展情况通报，并开展协商议政。重点对西青区发展目标、经济和社情进行研讨，就全区促进经济结构调整，转变经济发展方式等提出建设性意见和建议。

第四章　政协工作

1984—2010年，区政协在中共西青区委领导下，依法履行政治协商、民主监督、参政议政职能，积极反映社情民意，开展调查研究，提交提案，发挥人才库优势，为西青经济建设献策助力。进行文史资料征集，编写出大批西青区文史资料成果。

第一节 政治协商

一、整体协商

1984—2010年，区政协每年举行1次全体会议，邀请区委、区政府领导出席。与会委员围绕全区经济社会发展和人民群众关心的热点难点问题，与区委、区政府领导进行面对面协商讨论，提出意见建议。会后区政协梳理汇总委员的意见建议，报区委、区政府供决策参考，许多意见建议被采纳，落实到具体工作之中。区政协全体委员每年均列席区人民代表大会，听取并讨论区政府工作报告、国民经济计划与执行情况报告、区财政预决算报告、区法院和区检察院工作报告。

二、专题协商

1984—2010年，区政协每年每季均举行1次常委会议，进行专题协商。一般每年第一季度的常委会议专题协商政协全年工作计划，协商审议区政协工作要点、机关目标考核办法、各委室工作计划以及修改完善有关制度规定。第二、三季度政协常委会议选择群众关心的重点、难点问题，在充分调研的基础上，请区委、区政府和职能部门通报相关情况，由政协常委代表反映情况并提出意见建议，会后由区政协梳理汇总后报区委、区政府和有关部门，供决策参考。第四季度政协常委会主要研究年度工作报告、提案工作报告、政协人事任免和优秀评比表彰等事项。

三、对口协商

1984—2010年，区政协各专委会每年均要围绕区域内的重点问题和群众的民生问题与区有关部门进行对口协商。创新协商形式，围绕全区重难点问题展开协商座谈。

第二节 民主监督 参政议政

一、民主监督

1984—2010年，历届区政协每年均举行全委会议、常委会议、主席会议、专题座谈会议，就人大中央和市、区党委政府出台的方针政策执行情况，区内政治、经济、教育、文化、科技、卫生及社会公益事业发展情况，党政部门、执法执纪单位和工作人员履行职责、遵纪守法、清正廉洁等方面的情况进行依法监督，选择重点课题，调查了解情况，指出问题，剖析原因，提出批评意见，促进整改。

照20-1 2008年，区政协委员到企业开展专题调研

二、参政议政

1984—2010年，历届区政协均以多种方式参政议政，主要有：区政协主要领导列席区委常委会议，参与全区各项重大决策。区政协常委、委员参加区委、区政府的工作会议，参与全区大政方针的

谈论。区政协全体委员列席区人代会，参与区内大事的协商。区政协主席、副主席承担部分区委、区政府中心工作和重点工程、重点项目的分解任务。区政协开展调查研究，呈送调研报告，提出意见建议。按照区委的安排部署，区政协主席、副主席每年均要围绕全区经济社会发展的有关问题，开展调查研究，报送调研报告，为全区经济社会各项事业发展建言献策。在政协全体会议期间设立提案工作审查委员会，按照《提案工作条例》规定，大会闭幕后转为提案委员会，作为区政协提案工作常设机构。

1985—2010年，区政协收到委员提案1688件，内容涉及教育、文化、体育、科技、卫生、城乡建设、乡镇企业、财政供销、招商引资、旅游、人民生活等方面。历届区政协采取多种方式督办，承办单位按照有关规定办理政协提案，在一定时限内给予书面答复。

第三节　视察调研

一、视察咨询

1985年，区政协组织委员参观天津市容变化、中环线工程、天津市整体规划。1988年，参观考察蓟县长城重修和天津站改造工程，视察小孙庄养殖场和大任庄制药厂。

90年代，组织参观考察重修蓟县黄崖关长城和天津站改造建设工程、视察小孙庄养殖业和大任庄制药厂，参观“清真大寺”“大悲院”等宗教场所。围绕经济发展建设，组织委员调研乡镇企业发展建设，针对经营难题和状况，及时发挥自身联络联系优势，为企业发展献计出力。

2005年，区政协组织部分委员，围绕加快街镇工业园区建设、扩大招商引资、促进个体私营经济发展开展参观调研。2007年，政协委员对各街镇工业园区建设、新农村建设、文化旅游、创卫等工作进行视察考察、座谈研讨，提出30余项意见建议。2008年，区政协有关专委会与有关部门合作，开展专题调研，提交《关于完善社会保障体系，改善人民群众基本生活》调研报告。港澳台侨委员到天津基督教青年会和峰山药王庙，与宗教界人士广泛交流，开展调研。2010年，组织区政协委员到精武、中北等镇视察重点工程项目，围绕促进工业园区发展、加快重点项目建设、提升新农村建设水平、完善社区保障体系等方面提出意见建议。

二、调研提案

照20-2　2010年，区政协经济委员会为推动西青“三区建设”建言献计

1984年，区政协委员深入发掘区历史文化遗产，征集霍元甲生平资料，联合津、沪有关部门举办“霍元甲事迹展”。1986年，区政协委员履行建言献策职责，对居民使用的蜂窝煤等关系人民群众生活问题，向有部门提出意见建议。1990年，区政协委员通过调研，提交“关于综合治理津杨公路”调研报告，意见被采纳。1991年，在区政协会议上，政协委员经过调查研究，提出“解决蔬菜使用剧毒农药，保障人民身体健康”调研报告，得到区政府重视，组织有关单位对责任者进行惩处。1993年，在政协会议上，区政协委员提交杨柳青建设大型综合流通市场的调研提案，经

区政府组织专题调查，列入改善城乡人民生活20件实事。1994年，区政协对张家窝乡及其西琉城村的废水污染情况进行实地调研，为西琉城村制定废水治理方案。1995年，区政协委员在政协会议中提出“李家园铁道涵洞拓宽”提案，区政府将其列入1995年改善城乡人民生活十项工作。1997年，在政协会议上，区政协委员结合调研结果，提交关于城乡建设和环境保护方面等调研提案8件，引起区政府重视，采取相应措施整治环境。1999年，区政协委员在政协会议上提出“鼓励发展非公有经济并抓好政策落实”提案，引起区委、区政府重视，制定出台二十条《关于大力支持个体私营经济发展的若干规定》。2001年，区政协委员根据调研，提出“关于农业发展的几点建议”提案，区政府采纳委员的建议，决定开发辛口镇万亩无公害蔬菜基地、杨柳青镇林果苗木示范中心等项目。2005年，区政协委员提出“规范网吧经营，为学生创造良好的育人环境”提案，区有关部门采纳委员建议，开展对全区互联网营业场所专项整治。2006年，区政协委员提出“关于进一步挖掘杨柳青文化，促进西青区旅游业发展的建议”和“弘扬民族文化，发展地方特色”调研报告，区有关部门采纳委员的建议，启动“杨柳青木板年画复兴工程”，投资保护修缮文物景观，挖掘整理民俗艺术，保护民俗文化。2007年，区政协委员提交“提高自主创新能力和科技成果转化能力，推动西青经济又快又好发展”提案，区科委采纳委员建议，开展“天津市西青区科技发展战略”研究，出台《关于进一步加强科技创新工作的意见》《鼓励自主创新实施办法（试行）》等政策。2010年，区政协深入发掘“赶大营历史文化”，邀请天津文史专家召开专题座谈会。对发掘传统文化、保护文物古迹开展分析研究，撰写出高质量调研报告。

第四节　委员联络 统战联谊

一、委员联络

1993年，区政协四届委员会根据委员居住地域和工作单位，把委员划分为11个学习联络组，开展有计划的学习和活动。2001年，9个镇街联络组学习新时期政协工作理论和提案工作知识。2004年，开展街镇联络组长业务培训，将联络任务、活动内容、组织形式规范化、制度化。2006年，完善各专委会和街镇委员联络组为基本框架工作机制。2010年，发挥街镇委员联络组载体作用，组织各街镇区政协委员学习调研，联系群众，协商议政，履行职能。

二、统战联谊

1985年，区政协委员向国外亲朋介绍投资政策，引导海外亲朋向国内投资办企业。1986年，区政协召开民盟、民进等民主党派和工商联“挂钩会议”，为乡镇企业发展铺路搭桥。1987年，与兄弟区县和外省市政协组织交流。1989—1990年，有海外关系的委员向亲友宣传国家方针、政策，增进共识，交流感情。成立“海外联谊会”，发展会员60人。1991—1992年，区政协开展与民主党派和各界人士的联谊及驻区“三资”企业代表人士联谊活动、召开“三资”企业董事长、总经理座谈会、联谊会。与山东省德州市、淄博市等60个市县政协组织进行文史资料方面交流。与北京市、河北省等省市部分区县政协建立工作关系。1994年，重点走访联系有关民主党派和人民团体代表人物。1995年，与区委宣传部、区台办举办“台情报告会”。2000—2001年，举办迎接中华人民共和国成立五十周年和澳门回归书画联谊活动。与台湾文化艺术界人士开展文化交流。2005年，组织台港澳侨委员会委员到西青区台资企业视察。2007年，区政协台港澳侨委员会开展宣传“和平统一、一国两制”基本方针和现阶段发展两岸关系大政方针活动，推动与港澳台地区民间交流。2009—2010年，组织港澳台侨委员会委员视察大冢制药有限公司等处，与企业界人士进行联谊座谈。

第五节　文史资料征集

一、征集原则范围

1987年，政协西郊区第二届委员会设立文史资料工作机构——文史委员会。组建30人的文史资料征集队伍，开展文史资料征集工作。文史资料征集遵循亲历、亲见、亲闻的“三亲”原则，记述区历史上有重大影响的人物和事件。征集范围包括：历史掌故、党史资料以及涉及西青区政治、经济、科教、文化、民族、宗教、华侨、社会生活等各方面的资料，形式有口述、实物、回忆录和录音录像等。

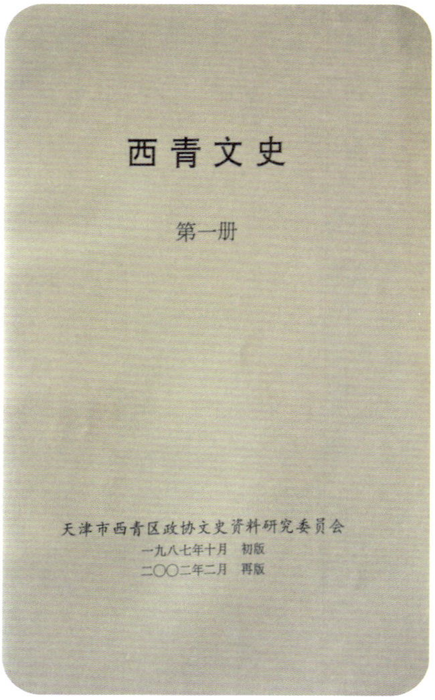

照20-3　第一册《西青文史》

二、文史资料编辑

1987年，区政协文史委编辑出版《津西文史资料选编》第1册，10万字。1988年，出版《津西文史资料选编》第2册，14万字。1989年，出版《津西文史资料选编》第3册，40万余字。1990年，出版《津西文史资料选编》第4册，17万字。另征集整理出版《解放前的西郊》1万册。1992年，区政协与历史上与西青区有交集的新疆、山东、甘肃等区省60个市、区、县政协组织交流文史资料。征集文史资料10万余字，出版《津西文史资料选编》第5册。1993年，《津西文史资料选编》更名为《西青文史》，征集文史资料10万字，公开出版发行《津西古今采珍》专辑。1994年，为纪念抗战胜利和世界反法西斯战争胜利50周年，编辑出版《西青文史》第6册。1995年，与区党史办合编《纪念抗日战争胜利50周年》专辑，亦为《西青文史》第7册。1997年，编辑出版《西青文史》第8册，17万字。1999年，编辑出版《西青文史》第9册，14.5万字。2006年，编辑出版《西青文史》第10册，10万字。 2009—2010年，编辑出版《西青文史》第11册，20万字。

照20-4　西青文史编辑成果

第二十一编

民主党派 人民团体

天津市 西青区志（1979–2010）

TianJin Annals of Xiqing District

1987年5月12日，民革农工西郊支部成立

2008年3月5日，西青区青年志愿者协会成立暨第一次会员代表大会

1979—2010年，西青区有4个民主党派组织。各民主党派自觉接受中国共产党领导，积极参加政治协商、民主监督，参政议政。在做好自身建设的同时，深入基层，开展调查研究，发挥自身优势，开展扶贫助困以及其他公益性活动。

1979—2010年，区人民团体中的总工会、团区委、区妇联及其他人民团体加强自身组织建设、队伍建设和制度建设，根据各自的特点与优势，广泛开展社会活动，积极参与经济和精神文明建设，在各行各业中发挥主力军作用，为西青区改革开放和经济社会飞发展作出重要贡献。

第一章 民主党派

80年代后期，西青区始成立民主党派。2004年，区内共有民主党派4个。至2010年，各民主党派组织不断扩大，积极参与区经济建设和社会各项事业，在参政议政、民主监督，参加中共领导的政治协商中，发挥党派联系各界别的特点和人才荟萃、对外联系广泛的优势，宣传中国共产党和国家的方针政策，为促进区域经济和社会发展献计献策，作出重要贡献。

第一节 民革西青区工委

一、组织建设

1987年5月12日，中国国民党革命委员会西郊支部成立，时有党员5人。至1997年6月，民革西青区支部共召开3届支部大会。1997年，民革西青区支部升格为民革西青区工委，6月4日，召开第一届民革西青区工作委员会大会。至2010年，民革西青区工委重视组织发展，吸收热爱祖国、热心民革事业的各行业人士加入民革组织。工委下设2个支部，党员发展到48名。

第一至第三届民革西青（郊）区支部组建一览表

表21-1

届别	时间	主任委员	支部委员（人）	党员（人）
第一届	1987年5月12日	姜露冷（女）	–	5
	1988年9月	杨培元	2	12
第二届	1991年5月	杨培元	3	14
	1993年6月	毛树森	2	13
第三届	1996年6月	毛树森	2	28

第一至第三届民革西青区工委组建一览表

表21-2

届别	时间	主任委员	工委委员（人）	党员（人）
第一届	1997年6月4日	毛树森	4	30
第二届	2001年7月10日	毛树森	6	34
第三届	2006年5月11日	毛树森	6	48

二、职能履行

民革西郊区支部成立后，围绕天津市民革要求和区中心工作，积极深入群众，到基层进行调研，参政履职，发挥作用。民革西青工委中的市政协委员，先后向市政协提交24件提案。1996年，民革西青支部提交的“关于减轻农民负担”的调研报告，得到民革市委表彰。在历届区人大、政协会议上，民革党员撰写人大建议2件、政协提案128件。2001年，民革党员提出“关于西青道、新华道改造后植树的建议”提案，被区政府列为重点提案督办落实，落实后组织区政协委员现场视察。2002年，民革党员提出“加强对二经路批发市场的管理和改造的建议”提案，被列为区政协五届五次会议重点提案。2004年，民革党员提出“关于整顿杨柳青早市秩序的建议”提案，被列为区政协六届二次会议重点提案。党员撰写的“试析民主党派参政议政工作机制”调研论文，刊登在《天津统一战线》杂志上。2005年，民革党员提出“进一步发掘杨柳青文化，促进西青区旅游业发展”提案，被列为区政协六届三次会议重点提案。2006年，民革党员提出“关于恳请市政府和社会各界支持千佛寺建设的建议”提案，得到市政府重视。“天津市乡村公路改造提升的调研”得到市政协的重视和落实。向市政协提交“对天津市社会主义新农村建设的几点意见”的调研报告。2007年，民革党员提出“民营企业应依法建立工会组织”的建议，在市政协会议上被评为优秀提案，得到表彰和奖励。2010年，“关于加快杨柳青到大寺的道路建设”提案，被列为区政协七届四次会议重点提案。

三、联系港台

90年代始，民革西青支部多方联系港台各界人士，积极开展各种联谊活动。2008年，民革西青工委党员、画家邓学来应邀参加香港“人文奥运香港行”“泼墨祝福人文奥运香江赛马”活动，《澳门日报》《文汇报》《今晚报》和中央电视台国际频道均给予报道。2009年，邓学来绘制的骏马图《夺标》赠送给台湾地区领导人马英九，2010年3月得到马英九回复：“墨龙先生大作《夺标》骏马图一幅隆情厚意，曷胜铭篆，自当珍存，一副雅意”。2010年5月和7月，民革西青工委与北京“两航起义”人员开展两次联谊活动，弘扬爱国情怀，倡导祖国统一。

照21－1　2008年，区民革委员邓学来画作《夺标》

四、社会服务

90年代后期民革西青工委成立后，党员在不同领域发挥特长。西青医院党员高应起随天津市汶川抗灾抢险医疗队奔赴地震灾区，救死扶伤，被评为天津市抗震救灾先进个人。农林局党员宋道林到新疆开展支边工作，被天津市评为优秀援疆干部。赛达医院党员对大寺镇15个村免费开展防病宣传、消毒防疫等活动，对特困群众免费治疗。西青教师进修学校党员在社区主动为居民做理疗按摩服务，被《天津民革》刊物报道。协和橡胶公司、天成制药公司党员安置下岗职工、录用大学生，解决大龄下岗职工和大学生就业问题。

1998年，在抗洪救灾中，民革西青工委党员捐款1.1万元，为汶川地震、玉树地震捐款13.35万元。2006年，党员募集7万元捐赠给社会福利院。是年起，党员每年集资捐助10~20名贫困中小学生，每人500元助学金。

第二节　民建西青区支部

一、组织建设

2004年7月，成立中国民主建国会西青基层组织。11月16日，召开组织成员大会，正式宣布中国民主建国会西青区支部（简称民建西青支部）成立，选举第一届支部委员会，支部为3人建制，其中主委1人、支部委员2人。首批编入民建西青支部的民建会员8人。2010年，民建西青支部会员发展到24人，其中经济界（包括企业家、税务司法公务员、企业高管、大专院校经济专业教师）会员占95.83%。

二、职能履行

2004—2010年，民建西青会员中的区人大代表、区政协委员在历次市、区人大会议和市、区政协会议上均提交许多建议、提案。这一时期，西青民建支部有市人大代表1名、市政协委员2名、区政协委员7名。2004年7月后，民建西青支部发挥会员"以经济界人士为主"的优势，建设外联内引平台，为区委、区政府实施"实现三年倍增、造福西青人民"目标任务出力献计。2010年，民建西青支部提出"每个会员都是党的统一战线的火力点"要求，强调加强与各民主党派、工商联和无党派人士的联系，会员利用经济界的天然优势经常走访政府、企业，参与全国、省市级的各种经济探讨、产品博览、商务活动，"围绕中心，服务大局"，通过调研、视察、参会和督办提案的参政议政，形成彰显党派特点和推动科学发展、富民强区的强大合力。

三、服务经济

2007年，民建西青支部与民建黑龙江黑河市委开通联系架构模式，进行经济建设多方位沟通。2009年，民建西青支部开展民建跨省市地区工作交流，建立两个跨地区的党派工作交流基地——民建湖南省双牌县委会和民建江西省九江市委会。组织西青会内企业家与湖南省双牌县的经济合作洽谈会，接待九江市民建市委会来津的经济考察活动。民建西青支部成立后，逐渐形成以南（精武镇馨谷工业园区）北（杨柳青开发区）两个区域为主的经济调研工作基地，写出多篇调研报告，提交有关部门，为地区经济发展服务。

第三节　民进西青区工委

一、组织建设

1989年11月9日，中国民主促进会西郊区工作委员会成立，有会员21人，主要来自教育系统。1992年，更名为民进西青区工作委员会（简称民进西青工委）。设杨柳青一中支部、张家窝中学支部、西青第一联合支部、西青第二联合支部4个支部。至2010年，民进西青工委有会员62人，其中女会员23人，占比37.10%；离退休会员19人，占比30.65%；有中高级职称会员58人，占比93.55%。会员平均年龄54岁，其中教育界会员47人，占比75.81%；其他会员15人，占比24.19%。

第一届至第五届民进西青（郊）区工委组建情况一览表

表21-3

届别	时间	主委	支部委员（人）	党员（人）
第一届	1989年11月9日	朱梓光	5	21
第二届	1992年3月6日	朱梓光	5	26
第三届	1997年7月15日	朱梓光	7	28
第四届	2002年8月25日	王玉芬（女）	6	37
第五届	2006年6月20日	王玉芬（女）	6	48

二、职能履行

2009年，民进西青工委向区政协会议提出“关于提高建设与管理水平、打造美丽居住小区的建议”提案。2010年，提出重点提案“关于构建以杨柳青为中心的公共交通网络的建议”。两个提案均受到有关部门的重视并得到妥善解决和答复。在党派成员为西青建设“献一计”活动中，民进西青工委提出“打造西青区名片、多做公益广告”“加大培训密度、提高西青区教师队伍的整体素质的建议”等12条建议。至2010年，民进西青工委共提交政协提案120余件、人大议案8件，主要涉及社会治安管理、惩治犯罪活动、强化行政执法单位建设、居民小区建设管理、治理无证无照运营车辆、公共交通建设管理、河道的疏通整修、道路的绿化美化、补装居民区暖气设施、提高教育环境质量、教学水平和教师队伍、规范社区医疗服务网点管理等内容。

三、服务社会

2000—2010年，民进西青工委开展“名师高考义务助学”活动，进行高考复习义务讲座。民进会员中数学、语文、英语、心理学科名师多人连续在西青区电视台向全区考生做“同心·关爱学子”高考公益复习讲座。“名师高考义务助学讲座”成为民进西青区工委服务社会的品牌活动。

照21-2　2008年，民进西青工委杨柳青一中支部为区中心工作建言献策

民进西青工委成立后，会员积极参加公益事业捐赠活动，奉献爱心。在“奉献一片爱心·援建同心水窖”活动中，向贵州省毕节地区赫章县捐款；为四川雅安芦山地震灾区捐款；在“博爱一日捐”活动中，向西青区红十字会捐款；为甘肃省、河北省生活困难群众捐款；为天津对口支援地区学校新疆于田县高级中学爱心捐款。为天津对口支援地区学校新疆于田县高级中学捐赠图书，向贵州省毕节地区中小学捐赠图书，在每年“世界读书日”读书月系列活动中捐赠图书。组织会员到张家窝镇高村冬枣基地、水高庄园农业现代化基地参观，为农业现代化发展献计献策。与天津医科大学民进直属支部联谊，组织会员服务群众，免费查体。

第四节　农工党西青区工委

一、组织建设

1987年，成立农工民主党西郊区党支部，有党员11人。1991年12月7日，中国农工民主党西青区工作委员会成立（简称农工民主党西青工委），党员仍为11人。2010年，有党员62人，下设3个支部。党员本科以上学历占66%，女党员占62%，全部为中高级职称。

2010年，农工民主党西青工委被评为农工民主党天津市委工作先进集体，西青医院支部、教育支部被评为市委会先进支部。

农工民主党西郊区支部组建情况表

表21-4

届别	时间	主委	支部委员(人)	党员(人)
第一届	1987年5月5日	张锡朋	2	11

第一至第四届农工民主党西青区工委组建一览表

表21-5

届别	时间	主任委员	支部委员(人)	党员(人)
第一届	1991年12月7日	吴宗元	3	11
第二届	1996年12月18日	吴宗元	4	13
第三届	2001年9月13日	张庆梅	7	40
第四届	2006年5月16日	张庆梅	7	48

二、职能履行

1990—2010年，农工民主党西青会员先后向市、区两级政府提交提案、意见、建议500余件。提案大都涉及城镇建设、环境治理、公共交通、医药卫生等领域。1992年，会员撰写的提案“尽快解决计划生育的配套政策”获天津市政协第八届委员会四次会议提案优秀奖。2008年，会员提出“关于加强灯光管理部门制度建设和规范化管理”和“关于进一步改善青吉里小区环境”的提案。2009年，会员提出的“关于加强杨柳青镇公交站牌规范管理”“关于加大对西青医院设备及人才储备投入”等提案被区委、区政府采纳。

三、服务社会

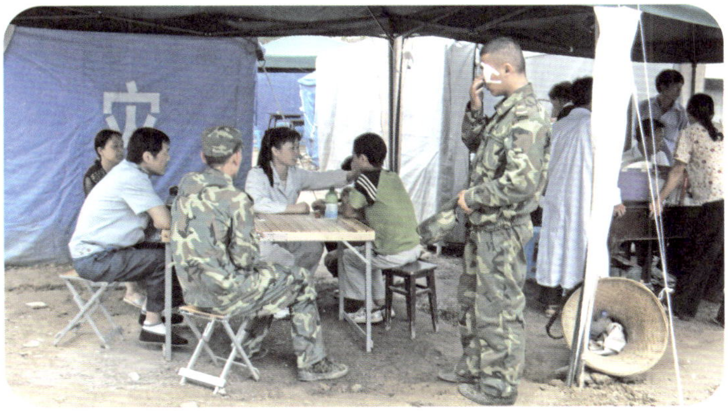

照21-3　2008年，西青区农工民主党员赴汶川灾区参加伤员救治

2002—2005年教师节期间，西青区医疗界农工党员到退休教师家中为老教师健康查体，到实验小学开展“热爱生命·保护牙齿”宣传教育活动，为学生捐赠电动牙刷、资助特困生。2006年，农工民主党西青工委组织委员到杨柳青镇聚福园养老院，为老人义务查体，测血压、血糖、做心电图、腹部B超等，指导老人科学用药。2007年，在辛口镇当城村举行题为“关注男性健康·促进家庭和谐”宣传活动，为60岁以上男性老人义务查体，讲授保健知识。2008年“5·12”四川汶川大地震后，区农工党员纷纷递交请战书，请求到第一线参加抗震救灾，并捐款捐物支持灾区。西青医院党员王清云主动参加天津市赴汶川医疗救助队，获天津市“九五”立功奖。组织部分党员在杨柳青广场讲授怎样防治艾滋病，发放宣传资料。在“中国环境与健康宣传周”活动中，义务向群众发放保护环境、爱护家园及健康宣传画。为退休老干部赠书，进行健康讲座。2009年，在科技周活动中，为群众义务查体。在杨柳青广场举行禁毒日宣传活动，发放禁毒宣传材料。2010年，到西青监狱为干警举办高血压和糖尿病的防治知识讲座，由咨询专家对干警进行心理健康咨询。为百余名老人进行义务查体。

第二章　人民团体

1979—2010年，区各人民团体组织根据自身职能，发挥党和政府联系人民群众的桥梁纽带作用，加强基层组织建设，突出维护职工、妇女儿童、青少年等群体的合法权益职能，组织开展职工劳动竞赛、青年志愿服务、文明家庭创建、科普宣传、建言献策等系列活动，为区域经济发展、科技兴区、精神文明建设和构建和谐社会发挥重要作用。

第一节　工　会

一、代表大会

1979年，天津市总工会西郊区办事处成立。1990年4月更名为西郊区工会。2002年3月，更名为西青区总工会。1979—2010年，西青区总工会共召开4次工会代表大会，每届工会代表大会均结合党的中心工作审议工作报告、经费开支和财务工作报告，选举产生区总工会主席、副主席、常务委员、委员。

1990—2008年西青区工会代表大会一览表

表21-6

名称	召开时间	代表人数	主席	副主席	常委	委员
第二次	1990年4月15日	155	于茂珍（女）	孙振继	5	15
第三次	1995年10月19日	151	于茂珍（女）	张文立	7	21
第四次	2001年6月9日	163	滕国玲（女）	张文立、苗洪生	7	23
第五次	2008年4月21日	204	张永海	姜　辉、龙万兴	7	29

二、职能履行

（一）开展劳动竞赛

80年代，区总工会结合各自行业特点开展形式多样的活动，包括教育系统的“教书育人”、城建系统的“窗口服务”竞赛等。90年代，开展“为‘八五’立功·创一流单位”“为二次创业建功立业”等活动。2001—2004年，开展万名职工技术创新活动。2005年开展以节能降耗、发展循环经济为主攻方向的劳动竞赛。2006—2007年，开展“当好主力军”“建功‘十一五’”“和谐奔小康”建功立业活动。2008—2009年，开展“五比一创”劳动竞赛。至2010年，全区开展劳动竞赛企业占85%以上，参赛职工50余万人次。增产节约、节能降耗2.8亿元。开展技术攻关、技术创新2700余项，提合理化建议4万余条，创造经济效益1.6亿元。共组织申报劳动竞赛项目100个，评选表彰23个区级“工人先锋”和30名区级“职工技术创新能手”。

（二）职工教育

1979年后，区总工会进行“职业道德、职业理想、职业纪律、职业技能”教育和法律法规的学习。1983年起，开展多项内容的知识竞赛，掀起“三热爱”读书演讲活动高潮，在基层开展“兴趣爱好”活动，举办“职工文化博览月”和书画影展，举办有奖征文和趣味体育比赛。1986年，区工会召开工会思想政治工作经验交流会。

（三）民主管理监督

80年代始，区职工代表大会（简称职代会）制度逐步落实。90年代后，区工会代表全区职工参加物价管理、劳动仲裁及执法部门的群众监督工作。1990年，商业、粮食系统在“提合理化建议月”活动中提出合理化建议908条，带来直接经济效益120万元。1995年，全区15个国有、集体企业的2000名职工与企业签订劳动合同。2010年，结合基层工会组织换届，完成部分企业职代会的换届工作。全年有95家事业单位建立职代会制度，有705家非公企业单位单独召开首次职工代表大会，109个区域(村)工会联合会召开职工代表会议，职工通过议案表的形式发表意见1000余条。

（四）维护职工合法权益

1979年后，区各级工会组织从改善职工福利设施入手，解决职工吃饭难、洗澡难、子女入托难、看病难等问题，解决部分困难户生活问题。帮助困难户搞家庭副业，使一批困难户靠编织、种地、养殖、小卖部等逐渐摆脱贫困。开展“职工之家”活动，维护职工工作和生活上的一些切身利益。90年代后，工会维权职能向宏观方向发展。规定企业任何重大改革措施的出台，必须经过职代会审议，任何改革内容都必须符合“民主决策、总体受益、职工有能力承受、职工基本生活有保障”四项原则。1994年，举办《劳动法》宣传日活动和厂长、经理、工会干部《劳动法》培训班。1996年，积极推进劳动合同制度和签订集体合同工作，有10家外商投资企业、两家国有企业、两家乡镇企业、两家私营企业建立平等协商制度，签订集体合同。在企业建立职工代表大会制度34家，建立一批经济组织调解委员会。2003年，在企业落实以职代会为主要载体的民主管理制度，全区38家国有、集体及控股企业全部建立厂务公开民主管理制度，有205家50人以上的非公企业建立以职代会(或职工大会)为主要形式的民主管理制度。2006年，推进非公有制企业职代会制度建设，形成职工实现民主管理的多种形式。2008年，实行平等协商“上代下”制度，签订符合企业和职工双方意愿的集体合同和工资集体协议，提高维护职工薪酬权益水平。工资集体协商建设率达建会企业的95%。2010年，开展“1+3”集体合同签订模式，全区1650家建会企业和有雇工的个体工商户签订工资集体协议，签订女工专项协议799份，劳动保护专项协议1065份，集体合同895份。

（五）送温暖活动

90年代，各级工会开展对困难职工“送温暖”活动，对困难职工进行摸底造册，制定帮扶措施。1996年，建立西青区困难职工互助基金会。为孤老户办实事500余件，节日慰问走访困难户1039家。2000年，全面落实对困难职工动态管理、包保联系和生活保障制度。帮助数百名职工解决重大疾病、突发性灾害带来的生活困难。2003年，广泛开展送温暖活动。两节期间，筹集资金10万余元，对特困职工、困难劳模进行慰问，发放生活补助。建立长效帮扶机制，工会干部与404户困难职工结成“帮穷亲”活动，定期深入每家每户给予资金和生活帮助。2008年，筹措资金200多万元和价值40万元的食品，慰问2800名困难职工和困难下岗职工等。开展“校园助学”活动，为105名困难职工子女发放7.5万元助学款。2010年，开展元旦、春节“送温暖·筑和谐”活动，各级工会组织筹措240万元资金和物资，对全区3000多名困难职工、退休人员进行走访慰问。“六一”儿童节前夕，区总工会向19个困难单亲女职工子女发放价值1900元的购书卡和衣物。

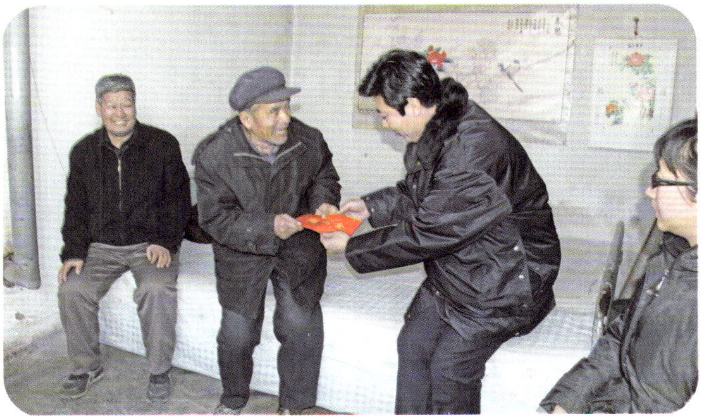

照21-4　2010年，区总工会开展“两节”送温暖活动

第二节　共青团

一、代表大会

1979年，成立中国共产主义青年团西郊区委员会。1992年，更名为共青团西青区委员会。1979—2010年，团区委召开第四次至第十二次共9次代表大会。每次大会均结合区委中心工作作西青区共青团及青联工作报告，选举产生新一届团区委书记、副书记和常委。

照21-5　2007年9月6日，共青团西青区第十二次代表大会召开

共青团西青（郊）区第四届至第十二届代表大会一览表

表21-7

届次	召开时间	代表人数	书记	副书记
第四次	1979年6月8—10日	261	张文平	王玉兰（女）
第五次	1983年12月13—15日	286	李志新	张景泉　武永贵
第六次	1987年3月26—28日	213	张景泉	武永贵　童金岭
第七次	1990年3月24—26日	240	武永贵	童金岭　姜　辉
第八次	1993年5月17—18日	230	武永贵	孙继光　姜　辉
第九次	1996年12月2—3日	246	高祝杰	兰　强
第十次	1999年11月28—29日	204	兰　强	于　淮　沈淑娟（女）
第十一次	2004年5月18—19日	208	王维秀（女）	康玉松
第十二次	2007年9月6日—7日	200	王维秀（女）	潘作成

二、青年组织

（一）基层团组织

1979—1983年，团区委开展“整团”活动，通过创建先进团支部、规范团费收缴管理、加强团干部培养管理等途径促进基层组织建设，全区建有农村团支部214个，发展团员1815名，团青比例达到19%。全区有青年之家148个。1994年，有一类团支部130个，团员总数9404名，团员青年的比例提高到31.1%。进入21世纪，团区委扩大在非公有制企业和新社会组织中的覆盖面。至2010年，在新经济组织和新社会组织建立团组织210个，全区有基层团委21个、团总支42个、团支部446个，覆盖团员青年1.52万人。

（二）青年联合会

1994年，西青区成立青年联合会（简称区青联）。2009年4月25日，区青联第二届委员会第一次全体会议召开。会议选举主席1名、副主席10名、常务委员44名、青联委员178名，设置10个界别工作委员会。2010年1月，区青联第二届常务委员会第二次会议召开，增补委员21名。

（三）中国少年先锋队组织

1979年，西青区33所小学、22所中学全部恢复少先队组织，少先队员近1.6万人。1990年12月29日，中国少年先锋队西郊区第一次代表大会召开，少先队西郊区第一届委员会成立。少先队西青区第二次代表大会于1993年10月16日在区体育馆召开，255名代表参加大会，大会选举产生23名委员组成的少先队区第二届委员会。2010年，全区有少先队大队39个、少先队中队771个，小学大队辅导员29名，中学大队辅导员10名，志愿辅导员193名，少先队员2.75万名。

80年代，西青少先队开展“五讲四美、三热爱”、“红领巾一条街”、“人人争戴新风尚小红花”、“争做文明好少年”等活动，全区涌现出市级先进个人400名，市级先进集体20余个。90年代，开展“学赖宁、学十佳”、“赖宁红领巾”传递活动等，区少工委被全国少工委和市少工委分别授予“全国学赖宁先进单位”和“天津市红领巾奖励基金会集资教育活动红旗单位”。进入20世纪，各学校少先队开展“红领巾心向党”、“红领巾相约中国梦”、“从小牢记价值观，我做美德好少年”等活动，至2010年，杨柳青镇第一小学获“全国红旗大队”称号，实验小学获“天津市红领巾示范校”称号。

三、职能履行

（一）青少年思想教育

1979—1982年，团区委在全区团员青年中开展“五讲四美三热爱”等主题教育活动。组织学习雷锋、朱伯儒等先进事迹。涌现出区级以上学雷锋好青年584名、学雷锋先进集体91个、市级学雷锋好青年标兵2名。在各条战线开展“争当新长征突击手”活动。1982—1991年，开展“树理想·立大志·早成才·做未来建设者”等主题教育活动，涌现出一大批五四奖章获得者、全国小英雄、津门童星等有理想、有抱负、有作为的优秀青少年。1992—2000年，以“擎旗·铸魂·跨世纪”为主题，开展“学理论·树观念·明使命·做贡献”大讨论，推荐发展对象参加入党积极分子培训，累计推荐6000多名优秀团干部、团员、一线青年骨干作为党组织发展对象。2000—2010年，开展“新世纪·新青年·新作为”等一系列主题教育活动，实施新世纪青少年读书计划、城乡互动“百业千对”计划及农村青年学历进修计划，选树青年星火带头人、十大杰出青年、青年创业先锋等青年典型。

（二）青少年维权

1979—1982年，团区委将预防青少年违法犯罪工作纳入共青团工作体系。1982—2000年，集中开展未成年人保护法的宣传教育活动。2000—2010年，开展青少年法制宣传教育，举办青少年普法大讲堂200余场，编印《青少年自护手册》等宣传资料5万余册，建设12355青少年健康成长指导分中心等预防青少年犯罪载体50个。开展“爱心结对认亲”活动，募集助学款60万元，资助困难学生1000人。在企业、学校等单位建立工作中心（工作站）51个，帮助青少年解决学习、生活等各类问题200个。

（三）弘扬社会新风

1979—1982年，全区团员青年义务植树46万株，营建青年林4.4公顷，培育苗圃38.2公顷。先后有5个基层团支部、3名团员被团市委命名为“绿化祖国突击队”和“绿化祖国突击手”。创办各种文化夜校79个，科技普及班55个。建立青少年文化活动阵地90多个。

照21-6 2008年，团区委举办西青区第九届青年集体婚礼

1982—1991年，团区委在全内开展“读优秀书·做高尚人”主题活动，青年集体婚礼、希望工程等多个品牌工作陆续推出。至1990年，全区160个行政村有152个青年之家，有专（兼）职管理人员195人，在全市农村青年之家升级赛中获优胜单位。至1999年，全区共组建青年志愿者服务队637个，青年志愿服务站15个，签订长期结对服务协议1336份，创建青年文明路（街）192条。2000—2010年，开展爱心助学、扶贫帮困、助老服务、青年文明社区大家乐等活动。开展“雏鹰争章”、十八岁成人预备期教育、“两法

一例”普法宣传、创建“12355”青少年健康成长指导中心等活动。

（四）服务经济发展

1979—1982年，团区委在区农村青年中开展争当“生产能手”“技术能手”“管理能手”竞赛活动，在财贸、卫生、工副业等战线开展“优质服务多贡献·争当商业小行家”活动。1982—1991年，全区各条战线团组织引导团员青年争先创优，为全区经济发展注入青春活力。至1990年，各级团组织创办各种经费基地42个，自创经费48万元。1992—2000年，区内团组组织相继创办万成商贸公司、小天地火锅城等多个实体。

2000—2010年，开展农业科技“110”、青工攻关创效、“青年文明号”创建、“我与西青共奋进·三年倍增献青春”等活动，助力区内经济发展。

（五）少年先锋队工作

80年代，区各小学开展“五讲四美三热爱”“红领巾一条街”等活动，全区涌现出市级先进个人400名、市级先进集体20个。90年代，开展“学赖宁·学十佳”“赖宁红领巾”传递活动等。进入21世纪，开展“红领巾心向党”“红领巾相约中国梦”等活动，全区有少先队大队39个、少先队中队771个，小学大队辅导员29名、中学大队辅导员10名、志愿辅导员193名、少先队员2.75万名。杨柳青镇第一小学获得“全国红旗大队”称号。

（六）青联工作

进入21世纪，区青联开展“青年高端讲坛”“扬青春风帆·展志愿风采”形势政策讲座、“青春建功十二五”主题辩论赛、“西青区十杰百优青年”评选表彰等活动，教育引导青年1500人次。开展促进科技型中小企业发展工作，宣传科技型中小企业的认定办法和扶持政策，强化服务措施保障，引进或转型升级科技型中小企业300余家。举办青年创业就业培训班，为外来务工青年、城镇下岗青年和有创业意愿的青年群体提供就业技能培训和创业培训项目20个，提供青年创业就业见习基地310个。至2010年，资助贫困学生2000余名，资助金额100万元。

照21-7　1997年，西青区召开首届“十大杰出青年”暨共青团“百面红旗”表彰大会

第三节　妇女联合会

一、代表大会

1979—2010年，区妇联共召开7次妇女代表大会，选举产生第三至第九届执行委员会。

2009年11月27日，西青区妇女第九次代表大会在西青宾馆召开。来自全区各条战线上的191名妇女代表出席会议。会议听取审议通过区第八届妇女联合会所作的工作报告，选举产生新一届妇女联合会执委27人、常委9人，主席、副主席各1人。

西青区妇女联合会第三至第九届代表大会情况一览表

表21-8

届次	召开时间	代表人数	主席	副主席	常委人数	执委人数
第三次	1980年4月11日	250	安秀荣	薛恩芬	7	21
第四次	1983年11月27日	250	安秀荣	薛恩芬	7	21
第五次	1986年12月22日	250	薛恩芬	武素英	7	21
第六次	1991年12月16日	200	薛恩芬	刘俊英	7	25
第七次	1998年7月23日	192	葛树芸	吕 洁	7	27
第八次	2004年3月17日	207	葛树芸	种德凤	9	27
第九次	2009年11月27日	202	韩海萍	张洪政	9	27

二、职能履行

（一）组织工作

80年代始，区妇联将提高自身素质、参政议政列为工作重点，组织全区妇女工作者学习基层妇女工作条例，争创“五好”妇代会。90年代，普及“妇女之家”活动，使之成为农村妇女学文化、学技术、学科学和竞赛阵地。举办科级以上妇女干部培训班和基层妇代会主任培训班，建立妇女人才信息中心。

1992—1998年，全区120个基层妇代会进行充实调整。在区党政机关、科教文卫等事业单位建妇委会（妇女小组）32个。2004年，区各委办局全部建立妇委会或妇女小组，33个镇办企业、52个“三资”企业和253个私营、股份制企业建立女工组织，46个社区建立妇委会组织，建会率92%。

（二）妇女维权

“二五”“三五”普法期间，区妇联举办法律知识培训96期，受训妇女1.36万人次。接待来信来访645件，结案率95%。1999—2004年，受理妇女来访案件3225件，结案率98%以上。制定《2001—2010年西青区妇女儿童发展规划》。

（三）巾帼建功活动

90年代，区妇联举办女职工岗前岗位培训2375期，下岗女工再就业培训24期。2000—2010年，制定《关于加强妇女创业就业工作的意见》。举办女企业家、女能人“创新工作业绩·创造精彩人生”主题论坛。强化“半边天家园”载体作用，为失业妇女提供就业信息、协调就业岗位。为妇女群众开展家政服务、旅游、餐饮等现代服务业培训。

（四）“双学双比”活动

80年代，区妇联号召妇女走劳动致富之路，鼓励妇女搞多种经营。90年代，组织“双学双比”竞赛活动，办学文化、学技术培训班数百期，为100名女技术员落实职称，许多农村妇女通过学习掌握南菜北种、珍禽养殖技术。1992—1998年，全区参加“双学双比”竞赛活动的妇女6万人，占从业妇女的95%以上。建有培训、试验、生产一体化基地30个，涌现出以妇女为主的种植、养殖、加工等专业户6380户，科技示范户850户。

照21-8　2008年，区妇联举办万名女带头人培训班

1999—2004年，全区科技人员与女能手

结科技帮扶对子108对，连环对子1080对，组建农村妇女技术服务协会9个，合作社24个，吸引2700余户参加。对女能手进行实用技术培训。举办各类实用技术培训1853期，3人被评为全国“双学双比”女能手。

（五）文明家庭创建

80年代，区妇联开展“创建‘五好’家庭”系列活动。进入90年代，各级妇女组织以“五情·五爱·五进家”为主线，开展家庭书法、绘画大赛、家庭伦理道德知识竞赛、治家格言征集等家庭文化系列活动。1999—2004年，开展治家格言征集、美德在农家、世纪父母读书、创评学习型家庭和楼院、文明社区和文明家庭等成果展示大赛活动。区级文明家庭近3.97万户，占全区总户数的42%。2008年，举办西青区第三届文明家庭创建成果展示大赛。

照21-9　2008年，西青区第三届文明家庭创建成果展示大赛

第四节　科学技术协会

一、代表大会

1996年5月28日，西青区科协第一次代表大会召开。与会代表听取审议王锋代表区科协所做的工作报告，审议通过《西青区科学技术协会章程》。大会宣布成立西青区科学技术协会委员会（简称区科协），选举区科协常务委员会委员、科协主席、副主席，任命秘书长和副秘书长。

照21-10　2009年，区科协召开西青区科学技术协会第三次代表大会

2002年7月12日，区科协第二次代表大会召开，与会代表152名，其中街镇科协代表47名，农村专业技术协会、学会代表33名，区级学会代表44名，有关委局（部门）代表28名。大会审议通过区科协第一届委员会工作报告和区科协章程、大会决议，选举产生区科协第二届委员会。

2009年，召开区科协第三次代表大会。会议总结区科协几年来工作经验，部署今后5年科协工作任务，选举新一届领导机构。

西青区科协第一至第三届委员会主席、副主席、常委一览表

表21-9

届次	主席	副主席	常委
第一届	王　锋	王长苓、史馈淼、刘文生、刘文海、刘剑锋、胡友刚	马占庆、马鹤棠、王锋、王长苓、王兰田、王玉登、史馈淼、刘文生、刘文海、刘剑锋、张守仁、胡友刚、袁哲学（女）
第二届	王　锋	王存（兼）、毛玉虎（兼）、乔志利（兼）、杨立忠（兼）、何有才、徐世魁（兼）、韩海萍（女）（兼）	马元水、王存、王锋、王伟华、王洪旺、王维秀（女）、毛玉虎、乔志利、关增社、杨明岭、杨立忠、何有才、张文立、张玉武、姜连生、徐世魁、康玉松、韩海萍（女）
第三届	何有才	牛在景、王洪峰、孙维鹏、祁百军、郑子行、张庆梅（女）	马元水、牛在景、王向阳、王洪峰、白润亮、龙万星、任秀元、刘文长、孙维鹏、祁百军、何有才、宋德成、张庆梅（女）、张俊兴、张洪政（女）、张翼世、李之耀、李云海、邵玉梅（女，秘书长）、陈彬、范培柱、郑子行、葛军利、潘作成

二、科协组织

西青区科协成立于1979年6月，与科学技术委员会为一套班子、两块牌子。1982—1983年，各公社组建科协，主席由公社党务副书记兼任，办事机构设在农科站，秘书长由农科站长兼任。1987—2010年，各镇街均建有科协组织。

三、协会学会

1980年后，区内组建12个自然科学专门学会、3个技术协会和37个农民专业研究会。2007年，天津大桥焊材集团有限公司、天津市必佳动物科技药业有限公司成立企业科协。2008年，天津太平洋制药有限公司建立企业科协。至2009年，全区建有教育学会和环境保护学会等6个区级学会、协会，13个农村专业协会，全区逐步形成“协会＋基地”合作模式。

2010年西青区科学协会、学会一览表

表21-10　　单位：人

名称	理事长	副理事长	秘书长	理事	会员数	备注
农学会	陈光平	周绍尧 曹清莲	高　乐	赵俊贞等	164	含作物、园艺、植保分学会
林学会	张树华	史馈淼 肖广森	高作安	王玉登等	47	挂靠农林局林业科
畜牧兽医学会	赵广林	臧水起	吴汝毅	张树文等	24	挂靠农林局畜牧科
水产学会	王化明	张学文 庞齐明	董景川	王照龙等	50	挂靠农林局水产科
水利学会	佟雅林	–	兰锡才	孙连吉等	21	挂靠水利局
环保学会	韩景明	孙建贞	孙建贞	张梓光等	17	挂靠环保办
土木建筑学会	翟航昌	陈仲云	张文成	荣宝忠等	28	挂靠区建委
化工学会	仝兆胜	陈文有	邢凤山	窦连凯等	24	挂靠乡镇企业经委
数学会	安同沛	王军庆 张焕忠	沈云龙	沈正国等	68	挂靠教育局教育科
物理学会	丁守仁	刘素培	王纪柱	石英年等	35	挂靠区教研室
地学会	王长苓	梁堂凯	张茂之	潘泽民等	28	挂靠区教研室
医学会	王大鹏	杨大春	冯庚伟	方彦昌等	272	外内护妇产放射科
科技辅导员协会	马占庆	李文迁 昝齿一	王稼录	刘春华等	70	挂靠少年宫
珠算协会	杨尊三	张　方	张　方	刘永汉等	37	挂靠审计局
养蜂协会	张仲群	–	张仲群	–	14	挂靠杨柳青文化站

四、职能履行

（一）科普基地建设

2000年始，建成辛口镇蔬菜试验示范基地、鑫三农田庄等5个市级科普教育基地，中北热带植物观光园被中国科协命名为全国科普教育基地。2006年，辛口镇蔬菜试验示范基地入选全国科普惠农兴村计划。市科协拨付24万元引导建设资金，区、街镇，村和社区相继投入资金，建设科普宣传栏。至2008年，全区有128个村设立科普站（栏、员），科普宣传栏总长度1078延米，科普服务站160个，科普宣传员200人。建设西青科技网，每年浏览人数超过7万人。为农民送技术、讲技术、开展科技咨询服务的在册科普志愿者189人。

（二）科学普及

1987年，区科协开始承办一年一度的“科技周”活动。至1996年，有153个单位被评为区级开展科技周活动先进集体，198人次被评为开展科技周活动先进个人。科协与科委先后派出科学技术咨询服务人员640人次，咨询服务项目102种，接待咨询人员超过10万人次。举办科学普及报告会115场，收听科普报告的人员超过3.5万人次。举办科学技术成果展览47场，树展览牌6410余块，设立橱窗60个，展出科学技术成果9000项，展销科技新产品69种。组织观看科技电影、录像5.7万人次，举办科技集市41次，发放科普资料630种，12.4万份。至2005年，全区建立7个市级科普示范基地、1个国家级科普教育基地、5个市级科普教育基地。开展科技下乡、下厂活动，利用讲座、培训等形式为农民、职工送信息，送知识，送技术，每年参加技术培训的农民、职工均在2万人次以上。2010年，组织开展以“科学发展在我身边——科技低碳民生”为主题的第24届科普活动周。展出展牌200多块，发放各种宣传品5万张，业务咨询超过2000人，400多名机关干部和科技工作者上街进行宣讲和业务咨询，全区近万名群众参与活动。

照21－11　1995年，区科委在中北斜乡举办科技展览

1978—1992年西青（郊）区农民实用技术培训统计表

表21－11　　单位：人

人数专业	农村党员干部	协会研究会会员	科技示范户	一般村民
蔬菜	105	350	74	840
林果	23	73	25	170
淡水养鱼	33	74	23	93
家畜禽养殖	24	50	21	270
特种养殖	12	–	–	41
传统技术	–	–	–	60

2008—2010年西青区科技活动开展情况统计表

表21-12

活动项目		2008年	2009年	2010年
青少年科技活动经费(万元)		2	2	1
参加科技活动的学校数量(所)		41	41	41
参加青少年科技活动人数(人)		30000	30000	30000
参加区县级创新大赛数量	小学科幻画(参与学校数;人数)	3所27人	3所27人	4所36人
参加区县级创新大赛数量	中学科幻画(参加学校数;人数)	4所36人	4所36人	5所45人
	小学创新(参加学校数;人数)	7所64人	7所64人	8所72人
	中学创新(参加学校数;人数)	5所45人	5所45人	8所72人
	科技辅导创新(参加校;人数)	4所4人	4所4人	5所5人
	科技实践(参加学校数;人数)	41所2万人	41所2万人	41所2万人

(三)青少年科技活动

1980年,区教育部门组建科技协会,各中小学相继成立科技兴趣小组,配备科技辅导员,开设科技课,每年开展一次“科学月”活动,对学生进行指导性培训。1987—1992年,共举办各类型科学技术报告会108场,听讲人员3.24万人次。2000年后,开始建设青少年科普教育基地。2007年始,区内中小学生每年参加科普活动人数均超过95%,每年投入中学不少于2万元、小学不少于1万元的经费用于科普教育活动,杨柳青一中、辛口镇中心小学、中北中学等学校被确定为科普示范校。2010年,全区有中学校兼职科技辅导员33人,小学兼职科技辅导员90人。

第五节 工商业联合会

一、代表大会

1987年1月7日,召开西郊区工商联第六次会员代表大会,为“文化大革命”后恢复工商联的首次代表大会。至2010年,先后召开第六至第十一次会员代表大会,选举产生6届执行委员会。

1987—2006年西青区工商联代表大会一览表

表21-13　　单位:人

名称	召开时间	代表	会长	驻会副会长	常委	执委
第六届	1987年11月7日	93	宋义民	华林书	9	21
第七届	1990年10月19日	77	宋义民	华林书	7	14
第八届	1992年10月17日	91	张鸿泰 杜尔泉	张鸿泰	7	14
第九届	1997年4月8日	62	张效彬	岳贵元	9	19
第十届	2001年12月18日	86	朱耀宗	岳贵元	12	22
第十一届	2006年10月17日	92	宋德成	赵广林(常务) 曹全兴	20	38

二、职能履行

(一)会员发展

1987年,恢复西郊区工商业联合会(简称工商联)后,区工商联积极发展会员。至1992年,发展新会员32户。1993年,发展30余户。1994年,有会员280余户,成立10个会员组和基层组织。2010年,会员覆盖全区工商业实体。

（二）参政议政

1997年，区工商联提交题为《西青区非公有制经济的发展与思考》的调查报告，供区委、区政府制定政策参考。2009年，撰写《西青区民营经济发展现状及建议》和《如何引导非公有制经济人士走科学发展之路》两篇调研文章。2007—2009年，会员在区政协七届三次会议期间提交提案16件，内容涵盖经济发展、城市建设、环境治理、交通管理和教育文化旅游等各方面。

照21-12　1997年，西青区工商联召开第九届会员代表大会

（三）会员服务

照21-13　2010年，区工商联召开促进民营企业健康发展推动会

1987年区工商联恢复后，在会员企业信息交流、企业培训、行业管理、联系项目、推销产品以及跨区经济协作等方面发挥功能。1988年，聘请专家，在李七庄乡举办首届企业厂长、业务人员培训班。组成区饮食业同业公会。1989年，与天津市开发区三元电子有限公司洽谈，引进一项制作电缆线槽项目，与中北斜乡东北斜村达成合作协议并投产。2001年，创办《商会通信》。与11个会员企业建立5个联系点，帮扶实事11件。2002年，为100多家会员举办税法、税收征管实施细则培训，29名企业家参加远程教育本、专科班学习。2004年，组织会员参加天津市中小企业金融知识讲座、企业管理课程等多种培训，参训100人次。组织会员参加联合国商品采购洽谈会、法国中小企业考察团经济洽谈会、柬埔寨商品展销会等。至2009年，会员企业与信贷银行交流10余次，获得贷款2495万元。成立由全区19个职能部门和9个街镇组成的推动民营经济发展领导小组，初步形成全区民营经济发展协调机制。

（四）捐助捐款

1987—1994年，区工商联会员在慰问孤老户和烈军属、救助失学儿童、帮助困难群众、捐助社会公益事业、抗洪救灾等共捐款100万元。1995年，区工商联3名会员出资修建华庄革命烈士陵墓。2001年，会员企业向贫困学生捐助5.19万元。为“抗旱救灾·募捐打井”捐集资金2.02万元。2002年，在“人人为困难群众做贡献”活动中，会员企业捐助1.5万元，为区社会捐助接收工作站捐款4万元。2003年，在全区“向困难群众送温暖”活动中，会员企业捐款2.8万元。在“5·18”助残日，捐献价值2万元的轮椅，捐款2.5万元。为抗击“非典”捐赠药品折合人民币20万元。两家自行车生产企业向一线医护人员捐赠自行车90辆。2006年，会员企业在扶贫济困、支教助残、关爱老人等社会公益活动中，捐款捐物16万元。2007年，为37户贫困家庭捐款捐物，发放慰问金3万元。八一期间慰问区消防中队官兵送慰问金1万元。2008年，会员企业为“5·12”汶川大地震捐款捐物540多万元。2010年，为玉树地震灾区捐款79.1万元。援建贵州省毕节试验区建设“同心水窖”募集47.9万元。

第二十二编 法治

2005年、2009年，西青区两获全国综治最高奖长安杯

西青区检察院获2008年全国检察宣传先进单位称号

1979—2010年，西青区政法系统为使全区经济建设和人民生活安全得到保证，建立起覆盖全区的政法组织和综合治理网络，调动全社会力量维护社会稳定。公安部门以严厉惩治严重刑事犯罪为重点，多次开展“打黑除恶”等专项斗争，实行社会治安规范化管理。检察机关在刑事、经济和法纪检察等方面发挥职能，惩治犯罪，促进社会和谐稳定。审判机关严惩暴力和涉黑性质犯罪，改革民事审判方式，开展行政审判，加大执行力度。司法行政部门以普法宣传为重点，落实法制教育规划，制定实施普法规划，开展人民调解工作。32年间，西青区政法系统发挥为全区经济和社会事业建设的保驾护航作用，在社会治安综合治理、平安社会建设、普法等工作中多次获得全国模范单位、市级先进单位等称号。

第一章　政法综治

80年代至2010年，区委政法委员会持续进行机构改革和队伍建设，维护各部门依法独立行使职权，依法组织开展执法监督，指导、协调政法各部门工作，组织研究和讨论有争议的重大、疑难案件，组织调查、协助处理社会治安综合治理、禁毒工作、防范与处理邪教问题工作等。调查掌握区内社会稳定工作新情况、新问题，制定并检查落实维护社会稳定的重大措施。

第一节　政法组织建设

一、区政法委员会

1984年5月，西郊区委政法委员会成立。1987年，调整为区委常设机构，设立政法委办公室。1991年，成立西郊区社会治安综合治理委员会办公室（简称区综治办），与区委政法委合署办公。至2010年，区委政法委和区综治办一直合署办公。

二、镇（街）政法组织

1990年，各乡镇建立政法委员会。1991年5月，各乡镇建立综合治理办公室，列入乡镇编制序列。1991年，抽调9名政法部门科处级干部到乡镇政法委任专职书记，成立3~5人的社会治安综合治理办公室，列入政府编制序列。1996年，健全乡镇政法委，下设综治办，实现每个部门都有工作人员、有办公用房、交通工具、通信设备、办公经费。进入21世纪，镇（街）政法组织得到加强。

三、村居综治队伍

1994年，全区开始建村级综治办，设有治保、调解和巡逻队，有片长、治安信息员等5000余人的综治队伍，构成惩治刑事犯罪、安全防范、调解纠纷和帮教的“四个网络”。2009年，在全区160个村、29个社区、两个工业园建立综治信访服务站，区社会治安综合治理和信访工作延伸至行政村、社区。

第二节　社会治安综合治理

一、制度制定

1995年，区委政法委实施社会治安综合治理领导责任制、社会治安综合治理“属地管理”原则、社会治安综合治理一票否决权制。2000年，建立定期进行矛盾纠纷排查调处的工作制度和矛盾纠纷预警与信息反馈系统。制定实行矛盾纠纷排查调处等5个相关制度，制定处置各类群体性事件的工作预案，形成区、街镇、村、片四级调处网络，完善对重大不稳定因素三小时报告制度，建立“包街镇、包发展、包稳定”的区级领导干部“三包”责任制度。2008年，开始对党政领导干部履行社会治安综合治理和维护稳定职责进行考察，健全社会治安综合治理工作激励和监督机制。2009年，建立街镇综治信访服务中心，制定落实《综治信访服务中心职责任务》《综治信访服务中心工作制度》等10项职责制度。

照22-1　2009年，西青区政法系统成立自行车治安巡逻队

二、群防群治

1988年，全区建起拥有1000余名“三老”（老党员、老干部、有威信的长者）为首的治安片长队伍。各村委会与每家每户签订“家庭治安责任书”和“家庭文明规范”。形成以家庭为核心的社会治安管理新模式。90年代中期，全区各街镇开始推行“细胞工程”、村级治安自治防范、封闭半封闭式管理、高科技治安防范等多种治安防范模式。实施“平安村居、平安楼栋、平安胡同、平安家庭、平安集市”等基层平安创建活动，开展“边缘家庭平安创建”“魅力名镇平安游”“平安宣讲团”“平安家园活动室”等特色活动。2004年，区政法委综治委建立完善由区级防控支队、镇级专职治安巡控队、村级综治队伍、保安队伍等组成的5000多人的群防群治队伍。制定《西青区涉及群众利益重大事项社会稳定风险评估意见》，开展领导干部大接访活动，处置并化解多起群体性事件。建成中北镇邢庄子村、精武镇付村等一批以视频监控、报警为主体的安全示范小区。2010年，全区完成防控体系建设目标任务，实现社会治安综合治理工作由“追打蹲堵型”向“主动控制型”转化，治安管理由“人海防范型”向“人防技防结合型”转化，工作推动由“单纯依靠政法综治队伍型”向“全民参与型”转化。

照22-2　2010年，西青区治安片长发放宣传材料

三、专项整治

1991年，区委政法委组建9个工作组，进驻9个治安问题较突出的村，开展重点治理，化解各类矛盾，惩治违法犯罪。1996年，抽调100余名政法干警，到治安复杂地区进行重点治理。开展创建文明铁路线、创建无毒社区等多项专项治理活动。对严重暴力犯罪、涉枪犯罪、吸毒犯罪、带有黑社会性质的犯罪团伙和流氓恶势力，开展反盗窃、抓诈骗、打黄扫非等一系列专项斗争。2001年，以“扫

黑除恶”为龙头，开展为期两年的“严打”。各级综治队伍投入“严打”整治行动，配合公安机关，提供破案线索，协助破案、协助抓获违法犯罪嫌疑人。“严打”斗争结束后，每年组织各方面力量对重点治理地区（单位）进行重点整治。

1993—2008年，西青区连续4届获得“全国平安建设先进区”荣誉称号。2005年、2009年，蝉联全国社会治安综合治理最高奖“长安杯”。

第二章　公　安

1979—2010年，西青公安部门以惩治严重刑事犯罪为重点，开展多次扫黑除恶等专项斗争。规范化管理社会治安和安全保卫工作，使西青经济建设和人民生活安全得到保证。开展“畅通工程”等道路环境秩序专项整顿行动和交通安全宣传活动，加强驾驶员及车辆管理，实施重大事故现场调研工作机制，保持交通秩序健康运行。实施科学化消防训练及大型灭火预案实战演习，强化区内消防安全监督、宣传及专项治理工作。

第一节　队伍建设

一、竞聘上岗

1979年，公安西郊分局开始招收干警，除要求具备一定政治条件外，文化程度必须高中以上，对身体素质要求十分严格。1982年，有100名民警转为干部，解除干部、民警交叉使用的状况。1997—1998年，公安西青分局实行“双聘制”，有30名民警竞聘科所正职，47名民警竞聘副职，2名原科所正职落聘。公安民警文化水平普遍达到大学专科以上。

2010年，开展科级干部竞聘上岗，16名民警晋升为副科级，14名副科级晋升为正科级。对54名正、副科级干部进行岗位交流。

照22-3　2010年，公安西青分局召开科级领导干部竞争上岗演讲答辩大会

二、辅警队伍

2004年，公安西青分局向社会招聘社区综治员128名，配合派出所社区民警开展社区防范、户口受理、民事调解等工作。2008年，增招社区综治员22名。招聘视频监控员78名，负责各派出所视频监控系统维护和社会面视频监控。招聘通信网络维护员4人，负责公安网维护工作。2010年，有社区综治员140人，网络维护员4人，网络监控员8人。

三、治安巡防队伍

2007年，组建区治安巡防大队，由公安西青分局管理。2008年，巡防大队拆分为两个大队，分别负责街镇及西青经济技术开发区的治安防控工作。2010年，组建巡警三大队，负责中北镇、西营门街、精武镇及第三高教区范围内的治安防控等工作。全区形成以杨柳青、大寺镇、中北镇为辐射中心，相互协作、相互联动，覆盖全区的大防控模式。

四、保安队伍

1988年，天津市保安服务总公司西青分公司（隶属公安西青分局）成立。开展各项保安服务，协助公安机关维护社会治安秩序。至2010年，公司有保安人员432人。分公司自成立以来，抓获各类不法人员184人，堵塞各种隐患漏洞204起，处置各类灾害事故64起，挽回经济损失314万元。

照22-4　2009年，西青区公安干警进行应急处突演练

第二节　治安管理

一、公共场所秩序管理

（一）文体娱乐场所与集会管理

1979—1993年，公安西青分局开始对群众性集体活动按参加人数、规模实行三级管理。1994年，对歌舞厅、游艺厅等娱乐场所进行清理检查，检查60余家，收缴具有赌博性质的游戏机机板。至2010年，多次开展专项整治行动。区文体娱乐场所未发生大的治安灾害事故和治安案件，各类大型群众性活动管理到位无事故。

（二）市场治安管理

1987年，公安西郊分局对36处区、乡镇村市场进行清理整顿。设兼职民警16人，对重点市场进行治安管理。1988—1995年，派出干警参加联合执法队，对集贸市场进行专项治理，对欺行霸市、强买强卖、滋扰、乱设摊点堵塞交通等问题进行整顿。在固定市场内建立治保委，加强对集贸市场的治安管理。1997—2010年，开展惩治盗版书籍、光盘及淫秽书籍、光盘以及利用手机贩卖传播淫秽视频的违法犯罪活动，收缴大批盗版书籍、光盘及淫秽书籍、光盘，取缔一批无证经营书店和二手手机店。

（三）惩治制假贩假

90年代，西青分局开展惩治制假贩假违法犯罪活动。1997年，破获制造假酒、假味精窝点各1个，抓获犯罪嫌疑人9人。2007年，查扣运送假烟大货车1辆，搜查各种假烟1037箱，价值200余万元，抓获涉案人员16人。2010年，开展惩治制作贩卖假证违法活动，破获制贩假证窝点15个，逮捕不法分子22人。行政拘留35人，收缴大量制假工具和制假成品、半成品。

二、特种行业管理

1997年，公安西青分局开展特种行业规范化管理，举办特种行业法人代表和从业人员培训班8期，对845人次旅馆、印刷、物资回收业法人负责人等进行法律知识、发现识别违法犯罪等知识培训。建立治安信息网络，坚持经常化清理整顿。2000年，在特种行业中开展“提线、破案、追逃”专项斗争，获得违法犯罪线索95件，查破各类案件35起，抓获违法犯罪嫌疑人28名。依法处罚违规经营行业49

家，发现并整改治安隐患219处。2008—2009年，完成区内旅馆、留宿洗浴业的旅馆信息系统安装，对35家旅馆、30家洗浴、9家歌舞厅、129家废旧金属收购和186家机动车修理业的责任人和从业人员进行法制宣传和业务培训。2010年，通过旅馆、洗浴信息系统查询比对，抓获网上在逃人员16名。

三、危险物品管理

（一）枪支弹药和管制刀具

1979年，公安西郊分局强制收缴一批猎枪，重点侦破带枪犯罪案件。1980年，查获1起5人拦路抢劫团伙，缴获火枪3支，三角刮刀、尖刀6把。1992—1995年，公安西青分局与全区14个配枪单位签订安全管理责任书，收缴散失在社会上的管制刀具3895件，其他凶器766件。2010年，收缴各类枪支171支、子弹94粒、管制刀具40件。

（二）剧毒爆炸物品管理

1982年，公安西郊分局开展贮存、使用剧毒单位审查、发证。1986—1991年，对区内使用剧毒、爆炸物品单位多次进行安全检查，对剧毒物品采购管理人员进行专门业务培训。每年开展清理年货市场和烟花爆竹市场专项行动。1992年，发现贮存、使用剧毒物品单位安全隐患40处，对6家无证经营或违反规定的单位责任人分别给予批评教育或治安处罚。1995年，对区储存、使用剧毒物品单位法人、保管使用人员进行岗位安全培训，层层建立岗位责任制。2007年，查清1起非法出售8枚放射源案件。2010年，完成西青区大岛写字楼及酒店基坑支撑3次爆破拆除的安全保卫任务。

四、专项治理

（一）扫“六害”

80年代初，区分局不间断集中统一开展“六害”（赌博、迷信、卖淫嫖娼、传播淫秽物品、吸毒贩毒、拐卖妇女儿童）查禁活动。1985年，开展为期两个月取缔、查禁赌博统一活动，查处赌博案件41起，涉案243人。1986年，召开公开处理大会，处理赌博人员48人。1988年，开展禁赌斗争，3055名赌博人员坦白登记，处理拒不坦白登记或顶风继续赌博者285人。1995年，查获2起巫婆、神汉利用“顶仙”看病骗取钱财、进行犯罪活动案件。查获1起以看阴阳宅为妇女看病为名进行犯罪活动案件。1999年，开展“扫黄打非”第三次专项统一行动及“打恶治乱”专项行动。2008年，在奥运会开幕前集中整治阶段，查处“黄赌毒”案件66起，处理违法犯罪人员186人。收缴淫秽光盘904张、赌资15.2万元、赌博机86台、毒品麻古1.89克。2009年，查缴赌博类游戏机105台。

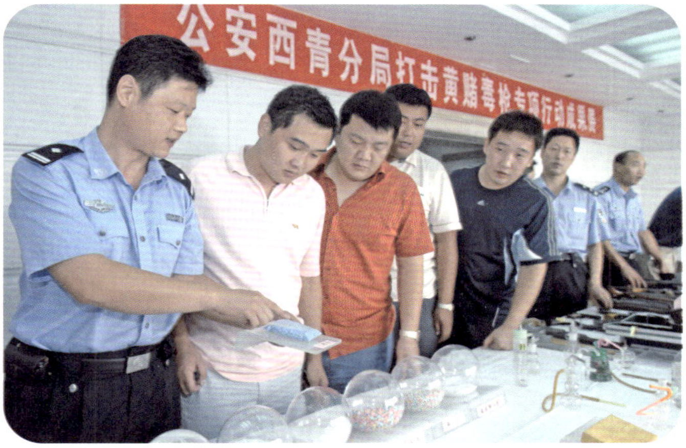

照22-5　2007年，公安西青分局举办惩治“黄赌毒枪”成果展

（二）养犬管理

80年代中后期，区内多部门合作加强养犬管理。1996—2005年，公安西青分局开展养犬摸底登记管理。2006—2009年，下达养犬管理量化工作指标，制定考核办法及奖惩机制。查获两个在建、正准备投入使用的非法赛狗场，责令拆除赛场设施，将其依法取缔。2010年，全区注册犬只4646条，留检违规犬只1400余条，取缔新建非法赛狗场1个。

第三节　刑事侦查

一、专项行动

1983—1986年，公安西郊分局开展为期3年的“严打”斗争，惩治处理各类违法犯罪嫌疑人1071人，其中逮捕804人，劳教227人，少年管教40人。1987年，开展以深挖违法犯罪黑窝子为重点的惩治治安违法和刑事犯罪、惩治盗窃、整顿治理社会治安秩序的专项斗争。破获违法犯罪黑窝子20个。破获刑事案件45起。1989年，开展“反盗窃”犯罪专项斗争。338名盗窃违法犯罪嫌疑人投案自首，查处各类违法犯罪嫌疑人157人。破获盗窃案件209起，缴获赃款和赃物折款12.29万元。

照22-6　2009年，公安西青分局召开“雷霆风暴”专项行动布置大会

1990—1994年，公安西青分局开展以惩治盗窃、抢劫犯罪活动为重点“双打”“反盗窃”及春季和秋季严厉惩治刑事犯罪活动等专项斗争。抓获并处理各类违法犯罪嫌疑人1923名。1998—2000年，开展以惩治走私、盗窃、抢劫机动车犯罪及惩治拐卖妇女儿童犯罪、惩治流窜犯罪、追捕在逃犯罪嫌疑人为主要内容的专项斗争，破获涉车案件20起，追缴被盗抢机动车12辆，清理整顿机动车交易市场2个，机动车修理业409家。破获拐卖妇女、儿童案件4起，抓获拐卖妇女、儿童犯罪嫌疑人6人，解救被拐卖妇女儿童4名。破获各类流窜犯罪集团10个，抓获流窜作案人员117人，追回外逃外漂人员99人。

2000—2009年，公安西青分局以严厉惩治各类严重刑事犯罪为中心，以严重危害人民群众生命财产安全的各类案件为重点，逐步实现“专项”斗争常态化。2009年，惩处犯罪嫌疑人965人，破获5个黑恶势力团伙。破获部级督办案件2起，破获市局A级督办案件10起、B级12起。

2010年，西青分局组织开展“打黑除恶”、命案侦破、惩治“两抢一盗”、禁毒人民战争、惩治黄赌毒犯罪“天网”行动和以惩治侵财犯罪为重点的“利剑”行动等一系列专项斗争。破获各类刑事案件1916起，惩治处理犯罪嫌疑人869人，抓获外逃人员384人。破获黑恶犯罪团伙11个，抓获涉案成员121人。

照22-7　2009年，公安西青分局成功破获传销组织

2000—2010年西青区刑事案件发、破案件统计表

表22-1　　　　单位：起、人

年度	发案数	破案数	惩治处理	年度	破案数	惩治处理
2000	1731	436	485	2006	1932	929

续表

年度	发案数	破案数	惩治处理	年度	破案数	惩治处理
2001	2207	465	741	2007	1839	1049
2002	1901	873	619	2008	1790	1027
2003	2135	1072	517	2009	2268	965
2004	2342	1161	559	2010	1916	869
2005	2915	1360	692	-	-	-

二、惩治经济犯罪

1982年，公安西郊分局成立惩治经济犯罪领导小组。查破经济案件4起，收缴赃款4535元。1983—1986年，成立惩治经济犯罪办公室，专门办理合同诈骗、贩毒、走私、贩运假币等经济案件，增设经济民警大队，加大惩治力度。1990—1994年，查破经济犯罪案件108起，追回经济损失2128万余元。1997—2002年，集中惩治和专项整治金融、财税、商贸等领域严重犯罪，破获一批案值大的诈骗贷款、虚报注册资本案等经济犯罪案件。2003—2010年，经济犯罪案件立案1221起，侦破1079起，破案率88.4%，为企业和群众挽回经济损失1.02亿元。

三、查缉毒品犯罪

1992年始，公安西青分局开展惩治毒品犯罪活动。2007—2010年，侦破毒品案件284起，抓获毒品犯罪嫌疑人76人，查获吸毒人员133人，收缴海洛因、冰毒等毒品6498.9克，办理易制毒化学品购买证明3829份及运输许可证304份。

第四节　户政管理

一、常住户口管理

1990年，西青区实行以村为单位命名编排街道、里巷、胡同名牌和门牌。命名街道、里巷、胡同8476处、门牌7.14万个。1995年，区公安部门进行户口核对、统计，完成年终统计报表。1997—2010年，人口管理实行计算机化登记管理，各派出所人口信息实现网络化，完成居民身份证纠错升位工作。

二、暂住人口管理

1985—1990年，公安西郊分局制定暂住人口登记管理制度，全区10个派出所均建立管理暂住人口办公室，对拟暂住超过3个月以上16岁的暂住人口进行登记、照相，发暂住证。1988年，对暂住人口开展清整统一行动，查获各类流窜违法犯罪嫌疑人19名，破获刑事案件13起，其中重大案件3起。1991—2000年，暂住人口管理逐步规范化。

照22-8　2007年，西青区派出所民警进企业为外来务工人员办理暂住证

2001—2010年，西青分局在杨柳青镇、大寺镇建立区人口管理服务中心和分中心，设立蓝印户口及居民身份证办理服

务窗口，实行对流动人口“一站式”管理。2010年，区境内共有流动人口46.19万人。

三、寄宿人口管理

1994—1995年，西青分局将暂住人口及寄宿人口纳入常住人口管理。2010年，全区有寄宿人口19.06万人，其中有区内户口7140人、市内六区户口10.03万人、环城三区户口4522人、滨海新区户口3865人、各县户口1.05万人。

四、户限对象管理

1981年，区内对“户限”（限制转入户口）对象材料由派出所调查核实，公安西郊分局户籍科派员实地复核审批。90年代后，限制农转非户口政策有所放宽。1994年，批准登记户口110人，全区户限对象653人。1995年，区内农业人口转为非农业人口662人、科技干部家属转为非农业人口87人，职工居民家属转为非农业人口44人，落实政策后转为非农业人口11人，作出突出贡献的及其他转为非农业人口43人，非农业户口转为农业4人。批准外地迁入登记户口182人，全区有“户限”对象713人。1998—2007年，西青区人才引进、亲属投靠人员户口及居民身份证办理事项随着国家政策多次进行调整。

五、小城镇 蓝印户口管理

1995年始，西青区实行申报蓝印户口制度。1999年，小城镇户籍管理制度改革试点工作在张家窝镇、杨柳青镇实行。2007年，调整蓝印户口申报条件。2008年，蓝印户口受理权限下放到区公安分局受理，由市公安局审批。2010年，全区受理蓝印户口7452人，转常住户口4958人。办理小城镇户口850件。

六、居民身份证管理

1986—1987年，西青区完成首批身份证填卡制证发证，16周岁以上人口制发证20.16万人，制发证率97.04%，第一代居民身份证正式启用。1994—1995年，加强居民身份证管理，通过查验居民身份证，侦破各类案件36起，查获流窜违法犯罪嫌疑人14人。2004年，向市公安局传送第二代居民身份证合格人像信息20万人，占全区应制证总人数85%，人像采集数量占全市各分局采集总量52.6%。至2010年，区内制作第二代居民身份证8.6万个。

第五节　交通管理

一、驾驶员管理

1979—1989年，区内每年对驾驶员实行审验，组织驾驶员到交通技术学校或有关单位进行集体培训考核。1993年，成立区驾驶员协会。1995年，全区有驾驶员培训学校4处，有驾驶员3.4万人。2000年，开始执行《机动车驾驶员交通违章记分办法》，对驾驶员实行交通违章记分管理，依据违章行为严重程度，分别记分。2009—2010年，在区内设3个机动车检测站，为3000名驾驶人办理换证手续，为4.88万名驾驶人办理提交体检报告手续。

二、车辆管理

1979年始，区交管部门对区内机动车辆进行年检。1990年，区内建成机动车自动检测线，结束人工检验的历史。1995年，验车2.86万辆。设乡镇农机管理站检验组9处。2002—2006年，检验机动车8.98万辆，查扣漏检机动车1020部，无证无牌车辆114部，私自改装车辆612部。对318辆尾气不合格的机动车进行补检。2006年，重点整治查扣在区境道路行驶的无牌无证三轮汽车、摩托车。查扣涉嫌无牌无证和假牌假证车辆213辆。2007—2010年，对区域内重点车辆建立交通安全管理档案，对存在问题的机动车暂扣行车证，限期修复，对存在安全隐患问题的单位下达限期整改通知，对限期整改逾期未改的单位给予黄牌警告处理。

照22-9　2010年，西青区开展公交客运安全防范大检查活动

三、道路交管与治安

1980年始，区内开展宣传禁止在区内公路上打轧、晾晒粮食等。1985—1986年，区交管部门举办交通安全常识测验、智力竞赛等一系列活动，普及交通法规。1995年，区域内公路设各种标志牌280块、警用机动车60辆。1996—1998年，在域内8条主要交通干道设有固定岗位12处，全区交通安全责任制注册单位2470个。2000—2006年，开展“畅通工程”等活动，纠正交通违章，拆除违法建筑，取缔占路市场，清理各类占路摊点，规范路口行车秩序。2007—2009年，重点整治自行车、行人、电动助力车等交通违法行为。开展“迎奥运整秩序·讲文明树新风”等系列交通秩序专项行动。全区设置交通标志1937个，交通信号灯76处。2010年，西青区开展交通秩序集中整治活动，以建成区域为中心向农村区域延伸拓展，对超速、酒后驾车、违法停车、闯信号等交通违法进行集中整治。

四、交通安全宣传

1982—1990年，区内组织干部群众进行交通法规学习、测试，进行交通安全宣传活动，对驾驶员进行新交通法规宣传教育。1993—1999年，区驾驶员协会会员分为若干小组，每月组织学习。组建区交通安全办公室，进行农村交通安全教育，开展创建交通安全示范村活动。2001—2006年，开展全区交通安全大检查、创建“平安大道”、宣传普及道路交通安全法律法规、创建“交通安全村镇”等活动。2003年，全区创建交通安全村31个、交通安全学校1个、交通安全镇1个、交通安全社区7个。2006年，建成交通安全社区23个、村镇145个，交通安全达标校36所。2007—2010年，开展“迎奥运交通安全普法年”交通安全宣传活动，组织区各委办局、街镇开展安全宣传教育，对存在问题单位实施限期整改或挂黄牌警告处罚。

照22-10　2010年，西青区文明交通志愿者参与创建文明交通城市活动

五、事故处理

1986—1992年，西青区机动车辆大幅增加，每年发生处理交通事故200~400起。1993—1994年，每年发生处理交通事故超过1700起，车物损失由原来每年50余万元增至400余万元。1996年，全年发生交通事故959起，其中重大交通事故24起、一般事故81起、轻微事故854起，造成损失227万余元。

2000年，西青公安系统建立治安案件移送备案登记制度，严厉惩治交通肇事逃逸和其他治安、刑事案件。管界内发生交通肇事逃逸案件51起，破获29起。2007—2010年，实施重大事故现场调研工作机制，公安部门强化交通事故处理信息录入工作。利用警用电子信息平台查询系统，加大对交通肇事逃逸案件的惩治，对网上在逃人员及有破案线索的案件集中侦破，侦破多起在社会产生恶劣影响的死亡肇逃交通事故案件。

2000—2010年西青区交通事故统计表

表22-2

年度	事故（起）	损失情况		
		经济损失（元）	死亡（人）	人员受伤（人）
2000	1581	4780000	82	759
2001	1417	4877000	89	634
2002	1734	6467000	100	1279
2003	2492	8689000	111	1391
2004	4083	11564300	103	1314
2005	6720	11274000	102	1057
2006	5417	11587100	109	1131
2007	2933	9360600	93	460
2008	4856	12641300	86	254
2009	7129	20194100	85	360
2010	10591	35475300	97	712

第六节　消　防

一、消防训练

1998年，成立天津公安消防西青支队。2001—2005年，开展执勤岗位、全岗参加大练兵活动，对火灾处置进行特种器材使用操法训练。2007年，制定全员业务理论、体能、合成训练及本岗技能项目训练计划，科学细化专业技能和战术训练。2008年，组织开展支队级供水员专项培训、信通基础知识强化培训，有效培养业务尖兵。2009年，组织业务骨干，推动企业专职消防队开展验收考核。2010年，执勤战备检查24次，组织大型灭火预案实战演习7次。组织消防水源检查和专项治理，制定、修订预案17个。加强信息化基础建设，完成消防一体化系统运行。

二、消防检查

1984年，区内消防工作坚持“预防为主，防消结合”。1987年，区消防部门对9个乡镇的21家存在各种火灾隐患企业和200余处不安全因素提出整改建议。1991年，开展消防安全竞赛活动。出动检查569人次，查出661个单位的火灾隐患749处，其中740处得到及时整改。1995年，下达火险通知书1200份，其中重大隐患整改通知书20份，对两家拒不改进的单位给予停业整顿处理。1999年，加强全区消防监督，对区内建筑工程消防系统、邮电通信枢纽等72个单位进行消防专项治理。2006年，每季度召开安全生产例会，组织开展消防安全检查和督查活动，帮助企业解决消防问题157件。2007年，完成女足世界杯、"五一""十一"黄金周等保卫任务。全年检查单位1168个，发现各类火灾隐患问题2096件，下发整改通知书656份。2009年，对公众聚集场所、中小学幼儿园开展专项治理检查，为887家重点单位建立防火预案。2010年，全年发生火灾1059起，出动消防车2700辆次，抢救被困群众138人，保护国家、集体和人民财产价值5500万元。

照22-11　2004年9月14日，公安消防西青支队救火现场

1979—2010年西青区火灾及损失情况统计表

表22-3

年度	火灾起数(起)	损失折款(万元)	伤亡人数	年度	火灾起数(起)	损失折款(万元)	伤亡人数
1979	58	11.23	9	1995	117	19.66	3
1980	62	8.76	7	1996	114	13.28	1
1981	64	9.34	12	1997	152	19.46	2
1982	59	8.94	8	1998	148	21.33	2
1983	90	10.88	13	1999	187	12.18	1
1984	68	8.26	11	2000	297	19.31	–
1985	79	9.49	–	2001	229	10.88	3
1986	95	19.96	1	2002	196	11.09	–
1987	98	32.68	2	2003	86	43.81	2
1988	71	41.60	7	2004	104	54.36	2
1989	52	21.11	–	2005	121	16.97	–
1990	90	72.27	–	2006	137	43.15	2
1991	123	19.40	3	2007	176	63.17	2
1992	137	15.60	–	2008	129	20.50	1
1993	119	19.40	5	2009	120	10.24	–
1994	162	22.00	4	2010	176	35.39	2

第三章　法　院

1979—2010年，西青区人民法院(以下简称区法院)贯彻"公正司法、一心为民"方针，在"严打""除恶打黑"专项斗争和一般民事、刑事及行政审判中，加强审判管理，依法行使审判权，审结刑事审判案件9261件，各类民商案件4.42万件，行政审判473件，执结各类案件2.3万件。收、结案件在天津市基层法院中位居前列，为全区经济发展和社会进步提供司法保障。2000年，区法院被最高人民法院评为"人民满意的好法院"称号并立集体一等功。2008年，被最高人民法院评为全国模范法院。2010年，被最高法院评选为全国法院文化建设示范单位，立集体一等功。

第一节　刑事案件审判

一、刑事案件审判

1980年，区刑事审判工作步入有法可依道路。1983—1986年，开展“严打”斗争，公、检、法三机关协调一致。选择典型案例，深入到发案地、城郊接合部、案件高发区开展就地讲法。召开宣判会47场（次），宣判案件137件。经过3年“严打”斗争，全区社会治安秩序有所好转，刑事案件开始下降。1987—1996年，针对危害社会治安和人民生命财产安全的大案要案，办案人员提前介入，开展反盗窃、“扫黄”“除六害”及盗伐林木等专项斗争。1997—2000年，区法院结合新的审判方式，依法重点严惩容留妇女卖淫、涉枪、涉“黄、赌、毒”和带有黑社会性质等严重危害人民群众生命财产的犯罪，召开各类型公开宣判大会42次，对136个案件227名犯罪嫌疑人进行公开宣判。

照22-12　2000年，西青法院举行刑事案件公判大会

照22-13　2009年，西青法院审理新中国成立后西青区最大盗版光盘案

2000—2005年，区法院针对农村治安形势，接待群众来访，召开法制咨询讲座，依法处理一批利用群众情绪煽动闹事、制造事端，构成犯罪的组织者和操纵者，平息个别村的闹事事件。2006—2010年，发挥刑事审判职能，深入学校、农村、工厂、部队举办法制讲座。选择典型案例与市、区电视台合作摄制法制教育专题片20期。完成公安部、文化部挂牌督办的“603盗版光盘案”审判工作。

二、经济犯罪案件审判

1980年，区法院成立经济审判庭和执行组。1981—1990年，区内经济犯罪案件大幅度上升。区法院发布“关于严惩严重破坏经济的犯罪嫌疑人”“关于惩治经济领域严重犯罪活动”的决定，严厉惩治严重经济犯罪活动，审结贪污、诈骗、受贿、投机倒把等经济犯罪案件183件。1989年10月，在杨柳青镇、南河镇等地设立反贪污、受贿、投机倒把咨询站，宣传“两高”通告，督促犯罪嫌疑人坦白自首。1991—1996年，以惩治贪污、受贿案件为重点，审结各类经济犯罪案件221件。1997—2000年，围绕惩治经济犯罪，在各乡镇召开公判大会54场，对165案275人进行公开宣判，直接受教育群众10万余人次。

2000—2010年，开展惩治经济犯罪专项斗争，区法院审结各类经济犯罪案件193件。对国家干部、企业厂长、经理、会计、保管员、业务员队伍中贪污、职务侵占、挪用公款等犯罪行为依法严惩。

第二节　民事案件审判

一、债务纠纷审判

1983—1993年，区法院保护借贷关系，依法慎重审理债务纠纷案件，着重调解，予以合情合理解决。对于有偿还能力而拒不偿还的债务人依法执行，维护当事人合法权益。共受理债务案件567件，审结554件。1994—2000年，受理债务案件1349件。2001—2010年，债务案件上诉率降低，主要存在问题在执行阶段。区法院维护双方当事人合法权益，对有能力偿还拒不偿还的债务人严格执法，对暂时无力偿还的针对情况酌情调解解决。保证执行效果，共审结各类债务纠纷案件2461件。

二、赔偿纠纷审判

1978—1992年，区人民法院坚持立案快、调查取证快、审理快、执行快的原则，大部分赔偿案件均能调解解决并顺利执行，达到维护社会安定团结目的。期间，受理赔偿案件1224件，平均每年81.6件。1994—2000年，受理赔偿案件869件，位居民事案件前3位。2001—2010年，审理结案道路交通事故人身损害赔偿案件2610件、工伤事故损害赔偿案755件、医疗事故损害赔偿案件14件、其他人身损害793件。

2001—2010年西青区人民法院人身损害赔偿案件统计表

表22-4　　　　　　　　　　　　　　　　　　　　　　　　单位：件

年度	道路交通事故人身损害赔偿		工伤事故损害赔偿		医疗事故损害赔偿		其他人身损害赔偿		人身损害赔偿总计	
	收案	结案	收案	结案	收案	结案	收案	结案	收案	结案
2001	90	79	17	23	0	0	50	47	157	149
2002	111	126	24	25	0	0	59	53	194	204
2003	91	88	7	8	0	0	99	100	197	196
2004	142	132	6	5	4	3	102	100	254	240
2005	234	233	2	4	4	4	107	106	347	347
2006	256	262	1	0	1	0	114	119	372	381
2007	271	275	1	1	1	2	76	73	349	351
2008	333	329	3	2	2	1	84	81	422	413
2009	418	417	0	1	0	2	84	82	502	502
2010	697	669	6	6	2	2	24	32	729	709

三、土地 宅基地纠纷审判

1983—1985年，区内土地使用权纠纷尤以农村宅基地纠纷矛盾最多。1989年，开始重新核发房屋产权证及国有土地使用证，宅基地案件呈下降趋势。至1993年，区法院累计受理土地、宅基地纠纷案件203件，平均每年18.5件。1994—1999年，区内农村城市化进程加快，大部分村将宅基地收归集体使用，宅基地纠纷明显减少。1998年受理2件，1999年宅基地纠纷在区境内成为历史。

2001—2010年，因农村平房改造而引起的房地产纠纷案件呈上升趋势，区法院审结479件，多为集体诉个人案例。

四、婚姻家庭案件

1980—1982年，区内婚姻家庭案件数量较少。1983—1993年，婚姻案件数量增多，家庭财产争议突出。区法院共受理离婚案件2775件，年均253件。1994—2010年，区婚姻案件一直占民事案件总数第一位。1994年，婚姻案件占民事案件总数65.3%。2000年占44.9%，为新婚姻法颁布后最低的一年。

1979—2010年西青法院婚姻家庭纠纷案统计表

表22-5　　单位：件

年份	离婚		抚育		赡养		其他	
	收案	结案	收案	结案	收案	结案	收案	结案
1979	106	105	8	7	22	18	2	2
1980	124	136	6	6	40	44	1	1
1981	124	118	8	10	54	52	2	2
1982	180	175	3	3	45	44	–	–
1983	225	228	9	9	54	56	–	–
1984	215	221	5	4	73	72	–	–
1985	173	180	6	7	58	60	–	–
1986	183	181	8	7	45	44	15	13
1987	232	231	11	12	49	49	15	17
1988	274	240	6	6	80	72	32	25
1990	327	325	7	7	44	45	37	35
1991	275	289	8	7	34	38	31	35
1992	234	234	3	4	37	37	24	18
1993	279	264	7	6	48	47	25	28
1994	380	370	8	8	43	43	22	22
1995	370	349	17	14	51	47	23	23
1996	467	489	12	16	53	55	19	21
1997	475	511	21	20	54	58	34	33
1998	571	531	25	26	42	37	24	23
1999	483	524	24	24	54	60	22	25
2000	550	551	33	33	71	71	20	20
2001	398	394	14	15	39	39	32	27
2002	481	476	18	18	48	47	36	33
2003	423	419	16	16	50	51	38	41
1989	358	373	14	14	69	71	34	39
2004	459	460	17	16	37	37	32	30
2005	431	440	10	11	39	41	46	49
2006	426	430	15	15	51	49	53	53
2007	464	461	2	2	29	30	40	39
2008	464	462	15	14	36	36	68	67
2009	524	532	15	16	27	28	81	83
2010	542	542	14	14	21	21	49	49

五、房地产纠纷案件

1994年，区法院受理房地产纠纷案件25件，占民事收案总数3.6%。1996—2000年，房地产纠纷案件大幅上升，平均每年增加24件。2000年，审结163件，平均审限43天，比初期此类案件审结率提高3倍，审限缩短近百天。2001—2010年，房地产纠纷案件趋于多样性，共审结各类房地产纠纷案件1306件。

第三节　经济案件审判

一、购销合同纠纷案件

1981—1993年，区法院审结购销合同纠纷案件1145件，占经济纠纷案件历年结案总数的62.71%。1994年，受理购销合同纠纷案件159件，2000年为480件，审结495件。7年间，受理购销（买卖）合同纠纷案件2072件，审结购销合同纠纷案件2109件，平均每年结案数递增29.37%。2001—2010年，审结购销合同纠纷案件4473件。

二、加工承揽合同纠纷案件

1981—2000年，区法院审理加工承揽合同纠纷案件636件，居经济纠纷案件第二位。1984年，只受理6件，审结6件。1985—1993年，每年受案数40件以下。1994—2000年，受理393件，平均每年56.14件。2001—2010年，审结652件。

三、农村承包合同纠纷案件

1984—2010年，区法院发挥经济审判庭的主导作用和基层法庭的辅助作用，在查清事实前提下，着重用调解方式解决纠纷。其间，审结农村承包合同纠纷案件677件。

第四节　行政案件审判

一、诉讼行政案件

1988—1990年，区法院审结行政案件7件，其中治安管理行政案件5件、土地管理行政案件2件。1991—1995年，审结行政案件10件。1996—2000年，审结行政机关申请执行案件101件，诉讼标的额448.46万元，涉及工商、税务、环保、卫生、计划生育、房管、土地等诸多部门。2001—2004年，审结行政诉讼案件103件。2005—2010年，审结行政案件327件，审查各类非诉行政案件1037件。

二、非诉讼行政案件

1991—1995年，区法院审结非诉讼行政执行案件18件，行政审判程序逐渐规范化。2001—2004年，采取走出法庭、深入基层，通过集中讲课、个别走访和发出司法建议及假日法庭等形式，对规范行政行为提供服务和帮助。2005—2010年，其间，审查各类非诉行政案件1037件。

照22-14　2007年，西青法院开展“假日法庭”活动

第五节　申诉与执行

一、申诉复查

（一）复查“文化大革命”期间刑事案件

1978年，区法院组成刑事案件复查小组，全面复查“文化大革命”期间的刑事案件。复查提出申诉案412件，对其中的194件反革命案，平反124件，改判36件，驳回29件，其他方式处理5件。全部复查普通刑事案件222件，平反22件，改判54件，驳回143件，其他方式处理3件。复查没有提出申诉的案件398件，其中维持原判396件，改判2件。1980年，经市检查组验收并提出指示，对“文化大革命”前的申诉被驳回后再次提出申诉的案件，继续复查。再次复查驳回申诉的反革命案件29件，维持原判25件，改判4件。对复查后被告又提出申请的30件，再次复查，维持原判18件，改判6件，免予刑事处分1件，其他方式处理5件，对10件因刘少奇冤案受株连被判刑的案件，全部予以平反。1981—1990年，复查5件“文化大革命”遗留案件，维持原判3件，改判2件。对申诉有理、原判有错的案件，均予纠正。

（二）一般刑事申诉案件

1981—1990年，区法院清理复查刑事申诉案件338件，维持原判287件，改判51件。1991年，告诉申诉庭开始受理申诉案件，接待来信来访699件（次），受理申诉案件23件，审结13件，调解纠纷12件。1992—1997年，复查1990—1991年审判的370件刑事案件，均无错案和量刑不准的案件。审结各类申诉和再审案件73件，调处纠纷32件，妥善处理集体上访或有激化苗头的案件8件。1998—2000年，审理再审案件3件，受理申诉案件27件，其中14件撤诉，13件驳回。受理申请复议案件4件，全部驳回复议申请，维持原判。2001—2010年，对当事人的申诉认真接待、审查、听证，符合再审条件的依法提起再审，把好案件质量关。审结各类申诉案件438件。

1979—2010年西青法院案件统计表

表22-6　　　　单位：件

年度	收案				结案			
	刑事	民事	行政	执行	刑事	民事	行政	执行
1979	69	400	–	400	69	385	–	385
1980	73	473	–	473	73	469	–	469
1981	100	425	–	425	100	412	–	412
1982	119	504	–	504	119	497	–	497
1983	221	519	–	519	221	503	–	503
1984	282	564	–	564	282	554	–	554
1985	121	547	–	547	121	532	–	532
1986	163	695	–	695	163	675	–	675
1987	130	748	–	748	130	731	–	731
1988	157	944	3	944	157	936	3	936
1989	237	872	2	872	237	865	2	865
1990	249	859	2	859	249	843	2	843
1991	279	783	5	783	279	775	5	775
1992	280	691	2	691	280	686	2	686
1993	263	786	1	786	263	779	1	779
1994	341	1023	2	1023	341	1011	2	1011
1995	317	1126	2	1126	317	1114	2	1114
1996	393	1362	5	1362	393	1355	5	1355

续表

年度	收案				结案			
	刑事	民事	行政	执行	刑事	民事	行政	执行
1997	205	1428	2	1428	205	1410	2	1410
1998	262	1698	2	1698	262	1685	2	1685
1999	253	2043	4	807	276	2156	4	911
2000	303	2524	6	1065	297	2556	6	1074
2001	387	2966	21	1523	373	2885	19	1390
2002	400	3169	56	1748	415	3148	24	1849
2003	354	2896	12	1547	355	2888	45	1603
2004	370	2732	51	1697	370	2655	46	1657
2005	401	2876	83	1632	401	2935	87	1605
2006	571	2969	251	1799	569	2984	252	1842
2007	527	2636	674	1593	527	2677	674	1605
2008	574	3253	142	1624	574	3194	143	1645
2009	603	4278	172	2012	603	4297	171	1906
2010	502	4543	32	1725	502	4535	33	1835

二、执行审判

1980—1986年，区法院实行“审执分立”，执行各类案件516件，无积案，无强制执行。1987年，执行组改建为执行庭后，执行力度加大，执行各类案件120件，未结案92件。1988—1990年，执行终结各类案件505件。涉及外埠的经济执行案件增多，案件日趋复杂，执行标的金额、难度越来越大，每年积案逾百件。1991—2010年，执行各类案件近2万件。将执行案件纳入流程管理，邀请人大代表跟随执行，实行“阳光执行、阳光管理”。强化联动机制，与工商、公安、街镇、交管、金融等部门组成联合执行战线，合力破解执行难题。

第四章　检　察

1979—2010年，西青区人民检察院（简称区检察院）围绕改革发展稳定大局，加强检察队伍建设，履行法律监督职责，提高法律监督能力，在刑事检察、经济检察、法纪检察等方面发挥职能作用，惩治犯罪、保护人民，促进社会和谐稳定，为西青区经济发展提供有力司法保障。32年间，依法立案侦查各类经济（职务）犯罪案件537件，批捕各类犯罪嫌疑人10.74万名、审查决定起诉1.22万人。西青区检察院多次获得国家和市级先进单位称号。

第一节　刑事检察

一、审查批捕

1979年，区检察院恢复建院后，受理公安机关提请批准逮捕78人，批准逮捕67人。1980—1982年，受理批准逮捕358人，批准逮捕322人。1983—1985年，开展“严打”斗争，贯彻“从重从快，一网打尽”方针，受理批准逮捕944人，批准逮捕656人。1986—1990年，针对流窜犯、治安违法或刑事犯罪等开展多次专项惩治活动，受理批准逮捕1302人，经审查批准逮捕1037人。1991—1995年，开展集中治理与“严打”斗争，受理批准逮捕1850人，批准逮捕1528人。1994年，在审查一起特大盗窃团伙（涉案人员65人，涉案价值20余万）案件和一起重大盗窃团伙案件。1996—2000年，制定《审查批捕工作规范》，受理批准逮捕1967人，批准逮捕1516人。2001—2005年，开展“青少年维权岗”活动，对青少年违法犯罪案件，坚持慎重批捕、惩教结合方针，注重违法青少年的教育、感化和挽救。2006—2009年，受理批准逮捕3113人，批准逮捕2959人。探索推行轻缓刑事政策，对“可捕可不捕”的尽量不捕。2010年，受理批准逮捕622人，批准逮捕579人。建立健全不捕案件说理制度，建立证据审查协作机制，对公安局提请逮捕的故意杀人等案件中的法医文证鉴定材料，从法医专业角度进行审查把关，变形式审查为实质审查，全面提高案件的审查逮捕质量。

照22-15　2010年，西青检察院批捕、起诉特大侵犯著作权案

二、审查起诉

1979年，区检察院建立办案人审查、检察长审批、重大疑难案件由检委会决定的办案制度。受理公安机关移送审查起诉案件55件、88人，向法院提起公诉84人。1980—1982年，受理公安机关移送审查起诉案件303件、391人，向法院提起公诉260人，对经济犯罪案件采取侦查与审查起诉“一办到底”方法。1983—1985年，区公、检、法、司实行联合办公，对重大疑难有分歧的案件及时讨论。受理公安机关移送审查起诉案件519件922人，经审查向法院提起公诉714人。1986—1990年，开展多次惩治流窜犯、治安违法或刑事犯罪专项活动。受理公安机关移送审查起诉案件758件、1300人，经审查向法院提起公诉918人。1996—2000年，办理属“严打对象”5件涉及28名被告人案件。受理公安机关移送审查起诉案件1872人，经审查向法院提起公诉1627人。2006—2009年，受理公安机关移送审查起诉案件2520件、3934人，经审查向法院提起公诉2361件、3672人。逐步建立健全与公安机关、人民法院的个案预研、重大案件提前介入机制，形成惩治刑事犯罪的合力。探索刑事和解方式，成立刑事和解中心，办理刑事和解案件29件、29人。2010年，受理公安机关移送审查起诉案件514件、771人，经审查向法院提起公诉491件 、758人。

第二节　经济检察

一、贪污贿赂案件检察

1980年，区检察院开始对经济领域内的犯罪行为实行法律监督，将贪污贿赂犯罪作为重点查处对象。受理经济犯罪线索7件，立案侦查1件。1983—1985年，加强惩治经济犯罪工作组织领导，深挖线索来源。受理经济犯罪线索26件，立案侦查10件。1986—1990年，经济犯罪案件呈上升趋势，加强经济检察办案力量，组成经济案件专案组，专办大案要案。受理经济犯罪线索208件，立案侦查89件。协助发案单位挽回经济损失约387.43万元。1991—1995年，把查处贪污、贿赂犯罪作为重点，受理违法犯罪线索348件，立案侦查188件，为发案单位挽回经济损失约733.16万元。2001—2005年，构建查办贪污贿赂办案机制，调整机构，增强侦查力量和侦查设备。立案侦查83件98人，为发案单位挽回经济损失1400万元。2006—2009年，坚持重证据、重调查研究，集中力量发现和突破大案要案，查办大案要案比例95%。加大追逃力度，将1名涉嫌贪污70余万元、潜逃1年之久的犯罪嫌疑人抓捕归案。2010年，立案侦查11件、16人，其中大要案7件，挽回经济损失300万元。

二、税务检查

1987年，开始依法查处偷税、抗税犯罪案件。重点审查偷漏税数额巨大、情节严重案件及欠税期过长案件。至1991年，区检察院受理偷税案件50余件，立案查处4件，其中大案2件，追缴税款170余万元。1992年，进入征税现场挖掘案源，查办偷税案件13件，其中大案9件，追缴税款40余万元。1993年，立案查办偷税案10件，追缴税款近80万元，进入全市先进行列。1996年，受理涉税案件28件，立案侦查14件，为国家追缴税款40余万元。1997年，涉税案件改由公安机关管辖。

三、职务犯罪预防

照22-16　2006年5月，西青区成立反渎职侵权局

1998年，开始进行职务犯罪预防工作。1999—2000年，区检察院采取全面宣传与重点预防相结合的方法，对全区的主要机关、事业单位、国有企业进行走访和摸底，与建委等单位签订职务犯罪预防协议。2001—2005年，对各街镇从事企业管理和经营的人员进行《合同法》培训。派员参加杨柳青一中等区内重点工程的招投标活动。对金融、保险、工商、建委、教育、医药、司法、水利八大系统进行重点预防。与公安等部门签订《联合预防犯罪协议》和《案件移送协议》。2006—2009年，重点开展反商业贿赂的法治宣传教育，启动"行贿犯罪档案查询系统"。开展"进村镇 进机关 进企业"活动，针对项目开展重点预防。2010年，结合农村两委班子换届，为全区的农村两委班子成员开展预防职务犯罪巡回讲座。向重大建设工程派驻挂点检察官，定期深入企业，围绕项目招投标、资金管理、工程预算变更等关键环节，预防职务犯罪，提供司法服务。

第三节　法纪检察

一、拓展案源

1979—1995年，区检察院对全区及驻区单位进行普遍调查，疏通案件来源渠道，加强横向联系，依靠各级党委查处侵权、渎职等法纪案件。做到及时受理、及时调查、及时立案、及时结案，缩短办案周期，提高成案率。1996—2010年，对办案初查、结案时间作出具体规定，加强案件归档。对国家机关工作人员执法执纪情况进行检查监督，强化对反贪、渎检和举报中心统一指挥和协调。在全国检察机关开展的反渎职侵权系统大比武、大练兵活动中获得好成绩。

二、查办案件

1985年，区检察院受理案件4件，立案3件。1986—1995年，以办案促进企业生产，对因玩忽职守造成重大经济损失的案件，追究当事人刑事责任。1992年，侦破公安西青分局民警及协勤等5人刑讯逼供案，被告人被依法追究刑事责任。10年间，受理案件线索70件，立案侦查72件。1996—2005年，重点查办徇私舞弊、玩忽职守、重大责任事故、非法拘禁、刑讯逼供5类案件，受理案件线索62件，立案侦查23件。2006—2010年，集中开展查办破坏经济秩序渎职犯罪专项工作。

第四节　监所检察

一、检察建议

1979—1982年，区检察院恢复对区看守所活动检察监督。对公安西青分局看守所安全措施、在押和拘留人犯动态及管教干部执法情况进行检查，对违反规定、滥用械具等行为予以纠正。1983—1985年，开展对监狱、劳教场所的检察监督，发现问题向有关上级和公安西郊分局等部门报送情况反映。1986—1990年，对两起殴打在押人犯问题，查明情况，建议有关部门作出处理，其中1名武警受到纪律处分，1名监管人员被调离。1991—1995年，受理提请逮捕案件16件、19人，经审查全部批准逮捕。受理移送审查起诉案件64件、113人，审查后起诉62件、111人，免诉2件、2人。处理申诉案件46件，对3名违纪干警进行处理。1996—2000年，提出检察建议32条，获取坦白检举线索121件。1998年，纠正错算刑期10件，向监管场所提出检察建议147件。2006—2009年，成立办案公诉小组，专门办理重新犯罪案件和劳教人员犯罪案件的批捕、起诉工作。对看守所在押人员人数长期超押问题提出书面检查意见并督促整改。2010年，针对监管场所存在的隐患和漏洞，依法提出检察建议116条，纠正违法通知书51份，监管单位均落实整改。

二、检查监督

1979—1982年，区检察院组织建立看守所监规和各项制度。加强预防措施，避免逃跑事故。严格执行关押时限，对犯罪嫌疑人进行法制教育，宣传新宪法，以促进在押犯罪嫌疑人的思想改造。对故意违反监规的犯罪嫌疑人，依法进行处理。1983—1990年，建立卡片制度。制定“三勤”（勤了解、勤阅查、勤发现）、“两同”（同查监、同了解）、“一配合”（配合法治）制度。1991—1995年，重点惩治牢头狱霸，加强安全防范检察监督。1996—2000年，为配合“严打”斗争，开展坦白检举，对辖区内“五种人”曾受惩处人员实行集中考察。对监外服刑人员建立个人档案，并进行考察帮教，帮助健全帮教组织。2001—2005年，配合监管改造场所开展“狱内严打”、法制宣传。推行向在押人员发放《刑事诉讼羁押期限一览表》制度。2006—2009年，开展社会服刑人员集中法治教育，集中开展看守所执法专项检察活动，促进看守所严格执法、文明管理，维护在押人员合法权益。2010年，制定执行派驻监管场所检察室受理控告、举报和申诉及接待来访制度。

第五节　民事行政检察

一、制度建设

1990年始，区人民检察院学习宣传相关法律知识，开展民事、行政检察。1994—1995年，深入开展民事行政检察，对全区乡、镇法律服务所和部分法庭开展走访座谈。1996—1999年，开展民事行政检察职能、受案范围、立案条件宣传活动，制定《申诉人须知》《受案范围及案件来源》《文明接待公约》等7项制度。2000年开始，对民事、行政案件进行检察监督，对房屋拆迁、农村承包合同不规范以及国家、集体、个人间因公益问题等引起的纠纷进行专题调研，依法维护当事人合法权益及社会和谐稳定。2006—2010年，坚持抗诉与息诉并重，维护法律权威与减少不稳定因素并举原则。扩宽监督渠道，与区司法局共同签订《关于加强民事行政检察与基层司法行政的工作意见》。

二、案件受理

1991年，区检察院接待不服法院判决案件3件，经审查认定事实与适用法律正确。1994—1995年，受理民事、经济申诉案件9件，其中2件被天津市分院立案审查。1996—1999年，接待群众来信来访100余人次，受理民事申诉案件41件。2000—2005年，受理民事行政申诉案件152件，建议提请抗诉30件，市分院抗诉11件。2006—2010年，受理民事行政申诉案件81件，其中立案31件，建议抗诉29件，提请抗诉1件，向区法院发出检察建议1件，息诉50件。

第六节　控告申诉检察

一、接待来信来访

1979年，区检察院设立接待小组，受理群众来信来访144件，按照“分级负责、归口处理”原则进行处理查办。1980—1982年，受理来信100件，自侦部门查办3件，立案3件，接待来访群众27人次。建立重要信访领导亲自批阅和建卡制度。

1982年，区检察院成立信访科。至1984年，受理来信、来访235件，办理19件。1985年，信访科与办公室分设，改称控告申诉科。1987—1988年，对“文化大革命”以前免予起诉的12件案件进行复查，纠正错案4件，对2 件定性不准的案件进行更正。开展下乡挂牌接待，宣传法制，解决疑难问题，在王稳庄乡、大寺乡建立巡回接待站，接待来访群众834人次。1991—1994年，区检察院受理群众举报线索267件，受理申诉案件10件。制作《线索审批分流回执表》，统一规范各项登记工作。1994—1999年，受理群众来信来访1200余件，其中举报线索800余件，控告申诉400余件。2002年开始，坚持“首办责任制”，实行佩卡上岗。2003年，受理群众举报85件、来访64人次、控告申诉15件、息诉50件次。实现“推脱不受理”“久拖不决”“越级上访”“和上访人吵闹”四个“零”指标。2004年，受理群众来信来访202件，接待107件次，办理控告申诉案件24件，实现检察环节涉法上访、越级上访为“零”。2005年，建立“两访一户”工作档案、信访“联系卡”、信访“满意卡”等制度。2008年，受理群众来信来访174件。2010年，受理群众来信136件，接待来访245人次，全部得到妥善处理。

二、建立“大控申”格局

2006—2009年，完善接待、受理、督办制度，坚持检察长接待日和首办责任制。整合全院力量，对重复访、集体访等案件，由检察长接待。初步建立“大控申”格局。2008年，受理群众来信来访中的18件重点案件，检察长接访47次。持续开展涉检信访排查化解专项工作，成功息诉一批群体访案件。坚持文明接待，保持接待人员形象标准，严格执行接待制度。2009年，实行当事人选择接访领导、预约接访的便民措施，检察长接访24次，成功息诉多起群体访以及重大信访案件。2010年，在全国“两会”、达沃斯论坛等特殊时期进行9次大规模排查，确保涉检非正常访零指标。完善“大控申”工作格局，制定《重大案件社会稳定风险评估意见》，形成由检察长负总责，控申部门承办督办，有关部门共同参与的信访工作格局。

第七节 人民监督员

一、选聘

2004年，区检察院选任第一届人民监督员12名，启动“人民监督员制度”，从组织保障、人员配备、信息传递、监督程序等方面，为人民监督员监督“三类案件”提供制度上的保障。2007年，对人民监督员进行培训，为其履职创造条件。2008年，选任聘请第二届人民监督员12名。

二、履职

2007年，区检察院对6件拟作不起诉的职务犯罪案件启动人民监督员监督程序。人民监督员对查办职务犯罪工作中是否存在该立案不立案或立案不当、违法搜查、违法扣押等情况进行监督。2008年，召开征求意见座谈会，定期向人民监督员通报执法办案情况，深入推行检务公开。2010年，邀请人民监督员参与案件回访和案件评查，强化外部监督。

照22-17 2009年，西青区检察院召开人民监督员、执法监督员座谈会

附：案例选介

一、非法制造、买卖枪支案

2003年8月至2007年3月，被告人张某伙同王某、郭某、刘某、何某、刘某等人密谋制造枪支牟利，共同出资购买车床、钢管等制枪设备后，先后在中北镇曹庄村等地非法制造单管火枪等各种枪支100余支及各种子弹，并将枪支弹药分别贩卖给车某、赵某等人。2007年经公安西青分局侦查后移送西青区人民检察院审查逮捕、审查起诉。本案因该案情节严重，案情重大，后移送天津市人民检察院第一分院。

二、六零三特大侵犯著作权案

2008年2月至9月期间，被告人付某伙同林某、赵某、赵某、任某、付某，在广州通过传真征订等方式，从盗版代理商处购买电影、电视剧、电脑软件等各类非法光盘，销售给被告人范某、王某甲、张某、李某、郑某。被告人范某等，5人购得非法光盘后，在天津市进行非法销售。在抓获该11名被告人时，当场查获各类光盘共计12.63万余张。经鉴定，其中10.58万余张为违法音像制品，1.06万余张为侵权盗版音像制品。2005年期间，被告人付某甲伙同被告人赵某、王某在西青区中北镇西姜井村某处租赁房屋，开始贩卖淫秽光盘牟利。经鉴定，在其租房处查扣的光盘中有2100张（4070片）为淫秽光盘。

本案由公安部、全国扫黄办督办、天津市公安局指定公安西青分局管辖的特大案件，是文化部重点办理的8起案件之首。西青区人民检察院受理该案后，迅速成立专案组，对案件进行严格细致的审查，顺利完成该案的审查逮捕、审查起诉和公诉工作。11名被告人中，首犯付某以侵犯著作权罪和贩卖淫秽物品牟利罪被法院判处有期徒刑7年，并处罚金10.5万元。其余10名被告人也分别被判处1年至5年不等期徒刑。

第五章 司法行政

1981—2010年，西青区制定并组织实施司法行政工作中长期规划、年度计划和普法、依法治区规划，深入开展法制宣传教育，推进法律服务行业健康发展。依法管理律师事务所和法律援助机构，指导和监督律师、法律援助和法律顾问工作。管理公证机构，指导和监督公证工作。发挥人民调解定纷止争作用，加强特殊人群监管教育帮扶，实现执法能力、服务水平、群众满意度明显提升，促进经济发展，维护社会和谐稳定。“一五”至“五五”普法规划期间，西青区连续五届获得全国法制宣传教育先进集体称号。

第一节 律师业务

一、律师事务所

1981年，西郊区司法局成立，设法律顾问处。1991年，区顾问处更名为第一律师事务所。1993年，第一律师事务所更名为新华律师事务所。2000年，新华律师事务所转制为合伙制律师事务所，完成从司法局脱钩改制工作。2002年，成立元泽律师事务所，为合伙制律师事务所。2005年，成立扬名律师事务所，为合作制律师事务所，2008年改为个人领办律师事务所。2009年，成立匡时律师事务所。2010年，成立津梁律师事务所。

2004—2010年西青区律师事务所及律师情况统计表

表22-7

年度	律师事务所（家）				律师（人）
	合伙	合作	个人领办	合计	
2004	2	0	0	2	10
2005	2	1	0	3	11
2006	2	1	0	3	11
2007	2	1	0	3	12
2008	2	0	1	3	14
2009	2	0	2	4	15
2010	2	0	3	5	19

二、律师管理

2004年，区司法局开展律师集中教育整顿工作并通过市司法局检查验收。2005年，开展合伙律师事务所规范建设年活动。2006年，开展“打黑除恶”专项斗争刑事辩护工作，规范律师刑事辩护行为。2007年，建立重大、敏感、群体性、涉黑涉恶案件报告制度，打造法律服务平台，引导律师围绕区中心工作，主动服务于重点、热点、难点的解决，开展公益法律服务活动，重塑律师社会形象。2008年，规范“报告备案”制度落实，制作下发“律师事务所大事报告备案表”，各律师事务所凡承接涉及国家安全、容易影响社会稳定的敏感性案件和群体性案件的，自接受委托之日起48小时之内上报区司法局。2009—2010年，全面落实司法行政系统服务保障，指导律师围绕发展农村经济、推进农村改革、加强和改善农村社会管理等方面提供法律服务。

三、律师服务

1981—1992年，全区律师受理民事案件929件、刑事案件1403件，解答法律咨询1987人次，代写法律文书2315份。1983年，区内律师与大寺乡大任庄村签订法律顾问合同，为区内第一个企事业单位聘请法律顾问。至1992年，区内企事业单位聘请律师担任常年法律顾问的发展到65家。1993—1994年，区内律师受理各类案件326件，其中经济案件44件，为企业追回外地欠款1490万元，避免和减少经济损失3290万元。为3家中外合资企业担任常年法律顾问。在杨柳青镇设律师业务部，开办为个人提供常年法律服务业务。为24家乡镇企业和40个产值超亿元村厂提供法律服务。1995—1996年，代理各类案件299件，其中民事案件105件、刑事案件134件、经济案件60件，追回外地欠款3100万元，避免和减少经济损失9620万元。聘请律师担任常年法律顾问的企事业单位发展到110家。1999年，全区律师业务收入51万元，其中经济案件数量增加47%。2000年，代理各类案件180余件，为企业挽回经济损失4500万元。2001年，代理各类案件167件，其中刑事案件62件、民事案件105件，共为47家企业提供常年法律服务，为企业挽回经济损失1500万元。2003年，律师共代理各类案件197件，为42个单位担任法律顾问。2010年，律师共代理各类案件379件，为53个单位担任法律顾问。

2004—2010年西青区律师业务开展情况统计表

表22-8

年度	民事案件（件）	经济案件（件）	刑事案件（件）	行政案件（件）	非诉讼事务代理（件）	解答法律咨询（人次）	代写法律文书（份）	担任常年法律顾问（家）
2004	143	71	55	2	9	767	438	50
2005	107	44	24	0	28	808	379	62
2006	88	36	33	0	34	368	172	52
2007	136	–	72	3	17	388	105	43
2008	155	–	82	4	15	244	146	52
2009	249	–	73	3	4	353	171	48
2010	256	–	105	0	18	710	293	53

第二节　公　证

一、公证处

1982年，区司法局成立公证处。2007年，区公证处更名为西青公证处。2009年，西青公证处由行政体制改为自收自支的公益性非营利事业法人组织，独立承担民事责任，自主开展业务。是年，由天津市北方公证处托管。2010年，改制后的西青公证处正式对外办公。

二、公证服务

1982—1983年，区公证处接待来访群众199人次，办理各类公证87件。1984—1992年，接待来访群众1.23万人次，办理各类公证3711件，其中民事类公证1578件、经济类公证2433件。1990年，区工商银行向某单位发放贷款4亿元，并由公证处公证，借贷单位到期拒不偿还，公证处依据国家法律法规，及时发出强制执行证明书收回贷款。1993—1995年，区内公证联络点由14处增至24处。1998年，为2个街镇产权制度改革提供全程服务。2001年，办理区企业产权制度改革公证35件，办理区在外环线内最大一宗整块土地转让协议公证，涉及转让土地41.73公顷，交易金额3.4亿元。2003年，办理有关拆迁户的再购房享受相关减免契税政策的协议书公证。开办送达催收贷款通知书的证据保全业务。为困难企事业和群众减免公证费8万余元。2004年，为王稳庄镇76户村民办理收养子女公证和声明书题。2005年，为八里台村办理量化资产兑付协议书公证151件。2009年，为王顶堤村办理村民离岗补偿协议公证。2010年，办理各种公证1400余件。

1996—2010年西青公证处办理公证事项情况统计表

表22-9

年度	国内事项(件)		涉外事项(件)	合计(件)
	民事事项	经济事项		
1996	259	490	3	752
1997	497	503	36	1036
1998	472	1131	0	1603
1999	548	803	18	1369
2000	750	500	38	1288
2001	617	580	113	1310
2002	1478	182	107	1767
2003	502	77	61	640
2004	2486	110	78	2674
2005	1279	51	59	1389
2006	1276	61	46	1383
2007	696	24	26	746
2008	415	21	43	479
2009	–	–	–	–
2010	1343	73	0	1416

注：2009年西青公证处由北方公证处托管，无独立统计数据

第三节　人民调解

一、调节网络

照22-18　2009年，西青区司法局召开纪念《人民调解委员会组织条例》实施二十周年座谈会

1981—1982年，司法局对区内104个基层单位的512名调解人员进行培训，指导驻区工厂建立厂级调解委员会。1983—1985年，建立乡镇调解工作领导小组、村级调委会、居民住宅区调解小组，企业设调委会，车间设分会，班组建立调解小组。1989年，全区组建104人的群众纠纷信息员队伍。1996年，在全区形成调解网络，调委会达标率85.6%。1999年，对全区调解组织进行整顿，调整27个调委会、37名调解员。在村办企业、住宅小区、大型农贸市场新建调委会9个。2000年，调整20个调委会，在村办企业、住宅小区及批发市场新建调委会2个。2001年，对全区160个村、29个居民区(厂)调委会进行整顿，将73名具有高中、中专以上学历者充实到调解队伍。2005年，实行人民调解员等级制，经培训考核，为57名三级调解员、39名二级调解员、29名首席调解员颁发上岗证书。2007年，在各街镇建立联合调解室，推进人民调解工作改革创新。至2010年，全区有人民调解组织217个，其中村居调委会201个、街镇调委会9个、企事业单位调委会7个，有人民调解员831人，其中村居人民

调解员753人、街镇人民调解员56人、企事业单位人民调解员22人。

二、处理 预防纠纷

1989年，区司法局推广签订赡养老人协议做法，使乡村签订赡养老人协议2700份，赡养纠纷下降8%。1999年，化解各类群体事件35件，全区未发生因矛盾激化导致恶性案件发生。2000年，排查易激化纠纷苗头46件，排查重点人36人。2001年，排查纠纷69件，化解矛盾54件，配合行动39次，参加人员117人次。2008年，区内开展“创‘四无’社区·迎平安奥运 达沃斯论坛”专项活动。2010年，区内调解纠纷1051起，调解成功率达96%以上。

1981—2010年西青区人民调解工作情况统计表

表22-10　　单位：件

年度	调解纠纷	调解成功	调解成功率(%)	防止纠纷激化
1981—1993	26117	23375	89.5	950
1994—1995	2938	2677	91.1	246
1996	1450	1363	94	137
1997	1421	1360	95.7	130
1999	1061	1029	97	63
2000	2529	2503	99	39
2001	1522	1492	98	12
2002	1837	1822	99.2	6
2003	1539	1511	98.2	74
2004	1809	1764	97.5	24
2005	1713	1656	96.7	14
2006	1578	1536	97.3	16
2007	1851	1827	98.7	9
2008	1936	1906	98.5	27
2009	1850	1764	95.4	56
2010	1051	1010	96.1	23

第四节　法律服务 援助

一、法律服务

1996年，上辛口乡第六埠村建立天津市第一个村办法律服务所。年末全区村办法律服务所增至5家，各乡镇法律服务所有专职人员35人。1997年，在杨柳青镇组建第一个市场法律服务所。全区有村级法律服务所、联片法律服务所、市场法律服务所6家，乡镇法律服务所9家。1999年，新组建村级法律服务所2家，全区增至20家并开通“148”法律服务专线。2000—2001年，对司法科（所）进行改革整顿，对确定建立的10个法律服务所进行资格审查。2004年，举办基层法律服务工作者培训班，完成基层法律服务所和基

照22-19　2010年，西青区司法局开展基层巡回法律援助服务

层法律服务工作者年检工作，撤销辛口镇法律服务所。至2010年，全区有基层法律服务所6家，基层法律服务工作者47人。

1996—2010年西青区部分年度基层法律服务所情况统计表

表22-11

年度	担任法律顾问(家)	代理诉讼事务(件)	代理非诉讼事务(件)	代写法律文书(份)	解答法律咨询(人次)	调解纠纷(件)	协办公证(件)	见证(件)	办理法律援助事务(件)
1996	–	72	–	370	825	1450	170	0	0
1997	–	21	20	387	1000+	119	231	0	0
1998	26	106	98	219	–	–	–	190	0
1999	22	22	89	–	–	1000+	0	0	28
2000	36	81	149	377	3550	–	–	–	–
2002	43	140	201	851	1510	445	7	0	20
2003	20	332	164	767	1446	531	18	7	11
2004	24	80	47	790	925	321	0	0	0
2008	7	21	12	–	594	158	–	–	7
2009	9	54	39	–	880	284	–	–	11
2010	9	64	19	–	526	118	–	–	5

二、法律援助

1998年，区法律援助中心成立后，为全区31名“双困户”发放法律援助卡，办理法律援助案件7件。2000年，组织法律服务工作者为孤老户、残疾人及特困户等特殊群体提供无偿法律服务，减免公证收费12.5万元。2005年，成立区妇女法律维权中心、区残疾人法律援助工作站，与区人大、区信访办建立涉法问题联系制度。2006年，制定残疾人法律援助工作办法，区法律援助中心被确定为残疾人维权示范岗。对能够进行调解的法律援助案件进行非诉调解，解决非诉案件20余件。2007年，在全区9个街镇成立法律援助工作站，制定法律援助工作站管理办法。2008年，为残疾人发放500多张法律援助卡。组织开展“迎奥运 促和谐 法律援助在行动”“法律援助宣传周”活动。2009年，建立区工会及街镇工会法律援助工作站和分站。2010年，设立法律援助便民联系窗口，全面放宽对残疾人、老年人、未成年人、妇女人群合法权益受到侵害申请援助的条件范围。

2003—2010年西青区法律援助情况统计表

表22-12

年度	解答咨询(人次)	代写法律文书(份)	办理法律援助案件(件)	年度	解答咨询(人次)	代写法律文书(份)	办理法律援助案件(件)
2003	50	6	8	2007	700	80	17
2004	476	4	3	2008	780	146	11
2005	432	8	7	2009	520	21	25
2006	310	26	7	2010	633	38	22

第五节　法制宣传

一、常规普法

1981年，区司法局开展法律演讲7次，4000余人听讲。黑板报刊登法律知识249期，教育有劣迹的青少年392人次。1982—1984年，开展法治宣传日活动，宣传中共中央、全国人大有关“严厉惩治严重刑事犯罪”指示精神，发放法治宣传材料7000余份，出动宣传车37次，解答群众提出的法律咨询

照22-20　2009年，西青区司法局举办区中小学法治教育现场会

190件。1985年，建立区普法办公室，在全民中普及法律知识，培训各级领导干部、调解委员200余人次，发放各类法律书籍2.34万册。2003年，区法治办与9个街镇30个委局签订普法依法治理责任书，协调有关部门将普法依法治理责任制纳入全区精神文明百分考核。2005年，下发《西青区2005年普法依法治理工作安排意见》，全面展开自查，加大法制宣传力度，编写《依法行政文集》《民主法治示范村经验汇编》等文集，进行普法总结验收。2006年，开展对《公务员法》《治安管理处罚法》等法律法规的普及，在全区开展领导干部学法用法活动，对各村两委班子成员进行法律知识培训。2008年，组织开展"普法公益广告创意大赛"，推出普法新刊物《西青普法之身边法解析》。制作播出《法制方圆》4期。印制《中华人民共和国宪法》《中华人民共和民法通则》等15种法律单行本1.5万科册，为基层农村干部群众学法提供辅助教材。2009年，开展"法治西青"创建工作，以宣传日、宣传月、纪念日活动为契机，开展法制宣传教育活动。2010年，稳步推进"法治西青"创建工作，依法治区办公室下发《西青区创建法治区工作标准及责任单位任务分解表》，扩大法制宣传教育的广度和深度，全面开展"五五"普法自查工作，组成检查组对街镇、法院、检察院和41个行政执法委局进行检查验收。

二、"一五"普法

1986年，区制定并实施全区"一五"普法规划，组织法律知识竞赛15场，举办法治图片展览12次。通过考核，2000余名普法对象领取结业证，1.2万名干部群众接受普法宣传。1987年，各乡镇成立普法办公室，选拔具有初中以上文化程度的农村干部和骨干2600余人担任普法辅导员，形成区、乡镇、村三级普法网络。1990年，西青区被评为全国普及法律知识先进县（区），4个乡被评为天津市普法先进单位，359人获普法先进个人称号。

三、"二五"普法

1991年，区制定并实施"二五"普法规划。在大寺镇南口村东方针织厂进行普法工作试点，发放普法教材1万余册。1992—1993年，在李七庄乡进行综合治理工作试点，为500余名党员干部、企业人员讲授《中华人民共和国经济合同法》《中华人民共和国土地管理法》。1994年，派员参加由中共中央宣传部、国家司法部召开的全国百强县（市）法制宣传经验交流会并在会上作典型发言。1995年，中北斜乡在暂住人口中开展普法教育。是年，西青区再次被国家司法部评为全国普及法律知识先进区（县）。

四、"三五"普法

1996年，区制定并实施"三五"普法规划，调整充实区乡两级普法领导机构，成立由17个单位、30多人组成的普法讲师团。1997年，印发《农（居）民基本法律知识读本》，编写《西青区村民自治章程》，创办电视台《法治方圆》节目。1998年，开展《村民自治章程》宣传、培训活动，300余人参加宣传活动，组织各类培训班30余次。1999年，修改《村民自治章程》，更名为《西青区村民自治示范章程》，由区人大常委会通过并下发。2000年，对全区346名处级以上领导干部进行书面考核。在全区56所中小学中普遍落实聘请法制副校长的法治教育机制。先后对全区9个街镇和40个委办局及18个基层单位的“三五”普法依法治理工作进行全面检查验收。西青区被中央宣传部、司法部评为“三五”普法全国法治宣传教育先进集体。

五、“四五”普法

照22-21 2001年，西青区召开“四五”普法讲师团成立大会

2001年，区启动“四五普法”工作，制定开展法治宣传教育第四个五年规划，修订普法工作五项职责和十项制度，制定普法目标管理责任书、“四五”普法档案管理办法、基层单位依法治理工作手册，组建48人普法讲师团，制定讲师团工作职责。开展全国第一个法制宣传日宣传工作。配合“严打”斗争，通过“以案说法”“法治讲座”“法治新闻”等形式宣传国家法律法规。2003年，与9个街镇30个委办局签订普法依法治理责任书，将普法依法治理责任制内容纳入全区精神文明百分考核。防治“非典”期间，组织进行相关法律法规的宣传。2004年，在全区开展民主法制示范村、民主法制达标村评选活动。开展学习宣传贯彻宪法修正案活动，举办处级领导干部宪法和宪法修正案知识讲座，在区委、区政府等部门中开展宪法知识竞赛，在全区青少年中开展“宪法在我心中”主题演讲活动。2005年，召开区“四五”普法考核验收工作讲评会暨“民主法治示范村”授牌仪式，召开区“四五”普法依法治理总结表彰暨普法20周年纪念大会。西青区被评为“四五”普法全国法制宣传教育先进集体。

六、“五五”普法

2006年，开展领导干部学法用法“三个一”活动，对全区各村两委班子成员进行法律知识培训。2007年，成立区“五五”普法讲师团、法治宣传教育陈万宏工作室。开展“迎奥运·交通安全普法宣传治理年”法律知识竞赛及网络、报纸答题活动。2008年，组织开展“民主法治村”创建评选工作，评选出10个“民主法治村”。组织开展公务员法律知识考试，1300余名公务员参加。开展“送法进警营”活动，向部队赠送法律书籍260余册，发放法制宣传资料1000余份。集中开展奥运法制宣传教育活动，成立区奥运法制宣传小分队，召开西青区“奥运法制宣传万里行”启动部署会和“人文奥运·法治同行”暨“迎奥运 促和谐 法律援助在行动”启动仪式。开展“普法公益广告创意大赛”，推出普法新刊物《西青普法之身边法解析》，在《天津日报·聚焦西青》开设《身边法解析》专栏。2009年，推进“法律六进”活动。开展“提高农民法律素质·促进农村改革发展”主题实践活动。在各街镇和西青开发区成立10个法治辅导站，全年发放各种法制宣传资料3.3万余份。2010年，区委、区政府与各街镇、法院、检察院和37个执法委局签订普法目标责任书。完成“五五”普法考核验收，西青区被评为“五五”普法全国法制宣传教育先进集体，实现“五连冠”。

第六节 安置帮教与社会矫正

一、安置帮教

1996年，全区建立帮教组织124个，采取“三帮一”或“二帮一”形式，做好“两劳一少”释放人员的帮教工作。1999年，制定完善安置帮教工作检查考核、统计报表、衔接和信息反馈等制度，健全镇、村、户三级帮教网络，建立全区安置帮教纪实册，对重点对象进行动态监控。2000年，建立刑释解教人员安置帮教手册，实现“一人一册，一人一卡”。2001年，对全区671名刑释解教人员建立跟踪帮教卡。“严打”整治期间，对43名被列为重点帮教对象的人员成立专门帮教小组，实行24小时监控。2002年，区、街镇安置帮教工作办公室签订《安置帮教工作目标责任书》。制定实施刑释解教人员安置帮教工作操作规程和安置帮教组织分级管理标准，实现对帮教组织和帮教对象的分级管理。2005年，制作西青区刑释解教人员重新犯罪情况十年警示图，对重新犯罪人员进行社会及狱内调研，制定相应帮教措施。2006年，实行预防重新犯罪指数制度，街镇安帮办与56名重点人的帮教组织签订帮教责任书。2007—2009年，开展刑释解教人员调查摸底专项活动，指导各街镇安帮办对照预防重新犯罪指数确定重点人，签订预防重新犯罪责任书。2010年，与全市11所监狱建立监管改造安置帮教一体化工作机制。区安帮办与杨柳青监狱签订《合作协议书》，明确监狱服刑人员实现“无忧改造、无缝衔接、无重新犯罪”目标任务。刑释解教人员重新犯罪率2010年为最低，重新犯罪率0.26%。

照22－22　2010年，区安帮办与杨柳青监狱服刑人员无忧改造对话会

1996—2010年，每年对刑满释放解除劳教人员进行妥善安置，多数年度安置率均为100%，15年间，共安置刑满释放解除劳教人员9438人。

1996—2010年西青区安置帮教工作情况统计表

表22-13

年度	安置帮教对象（人）	重新犯罪（人）	重新犯罪率％	妥善安置（人）	安置率％
1996	560	－	1.70	560	100.00
1997	479	－	0.85	479	100.00
1998	465	7	1.50	465	100.00
1999	420	6	1.43	420	100.00
2000	379	2	0.53	379	100.00
2001	671	14	2.06	667	99.40
2002	691	16	2.32	688	99.57
2003	732	14	1.91	732	100.00
2004	666	13	1.95	666	100.00
2005	640	7	1.09	640	100.00
2006	631	6	0.95	631	100.00
2007	782	10	1.28	782	100.00
2008	865	8	0.92	865	100.00
2009	701	8	1.14	701	100.00
2010	763	2	0.26	763	100.00

二、社区矫正

2003—2010年，开展社区矫正试点，制定实行社区服刑人员管理教育制度和社区服刑人员的个案、表格，核对人员信息，建立服刑人员档案材料。发挥司法所作用，建立组织，落实措施。2010年，全区社会服刑人员300人，其中缓刑占88%，管制、假释、暂予监外执行占12%。

第二十三编

军事

天津市 西青区志（1979—2010）

TianJin Annals of Xiqing District

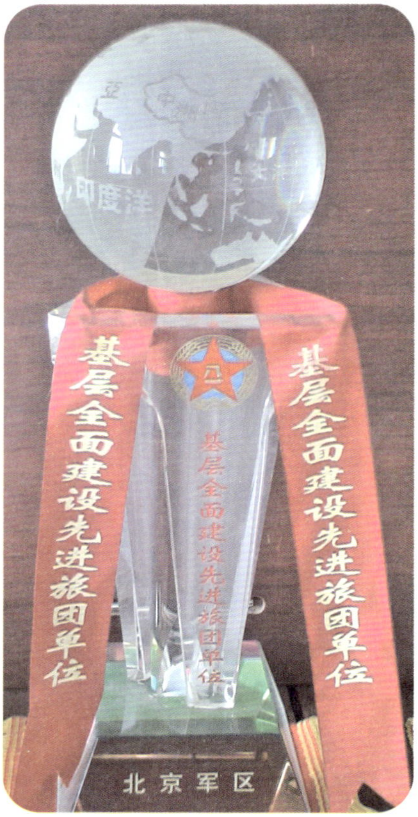

2010年，驻区预备役高炮兵某师四团获北京军区基层全面建设先进旅团称号

2007年，西青区人民武装部获解放军总参谋部、总政治部授予全国民兵军事训练先进单位称号

1979—2010年，西青区人民武装委员会、区国防动员委员会、区人民武装部和驻军加强部队及民兵的全面建设，形成以民兵预备役为主力的作战、救护、交通、后勤和通信等配套体系，蕴藏国防潜力大，在西青经济和国防建设中发挥出重要作用。90年代末实行义务兵与志愿兵相结合、民兵与预备役相结合的兵役制度，每年进行兵役登记和兵员征集。实行预备役登记制度，对军转干部、警官进行预备役登记和评授军衔。驻区部队积极参与西青经济与和谐社会建设，在“双拥活动”中做出显著成绩。人民防空工程和设施设备不断完善，综合防御能力和防空体系持续得到提升。

八九十年代，西青区进行民兵组织缩减调整，组建应急分队。21世纪后，组建各类民兵分队，建有多个教育基地，军事训练改为基地集训。组织民兵积极参与维护治安和抢险救灾，并成为经济建设主力军。

第一章　人民武装

1979—1986年，区人民武装部(简称人武部)为军队建制。1979年，各人民公社均设人武部。1986年，天津警备区对区人武部机构编制及人员进行调整，区人武部由军队建制改属地方建制，单位由军队副师级降为县团级，其工作人员改归地方编制。1996年，区人武部复归军队建制，改称中国人民解放军西青区人民武装部，隶属于天津警备区直接领导，为副师级单位。

第一节　正规化建设

一、装备库建设

1997年，区人武部按照《民兵武器装备仓库管理暂行规定》要求，对区武器装备仓库进行改扩建工程。2001年，投资17万余元，在区民兵武器装备仓库和训练基地安装电视监控系统。对由基层部门保管的军械进行收缴，集中保管。2002年，区民兵装备库被北京军区评为“民兵武器装备仓库正规化建设达标先进单位”。2003年，区投资15万元，建成国防综合信息网和电视电话会议系统，自动化指挥水平提高。2005年，投资50万余元，建设弹药库生活区，更换弹药库监控系统。装备库执行党委理财的有关制度，实行事务公开、财务公开、集中采购、主官联签、车油统管、物资挂账、审计监督等。

二、后勤保障

2006年，区人武部探索“完善机制促贯彻、签订协议保落实”，探索后勤契约化保障和新时期民兵队伍后勤建设的新路子。2007年，出动兵力60人、车辆16台次，完成全区民兵武器装备移交警备区押运任务。2010年，区政府拨款610万元配齐防暴维稳、防汛抢险、抗震救援、森林灭火4类应急装备器材，确保民兵应急分队全员带装行动，满足遂行应急应战任务的需要。

第二节　军事训练

一、训练安保

1996—1997年，区人武部组织各街镇的基干民兵进行军事、防汛训练，在1996年防汛抗洪任务中发挥重要作用。1999年，组织区专职武装干部、基干民兵、普通民兵参加天津市组织的防汛演练。

2000年，落实天津警备区提出的军事科技练兵出成果的要求，组织人武部机关和民兵应急分队进行以搞好大型电厂预防石墨炸弹，以及区域通信指挥自动化两个课题为主要内容的理论研究和训练实践。2001年，区投资65万元对民兵训练基地进行整修，使训练基地达到警备区的要求。2007年，采取与野战部队挂钩训练的方法，组织民兵完成5个课目、30项内容的封闭训练。2008年8月，完成奥运火炬传递安保任务、天津“水滴”奥体中心安保任务、南河镇付村训练基地安保任务，担负“920”任务小组三角翼飞行跑道的安全警戒、重点地区的对空观察哨、组织各街镇民兵配合公安进行武装巡逻等任务。2010年，区人武部按纲施训，落实年度训练任务，推进战备训练工作。

照23-1　2006年，西青区武装部组织民兵进行半自动步枪射击训练

二、训练方案制定

2002年，区人武部对坐落在区境内的全部国防工事进行实地普查，完成建档立卷和标志牌的竖立，落实国防工事管理的各项规定。2006年，开展城市防空袭作战理论研究，摸索有效可行的防护与抢修行动方案。2010年，区人武部依据天津警备区《军事训练教学责任制实施方案》，制定教学分工责任表，在警备区教学考核中取得优秀成绩。组织民兵训练和战备演练，锻炼民兵分队快速集结和处置突发事件险情的实战能力。

第三节　双拥共建

一、救灾济困

1996年，区境部分乡镇遭受特大洪水袭击，区人武部协调驻杨柳青镇的武警天津总队4支队西青中队官兵，连续奋战防汛抗洪第一线3个昼夜，保住大堤，防止子牙河水泛滥。1999年，杨柳青农场饲养的牲畜发生疫情，区人武部协调驻区的武警8634部队派出官兵对疫情发生区域紧急封锁，防止疫情扩散，极大减轻该农场经济损失。2000年，区人武部参加“军民共心资助100名特困学生”活动，实施扶贫帮困工程。2006—2010年，先后组织驻区部队和民兵预备役部队开展向贫困地区“献爱心·送温暖”等捐助活动。

二、军民共建

80年代，区人武部和驻区部队开展军民共建活动，主要形式为抽调人手进驻街道、中学等单位，开展各项共建活动。90年代，共建工作扩大到驻区社会经济建设和人民生活的多个领域，驻区官兵和民兵组织积极参加救灾、防疫、社会综合治理和经济建设等工作。1996年，区内部分乡镇遭受到特大洪水袭击，在区人武部协调下，驻区武警部队全体官兵奔赴防汛抗洪第一线，连续奋战3个昼夜，和群众一起保住大堤。1999年，杨柳青农场饲养的牲畜发生疫情，区人武部协调驻区武警部队，派出官兵对疫情发生区域紧急封锁，防止疫情扩散，减轻农场经济损失。2000年，区人武部参加西青区“科技拥军结成100个对子”等活动。2004—2005年，参与开展“八个一”（即协助发展1个企业，帮助建设1个村庄，参加和支持1项重点工程，抓好1个支教助学点，建好1个军民共建精神示范点，办好1个国防教育基地，实施1项扶贫帮困工程，建设1支全面过硬的民兵应急分队）活动。2006—2009年，先后组织驻区部队和民兵预备役部队2.2万人次参加地方植树、创卫和重点工程建设。在国庆、春节等重要节日期间，组织民兵应急分队协助公安武警参加区政府机关、群众活动集中地段等重要目标的周边安全警戒任务。组织民兵参加社会治安综合治理活动，协助公安部门执勤巡逻、惩治传销等违法犯罪活动。2010年，区人武部组织驻区部队官兵、民兵预备役人员开展“爱西青·保平安”活动。组织协调驻区部队和民兵出动兵力2860余人次，为有关共建单位清扫积雪。开展国防教育进校园活动，参与“和谐西青·平安西青”建设，在春节、国庆等重要节日活动中，协调驻区武警部队累计出动2500余人次，出动民兵500余人，协助公安部门完成安全保卫任务。

第二章　兵　役

1979年，西青区按照国家兵役规定，实施义务兵与志愿兵相结合的兵役制度和预备役制度。1984年始，执行兵役法，实行以义务兵为主体的义务兵与志愿兵相结合，民兵与预备役相结合的兵役制。进入21世纪，兵役管理和预备役组织建设不断得到加强。

第一节　兵役管理

一、兵员登记

1986年，组织实施兵役登记和落实预征对象工作。区内各机关、团体、学校、厂（场）矿、企事业单位、乡（镇）、街道摸清适龄公民数量、去向和思想情况，掌握实际登记人数，确定具体登记方法。1999—2004年，区征兵办公室展开兵役登记工作。摸清应征适龄青年底数，在各街镇、村和企业单位发布兵役登记通告，利用区有线电视台进行广泛宣传。各基层单位均组成以专职武装干部为主体，公安、卫生、民政、宣传、共青团等有关部门参加的工作机构。2005年，区内各兵役登记站专门设置宣传栏，组织国防教育图片展、国防知识竞赛、国防教育周、《中华人民共和国国防法》和《中华人民共和国兵役法》咨询等活动，增强群众特别是适龄青年的国防观念和依法服兵役自觉性。在全区进行兵役登记，掌握全区男性适龄公民、应服兵役者、免服兵役者、不得服兵役者、确定预征对象的人数。2006—2010年，探索征兵工作的新途径、新办法。对征兵政策规定、程序标准、监督渠道、上站体检人员、体检政审双合格人员、审定新兵全过程实行公开，自觉接受社会、舆论和组织监督。将征集工作重点从乡镇街道转向各类院校，围绕高学历应届毕业生，开展征兵宣传发动，确保兵员数量和质量的整体跃升。各基层武装部、卫生、公安等成员单位密切配合，从严从实抓好各个环节落实，完成各年度新兵征集任务。

二、兵员征集

1979—2010年，经过严格体检和政治审查，西青区每年均为解放军陆、海、空军部队和武装警察部队输送规定数额的优秀兵员。

第二节　预备役

一、组织建设

1984年，中国人民解放军陆军预备役某师某团某营由李七庄乡、大寺乡、王稳庄乡和振华毛纺厂联合组建成立。上辛口乡、张家窝乡以复员退伍军人为骨干联合组建预备役某师某团某营。付村乡（精武镇）组建预备役部队。1985年，对预备役组织进行调整，在全区56个单位建立起预备役组织。1986年，预备役团单独列编，政委由区委书记兼任。团长、参谋长、政治处主任、后勤处长、营长、参谋、干事、助理员和直属连连长均由现役干部担任，营以下副职由乡镇、厂的专职武装干部兼任。1990—1996年，预备役某团撤销驻大寺乡某炮连，改建制于南河镇，设在杨柳青镇、张家窝镇陆军预备役某师步兵某团某营。1998—1999年，因部队精简整编，在原来天津陆军预备役某师步兵某团和天津陆军预备役某师炮兵团的基础上，合并为天津陆军预备役高射炮兵师某团。制定《预任军官管理规定》《预备役军人管理细则》，加强对预任军官、士兵管理工作。2000—2005年，区人武部将基层组织建设作为部队建设长远性、基础性工作。开展基层组织整顿，坚持高标准，严把人员入队关，全部队预任官兵的专业对口率、复转军人率超过上级规定标准。组织现役骨干进行预备役基本知识培训，组织首长机关及分队现役官兵开展模拟训练，提高首长机关及营连指挥员的组织指挥能力。按照预备役部队“组织落实、政治落实、训练有素、作风优良、装备良好、动员快速”建设要求，基层营连部建设达到“六有四统一”标准。2007—2010年，召开军地“合成式”党委会，区相关领导和区各委办局、各街镇相关领导参加党委会议，发挥预备役部队双重领导优势。

二、预备役人员登记

照23-2　2010年，预备役高炮兵师某团为预任军官授衔

1981年4月，开展退伍军人预备役制度第一次登记工作。1982年，调整民兵组织，将民兵制度同预备役制结合起来。明确基干民兵为一类预备役，普通民兵为二类预备役。对全区1980年以前35岁以下退伍军人进行预备役登记，根据不同军兵种及专业进行分类建卡和存档，确定服预备役并编入民兵组织。1983—1993年，结合退伍军人安置工作，每年进行一次预备役登记，各基层武装部门、设立专柜保管资料。1995年，区内执行预备役军官登记制度。2001年始，采取微机输入管理方式进行预备役登记。2008年始，重新对区内退伍军人服士兵预备役进行登记、校对，对超过年龄和身体不合格者，取消登记资格。

第三章　民　兵

1979—2010年，区内民兵编制几经变革。90年代初，组建民兵应急分队。进入21世纪，民兵组织根据形势和自身建设需要，编制实施分类编组，强化政治教育和军事训练。全区民兵在开展“八个一”“双建双为”活动中，为全区内经济发展和精神文明建设作出重要贡献。

第一节 民兵建制

一、组织落实

1979年，全区民兵编制为师。1981年，撤销民兵师编制，对区内民兵组织进行调整，只编普通民兵和基干民兵两大类，以男性为主，年龄为普通民兵男18~35岁，基干民兵18~28岁。1985年，贯彻中共中央“提高质量、减少数量、突击重点、打好基础”方针，对全区民兵组织进行大幅度调整。全区各乡镇和机关企事业单位共编为若干民兵营和民兵连。1988年，推行民兵建章立制、建册及表格化统计等工作，逐步实现规范化管理。1990年，李七庄乡在全乡23个村、厂调整民兵组织，代管市驻乡单位的民兵组织。王稳庄乡民兵建成高射机枪连、步兵连和炮兵连。1997年，区人武部压缩基干民兵编组规模，扩大编组范围，在非公有制企业组建民兵组织。2000—2010年，区民兵组织坚持走“以精求强”发展道路。

二、分类编组

1990年，区内组建民兵应急分队，以维护社会治安，保卫重点目标，抢险救灾和应付突发事件。1991—1998年，逐步将全区民兵实行分类编组，分为步兵分队、应急分队、专业技术分队、对口专业分队。步兵分队建步兵营、重点应急营、应急连。1999年，区人武部组建5个民兵对口专业分队。在民兵组织中，提高退伍军人比例。2000年，调整组建范围，改进编组方法，优化民兵组织结构。2002—2003年，重新调整民兵应急分队和对口专业分队建设。优化民兵的年龄、文化结构，吸纳高学历人员加入民兵组织，通过整组使民兵队伍年龄结构趋向合理，文化素质得到提高。2006年，结合民兵整组和街镇新办公楼建设，按照警备区《基层武装部正规化建设标准》要求，重点对杨柳青镇、王稳庄镇和西营门街武装部进行正规化建设。2008—2010年，规范民兵和预备役部队、人防和交战队伍的组建秩序，指导各街镇组建处置突发公共事件民兵应急救援分队，整合分散在有关单位的专业救援力量，完成民兵重点分队优化编组任务。

照23-3 2006年，西青区民兵应急分队进行集结

第二节 政治教育

一、教育内容

1979—1997年，区人武部对民兵进行党的路线、方针、政策教育，民兵性质、任务教育，光荣传统、爱国主义及形势战备教育，民兵“三落实”教育，对民兵、青年和妇女实施统一教育，齐抓共管，加强社会主义精神文明教育。在庆祝建军70周年之际，组织全区2.6万名民兵参加全国国防知识竞赛活动。1998—2001年，进行兵役法、国防法、国防教育法及中国人民解放军宗旨教育。2002年，区人武部把国防知识教育与“三讲”教育相结合，做到同计划、同安排、同组织。在农村民兵中突出宣传全

国劳动模范事迹，总结推广区委党管武装经验做法和建设“青年民兵之家”示范点。在民兵队伍中开展“展西青民兵风采·练过硬能力素质”和“实现三年倍增·投身西青建设”等教育活动。

二、教育形式

1979—1999年，区内民兵教育以课堂集中教育为主，其他形式为辅。基层人武部结合民兵整组、征集新兵、骨干和专务干部集训，进行集中教育。2000—2010年，在基干民兵中，采取集中授课方式进行各种教育。

第三节　民兵训练

一、基础技术训练

1979年，区内民兵训练对象主要是专职武装干部和民兵连队中的营、连、排等基层单位民兵干部、武装基干民兵及高炮、地炮分队。1980年，区人武部改“普训”为周期性训练，每次军事训练20天。1993年，参加天津警备区在上辛口乡第六埠村东淀举行的反空降军事演习。2002年，西青区民兵高炮连再赴河北省黄骅市，参加由北京军区和天津警备区共同组织的实弹射击考核演练，并取得佳绩。2006年，结合民兵整组和警备区制定的新大纲试训任务，周密组织两期民兵应急分队训练。2010年，针对西青区灯节花卉群众集会活动和防汛形势，组织民兵应急分队200人和防汛抢险突击营450人进行实兵实装演练，锻炼民兵分队快速集结和处置突发事件险情的实战能力。

照23-4　2006年，西青区民兵进行射击训练

二、专业技术训练

1988年，根据天津警备区《一九八八年民兵 预备役部队和学生军事训练工作安排》，在区民兵训练基地举行民兵高炮、高机分队专业技术分队集中训练。1990年，区人武部对新组建的民兵应急分队进行专业技术训练。90年代末，区内民兵实现分类编组后，先后进行民兵应急连、各专业分队集中训练，除完成单兵和分队训练外，还进行处置突发事件课题演练。2002—2008年，重点对高炮连，水、电、气和医疗救护等专业技术连队进行针对性训练。2009—2010年，组织全体干部参加警备区网上战役演习，提高参谋作业水平和组织协调能力。

第四节　社会勤务

一、参与地方建设

1979年，区人武部组织民兵担负护路护线保卫重要目标任务，配合公安部门维护社会治安。1984年，全区民兵响应区委“发动全区民兵为经济翻番作贡献的决定”，在农田基本建设中打头阵、当先锋。全区1.6万名民兵参加南运河、丰产河共2.9万余米的河道清淤疏浚工程。2004年，创建民兵示范岗，积极开展岗位练兵，比武竞赛活动，创建18个民兵示范岗，其中张家窝镇长城化工厂民兵示范岗在企业生产中发挥骨干作用。2010年，区民兵参与“和谐西青·平安西青”建设，为有关共建单位清扫积雪。出动民兵500余人，在春节、国庆等重要节日期间担负安全保卫任务。协助公安部门执勤巡逻，惩治传销等违法犯罪活动。

二、抢险救灾

1990年，区内有5个乡镇遭到暴风雨夹冰雹的袭击，使经济作物遭到不同程度损失。杨柳青镇武装部、西郊区预备役某团根据天津警备区指示，组织民兵带头搞好生产自救和各种经营。1996年，大清河上游普降暴雨，致使山洪暴发，区境遭受自1963年以来的特大洪水袭击。区人武部组织协调驻军部队、民兵、预备役部队1200余人参加抗洪抢险行动，连日坚守在抗洪第一线，对子牙河、独流减河两岸河堤予以维护加固，保护人民生命财产安全，完成抗洪分洪任务。

照23-5　2005年，张家窝镇民兵营奔赴防洪堤参加抢险

进入21世纪后，区内镇街民兵营和抢险分队随时待命，遇有紧急灾害发生，迅速奔赴救援，成为区内抢险救灾的主力军。

第四章　国防教育

1979—2010年，区内通过举办街头展览、国防教育周、宣传月、专题演讲、形势报告会、模拟演练、国防知识进学校进党校、国防知识答卷和竞赛，开展系列主题教育，建设市级、区级国防教育和青少年爱国主义教育基地，利用电台、电视台和各种传统宣传工具，不断加强国防宣传教育，使干部群众和青少年国防知识不断丰富，国防观念不断提高。

第一节　教育宣传

一、教育活动

1979—1989年，区国防知识教育以国防形势、国防精神、国防法制、国防科学和国防历史为主要内容。每年春节、八一建军节开展“双拥”活动期间，开展国防教育。1989—1996年，开展对民兵、预备役人员和中学生进行爱国主义和革命英雄主义、革命传统教育及形势、战备和兵役法教育，组织学习现代战争和军事基础知识教育。1997年，组织全区2.6万人参加全国国防知识“人武杯”答卷活动。

照23-6　2009年，区青年学生参观国防教育展

2001—2003年，区国防教育委员会和国防教育办公室在每年国防教育日均开展国防知识竞赛。2004—2005年，进行以"爱中华·奔小康·强国防"为主题的国防教育系列活动。

2006—2010年，组织开展第十七届全民国防教育活动周暨纪念《中华人民共和国人民防空法》颁布10周年宣传月、第十八届全民国防教育活动周暨纪念建军80周年及"筑起我们新的长城——国防教育进家庭"等主题系列活动。国防教育委员会成员单位到街道、社区和学校进行专题演讲会、形势报告会和国防知识竞赛活动。开展防空防灾教育进党校活动，举办突发公共事件模拟演练。

二、"三防"知识教育

1981年，区内杨柳青二中、三中、四中、张家窝中学、永红中学、大寺中学等学校开展防原子武器、防化学武器、防细菌（生物）武器"三防"知识教育。1986年，在全区初中二年级学生中开展"三防"教育。1987年，承办市人防办公室、市教育局、市红十字会主办的郊、县中学生人民防空"三防"救护知识竞赛。1990年，区教育局和区人防办在市人防办、市教育局联合召开的天津市初中"三防"知识教育工作座谈会上做典型发言。2001年，开展人民防空的任务与作用、对高技术常规空袭的防护、人防工程的使用等9项教育及综合演练。至2010年，人民防空教育在中学持续开展25年，全区初中校均开设人防知识教育课程，每年接受教育的学生上万人次。

第二节　国防教育基地

1979年后，西青区注重国防教育基地建设，打造促进青少年全面发展的实践课堂，充分发挥国防教育基地教育实践功能。1983年，建立平津战役天津前线指挥部旧址陈列馆并对外开放。1986年，王兰庄义教点旧址被定为"天津市青少年爱国主义教育基地"。1995年、2002年，先后投资43万元对西青烈士陵园进行修正。2004年至2005年，累计投资270万元，将灵堂改扩建为烈士纪念馆，完成烈士纪念馆主体重建和布展。2010年，为纪念著名爱国武术家霍元甲、宏扬"爱国、修身、正义、助人"的尚武精神，斥资修建中华武林园，成为区内市级国防教育基地。

第五章　人民防空

1979年始，西青区实施人员隐蔽、平战结合等人民防空工程建设，巩固改造已建人防工程，构筑大中型人防与城建相结合两用骨干工程，并加强人防工程管理。通信警报、人防指挥设施设备不断完善，专业队伍不断壮大，备战警钟长鸣，综合防御能力不断提升。2010年，组成人民防空指挥部，防空体系更加完备。

第一节　防空指挥

一、防空袭预案

1983年，区人防办制定西郊区防空袭预案，1985年，对预案进行补充修订。1996年，按照天津市防空袭预案，拟订西青区局部战争防空袭预案及保障计划。预案包括基本情况、敌情判断、组织指挥、任务决心、城镇人口疏散、人员隐蔽、人防专业队及其任务，各种保障计划等。1999年，对区防空袭预案进行修订，内容含工程保障、人口疏散、专业保障计划等。2005—2010年，进行人防指挥资料收集、整理、更新，组织人员对预案和各种专项保障计划2次进行修订。

二、专业队伍

1986年，区人防办组建建设、邮电、医疗、公安、消防、环保、交通运管等部门组成的防空专业队。人防专业队员在队员素质上要求符合民兵条件，具有一定专业技术。依据人数编成班、排、连，结合各自承担的任务开展相应训练。1997年，组建抢险抢修专业队、医疗救护专业队、通信保障专业队、治安专业队、交通运输专业队、消防灭火专业队、防护防疫专业队7支人防专业队伍。2002年，将人民防空专业队伍纳入民兵组织范畴，对人防专业队进行整组。区内各街镇组编抢险抢修、医疗救护、治安、交通运输专业队。1989—2010年，区人防专业队按照训练大纲进行训练，采取在职训练为主。队伍训练每年结合生产、工作在岗训练的时间不少于5天，集中训练时间不少于3天，并按照规定参加综合训练。

照23-7　2009年，区青年学生参观国防教育展

三、防空演习

2004年7月15日，区人防指挥中心作为分指挥部，参加天津市人民防空研究性演习。主管副区长作为区演习总指挥参加演习，政府办、宣传部、武装部、人防办、公安西青分局、卫生局、民政局、建委、商委、消防支队、交通支队等部门人员参加演习，演习历时1小时40分钟。演习以计算机网络为载体，综合运用多种指挥、通信等手段，运用现代通信系统、指挥决策系统、远程传输系统等，达到准确快捷、灵活、顺畅等要求。区人防办被市政府、警备区评为“天津城市人民防空研究性演习”先进单位。2008年，按照市人防办要求，西青、静海、北辰三区为一组在人防应急指挥中心进行区级人民防空演习。

照23-8　2008年，区小学生防空实战演习

第二节　通信警报

一、通信

1979年，区人防指挥所扩建300平方米战备总机室，增加200门通信电话，可及时与各公社和区各机关有关单位进行沟通。1982年，制定通信规章制度及业务学习制度，根据通信建设规划更新设备，完善通信配套设施，保障平时、战时需要。1986—1988年，区人防办开通安装单信道超短波无线选呼设备，初步实现无线电话之间的自动拨号通信和有线、无线电话间的人工持续通话。1993—1999年，区人防通信系统开通BB机发射台和集群通信网发射台，开展通信人员岗位练兵活动和业务培训。2004—2010年，完成人防工程自动化网建设，形成与市人防办网络互通互联，网上协同指挥，视频会

议系统做到与市及区县人防办的音频、视频信号相互传递。完成对区应急指挥中心的通信光缆、网络配套、指挥自动化设备的维护管理及软件升级。

二、警报

1978年，全区有手摇警报器15个，由市直接控制的电动警报器2台。利用广播线，架设一套一线三用防空警报报知系统。1981—1983年，区人防部门根据全区通信警报建设规划，勘察防空警报器安放地点并组织施工，使防空警报器警报方向更加合理，保障临战状态的使用。杨柳青镇地区防空警报系统中的电动警报器、手动警报器，形成上下衔接、互为补充的网络。2002年，在杨柳青一中、杨柳青监狱等单位安装5台遥控警报器，参加全市警报试鸣成功。2003—2010年，在大寺镇等区内各街镇政府所在地、经济技术开发区等地新装、加装遥控警报器，新装电动警报器和车载电声警报器，杨柳青镇警报音响覆盖率达到100%，各街镇政府所在地音响覆盖率90%以上。

第六章　驻　军

1979—2010年，区内驻军多次调整。至2010年，区内驻军有陆军部队预备役高炮兵师某团、中国人民解放军某部舟桥部队、中国人民武装警察部队等。

第一节　预备役高炮兵某团

一、部队编制

1998年11月，因驻区部队精简整编，调整天津陆军预备役高射炮兵师某团（简称高炮团），编兵单位为西青区、红桥区、静海县。

二、军事训练

1998年，驻区高炮团组织新兵“三实”（实弹射击、实爆作业、实弹投掷）军训。1999—2005年，组织现役军官系统学习《军事高科技知识》，组织西青、红桥、静海等区县400余名预任官兵进行军事训练。在连级单位建立应急分队。加强基层现代化建设，实现战时兵员管理微机化。有针对性地组织预备役人员进行防暴训练，参加上级组织的城市防空作战网上模拟演习。在西青开发区组建30人的信息战小分队，扩大高技术人才编配。建成防空兵群、营、连3级作战指挥训练系统。2006年，现役官兵完成以基础理论、基础知识为主要内容的军事理论集训及冬季适应性训练。与区人武部共同组织新入队预任官兵进行高炮基本操作训练。2007—2010年，组织预备役官兵入队、首长机关业务、高炮分队专业和分队协同训练，参加师组织的快速动员网上指挥演习。与驻区武警、消防、舟桥部队建立协作机制。按照“平时能应急、战时能应战”要求，修订完善反恐维稳、维护社会稳定、防汛、防火、抗震救灾等预案。成立团应急指挥机构，组建应急处突分队。开展“争做比武尖子·争当

照23-9　2004年，西青区预备役高炮团开展军训

训练标兵”竞赛活动，赴河北乐亭靶场参加警备区组织的高炮实弹射击考核，3次均取得优异成绩。

三、“双拥”共建

2001年，驻区高炮团组织预备役官兵参加西青区社会主义新农村建设活动，与西营门街八里台村、辛口镇水高庄村结成共建对子，建立定期工作交流制度。2003年，经过军地领导协商，将西青区前桑园村中小学社会实践基地作为国防教育场所，在中小学进行社会实践活动，把国防知识、法律知识、革命人生观和理想信念传输给青少年学生。2004—2005年，在预编单位中建立100多个“预备役号”班组，开展岗位练兵、创业致富和扶贫帮困活动。开展“八个一”双拥活动。开展“崇尚科学·反对封建迷信”宣传活动。到八里台村进行参观访问，为李七庄街八里台村赠送科技图书和部分健身器材。2006—2009年，组织预备役军人参加地方文明社区、文明村镇、文明示范岗和建设社会主义新农村活动，参加地方经济建设、社会公益活动和社会综合治理活动。与天津热带植物观光园协作，搭建预备役官兵政治教育平台，游客在寓教于乐中学习到知识，强化预备役官兵的军魂意识。对天津一汽组建的应急处突机动保障分队部分骨干进行防汛、防火、防爆等模拟演练。参与“希望工程”建设，协助驻地植树造林和环境综合治理，走进大学校园进行国防知识宣传和军事技能教育等活动。2010年，参加西青区“双拥模范城”评选活动，组织预备役军人走上街头、走进校园进行国防知识宣传、法制宣传、反对迷信邪教宣传和崇尚科学宣传，协助地方进行环境卫生清理、植树造林和治安巡逻。积极参加西青区组织的“红色箴言”征集活动，获得优秀组织奖状。

第二节　解放军舟桥部队某团

一、部队沿革

驻区舟桥部队为团级建制，是中国人民解放军组建最早的某集团军舟桥专业部队之一。90年代前，曾先后隶属中央军委工程兵司令部、北京军区工程兵部、陆军66军、北京军区司令部。1992年，转隶天津警备区。部队和平时期主要担负华北地区抗洪抢险等救灾任务，是全军19支抗洪抢险突击分队之一，常年担负军区防汛值班任务。2009年，被确定为国家级抗洪抢险专业应急力量。

二、军事训练

1979—1987年，驻区舟桥部队每年都进行临战训练及实兵演练。先后在蓟运河组织夜间构筑浮桥渡场，在潮白河、永定新河、海河上进行克服江河障碍演练。1983年，为摸索在黄河上开设门、浮桥渡场经验，赴山西垣曲县黄河地域进行训练，积累在近战、实战条件下走、吃、住、管诸方面的经验。1986年，进行摩托化实兵野营拉练，锻炼部队快速反应、野战生存、协同作战和后勤保障能力。1987年，承担北京军区防汛值班任务，整体上突出游泳训练。1988年，本着从难、从严、从实战出发，以一个连队为主要训练单位，在子牙河上进行第一次冬季破冰架桥训练。1990年，军事训练以破冰架桥实验为主，摸索

照23-10　2006年，驻区舟桥部队官兵进行架设浮桥训练

出爆破法破冰、破冰锯破冰、人工破冰3种破冰方法，积累冬季实施渡河作业经验，填补全军冬季渡河工程保障的一项空白。与北京军区其他舟桥大队开展合练混合浮桥架设并取得成功，创造出新旧多种型号舟桥器材混合架设的先例。1993年，奉北京军区命令，赴黄河配合某集团军某师进行跨区机动遂行架桥任务。1995—2000年，改进训练方法，落实以科技练兵为中心的军事训练任务，进行以“舟桥团机动作战中遂行渡河工程保障任务”为课题的综合演练。2001年，参加北京军区和集团军组织的演习，完成总部和北京军区赋予的“抗洪抢险专业应急部队建设试点”任务，跨入军事训练“一级团”行列。2002—2010年，与天津市防汛指挥部和海河委员会建立应急指挥体制。完成海情常识、武装泅渡、舟桥器材装卸、加强抗洪抢险应急力量等训练。进行构筑防洪子堤、水中清障、水上救护等科目的重点演练。

三、“双拥”共建

1984年，驻区舟桥部门抽调30名干部、战士进驻西郊区政府招待所、杨柳青火车站、西郊医院等6个单位参加军民共建活动。1986—1989年，支援天津市重点工程建设，参加天津市外环线修建工程。被评为北京军区军民共建先进集体，被天津市命名为军民共建先进单位。1990年，卫生队深入驻地学校宣传医疗知识，无偿提供医疗服务。利用自身研制的“烧烫伤Ⅰ号喷雾剂”和“烧烫伤Ⅱ号喷雾剂”，为驻地群众1万余人治疗烧烫伤。2002—2010年，组织官兵参加“人人为困难群众做贡献”“保护母亲河”“为抗击非典做贡献”及创建国家卫生城等活动，对西青防洪渠道进行疏通清理，清理河道杂物、淤泥250余吨。多次应公安局和地方群众请求，完成打捞淹亡人员、赃物、凶器、落水汽车及水下排险等急难险重任务。

照23-11　2005年，驻区战士参加西青区“八一”建军节军民联欢演出

第三节　武警部队

一、部队沿革

驻区武警部队前身为中国人民解放军步兵部队。1985年，从河北省武安县南辛庄康宿兵营移驻区内。1996年转隶武警部队，1997年改编为现名。

二、军事训练

1985年，区武警部队开始基础训练，配合兄弟部队组织坚固阵地防御演习。1989年，进行专业技术协同和炮兵连实弹射击训练。1991—1994年，在参加集团军组织的尖子比武中，26人被评为“神枪手”“神炮手”“技术能手”。组织部队赴河北省宣化靶场进行山地实弹射击演练，重点开展山地炮兵连营群训练和实弹战术射击课目。2001—2008年，部队制定“处置突发事件方案”“抗洪抢险方案”“抗震减灾方案”“应急分队应急行动方案”“捕歼战斗方案”等各类战备方案。先后参加由上级部队组织的工兵集训、炮兵比武。开展实兵演习、独流减河抢险任务、全装备战备拉动演练等演习，提高各级指挥员的组织指挥能力、部队快速反应能力、跨区机动能力和各种保障能力。2009年，高标准完成海关执勤任务，协助查获走私案件1302起，案值5.67亿元。留守部队突出抓好军事训练和战备工作，完成新兵教育训练、教练员选拔培养和"五一""十一"期间的战备任务。2010年，完成军事演习及紧急拉动演练。海关执勤部队累计出动执勤兵力4.34万人次，查获违规、走私案件498起，总案值约8414.67万元，其中百万元以上要案10起。协助海关查获21.9万张光盘走私案，涉及淫秽光盘1.84万张。

三、"双拥"共建

1982—1985年，区武警部队利用节假日、党团活动日，组织干部、战士到驻地为群众扫地、挑水，义务帮助驻地群众修理农机具。与友邻部队一同开展军民同建文明村活动，共建文明村5个、文明学校5所、文明户1630户。1986年，与西郊中医院、光明路小学、周李庄村等5个单位建立军民共建联系。卫生队在西郊中医院开展树立高尚"医风"军民共建活动，被评为天津市军民共建先进单位。抽调官兵为古佛寺小学垫平操场，为光明路小学整修道路70米，粉刷墙壁2000平方米。1991—1992年，开展军民共建精神文明、"学雷锋·做好事·树新风"活动，参加清整杨柳青镇街道、广场公园等环境卫生劳动。为鸭淀水库义务植树3000余株，参加清理南运河第一期工程，完成土方3000立方米。2006—2007年，参加区内"创卫"卫生清整活动，清理污水河道10余千米，帮助地方清理积雪、垃圾、淤泥4800多立方米，植树4.3万余棵。帮助地方学校军训2.53万人次，组织地方青年学生到部队过"警营日"。医疗组和便民服务队为地方群众义诊480人次。派出1600人次协助地方公安执行勤务，完成西青"文艺大舞台"演出及元宵节、五一劳动节、国庆节等活动执勤。2009年，助民劳动出动800余人次，清理积雪、垃圾等100多立方米，整修路面1500多米。派出干部骨干170人次，协助驻区学校素质教育基地，培训军训学生9900人次，培训初任公务员1000余人次，出动790人次协助地方公安执行勤务，支持"助医 助学 助老 助困"系列主题慈善捐赠和义务献血等活动。2010年，派出干部骨干170人次协助市委党校、外国语学院、西青素质教育基地等单位军训学生1.5万人次和初任公务员1100余人次。协助地方公安执行勤务，完成西青区元宵节等活动执勤任务。组织150名官兵无偿献血2万毫升。为玉树地震灾区、玉树珍秦小学和西南旱区募捐14.34万元。

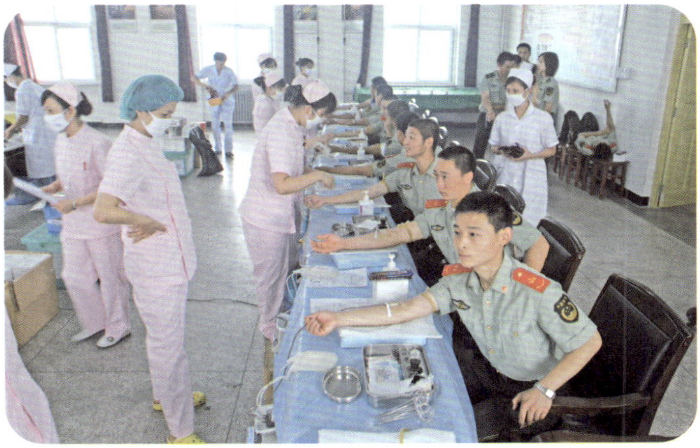

照23-12 2009年，驻区武警战士义务献血

第二十四编 教育

天津市 西青区志（1979—2010）

TianJin Annals of Xiqing District

2010年，杨柳青第一中学教学楼

2010年，杨柳青第一中学校园

80年代始，西青区教育系统进行体制改革，全区中小学由教育局统一管理，形成区、乡（镇）、村三级管理体制。90年代，区政府加大教育投资，改善中小学和其他学校办学条件，各学校教学设施完备，校园环境优越。区教育系统不断推行教学改革，进行教育结构调整，整合教育资源，合理布局学校，普及九年制义务教育。学校管理全面实行校长负责制和教师聘任制，学校教育坚持落实常规，科研兴教和创新教学，全面实施素质教育。至2010年，教育系统教学研究、教学方式改革不断深入，各级各类学校教育质量不断提升，教学科研成果丰硕。其中高考上线率多年在天津郊区中位居前列，学校体育、特殊教育和社区教育均具有鲜明的西青特色。西青区被教育部等部委授予“全国‘两基’工作先进区”称号。被教育部认定为全国社区教育实验区，获全国农村成人教育先进单位称号。

第一章　教育改革

80年代始，西青区教育系统实行体制改革，实行分级办学分级管理，学校实施校长负责制，教师逐步实现聘任制，建立健全教育督导体制和教育质量评价体系。推行教学改革，进行教育结构调整和教学研究、教学方式改革，提高教育教学质量，提升学生的学习能力和综合素质，培养适应现代化建设的全面型人才。

第一节　教育体制改革

一、分级办学 分级管理

1985年，全区各乡（镇）建立乡（镇）教育委员会，管理各乡（镇）小学、幼儿园和初级中学教育工作。高中校、完中校和区直属校由教育局管理，形成区、乡（镇）、村三级管理体制。1995年，实行三级办学三级管理。区、乡政府和村委会把教育纳入该地区的经济社会整体发展规划，对各自的中小学教育、职业教育、成人教育、幼儿教育统筹统管。完中校接受区政府领导，由乡政府管理。中心小学和村校在接受乡政府领导，由所在村管理。

二、校长负责制

1979—1988年，全区学校实行党支部领导下的校长分工负责制。1988年，逐步实行校长目标管理责任制，扩大校长办学自主权。1995年，全面实行校长负责制。1997年，第一轮校长负责制期满后，实行在党支部领导下的校长分工负责制逐步向党政分开，实行校长目标管理责任制过渡。2001年，制定学校领导干部选拔任用管理有关规定，试行干部任期公示制度、试用期制度及任职最高年龄制度。

三、教师聘任制

1986年，区内开始进行教师职务评聘试点。2000年，在15所中小学试行教职工聘任制。2001年，普遍实行教师聘用制，实施教师资格制度。严格学校编制，在核定后的编制数内定岗、定编、定员。深化分配制度改革，按照按劳分配、优质优酬、效率优先、兼顾公平原则，向教学一线骨干教师、有突出实绩、贡献人员和岗位倾斜，在单位内部初步建立激励分配机制。2004年，在公开、公平、竞争、择优原则下，西青区首次实行“凡进必考”制度，面向社会公开招聘学科教师。2006年，将聘任制改为签订合同形式。

四、教育督导制

1986年，区教育局成立督导室，行使监督、评价与导向职能。督导室设专职督学、兼职督学和特邀督学，各乡镇教委主任均为督导员。1991年，制定责任督学制度，对全区28所中小学、两所职专的办学水平、五星级管理达标、校长工作进行全面督导评估，接受市督学对落实基教会情况的检查。

五、教育质量评价

1993年始，区教育系统制定和推行五星级管理达标标准，把学校“人、财、物、事、时、空、信”7个基本要素按校容校貌、校风校纪、教学管理、后勤管理、设备管理分为5个方面进行考核。5个方面指标都做到，可以拿金星，某一个方面指标完成80%以上可拿银星。区教育局每年对中小学指标进行一次综合检查评估，管理水平高质量上去可以挂星，管理水平差质量下去可以摘星。1997年，按照天津市AAA学校评估标准，将区AAA学校标准与五星级管理达标结合进行综合评估，报请市教委评估验收。

第二节　教学教研

1979—2010年，西青区教育系统推行教学改革，进行教育结构调整，坚持落实常规，科研兴教，创新教学，全面实施素质教育，教学研究、教学方式改革不断深入，以全面提高教育教学质量。

一、教育结构调整

1979年后，区教育系统注重树立正确教育质量观，转“升学教育”为“培养合格劳动者”教育观，注重学生适当参加生产劳动和社会实践活动。2006年，开展小学课堂良好课达标校、达标镇争创活动，组织课程改革现场会。2007年，注重培养学生课外阅读习惯，提高文化素质品位。2008年，在小学实行“保护学生兴趣”课改，开展小学良好课评选。初、高中学段加大教学过程优化，开展校本教研，新课程教学论坛，评选课改先进集体和个人。2009年，推进课程改革，突出课堂教学、师生评价等重难点问题研究，关注课改与高考改革研究。健全教学质量监测体系和教学指导体系，完善中小学综合多元评价机制，建立和完善评价监管制度。开展中小学教育教学交流研讨。启动为期三年的课堂教学优秀课达标校、达标街镇争创评选。

二、实施素质教育

1996年，全区中小学全面启动素质教育，区教育部门制定出台指导性文件，由应试教育向素质教育转轨。小学一、二年级统一试行《小学生素质发展水平评估手册》，取消百分制，实行等级制。毕业班实行素质水平德智体全面评价。初中毕业升学考试坚持“一考多录”原则，学生参加统一中考后，填报志愿可以报考重点高中、普通高中、中专、职专、技校，也可以报考“3＋2”中高职连读。取消学生操行评定等级，实行激励性评语。坚持文艺、体育、科技和学科特长生认定办法，鼓励学生在全面发展基础上学有特长。完善和落实“三好生”“进步生”评选制度。

三、普及九年义务教育

1986年，区教育系统落实《中华人民共和国义务教育法》，全面推行普及初等教育。在教学管理中优化教学过程，巩固提高“普九”水平。完善学校教学质量综合评估体系，评估中对在校生年巩固率、毕业年级届巩固率、按时毕业率、中考合格率、中考优秀率、高中阶段教育普及率等几项指标全面平衡。对在校生年巩固率未达到98%的学校取消评估资格，实行一票否决。2003年，制定"双高普九"（高水平、高质量，普及九年制义务教育）工作计划。对所有公办小学和初中学生免收学杂费，对家庭经济困难学生免费提供教科书。

四、教研教改

1979年，全区各学校教研教改开始走上正轨。1984年，各学科聘请业余教研员，开始进行教学改革实验。1987年，成立区教学科研室，开展教育理论研究。1989年，探索多媒体教学，使用现代化教学手段配合教学活动。1991年，全区中小学开展学科教学基本功大比武活动，做课2688节，评出校级好课362节，118名教师参加区级竞赛活动。建立25个教学改革实验点，9个学科开展"发挥地方优势"对青少年进行"两史一情"（中国近、现代史和国情）教育的课题实验。至1993年，制定教学研究课题25个，建立由专、兼职教研员和骨干教师组成的三结合教师网络，在教学理论和教学实践上统一结合。1996—2000年，承担并实施国家级课题5项、市级课题3项、区级立项课题2028项。王稳庄镇的区域推进素质教育经验、九十五中学主体教育实验和张家窝中学自主发展教育实验的阶段成果在全区推广。在市教育学会立项的《关于天津市小学活动课程教材建设的实验研究》和《天津市中小学校园文化建设现状及对策》等多项研究成果，为天津市中小学教材建设和天津市中小学校园文化规划的制订提供直接服务。

2002年，区教育系统继续实施教改新思路，完成431篇区级成果认定，178篇市级成果认定。区第四届"双成果"论文评选申报6项市级、6项国家级"十五"课题。2003年，围绕"主体教育"开展全区11个学科优秀课评比活动。举行信息技术与学科整合优秀课评选。申报市基金课题6项，完成区级"十五"课题立项。承担市历史学科研究性学习课题。协助市教育学会在西青区建立6个"十五"课题实验基地，直接指导教育教学。2010年，全面加强高效课堂和高效教学研究。开展"优秀课达标街镇""优秀课达标学校"和"信息技术与课程整合优质课大赛"等活动。与天津理工大学合作，建立西青区高中通用技术课实习基地。

第二章　基础教育

1979年后，西青区相继成立乡镇中心幼儿园，小学、中学恢复正常教育秩序，调整压缩不完全中学。整顿调整学前班，规范管理，提升学前教育水平。进入21世纪，持续改善中小学办学条件，整合教育资源，合理布局学校、学制及课程设置，实现资源共享，全区基础教育质量不断提升。

第一节　学前教育

一、幼儿园（学前班）

1979年，建杨柳青第一幼儿园。1984年，建杨柳青第二幼儿园。是年始，各村小学普遍开设学前班，招收6周左右幼儿入学，学习1~2年后，转入本校一年级就读。1986年，李七庄乡建纪庄子幼儿园。1991年，中北斜乡建乡第一幼儿园。1993年，南河镇建宝宝乐中心幼儿园，上辛口乡建雏鹰幼儿园、郑庄子村幼儿园，张家窝乡建小龙人幼儿园。90年代中期，区内有国办幼儿园2所，9个乡镇全部办有中心幼儿园。城乡有多个规模较小的个人办幼儿园所。另有厂办、机关单位办、村办幼教园所。2010年，全区共有幼儿园68所，其中国办园2所、小学附设园24所、民办园39所、集体园3所，在园幼儿9553人。

1979年后，区内各幼儿园按规模大小配备工作人员。3个班以上的幼儿园设园长、副园长。班级按幼儿年龄大小分为大、中、小三种班，全日制幼儿园每班设教养员，保育员。80年代后，各园设园长、副园长、教师、保育员、医务和事务人员，实行园长负责制。90年代后，各园建立健全完善学习、会议制度。每周按时组织教师进行学习和业务性阶段性小结、考核。定期召开职工会、园（所）务会议、教研科研会、家长委员会、伙食管理委员会等义务会议。

附

西青区第一幼儿园

坐落在杨柳青镇新华路新华里1号，为国办园。始建于1979年，时名杨柳青育红托儿所。1981年，新建园舍投入使用。新园区占地面积3464平方米，建筑面积706平方米，为二层教学楼兼办公室。1986年，更名为区第一幼儿园。1999年，对园所整体布局进行改、扩、建，扩建后占地面积3466平方米，建筑面积2439平方米，形成各班有独立的游戏室、睡眠室、盥洗室、卫生间。2010年，全园占地面积3466平方米，建筑面积2490平方米，绿化面积650平方米。配有计算机室、器械室、会议室、晨检室、医务室、网管室等。室外有335平方米的塑胶活动场地，有4套大型多功能运动器械。有教职员工39人，高级教师29人。有9个教学班，其中大班2个、中班4个，小班3个。在园幼儿320名。

照24-1　2010年，西青区第一幼儿园

二、幼教管理

80年代，区内幼儿园建设规模逐年扩大，办园方式趋于规范化，管理逐渐正规化。90年代末，幼儿教育实行常规化管理，对街镇学前班进行定期评估检查。21世纪初，国办园教师定期接受培训，实施“三名工程”（名园、名园长、名教师）评选。建立学前教育管理网络。2010年，对基本达标的4所幼儿园进行审查验收。全区3~6岁幼儿入园率保持95%以上。

80年代中期，区内幼儿教育以分科教育为主，设体育、语言、常识、计算、音乐、美术六科教学，制订学习计划、幼儿活动计划，开展检查评议。90年代，对幼儿进行综合教育，开展“幼儿园教育目标体系和活动设计”“优秀教育活动设计”。组织各园参与“教研达标”观摩。发展学前三年教育，增加0~3岁儿童早期教育指导。21世纪初，对非国办幼儿教师进行继续教育培训。在各园中开展优秀教育活动、自制玩教具、优秀论文评选活动，推进幼儿教学改革。2010年，举办园长暑期培训会，进行幼儿园管理、语言领域、科学领域、健康领域的理论培训。

照24-2　2010年，区第一幼儿园儿童游戏中

三、保育教育

1979—2010年，区内幼儿园建立幼儿教育“一日生活”制度、幼儿饮食管理制度、卫生消毒及隔离制度、安全制度、卫生保健登记、统计制度等。各园所设医务人员、炊事员，卫生保健制度化。实施幼儿入园体检、定期体检、工作人员体检制度，幼儿入园体检率100%，定期体检率95%，工作人员体检率100%。严格执行食品卫生要求，制度上墙。炊事员在岗穿工作服，戴工作帽，如厕前脱工作服。做好卫生消毒，水杯、毛巾每日消毒一次，餐具每餐消毒一次，玩具、图书每月消毒一次。被褥每月晒一次，床单、枕套夏季每周换洗一次，冬季隔周换洗一次。

80年代，区内幼儿教育以分科教育为主。90年代后，进行幼儿园综合教育实验与改革。进入21世纪，实施健康、语言、社会、科学、艺术5大领域教育，其中健康领域教育，开展以游戏为主的各种健康教育活动。语言领域教育通过示范、游戏等多种生动方法引导幼儿参与语言活动。社会领域教育贯彻健康教育、养成教育、情感教育、智能教育并重。科学领域教育注重对幼儿的科学教育、数学教育。艺术领域教育注重为幼儿营造浓郁的艺术氛围。

第二节 小学教育

一、学校设置

1979年，全区有小学129所。1980年，杨柳青镇有7所小学、当城村有1所小学，区各乡镇共建有26所中心小学。1995年，全区有小学42所，其中农村小学30所。1998年，李七庄街、中北镇、辛口镇3个街镇的中、小学全部达到天津市农村地区规范化办学标准，另有6个乡镇达到天津市普及九年制义务教育标准。2001年，杨柳青第三小学撤并，杨柳青第五小学搬入新校舍。2005年，大梁庄和西马庄两个教学点合并到李楼小学。2007年，启动天津师范大学第三附属小学建设。2010年，天津师范大学第三附属小学、小南河中心小学和中北小学建成，完成张家窝镇田丽小学、华旭小学异地迁建，全区共有小学31所。

二、管理体制

1979年，西青区农村小学均由大队管理。1980年，撤销公社教育组后，各公社小学在组织、人事、教学业务、基建、财务等均属区教育局直接领导。确定杨柳青第一小学、第六小学、李七庄小学、大稍口小学、倪黄庄小学为区重点小学。1982—1991年，学校管理体制由“党支部领导下的校长分工负责制”向“党政分开，实行校长目标管理责任制”过渡。1995年，全面实行校长负责制。

1992—1999年，西青区改革管理学校体制，实行三级办学三级管理。完全中学校实行区、乡共管体制。形成区、乡、村三级管理教育网络。2000—2010年，完善三级办学、三级管理、三级负责体制。政府通过财政扶持、规范引导、政策指导、监督评估等对学校实施宏观管理。扩大学校办学自主权，实行学校章程制度和校长负责制。

三、小学教学

（一）学制课程

1979年，区内小学学制沿用“文化大革命”时期五年制。1982年秋，小学改为六年制。1981年，多数学校四年级恢复地理课，五年级恢复历史课，四、五年级开设自然课，政治课改为思想品德课。1998年，五年级开设外语课。1993年，当年入小学一年级学生为五年制，后改为“六三”学制。2001

年，从三年级开设外语，小学设有语文、数学、外语、思想品德、社会、历史、地理、自然、体育、音乐、美术、劳动等学科类课程，开设晨会、班团队活动、科技文体等活动类课程。

（二）教学教研

1979年，各学校实行三级备课制。从起始年级便注重因材施教，开发学生潜在智能。组织小学二、六年级开展语文能力竞赛。1982—1991年，从小培养学生独立思考、独立生活能力，发挥教研室和教科室作用。以少年宫为校外主阵地，开展一系列文艺和科技活动。1992年始，在小学推行“愉快教育”。小学一、二年级统一试行《小学生素质发展水平评估手册》，取消百分制，实行等级制。1998年，推广新广播体操，开展“做家乡小主人，当文明小公民”主题教育实践活动，组织学生到西青革命烈士陵园、霍元甲故居、“一二·九”运动纪念馆等爱国主义教育基地。2004年，进行学年课改实验，转变教学方式和学习方式，减轻学生过重课业负担。2009年，推进课题研究，各学校确立研究专题，进行科研方法培训。2010年，区内小学生参与“科学发展在我身边——科技 低碳 民生”科技活动周系列宣传活动。

附

西青区实验小学

学校位于杨柳青镇，始建于1968年，原名光明路小学。1974年，更名为杨柳青第六小学。1991年，更名为西青区实验小学。2001年，实验小学与杨柳青第三小学合并后迁入新校舍。学校以“将实验办成实验性、开放性、示范性的特色学校”为办学目标，以“崇德尚美，博学健体”为校训，从精神、环境、制度、行为、课程、班级、网络七个方面构建学校特色文化建设体系。开展“精彩有序的节日课程、丰富多彩的社团活动课程、色彩斑斓的实践课程”三大教育系列活动。曾获全国中小学优秀文化艺术传承学校、全国和谐校园先进校、全国语言文字规范示范校等荣誉，成为全国农村助力工程小学校长影子培训基地、天津市农村义务教育阶段学校校长影子培训基地，被评为天津教育特色学校。2010年，学校占地面积1.9万平方米，建筑面积1.28万平方米。有36个教学班、1440名学生，有功能教室17个，现岗教职工136人。

照24-3　2010年，西青区实验中学

第三节　中学教育

一、设置分布

1980年，全区有中学22所。1983年，区教育系统对部分中学班进行撤、并调整。1995年，全区有杨柳青第一至第五中学和中北斜中学、大稍直口中学、赵庄子中学、张家窝中学、永红中学、付村中学、九十五中学、大寺中学、青凝侯中学、大侯庄中学、王稳庄中学、当城中学、小杜庄中学和木厂中学共19所中学。1999年，当城中学、木厂中学和小杜庄中学合并，组成新当城中学，付村中学和永红中学合并，组成新的付村中学。2010年，全区有中学12所，其中高级中学1所、完全中学7所、初级中学3所、九年一贯制学校1所。各学校占地总面积48.01万平方米，校舍建筑面积17.29万平方米。

二、行政管理

1980年，区内中学行政管理均由区教育局统一领导。1986年，实行“三级办学两级管理”，初中学校由乡镇管理，完全中学由教育局管理。1992—2000年，进行三级办学三级管理试点与推广，对完中校实行区、乡共管体制。

1995—2010年，全面实行校长负责制。区教育工会配合学校工作，建立“职工之家”，参与学校民主管理。

三、教育教学

（一）学制课程

70年代末恢复高考后，区内高中二年级或高中三年级按文科、理科开设课程。文科班开设语文、数学、英语、历史、地理、政治、体育；理科班开设语文、数学、英语、化学、物理、政治、生物、体育，除体育外均为高考课程。1979—1983年，实行“三二”学制（初中三年，高中两年）。1983年9月，改为“三三”学制（初中三年，高中三年）。1984年，初中课程有语文、数学、英语、政治、物理、化学、地理、历史、植物、动物、生理卫生、音乐、美术、体育；高中课程有语文、数学、英语、政治、物理、化学、生物、地理、历史、生理卫生、体育。2005年，进行基础教育课程改革。

（二）教学教研

1981年，区内各学校根据不同学龄特点，采取灵活多样教育方法。90年代，在中学推广多媒体教学，提倡自制教具。各校因陋就简，利用投影、幻灯、录音等仪器设备，提高教育教学质量。2006年，初高中学段加大教学过程优化。2009年，突出课堂教学、师生评价等研究，关注课改与高考改革研究。健全教学质量监测体系和教学指导体系，配合“校校通”工程，逐步实现教育教学与信息技术的有效整合。搭建电教机房等平台，组织开展中小学教育教学交流研讨活动，引导教师针对新课程积极开展学术研究，开展校本课程。

照24-4　2010年，杨柳青一中电教机房

1978—1982年，全区高中毕业生1.05万人中，591人被大专院校录取，1724人被中专技校录取，总体升学率为22%。1986—1991年，西青高考成绩进入全市郊区县前列。1991年，高考上线率和实录率在郊区中均为第一名，高考上线率35.1%，实录率40.8%。2010年，高考本科一次上线1456人，本科上线率突破80%。本科二批以上上线率达52.2%。

2000—2009年西青区中高考情况统计表

表24-1

年度	中考			高考				
	报考人数	录取人数	录取比例（%）	报考人数	上线人数	上线比例（%）	录取人数	录取比例（%）
2000	3320	2971	89.5	1088	741	68.1	724	66.5

续表

年度	中考			高考				
	报考人数	录取人数	录取比例(%)	报考人数	上线人数	上线比例(%)	录取人数	录取比例(%)
2001	2566	2455	95.7	1234	820	66.5	–	–
2002	3005	2980	99.2	1642	1020	62.1	1092	66.5
2003	4123	3967	96.2	1936	1141	58.9	1279	66.0
2004	3217	3089	96.0	2127	1290	60.6	1489	70.0
2005	2831	2457	86.8	2550	1708	67.0	1817	71.3
2006	3237	3104	95.9	2899	1181	40.7	1876	64.7
2007	3885	3815	98.2	2775	1427	51.4	1877	67.6
2008	3348	3283	98.1	2439	1781	73.0	1593	66.3
2009	3600	3327	92.4	2133	1873	87.8	1566	73.4
2010	3393	3313	97.6	2124	1518	71.5	1187	78.2

附

杨柳青一中

杨柳青一中始建于1944年。原名杨柳青私立育青商职学校。1946年，更名为杨柳青私立育青中学。1951年，更名为公立杨柳青初级中学。1956年，更名为河北省杨柳青中学。1962年，更名天津市杨柳青中学。1972年，更名为杨柳青第一中学。1982年，被定为天津市27所重点校之一。1979年，杨柳青一中取消初中，成为一所纯高中学校，高中由两年学制改为三年学制，被命名为首批市级重点高中校。1990年后，全面实施素质教育，由以“教”为主向重“学”为主的教学模式转变。2000年后，落实“以学生发展为本”课堂教学模式，为国家培养出大量优秀人才，考入名校学生逐年增加。2004年，被天津市教委定为首批示范高中校之一。2009年，杨柳青一中启动“绿色生命教育”，逐步形成“绿色人文管理”“绿色生命课堂”“绿色情感德育”“绿色生态校园”四大教育阵地。2010年，开展“向国旗敬礼”主题教育活动。是年，被北京师范大学生命教育研究中心授予“全国生命教育实验校”称号。

照24-5　2010年，杨柳青一中举行“向国旗敬礼”主题教育活动

第三章　特殊教育 校外教育

西青区特殊教育始于80年代末。1991年，成立区启智学校，结束区内没有专门特殊教育学校的历史。至2010年，以区少年宫、青少年教育实践基地、文化馆为主场所，校外艺术教育不断发展，培训项目由几个发展到数十个。残疾儿童入学率、重度残疾儿童接受入户教育率一直保持在90%以上，常年参与活动的学生从数十人发展到4000余人。

第一节 特殊教育

一、设立专班

1987年，区教育系统在实验小学和当城小学试办两个智力残疾者班，招收学生28人。1988年，实验小学的智力残疾者班转到杨柳青第三小学。后实行轻度智力残疾学生随班就读，组织教师和专家对部分智力残疾学生进行智力检测，确定575名为轻中度智力残疾生，实行大面积随班就读。全区按乡、镇、学校、年级统一编号注册，统一制表建档，实行个别辅导。残疾儿童入学率95%，重度残疾儿童接受入户教育90%。

照24-6 2010年，区文化馆教师到启智学校进行艺术培训

二、区启智学校

1991年，区内建立第一所特殊教育学校——西青区启智学校。位于杨柳青河沿大街少年宫院内，实行全日制九年一贯制学制和校长负责制。1995年，学生开始参加天津市、洲际及世界特奥会比赛。学校被天津市残联、市弱智群体协会命名为“西青区特奥训练示范社区”、“天津市特奥乒乓球训练基地”。2002年，学校迁址于柳霞路4号新少年宫内。2008年，学校迁至区文化中心一楼。主要招收智力障碍、自闭症、脑瘫和多重残疾的学龄儿童。开设语文、数学、劳技、美术、体育、感统、康复、语训以及十字绣、串珠制作、烹饪、乒乓球训练等特色课程。2010年，有班级4个，教员14人，学生30人。

第二节 校外教育

一、艺术教育

西青区校外艺术教育集中在区少年宫，始建于1975年。2008年，位于杨柳青镇的新少年宫建成，面积3800平方米，有专用活动室21个。增设电鼓活动室、民乐活动室、合唱活动室、跆拳道厅、多功能厅和计算机房、舞蹈活动室、美术活动室，购置进美术教具，配有钢琴等乐器及教学辅助设备，配置多媒体教学设备。2010年，安装视频监视系统，达到融艺术、科技、文化、体育等活动为一体具有较大规模、多功能、综合性的少年儿童课外活动场所。少年宫共开设舞蹈、声乐、钢琴、电子琴、电鼓、吉他、古筝、素描、国画、儿童画、书法、跆拳道、拉丁舞、珠心算、英语、写作等近20余个项目，全年开办培训班近200个，培训学员4000人次。

2009—2010年，每年组织十多项展览、演出和主题教育活动，参与活动学生超过两万人次。

二、青少年教育实践基地

2010年，区内青少年爱国教育基地主要有天津“一二·九”抗日救亡运动纪念馆、平津战役天津前线指挥部旧址陈列馆、霍元甲故居和霍元甲纪念馆。另有中小学社会实践基地，集学农劳动、社会实践、军事训练为一体。各教育基地每年接待学生进行军训和社会实践。

第四章　职业教育 高等教育

80年代初，开始兴办中等职业学校，生源由主要来自区内，逐步向全市、全国八九个省市招生，开设专业由两三个增至十几个，面向西青开发区、各街镇工业园及天津开发区推荐毕业生或自谋职业者。

2010年，区内有驻区高等院校6所，其中普通本科院校3所、有本科层次的独立学院2所、高职院校1所。

第一节　中等职业学校

一、学校设置

1979—2010年，区内中等职业教育由教育局管理，业务受天津市职业教育中心和市教委职教处领导，区教研室设职业教育研究员负责教学研究工作。

1982年，小杜庄中学改为农业职业学校，开设农学及养殖专业。1983年，杨柳青建西郊区高级农职中学，后更名为西郊区第一职业中等专业学校。在完中校增设职业班，设职业技术课。1985年，李七庄中学改建为西郊区第二职业学校。1993年，更名为西郊区第二职业中等专业学校。开设幼教、服装、财会、公卫、企管、园林花卉、电化7个专业。1987年，中北斜中学开设模具钳工专业，当城中学开设化工专业，王稳庄中学开设家用电器和花卉专业。1991年，杨柳青第五中学高中班成立职业班，建成杨柳青第三职业学校。1992年，西青二职专与天津电影制片厂签订《联合开办影视专业协议书》，成立以二职专为依托、公办民助性质的天津影视职专。1995年，第三职业学校与天津市汽车有限公司联办天津市西青区汽车职业学校。西青职专被批准为省部级职业高中。在大稍直口中学办西青区第四职业学校。

21世纪初，西青职专与卫生局联办护士专业，与环保局联办环保专业。西青二职与电子工业部十八研究所联办电化学专业。中北斜乡与西青职专实行联合办学。2001年，第三职业学校并入西青中专。2003年，第二职业学校并入西青中专，由省部级重点职业中学平转为重点职业中专。2004年，晋级为国家级重点中等职业学校。

二、学制课程

1979—2010年，区职业学校大多开设数控技术应用、电子技术应用、汽车运用与维修、计算机网络技术、电子商务、财务会计、通信技术、服装设计与工艺、护士、办公自动化等专业。有的学校设计算机网络技术专业“3+2”实验班、计算机网络技术专业春季高考实验班、行政管理专业大中专双证班、电子技术专业高中后一年制班等办学形式。安排语文、数学、英语、政治等文化基础课程以及钳工、计算机技术与应用、网络技术、财务会计、会计电算化等专业技术课程。实习课大都在校内进行，有时也结合专业特点，采取校企结合的方式，到企业实际进行操作，进行实习练习。

三、就业分配

1979—2010年，区职业学校生源主要来自区内初中应届毕业生，后逐步面向全市、全国招生，先后与青海、甘肃、河北、山西、河南、山东、陕西、内蒙古等省、自治区建立招生关系。学生毕业后，学校向天津开发区、西青开发区、西青街镇工业园区等推荐学生。学生有的接受学校就业推荐，有的走向社会自谋职业。

附

西青中等专业学校

西青中等专业学校建于1983年，有杨柳青、李七庄两个校区。杨柳青校区位于杨柳青镇，为国家级重点中专、天津市职业教育先进单位。

2010年，西青中专占地4.73公顷，建筑面积2.49万平方米。开设数控技术应用、电子技术应用、汽车运用与维修、计算机网络技术、电子商务、会计、学前教育、休闲体育服务与管理专业，其中汽车运用与维修专业被教育部批准为技能型紧缺人才培养培训基地。学校设计算机网络技术专业“3+2”实验班、计算机网络技术专业春季高考实验班、行政管理专业大中专双证班、电子技术专业高中后一年制班等多种专业班。有教职工151人，其中专任教师147人、专业课教师75人、双师型教师61人、高级教师53人、本科学历的教师111人、硕士研究生学历教师32人。

照24-7　2010年，西青中等专业学校

第二节　驻区高校

2010年，区内有驻区高等院校6所。驻区高校总量位于全市各区县前列。

一、天津师范大学

2005年，坐落于区内的天津师范大学新校区正式建成启用。学校占地面积265.88万平方米，建筑面积86万平方米。2010年，设立24个学院，50个研究机构，58个本科专业，涉及文、理、教、史、法、经、管、工8个学科门类，形成学科门类较为齐全、结构合理、优势互补的人才培养体系。学校有全日制在校生2.5万人，有专任教师1487人，其中正高级职称243人、副高级职称419人。有2个国家重点学科、8个天津市重点学科、4个天津市重中之重学科、5个教育部特色专业建设点，已建成6门国家级精品课程、25门市级精品课程。拥有教育部人文社会科学重点研究基地——天津师范大学心理与行为研究院、全国多媒体技术开发与培训基地、全国大学生文化素质教育基地、教育部中小学骨干教师培训基地，有天津市教委人文社会科学重点研究基地——天津师范大学政治文化研究中心等5个重点基地和天津市思想政治教育队伍专职人员培养基地。与中国科学院地球化学研究所联合建成天津市水环境与水资源重点实验室，建有天津市现代教育技术实验中心，6个天津市高等学校优秀教学实验室，新闻与传播实验中心获批为国家级实验教学示范中心建设单位。学校与21个国家和地区的93所大学建立友好协作与交流关系，为具有接收中国政府奖学金外国留学生资格的高等院校之一。学校定期出版专业刊物有《天津师范大学学报（社会科学版）》《天津师范大学学报（自然科学版）》《心理与行为研究》等9个专业刊物。4个刊物为全国核心期刊，1个刊物为天津市核心期刊。

二、天津农学院

1985年，天津农学院由武清县迁入现西青区。2010年，学院成为以农科为主体优势，集农学、工学、管理学、理学、经济学、文学、艺术学协调发展的多科类应用研究型大学。有农学系、园艺系、动物科学系、水产科学系、水利工程系、经济管理系、食品科学系、机电工程系、计算机科学与信息工程系、人文社会科学系、基础科学系、成人教育学院、体育教学部等13个教学单位。有专任教师580人，其中教授79人、副教授220人、在校生1.1万人。学校占地面积69.93公顷，建筑面积25.19万平方米，图书馆藏书80万册，教学科研仪器设备值1亿元。“十一五”后，学校开展科研项目研究500余项，其中86项获国家和省、部级科技奖励。承担国家级“863”“973”项目5项、国家自然基金项目22项、国家社科基金项目3项、农业部重大转基因专项子课题3项。取得具有自主知识产权的科技成果412项、授权专利68项。出版著作和译著140部、教材260部，公开发表学术论文3500余篇。获国家级教学成果二等奖1项、省部级教学成果奖8项。承担省部级以上教研教改课题32项。建校至2010年，累计培养各类人才10万人。

三、天津城建学院

1991年，天津城市建设学院（主体）迁入西青区。2010年，校区占地68.1万平方米，建筑面积37.2万平方米。学院以工、理、管为主要学科，城建类学科特色鲜明。2007年，通过教育部普通高等学校本科教学水平评估。2010年，有教职工1179人，其中专任教师713人，专任教师中具有高级职称的392人。拥有“长江学者”特聘教授、国家杰出青年科学基金获得者、“新世纪百千万人才工程”国家级人选1人，人事部授衔“中青年有突出贡献专家”和享受国务院政府津贴的专家15人，双聘中国工程院院士3人；有天津市“131”人才工程第一层次人选2人、天津市特聘讲座教授1人。有全日制在校生1.2万人，其中本科生1.1万余人，硕士研究生900余人。拥有本科专业39个。2010年，学校拥有硕士学位授予权一级学科7个、硕士学位授权点24个、工程硕士培养领域3个，其中2个为天津市重点学科。至2010年底，获批国家级科研项目40余项、省部级科研项目100余项、横向科研项目300余项。发表学术论文3000余篇，获得省部级以上科研奖励37项。获批2个天津市重点实验室、1个教育部工程研究中心、1个天津市人文社科重点研究基地，与中科院联合共建4个科研平台。

四、天津商业大学宝德学院

2002年，天津商业大学宝德学院迁至西青区，是天津商业大学和天津摩根教育管理咨询有限公司合作建成的四年制本科层次独立学院。2010年，学院占地14.13公顷，建筑面积13万平方米。以管理学、经济学和艺术学为主，兼有工学、文学等多科性。2010年，设有国际工商管理系、涉外经济贸易系、外国语言文学系、计算机与信息技术系和艺术设计系。学院有工商管理、会计学、市场营销、物流管理、人力资源管理、国际经济与贸易、金融学、旅游管理、英语、日语、计算机科学与技术、电子商务、信息管理与信息系统、视觉传达设计、环境设计、服装与服饰设计、动画等本科专业，在校生7000余人。学院高级职称的教师占40%，聘有多位美国、日本、澳大利亚等国外籍专家、教师授课。2010年，学院被天津市教委、市公安局授予“平安高校”称号。建院至2010年，培养本专科毕业生1.5万人。

五、天津理工大学中环信息学院

学院于2005年由天津理工大学和天津中环电子信息集团有限公司联合创办，位于杨柳青镇内，为全日制普通本科高等院校。2010年，学院占地14.58万平方米，建有现代化教学楼、专业实验室、图书馆、室内外体育场馆、学生公寓等教学生活配套设施。学院设置自动化工程、机械工程、电子信息工程、计算机工程、经济与管理5个系。开设自动化、电气工程及其自动化、电气工程与智能控制、机械设计制造及其自动化等23个本科专业（含方向），以工学为主，工、理、管、文多学科协调发展。副高级以上专业技术职务教师占专任教师总数45.8%，在校生（含高职升本科）7000人。学院重视实践教学改革和学生动手能力培养，探索工学交替培养模式，与企业、社会机构广泛合作，建成校企共建实验室2个、校外实习基地22个，建成自动化控制、机械、电子、计算机网络、管理等66个基础及专业教学实验室。控制工程实验中心、电工电子教学训练中心被列为“天津市普通高等学校实验教学示范中心建设单位”。

六、天津交通职业学院

学院于2002年创办，位于西青道，隶属天津市交通（集团）有限公司，是国家骨干高职院校、交通运输部高等职业教育示范院校、天津市高等职业教育示范院校、国家汽车运用与维修专业领域技能型紧缺人才培养培训基地，国家级高等职业学校骨干教师培训基地。学院建有汽车运用技术、现代物流、交通建设、轨道交通、智能制造技术和交通服务6大专业群、38个专业。各专业采取校企共建方式，建有汽车、物流、电商、路桥、民航、轨道、工程机械等校内实训基地，有275个稳固的校外实训基地。成立丰田、奥迪、大众、保时捷等42个订单班。与多家企业产教合作，完成《汽车虚实融合的协同工作环境技术研发》等40多个技术服务项目。2010年，学院占地面积53.33公顷、建筑面积20万平方米、在校生9000人。有教职工488人，其中专任教师350人，专任教师中有高级职称125人，有国家级教学名师1人、市级教学名师3人、省部级专业带头人4人，有国家级教学团队1个、市级教学团队2个。设有7个分院和3个教学部。

第五章　成人教育 培训

1979—2010年，西青区先后建立农业广播学校、天津电大西青分校，各街镇、村普遍建立农民技术学校。全区开展扫盲提升教育，实施“351”农民培训工程，请大专院校教授授课或联合办学，开展职业技能培训，成人教育步入规范化发展轨道。

第一节　成人教育

一、电大学历教育

1999年前，电大西青分校设置招录专科专业（通过成人高考形式入学）和视听生，财会、中文、小学教育、法律、建筑施工与管理、英语、计算机、现代企业管理、金融等专业，在校生最多时700人。2000年后，电大分校确立汉语言文学、会计学、法学等专业不同层次培养目标，设有开放教育本科专业4个（金融学、汉语言文学、法学、会计学）、专科专业7个（金融学、广告、电子商务、小学教育、法学、会计学、护理学）。2005年，有教职工51人，其中专职教师25人。至2010年，设校长办公室、学校办公室、教务处、招生办、总务处、文法教研室、数理教研室和财经教研室。有教职员工31人，其中专职教师25人。共招生学员2635名。有25名专职教师在开放试点中担任辅导教师，在汉语言文学、会计学、法学等

照24-8　2010年，电大西青分校获“全国示范性基层电大”称号

专业中，培养出多名专职教师。

二、高等教育自学考试

1984年，天津市高等自学考试委员会在西青区设立考点。先后开设党政、中文、法律、会计、统计、计算机、经济管理等24个专业。至1995年，参加考试学员4.81万人次，毕业本科学员8人、专科学员252人。2001—2010年，又增加艺术类、项目管理、电子商务等专业。考点共60多个专业，参加考试学员15.25万人次，本、专科毕业学员3296人。

三、老年教育

2002年底，西青区老年大学成立，开始招收老年学员。2005年，有工作人员3人、教师8人。2010年，设办公室、教务处、总务处，有工作人员2名，教师12名。老年大学成立后，每年招收学员数十名，进行书法、绘画等学科学习。

第二节 培 训

一、农技教育

1979年，区内进行农村青壮年扫盲教育。脱盲标准为识1500个常用字，能看浅显报刊文章，记简单账目，写简单便条。至1985年，全部达到“无盲区”标准。1984年，农民教育开始向普及农业技术知识方面转化，9个乡镇全部建有农民技术学校，有固定办学地点。1986年，开办中等专业班。各乡镇修建校舍2000平方米，聘请专职教师19人、兼职教师100人，办业余高小班13个、办业余中学班168个、大专班4个，累计毕（结）业1200人。培训短期实用技术人员52.13万人次、中等技术人员2340人。1989年后，采取联合办学形式，各乡镇增设成人中等专业教育，开办成人中等专业班。2000年后，开展“351”农民劳动力培训工程。2003年，全区9所成人教育学校全部达到天津市示范校标准。全区160个村级成人学校全部达到市级规定标准，28所达到区级示范校的标准。

二、农村劳动力转移培训

1986年始，区内采取区、乡、村三级办学形式，把农村成人教育重点转向乡（镇）企业岗位培训，采取“送出去”（选送青年到院校代培学习）、“请进来”（请教师到企业内讲学）和“联合办学”形式，村、厂与大、中专院校联合开设专业。1990年，落实“燎原计划”，多层次、多规格、多方面办学。到1998年，培养初中毕业生3620人、业余高中毕业生2439人、中专毕业生3744人、大专层次464人、大专毕业1605人。至2010年，参加农村劳动力转移培训4.4万人。

三、农村实用技术培训

2008年，区内开始实施街镇成人教育“351”培训平台建设工程。每个街镇的成人文化技术学校纳入教育事业编制，提升软硬件等办学条件。至2010年，完成“红色证书”培训3.06万人，其中毕、结业1.74万人。

2008年，启动“农民素质提高工程”，1603人参加农民大专学历教育培训。

四、职业技能培训

1993年始，全区职业教育培训逐步形成以培训基地为龙头、乡镇培训中心为侧翼、职业中专为依托、村厂培训阵地为基础的人才培训网络。利用区电大、成人中专、职业中专、农广校和党校的教学设备和师资力量，向机关和骨干村厂定向招生。开办村校挂钩、厂校挂钩，举办各种类型的中专班。在农村选拔青年干部职工到大专院校深造。利用职校、业校，开设长期班和短期班，对职工进行岗位培训和实用技术培训。至1998年，全区培训人数588万人次。

第六章　教　师

1979—2010年，西青区教师队伍由国办、民办、代课教师构成。21世纪初，民办教师大多转为公职，不再使用代课教师。在教师队伍中开展学历教育、继续教育，不断提高其政治、经济、生活待遇，师资队伍水平持续提升。

第一节　队伍构成

一、民办 代课教师

1979年，全区有民办教师1391人，经考核辞退295人，新录用132人，实有1228人，其中小学教师982人、中学教师246人。1980年，辞退不合格民办教师184人，民办转公职教师67人。部分学校聘用代课教师。1983年，民办转公职教师47人。1984年，民办转公职教师80人。1986年，民办转公职教师47人。1987年，民办转公职教师43人。1991年，有小学民办教师87人，全区有代课教师334人。1995年，民办教师全部转为国办教师。

二、教师总数

1995年，全区小学教职工2169人，其中专任教师1678人，占教师总数的77.4%。女教师1369人，占专任教师总数的81.6%。2010年，全区有教职工3717人，其中专任教师3106人，中学教职工1695人，小学教职工2022人。

1985—2010年西青区教职人员统计表

表24-2　　单位：人

年度	中学教职工人数		小学教职工人数		中小学教职工人数
	合计	专任教师	合计	专任教师	
1985	1361	784	1741	1429	3102
1986	1334	764	1593	1355	2927
1987	1431	868	1682	1434	3113
1988	1484	905	1718	1501	3202
1989	1528	893	1780	1552	3308
1990	1584	944	1821	1485	3405
1991	1559	962	1887	1550	3446
1992	1546	959	1962	1630	3508
1993	1560	975	2050	1709	3610
1994	1543	981	2095	1777	3320
1995	1574	972	2169	1837	3743

续表

年度	中学教职工人数		小学教职工人数		中小学教职工人数
	合计	专任教师	合计	专任教师	
1996	－	－	－	－	4118
1997	1642	1242	2348	1997	3990
1998	1660	1186	2390	2048	4050
1999	1671	1222	2409	2062	4080
2000	1727	1243	2405	2089	4132
2001	1688	1221	2328	2000	4016
2002	1720	1220	2320	2010	4040
2003	1770	1223	2348	2023	4118
2004	1781	1248	2304	1998	4085
2005	1738	1248	2236	1974	3974
2006	1727	1272	2162	1924	3889
2007	1720	1285	2140	1918	3860
2008	1726	1287	2107	1907	3833
2009	1715	1286	2077	1879	3792
2010	1695	1269	2022	1837	3717

第二节　培训进修

一、学历教育

1981年，西青区教师进修学校开设普师班、中师专业班，培训师资和小学行政干部。开设在职教师学历达标的中高师函授班、中高师卫星电视班和职后继续教育班。至1995年，培训1693人，占全区教师的43.12%，450名教师获得高师大专学历。1979—2010年，西青区广播电视大学对幼儿园、中小学、成校、中专各类学校教师进行本、专科学历教育，涵盖汉语言文学、英语、会计、小学教育等专业，1329人毕业。2010年，组织11名中学教师参加暑期研究生预科班，为攻读硕士学位教师搭建学习平台。

照24-9　2010年，西青区中小学“265”工程校级骨干教师培训现场

二、继续教育

1994年始，区教育局对全区中小学教师进行三级培训。1995年，全区972名中学教师和1837名小学教师全部完成继续教育培训。1996年，组织计算机培训168人。组织非师范类68名中小学教师“双学”补习班。1999年，176名初级教师和36名中高级教师参加继续教育，培训艺术、体育教师192名，培训实验员28人。2000—2006年，进行中小学教师第二轮教育扫尾和第一批校长培训，实施为期三年的校长及学科带头人培训计划，中小学骨干校长、教师91名参加培训，培养校级学科带头人390名、区级学科带头人49名、市级学科带头人6名、国家级学科带头人1名。1000名教师参加继续教育岗位培训。2007年，65名教师参加天津师范大学在职进修硕士预科班学习。841名小学语文、数学教师参加专项

技能培训，8个街镇138名非国办幼儿园教师进行非国办幼儿教师继续教育培训，118名艺术教师参加业务培训。2008年，培训初、高中语文、数学教师303人，中学英语教师参加天津师大ESEC高级研修培训。2009年，与天津师大合作开设暑期研究生预科班，选派6人参加天津市暑期英语高级研修班，组织全区幼儿园、中小学英语骨干教师业务培训。2010年，通过东北师大、华东师大、天津师大三大培训基地，分层次对校级干部和骨干教师进行专题培训。

附

西青区教师进修培训学校

学校始建于1963年。1992年，更名为西青区教师进修学校。1996年，与山西省洪洞县、临汾地区合作办学，招收60名普通师范类学生。1997年，与河北省衡水市、廊坊地区合作办学，招收40名普通师范类学生。1996年，开始招收非师范类中专班，每年招收2至3个班，班级规模在40人左右。至2001年，招收最后一届。2001年，面向区内小学在职教师，招收小学教育专业大专班，累计招收150人。2002年，面向社会招收幼儿教育中专班。2005年，招收3届小学教育专业本科班，累计300人。至2010年，区教育系统完成第二至第四周期中小学教师继续教育全员培训，培训中小学教师1.4万人次，累计完成各类培训2.5万人次。

照24-10　2010年，西青区中小学教师参加继续教育培训

1996—2001年西青区教师进修培训情况统计表

表24-3

年度	班次	班数	人数	类型	学制
1996	山西班	2	60	师范类	3年
1996	计算机班	1	50	非师范类	3年
1997	河北班	1	40	师范类	3年
1997	计算机班	1	45	非师范类	3年
1997	美术班	1	45	非师范类	3年
1998	计算机班	1	45	非师范类	3年
1998	英语班	1	45	非师范类	3年
1999	高中班	1	40	非师范类	3年
1999	计算机班	1	40	非师范类	3年
1999	英语班	1	40	非师范类	3年
2000	计算机班	1	40	非师范类	3年
2000	英语班	1	40	非师范类	3年
2001	计算机班	1	40	非师范类	3年
2001	英语班	1	40	非师范类	3年

第三节　教师待遇

一、政治待遇

1979年，区委对在历次政治运动中受迫害的教师落实政策，给予平反，安排工作。

1985年，开始在教师队伍中发展党员。2004年，实施名教师、名班主任、名校长“三名工程”，每三年评选一次。2004年、2007年共评选出名教师29名、名班主任24名、名校长3名。2010年，“三名工程”评选出名校长1人、名教师15人、名班主任13人。

二、经济待遇

1980年，西青区统一执行6类地区工资标准，教师享受班主任津贴。1984年，区内教职工调资“补漏”211名。1987年10月，每位教职工平均调高一级工资。教师开始享受工龄津贴和教龄津贴。1988年，中小学教师首批评定专业技术职称，执行职称工资标准。1989年，全区1596名中小学教师增加工资，占教师总数的53.3%。1989年，全区中小学教职工普调工资一级。1990年，全区有3405名教职工增资。1991年，实行岗位责任津贴。1992年，增加工龄津贴和岗位责任津贴。实行男教师教龄30年以上、女教师教龄25年以上离退休后工资不变政策。1993年9月，实行工资套改，就近就高分别套入专业技术职务及职员职务新工资标准。1995年，实施工资滚动制。此后，地方性津贴标准逐年提高。2004年，天津市将目标管理奖、岗位津贴、岗位责任奖金、未纳入补贴和未纳入奖金五项补贴合为一项工作津贴，整合后，人均提高补贴每月170元。2006年，进行工资制度改革，人均提高工资每月300元。2010年，调整绩效工资总量水平，人均增加工资每月600元。

三、生活待遇

1984年，落实民办教师待遇，民办教师收入不低于本村中等劳动力收入水平。解决中学四级、小学三级以上教师农业户口的家属转为非农业户口。1986年，对教职工每月发洗理费、私车公路补助费。1988年，7个乡镇为教职工建宿舍5400平方米。1992年，离退休教职工到区老干部疗养院短期疗养一次。1996年，完成南片教职工住宅4、5号楼基建，建筑面积8566.95平方米，教师两次分房1.77万平方米，解决350户教师住房问题。2009年，教师生活待遇大幅提高，确保义务教育教师平均工资水平不低于地区公务员平均工资水平，同时对义务教育学校离退休人员发放生活补贴。2010年，根据天津市和西青区相关规定，所有教职工均按时、足额缴纳住房公积金、补充住房公积金、医疗、失业、工伤、生育等保险金。

第七章　经费 设施

1979—2010年，区政府投入巨额资金，不断改建、扩建、提升中小学和中等专业学校校舍，更新教学设施设备，每年投入教育的资金以18%~30%左右增长。全区各公办学校教育经费充足，教学设施设备能满足现代化教学需要。

第一节 教育经费

一、经费来源

1979—2010年，区教育经费由区财政统一拨付。1984年，财政投入教育经费391万元。平均每个教师每月办公经费350元。1985—1995年，财政投入教育经费1.84亿元。2006年，教育经费总收入2.7亿元，比上年增长10.98%，其中财政补助2.43亿元。2010年，教育经费总收入7.71亿元，比上年增长28.81%，其中财政补助收入7.28亿元。

1984年，区、乡（镇）、村集资助教，共集资537万元。在厂校挂钩定点支援活动中，各企事业单位为学校捐助资金48万元。区直集资20万元。1985—1995年，集资2.62亿元。1994年，香港爱国人士邵逸夫捐资50万港元，区财政和杨柳青镇投资105万元，新建逸夫小学教学楼。1999年，争取专项教育资金1664.8万元。

1985—1995年西青区教育经费一览表

表24-4　　单位：万元

年度	区财政投入教育经费	多渠道集资
1985—1991	6327.0	4534.0
1992	1726.7	372.1
1993	2379.3	422.4
1994	3605.2	1144.4
1995	4410.8	1258.6

二、经费支出

2006—2010年，区教育经费总支出呈逐年上升态势，年增长幅度在17%~32%之间。2010年，教育经费比2006年增长1.86倍，其中小学、幼儿教育经费增长幅度最大，分别由2006年占总支出的39.65%、1.73%，增至2010年的51%、3.28%。2010年各类教育支出与2006年相比：成人中等专业教育经费支出额占全区教育经费总支出的1.48%，略有减少；中等专业教育学校经费支出占教育经费总支出的4.41%，增加3.18%；中学教育经费支出占教育经费总支出的35.36%，减少10.89%；小学教育经费支出增加11.35%；幼儿教育经费支出增加1.55%；特殊教育经费支出占教育经费总支出的0.37%，增长0.12%。在全区教育经费支出中，人员经费支出占教育经费总支出的72.15%，比2006年增加6.92%。

2006—2010年西青区教育经费支出统计表

表24-5

项目		2006年	2007年	2008年	2009年	2010年
全年总支出（亿元）		2.7	3.18	4.54	5.97	7.72
其中	人员经费（亿元）	1.74	2.28	3.19	4.45	5.57
	公用经费（万元）	9268	8948	13400	15100	21200
	基本建设支出（万元）	–	–	–	–	280

2006—2010年西青区各级各类学校教育经费支出统计表

表24-6

项目		2006年	2007年	2008年	2009年	2010年
全年总支出(亿元)		2.7	3.18	4.54	5.97	7.72
各级各类学校支出情况	职业教育经费(万元)	1167	1300	2136	-	-
	中等专业教育经费(万元)	288	220	296	2673	3407
	成人中等教育经费(万元)	434	514	731	1011	1143
	中学教育经费(亿元)	1.23	1.14	1.64	2.37	2.73
	小学教育经费(亿元)	1.06	1.33	2.25	2.74	3.94
	特殊教育教育经费(万元)	67	83	169	183	285
	幼儿教育经费(万元)	461	587	822	2026	2535
	其他单位支出(万元)	1342	4380	2253	2717	3158

第二节　教育设施

一、校舍建设

1996年，全区投入65.9万元，维修新建校舍2914平方米、围墙575米，维修上下水管道320米，修厕所12座，建饮水锅炉房20平方米。对乡镇中小学维修补助43.1万元，新建教室180平方米，修围墙200米。1998年，安排90万元修缮费，维修校舍1700平方米。累计投资445万元，新建附房2810平方米及更新维修分管道、门窗、地面等。2006年，完成9个子项目桩基施工。投资340万元，进行直属学校校舍维修。2009年，协调市级示范幼儿园建设和两座小学异地迁建，改扩建部分幼儿园、中小学运动场、体育馆报告厅、食堂和中学教学楼加固。2010年，投入2.5亿元，新建田丽小学等3所和1所中心幼儿园，并完成多所村级小学改造和部分校舍维修。

二、教学设备

2004年，全区有装备信息技术教室71间，计算机3352台。投资200万元进行“校校通”工程建设，建立教研网站，链接到天津教研网，初步实现西青教研的办公自动化、网络化，逐步取消纸质办公。2005年，进行“双高普九”设备全面调查，对装备缺口进行配备和落实。新建校园网3个，西青教育信息网正式开通，全区4个街镇共19个单位光纤接入教育网。2007年，启动“校校通”二期工程，全区67个教育单位的全部光纤网络连接、数据互连和资源千兆实现共享。2009—2010年，实施“图书配送工程”“新增教学仪器设备配送工程”。

第二十五编

科学技术

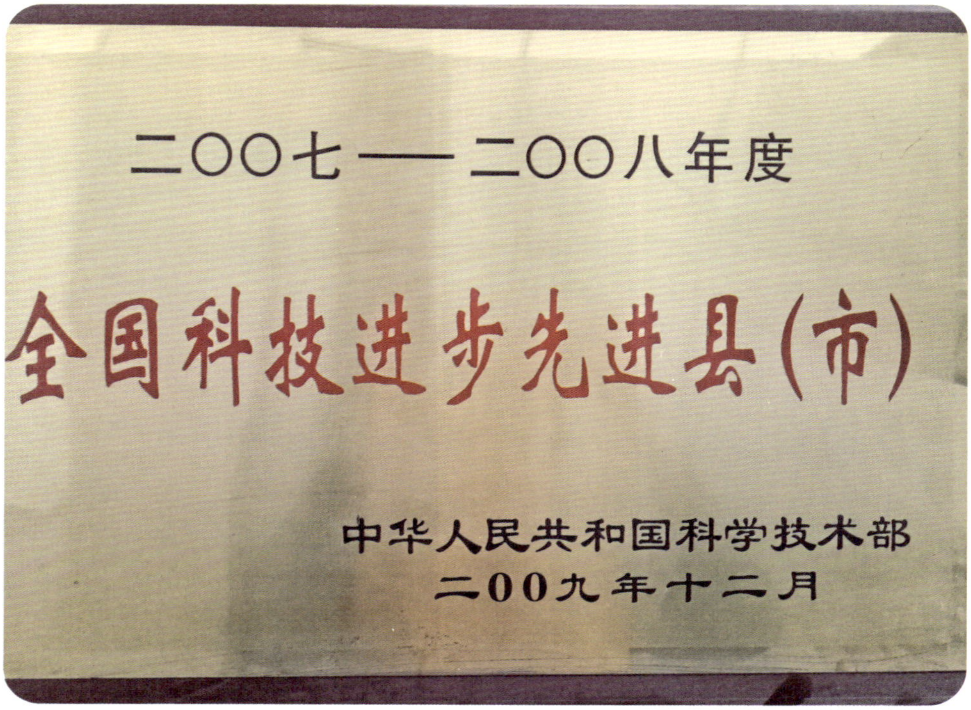

2009年，西青区获国家科学技术部颁发的“2007—2008年度全国科技进步先进县（市）”称号

1979—2010年，西青区坚持走“科技兴区”之路，深入开展科普宣传教育，不断提高人们的科技素养。根据区域经济发展变化，持续实施科技扶持政策，加大资金扶持力度，鼓励技术创新，农业科技水平、城镇企业科技水平不断提高，高新产业不断发展。90年代中期，依靠科技进步，实现二次创业目标，使全区经济发展登上新台阶。进入21世纪，不断引进新技术、引进高级科技人才，努力促进科技成果转化。建设高科技园区，扶植科技中小型企业和高新技术企业发展，重大科技成果硕果累累，科技作为第一生产力在西青经济社会建设中发挥出巨大作用。

第一章　科技体制

1979—2010年，西青区不断推进科技管理和研发机构、科技网络、科技创新投入机制、科技队伍建设等一系列改革。民办科研机构、企业研发机构、学术团体从无到有并快速发展，科技创新资金投入逐年增加，科技研发与市场开发并举，健全的科技体系为全区科学技术发展和转化为生产力起到重要作用。

第一节　科研机构

一、管理机构

1978年，西青区建立科学技术委员会。1979年，成立区科学技术协会，办事机构与区科技部门办事机构合署办公。1980年，全区9个公社成立公社科协。1986年，成立天津市西郊区科技咨询开发服务中心。1990年始，区内建立科技副乡（镇）长制度，选派一批科级干部到基层挂职。全区133个村任命科技副村长。2002年，区科技部门职能调整，将地震办及其相关职能交给区人民防空办公室。2010年，重新对科技部门主要职责内设机构和人员编制进行规定。设立区科技部门科学技术委员会，挂区科技部门知识产权局牌子。

二、科研机构

1985年，区内进行科研生产一条龙试点，聘请天津农学院、天津农科院与区内付村、王稳庄两个乡建立起“科研—生产”联合体。通过应用系统工程理论进行定量化、最优化研究，对区内农业产业结构调整提出建议，为区委、区政府决策提供依据。1987年6月，区内成立第一家民办科技机构——天津市通达电子新技术开发研究所。此后，区内民营科技机构发展迅速，依靠科技创新，以市场为依托，开发出多项科技成果和新产品。1992年，全区民营科技机构发展到20家，从业人员560人，年产值1534万元，取得良好经济效益和社会效益。

90年代中期，全区建立健全各类科技机构167个、农村科技服务组织184个，乡镇科技组织、科技基地总面积超过1500亩。22家企业集团建立不同类型科研开发机构，建立健全40家民营科技机构和60个群众性学会、协会、研究会。

2000—2010年，区内实施科技型企业群体发展战略，突出企业科技创新主体地位。加快推进科技型企业建立企业研发机构。全区共有柯文制模注塑、永鑫达木业等37家企业建立起市、区两级企业技术中心。太平洋制药，圣纳科技建立起博士后工作站和博士后实践基地，另有60多家企业建立起企业研发机构。加快培育科技型企业群体，培育出瑞能电气、大冢制药、贝特瑞、惠德汽车等20家高新技术企业和300多家科技型企业，成为区科技部门科技创新主力军，在由西青制造向西青创造转变中发挥出重要作用。

三、学术团体

1980年，全区成立数学、物理、化学、地理、生物、农学、林学、水利、环保、化工、医药、畜牧、水产等16个专业学会和养蜂、珠算、科技辅导等3个协会。1982年，有各类会员2100人。全区农业科技工作体系得到恢复和发展，9个公社建立起能独立进行技术推广和研究工作的农科站，89个大队建立专职人员的科技队（组），公社农科站、大队科技队（组）与各公社林业站、水利站、农技站、养殖站、种子站和植保站。1990年，开始建立自然科学范畴的学会（协会），为民间自发群众性组织，均由民政部门登记、注册、审批。2008—2010年，全区建有教育学会和环境保护学会等6个区级学会、协会，13个农村专业学会，其中大寺镇润起水产养殖业协会被评为天津市科普惠农兴村先进单位。

第二节　科技网络

一、基层科技网

80年代，区内各乡镇都建立科技站，有专职科技工作人员31人，兼职27人。建立村级农业科技组织149个。区、乡镇两级组建农业科技顾问团，成立30多个研究会，吸收会员873名，发展科技专业户622户，专业服务户（畜牧）1户、农业生产技术联合体7个以及种子植保服务公司9个。1985年，聘请天津农学院、天津农科院与付村、王稳庄两个乡建立起“科研—生产”联合体。

90年代初，区内建立科技副乡（镇）长制度，有133个村设科技副主任。建立健全各类科技机构167个、农村科技服务组织184个。2010年，区农业学会有一级农业科技组织11个、科技人员75人。乡镇一级有农业技术推广机构55个、人员179名。水产学会有水产站6个、人员11名。畜牧兽医站有9个、人员47名。水利学会有水利站8个、人员27名。林业学会有林业站9个、人员20名。有各种专业协会、研究会73个、会员1500余人。

二、科技信息网

2001年，西青区被纳入天津市农业信息化核心示范区，开通西青科技网，建立22个二级网站。设立农业信息化、法律法规、实用技术、合作交流、街镇农业等专栏，链接43家国内农业网站。以西青科技网为平台，全区9个街镇和100个村实现联网，10家乡镇涉农企业在互联网上建立网页。建立免费为农民提供上网服务的农民网，选定50个农业信息化工程重点示范点，配齐电子计算机。2003年，由西青科技网区级平台、9个街镇信息服务中心、210个农村信息服务点组成的农业信息服务体系初步建成。增加3台服务器、路由器、防火墙及相应运行系统等配置。为各街镇和农业企业开辟网上空间，增加“价格行情”“供求信息”“农口部门”等专题栏目。聘任30名网站农业信息员，直接为西青科技网提供信息资源。各街镇建立信息服务中心，为全区160个行政村配齐计算机，村级农业信息示范服务点达到210个。2005年，启动农村信息管理系统工程。2006—2010年，举办系统升级、数据采集、数据录入等信息管理培训班，区、街镇、村三级农村信息管理系统初步形成，区级网络运行中心平台和街镇、村两级应用平台逐步完善。

第三节　科技队伍建设

1979—2010年，西青区通过召开年度科技表彰大会，评选区级专业技术拔尖人才和学科带头人。改革完善职称评聘制度，出台科技人才奖励政策，开展科技致富专项比赛，召开科技经验交流会，开展常规化、制度化的培训进修。

一、职称评聘

1980年，西青区为63名在农业生产第一线从事科技工作的各类科技人员评定技术职称，其他科技人员经过考核予以录用，全区农业科技队伍1261人。1992年，重新制定企事业单位专业技术职务聘任管理办法，对岗位设置、聘任、考核和学历做出明确规定。1995年，从已获得相关资格人员中择优聘任专业技术人员，聘期每任3年。高级职称由区政府聘任，中级职称由人事局聘任，初级职称由乡镇、局委办聘任。2003年，全区有专业技术人员6894人，其中高级职称人员476人，中级职称人员2471人。2005—2010年，建立一级农业科技组织11个，有科技人员75人。有高级职称人员9人、中级职称人员50人、初级职称人员16人。全区有专业技术人员8650人，其中高级职称人员496人、中级职称人员2372人。

二、表彰奖励

1979年，区委、区政府召开农业科学技术总结表彰大会，12个先进集体和86名先进科技工作者、先进个人受到表彰与奖励。1985年，上辛口乡韭菜研究会荣获全国农村科学普及先进集体，理事长荣获全国农村科学普及先进个人。开展“讲精神文明 比科技致富 建设科普文明村”活动，组织科技致富专项竞赛13次，开展先进经验交流23次，累计2万人次参加活动，评选出9个市级“讲、比”先进集体、22名先进个人。其后，每年以不同形式对科技组织、科技人员进行表彰激励。进入21世纪，区委、区政府出台科技奖励政策，开展评选专业技术拔尖人才和学科带头人、科技进步奖评审等活动。至2010年，全区评审出区级科技进步奖300余项。

三、培训进修

照25－1　2010年，西青区科委举办农村经纪人提升培训班

1987—1992年，区科技部门对农村科技人员开展经常化、制度化的培训。举办各类型科学技术报告会108场，听讲人员3.24万人次。1990年，全区科技培训1.64万人次。1995年，举办种、养殖培训班151期，有1.03万人参加实用技术培训。1996年，举办企业干部培训班，204人参加培训。举办技贸机构经营管理人员培训班，65人参加培训。各乡镇科协举办实用技术培训，农业实用技术培训全年超过5万人次。1999年，集中培训街镇、村、集团、骨干大厂技术人员、科技示范户代表600余人。全区实用技术培训人数达到4.9万人次。2008年，启动农村经纪人提升培训，500人参加培训，全部获得国家从业资格证书。

第二章　科技活动

1979年后，区科技部门制定科技费用支出比重考核制度，从资金上确保相关部门科技研发活动。1996年，西青区科技部门在全国星火十周年成果博览会上有4项获得国家级优秀参展项目。2008年，西青区首次通过全国区县科技进步考核，辛口镇获科技部新农村建设科技示范乡镇称号。至2010年，全区工农业和医疗卫生技术等领域取得多项市级和国家级成果。

第一节　科技创建

一、创建全国科技进步示范区

1997年始，西青区将科技进步纳入对乡镇目标责任联绩考核，对乡镇进行科技进步监测考核。2006年，区“科技三项费”等考核关键指标和其他考核指标均达到考核要求，通过“2005—2006年度全国县(市)区科技进步考核”标准。2007年，区科技部门创建市级考核获45.87分，列全市农口区县第三。2008年，西青区首次通过全国区县科技进步考核和天津区县科技进步考核。2009年，通过2007—2008年度全国县(市)、区科技进步考核，被评选为全国科技进步先进区。

二、创立国家级星火技术密集区

1996年，中北斜乡获批建设国家级星火技术密集区，其中丽华色材总厂为国家级星火支柱产业。在北京举办的全国星火计划十周年成果博览会上，西青区8个科技企业的11个项目参展，其中4个项目获国家级优秀参展项目。1997年，中北镇国家级星火技术密集区实施市级以上星火项目20项，其中恒兴顺直饮水工程等4个项目被列入国家级星火计划项目，钢材改制等16个项目被列入市级星火计划项目。2000年，中北镇国家级星火技术密集区建设通过市科技部门专家组验收挂牌。2002年，顺利完成综合评价工作。2007年，西青区被国家科技部评为天津唯一全国星火科技先进单位。

三、创建科技先导型企业

2000年，区内3家企业申报市级高新技术企业，8家企业申报国家级科技中小型企业基金项目。2001年，区科委组织全区企业开展认定科技先导型企业工作，其中17家企业被评为区科技部门科技先导型企业，7家企业被认定为首批科技先导性企业。2002年，区政府明确发展基金的安排要体现科技发展政策和重点发展领域，支持新产品试制、中间试验、规模化生产、高新技术产业化及其他重要科技发展配套项目。2006—2010年，在全区企业中发展高新技术，培育高新技术企业，大桥焊材集团管道焊接技术达到国际先进水平，马克尼电子仪器有限公司的“安全型数字显示瓦斯报警矿灯”等项目被列入市科技部门重点新产品计划。

第二节　科技投入机制

一、科技支持资金

80年代，西青区成立科技发展基金，以科技贷款方式支持应用技术的研究、试验和工农业科技成果应用、示范。90年代初期，向科技项目提供科技贷款，开拓科技市场，促进技术成果快速转化为社会生产力。90年代末，出台科技先导型企业认证办法和优惠政策，区财政设立科技三项费用科目(新产品试制费、中间试验费、重要科学研究补助费)，区政府设立53万元科技奖励专项基金。进入21世纪，区级科技总投入大幅增加。2010年，为企业提供科技资金4850万元。

二、科技项目实施

1985年，西青区举办第一届科技市场活动，邀请13个科研单位和高等院校携1000多项科研成果和科技项目参加，吸引区内数百家乡镇企业参加。2001—2010年，全区累计实施340多项科技含量高、发展前景好、带动能力强的科技创新项目及高新技术产业化项目。

90年代初，开始申报实施国家火炬计划和星火计划。南河镇科技站改良大棚黄瓜项目，亩效益超过万元。鲤鱼稀放精养项目的研发成果使鲤鱼亩产由250千克提高到395千克。推广蔬菜新品种，使全区实现优种化。企业申报承担微生物转化法生产美雄酮等42项市级以上工业、农业科技计划项目，为企业争取科技发展资金595万元。2005—2009年，企业与科研院所、大专院校联合攻关，申报发明专利17项。至2010年，区内企业投入科技资金30亿元。大桥集团、太平洋制药等300多家科技型企业与北京大学、天津大学、南开大学、中国农大和中科院、天津水产研究所等高校院所建立起合作关系。

第三节　科技研发

一、工业科技研发

1995年，区科委通过政策扶持，推动产学研联合等措施，促进支柱产业和重点产品管理水平的提高。区内中津药业、太平洋制药、大桥集团、津津制药和巨能药业5家企业的技术开发中心被批准为市级技术中心。骨干企业大部分与大专院校科研院所建立起合作关系。2001年，帮助区内7家企业建立纳米级原材料应用“校厂”联合研究开发。申报新型工业块结晶技术与设备在区医药化工行业的推广应用项目，通过专家组认证。2002年，全区转化推广蓖麻产业化综合开发等32项高新技术。2005年，区科委组织召开科技成果鉴定会，4个项目被认定为国际先进水平，部分项目被认定为达到国内领先水平。全区拥有国家级新产品70项、市级新产品81项，拥有高新技术产品32个，7个项目列入国家中小企业创新基金。部分企业开发出一批新工艺、新产品和新技术。2006—2010年，培育出14家市级高新技术企业。有的项目技术水平达到国际先进水平，有的项目列入科技部科技型中小企业创新基金计划。2009—2010年，重点实施34个科技项目。整合企业科技资源，建立起企业研发中心和资源共享平台。

二、农业科技研发

1979年，区内开始实施农业科学实验和技术研究。1982—1990年，全区开展农业实用技术推广，密植苹果、“大棚茄子一季越夏连秋”栽培、灰土暗渠、建立水产良种场、大棚温室矮植密植栽培等科技项目取得突破性进展。1995—2000年，建立王顶堤国家级农业现代化示范区，建成第六埠万亩无公害蔬菜高新技术示范区，创建区级粮食试验示范等5个基地，引进推广40多个蔬菜、粮食、水产养殖优良品种，发展奶牛、肉牛、肉鸡等养殖业。利用科普示范基地引进推广新品种46个、新技术10项，引进10个粮食品种。2001—2008年，推广稀放精养技术、工厂化孵化养殖技术、鲤鱼出血腐败病防治技术和鲤鱼安全越冬技术。2009—2010年，实施10个科技含量高、市场潜力大的项目，带动区域农业发展。

三、医疗卫生技术研发

1989年，区医疗卫生部门取得氟骨性椎管狭窄手术研究成果，获天津市科技进步奖。1990年后，区医院的慢性支气管炎中西医结合X线分析方面技术研发获全国卫生科技大会项目奖。西青医院的中西医结合肺炎的X线分析等检查研究项目参加全国性学术交流会议，学术报告在各级杂志公开发表。2002年，全区30多项医学临床研究成果获区级以上科技进步奖。2009年，西青医院“综合疗法治疗20

岁以下腰椎间盘突出症100例临床观察”科研项目获天津市科技成果奖。

第三章 科 普

80年代始，区科技部门致力于科技普及，精心打造高新技术产业，促进科技成果转化和新科技引用。90年代，西青区实施火炬计划和星火计划，加强科普基地建设，每年均开展“科技周”、经常开展科技下乡及农业科技等培训。进入21世纪，筹建科技孵化器，推动区内科技型企业发展升级，将科技成果转化为高效生产力，使之成为西青经济建设的强大引擎。

第一节 科技推广

一、科技成果转化

1990年后，区内民办科技机构依靠技术实力，适应市场经济要求开发科技成果，成果转化逐渐步入系统化。2002年，以高新技术成果转化为主要发展方向，以生物医药、精细化工、软件开发、汽车配件等行业为重点，推动企业与大专院校实行产学研相结合。科技部门组织企业重点转化、推广32项高新技术成果，带动企业直接科技投入1.15亿元。在高新技术成果转化中，18家企业与天津大学、南开大学等一批大专院校结成紧密合作关系。2003年，用高新技术改造传统产业，启动制造业信息化工程。在高新企业销售收入7亿元中，高新技术增加值为4亿元。2007年，区内12项成果被登记为市级科技成果，3项达到国内领先水平。有11项科技成果获天津市高新技术成果转化认定证书。2010年，区科技部门开发出71项市级科技成果，国家级和市级各有4项通过认定。全区重大科技成果登记数100项。

二、新科技引进

80年代末，开始引进新科技。1996年，区科委利用科普示范基地引进推广新品种46个，新技术10项。引进10个粮食品种，蔬菜生产实行“外菜内引、南菜北引”，引进优质鱼苗放养。在精品园实施温室无土栽培和智能化农业技术应用示范。2004年，帮助企业引进高新技术和先进适用技术成果32项，引进国家和天津市无偿科技资金146 万元。2000—2010年，实施科技兴农战略，进行农业科技园区和基地建设。建成王顶堤国家级农业现代化示范区、张家窝镇农业高新技术示范园区等示范园区。创建区级粮食试验示范基地、蔬菜试验示范基地等5个基地。引进40多个蔬菜、粮食、水产养殖优良品种，发展奶牛、肉牛、肉鸡等养殖业，形成一批高效健康养殖等一批农业科技项目。农业科技推广在组织上基本形成网络化体系。

三、火炬计划

1996年，区内部分企业申报火炬计划项目，列入市级火炬计划项目2项。1997年，区科委组织企业申报国家火炬项目5项。2003年，汇总全区火炬计划、星火计划等政策核心内容和申报办法，编辑出版《科技项目知识指南》。为申报火炬计划、星火计划等项目开展实用技术、政策培训。2005年，为企业争取到科技发展资金615万元，其中申报火炬计划6项。2010年，区内19家企业申报项目被列入天津市火炬计划项目。

四、星火计划

1992年，西青区实施星火计划23项，新增产值6亿多元，新增利税近2亿元。在1991年国家“七五”星火博览会上，西青区参展产品共获7块金牌、8块银牌。1996年，全区26个项目列入市级和国家级星火计划。中北斜乡被批准建设国家级星火技术密集区，丽华色彩总厂为国家级星火计划支柱企业。在全国星火计划十周年成果博览会上，8家企业的11个项目参展。2000年，争取国家星火计划专项贷款指标2330万元，6个项目获得市级科技进步奖。2006—2010年，7个项目列入天津市科技部门星火计划。2010年，15家申报项目被列为星火计划项目，其中两个项目被列为2010年度国家级星火计划、12个列入天津市星火计划。

2010年西青区列入国家星火计划和天津市星火计划项目一览表

表25-1　　单位：万元、万元/年

项目类别	项目名称	承担单位	所属街镇	项目执行期	项目投入	预计项目销售收入
国家星火计划	规模化养殖场废弃物综合利用技术集成与示范	天津市益利来养殖有限公司	杨柳青镇	10月1日至11月12日	1200	3207
国家星火计划	农业有机废弃物资源化循环利用技术集成与示范	天津市凯润淡水养殖有限公司	大寺镇	10月1日至11月12日	460	6636
天津市星火计划	猪附红细胞体病流行病学调查及防治新技术开发应用	天津市益君生猪养殖专业合作社	杨柳青镇	9月10日至10月9日	20	500
天津市星火计划	异育银鲫“中科3号”养殖技术示范	天津市渔牧水产养殖场	畜牧水产局	9月10日至11月9日	140	245.4
天津市星火计划	双孢蘑菇立体栽培产业化	西青区润民食用菌种植专业合作社	大寺镇	9月10日至11月9日	30	2500
天津市星火计划	高效节能汽车塑料进气歧管的开发及产业化	天津惠德汽车进气系统有限公司	中北镇	9月10日至11月9日	1300	2600
天津市星火计划	生态循环养殖小区生产技术集成与产业化开发	天津市益利来养殖有限公司	杨柳青镇	9月10日至11月9日	2000	700
天津市星火计划	蛋鸭生物安全饲养模式及冬季延产高产技术集成与示范	西青区动物疫病预防控制中心	畜牧水产局	9月10日至11月3日	150	4000
天津市星火计划	基于家庭经营规模养猪场综合配套生产技术研究与示范	西青区第六埠程翔养猪场	辛口镇	9月10日至11月9日	200	2400
天津市星火计划	大蒜油与中药提取物复方促生长饲料添加剂研制与开发	施瑞克（天津）生物技术有限公司	中北镇	9月10日至11月9日	305	1200
天津市星火计划	禽用活疫苗耐热保护技术开发与应用	天津瑞普高科生物药业有限公司	辛口镇	9月10日至11月9日	3300	865
天津市星火计划	西青区精武镇观赏鱼产业化示范基地建设项目	天津精武惠民观赏鱼有限公司	精武镇	9月10日至11月9日	5000	30000
天津市星火计划	长效阿维菌素片的产业化	天津必佳药业集团有限公司	辛口镇	9月10日至11月9日	2000	1200
天津市星火计划	牧菌与循环模式结合淡水健康养殖技术示范	天津市凯润淡水养殖有限公司	大寺镇	7月10日至9月9日	2212	3500
天津市星火计划	北方蝴蝶兰基地蝴蝶兰繁育及产业化	百维现代农技开发有限公司	张家窝镇	9月10日至11月9日	9000	19000

第二节　科技服务

一、科普基地

1995年，区内开始科普基础设施建设。至2008年，全区建有31个科普教育基地，其中市级科普试验示范基地7个、区级科普试验示范基地18个、市级科普教育基地5个、天津热带植物观光园被命名为国家级科普教育基地。

二、科技周

1987年始，区内每年都举办“科技周”活动。2001年，确定每年5月的第三周为“科技活动周”，将“科技周”作为科普工作重点。2010年，开展以“科学发展在我身边——科技·低碳·民生”为主题的科技周。出示展牌200多块，发放各种宣传品5万张，义务咨询2000多人。400多名干部和科技工作者上街宣讲、义务咨询，全区近万名群众参与活动。1987—2010年，共举办24届科技周，惠及10万余人。

照25-2　2008年，天津热带植物园举办“全国科普教育基地”落成揭牌仪式

三、科技下乡

1987年，区科技部门在张家窝乡开展科技咨询活动，介绍有关幼龄果树安全越冬和玉米精量种植的科技常识。至1992年，共选派各类科技人员下乡480人次，科技咨询项目102种，接待咨询人员8.7万人次。1993年，医疗人员下乡，对高血压、心脏病、糖尿病等多种常见病进行咨询服务。至1995年，开展各种咨询服务10万人次。2000—2003年，开展科技赶集活动，组织农业科技人员到田间地头，进行科普知识咨询服务。组织科技工作者与种养场、户开展“手联手”“心连心”活动，入场、户进行科技帮、扶、带。召开农业科技专家顾问座谈会，邀请区内20位农业科技专家顾问为农村产业结构调整出谋划策。举办农业信息化、科学技术普及法、制造业信息化等专业培训班，抽调专业技术人员到街镇和重点村举办水产实用技术培训班。2007年，集中开展科技下乡活动，开展生猪养殖、枣树栽培、对虾健康养殖、肉鸡养殖、花卉种植等多项内容的培训。2008—2010年，培养支持270户科技示范户、356名科技种养能手，其中获市级种养状元1名、市级种养能手31名。科技下乡送农村科普图书2万册、科普挂图5000套、科技资料1.5万份，受教育者120万人次。

四、科技培训

1979年，区科技部门对农村科技人员开展培训。1980年，成立青少年科技活动领导小组，对中、小学生进行有计划的培训。各中、小学成立科技兴趣小组，配备科技辅导员，开设科技课，开展“科学月”活动。1987年后，累计选派科技咨询服务人员480人次，举办科技赶集31次、科普报告108场、科技成果展览42场，举办科技知识竞赛61次。成立青少年电子计算机站，开展青少年计算机知识培训。1995年，对农村党员、干部通过实用技术培训。先后举办栽培技术培训班360期，接受培训人员7200人。2003—2010年，设立科普志愿者服务站2个，科普宣传栏长度598延米，80个科普服务站，定期举办各种宣传、咨询

照25-3　2009年，西青区农科人员栽培技术现场培训

服务和培训。

五、科技孵化器

2007年，开始筹建科技孵化器（科技中介服务机构），推动科技型企业发展升级。至2010年，全区有中北镇汽车工业园、总部经济产业园、李七庄街凌奥创意产业园、精武镇国家信息安全产业基地、天津市汽车配套专业孵化器等7个已建和在建的孵化器。推荐西青开发区国际工业城和李七庄街凌奥创意产业园申报国家级科技企业孵化器。

第四章　科技成果 专利

80年代中期，在区政府有关部门支持下，区内企业注重科技新成果的研发，一批批科技成果达到国际水平和国内领先水平，获得多项国家级和市级科技进步奖。90年代中期，大量科技成果得到推广应用，极大地提升重点产品的科技含量和企业核心竞争力，并获得可观的经济效益。90年代末，区科技部门注重区内企业专利意识的培养，专利申请量大幅增加。至2010年，培育出多个年超千万和过亿元收益的专利产品。

第一节　科技成果 效益

一、国家级科技奖

1984年，在全国青少年航模“D5”帆船比赛中，区内代表队获第一名。1985年，在全国青少年科技成果展上，西青区参展的“黄瓜保鲜技术”获一等奖。1988年，津兰化工研究所研制“桃红精—6GDN”填补国家空白，获国家级科技进步三等奖。1997年，丽华色彩总厂经专家评审、答辩、被列入国家级科技进步奖前20名。1998年，2个项目获国家级成果，1个产品被评为国家级新产品。2005年，区内3家企业的7项科技成果通过专家鉴定，其中4个项目被认定为国际先进水平。3个项目被认定为国内领先水平。2006年，“纳米抗菌尼龙纺织新材料”等3项成果技术水平达到国际先进水平，两项成果达到国内领先水平。2007年，“数字式自动水位控制系统研究”等3项成果经鉴定达国内领先水平。2008年，“THG-80管道焊接用气保护实心焊丝研究”等4项科技成果经鉴定达到国际先进水平，4项科技成果经鉴定达到国内领先水平，两项成果经鉴定达到国内领先水平。2010年，4项成果达到国内领先及以上水平，长飞鑫茂自主研发的采用夹带钢丝技术达到国际先进水平。

二、市级科技奖

1988年，区内1项科技成果获天津市科技进步二等奖。1995年，1个项目获市科技进步一等奖、两项技术获星火科技三等奖。1997年，区科技部门获市级科技成果奖。研究项目中1项获市科技进步三等奖、1项进行国家级成果登记。1998年，“黄瓜新品种配套技术示范”“矿用甲烷警报安全帽灯”等4个项目获得天津市科技进步奖、2个产品被审定为市级新产品。2000年，列入国家级和市场项目41项，6个项目获得市级科技进步奖。11个项目获天津市高新技术成果转化认定证书。2007年，12个项目被登记为市级科技成果，11个项目获天津市高新技术成果转化认定证书。2008年，登记科技成果75项，3个项目获上年度市科技进步三等奖，1项获市级科技进步一等奖，1项获二等奖，4项获三等奖。2010年，“工厂化立体栽培食用菌及灵芝多糖提取技术”等2个项目获得天津市科学技术奖三等奖。

三、成果推广

1996年，南河镇科技站改良大棚黄瓜等项目得到推广应用，亩效益均超过万元，形成区农业新的增长点。1997年，全区安排农业科技项目98项，区级重点项目18项，重点项目投入超过100万元，支持9个项目的研究和推广。1998年，推广二氧化碳发生器200台，施肥面积达20公顷。茄子嫁接技术在区内主要种植区推广普及。2001年，在区内建立天津市结晶技术推广基地，推广纳米技术产业化，与北京化工大学、南开大学等单位建立合作，7家企业采用结晶新技术。通过成果转化和推广，全区新增产值9.5亿元，增加效益1亿元。2002年，推动企业与大专院校实行产学研相结合，推动区内18家企业与大专院校结成紧密合作关系。组织企业重点转化、推广蓖麻产业化综合开发，纳米汽车漆等32项高新技术成果，带动企业科技投入1.15亿元。2004年，区科技部门帮助区内企业引进高新技术和先进适用技术成果32项。2010年，通过推广科技成果解决多项技术难题，提升重点产品科技含量和企业核心竞争力。

四、科技效益

1985—2000年，全区应用黄瓜嫁接技术增产190吨，增值43.2万元。温室种植蔬菜10公顷，亩产值4500元，总产值67.5万元。低产苹果改造从亩产366千克提高到640千克。2003年，新产品销售收入31.3亿元，占全部收入的17.5%。2004年，太平洋制药有限公司中药新药补肾通淋通过科技部中小企业创新基金管理中心组织验收，项目执行期内累计实现工业增加值390万元，销售收入663万元，利税总额296万元。中津药业VB1重要中间体开发生产 γ－氯代乙酰丙醇新工艺项目进入大规模生产阶段，项目累计实现工业增加值6100万元，销售收入1.1亿元，利润总额2100万元。2006年，天津市燕化新材料有限公司合作开发项目完成后，实现年产汽车彩片1060吨，销售收入4784万元，利润1234万元；年产建筑彩片1020吨，销售收入6697万元，利润1442万元。2007年，23个项目为企业新增销售收入10亿元。2008年，全区44个项目列入国家、天津市科技计划，争取科技引导资金1200万元，带动企业累计投入科技资金8.5亿元。项目为企业新增销售收入27亿元。2009年，实施58个科技项目，新增销售收入51亿元。2010年，实施国家级、市级和区级102个项目，投入科技资金18亿元，新增销售收入180亿元。

第二节　专利成果

一、发明类专利

1999年，全区申请专利10件。2000年，申请专利15项。2001—2005年，区内实施专利战略，培育出一批专利示范企业，发明专利数十项。2005年，全区申请发明类专利128项。2006年，专利申请量达1000余件，其中发明专利62件，专利示范企业成批涌现。天津百利电器有限公司申请专利53件，其中发明专利5件。2007年，全年申请专利1407件，其中发明类专利294件。2008年，全年申请专利1566件。2009年，区科技部门重点开展企业和专利产品培育，培育31家市、区两级专利重点企业。全年专利申请1709件，其中发明类448件。2010年，全区专利申请量1750件，其中发明专利400件。培育年销售收入超3000万元的专利产品5个，年销售收入超亿元的专利产品3个。

二、应用类专利

90年代末，区内企业专利意识增强，其中有15家企业购买技术专利。2001—2005年，区内企业申报专利项目1173件，申请应用专利22项。2005年，全区申请实用新型类专利351项。2006年，申请实用型专利215件，其中天津市百利电气有限公司申请实用新型专利35件。2007年，全区申请实用新型类专利287件。2009年，申请实用新型专利544件。

三、外观设计专利

2001—2005年，区内企业申请外观设计19项，其中天津市百利电器有限公司9项，天津太平洋制药有限公司10项。2007年，申请826件。2010年，区科技部门成为天津市专利工作试点区，全年申请外观设计717件。

第五章　气象 地震测报

八九十年代，区气象站主要依据市气象台和国家气候中心发布的气象资料，经综合分析确定区内天气情况后，以电话、广播、电视、传真等形式发出预报。进入21世纪，西青区实现气象服务网络化，随时向社会提供公众气象和专业、专项气象服务。全区完成10台地震地平面测试仪器安装的选位定点，建设起一支上千人的气象和地震专业队伍，区内气象服务和地震测报水平得到很大提升。

第一节　气象观测

一、常规气象观测

1979年1月1日至1991年12月31日，西青区气象观测为每天08、14、20时观测3次。1992年1月1日起，每天2时、5时、8时、11时、14时、17时、20时、23时观测8次，其中23时只观测，不发报，并增加重要天气观测、气象辐射观测和台风加密观测项目，编发气象旬（月）报和气候月报。2005年1月1日起，气象观测主要以自动观测为主，每分钟自动观测一次，采集气温、气压、湿度、风向、风速、降水量、大型蒸发（4—10月）、地面温度、5~20厘米浅层地温、40~320厘米深层地温、总辐射、净辐射数据。8时至20时每隔3小时定时人工观测云量、能见度、天气现象，与自动观测数据合并在一起发送到国家气象局数据中心，为制作天气预报提供天气实况依据。每天人工观测一次小型蒸发（11月至转年3月）、日照，形成日数据及日照数据文件上传。2007年1月1日至2008年12月31日，调整为国家气候观象台，每天进行24时次全部人工项目观测，与自动站双轨运行，并在2时、5时、8时、11时、14时、17时、20时、23时编发天气报。观测项目有：云、能见度、天气现象、气压、气温、湿度、风向、风速、降水、雪压、日照、蒸发、地面温度、5~20厘米曲管地温、40~320厘米直管地温、冻土、雪深、电线积冰等。2009年1月1日，调整为国家基本站，自动观测项目进行24小时自动观测，每天2时、5时、8时、11时、14时、17时、20时人工观测云、能见度、天气现象与自动观测数据合并发报，23时只观测，不发报。2008年5月1日至9月30日期间，负责天津地区奥运会和残奥会比赛场馆气象要素逐小时实况的采集和编报任务，每个整点过后2分钟内通过网络采集比赛场馆的温、压、湿、降水、风等的气象要素资料，然后加上本地的天气状况编报上传，并在3分钟内完成所有工作。

二、农业气象观测

1979—1989年，区气象部门进行春季测墒和编发农业气象情报。1982—2010年每年3月、4月、5月、6月、9月、10月的8日、18日、28日测墒。

三、观测设备

80年代，区气象部门使用无线传真机接收日本、欧洲、北京等气象中心的数值预报产品。1980年5月1日，区气象部门开始使用遥测雨量计，替换虹吸式雨量计。1986年10月至2004年，使用WSR—81S天气雷达进行雷达观测。1997年开始使用VSAT单收站，接收中央气象台的天气预报产品和资料。1998年起，开始使用E—601B型蒸发器替换原来的E—601型蒸发器。2001年1月1日，AMS Ⅱ型自动气象站试运行，观测项目有气压、气温、湿度、风向、风速、降水、地温等，全部数据自动采集、记录。2005年，开始使用闪电定位仪，主要是测定闪电的位置、强度、时间等数据。2005年8月，在杨柳青、张家窝两镇建成自动雨量站。2007年9月1日起，DYYZ—Ⅱ型自动气象站投入业务运行。2010年起，每年11月1日至次年3月31日，采用DSH1型全天候称重降水量计观测冬季降水量。2010年12月1日运行第二套自动站。

四、报文传输

1979年，区气象站初建时每日只观测不发报。1986年起，使用M7—1540型高频电话，采用口传方式发报。1995年起，利用高频电话数据卡发报，初步实现报文传输数据化。1999年，改为169拨号上网收发报文、资料。2003年，开通西青至市局的2兆数字光纤，用于数据传输、天气会商、办公系统。2003—2004年，人工观测数据和自动站采集数据并轨运行，以人工观测数据发报。2007年9月1日起，自动气象站所采集的数据通过无线通信网络模块传送至天津市气象局数据中心，每天定时传输24次。无线网络模块为双机一用一备，气象电报传输实现网络化、自动化。天气预报的内容有云、能见度、天气现象、气压、气温、湿度、风向风速、降水等。当出现灾害性天气时，5分钟内派发重要天气报。2008年6月1日起，重要天气报增加雷暴、沙尘暴、浮尘、霾、雾。

照25-4　2010年，西青区气象局在西营门街安装自动气象站

五、报表编制

1979年，区气象部门的地面气象记录每月1次报中国气象局和天津市气象局，地面气象记录年报表每年1次报中国气象局和天津市气象局。1992年，增加气象辐射记录月报表，每月报中国气象局和天津市气象局。报表初用手工方式编制。1986年1月1日至1992年12月31日，使用PC—1500袖珍计算机进行编报、记带，取消手工编制。1993年1月1日，使用微机“外卡”进行数据采集、编报、存储，资料送往气候中心编制报表。1997年1月，采用微机数据存盘报送。1999年9月，通过169拨号上网向市局上传微机数据，仍由气候中心编制月报表。2000年后，采用微机直接制作地面年报表。

第二节 气象预报 服务

一、气象预报

1986年起，西青气象站每天参加天津市气象台天气会商，根据会商内容和MICAPS系统预报产品、雷达实时观测等资料，对天津市气象台的天气预报进行简单订正，向区政府相关部门和服务用户发送短时临近天气预报、短期预报、气象旬报和灾害预警等气象信息。2002年，建立气象信息卫星接收系统，建立以数字化天气雷达、气象卫星接收系统、综合气象信息系统、地面气象信息采集相结合的气象信息收集、监测、分析、预报的综合系统，增强对各种天气特别是灾害性天气的预警能力。2007年起，使用可视天气会商系统，每天上午与天津市气象台和其他区县气象局一起对未来的天气状况进行分析预测，对暴雨、寒潮、大风等灾害性天气进行预警、预报和联防服务。

二、气象服务

1985年，区气象部门为全区相关企事业单位、提供气象服务，服务内容包括短期天气预报、气象灾害预警和气象资料。1996年，利用天气警报接收机，向区党政机关及乡镇企业提供短期、短时天气预报，灾害性天气预报。利用气象局旬（月）报形式，向区、乡政府等部门提供未来天气形势分析和中、长期天气预报及相应的生产建议。利用雷达探测技术，为工业、农业、交通进行灾情监测和预报。1997年，在服务手段上增加电话传真服务、防雷技术服务。2001年，利用区电视台发布公众天气预报，建立气象信息服务网络，用户上网调取长期、中期、短期各类天气预报信息。2004年，为各街镇的农业生产制作和分发农业气象预报，包括3~5天内的天气预报、旬预报、月预报和趋势预报，测量土壤墒情，为有关农业指挥部门提供雨情公报，遇特殊天气时提供短时天气预报。2007年起，通过传真、信函、区自动办公网络、电话咨询、现场答疑、手机短信以及通过各种报刊媒体等为全区工农业生产、人民生活和防汛抗旱工作提供气象保障。气象服务内容包括气候预测，中长期天气预报、短期预报（24小时至5天）、短时预报、超短时预报以及天气预警、土壤墒情、雨情公报、气象情报等。

照25-5　2010年，区气象局在田丽小学开展世界气象日科普讲座

1979—2001年西青区气象情况表（表一）

表25-2

年度	年平均气温（℃）	年降水量（毫米）	年蒸发量（毫米）	年日照时数（小时）	年平均风速（米/秒）
1979	11.5	769.3	1770.7	2649.7	3.0
1980	11.5	435.0	1733.7	2802.6	3.0
1981	12.0	453.3	1993.7	2872.5	3.2
1982	12.5	324.2	1906.4	2668.4	2.8
1983	12.7	490.2	1871.8	2701.3	2.8
1984	11.4	617.3	1654.9	2629.2	2.6
1985	11.2	610.2	1428.1	2415.1	2.6
1986	11.8	462.3	1679.5	2684.3	2.7

续表

年度	年平均气温（℃）	年降水量（毫米）	年蒸发量（毫米）	年日照时数（小时）	年平均风速（米/秒）
1987	12.0	624.2	1562.5	2548.3	2.4
1988	12.3	676.1	1582.7	2519.2	2.3
1989	12.9	327.0	1609.2	2542.5	1.9
1990	12.3	625.6	1392.9	2501.5	2.4
1991	12.1	519.0	1459.9	2576.4	2.3
1992	12.3	367.2	1617.5	2636.8	2.3
1993	12.2	526.0	1612.9	2563.0	2.1
1994	13.2	708.4	1600.6	2371.0	2.0
1995	12.7	716.0	1578.5	2618.3	2.1
1996	12.2	472.1	1535.8	2333.5	2.3
1997	12.9	378.1	1691.8	2612.6	2.2
1998	13.4	500.6	1453.1	2206.9	1.9
1999	13.2	390.7	1613.9	2323.3	2.4
2000	12.9	458.8	1658.6	2247.7	2.1
2001	13.1	502.9	1650.4	2100.6	2.1

2002—2010年西青区气象情况表（表二）

表25-3

年度	年平均气温（℃）	年降水量（mm）	11—3月蒸发量（小型）	4—10月蒸发量（大型）	年日照时数（小时）	年平均风速（m/s）
2002	13.3	383.1	400.1	716.1	2128.5	2.2
2003	12.7	567.0	298.1	659.6	2003.2	2.3
2004	13.2	490.5	412.1	714.5	2126.1	2.5
2005	12.9	618.5	395.4	747.3	2348.2	2.5
2006	13.2	415.2	374	744.7	2130	2.5
2007	13.6	389.7	334.1	793.1	2165.4	2.5
2008	13.3	552.1	433.7	732.3	2415.4	2.6
2009	12.9	566.2	344	790.2	2356.5	2.4
2010	12.2	355.4	374.3	851.7	2089.2	3.0

第三节　地震测报

一、地震监测

1976年，成立西郊区地震办公室，开始域内地震监测。最初为观测水井水位升降、动物习性变化。杨柳青第三中学的地震测报点被确定为天津市重点测报点，中北斜中学院内的砖井为重点观测井。1995年，设张家窝镇炒米店地下水位水文测报站、杨柳青一中观测站和杨柳青发电厂水温监测站为地震测报点。2003—2007年，每月初整理上报炒米店观测井水位数据分析资料，对水位变化检测观察。完成10台地震地平面测试仪器安装的选位定点建强震动观测室。2008年，每个街镇配备1名防震减灾助理员，每个村、居委会配备1~2名防震减灾应急志愿者和灾情速报员。选择有一定动物养殖规模场所作为动物宏观测报点，逐步形成群测群防网络。

二、应急场所建设

90年代始，区内开展应急避难场所建设，在小区设立应急救援指挥所、紧急避险所、医疗救护所和人员疏散场所。在小区各居民楼里，按楼门确定志愿者，以便在紧急情况下对群众进行疏导。设置应急疏散示意图，使每个楼门的居民都能明确自己的疏散位置和疏散路线。2009年，开展“防灾应急进社区进家庭”活动。区地震部门在张家窝镇田丽小区举行社区防震防灾应急志愿者队伍成立揭牌、授旗、宣誓仪式，推广田丽小区居委会开展防灾应急进社区、进家庭的做法和经验。

三、应急救援

2005年，区地震部门对区内重点目标数量、性质、分布情况等相关情况底数清楚，制定抢险抢修方案。进行人防、地震专业队伍整组，各单位按照要求完成人员落实和部分人员训练任务，全区人防专业队伍增至1160人。2008年，进行地震应急预案修订，组建抢险抢修、医疗救护、交通运输等7支270人区应急救援专业队伍。2009年，进行应急演练，组织杨柳青一中2000多人的学生疏散演练队伍、150人的社区志愿者队伍、50人的民兵志愿者队伍集结和演练，对各支队伍预演、训练。

第二十六编

文化旅游 广播电视 档案

天津市 西青区志（1979—2010）

TianJin Annals of Xiqing District

2010年，杨柳青民俗文化旅游节舞蹈表演

2010年，国家AAA旅游景区——辛口镇水高庄园

1979—2010年，西青区加大文化建设投入，修缮历史文化遗产，新建、改建和扩建文化活动场所，文化载体功能不断提升。杨柳青年画、精武文化、大院文化等地域品牌文化特色鲜明。每逢重要节日均举办多种形式的文艺活动，文学艺术作品大量涌现。文化产业收到明显社会效益和经济效益。旅游业快速发展，形成5大旅游区和5大旅游板块，成为天津最具影响的人文旅游区。旅游经济在全区国民经济总量中的比重越来越大。广播电视事业于八九十年代发展迅速，实现广播数字直播，建立起广播、电视采编播一体网，节目制作实现数字化，播出形式与技术达到国内先进水平。档案事业快速发展，馆藏设施和管理日趋现代化，数字化程度和服务水平不断提高。档案编研和地方志鉴编修取得历史性成果，编写出西青区第一部区志和多部年鉴、村镇志及其他编研成果，为西青区文化和社会事业建设作出重要贡献。

第一章　文　化

80年代至2010年，西青区文化管理机构历经多次变革，文化事业快速发展。区政府加大文化建设投入，完善提升文化载体的服务功能，新建、改建和扩建文化馆、图书馆、新闻中心等文化设施，对国内外有广泛影响的杨柳青年画馆、精武文化纪念馆、博物馆等文化设施加大建设力度，使之与大院文化、西青大舞台等品牌文化共同构建出鲜明的西青文化特色。区各类文艺演出不断，丰富多彩的文化活动充分满足了人民群众日益增长的精神文化生活需求。

第一节　公共文化设施

一、文化馆

1979年，区文化部门在杨柳青镇文化路2号（杨柳青工人俱乐部）建区文化馆，占地面积5000余平方米，建筑面积700余平方米。设文艺、宣传、创作、阵地、后勤5个组，有员工20人。1995年，文化馆占地面积增至6000平方米，建筑面积1200平方米。2008—2010年，文化馆迁入区文化中心，设有剧场、展厅、排练厅、美术组、油画室、录音棚、电子阅览室、音教室。

照26-1　2010年，西青区文化馆

二、少年宫

1991年，西青区少年宫占地面积近1000平方米。2005年，迁入区文化中心，独立使用面积3800平方米。增设电鼓活动室、民乐活动室、合唱活动室、跆拳道厅、多功能厅和计算机房。购置进美术教具，配置钢琴等乐器及多媒体教学设备。2010年，安装视频监控系统，成为融艺术、科技、文化、体育等活动为一体的具有较大规模、多功能、综合性的少年儿童课外活动场所。

三、老年文化中心

1986年落成，位于杨柳青镇内，占地面积4000平方米，建筑面积1000平方米。设门球场、台球室、乒乓球室、图书室、棋牌室等。开设老年大学，常年开办摄影、书法、绘画等各种学习班。

2010年，各乡镇村大多建有老年人活动中心（站）。

四、图书馆

（一）西青图书馆

1979年，西青区文化馆练舞房改建为图书馆。1980年，新建区图书馆，占地面积3500平方米，建筑面积1880平方米。1992年，馆藏图书3.85万种、8.65万册。1994年，在全国首次公共图书馆评估定级中，西青区图书馆被评为三级（地市级）图书馆。

照26-2　2004年，西青区图书馆

2005—2006年，区图书馆迁至杨柳青民俗广场戏楼三楼临时馆址，使用面积约400平方米，有各类图书2万余册，订阅报刊210余种。分设综合图书外借、少儿图书外借和报刊阅览室3个对外窗口。2008年，区图书馆迁入区文化中心。建筑面积2217平方米。各个功能室配套设施被新型设备替换，实现电子计算机化管理。2009年，实行资源共享，建立查阅平台（电子阅览室），免费向公众开放。2010年，在全国第四次公共图书馆评估定级工作中，西青区图书馆晋升为国家二级图书馆。

（二）区少年儿童图书馆

1979年，西青区图书馆设有少儿图书室。1980年，少儿图书室扩建为区少儿图书馆。建筑面积400平方米，藏书6000余册。设有阅览室、外借处、连环画外借处。1991年，少儿图书馆迁至石家大院南院，占地面积1104平方米，藏书9000 余册。分设小学阅览室和中学阅览室，小学外借处和中学外借处。设有儿童游艺室、小电影放映室。1994年，区少儿图书馆新馆在杨柳青镇文化路建成，建筑面积190平方米，藏书增至1.2万余册，期纸杂志61种，报纸11种。2005年，在少儿图书馆馆址建设西青区文化中心，2006年与区图书馆合并，迁至杨柳青民俗广场戏楼三楼临时馆址。2008—2010年，迁入西青区文化中心。

（三）村镇图书室

1981年，区内有9个公社图书室、104个大队图书室，均达到“五落实”标准，形成最初的“三级图书馆网”。1991年，区内168个自然村有115个村建立图书室，其中规模较大、档次较高、藏书量3000册以上村图书室25个。1995年，全区农村图书室普及率95%，平均藏书量3000~5000册。有村级图书室70个，活动面积在100平方米之间的有20个。2005年，王兰庄村建立天津图书馆王兰庄社区分馆，总建筑面积360平方米，藏书量3万册，是天津市首家在农村建立的社区图书馆。2007年，区图书馆与市图书馆在西青区农村建立3个天津图书馆分馆，建立1家科技书屋，新增6个

照26-3　2005年，天津图书馆王兰庄社区分馆开馆

村(居)级图书室。2010年,全区建成“农家书屋”95家,每个书屋1500册图书以上,报刊30种以上,电子音像制品不少于100张。

五、博物馆 纪念馆

(一)杨柳青博物馆

杨柳青博物馆设于石家大院。1991年,被天津市政府列为市级文物保护单位。2002年,区文化部门对石家大院进行大规模修缮,对博物馆进行扩建。2006年,杨柳青博物馆被国务院列为全国重点文物保护单位,被国家旅游局批准为AAAA级旅游景区。

(二)杨柳青年画馆

位于杨柳青镇内,占地面积631平方米,建筑面积441平方米。原为民房,始建于清光绪年间(1875—1908),赶大营的富商安文忠于宣统二年(1910)购得后,改建成安氏祠堂。2003年,区内将安氏祠堂改建为杨柳青年画馆。杨柳青年画馆陈列展览以杨柳青木版年画起源、兴盛、衰落到复兴的历史沿革为展线,分别展示各个时期的不同代表作品。馆内重点介绍杨柳青年画历史沿革,各时期年画的代表作品以及年画的勾描、刻板、套印、彩绘、装裱五大工序的制作流程。有画师在现场演示作画过程,游人也可亲身体验,在木板上刷印年画。游客中心设有多媒体触摸屏,供游人查阅相关信息并出售年画各类作品、书籍和多种纪念品。

(三)平津战役天津前线指挥部旧址陈列馆

位于杨柳青镇十一街药王庙东大街4号,占地面积280平方米,建筑面积213.38平方米,展厅面积170平方米。1980年,区内投资文物部门对平津战役天津前线指挥部遗址进行彻底维修,将全院房舍按当年原貌进行复原,重新粉刷、油漆。随后转入征集展品阶段,复制大批历史照片、资料及各种实物展品,搜集到平津战役天津前线指挥部的部分用品。将天津战役的作战过程、英雄事迹及辉煌战果纳入展示。1982年,市政府公布平津战役天津前线指挥部遗址为天津市文物保护单位。1984年,完成陈列馆全部复原和陈列展出任务,由肖劲光大将题写“平津战役天津前线指挥部旧址陈列馆”匾额,陈列馆正式开馆。2010年,启动陈列馆修缮方案。

(四)天津“一二·九”抗日救亡运动纪念馆

位于李七庄街王兰庄村,占地面积2000平方米(包括纪念广场和纪念碑),建筑面积400平方米。为纪念1935年12月9日京津大、中学校学生举行抗日救亡运动和在抗日战争中具有深远意义的“抗日救亡义务教育点”所立,1985年,天津市委在当年王兰庄演出抗日救亡戏剧的土台子上设立纪念碑,由当年参加并领导义务教育运动的中共中央政治局常委、国务院副总理姚依林题写“天津学生抗日救亡义务教育点纪念碑”。1986年,天津市委、市政府在王兰庄修建天津学生抗日救亡义务教育点陈列馆。1988年,更名为天津学生抗日救亡义务教育点纪念馆。纪念馆120平方米,为平顶砖混结构的厅堂建筑。1994年,被命名为天津市爱国主义教育基地。2003年,在原陈列馆基础上,充实展览内容,于12月初新建纪念馆。新馆为一座砖混结构的厅堂,经市文物局批准更名为天津“一二·九抗日救亡运动纪念馆”。12月9日,举行新馆开馆仪式。展馆内陈列照片、图表、有文物价值的报刊资料、实物、老同志回忆文章和部分音

照26-4 2010年,天津一二·九抗日运动纪念馆

像资料，成为天津最有影响的爱国主义教育基地之一。

（五）霍元甲纪念馆

位于精武镇小南河村，毗邻霍元甲陵园，1990年建成。2010年，重建霍元甲纪念馆。霍元甲纪念馆的设计为阴阳鱼结构，三层建筑，八卦底座，由31层台阶高高托起。底座直径为120米，地下负一层为办公区，圆形馆直径60米。“霍元甲纪念馆”牌匾由著名书画家孙奇峰题写。整个建筑黑白相间，从空中俯视是太极八卦形。白龙柱是汉白玉材质，高32米，直径1.8米。白色龙柱代表少阳，象征中华民族精神；黑色龙柱在室内，代表少阴，阴阳平衡象征和谐共处。纪念馆墙壁上的浮雕形象，展示的是霍家55式迷踪拳的全部招式动作。

六、文化广场

90年代初，西青区进行农村平房改造，各居民区或周围都建有大小不等的文化（健身）广场，杨柳青广场为区内最大的文化广场。广场占地7.2万平方米，由主、副两部分组成：主广场“一个心脏、两个肺叶”，由国旗、花坛叠水、雕塑喷泉构成广场心脏。欧式风格的疏林草地环抱东西两侧，形似两块巨大的“肺叶”，5个设计各异的娱乐休闲园镶嵌其中。副广场是由64根罗马柱为主体的弧形建筑，整齐排列广场南端，主副广场浑然一体。2006年，杨柳青广场被中国群众文化学会、中国文化报社评为“全国特色文化广场”。

七、街镇文化服务中心

（一）街镇文体中心

1979年，开始建公社文化站。1981年，各公社文化站的图书馆（室）基本实现有场所、工作人员、借阅时间和规章制度。至1984年，全区9个乡镇全部建起文化站。2010年，各街镇文化站扩建为文体中心。各文体中心功能布局合理，开设多功能室、图书室等多个功能区域，室内设有电脑、图书、各种乐器等。室外配有健身器材和活动广场。

（二）村级文化阵地

1981年，开始三级图书馆（室）和“三级文化阵地网络”建设。1982年，全区80%村建起青年、老年之家，设有图书、棋牌、录像厅等。1990年，建立农村文化活动室147个。1991年，全区有115个村建立图书室，其中藏书量3000册以上25个。1995年，全区农村图书室普及率达95%，层次较高的村级图书室有70个。2003年，杨柳青镇十三街村建老年活动文化中心。至2010年，全区建成“农家书屋”95家。

八、影视设施

（一）电影放映队

1979年，全区有54个电影队，其中公社级9个、村级45个，驻区单位有电影放映队23个。80年代中期，因电影市场衰落，许多电影放映队解散。1995年，全区仅保留放映队4个。

（二）杨柳青影剧院

杨柳青影剧院重建于1970年，坐落在杨柳青镇内，有座位900余个。1976年地震中毁坏严重，1987年成为危房，停止使用。

（三）杨柳青群众影院

坐落在杨柳青镇建设路3号。占地1968平方米，建筑面积1165平方米，其中放映厅696平方米，座位1100个。1985年，投入6万元购置先进设备，放映质量达同行业水平。1990年后，电影市场衰落，票房收入连年下降。1996年，影剧院改作他用。

（四）电影公司

1981年成立，负责全区2座影剧院、9个乡镇电影放映队管理指导。1988年始，不再对区影剧院进行管理。1990年后，公司处于亏损状态，1996年撤销。

（五）广播电台

1979年，区广播站位于区政府大楼三楼。1985年，建三层广播办公楼，建筑面积950平方米，三层主体楼房41间，实现办公和播出机房、播音室、录音室分设房间。1986年，区广播站迁入新址。1987年，兴建四柱自立式广播调频发射塔，安装2台发射机。2005年，新建广播电视新闻中心大楼，占地面积7500平方米，建筑面积1.1万平方米。区广播电台随之迁入。

（六）电视台

1997年，西青区成立有线电视台。2005年，迁入广播电视新闻中心。有600平方米演播厅和120平方米中型演播厅及70平方米的模拟演播室，两个40平方米的语言播音室，有配套的技术用房。2009年，对电视台两套节目进行重新定位，分为新闻综合频道和娱乐生活频道，两套节目全天18小时播出。

九、新华书店

1979年，区新华书店位于杨柳青镇和平路31号，建筑面积1168平方米，设有业务部、课本供应部、批发部、机关单位服务部。书店辖杨柳青、李七庄两个门市部。1984年，李七庄门市部划归天津市河西区新华书店管理。1995年，新华书店杨柳青门市部有图书4000余种。除图书经营业务外，还兼营文化、体育用品及音像制品等。1997年，书店门市部开始变闭架销售为敞架销售。2003年，筹资360多万元，购买杨柳青明清街新店址。2006年，图书销售121.7万余册。

照26-5　2010年，西青区新华书店

十、网吧

90年代后期，城区和部分镇（街）出现网吧。2003年，全区有符合条件的互联网服务营业场所38家。2004年，制订互联网上网服务营业场所管理办法。2006年，对辖区内互联网服务营业场所总量和发展布局进行调整，营业场所由38家调整为46家。2010年，全区有网吧46家，分布于城区、工业园区和各街镇。

第二节　品牌文化

80年代始，西青区注重弘扬传统文化，培育创新具有特色的文化品牌。举办国际年画节，进京、入澳、赴韩国首尔举办杨柳青年画展，举办世界精武大会，连续十多年打造文艺大舞台、元宵节秧歌花会展演，将传统民族文化传扬光大。

一、年画宣传

（一）中国天津杨柳青国际年画艺术节

1992年1月27日，首届中国天津杨柳青国际年画艺术节在杨柳青开幕。期间，举办中国木版年画学术研讨会，引起各地专家和学者的关注，受到中外宾客的高度称赞。2月28日（元宵节），历时23天的杨柳青国际年画艺术节在石家大院举行闭幕式。贵宾们参观杨柳青博物馆内珍藏的年画和砖雕艺术珍品，参加杨柳青镇独有的"提灯笼遛百病"等活动，观赏戏楼里上演的七音换手联弹、河北梆子、京剧和古彩戏法、花脸猜谜、鼓乐齐鸣等具有浓郁民族特色的文艺节目。天津市有关领导及京津两地文艺界近30名知名人士、50余名外国来宾等500余人出席闭幕式。

（二）进京展

2004年12月19日至2005年2月26日，杨柳青年画在北京中国现代文学馆主楼B层展出，展览面积300平方米。历时66天，是中国现代文学馆举办各类展览时间最长的一次。展览分为年画历史介绍、古版年画沿革、古旧年画木版陈列和新版年画展四个部分，征集各个年代包括门神、仕女娃娃等五大类近百幅作品，贡尖、立屏等60余个年画品种。展览期间，安排现场操作表演，以展示年画制作过程。中央电视台和全国其他主流媒体相继报道。

（三）首尔展

2006年1月，由韩国首尔中国文化中心和天津杨柳青镇政府共同主办的"中国魅力名镇杨柳青——年画民俗展"在韩国首都首尔中国文化中心隆重开幕。此次展出多幅年画古版和古版年画，有仕女、娃娃、戏出、神玛、吉祥图样5大类、50余幅古版珍品年画，有30多个品种的贡尖、立屏、横竖三裁、册页、手卷等新品年画，以及墨线、套版、半成品、成品和缸鱼、灶王等传统年画。还展出与杨柳青年画相关题材的30余个品种的杨柳青剪纸、彩塑、风筝、扑克等民俗工艺品。现场演示木版印刷、彩绘等中国传统民族工艺。韩中两方官员、韩国著名人士及西青区领导等百余人出席开幕式。

照26-6　2006年，韩国首尔民众参观杨柳青年画

（四）澳门展

2007年1月20日至3月25日，应澳门特别行政区文化局、博物馆邀请，在澳门博物馆举办"迎新接福·一纸万象——杨柳青木版年画展"。展品包括年画制作工具陈列、年画古版陈列，年画陈列，其中陈列古画版5块，展出明、清、民国、1960年前后四个不同历史时期的古版年画珍品64幅。展览期间安排年画制作表演，展示年画制作过程。展览设置教育专区，让澳门中小学生亲手绘制杨柳青年画。

二、世界精武大会

2010年，为纪念爱国武术家霍元甲逝世100周年和精武体育会创办100周年，西青区政府投资2亿元，扩建霍元甲陵园、霍元甲纪念馆，筹备举办大型"世界精武·霍元甲英雄会"纪念活动。

2010年11月13日，霍元甲英雄会纪念大会在小南河村开幕。各地精武人士、武林豪杰齐聚津门，到霍元甲家乡寻根问祖，祭拜精武元祖。参加"世界精武·霍元甲英雄会"的有世界20多个国家和地区、39个精武体育会派来的代表，包括表演团队共4000余人。期间，分别举办霍元甲陵园开园仪式、世界精武会公祭仪式、霍元甲纪念馆开馆仪式以及迷踪拳表演、精武论坛等活动。与会各国精武会长及代表还交流霍元甲研究成果及精武会发展情况，发表共同宣言。

三、文艺演出

（一）调演 会演

1979年始，西青区文化馆陆续编排一批群众喜闻乐见的文艺节目，开展区、公社两级文艺调演活动，举办全区中小学文艺会演、儿童“红五月”歌咏活动等。全区各社队、企业组织多种形式的文艺活动，其中以杨柳青镇为重点，恢复龙灯、高跷、香塔、少林等不同风格的民间传统花会。1982年春节期间，区文化部门组织杨柳青镇十几道花会参加“闹元宵”文化活动，举办第一次全区民间艺术花会大型展演。先后开展“教师艺术节”“驻军部队军营文化”“家庭文化”“老龄文化”“企业文化”等文化活动。

（二）“颂祖国·赞西青”演出

1999年，区文化馆开展“颂祖国·赞西青”文化活动月系列活动。在杨柳青公园青年园东侧搭建简易舞台，举办大型消夏纳凉晚会（首届文艺大舞台）演出，组织举办12场文艺演出。区业余京剧团、杨柳青镇评剧团、杨柳青镇业余艺术团、西营门赵庄子业余京剧团、西青区历届参赛获奖优秀歌手及各街镇业余骨干400余人参加义务演出，观众6万人次。2008年，第十届“颂祖国·赞西青”文艺大舞台重点放在基层演出。2009年，举行第十一届“欢乐西青·文化服务基层行”活动，深入到街镇、村、社区、企业、部队、学校、机关、敬老院演出25场。

照26-7　2005年，西青区第九届“颂祖国、赞西青”文艺大舞台演出

（三）“文艺大舞台·欢乐西青行”

2010年7—8月，西青区文化部门推出第十二届“文艺大舞台·欢乐西青行”群众性品牌文化活动，以杨柳青民俗广场固定演出和文化服务小分队进基层流动演出相结合。成立西青区文艺大舞台演出活动领导小组，设置有街镇专场、群文社团专场、老年人专场、军队专场、电影专场等共30场演出，2000名演员参加演出，吸引观众50万人次，参演主体90%是区内普通群众。区新闻中心全程录制播出，市、区新闻媒体宣传报道。构成“政府搭台、团队唱戏、群众受益”活动模式，文艺大舞台成为西青区新的文化品牌。

四、灯展 花会

（一）元宵节灯展

1979年，区内元宵节灯展为民间自发的文化活动。1995年开始，区文化部门在杨柳青镇摆设彩灯，逐年扩大面积范围。2010年，正月十四至正月十六在杨柳青镇柳口路和新华道（罗马柱）段，摆设大型彩灯120余盏，摆设红纱灯、氛围灯近3000盏。借助灯展，充分展示西青的年画文化、精武文化、剪纸文化等地域特色文化。灯展受到群众好评，也引起中央电视台和天津电视台关注和集中

照26-8　2010年，西青区元宵灯展街景

报道，成为西青区富有地方特色的品牌文化活动。

（二）民间花会展演

70年代末，区文化馆开始组织杨柳青镇内5~7支民间花会，定期进行比赛。1986年正月十五，花会展演安排在杨柳青镇新华路上，参加表演的花会有高跷、旱船等8支队伍。1989—1992年，花会展演场地安排在区体育场，来自辛口乡、中北斜乡、大寺乡、杨柳青镇的10余支花会队伍参加表演。1993年始，部分民间花会队伍开始参加区春节秧歌花会展演活动。1996年始，各街镇参加花会表演的项目有高跷会、武术会、小车会、舞龙舞狮会、腰鼓会、钹鼓会等。2010年，区内比较活跃的民间花会队伍有杨柳青社区、大寺镇龙居等16支秧歌队。

第三节　文学艺术

1978年后，区内文学艺术爱好者队伍迅速成长，业余创作组、研究会、专业协会迅速壮大。创作发表大批小说、散文、诗歌、报告文学，研究发掘民间文学艺术。大批民间文学作品，书画、摄影等造型艺术作品，音乐舞蹈、戏剧曲艺等表演艺术作品在全国、省市级各种比赛中获奖。图书、新闻出版事业不断发展，非物质文化遗产及文物得到高度重视和保护。

一、文学

（一）小说 散文 诗歌创作

1979年，区内无文学创作组织，文学爱好者多自发地从事文学创作活动。1983年，区内5名文学青年参加天津作家协会青年文学创作会议。1984年7月，区文化馆成立西郊区文学艺术创作研究会，下设文学创作小组（后改为文学分会）。经常组织创作研讨、写作辅导等活动，自办刊物《杨柳青文艺》，后停办。1991年，南河镇文学社成立，有会员20人，多为当地农民，文学社内设诗歌、小说两个创作小组。1994年，绿野文学社成立，有会员10名，均为西营门街小稍直口村农民，办有《绿野》小报并出刊16期。2003—2010年，原《杨柳青文艺》复刊，更名为《杨柳青》，文学爱好者的创作热情更加高涨，涌现出创作骨干近200人。2010年，西青区作家协会、美术家协会、书法家协会正式成立。

照26-9　2010年，西青区作家协会成立大会

1983—2010年西青区出版文学作品集一览表

表26-1

书目	体裁	作者	出版社	出版时间
《霍元甲》	长篇小说	晨　曲	江苏人民出版社	1984年7月
《霍东阁传奇》	长篇小说	晨　曲	百花文艺出版	1985年12月
《野炊》	诗集	陈子如	百花文艺出版	1998年2月
《石家大院》	长篇小说	朱国成	远方出版社	2000年9月
《女人石》	中短篇小说集	陈子如	天津社会科学院出版社	2004年3月
《珍惜·爱》	长篇小说	朱明静	天津社会科学院出版社	2004年5月
《正说霍元甲》	长篇纪实文学	晨　曲	百花文艺出版	2006年6月

续表

书目	体裁	作者	出版社	出版时间
《此情可待成追忆》	散文集	马淑霞	天津社会科学院出版社	2007年10月
《北方的树》	诗集	陈子如	百花文艺出版	2008年1月
《苇淀边的传说》	散文集	陈子如	百花文艺出版	2009年5月
《人生如河》	散文诗歌集	流洋河	百花文艺出版	2009年5月
《风雨阳光》	中篇小说集	刘向阳	大众文艺出版社	2009年6月
《李珍奎诗集》	诗集	李珍奎	百花文艺出版	2009年12月
《赶大营》	长篇小说	晨　曲	天津人民出版社	2010年1月
《走近霍元甲》	长篇纪实文学	晨　曲	百花文艺出版	2010年10月

1984—2010年西青区部分文学作品获奖情况一览表

表26-2

作　品	体　裁	作　者	获奖名称	年　度
《横堤二妞》	散　文	杨树森	天津电台"金沽大地"征文一等奖	1988
《惊涛骇浪一叶舟》	报告文学	刘新国	天津"改革十年"报告文学征文优秀奖	1989
《清醒的十年清醒的人》	小　说	朱国成	《天津青年报》征文三等奖	1990
《石头棺材应警醒》	散　文	朱国成	天津市第二届文化杯三等奖	1991
《永远年轻的生命》	诗　歌	马淑霞	天津市鲁迅文艺基金青年诗歌赛三等奖	1992
《坟》	散　文	朱国成	天津市第四届文化杯三等奖	1994
《观礼台上的卫南洼人》	报告文学	朱国成	天津市第五届文化杯一等奖	1995
感时咏物四首	诗　歌	朱国成	天津市第六届文化杯三等奖	1996
《一家子，过日子这片黄土地告诉你》	报告文学	朱国成	全国"中华大地之光"征文二等奖	1997
《故园那棵树》	散　文	孟宪华	蓓蕾杯全国散文大赛优秀奖	1998
《旗奶奶》 《走出卫南洼》	中篇小说 报告文学	朱国成	天津市第七届文化杯二等奖 全国"中华大地之光"征文二等奖	1998
《李二圣》 《难忘那一段儿》	小　说 散　文	朱国成	天津市区县文学擂台赛三等奖 天津市第11届文化杯三等奖	2002
《打工妹赵玉》	中篇小说	晨　曲	天津市第12届文化杯二等奖	2003
《圣人》	小　说	朱国成	天津市第12届文化杯三等奖	2003
《最悲痛的时刻》	散　文	朱明静	"青春杯"作品大赛优秀奖	2003
《谁还记得他》	短篇小说	刘向阳	天津市第15届文化杯一等奖	2005
《蓝蓝的那个天》	中篇小说	晨　曲	天津市第15届文化杯二等奖	2005
《点儿爷和汤碗儿》	小　说	朱国成	天津市第14届文化杯三等奖	2005
《有人疼的日子真好》 《甜泪》 产房内外	小　说 散　文 小　品	刘向阳	第四届全国微型小说三等奖 天津市第15届文化杯三等奖 天津市第11届天穆杯优秀奖	2006
《欢迎友情，拒绝爱情》	散　文	朱明静	"长城杯"作品大赛优秀奖	2006
《牵挂》 《四吊五的十年变迁》	小　说 散　文	刘向阳	首届吴承恩文学奖优秀奖 《中国信息报》征文二等奖	2007
《情遗哈拉木达》	中篇小说	刘向阳	天津市第17届文化杯三等奖	2008
《买菊花》	短篇小说	白　青	天津市第17届文化杯三等奖	2008
《青青的那个山》	中篇小说	晨　曲	天津市第17届文化杯优秀奖	2008
《木匠瞎胡鬼》	小小说	陈子如	天津市第17届文化杯优秀奖全国梁斌小说奖一等奖	2008
《家乡的月饼》 《天下的月亮一样圆》	散　文 小小说	刘向阳	全国散文征文大赛三等奖 第七届全国微型小说奖二等奖	2009
《乡戏旧事》	散　文	白　青	第18届文化杯孙犁奖二等奖	2009
《秋色》	散　文	陈子如	第18届文化杯全国孙犁散文奖三等奖	2009
《兄弟的希望》 《团圆》	诗　歌 小小说	刘向阳	第19届文化杯鲁藜奖优秀奖 第八届全国微型小说奖三等奖	2010
《记忆》	诗　歌	白　青	第19届文化杯鲁藜奖三等奖	2010
《李珍奎诗选》	诗　集	李珍奎	第19届文化杯鲁藜奖优秀奖	2010
《芦苇淀边传说》	诗　歌	陈子如	第19届文化杯鲁藜奖二等奖	2010

（二）民间文学创作

1979—2010年，区内许多作者热心于研究西青区的历史文化，搜集整理口口相传的民间故事、传说，编写大量民间文学作品，不少作品先后发表或出版。

2002年，区内作者开始研究和发掘民间文化，整理民歌110首、民间器乐曲125首、恢复民间花会46道。先后编撰《中国民间文学集·西郊集》《中国民间音乐集成·天津西青卷》《天津法鼓初探》等著作。

1993—2010年西青区民间文学著作出版情况一览表

表26-3

出版时间	作品名称	类别	编著者	出版单位	内容简介
1993	《津西古今采珍》	文化历史	市政协文史委、区政协文史委合编	百花文艺出版社	收录反映津西地区风情、历史文章29篇
2007	《杨柳青石家大院》	纪实故事	宫桂桐 韩志勇 摄影：宫桂桐	新蕾出版社	石家大院历史沿革，纪实故事
	《杨柳青人赶大营史实》	纪实故事	王鸿逵著	新蕾出版社	赶大营历史人物与故事集
2007	《杨柳青人赶大营寻踪》	纪实故事	白秉刚编著	新蕾出版社	采访赶大营实录与历史人物和故事
	《杨柳青的老买卖》	纪实故事	马淑霞 郭忠平编	新蕾出版社	记述杨柳青最繁荣时期的各类买卖字号与发展轨迹
2007	《杨柳青古今兵站传奇》	纪实故事	谢玉明编著	新蕾出版社	收录记述杨柳青历代兵乱与战事的故事
	《杨柳青年画》	民间艺术	李明禄 张广文编著	新蕾出版社	介绍杨柳青年画的制作工艺与艺术特色
2007	《杨柳青剪纸》	民间艺术	李明禄 张广文 编著	新蕾出版社	介绍杨柳青剪纸、吊钱、窗花、喜花等民间艺术特色
	《杨柳青砖雕》	民间艺术	李明禄 宫桂桐 摄影：宫桂桐	新蕾出版社	介绍杨柳青各类砖雕艺术，有照片180幅，图文并茂
2007	《杨柳青民间传说故事》	民间文学	杨鸣起 朱国成 王洪海编	新蕾出版社	收入杨柳青民间传说、故事47篇
2007	《杨柳青历史故事三题》	民间文学	晨曲著	新蕾出版社	收入白玉霜、平津战役、赶大营故事3个历史故事
2008	《杨柳青民居石雕图录》	民间艺术	宫桂桐著并摄影	新蕾出版社	介绍杨柳青石雕艺术，有抱鼓石、箱型门墩等石雕照片130幅，图文并茂
2008	《杨柳青古代诗词选读》	民间诗词	朱国成编注	新蕾出版社	收入杨柳青古代诗词42首
	《杨柳青年画纵横谈》	民间艺术	陈子如主编	百花文艺出版社	介绍杨柳青年画的制作工艺与艺术特色
2010	《运河故事》	民间文学	朱国成著	新蕾出版社	收入故事153篇
	《运河耳语》	民间文学	朱国成著	新蕾出版社	收入杂文、随笔167篇
2010	《运河韵事》	民间文学	朱国成著	新蕾出版社	收入民间传说故事118篇
	《杨柳青故事》	民间文学	朱国成著	新蕾出版社	收入与有关文字50篇
2010	《风梳杨柳》	民间文学	朱国成著	新蕾出版社	收入诗歌294首
	《运河记忆》	民间文学	朱国成著	新蕾出版社	收入报告文学、散文127篇

二、绘画 书法 摄影

（一）绘画创作

1979年后，区内绘画活动日趋活跃，国画、水粉画、油画都得到快速发展。1982年，西郊区书画研究会成立，经常组织绘画爱好者进行技艺交流、展览，发现和鼓励新人，一些书画爱好者分别举办个人书画展。1988年，中北镇成立中北书画社，有会员20余人。2004年，区内画家论文《杨柳青年画浅析》获2004年全国群众文化论文评选三等奖。2010年11月，西青区美术家协会成立。

1982—2009年西青区部分参展 发表 获奖绘画作品一览表

表26-4

年度	类别	作品题目	参展、发表及获奖情况	作者
1982	国画	给人甜美	天津市美术作品展	谢天刚
1983	国画	古燕高秋	天津市第三届青年美术展	吴国恒
1984	国画	雄　鹰	天津市第十七届美术展三等奖	陈　农
1985	国画	咏　梅	天津市美术作品展	陈　农
1986	国画	河山之阳	天津市职工文化博览会一等奖	吴国恒
1987	国画	云雾山村	“海河之秋”中国艺术节优秀奖	吴国恒
1988	国画	喜笑颜开	全国农民书画大赛天津市最佳奖	谢天刚
1989	国画	笑了农田	天津市田野艺术节一等奖	谢天刚
1990	国画	向日葵	天津市美术作品展	谢天刚
1993	国画	红梅颂	首届国际中外“咏梅”美术展	谢天刚
1994	国画	春　韵	天津市田野艺术节金奖	谢天刚
1995	国画	山　水	全国“天马”书画大赛优秀奖	吴国恒
1999	油画	宏　愿	入选全国第八届“群星奖”	石玉成
2002	油画	憧憬明天	天津市第二届农民艺术节美术书法摄影作品展获铜奖	石玉成
2005	国画	国　画	入选中国天津母亲文化周“热爱母亲、回报母爱”书画展获天津市“城市新貌写生展”银奖	吴国恒
2005	油画	油　画	获天津市“城市新貌写生展”铜奖	石玉成
2005	油画	油　画	获天津市“城市新貌写生展”优秀奖	刘毅平
2005	国画	国　画	入选天津母亲文化周“热爱母亲、回报母亲”书画展	王宝铭
2006	国画	国　画	入选首届天津市《文化杯》当代名家新人美术作品展	穆怀庆
2006	国画	国　画	第三届中华(天津)民间艺术精品博览会获铜奖	吴国恒
2007	国画	红旗渠水绕太行	获天津市参评全国第十四届群星奖美术摄影书法作品展银奖	吴国恒
2007	油画	春天里的叹息	获天津市参评全国第十四届群星奖美术摄影书法作品展铜奖	石玉成
2007	国画	河塘秋韵	获天津市参评全国第十四届群星奖美术摄影书法作品展铜奖	谢天刚
2008	国画	国　画	天津市第五届农民艺术节书法展获金奖	吴国恒
2009	国画	花　鸟	入展全国第十五届“群星奖”天津市美术书法摄影作品展	刘千友
2009	国画	花　鸟	入展全国第十五届“群星奖”天津市美术书法摄影作品展	谢天刚

(二)书法

1980年始，区文化馆组织书法爱好者开展活动，利用橱窗、画廊等地展示书法作品，评选、推荐优秀作品参加市或其他地区比赛、展览，涌现出一批书法新苗。杨柳青镇小学生在天津市少儿书法大赛、全国少儿书法作品比赛中分获三等奖、一等奖并随中国少儿书法代表团东渡日本，参加交流表演。1989年，区政协书画联谊会成立(后改名为书画摄影联谊会)，会聚区内书画爱好者20余名，每年组织一次学术交流活动并配合书法作品展览，促进全区书画创作。2010年11月，西青区书法家协会成立。

1984—2010年西青区书法作品参展 发表 获奖情况一览表

表26-5

年度	参展　发表　获奖情况	作者
1984	《天津青年报》发表	马利国
1985	全国少儿大字比赛一等奖	张　凯
1986	全国电视书法比赛三等奖	贾文元
1987	天津市青少年钢笔书法比赛三等奖	吴国恒
1988	剑南春全国书画大赛佳作奖	孟德荣
1989	天津市田野艺术节二等奖	郭丕承
1990	山东临沂“义之杯”国际书画夺冠赛铜奖	孟德荣

续表

年度	参展　发表　获奖情况	作者
1993	第二届"珠峰"书法大赛	郭尊一
1994	天津市田野艺术节铜奖	迟亚平
1995	中国硬笔书法大赛优胜奖	张树清
1998	天津市第八届群星奖最佳作品奖	张树清
2002	天津市第二届农民书法艺术节书法展银奖	张树清
2005	天津市文化系统书法展银奖	张树清
2005	区县文化系统优秀书法展二等奖	吴国恒
2005	世界华人少儿书画大赛金奖	张秀宁
2005	母亲颂第四届中华海内外少儿书画大赛特等奖	范欣夷
2005	首届中华新星杯全国少儿书画大展金奖 第十四届全国青少年美术书画大赛金奖	柳　润
2005	母亲颂第四届中华海内外少儿书画大赛特等奖 世界华人少儿书画大赛特等奖	李晓豫
2005	首届中华新星杯全国少儿书画大展金奖	吴倩莲
2005	首届中华新星杯全国少儿书画大展金奖	王凌霄
2005	首届中华新星杯全国少儿书画大展金奖	宋理想
2005	世界华人少儿书画大赛金奖	刘万发
2005	第二届阳光杯全国少儿书画作品展金奖	刘　畅
2005	世界华人少儿书画大赛银奖	刘耀霖
2005	世界华人少儿书画大赛银奖	刘　旭
2005	首届中华新星杯全国少儿书画大展银奖	李耀霖
2005	天津市区县文化系统优秀书法作品展中获二等奖	吴国恒
2005	天津市区县文化系统优秀书法作品展中获二等奖	张树清
2006	第二届中国农民书画展二等奖	吴国恒
2006	母亲颂第五届全国少儿书画大赛特等奖	张甜甜
2006	第十四届素质杯全国少儿书画竞赛金奖	刘　旭
2006	第三届阳光杯全国少儿书画作品展金奖 母亲颂第五届全国少儿书画大赛金奖	张秀宁
2007	天津市第二届文化系统书展银奖 天津市第二届区县文化系统优秀书法作品展中获银奖	张树清
2007	天津市第二届区县文化系统书法展二等奖	刘金义
2008	天津市第五届农民艺术节书画展金奖	吴国恒
2008	天津市第五届农民书法艺术展银奖	谢天刚
2009	全国群文书法大展银奖 中华颂·国庆六十周年全国群众文化美术书法大展中银奖	张树清
2010	天津市首届网络书法大赛金奖	张树清

（三）摄影

八九十年代，区文化馆有组织地为摄影爱好者提供学习、交流、展览的场地，摄影爱好者队伍不断发展壮大。

2006年6月，西青区杨柳青摄影协会成立。协会先后组织文化遗产日、大柳滩桃花节、张家窝冬枣节、沙窝萝卜节、西青民俗文化旅游节等多次主题摄影活动，还举办"春到西青"等多次摄影图片展览，组织"情醉西青"全国旅游大赛，每年举办一届西青摄影人作品展，展出作品1000余幅。组织会员外出

照26-10　2010年，西青区摄影作品展开幕式

采风，创作内涵丰富、时代感强、思想性和艺术性强的摄影作品。2009年，杨柳青摄影协会正式注册。2010年，区摄影协会拥有会员120人，其中中国摄影家协会会员7人、市摄影家协会会员27人、中国民俗摄影协会会员3人。至2010年，有200余幅作品作品在全国、省市等各级影展影赛中获奖，其中金奖2个、银奖1个、铜奖3个、优秀奖50余个。

2002—2009年西青区摄影作品参展获奖情况一览表

表26-6

年度	作者	作品名称	参展、发表及获奖情况	颁发机构
2002	李德光	蝴蝶兰	在天津市第二届农民艺术节美术、书法、摄影展中获铜奖	天津市委宣传部 天津市委农村工作委员会 天津市文化局
2003	于培福	古镇春晖	获"信用社杯"天津市农村新貌摄影大赛佳作奖	天津市摄影家协会 天津市农村信用合作社联合社
2005	于培福	历史记忆	在第十二届天津市摄影艺术展览中获"铜牌"	天津市摄影家协会
2006	于培福	我和父母同学法	获2005年度天津市社会治安好新闻"新闻摄影展"	天津市社会治安综合治理委 天津员会市新闻工作者委员 会
2007	李志进	弹指四十年	获天津市参评全国第十四届"群星奖"艺术节美术、摄影、书法作品展铜奖	天津市文化局
2007	于培福	云南红土地	获天津市参评全国第十四届"群星奖"艺术节美术、摄影、书法作品展银奖	天津市文化局
	李德光	天之骄子		
2007	武永贵	丰收的季节	获天津市参评全国第十四届"群星奖"艺术节美术、摄影、书法作品展铜奖	天津市文化局
		色彩之美	在第十三届天津市摄影艺术展览中获优秀奖	天津市摄影家协会
2007	于培福	秋染塞罕坝	在第十三届天津市摄影艺术展览中获优秀奖	天津市摄影家协会
2008	于培福	迭代表	获"金沽大地——纪念天津市农村改革三十年摄影展"三等奖	天津市委农村工作委员会 天津市农村工作委员会 天津市摄影家协会
2008	李志进	御河杨柳画图中	获"金沽大地——纪念天津市农村改革三十年摄影展"三等奖	天津市委农村工作委员会 天津市农村工作委员会 天津市摄影家协会
2008	李德光	村民新居及支柱企业	在天津改革开放三十年市摄影书法艺术展中入选	天津市摄影家协会
2008	李德光	草原骄子	克什克腾旗四季风光(国际)摄影大赛入选作品	中国摄影家协会
2009	李德光	冬　日	在"大好河山"首届中国·张家口四季风光(国际)摄影大赛中评为入选作品	中国摄影家协会
2009	李志进	午后时光	入展全国第十五届"群星奖"天津市美术摄影书法作品展	天津群众艺术馆
2009	李德光	黄河故道	在第十四届天津市摄影艺术展览中被评为佳作奖	天津市摄影家协会
2009	宫桂桐	年画娃娃喜洋洋	在京、津、沪、渝市民艺术摄影大赛中获三等奖	北京群众艺术馆 天津市群众艺术馆 上海市群众艺术馆 重庆市群众艺术馆
2009	武永贵	功　夫	在京、津、沪、渝市民艺术摄影大赛中获三等奖	北京群众艺术馆 天津市群众艺术馆 上海市群众艺术馆 重庆市群众艺术馆
2009	李志进	暖	在京、津、沪、渝市民艺术摄影大赛中获三等奖	北京群众艺术馆 天津市群众艺术馆 上海市群众艺术馆 重庆市群众艺术馆
2009	李德光	高墙下的藏族女	在全国第十五届"群星奖"美术书法摄影天津地区选拔赛中，获银奖	天津市文化广播影视局
2009	宫桂桐	我独抢鳌头	在全国第十五届"群星奖"美术书法摄影天津地区选拔赛中，获银奖	天津市文化广播影视局

续表

年度	作者	作品名称	参展、发表及获奖情况	颁发机构
2009	孙丽君	阳光下	在全国第十五届“群星奖”美术书法摄影天津地区选拔赛中，获优秀奖	天津市文化广播影视局
2009	于培福	原水净城隐雾深	在全国第十五届“群星奖”美术书法摄影天津地区选拔赛中，获优秀奖	天津市文化广播影视局
2009	武永贵	飞　天	入展全国第十五届“群星奖”天津市美术书法摄影作品展	天津群众艺术馆
2009	武永贵	山城人家	在第十四届天津市摄影艺术展览中被评为优秀奖	天津市摄影家协会

三、音乐 舞蹈 戏曲

（一）音乐

1979年后，区文化部门组织业余音乐爱好者开展学习交流活动，培养出一批音乐创作人才，成为区内大型演出中的创作骨干。不定期举办音乐创作、演唱竞赛，选拔优秀作品参加市会演、在刊物上发表、电台中播放。1985年，张家窝镇周李庄村组建少年铜管乐队，队员30名。1988年，上辛口乡上辛口村成立农家娃铜管乐队，队员20多名。同年，海贝艺术学校在区文化馆成立。1991年，区文化馆音乐工作人员编写出版音乐理论专著《法鼓艺术初探》。2003年，区文化馆音乐工作人员创作歌曲《中国报道》，被编入《中国主旋律》。2004年，创作歌曲《我们电话就是110》，被编入2004年警察歌曲演唱大赛歌曲集《警营飞歌》。2010年，组织全区声乐骨干定期开展培训，创作并表演《福字歌》《快乐的的哥》等音乐类节目。

1984—2010年西青区音乐创作、演唱获奖情况一览表

表26-7

年度	曲　目	作者/表演者	获奖情况
1984	祖国之恋	演唱 朱友荣	天津市百名歌手大奖赛二等奖
1985	采黄花的小姑娘	创作 李鸣录	天津市歌手大奖赛三等奖
	我爱你祖国妈妈	演唱 杨占树	天津市百名歌手大奖赛三等奖
1986	春到杨柳青	创作 郭忠萍	天津市民族民间音乐舞蹈比赛三等奖
	家到校园的小路	演唱 王　梅	天津市大中专“星海杯”声乐比赛三等奖
1987	祖国慈祥的母亲	演唱 沈玉茹	天津市首届农民歌手大赛三等奖
1988	在水一方	演唱 林淑霞	天津市第二届农民歌手大赛二等奖 天津市青年艺术节青年歌手比赛二等奖
1990	英雄赞歌	演唱 杨晓文	全国农村青年歌手比赛三等奖
1991	英雄赞歌	演唱 杨晓文	全国青年业余歌手比赛三等奖
1992	亚洲雄风	演唱 陈宝友	全国农村青年歌手大赛一等奖 天津市乡镇企业职工声乐比赛一等奖
1993	大合唱	职业中专合唱队	天津市校园艺术节百人合唱大赛一等奖
1994	廉政歌	创作 谢德平 郭忠萍	天津市反腐倡廉文艺会演优秀创作奖
	大合唱	西青公安分局合唱队	天津市“蓝盾艺术节”合唱比赛第一名
1995	我们是西青公安战士	创作 谢德平 郭忠萍	天津市第四届“蓝盾杯”比赛三等奖
1995	二重唱	演唱 苏建国 杨占树	天津市首届“小康杯”文艺大赛一等奖
2003	和阳光跳个舞	作曲 汤小娟	全国词曲创作比赛优秀奖
2004	快乐的“的哥”	作曲 汤小娟	全国词曲创作比赛优秀奖
	文化馆组合		天津市第三届农民艺术节一等奖
2005	福字歌	作曲 汤小娟	全国词曲创作比赛优秀奖
2006	文化馆组合	作曲 汤小娟	第十二届CCTV青年歌手电视大赛优秀奖
2007	快乐的“的哥”	作曲 汤小娟	全国第十四届“群星奖”天津地区银奖
	准备好了吗		全国词曲创作比赛优秀奖
	文化馆组合	演唱 李承智等	第三届天津青年歌手大赛三等奖
	运河号子	作曲 郭忠萍	全国第十四届“群星奖”天津地区铜奖

续表

年度	曲　目	作者 / 表演者	获奖情况
2008	独唱	演唱 张芳	“北仓杯”歌颂新农村青年歌手大赛美声组二等奖
	独唱	演唱 王学蓓	第五届农民艺术节美声组一等奖
	文化馆组合	演唱 李承智王洪晋	第五届农民艺术节流行组一等奖
2009	爱搭咯的天津人	作曲 汤小娟	全国第十五届“群星奖”天津地区选拔赛获金奖
	人民警察练精兵		全国第三届新创歌曲大赛优秀奖

（二）舞蹈

1979年，区文化馆开始较规范舞蹈创作，深入工厂、农村、学校选拔人才，组队培训，创作排演一些群众性舞蹈节目，参加区、市群众歌舞演出、比赛活动。1982年，区文化馆干部以杨柳青年画为题材创作出独舞《莲年有鱼》，参加全国舞蹈比赛，获编舞、音乐、服装、道具等多种奖项。1984年，创作群舞《嬉莲图》在全国舞蹈比赛中获奖。

1982—2004年西青区舞蹈作品获奖情况一览表

表26-8

作品	年度	获奖作品与级别	作者	表演者
莲年有鱼	1982	天津市第二届群众音乐舞蹈大赛创作、表演、舞美一等奖	李鸣录　徐乃华　李明福	徐乃华
莲年有鱼	1983	天津市首届鲁迅文艺基金优秀作品奖	同上	徐乃华
莲年有鱼	1986	中国音乐舞蹈创作二等奖、辅导二等奖，天津舞蹈家协会“丰收奖”	同上	徐乃华
莲年有鱼	1991	中国农业银行会演最佳创作奖最佳节目奖	同上	李承浩
嬉莲图	1984	天津市第二届群众音乐舞蹈创作一等奖、表演一等奖	李鸣录　徐乃华	徐乃华　李承浩
嬉莲图	1986	天津市第二届鲁迅文艺基金会优秀作品奖 天津舞蹈家协会改编奖 中华人民共和国成立三十五周年优秀作品奖	同上	杜秋云　潘仲珍　李　欣
嬉莲图	1986	中华人民共和国成立三十五周年优秀作品奖	同上	金洪阁　孙玉兰
嬉莲图	1985	天津市首届文艺新人月新秀奖、文艺新苗奖	同上	张玉琴　金　颖
嬉莲图	1992	文化部群众艺术大赛繁荣金奖	同上	张玉琴　金　颖
春风得意	1988	天津新时代杯优秀创作奖 京津沪疆四市、区群众文艺大赛表演三等奖　全国第二届“桃李杯”舞蹈比赛优秀表演奖	同上	李承浩　徐乃华　杜丘云　廖　爽　王　灿
杨柳青	1989	天津市海鸥杯大赛优秀创作奖、节目一等奖 第二届中国艺术节荣誉证书 首届田野艺术节优秀作品奖	同上	文化馆舞蹈队
春	1982	天津第二届舞蹈比赛创作、表演三等奖	徐乃华	徐乃华
养鸡姑娘	1982	天津市农民会演创作表演优秀奖	同上	大寺公社青凝侯业余演出队
绿化山乡	1983	天津市校园艺术文艺演出优秀奖	同上	杨柳青第四小学
圆圆的歌	1994	天津市反腐倡廉文艺演出优秀奖	同上	文化馆舞蹈队
吉庆有余	1991	全国农业银行系统文艺比赛创作奖、表演一等奖	同上	李承浩　纪翠霞
春娃娃	1993	天津市少儿舞蹈创作表演一等奖	同上	实验小学
红太阳颂	1993	天津市中小学艺术展演优秀奖	同上	西青道小学
柳　韵	1994	天津市永安杯歌舞大赛最佳奖、优秀节目奖	同上	天津市青年舞蹈职业学校演出队
欢乐的颂歌	1994	中央台“第二起跑线”最佳作品奖	同上	区文化馆舞蹈队
与共和国同欢乐	1995	全国表演唱大赛二等奖	同上	徐乃华等
检察官	1995	全国高检文艺会演优秀作品奖	同上	天津市检察院
普法歌	1994	天津市司法系统文艺比赛二等奖	同上	区文化馆舞蹈队
霍家娃	1999	天津市第六届田野文化艺术节创作表演二等奖	徐乃华	天津水浒武术学校
节　日	2002	（广场舞）天津市第二届农民艺术节广场舞最佳组织、表演奖	徐乃华	西青区文化馆
花帽秧歌	2003	天津市首届新广场舞大赛创作剧目比赛特等奖	徐乃华	西青区代表队
船工号子	1996	首届农民艺术节创作表演一等奖	徐乃华	西青区第一职业学校
嬉莲图	2000	全国第六届群星奖比赛创作表演铜奖	李鸿年　徐乃华	西青区文化馆

续表

2005—2010年西青区舞蹈作品获奖情况一览表

表26-9

年度	作品	作者 / 表演者	获奖情况
2005	年年乐	天津代表队	第六届全国残疾人艺术汇演 金奖
		徐乃华	第六届全国残疾人艺术汇演 创作奖、辅导奖、先进个人
	杨柳青青	徐乃华	第八届"东北、华北、西北"奇趣盛会城市少年宫文艺会演创作一等奖
2006	好运秧歌	中北斜村秧歌队	2006年天津市春节民间花会、广场舞擂台赛十大擂主
	百人秧歌	中北斜村	第三届中华（天津）民间艺术精品博览会开幕式表演突出贡献
2007	年年乐	西青区文化馆	全国第十四届群星奖天津地区选拔赛银奖
2009	五子夺莲	西青区文化馆	全国首届农民文艺会演　银穗奖
	舞　蹈	徐乃华	全国第十五届群星奖天津地区选拔赛 优秀辅导奖
	舞　蹈	宁　嘉	天津市第二届南开杯新广场舞大赛 个人组织辅导奖
		西青代表队	天津市第二届南开杯新广场舞大赛 最佳表演奖
	舞　蹈	西青代表队	天津市第二届南开杯新广场舞大赛 自选曲目最佳风采奖
		西青区文化馆	天津市第二届南开杯新广场舞大赛 参赛单位最佳组织奖
2010	舞　蹈	宁　嘉	2010都市风采·舞动北京 京津沪渝群众舞蹈大赛银奖

（三）**戏剧曲艺**

1979年后，区文化部门开始组织业余戏曲爱好者排演话剧、曲艺及京剧、评剧传统戏，组织编写、排演部分小品，参加天津市汇演、比赛。一些乡村剧团也相继恢复，乡村戏剧曲艺活动日益活跃。1980年，上辛口村组建评剧团，先后排演《三月三》《杨三姐告状》等剧目。1981年，杨柳青镇文化站组建杨柳青京剧团，排演《大保国》《二进宫》《龙凤呈祥》《探皇陵》等剧目。1990年，区文化馆组建剧社，成员30余人，每周定期开展活动并经常参加天津市有关部门组织的汇演或应邀到周围区县演出。区内的乡村剧团有水高庄村京剧团、上辛口培新剧团等35个评剧、京剧业余剧团。2010年，区文化馆曲艺干部创作《沟通》《老伴儿》《土地情》等优秀作品，在全国公安系统相声小品大赛、全国群星奖中获得奖项。

1982—2010年西青戏剧曲艺作品获奖情况一览表

表26-10

年度	类别	曲目	作者 / 表演者	获奖情况
1982	京剧	《龙凤呈祥》	杨柳青京剧团	天津市业余剧团汇演二等奖
1990	小品	《特殊病态》	创作：刘新国	天津市话剧小品大赛获奖
		《四十年后》		天津市防火小品大赛获奖
1991	小品	《训练场母子情》	李月茹等	天津市公安蓝盾杯小品大赛表演二等奖
			创作：杨鸣起	天津市公安蓝盾杯小品大赛创作奖
		《卦摊风波》	李月茹等	天津市天穆杯小品比赛三等奖
			创作：杨鸣起	天津市天穆杯小品比赛创作奖
1993	戏剧	清唱	王宝林	天津市残疾人艺术节会演三等奖
			高洪飞 王宝林	天津市残疾人艺术节会演表演奖
1994	戏剧	清唱	南秋丽	天津市蓝盾杯卡拉OK比赛优秀奖
1998	戏剧	京剧《断桥》	邵灵芝	和平杯京剧票友大赛优秀奖
		京剧《小宴》	彭万福	和平杯京剧票友大赛优秀奖
2003	戏剧	戏　曲	王择琪	天津市"宝宝露一手"大赛获优秀奖
			刘炳芬	天津市首届评剧票友大赛铜奖
			殷复来	天津市首届评剧票友大赛铜奖
2004	戏剧	戏　曲	王择琪	全国第三届评剧票友大赛金奖 全国少儿戏曲大赛二等奖
			刘炳芬	全国少儿戏剧大赛优秀教师奖

续表

年度	类别	曲目	作者 / 表演者	获奖情况
2005	戏剧	戏　曲	王择琪	北京首届评剧票友大赛金奖 全国第九届小梅花大赛获金梅花奖
2006	戏剧	京剧《白帝城》	潘润领	和平杯京剧票友大赛铜奖
		戏　曲	王择琪	全球“华人总动员”获最佳表演奖 中央电视台魅力之星奖 文化部举办的展演获金奖
2008	戏剧	京剧《白帝城》	潘润领	和平杯京剧票友大赛铜奖
		戏　曲	王择琪	天津市第二届文艺展演获二等奖
				天津市首届戏剧票友大赛获特别奖
2009	小品	《沟通》	张富萍	全国公安系统相声小品大赛二等奖
		《老伴儿》		天津市第十五届群星奖铜奖
		《日子该怎么过》		天穆杯农村题材作品征稿三等奖
2010	小品	《土地情》	张富萍	天津市第六届农民艺术节优秀导演奖
	戏剧	评戏《小女婿》	刘建霞	天津市第二届评剧票友大赛优秀票友
		评戏《三春杨柳》	杨庆瑞	天津市第二届评剧票友大赛优秀票友
		戏　曲	王择琪	天津市社区文艺展演中获二等奖
	曲艺	故事《生活的强者》	张富萍 李承智	京津沪渝故事大赛银奖

（四）群众文艺

2002年，西青区实施“六个百”（百场文艺演出、百道民间花会表演、百期各类艺术培训班、在农村放映百场电影、建设百个农村文化活动阵地、读百万册图书）系列文化工程。2003年始，区内启动杨柳青木版年画保护工程和杨柳青民间艺术复兴工程。对杨柳青年画、剪纸、刻砖、民间音乐、民间花会等9个方面的民间艺术进行深入发掘、保护。杨柳青年画在中国现代文学馆及意大利、韩国等国家和中国澳门地区举办多次展览。

2008—2010年，举办“民族戏曲公益演出”“西青文化大讲堂”“我的舞台我做主——群众文化队伍大展示”活动，举办群众文化艺术节、文化干部和文艺骨干培训、硬笔书法展、国庆书画展、美丽西青摄影展等多场次、多层次、多门类的大型群众文化系列活动。至2010年，“六个百”系列文化工程组织1153场群众文艺演出，展演花会秧歌1239道次，举办各类培训班1043班次，培养文化业务骨干2.08万人次，为农民群众放映电影3079场次，图书借阅2078万册次，受益群众达100万人次，128个村级文化阵地得到加强。

四、非物质文化遗产

（一）“非遗”普查

2003年，区内对非物质文化遗产进行普查，获得大量实物资料。2006年，对杨柳青永乐高跷、杨柳青十四街香塔老会、杨柳青民歌等项目进行摸底调查，采访民间艺人30余位，搜集、整理民歌60余首，拍摄资料照片100余张。2007年10月，《中国木版年画集成·杨柳青卷》由中华书局出版，全书共两卷约155千字，图片900余幅，收录大量年画与画版代表作品，详细记述杨柳青年画制作工艺、店铺艺人、年画歌谣与故事。2010年，区内拥有非物质文化遗产资源18项，包括传统美术4项、传统技艺6项、游艺与竞技2项、传统音乐2项、传统舞蹈1项、民间文学1项和民俗2项，其中15项分布在杨柳青镇，1项在辛口镇，1项在精武镇，1项在中北镇，有9项重度濒危，6项中度濒危，3项轻度濒危。

（二）“非遗”名录

2006年，国家级非物质文化遗产——杨柳青木版年画获得批准。杨柳青木版年画工作者霍秀英、霍庆顺、霍庆友入选为中国文联与中国民协认定和命名的首批“中国民间文化杰出传承人”。2007年，霍氏练手拳成功申报省市级非物质文化遗产。2009年，西青区公布第一批区级非物质文化遗产名录。至2010年，全区有市级非物质文化遗产5项，区级非物质文化遗产16项，44人被定为区级非物质文化传承人。

2009年西青区第一批非物质文化遗产名录

表26-11

序号	项目名称	类别	申报地区
1	杨柳青木版年画	民间美术	杨柳青镇
2	杨柳青剪纸	民间美术	杨柳青镇
3	杨柳青砖雕	民间美术	杨柳青镇
4	杨柳青灯箱画	民间美术	杨柳青镇
5	杨柳青民间花会	民间舞蹈	杨柳青镇
6	杨柳青佛道乐	民间音乐	杨柳青镇
7	杨柳青民间音乐	民间音乐	杨柳青镇
8	杨柳青风筝	传统手工技艺	杨柳青镇
9	杨柳青酥糖	传统手工技艺	杨柳青镇
10	杨柳青槟榔糕	传统手工技艺	杨柳青镇
11	杨柳青茶汤	传统手工技艺	杨柳青镇
12	辛口镇沙窝萝卜	农艺	辛口镇
13	杨柳青人“赶大营”	民俗	杨柳青镇
14	京杭大运河（西青段）文化空间	民俗	杨柳青镇
15	杨柳青民间传说故事	民间文学	杨柳青镇
16	霍式练手拳	杂技与竞技	精武镇

2007—2009年西青区市级非物质文化遗产名录

表26-12

年度	项目名称	类别	申报地区
2007	杨柳青木版年画	民间美术	西青区
2007	霍氏练手拳	杂技与竞技	西青区
2009	杨柳青剪纸	剪纸	西青区
2009	沙窝萝卜种植与窖藏技艺	传统手工技艺	西青区
2009	运河文化（杨柳青段）	民俗	西青区

第四节　图书 新闻出版

80年代后，区图书、新闻出版事业发展速度加快，逐步实现网络化。1982年，区图书馆少儿阅览室被评为“全国先进儿童图书室”。90年代，区文化部门加强对图书、新闻出版市场监督管理，不断净化图书、新闻出版环境。《西青报》成为西青区主流媒体。区图书馆曾多次获得市“文明图书馆”“精神文明先进单位”和“先进集体”等称号。21世纪，区文化部门组织各类群体参加天津市、全国读书演讲、征文等大赛，并多次获奖。

一、图书借阅

1979—1992年，区图书馆、少儿图书馆及各乡镇村图书馆（室）每周对外开放54小时，年均接待读者约8万人次，接待读者借阅书刊20万册。1996—2000年，每年组织开展天津市公共图书馆宣传周活动，组织中小学生开展“爱中华·争当跨世纪小主人”读书活动。多次举办基层图书管理员培训班，开展为老弱病残者送书活动。区图书馆、少儿图书馆共接待读者14.4万余人次。2000年，区图书馆开通与市图书馆联网的网上联合参考咨询，完成西青图书馆网站（主页）创建。电子阅览室免费向读者开放，向读者提供公益性电子文献网络阅读服务。2001—2004年，组织各单位、学校开展“读百万册图书”活动。区图书馆、少儿图书馆共接待读者13万余人次，借阅图书27.4万余册。2007—2010年，每年组织全区中小学生参加天津市中小学生“好书伴我成长”读书系列活动。延伸图书馆阵地功能，每年利用流动图书车开展送书下乡及进社区、部队、企业服务活动百余次。

二、新闻出版发行

（一）新闻出版

1989年，区文化部门制定印刷管理暂行办法，加强对新闻出版市场的管理。1991年，有4家印刷企业被定为专营书刊印刷厂。90年代，区文化部门对印刷厂实施定期督查管理，图书正版率大幅提高。对影响青少年身心健康的图书和有害卡通读物等进行专项治理，净化了校园环境。1992年，全区有印刷企业62家，书报刊发行点16家。1999年，开展出版物市场“扫黄打非”行动。2004年，全区有印刷企业120家，图书发行摊点18家。至2010年，全区有印刷企业121家、复印打字社58家。

（二）报纸印刷发行

1986年，区党刊《西郊党建通信》创刊。每次印刷量100份，发行至各个乡镇政府和直属委办局。1992年，更名为《党建报》，不定期内部发行，每次印刷1000份。1995年，更名为《西青报》。1996年，《西青报》实现电子排版，每期发行量4000份。1999年，《西青报》发行量达2万份。2004年，区委宣传部与天津日报社今晚报社合作，创《天津日报·聚焦西青》《今晚报·今晚西青》专版，2001年起，发行彩色版。随同《天津日报》《今晚报》一同印刷、发行，范围覆盖西青区和部分市区，发行量共4万份。西青地区由《天津日报》发行站发行。2009年，《天津日报·聚焦西青》《今晚报·今晚西青》网站开通。

三、文化市场管理

1992年，区文化部门开始对文化市场进行监督管理。1994年，区文化局与公安西青分局、区工商行政管理局等部门联合开展“扫黄打非”行动。其后，每年在重要节日、暑假、寒假期间均开展各类文化娱乐专项整治活动。1996年，区文化部门制定推行文化娱乐场所守法经营、文明经营、安全经营等各类制度，与各经营场所签订《网吧经营承诺书》等，逐步实现规范化管理。

照26-11　2010年，西青区文化执法部门销毁违法音像制品

1996—2005年，区文化部门开展文化经营单位普查、年检、换证工作，收缴盗版光盘、图书、录像带、邪教书刊及淫秽VCD光盘等。采取查、赌、群众举报等多种形式，惩治印刷市场、出版物市场、各类娱乐经营场所、互联网上网服务营业场所的违规违法经营活动。聘请20位网吧社会义务监督员，成立网吧行业协会。2006—2010年，重新对娱乐场所进行审核登记，建立文化技术监管平台，对网吧、歌舞娱乐场所、印刷企业等文化市场重点行业形成常态化监管。

第五节　文　物

80年代，区内进行3次文物普查。至2010年，全区共有国家级、市级、区级不可移动文物19处。有市级文物保护单位有4处、区级文物保护单位有4处。西青区被文化部、国家文物局评为全国文物工作先进县，杨柳青镇评为“中国历史文化名镇”。

照26-12　2007年，西青区文物普查分布图

一、文物普查 保护

（一）文物普查

1981年始，开展全国第二次文物普查。1983年，配合《中国文物地图集》编制工程开展全区文物普查。1987年，普查出全区有不可移动文物22处。后进行文物复查，查出全区有不可移动文物53处。将历代庙宇建筑、水会遗址、古代文化堆积层，明清墓葬以及《宋史》所记载的西青区境内的“砦铺”遗存亦列入普查范围之内。1995年，将文物普查中发现的文化遗存进行分类梳理、编写文字说明，将文字资料报送市文化（文物）行政部门审核。2007年，区文化部门制定开展第三次全国文物普查实施方案，2008年正式启动。对区境地上、地下、水下的古遗址、古墓葬、古建筑、石窟寺及石刻、近现代重要史迹及代表性建筑和其他6大类不可移动文物进行普查。

（二）文物保护

2002年，据《中国文物地图集·天津分册》记载，西青区有不可移动文物46处，其中文化遗址11处、近现代纪念遗址及典型建筑10处、古代墓葬9处、古建筑8处、石碑刻6处、其他2处。2010年，石家大院、京杭大运河（西青段）被国务院列为第六批全国重点文物保护单位，全区有市级文物保护单位4处、区级文物保护单位4处。全区有国家级、市级、区级不可移动文物19处。

2010年西青区不可移动文物一览表（表一）

表26-13

名称	类别	地址	级别
京杭大运河（西青段）	古河道	西青区	全国重点文物保护单位
石家大院	古建筑	杨柳青镇估衣街47号	全国重点文物保护单位
文昌阁	古建筑	杨柳青镇十六街和平南大街5号	天津市文物保护单位
王兰庄天津学生抗日救亡义务教育点纪念地	近现代重要史迹及代表性建筑	李七庄街王兰庄村	天津市文物保护单位
霍元甲故居	近现代重要史迹及代表性建筑	精武镇小南河村内	天津市文物保护单位
霍元甲墓	近现代重要史迹及代表性建筑	精武镇小南河村南	天津市文物保护单位
平津战役天津前线指挥部遗址	近现代重要史迹及代表性建筑	杨柳青镇十一街药王庙东大街4号	天津市文物保护单位
董家大院	古建筑	杨柳青镇八街猪市大街19号	西青区文物保护单位
安氏家祠	古建筑	杨柳青镇六街估衣街施医局胡同2号	西青区文物保护单位
峰山药王庙遗址	古遗址	大寺镇王村	西青区文物保护单位
安家大院	古建筑	杨柳青镇估衣街28号	西青区文物保护单位

2010年西青区未核定公布不可移动文物一览表(表二)

表26-14

名称	类别	地址	级别
杨柳青火车站	近现代重要史迹及代表性建筑	杨柳青镇十一街柳溪苑小区北门对面	未核定公布为文物保护单位的不可移动文物
火神庙	古建筑	张家窝镇张家窝村内	未核定公布为文物保护单位的不可移动文物
高村关帝庙	古建筑	张家窝镇高村	未核定公布为文物保护单位的不可移动文物
小甸子遗址	古遗址	张家窝镇小甸子村东100米处	未核定公布为文物保护单位的不可移动文物
当城关帝庙	古建筑	辛口镇当城村西当城大街上	未核定公布为文物保护单位的不可移动文物
红土岗遗址	古遗址	辛口镇当城村西800米	未核定公布为文物保护单位的不可移动文物
当城寨址	古遗址	辛口镇当城村西800米	未核定公布为文物保护单位的不可移动文物
小韩庄遗址	古遗址	王稳庄镇小韩庄村东500米	未核定公布为文物保护单位的不可移动文物

二、文物介绍

(一)不可移动文物

京杭大运河(西青区段) 自辛口镇大杜庄至西营门街赵庄子，途经辛口镇、杨柳青镇、中北镇、西营门街，全长约30千米。金泰和五年(1205)改凿运河，实行潞水通漕，始成为漕运要道，元代成为京杭大运河的一部分。1972年，南运河穿杨柳青镇区段被裁弯取直，改道镇南。原河道从1984年填平后建成杨柳青公园。2002年，启动大运河杨柳青段复建工程，在河流两侧建成“御河景观”带。2006年，京杭大运河被列为第六批全国重点文物保护单位。

平津战役天津前线指挥部遗址 位于西青区杨柳青镇十一街药王庙东大街2号，是一座具有清代晚期建筑风格的北方民居，为青砖灰瓦，正偏结构的四合院，有正房五间、倒座4间、东西厢房各3间、门楼一间及其耳房等附属建筑，所有房屋皆为古建筑硬山顶小式造。有一座砖砌倒座月亮门将正房、东西厢房隔开，形成院中有院的格局。大门内侧照壁饰精美砖雕。正房外观3间内为5间，房内装饰有木隔断，总面积为280平方米。1949年1月2日，总指挥刘亚楼带领指挥机关秘密进驻，以此作为平津战役前线指挥部。1962年，河北省将此处核定为省级文物保护单位。1982年，天津市政府重新公布为天津市文物保护单位。1984年，经修缮后辟为“平津战役天津前线指挥部旧址陈列馆”。1994年，被命名为天津市爱国主义教育基地。

照26-13 2010年，平津战役天津前线指挥部遗址

天津学生抗日救亡义务教育纪念点(见旅游部分)

杨柳青火车站 始建于津浦铁路竣工的1912年。占地面积575平方米，砖混二层德式建筑，平面成“口”字形，屋面盖红色筒瓦，陡坡开天窗，正面四间木制月台，两侧拱券式边门，保存基本完好。80年代，公布为未核定文物。1983年，在其东侧新建杨柳青火车站，杨柳青老火车站废弃不用。2007年，杨柳青火车站被评为天津市十大不可移动文物之一。

小甸子遗址 位于今张家窝镇小甸子村，面积约1500平方米，地表散布较多碎砖瓦、红烧土块和木炭灰烬。1973年试掘，文化层厚0.5~2.2米，出土铁器49件，另有瓷器15件，现保存于市文化遗产保护中心，遗址作为农田使用。

当城砦址　位于辛口镇当城村西800米，1974年发现。平面长方形，南北长160米，东西宽100米，城墙夯筑，原高6米，地上部分已毁，只存墙基。城内地面暴露有白瓷片、泥质灰陶片、残砖瓦等。出土北宋铜钱、铁锅、盆和双鱼纹铜镜一面。第三次全国不可移动文物普查中此遗址已无地表遗存。

小韩庄遗址　位于小韩庄村东约500百米。村落原规划错落有致，呈“井”字台田状。1956年，富民合作社将其拓为林场，在植树时曾挖出坛罐等陶器，并有锅台、粮囤底等。原址高约2.5米，后因农村盖房取土，现存遗址高1.5米左右，散落许多陶瓷残片。1992年文物普查时断定该村落存在年代不晚于元代。

霍元甲墓　清宣统二年（1910），霍元甲逝世于上海，由刘振声等扶柩归里，迁葬于小南河村南。1989年，霍元甲陵园竣工，霍元甲棺木迁葬于此。墓地面积8500平方米，墓基建筑面积1763平方米。由山门、神道、石狮、享殿、石牌坊构成，整体建筑采用轴线对称布局，中轴线为神道。1991年，被天津市政府确定为市级文物保护单位。

石家大院　位于杨柳青镇中心，原为清末津门“八大家”之一石元士的住宅，宅名尊美堂。整个建筑群包含18个院落，为典型的四合连套、院中有院、轴线明确、气派宏大。其砖木石雕精美传神、寓意吉祥，而大院中的戏楼是国内保存最完好、规模最大的封闭式民宅戏楼。石家大院始建于清光绪元年（1875），以后不断改建、修缮。1923年，石家后代迁入天津市内，以后石家逐渐败落，大院年久失修。国民革命军在石家大院驻军时，大院建筑群格局遭到很大破坏。中华人民共和国成立初期，中共天津地委、渤海日报社等单位曾在此办公，以后主要作为校舍使用。“文化大革命”期间，石家大院部分院落建筑及大量的砖雕、木雕、石雕等建筑装饰遭到严重破坏。

照26-14　2010年，石家大院戏楼

照26-15　2010年，杨柳青镇石家大院鸟瞰

1978年，石家大院作为校舍使用时，男花厅院、女花厅院、外账房院等四套院落部分房屋被拆毁，新建小二层教学楼，大院整体建筑格局遭到破坏。1993年，完成复原修缮工程。1987年，石家大院被列为区级文物保护单位，由市、区两级财政投入资金开始保护性维修复原。1991年，石家大院6080平方米的前期修缮工程结束。是年，石家大院被市政府列为天津市文物保护单位，由天津市文化局命名为天津杨柳青博物馆，对社会正式开放。

2003—2005年，区政府自筹资金500多万元，实施石家大院三期修缮、扩建工程。向东扩展复原新建三套四合院及星级厕所，对东大门、正门、外账房、客座房等12间房屋及院落进行复原修缮工程。在石家大院西南角新扩建占地1100平方米的石府花园，增加新景观，扩建总面积2000平方米，还完成院内上下水电路、消防栓、厕所改造等一系列工程。2006年，石家大院被国务院列为第六批全国重点文物保护单位。10月，被国家旅游局批准为AAAA级旅游景区。

霍元甲故居 位于小南河村中心，为砖瓦四合院式建筑。1991年，霍元甲故居被市政府确定为市级文物保护单位。

董家大院 位于杨柳青镇猪市大街19号，始建于光绪三年（1877）。西青人董兆荣修建，占地面积1200平方米，建筑面积686平方米。为两进双路式布局，一条中轴线将整个院落划分为东西两部分。两侧正屋均为穿堂门，中轴线开设4个便门，连接各个院落。每个院落根据主人的不同身份，采用不同的建筑装修。东侧第二进四合院是董家大院建筑中的精华部分。正房5间，七檩小式硬山，室内露明造，角背雕花，后檐心间设一推拉门通向房后过道。所有窗心有木雕花牙，建筑采用青石台明、青石陡板、砖雕透气孔。磨砖对缝，砖雕精美。其余各院均为杨柳青地区常见建筑形式，青砖下碱，糙砌墙体，合瓦屋面，室内吊顶。

1948年杨柳青解放后，董家大院曾作为杨柳青镇政府招待所使用，后改为缝纫厂。1976年后，将东侧第二进院交给房管站修缮队使用，其余各院分给西青法院作为职工宿舍使用。2001年，董家大院被确定为区级文物保护单位。

安家大院 位于杨柳青镇估衣街28号，始建于清同治年间（1862—1874），占地面积1112.14平方米，建筑面积583.42平方米。大院包含3个院落，院院相通。建筑采用小式硬山做法，厢房为民国圆券式风格。正门楼等处砖雕较好，院内有安家当年使用过的地下金银库和60年代留下来的防空洞均保存完好。1948年，天津地委行署机关曾在此办公，以后由杨柳青公社卫生院使用。卫生院迁走后，分给27户居民居住。2004年，天津市华艺文化事业有限公司购置此院并对整个宅院进行修缮。2005年，大院修缮后，举办"赶大营"展、个人收藏展及部分复原展览并对外开放。

文昌阁 位于杨柳青镇十六街，南运河南岸，始建于明万历四年（1576），后屡次毁损屡次修复。文昌阁是一座楼阁式建筑，阁内原供奉"文昌帝君"偶像，因而得名，为杨柳青镇"三宗宝"之一。阁楼分上中下三层，阁顶呈六角型亭式楼阁，建于高大砖砌基座上，边长5米，高约20米。基座正面出月台，四周有砖栏板，每层出檐。它结构灵巧，造型别致，檐角各坠铜铃，风吹作响。清光绪四年（1878），刘光先、石元俊等人曾在此创立崇文书院。1948年，改为杨柳青第五小学，1991年定为天津市文物保护单位。1996年，区政府出资对文昌阁进行修缮。2001年，杨柳青第五小学迁出。2004年，文昌阁对外开放。

照26-16 2010年，杨柳青文昌阁

安氏家祠 位于杨柳青镇估衣街施医局胡同2号，始建于清光绪年间，赶大营的安文忠购得此民居，改建成安氏祠堂。祠堂占地631平方米，为一路两进四合院24间房屋组成。中间有穿堂，将整座建筑分为南北两个院落，布局相同，皆为四合院式。建筑形式均采用小式硬山做法，正房为七檩前出廊五开间，东西厢房三栋为三开间，均为布瓦屋面、马鞍脊。所有房屋明间采用四扇五抹隔扇门，次间和稍间下部为海棠池式槛墙，上部为支摘窗，地面为仿古青砖，风格古朴雅致。东南角开金柱大门，门内有一字影壁，院内保存有安氏家祠记事碑一通。1949年后，安氏祠堂先后作为杨柳青文化馆、图书馆、少年宫、启智学校等办公使用。2002年，安氏祠堂进行全面大规模修缮后，辟为杨柳青年画馆。

峰山药王庙 俗称"风窝庙"，位于西青区大寺镇王村。据传始建于唐永淳二年（683），为纪念药王孙思邈而建，历史上曾屡次重修。1997年重建，占地面积3万平方米，建筑面积9000平方米。由山门、前殿、中殿等组成，布局协调浑然一体，楼阁殿宇错落有致，建筑整体恢宏精美。庙内主要展出中国圣祖、先贤、佛教圣像以及医药圣贤。每逢庙会期间（农历四月二十至二十八），华北地区民众及东南亚华侨纷纷前来祭拜。

火神庙 俗称“疙瘩爷庙”，位于张家窝镇张家窝村内。前身为龙王庙，始建于明天启年间（1621—1627）。清光绪八年（1882）重建，更名“八郎爷庙”，由天津紫竹林派一老年僧人到此督导建庙事宜。大殿为砖木结构，台基高1.3米，面阔三间，进深两间，即“明三暗六”。硬山小式造，人字脊，五架抬梁式建筑，墙壁绘有群龙图以及降龙伏虎图案。1976年受唐山大地震波及，庙宇建筑损毁严重。1992年，村民捐资，按原貌将庙宇重建。

高村关帝庙 位于张家窝镇高村，占地面积1500平方米，台基高1米，有前殿和后殿，建造时代风格略有不同。前殿为关帝庙，建于清末，由“一殿一卷”和抱厦建筑组成，平面呈“凸”字形，面阔三间，进深三间，五架梁，小式硬山卷棚顶，梁枋施彩绘。后殿为菩萨庙，建筑年代为明末清初，面阔三间，进深一间，五架梁，小式硬山卷棚顶。曾多年作为村委会、学校使用。

当城关帝庙 位于辛口镇当城村西，始建于清朝中期。占地面积500平方米，尚存大殿、配殿各一栋。大殿坐西朝东，面阔三间，七檩硬山，殿内南北山墙及后墙残留彩绘壁画，内容为三国时关羽的故事。

红土岗遗址 原名“当城遗址”，位于辛口镇当城村西800米，为战国遗址，1965年发现。遗址面积1200平方米，文化层厚0.5~1米。当年地面暴露较多夹云母红陶片和泥质灰陶片，采集有绳纹板瓦和夹云母红陶釜、灰陶浅盘豆残片及纺轮等。遗址现作为农田使用，第三次全国不可移动文物普查中在遗址中未发现任何遗存。

（二）馆藏文物

区内馆藏文物分布于3处文博单位。天津杨柳青博物馆972件（套），平津战役天津前线指挥部旧址陈列馆2件（套），区文广局14件（套）。杨柳青博物馆藏品主要为年画雕版、瓷器、年画成品、石碑、砖雕、古钱币等。平津战役天津前线指挥部旧址陈列馆2件藏品为刘亚楼亲属捐赠，是刘亚楼将军使用过的行军床和皮箱。区文广局14件藏品均为散落于区内的石碑，现收藏于区文物保护所。至2010年，区内部分馆藏品得到鉴定。

杨柳青砖雕 1991年，杨柳青博物馆在杨柳青镇五街、六街、八街等清代民居建筑比较集中的街巷征集各类纹饰砖雕，从中遴选佳品151件。砖雕在博物馆“杨柳青砖雕陈列”展览，向游人开放。2001年后，陆续对拆迁片老民居建筑上砖雕构件进行抢救性征集。至2010年，博物馆馆藏砖雕188件（套），砖雕年代均为清朝中叶至民国初年。

照26-17　2010年，杨柳青年画雕版

文昌阁灯箱画 清光绪四年（1878），地方士绅石元俊等人倡议在文昌阁设崇文书院。每年岁末除夕至正月元宵节，杨柳青古镇都要张灯结彩，庆贺一番。崇文书院制作一套壁灯画，共24盏。每盏灯画均绘有一个故事，从劝善经书《文昌帝君阴骘文》中摘出格言一句，聘请当时名画师构思绘图，约半年时间画稿完成。每年春节，文昌阁围墙里和围墙外各张挂灯箱画12盏。灯箱画所书文字乍看仿佛一人所写，细看笔法又各有迥异，引来各地名人参观欣赏，都给予高度评价。灯箱画从清末保存至2010年，馆内仅存18盏，成为馆藏珍品。

其他馆藏较重要文物有：重修师国寺记、于闲庵孺人刘氏合葬墓表、重修白衣观世音菩萨大殿山门记、天津府公证碑、在日死亡战俘劳工之墓碑、明故处士孺人彭氏合葬墓志铭并盖、耕乐宋公志铭、明锦衣卫冠带总旗仁斋高君墓志铭等。

（三）民间收藏

古画版与古版年画 义成永画庄遗存画版，清光绪年间（1875—1908）由杨氏兄弟合伙经营义成永年画作坊。2010年，义成永画店所存清代墨线版和套印画版100余块，题材涉及门神门画、仕女、娃娃、神话传说、戏曲场景、历史故事、吉祥喜庆、祭祀神像等。画版分别被杨仲旗和杨仲民收藏。

高氏家堂 家谱 地契 元至正十四年（1354），元太学生高居宝由小兴州迁来定居。高氏家族历尽沧桑，后世人丁兴旺，高姓也成为杨柳青镇最大姓氏之一。高居宝第20代世孙高昌仁藏有其家族裕厚堂保存下来的家堂3件、家谱3部、地契5件。

武举大刀 杨柳青镇居民张士杰家中藏有古代朝廷选拔武举考核用的大刀两件，通长253厘米，两件共计115千克。2005年，捐赠给天津杨柳青博物馆。

拖床冰刀 杨柳青居民李东源藏有先辈使用过的拖床用冰刀一对，通长240厘米，宽10厘米。2007年，李东源将冰刀无偿捐赠给杨柳青博物馆。

红木茶几 茶几收藏人石刚为原杨柳青石家大院主人石元士嫡孙。2010年，石家后人将茶几捐赠给杨柳青博物馆。

第二章 旅 游

80年代中期，西青旅游业开始起步。至90年代初，建设以杨柳青博物馆为代表的5个人文旅游景点（区）。进入21世纪，区内旅游业进入快速发展阶段，形成5大旅游区和5大旅游板块，旅游区占地面积增加近1倍。天津热带植物观光园、杨柳青博物馆先后被评为国家AAAA级旅游景区。至2010年，西青区旅游景点发展到22个，年接待游客420万人次，旅游综合收入2亿余元。

第一节 资源开发

一、旅游网络建设

1984—1992年，西青区遵循“文旅结合、深入开发，逐步完善”发展思路，开发人文旅游资源，逐步形成石家大院、霍元甲陵墓及故居、文昌阁、平津战役天津前线指挥部、“一二·九”抗日救国义教点等人文景点。1993—2000年，西青区逐渐形成以杨柳青博物馆为龙头，以5个文物保护单位为骨干，以森林公园、杨柳青年画社、玉成号画庄、民间艺人和民间花会为基础的民俗文化旅游网络。1999年，拆迁石家大院南门前及东侧的居民住宅，恢复建设一条民俗文化街（现杨柳青明清街），修建一个牌楼、一条由光明路（柳口路）直通石家大院的道路、一个旅游停车场，解决石家大院周边环境、道路交通和停车场等问题，进而促进杨柳青地区的环境改造，增添特色文化宣传窗口。2000年，西青区被列入天津市旅游总体规划之民俗文化旅游区，划分为杨柳青民俗旅游区、霍元甲故居旅游区、大寺旅游度假区。2001年，杨柳青年画馆、安家大院、杨柳青广场、御河景观、天津热带植物观光园和六埠农业生态观光园等一批新旅游项目、新景点相继得到规划开发。开通的水上旅游专线：海河——子牙河——杨柳青游览区一日游。2004年，全区旅游布局从三大旅游区调整为五大旅游区——杨柳青民俗旅游区、中北生态旅游区、峰山旅游度假区、霍元甲精武旅游区、辛口生态民俗旅游区。旅游区占地面积扩大到4333.33公顷。全区初步形成以千年古镇杨柳青为龙头，集民俗、生态、休闲、红色旅游为一体的特色旅游区。2009年，完成玉佛禅寺一期主道场、药王古寺二期、东淀都市型现代农业核心区、杨柳青大院区、精武门·中华武林园霍元甲纪念馆和陵园等在建景点建设，推进杨柳青元宝岛、霍元甲精武文化旅游区等大型项目规划建设实施，提升改造石家大院、曹庄花卉景区、杨柳青庄园等14个景点。2010年，坐落在辛口镇的玉佛禅寺建成并对外正式开放。全区旅游景点达到22个，其中民俗类8个、生态类10个、红色旅游类2个、休闲景观类2个。津门第一宅——石家大院、亚洲最大室内植物园——天津热带植物观光园、现代农业核心区——水高庄园、精武元祖故居地——精武镇霍元甲纪念馆、千年药王文化聚集地——峰山药王古寺、世界玉佛数量最多的寺庙——玉佛禅寺等拥有较高知名度。中国青年旅行社推出辛口镇都市农业观光旅游专线和高铁旅游专线。

二、A级旅游景点建设

照26－18　2007年，杨柳青庄园美景

2000年，杨柳青博物馆、霍元甲纪念馆、中华医圣文化苑（峰山药王庙）被天津市旅游局评为AA级旅游景区。2003年，杨柳青民俗旅游区被评为“津门新十景”。2004年，天津热带植物观光园被国家旅游局评为AAAA级旅游景区。2006年，杨柳青博物馆被国家旅游局评为AAAA级旅游景区。2008年，杨柳青镇被评为“中国魅力文化传承名镇”。第六埠农业生态观光园、花卉之乡曹庄、天津市农业高新技术示范园区成为国家农业旅游示范点，水高庄科技示范园（水高庄园）、杨柳青庄园、杨柳青鑫三农田庄、津西现代农业示范园（蝴蝶兰基地）等8家旅游点升级为市级乡村旅游特色点，其中水高庄科技示范园、杨柳青庄园当选天津市“美丽乡村”称号。2010年12月，精武门·中华武林园、杨柳青庄园、水高庄园、玉佛禅寺、峰山药王古寺被天津市旅游局评为3A级旅游景区。杨柳青镇获得国家旅游特色景观名镇称号。全区旅游景点国家级AAAA级旅游景点2个、AAA级景点4个、AA级景点1个、全国农业旅游示范点3个、市级乡村旅游特色点12个。

第二节　旅游活动

一、交流会 庙会

1990—1992年，区文化部门分别在霍元甲故居、陵园和石家大院举办“纪念精武元祖霍元甲逝世八十周年大会”“国际精武邀请赛”“中国天津杨柳青年画艺术节闭幕式”等活动。1995年，区政府和市旅游局共同创办天津市民俗风情游（杨柳青灯会）、花会踩街、民俗堂会、民间游艺表演、民间工艺品展卖、风味小吃等丰富多彩的特色活动。2000年，成功举办32个国家和地区参加的第六届国际精武会开幕式，提升西青旅游形象知名度。2002年始，每年举办峰山药王庙会、包括药王出巡、民间花会、法事活动等多项内容。至2010年，区内先后举办9届峰山药王庙会、承办3届世界精武武术文化交流大会，有32个国家和地区的代表团队通过祭拜仪式、绝技会演、论坛等活动，开展文化旅游交流。

二、旅游节

照26-19 2009年，大柳滩村举办桃花节

2004年始，每年农历腊月二十三至正月十六均举办柳青民俗文化旅游节，以西青民俗文化为主题，推出元宵大型秧歌花会、大型灯展、大型焰火晚会、戏曲堂会、年俗用品展卖等10余项丰富多彩的民俗文化旅游活动。2008年始，西青区举行“天津沙窝萝卜文化旅游节”，开展农业成果多媒体展示、秧歌花会、沙窝萝卜采摘及销售等旅游活动。举办“热带风情旅游节”“曹庄花卉生态旅游节”“张家窝冬枣节”“大柳滩桃花节”等大型特色节庆活动。2009年始，每年9月至10月举办“西青金秋旅游节”，以魅力西青为主题，推出民俗文化、尚武精神、红色记忆、现代都市型农业休闲和药王宗教文化五大旅游板块的特色旅游产品，全方位、多角度、多形式地展示西青区各行各业取得的显著成就。2010年，举办“中国曹庄花卉生态旅游节”，依托拜年花乡文化，举办系列主题活动。

第三节 旅游景点

一、国家级AAA、AAAA旅游景区

（一）天津热带植物观光园

照26-20 2010年，游客在天津热带植物观光园观看表演

位于“花卉之乡”曹庄，1995年开建，于2003年建成，总投资2.6亿元，占地面积33.33公顷，建筑面积4万平方米。园内有加拿大、泰国、澳大利亚、美国、马来西亚等几十个国家和国内南方各省市3000余种各式各样的热带植物，是亚洲室内建筑面积最大的热带植物观光园。观光园由综合服务厅、精品花卉厅、科普教育厅和热带雨林厅4个大厅组成，其中热带雨林厅以玛雅文化为主线，有村落、瀑布、吊桥等近20个景观；四季花厅、科普教育厅主要以花卉观赏和对青少年进行植物知识普及教育为主；综合服务厅设有餐厅、娱乐、售货、信息等全程式服务项目。2004年，被国家旅游局确定为国家AAAA级旅游景区，国家级科普教育基地。2010年，获评天津市乡村旅游特色点。

（二）杨柳青庄园

2005年开始建设，2007年正式开业。坐落在杨柳青镇北大柳滩村，占地近53.33公顷，绿化率达

90%，是集商务会议、休闲娱乐、旅游购物、采摘垂钓、餐饮住宿为一体的大型生态休闲旅游景区。庄园庭院古朴典雅，有住宿、餐饮、垂钓、采摘、户外拓展、娱乐休闲等多个功能区。住宿区内，明清风格的四合院可接待近150名游客同时入住，复古式的四合院餐厅可供200多人同时就餐。园内设有垂钓中心，占地3.33公顷；设有真人CS练习场、休闲骑马场、儿童戏水游乐区；还设有津门最大的鬼屋游乐项目——古宅惊魂。此外，还有沙滩游乐、户外露营、攀岩、弹跳飞人和碰碰车等娱乐项目。2008年，大柳滩村获天津电视台、天津市旅游局授予的“最美丽乡村”称号。杨柳青庄园曾被命名为全国休闲农业与乡村旅游示范点、天津市乡村旅游特色点。2010年，被命名为国家AAA级旅游景区。

（三）水高庄园

位于辛口镇子牙河畔，2010年建成。庄园占地面积100公顷，分为农业风情区、欢乐谷采摘区、子牙风情区、温室游览区、温泉度假区，是一处集农业观光、科普教育、商务会议、休闲娱乐、温泉度假于一体的大型都市农业休闲度假旅游区、全国休闲农业与乡村旅游示范点、天津市乡村旅游特色点、天津市美丽乡村。2010年，被命名为国家AAA级旅游景区。

（四）精武门·中华武林园

位于精武镇小南河村，2010年建成。武林园由霍元甲纪念馆、精武广场、霍元甲陵园、武术馆组成，是集国内外武术文化交流、旅游观光于一体的世界精武文化中心，为市级文物保护单位，爱国主义教育基地。2010年12月，被命名为国家AAA级旅游景区。

二、中国历史文化名镇

西青区政府所在地杨柳青古镇有着千年文化底蕴，是中国北方历史名镇。明清时，杨柳青为中国北方地区民间艺术集散地，孕育出中国四大木版年画之首的杨柳青年画、享誉津京的杨柳青风筝和剪纸等民间艺术奇葩，杨柳青砖雕石刻、民间花会等也为一时之大观。2003年，杨柳青被市政府命名为民俗文化旅游区，被国家环保总局评为首批全国环境优美乡镇。2005年获“中国魅力文化传承名镇”称号。2008年，被命名为第四批“中国历史文化名镇”。2010年，对古镇进行旧城改造，建成杨柳青广场、森林高尔夫球场等现代化设施，使镇北生态区与镇南民俗文化旅游区连为一体，形成行政区、商贸区、教育区、住宅区等7个功能分区。

照26-21　2010年，杨柳青民俗文化旅游表演

三、国家级农业旅游示范点

（一）曹庄·花卉之乡

曹庄·花卉之乡坐落在中北镇曹庄村东侧、西外环线七号桥北300米处。最早起步于曹庄花卉市场，建于1995年，占地面积10公顷。中北镇种花已有200多年历史，自清朝末年起就盛产晚香玉（俗称夜来香）、菊花、霸王鞭等，被誉为花卉之乡。2000年，被中国花卉协会命名为“中国晚香玉之乡”。曹庄花卉市场曾被市政府认定为天津市农业产业化经营市级重点龙头企业，有千余农户专门从事花卉生产和旅游纪念品的经营，年产盆花1147万盆、鲜切花1125万株。2004年，被国家旅游局评为国家级AAAA级旅游景区。2010年，获评天津市乡村旅游特色点。

(二)第六埠农业生态观光园

位于辛口镇第六埠村，素有“京津蔬菜第一村”之称，是天津市菜篮子工程基地、全国绿化千佳村、市级文明生态村。经多年建设，21世纪初，逐渐形成“观光、采摘、休闲”为一体的休闲农业和乡村旅游体系。观光园种植面积600公顷。2004年，获评全国首批农业旅游示范点。2008年，获评天津市乡村旅游特色点。2010年接待游客40万人次，旅游收入700万元。

四、市级AAA旅游景区——玉佛禅寺

天津玉佛禅寺坐落于辛口镇水高庄村，占地26.67公顷，前身为“法藏寺”，始建于后周、隋之间(约557—581年)，毁于清末民国初年。2003年8月，经天津市宗教事务局批准重建。寺中供奉有缅甸玉佛近1.2万尊，其玉佛数量高居世界之首，巨大卧佛世所罕见，是一处集宗教文化、佛学研究、商贸、民俗于一体的综合性旅游景区。2010年5月，被市旅游局命名为天津市AAA级旅游景区。

照26-22　2010年，辛口镇玉佛禅寺大雄宝殿

五、市级乡村旅游特色点

进入21世纪，西青区陆续建成多批乡村旅游景点，其中获评市级乡村旅游特色点11个，除曹庄·花卉之乡、第六埠农业生态观光园、杨柳青庄园、水高庄园外，其他市级乡村旅游特色点有：

2000—2010年，西青区建成的主要乡村旅游景点有：

(一)天津杨柳青园艺科技博览园

位于杨柳青镇北，占地面积36公顷，包括蔬菜栽培模式展示馆、蔬菜规模化栽培展示馆、花卉栽培展示馆、热带亚热带果树展示馆和绿色蔬菜生产区，是集科技示范、观光休闲、科普教育为一体的现代农业科技博览园，是园艺科技标志性示范园区之一，天津市乡村旅游特色点。

(二)金三农农家休闲度假旅游景区

坐落在大寺镇西青经济开发区，占地面积366.67公顷，由天津市凯润淡水养殖有限公司和天津金三农农业科技开发有限公司投资建设，总投资3.92亿元。是一处集食用菌科研、生产、销售以及农业科普教育、现代农业观光、餐饮娱乐为一体的休闲农业与乡村旅游景区。2010年获评天津市乡村旅游特色点。

(三)张家窝农业产业园

位于张家窝镇，园区规划面积333.33公顷，计划总投资8亿元，其中花卉基地拥有以蝴蝶兰为主的各种花卉860万株盆株，可长年赏花观景。食用菌基地，日产食用菌40吨，并研制开发特色菌菇。百枣基地占地26.67公顷，具有品种储备、观光采摘、科技示范、枣树博览4个功能。

(四)雷庄庄园

坐落在中北镇雷庄村，庄园占地93.33公顷，总投资8600余万元，是一座集休闲、耕种、娱乐、购物、旅游、观光于一体的综合文化旅游景区。2010年，经市农委、市旅游局验收，获评天津市乡村旅游特色点。

（五）沙窝萝卜种植采摘基地

位于辛口镇小沙窝村，该村有400多年出产沙窝萝卜历史，沙窝萝卜驰名中外。沙窝萝卜种植采摘基地始建于2003年，总占地44公顷，投资160万元，主要包括萝卜采摘区、游客接待中心、农产品展示厅、种植工具展示区、萝卜储存区、办公区等功能分区。基地与旅游服务业相结合，延伸拓展休闲旅游功能。2010年，被命名为天津市乡村旅游特色点。

（六）梨园头都市型现代农业示范园

位于李七庄街梨园头村，距外环线15号桥200米处，2010年建成。示范园是天津东南部面积最大的、功能最全的花鸟鱼虫交易区，占地35.67公顷。为集花卉盆栽、古典家具等于一体，兼具快捷酒店、休闲垂钓、精品商铺等功能的综合性休闲旅游区。

（七）大柳滩庄稼院

位于杨柳青镇大柳滩村，占地18.67公顷，建有日光温室、庄稼院、农家饭店、休闲园林、近466.67公顷采摘园、万亩以上的特色农作物区，是天津市最大的绿色果园基地，可长年供赏花观景采摘。

六、其他旅游资源

（一）御河景观

2002年，西青区政府投资2.2亿元对南运河西青段重新规划，改造御河景观。改造后河道长4.1千米，开口40米，两侧各有20米的绿化带。御河景观以四季植物和历史文脉为主线，将生态、休闲、观赏内容有机结合，依次形成“乾隆御赐杨柳青”“砖雕石刻园”“年画园”“风筝园”“精武园”5个景观分区。

（二）杨柳青明清街

杨柳青明清街坐落在杨柳青镇南侧，2002年5月，杨柳青镇明清街工程开工。2003年4月底完工。占地面积3万平方米，建筑面积4万平方米。街内建筑的廊柱、飞檐、翘角及绚丽细腻的彩绘尽显古镇古街的风采。

（三）杨柳青年画馆

始建于2008年，坐落在石家大院西侧，修缮安氏祠堂，建杨柳青年画馆，占地623平方米，建筑面积396平方米。画馆建筑由5间两进四合院24间房屋组成。房屋正脊为清水脊，地面为仿古青砖做法，体现古朴雅致风格。画馆集展示与制作于一体。

第四节　旅游管理服务

一、管理

2003—2006年，区旅游局规范旅游市场秩序及旅行社经营行为，推进导游持证上岗及培训考核取证，设立旅游咨询投诉电话、举办“3・15”消费维权旅游咨询活动，健全和落实突发紧急旅游事件预案，增强全系统的旅游安全意识。组织全区旅游从业人员进行旅游服务技能培训和行业安全培训。2008年，组织驻区旅行社宣传贯彻旅行社条例和实施细则。2009年，编制《西青区文化旅游发展总体规划》，打造以“崇文”“尚武”为两翼，以民俗文化、尚武文化、红色旅游、现代都市型农业、宗教文化为主导五大旅游品牌。2010年，完成2000名农民旅游执业技能培训，全面提升西青旅游服务质量和水平。

二、旅行社

1994年，西青区注册成立第一家旅行社——天津市青电旅行社。2001年，注册成立第一家旅行社门市部——天津市金牛旅行社有限公司西青区门市部。2010年，全区有旅行社9家、旅行社门市部5家。

第三章 广播影视 网络

70年代末，西郊区广播电台转播中央和天津市广播电台节目，并开始播出本区新闻。八九十年代，区广播电视事业迅速发展，设施设备不断更新换代，逐步达到国内先进水平。进入21世纪，区广播电台开发建设有线电视和宽带专用网络，推行“宽带进万家”，电台设施设备水平和节目播出质量均有大幅提升。2010年，区内实现有线电视、电信、互联网三网联合，自办专题节目和引进节目不断增多，内容丰富多彩。

第一节 广 播

一、转播节目

1979年后，区广播电台转播中央人民广播电台、天津人民广播电台的新闻和有关专题节目。1991年，开始转播天津人民广播电台对农村广播节目“津沽大地”节目。2006年，区广播电台加盟天津区县广播联盟，开始每天转播16小时天津区县广播联盟节目。

照26-23 2010年，西青区广播电视大楼

二、自办节目

（一）新闻节目

1979年，区广播电台播出本区新闻。1983年改称西郊新闻，每次播出15分钟。1992年，更名为西青新闻。2000年，西青新闻改为每套节目10分钟，主要报道区内新闻和国内重要新闻，每年播出稿件2300余篇，85%是经济类稿件。2010年，区广播电台进行改版扩容，在西青新闻中开设新栏目，播发西青新闻300余期、新闻3770余条，其中连线录音报道约340条。

（二）专题节目

1979年前，区广播电台已创办专题节目。1983年，设学习、听众之友、农业科技、法治、广播杂志、青少年教育、文艺7个专题节目。1989年，举办有奖征文活动，开设专题节目，每两天播出1篇征文，每期节目10分钟。2006年，新增科技百科、空中书场、戏迷天地、名曲欣赏、歌儿行天下、点播文艺、文学雅间、健康之友等13档自办栏目。2009年，专题节目改版为“走马看西青”“老韩说故事”“小说联播”“开心时刻”“音乐放送”5档全新栏目。2010年1月起，对节目再次改版，增开“西青·我的第二故乡”等栏目，引进小说连播《话说泰山》《红楼梦》《大破铜网阵》《侠肝义胆白玉堂》。

（三）文艺节目

1979年，区广播电台开设文艺专题，每套20分钟，每天播出3次。1983年，改为每套节目15分钟，固定为周三、周日播出歌曲、音乐、戏剧、曲艺等。2003年，播出400集长篇评书《三侠剑》。2009年，开设《音乐放送》，每期20分钟。

第二节　电　视

一、节目播出

1996年，杨柳青地区开通有线电视，用户能收看22套电视节目，全区有线电视用户600余户。5月1日，西青电视台开播。9月，建立区有线电视台，采用微波传输技术实现与各村闭路电视网联网。每天以转播全国省级卫星电视节目为主，根据西青电视台播出节目单使用录放机播出自办节目。1997年，成立西青有线电视台、天津电视台西青记者站，采编人员除负责本区电视新闻宣传报道工作及每天一套的《西青新闻》的采编、制作外，担负向天津电视台和中央电视台供稿、供片和提供新闻线索、配合重大采访报道等任务。2005年，区广播电视新闻中心竣工并投入使用。电视播出与广播电台播出共用一个机房，成立独立的播出部。录音机、录放机播放信号的模式被计算机网络传送取代。2006年，西青区有线电视实现主干光缆联网传输。2009年，对两台节目进行重新定位，分为新闻综合频道和娱乐生活频道，两套节目全天18小时播出。2010年，区电视台向全国征集新台标，开始使用新台标。

照26-24　2010年，西青电视台台标

二、节目制作

（一）新闻节目

1996年5月，区电视台西青新闻正式开播，3天1期，每期10分钟，当年播出新闻节目130期，年播出新闻788条。12月西青新闻节目改为日播，每天10分钟，实现每天播出1期新闻节目，全区9个街镇108个村的20万群众能收看到区自办的电视节目。2003—2006年，开辟“践行三个代表·促进经济发展”“时代先锋”“创卫视角”等60多个专栏，4年播出西青新闻1440期，新闻总量1.34万条。2007年，与天津电视台公共频道合作，制作中华人民共和国成立58周年特别报道——大型系列片《精彩天津》的西青区部分。2008年汶川地震发生后，区电视台第一时间制定采访方案，开设抗震专题版块“与灾区人民在一起”。2009年元旦，对西青新闻进行改版创新，由单纯的新闻报道改为新闻、专题无缝连接形式，由12分钟延长至20分钟，开设“新闻聚焦”等专题栏目，每天轮流播出。2010年，西青新闻栏目启用实景演播室，采用主持人双播形式播报新闻。推出“西青拍客”和“民生之窗”两个板块。

照26-25　2010年，西青电视台演播室演播现场

（二）专题节目

1998年，区电视台陆续开办“寻常百姓”“文艺长廊”“法治方圆”专题节目，不定期播出。“法治方

圆”节目曾获天津市首届法制好新闻（专栏）电视类二等奖。1999年，联办“党建经纬”“计生之窗”专题。2000年，自办“话说杨柳青”“天气预报”等7个专题栏目，自办节目达到11个。派摄制组远赴新疆、甘肃寻踪采访，寻找赶大营的杨柳青人的遗迹，采访100多位杨柳青人后裔，拍摄制作《情洒大西北——杨柳青人赶大营寻踪》系列专题片34集。2001年，创办“古柳之子”精品栏目，介绍杨柳青人为祖国各条战线作出的突出贡献。第一次在全区航空拍摄，对西青开发区、杨柳青镇、张家窝镇、西营门街等10个拍摄点、60余个重点景区进行空中拍摄，录制视频。2002年，采访拍摄16集杨柳青石家大院专题片。2003—2006年，制作播出“党建经纬、法治方圆、西青消防、医疗与健康、文教风铃、为农服务、话说杨柳青、计生之窗”等专题节目3200余套。2006年，在张家界采访西青区宁发集团赞助俄罗斯空军特技表演报道，通过宽带网络技术将视音频素材和文稿当天传回台里，当天播出，首次实现跨省市异地新闻画面传输播放。2008年，创办大型综艺互动节目“才艺展示台”栏目，每周一期，每期15~30分钟。2009年，开办“新闻聚焦”“创卫视角”“法治方圆”“百姓故事”等，与“西青新闻”节目无缝连接播出。2010年，推出30集历史纪实专题片《寻访赶大营后人》，为区电视台首档历史纪实类栏目。推出首档大型访谈类节目《印迹》。首次对“文艺大舞台·欢乐西青行”消夏纳凉晚会进行全程摄制，制作特别节目播出。大型综艺互动节目“才艺展示台”栏目进行全新改版，采取入户拍摄和舞台拍摄相结合，增加观众现场抽奖环节。西青电视台拥有新闻综合和生活娱乐两个频道。每个频道的播出时间均超过18个小时。

（三）引进节目

至2000年，区电视台引进的专题节目有“大千世界”“世界时装”“与健康同行”“辉煌历程”“大陆桥”“奇趣大自然”。2001年，引进“两岸同根”“话说地球村”“奇趣大自然”等8个专题节目。2002年，引进“世纪大写真”“如此出洋相”“少儿剧场”等8个专题节目。2008年，引进“影视风云榜”“音乐风云榜”“时尚风云榜”等娱乐节目。

第三节 影视 网络

一、电影放映

1979年，区电影放映管理站负责全区电影放映工作及对农村放映队的管理。部分村队开始自己培养电影放映员，平均每年每个公社放映电影约3500场，多为露天放映。驻区单位全年放电影约1150场。80年代中期，电影市场日渐衰落。至1995年，每年放映总量约150场。2000年后，电影放映工作和区“六个百”系列文化活动结合起来，全年放映不低于100场。2010年，区政府下发《西青区农村电影放映工作实施意见》，保证放映经费足额到位。全年放映1788场，全面实现一村一月放映一场数字电影。

二、有线电视网络

（一）微波联网

1989年，中北斜乡西姜井村建成全区第一个村级有线电视网。1991年，区广播站开始普及有线电视村级网。1994年，全区160个村中有116个村相继建起村级闭路电视网，村村有广播电视转播站，除转播中央电视台和各地电视台节目外，还利用电视网络召开村民大会和播放自采自编村办电视节目。

（二）光缆联网

1995年，西青区有线电视网由微波联网实现全区光缆联网，传送电视节目39套，5万余户入网。

1996年，杨柳青居民可收看包括中央电视台电影频道和体育频道等22套电视节目。1996年9月，全区采用微波传输技术实现与各村闭路电视网联网，费用由区、乡（镇）、村三级共同负担。12月，西青有线电视台信号实现全区微波联网，覆盖全区9个街镇，119个村闭路电视网接入西青有线电视台信号，接收到天塔发射的中央3、5、6、8套节目及天津电视台节目。成为天津市农口区县第一个实现有线电视全区联网的区县。1999年，成立西青区广播电视信息网络中心，铺设光缆60余千米，10月1日前开通西营门街冬云里地区有线电视。2000年，全区有线电视由原来的微波传输实现主干光缆联网传输，覆盖9个街镇146个村。2001—2003年，铺设干线光缆58.1千米，分配网550余千米，入网户数近8万户。2005年，区广播电视局与天津广播电视网络公司签订资产转让协议，将所有的网络资产转让给天津市广播电视网络有限公司。区广播电视局80名员工转入天津市网络有限公司西青分公司。2008年，区广播电视网络分公司直报并批复立项216个，完成新建光、电缆网络设计56个。2010年，分公司完成上报光、电缆立项86个，覆盖用户3.2万户。新建5个远端机房，完成双向网改任务5万户，网改光、电缆覆盖4.9万户。

三、宽带信息网

（一）宽带网络

2005年，全区有模拟电视用户9.75万户。2007年6月，广电网络西青分公司在李七庄街杨楼中盛里小区启动数字电视整体转换工作。随后，在张家窝镇、杨柳青镇、中北镇、大寺镇、精武镇、王稳庄镇6个街镇全面铺开。当年完成3.58万户模拟用户的整体转换工作。2008年9月，西青区启动宽带信息进万家工程。2009年，实施宽带信息进万家工程，宽带接入达到1.5万户。工程开始后，对核心机房升级改造，新增4台中心机房服务器和1台路由器、汇聚交换机，新增200M国际出口，使总带宽达到1000M，桌面速度达到1M以上，网络设备可支持9个街镇用户无障碍流畅上网。科汇宽带网络中心把全区所有宽带干线网络铺设完毕，新开通25个小区宽带网，新增用户5357户，使用户数达到1.59万户。年营业收入638.5万元。2010年，区内科汇宽带新增1条500兆的联通出口，达到双线接入。增置多出口防火墙，大幅提高网络速度和稳定性。是年6月，宽带网络中心承接全区中小学幼儿园安装视频监控系统、红外对射系统、紧急按钮报警系统工程。

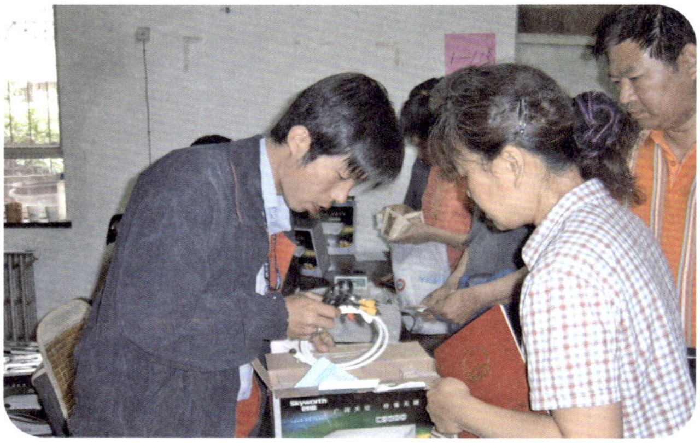

照26-26　2008年，西青区广电网络人员指导居民数字整转

（二）三网融合

2008年，区广电部门与中国联通、中国电信、中国移动、中国铁通等电信运营商合作融合，实现区内电信、有线电视、互联三网融合后的科汇宽带，出口由2.5G拓展到40多G。全区科汇宽带用户2.61万户。

第四章　档案　地方志

1979—2010年，西青档案事业快速发展，馆藏设施和管理日趋现代化，馆藏档案资料大幅增加，数字化程度不断提高。随着档案公开化程度的加大和编研水平不断加强，档案服务于经济建设特别是服务民生的利用率大幅上升，档案编研获得多项成果，档案的社会效益日益明显。

90年代后，区地方志编修取得历史性成果，编写出新中国成立后西青区的第一部区志和多部年鉴及其他编研成果，征集了大量有存史价值的老旧照片和其他资料。出版多部镇志、村志等大批地情著作。

第一节 档案管理

一、档案服务

（一）馆藏

建馆初期，区内馆藏档案单一。八、九十年代，不断丰富馆藏内容和档案类别。2010年，区档案馆存有区4大机关、区直机关、街镇及区属企事业单位、撤并单位的档案78个全宗、5.55万卷，馆存资料1.73万册，其中文书档案3.99万卷、会计档案5067卷、基建图纸2004卷、知青档案506卷、疏散户档案15卷、婚姻档案2510卷、招工档案134卷、“四清”（即：清思想，清政治，清组织和清经济）档案1142卷、死亡干部档案607卷、组织关系介绍信44卷、“刘青山、张子善档案”18卷、设备档案6卷、科技档案318卷、业务档案2475卷、统计档案778卷。另有照片档案183盒、录音录像档案92盘、实物档案5113件。

照26-27 2010年，区档案馆档案密集存放

（二）档案接收

1979年，区档案馆有10个全宗档案，馆存档案7350卷。1980年，接收区财办、妇联、组织部、农业办、政策办、团委6个部门档案48卷。1987年，接收1985年以前档案1.71万卷。1988年，新增42个全宗单位，档案全宗增至55个，馆存档案2.55万卷。1993年，接收61个全宗单位档案1.6万卷，历史档案35卷、466件，文史档案23卷，档案资料290册，接收案卷目录245册，各类编研材料138册，检索卡片2.97万张，初步形成检索工具多元化利用方式。

2003年，档案馆接收死亡干部档案、离婚档案和撤并单位移交档案397卷。清整馆存历史档案60盒、422件，接收整理区志办、西青教研室移交资料。2004年，收集刘青山、张子善相关档案181件、照片840张。进行整理、塑封、立卷编目，部分内容刻录光盘，以独立全宗收藏入馆。2009年，接收婚姻档案215卷。接收12个全宗单位案卷3324卷、文件级电子目录6.15万条。2010年，接收各类档案1975卷、文件级电子目录数据3.32万条。

（三）档案整理鉴定

1980年起，区档案馆清理1967—1978年积存文件，鉴定整理档案366卷。1989—1991年，对1985年前馆藏档案进行清整鉴定。1990—1992年，进行3次鉴定销毁，鉴定档案1.18万卷，销毁档案224卷。1994年，整理29号全宗、30号全宗、区委全宗档案，编制目录索引295册。编制库房存放示意图、全宗排列表、编排箱号检索卡、填写各类检索卡片2.34万张，分类编写资料概况。1997年，整理各类资料288册，民国时期档案68册，计算机输入知青档案和婚姻档案11.36万条。整理全引目录5000卷，检索覆盖率70%。整理档案2.1万卷，整理编排著录卡片、文号卡片、人名卡片，抄录卡片

12万余张，完成著录卡片分类万余张。2002年，对馆藏4.43万卷档案更换外包装、重新进行编目上架排列，分类统计。对专业、专门档案计算机录入结构进行设计和应用，对部分婚姻档案进行录入。2003年，对知青档案进行分类、筛选、编辑加工，汇集成58册专题目录。完善知青、婚姻档案检索系统，收存知青档案信息条目5.63万条、婚姻档案信息条目4.55万条，转入开放档案案卷级条目4765条。馆藏各全宗档案文件级条目4.65万条。2009年，整理婚姻档案215卷，录入电子目录条目8813条。

（四）档案开放利用

1979年，区档案馆开放工商档案。1980—1990年，全区共有6.43万人次查阅利用开放档案3.59万卷次，其中用于编史修志1.94万次，用于工作查改9376次，用于经济建设304次，用于其他96次。1993年，开放第二批档案1799卷，其中永久696卷，长期1103卷。2002年，依法开放第三批满30年档案2946卷。2003年，开放档案4765卷，案卷级条目4765条。2004年，开放档案7506卷。2005年，收集现行文件604份、文件汇编资料3册向社会开放，开放档案8677卷。2006年，开放满30年档案3384卷。2007年，开放满30年档案759卷。2008年，开放满30年档案745卷。2009年，开放满30年档案1.46万卷。2010年，开放满30年档案1099卷。档案利用主要体现在为养老保险、婚姻、公证、知青身份证明、核实工龄、复退军人、招工等提供文件依据。

照26-28　2010年，区档案馆工作人员接待查档者

1991—2010年西青区档案开放利用情况统计表

表26-15

年度	查阅开放档案资料人（次）	借阅利用档案、资料（卷、册）	年度	查阅开放档案资料人次	借阅利用档案、资料（卷、册）
1991	1187	1004/16	2001	1770	7331/—
1992	177	595/10	2002	529	2322/—
1993	297	2915/137	2003	564	2796/—
1994	459	3111/41	2004	483	2478/—
1995	334	5106/45	2005	588	1758/—
1996	290	1966/2	2006	517	1097/—
1997	218	977/3	2007	608	2543/—
1998	369	1909/150	2008	672	1704/—
1999	506	881/—	2009	640	1600/—
2000	401	698/—	2010	1278	5094/13

（五）档案编研

1991年，区档案馆与区党史办联合编写《中国共产党天津市西郊区组织史料》。1993年，编写《西青区政府大事记》《重要会议简介》《规章制度汇编》《档案利用效果汇编》《基础数字汇编》《档案馆指南》《西青区烈士名录》。2003年，组织编辑出版《西青区杨柳青镇要纪》《西青区军事古今通览》《1996—2001年西青区政治、经济、社会生活纪略》《西青区城乡建设发展情况详介》《西青区民俗风情集成》等共20册。

二、档案数字化

2005年，区档案馆利用“今易档案管理系统软件”，对馆藏重点全宗的专门档案进行数字化条目录入，共完成8.4万条。建立婚姻档案、知青档案查询利用数据库检索体系。对馆藏重点档案进行文件级计算机录入，录入条目11.48万条。2006年，对档案进行文件级目录录入，录入案件7635卷、条目8.79万条。2007年，对多个单位档案的文件级目录录入。建立专门档案数据库，录入文件级档案1.29万卷，录入条目14万余条。2008年，录入档案1.26万卷，录入条目5.89万条。对张家窝镇周芦铁路建设占地、征地、农民转非农业审批名单、保证书等档案进行计算机录入，录入条目185条。对杨柳青镇司法所离婚协议、民事纠纷协议档案进行专门录入，录入条目490条。2009年，录入案卷1910卷，文件级目录条目6万条。2010年，录入26个全宗单位档案案卷级目录1.49万卷、1.49万条。

第二节　地方志编修

1990年以后，天津市连续召开几次修志会议，对各区的方志编修工作进行布置。1992年3月5日，西青区地方志编修委员会办公室正式成立，负责区志编纂和乡、街志及部门志的指导工作。1997年开始，组织开展历年区综合年鉴的编写、出版等工作。

一、志书编纂

（一）首部区志编修

西青区于1991年开始首部地方志编修工作。随着经费划拨、人员调配、办公地点等问题的落实，1992年西青区地方志编修委员会办公室组建成立，《西青区志》编修工作开始在组织领导下，按照新时期志书的编修程序开始编修工作。经过组织发动（1992年）、篇目设计（1993年）、资料收集（1993—1998年）、初稿编写（2000年初完成）、蓝本评审（2000年6月）、志稿审定（2002年）等环节，首部《西青区志》于2003年正式出版发行。

《西青区志》记述上限力求追溯事物发端，下限至1995年。为增强志书时代感，提高区志使用价值，区志增设“1996—2001年政治、经济和社会生活纪略”。区志前设序、凡例、概述、大事记，志后设附录、区情纪略，志末设英文目录和索引。志体部分设建置政区、自然环境、人口、民情、政法、军事、农业、工业、对外商贸、经济管理及教育、卫生、体育、艺文、人物等共计28编，为突出区情特色，区志设有“杨柳青要记”编。整部区志资料翔实、结构合理、特色突出，为记述全区自然、经济和社会发展等区情文献的百科全书。

（二）乡镇志 部门志编修

首轮区志编写，采取由下而上，上下同修原则。先编写部门志、乡镇志，再编写区志。1992年，区志办组织召开各部门、各乡镇街修志主笔人员参加的地方志工作会议，决定全区每个专业部门、每个乡镇（包含驻区单位）都要成立修志班子，编修部门志和乡镇志，并确定了西青区修志工作的规划。为保证修志工作循序渐进、顺利完成，各修志单位要坚决作到“三落实”，即领导落实、组织落实、具体编修人员落实。区志办编辑人员深入乡镇、街道以及各委办局，开展专业培训，召开评

照26-29　2010年，西青区部分志书编修成果

审会议，指导志稿编写、审定把关。1994年，西青区第一部乡镇志——《王稳庄乡志》、第一部专业志——《西青区工商管理志》先后脱稿。至2010年，西青区志办陆续组织完成《王稳庄乡志》《上辛口乡志》《大寺镇志》《李七庄乡志》《中北斜乡志》《南河镇志》《杨柳青镇志》《张家窝乡志》等8部街镇（乡）志以及《西青区土地管理志》《西青区水利志》《西青区教育志》《西青区房地产志》《西青区地名志》《西青区公安志》《西青区政府志》等70余部部门志的编写、出版工作。

二、年鉴编撰

1997年《西青年鉴》创刊，为天津市较早编写地方综合年鉴的区县，至2010年，连续编写、出版14卷。《西青年鉴》全面、系统地记述年度内全区的政治建设、经济发展、社会生活等方面基本情况及最新变化，突出年度特色和专业特色，已逐步形成了栏目稳定、资料系统、文献丰富的编写优势。对于发挥年鉴辅政、兴利等服务功能，以及在为二轮修志提供资料储备方面，能够发挥巨大作用。《西青年鉴2005卷》获得天津市地方志系统第二届年鉴评比三等奖；《天津西青年鉴2011卷》获得天津市第四届年鉴编纂出版质量评比二等奖。

第二十七编 卫生

天津市 西青区志（1979—2010）

TianJin Annals of Xiqing District

2010年，西青医院

1979—2010年，区卫生改革逐步深化，推动综合目标管理责任制、人事制度和分配制度改革，重新整理卫生区划，进行卫生院改扩建工程。实行城镇职工医疗保险、医疗机构改革和药品流通体制改革，实行院长责任制，医护工作以病人为中心，着力提高服务质量。推行新型农村合作医疗，建设多个社区卫生服务站和百余个村卫生所，统一配备设备，全区卫生系统防疫治病能力得到大幅增强，能充分满足区内患者治病就医需求。

80年代恢复区红十字会后，积极在全区发展基层组织，建立服务和备灾救灾应急网络，开展博爱救助、应急救护、红十字志愿服务等活动，使红十字会在和谐社会建设中发挥重要作用。

第一章　医疗机构 设施

1979年成立西郊区卫生局。1979—2010年，区卫生管理机构历经多次变革，各医院内设科室、医疗单位随着卫生事业的发展不断健全完善，能充分行使和发挥职能作用。不断加大卫生投入，兴建、扩建多所医院卫生院和乡村卫生所，医疗机构逐渐增加，形成社区、街镇、区三级较完善的医疗网络，各级各类医疗设施设备日趋现代化，全区卫生保健和医治水平得到大幅提升。

第一节　医疗机构

一、区级医疗机构

（一）西青医院

位于杨柳青镇内。为一所集医疗、教学、科研、预防保健于一体的综合性区级重点医院，资质为三级甲等。始建于1970年，原名为西郊区第二防治医院，后更名杨柳青医院，再更名为西青医院。1995年，被评为二级甲等医院和爱婴医院。1999年，被卫生部批准为国际急救网络医院。2008年，新西青医院开工建设。占地面积6.6万平方米，建筑面积7.3万平方米，地上建筑高度72.8米，总投资5.7亿元。2010年，有职能科室21个，医疗科室27个，职工434人，其中，医疗技术人员233人，护理142人。

（二）西青中医医院

位于杨柳青镇内。1983年，杨柳青公社卫生院改名为西郊中医门诊部。1985年，改为西郊中医医院。1992年，改为西青中医医院并迁入新址。1996年，有医疗科室20个，职能科室8个，在职职工187人。2000年，西青中医医院成为二级甲等医院。2010年，被确定为一级医疗机构。有在职职工143人，其中技术人员81人，护士39人。

照27-1　2010年，西青区中医医院

（三）西青区疾病预防控制中心

1984年，区卫生防疫站更名为区防病站。1992年，更名为西青区卫生防疫站。2009年，更名为区疾病预防控制中心。2010年，西青区卫生防控中心设9个科室，有干部职工63人，其中专业技术人员52人。

（四）西青区妇幼保健中心

1980年，成立区妇幼保健站。1981年，更名为区保健所。1987年，新建区妇幼保健中心，设妇女保健、儿童保健、计划生育技术管理及服务部门。1996年，设有妇产科、儿科、婚检科用附属科室。2010年，设医疗保健科室9个，职能科室4个。有技术人员25人，护理人员13人。

照27-2　2010年，西青区疾病预防控制中心

（五）西青区结核病防治中心

1979年，成立区结核病防治所。1996年，防治所设有防治科及医疗门诊室。2010年，设6个医疗服务科室，4个职能科室，在职职工21人，其中专业技术人员14人。

（六）西青区卫生监督所

2006年，成立区卫生监督所。2010年，监督所加挂西青区餐饮食品监督所的牌子，行使双重职能。

二、乡镇级医院

1979年，区内各街镇均建有卫生院。八九十年代，各卫生院相继进行改建、扩建、不断增加医疗科室，提高医疗水平，逐渐成为乡镇综合性医院。2010年，西青区有街镇卫生院8所、社区卫生站和村街卫生所125个。8所街镇医院为：中北医院、辛口镇卫生院、张家窝镇卫生院、精武镇永红医院、西营门街社区卫生服务中心、李七庄街宾水医院、王稳庄镇社区卫生服务中心、大寺镇社区卫生服务中心。

二、卫生站所 乡医

（一）卫生站所

1979年，区内村建级卫生站。1983年，开始出现村办、集体承包、个人承包等办医形式。1985年，西郊区乡村医生协会成立，各乡镇设分会。1991年，区内甲级卫生所128个，占全区集体和群众集资办医行政村的91.43%，成为全国首批基本卫生保健达标区。1994年，149个村级卫生所全部建成甲级卫生所。1999年，全区卫生站（所）262个。2003年，区内乡镇村卫生站（所）151个。2010年，全区有社区卫生站和村街卫生所125个，均达到卫生保健规范化标准。

（二）乡村医生

1979年，全区有“赤脚医生”621人。区卫生行政部门每年组织乡村医生开展业务培训，进行专业技能考试。1983年，“赤脚医生”改称乡村医生。1987年，区内483人参加市卫生局乡村医生统考，80人被晋升为乡村医师。2010年，全区在册乡村医生315人。

第二节　设施设备

一、病床

1979年后，区医疗卫生事业快速发展，病床数量不断增加。1985年，全区有病床365张。1990年，区卫生局直属单位有床位638张，区、乡级医疗单位还在病人家中开设家庭病床。1991年，全区有病床638张，设有家庭病床521张。2007年，西青医院设置病床760张。全区医疗单位共有病床1037张。2010年，全区医疗单位有病床1609张。

二、医疗设备

1985年，区医院增设B超设备。1991年，全区医疗机构拥有医疗器械330台（件），其中区属医院有价值万元以上医疗设备55台（件），价值3000元以上医疗设备532（台）件。乡镇级卫生院拥有价值万元以上医疗设备17台（件），价值2000元以上医疗设备196台（件）。1992年，购买CT机1台。1995年，乡镇卫生院全部配备X光机、B型超声诊断仪等现代化医疗设备。1999年，区医院购置CT机1台，2004年购置CR计算机成像系统，2005年增设高压氧舱，2007年建ICU病房，购置MR及DSA等现代医疗设备。

第二章 保 健

80年代始，区内妇女儿童保健受到高度重视，建有区、乡（镇）、村三级妇幼保健网，每年或定期开展妇女健康普查和新生儿及儿童疾病筛查。进入21世纪，区妇幼保健科目和范围增加，启动育龄妇女妇科病普查，坚持每年对儿童查体，逐步实现儿童健康系统化管理。至2010年，区妇幼保健设施、技术水准大幅度提高，全社会保健意识增强，妇女幼儿的身心健康能得到充分保障。

第一节 妇女保健

一、孕期检查

1980年，区卫生系统在杨柳青镇开展儿童保健区、镇、生产大队三级网试点，逐步在全区推广建立。1981年，对新生儿死亡、孕产妇死亡及妇女常见病多发病进行调查。对儿童佝偻病、营养不良和传染病进行普查。1988年，推行“保偿机制”和建立保健册制度。对儿童佝偻病、营养不良及传染病采取登记、跟踪治疗。1990年，对新婚男女登记结婚时实行健康身体检查。“三级网”覆盖全区，孕产妇孕期检查得到保障。1992—1999年，孕产妇系统管理率100%，住院分娩率76.35%。2006—2010年，加强全区孕产妇检查工作，实行孕妇产前筛查。

2006—2010年西青区产前筛查情况统计表

表27-1 单位：人

项目	2006年	2007年	2008年	2009年	2010年
筛查数	360	2042	2630	2460	2855
高风险数	25	164	183	95	213
确诊异常数	0	1	3	9	21

二、妇科病普查

80年代始，开始对育龄妇女开展妇科病普查。1980年，全区妇女查体，发现67名子宫脱垂患者。1984年，保健站为区内1.43万名怀孕妇女查体，发现44名患者。1980—1990年，为2.72万名妇女查体，发现162人患有子宫脱垂，6人患有尿漏，占查体总人数得0.62%。90年代后，加大对“新法接生”宣传力度和乡村接生员的培训，医疗技术和妇女自我保健意识提高，子宫脱垂、尿漏患者大幅减少。

1991—2000年，对全区3.58万名妇女查体，发现患有子宫脱垂、尿漏疾病的22名。2000年后，子宫脱垂、尿漏病患者再无发生。

1980—1990年，区保健中心在妇女查体中发现子宫肌瘤患者155人，恶性肿瘤患者1人。1991—2000年，对3.58万名妇女查体，子宫肌瘤者641人，恶性肿瘤者18人。2001—2010年，对4.59万名妇女查体，发现子宫肌瘤患者243人，恶性肿瘤患者18人，区保健中心和医院及时为患者进行手术或药物治疗。

第二节　围产期保健

90年代，区内落实孕产妇保偿制度。1992—1999年，全区有孕妇2.13万人，孕产妇系统管理率100%；住院分娩1.63万人，住院分娩率76.35%。孕产妇死亡9人，孕产妇死亡率4.2%，围产儿死亡153人，死亡率0.71%（主要因家庭接生）。1999年，开始取消家庭接生，孕产妇全部到医院分娩。2000—2010年，全区有孕产妇4.62万人，住院分娩4.56万人，住院分娩率98.82%，孕产妇系统管理率100%。孕产妇死亡2人，围产儿死亡115人。2006年，保健站开始对孕妇进行产前筛查。2008年，开始梅毒、乙肝孕前专项筛查。至2010年，全区做孕前筛查1.56万人，其中阳性506人，阳性率3.25%，筛查率100%，梅毒初筛阳性5人。医院对阳性人员实施干预治疗，阻断母婴传播。

2010年，推行围产期保健惠民政策，开始为农业户口孕产妇进行免费检查，参加检查2234人，对2823人进行免费产后访视。

2006—2010年西青区产前筛查情况统计表

表27-2　　单位：人

项目	2006年	2007年	2008年	2009年	2010年
筛查数	360	2042	2630	2460	2855
高风险数	25	164	183	95	213
确诊异常数	0	1	3	9	21

第三节　儿童保健

一、预防接种

1979年始，逐步完善儿童计划免疫接种管理。每年4次接种，实行卡、册管理。1980年，取消牛痘接种。1982年，实行儿童预防接种证制度。1985年，开展儿童计划免疫月接种，实施“四苗（卡介苗、百白破联合疫苗、脊髓灰质炎疫苗、麻疹疫苗）”基础免疫。1988年，建立区、镇、村儿童保健“三级网”管理模式。1991年，推行乙肝接种，对出生后24小时内注射第一针和0、1、6月龄内按程序接种。1995—1998年，实施儿童计划免疫“第三个85%”评审。1996年，开展狂犬病疫苗抗体检测新项目，有风疹疫苗接种记载。1997年，在10个乡镇开展出血热双价疫苗接种，有流腮疫苗接种记载。开展免疫荧光技术检测血清中的抗体。1998年，在中北医院、滨湖医院进行集中接种门诊试点，后在全区推广集中接种门诊。

2000年，区内首次在易感人群中推广注射流感疫苗，注射8000人（份）。对外地流动儿童实施强化免疫4570人（次）。2002年，开始接种水痘疫苗、23价肺炎疫苗，强化免疫2429人次。2004年，接种HIB疫苗，开始应用酶标法检测抗狂犬病抗体。2008年，全区麻疹疫苗强化免疫应种目标人群为6.62万人，累计接种6.5万人。2010年，开展8月龄至4岁儿童麻疹疫苗强化免疫。

二、身体检查

1992年，区妇幼保健部门通过“三级网”对全区7岁及以下儿童开展腹泻和贫血调查。1991—2003年，进行5岁以下儿童死亡调查及其原因分析。1991年，5岁以下儿童死亡率为22.3‰，2003年，5岁以下儿童死亡率为0.33‰。1995—2005年，完成以十年为一周期的儿童生长发育调查。2009年，启动新生儿听力筛查、先心病筛查、启动髋关节发育不良筛查、先天性白内障筛查。2010年，全区听力筛查完成99.07%，先心病筛查完成87.20%，髋关节发育不良筛查完成84.73%，先天性白内障筛查完成85.1%。

1993—2010年西青区儿童查体情况统计表

表27-3

年度	全年查体人数（人）	新生儿访视率（%）	3岁以下儿童佝偻病发病率（%）	缺铁性贫血发病率（%）	新生儿死亡率（‰）	婴儿死亡率（‰）	5岁以下死亡率（‰）
1993	17920	89.50	3.00	13.00	6.76	12.09	12.45
1994	11255	25.40	17.00	20.20	7.71	10.02	12.08
1995	11528	79.00	18.20	20.30	6.33	9.35	12.10
1996	22773	76.90	9.10	16.20	7.56	10.59	12.40
1997	11869	68.27	12.04	20.19	8.40	11.32	13.87
1998	9373	66.02	10.23	21.29	3.61	6.13	8.66
1999	13305	67.68	5.62	17.35	5.71	8.21	8.21
2000	9373	66.02	10.23	21.29	3.61	6.13	8.66
2001	13305	67.68	5.42	17.35	5.71	8.21	8.21
2002	19675	91.23	1.96	7.21	6.02	9.04	11.71
2003	17184	85.30	1.89	6.89	10.92	13.31	–
2004	18146	85.69	1.43	14.30	3.42	5.70	6.09
2005	16061	83.14	1.36	13.55	3.32	4.96	5.64
2006	15217	76.97	1.14	19.87	4.01	6.57	7.66
2007	16010	82.03	1.73	14.64	4.95	4.95	6.10
2008	3000	80.00	–	–	–	4.02	4.77
2009	3000	–	–	–	–	1.64	2.05
2010	4000	–	–	–	–	0.30	2.43

注：表中缺项为统计类项，因后来统计年龄段划分与前期划分不同，姑略。

第三章　疾病控制

70年代末，区内建有疾病预防保健网。80年代后，预防接种进入计划免疫时期。进入21世纪，区内针对传染性非典型肺炎疫情等新发传染病制订预案，动用全区卫生资源治疗并防止疫情扩散。对职业病定期进行监看检查，建立档案，进行检测和监督。各种疾病控制效果明显，患病率大幅下降。2010年，区卫生防疫中心被卫生部评为全国计划免疫先进单位。

第一节　疫苗接种

一、百白破 脊髓灰质炎防疫

1979年后，区内加大疫苗接种力度，百白破一类疫苗接种人数呈逐年上升态势。2010年，全区百白破复种应接种7737人，实接种人数7491人，接种率96.82%。脊髓灰质炎疫苗免疫复种应接种人数6618人，实接种人数6437人，接种率为97.26%。

1993—2010年西青区一类疫苗接种情况统计表

表27-4　　单位：人

年度	脊灰		百白破		白破		麻疹	
	实种人数	接种率%	实种人数	接种率%	实种人数	接种率%	实种人数	接种率%
1993	5510	99.51	3200	99.44	–	–	4133	99.42
1994	3573	99.67	3290	96.17	–	–	4258	89.90
1995	3202	100.00	2676	99.96	–	–	3507	99.94
1996	5391	99.93	3031	99.94	–	–	2581	99.88
1997	4172	99.80	3312	99.88	–	–	4030	99.29
1998	6065	98.27	3132	99.18	–	–	14814	99.15
1999	5274	93.05	2087	92.4	–	–	10933	84.81
2000	5882	99.21	3044	99.45	–	–	12561	99.90
2001	5897	90.76	3237	99.08	–	–	12538	97.16
2002	6360	97.97	3535	99.41	–	–	13634	93.50
2003	6766	96.04	3821	98.63	–	–	14854	97.77
2004	8918	94.29	3827	95.89	–	–	14918	97.00
2005	6820	97.54	3639	97.46	3920	93.65	11352	93.73
2006	7741	98.06	5049	97.19	2207	92.69	14651	90.15
2007	3179	75.38	5520	83.84	–	–	10766	76.66
2008	3859	81.60	5362	88.36	–	–	7224	82.87
2009	5840	89.15	10423	96.09	3367	99.62	34629	95.94
2010	6437	97.26	7491	96.82	4181	96.87	48457	95.64

二、流脑 乙脑 乙肝免疫

1979—2010年，区卫生局把流行性脑炎、乙型脑炎和病毒性肝炎的防治列入基础免疫。每年4—5月，为儿童注射流行性乙型脑炎免疫疫苗。2010年，流行性脑炎疫苗应复种接种人数为9943人，实接种人数为9663人，接种率为97.18%；流行性乙型脑炎疫苗接种人为1.18万人，接种率为98.33%；乙肝疫苗复种接种3415人，接种率98.19%。

三、脊髓灰质炎免疫

1978—1990年，区内未发生脊髓灰质炎患儿。1991年，中北镇发现脊髓灰质炎病1例（系外地女婴感染后在区内发病）。1998年，对区内重点街镇实施局部强化免疫，共接种2.79万人。1999年，对重点街镇接种1.1万人。制订西青区消灭脊髓灰质炎“查漏补种”免疫活动方案，重点为0~4岁流动儿童接种。2009年，区卫生防病站拟定《2009年西青区脊灰疫苗强化免疫实施方案》，在全区开展脊灰疫苗强化免疫活动。共发放糖丸1.6万粒，应种15330人，实际接种14659人，免疫率达95.6%。

第二节　传染病防治

1980年，全区纳入急性传染病管理的传染疾病25种。90年代至2010年，全区实施国家传染病实施办法，对甲、乙、丙三类35种传染病进行管理，传染病管理纳入法制化轨道。

一、霍乱

1984年，区内出现霍乱病人45例，其中杨柳青镇发病17例。区卫生系统组织各医院设肠道门诊，遇有病人确诊，即转到传染病医院治疗，控制传染病扩散。1999年，区内4个乡镇出现93例霍乱病人和4例带菌者。区卫生防疫站采取“早、小、严、实”管理方式，病人经治疗全部康复。2002—2010年，4所区级医院建立传染病肠道门诊，检测腹泻病人。对饮用深井水进行霍乱弧菌检测，对曾发生霍乱的中北镇两村进行水源消毒处理，对外地流动人口聚集地进行摸底调查，到基层采集养殖水样，对水产品涂抹样品进行“02菌”监测，未发生过霍乱疫情。

二、狂犬病

1996年，区卫生系统开展狂犬病疫苗抗体检测。1997年，开始使用免疫荧光技术检测血清中抗体。2004年，应用酶标法检测抗狂犬病抗体。2007年，在区防疫站、张家窝医院和滨湖医院建立24小时狂犬病疫苗接种门诊。2009年，杨柳青镇出现1例疑似狂犬病病例，区卫生防疫站对患者家属及密切接触者进行监测和注射狂犬病疫苗。全区开展对流浪犬捕杀处理，对家养犬进行疫苗接种。

三、伤寒 副伤寒

1983年，木厂乡大沙窝村因供水管道破裂导致伤寒流行，出现病人113例，占村总人口的5.34%。后经饮水消毒，对发病患者进行隔离治疗，无死亡病例发生。

四、麻疹

2005年，区内出现多例麻疹发病。2006—2008年，为麻疹高发期，每年全区9个街镇均有病例报告，大寺镇、杨柳青镇最为严重。2008年，全区开展8月龄至14岁麻疹强化免疫，麻疹疫苗强化免疫应种目标人群为6.62万人，累计接种6.5万人。2009年，各街镇麻疹发病率均下降。2010年，因周边地区麻疹疫情高发，区内麻疹发病率反弹，发病率25.35/10万人。全区开展8月龄至4岁儿童麻疹疫苗强化免疫。2010年9月，麻疹疫苗实种2.69万人，接种率93.75%。

五、细菌性痢疾

80年代，区内细菌性痢疾多发，有死亡病例发生。90年代，发病率平稳状态。1992—2010年，偶有细菌性痢疾发生，未出现死亡病例。

六、病毒性肝炎

1991年，区卫生部门对新生儿普遍接种乙肝疫苗。2002—2010年，区内将乙肝疫苗纳入儿童计划免疫，其间发生病毒性肝炎病例2929例。

七、疟疾

1979—2010年，区内疟疾发病率处于较低水平，主要以输入性病例为主。疾病预防控制结合爱国卫生运动，以防止第二代病例为重点，未发生较大疫情。

八、结核病

1979年，区结核病防治所正式接诊肺结核病人。区结核病防治所负责辖区内卡介苗接种和质量控制。1984年，在小南河村抽样1727人，参加全国第二次结核病流调工作。2005—2010年，开展结核病统计由纸质卡片形式上报疫情变为以网络形式接收社区医院所报疫情，然后由区结核病防治所统计上报国家疫情网。2010年，全区有痰涂阳病人255人，痰涂阴病人651人。

九、艾滋病

2004年，区内出现第一例艾滋病病例，后疫情呈逐年上升趋势，但仍属低流行状态。性传播途径成为新发报告病例的主要传播途径。病例以男性和青壮年为主，其文化程度逐年提升。2005年，建立区内首个初筛实验室，并开展初筛检测。至2010年，艾滋病例偶有发生。累计管理艾滋病（HIV/AIDS）37例。

十、淋病、梅毒

2000年，首次对乙类传染病梅毒、淋病发病进行统计，全区淋病发病数1例，梅毒发病数2例。2004年，淋病发病49例，梅毒发病数5例，2006年，淋病发病41例，梅毒发病53例。至2010年，按报告的统计淋病112例，梅毒122例。按现住址查询淋病159例，梅毒468例。

第三节　慢性病 地方病 职业病防治

一、慢性非传染病防治

1984年，区卫生部门开展覆盖全人群的死因监测和恶性肿瘤、冠心病、脑卒中、高血压“老四病”发病监测。2005年，区卫生局结合居民疾病谱变化，增加伤寒、糖尿病、精神疾病及肝硬化疾病“新四病”报告。2006年，开展慢性非传染病干预，以健康咨询、健康处方等形式发放宣传材料9万余份。2008年，筛查60岁以上老人3.18万人，全部建立健康档案，筛查率为86%。筛查出高血压患者1.3万人、糖尿病患者2977人，对这两种慢性病病人进行随访。2010年，在60岁以上已确诊糖尿病、高血压病人免费投药，全年投药价值11万元，惠及2万余人。

二、地方病防治

1979—2010年，区内地方病为碘缺乏病和饮水型地方性氟中毒，控制办法为食用碘盐和改造饮水水源。2009年，开展“防治碘缺乏病日”宣传活动，宣传防治知识。采集100份8~10岁儿童尿样，进行尿碘检测。采用问卷调查，对150名五年级学生进行健康教育知晓情况调查。1979—2010年，陆续对区农村饮水水质卫生状况进行调查，对不合格村落和居民区进行自来水管网改造。2009年，基本完成自来水管网改造。2010年，区内开展农村饮水水质卫生调查，饮用水氟含量全部合格。

三、职业病防治

1984年，区内杨柳青镇织带厂发生“丙酮吸入”职业中毒事故。2005年，区卫生部门对全区职业卫生进行监督、监测。2007年，区卫生防病站开展职业卫生、放射卫生监测和职业健康检查。2008年，区防病站与塘沽区卫生防病站协作完成1项制造项目职业病危害预评价和1项建设项目职业病危害因素控制效果评价。2010年，完成首个建设项目预评价报告，报告职业病病例16例，其中尘肺病13例、苯中毒1例、高原病1例、接触性皮炎1例。对16例患者所涉及的9家企业进行职业卫生状况调查。

第四节　新型传染病防治

一、非典型肺炎防治

2003年，西青区为防治“传染性非典型肺炎”（简称“非典”）疫情，组建疾病防治工作站，建立区卫生防疫站、街“非典”镇医院、乡医三级疫情报告网，形成全区120个单位“非典”疾病监测网络。培训5000名工作人员，发放宣传品20余万份。投入资金20万元，提供各类消毒剂20吨，编印1000份药物使用说明。进行离津外出人员体温检测，开具健康证明350份。提供4950名高校学生、离津人员办理健康证明服务。全区处置密切接触者调查12起，处理疫点19个，隔离观察273人，医学观察474人。报告6例“非典”病例，其中5例疑似、1例确诊，未造成大范围疫情蔓延。

二、手足口病防治

2008年，区卫生部门制定手足口病防治工作方案，落实人员培训疫情报告、监督检查等措施。全区报告手足口病人503例，均为散发，无重症和死亡病例。2009年，全区报告手足口病1050例，其中1例重症（后治愈），无死亡病例。2010年，对出现手足口病的幼儿园及学校采取停园、停课两周的措施及消毒处理，杜绝续发病例发生。

三、甲型 H1N1流感防治

2009年，国内确诊首例输入性甲型 H1N1流感病例后，西青区启动重大疾病防控应急预案，周密部署防控。新建西青医院发热门诊，各医疗单位均储备充足物资，开展甲流防控培训及应急演练，启动日报告、零报告制度。对区内第一波疫情的两例输入性确诊病例和20例密切接触病例分别进行流行病调查、隔离观察和消毒处理，直至危险解除。对第二波疫情出现的8例确诊病例和11例疑似病例依样进行观察治理。对一线医务人员、在校学生及教职工、关键岗位公共服务人员开展甲流疫苗接种。至2010年，全区接种2.29万人，完成接种任务的88%。

四、其他传染病防治

1988年，区内传染病发病总数1174例，报告发病率431.1/10万，实现“四苗”覆盖率85%。1998年，中北斜中心小学水痘爆发13例，实行隔离患者措施，未造成疫情蔓延。1999年8月，中北镇王村发生一起介水型霍乱暴发疫情，有203例疑似患者，确诊20例。后区内霍乱流行，发现93例病人和4例带菌者，波及4个乡镇。区卫生部门通过采血隔离、救治与消毒以及改造管网水，使疫情得到有效控制，病人经治疗全部康复。2000年，区内传染病发病971例，报告发病率361.95/10万。全区实行日门诊制度，接种规范，安全注射率100%。2004年，实行传染病疫情网络直报制度，发现首例 HIV 感染者。南河镇闫庄子村发生水源性非 O1型霍乱弧菌暴发疫情，发生200余名病例。经过防控措施，疫情得到控制。2006年，辛口镇中心小学发生乙型流感暴发疫情，140名学生发病。经过采样流调，采取治疗措施，疫情得到控制。

第五节　卫生检疫

一、食品卫生检疫

1984年，区卫生防病站对区食品生产、经营企业和个人实行卫生许可证制度。2007年，区卫生防疫部门对食品生产经营单位进行调查摸底和监督检查。开展专项监督检查343户次。监督检查餐饮单位1480户，行政处罚31户，罚款人民币4680元。2008年，累计检查食品生产经营单位12694户（次），餐饮业卫生许可量化分级率达90%以上。2009年，全区街镇政府建立监管协作机制，取缔卫生安全隐患单位70户，调离职业禁忌人员217名。2010年，监督检查餐饮单位6210户次，各类餐饮单位监督覆盖率达100%，量化分级管理率达100%。开展节日期间地沟油、不合格一次性筷子、问题乳粉等一系列食品安全专项整治活动，累计监督检查各类餐饮单位1.61万户次，下达卫生监督意见书2703份。

二、公共卫生管理

（一）公共场所卫生监管

1980年，区卫生部门对理发业、旅馆业、商场、舞厅、水质监控等环境卫生实行监察管理。1987年，区防病站开始对全区公共场所从业人员进行体检和卫生知识培训，对公共场所实行卫生许可证制度，开展经常性卫生监督和监测。2007年，区卫生局对全区"五小"行业摸底调查，建立管理台账和监督检查。2009年，推行实施公共场所卫生量化分级监督管理制度和信誉度公示制度，各类场所量化分级率均达100%。

（二）饮用水卫生检验

1996—2003年，区卫生部门每年采集水质样品几十份或数百份进行检验。2004年，采集水质样品156份、910项次。2005—2007年，对34所中小学饮用水卫生状况进行调查。2008年，采集末梢水样品120份，检测1080项（次）。2010年，监督检查公共场所、集中供水和二次供水单位3341户次，监督覆盖率达100%。采集末梢水样品120份、二次供水监测采集样品34份。自来水厂源水、出厂水监测采样品源水、出厂水各2份，所有项目全部合格。

三、学校卫生防病

1979年，区卫生部门在全区21所中学、56所小学落实专、兼职校医制度，培训学生卫生员。对全区9.82万名中小学生进行健康普查，建立学生健康卡片。80年代后期，全区强化学校卫生管理，把学生卫生纳入规范化管理。1990年，区防疫站设学校卫生监督员，明确学校承担的任务和监督职能。2009年，对辖区内学校食堂进行监督检查，涉及就餐师生11万多人。2010年，启动学校食堂从业人员晨检制度及卫生日检查、周检查制度。对辖学校、托幼机构及配餐单位进行全面监督检查，逐户签订卫生安全承诺书。检查各类为学校供餐商208户，对全区79所学校的165名食堂从业人员进行食品安全知识培训。

四、职业卫生检查

1979—2010年，区卫生部门每年对新改扩企业进行预防性卫生监督，对用人单位职业健康监护情况进行监督检查，保护劳动者的健康权益。2010年，对657户企业进行职业卫生摸底调查，对96户基本职业卫生情况进行抽查，对其中存在职业卫生安全危害的78户企业告诫整改。

第四章　医疗护理

1979年后，西青区不断加大对卫生系统建设的投入，加快医院基本建设步伐，加强医疗队伍建设，更新添置现代化医疗设备，招收、培养高水平专业技术人才，医疗条件和医疗水平得到大幅提升。2010年，全区已经形成专业门类齐全、科室设置完善的综合性医疗体系，全区医疗单位有医护人员1493人，能保证各类患者及时就医并得到高效救治。

第一节 医 疗

一、西医

1979年，区基层医院主要科室有内科、外科、妇产科等。区人民医院设综合内科、综合外科、妇产科、儿科、耳鼻喉科、眼科、口腔科等科室。1980年，区医院增设皮肤科、肠道科。1986年，西青医院成立急诊科、特检科。综合内科分成内科和呼吸科，骨科从综合外科分离，独立成科。90年代后，区人民医院可开展经腹部子宫全切或子宫半切、宫外孕大出血抢救及手术治疗等。进入21世纪，基层医院科室不断增加。2007年，区医院成立神经外科，填补医院学科建设和医疗技术上的空白。2010年，区内医院治病主要以西医为主。

二、中医

1990年，西青医院建立独立中医科，设有专门病房。2000年后，中医治疗范围扩大，技术力量不断提升，开展项目有外感病、肺病、心脑病及妇科病等。特色项目包括对慢性萎缩性胃炎、胃癌前期病变、胃食管反流及代谢紊乱综合征等疑难杂病的诊治。2009年，针灸开展项目有颈椎间盘突出症、咳嗽、过敏性鼻炎等慢性病症。使用“针灸、推拿、牵引、拔罐、电针”等方法治疗中风及其后遗症、颈椎病、腰椎间盘突出症等疾病。

三、门诊

1979年，全区各医院门诊量43.7万人次，其中基层卫生院29.4万人次，占67.28%；其他主要集中在西青医院、宾水医院。1989年，全区门诊量47.6万人次，主要集中在西青医院、中医医院，其中区级医院30.1万人次，占63.24%；基层卫生院16.9万人次，占35.5%。1999年，全区门诊量98.3万人次，其中区级医院67.2万人次，占68.36%；基层卫生院19.9万人次，占20.24%。2010年，全区门诊量152.2万人次，主要集中在西青医院、西青中医医院、永红医院等，其中区级医院107.1万人次，占70.34%；基层医院21.6万人次，占14.19%。

照27-3 2010年，西青医院专家会诊

四、住院

1979—1989年，全区医疗院所收治住院病人12~15万人次之间。1990年，收治住院病人8000人次，其中区级医院收治住院病人6000人次，占75%。2000年，全区收治住院病人1.2万人次，其中区级医院收治9500人次，占79.16%。2005年，全区收治站住院病人1.4万人次，其中区级医院收治1.3万人次，占92.86%。2010年，全区收治住院病人2万人次左右，其中区级医院占95%左右。

五、医师

1979年后，区内医师队伍逐步壮大。80年代末，全区医师总数比70年代末增加3.5倍。1979年，全区医师队伍中，区卫生局直属单位医师占61.38%，乡镇卫生院占38.62%。1988年，区卫生局直属单位医师占75.83%，乡镇卫生院占24.17%。至1995年，区卫生局直属单位医师占86.13%，乡镇卫生院占13.87%。

2000年，全区各医疗院所共有主任医师15人、主治医师215人。2005年，区内各医疗院所共有主任医师19人、主治医师248人。2010年，全区有主任医师23人、主治医师222人。

第二节　护　理

一、护理制度

1982年始，西青医院设护理部。1984年，区卫生系统对护理体制进行改革，改变传统的简单护理模式，以基础护理、专科护理、技术操作为重点，对16项护理操作技术进行正规操作。1986年始，实行标准化病房管理，对不同病种制定不同的专科护理规范。1998年，西青医院完成全院护士注册的电脑化管理，制定10项安全、公共应急预案和7项侵入性操作告知程序，修订16项护理技术操作流程。2006年，出台护理不良事件报告制度及工作流程，制定手术安全核查制度。2010年，制定夜班护士长督导检查及夜班护士督导检查记录制度。实行护士长聘任上岗制。

二、医疗护理

1979—1986年，区级医院执行功能制护理制度，以疾病护理为中心。90年代，区级医院开始应用心内注射、体外反搏、心电监护、静脉高营养等新型护理技术。1986—1997年，区级医院实行责任制护理，转为以病人护理为中心，推行“生物—心理—社会”现代医学模式。1993年，开始科室护理查房。1997—2010年，树立以人的健康为中心理念，开展整体护理。实行护理质控检查，制定完善《标准护理计划》及护士职责及行为标准，护士职责增加。对新入职护士进行岗前培训，对基本护理操作技术进行培训考核，持证上岗。

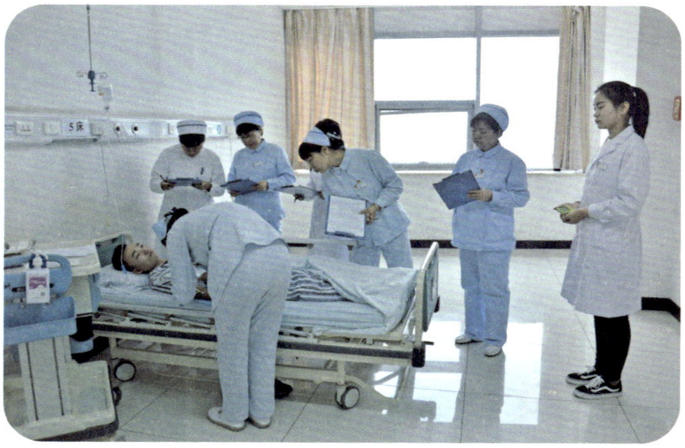

照27-4　2010年，西青医院住院病人护理

第五章　爱国卫生

1979年起，区内村镇环境卫生实行目标管理，重大节日及每季度开展卫生突击并实施检查评比和奖罚措施。90年代，农村环境卫生实行综合治理，开展达标创优竞赛。组织全区开展防病除害活动，实施全区改水、改厕、改善村镇容貌卫生。21世纪初，以治理农村环境脏乱为重点，广泛开展爱国卫生运动，创建国家卫生城。以“创卫”为指导方针，开展卫生清整和专项治理活动。2010年，加强对9

个街镇的监督管理，督促9个街镇巩固创建成果。张家窝、大寺、中北3个镇通过国家卫生镇复审，2个村被评为市级卫生村。全区市级卫生村达到130个。

第一节 卫生健康教育

一、建立健康教育网

1991年，初步建立全区三级健康教育网，举办健康教育培训班。1992年，在全区148个村建立“健康教育园地”，提供宣传材料1700份。至2002年，编纂健康教育材料200份。

2003年，进行“非典”防治知识培训，发放防治宣传品30万份，制作防治“非典”知识宣传展牌6块。区有线广播设有《卫生与健康》专题栏目。2004年，各学校健康教育开课率及“五有”率均达100%，“无烟学校”创建率94%。2006年，对杨柳青等4个创建国家卫生镇单位进行指导。协助对38家网吧开展健康教育宣传和控烟宣传。2007—2009年，开展创卫、除害防病、农村户厕改造和卫生知识等爱国卫生宣传活动。对6个街镇220名社区居民人禽流感、“非典”和乙肝及肠道传染病等防治知识宣传和问卷调查。组织7次健康教育知识培训，发放健康知识调查问卷100份、宣传材料5000份。在7所中小学校对6600名学生进行乙肝和肠道传染病防治宣传，对学校卫生师进行专业培训，发放光盘和宣传材料7000份。组织爱国卫生条例大型宣传活动，发放宣传材料2万份、宣传布标15条、环保袋等500余件。

二、开展社区防治宣传

2010年，开展社区病媒生物防治宣传。在社区举办防治蚊、蝇、鼠、蟑螂等病媒生物宣传，发放宣传材料500份。开展“亿万农民健康促进行动”，在全区各行业创建无烟单位。

照27-5 2008年，区市容委开展法规宣传活动

第二节 市容环境卫生

一、灭“四害”

80年代中期，区内开始把灭鼠、灭蚊、灭蝇、灭蟑螂作为除害防病的常规化措施。1987年，开展大规模灭鼠活动，投放灭鼠药饵126.5吨。1998年，开展灭鼠防病、除害消杀活动。投放鼠药15.8吨，消毒粉10吨，杀虫粉6吨，敌敌畏2吨。2001年，投放鼠药25.2吨，投放各类杀虫剂2吨。2002年，购进投放23.5吨鼠药。全区平均鼠密度降到1.4%，达到国家规定标准。2003年，除害消毒用药224.44吨，其中灭鼠药22.5吨。2004年，购进鼠药22.5吨并全部投放，覆盖率100%，灭鼠效果90%以上。2005年，印发各类宣传材料10万份，出动1万余人次开展冬春季灭鼠行动。对鼠药投放和鼠密度进行监测，投放鼠药27.5吨。2006年，实施冬春季灭鼠和夏秋季灭蟑螂、蚊蝇，集中开展大规模消杀活动4次。通过市爱卫会灭鼠、灭蟑螂、灭蚊蝇达标验收。2007年，开展病媒生物防治，购买高效无毒的消杀药品，聘请专业队伍开展灭鼠、灭蟑螂、灭蚊。采取综合防治方法，进行全面灭蟑，保证投药覆盖率100%，灭效90%。全年共购鼠药29吨，灭前密度监测鼠密度为4.07%，投药后为2.38%，达到国

家规定标准。2008年，迎奥运病媒生物防治设置毒饵盒3622个，使用杀蟑饵剂19.4千克、拜力坦乳油3.16吨、大功达悬浮剂1.07吨、杀虫粉剂2.1吨、双硫磷颗粒11.9吨。奥运期间进行“四害”密度监测69次。7个单位被命名为第29届奥运会天津赛区病媒生物防治工作先进集体。

二、常规管理与集中清整

1980年，全区村镇环境卫生实行目标管理，重大节日及每季度均开展环境卫生大扫除，实施检查评比和奖罚措施。1982年，制订环境卫生监察、评比规定，管理步入法治化。1997年，开展以杨柳青镇为重点的市容环境卫生清整战役。两次组织驻镇机关单位、部队官兵清理道路两侧垃圾杂土200多吨，平整脏乱死角1万多平方米。组织开展爱国卫生月和环境清整周活动，对杨柳青镇垃圾进行全面清整，出动3万人次、车辆1056台次，清除垃圾堆物2.9万吨，清除脏乱死角145处，清理乱贴乱画1200余处，清理胡同、街道185条。对水上公园、周邓纪念馆、华苑小区及城郊接合部 等周边地区进行彻底清整，拆除违章建筑1万多平方米，清除垃圾2万多吨。组织1361人次上街进行卫生宣传，发放宣传材料1万多份、悬挂布标291幅，开辟卫生宣传栏590块。1999年，利用爱国卫生月和市容环境清整月以及每季度一次的卫生清整日活动，对全区道路、居民区和窗口地区周边环境进行大规模清整，出动2.7万人次、车辆72部次，清理垃圾3.6万余吨。2002年，组成检查组对149个自然村进行环境卫生联查、互查，发放宣传材料2000多份。2004年，开展春季爱国卫生运动，进行村容村貌治理，对居民区、机关、企事业单位各公共区域等重点部位进行环境整治，拆除违章建筑5.8万平方米，管理不规范广告、牌匾、灯箱、幔帐等1672起，审批36件，管理私开门脸7起，拆除不规范广告信息牌、遮阳罩、布标幔帐5390个；清理违章摊贩3.76万个，清理乱贴乱画7.8万处；实施外檐整修3.4万平方米，拆除窗户护栏300余个。2007—2010年，集中治理居民生活区、城乡接合部 、旧屋区等卫生死角，填平废弃坑塘沟渠，清理蚊虫孳生地；清扫机关学校、企事业单位和居民家庭的室内外环境；清理乱堆乱放、乱贴乱画、乱挂乱摆；治理生活垃圾乱倒乱排等问题，清除卫生死角。

第三节　农村改水改厕

一、改水

1991年，全区村镇卫生设施建设投资954万元，修整道路39条，共计11.8万延米，铺设下水管道6.45万米，新接和更新自来水管道2.46万米。1993—1994年，全区新修下水管道4.68万延米，新接或更新自来水管道11.61万米。1995年，全区自来水管网长36万米，自来水入户率100%。有80余个村完成下水管道入户。2001年，治理自然村深井水含氟量高、水井和储水塔周边环境卫生差、污染水源严重等问题，两次对井水水质进行检查和消毒处理。2004—2010年，加大改水投入力度，改造提升供水设施，实行常规化监督检查，保障居民饮水安全、健康。

二、改厕

1979年始，各村镇相继建立公共厕所、污水池和垃圾箱，成立积肥专业队。1984年，全区共建污水池66处，垃圾箱276个，改建公厕273座。推广沼气池处理粪便无害化工程，建沼气池985个。1991年，改建公厕231座。1993—1994年，新建改建公厕216座、其中农村水冲式公厕54座。1995年，全区达到国家基本卫生保健水准公厕1421座，达标率93%。2003年，区、街镇两级财政投资265.3万元，完成农村户厕改造9053座。投资160万元，改造公共旱厕96座。2004年，投资2424.73万元，改造农村户厕2.25万座。2005年，改造农村户厕1.97万座，全区户厕改造完成率达到90.3%。2006年，完成农村户厕改造1670座，农村户厕改造累计6.78万座，普及率92.5%，其中完整下水道5万座、三格化粪井式1.74万座，区农村户厕普及率92.5%。2007年，新建、改造公厕107座，全区共有1129座，公厕水冲率33.3%。2008年，新建、改造133座，共有公厕1262座。2009年，新建、改造公厕80座，全区共有公厕1262座。

第四节　创建卫生城镇

一、创建国家卫生区

2004年，西青区开展创建国家卫生区（简称创卫）活动。2005年，开展一系列卫生清整和专项治理活动、制作宣传牌，印制创卫宣传材料2.4万份，悬挂布标62条，设置宣传拱门。在杨柳青广场开展创卫宣传日活动，组织知识竞赛。实现“一区带四镇”（指市级卫生区，杨柳青镇、中北镇、张家窝镇、大寺镇4个市级卫生镇）创卫目标。2006年，3个镇被国家爱卫会命名为国家卫生镇，1个镇通过市级卫生镇验收，11个行政村成为市级卫生村。2007年，聘请专家进行创卫标准业务培训。对脏乱反弹现象进行治理，推动创建卫生镇工作。杨柳青镇被命名为国家卫生镇，4个街通过市级卫生镇验收，74个村成为市级卫生村。2008年，5个街镇启动创建国家卫生镇（街）活动。2个街镇通过全国爱卫办的考核验收，被命名为“国家卫生镇（街）”。至2010年，8个单位被市爱卫会命名为“市级卫生红旗单位”，36个单位被命名为“市级卫生先进单位”。2009年，对3个国家卫生镇及其他6个街镇提出整改措施。开办“我喜爱创卫的n个理由”征文活动，与报社、电视台联合开办“环境大家看”“创卫视角”等栏目30余期。全区有6个街镇被命名为国家卫生镇，9个街镇全部被评为市级卫生镇，128个村为市级卫生村。2010年，3个镇通过国家卫生镇复审。2个村被评为市级卫生村，全区市级卫生村总数达到130个。区内共有7个单位被命名为“市级卫生红旗单位”，35个单位被命名为“市级卫生先进单位”。

二、食品卫生

2007年，对全区食品生产经营单位和公共场所经营单位进行调查摸底和监督检查。对6个街镇内“五小”单位进行调查摸底和建立管理台账，分别对较大的餐饮单位、学校和幼儿园食堂、军训基地和配餐单位、西青开发区企业食堂和“五小”单位管理人员、从业人员进行食品卫生培训，共培训1467人，发放资料和管理标准3000余册。取缔无证餐饮经营户190家，促使171家自行停业或者改行经营。完成食品样品抽检325份，“餐消”监测3390份。2008年，监督检查食品生产经营单位1.27万户次，取缔无证经营单位228户，依法收缴违法食品成品50千克。2009年，监督各类食品生产经营单位7393户次，重点单位监督频次达8次/年。对全区各级学校、托幼机构食堂和订餐学校进行监督检查831户次。2010年，出动卫生监督员1469人次、车辆389辆次，监督检查餐饮单位6210户次，监督覆盖率100%，量化分级管理率100%，下达卫生监督意见书1342份。开展地沟油、一次性筷子、一次性餐盒、问题乳粉、餐饮废弃物、夏季食物中毒、食品添加剂等一系列食品安全专项整治活动，累计监督检查各类餐饮单位1.61万户次，下达卫生监督意见书2703份。

三、公共场所卫生

2007年，整顿“五小”行业。对47个农村学校饮水单位、杨柳青水厂和5个二次供水单位进行监督检查。2008年，监督检查公共场所666户次、集中供水和二次供水单位53户次。2009年，监督检查各类公共场所876户次，生活饮用水和二次供水单位42户次。实施公共场所卫生量化分级监督管理制度和信誉度公示制度，各类场所量化分级率均达100%。2010年，公共场所卫生监督量化分级464户，出动卫生监督员348人次，监督检查车辆117辆次，监督检查各类单位1036户次。对集中式、二次供水及涉水产品单位进行卫生监督，监督覆盖率100%。

第六章　卫生管理

1996年开始，区卫生部门实行人事制度和分配制度改革，强化内部管理，推行院长责任制，从组织上保证制度落实和管理到位，在全区医疗机构开展医德医风建设。进入21世纪，注重医德医风教育和法治培训，强化内部管理，提高服务质量。全系统严格卫生行政执法，加强药品监督，保证用药安全。卫生系统的思想建设和行风建设收到明显效果。

第一节　综合管理

一、人事管理

1996年，区医疗系统推行人事制度和分配制度改革，以西青中医院为试点，实行院长责任制。1998年，开展“技术人员现状、聘用人员情况、人才需求和人才梯队”四项调整，建立人才信息库。采取“新人新办法，老人老办法”，对毕业生接纳全部实行“供需见面，双向选择，面试考核，择优录用”方法。1999年后，执行全员聘用合同制，做到上岗靠竞争，分配靠贡献，管理靠合同。实行药品统购制度，纠正药品购销不正之风。改革卫生监督和预防保健机构。

二、责任目标考核管理

2008年，区政府出台医院领导班子和领导干部综合考核评价办法。结合卫生系统实际，制定基层单位领导班子绩效考核指标体系评价参考要点，对各直属单位及医疗机构进行考核。至2010年，责任目标考核管理办法完善，作用显著提高。

三、医疗保健制度管理

90年代后期，区卫生部门制定《西青区突发公共卫生事件应急预案》，组建和完善由区卫计委应急办主任为队长的西青区卫生应急救护40人专业队，涵盖卫生执法、疫情防治、重症医学科、护理等多个专业，配置救护车、呼吸机、心电监护仪等设备，可以满足突发公共卫生事件的应急保障要求。2000年后，专业队每年都开展应急演练，先后完成区内大型活动医疗保障和突发公共卫生事件处理。

四、内部管理

1979年，区卫生部门对辅助科室进行制度化管理。1988年，医疗违纪举报成立中心，负责查处乱收费、乱办医、乱检查、无照行医等各项违纪现象。1996年，推动全系统综合目标管理责任制贯彻实施，推动人事制度和分配制度改革。对医疗单位全面实行考核与评估，建立局长奖励基金。1997年，在全系统推动综合目标管理责任制，推动人事制度和分配制度的改革。2000—2010年，以病人为中心，抓文明服务，变“坐等病人”为“送医上门”，变单纯治疗为综合服务，变以医疗为中心为以病人为中心，变只注重本区向其他地区辐射。

五、卫生行政执法

1988年起，区卫生部门开始对药品生产、经营企业及医疗单位制剂实行药品检验制度。1990年，实行药品抽验制度。针对制售假劣药品现象，开展药品打假。1991年，对全区100余家用药单位开展监督检查，查处劣质药品300余种。1993—1995年，区药品监督员统一着装，执政上岗。加大药品管理执法力度。进入21世纪，区卫生主管部门对各医疗单位等60余个基层单位进行不定期抽查。对各医疗单位的处方用药和中药调剂质量进行专项检查，对各医疗机构进行整顿，对个体医生进行抽查。各单位落实规章制度，落实手术时限，调整急诊科室人员，杜绝责任医疗事故，控制院内交叉感染。2010年，成立5个执法小组，清查处罚64人，没收医疗器械657人，伪劣药品610余种，没收虚假广告202张。清查药品批发站和卫生院的药品质量，建立药品管理档案。对全区20个单位的麻醉药品和一类精神药品进行清查。

六、医疗机构管理

1997年，对全区144个医疗机构进行审批、注册、登记，对16个企业保健站进行走访登记，对个体医所进行审核、登记。2005年，各医疗单位围绕管理年活动的6大目标、33项要求，开展医疗服务质量检查，加强临床检验工作规范化和标准化建设。2008年，成立西青区卫生系统病案药事质控组和医院感染质控组，定期开展终末病例、院内感染的质控检查。对床位在100张以下的医疗机构进行执业登记，发放执业许可证。2009年，为162人办理执业地点变更注册，为480人办理护士执业注册，办理执业医师资格考试报名200人。2010年，实行区属医疗机构药品集中招标采购。参加全市药品集中招标采购，确定8家医药企业为首批配货商，各医疗单位执行药品集中招标采购制度。

第二节　医德医风建设

一、教育培训

1997年始，在全区医疗机构开展医德医风建设。2007年，开展“承诺服务三满意”“共筑诚信”、荣辱观教育和卫生法律法规培训，保证在岗人员每年每人接受职业道德培训不少于24课时，新上岗人员上岗前接受不少于4课时的职业道德培训。对执法监督人员开展职业纪律培训，建立完善医德医风责任书，强化医院管理。开展治理医药购销领域商业贿赂专项治理，教育覆盖率100%。2008年，落实《天津市医务人员医德考评实施方案（试行）》，民主评议政风行风，构建和谐医患关系。2010年，落实医务人员医德考评制度，制定《医务人员五条禁令》，开展微笑服务等活动。修订服务患者相关制度规定12个，完善便民服务措施10余项。

二、成效

1997年，全区医疗机构收到表扬信81封、镜匾42面，拒收红包79人次、折合1.63万元，拒吃请377人，拒收礼品108次。西青医院、西营门卫生院、滨水地段医院被评为区医德医风建设优秀单位。1998年，区卫生系统收到表扬信90余封，锦旗9面，拒收现金9840余元。在100份问卷调查中，满意率95.74%。2010年，全区医疗机构收到表扬信34封、锦旗28面，拒收红包2万余元，为患者减免医疗费用30万元。

第七章　红十字会

80年代初，西青区恢复红十字会后，在区内发展基层红十字会组织，建立红十字服务和备灾救灾应急网络，为发生自然灾害地区进行救助、捐款捐物。开展博爱救助、应急救护、红十字志愿服务活动，创建区级、市级红十字标准校，使红十字会在社会建设中发挥应有的作用。2006年，区红十字会从区卫生局析出，单独成立。至2010年，区基层红十字会涵盖全区160个村和48个居民委员会，有会员6500人。

第一节　备灾救灾

一、应急网络

2006年，区红十字会开始建设备灾救灾应急网络。卫生系统成立11支、195人的现场救护队。2007年，组建区红十字紧急救援队1支、街镇紧急救援队9支。2008年9月，建立区红十字募捐站，实现对募捐款专户管理，把账户分为备灾基金和博爱系列救助金两项。至2010年，全区红十字会系统建立起区、街镇、村三级备灾救灾应急网络，形成逐级报灾、联合行动的救灾快速反应机制。

二、应急救护

90年代，区红十字会开展驾驶员卫生救护培训，培训机动车驾驶员2万余人。2004—2010年，组织各街镇、规模企业红十字会工作者和医疗骨干参加市级救护师资培训班，建立由157人组成的区卫生救护师资队伍，培训应急救护员3776人。开展应急与健康知识宣传，印制发放紧急避险应用手册、无偿献血宣传折页、居民健康知识手册等宣传材料25万份。

三、灾害救助

1996年，区红十字会员为河北省水（涝）灾地区捐款3万余元、衣物3.63万件。同年，河北省2个乡、3万人受灾，区红十字会与卫生局组织医疗队到灾区为受灾群众巡回医疗，分发救灾款物。2003年“非典”防治中，区红十字会负责接收和分发捐赠款物。2005—2010年，累计募集赈灾款物达650万元，其中2005年为印度洋海啸灾区募捐11万元、2007年为南方水灾地区募捐善款15万元，2008年为南方雨雪冰冻灾区募集资金10万元、为汶川地震灾区募集款物308万元，2009年为台湾地区“莫拉克”台风灾害募捐6万元，2010年为西南五省干旱灾区、青海玉树地震灾区、甘肃舟曲特大泥石流灾区募捐146万元。

照27-6　2010年，西青区红十字会向灾区捐款

第二节　博爱救助

一、救助

1980—1990年，区红十字会开展“百老百小博爱社会工程”“爱心大行动”及“献爱心 助成才”活动，对区中小学特困生、贫困老年人、残疾人开展救助活动。2000—2010年，关注民计民生、救助弱势群体，逐步形成“博爱救助”系列品牌，各级红十字会救助困难家庭2900户、困难群众7300人、孤残人

员9200人，每年利用各种纪念日、节日到敬老院、社区为困难家庭、孤寡老人进行免费健康查体和义务服务。为区内0~14周岁白血病和先天性心脏病儿童申请国家红十字基金会救助，持续开展特困学生资助和"博爱一日捐"募捐活动。2004—2010年，累计募集博爱救助资金190万元。2006年，开展"关爱农民 关爱健康"为主题的"红十字健康快车"，由医疗专家为村民查体诊治。2007年，开展新型农村合作医疗救助试点，对参加新农合大病特困家庭资助2.4万元。2007—2008年，开展"春风工程"，将320名贫困育龄妇女调查表上报。

二、捐献造血干细胞

进入21世纪，区红十字会每年将献血宣传活动与红十字主题日相结合，引导市民自愿参加无偿献血，在献血日开展无偿献血知识讲座，普及献血知识。2004年，开展造血干细胞志愿者招募工作，首次招募志愿者146人。2009年，区政府工作人员李志博成为西青区首例成功捐献造血干细胞的志愿者。至2010年，参加捐献造血干细胞血检志愿者324人。

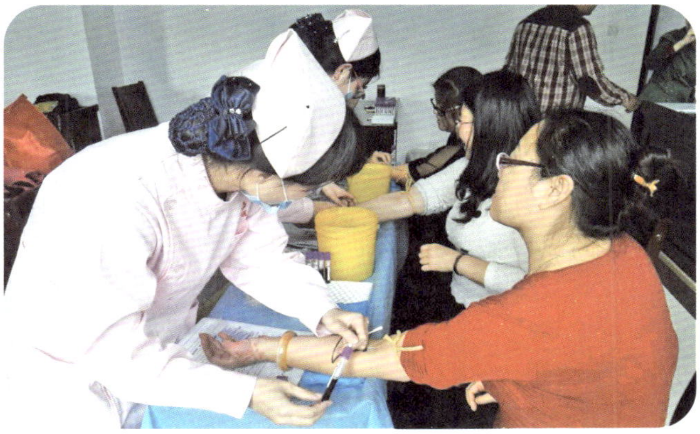

照27-7 2010年，西青区志愿者进行造血干细胞血检

第三节 红十字志愿服务

一、红十字青少年工作

八九十年代，区内60所中小学普遍建立社区服务基地，与乡镇街敬老院、部分村孤老病残人员结对子。2000年始，各学校开展争创市级、区级红十字标准校活动。2010年，全区50所中、小学均建立红十字会组织并达到区级红十字标准校，其中14所达到市级红十字标准，每年组织中小学红十字会参加救护知识学习培训和竞赛活动。

二、志愿服务网络

1980年始，组建区红十字示范性志愿者服务队，建立三级社区志愿服务网络，形成以区红十字会为龙头的放射性社区服务体系。2008年奥运会期间，在杨柳青石家大院旁设立"天津市红十字会奥运服务站"，开展红十字志愿服务活动。至2010年，全区9个街镇全部建立红十字志愿服务队，村(居)委会成立红十字服务站，依托社区、学校、医院，开展人道主义传播、院前救护、居家护理、健康咨询及社区救助活动，受益群众17万人。

照27-8 2010年，西青区红十字会开展"5·8"世界红十字日宣传

第二十八编 体育

天津市 西青区志（1979—2010）

TianJin Annals of Xiqing District

2010年，西青区举办体育赛事表演

1979—2010年，西青区实施《全民健身计划纲要》，由政府办体育逐步向社会办体育发展，农民、职工、学生、残疾人等体育活动逐渐增多。区政府投入资金修建体育场馆、全民健身路径等公共体育设施。区内各单位、各系统组建各种群众体育组织和专业体育组织，培育壮大体育队伍，群众体育和竞技体育得到蓬勃发展。群众性体育活动遍及城乡，定期举办农民运动会，中小学田径运动会等体育赛事。传统武术项目得到快速发展，其中精武体育成为西青著名品牌项目，西青区被国家体育总局命名为"全国武术之乡"，还被民政部、国家体委评为全国体育先进单位。

第一章　体育设施

70年代末，区内体育设施较为简陋。八九十年代，区、乡镇加大投入，兴建、购置公共体育设施设备，使区体育馆所成为能供群众锻炼和承办体育比赛的场地。进入21世纪，全区实施全民健身路径工程，乡镇村体育健身场所不断增多，场地和器械的档次逐渐提高，能充分满足群众健身锻炼需求。

第一节　体育场馆

一、体育馆

照28-1　1991年，西青体育场修建完成

西青区体育馆位于区体育场西南。1987年动工，1991年建成。总投资367万元，建筑面积3.41万平方米。外高18米，大厅内高12.5米。建有比赛大厅、前厅、两廊、运动员休息室、附房及各种必备设施。比赛大厅长42米，宽20米，均铺设硬木带纹地板。东、西两侧设铁木结构座席1400个。馆内安装照明灯120盏，组合式音箱12组，内场南北墙壁上有微机控制的2.5米 ×4米电子显示牌，可进行篮球、排球、体操等多种项目的竞赛和训练。2000年始，区体育馆主要承接各种大型会议、庆典、宣传和比赛活动。进行体育彩票销售、服务和环境维护及国民体质监测。对外开设早场、晚场舞会和健身操场所，承接文艺演出和大型集会等。

二、体育场

1979年，区体育场为土质地面。有中直跑道8条，弯道6条，兼做足球场。1981年，周围安装钢制护栏，建有封闭性篮球场。1986年，重修田径场，将弯道增加到8条，扩展提升场内给、排水设施，场西北角安装永久性棒球挡网。1993年，投资建成占地1500平方米的柏油面封闭式网球场2个。1994年，建成混凝土面室外篮球场2个，占地约1600平方米。建成水磨石面旱冰场。2008年，在体育场西侧空地上安装两套乒乓球台。体育场逐渐成为群众进行晨练晚练的场所。

三、游泳馆

位于区体育场东南角。1993年对外开放，建筑面积1330平方米。游泳池长25米、宽16.5米，设6条泳道，配有更衣室、淋浴室、水质处理系统和接待室，被天津市游泳中心定为特级馆。

四、武术馆

1983年，区体委在体育馆内建成民办公助的业余武术馆。1996年，区第二体校武术馆一期工程竣工，总建筑面积1100平方米。

1996年，精武镇修建霍元甲文武学校体操馆，建筑面积1106平方米。2009年，修建霍元甲尚武馆，建筑面积1862平方米。2010年，修建霍元甲综合馆，建筑面积2326平方米。

五、国家训练基地

1995年，国家女子柔道集训队在区内开展训练，区体育部门以此为契机，申请建立国家柔道训练基地。1995年，国家跆拳道队到基地训练。1996年，扩大基地建设，新建1500平方米运动员公寓。1996年，国家体委命名西青区为国家女子柔道队和跆拳道训练基地。

六、付村体育训练基地

位于西青区津涞公路付村东侧，始建于1985年。基地主要承接训练项目为柔道和摔跤。1995年，市体委命名付村训练基地为国际式摔跤人才培训基地。

第二节　社区体育设施

一、乡村体育设施

1979年后，区内乡镇级体育场馆设施陆续增加。1985年，区老年人体育协会筹资建成483平方米的老年人活动健身房。活动大厅可开展乒乓球、羽毛球活动。1990年，全区有乡镇级训练比赛场22个，其中灯光球场9个、田径场2个、乒乓球室9个、训练场2个。1991年，增设4个村级灯光篮球场、9个普通篮球场、4个体育活动室、1个简易足球场。进入21世纪，新建、改扩建的乡村体育设施迅速增多，体育设施遍及全区各街镇、村、小区，质量档次大幅提升。

照28-2　2010年，区内乡村体育广场锻炼设施

二、全民健身工程

1999年，区内建成首条全民健身路径工程。李七庄街武台村建成区内第一个由运动场、健身活动室和花园浴场组成的全民健身体育中心，西营门乡、大寺镇、杨柳青镇也先后建成足球场、游泳池、保龄球馆等健身设施。2000年，全区9个街镇均建有全民健身路径工程各1处。2001年，区内第一座综合全民健身广场在王兰庄建成。2003年，区体育局在区体育场东侧建成健身长廊。中北镇建占地5000平方米的健身广场。南河镇姚村修建6500平方米健身广场，改扩建文体活动中心。南河镇建成文体活动中心以及灯光篮球场、足球场各1处。2004年，全区新建村级健身公园3处，有全民健身路径工程23处。2006年，区体育部门为7个村安装体育活动器械。全区有全民健身路径工程31处。2010年，全区有全民健身路径工程168处。

第二章　体育组织

80年代至2010年，区内体育组织不断增多。区体校、武术学校和中小学体育训练队形成覆盖全区的体育组织体系，中小学校和社区设有多处业余训练点，建有多个训练网点校。体育协会遍布城乡，基层分会遍及各个村庄。区内成立有精武、职工、农民、老年等十余个体育俱乐部，建有多个民间专项体育组织。全区体育组织建设成绩斐然，其中霍元甲文武学校被国家体育总局授予全国优秀民办学校称号。

第一节　教学训练单位

一、区体校

1979年，区田径业余体校更名为西郊业余体校。业余体校为半训半读形式，由区体育部门管理。1982年，在原业余体校、杨柳青一中和杨柳青三中体育班基础上，组建区重点业余体校，由区教育部门管理，体育部门负责业务指导，设在原西郊区师范学校。1990年后，区重点业余体校移交区体育部门统一管理。

二、武术学校

1990年，区南河镇小南河村建立区第二业余体育运动学校，对外称天津市霍元甲武术学校，属民办学校。学校以武术项目为主，在全区各中小学校招生，采取“三集中”训练模式。1993年，建立西青区水浒武术学校，属民办性质，校址在西河闸管理处，由山东省郓城县4名武师任教。1999年，以区第二业余体校为前身，建立霍元甲武术学校，学校采取军事化封闭管理。2003年8月，霍元甲武术学校更名为霍元甲文武学校，增加文化课教学，学生既学文化又习武术。2010年，霍元甲文武学校有30个班、1100名学生。先后承接天津市民委、天津市体育局指定的“天津市少数民族传统体育项目训练基地”、“天津市青少年重点人才培训基地”等多项任务。

照28-3　2005年，加蓬武术协会主席本扎到霍元甲文武学校访问

三、中小学

（一）体育训练队

1980年，区内开展“千队百校”课余训练活动。1985年，开始推行“1014”（10~14岁年龄段体育业余训练）体育发展战略计划，各校组建以田径为主，包括篮球、排球、足球等158支训练队。1993年，区内50所学校成立56支课余体育运动队，训练项目有5项，训练人数1310人。1997年，区中学开展课余训练校占全区总数的75%。建立56支田径、棒球等6个项目的运动队。

（二）训练点

1984年，区内调整重建业余训练点21个，训练项目增加到11项，训练人数350人。1994年，布置有训练点的学校有6个。1999年，设立训练网点校9所。2010年，全区设立8个训练点，在训运动员有145名。

（三）**体育项目传统学校**

1982年，大稍直口中心小学成为天津市田径传统项目学校。1987年，张家窝中学和九十五中学成为区级体育项目传统学校。1989年，张家窝中学、九十五中学、杨柳青第三中学、杨柳青第四小学、水高庄小学成为区级体育项目传统学校。1995年，大稍口中心小学和张家窝中学成为市级传统项目学校。1998—2010年，发展区级传统校5所，九十五中为排球项目传统校，杨柳青第三中学和杨柳青第四小学为田径项目传统校，杨柳青第一中学为篮球项目传统校，大任庄小学为乒乓球项目传统校，九十五中学被评为天津市传统项目学校先进集体。

第二节　群众体育组织

一、区级体育协会

1984—2010年，相继成立区级体育协会11个，其间撤销6个。

1984—2010年区级体育协会一览表

表28-1

名称	成立时间	撤销时间	名称	成立时间	撤销时间
武术协会	1984	1998	职工体育协会	1990	1998
钓鱼协会	1984	1998	天津精武体育会	1990	–
驻区单位群体工作协会	1985	1999	西青体育总会	1991	–
老年人体育协会	1986	1998	残疾人体育协会	1995	–
农民体育协会	1986	–	信鸽协会	2006	2009
八极拳研究会	2009	–	–	–	–

二、基层体育协会

1983年，区内133个基层单位和9个局、公司级单位建立职工体育协会87个，有体育骨干1500人。1987年，李七庄乡建立区内第一个乡镇级农民体育协会。1989年，全区9个乡镇全部建立农民体育协会，10个村建立村级体育协会。1990年，村级体育协会增至40个。1991年，有村级体育协会98个。1993年，全区160个行政村全部建立体协分会。

三、体育俱乐部

1998—2010年，成立区体育俱乐部、会馆13个，涉及弓箭、摩托车驾驶、习武、球类、游泳等运动项目。

1998—2010年西青区体育俱乐部一览表

表28-2

名称	成立时间	主要推广项目	名称	成立时间	主要推广项目
王府园弓箭健身俱乐部	1998	弓箭	永光俱乐部	2010	小学体育
摩托车俱乐部	1998	摩托车驾驶维修	金五环奥林匹克足球俱乐部	2008	足球
新星青少年体育俱乐部	2002	青少年体育	霍元甲青少年体育俱乐部	2008	青少年体育
兴化青少年体育俱乐部	2005	青少年体育	民康体育俱乐部	2009	羽毛球、乒乓球、游泳、篮球、台球

续表

名称	成立时间	主要推广项目	名称	成立时间	主要推广项目
津门聚武会馆	2005	群众习武健身	乐群体育俱乐部	2009	青少年体育
都市猎人棒垒球俱乐部	2006	推广棒球、垒球	泰森健身俱乐部	2009	乒乓球、健美操、舞蹈、跆拳道、棋牌等

四、民间武术组织

（一）风云老会

西青区风云老会创建于清光绪八年（1882），创始人名王国立。80年代末，风云老会停止活动。2010年末，在风云弟子李家胜提议下，风云老会再度兴起，冠名“盛兴风云老会”，举行授旗、立会、拜大图仪式，有弟子150余名。

（二）胜舞老会

区胜舞老会系“戳脚”门的分支，是武术界公认的“壮腿”拳法代表，有百年历史，创始人为赵魁梧。至2010年，会员坚持习功练武不辍，切磋戳脚技法，通过举办培训班等形式，弘扬戳脚拳法。

（三）八极拳

1979年后，区内八极拳组织恢复活动。1985年，成立八极拳第十二武术社。2008年“邓店开门八极拳研究会”成立，在民间推广拳术，邀请各地民间武术组织到村中表演切磋技艺，经常参加各种比赛表演活动。

（四）迷踪拳

1983年，李七庄街于台村成立武术队，有队员30余人。武术队经常参加各式各样的社会活动，参加市、区举办的武术表演并多次获奖。武术中队精通霍家迷踪拳的冯玉生被评为“全国千名武术辅导员”。2007年，区迷踪艺传人冯良友应邀参加中央电视台举办的“武林论坛”大会，演练迷踪拳。

第三节　体育队伍

一、等级运动员

1979年始，区体育部门恢复审批区内二、三级运动员。恢复一级运动员2人、二级运动员1人。考核评定二级运动员4人、三级运动员20人。1989年，全区有一级运动员5人、二级运动员38人。1999年，区体校设训练项目9项，运动员248名。2002年，有在训运动员126名。2010年，在训运动员300余名，全区等级运动员队伍素质显著提高。

二、裁判员

1979年始，区体育部门开始审核申报二、三级裁判员，报市体育局批准后下发裁判员证。1980年，区内有一级裁判员5人、二级裁判员27人、三级裁判员49人。1989年，全区共有国家级裁判员2人、一级裁判员13人、二级裁判员93人、三级裁判员121人。2000年，区内有武术裁判员9人，其中国家级1人、一级裁判员3人、二级裁判员5人。其后，区内裁判员队伍稳定发展，在许多重要赛事中承担比赛裁判职责。

三、教练员

80年代初开始，区内教练员队伍逐步壮大，技术水平不断提高。棒球教练员李宝铎在1986—1987年连续两年被评为全国优秀教练员。1999年，全区有专职教练员17名、兼职教练员12名。2002年，有专职教练员17人。2010年，有棒球教练员5名、武术教练员2名、田径教练员6名、篮球教练员2名、柔道教练员2名、跆拳道教练员7名、垒球教练员1名、举重教练员2名、自由跤教练员1名、古典式摔跤教练员1名，其中专职教练员15名。

四、社会体育指导员

90年代中期，开始实施《社会体育指导员技术等级制度》，区体育局（体委）派员参加市级培训，并多次举办区级培训班。1996年，区体育部门举办体育骨干培训班，确定首批社会体育指导员。2000年，全区有国家级社会体育指导员9人，近百人获获二、三级证书。全区有一级社会体育指导员66人、二三级社会体育指导员980人。2010年，在9个街镇对三级社会体育辅导员进行培训，有207人获得三级社会体育辅导员资格证书。

第三章　群众体育

80年代，区内群众体育活动以自发为主，少数村镇每年举办一次运动会或单项体育赛事。90年代中期，启动全民健身工程，开始有计划、有组织地开展群众体育活动，推广全民健身运动，全社会参与健身的人群和活动项目逐渐增多。进入21世纪，区内体育活动室和器械、活动队伍增加，各街镇有较稳定的运动队60余个，运动形式多种多样，区直多个系统、学校和部分村庄举办运动会或单项比赛。有7个街镇被评为“亿万农民健身活动”全国先进单位，2个镇被国家体育总局评为全国群众体育先进单位。西营门街获得全国群众体育先进单位和全国“全民健身周活动”先进单位称号。

第一节　社区体育

一、民间体育活动

1979年始，西青城区居民在花园、景点、广场等地自发建立固定晨晚练点，在此跑步、做操、打拳、习武、打球。1980年，民间开始推广太极拳和练功十八法。1982年，新增4个活动点练习气功。1984年，每天清晨、工间、午间、傍晚都有群众自发进行体育锻炼，以长跑、做操、练功、习拳和各项球类运动为主。1996年，晨练、晚练的活动点遍布城乡。一般有10人左右在活动点锻炼，有的发展为百余人的队伍。在区体育场活动十年之久的健身舞队由几十人发展为几百人，成立健身舞协会。各乡镇、各村厂均有活动地点，公园里、公路旁，场院空地、河畔地头都成为群众健身的场所。2000年，区内有150余个晨晚练点，活动项目达到20多种，以健步走、跑步等为主。2001年，新增100人以上的晨晚练点5处。2002—2007年，各街镇的晨晚练点自发组织秧歌、健身舞、踢毽球、羽毛球比赛。2008—2010年，广场舞、轮滑、自行车、柔力球等项目作为新兴的健身形式，逐渐在民间流行起来。

照28-4　2010年，西青区民间武术队表演太极拳

二、群众健身指导

1989年，区体（委）育局（部门）开始对群众体育活动定时、定点由专业人员进行辅导，开展老年迪斯科、武术、太极拳、气功、推手等体育项目的业余指导。1996年，西青区成立全民健身领导小组，启动全民健身工程。2000年，参加晨练人员占全区总人口42%。2002年，全区各街镇、村均建有适合当地特点的体育代表队。2010年，区内晨晚练点达200个，指导锻炼项目发展到十余项，健身操（舞）队、武术队、太极拳（扇）队多次参加天津市组织的表演和比赛。

第二节　职工体育

一、工间操

1979年，区内各银行办事处组织职工每天上班前做广播体操。1980年，一些公社机关、学校在职工中推广医疗保健操。1982年后，工间广播操在党政机关单位得到推广。1985年，区各党政机关均开展工间操和工前操活动，部分乡镇政府举办广播操查评活动。1989年，区教育局组织小学生开展广播体操活动，每年组织一次教育系统体育竞赛。1996年，全区恢复工间操制度。在全市广播体操评选中，区水利局等5个单位被市体委评为先进单位。

二、职工运动会

1987年，区体育协会组织衡器厂、电梯电机厂等企业举办春季运动会、秋季运动会，68个代表队参加比赛。1989年，区商业局举办综合运动会，工商分局举办首届个体劳动者运动会，800多名个体劳动者参加比赛。1990年，区商业局举办中老年综合运动会、老年趣味运动会，参加人数超过1000人。1992年，天津奥的斯电梯有限公司举办第六届职工运动会。1996年，区五大机关举办运动会。2000年，公安系统举办首届警察运动会。2008年，水利局举办体育运动会。2006—2010年，区消防大队举办两届消防运动会。公安西青分局举办了篮球、田径、羽毛球、乒乓球比赛及体能测试比赛。

第三节　农村体育

一、体育活动

1980年，部分农村组建乒乓球队3个。1982年，全区农民自发组织跑步、篮球、足球、乒乓球、武术和龙灯表演等活动。区文化局组织开展乒乓球比赛和天津市第五届运动会田径选拔赛。1983年，各村“青年之家”开展篮球、长跑比赛。1984年，各乡成立象棋队、乒乓球队、篮球队、足球队，开展村与村、乡与乡之间的篮球、足球比赛。1989年，举办农村体育竞赛6次。中北斜乡、西营门乡、李七庄乡举办综合运动会，王顶堤村、王兰庄村等十几个村举办村级运动会。活动的重点项目有篮球、

照28-5　2000年，李七庄乡运动会百米比赛

象棋、拔河、田径、乒乓球、武术及家庭比赛，区内乡镇村有5个篮球队、12个足球队、3个武术队、1个象棋队、1个摔跤队。1990年，全区130个村、厂举办或参加2次以上的单项比赛和综合运动会，163个村、厂建立业余运动队，有5个乡镇举办综合运动会。1999年，各街镇有较稳定的运动队65个，农民运动员1300多人。2009—2010年，李七庄街凌庄子村连续两年举办"凌奥杯"村级全民综合运动会。

二、荣誉

1986年，西营门乡王顶堤村被评为全国农民体育先进单位。1989年，李七庄乡体育协会和西营门乡体育协会被评为天津市先进协会。1990年，西青区被国家体委评为第三批全国体育先进县。1993年，李七庄乡、张家窝镇、中北斜乡被国家体委授予全国群众体育先进单位称号。全区9个乡镇中有6个乡镇被评为天津市"体育之乡"。1996年，9个乡镇被评为天津市体育先进乡镇。2001年，西营门街获得全国群众体育先进单位和全国"全民健身周活动"先进单位。2006年，全区7个乡镇被评为"亿万农民健身活动"全国先进单位。2009年，中北镇、精武镇被国家体育总局评为全国群众体育先进单位。

第四节　中小学体育

一、体育课程

1979年，区内中小学开始使用十年制体育教材试用课本、体育教学大纲，开展"两课两操两活动"。1988年，全区各中学实施《中学生体育合格标准》，为学生创造参加体育锻炼的条件。1994年，全区64所中小学，每周上三节体育课的有29所，开展"三活动"的有17所，坚持"两操"的有37所，学生平均每天活动1小时的学校有52所。1999年，全区98%的学校自编体操、武术操、韵律操。体育教师做公开课，并评选优秀体育课程。2001年，落实学校两个大课间活动和课外体育活动，使大课间活动课表化，确保学生每天有1小时体育活动时间。2010年，实行大课间体育活动，中小学生每天锻炼1小时。推广系列校园健身操以及第三套广播体操。

二、体育达标

1979年，区内各学校实行《国家体育锻炼标准》（简称达标），将达标作为学生课外锻炼的主要内容。1984年以后，每年5月定为达标月，集中进行达标测试。1996—2004年，区内中小学生体育锻炼达标率在90%~98%之间。

1984—1989年西青区中小学生体育锻炼达标情况统计表

表28-3

年度	中学生达标(%)	小学生达标(%)	平均达标率(%)
1983	52.35	51.25	51.80
1984	46.79	55.19	50.99
1985	66.40	76.50	70.75
1986	80.56	83.00	82.10
1987	84.10	90.46	87.80
1988	86.14	88.95	87.70
1989	86.84	88.85	87.85

1990—1995年西青区学生体育锻炼达标情况统计表

表28-4

年度	学段	学校总数(个)	实行标准校数(个)	实行面(%)	学生总数(人)	适龄人数	达标人数	达标率(%)
1990	中学	22	20	90.9	13607	13433	11378	84.7
	小学	37	30	81.1	17921	13571	13117	96.7
1991	中学	24	24	100	13070	12926	11508	89.0
	小学	38	36	94.7	18474	17859	16663	93.3
1992	中学	21	20	95.2	11060	10970	10189	92.9
	小学	41	34	82.9	16783	16694	16105	96.5
1993	中学	23	22	95.7	14425	14295	12860	90.0
	小学	43	40	93.0	25497	18935	18922	99.9
1994	中学	23	22	95.7	14425	14296	13058	91.3
	小学	41	40	97.6	25498	18940	17986	95.0
1995	中学	21	21	100.0	14486	14308	13298	92.9
	小学	43	41	95.3	25491	18946	17988	94.9

1996—2004年西青区中小学生体育锻炼达标情况统计表

表28-5

年度	中学生达标(%)	小学生达标(%)	平均达标率(%)
1996	93%	95%	94%
1997	95%	96%	96%
1999	96%	97%	96%
2000	94%	95%	95%
2001	98%	96%	97%
2002	95%	97%	96%
2003	97%	99%	98%
2004	99%	98%	98%

第五节　残疾人体育

一、残疾人运动

80年代，区内残疾人体育活动以群众自发锻炼为主。90年代，根据残疾人运动骨干特长进行专项培训，有条件的村开始注意为残疾人健身提供方便。进入21世纪，村（居）残疾人活动室和器械及以乡镇级残疾人活动队伍增加，残疾人运动形式多种多样，涌现出不少各具特长的运动骨干。2003年，建设区残疾人体育培训基地，对残疾人运动骨干进行十几个项目培训，提高残疾人竞技体育水平。

二、残疾人体育比赛

1989年始，区内体育、民政部门、各乡镇及福利企业联合组织残疾人体育比赛，主要项目有中国象棋、田径、乒乓球、游泳。1999年，区代表队参加天津市第四届残疾人运动会7个项目的比赛，获得9枚金牌。2002年，参加天津市第五届残运会，在跳高、跳远、标枪、百米跑比赛中获4金1银2铜的成绩。2006年，组织参加天津市第十一届运动会（残疾人组）比赛，取得1金7银5铜。田径团体总分获得第四名，游泳项目打破全国纪录。2007年，在区第四届全民健身运动会中，残疾人运动员参加田径、篮球等13个项目比赛。2009年，举办区残疾人运动会，设14个项目，9个街镇的123人参赛。

在“津美杯”天津市第六届残疾人运动会中，在游泳、举重、乒乓球、田径等比赛项目中，取得5金8银1铜的佳绩。西青代表队获得市残联颁发的“体育道德风尚奖”。2010年，区残疾人运动员参加首届天津市首届全民健身运动会和第八届全国残疾人运动会，多名运动员取得好成绩并获优秀运动员称号。区残联被授予”全国第八届残疾人运动会突出贡献单位。

第四章　竞技体育

1979—2010年，区内竞技体育除一般性竞技项目外，还有棒球、柔道、武术等特色项目。区棒球队被国家体委列为重点队，球队向国家队和天津市队输送多名运动员，多次在国内外比赛中获得好成绩。区柔道队为国家和天津市队培养出多名优秀运动员。霍元甲文武学校成为国内外各项武术赛事的“金牌大户”，多次在比赛中获得优异成绩，培养出多位世界级冠军，该校被香港第五届国际武术赛组委会授予“全世界武术贡献奖”。

第一节　训练 交流

一、传统武术

1979年，杨柳青镇十二街、十三街和于台村组织社员开展武术运动并开展青少年武术训练。1980年后，区体育部门对民间不同流派的武术套路进行挖掘整理。各乡镇相继建立起武术队、武术班，练武人数达到7万人。1983年，区体育部门在区体育场成立武术馆，开设9门拳种。1984年，区武术协会成立后，发掘、整理民间武术套路，培养青少年武术人才。部分学校设置武术操，成立武术训练队。1989年，小南河村成立西青区第二体育学校，建立武术队，设有长期武术训练项目。1992年，上辛口乡第六埠村举办武术班，聘请天津体育学院武术教师任教。2000年，区内武术组织（馆、校、社、站）遍布各街镇。有注册学员、会员718人，其中武术六段8人、四段4人。2001年，西青区被国家体育总局授予“全国武术之乡”称号。

二、摔跤

区内中国式摔跤在民间有较好发展基础。1980年，李七庄公社邓店村成立业余摔跤队，利用早、晚组织训练。1991年，建立国际式摔跤队，有教练1名，运动员14名。训练以自由式摔跤为主，古典式为辅，并纳入天津市训练布局。1995年，区内日常参加邓店村摔跤队训练的爱好者近200人，培养运动员16名，向市体工队输送运动员5名。2005年，霍元甲文武学校设立中国式摔跤项目，开展规范化摔跤训练。

三、柔道

1992年，杨柳青第二中学组建柔道队，体育教师任教练，有队员40余人。1993年，柔道队并入区体校。至2010年，区体校输送培养出多名国家级、世界级冠军，输送给市柔道队、市体工队、市女子柔道队多名优秀队员。

四、跆拳道

1996年，西青体校组建天津市第一支跆拳道业余训练队，向市体委申请承担天津市跆拳道的训练工作。1997年，业余训练队2名队员入选国家集训队，5人入选国家青年集训队。

五、空手道

2007年，区体育局与霍元甲文武学校共同组建空手道运动队，代表天津市参加首届全国空手道锦标赛和全国空手道冠军赛。同年，组队代表天津参加全国空手道冠军赛。2008年，西青体校空手道运动队代表天津市参加全国空手道锦标赛。

六、棒球

1982年，区棒球队有队员18人、教练员2人。1984年，分设为少年棒球队和儿童棒球队。1985年，各棒球队被国家体委列为重点队。区重点业余体校开设棒球队预备班、儿童棒球队班和少年棒球队班。1992年，区体育部门在曹庄子小学和大仁庄小学建立棒球训练点，组建棒球运动队。1998年，在张家窝中学建立棒球训练基地。至2010年，区棒球队多人被选入国家队，区内棒球竞技水平一直保持国内较高水平。

照28-6　1989年，西青区少年棒球队代表国家队参加亚太地区少年软式棒球锦标赛并获得冠军

七、田径

1979年，区业余体校开设田径项目，参训学生36名。1981年，杨柳青第三中学成立体育班，招收田径运动员(学生)40人，由区体育学校负责训练。1982年，区体育学校成立田径队，有队员60余名。1983年，全区大部分中小学都建有田径队。大稍直口小学被命名为天津市田径项目传统校。1986年起，各中学开始配备200米以上的田径场，重点学校建成400米田径场。1995年，区中小学都建立田径业余训练队，全区有田径项目传统校4所。2004年后，田径项目的专业训练主要在区体校组织开展。

第二节　参赛成绩

一、田径

1982年，区田径队正式成立后，组织队员开展训练和各项田径比赛。至1988年，区田径队员创造和打破天津市中小学、少年青运会记录38次，打破全国少年跨栏四项全能记录1项。在天津市各届田径运动会上共获得18枚金牌、72枚银牌和52枚铜牌。1990—2010年，区代表队参加天津市运动会，获得6个第一名、5个第二名和4个第三名，打破5次天津市记录。

1984—2005年西青区参加全国田径比赛成绩一览表

表28-6

时间	比赛	成绩
1984	全国田径分赛区锦州赛区	撑竿跳高第一名和四项全能项目第二名、男子800米第五名
1984	全国业余体校乙组比赛	男子100米栏、四项全能第二名，100米栏第四名、团体总分第六名
1984	全国少年锦标赛	跨栏四项全能铜牌
1985	全国第一届青少年运动会	110米栏第六名
1985	全国少年田径锦标赛	跨栏四项全能银牌
1986	全国少年田径锦标赛	跨栏四项全能金牌，打破全国纪录
1988	全国少年田径会	400米栏铜牌

续表

时间	比赛	成绩
1988	全国少年田径赛	跨栏四项全能第四名
1997	全国分龄组田径比赛	获得金牌
2005	全国分龄赛	标枪第一名

二、武术

照 28－7　2005 年，西青区少年武术队张杰在新加坡获长拳冠军

照 28－8　2008 年，西青区 9 岁学生李奕萱在印尼获武术冠军

1984年，在天津市散手比赛中，区代表队获第三名。1990年，建立天津精武会，组队参加上海武术邀请赛，获得5枚金牌、2枚银牌、5枚铜牌。1996年，在马来西亚举办的精武会国际比赛中，获得2金5银4铜。同年，在广州举办的国际精武武术比赛中，获得9金5银3铜，并获得表演项目4个优胜奖。2000年，区武术运动员在第六届世界精武武术文化交流大会上，由霍元甲武术学校和市青少年活动中心联合组队获得半数以上金牌。2002年，在天津市第十届运动会武术项目比赛中，霍元甲文武学校获得金牌14枚、银牌4枚、铜牌9枚。2005年，西青区组队参加全国青少年武术套路锦标赛暨亚洲青少年武术锦标赛中国区预选赛，获得2金1铜，其中男子组青年长拳力压群雄，夺得金牌。2006年，在市第十一届运动会武术项目比赛中，西青区选手夺得54金、35银、36铜共125枚奖牌。在2008年全国武术套路冠军赛中，获得男子对练项目金牌。9岁女学员李奕萱入选国家队，赴印尼参加第二届世界青少年武术锦标赛摘得少儿组拳术金牌。2010年，在第五届国际武术比赛中，西青区夺得金牌49枚、银牌20枚、铜牌16枚，并获得大赛组委会授予的“全世界武术贡献奖”。

三、摔跤

1995年，区国际式摔跤队参加华北协作区国际式摔跤比赛，获得1个第一名和1个第二名。1993—2010年，区国际式摔跤队在天津市国际式摔跤比赛中，获得4次团体总分第一名、1个第二名和1个第三名。2005年，霍元甲文武学校设立中国式摔跤项目。2010年，区国际式摔跤队在天津市第十二届运动会国际式摔跤项目上，获得14枚金牌、9枚银牌、3枚铜牌。在第四届“亨通杯”全国青少年中国式摔跤锦标赛上，获男子青年组冠军。霍元甲文武学校在天津市第十二届运动会中国式摔跤项目上，获得4枚金牌、6枚银牌、6枚铜牌。

四、柔道

1995年，区体校学生张万娟代表天津市参加全国柔道比赛，获得第一名。至2010年，西青体校培养出多名国家级、世界级冠军，输送给市柔道队、市体工队、市女子柔道队多名优秀队员，其中被输送到市柔道队的闫学兰曾获世界柔道A级赛法国站女子柔道63公斤级第二名、第一届东亚柔道锦标赛女子柔道57公斤级第一名，输送至市体工队的运动员赵顺欣曾获得全国柔道锦标赛女子柔道48公斤级冠军、第三届东亚运动会女子柔道48公斤级冠军，输送至市女子柔道队的时俊杰曾获得全国柔道锦标赛女子52公斤级第一名、国际柔联A级法国柔道公开赛和世界柔道锦标赛女子52公斤级第一名。

照28-9　2003年，西青选手赵顺欣（左）在第三届中国青岛国际柔道公开赛女子48公斤级决赛中获得冠军

照28-10　2007年，西青区体校学生闫学兰（左一）在北京国际柔道公开赛上获第二名

五、跆拳道

1997年，西青体校跆拳道业余训练队代表天津市参加全国跆拳道锦标赛，获得男子83公斤级第二名、女子68公斤级第五名。跆拳道运动员在全国女子跆拳道比赛中，获得72公斤级第一名和1个第二名。

照28-11　2002年，霍元甲文武学校选手（中）在天津市十运会跆拳道比赛中获得金牌

2002年，霍元甲文武学校参加在天津市“十运会”跆拳道比赛，获得5枚金牌。2005年，在天津市道德杯青少年跆拳道锦标赛中夺取8枚金牌、6枚银牌、8枚铜牌共22枚奖牌。2006年，在天津市第十一届运动会跆拳道比赛中夺得15枚金牌，2009年，在天津市跆拳道冠军赛（青少年组）上，霍元甲文武学校学生代表队以28枚金牌，24枚银牌和36枚铜牌的优秀成绩位居榜首。

六、空手道

2007年，西青区空手道运动队代表天津市参加在广东佛山举行的首届全国空手道锦标赛，获铜牌3枚。代表天津市参加全国空手道冠军赛，取得2枚铜牌。2008年，西青体校空手道运动队代表天津、代表中国分别参加全国空手道锦标赛和亚洲青年空手道锦标赛。在全国空手道冠军赛中，区体校2名学生分别获得两项铜牌。2009年，霍元甲文武学校学生代表在江苏举办的全国空手道锦标赛上，获得1枚银牌、2枚铜牌。2010年，在全国空手道锦标赛上，获得女乙组冠军、亚军和男乙组亚军和男甲组季军。在全国青少年空手道锦标赛中，霍元甲文武学校学生夺得8枚金牌并获男子青少年团体第一名。在“凯伦杯”全国空手道冠军赛上共获4项冠军。

七、球类

1985年，区内1名少年棒球队员入选中国儿童棒球队，参加在日本举行的世界少年软式棒球锦标赛上获得第二名。1987年，区少年棒球队获得大连、北京、天津三城市对抗赛冠军。1989年，区少年棒球队代表国家队参加亚太地区棒球锦标赛获得第三名。以区儿童队为基础、区教练员为主教练组成的少年（软式）棒球队获得第七届世界少年软式棒球锦标赛冠军。1999年，区少年棒球队获全国“树人杯”棒球赛冠军。2001年，区少年棒球队再次获全国“树人杯”棒球赛冠军。至2010年，在全国棒球冬训选拔赛中，区棒球队共获得3个第一名。在全国棒球锦标赛中，共获得9个第一名。

照28-12　1985年，区棒球队训练中

1983年，王稳庄中学男子排球队参加天津市排球比赛获得第二名。1985年，在天津市中学生排球比赛中，杨柳青一中代表队获得男子组第一名。90年代，九十五中学排球项目得到较快发展，被评为天津市传统项目学校先进集体。2003—2005年，九十五中学高中男子排球队在天津市中小学排球比赛中获得第二名。2010年，在天津市中学排球比赛中，区排球队获得4个第二名和1个第三名。

八、举重

1984年，在市第一届青少年运动会举重比赛中，区举重训练队获得6枚金牌和4枚铜牌。1993年，成立区举重队，有运动员9人、教练员1人。1995年，运动员发展至14名，增加女子运动员。2000年，区举重运动员代表天津市参加全国青少年举重分龄赛，1人获得男子85公斤级抓举、挺举和总成绩三个第二名，1人获得63公斤级3个第三名。2010年，在天津市第十二届运动会举重项目上，西青区代表队获得2枚金牌、1枚铜牌。

九、航模

1980年，区体育部门组建航模队并进行集中训练，参加全市航模比赛获得总分第三名、二级橡筋动力飞机个人第一名，参加全国航模比赛获第三名。1982年，区内22所小学开展航空模型活动。区代表队参加天津市第五届运动会航空模型比赛，获得3枚银牌、2枚铜牌、1个银杯。在小学弹射模型比赛中，获得天津市小学组第一名。1985年，杨柳青第六小学1名学生在全国首届青少年航海模型比赛中获得冠军。1991年，区运动员在天津市航海、航空模型比赛中获2金1银1铜。2004年后，航模类训练和比赛逐渐转向无线电测向、对讲机通信等体育科技项目。

第五章　体育赛事

80年代，区内重要体育赛事为农民运动会和区中小学田径运动会。农民运动会竞赛项目有游泳、篮球、足球、乒乓球及毽球等。参赛选手成绩优秀者代表西青区参加天津市农民运动会或市中小学运动会。90年代末，区内举办全民健身运动会，区级比赛项目增加到十余个。进入21世纪，区全民健身运动会参赛项目和人数均有大幅增加，成为区内规模最大的赛事。区中小学和部分单位定期或不定期举办综合赛事或单项比赛。至2010年，西青区承接多次国际体育赛事，承办国家级比赛近20次，承办市级比赛50余次。

第一节 区运动会

一、农民运动会

1984年，举办区“中华之崛起农民运动会”。1988年，举办区首届农民运动会，组织篮球、足球、乒乓球、武术、摔跤和田径6个项目的赛事，9个乡镇全部参加李七庄乡、西营门乡、杨柳青镇分获团体总分前三名。1991年、1995年，举办区第二、第三届农民运动会，两届运动会均简化为选拔赛，然后组队参加天津市农民运动会。选拔项目有田径、中国象棋、篮球、乒乓球、中国式摔跤等。其后，区级农民运动会融入区全民健身运动会。

二、全民健身运动会

1997年，举办区首届全民健身运动会，设12个比赛项目，除田径、游泳、篮球等传统项目外，增设秧歌、拔河、健身操、趣味运动4个健身项目。比赛分为预赛和决赛，历时7个月，参赛人数5000余人，涉及9个街镇和64个委办局。1999年，举办西青区第二届全民健身运动会，竞赛项目有游泳、篮球、中国象棋、拔河、乒乓球和大秧歌。2003年，西青区举办第三届全民健身运动会。大会设游泳、乒乓球比赛等项目。2004年，举办全区篮球、田径、健身秧歌等比赛。2007年，举办西青区第四届全民健身运动会，分为青少年组、普通组、领导干部组、残疾人组4个组别，设立田径、篮球、足球等13个项目。32个单位、620多人参赛。

照28-13　1997年，西青区举办首届全民健身运动会

三、常规性比赛

1979年起，区内每年开展常规性比赛和表演赛。1984年，区内赛事以预赛基层办、决赛体委办的形式开展活动，共举办17个项目、24次竞赛活动，参加比赛的运动员3980人次。90年代，比赛增加游泳、健身舞和手扑球等项目。1996年后，每年6月以全民健身宣传周或健身宣传月形式，开展示范性健身活动、小型比赛和体育培训。2009—2010年，在8月8日“全民健身日”开展宣传活动，组织群众开展健身锻炼。其他常规性比赛有春迎长跑比赛、“三八”妇女健康杯比赛、农村文体活动月赛事以及群众体育节选拔赛等多种体育赛事。

照28-14　2010年，西青区“天一杯”健身操（舞）展示大赛现场

第二节　学校运动会

一、中小学运动会

1979年后，区内每年春季举行全区中小学田径运动会，每年暑期举办全区中小学篮球、足球、乒乓球及毽球，“三跳”（跳绳、跳皮筋、踢毽）等比赛活动，每年秋季举办中小学田径锦标赛或选拔赛。通过比赛，选出全区重点队员进行冬训，作为翌年参加市中小学田径运动会的主要人选。1984年始，各中小学每年暑期均举办球类比赛、田径锦标赛和《国家体育锻炼标准》“达标”运动会。至2010年，全区举办中小学田径运动会30次。

1995年西青区中小学田径赛最高记录表

表28-7

项目	小学男子	小学女子	初中男子	初中女子	高中男子	高中女子
60米	7″5‴	8″5‴	–	–	–	–
100米	12″4‴	13″7‴	11″7‴	13″	11″5‴	12″8‴
200米	25″8‴	29″3‴	23″3‴	27″1‴	23″1‴	27″4‴
400米	59″2‴	1′04″8‴	53″8‴	1′01″3‴	51″3‴	1′02″1‴
800米	2′20″6‴	2′29″4‴	2′09″3‴	2′23″3‴	1′59″6‴	2′23″8‴
1.5千米	4′52″7‴	–	4′17″9‴	4′53″1‴	4′03″6‴	5′02″2‴
3千米	–	–	9′22″6‴	11′12″2‴	–	11′29″3‴
5千米	–	–	17′33″3‴	–	16′43″8‴	–
3千米竞走	–	–	–	19′09″	–	17′51″8‴
5千米竞走	–	–	30′23″4‴	–	28′21″1‴	–
80米栏	–	15″5‴	–	–	–	–
100米栏	15″1‴	–	15″	15″4‴	–	14″9‴
110米栏	–	–	15″6‴	–	14″6‴	–
200米栏	–	–	28″	32″7‴	28″	–
300米栏	–	–	47″6‴	45″7‴	–	–
400米栏	–	–	1′01″5‴	1′08″1‴	56″2‴	1′10″
跳高	1.60米	1.43米	1.75米	1.48米	1.77米	1.65米
跳远	5.66米	4.67米	6.46米	5.20米	6.41米	5.60米
三级跳远	10.60米	9.43米	12.85米	9.86米	14.40米	10.88米
撑杆跳高	–	–	3.21米	–	4.00米	–
铅球	13.96米	10.39米	14.50米	10.65米	12.36米	11.50米
铁饼	46.06米	31.32米	45.54米	32.04米	46.40米	37.76米
标枪	55.34米	39.82米	62.94米	47.58米	63.46米	42.24米
5项全能	–	–	2375分	2658分	2613分	2707分
7项全能	–	–	3188分	–	2648分	–
4*100接力	52″8‴	57″7‴	47″7‴	53″8‴	46″7‴	54″4‴
4*400接力	–	–	3′58″2‴	4′23″	3′52″5‴	4′46″5″

二、学校其他赛事

1981年，区内各中小学均举办体育比赛，项目有篮球、足球等8个大项，有77个不同项目的代表队参加比赛。1991年，区体育部门举办乒乓球、航海航空模型和篮球等比赛。2002—2007年，每年举办广播操、自编操比赛。1998年，开展中小学乒乓球、篮球比赛。2004年始，每年举办中小学“三跳”（跳绳、踢毽、跳皮筋）、球类比赛（足球、篮球、乒乓球）、田径锦标赛。2010年，区体育和教育部门联合举办阳光体育大课间评比、长跑和健美操比赛。

第三节 承办赛事

一、承办国际比赛

（一）国际棒球友谊赛

1983年起，区体育部门开始接待日本中小学生国家队、地区队的到访并承办友谊比赛，比赛地点多在区体育场。至1994年，共承接比赛22次、25场。1996年，接待美国、日本棒球国际友谊赛3次。代表主队迎战的为区少年棒球队、区儿童棒球一队、二队及工农联盟农牧场子弟小学儿童棒球队等。

（二）篮球比赛

1992年，西青体育馆承接驻京外国专家篮球队与中国元老男子篮球队友谊赛。同年，哈萨克斯坦国家女子篮球队在西青区体育馆与天津市财经学院女子篮球队进行友谊赛。1993年，区体育馆接待印度尼西亚男子篮球队与韩国现代电子集团男子篮球队、天津天山国际货运队进行两场比赛。

（三）精武武术比赛

1992年，西青区承办天津国际精武武术邀请赛。来自马来西亚、英国和中国香港等地150名运动员参加比赛。1996年，接待德国、新加坡等国的精武同仁和武术团体4次。2000年，举办“第六届世界精武武术文化交流大会”，接待15个国家和地区的精武会友人，大会期间进行武术、象棋、书法、绘画比赛。来自马来西亚等14个国家和中国香港、澳门等地区的32个精武代表团、220名选手参赛。2010年，在精武镇小南河村举办的“世界精武·霍元甲英雄会”，12个国家39个精武体育会代表和国内外武术界知名人士及观众近4000人出席盛会。

二、承办国家级比赛

1978—1995年，西青区承办国家级比赛15次。比赛项目有棒球、足球、排球、乒乓球、垒球、柔道等。1996—2010年，承办国家级比赛3次，比赛项目有柔道、武术和乒乓球。

照28-15　2002年，西青区承办“鲁能杯”中国乒乓球俱乐部超级联赛

三、承办市级比赛

1977—1995年，西青区承办市级比赛22次，其中综合运动会5次（含承办部分项目），单项比赛17次。1989—1995年，连获天津市最佳赛区称号。1996—2010年，共承办市级比赛34次，其中全国和区域系列赛事2次、综合运动会1次（承办5个项目）、单项比赛31次。

第六章 体育管理

1979—2010年，区体育部门对体育场地进行管理，全区人均占有面积、场地质量不断提高，利用区体校、霍元甲文武学校和训练基地等平台，培养出众多体育人才。组织实施援外体育教学和区体育运动队出访，传播中华体育文化。至2010年，区内多次开展体育场地普查和国家体质测试及国民体质监测，对相关数据进行信息化管理。

第一节　场地管理

一、场地普查

1983年，区体育部门开展第三次体育场地普查。全区体育场地总面积530.63万平方米，占全区总面积的5.7%。平均每人占有体育场地面积1.08平方米。1995年，进行第四次全区体育场地普查。1996年，全区有体育场地219片。2004年，进行第五次体育场地普查，全区体育场地818片，其中标准场地474片、非标准场地344片。

二、常规管理

1979年，区体育部门组成场地组，专门负责体育场馆的日常管理。1989年，对体育场所管理人员和工作环境进行整顿，组织义务劳动清理体育场。1996年，承接全国跆拳道裁判员学习班和教练员学习班的组织工作。1997年，为国家跆拳道队和市击剑队、艺术体操队提供全封闭式训练场地，定岗定员实行全天候天服务。1998—2010年，安排专职人员维护管理体育场馆，为各种比赛活动服务。

第二节　人才培养 输送

一、区体校

1979年后，区体校采取“三集中”形式，开办半读半训班，集中食宿、上课和训练。训练项目有篮球、田径，面向全区招生。1982年，区重点业余体校增设高中和小学班，使参加业余训练人数增至87人。1992年，调整训练布局，由“三集中”训练为主变为业余训练为主，在保证学生文化课同时，确保训练时间和成绩。2006年后，区体校以在各学校建立业余训练点形式开展体育项目训练。2010年，全区设8个业余训练点，在训运动员145人。

二、霍元甲文武学校

1999年，霍元甲文武学校成立后，对学员开展全封闭式武术训练。2000年，霍元甲文武学校有武术教练员10名，学员近300人，主要训练项目有武术、跆拳道、柔道等项目。2005年，有学生640名，主要训练项目有武术套路、跆拳道、柔道、散打、气功等。2010年，有30个班，1100名学生，聘请武术教师开展教学训练。以武术、柔道为主要项目，其他有中国式摔跤、跆拳道、空手道、散打等。

三、训练基地

80年代至2004年，区内各体育项目训练基地主要分布在各中小学校。1994年，新建曹庄、大任庄、大稍直口、付村中学等中学训练基地，主要开展棒球、田径、柔道等项目训练。2000年，在杨柳青第四小学、王兰庄小学等处建立儿童棒球训练基地。2004年后，取消各校训练基地，参训学生集中在区体校进行训练。

四、人才输送

80年代，区体校为市体工队、天津体育学院等体育团队输送运动员224名，有的进入国家青年队。运动队员涉及的项目有投掷、垒球、少儿棒球、篮球、排球等。1990—1995年，为国家队、天津市及外省市体育专业队输送人才108人，其中国家队7人、国家少年队21人。有15人成为国家体育健将、

30人成为国家二级运动员。1996年，向市优秀运动队输送运动员18名。1993—2006年，向外输送各类运动人才100余名，其中2003年输送到天津棒球队的6名运动员入选国家棒球集训队主力阵容。

第三节　援外 出访

一、援外

1979年后，西青区武术队先后3次派出教练赴马来西亚、澳大利亚、阿联酋教学，开创区内武术教练出国任教的先例。1995年，区体校武术教练应马来西亚精武会邀请，受天津精武会委派，赴马来西亚执教一年。

二、出访

80年代，区武术界与国内许多省市体育部门、世界20多个国家和地区精武会均有体育交流，彼此经常互访、比赛。90年代，天津精武体育会多次派团，赴马来西亚、英国等访问比赛或参加武术总会会庆等活动，或进行慈善义演。21世纪后，区内武术团体出访以霍元甲文武学校为主，出访日本、韩国、新加坡、巴拿马等国和中国台湾地区，参赛或参加武术论坛。

第四节　体质测试 监测

一、体质测试

1997年，区内完成370人的成年人体质测试。2000年，完成第一次国家体质测试，对区内3~70岁的1200人进行抽样测试，对基本素质、机能进行指标测试，对职业、生活习惯、健康状况等多项进行调查。

二、体质监测

2005年，区内开展第二次国民体质监测。对9个街镇3~6岁幼儿、20~59岁成年人、60~69岁老年人3个年龄段32个组别的1060人样本量进行体质监测。区体育部门投入2.7万元购置专用检测器材，组成24人监测队伍，到基层为群众进行体质义务监测。2010年，进行第三次国民体质监测，对9个街镇3个年龄段的980人样本量进行监测。

第二十九编

人力资源与社会保障

天津市　西青区志（1979—2010）

TianJin Annals of Xiqing District

2010年，西青区人社局在人才服务中心举办例行招聘会

2007年5月31日，西青区农民养老补贴金发放仪式

1979—2010年，西青区进行多次人事制度改革，完善公共就业服务体系，组织落实就业援助、职业资格制度相关政策，面向城乡劳动者的职业培训制度，统筹建立覆盖城乡的社会保障体系，组织实施城乡社会保险、机关事业单位基本养老保险政策。实施机关企事业单位工资收入分配综合管理，执行机关企事业单位人员福利和离退休政策。加强机关事业人事宏观管理，指导事业单位人事制度改革，加强事业单位人员和机关工勤人员管理，推进深化职称制度改革。执行劳动关系政策，完善劳动关系协调机制，组织实施劳动监察，协调劳动者维护工作，依法查处重大案件。

第一章　人力资源管理

中共十一届三中全会后，区人事管理机构进行多次调整、改革，内设机构、人员编制和管理职能不断增加，更加适应社会发展需要。至2010年经历两次工资调整，规范工作性津贴和生活补贴。改革干部队伍分配定终身体制，招聘成为干部录用的主要途径，使用人体制更加公开公正，干部队伍素质逐年提高、更能适应社会各方面需要。加强人才和劳动择业管理，健全保障制度，使人力资源和社会保障事业与经济社会的快速发展同步。

第一节　人事制度改革

一、干部聘用制

1992年，区内开始实行企事业单位干部聘用制。凡区属企事业单位补充干部，除由国家统一分配的大中专毕业生和军队转业干部外，均从本单位的工人（含合同制工人）中补充各级干部并实行聘用制。2004年，随着事业单位人员聘用制的实施，聘用制干部开始向岗位聘用转变。2010年，全区实施事业单位岗位设置管理，干部聘用制被岗位聘任制取代。

二、事业单位人事制度改革

1979年，区内事业单位人员实行固定工制。1986年，区内事业单位招收工人开始实行劳动合同制。2001年，教育系统65个单位试行人员聘用制度，4310名教职工分别与单位签订聘用合同。2004年，事业单位聘用制改革工作全面启动。93家事业单位实现聘用制，1957人签订聘用合同书，202人签订劳动合同，57人与单位签订内退、离岗待退协议。2005年，区内各街镇完成所属事业单位聘用制工作。2006年，对教育系统人员聘用制进行完善，全区事业单位人员全部转为聘用制。2010年，推行事业单位岗位设置管理制，纳入岗位设置管理的事业单位271个，设岗位7439个，完成岗位聘用6912个，其中管理岗993人、专业技术岗5240人、工勤岗679人。事业单位人员从身份管理转变为岗位管理。

三、实行公务员制度

1997年，在国家公务员制度，在人员过渡中开始引入竞争上岗和科以下人员实行双向选择。全区68个单位中有22个单位实行科级领导职位竞争上岗和科级以下人员双向选择，32个单位对少数人员进行“微调”，109人通过竞争走上科级领导干部岗位，33人改任非领导职务，43人进行职位轮换，10人未予或暂缓过渡。至1998年，45个实施单位、20个参照单位应设职位1536个，实际过渡人员1145人，其中实施899人、参照246人。是年，完成国家公务员的过渡审批工作。2006年，全区落实《中华人民共和国公务员法》，党政机关及参公单位实有1417人，进行公务员登记1366人，暂缓登记51人。

第二节　人事调配

一、干部调动

1980年，区内干部调动工作实行民政部干部调配工作规定，保持地区、行业、部门之间干部合理分布和配置。1989年，区内印发《西郊区干部调配工作暂行规定》，对调入干部条件和审批程序作出明确规定。1993年，严格控制事业单位干部调入行政机关、行政机关干部调入区五大机关两类调动。1997年始，区党政机关新担任主任科员以下非领导职务的国家公务员实行统一考录。2003年，区事业单位新招录工作人员开始实行公开招聘。1981—2010年，共调配干部2908人次，其中区内调剂1444人，外省市区调入584人，调出880人。

二、吸收录用干部

1982年，区开始吸收录用干部，充实到乡镇机关党政机关和经济、计划生育管理、文化广播管理等部门。1983—1984年，开展“以工代干”整顿工作，涉及847人，补办干部手续274人，办理转干手续573人。1986年，开始从“五大”（广播电视大学、职工大学、职工夜大学、函授大学、高等教育自学考试）毕业生中吸收录用干部。至1996年，从复员退伍军人、协勤干部、“五大”毕业生录用干部664人。1986年后，不再从工人中吸收录用干部。

三、大中专毕业生分配

1982年，区内开始恢复接收统配大中专毕业生。至1990年，对职大、电大毕业生控制录用，对计划内大中专毕业生接收安置，其余严格控制接收。2000年，到区内事业单位就业的大中专毕业生开始实行试用期制度。2003年，区实行事业单位补充工作人员实行“凡进必考”，取消大中专毕业生计划分配制度。1992—2003年，区内接收分配大中专毕业生2455人。

四、军队转业干部安置

1979年，区内军转干部安置实行指令性分配计划，其分配方向是政府所属的各职能部门及企事业单位。2001年始，军转干部实行计划分配与自主择业相结合的安置办法。至2010年，共安置军转干部及随军家属255人。

五、公务员招录

1997年，区内公务员开始实行公开招录，笔试由全市统一进行，面试由区组织实施。2009年，区印发《西青区机关事业单位公开招考（招聘）工作实施办法（试行）》，规范招考计划制订、资格审查、面试考官选派、考场组织等环节工作。至2010年，全区共招录公务员459人。

六、事业单位招聘

2003年，区事业单位补充工作人员实施公开招聘，制定4个相关配套办法。2004年，调整充实开考比例、考官组成、面试考官备选库制度。2009年，规范事业单位招聘制度，对事业单位人员招聘工作程序作出明确规定。至2010年，全区招聘事业编制579人，其中卫生系统271人、教育系统144人。

七、“三支一扶”人员招募

2006年，区内实施高校毕业生向基层单位开展“三支一扶”（支教、支农、支医和扶贫）计划。至

2010年，招募“三支一扶”工作54人，期满合格41人，聘用到事业单位28人。

第三节 考 核

一、考核制度

1992年，区党政机关工作人员开始实行年度考核。1993年，在考核结果上取消基本称职等次，调整为优秀、称职、不称职三个等次。1995年，将平时考核工作纳入制度化、规范化轨道。对机关事业单位实施年度考核，严格规定各单位优秀等次比例。2000年，将机关工作人员的考核等次增加“基本称职”等次。2007—2010年，施行《公务员考核规定（试行）》，对公务员平时考核和年度考核方案进行调整。

二、奖惩制度

1982年，区内开始贯彻执行国务院《奖惩暂行规定》。1987年，对行政机关工作人员升级、升职奖励，降级、降职、撤职、开除留用察看等处分作出相关规定，行政事业单位奖惩制定趋于规范化。1995年，根据新工资制度实施后行政机关工作人员奖惩发生变化的实际情况，发布关于奖惩工作的指导意见。1996年后，结合区内实际，完善公务员奖励审批制度。

第四节 工资福利

一、工资制度改革

（一）结构工资

1979—1984年，西青区执行六类工资区标准。1985年，区机关事业单位实行结构工资制，即基础工资、职务工资、工龄津贴、奖励工资四部分。按照规定标准，对工作人员的工资进行套改。未明确规格的事业单位领导干部，以后确定行政职务的人员和评聘技术职务人员，其职务工资套改放在第二步执行。全区行政机关参加工资改革人数1484人、全民事业单位559人、集体事业单位276人。

（二）职务级别工资

1993年始，区各机关实行职务级别工资为主要内容的职级工资制，由职务工资、级别工资、基础工资、工龄工资组成。事业单位职员实行职员职务等级工资制，专业技术人员实行几种不同工资制度。机关工人实行岗位工资制。事业工人实行等级工资制。机关工人和事业单位人员工资由固定部分和活的部分组成。1997年、1999年、2001年、2003年，分几次调整机关事业单位工作人员工资标准，工龄工资随工作年限自然增长。

（三）公务员新职级工资制

2006年7月起，区公务员实行新的职级工资制。基本工资由职务工资和级别工资构成，取消原构成中的基础工资和工龄工资。公务员的级别和级别工资档次，按职务、任职年限、套改年限等条件进行套改。级别和级别工资档次的晋升分为公务员晋升职务后晋升级别和公务员按年度考核结果晋升级别。全区机关工作人员1441人参加工资改革。

（四）事业单位岗位绩效工资制

2006年7月起，区事业单位工作人员实行岗位绩效工资制，由岗位工资、薪级工资、绩效工资和津贴补贴构成，其中岗位工资和薪级工资为基本工资。工资标准按管理人员、专业技术人员、工勤人员划分为三类。年度考核结果为合格及以上等次的，每年增加一级薪级工资。全区事业单位7276人参加工资改革。

（五）事业单位绩效工资制

2008年，区事业单位实行绩效工资制的过渡津贴制度，为事业单位在职和离退休人员增加补贴。2009年，区义务教育学校实行绩效工资制度，同时保留部分改革性补贴和国家规定的津贴补贴。全区有45所义务教育学校列入实施绩效工资范围。在职人员3179人，人均年增资1.3万元。2009年10月，区内23个公共卫生与基层医疗卫生事业单位正式工作人员实施统一的绩效工资制度。2010年起，义务教育绩效工资水平与公务员津贴补贴同步、同水平。退休人员生活补贴标准，由义务教育学校同职务（等级）在职教师基础性绩效工资的72%调整为79%。其他事业单位（包括非义务教育、公共卫生事业单位）工资水平与义务教育学校有一定差距。

二、工资调整

1979年，全区95个单位，在册职工4276人，符合升级范围3979人，实际升级1675人，月增资额为1.26万元。1981—1982年，调整教育、卫生、体育系统、党政机关和其他事业单位职工工资。1986年，按工作人员职务、任职年限，参加工作时间和工资额规定升级条件，符合条件的升一级。参加升级单位76个，职工总数2667人，升级983人。1989年，机关事业单位当年9月30日在册正式职工普调一级，符合解决突出问题条件的人员在普调后再调一级。对专业技术人员工资标准进行调整。全区机关在册1459人，普调1427人。全民事业单位（含教育）4878人，普调4775人。集体事业单位493人，普调453人。1990年，给1989年解决突出问题时未能再升一级的723人升一级。1992年，提高工龄津贴计发标准。

三、规范公务员津贴补贴

2007—2010年，区内分三步规范公务员津贴补贴。规范后的津贴补贴分为工作性补贴和生活性补贴。2007年起，区公务员津贴补贴标准为年人均3.39万元。工作性津贴和生活性补贴的比重分别为40%和60%。2008年起，提高区公务员津贴补贴标准，为年人均4万元。2010年起，公务员津贴补贴标准确定为年人均4.68万元。离休人员补贴标准按机关同职级领导职务人员工作性津贴和生活性补贴之和的90%确定，退休人员按照区直机关同职级领导职务在职人员工作性补贴和生活性补贴之和的60%确定。

四、福利制度

（一）福利费

1979年和1987年，区内两次调整机关、事业单位福利费提取标准。1995年，福利费提取标准由原来的每人每月3元提高到每人每月12元。1998年，福利费的提取修改为按工资总额的2.5%提取。进入21世纪，机关、事业单位福利费的提取比例按照相关规定进行调整。

（二）年假

1985年，开始实行休年假制度。凡连续工龄满5年，按照年龄和其他条件假期分别为10天、15天、20天、25天、30天不等。1989年，休假制度暂停。1991年，恢复休假制度。1992年，区党政机关、人民团体和事业单位工作人员年假，按工作年限假期调整为7天、10天、14天不等。2008年，实行带薪休假制度，职工根据累计工作年限，分别给予5天、10天、15天假期。单位因工作需要确实不能安排的，对应休未休的职工按照该职工日工资收入的300%支付年休假工资报酬。

（三）抚恤金、丧葬费、遗属生活困难补助

1979年后，区内机关工作人员牺牲、病故后，抚恤金、丧葬费、遗属生活困难补助由民政部门发放，区内抚恤金标准历经多次调整。后来，改为由丧者生前工作单位发放。2004年，机关事业单位工作人员和离退休人员死亡，一次性抚恤金标准调整为：因公牺牲为本人生前40个月基本工资或基本离退休费，病故为本人生前20个月基本工资或基本离退休费。

进入80年代，区内丧葬费补助标准曾4次调整。2008年始，丧葬费补助标准按照上年度天津市职工月平均工资标准2倍确定。工作人员死亡后，其没有固定收入、依靠死者生前供养的直系亲属可享受遗属生活困难补助，补助标准历经2次调整，离休干部遗孀生活困难补助标准曾5次上调。

五、退休待遇制度

1979年后，区干部、工人的退休条件：男年满60周岁，女年满55周岁（女工人年满50周岁），参加工作年限满10年的；男年满50周岁，女年满45周岁，参加工作年限满10年，经过医院证明完全丧失劳动工作能力的；从事井下、高空、高温、特别繁重体力劳动或者其他有害身体健康工作，男年满50周岁，女年满45周岁，连续工龄满10年的。丧失劳动能力，又不具备退休条件的干部、工人应当退职。工作人员退休费按基本工资一定比例计发：抗日战争期间参加革命工作的按90%发放，解放战争时期参加革命工作的按80%发放，以上人员在1982年后改按离休规定执行。1949年10月后参加革命工作，工作年限（连续工龄）满20年的按75%计发；工作年限满15年不满20年的按70%计发；工作年限满10年不满15年的按60%计发；退职人员按40%计发退职费。

1993年，区内公务员退休条件除正常退休和丧失劳动能力退休无变化，还规定男年满55周岁，女年满50周岁，且工作年限满20年或30年的，本人提出要求，经组织批准可提前退休。公务员不再有退职。1993年10月起，区机关事业单位工作人员退休后，退休费计发办法随着工资制度改革也发生较大的变化。2006年7月起，公务员、事业单位工作人员退休后的退休费按本人退休前基本工资及本人工作年限计发，年限满35年的按90%，年限满30年不满35年的按85%，年限满20年不满30年的按80%，年限满10年不满20年的按70%，公务员工作不满10年的按50%计发。

第五节　人才管理

一、专业技术人员管理

1980年，区内开始职称评定。至1983年，评定社会科学、自然科学技术职称117人。1986年，改革职称评定制度，实行专业技术职务聘任制，设农业、工程、会计、统计、经济5个专业技术职务，由区职称评定委员会负责初级技术职务资格评审和中高级技术职务任职资格推荐。1992年，调整下放初级专业技术人员管理权限，高级技术职务仍由区政府聘任，中级技术职务由人事局聘任管理，初级技术职务由各乡、镇、局从具备资格的专业技术人员中聘任管理，报区职改办备案。1994年，区对职称评审工作标准、要求制定规范。

2000年，区内初级职称不再组织职称评审，实行以考代评或认定。中级职称实行以考代评、认定、资格评审或考试与评审相结合办法。高级职称实行资格评审或考试与评审相结合的办法。2001年，高、中级专业技术职务的聘任权下放给主管街镇委局。2005年，对专业技术人员实行评聘分开管理。职称评聘转为人事部门日常工作。事业单位实行专业技术资格评审与专业技术职务聘任分开管理，建立“按岗聘任、竞争上岗、优胜略汰”专业技术职务聘任机制。

二、干部教育培训

1987年，区举办首次军转干部调训班，对1986年度的军转干部进行脱产培训。1992年，对全区行政干部开展人事干部岗位培训和继续教育管理人员的岗位培训。1995年，对全区党政机关年青干部进行国家公务员共修课培训。1996年，进行晋升科级领导职务任职培训。1998年，对国家公务员进行更新知识培训。首次对新录用的13名公务员进行初任培训。其后，每年均组织新录用公务员统一参加市级初任培训。

照29-1　2010年，西青区人社局举办员工综合素质培训班

2000年，区内开展处级公务员依法行政培训。2009年，科级及以下公务员培训工作实现制度化、规范化。举办区第一期科级公务员轮训班，对各街镇、委办局前5年提拔的50岁以下部分科级领导职务公务员（含参照人员）进行集中调训。

三、继续教育培训

1990年，区内人力资源局开始对继续教育进行周期化管理，每3年1个周期，对专业技术人员继续教育证书实行登记制度。2001年，开始实施《天津市专业技术人员和管理人员继续教育证书登记管理办法》。

四、人才交流

1984年，区政府成立人才交流服务中心后，面向社会提供人事人才公共服务。定期走访区内重点企业、重大项目，根据企业反馈信息，提供人才引进服务。利用人才市场，定期组织开展人才推荐、招聘、网络招聘等形式的招聘会。2003年，西青人才信息网开通，为企业和人才提供便捷公共服务平台，成为与群众沟通交流的"24小时窗口"。至2010年，全区举办各类招聘会156场。区人才信息网发布各类政策通知和招聘信息5000余条，人才登记3000余名。采取外省市人才引进、大中专毕业生接收、"双外生源"进津审批等方式，为区内企事业单位引进各类人才9372人。鉴定委托落户协议企业94家，集体户口落户人员400余人。

第二章　劳动管理

1979—2010年，西青区实行多种用工制度，全面实施劳动合同制度，采用招工、劳动服务公司安置、劳动力市场交流、举办招聘会、落实就业政策，依托公益性岗位安置、帮扶困难群体等多种方式促进就业。加强劳动工资管理，执行最低工资标准和职工福利待遇政策，推动企业开展工资集体协商。开展劳动关系和谐企业创建活动，加强劳动监察，维护职工合法权益。建立劳动争议仲裁组织，实行劳动合同鉴证制度。开展职业技能培训，进行职业技能鉴定。全区劳动管理纳入制度化和法治化轨道。

第一节　劳动就业

一、用工制度

（一）临时工

1979年，区内沿袭固定工制度。1981年，打破单一的固定工制度，实行使用临时工制度。至1984年，临时工使用处于控制状态，由劳动服务公司统一派出。1998年，临时工身份被废除。

（二）合同工

1984年，区内开始向天津市企事业单位输送劳动合同制工人。其后，区内固定工、临时工、合同工3种用工制度并存。1987年，全区1354名全民合同制工人补办劳动合同手续、发放劳动手册。1989年，区内使用临时工须签订劳动合同，以控制农村劳动力流失。1995年始，开始全面实施劳动合同制度。

二、就业渠道

照29-2　2010年，西青区人才中心举办现场招聘会

70年代末，区内就业渠道主要有招工、顶替、劳动服务公司安置、自谋职业、劳动力市场交流等。1979年始，区计委分解市劳动局所下达指标，乡镇定员，企业安排体检，区劳动局办理手续。1980年，开始实行劳动部门介绍就业、自愿组织就业和自谋职业相结合的就业形式，逐步实行全区统一考试、按成绩推荐、用人单位择优录用的招工办法。1981年，顶替制度改为优先录用职工子女。1986年始，国营企业不再实行退休工人子女顶替政策。1987年，新型集体企业开始面向社会公开招工，择优录取。1988年区劳务市场成立后，用人单位多通过劳务市场进行招工招聘。2007年始，实行帮扶零就业家庭、“4050”（女40岁、男50岁以上）等就业困难人员实现单位从业、灵活就业及享受社保补贴政策。至2010年，有2800名零就业、“4050”就业困难人员就业，为27家困难企业发放稳岗补贴近640万元。出台企业招用本区户籍职工享受用工补贴政策，为130余家企业发放区就业补贴139万元。分两批选聘高校毕业生148人从事基础社会管理和公共服务等公益工作。开展“春风行动”“十百千万”等活动，推动4300余人就业，引进各类用工7000余人。

1980—2010年西青区就业情况统计表

表29-1　　单位：人次

年度	实现就业人数	年度	实现就业人数
1980	5951	1981	4428
1982	3359	1983	4716
1984	2503	1985	2321
1986	1917	1987	1496
1988	1677	1989	1827
1990	1700	1991	2199
1992	1742	1993	1768
1994	1809	1995	2058

续表

年度	实现就业人数	年度	实现就业人数
1996	1607	1997	1172
1998	5581	1999	3512
2000	3524	2001	2208
2002	2215	2003	2020
2004	3084	2005	7728
2006	11930	2007	12500
2008	16000	2009	15835
2010	17200	-	-

三、就失业登记管理

1983年，区内实施新的待业人员登记管理规定，对未就业人员按街道、界别分类建卡建档、统一编号，实行动态管理。1987年，国营企业招收工人，区劳动局为其开具劳动合同制工人录用信，实施《劳动手册》制度。城镇集体企业招收工人，区劳动局开具录用介绍信。1988年，为全区有就业愿望的待业人员1631人发放求职证，实行年检制。1995年，实施“就失业证”制度，为全区城镇劳动者发放天津市城镇劳动者就业证、失业证，记录其就业、失业信息。1996年，为西青开发区、李七庄等乡镇办理外来人员就业证，适时掌握外来劳动力来源及从事工种情况。2000年，对成建制施工队伍和个体工商户中的外来劳动力进行用工管理，为其办理天津市外来人员就业证。2005年，区内就业登记、失业登记、退工备案全部在天津市劳动就业管理信息系统网上操作。2007年始，启用天津市劳动者就失业证和天津市外省市劳动者就业证。

第二节　劳动工资

一、劳动工资管理

1979年，区内企业根据各行业实际和岗位特点，实行技术等级工资制。1985年，企业职工工资与机关、事业单位工资制度脱钩。1989年，职工普遍增加1级工资。1990年，将一级浮动工资转为标准工资。1992年，区内1372名职工标准工资改为档案工资。1993年，将企业职工的等级工资套改为岗位技能工资，执行劳动工资弹性计划管理。1994年，区内实施企业最低工资保障制度、工资指导线制度、劳动力市场工资指导价位制度和工资集体协商制度。1997年，对区属国有企业及辖区内有关乡镇企业、无主管部门的单位、“三资”企业核定工资，在岗职工每人每月增加岗位工资50元。2002年，对区属12家企业及无主管部门的35家“三资”企业发放工资手册，下达工资总额计划。2007年，加强企业工资集体协商、集体合同审查工作，执行最低工资标准、工资指导线，确保从业人员劳动报酬总额增长10%以上。

二、最低工资制度

1995年，区内开始执行最低工资标准。组织开展对区域内用人单位执行情况的监督检查，规范用人单位内部制度、工资分配形式、工资收入水平，维护劳动者获得最低工资标准以上劳动报酬权益。2002年始，区内开始执行市政府工资指导线，推动企业开展工资集体协商，建立工资保障和正常增长机制，实现职工增收与企业经济效益增长良性互动。

1995—2010年西青区最低工资标准统计表

表29-2　　　　单位：元

年 份	最低工资标准	非全日制(小时)	开始执行时间	年 份	最低工资标准	非全日制(小时)	开始执行时间
1995	210	-	1995.07.01	2003	480	4.0	2003.09.01
1996	240	-	1996.07.01	2004	530	5.0	2004.07.01
1997	290	-	1997.07.01	2005	590	5.6	2005.07.01
1998	290	-	-	2006	670	6.4	2006.04.01
1999	290	-	-	2007	740	7.0	2007.04.01
2000	350	-	1999.07.01	2008	820	7.8	2008.04.01
2001	412	-	2001.03.01	2009	820	7.8	-
2002	450	4.0	2002.07.01	2010	920	8.7	2010.04.01

四、工资集体协商

1997年，区内开始推行企业和职工签订集体合同。2003年，对有条件的企业试点实行工资集体协商机制。2004年，规范集体合同订立程序，推动企业通过集体协商方式签订集体合同。2008年，建立企业职工工资正常增长机制，对工资集体协商范围、区域性行业性协商代表产生程序、协商事项、争议调处等内容进行规范。2010年，推动企业开展协商，注重扩大区域性、行业性协商范围，提高工资集体协商的实效性。

五、和谐企业(园区)创建

2006年始，开展劳动关系和谐企业创建活动。2007年，全区创建A级和谐企业73家。2008年，创建A级和谐企业12家、AA级和谐企业8家、AAA级和谐企业5家。2009年，组织推动劳动关系和谐园区创建活动，全区创建和谐企业106家、AA级1家、AAA级1家。创建西青经济技术开发区和中北工业园区2个和谐园区。2010年，全区创建A级和谐企业28家，AA级企业1家。

六、福利待遇

(一)冬季取暖补贴发放

1980年，区内职工开始开始领取冬季取暖补贴。2000年起，职工集中供热采暖补助费标准为每年185元。2008年，职工冬季取暖补贴标准增至每年335元。

(二)防暑降温费

1989年始，区内职工发放防暑降温费。2008年始，企业职工防暑降温费月标准，按上年度全市职工月平均工资3%确定。每年6月至9月按月发放或一次性以货币形式发放。

(三)中班 夜班津贴

1985年始，区内企业职工享受中、夜班津贴待遇。2008年，企业职工中班和夜班津贴，以上年度全市职工日平均工资为基数计发、中班津贴按不低于5%的比例确定计发，夜班津贴按不低于10%的比例确定计发。

(四)丧葬费 丧葬补助费

70年代末，区内企业职工和离退休人员因病、非因工死亡的，向职工供养的直系亲属发放丧葬补助费。2008年始，对企业职工、离退休人员和领取失业保险待遇人员因病、非因工死亡的丧葬费，以上年度职工月平均工资为基数，按2个月计发。职工供养的直系亲属死亡丧葬补助费，以上年度全市职工月平均工资为基数，按1个月计发。

第三节　劳动监察

一、劳动监察管理

1979年，区内企业以国有集体所有制企业为主。区内各企、事业单位的工资待遇标准、招用工等问题通过区劳动局向天津市劳动局提出意见，由市劳动局以发文形式审批。1985年，区总工会行使国家监察的职能，形成企业负责、行业管理、国家监察、群众监督的劳动保护工作体制。1993年8月，劳动保障监察工作由区劳动行政部门负责，设立劳动监督检查机构。1993—1994年，区劳动局负责劳动保障法律法规的执法工作，具体事务由工资科暂时负责。1995年2月，设劳动监察科，负责区内劳动保障法律法规的执法工作。2000年9月，区内劳动保障监察执法信息实行微机管理。至2010年，每月、季、年通过电脑系统将执法数据上报。

1995—2010年西青区劳动监察情况统计表

表29-3

年份	日常巡查(户)	专项检查(户)	书面审查(户)	受理投诉(起)
1995	–	154	–	–
1996	–	11	–	63
1997	167	–	–	56
1998	256	–	172	–
1999	563	–	247	113
2000	600	45	256	121
2001	306	87	700	158
2002	313	117	744	219
2003	240	65	880	336
2004	170	122	1300	712
2005	180	93	1700	1095
2006	432	421	1183	595
2007	360	2721	850	315
2008	300	295	766	152
2009	320	78	1876	507
2010	540	374	1307	560

二、专项执法检查

2005年7月，区内建筑行业农民工投诉归属劳动部门，农民工工资清欠工作由建设管理部门移交劳动部门。全区受理建筑行业农民工投诉案件84件，涉及农民工人数2286人，其中投诉人数达10人以上的案件69件，追回拖欠工资305万元。2005年11月至2006年1月，开展农民工工资支付专项检查活动，共对85家企业和正在施工的建筑工地农民工工资支付情况进行专项执法检查，涉及农民工7918人，解决拖欠工资15万余元。通过专项检查补签建筑工地农民工劳动合同1.5万份。2006—2009年，区劳动局、区建委、公安西青分局、区总工会

照29-3　2010年，西青区劳动局在杨柳青广场开展劳动保障法宣传

4部门在全区开展农民工工资支付情况专项检查。涉及农民工2万余人，查处存在欠薪问题的建筑施工单位209家，累计解决拖欠工资2850万元。2009年7月起，建筑行业农民工投诉主要归属区建委部门管理。

第四节 劳动人事争议仲裁

一、劳动合同鉴证

1991年，区内实行劳动合同鉴证制度。依法审查、证明劳动合同真实性和合法性，保障劳动者平等就业和选择职业等权利，保证用人单位利益。至2010年，共鉴定劳动合同18.78万份。

二、劳动人事争议处理

1987年，区劳动人事局设立劳动争议仲裁科，负责处理全区劳动争议案件。1987—2010年，全区接待劳动争议当事人来访6.15万件次，其中1.24万件次争议案件通过调解解决，1180件次案件不属于仲裁委员会受理范围或超出时效，均开具不予受理案件通知书。

1987—2010年西青区受理调解仲裁案情况统计表

表29-4 单位：件、人次

年度	受理案件数量	不予受理案件数量	接待来访	年度	受理案件数量	不予受理案件数量	接待来访
1987	11	-	198	1999	198	38	2769
1988	14	-	366	2000	263	46	2236
1989	7	-	522	2001	388	58	2569
1990	26	-	664	2002	459	66	2668
1991	36	-	879	2003	590	76	2897
1992	52	1	889	2004	705	86	2982
1993	66	2	969	2005	864	93	2798
1994	58	6	1344	2006	915	101	3368
1995	80	8	1569	2007	960	109	3692
1996	96	9	1760	2008	1878	134	5496
1997	168	18	2016	2009	2365	144	7692
1998	177	22	2296	2010	1986	163	8896

第五节 职业技能培训

一、培训与鉴定

1982年，区内开始举办岗前就业训练、转业转岗培训、特殊工种技能等培训班，对待业青年、企事业单位工作人员、企业职工进行培训。1983年，建立区就业训练基地。至1992年，共举办93班次，培训各类人员1.61万人。1993—1994年，建成集就业专业训练、生产自救和特殊工种培训为一体的培训生产实习基地，开展就业训练、专业训

照29-4 2010年，西青区人易宝创美服务中心举行残疾人培训后上岗仪式

练、特殊工种培训等33班次，培训5837人。2004—2005年，培训下岗失业人员1087人，培训城乡新增劳动力以及农民工7152人、劳资干部264人，培训残疾人67人，定向培训384人。2006—2007年举办职业技能培训、岗前培训和定向培训205期，培训1.11万人。举办农村残疾人就业培训班1期55人。2008年，区劳动局开展失业人员再就业培训班，开始实施农民素质提高工程。至2010年，全区农村富余劳动力转移培训1.5万人，每年培训5000人。

1996年，进行国家职业技能鉴定，为企业职工培训鉴定1097人，合格990人。至2010年，全区为4131人进行职业技能鉴定，包括司炉工、电焊工、维修电工等工种。

二、民办培训机构管理

1998年，对全区社会力量举办的各类职业技能培训学校进行整顿，为6家办学单位颁发办学许可证。1999年，为7所社会办学单位颁发办学许可证。2005—2010年，民办培训机构开展数控车工、数控铣工等工种培训2.55万人。经清理整顿，区内民办职业培训学校有10家，培训工种涉及50余个。

第三章　社会保险

1979—1986年，区内职工退休及医疗、工伤、生育、失业待遇均由本单位承担。1987年始，国营企业固定职工退休费用实现社会统筹。80年代末，多数村庄开始实行老年退休制。90年代初，区内试行农民养老保险制度，改变单一依靠集体养老方式。21世纪初，城镇职工基本医疗、工伤、生育等社会保险陆续实施。居民基本养老保险、基本医疗保险制度覆盖城乡，社会保险制度范围由国家公职人员扩大到全体职工和城乡居民，实现了社会保险全覆盖。

第一节　养老保险

一、企业职工养老保险

1979—1985年，区内企业职工实行退休制度，退休费由企业负担。1986年，国营企业、驻区企业固定工和劳动合同制职工退休养老保险基金，实行统一征集管理。区劳动合同制工人实行退休养老保险基金统筹。1987年，实行国营企业固定职工退休费用社会统筹。1991年，实行国家、企业、个人三方共同负担，职工个人按标准工资的2%缴纳养老保险费用。1993年，调整劳动合同制工人养老保险基金。全民、集体所有制企业职工和外商投资企业中方职工以及上述单位中城镇户口的各种临时工，均按本人工资收入的比例缴纳养老保险费。1994年，企业职工养老保险形成基本养老保险、企业年金、个人储蓄性养老保险相结合的多层次养老保险制度体系。1996年，区内国有、城镇集体等非外商企业按上年全部职工月平均工资总额的20%缴纳基本养老保险费，职工按照其上年月平均工资的4%缴纳基本养老保险费。2006—2010年，职工个人缴费由4%调整为8%。规定用人单位和职工缴纳养老保险费满15年的，从职工办理退休手续次月起，按月领取基本养老金，直到死亡为止。

二、事业单位职工养老保险

1997—2010年，区内自收自支事业单位开始实行养老保险制度。养老保险初期由人事部门负责，后来划归劳动部门管理，保险经费征集由单位每月按其全部工作人员上月工资总额的16%和离退休人员离退休费总额35%缴纳。职工按本人上月工资2%缴纳基本养老保险费，单位增加2%工资总额作为职工养老保险补贴，由单位代扣代缴。职工月收入低于本市最低工资标准的，以本市最低工资标准作为单位和工作人员缴纳基本养老保险费的基数，离退休人员不缴纳基本养老保险费。待遇计发一直延续事业单位退休待遇计算办法。

三、农村基本养老保险

80年代中期，区内开始推行农民退休制度。1989年，全区109个村实行老年退休制。1991年，在20个村试行农民养老保险制度，至1995年，全区160个村实行农民养老保险制度。2007年始，区内对男60周岁、女55周岁以上的本区农业户口人员，每人每月给予最低标准为150元补贴。已实施村养老补贴超过该标准的，仍按原标准发放；未达到标准的，按此标准补齐差额，缺口部分由区、街镇按1:1比例配比补齐。2009年，对年满60周岁且缴足15年以上养老保险费的农村居民一次性给予5000元补贴。未参加城乡居民基本养老险、又无其他社会养老保障的，原享受农民养老补贴人员在享受市老年人生活补助的同时，超出全市标准的部分，按原渠道发放。2010年，全区养老保险覆盖人数4.3万人，1.02万人享受养老保险待遇，2.48万人享受市老年人生活补助，享受农民养老补贴金额2188万元，1.03万人享受区农村居民一次性养老补贴5162万元。

四、被征地农民养老保险

2004年，西青区实行《天津市被征地农民社会保障试行办法》。2010年，区内年满18周岁的被征地农民参加城乡居民基本养老保险，所需缴纳的养老保险费从土地补偿费和安置补助费中支付。被征地农民参保缴费时以天津市上年农民人均纯收入为基数，按照40%的比例，一次性缴纳15年的养老保险费，缴费全部计入个人账户，与农村居民个人参保缴费合并计算。

第二节　医疗保险

一、城镇职工基本医疗保险

1979—2000年，区内机关事业单位人员实行公费医疗制度，企业职工仍实行劳保医疗制度，医疗费用由国家和企业负担。2001年，在全区所有用人单位中实施医疗保险制度。筹资比例按照职工个人缴费基数之和的9%缴纳基本医疗保险费，在职职工按本人上季度月平均工资的2%缴纳基本医疗保险费，建立基本医疗保险基金。是年，区内实行城镇职工大额医疗费救助办法，大额医疗费由大额医疗费救助资金报销80%。2002年，实行公务员医疗补助办法，医疗费用按规定比例在国家公务员医疗补助经费中列支。2003年，实行企业补充医疗保险办法，对基本医疗保险支付以外由职工和退休人员个人负担的医药费用进行适当补助。2004年，根据企业的困难程度，由财政分别给予90%、70%和40%的医疗保险补贴，退休人员可以享受大病住院和特殊病门诊医疗待遇。2005—2010年，全区各类退休人员全部纳入制度保障范围。

2001—2010年西青区城镇职工医疗保险参保情况统计表

表29-5　　单位：个、人、万元

年度	参保单位	参保人数	征缴金额	年度	参保单位	参保人数	征缴金额
2001年	81	40626	121.80	2006年	982	61382	15218.10
2002年	373	40776	6034.02	2007年	1182	65867	19122.62
2003年	467	44233	7421.03	2008年	1465	71117	23367.80
2004年	593	53633	10330.59	2009年	1959	81970	29296.26
2005年	776	56018	11793.34	2010年	2250	90867	34513.26

二、新型农村合作医疗保险

2005年，全区开始实行新型农村合作医疗（简称“新农合”）。2008年，“新农合”管理职能由区卫生局划转到区劳动和社会保障局。“新农合”制度运行4个周期，参保人数逐年递增，参保率达到98.87%。4年筹集资金1.65亿元，为3.49万人次报销1.7亿元，人均报销4867元，平均报销比例60%。2009年底，西青区“新农合”制度终止，“新农合”人员统一参加天津市城乡居民基本医疗保险。

2005—2009年（第一至第四周期）新农合运行情况统计表

表29-6　　单位：人、%、万元

运行周期	参保人数	参保率	筹资总额	住院人次	报销金额	结余
第一周期	216210	91.45%	2162.10	3972	986.19	1175.91
第二周期	219295	92.34%	4934.14	8672	4248.75	685.39
第三周期	233451	97.48%	4202.12	8916	4433.00	-230.88
第四周期	237309	98.87%	5220.80	13343	7318.00	-2097.20

第三节　工伤保险

一、工伤保险制度

1979—2003年，区内工伤待遇由企业直接支付。2004年，区内企业开始缴纳职工工伤保险费，实行农民工工伤保险制度。是年11月，实行农民工工伤保险制度。2006年，将事业单位、民间非营利组织纳入工伤保险。2008年，商贸、餐饮、住宿等服务业采取“定员定额”方式缴纳工伤保险，农民工参加医疗工伤综合保险。

二、参保与支付

2004年，区内根据不同行业工伤风险程度开始确定行业差别费率，建立单位缴费浮动机制，向用人单位征缴工伤保险基金。至2010年，区内2700家单位13.03万人参加工伤保险，征缴基金2332万元。

2004—2010年西青区工伤保险支付情况统计表

表29-7　　单位：人、万元

年度	参保人数	支付人数	支付工伤保险金总额	工亡人数	一次性工亡补助金	一次性工亡补助金占支付总额%
2004	51903	118	45.46	2	15.71	35%
2005	15986	487	287.75	2	17.81	6%
2006	87000	950	521.16	7	68.30	13%
2007	120000	1270	682.01	7	75.77	11%
2008	118000	1367	1012.99	14	177.00	17%
2009	132500	1617	1585.17	14	209.40	13%
2010	130300	2155	1919.23	17	280.25	15%

三、工伤认定及劳动能力鉴定

2004年始，区内不断加强法律、法规和相关政策宣传，开始工伤认定和劳动能力鉴定。2005年认定工伤699件，伤残等级鉴定197件。2005年以后，工伤认定和劳动能力鉴定人数不断增加。2008年，认定工伤1518件，伤残等级鉴定294件。至2010年，认定工伤2469件，伤残等级鉴定267件。工伤认定6年间增长近6倍。

第四节　失业 生育保险

一、失业保险

1987年，区内国营企业和中央在津单位职工待业保险基金的收缴工作由区劳动服务公司负责，企业全部职工，国家机关、事业单位和社会团体全部劳动合同制工人以上年全市国营企业职工月平均工资的1%缴纳待业保险基金。1995年，待业保险变更为失业保险。1998年，失业保险基金标准调整为用人单位工资总额的2%缴纳，职工按照本人工资的1%缴纳，农民合同制工人由企业单方负担改为企业和职工个人共同负担，逐步健全国家、用人单位、职工三方负担的筹资机制。2001—2010年，执行《天津市失业保险条例》标准。2005年，区失业保险基金征缴由区劳动和社会保障局移交区社会保险基金管理中心。

1987—2005年西青区失业保险金征收发放情况统计表

表29-8

年度	征收单位个数	征收人数	征收金额	发放人数	发放金额（万元）	医疗补助金额（万元）	丧葬补助金额（万元）	困难补助费（万元）
1987	117	40501	29.19	1	0.01	-	-	-
1988	121	42370	30.65	3	0.05	0.01	-	-
1989	-	-	33.54	2	0.03	-	0.02	-
1990	192	47231	34.14	15	0.42	0.14	0.02	-
1991	207	48301	34.76	4	0.36	0.01	-	0.02
1992	244	50642	36.25	15	0.43	-	-	-
1993	302	-	239.58	121	13.56	5.14	-	0.05
1994	368	-	287	1022	100.75	9.90	-	0.30
1995	400	-	407	179	22.34	6.10	-	0.16
1996	-	-	384	-	-	-	-	-
1997	263	69855	426	353	60.20	-	-	0.54
1998	-	-	834	430	99.43	8.60	-	0.31
1999	-	-	1200	879	373.80	28.10	-	-
2000	-	-	1500	1059	409.09	21.79	-	-
2001	-	-	1880	715	246.54	12.02	-	-
2002	-	-	2000	983	344.16	19.46	-	-
2003	-	-	2050	953	325.26	20.54	-	-
2004	-	-	2100	495	167.31	11.38	-	-
2005	-	-	-	294	105.44	7.43	-	-

二、生育保险

2005—2010年，区内生育保险由市社会保险经办机构按规定征缴。用人单位按照职工个人上年度月平均工资之和的0.8%按月缴纳，职工个人不缴纳。参险职工可享受产前检查费、生育医疗费、计划生育手术费、生育津贴。

2005—2010年西青区生育保险参保情况统计表

表29-9

年度	参保单位（个）	参保人数（万人）	征缴金额（万元）
2005	1040	6.67	289.07
2006	1220	7.41	1113.15
2007	1411	7.68	1352.68
2008	1689	8.15	1661.79
2009	1952	8.33	1871.13
2010	2211	8.89	2105.5

第三十编

民 政

天津市 西青区志(1979-2010)

TianJin Annals of Xiqing District

2004年，西青区民政局组织社会捐助站向困难户奉献爱心

2008年，驻西青区部队抽调车辆运送抗震救灾物品

1979年，区内民政工作由西郊区革命委员会民政科负责。80年代，区内各生产大队恢复行政村并建立村民委员会，区民政局开始行使民政工作管理职能。1990—2010年，民政管理体制历经多次改革，内设机构逐步增加。全区城乡最低生活保障动态管理运行机制不断完善。民政部门实行城乡医疗救助，开展防灾救灾，发展慈善事业，提高婚姻登记服务质量，加强殡葬管理、民间组织登记管理，落实优待优抚政策，民政事务的社会化服务体系日趋完善。

第一章　基层政权建设

1983年，区内各生产大队恢复为行政村后，各村建立村民委员会(简称村委会)。90年代初，区内实行村(居)委会选举。每届村(居)委会任期三年，期满后举行新一届选举。进入21世纪，普遍实行直推直选，并逐步实现村(居)委会成员年轻化、知识化。农村社区管理以开展村民自治达标等活动为主，进行村务公开等制度化建设。居委会主要为开展达标升级活动，提高社区服务水平。

第一节　村(居)委会换届选举

一、村委会换届选举

照30-1　2009年，西青区基层村委会换届选举计票现场

1983年，西青区启动农村基层组织体制改革工作，撤销生产大队，建立由村民选举产生的村民委员会。1984年，区内各生产大队全部改为村委会，确立村党组织领导、村委会管理村级事务的村民自治组织形式。1989年，张家窝镇西闫庄村作市“村民自治民主选举村委会”试点村，进行民主选举。1991年，区内进行第一届村委会选举。1994年、1997年，分别进行第二届、第三届村委会换届选举。这三届村委会候选人多由乡镇党委、政府指定，村民代表、村民小组长由村党支部、村委会指定，“三老”(老党员、老干部、老资历)成为主要人选。2000年，进行第四届村委会换届选举。提倡村党支部书记与村主任“一肩挑”、村两委人员交叉任职，2003年，进行第五届村委会换届选举，141个村委会依法完成换届选举，占换届总数的94%，选出新一届村委会干部462名。2004年，完成3个村第五届村委会换届选举扫尾工作，产生第五届村委会干部465名。2006年，进行第六届村民委员会换届选举，146个村民委员会依法进行换届选举(11个城中村未参加第六届村委会换届选举)。党组织和村委会成员交叉任职的有186人，其中书记、主任“一肩挑”有57个村，党组织副书记或委员担任村委会主任的有28个村。2009年，区内进行第七届村民委员会换届选举。147个村完成选举，共选出第七届村委会干部465名，其中主任147名、副主任31名、委员287名。

二、居委会换届选举

1990年，区内启动居民委员会(简称居委会)换届选举筹备工作。1991年，44个居委会依法完成第一届居委会换届选举。1994年，进行第二届居委会换届选举，选举居委会成员131人。1997年，依法完成第三届居委会换届选举，46个居委会选出正副主任159人。2000年，49个居委会完成第四届换届选举，选出居委会成员163名。2003年，51个居委会完成第五届换届选举，选出正副主任164人。2006年，57个居委会完成第六届换届选举工作。2009年，19个居委会完成第七届换届选举，选出居委会成员57人。

第二节　村务 社区管理

一、村务管理

1995—1998年，区民政局开展命名表彰“村民自治达标村”活动，实行村务公开，提出将村务公开“六规范”作为村级管理制度。2000—2005年，区委、区政府出台《关于进一步深化村务公开工作的若干意见》等文件，向各村印发《西青区村务公开、民主管理工作手册》和《西青区村民代表工作手册》，成立区村务公开协调小组，各街镇都建立相应组织，使村务公开和民主管理工作规范化。2006—2010年，开展“村务公开 民主管理示范单位”创建活动，修订村级管理制度，并下发示范版本，各街、镇结合实际以示范版本为基础进行补充完善。对村两委工作议事日程、村务公开、民主决策等制度进行规范。村务公开领导小组及街镇村相关组织，定期分析研究并推动各项工作落实。

二、社区管理

1981年，区城镇居委会工作改由区民政局负责。1988年，城镇居民委员会工作由民政局基层政权建设科负责。1990年，对社区规模按照100~700户标准进行划分、调整，全区建立居委会43个，每个居委会配置4名工作人员。1994年，新建小区达到社区办公用房30平方米、服务用房100平方米标准。1997年，开展居委会建设达标升级活动，调整社区办公经费和居委会成员生活补贴。2001年，每个居委会配置6人，按照社区办公用房面积不低于100平方米标准，对全区社区办公用房进行提升改造。2002年，社区规模按照1000~1500户标准进行调整，社区居委会调整为29个。2006—2007年，对全区社区办公、服务用房进行改造，按照2000~3000户规模标准，对社区进行重新调整，社区居委会调整为47个。2010年，在新建小区设立社区居委会筹备组。全区有筹备组51个，全区建成1000平方米以上的社区办公服务用房13个。

第二章　社会救助

90年代末，区内开始实行城乡最低生活保障制度，开展多形式社会互助和扶贫帮困活动，实施临时救助、特困家庭未成年人助学、五保户供养、城乡医疗救助、防灾减灾，发展慈善事业，组织募捐支援外省受灾地区。至2010年，全社会救助体系功能齐全高效，对各种灾难能给予及时救助。

第一节　最低生活保障

一、保障措施

1998—1999年，西青区开始实行城乡最低生活保障制度，建立最低生活保障动态管理运行机制，对超出低保标准的救助对象及时清退。1999年，全区享受低保待遇668户1498人，清退17户30人，下调标准5户16人，新审批60户212人。2001—2006年，成立区社会扶贫救助解困领导小组，推行社会扶贫救助解困工作。区、街镇分别设立社会救助基金，对全区帮扶单位及个人和困难家庭建立帮扶档案。开展"一帮一"党员干部包户等社会互助和扶贫帮困活动，实施农村特困群体大病救助制度。2007—2010年，逐年上调农村低保标准，实现城乡低保救助标准统筹。对五保（保吃、保穿、保住、保医、保葬）对象供养资金筹措渠道调整为市、区、街镇三级负担，实行社会化发放。

1998—2010年西青区城乡最低生活保障金发放标准一览表

表30-1　　单位：元、人、月

年度	城镇低保标准	农村低保标准	年度	城镇低保标准	农村低保标准
1998	185	100	2005	265	175
1999	241	100	2006	300	215
2000	241	120	2007	330	215
2001	241	120	2008	400	246
2002	241	120	2009	430	400
2003	241	125	2010	450	450
2004	265	125	-	-	-

二、未成年人助学

1999年开始，区内最低生活保障对象的未成年子女在学区片国办中小学就读，享受免收学杂费，进入职业学校减免学杂费50%、特别困难户及孤残青年免收学杂费、进入托幼儿园免收保育费等福利和救助政策。2004年，为100名低保对象子女减免学费，审批享受减免学杂费200余人次。2007年，西青区对城区无劳动能力、无生活来源又无法定赡养、扶养或抚养义务人的人员，在其享受低保待遇时，由高于低保标准32%核发，调整为按高于低保标准30%核发救助款项；享受低保待遇且处于义务教育阶段的在校学生，按高于城市低保标准或当年公布的农村最低标准指导线30%核发救助款项。2010年，对享受低保待遇的城乡分散孤儿以及事实无人抚养的在校学生（含学龄前儿童），按高于城市低保标准200%核发救助款项。

照30-2　2008年，西青区举办爱心助学金发放仪式

1998—2010年西青区城乡低保变动情况统计表

表30-2　　单位：户、人、元

年度	城镇低保			农村低保			合计		
	户数	人数	金额	户数	人数	金额	户数	人数	金额
1998	128	274	26682	450	979	53042	578	1253	79724
1999	141	296	43021	527	1202	59954	668	1498	102975
2000	204	435	51999	617	1382	80372	821	1817	132371
2001	295	688	77240	720	1719	104672	1015	2407	181912
2002	612	1491	134302	839	2008	123642	1451	3499	257944
2003	405	977	92330	328	757	42436	1642	3897	287418
2004	469	1124	111580	386	900	51303	1798	4332	322108
2005	758	1781	215440	1136	2766	208473	1894	4547	423913

续表

年度	城镇低保			农村低保			合 计		
	户数	人数	金额	户数	人数	金额	户数	人数	金额
2006	809	1867	291714	1229	2885	277902	2038	4752	569616
2007	903	2060	393313	1286	3012	303843	2189	5072	697156
2008	1066	2292	742431	1416	3324	411176	2482	5616	1153607
2009	1119	2389	9276746	1436	3345	10974138	2555	5734	20250884
2010	1142	2300	8824773	1592	3697	12659512	2734	5997	21484285

三、五保户供养

（一）供养标准

1979—1983年，区内五保户供养主要靠村（大队）提留并负担照顾，部分五保老人由亲属收养扶养。1990年，区政府制定供养标准，集中供养的五保老人，其生活费每人每月不低于65元。全区48.5%五保老人入住乡镇敬老院。2004年，实行五保供养资金财政转移支付制度，五保老人集中供养率达80%以上。2008年，区五保金发放转为银行社会化发放。2009年，农村分散供养五保金标准由每人每年4000元调整为每人每年6000元。农村集中供养五保标准由每人每年6000元调整为每年8000元。2010年，全区有五保人员203人，全年支出五保金136.68万元。

2008—2010年西青区农村五保供养标准调整情况一览表

表30-3　　单位：元

天津市标准			西青区标准		
时间	集中	分散	时间	集中	分散
	年标准	年标准		年标准	年标准
2008年6月以前	2500		2008年6月以前	6000	3800
2008年7月1日	4000		2008年7月1日	6000	4000
–	–		2009年1月1日	8000	6000
2010年4月1日	4600		2010年4月1日	未调整	

（二）敬老院供养

1979年，区内老人养老主要以家庭养老为主，敬老院、养老院处于探索起步阶段。1981—1987年，大寺、张家窝、王稳庄、上辛口、杨柳青、李七庄等街镇先后建成敬老院，入院者多是“五保”老人。1995年，张家窝镇敬老院被评为市级文明敬老院标兵，南河镇敬老院被评为市级文明敬老院。1996—1997年，张家窝镇政府投资近600万元，新建一座占地面积6600余平方米，建筑面积3600平方米敬老院。区内各敬老院开展“以副业补院”，收入全部用于改善五保老人生活。

照30-3　2008年，街镇干部中秋节慰问敬老院老人

2001年，区政府（财政）筹资40万元，用于改造全区敬老院面貌及硬件配套设施建设。2004年，李七庄街筹集资金千万元，新建1座建筑面积3000余平方米的老年公寓，并建设康复中心和活动中心。2007年，举行扶助社会养老机构老年用品发放活动，向全区18家国办、民办养老机构发放轮椅等老年用品94件，用于扶助社会养老机构发展。2010年，开始转变养老机制，实现养老机构公建民营，除了可以享受政府的减免税收等优惠政策，还可以在水、电等日常项目上得到优惠。

第二节　城乡医疗救助

一、救助制度

2005年，区内开始建立实施农村医疗救助制度。2007年，出台农村医疗救助暂行办法，进行农村医疗救助制度与农村新型合作医疗制度衔接，资助农村低保户和五保户参加农村新型合作医疗。

二、救助实施

2006年，区、乡两级政府资助农村五保户、特困户（低保户）和重点优抚对象参加农村合作医疗救助，21名困难群众获得医疗救助，其中低保户19人、五保户2人，报销救助金额27.4万元。2007年，为2604名农村五保、低保人员缴纳农村合作医疗个人缴费部分11.7万元，全区困难群众农村合作医疗参保率达100%。2008年，提高“低保户”和五保户医疗救助标准、比例，扩大救助病种并实施二次救助，为3143名农村救助对象缴纳合作医疗全部个人缴费部分9.4万元。救助29人，报销医疗费用109万元。2009年，开展城乡一次性医疗救助活动，符合救助条件的农村低保对象14人、农村低保边缘户73人，城镇低保对象17人、城镇低保边缘户4人，救助金额最高为1.5万元，发放救助款146.4万元。2010年，对低保对象实施报销额度为每人每年门诊补贴最高200元、住院报销最高10万元的救助政策，对6000名城乡低保对象及特困、五保人员参加医疗救助保险的参保信息进行核对，实现即时联网结算。对90名农村低保对象、92名农村低保边缘群体和50名城镇低保对象实施医疗救助，救助标准为每人最高1.5万元，发放救助金182.7万元。实施年度一次性医疗救助，对31名城乡低保人员和77名边缘户人员给予146.38万元的救助。

第三节　防灾救灾

一、抗灾救助

80年代后，西青区对域内外发生的各种灾害都及时给予救助，对区内潜在危险予以预防。1981年，区境局部遭受风灾，区民政部门核发市农委风灾补助4万元。1984年，拨冻灾、旱灾、涝灾专用救济款15万元。1985年5月，成立区救灾保险互济会，并组织开展救济工作。1990年，区内遭受重大风雹灾害，救灾互济会及时向灾民发放救助款33万元，使402家受灾户、贫困户得到及时救济。1997年7月，部分乡镇遭受洪涝灾害情况，下拨市自然灾害救济补助款100万元。2004年，向各街镇120村1.88万人次旱灾困难灾民发放救济粮375.65吨。2006年，春夏期间，发放价值24万元的救灾粮，救济灾民1850户、4314人。2007年，面向城乡低保户、五保户等开展夏令救济工作，投入资金11.7万元，救济各类困难对象589户、1285人，修缮危漏房屋41间，为五保户、困难户发放夏季服装250件。开展“冬令助困送温暖”活动，发放救助物资30万元，救助困难群众1800户、4400余人。2010年，发放临时救济款9.8万元，救助困难家庭205户。为五保户“低保户”、特困户购买棉衣被、毛毯等越冬物品，救济各类对象650户、1620人。

照30-4　2010年，西青区爱心志愿者开展防灾减灾宣传

1981—2010年西青区抗灾救灾情况一览表

表30-4

年度	灾情	救助金额
1981	局部遭受风灾	发放市农委下拨风灾补助4万元
1984	累受冻灾、旱灾、涝灾	分发市民政局下拨专用救济款15万元
1985	大寺、上辛口、中北斜乡受狂风、暴雨、冰雹等灾害	市民政局下拨专用救济款12万元
1986	遭受自然灾害和部分地区缺粮	发放市民政局下拨救济款4万元
1988	遭受涝灾	下拨救灾款3万元
1989	春季救灾	下拨救灾款3万元
1989	夏收前灾民的生活困难	拨款5万元
1989	冬季救灾款	拨款20万元
1990	遭受风雹灾害	救灾拨款7万元
1991	春季救灾	救灾款10万
1992	春季救灾	救灾款10万
1993	解决换新粮前灾区群众的生活困难	分配救灾款3万元
1994	解决受灾地区灾民严重困难户生活，住房困难救济、房屋修缮	救灾款8.1万元
1995	解决受灾地区灾民严重困难户生活，住房困难救济、房屋修缮	分配救灾款4万元
1997	自然灾害救济补助	分配救灾拨款100万
1998	自然灾害救济补助	分配救灾款12万元
1998	冬令救济	救济款16万余元
1999	夏令救济	救济款53.86万余元
2000	夏令救济、冬令救济	救济款73.4万元
2001	自然灾害救济补贴费	分配款项8.49万元
2001	解决灾民生活缺粮问题	福利彩票赈灾专项募集资金10万元
2003	夏令救济、冬令救济	救济款18.2万余元
2004	夏令救济、冬令救济	救济款30万余元
2008	夏令救济、冬令救济	救济款44.9万元
2009	夏令救济、冬令救济	救济款55万元
2010	临时救助	全年发放临时救济款近9.8万元
	夏令实物救济	使用资金12万元

二、募捐

1998年，区内开展为长江、嫩江、松花江流域受灾群众募集救灾款、救灾物资活动，全区捐款550万元，募集救灾物资折款330万元，衣被43万件。2006年，西青区为甘肃、承德对口支援贫困灾区募集衣被46万件、善款112.6万元。2008年，在为汶川地震灾区募捐活动中，全区募集捐款3647万元，募集棉被、毛毯、帐篷等各类物品5982件价值946万元。2010年，全区为青海玉树、甘肃舟曲灾区捐款96.08万元。

照30-5　2008年，西青区机关干部为汶川地震灾区捐款

第四节　慈善事业

一、慈善协会

2005年11月8日，天津市西青区慈善协会成立，负责全区慈善事务。当年开通“西青区慈善协会

网站”，沟通及接受慈善捐赠事项。2006—2010年，区慈善协会发扬人道主义精神，弘扬中华民族扶贫济困的传统美德，帮助社会上不幸的个人和困难群体。开展“爱心救助”“爱心助学”“送温暖”等多种形式的社会救助工作。

照30-6 2008年，驻区企业日新（天津）塑胶有限公司慈善捐款

二、慈善救助

2005年，区内举办慈善捐助发放仪式，向170户困难群众发放慈善捐助物品。开展慈善助困活动，救助困难群众100户296人，动用善款3万元。2006年，开展“送暖连心”专项救济活动，动用善款3万元，救助困难户100多户。开展“爱心助学”活动，救助困难学生120名，动用善款10.8万元。2007年，举办“迎新春慈善助困”活动，为困难对象每户发放价值350元的生活用品，救助困难群众180户、动用慈善捐款6.3万元。举行西青区2007年“慈善助孤”发放仪式，向每名孤儿发放600元助学金和价值300元学习用品。对低保家庭和高中在学孤儿增发200元助学金。召开西青区2007年“爱心助学”活动大会，捐助全区120名困难家庭在校学生12.12万元。2008年，在汶川“5·12”地震援助活动中，区慈善协会接收区内捐款3631.89万元，接收物品价值910多万元。2009年，各街镇成立慈善分会后，形成依托基层、救助联动的慈善组织体系。全年接收捐款477万元，其中行政事业单位捐款415万元、社会各界爱心人士捐款62万元。开展慈善“扶孤”“助才”活动，救助孤儿13名、困难家庭学生242名，动用善款33.7万元。面对困难学生和群众开展“送温暖”活动，使用善款30万元。2010年，两级慈善协会救助10户低保边缘户家庭，发放慈善救助款17.7万元，为11名孤儿发放救助款6600元。

第三章 社会事务管理

1979—2010年，西青社会事务管理职能逐渐完善，基层政权建设、婚姻登记管理、抚恤补助等职能不断增强。逐步增加和完善殡葬管理、收养与收容、军队离退休干部管理、社区居委会管理、民间组织登记管理等职能。婚姻登记经历由分散到集中的发展过程，管理更加规范。开展丧俗治理，提倡移风易俗，摒弃陋俗，树立新习俗、新风尚。

第一节 婚姻登记

一、登记管理

1979年，区内倡导晚婚晚育，地方或单位在法定结婚年龄基础上自定晚婚年龄。1980—1981年，区民政部门对婚姻登记管理进行规范。1984年，开始在结婚证上粘贴婚姻当事人照片。1990年，进行乡镇婚姻登记站标准化建设，各乡镇建立婚姻登记站，负责本乡镇婚姻登记、组织婚前检查、查处违法婚姻工作。1991年，区婚姻统计工作实行计算机管理。1992年，使用新版证件，调整各类婚姻证书的收费标准。1995年，成立区婚姻登记处，实行婚姻登记由区集中管理，各乡、镇婚姻登记站停止办公。2001年，区婚姻登记处推行颁证仪式，数码照相、选相、出相及规范打印登记申请书和婚姻登记证书等系列服务措施。2003年，执行婚姻登记条例，对符合条件的申请人当场予以办理登记，开始使用新式婚姻登记证。2010年起，区内婚姻登记字号启用新填写方法，规范登记细则。

二、登记数量

1979—2010年，共有结婚登记10.20万对，离婚登记4278对，补发婚姻证1402对，建立婚姻登记档案3655卷，婚姻登记合格率基本达到100%。

1980—1981年，为区内初婚登记高峰期。1982—1984年，每年结婚登记3300~3800对。1985—1987年，每年初婚登记人数8400~8700对。1988—1995年，每年登记结婚在2200~4000对。1996—2010年，每年婚姻登记在2100~3300对。2000—2010年，再婚人数有所增加，其中50岁以上结婚人数明显增长。

1979—2010年西青区婚姻登记情况统计表

表30-5

年度	结婚登记（对）	初婚（人）	再婚（人）	复婚（对）	离婚登记（对）	补发结婚证（件）	补发离婚证（件）
1979	2884	5661	107	2	5	0	0
1980	5325	10524	126	8	5	0	0
1981	6167	12178	156	11	21	0	0
1982	3697	7224	170	4	11	0	0
1983	3294	6425	163	4	10	0	0
1984	3742	7278	206	3	7	0	0
1985	4355	8484	226	10	19	0	0
1986	4397	8579	215	6	15	0	0
1987	4432	8637	227	14	14	0	0
1988	3542	6750	334	5	26	0	0
1989	3680	6996	364	10	29	0	0
1990	3923	7405	441	13	34	0	0
1991	3126	5845	407	10	74	0	0
1992	2202	4146	258	8	79	0	0
1993	3108	5806	410	10	84	0	0
1994	2809	5149	469	16	25	0	0
1995	2653	4882	424	14	72	65	0
1996	2414	–	–	–	38	41	0
1997	2319	–	–	–	34	25	0
1998	2311	–	–	–	88	121	0
1999	2498	–	–	–	91	61	0
2000	2656	–	–	–	97	96	0
2001	2553	–	–	–	116	50	0
2002	2144	3801	487	–	124	87	0
2003	2545	4556	534	–	165	30	0
2004	2875	4996	754	–	287	146	0
2005	2289	3777	801	–	299	69	1
2006	2624	4406	842	–	373	102	0
2007	2310	3807	813	79	407	90	0
2008	2927	4993	861	92	436	71	1
2009	3252	5624	880	118	567	136	2
2010	2971	4902	1040	178	626	212	2
总计	102024	162831	11715	615	4278	1402	6

第二节　殡葬管理

一、殡葬改革

照30-7　2007年，西青区民政局开展殡葬陋俗治理宣传

1982—1986年，区民政部门建立殡葬管理规章制度，推行平坟和丧俗治理，遏制丧事大操大办风气。80年代末，各村成立红白理事会。制定章程，宣传殡葬政策，遇有丧事主动上门服务。1990—1992年，全区火化率达99.34%，建成骨灰堂51座，公路、河道、荒地的成片坟头被平掉。1999—2001年，全区平迁坟墓7600余座、清除墓志2000余块，实现主要交通干线、河流堤坝、铁路两侧及主要耕地无坟头、碑志的工作目标。2003年，全区街镇火化率100%，60%的村（居）委会推行"三点白"（白帽、白腰带、白鞋），10%的村（居）委会推行"青纱白花"，穿重孝、厚葬陋俗减少。2007—2008年，开展为期400天的"治理丧葬陋俗·共建美好家园"专项治理活动，加强巡视检查，治理丧葬陋习。2010年，开展乱焚烧纸钱专项治理、骨灰堂安全检查、平坟除碑和宣传《天津市城市管理规定》工作，发放宣传材料10万份，收缴违法殡葬物品120千克，平坟960座。

二、殡葬管理

（一）殡葬市场管理

90年代初，区内各乡镇建立丧葬用品店10个，由民政部门统一管理。1998年，西青区实行经营许可准入制度，设立丧葬用品店须经市民政局进行审批。2000年，经区民政局批准丧葬用品店增至31个。2000年，区民政部门开始停止运尸、冷藏、防腐等殡仪服务，相关事务由天津市第三殡仪馆承办。2000—2010年，区民政局每年在民俗节日期间，协同区工商、公安、市容等部门成立联合执法队，针对违规销售、超范围经营等违反法规行为进行执法检查，依据相关规定依法处理违法行为。

（二）殡葬设施建设

1980年，成立西郊区殡葬服务站，面对全区开展运尸、整容、防腐等殡葬服务。80年代中期，区民政部门建设公益性骨灰安置设施。1996年，各街道建成公益性骨灰堂52座。1998—1999年，区民政局与南河镇宽河村合作建设的经营性公墓——西城寝园投入使用。2010年，区政府召开骨灰堂规划建设会议，确定骨灰堂建设总体原则，即一镇一处、环境优美、功能齐全、大方实用，满足今后50年存放需求。批准建设街镇级公益性骨灰堂4座。至2010年，全区共有公益性骨灰堂52座。

第三节　双拥工作

1979年后，每年新年、春节、"八一"建军节，西青区组织全区人民开展拥军优属活动。1990年，区成立"双拥"（拥军优属、拥政爱民）工作领导小组。1997-1998年，开展军民共建"十个一"活动。建立拥军优属保障基金，筹集资金110万元。1999年，开展双拥工作系列活动，做好军民共建"六项工程"（即人才工程、五个一工程、菜篮子工程、扶贫工程、环境工程和推进社会主义新农村建设样板工程），驻区部队出动1万余人次支援地方建设。民政、人事、劳动、教育等部门帮助驻军解决生产、生活、子女入学和入托等难题。

2000年，开展“菜篮子工程”，为部队解决蔬菜供应问题。区政府拨款2万元，帮助驻区武警部队建成35个高产蔬菜大棚、高科技菜园400余亩。部队与区委确定的建设社会主义新农村样板村签订协议，结成共建单位3个。全区驻军与各中小学校结成共建单位100余个，帮助开展军训和革命老区传统教育。区、街镇、各委局筹资100余万元，为驻军解决生产、生活、训练、部队、家属就业，子女入托等难题。2002年，区民政局筹集10万余元，帮助驻区部队建设拥军书库，满足部队训练、生产、生活需求。驻区部队出动1万余人次支援地方建设。西城寝园与驻区武警部队结成警民共建单位。

2003年，建立完善双拥管理体系，开展文化艺术进军营、双拥进社区、科技助军等活动，全面推动双拥工作进社区、进乡村、进企业、进学校。2007年，区政府投资200余万元，为驻区部队建设占地面积373.6平方米、建筑面积1469.9平方米的军官公寓楼。春节和“八一”期间，为驻区团以上部队和天津警备区赠送总值20万元的节日慰问品和12万元慰问金。出台《西青区驻区部队随军家属安置暂行办法》，区政府帮助消防西青支队置换土地2.48万平方米，投资9300万元建设办公大楼和配套设施。2008年，帮助驻军建立5个农副业生产基地，为每个连队建立拥军书库。2009年，西青区对建国前参加革命工作的老复员军人、残疾军人、烈属等重点优抚对象进行慰问，共支出慰问品和慰问金4.9万元。驻区部队出动兵力5000人次，车辆400台次参加西青区“创卫”和植树活动。2010年，走访慰问优抚对象827名，送去93.4万元慰问品。走访部队送去50.3万元慰问品。

2003年、2007年，西青区两次被全国“双拥”工作领导小组、民政部、解放军总政治部评为“全国双拥模范城”，蝉联两届“全国双拥模范城”称号。

第四节　民间组织登记管理

一、社团管理

1993年，区内第一家社会团体——西青区机动车驾驶员协会注册登记。1999年始，区民政部门每年对社会团体进行一次年检，对其日常活动进行监督管理，平均合格率为98%以上。1993—2010年，11个社会团体办理注销登记。至2010年，全区有社会团体60家，涉及行业20余个，其中农牧渔业类8家、工业建筑类7家、实用技术类7家、艺术类6家、计划生育类10家。

1993—2010年西青区社会团体监督管理情况统计表

表30-6

年度	成立协会（家）	办理注销（家）	年检合格率（%）	年度	成立协会（家）	办理注销（家）	年检合格率（%）
1993	2	–	100	2004	5	1	100
1997	2	–	100	2005	5	1	98
1999	32	4	100	2006	3	1	100
2000	1	0	100	2008	2	0	100
2001	2	1	100	2009	4	0	100
2002	4	2	100	2010	2	0	100
2003	7	1	98	–	–	–	–

二、民办非企业单位登记

2001年，西青区第一家民办非企业单位——杨柳青书画院注册登记。是年始，区民政部门每年对区内民办非企业单位进行一次年检和监督。至2008年，年检平均合格率98%以上。2009年始，培育和发展社区社会组织，重点扶持社区公共事业类、社区慈善福利类、社区专业服务类、其他公益项目类的民间组织。2010年，区内登记的民办非企业单位84个，其中学校、培训中心类48个、养老服务类16个、幼儿园6个、体育俱乐部6个、生活服务2个，书画院、医院、护理院、婚姻介绍等类6个。

2001—2010年西青区民办非企业单位监督管理情况统计表

表30-7

年度	个数	年检合格率(%)	年度	个数	年检合格率(%)
2001	16	100	2006	6	100
2002	9	100	2007	7	100
2003	8	98	2008	6	100
2004	2	100	2009	13	100
2005	8	98	2010	9	100

第五节　优待抚恤

一、军休干部管理

1985年，西青区军队离休退休干部服务所启动建设。1987年，服务所接收军队离休干部7人、退休干部15人。1995年，服务所更名为休养所。1997年，接收8名退休改离休军休干部，为两名军休干部调整、解决住房困难。2000年，成立区军休所关心下一代工作委员会，开展捐资助学活动。2001—2008年，做好军队离退休干部安置管理工作，共接收军队退休干部78人。2009年，为区内军休干部落实天津市公务员退休人员医疗保险待遇。2010年，区军休所启动军休干部房改工作，43名符合条件的军队离休退休干部受益。

二、抚恤补助

1982年，区内开始实行军烈属普遍优待政策。1985年，向全区在云南、广西参战的22名军人、优待烈属29户、现役军人家属854户、在乡残疾军人21户，支付优待款63.83万元，平均每户704元。1986—1996年，提高区内农村义务兵家属优待标准，发给每名义务兵每年当地1个劳力收入70%。城镇义务兵家属实行普遍优待。1997—2005年，实行义务兵家属优待金社会统筹管理，建立义务兵家属优待统筹金。2006—2009年，取消义务兵社会统筹收费项目，改为全部由区、市财政各负担50%，由区民政部门年末一次性发放。2010年，区内城镇义务兵家属优待金标准提升为每户每年8500元，资金由区、街镇财政负担50.85%、市财政负担49.15%。

三、退役安置

1979年后，区内复员伤残军人中有劳动能力者被安排在副业厂或村委会工作。1984年，按照系统分配任务，包干安置的办法接收安置复员、退伍军人。非农业户口退伍战士按指标随接收随分配。1985年始，农村户口伤残军人复员后统一分配工作。1993年，实行对农村入伍青年由集体给予一次延交到退休时月领100元养老金优待。2000年始，实行文化考试与政绩考核相结合、择优选择用人单位的办法，接收安置城镇复员退伍军人。2007年，对城镇退伍兵进行文化考试与政绩考核，采取退伍兵与用人单位双向选择、货币化安置与政府安置相结合的办法进行安置。2009年，完成244名“参战”和“参试”部队退役人员审核评定。2010年，接收转业士官3人、城镇退役士兵59人、农村退役士兵106人，其中36人申请自谋职业。

四、烈士褒扬

1973年，西青烈士陵园迁到杨柳青镇东侧，建有骨灰堂、纪念堂、纪念碑。1986年，区民政部门编辑《革命烈士英名录》1册，载有114名烈士的籍贯、生卒日期、所在部队、革命功绩及亲属情况。1996—1999年，维修烈士陵园主要建筑。在区烈士陵园建设“平津战役英烈纪念室”，举行“西青区纪念天津解放50周年祭悼革命烈士仪式”。至2010年，区民政部门编辑《英雄》红色教育系列宣传册4册，整理刊印爱国主义教育读本《西青英雄谱》，每年免费向群众发放。每年开展“忠诚”清明凭吊先烈主题活动、“爱国主义教育进基层”主题宣教活动，开展“我为先烈献白花”等教育活动，每年接受教育群众达4万人次以上。

照30-8　2008年，区中小学生到烈士纪念馆接受爱国主义教育

第六节　残疾人事业

1989年5月，西郊区残疾人联合会成立，由区民政局代管。1998年，区残联与区民政局分开。2008年，区残联设西青区残疾人康复指导中心。区残联每五年召开一次代表大会，听取和审议区残联工作报告。

一、康复服务

1998年，西青区在南河镇安定医院成立精神病康复中心。2003年，在区精神病康复中心建立占地2500平方米的治疗站，集中收治精神病人170人次。2006年后，投资227万元，先后在有条件的社区（村）建成67个基层康复站。2009年，启动全区康复中心建设，配备700万元康复理疗器材，建设区综合性残疾人康复中心。全区形成区、街镇、村三级精神病防治康复工作组织管理网络。2008—2010年，为残疾人提供用品用具10个品种3103件，完成白内障复明手术1166例。

照30-9　2004年，西青区残联向残疾人发放轮椅

二、扶贫解困

1989年，区民政部门开始为困难残疾人家庭维修或重建房屋。2001年始，区政府将每年为残疾人

办10件实事纳入区民心工程。2004年，开始为农村双残和单残低保户每人每月分别给予100元和60元的生活补助。出台《西青区扶残助残基金使用办法》，为残疾人提供1000~6000元不等的临时救助。至2010年，区、街镇两级累计发放慰问金1200万元。

1989年起，推行残疾农民参加新型农村合作医疗保险，在农村老年残疾人中普遍实行农民养老金制度。2010年始，为全区所有"残保"户每年发放300元用电补贴，为所有持证残疾人每年免费上1份意外伤害险。

三、就业安置

1999年，区内采取由区残联劳动服务所审核，区地税局代征残疾人就业保障金的办法。对区域内的机关、团体、企事业单位全面开展按比例就业工作。2007—2010年，企业集中安置残疾人就业831人，企业分散就业1196人。在区、街镇建立10个残疾人就业培训基地，每年组织举办10期以上多种实用技能培训班，共培训残疾人2930人，其中640名残疾人实现就业。鼓励残疾人自主创业，投入资金40.8万元对102名残疾人个体从业者进行扶持。与企业沟通协调，每年举办3~4场残疾人就业专场招聘会。

四、教育助学

2001年，区残联出台《西青区残疾人中等教育助学金发放办法》，凡接受中等教育的在学残疾学生，每人每年可申领助学金400元。对4名残困户家庭子女就学减免杂费，为10名就读中等以上学校的残疾学生每人发放助学金400元。2003年，对接受小学、初中、高中（中专）教育的残疾学生每人每年分别给予400、600、800元的助学补助。2009年，残疾在学高中学生助学金每人每年增至1000元，大专学生助学补助3000元，大本生助学补助4000元，为高中以上的残疾学生和享受"低保"残疾人家庭大学生免费配发电脑。至2010年，全区累计投入资金百万元，帮助2374名残疾学生和困难残疾人家庭学生完成学业。"十二五"期间，全区有适龄残疾学生321名，均以随班就读的方式接受教育，入学率100%。30名智力障碍学生入学区启智学校。

五、文化生活

2002年，区残联与西青电视台联合创办专题节目《共享阳光》，加配手语。2003年，区残联建立残疾人文化图书室和文体活动室，9个街镇陆续建立残疾人文化图书室和文艺活动室。区残联每年采取送书下乡等形式，为残疾人送去文化精神食粮。2005年始，"西青文艺大舞台"开始组织残疾人专场演出。2006年，组织参加天津市"唱响红歌·爱我中华"大型红歌比赛。2007年始，连续四年举办"西青区国际残疾人日文艺会演"和"西青区残疾人书画、摄影、手工艺品展"。2010年，区残联组织参加天津市首届残疾人文艺会演。组织80余名残疾人参加"三区建设"一日游，参观张家窝镇农业产业园、农民还迁房小城镇建设。

照30－10　2005年，区残联开展全国助残日宣传活动

六、全国助残日

1991年5月19日，区内开展第一个"全国助残日"宣传活动。1992—2010年，区残联每年围绕"全国助残日活动"主题开展系列活动，主要

包括宣传一条街、表彰扶残助残工作先进集体和个人、走访慰问残困户、爱心捐赠月、为肢残人发放轮椅、举办残疾人专场招聘会等。期间，区领导走访慰问区启智学校师生，区人大代表对《中华人民共和国残保法》执行情况进行检查。

七、维权信访

2003年始，区司法局设立残疾人法律援助中心，区法院设置9个残疾人维权示范岗，2007—2010年，区残联每年为残疾人法律援助中心拨付专项维权基金2万元。每年助残日开展法律咨询活动。2007—2010年，为残疾人提供法律服务680人次，接待处理来信来访数百件。为2030户残疾人家庭安装坐便、折叠式扶手等无障碍设施。建设100余千米盲道和上百处无障碍公用设施，方便残疾人出行。

第七节　收养 收容

一、收养管理

2002年，西青区被列入天津市收养登记试点，区民政局收养登记处承办辖区内收养登记55件。2003年，区民政局制定实施收养登记手续办理、公告刊登、材料报送、审核问询、登记发证，建立收养登记档案。2007—2009年，启用新收养登记证，规范收养登记机关监督与管理，对区内现存公民私自收养子女（即事实收养）办理登记。2010年，停止由福利机构办理户籍事宜，启用“全国收养登记管理信息系统”及新式收养登记字号填写办法。依法登记、安置、收养弃婴、儿童的收养，办理事实收养登记2件。

2002—2010年西青区收养登记情况统计表

表30-8

年度	收养登记（件）	解除收养登记（件）	出具收养登记证明（件）	年度	收养登记（件）	解除收养登记（件）	出具收养登记证明（件）
2002	55	0	0	2007	21	0	0
2003	34	0	0	2008	25	0	0
2004	34	0	0	2009	15	2	0
2005	29	0	0	2010	15	0	1
2006	25	0	0	合计	253	2	1

二、收容遣送

1982年，区政府民政部门制定对流浪乞讨人员收容、遣送工作的规定，明确由公安部门负责收容，民政部门负责遣送，并对收容遣送对象、救济标准、经费使用作出规定，规范收容遣送工作。2003年，区民政部门对城市生活无着的流浪乞讨人员进行救助管理。2005—2010年，区收容所改为救助管理站，对城市中生活无着的流浪、乞讨人员实行临时性社会救助，保障其基本生活权益。

第八节　老龄事业

一、文娱活动

80年代，区老龄工作委员会（简称老龄委）成立后，组建老年门球队、篮球队和书画协会等组织。

每年五一国际劳动节和老年节，都组织离退休老人开展比赛活动。1993年，参加天津市老年艺术节，21幅绘画、书法、摄影作品入选参展。1996年，举办退休干部棋牌比赛。2003年，举办老年书法绘画展。组织代表队参加市第五届老年艺术节演出，2008年，启动“夕阳一招鲜”技能大赛。

二、老年大学和老年协会

1990年，西青区成立老年大学学习班，有离退休干部学员60名。课程设有时事政治、老年保健、书法绘画、烹饪等。1996年，完成全区157个老年协会建章立制。2000年，成立西青区老年大学，在镇街建成7个“老年活动之家”。在基层召开协会现场推动会，推动协会组织建设网络化、管理要求专人化。2008年，加强老年协会规范化建设，展现老年人幸福感。区老龄委编写《西青老人谈幸福指数》等通讯稿件。2009年，选派老年协会会长参加全市老年协会工作交流，聘请管理专家学者授课。2010年，全区村级老年协会、老年活动室实现有制度、有场地、有活动、有管理的“四有”目标。

三、养老服务

八九十年代，区老龄委采取为老年人开设专科门诊、为老年人开设家庭病床等多项服务措施。对孤寡老年人实行定期检查，为70岁以上老年人建立健康卡片。

1999年，区老龄委举办《老年法》知识问答和尊老敬老演讲会，宣传典型人物。开展尊老敬老好儿女、维护老年人合法权益先进个人和集体活动。2000年，新建老年公寓1所，全区有街镇老年公寓7所。以多种形式宣传《老年法》和尊老敬老的先进典型，组织评选区敬老好儿女。开展评选尊老敬老文明户活动。2005年，落实百岁老人政策，举办演讲，利用宣传阵地宣传《老年人权益保障法》。2010年，探索社会办养老机构的养老经验，培育发展家庭式、庭院式社会办养老福利机构。

四、尊老敬老

照30-11　2010年，西青区小学生端午节到敬老院慰问老人

1989年，区老龄委与区妇联联合，开展“文明家庭”评选活动。1990年，区老龄委开展评选“幸福老人”活动，评出尊老先进集体24个、幸福老人29名。1991年，开展评选“开创老年事业先进集体和先进个人”活动，评选区级先进集体43个、先进个人26名。1992年，评选出“尊老文明户”100户。1993年，评选出区级“尊老好儿女”62名。1994年，评选出尊老事业先进集体40个、先进个人47名，区政府对先进集体和先进个人予以表彰。1996年，开展尊老敬老宣传工作，举办演讲。组织为老年人义诊等一条街活动。2003年，组织开展评选敬老好儿女活动。举办庆祝老年节大型义诊咨询。2005年，为老年人办理随身救护卡，开展为老年人祝寿活动，免费发放老年证，落实百岁老人政策补贴。2007年，举办“西青金婚庆典迎奥运”活动，20对金婚老人参加庆典仪式。开展老年人“助老健康御险”参保活动。2008年后，春节慰问送“春节大礼包”成为老龄工作长效机制。提高百岁老人营养补助金。2009年，开展“夕阳圆梦”主题活动，为老年人搭建“追失过去梦圆夕阳”平台，关怀老年人精神生活。2010年，开展贴近老年生活精神慰藉主题活动。老年节发放慰问金、慰问品，各中小学开展各种慰问老人活动。

第三十一编

社会生活

天津市 西青区志（1979—2010）

TianJin Annals of Xiqing District

2010年，西青居民安闲惬意的生活场景

70年代末，区内居民生活资料较为匮乏，生活处在温饱状态。80年代初，落实农业生产责任制后，人民生活逐渐好转。90年代，区内农村和城镇居民生活水平快速增长。21世纪，城乡居民收入大幅增加，消费水平增长迅速，消费结构趋于合理。居民出行、居住条件显著改善，教育、医疗、养老得到充分保障，文化生活日益丰富多彩，整体生活质量和幸福指数稳步提升。

西青区与市区比邻，生活习惯相近，民俗文化相互交融，既具有农村传统特色，又有城市时尚特色。80年代后，人们的思想观念在经济和社会转型中发生变化，许多社会时尚、时代新潮衍生新的民俗民风，形成明显的西青地方特色。

第一章　居民收入

改革开放后，西青区坚持以经济建设为中心，大力培育经济支柱产业，综合经济实力显著增强。80年代，农村居民收入水平迅速提升，人民生活实现从“温饱”到“小康”的历史跨越，朝着更加殷实、宽裕的全面小康目标迈进。80年代末，城镇居民收入进入快速增长期，收入结构发生明显变化。至2010年，全区农民人均年纯收入增至近2万元。西青区城镇居民和农村居民年纯收入均列天津市农口区县前茅。

第一节　农村居民收入

1979年后，西青区一系列农村改革措施相继颁布并实施，激活了发展缓慢的农村生产力，在制度革新的推动下，效率力量得以释放，雄厚的经济实力为提高农村居民收入水平打下牢固的物质基础，农村居民收入持续增加。至2010年，农村居民纯收入比1980年增长22倍。

一、人均纯收入

据1980—2010年农村住户调查数据显示，西青区农村居民人均纯收入从323元增加到1.47万元，年均增长率为13.6%，呈现快速上升的态势。其中，1987年突破千元，2007年突破万元。

1980—2010年农村居民人均纯收入（抽样）统计表

表31-1　　单位：户、元

年度	调查样本量	纯收入	年度	调查样本量	纯收入
1980	40	323	1996	50	3636
1981	40	382	1997	50	4261
1982	40	362	1998	60	4664
1983	40	372	1999	60	5012
1984	40	582	2000	60	5512
1985	40	638	2001	60	6030
1986	40	783	2002	60	6644
1987	40	1033	2003	60	7308
1988	40	1379	2004	60	8006
1989	40	1162	2005	70	8848
1990	40	1666	2006	70	9693
1991	50	1755	2007	70	10743
1992	50	1916	2008	70	11790
1993	50	2022	2009	70	13244
1994	50	2378	2010	70	14691
1995	50	3018	—	—	—

二、收入结构

1979—2010年，区内农村居民人均纯收入包括四个方面的内容：工资性收入、农民家庭经营纯收入、财产性收入和转移性收入。

（一）工资性收入

1989—2010年区农村住户调查数据显示，西青区农村居民人均工资性收入保持快速增长，从655元增加至8711元，年均增长率为13.11%，占农村居民人均可支配收入的比重始终在50%以上，是拉动农村居民可支配收入的主要因素。

1989—2010年农村居民人均工资性收入统计表

表31-2 单位：元

年度	纯收入	工资收入	比重(%)
1989	1162.00	655.07	56.37
1990	1666.00	1063.09	63.81
1991	1755.00	984.71	56.11
1992	1916.00	1047.02	54.65
1993	2022.00	1210.89	59.89
1994	2378.00	1267.04	53.28
1995	3018.00	1745.35	57.83
1996	3636.00	2102.85	57.83
1997	4261.00	2955.99	69.37
1998	4664.00	3339.00	71.59
1999	5012.00	3638.08	72.59
2000	5512.00	3017.70	54.75
2001	6030.48	3222.55	53.44
2002	6644.00	4153.00	62.51
2003	7307.81	4140.87	56.66
2004	8005.57	4678.67	58.44
2005	8848.15	5128.67	57.96
2006	9692.74	5930.97	61.19
2007	10742.80	6574.76	61.20
2008	11789.82	7014.26	59.49
2009	13243.56	7826.09	59.09
2010	14691.19	8710.93	59.29

（二）家庭经营性收入

1989—2010年农村住户调查数据显示，西青区农村居民人均家庭经营性收入平稳增长，从472.56元增加至3920元，年均增长率为10.6%，是拉动农村居民可支配收入增长的重要因素。

1989—2010年农村居民人均经营性收入统计表

表31-3 单位：元

年度	纯收入	经营收入	比重(%)
1989	1162.00	472.56	40.67
1990	1666.00	574.56	34.49
1991	1755.00	731.24	41.67
1992	1916.00	823.82	43.00
1993	2022.00	773.75	38.27
1994	2378.00	1042.13	43.82
1995	3018.00	1169.39	38.75
1996	3636.00	1423.58	39.15
1997	4261.00	1098.56	25.78

续表

年度	纯收入	经营收入	比重(%)
1998	4664.00	1149.59	24.65
1999	5012.00	1192.59	23.79
2000	5512.00	2130.35	38.65
2001	6030.48	2583.28	42.84
2002	6644.00	2389.71	35.97
2003	7307.81	2865.93	39.22
2004	8005.57	2751.68	34.37
2005	8848.15	2744.88	31.02
2006	9692.74	3016.89	31.13
2007	10742.80	3172.55	29.53
2008	11789.82	3346.76	28.39
2009	13243.56	3619.73	27.33
2010	14691.19	3919.86	26.68

(三)财产和转移性收入

1989—2010年农村住户调查数据显示，西青区农村居民人均财产和转移性收入从34元增加至2060元，增长60倍，是拉动区农村居民可支配收入增长的重要补充。

1989—2010年农村居民人均财产和转移性收入统计表

表31-4　　单位：元

年度	纯收入	财产收入	转移收入
1989	1162.00	2.05	32.33
1990	1666.00	2.68	25.75
1991	1755.00	7.35	31.70
1992	1916.00	0.17	45.00
1993	2022.00	9.30	28.07
1994	2378.00	29.83	38.99
1995	3018.00	19.90	83.36
1996	3636.00	61.90	47.68
1997	4261.00	152.52	53.93
1998	4664.00	112.44	62.96
1999	5012.00	139.01	42.31
2000	5512.00	170.53	193.43
2001	6030.48	191.53	33.12
2002	6644.00	54.60	46.69
2003	7307.81	43.21	257.80
2004	8005.57	125.76	449.47
2005	8848.15	864.98	109.63
2006	9692.74	599.14	145.75
2007	10742.80	729.64	265.85
2008	11789.82	1040.10	388.70
2009	13243.56	1355.16	442.58
2010	14691.19	1386.22	674.18

第二节　城镇居民收入与住房

一、工资收入

1980年，区内国有单位职工工资总额为216.3万元，年人均工资收入749元；集体单位职工工资总额为94.2万元，年人均工资收入571元。1990年，国有单位职工工资总额为1455万元，年人均工资收入比1980年增加1.61倍；集体单位职工工资总额为411.3万元，年人均工资收入比1980年增加1.18倍。1995年，国有单位职工工资总额为5121元，年人均工资收入比1990年增加1.83倍；集体单位职工工资总额为278.2万元，年人均工资收入比1990年增加1.64倍。2000年，国有单位职工年人均工资收入比1995年增长0.98倍，集体单位职工年人均工资收入比1995年增长1.72倍，其他单位职工年人均工资收入1.13万元。2010年，国有单位职工年人均工资收入比2000年增长5.85倍，集体单位职工年人均工资收入比2000年增长2.21倍，其他单位职工年人均工资收入比2000年增长2.35倍。

1981—2010年度西青区城镇职工年人均收入统计表

表31-5　　单位：元

年度	国有单位	集体单位	年度	国有单位	集体单位	其他
1981	785	675	1996	6847	3435	–
1982	830	557	1997	7521	4830	–
1983	826	574	1998	8872	6185	–
1984	1061	844	1999	9388	6418	12142
1985	1155	821	2000	10939	8928	11299
1986	1220	893	2001	11714	8505	13588
1987	1337	1332	2002	15910	7204	16101
1988	1638	1306	2003	17761	8180	18006
1989	1871	1514	2004	20136	11871	18906
1990	1952	1247	2005	24207	12628	19627
1991	1969	1566	2006	27134	15850	21074
1992	2718	1737	2007	32791	13486	26595
1993	3779	2238	2008	42704	27667	31785
1994	5024	3190	2009	60933	27000	34516
1995	5529	3288	2010	74902	28667	37871

二、住房

1985年，全区城镇居民共有各类住房面积41万平方米，人均居住面积2平方米以下的占城镇居民总户数的1.49%，人均居住面积2~4平方米的占城镇居民总户数的11.23%，人均居住面积4.1~6平方米的占城镇居民总户数的30.85%，人均6.1~8平方米的占城镇居民总户数的23.26%，人均居住面积8.1~10平方米的占城镇居民总户数的13.24%，人均居住面积10平方米以上的占城镇居民总户数的19.93%。全区城镇职工人均居住面积6.56平方米。2001年，西青区国家农村60户抽样调查，人均拥有住房23.83平方米。2010年，西青区国家住户70户调查，人均拥有住房面积39.2平方米。

第二章　居民消费

1979—2010年，随着区内居民收入的不断增长，居民生活消费水平逐渐提高，消费结构发生明显变化。八九十年代，在生活消费的各项支出中，食品消费支出一直居首位，教育、住房、婚嫁等专项消费攀升，居高不下。生育、养老、文化等消费逐渐形成新的消费总趋势。21世纪前后，住房消费在城镇居民和部分农村居民消费支出中所占比例逐年增加。

第一节 农村居民生活消费

一、生活总支出

1980—1992年，区内农村居民生活消费统计以农村居民人均总支出为主要指标，人均生活消费支出分项主要为食品、衣着、日用及其他。1993年始，以农村居民人均生活消费支出为主要指标，分为食品消费支出、衣着消费支出、居住消费支出、家庭设备用品及服务消费支出、医疗保健消费支出、交通和通信消费支出、文化教育娱乐用品及服务消费支出、其他商品和服务消费支出8大类。

1980—1992年西青区农村居民人均总支出统计表

表31-6　　单位：元

年度	人均总支出	食品	衣着	用品及其他
1980年	255.30	48.20	35.60	19.00
1981年	340.90	136.60	48.30	34.20
1982年	374.50	157.60	40.60	41.90
1983年	501.10	98.10	45.90	42.40
1984年	498.40	195.00	57.20	53.40
1985年	671.10	232.20	85.40	111.10
1986年	759.50	104.70	93.20	104.40
1987年	927.00	363.00	99.00	85.00
1988年	1319.00	396.00	142.00	218.00
1989年	1406.40	384.90	157.80	280.20
1990年	1307.00	435.00	161.00	189.00
1991年	1446.60	417.28	169.67	206.82
1992年	1724.50	454.13	169.62	215.76

二、生活消费支出

1993—2010年，区内农村住户调查数据显示，全区农村居民人均生活消费支出从1478元增加到7820元，年均增长率为10.9%，与收入同步增长，其中占生活消费支出比重最大的为食品支出，比重较大为衣着支出、居住支出、文教娱乐支出和交通通信支出。

1993—2010年西青区农村居民人均生活消费支出统计表

表31-7　　单位：元

年度	生活消费总支出	其中							
		食品	衣着	居住	家庭设备	医疗保健	交通通信	文化教育	其他
1993	1346.20	446.05	224.22	241.54	131.58	55.39	57.02	125.65	64.75
1994	1344.78	628.26	305.69	118.77	108.14	70.06	23.34	78.17	12.35
1995	1699.50	726.01	275.60	257.48	115.85	111.36	73.54	96.76	42.90
1996	1951.30	882.41	429.51	193.98	84.98	91.00	87.65	98.47	83.30
1997	2413.98	897.36	469.15	349.03	298.67	73.80	122.15	115.40	88.42
1998	2563.10	957.99	489.16	318.27	254.31	155.10	148.66	147.14	92.47
1999	2812.95	920.80	507.24	314.28	178.67	273.76	147.28	195.87	275.05
2000	3002.04	1242.93	400.29	294.84	149.42	248.29	184.65	299.55	182.07
2001	3587.19	1429.86	488.90	353.96	25.53	238.51	371.37	484.49	194.57
2002	3734.00	1517.85	398.51	352.97	58.46	341.72	263.34	517.15	284.00
2003	3861.58	1679.73	405.48	445.20	126.35	336.43	217.57	553.64	97.18
2004	4096.56	1755.54	326.69	477.05	208.17	437.01	280.24	556.71	55.15
2005	4761.95	1751.71	408.43	1006.05	208.22	168.59	555.58	606.68	56.69

续表

年度	生活消费总支出	其中							
		食品	衣着	居住	家庭设备	医疗保健	交通通信	文化教育	其他
2006	5218.71	1792.75	486.59	1374.75	99.90	242.68	610.35	583.64	28.05
2007	5789.97	1994.25	564.64	1578.76	211.10	325.89	547.60	490.29	77.44
2008	6150.12	2210.52	603.31	1212.68	430.94	538.75	457.30	518.49	178.13
2009	7030.39	2510.68	635.46	1160.77	430.23	537.35	1054.42	521.29	180.19
2010	7810.86	2786.08	684.77	1715.50	485.81	565.83	614.61	751.05	207.21

第二节　恩格尔系数

1980—1987年，区内恩格尔系数变化幅度较大，1988年开始逐渐趋于稳定。1994年，区内恩格尔系数为46.72%。1995—1999年，恩格尔系数开始下降，2000—2004年，恩格尔系数在40%上下。2005—2010年，连续6年低于40%。

1995—2010年度西青区农村居民人均恩格尔系数统计表

表31-8　　单位：元

年度	生活消费总支出	食品	恩格尔系数	较下年度增减变动
1995	1699.50	726.01	42.72%	-4.00%
1996	1951.30	882.41	45.22%	2.50%
1997	2413.98	897.36	37.17%	-8.05%
1998	2563.10	957.99	37.38%	0.20%
1999	2812.95	920.8	32.73%	-4.64%
2000	3002.04	1242.93	41.40%	8.67%
2001	3587.19	1429.86	39.86%	-1.54%
2002	3734.00	1517.85	40.65%	0.79%
2003	3861.58	1679.73	43.50%	2.85%
2004	4096.56	1755.54	42.85%	-0.64%
2005	4761.95	1751.71	36.79%	-6.07%
2006	5218.71	1792.75	34.35%	-2.43%
2007	5789.97	1994.25	34.44%	0.09%
2008	6150.12	2210.52	35.94%	1.50%
2009	7030.39	2510.68	35.71%	-0.23%
2010	7810.86	2786.08	35.67%	-0.04%

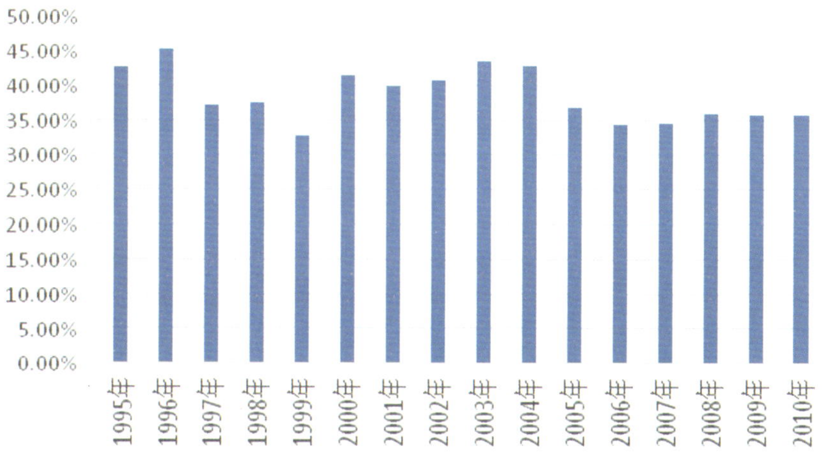

1995-2010年西青区农村居民人均恩格尔系数示意图

第三章 风俗民情

1979—2010年，西青区生活习俗基本沿袭传统习俗。随着经济的发展、人民生活水平的提高，一些新的习俗逐渐形成。庆生、婚嫁、丧葬等礼仪习俗除沿袭传统习俗外，也有革新并派生出新的内容。除了过传统节日外，开始流行不少新节日，一些舶来节日渐受年轻人推崇。

第一节 生活习俗

一、衣着服饰

（一）服饰

80年代始，服饰普遍讲究，款式不断更新，面料品种日益繁多，服饰着装不单单是为遮体防寒而兼有仪表修饰。根据年龄、性别、职业的特点及个人爱好具体选择，一般款式有：中山服、制服、青年服、学生服、长短袖衬衫、拉链服、紧身棉衣、呢子外套、各式西装、纯毛毛衣、精纺毛衣、呢子大衣、人造革服、运动服、夹克衫、牛仔服、文化衫、T恤衫、防寒服、各种风衣、裘皮服、皮夹克、皮裤、女式长短裙、连衣裙、一步裙、套裙、斜裙、脚蹬裤等等，举不胜举，品种繁多，式样新颖。面料以化纤织物为大宗，后以毛呢、丝麻、涤纶织物等高中档产品逐渐取代低档面料，且花色争俏斗艳。男青年多着中高档西装，配以高档领带等，款式趋于多样化。昔日的棉布家做旧式服装已基本绝迹。

（二）鞋袜

80年代，后坡跟鞋、半高跟鞋、高跟皮鞋（或合成革鞋）、旅游鞋、雪地鞋、皮暖靴、马靴、高筒靴及各种运动鞋逐渐普及。布袜、线袜绝迹，普遍穿尼龙和锦纶丝袜，夏天妇女多穿高筒丝袜。

（三）冠戴

80年代，男子时兴戴鸭舌帽、礼帽、博士帽、夏凉帽、旅游帽及绒线帽。少数人戴皮绒帽，戴棉帽者减少。女子佩戴各色尼龙、纱罗、丝绸、毛线围巾或方巾者日渐增多。女戴耳环、戒指、手镯等，孩童戴脚镯、手镯、挂长命锁、麒麟锁等，质地多为银或包金。90年代，妇女佩戴项链、戒指、耳环、手镯者已屡见不鲜，质地多为赤金，少数是银质、珍珠或钻（宝）石。

（四）发型

80年代，男青年以留分头、平头为主，少数人留长发或烫发；女子时兴烫发，也有短发和披肩发，发型多样。进入新世纪，人们思想观念发生很大转变，烫发、染发等情况已经很普遍，新奇发型也逐渐被人们所接受。

二、饮食

（一）主食

80年代始，主食由粗变细变精，讲究营养价值，以大米白面为主，粗粮多用以调节饮食。

（二）副食

80年代，肉蛋蔬菜品种和菜肴花样逐年增多。90年代，猪肉、牛肉、羊肉及鸡、鸭、鱼、虾、蟹、蛋、果奶等均入寻常百姓家。村镇都有菜市场，青椒、甘蓝、韭菜、西红柿、豆角、茴香、葱头、菜花、黄瓜、蒜毫、土豆、生菜、菠菜、芹菜等一应俱全，四季有售。年节、生日、婚丧之事，菜肴更加丰盛。糕点、苹果、梨、桃、香蕉、菠萝、草莓、西瓜、栗子、核桃等干鲜果品，平日不断。

（三）酒茶

80年代后，饮酒之逐年风盛行，岁时节令、婚嫁喜日、盖房浇梁、生辰寿诞、亲朋聚会、宾至客临甚至子女入学、工作调动、评优晋级等都要请客饮酒，有些人每日必饮。白酒、啤酒、果酒等种类很多，档次逐步提高，饮酒已成为消费热点之一。90年代后，饮茶成为一般居民的日常习惯，村民多喜饮花茶。奶茶、果茶等及其他饮品的消费量也日渐增多。

三、居住

80年代初，建房改变传统住房“连三间”格局，兴起“前廊式”（前檐筑一通厦檐）或“廊坊隔离式”，即加大进深，从中隔断成前后两部，形成“明三暗六”或“明三暗五”格局。后又兴起建“连通式”，即正房与东西南各房相连，室内相通。90年代初，新建住宅进深加大，一般为七檩，取消土炕土灶，门窗宽大明亮，结构坚固。有的还盖起小二楼，建起公寓式和别墅型住宅楼，室内装饰讲究，土坯房已近绝迹。进入21世纪，随着小城镇建设的深入，新建住房形式多为钢混结构楼房，不再建传统平房。

四、出行

80年代初，自行车用量大增，每户数辆，已成为最普通的出行工具。80年代中期后，富裕家庭开始淘汰自行车，代之以摩托车、民用三轮摩托车等，少数农户购置汽车。远道出行则乘火车、公共汽车，甚为方便，乘飞机者亦不鲜见。

进入21世纪，大多数家庭陆续购置私家车。飞机、火车、轮船、高铁、轻轨、地铁等交通方式为人们出游提供多种出行选择。

第二节　礼仪习俗

一、称谓

（一）亲属称谓

区内居民亲属的称谓系按其血缘关系相称，但由于环境和形式（口头或书面）不同，称谓亦有区别。

对父母，口头称呼爸爸、妈妈或爹、娘；书面或与人谈话时，一般称作父亲、母亲。

对父亲的父母，口头称呼爷爷、奶奶；书面或与人谈话时，一般称作祖父、祖母。

对父亲的祖父母，口头称呼老太爷（或老爷）、老太太；书面称作曾祖父、曾祖母。

对父亲的兄长及配偶，口头称呼大伯（或大爷儿）、大娘；书面称作伯父、伯母。

对父亲的弟弟及配偶，口头称呼叔、婶儿或伯伯（bāibāi）、婶子；书面称作叔父、叔母。

对兄长及其配偶，口头称呼哥哥、嫂子；书面称作兄、嫂。

对弟弟及其配偶，称作弟弟（或兄弟）、弟妹。

对兄、弟的子女通称侄子、侄女。

对母亲的父母，口头称呼姥爷、姥姥；书面称作外祖父、外祖母。

对母亲的兄、弟及其配偶，口头通称舅舅、舅母或舅、舅妈，也称妗子；书面称作舅父、舅母。

对母亲的姐妹及其配偶，口头通称姨（或姨妈）、姨夫；书面称作姨父、姨母。

对母亲的祖父母及父亲与母亲的外祖父母，均称呼太姥爷、太姥姥或老姥爷、老姥姥。

对妻子的父母，口头称呼爸爸、妈妈；书面称作岳父、岳母或泰山、泰水；在与人谈话时称作岳父、岳母或老丈人、丈母娘。

对妻子的兄、弟及其配偶，称呼与妻子相同；书面称其兄弟为内兄、内弟；在与人谈话时称作大舅子、小舅子和大妗子、小妗子。

对妻子的姐、妹及其配偶，称呼与妻子相同；书面称其配偶为襟兄、襟弟；在与人谈话时称作大姨子、小姨子。

对丈夫的父母，称呼爸爸、妈妈或爹、娘；与人谈话时称作公公、婆婆。

对丈夫的兄弟姐妹，称呼与丈夫相同；与人谈话时称作大伯（bāi）子、小叔子和大姑子、小姑子。

对姐、妹的配偶，称呼姐夫、妹夫；书面称作姐丈、妹丈；与人谈话时称呼相同。

对姐、妹的子女，通称外甥、外甥女。

对姑、姨、舅的子女，称呼表兄（或表哥）、表弟和表姐、表妹，有的对姨母的子女称作姨哥、姨弟和姨姐、姨妹。

对父亲的表兄弟姐妹，称呼表大伯（或表大爷）、表叔和表姑。

对母亲的表兄弟姐妹，称呼表舅和表姨。

夫妻之间，多互称对方名字，私下称谓有“老公老婆、亲爱的”等数十种称呼。

此外，在生活习惯上往往以孩子（指子女或亲属的晚辈）作标束称呼亲属，有的称呼“×（孩子的名字）他爹”“×他姑”，等；有的去掉孩子的名字，称呼“他（指孩子）二姨”，“他大叔”等；有的出于礼貌当面以孩子的口吻相称，如儿媳称公婆为“爷爷”“奶奶”，女婿称岳父母为“姥爷”“姥姥”，亲家之间称呼爷爷、奶奶和姥爷、姥姥。对其他亲属亦如此称呼。

通常在亲属称谓之前还冠以排行的名次，对排行最长者冠以“大”字，对排行最幼者冠以“老”字，如：大哥、二叔、老姑。

（二）社交称谓

80年代，人们在称谓上也发生变化，称呼同志的少了，对成年人多称“师傅”，对中青年女子称呼“大姐”“姐姐”，对做生意的人称呼“老板”“老板娘”等。

二、婚嫁

80年代，已经废弃的庸俗烦琐的旧式婚嫁礼仪习俗呈回潮之势，传统禁忌中的一些糟粕又沉渣泛起，形成一种新风加旧俗的婚礼仪式。接新娘则改为汽车，逐渐由大汽车变为小汽车，档次愈来愈高，数量越来越多，少则几辆多则十余辆，盈门阻巷。女方索要见面礼、彩礼，陪嫁品日益增多，衣物、被褥、彩电、冰箱、音响及组合家具等档次越来越高。男方大摆筵席，包饭庄，比阔气，讲排场，彩照、摄影、录像，耗资数万元者已不鲜见。亲朋贺礼赠送钱钞物品也日趋高档，婚嫁支出成为双方家庭和亲友的沉重负担。政府对此现象十分重视，加强宣传教育，提倡婚事简办，由村红白理事会规范管理。

三、生育

俗称妇女生育为“坐月子”，须在婆家生产。孕妇生产前，娘家即将衣裤、小被、垫子（尿布）、鸡蛋、红糖等准备齐全。婴儿降生后，先请亲邻中育婴妇女（所哺之婴儿与新生儿性别相异）代喂第一口奶，称“开嘴儿”。产房门挂红布帘，窗挂红布条，以示忌外人入堂。产妇须吃小米粥煮鸡蛋，谓之“定心汤”。丈夫要到岳父母家报喜，生男为大喜，生女为小喜。产后第三天要请接生婆以艾叶煮水或直接用温水给婴儿洗遍全身，以清除污垢、胎毒，谓之“洗三”。这时产妇家眷及近亲友要给接生婆喜钱，名曰“添盆”。产后7天产妇要吃饺子，曰“捏骨缝”。12天谓之“十二晌”，全家吃喜面。婴儿满月，以娘家为主，携食品、童衣前来给婴儿过满月，而后接产妇携婴儿回娘家小住，俗称“挪臊窝”。婴儿满百日，再度相庆，称“过百岁”，给婴儿戴百家锁长命锁，穿百家衣，娘家还要送来100个糖枣馅面桃和1个佛手，多与邻舍分食，取百岁百桃之意，避难逃灾，逢凶化吉，90年代开始流行给婴儿拍摄照片留作纪念。婴儿满一周岁谓之一生日，前一天吃饺子曰催生，当日吃面条取长寿之意，亲朋馈赠饰品衣物等，以示庆祝。姑送婴儿鞋，姨送婴儿袜，当地有“姑的鞋，姨的袜”之说，姑用一尺半红蓝两色的花布做一条裤子称“姑篮子”。此日，婴儿父母摆放书、笔、算盘、刀、枪、鞭子、榔头、小农具等各种物品，让婴儿抓，第一件所抓拿之物便意味着他一生所从事的职业，称“抓生”或“抓前程”。21世纪，随着生活水平的提高，父母给孩子拍“满月”照、“百岁儿”照的增多。亲友给小孩送衣服的减少，送礼金的增多。是日，主家多在饭店订酒席招待亲朋。

四、寿庆

俗称“过生日”。男女老幼每逢生日，全家均改善生活相庆。一般于生日的前一天吃饺子，当日吃捞面，谓之“催生饺子长寿面”。此日，忌食死面食品，以吃发面，图“兴旺发达”之意。长辈过生日，全族晚辈须到长辈家拜寿，至亲好友亦携礼品相贺。儿童过生日，家中长辈为其购买心爱物品，使其快乐。

老人届60岁称“六十大寿”，八旬谓“八十大寿”，多要隆重庆贺。届时，亲眷好友送寿桃、寿面、糕点、水果、酒肉为之祝寿。90年代，时兴送生日蛋糕，配以其他礼品。

五、丧葬

70年代末，区内开始实行火葬。人死后在家停灵3日，举行简单的悼念仪式，于第三天火化，丧葬期间亲朋好友送花圈、花篮、挽联、挽幛以寄托哀思。

80年代后期，丧葬旧俗有所回潮，穿白戴孝、高搭灵棚、吹打奏乐、诵经念佛、观灯、渡桥、送路、纸糊扎彩等一如往昔。加之送花圈、放哀乐、纸糊的冰箱彩电洗衣机等，车队送葬浩浩荡荡，形成土洋杂糅、新旧混合的形式。葬后大摆筵席招待宾客，花费数额巨大，成为农户一大负担。90年代初，区政府组织乡（镇）、民政等有关部门施实综合治理，破除迷信，宣传丧事从简。乡（镇）、村普遍建立红白理事会等，实行规范管理，全区死亡火化率100%。进入21世纪，随着小城镇建设不断发展，传统墓地逐渐被公墓、村建祠堂代替，骨灰入土现象几近绝迹。

六、禁忌

（一）丧葬禁忌

忌穿孝服者进非亲族家。

忌孝服腰带系扣。

忌出殡时孝子回头，忌出殡时人、车为双数。

忌吊唁时主家给的孝服原封不动带回家中。

忌死者之伴侣随灵车进墓地。

下葬后忌把披麻带回家。

忌丧事后年内办喜事。

忌出殡来往返同一条路。

忌丧事当年春节贴红春联。

丧事后头一个春节不得外出拜年，谓之“守制”。

（二）生育禁忌

忌孕妇在娘家生产。

忌未满月之产妇串门。

忌外来孕妇进产房。

忌婴儿先学叫爸爸、妈妈，应先叫奶奶。俗传“先喊奶奶，活一百”。

（三）嫁娶禁忌

禁同族五服之内通婚。

忌孕妇迎送亲。

忌非儿女双全的"全可人"做新婚被褥。

忌正月提亲。

订婚和结婚时，忌娘家人到别的亲友家串门，谓之"走亲不望亲"。

忌新娘子独自回娘家留宿。

忌家庭在一年中一娶一嫁。

忌迎亲车辆同一条路去归。

（四）节日禁忌

禁已婚妇女看到娘家除夕之灯。

年三十至正月初五期间，忌说杂言杂语，如："穷""死""完""少"等。春节前后至正月底忌摔盘子、碗。

忌除夕之夜里黑暗，院落和各房屋都要设灯。

忌除夕之夜吃荤。

忌正月初五，十五、二月二、立春日，八月十五已婚妇女住娘家。

忌年夜五更已婚妇女串门。

忌正月里理发、推磨、做鞋。

忌自家之物在他人家过年（指春节）。

（五）礼仪禁忌

忌下午或晚上看望病人。

忌就餐时用筷子指指点点。

忌壶嘴对着别人。

忌男女衣裤混穿。

（六）饮食禁忌

忌主动归还药锅。

忌将中药熬干。

忌将药渣倒在院中。

忌吃饭剩饭根（碗底子）。

忌吃饭时多说话，俗传"食不言，寝不语"。

忌吃饭时叼筷子。

忌两个人吃一个梨。

第三节　岁时节俗

一、传统节日

（一）农历腊月三十

俗称"大年三十"，外出人员均返家，家家户户贴春联，粘吊钱，挂彩灯，焕然一新。夜晚多有人通宵达旦看电视或娱乐不眠，名曰"守岁"。接近12点时，燃放鞭炮，谓"辞旧迎新"。80年代后，多数家庭按平日时间吃年夜饺子，少数人家仍保留午夜后吃除夕饺子习俗。

（二）农历正月初一

俗称大年初一，又称“春节”。早饭后，亲朋邻里互相拜年祝福，孩童给长辈拜年，长辈要给小孩压岁钱。各家给来拜年者备有烟茶糖果等。拜年时如遇原来不和睦者登门相拜，便意味着消释前嫌，愿归旧好，受拜者则以礼相待，前怨尽弃。

（三）农历正月初三

80年代后，多有人家保留初三吃合子习俗。

（四）农历正月初五

俗称破五。普遍保有中午或清晨吃饺子习俗。

（五）立春

食紫青萝卜谓“咬春”。烙薄饼曰春饼，豆芽、韭菜同炒曰春菜，或以面皮裹之油炸曰“春卷”。

（六）农历正月十五

称“元宵节”或“上元节”，是继春节后的第一个重大节日。吃饺子煮汤圆（俗称元宵），放鞭炮。城镇和村庄多举高跷、秧歌、中幡、狮子、龙灯、杂技、舞蹈、法鼓、笙歌等花会。

（七）清明节

清明节前后三日内祭扫祖坟，供祭品于墓坟前，焚香、化纸、鸣鞭，后取土培坟曰“添坟”，以悼念先人。80年代后，机关、学校、群众团体多组织祭扫革命烈士陵墓。

（八）农历五月初五

端阳（或端午）节，俗称“五月节”。吃糯米（或面糖）蒸制的粽子，亲友互赠。

（九）立秋

此日犹传食瓜习俗。80年代后，多吃西瓜，名曰“咬秋”。

（十）农历七月十五

中元节，俗称“鬼节”。百姓多于祖坟焚烧纸箔，或在路边巷口焚烧祭物，对环境造成污染。佛寺当日晚要作盂兰盆法会。

（十一）农历八月十五

中秋节，俗称“八月节”。为春节后第二大节日。全家宴饮赏月，食糖饼、月饼，且亲友互赠，以祝贺合家团圆美满幸福。出嫁女多于翌日回家探望父母。

（十二）农历九月初九

重阳节，又称“登高节”，节日食品为黏糕、切糕、蜂糕等糕类，取“步步登高，年年高升”之意。90年代后，各级领导于是日看望老年人，有的村发送慰问品、慰问金，有的开展老年文体活动。

（十三）农历十月初一

寒衣节，旧俗谓“十月一送寒衣”，2010年犹有在坟前或路边巷口烧化旧衣或纸钱者，对环境造成污染。

（十四）农历腊月初八

俗称“腊八”，以米、豆、小枣等杂粮熬“腊八粥”，以醋腌制“腊八蒜”。90年代后，腊八粥原料多从市场购买，自家制作渐少。

（十五）农历腊月二十三

俗称“小年”，居民多于日节改善生活。

二、新兴节日

（一）新年

阳历1月1日，又称元旦。机关、工厂、学校、驻军及各企事业单位举行庆祝活动，贴对联，挂红旗，张灯结彩，组织文艺演出活动，职工放假一天。

（二）国际妇女节

3月8日，亦称三八妇女节。妇女组织庆祝活动，放假半天。

（三）植树节

3月12日，始于1979年，每年干部群众开展义务植树活动。

（四）国际劳动节

5月1日，各单位职工放假一天，参加庆祝活动。

（五）青年节

5月4日，由区、乡（镇）共青团组织青年举行纪念活动。

（六）国际儿童节

6月1日，少年儿童身着节日盛装，参加各种文艺表演和联欢游艺等庆祝活动。

（七）中国共产党诞生纪念日

7月1日，各级党组织举行座谈会或文艺演出纪念党的生日。

（八）中国人民解放军建军节

8月1日，党政领导到驻地部队慰问官兵。一些单位举行茶话会，有的村庄到军属和退伍军人家中探望慰问。

（九）教师节

9月10日，始于1985年，开展尊师重教活动，组织庆祝会。

（十）国庆节

10月1日，中华人民共和国成立日，各阶层人士举行庆祝活动。

第四章　方言 谣谚

西青区方言处在冀鲁官话区保唐片与沧惠片相邻地域。杨柳青作为西青区的政治中心区，杨柳青镇的土著方言是西青区的代表性方言。在数百年的劳动和社会生活实践中，区内民众总结出涉及气候物候、农事、社会生活等诸多民谣谚语，地方个性鲜明、语言干练、诙谐幽默，为民众喜闻乐听，延续至仍有使用。

第一节　方　言

一、方言区划

西青区方言属于冀鲁官话区保唐片与沧惠片。全区分为两个方言小区和两个方言点。西部方言小区包括杨柳青镇（十八街、十九街除外）、辛口镇、张家窝镇、中北镇西部、精武镇西部、王稳庄镇西南部等地。语音与静海区静海镇话、津南区咸水沽话近似，同属于冀鲁官话区保唐片的定霸小片。

东部方言小区包括中北镇东部、西营门街、李七庄街、大寺镇（青凝侯除外）、精武镇东部和王稳庄东北部区域，东部方言小区基本上与天津话相同或近似，属于冀鲁官话区保唐片天津小片。

王稳庄镇东台子村方言与大港话、黄骅话相似，冀鲁官话区沧惠片黄乐小片，为东台子方言点。另外，杨柳青十八街、十九街居民多是近百年从山东省北部和河北省东部迁居至此，部分中老年仍带有原籍方言的口音。

九十年代以降，随着区境内人口流动频繁，区境内方言包括西部方言小区及两个方言点内的大多数年轻人，多以天津话或普通话为主。

二、方言词语

杨柳青镇的方言词语按类划分，选例如下：

（一）天文 地理

老爷儿	太阳
月亮地儿	月光照着的地方
火攻云	晚霞
扫帚星	彗星
贼星	流星
小巴拉儿	霰雪
凌	冰
露湿	露水
奈儿奈儿天儿	早晚很凉中午很热的天
暴土	尘土
白毛风	大风
开洼	野外

（二）时间 节气

头晌儿	上午
麻亮儿	黎明
晌火（午）头儿	中午
后半晌儿	下午、黄昏时
黑些	夜间、黑夜
赶明儿	明天、到明天
前儿个	前天
后儿个	后天、到后天
头年	去年
过年	明年
五月节	端午节

（三）农事 农具

攒粪	积肥
搞地	锄地
糟禾垛	柴禾垛
干草	谷草
小镰儿	镰刀
三齿儿	三齿耙
木耙	打场用的耙子
铁耙	锄地用的铁耙
小捉钩子	手割农具
碌碡	压地用的石滚
王八拱	独轮车

（四）人品 称谓

大大	伯父
伯伯	叔父
老胎	小弟弟
闺妮	女儿、未婚女子
小子	男孩子
白眼儿	外孙
红眼儿	孙子
大佬儿	派头大的人
大拿	一把手
狗食	不成品、不走正路的人
刺儿头	不好管教、无事生非的人
下三烂	低贱、下流、不干正事儿的人
大梨膏	爱吹大话的人
棒槌	外行
二把刀	对某工作或技术不熟练的人

（五）动物 植物

儿马	公马
叫驴	公驴
草驴	母驴
牙狗	公狗
女猫	母猫
长虫	蛇
蚂螂	蜻蜓
刀螂	螳螂
唧嘹儿	蝉
檐巴虎子	蝙蝠
浅串子	千足虫
夜猫子	猫头鹰
拐子	鲤鱼
厚子	草鱼
胖头	鳙鱼

（六）房舍 器物

礓嚓儿	台阶
门险子	门槛
倒座儿	南房
断间	隔扇
百眼儿窗	百格窗
杌子	方凳
碗箱子	碗柜
马勺	木勺

茶瓯儿	小茶碗
盒屉	木制的锅排

（七）服饰 饮食

褂子	上衣
大褂儿	长衫
围脖儿	围巾
手巴掌儿	棉手套儿
嘎子	金戒指
早点	早饭
馃子	炸油条儿
糖堆儿	糖葫芦
果儿油	花生油
大油	猪油
疙瘩头	腌芥菜

（八）动作 性状

扽	拉、两头同时用力拉
挣崴	挣扎、尽力干
出门子	出嫁
走道儿	改嫁
拦饥荒	借债
咂摸	仔细地辨别、体味
白乎（话）	瞎说八道、闲聊
呛巴	七嘴八舌地议论或争论
打镲	开玩笑
念三音儿	说暗含带刺儿的话
不开面儿	不给面子
罗罗缸	弄不清、理不顺的麻烦事
腻歪	腻烦、厌恶
咯应	令人厌恶
死性	办事不活灵
毛咕	因疑惧而惊恐

第二节　谣　谚

一、民　谣

穷家难舍，故土难离

浇树浇根，交人交心

人心似铁，官法如炉

刀不磨生锈，人不学落后

来说是非者，便是是非人

贪多嚼不烂，费力不讨好

要在人前显贵，必在暗地受罪

正人先正己

磨刀不误砍柴工

不蒸馒头争口气

贪便宜受害，爱小丢人　　指亲不富，看嘴不饱。
身正不怕影斜，脚正不怕鞋歪　　越呆越懒，越吃越馋

二、谚　语

（一）气象物候类

云彩往东，一阵大风；云彩往北，一洼大水；云彩往西，王母娘娘披蓑衣；云彩往南，王母娘娘撑船。

日晕三更雨，月晕午时风。

隔道不下雨，百里不通风。

早看东南，晚看西北（指坏天气）。

立冬晴一冬凌，立冬阴一冬春（一冬温）。

大旱不过五月十三。

一场秋雨一场凉，三场白露一场霜。

七月十五定旱涝，八月十五定收成。

七月十五花红枣，八月十五乱打枣。

八月十五云遮月，正月十五雪打灯。

日出东方胭脂红，不是雨来便是风。

二八月，乱穿衣。

八月八，蚊子嘴开了花。

九月九，蚊子还要咬一口。

黑夜下雨白日晴，收的粮食无处盛。

旱了东风不下雨，涝了东风不晴天。

头伏有雨，伏伏有雨；头九有雪，九九有雪。

先下牛毛没有雨，后下牛毛不晴天。

冬春东风硬，夏季雨水盛。

鲤鱼乱跳，必有雨到。

黑云黄稍子，必定下雹子。

竖闪电雨成线，横闪电雹成片。

天有骆驼云，雹子要来临。

闷雷带横闪，雹子大如碗。

黑云白云对着跑，赶紧起来防冰雹。

夏雨少，秋霜早。暑伏凉，浇倒墙。

冬寒春雨多，冬暖春雨少。

先打雷后刮风，有雨也不凶。

早霞不出门，晚霞行千里。

傍晚火烧云，明天晒死人。

雾老生风，十雾九晴。

开河不过惊蛰，春分地气通。

一九二九不出手，三九四九冰上走，五九六九隔河看柳，七九河开，八九雁来，九九加一九，耕牛遍地走。

二十二、三月出夜半，二十四、五月出撞钟鼓，二十七、八，月亮出来打滑喳，二十八、九，月

亮出来扭一扭。十五不圆十六圆，十七、十八少半边。

春打六九头，春分地气通。

二月二，龙抬头。

清明断雪，谷雨断霜。

开河不过惊蛰。

二八月，昼夜相平。

秋不秋，六月二十头。

立秋把扇丢。暑去寒来晓夜长。

雁走十八天，天下遍地霜。

霜降见凌碴。

小雪不封地，大雪能冻河。

冷在三九，热在中伏。

腊七腊八，冻个疙瘩。

五月十五单刀会（刮风），六月十三分龙宾（下雨）。

西北黑云拱，大雨带大风。

雨前刮风雨不久，雨后无风雨不停。

雨中知了叫，报告晴天到。

久晴鹊噪雨，久雨鹊噪晴。

大风不过晌，过晌还得长。

开门风关门住，关门不住刮倒树。

北风送九九，水盖河边柳。

（二）生活类

三分靠教，七分靠学。

读书百遍，其义自见。

争着不够，让着有余。

冷练三九，热练三伏。

常入赌场，非偷即抢。

天燥有雨，人躁有祸。

谨言慎行，防微杜渐。

蝼蚁之穴，决堤千里。

越吃越馋，越呆越懒。

穿衣戴帽，各有所好。

前人栽树，后人乘凉。

耳听为虚，眼见为实。

前头有车，后头有辙。

曲不离口，拳不离手。

人贵有志，学贵有恒。

胸无大志，扛活一世。

在商言商，盈利有方。

热极要静，冷极要动。

言多语失，气大伤神。

春捂秋冻，到老没病。

行要好伴儿，居要好邻。

富不过勤俭，穷不过馋懒。

男怕选错行，女怕嫁错郎。

在家敬父母，何须远烧香。

要想人不知，除非己莫为。

饭后走百步，不用开药铺。

台上十分钟，台下十年功。

钱财如粪土，志气值千金。

不受苦中苦，难得甜上甜。

窍门满地跑，看你找不找。

没有金刚钻，别揽瓷器活。

一物降一物，卤水点豆腐。

治家勤为本，待客诚为尊。

三百六十行，行行出状元。

犯病的不吃，犯法的不做。

不吃苦中苦，难得甜中甜。

若要人敬我，我须先敬人。

人敬我一尺，我敬人一丈。

好事不出门，坏事天下闻。
好货不怕比，怕比没好货。
要通古今事，需读万卷书。
不吃饭则饥，不读书则愚。
学到知羞处，方晓艺不高。
教子光说好，后患少不了。
孩子常闯祸，大人必有过。
补漏趁天晴，读书趁年轻。
酒红人的脸，财动人的心。
患难交知己，烈火炼真金。
经常晒阳光，身体健如钢。
人心换人心，八两换半斤。
人家的不拿，自家的不丢。
宁走十步远，不抢一步险。
好事不出门，坏事传千里。
每天吃仨枣儿，终生不见老。
有志不在年高，无志空活百岁。
毒是百病之根，气是百病之源。
受人滴水之恩，当以涌泉相报。
宁吃鲜桃一口，不吃烂桃一筐。
犯法的事不做，犯歹的话不说。
砍得没有揎得圆。
挨着勤的没懒的。
请神容易送神难。
饱带干粮暖带衣。
受多大苦享多大福。
春捂秋冻，一辈子不生病。
变戏法的，瞒不了敲锣的。
纸里包不住火，没有不透风的墙。
万事没有难，勤来勤去搬倒山。

慢工出巧匠，舍得力气干好活。

子孝不如妻贤，好儿不如好媳妇。

笑一笑十年少，愁一愁，白了头。

饭后百步走，活到九十九。饭后走百步，不用开药铺。

鱼生火，肉生痰，豆腐白菜保平安。

严是爱，松是害，不管不教就变坏。

早吃好，午吃饱，晚吃少。

山外有山，天外有天，能人背后有能人。

复习是学习的母亲，实践是学习的延伸。

靠山吃山，靠水吃水，一方水土养一方人。

会看的看门道，不会看的看热闹。

看好自家的门，管好自家的人，办好自家的事。

车到山前必有路，没有过不去的火焰山。

会选的选儿郎，不会选的选家当。

一天不练个人知道，两天不练行家知道，三天不练谁都知道。

吃了人家的嘴短，拿了人家的手短。

有缘千里来相会，无缘对面不相逢。

无志之人常立志，有志之人立志长。

少年不知勤学苦，老来方晓读书迟。

为人不做亏心事，半夜不怕鬼叫门。

天有三光日月星，人有三宝精气神。

莫学蝴蝶穿花舞，要学蜜蜂采蜜忙。

日月穿梭催人老，过去青春没少年。

冬吃萝卜夏吃姜，不用大夫开药方。

常洗衣服常洗澡，常晒被褥疾病少。

要学勤、俭、麻利快，别学馋懒、松、尖、坏。

三、歇后语

1979—2010年，在西青区居民语言中，多使用明晓哲理、寓意深刻和兼具幽默色彩的歇后语，主要有喻义和谐音两大类。

（一）喻义类

墙头上的草——随风倒。
马尾穿豆腐——提不得。
癞蛤蟆想吃天鹅肉——心高妄想。
癞蛤蟆捉苍蝇——张口就来。
鸡孵鸭子——白忙活。
井里的蛤蟆——没见过多大天儿。

沙窝的萝卜——心里美。
老鸹落在猪身上——看见人家黑，看不见自己黑。
狗咬吕洞宾——不认识好人心。
狗掀帘子——嘴对付。
手捧刺猬——扔不得，拿不得。
猴拿虱子——瞎掰。
猴吃麻花——满拧。
鞋底子抹油——溜了。
脚面深水——平蹚。
脚上的泡——自己走的。
铁路警察——各管各段。
半夜下饭馆——有嘛算嘛。
凉锅贴饽饽——蔫溜儿。
鹰嘴鸭子爪——能吃不能拿。
鸡蛋里挑骨头——没事儿找事儿。
隔着门缝看人——把人瞧扁了。
大水冲了龙王庙——一家人不认识一家人。
天津的包子——狗不理。
正月十五贴门神——晚半月啦。
卖烧饼果子不带干粮——吃货。
唱戏的胡子——假的。
戏台底下掉眼泪——替古人担忧。
灶王爷吃糖瓜——封住嘴了。
小葱拌豆腐——一清二白。
唱戏的摇鞭子——走人。
一根筷子吃面条——单挑儿。
猪八戒照镜子——里外不是人。
抱着元宝跳井——舍命不舍财。

（二）谐音类

拉着胡子过河——牵须（谦虚）过渡（度）。
绱鞋的不用锥子——针（真）好。
心里长草——荒（慌）了。
飞机上挂暖壶——高水瓶（平）。
火上浇油——旺（忘了）。
一条腿的裤子——成裙（群）了。
不吃馒头——蒸（争）口气。
外甥打灯笼——照舅（旧）。
隔着门缝吹喇叭——鸣（名）声在外。
下雨不搭窗户帘子——不嫌潲。

第三十二编

精神文明建设

天津市 西青区志（1979—2010）

TianJin Annals of Xiqing District

2002年，西青区举办文明家庭创建成果展示大赛

80年代初，西青区开展以“五讲四美”为主体的精神文明建设，结合“三热爱”活动，在全区职工、团员青年、民兵及中小学中全面铺展。80年代中后期，在全区开展创建文明乡镇、局（系统）竞赛活动，各系统普遍开展职业道德、优质服务竞赛等活动。90年代，全区以开展小康村建设为载体，全力推进精神文明建设，促进农村社会全面进步。1996年，西青区精神文明委员会办公室成立后，开展文明村、文明企业、文明街镇、文明机关一系列创建工作。进入21世纪，广大机关干部思想素质日益提高，城乡居民道德水准逐步提升，促进西青区各项事业的发展。

第一章　思想道德教育

1979—2010年，区委注重在干部群众中进行思想道德教育，持续开展“五讲四美三热爱”、争创“双十佳”“讲文明树新风”、爱国主义、道德素质教育、家庭美德、未成年人教育等活动，民众思想水平和道德素质得到较大提升。

第一节　政治教育

一、思想教育

（一）“五讲四美三热爱”活动

1981年，区开展“讲文明 讲礼貌 讲卫生 讲秩序 讲道德”和“心灵美 语言美 行为美 环境美”为内容的“五讲四美”文明礼貌活动，后与“热爱中国共产党、热爱社会主义、热爱祖国”为内容的“三热爱”活动相结合，称“五讲四美三热爱”活动。1982年，区委下发文件，在职工、团员青年、中小学中开展系列活动。组建学雷锋、送温暖小组，评选出“五好家庭”1792户，“五好个人”2100人。1989年，开展以“爱党 爱国 爱家乡”“讲理想 讲奉献 讲廉洁”为内容的“三爱三讲”活动。1995年，全区开展“创业杯”争创百面红旗竞赛活动，以百面红旗为榜样，争先创优，建功立业。1997年，开展百件文明新事评选活动，挖掘文明新人新事，在全区营造学典型、讲文明的社会氛围。2000年，在全区开展选树重大典型和评选文明新人、新事活动，每季度评选10件，年终评出全区十大文明新事。

（二）争创“双十佳”活动

1993年，全区各条战线开展争创“十佳”活动，产生“十佳乡镇企业”“十佳服务单位”“双十佳改革带头人”和“十佳公仆”。组织各系统、各行业内部开展创“十佳”、学“十佳”活动。1997年，开展“百件文明新事”评选活动。2005年，组织开展精神文明“双十佳”（十佳文明事迹和十佳文明）评选活动。2007年，组织开展“西青百名之星”评选活动，评选出十佳招商引资能手之星、十佳科技带头人之星、十佳窗口行业之星、十佳文体活动组织者之星、十佳创卫之星、十佳宣传员之星、十佳教育工作者之星、十佳慈善之星、十佳学习型家庭之星、十佳青年志愿者之星等100名先进人物，整理出版《文明礼赞——西青区百名之星事迹汇编》。2008年，举办第一届“感动西青”十佳人物评选活动。2009年，组织开展第二届全国道德模范评选活动。所推荐的孙玄、王松梅分别获得全国见义勇为和孝老爱亲道德模范提名奖。2010年，举办第二届“感动西青”十佳人物评选活动。

（三）“讲文明 树新风”活动

1997年，开始开展“讲文明 树新风”活动，评选出优秀、先进单位以及精神文明建设示范点。1999年，以治理丧事大操大办、穿重孝、搞封建迷信为突破口，开展“刹三风·树新风”活动。2008年，开展以“迎奥运 讲文明 树新风”为主题的系列活动，举办“迎奥运 学礼仪 讲文明”专题讲座以及“文明礼仪 奥运”知识竞赛。2009年，举办“迎‘十一’讲文明树新风”系列活动。开展“爱国歌曲大家唱”活动。

2010年，开展“同在一方热土·共建美好家园”活动。开展以“城市化与健康”为主题的“世界卫生日”等活动，加大对全区市容环境的整治。

二、爱国主义教育

（一）国旗国歌教育

1982年，按照中宣部通知要求，在全区人民特别是青少年中开展热爱国旗、国歌教育。1983年始，区内深入进行国旗国歌教育，各机关和学校普遍组织教唱国歌，学校组织升旗仪式活动。全区各小学建立升国旗制度，利用升旗仪式进行形势、纪律教育和爱国主义教育。

（二）抗日战争胜利纪念日

1985年，西青区召开各种类型报告会、座谈会，纪念抗日战争胜利40周年。文化部门进行图片、书法、摄影展览以及利用文艺演唱会、故事会、电影周等形式纪念抗日战争胜利40周年。2005年，组织干部和青少年参观王兰庄抗日义务教育纪念馆，开展“颂祖国赞天津·爱西青促发展”主题教育。2010年，全区开展纪念抗日战争胜利65周年系列宣传活动。在杨柳青一小举办抗战胜利65周年图片巡展，中北镇举办“迎国庆 颂家乡”红色歌曲大赛等活动。

（三）港澳回归爱国主义教育

1997年，西青区在体育馆举行“庆七一·迎回归”群众大会，在杨柳青镇组织迎庆回归花会表演和迎回归大型书画展。1999年，组织召开“迎澳门回归座谈会”，举行“喜迎澳门回归书画展”和京剧演唱会等文化活动。以澳门回归为契机，开展村容村貌和村风民俗的治理，保护生态环境、倡导文明新风。

第二节 道德教育

一、道德素质教育

1996年，区委制定下发精神文明建设百分考核办法和考核细则，并组织考核验收。1997—1999年，在机关干部、村民中提倡社会公德、职业道德、家庭美德新风尚。2004年，组织开展第二个全国“公民道德宣传日”活动，在杨柳青广场举行大型宣传咨询活动。2005年，在干部职工、居民、青少年学生中广泛征集公民道德格言，编发《西青区公民道德格言选编》1000册。2006年，在西青区烈士陵园举行以“缅怀先烈 热爱祖国 建设家园”为主题的祭悼革命先烈暨烈士纪念馆开馆仪式。2009年，贯彻落实《公民道德建设实施细要》，举办“践行科学发展观·弘扬文明新风”演讲比赛。2010年，区志愿服务者开展群众性道德实践活动，以农民工子女为对象开展学业辅导、亲情陪伴、感受城市、自护教育、爱心捐助等志愿服务活动。

照32-1 2010年，西青区举办文明交通行动计划专题讲座

二、家庭美德教育

1996年，区文明委和区妇联动员全区妇女1.7万余人参加“庭院绿化美化”活动。1999年，开展“五心”（忠心献祖国、爱心献社会、关心献他人、孝心献父母、信心留自己）创建活动。以传统教育为载

体，不断赋予创建文明家庭新活力。2003年，开展创建“学习型家庭”和“美德在农家”系列活动。引导家庭重知识、强素质、不断进取。2006年，开展“和谐家庭”评选展示活动，推介在美德教育突出的家庭典型。2008年，开展“家里门外净起来”和各类文明家庭创建活动。举办西青区第三届文明家庭创建成果展示大会。2010年，开展“文明家庭”创建活动和以“低碳家庭·时尚生活”为主题的节能减排宣传。举办“万户家庭文明交通行动”等专题讲座，提升家庭成员素质。

三、未成年人思想道德建设

1982年，在全区未成年人中开展学雷锋、做好事活动。鼓励青少年成为树立社会主义新风尚的尖兵。1983年，在学校开始举行升国旗、唱国歌教育活动。结合政治、音乐课对学生进行爱国主义教育。1989年，各中学开展“争当三好生”“树理想 立大志 早成才 做未来建设者”活动。对学生开展共产主义道德品质教育。1990年，各中学团组织进行“三爱四有”教育，开展中学生社会实践活动。1997年，西青区完善中小学德育思想管理、组织队伍管理、制度管理，加强对学生进行文明习惯养成教育。2002年，开展“世纪父母读书活动”。通过丰富多彩主题活动，提高家庭成员素质。2007年，充分发挥校外阵地教育作用，引导区烈士陵园、平津战役前线指挥部旧址陈列馆等市级爱国主义教育基地和科普教育基地在节假日为中小学生提供参观条件。2009年，在中小学开展“弘扬五四精神·展现青春风采”主题活动和校园艺术节等系列活动，培养学生爱国主义情怀。2010年，开展“法律进学校”等活动，营造有利于未成年人健康成长的社会环境。

四、集体主义精神教育

1996年，区委对全区乡镇企业职工和村民普遍进行以《农民思想政治教育读本》为主要内容的集体主义学习教育活动。在学习教育中，将爱祖国、爱集体与爱岗敬业，为二次创业做贡献相结合。1998年，区委有关部门组织开展一个月的农村基层党员、干部的勤俭意识、民主意识、政治意识、集体意识培训。1999年，组织农村基层领导干部400余人参加的培训学习。2001年，区内结合《公民道德建设实施纲要》颁布实施，以《天津市民行为道德规范》、《市民必读》为基本教材，贯彻实施《西青区村民示范章程》、《西青区机关干部文明守则》、《西青区机关干部职业道德规范》、和《西青区村民文明守则》，开展对全区干部、群众社会公德、职业道德、家庭美德和集体主义精神教育。

第二章　精神文明活动

1979—2010年，全区先后开展创建文明家庭、文明村镇、文明社区、文明行业（单位）等文明创建活动，摒弃不良生活习惯，树立良好村风、民风、行业风尚，全民素质和社会风气得到显著提升。

第一节　文明创建

一、创建文明家庭

1979年，区开展争创“五好家庭”活动，将“五好家庭”活动纳入乡规民约。1982年，全区评出“五好家庭”1792户，“五好个人”2100人。1985年，开展“五好家庭”向专业户转化、专业户向“五好家庭”转化的双转化工作。至1990年，全区评出各级“五好家庭”12876户。1991年后，开展创建“文明家庭”活动，全区各街镇将创建“文明家庭”活动纳入精神文明建设总体规划。2002年，开展“关爱生命 拒绝毒品 不让毒品进我家”和“绿色家庭”评选活动，评选“绿色家庭”240户。2004年，举办第二届文明家庭创建成果展示活动。2005—2010年，各街镇开展评选镇级“文明家庭”“学习型家庭”“平安家庭”“家庭助廉”“书香门第学习型家庭”活动。

二、创建文明村镇

1987年，全区开展创建文明乡（镇）、局（系统）竞赛活动。3个村被评为市级文明村、27个村被评为区级文明村。1992—1995年，全区64个村被评为市级文明村、360个村被评为区级文明村。1996年，开展“小康文化工程”和“现代化新农村文化工程”活动，加速开展创建文明村镇建设。1998年，以提高群众思想道德素质和科学文化素质为内容，开展创建文明村镇活动。1999年，开展“保护生态环境倡导文明新风”环境整治活动，对全区村容村貌进行综合治理。2002年，突出开展反对愚昧、崇尚科学、拒绝毒品宣传。2007年，开展文明村“十个一”创建活动。2009年，弘扬精神文明典型事迹，区内1镇2村分获第四批全国创建文明村镇工作先进村镇。2010年，对申报创建文明村“十个一”达标10个单位进行综合验收，全部达标通过。

三、创建文明社区

2004年，区各街镇把创建文明城镇“五个一”（一所村民学校、一个文体活动站、一个综合服务站、一个村街花园、一个宣传橱窗）活动向社区、行政村拓展。2007年，开展文明社区“八个一”（以居委会为单位，有一个超前建设规划、一所居民学校、一个文体活动站、一个社区服务站、一个社区花园、一个宣传橱窗、一个警务室、一张技防网）创建活动。2009年，将群众文化阵地建设与文明社区创建工作相结合，建设和完善一批图书馆（室）、文体活动中心、中心花园、宣传栏等基础设施等。

四、文明行业创建

1987年，全区开展创建文明局（系统）竞赛活动。区委、区政府对13个市级文明单位、4个市级军民共建单位、100个区级文明单位进行表彰。1992至1995年，全区有222个文明单位受到表彰。1996年，在服务单位和窗口行业中进行行业评选，开展评选服务优秀单位和服务最差单位活动。2002年，在文明窗口创建活动中推行“首问责任制”“社会服务承诺制”和“公示制”，促进了规范服务和社会监督。2004年，全区开展文明创建活动先进集体、先进个人的评选和推荐申报工作，112个市级、267名区级先进集体和先进个人受到表彰。2008年，开展群众性精神文明创建评选活动。首次将驻区单位纳入其中，并对其进行检查验收。2010年，开展以“诚信西青”为主题的“我经营·我诚信”宣传教育活动，推出一批文明行业建设先进典型，在全区营造出良好的诚信氛围。

第二节　文明新风

1979—2010年，区内开展破除陋习和讲文明、树新风系列活动，推行扶贫济困、奖励见义勇为，弘扬尊老爱幼、乐于助人的传统美德和良好社会风尚。

一、破除陋习

1979年，区内开展破除陋习、树立新风的“讲文明、树新风”活动，促进民俗改革的普及推广。1980年，宣传提倡殡葬改革，倡导火葬，反对丧葬中的封建迷信和铺张浪费。1982年，全区开展破旧俗、除公害活动，生产大队基本上都制订村规民约，动员农户制订家庭公约。1997年，召开殡葬习俗改革现场会，推广丧事简办、亲属只带白花的经验。2000年，全区实现白事理事会村级全覆盖，80%以上能够发挥好管理和服务作用。2001年，组织开展丧葬用品市场整顿以及平坟还田活动。有效遏制封建迷信传播，切实保护土地资源。2003年，开展“清整环境·美化西青”活动。2005年，开展丧葬用品市场检查、监督丧事操办和平坟除碑工作。2010年，开展乱烧纸钱专项治理、骨灰堂安全检查和“做文明城市人”等活动。破除传统陋习，逐步树立社会主义新风尚。

二、扶贫济困

1984年，西青区开始对全区年人均纯收入低于300元，有改善生活条件潜力的农村贫困户进行扶贫。1990年，对尚未脱贫的贫困户发放无息贷款、低息有偿贷款，帮助其发展种植、养殖业，鼓励其经商等。1996年，全区发放扶贫济用款111万元，救济生活困难户1105户、2858人。1997年，调高最低生活标准，由人均1000元提高到人均1200元。向生活困难户605户、1224人发放救济款176万元。2000年，开始实行对残疾困难户扶贫济困，为残疾人投入“低保”经费85万元。2008年，全区共发放“低保金”1206万余元，受益生活困难户2482户、8940人。2010年，提高全区农村“低保”标准，完善社会救助体系建设。农村“低保”标准达到每人每月450元，与城市“低保”标准持平。

三、见义勇为

1996年，区内制定实施《西青区见义勇为奖励基金暂行办法》。对同违法犯罪行为作斗争的负伤者，给予表彰和奖励。2010年，为倡导见义勇为、弘扬社会风气，表彰奖励见义勇为先进个人90人。2008年，大寺镇南口村民兵在巡逻中勇擒歹徒，获“天津市见义勇为青年”荣誉称号。2010年，精武镇出租车司机孙玄荣获“津城百姓英雄”“全国十大见义勇为好司机”等称号。

四、尊老敬老

1979年，区内对于缺乏劳动能力、生活无依靠的鳏寡农民，在生活上予以照顾，使这些人生活死葬能有依靠。1981年，区内分散供养“五保”老人的粮、衣、房、柴及治病零用钱均由村委会统筹安排。1990年，各乡镇先后均建起养老院，形成以敬老院为依托的“五保”供给服务网络，定期入村、入户督促检查对“五保”老人的粮、煤、款落实情况。2002年，全区“五保”老人人均生活费由上年200元增加到220元。2005年，全区有公办养老机构8家、社会办养老机构12家，有床位570张。全区住进敬老院的“五保”老人138人，收养社会老人500人次。2006年，为全区“五保”老人发放夏季服装100余件，为敬老院“五保”老人和困难户发放绿豆、白糖等防暑降温食品。为低保户19人、五保户2人报销医药费27.4万元。2009年，调整全区“五保”老人供养标准，农村分散供养“五保”老人供养标准为6000元，集中供养“五保”老人供养标准为8000元。2010年，全区投入使用的老年日间照料中心有12个，老年日间照料站3个。享受社区服务中心(站)文化、娱乐、医疗、康复、教育和送餐服务。

第三章　先进评选 基地建设

2008—2010年，西青区在精神文明建设中取得显著成绩，涌现出大批精神文明建设典型。为表彰先进，成立道德模范评选机构，层层开展推荐评选，并将道德模范候选人向上级部门推荐。举办“感动西青”十佳人物、道德模范评选，对当选者给予表彰。

2002年，安放解放天津战役中牺牲烈士骨灰的西青陵园被命名为天津市爱国主义教育基地。将灵堂改扩建为烈士纪念馆，对社会开放。

第一节 “感动西青”十佳人物评选

2008年，西青区委举办第一届（每两年一届）“感动西青”十佳人物评选活动。对评选出的“感动西青”十佳人物、“感动西青”十优人物以及提名获奖者27人进行表彰。

2010年，西青区举办第二届“感动西青”十佳人物评选活动。对评选出的“感动西青”十佳人物和“感动西青”十佳人物提名奖获得者进行表彰，通过广播、电视、报纸、制作光盘等形式进行宣传。

照32-2 2010年，“感动西青”十佳人物表彰会现场

第一届“感动西青”十佳人物简介一览表

表32-1

姓名	单位	简要事迹
程铁凤	中北镇大稍直口村	无偿献血20次，总血量超过5000毫升。虽然已超过法定献血年龄，仍义务担当法律宣传员和村“治安片长”。曾获“全国道德模范提名奖”、家庭被评为天津市“文明家庭标兵户”“最美家庭金奖户”等。
郑　君	杨柳青镇二街	克服智力上的天生缺陷，参加专业田径训练，她反复训练，规范自己的动作，每天除要跑完6000米，还要完成蛙跳、变速跑、跳台阶等训练项目，在第十二届特奥会上获得两金一铜的优异成绩。
王松梅	大寺镇王村	悉心侍奉公公和三位一直没有成家的叔公40年。不顾自己的病痛，尽心尽力地侍奉几位老人直至离世。曾获“全国道德模范提名奖”“全国孝亲敬老之星”“天津市文明市民”等称号。
柳洪霞	李七庄街梨园头村	丈夫患上强直性脊柱炎和股骨头坏死后，生活不能自理。她20多年照顾丈夫，善于调理，勤加鼓励，从无怨言，终使丈夫病情逐渐好转。
韩树凤	王稳庄镇王稳庄村	21年间悉心地照顾本村孤寡老人赵玉敏大娘。她每天为老人精心准备可口的饭菜，带着孩子为赵大娘做家务。为治疗老人眼病，她四处寻医买药。曾获“全国孝亲敬老之星”称号。
周永芹	富力中学	她不仅承担起照料父母重任，还将大哥去世后留下的侄女接到家中抚养。在学校热心助学、关心年轻教师的成长，塑造出模范教师光辉形象。获“全国十佳班主任”“天津市德育先进工作者”等称号。
高　伍	杨柳青镇	19岁参加对越自卫反击战时，他收到一位小学生寄来的信，被深深打动，从此和学生们结下不解之缘，至今保留着200封信。退伍后20年，用3万余元匿名资助学生30人，其中有10人考入大学。
谭会忠	军队离退休	从医50多年间，治疗康复的患者不计其数，多次参加“老兵献爱心”活动，为贫困学生捐款捐物。汶川地震发生后，将平时生活中省吃俭用的万余元捐款送至区干休所。曾获天津市“慈善老人”称号。
吴建旺	国钰木业有限公司	积极投身于公益事业，累计向社会各界捐款百万余元。为生活困难家庭垫付城镇职工养老保险费用。还带动妻子一起加入到“阳光关爱”助学活动中，让许多失学的孩子又重新回到课堂。
徐乃华	区文化馆	她在区群众文化岗位上培训出上千支文化队伍，辅导过数以万计的舞蹈爱好者，创作表演作品数百件。常年悉心照料患有多种疾病的老母亲20年。

第二届“感动西青”十佳人物简介

表32-2

姓名	单位	简要事迹
于丽霞	中北镇候台社区	她发起成立社区阳光家园志愿服务团队，组建爱心妈妈、兵妈妈拥军服务队等，为群众提供公益服务千余次。编写《社区志愿职业培训》等4本教材。曾获天津市“第三届道德模范”等称号。
孙　玄	天津市海河出租汽车有限公司	2004年，他遇到一位被歹徒抢劫的姑娘，不顾自身安危勇斗歹徒，被歹徒所持的仿真枪击中，面部及双臂前胸5处受伤，仍拼尽全力将歹徒按在地上。曾获“全国见义勇为先进分子”等称号。
陈万宏	精武镇陈台子村	2002年退休后，成立法制宣传教育工作室。开办免费绘画培训班，组建普法文艺宣传队。每天精心设计，将法制宣传融入丰富多彩的活动中。曾获“全国法治教育模范个人”等称号。
凌　雪	原付村中学	她悉心照顾病重父亲。当父亲去世后，凌雪受到来自社会援助，她心怀感恩，以坚强乐观心态对待生活。在学校经常帮助其他有困难同学，积极参加学校组织的各项公益活动。获天津市“自强学生标兵”称号。
刘　洁 刘　静	95中学、杨柳青一中	这对双胞胎出生不久即失去母亲，父亲在一次意外事故中受重伤，两姐妹一边料理家务，一边照顾父亲，还要照常上学读书，并均获优异成绩。在灾区捐款活动中，她们拿出全部积蓄回报社会，帮助他人。

续表

姓名	单位	简要事迹
赵洪新	杨柳青镇二街	2004年夏天，丈夫因脑干出血医治无效去世，留下智力残疾的女儿和6岁儿子。为了维持生计，她一边下地拼命干活，一边到处打零工。在她悉心鼓励和耐心地教导下，女儿站上世界特奥会冠军领奖台。
李玉深	王稳庄派出所	他为山区女孩上学资助万余元，悉心照顾无儿无女的寇奶奶日常生活。曾获天津市“优秀青年志愿者”等称号。
石金岭	精武镇闫庄子村	2006年，他提供自己的肾为患尿毒症晚期儿子进行肾脏移植手术。父子二人在医院悉心医治和护理下手术成功。
岳庆祥	西青开发区派出所	妥善处理涉及企业各类案件和矛盾纠纷，破获各类侵害企业利益违法犯罪案件多起，挽回经济损失百万余元。获天津市“护航尖兵”称号。
杨兰英	张家窝镇环卫队	从事环卫工作20余年，熟悉5个小区的200余栋楼及每一条马路、每一扇楼门、每一个小院。始终恪守“脏了我一个，干净千万家”承诺。20多年中，在平凡工作成就不平凡事业。

第二节　全国道德模范评选

2007年，西青区成立全国道德模范评选活动组委会，在区内层层开展推荐评选活动，表彰本级道德模范。按照好中选优原则，向市级组委会推荐道德模范候选人。市级候选人经媒体公示征求意见后，报全国活动组委会办公室。提出全国道德模范及提名奖获得者建议名单，于“公民道德日”（9月20日）公布，主办单位对提名者予以表彰。2007—2008年，全区有3人分获第一届“全国道德模范提名奖”和第二届“全国道德模范提名奖”。

全国道德模范提名奖人物事迹简介一览表

表32-3

姓名	单位	简要事迹
程铁凤	中北镇大稍直口村村民	先后无偿献血20多次，总血量超过5000毫升。她带动丈夫和女儿多次无偿献血，成为远近闻名的献血家庭。多年担当义务法律宣传员，是村里信得过的“治安片长”。2006年，被授予天津市文明家庭标兵、天津市第八届“最美好家庭”金奖户称号。2007年，获“第一届全国道德模范提名奖”。
王松梅	大寺镇王村村民	侍奉照顾长年患病的公公和三位未成家的叔公数十年，悉心料理不能完全自理的老人生活起居。1999年，其家被评为天津市文明家庭，她被授予“天津市敬老好儿女”称号。2006、2008年，王松梅分别获“天津市文明市民”和“全国孝亲敬老之星”称号。2009年，获第二届“全国道德模范提名奖”。
孙　玄	天津市海河出租汽车有限公司出租车司机	2004年驾车途中，遇到一位姑娘被歹徒抢劫，他不顾自身安危勇斗歹徒，被歹徒所持仿真枪击中，面部及双臂前胸5处受伤，仍拼尽全力将歹徒按在地上。2005年，被评为全国见义勇为先进分子、全国十大见义勇为好司机。2008年，被评为“津门见义勇为十大勇士”“见义勇为形象大使”。2009年，被评为天津市劳动模范，获第二届“全国道德模范提名奖”

第三节　教育基地

西青区烈士陵园始建于1949年1月，当时建有烈士集体、单体坟冢。1952年，在原址重建，园内有安葬无名烈士的烈士集体墓一座，在陵园围墙南侧，有安葬131名烈士的单体墓。陵园大门镌刻着“城垣显身手，伟绩与燕山共存；雪地立战功，光荣如松江长流”对联。园内主要纪念建筑为纪念碑，纪念碑碑体为长方体，碑体上方建有一座刺刀杀敌形象的解放军战士雕塑，碑体正中镌刻着“永远活在人民心中 天津战役阵亡烈士之墓”字样，落款为“解放军一一七师政委李少元、师长张竭诚暨全体指战员敬立”。

八九十年代，累计投入540万元对陵园进行建设，烈士陵园中部为纪念广场，面积1500平方米。2002年，更换大理石地面并进行重新修整，广场可同时接待三千余人进行祭奠先烈等活动。完成园内道路重新铺设、庭院灯线更新以及上下水铺设等工程。纪念广场北侧建有烈士纪念碑，纪念碑高

照32-3　2010年，西青烈士陵园内天津战役阵亡烈士墓碑

24.13米。1995年，对碑体、碑座进行维修，作为陵园的标志性建筑，碑体镌刻“人民英雄永垂不朽”8个红色大字。纪念碑东侧建有烈士骨灰存放室，室内面积161平方米，室内新配置的PVC骨灰存放架。在鲜花簇拥下，骨灰架上安放着791名烈士的骨灰，其中有解放天津战役中牺牲的778名烈士及新中国成立后在西青区保卫和建设社会主义事业牺牲的13名革命烈士的骨灰。

2002年，西青区烈士陵园被命名为天津市爱国主义教育基地。至2005年，将灵堂改扩建为烈士纪念馆，先后完成烈士纪念馆主体重建和布展。2006年，清明节期间，纪念馆正式对社会各界开放。建筑面积400平方米，共展出天津战役中的珍贵历史图片120余幅，记载天津解放历程的展板30余块，刻有烈士生平事迹的展板20余块。展馆还布置有反映天津战役的平津战役前线指挥部、金汤桥胜利会师、战役战斗场景等3个仿真场景，设置天津战役知识长廊。在原有的图文结合的基础上，采用声、光、电等大量高科技手段。生动再现天津战役的辉煌，展现英烈们的英雄壮举。

第三十三编 人物

天津市 西青区志（1979—2010）

TianJin Annals of Xiqing District

清末爱国武术家霍元甲(塑像)

1979—2010年，西青区各行各业人才辈出，是经济界、科技界、文化界涌现出一大批杰出人物，创造出辉煌的业绩。在两个文明建设中，一些基层党员干部和普通民众有的做出创造性的贡献，有的做出感人的事迹；客寓他乡的众多游子也以优异的业绩，为家乡增添荣光。本编采取前志补遗、传、简介、表、录等形式，收录为中国人民解放事业和社会主义建设事业英勇献身的本、客籍烈士，也收录改革开放后为西青区政治、经济和社会事业建设作出较大贡献的劳动模范和先进人物。在传统志书录入官员、文化名人的基础上，收录社会各个层面和行业中做出突出贡献的其他人士。

第一章 传 略

本章收录本志记述时限内，为西青区各方面建设做出重要贡献的人物，以生年为序。

第一节 人物传略

陈洪勋（1912—1994） 李七庄街邓店村人。邓店村距武术大师霍元甲的家乡小南河两千米，古来有尚武之风。陈洪勋自幼喜爱武术，后师承天津八极拳第七代传人——河北省沧县王官屯武师樊青云，刻苦习武数年，终成八极拳高手。艺成后，为能带动家乡人习武健身，陈洪勋对村中无劣迹的求学者悉心传授，从不收费。改革开放后，天津的八极拳组织恢复活动。1985年，陈洪勋任“八极拳第十二武术社社长”。时73岁高龄的陈洪勋广收弟子，义务授徒，使邓店村沉寂多年的尚武之风又得复兴。直至去世前，陈洪勋一直关心拳社发展，为村人习武健身作出突出贡献。2008年，区八极拳弟子成立“天津市西青区邓店开门八极拳研究会”，其子陈子明被推举为顾问。

齐治源（1916—2001） 杨柳青人，中国书法家协会会员、天津市书法家协会理事、市文史馆馆员。自幼攻习魏碑、汉隶和古文，后研究甲骨金文。精心收集近代有名篆刻名号印章千余方以及历代碑帖。从书法、篆刻两个方面悉心揣摩，在继承传统的基础上，融入自己的风格。毕生治印数千方，作品气象万千，又是完美书法佳作。1982年和1984年，齐治源在天津两次举办个人书法篆刻展。晚年以篆、隶、楷、行草信笔撰写联语，保留有325副，名为《智园偶语》。其生平及作品选件被刊入《中国当代书法家词典》《天津市书法艺术作品集》和《天津市文史馆书画作品选集》。

王鸿逵（1918—2000） 杨柳青镇五街人。少时家贫，受教于杨柳青名塾师开蒙，后学做茶叶行生意。王鸿逵勤学博记，关心地区各种文史资料的收集和整理，逐渐成为当代西青文史工作先驱。1983年，被聘为西郊区政协委员，任区政协文史组长。1986年，任西郊区政协文史资料委员会主任，为《西郊文史》提供大量资料和稿件。1990年，王鸿逵与人合作主编《杨柳青古今》出版。后参与《西青文史》编辑、审校工作。担任《西青区志》特邀顾问，为区志编纂提供大量文献史料。

郑书棠（1921—2014） 杨柳青镇七街人。曾是杨柳青镇一所学校的教师。抗日战争胜利前夕赴山西参加八路军，先后任太行军区34团战士、排长、连队支书。抗日战争胜利后，任晋冀鲁豫军区3纵队8旅23团宣传干事。1947—1949年，任中原野战军11军32师宣传秘书、宣传股长，后随部队参加淮海、渡江战役。1950年，随部队南下，参加解放云贵川康大西南战役，出任11军32师政治部宣传科长。1951—1957年，赴朝参加抗美援朝，停战后参加重建工作，任32师95团政治处主任。1958年，被选送到南京军事学院学习深造，1960年毕业后到解放军总政治部工作，先后任干事、群众工作部民兵处处长。1979年，参加对越自卫反击战，任总政治部特派工作队队长。1985年离休。

冯玉升（1923—2018） 西青区于台村人。冯家是武术世家，与小南河武术世家霍家有姻亲。得习迷踪拳术。祖父冯兆祥被袁世凯招募为在小站练兵的武术教师。其子冯兆庆将迷踪拳传授给冯玉升。冯玉升自幼跟随长辈学武，天资聪慧，习武很快有成。1935年从霍东阁学到迷踪二路至五路拳术，技艺大有长进。1953年，被选拔参加全国武术表演赛。1958年，被聘为北京军区武术队教练并在当年各大军区武术比赛中获总分第一名，后升任八一武术队总教练。21世纪初，被霍元甲文武学校聘为“霍氏迷踪艺”武术顾问和于台武术队技术指导。

刘廷炜（1928—2012） 辛口镇当城村人。自幼在私塾及乡村学校读书。1945年抗日战争胜利后，入天津津沽大学就读。1949年1月天津解放后，参军入伍，任第4野战军128师383团政治处宣传队队员。平津战役结束后随部队南下，先后参加渡江战役、粤桂边战役、广州战役、海南岛战役。参加解放海南岛战斗，随部队成功登陆，将红旗插在最南端的榆林港。曾立战功一次。新中国成立后，先后任部队政治宣传干事、股长、副科长职。1960年，任国防部外事局参谋，科长、副处长。1978年，调入解放军总参谋部情报部。1978—1982年，先后任中华人民共和国驻越南、阿尔及利亚大使馆武官（正师职）。1986年8月离休。

张　扬（1929—1988） 原名张洪儒，王稳庄镇建新村人。1944年11月参加革命。解放战争期间，随部队参加过济南、淮海等战役。历任中共山东解放区渤海区委城工部学员、政治部宣传队队员、文工团分队长。新中国成立后，历任解放军山东军区政治部文工团戏剧队政治指导员、政治部文化部干事、政治部创作室副主任、山东生产建设兵团2团副团长、济南军区工程兵8团副政委、济南军区工程兵装备器材仓库政委（副师职）等职。1951年，随赴朝慰问团在朝鲜战场进行宣传慰问。多年从事军队政治、文艺、宣传工作，获二、三等功及通令嘉奖多次。他热心从事文艺创作，自编自演反映部队生活文艺戏剧节目，在《解放军报》上多次发表文艺评论文章。发表中、短篇小说数篇。1982年离休。

李家政（1933—2012） 辛口镇冯高庄村人。15岁时任冯高庄村“青委会”主任、民兵小队文书，后任静海县3区政工干事。新中国成立后，历任静海县当城区副宣传委员、静海县委宣传部见习干事、干事。1953年，参加解放军，1954年，任连副指导员。1955年，被授予上尉军衔。1960年至1964年，任团政治处组织干事、股长。1964年，全军军事大比武立三等功一次。1973年，任第24集团军70师政治部组织科长。1974年，担任北京卫戍区政治部组织部副部长。后任北京卫戍区警备3师政治部副主任、主任。1983年，任北京市预备役1师政委（正师职）。1989年离休。

第二节　烈士传略

本节收录新中国成立后首部《西青区志》未列入传记的烈士和1979–2010年牺牲的本、客籍烈士18人，以生年为序。

一、本籍烈士

张之仲（1901—1953） 西青区人。1953年参加革命，在中国人民解放军某部队任炊事员，1953年，在工作中牺牲。

崔连栋（1902—1947） 王稳庄镇东兰坨村人。1943年参加革命，积极带领群众扒铁路、抢割日伪农场稻子、破坏电话线等。1947年，任东兰坨村农会主任，在斗争大地主肖某时表现坚决，被肖某恨之入骨。6月，肖某串通国民党军队和地方土匪袭击村农会政权，将崔连栋抓走。他在敌人面前毫无惧色、坚强勇敢，不吐露组织和同志半个字，敌人无计可施，残忍地将其脚上韧带割断，并将其杀害。1980年4月，被天津市民政局评定并追认为烈士。

朱明臣（1906—1946） 辛口镇岳家开村人。自幼家贫，父母在其少年时离世。他从小便做贩鱼、卖苇子等营生糊口，后在静海县独流镇结识党的地下工作者闫思欣，走上革命道路。1944年，加入中国共产党。1944年7月，任辛口村党支部组织委员兼农会主任。带领民兵搜出土匪隐藏在该村的12支步枪，领导农民向地主开展减租、减息斗争。抗日战争胜利后，逃亡到天津市区的土匪头目组织

“反攻自卫团”，猖狂向农民群众进行报复，设计将朱明臣抓捕，连续多天审讯、折磨，朱明臣坚贞不屈。1946年6月28日，朱明臣在子牙河渡口边被害。1949年10月，被静海县人民政府追认为革命烈士。

许万元（1907—1947） 王稳庄镇小韩庄村人。1946年参加革命，曾任小韩庄村农会主任，1947年11月，被国民党军队和地方土匪抓捕，遭到敌人严刑拷打，但始终未向敌人屈服，最后惨遭杀害。1979年9月，被天津市革命委员会追认为烈士。

于德春（1909—1948） 大寺镇王村人。早年因家庭贫穷，到天津市内一家商号当伙夫。抗日战争胜利前夕参加革命工作，抗战胜利后回到村里，加入中国共产党，参加津沽县二区区小队，后调任二区小队手枪队副队长，历任津沽县武工队队长、津南支队三连一排排长等职务。多次参加战斗，以机智勇敢、斗争经验丰富著称，曾立一等功。1948年7月，国民党军队一个营攻打小王庄津南支队驻地，于德春胳膊被敌人流弹打伤，手握已打开起爆装置的手榴弹未能扔出，当场爆炸，壮烈牺牲。

魏中杰（1921—1950） 大寺镇北里八口村人。出生于贫穷农民家庭，自小便以种地、放猪、捕鱼为生。1947年，国民党军队在境内抓壮丁，他被抓入国民党第53军，后随国民党部队开赴东北，辽沈战役中被解放军俘虏。此后，通过接受解放军教育、集训，参加解放军第四野战军某部，随部队入关，参加平津战役。天津解放后，他又随军南下，在湖南境内同国民党军队作战时牺牲。新中国成立后，被追认为革命烈士。

王家廉（1922—1953） 西青区李七庄街程村人。1948年，参加革命工作。1951年，参加抗美援朝战争，1953年在战斗中牺牲，时年31岁。

刘金玉（1927—1945） 大寺镇青凝侯村人。1945年5月，参加革命，任七区区长交警员。1945年8月，随区长来到马家寺村（今属精武镇）。一天夜间，区长去静海县董庄窠村开会，当地土匪武装赵德谦部从良王庄出发，准备到马家寺村一带搜捕中共津南县机关干部。刘金玉从内线得到消息后，立即向7区交通站站长报告。当他向驻地返回时，被土匪武装发现抓住，并从他身上搜出津南县委文件和边区纸币。敌人将他绑在牛坨子村公所门前，用凉水往他鼻子里灌，严刑拷打，刘金玉誓死不吐一字，敌人开枪将他杀害。事后，当地群众将其遗骸装殓，由青凝侯村家人迎回埋葬。新中国成立后，追认刘金玉为革命烈士。

张向远（1928—1945） 辛口镇第六埠村人。1945年参加八路军区小队。一次，区小队与土匪武装自卫团在水高庄村发生激烈战斗，为引诱敌人，掩护区小队战友，张向远躲藏在用高粱秸秸围成的厕所里向敌人猛烈开枪，将敌人火力引向自己，让战友们安全转移。此时，敌人用机枪朝张向远所在位置猛烈扫射，张向远壮烈牺牲。新中国成立后，静海县政府批准张向远为革命烈士。

岳庆云（1943—1969） 大寺镇芦北口村人。1963年，参加中国人民解放军，在北京8779部队36分队服役，随部队参加修建北京地铁一号线工程项目。1969年9月，在北京复兴门外地铁工地施工时牺牲。西郊区革命委员会批准为革命烈士。

孙儒全（1949—1981） 王稳庄镇小孙庄村人，基干民兵。1981年4月18日下午，村化工厂库房失火，孙儒全听到呼救声，立即向化工厂库房跑去。此时，库房已浓烟滚滚，孙儒全知道车库内的有储油罐和五大桶柴油，一旦火势蔓延，后果严重，他奋不顾身地扑进库内。此时库顶火势越烧越旺，孙儒全把个人安危置之度外，一心扑灭燃烧的烈火。虽然大火被扑灭，油桶得以保住，但孙儒全因为伤势过重，经过抢救无效而牺牲。1981年7月，孙儒全被天津市政府追认为革命烈士，遗骸安葬在西青区革命烈士陵园。

杜文海（1952—1995） 杨柳青镇人。1970年，在内蒙古建设兵团参加生产劳动。返城后，被分配到乡镇企业。1995年12月30日，在运河边玩耍的两个儿童失足滑入运河中。杜文海恰巧经过，他毫不犹豫跳入冰河中，先抓住离河岸较近的一个儿童，用力将其推到岸边，接着又向落水较深的另一个儿童游去，当他把第二个儿童奋力举起时体力不支去救杜文海时，他已沉入深水中。闻讯赶到的居民后经过打捞，将杜文海遗骸打捞上来。1996年2月，天津市政府批准杜文海为革命烈士。西青区委作出《开展向杜文海刘道昌等同志学习的决定》。

张学良（1958—1991） 南河镇吴庄子村人。生前任吴庄子村党支部书记。1991年8月13日，在村与持刀歹徒搏斗中牺牲。遗骸安葬在西青区革命烈士陵园。

吴　健（1963—1984） 西青区人。天津市建工局第七建筑公司工人。1984年5月，在河西区小海地骊山里与抢劫杀人犯罪嫌疑人贾某某、刘某某搏斗时，壮烈牺牲。1984年6月，被天津市政府追认为烈士，遗骸安葬在天津市烈士陵园。

二、客籍烈士

张同书（1918—1980） 原籍山东省广饶县。1938年，来天津市万德庄开商店。1956年公私合营后，在西郊区大寺供销社工作。1980年8月28日晚，张同生在卫南洼农场门市部值班，遇3名歹徒抢夺钱财，他只身一人与歹徒殊死搏斗，身负重伤，后经抢救无效，于9月5日牺牲。9月29日，天津市政府批准张同书为革命烈士。

卜庆祥（1922—1948） 原籍山东肥城县（今山东肥城市）因逃灾荒流落到西北斜村落户。抗日战争胜利前夕，以挑脚挣钱为由，为党的地下武装组织运送粮食。1945年7月，参加津南县武工队。1948年，任津南县武工队排长。1948年7月，津南县武工队埋伏在芦北口村芦苇塘中，被国民党军队四面包抄过来。卜庆祥指挥战士与敌人展开激烈战斗。他蹲在稀泥地上，命令机枪手将机枪架在自己肩膀上射击，此时一颗子弹穿透卜庆祥肩部，他强忍剧烈疼痛，命令继续战斗。但终因流血过多，卜庆祥昏迷过去，和受伤的伤员一起抬到远离战场的芦苇丛中。后被国民党军队发现捉住，卜庆祥等人被残忍地用铁锨切下头颅。卜庆祥牺牲后，天津县政府追认其为革命烈士。

牛瑞亮（1982—2000） **贾　轩**（1982—2000）二人生前系天津新华职业大学2000级学生。2000年10月3日下午，一名儿童不慎掉入子牙河中，正在郊游的牛瑞亮、贾轩当即跳入河中奋不顾身前去施救。因二人不熟水性，双双献出年轻的生命。天津市委追认牛瑞亮、贾轩为共产党员。市政府批准牛瑞亮、贾轩二人为革命烈士。共青团中央追授牛瑞亮、贾轩为全国优秀共青团员。教育部授予牛瑞亮、贾轩为“舍己救人的优秀大学生”，号召大学生向他们学习。

第二章　上志补遗

本章收录上志未记入、1979年前去世的本、客籍知名人士，以生年为序。

第一节　本籍人物

汪　宦（1491—1557） 中北镇汪庄子村人，明初，祖上随军迁至津西汪家庄定居。父汪瀛善于经商，尤擅长盐业，遂致富，被称为“津西首富”。子汪来曾任甘肃庆阳知府、山西宁武关兵备道。汪宦以子为贵，朝廷封其为承德郎刑部山西司主事。汪宦一生乐善好施，乡间穷苦之人多有救济。平生藐视游手好闲的市井小人，遇见“必痛折之”，市井无赖对其既惧怕又敬畏。某绅士闻其名，携带重金前来拜访，被汪宦婉拒。相传一客商随身携带黄金被盗，汪宦闻之，遣仆人侦宵小居处，宵小窘赧，还客金。客以金相报，被汪宦婉拒。汪宦卒于明嘉靖三十六年，葬于今西营门街小稍直口村运河之畔。

徐湛恩（1672—1755） 字沛黄，王稳庄镇大侯庄村人，汉军正蓝旗，祖籍辽东襄平。清康熙四十二年（1703）中武举，康熙五十四年（1715）中武进士。后由御前侍郎升河东河道副总督。任内治水有方，营建石堤，捍御湖陂，使其运道通畅。擢任兵部员外郎、刑部员外郎、兵部郎中。清乾隆初年，官拜内阁学士兼礼部侍郎，后任直隶河道副总督等职。乾隆十年（1745）辞职归故里，卒于家，寿八十四。遗著有《通介堂诗稿》。

徐泽醇（1787—1858） 字梅桥，号乐天翁，王稳庄镇大侯庄村人，汉军正蓝旗，祖籍辽东襄平。清朝中后期重要政治人物。清嘉庆二十五年（1820）庚辰科三甲进士。道光十二年（1832）授官吏部主事。历升员外郎、郎中。道光十九年（1839）外放四川重庆府知府，累擢山西河东道、江南河库道。后升湖南按察使、山东布政使、山东巡抚、署河东河道总督、四川总督。咸丰二年 (1852) 任礼部尚书，次年署户部尚书。咸丰八年 (1858) 卒于官。谥恭勤。子徐桐官至体仁阁大学士，清末著名保守派大臣。

郑联鹏（1881—1954） 字云轩，杨柳青镇七街人，清末举人。幼时就读于杨柳青镇崇文书院，是本邑进士杜彤的得意学生。清光绪十一年（1857）参加乡试考中举人。后得袁世凯赏识，保举到日本留学，学成回国三年后，得赏商科举人。宣统元年（1909）殿试游学毕业生，郑联鹏以内阁中书补用。主动提出到新疆任职，朝廷应允。民国年间，先后任新疆焉耆县、昌吉县长。期间，被新疆督军杨增新委任为外交官员出使阿富汗。后曾担任新疆财政监察委员会委员和禁毒委员会委员。

张清川（1924—1978） 王稳庄镇小泊村人，原名张光禹。1945年10月，参加新四军。解放战争时期，参加苏中、孟良崮、开封、淮海、渡江、上海等战役。新中国成立后，参加抗美援朝战争，历任班长、排长、连长、指导员、营教导员、飞行大队政治委员等职务，立二、三等功多次。回国后，转业到上海市工作，先后任上海市虹口区民政局局长、上海市民政局副局长等职。

第二节　客籍人物

李咬住（金代人） 生卒年月不详。金章宗时期，曾任柳口镇巡检。后擢升职掌兵权副都统职，戍守直沽寨。金后期，蒙古部落在北方崛起，金国边地部落军事组织——乣军纷纷归降蒙古，乣军首领张晖游说李咬住，劝其归顺蒙古汗国，未果。未几，乣军另一首领刘永昌再次前来诱降，出示伪关防文书及印有"僭伪"年号的旗帜。李咬住当即将其抓捕，将他与张晖一起处以极刑。金宣宗获知后，嘉奖其功，封其为镇国上将军，遥授河间府知府，赐国姓完颜氏。《金史·卷十四》有记载。

黄宗载（1366—1444） 一名垕，字原夫，江西丰城（今江西丰城市）人，明代前期官员，官至吏部尚书。洪武三十年（1397）中进士，步入仕途。永乐年间，参与纂修《永乐大典》。永乐七年（1407）明成祖朱棣北征时，向湖广一带征兵，使者因贪婪凶暴，耽误期限，史称"宗载坐不举劾"，被贬谪为杨柳青驿站驿吏。赴任到杨柳青后，黄宗载并未忧郁寡欢，每日吟诗看书自娱自乐。未几，被朝廷重新启用，拜监察御史职，明洪熙元年（1425）擢吏部侍郎。明正统九年（1444）致仕，旋卒于家，时年七十九岁。

张　愚（1500—1554） 字若斋，原籍山东青州诸城人，至五世迁居天津卫。明嘉靖十一年（1532）中进士，初为山西按察司佥事，授户部主事，分巡口北道。嘉靖二十九年 (1550)，俺答率鞑靼兵发动"庚戌之变"。张愚任延绥巡抚职，闻讯后火速率领万余精锐骑兵入卫。因护卫北京有功，晋升副都御史。在延绥边城，他严饬军务，与兵士同甘共苦，尽心防御，筑城堡墩台4600所（座）。每鞑靼兵入侵，必亲率军迎战，多次战斗中斩敌以百计，缴获器械、战马以千计。为褒扬张愚之功，朝廷赐他"大明通行宝钞"、蟒玉等。后由于积劳成疾，卒于任所。明嘉靖三十三年（1554）迁葬于杨柳青南运河北侧，其墓占地3600平方米。明崇祯五年（1632）其曾孙张鲲翼重修张愚墓。其后人定居杨柳青，被称为"石马张家"，宅在大寺胡同南端，被杨柳青百姓称为"状元府"。

金玉冈（1711—1773） 字西昆，号芥舟，又号黄竹老人。祖籍浙江山阴，祖父金平以业盐发家，清康熙年间始定居天津。金氏田产在付村（今属精武镇）故常在区内居住。擅长诗、书、画，不倦于学。壮年时游历全国，以诗文记载各地风景，后人称之为“天津徐霞客”。金玉冈经常与查为仁、查昌业、郑熊佳、徐云等当时的文人墨客诗酒唱和。《津门诗钞》称其“工诗善画，自成一家”、“尝论沽上诗人，前有张舍人苯山，后有黄竹老人。”30年代《天津县志》作者高凌雯称其：“芥舟之清才，得于天也。”

第三章　人物简介

本章记述本志记述时限内，西青区本籍和客籍人物的主要经历和业绩，以生年为序。

第一节　本籍人物

一、党政军界人物

戴敬忠　1931年生，杨柳青镇五街人。1949年4月参军入伍，到部队南下工作团任学员。后转到解放军第野战部队，先后任宣传队宣传员、见习干事等职。其间，跟随所在部队参加解放湘、桂两省的衡宝战役以及湘西剿匪战斗。1952年7月，被选派到军委俄文学校学习深造。1955年至1964年，历任总参谋部通信兵训练部编译出版社俄文翻译、总参通信兵部司令部学术处任俄文翻译、总参谋部第62研究所任俄文翻译。在职期间，翻译出版大量外文军事文献资料，多次被评为先进工作者，受到通令嘉奖。1985年5月，被任命为正团职文职干部。1988年，调整为副师职文职干部并离休。

韩良镛　1934年生，杨柳青镇七街人。1951年参军入伍，到解放军第31、第8步兵学校学习。毕业后，被分配到陆军第65集团军工作，历任排长、作训处参谋、作训处副处长。1976年，任集团军司令部侦察处长。1979年，任第194师司令部参谋长。1984年，任北京军区守备3师顾问（副师职）。1982年，参加全军大规模实兵军事演习，他指挥的“陆军师阵地防御战”成绩突出，受北京军区通令嘉奖。1958年，立三等功一次。1988年，授予大校军衔。1989年退休。2004年，获全军退休干部先进个人称号。

孟庆元　1935年生，杨柳青镇十七街人。1955年7月在杨柳青中学初中毕业后，参军入伍，在解放军测绘学院大地测量系学习深造。1957年毕业后，在总参谋部测绘局大地测量计算队从事军事测绘工作，任见习技术员、技术员。1962年至1964年，任政治部干部处助理员、干部部任免科干事。1977年，任免科科长，翌年改任正团职干事。1985年3月，调任总参3部3局9处政委（副师职）。1988年授予大校军衔。1991年5月退休。

张光汉　1933年生，王稳庄镇建新村人。1949年4月，入华北革命大学天津分校学习。后历任北京市公安局干部、陶然亭公园副主任、颐和园公园主任、北京市园林局党委书记、北京市环境卫生局局长、北京市委城市建设工作委员会书记等职。1988—1989年，兼任第十一届亚运会副总指挥。先后被评为三等功臣，多次受到北京市委、市政府表彰。

郑玉贤　1938年生，杨柳青镇五街人。1955年初中毕业后参军入伍，到解放军测绘学院大地测量系学习。1957年毕业后，到总参谋部第21测绘大队，从事军事测绘工作，任见习技术员、技术员职。1965年2月，调到由国家测绘局和总参谋部测绘局联合组建的测绘专家组，赴越南从事培训测绘教学，1967年获越南政府颁发的“友谊徽章”。1967年，任总参谋部测绘局参谋。1979年初，参加对越自卫反击战，立二等功一次、三等功两次。曾多次被总参测绘局机关评为先进工作者和优秀党员。1988年授予上校军衔，1989年晋升大校军衔。1994年2月退休。

薛　钧　1938年生，杨柳青镇六街人。1956年，在天津第三中学高中毕业后，被解放军哈尔滨军事工程学院炮兵工程系录取。1962年毕业后，在解放军炮兵科学技术研究院第二研究所任科研人员，后又调到高射炮兵学校、炮兵科研部、炮兵司令部工作，历任教员、参谋。1982年，转入总参谋部炮兵处科研处，任参谋、副处长、处长。1992年，在总参谋部兵种部工作，改为文职干部，先后任该部科研局、炮兵局总工程师，专业技术5级（正师职）曾获三等功3次。1988年，被授予大校军衔。1999年退休。

戴敬升　1938年生，杨柳青镇四街人。1954年，杨柳青中学初中毕业后，考入武汉市第15中学。1957年被天津大学建筑系录取。1962年大学毕业后，分配到北京军区机关工作，历任北京军区工程兵司令部设计处参谋、工程兵第5工区司令部参谋、北京军区司令部作战部参谋、副科长、副处长。1982年11月，被任命为北京军区作战部副部长。1990年9月，任北京军区作战部部长。1993年2月，调任陆军第65集团军副军长。1996年退休。

张印惠　1940年生，中北镇谢庄村人。1958年，在中北斜中学就读期间，被评选为河北省天津市青年先进个人。1960年8月参军入伍，先后在解放军海军司令部军务科、海军军事法院看守所、海军政治部北京干休所任干事。1970年，任海军4225工厂政治指导员。1976年，调回海军政治部干休所。1983年，任海军司令部北京钓鱼台干休所副政委、所长。1990—1996年，任海军司令部北京钓鱼台干休所政委（上校职）。在职期间，多次获得嘉奖。1997年退休后，3次被评选为北京市海淀区“拥政爱民模范”。

李　杰　1942年生，李七庄街王兰庄村人。在家乡读完小学和初中后，考入天津师范学院附中读高中。1961年8月参军入伍，被分配到解放军总参谋部学员队学习外文与军事情报。1964年毕业后到总参谋部3部。1965年，任总参谋部3部助理研究员。1971年，被解放军总参谋部聘为军事专家组成员，派往国外执行援外任务。回国后历任总参谋部3部副团职政委、正团职副处长、副师职处长。1996年，改任技术6级外文翻译。1988年被授予上校军衔，1990年晋升大校军衔。1997年退休。

宋玉清　1942年生，中北镇西北斜村人。1961年8月参军，在解放军第16集团军46师137团任战士、副班长、班长、排长。1966—1987年，先后任总参谋部军务部兵员局副团职、正团职、副师职参谋。1987年，调到国防大学训练部军训办公室任副主任。1988年被授予上校军衔，1992年晋升大校军衔。1997年4月退休。

高乃金　1943年生，辛口镇水高庄村人。1962年参军入伍。1970年任部队保卫股长。1971年6月，调任总参谋部军训部。1972年，调总参谋部政治部保卫部，先后任干事、副科长、副部长。1993年12月，调任总参谋部防化研究院一所政委（正师级）。1988年授予上校军衔，1992年晋升大校军衔。2000年4月退休。

邢宝安　1948年生，张家窝镇小甸子村人。1968年2月参军入伍，先后任空军某部战士、无线电师、空军某部参谋、空军司令部参谋、处长。1993年，调任空军某部研究所副所长（副师职）从事空军科研工作，所承担的研发项目先后获得全军科技进步一等奖和二等奖。1996年，任空军后勤部某部副部长（正师职）。曾4次立三等功。2005年，晋升为大校军衔。

戈金明　1951年生，杨柳青镇十五街人。1968年中学毕业后参军入伍。1971—1978年，先后任济南军区空军雷达17团泰山、蒙山雷达连指挥排长、副指导员、指导员、政治处组织股长。1983年，任济南军区空军纪委办公室干事。1986年，任济南军区空军司令部管理处政治协理员（副团职）。1989—1994年，先后任济南军区空军政治部纪检处副处长、处长（副师职）。3次立三等功。1994年授予大校军衔。

张淑琴　女，1954年生，大寺镇青凝侯村人。1970年参加工作，1971年在天津医学院深造。毕业后，在西青卫生系统从事医务工作。1985年随军，任国防科工委第25基地门诊部主治军医。1991

年调到空军地空导弹混成7师医院。2001年，调到解放军总装备部25基地517医院，任主任医师。曾立一等功、二等功各一次。2005年，获全军“中医药工作先进个人”称号。2002年，被授予上校军衔，为文职技术7级。2004年，晋升大校军衔，调为文职技术干部6级。2007年，调整为文职技术干部5级，主任医师。

张志伟　1954年生，杨柳青镇人。1970年参军，1975年任排长、副连长、副营长、营长。所领导的连队曾获“硬骨头六连式连队”称号。在任旅级干部期间，所在旅被军委授予集体二等功。1984年，晋升副参谋长、参谋长职。1989年1月，任司令部作战试验处副处长。1994年至2005年，任部队长、副参谋长、参谋长、副司令员（副军职）。先后参与“风云一号”气象卫星、资源卫星、“铱星”等发射试验任务，获国家航天基金奖、航天特别贡献奖。1992年被授予上校军衔，1996年晋升大校军衔，2002年晋升少将军衔。

万树芬　女，1957年生，王稳庄镇王稳庄村人。1976年参军，在空军北戴河疗养院任战士、技师。1990—1998年，任沈阳军区空军延吉机场护士长（副团职）。1998年，调任沈阳军区空军牡丹江机站政治处干事。2000—2005年，任沈阳军区空军某部政治部家属干事、政治处干事（副师职）。立三等功一次，先后获“学雷锋先进个人”等称号。编写《空勤家属百题知识回答》一书。在国家级、全军级刊物上发表学术文章20余篇。

二、经济界及其他人物

孙儒良　1931年生，王稳庄镇小孙庄村人。1955年，加入中国共产党。1960年起，担任村党支部书记、生产大队长等职。期间，带领村党支部一班人和群众走共同富裕道路，改土治碱，引污种稻，发展种植业和养殖业，建设成为全市最大的村级副食品基地。1983—1988年，连续三届获天津市劳动模范称号。1989年9月，作为农业系统全国劳动模范，出席全国劳动模范和先进工作者大会，参加国庆40周年庆祝活动。曾当选为天津市人大代表、西郊区人大代表、西郊区党代会代表、区委候补委员和区政协委员。

廉万春　1938年生，杨柳青镇人。出生在武术世家。1960年内蒙古师范大学体育系毕业后，先后在师范学校、中学和体委工作。组建伊金霍洛旗第一支武术训练队和田径队、男女篮球队等体育团体。1959年，作为内蒙古武术队一员，参加全国第一届体育运动会。1960年，出席全国第一届武术裁判培训班，同年参加全国武术大赛，在双手带进枪比赛中获得第三名。1963年，参加全国第二届体育运动会，作为运动员代表，受到毛泽东主席接见。1985年，被国家体委授予“中华人民共和国体育开拓者”证章、证书。廉万春多次担任内蒙古武术比赛总裁判长，担任全国四运会内蒙古武术队教练。1992年退休后，被伊金霍洛旗老年体育协会聘请为老年武术队教练。

聂秀康　1940年生，张家窝镇西闫庄村人。曾经担任天津市宏发集团公司（天津渤海化学总厂）党总支书记、董事长。1993年，宏发集团公司成立，企业产值增加到4.5亿元，利税增加到3360万元，出口交货值增加到1170万美元。1991年，被评选为全国乡镇企业家；1994年，被评选为天津市劳动模范；1996年，被授予全国劳动模范称号。

陈万宏　1943年生，精武镇陈台子村人。原为精武镇孙庄子中心小学教师。2002年退休后，担任孙庄子和南河镇中心小学校外辅导员，成立学校法制宣传教育工作室，组建精武镇“五五”普法文艺宣传队。编写创作法制相声、小品、三句半、快板等，教学生表演，或绘制成普法漫画。开展“我与父母同学法”“学法快递”活动，使家庭学法活动成为特色品牌活动。陈万宏曾获“全国法治教育模范个人”“平安天津志愿者标兵”称号；被授予“2006—2010年度全国法制宣传教育模范个人”称号。

张庆坤　女，1945年生，中共党员。1968年梨园头村下乡知识青年，1978年选调至李七庄供销社，后任供销社梨园头门市部副经理、经理。二十多年中，以优质服务为追求目标，一心扑在工作上，除因病住院外从未休过公休日。1986年、1988年、1990年分别被授予天津市劳动模范称号，1986—1996年连续获得天津市“七五”“八五”“九五”立功奖状，1988年被中华全国总工会授予“五一劳动奖章”。1989年被商业部授予全国商业特级劳动模范称号。2000年退休。2008年，获天津市妇联、市妇女儿童发展基金会表彰。

郑子行 1947年生，大寺镇芦北口村人，天津大桥焊材集团有限公司董事长兼总经理。在任期间，开辟天津市乡镇企业兼并国有大型企业先河。使天津大桥焊材集团有限公司成为集科、工、贸为一体的大型企业集团，拥有职工4230人，总资产4.2亿元；主导产品“大桥”牌电焊条、焊丝在国内市场保持30%的市场占有率，远销32个国家和地区。两次获天津市劳动模范称号，多次获得天津市优秀企业家称号。2002年，获得天津市特等劳动模范称号。2005年，获全国劳动模范称号。2009年，获天津市第二届“优秀中国特色社会主义事业建设者”称号。

孟庆玉 女，1949年生，辛口镇中辛口村人。1965年成为“赤脚医生”。1969年，被选为先进代表，到北京参加中华人民共和国成立二十周年国庆献礼，受到毛泽东主席接见。1971年，代表中国赤脚医生访问团出访阿尔巴尼亚、罗马尼亚等国家。出席全国中西医结合卫生工作大会，受到周恩来总理接见。1973年5月，代表中国赤脚医生，随中国代表团参加在日内瓦召开的第二十六届世界卫生大会并发言。1973年，在天津医学院学习深造，结业后担任公社（乡）、镇卫生院妇产科医生、妇产科主治医师、副院长。2004年退休。

张同生 1952年生，李七庄街宁家房子村人。曾任天津市宁发集团有限公司董事长兼总经理。在他带领下，2006年宁发集团公司及其所属企业总资产达55亿元，实现销售收入4.6亿元。将一个贫穷落后的小村建设成为经济发达，环境优美，文明富裕的新农村。1992年，张同生被授予天津市劳动模范称号，1994年和1996年连续两届被授予天津市特等劳动模范；2000年，被授予全国劳动模范称号。

房桂英 1955年生，西营门街王顶堤村人。1994年担任村党支部书记后，带领党员和群众，先后兴建和扩建红旗农贸批发市场、海产品批发市场、汽车交易市场、兴达配货交易中心等10个市场。使王顶堤村形成在全国有较高知名度的批发交易市场群，被评为全国十大市场之一。还建成当时天津市唯一的国家级农业高科技示范区。1996年和1998年，房桂英两次被授予天津市劳动模范称号。2002年，被授予天津市优秀共产党员。2007年，当选为天津市人大代表。

郭宝印 1956年生，李七庄街王兰庄村人。1978年，担任村党支部书记，带领村民走集体致富之路。1979年，建立第一个村办企业——王兰庄拔丝厂。至1990年建成企业15家，固定资产2300万元。1992年成立津兰企业总公司，1994年组建天津市津兰集团公司，郭宝印担任津兰集团公司董事长。此后，他带领全村群众发展第三产业，先后建立农贸批发市场、家电商城、汽车交易市场等专业市场。投资1000万元，建起村活动中心等文化体育娱乐场所。1993年，被推举为“天津市十大杰出青年”。1994年，被命名为“全国十大杰出青年”。1998年和2000年，郭宝印获天津市劳动模范称号。2002年，获天津市特等劳动模范称号。2004年，获得全国“五一劳动奖章”。2005年，获全国劳动模范称号。2009年，获“感动天津人物——海河骄子”称号。

牛星壮 1958年生，精武镇牛坨子村人。他任渤海石油钻探工程公司项目部钻井队队长期间，带领钻井队在国内外市场共打探井35口，成功承钻中国石油“九五”攻关项目“红9—1”井等一批中油集团、大港油田重点井。所带领的钻井队曾创下多项纪录，攻克世界性基钻井难题。牛星壮曾获全国“五一劳动奖章”“全国十大杰出工人”、全国劳动模范、天津市“十佳青年”、天津市“七五”和“八五”立功奖章获得者、天津市劳动模范、“天津市十佳模范党员”、天津市优秀共产党员和全国青年突击手称号。2009年，获“感动天津人物——海河骄子”称号。

王海龙 1964年生，中北镇中北斜村人。1998年担任村党支部书记后，勇于开拓创新，在发展经济、壮大集体资产和提高村民生活水平等方面成绩突出，中北斜村由落后村成为先进村。2004年和

2006年，王海龙两次被评选为天津市劳动模范。2010年，被授予全国劳动模范称号。

孙秀茹 女，1970年生，杨柳青镇人，杨柳青一中教师。2002年，孙秀茹主动申请赴新疆喀什工作。2003—2004学年，她承担高一年级两个班和高二年级4个班跨年级地理教学。2004年暑假，她放弃回津探亲机会，坚持给学生补课。援疆期间，多次被喀什二中评选为优秀教师、优秀共产党员和“巾帼建功标兵”。2004年被喀什地区评选为优秀共产党员。2005年，被授予天津市劳动模范称号。

三、文学艺术界人物

刘乃中 1921年生于北京。祖籍杨柳青镇。1939年，考入北平辅仁大学国文系，师从著名书法家启功，以篆书、隶书见长。后习篆刻，广摄众家神韵，独辟蹊径，以纯熟圆润的刀技自成一家。作品被选入毛主席纪念堂、中南海、军事博物馆等处收藏。为中国书法家协会会员、吉林省书法家协会名誉主席、西泠印社社员、吉林省文史馆馆员。作品入选全国第三届书法篆刻展览和当代大陆书法精英展。篆刻作品收入《全国首届篆刻艺术作品集》。在台湾出版《刘姬中印存集》、西泠印社出版《刘乃中书法篆刻集》。曾获吉林省长白山文艺作品奖及成就奖、中国书法家协会德艺双馨奖等多项奖项。被选入吉林市名人馆。

王学勤 1925年生，张家窝镇宫庄子村人。生长在一个画匠家庭，自幼受杨柳青年画绘画艺术熏陶，尤其对画“缸鱼”情有独钟，绘制“缸鱼”60余年，画作保持传统杨柳青年画木版印刷、手工着色工艺，沿用祖上传下的画板和制作工具。成为传承此门手艺的唯一传人，被称为“民间艺术大师”。

戴敬勋 1927年生，杨柳青镇五街人，为杨柳青年画创始人戴氏家族的第19代传人。50年代，发起杨柳青年画木版收集抢救工作，找到数百个画样画版，收藏于天津历史博物馆。1987年，出任杨柳青博物馆（石家大院）筹建组组长，带领员工边维修、边征集文物、边开馆。1989年离休后，一直担任杨柳青博物馆（石家大院）顾问。整理撰写“杨柳青戴廉增老画店制画工艺流程”密贴。2001年，被天津市委评为优秀共产党员。2004年，被评选为天津市文明市民标兵。2008年，被评为天津市关心下一代优秀工作者。

白 旭 女，1930年生，杨柳青镇人。1949年后，先后担任小学、师范、中学进校教师，多次在市、区作观摩课、示范课、录像课等。1987年，所讲古典诗词录像课获全市第一名。1982—1990年，连续被选为天津市第九、十届人大代表，西郊区第八届人大常委会常委、第九届区人大常委会副主任。1988年，被评为中等专业学校高级讲师，获天津市“老有所为”奖。1988年退休后，一直为区老年人大学讲解文史课。1995年春，获天津市教育系统关心下一代工作先进个人称号。

尔宝瑞 1950年生，祖籍杨柳青镇，天津美术学院教授。尔宝瑞自幼酷爱画画，接受严格的写实艺术训练。到内蒙古插队期间，给老乡们画像上万幅。1992年，应河北省清东陵文物处之邀制作系列清代人物蜡像。研究出全套制作技法，独创的蜡像工艺技术，以超写实美术功底和极强造型能力受到普遍好评。1997年，尔宝瑞应中国伟人蜡像馆委托，为邓小平等系列伟人塑蜡像。相继塑造毛泽东、周恩来、鲁迅、齐白石、萨马兰奇等中外名人蜡像。2008年北京奥运会期间，创作《重生永恒》蜡像，使百年奥运的八位奥运会主席“聚集一堂”，受到国际奥委会主席萨马兰奇和罗格的高度赞扬，作为大会上万件艺术品中唯一藏品，被永久保留在瑞士洛桑的奥林匹克博物馆中。尔宝瑞成为中国伟人蜡像馆首席蜡像师，被联合国教科文组织授予全球唯一的“国际艺术大师”称号。

苏长来 1958年生，杨柳青人，出生在武术世家。1977年考取天津市体育学院。毕业后被到天津大学任教。后任天津理工大学体育教学部主任，带领学校武术队参加国际、国内重大比赛共夺得金牌145枚。多次受国际武联指派，到澳大利亚、加拿大等国家和地区承担培训讲学任务。多次受担任国际、国内重大赛的裁判长、总裁判长。曾获2005—2009年全国武术“十佳裁判员”称号、天津市“八五”“十五”立功奖章、“天津市五一劳动奖章”。2010年，获天津市劳动模范称号。为天津理工大学体育教学部教授、国际级武术裁判、全国劳动模范，享受国务院特殊津贴专家。任中国武术协会副主席、天津市武术协会主席、中国大学生体育协会民族传统体育分会和跆拳道分会秘书长。

第二节 客籍人物

一、劳动模范

芦德永 1965年生，蓟县下窝头镇人，西青区畜牧水产良种站畜牧兽医师。多年从事培训和畜牧养殖技术辅导接待、解答和特殊病例处理工作。2003年，被科技部授予“全国‘双学双比’优秀科技工作者”。2004年，被授予天津市劳动模范称号。

二、党政界人物

于焕文（1930—2005） 出生于河北省黄骅市。1948年参加工作，曾任天津县后勤指挥部会计。新中国成立后，任天津县五区区公所民政助理员，1951年4月，任中共天津县委组织员。1953年5月至1958年9月，任津西郊区、西郊区工委办公室研究员、办公室主任等职。1960年至1962年2月，任杨柳青镇长、代理党委书记。1962年后，历任中共西郊区宣传部副部长、文教卫生局长、卫生局长兼党委书记、区委党校校长等职。1987年3月，任政协西郊区常务委员会副主席、党组书记。1993年12月离休后，任政协西青区委员会政协文史委员，并被聘为《西青区志》编修委员会顾问，主持整理《杨柳青石氏家庭兴衰录》，主编《津西文史资料选编》《津西古今采珍》等书。

张崇智（1935—1990） 出生于河北省昌黎县。1953年7月至1954年8月，在河北省河间县农林局工作。1958年，赴北京农业大学深造。毕业后调至西郊区农林局工作，任技术员。1968年10月，被下放到天津104干校参加生产劳动。1973年3月，调回西郊区良种繁殖场工作，先后任副主任、副科长、副场长。1981年，调任西郊区区划办公室副主任。后出任西郊区计划委员会副主任。1983年10月，任区委副书记、代理区长。1984年9月至1986年8月，任西郊区区长。1986年9月，任区委书记。

三、文化界人士

徐乃华 女，1955年生，天津市和平区人。2001年被任命为西青区文化馆馆长。在从事群众文化工作30年中，经她培训的文化队伍上千支，经她辅导的队员数万人，为基层创作的文艺作品有数百件。80年代，她以杨柳青年画为素材创作的舞蹈节目《连年有余》《五子夺莲》等作品获国家级大奖。退休后，仍不懈从事文化工作。2002年，被西青区命名为第二届专业技术人才拔尖人才；2008年度，获“感动西青十佳人物”称号。

王　静 女，1968年生，天津市区人，西青区张家窝中学教师。王静女儿患脑瘫病，丈夫患多种慢性病，她克服种种困难，长期坚守在教学第一线，从不耽搁一节课，孩子病逝当天，仍给学生上课。王静先后被评为天津市优秀教师、“天津市普教系统优秀教师思想政治工作者”，获天津市“九五”立功奖章、天津市第二届“学生最敬佩的老师”十佳奖，被评为“天津市‘三八’红旗手”。2002年，获天津市劳动模范称号。2005年，获天津市“十五”立功奖。

第四章 人物名录

本章记述本志时限内全国劳动模范、全国“五一劳动奖章”获得者及正高职称人物。

第一节　全国劳模 五一劳动奖章获得者

1996—2004年西青区全国劳动模范、全国“五一劳动奖章”获得者一览表

表33-1

姓名	性别	工作单位	授予称号	批准单位	获奖年度
聂秀康	男	天津市宏发集团有限公司	全国劳动模范	国务院	1996
张同生	男	天津市宁发集团有限公司	全国劳动模范	国务院	2000
郭宝印	男	李七庄街王兰庄村	全国劳动模范	国务院	2004
郑子行	男	大寺镇大桥集团	全国劳动模范	国务院	2004
王海龙	男	中北镇中北斜村	全国劳动模范	国务院	2010
张庆坤	男	李七庄乡	全国五一劳动奖章	全国总工会	1988
张克茹	女	大寺乡大任庄小学	全国五一劳动奖章	全国总工会	1990
郭宝印	男	李七庄街王兰庄村	全国五一劳动奖章	全国总工会	2004

第二节　高级职称

1979—2010年，西青区正高级职称情况一览表

表33-2

单位	姓名	性别	出生年月	职称
宾水医院	庞华伟	男	1937年1月	主任医师
宾水医院	杨建东	男	1950年1月	主任医师
杨柳青镇社区卫生服务中心	张凤苓	女	1951年3月	主任医师
杨柳青镇社区卫生服务中心	冯家玉	男	1939年11月	主任医师
区疾病预防控制中心	刘树森	男	1946年2月	主任医师
区疾病预防控制中心	谢连宏	男	1968年2月	主任医师
西青医院	郗文珺	女	1939年8月	主任医师
西青医院	刘友林	男	1938年12月	主任医师
西青医院	林昆	男	1934年2月	主任医师
西青医院	杨大春	男	1933年10月	主任医师
西青医院	杨明星	男	1930年2月	主任医师
西青医院	周凤麟	男	1940年4月	主任医师
西青医院	任锡华	男	1941—06月	主任医师
西青医院	薛恩彬	男	1950年2月	主任医师
西青医院	樊建辉	女	1958年7月	主任医师
西青医院	薛春海	男	1955年1月	主任医师
西青医院	马恒娟	女	1958年8月	主任医师
西青医院	赵仁贵	男	1956年10月	主任医师
西青医院	郭洪山	男	1958年12月	主任医师
西青医院	王瑞芹	女	1966年5月	主任医师
西青医院	杜玉青	女	1964年2月	主任医师
西青医院	刘庆利	女	1967年10月	主任医师
西青医院	王可良	男	1963年10月	主任医师
西青医院	杨玉萍	女	1964年6月	主任医师
西青医院	尔启东	男	1962年11月	主任医师
西青医院	纪振梅	女	1968年7月	主任医师
西青区畜牧水产业发展服务中心	瞿庆顺	男	1947年4月	研究员

续表

单位	姓名	性别	出生年月	职称
区农业技术推广站	李树清	男	1938年10月	研究员
西青区文化馆	郭忠萍	女	1952年10月	研究馆员
西青区文化馆	吴国恒	男	1956年3月	研究馆员

第三节 立功退役军人

1979—2010年，西青区籍大批在役军人立功受奖，本志为获二等功以上退役军人列表。

西青区籍荣立二等功及以上退役军人情况表

表33-3

姓名	性别	民族	出生日期	入伍时间	退伍时间	服役部队	立功情况
高进福	男	汉	1952.06	1973.01	1977.03	86550部队	一等功
王必胜	男	汉	1966.05	1984.11	2010.08	66319部队	一等功
王　勇	男	汉	1978.11	1996.12	1999.12	武警云南省德宏边防支队	一等功
王致敬	男	汉	1923.01	1946.04	1979.01	解放军北京军区怀柔某部	二等功
张恩贵	男	汉	1928.07	1945.08	1955.01	51033部队	二等功
郭富海	男	汉	1929.11	1947.02	1958.04	0132部队	二等功（大功）
杜庆义	男	汉	1929.01	1947.08	1984.05	66319部队	二等功
许龙超	男	汉	1932.11	1950.06	1981.09	空军天津医院	二等功
沈世明	男	汉	1942.11	1960.03	1964.03	8077部队	二等功
孙成库	男	汉	1949.03	1969.04	2004.07	天津市公安消防局	二等功
李继生	男	汉	1954.05	1969.01	2003.03	93017部队	二等功
高天武	男	汉	1958.06	1976.12	1995.08	51414部队	二等功
殷延宏	男	汉	1962.01	1979.06	2006.04	93619部队	二等功
张宝华	男	汉	1963.06	1982.12	2003.12	66109部队	二等功
白润亮	男	汉	1963.12	1982.10	2007.12	66319部队	二等功
姚春福	男	汉	1964.10	1982.11	1988.01	35185部队	二等功
赵贵友	男	汉	1965.1	1983.08	2009.08	66319部队	二等功
王　恒	男	汉	1967.03	1987.11	1990.12	河北省秦皇岛消防支队	二等功
高　伍	男	汉	1967.06	1986.12	1991.12	51419部队	二等功
刘咏梅	女	汉	1969.06	1987.11	1991.12	54676部队	二等功
尚树清	男	汉	1969.11	1987.11	1991.12	51371部队	二等功
张于臣	男	汉	1970.06	1987.11	1991.12	51321部队	二等功
卢克超	男	汉	1970.12	1990.03	2005.07	66319部队	二等功
陈志海	男	汉	1971.09	1990.12	1994.12	86293部队	二等功
靳红利	男	汉	1971.11	1989.03	1993.12	54691部队	二等功
张会荣	男	汉	1971.11	1989.03	1992.12	51059部队	二等功
宋广全	男	汉	1975.08	1993.12	2007.12	66319部队	二等功
邹佩峰	男	汉	1975.09	1993.12	2010.07	武警天津总队某支队	二等功
高海鹏	女	汉	1976.01	1994.12	1998.12	52966部队	二等功
赵恒龙	男	汉	1976.02	1995.12	1998.12	81200部队	二等功
陈宝杰	男	汉	1977.07	1996.12	1999.12	武警云南省德宏边防支队	二等功
高　博	男	汉	1979.01	1998.08	2010.03	66481部队	二等功

注：表中所录军人服役时间至2010年

附 录

西青区国民经济和社会发展规划文件汇编书影

一、规划纲要

西青区国民经济和社会发展第十一个五年规划纲要

2006—2010年，是西青区经济和社会发展承前启后、继往开来的重要时期，是全面建设小康社会、率先基本实现现代化的关键时期。总结过去，筹划未来，认真编制和实施好国民经济和社会发展第十一个五年规划，对于抓住历史机遇，全面提高国民经济整体素质，推进三个文明协调发展，构建社会主义和谐西青，具有非常重要的意义。根据《中共天津市西青区委关于制定西青区国民经济和社会发展第十一个五年规划的建议》，制定本规划纲要。

一、“十五”计划执行情况回顾

“十五”期间，在国际国内环境发生重大变化的形势下，全区人民高举邓小平理论伟大旗帜，认真践行“三个代表”重要思想，牢固树立和落实科学发展观，抢抓机遇，开拓进取，圆满完成了“十五”计划确定的主要任务，国民经济和社会事业都取得了令人瞩目的成绩。

（一）国民经济保持健康快速发展

我区认真贯彻落实市委、市政府的各项重大战略部署，坚持“以科技为先导，多轮驱动，多业并举，大力发展城郊型经济”的经济工作思路，积极构筑开放式经济新格局，全区经济进入了快速健康协调发展的轨道，“十五”计划确定的主要经济目标提前一年实现。生产总值达到172亿元，是“九五”末的2.4倍，年均增长19%；三级财政收入达到33亿元，是“九五”末的4.3倍，年均增长34%，其中区级财政收入达到13.6亿元，是“九五”末的3.8倍，年均增长30%；固定资产投资累计完成110亿元（市口径），年均增长25%；农民人均纯收入达到8850元，年均增长10.2%。

经济结构得到不断优化。三次产业比重达到4：58：38，非公有制经济占全区经济比重达到65%。农业结构调整进一步深化，蔬菜播种面积扩大到14万亩，比2000年增加了1万亩，棉花、鲜食玉米、花卉、牧草等高效经济作物播种面积达到6万亩，比2000年增加了5.1万亩，无公害养殖基地达到22个，比2000年增加了16个，粮经比例达到40：60，种养比例达到45：55，精武集团等4个产业化企业进入市级重点龙头企业行列。工业整体素质明显提高，坚持以打造六大产业基地为目标，加大了技术改造和产权制度改革力度，全区投入21.5亿元，实施技术改造413项，基本完成了集体企业的第一轮产权制度改革，企业素质明显提高，市级名牌产品达到19个，160家企业取得了ISO—9000国际质量体系认证，初步形成了以电子信息、汽车零部件、生物医药为支柱，以精细化工、金属制品、机械制造为基础的新型工业体系，2005年预计完成工业增加值98.8亿元，是2000年的2.5倍。第三产业快速发展，建成了广汇商厦等一批规模大、档次高的商业设施，年交易额达100亿元，建设了杨柳青明清街、天津热带植物观光园等一批新景点，五年全区接待中外游客近千万人次，新建续建了南方物流等大型现代物流企业，形成了开发区、外环线、西青道三个物流基地，现代服务业格局初具规模。个体私营经济发展态势良好，已经遍布加工制造、交通运输、餐饮服务等各个领域，年营业收入千万元以上企业达到90家，亿元以上企业9家。

对外开放取得突破性进展。“十五”期间，我区紧紧抓住对外开放这个牵动西青发展全局的关键，全区上下齐心合力促开放，掀起了招商引资热潮。五年新增外商投资企业391家，吸引外资22亿美元，是“九五”期间的1.8倍，外资到位13.5亿美元，是“九五”期间的2.8倍。到目前，全区累计吸引外资达到43亿美元，外资到位22.5亿美元，跨国公司达到50家，世界500强企业达到13家，初步形成了以开发区为龙头、以街镇工业园为依托的开放格局。西青开发区和街镇工业园开发面积达到36.5平方公里，建设标准厂房262万平方米。西青开发区充分发挥龙头带动作用，突出主导产业招商，加快发展电子信息、汽车零部件、生物医药等重点行业，被国家信息产业部确定为全国九大信息产业基地之一。街镇工业园从无到有，不断完善基础设施建设，结合自身特点，努力打造本街镇的产业优势，规划建设了汽车零部件、轻工产品、金属制品、精密机械制造、蓝星石化循环经济五个产业密集区。目前，三资企业已成为拉动全区经济增长的重要力量，销售收入、增加值和税收等指标占全区工业的比重均达到36%以上。

（二）城镇面貌发生巨大变化

我们坚持“规划设计高标准、因地制宜有特色、科学布局配套建设、多元投资综合开发、管建结合提高水平”的原则，下力量改造了杨柳青镇，加快建设了张家窝、大寺、中北三个新镇，初步形成了较为完整的西青新城体系。五年来，投入120亿元，建成了杨柳青广场，恢复了京杭大运河景观，新修改造了友谊路延长线、柳口路等道路37条、76万平方米，建设高标准农民住宅200万平方米，开发商品房300万平方米，建成了西青经济发展服务中心等一批功能齐全、设施完备的公建设施。自来水、天然气全部引入镇区。全区城市化率由36%提高到55%。

生态环境得到明显改善。以创模为契机，实施了“蓝天”、“碧水”等六大环保工程，投资3.2亿元对164个污染项目进行了治理，环境质量得到显著改善。投资4.8亿元用于道路整治和绿化美化，新增绿化面积318万平方米，建成区垃圾无害化处理率达到80%，垃圾清运、主干道机扫率、水洗作业率达到100%，全区市容环境呈现了崭新的面貌，我区被命名为市级卫生区，杨柳青镇、中北镇、张家窝镇、大寺镇被命名为市级卫生镇，21个自然村被命名为市级卫生村。杨柳青镇、中北镇、大寺镇被命名为“全国环境优美镇”。杨柳青御河景区被评为“津门新十景”之一。

（三）社会各项事业全面进步

五年来，全区累计投入8亿多元用于新项目的研究与开发，科技贡献率由2000年的49.5%提高到56%，累计承担市级以上科技项目166项，累计申请专利达1260余件。实施了新一轮教育布局调整，新建改造了杨柳青一中、实验小学等一批高标准的中小学校，“双高普九”任务基本完成，教育教学改革全面推进，教育教学质量进一步提高，高考本专科一次上线率比2000年提高12个百分点，我区获“全国两基工作先进区”称号。全面实施了人才强区战略，在人才培养、选拔使用方面出台了一系列政策，干部人事制度改革不断深入，人才队伍建设不断加强，人才环境进一步优化，建成了区人才市场。实施了财政体制改革，建立了街镇一级财政。文化事业蓬勃发展，打造了杨柳青民俗文化旅游节、“颂祖国、赞西青”文艺大舞台、“六个百”系列文化工程等三个文化品牌，杨柳青民间艺术复兴工程全面展开，成功举办了杨柳青年画进京展，杨柳青木版年画被国务院列入“国家非物质文化遗产项目”，杨柳青镇荣膺“中国魅力文化传承名镇”桂冠。全区计划生育率稳定在99.8%以上，出生性别比偏高问题得到有效控制，被评为全国计划生育优质服务先进区。群众性体育活动丰富多彩，圆满完成了第五次人口普查和第一次经济普查。我区被命名为全国双拥模范城。广播、妇女儿童、人防、档案、民族、宗教等各项事业健康发展。

人民群众生活质量不断提高。农民人均纯收入年均增长保持在10%以上，城乡居民恩格尔系数比2000年下降7个百分点，达到35.5%。卫生医疗防控体系得到加强，取得了抗击非典的重大胜利，全面推行了新型农村合作医疗，有效解决了农民因病致贫、因病返贫的问题，投资560万元，为全区农民进行了高质量健康体检。进一步完善了社会保障和救助体系，出台了《关于进一步完善社会救助体系建设的实施意见》，建立了低保标准的自然增长机制，农村低保金标准达到每人每年2100元，居全市最高水平，享受政府低保的农村残疾人生活补贴进一步提高，实现了应保尽保。高度关注弱势群体，强化了无障碍设施建设。大力实施再就业工程，建成了区劳动力市场，安置下岗失业人员1.2万人次，转移农村剩余劳动力1.3万人次。认真落实中央和天津市的各项扶农政策，自2004年开始累计发放粮食、良种、农机三项补贴资金785万元。积极稳妥地推进了农村税费改革，取消了农业税及附加，全区农民每年减负747万元。历年改善人民生活十项工作圆满完成。

（四）精神文明和民主法制建设不断加强

大力推进《公民道德建设实施纲要》，积极倡导社会公德和诚信意识，全面加强和改进未成年人思想道德建设，广泛开展群众性精神文明创建活动。民主法制建设日益完善，区政府充分尊重人民当家作主的权利，自觉接受区人大的法律监督和区政协的民主监督。村级基层政权建设进一步加强，圆满完成"四五"普法工作，社会治安综合治理进一步强化，依法严厉打击各类犯罪活动。妥善办理群众来信来访，坚持公仆接待日和为民服务网络热线制度，建立和完善了预警排查、访诉分流等各项机制，调处了一批热点难点问题。强化了安全生产工作。全区继续巩固了政治安定、社会稳定的良好局面。我区连续三次被评为全国社会治安综合治理优秀地市，并获得首届"长安杯"，成为全国22个治安状况最好的地市之一。

经过"十五"计划的实施，全区综合实力大为增强，改革和发展的经验日益丰富，驾驭和调控经济发展的能力显著提高，人民生活质量得到明显改善，为今后的发展奠定了坚实的基础。

二、"十一五"面临的新形势

"十一五"期间，国际政治、经济格局面临着重大调整，国内经济和社会也处在重要的转折时期。我区将面临加入WTO后国际经济一体化、可持续发展的资源和环境压力、外部经济环境的不确定和不稳定因素增多等新形势。

从国际环境看，世界经济将在波动中继续保持一定速度的增长。经济全球化趋势日益增强，科技革命日新月异，信息、生物、新材料等高技术及其产业化孕育着新的重大突破，网络化深刻影响并改变着人类生产和生活方式，新经济特征更加明显，国际分工格局发生重大变化。

从国内环境看，国民经济发展将在今后较长一段时间内呈现以下特征：一是深层次改革将全面推进，社会主义市场经济体制趋向完善，资源配置效率进一步提高，买方市场将成为经济生活中的常态，扩大内需成为经济发展的主导因素。二是经济增长方式将发生实质性的转变，科技创新和技术进步在经济增长中将发挥主导作用；有效地实现结构升级是经济增长的根本途径；营造一个良好的发展环境，形成智力、资金、资源的聚集效应，将是提高一个地区竞争力的前提。三是市场竞争将异常激烈，由于国内出现明显的市场需求约束，加入WTO后使国际竞争国内化，使得市场环境的严峻程度高于以往任何时期，竞争将在各个领域和不同层面展开。四是随着国家西部大开发战略的实施，使得中西部地区发展速度加快，区域经济均衡发展的力度加大，区域经济联系更加密切，经济发展孕育着新的机遇。

从天津市看，多年来，改革开放和现代化建设取得了显著的成就，经济保持快速增长，综合实力明显增强。各项改革不断深化、对外开放进一步扩大、居民收入明显增加、生活水平不断提高、城市建设不断加快、各项事业全面发展，"三五八十"奋斗目标的提前实现，都为天津市今后的大发展奠定了坚实基础。特别是党的十六届五中全会，把推进天津滨海新区的开放开发提到了重要的议事日程，写入了《中共中央关于制定国民经济和社会发展第十一个五年规划的建议》，明确提出"继续发挥经济特区、上海浦东新区的作用，推进天津滨海新区等条件较好地区的开发开放，带动区域经济发展"，由城市发展战略上升为国家发展战略，由全市的经济增长点转变为带动区域发展的重要力量，天津城市地位和影响得到空前提升。市委八届八次、九次全会又进一步强调指出，要把滨海新区建设成为立足天津、依托京冀、服务环渤海、辐射"三北"、面向东北亚的重要经济增长极，为滨海新区的发展描绘了宏伟的蓝图。可以预见，天津跨越式发展的时机已经到来，紧紧抓住、充分用好这一历史机遇，提高自我发展的整体竞争力是摆在我们面前的主要任务。滨海新区建设不仅对天津市的整体环境将是一个提升，而且对环渤海地区乃至北方地区的辐射带动效应将会不断扩大，这样势必带动全市各地区、各行各业的结构调整、产业升级和环境改善，促进全市城乡经济社会统筹发展。我区与滨海新区毗邻，天津微电子工业区坐落在我区，西青开发区被纳入了滨海新区电子组团，使我区与滨海新区联系更加紧密，我们将是滨海新区开放开发的直接受益者。我们一定要自觉地把自己摆进滨海新区开放开发的大格局中，进一步强化"高水平是财富、低水平是包袱"的理念，以更加积极的姿态围绕滨海新区，借助滨海新区，服务滨海新区，融入滨海新区。

三、我区发展的基础条件和面临的问题

面对"十一五"期间的新形势和新任务，必须客观、冷静地分析我区在经济和社会发展方面的优势和不足，对未来五年我区的经济和社会发展作出准确定位，进一步理清发展思路，把握好机遇，调动一切积极因素，应对各方面的挑战。

（一）经济社会发展的基础条件

——我区是天津市的近郊区，多条铁路、公路穿越我区，路网密集，交通便利。我区地处中心城区的上风向，空气好、污染少、水面多，适宜旅游、居住。当前，天津滨海新区正提速发展，西青开发区、微电子工业区被纳入滨海新区大寺电子工业组团，同时杨柳青、中北、张家窝三镇被定位为"西青城区"，这些因素势必使我区成为"十一五"期间环渤海经济发展的重要地区。

——我区经济实力较为雄厚。目前已经确立了以现代制造业为主导的产业发展走向，传统乡镇企业在经过改制以后又重现活力，形成了以开发区为龙头、街镇工业园为依托的开放格局，投资软硬环境不断完善，形成了具有比较优势的产业承载能力。另外，以完善公共行政服务体系和产业发展功能为主体，完成了区经济发展服务中心、保税仓建设，引入了海关办事处和各类中介服务组织，健全了开发区及工业园物业服务和安全保障服务体系，投资环境已具有明显的西青特色。

——我区文化底蕴深厚，是天津市重点打造的民俗生态旅游区。区政府所在地杨柳青是有千年历史的文明古镇，2005年被评为中国魅力文化传承名镇。杨柳青年画享誉中外，民间艺术复兴工程使风筝、砖雕、剪纸等民间艺术重放异彩。我区旅游资源丰富，近年来先后恢复和建成旅游景点12个，其中，石家大院被誉为华北第一民宅，中北热带植物观光园是亚洲面积最大的室内观光园，辛口千佛寺独具特色，杨柳青镇旅游板块被市政府纳入"近代中国看天津"12个旅游板块之一。同时，我市高新技术产业园和多所高校坐落区内，科教氛围浓厚，人才洼地效应明显。全区治安环境良好，民风淳朴，百姓安居乐业。

——我区政通人和。多年来，在市委、市政府和区委的领导下，全区上下同心同德，万众一心，经济和社会生活的各个领域都呈现出勃勃生机。全区各级领导干部和工作人员注重学习、努力工作、廉洁务实、精诚团结。同时，区政府出台了一系列促进经济社会进步的政策和措施，使全区加快发展的热情空前高涨。

（二）经济社会发展面临的问题

西青经济和社会发展中还存在许多不可忽视的矛盾和问题。主要是：经济增长方式还比较粗放，循环经济的发展水平较低，土地和能源对经济发展制约较为严重；结构调整任务还很艰巨，产业规模不够大、产业关联度不够高、资源和区位优势利用的不充分的问题比较突出；地区之间发展不够平衡，社会保障体系还不够健全，公共资源建设不够完善，有的地方还存在不稳定因素，构建和谐社会任务相当繁重。对这些问题，必须高度重视，在今后的工作中认真加以解决。

四、"十一五"规划的指导思想及原则

"十一五"期间，西青区国民经济和社会发展总的指导思想是：以邓小平理论和"三个代表"重要

思想为指导，认真贯彻党的十六届五中全会和市委八届八次、九次全会精神，全面落实区委八届六次全会的总体要求，坚持以科学发展观统领经济社会发展全局，按照“全面建设小康社会、率先基本实现现代化，努力构建三个文明协调发展的和谐西青”的总体目标，加快推进社会主义新农村建设。坚持发展这个党执政兴国的第一要务，紧紧抓住国家加快建设滨海新区的重要战略机遇，以改革开放和技术创新为动力，以提高自主创新能力为重点，切实转变经济增长方式，全方位构筑开放式经济新格局。坚持以人为本，不断增加城乡居民收入，改善人民生活，努力把西青建设成为经济发达、文化先进、环境优美、社会和谐、人民幸福的先进地区。

——必须加快对外开放。要坚定不移地以开放求发展，靠开放增实力，向开放要活力，加快构筑开放式经济新格局。要把对外开放贯穿于全区经济社会发展的各个领域、各个环节，以全球视野来谋划西青发展，全方位集聚国内外优势，提高竞争力，建立更具活力、更加开放的经济体系。

——必须加快转变经济增长方式。要以提高质量和效益为目标，优化经济结构，提升技术水平，建设节约型社会，大力发展循环经济，走新型工业化道路，推动经济从量的扩张向质的提高转变，在提高质的基础上实现量的新扩张。

——必须加快提高自主创新能力。要坚持科教兴区和人才强区战略，大力发展科技和教育，不断提高科技进步对经济增长的贡献率；培养造就高素质的人才队伍，制定实施自主创新战略，大力提高原始创新能力、集成创新能力和引进消化吸收再创新能力。下力量提高劳动者素质，在全区营造良好的创新氛围。

——必须加快促进协调发展。要在保持较快经济增长速度的同时，更加注重提高经济增长的质量和效益，更加注重不同区域之间的协调发展，充分发挥经济发展较快地区的辐射带动作用，推动不同地区优势互补、互动发展，形成全区协调发展的新格局。

——必须加快改革步伐。要坚持社会主义市场经济改革方向，加大改革攻坚力度，突破体制机制瓶颈，突出制度建设和体制创新，形成一整套有利于促进经济社会全面协调可持续发展的体制机制。同时，要把改革的力度、发展的速度和社会的承受程度有机结合起来，保持社会稳定。

——必须加快推进和谐社会建设。要在加快经济发展的同时，更加重视社会发展和进步，加快社会事业发展，关心和改善人民群众生活，实现、维护和发展好群众利益，注重社会公平正义，妥善协调各方面利益关系，促进社会稳定和谐。

五、“十一五”期间的奋斗目标

“十一五”期间，我区要继续以全方位扩大开放、构筑开放式经济新格局为中心，以体制创新、机制创新和科技创新为动力，全面提升三次产业水平，完善生产、居住、休闲、商贸、文教等城市功能，努力将我区建设成为经济发达、文化先进、环境优美、社会和谐、人民幸福的先进地区。“十一五”期间，经济社会发展的主要奋斗目标是：

——经济发展方面。到2010年，确保生产总值年均增长15%，比“十五”末翻一番；三级财政收入达到82亿元，年均增长20%，其中区级财政收入34亿元，年均增长20%；全区固定资产投资年均增长20%；实际利用外资额4.6亿美元，年均增长20%；内资到位额66亿元，年均增长20%。

——城市化方面。继续推进杨柳青镇区改造，努力把杨柳青建设成集旅游、商贸、人居为一体的现代化新城区。加快大寺、中北、张家窝三个新镇建设，带动辛口、南河、王稳庄三个镇的发展，努力提高全区城市化水平。到2010年，全区新增农民住宅260万平方米、商品房340万平方米；新建改造城区道路116公里，建成区绿化率达到45%，城市化率达到70%。

——提升科教水平方面。充分利用区内高新区和大学城两大科教高地，合力打造天津市新型科教基地，借势提升我区的文明水平及城区地位。到2010年，科技综合实力进入全国先进区县行列，科技进步对经济增长的贡献率要提高到66%以上。努力降低能源消耗，2010年全区单位地区生产总值能耗比“十五”末降低20%以上。

——改善人民生活方面。在健全六条社会保障线的基础上，探索构建现代卫生服务、社会救助、社区建设、养老服务、社会福利和残疾人社会保障、社会公共安全保障等六大社会服务体系，把社会各项事业推向更高水平。年均人口自然增长率控制在3.4‰以内。到2010年，全区农民人均纯收入将达到14200元，城镇住宅热化率和楼房气化率均达到100%，新型农村合作医疗参合率达到90%以上。

六、“十一五”期间经济社会发展主要任务

（一）加快结构调整，构筑开放式经济新格局

“十一五”期间，要把结构调整作为经济发展的中心任务，坚持以市场为导向，以提高效益为目标，以增强竞争力为重点，积极促进经济结构由适应性调整转向战略性调整。

1、继续实施开放带动战略，提升对外开放水平

紧紧抓住扩大开放这个牵动西青发展全局的关键，充分利用国际国内两个市场、两种资源，大力推进对内对外开放。要把开放贯穿于整个经济建设的全过程，以开放促改革、促调整，统筹各次产业和多种所有制经济的发展，再创西青经济发展的新优势。要抓住当前滨海新区开发开放的有利时机，进一步扩大招商引资领域。充分借助国家不断放宽外资政策的良好机遇，努力提高商贸物流、房地产、旅游和产业化农业的对外开放水平。要注重研究国际经济形势的新特点、新变化，在强化日本、韩国、台湾等亚太地区招商引资工作的同时，有针对性地加强对欧盟、北美国家国际资本流动趋势的研究，通过主动出击，定向招商，引进更多的国际资本和先进技术，推动结构调整和产业升级，打造现代制造业基地，形成西青发展的新支柱，做大做强全区经济。“十一五”期间，吸引国际知名跨国公司达到80家，投资1亿美元以上外商投资企业达到10家，1000万美元以上的50家。

突出发展重点产业，打造产业集群。开发区要进一步强化龙头地位，带动全区产业招商。紧紧抓住被国家首批纳入电子信息产业基地的契机，围绕电子信息、汽车零部件、生物医药等主导产业加快招商，延伸产业链，努力打造完备的产业集群。要充分发挥产业集聚优势，使开发区电子信息产业以年均30%以上速度增长，到2010年，实现产值200亿元以上，做强芯片制造封装、电子元器件、手机配套、消费类电子产品四个行业，成为天津市投资规模最大、资金密度和技术含量最高、产业链最完备的电子信息产业基地；汽车及零部件制造业以年均25%以上速度增长，到2010年，实现产值200亿元，成为天津市最主要的汽车零部件产业基地之一；生物医药产业以年均30%的速度增长，到2010年实现产值90亿元，成为我区新兴的支柱产业。

街镇工业园要按照“统一规划、集约开发、构筑优势、形成特色”的原则，合理调整工业布局，围绕自身优势产业延伸产业链，重点打造五个产业密集区。杨柳青、中北汽车零部件密集区，重点做大做强电装空调、星光橡塑等骨干企业，引进发展汽车电子电器生产企业，完善产业链；西营门轻工产品密集区，重点引进不锈钢制品企业，吸纳电动自行车零部件企业，发展特色包装印刷业；王稳庄黑色金属压延及金属制品密集区，按照市场发展搞好产需衔接，完善产业链，培育小五金龙头企业，打造自有品牌；侯台精密机械制造密集区，重点发展高档汽车零部件的专用模具制造、轻工机械制造和数控机械设备制造业；蓝星石化循环经济示范区，以蓝星集团为龙头，引进和发展“油头化尾”产品企业，搭接工业生态链，形成相对独立的循环体，建立绿色工业基地。

要进一步强化载体建设。扩大开发区、街镇工业园载体功能建设的外延，加大生活配套区、商贸服务区等综合配套设施建设力度。提高开发区与工业园在规划、招商、发展中的协调一致性和产业关联度，增强全区对外开放的整体合力。要着力提高利用资金质量，合理利用土地资源，开发园区建设项目容积率一般不低于1.2。到2010年，全区工业园区规划面积达到42平方公里，建设标准厂房300

万平方米。其中开发区规划面积达到22平方公里，土地投资强度一般不低于800万美元/公顷，每公顷土地综合税收不低于300万元；街镇工业园规划面积达到20平方公里，土地投资强度一般不低于400万美元/公顷，每公顷土地综合税收不低于200万元。

2、坚持改革创新，提高工业整体素质

面对新形势、新任务，要实现我区经济的健康快速协调发展，着力点在创新，切入点在改革。

要继续推进以产权制度为核心的企业改革。进一步调整企业产权结构，加快集体股份的退出和个人股份的集中，进一步优化产权结构。按照现代企业制度的要求，抓好新一轮企业改制和规范工作，建立健全法人治理结构和经营机制，推行职业经理人制度，提高企业的科学管理和决策水平。鼓励企业打破地区、行业、所有制界限，采取兼并、联合、重组等多种形式壮大企业规模。

加快技术创新步伐。要坚持引进先进技术与增强自主创新能力相结合，提高技术水平与提高管理水平相结合，全面提高企业核心竞争力。鼓励有条件的企业建设技术中心和研发机构，构建以企业为核心、产学研有机结合的技术创新体系。要用高新技术和先进适用技术改造传统产业，更新落后的工艺和装备，大力开发和推广节能降耗新技术，提高资源、能源利用率和原材料转化率。“十一五”期间，全区工业单位增加值综合能耗年均降低5%。对符合产业导向，采用新技术、新能源、新材料的技改项目，给予贷款贴息等政策扶持，努力培育新的骨干企业。五年计划累计投入资金50亿元，完成技术改造项目600个。

继续实施名牌战略。积极支持企业争创国家驰名商标、市著名商标和国家、市级名牌产品。今后五年，每年抓5—10家科技示范企业，力争使名牌产品在原有基础上增加10个，累计达到29个。要注重产品质量，实行全面质量管理，保证产品质量的稳定提高。大力推行ISO—9000认证工作，使认证企业达到260家。

3、优化结构，加快推进农业现代化进程

进一步实施科技兴农战略。大力发展农业高新技术、农产品深加工技术、农业依标生产技术，发挥区、街镇两级科技组织的作用，提高农业科技园区的示范带动功能，增强龙头企业连接农户、推进标准化生产、开展科技创新的能力。加大新技术应用工作力度，通过胚胎移植、多元杂交、系统选育，不断提高畜禽、水产良种养殖比率和水平。到2010年，全区农业土地产出率超过4.5万元/公顷，农业机械化综合作业率达到90%以上，农业科技进步贡献率达到60%以上。

不断深化农业结构战略性调整，优化布局，发展特色农业。以市场为导向，建成4.5万亩的无公害蔬菜基地、2万亩的优质果品基地、5000亩的花卉种植和养管基地、6万亩的无公害淡水养殖基地，禽类养殖规模达到1300万只以上，发展6万亩的高效经济作物和8000亩的优质牧草种植。不断优化品种结构，实现主导产品优质化。

加快农业产业化建设步伐。继续加强产业化龙头企业建设，到2010年全区资产在千万元以上规模的企业达到20家以上，进入产业化体系的农户达到75%。紧紧围绕特色优势农产品，以完善管理制度、扩大经营规模、培育名牌产品为重点，建立龙头企业与农户相连接的激励约束机制，大力扶持发展农民专业合作经济组织，努力提高农民参与市场竞争的能力。拓宽开放式农业发展空间，借助外力促进农产品加工企业的发展。到2010年农业合资、合作企业和开发项目要突破30个。

4、调整经营业态，大力发展现代服务业

要充分利用杨柳青镇被评为中国魅力文化传承名镇的强大辐射和影响作用，立足产业基础，发挥比较优势，提升经营业态，加快构筑高增值、多层次、广就业、强带动的现代服务业体系。到2010年，全区服务业的发展目标是，总量实现倍增、布局相对集中、结构明显优化、功能大幅提升。

积极发展旅游产业。按照“近代中国看天津”、“民俗文化看西青”的旅游定位，充分挖掘文化底蕴和人文资源，大力发展民俗文化旅游，全面推进具有西青特色的旅游区建设。逐步形成以杨柳青为主的民俗风情游、以中北和杨柳青为主的观光娱乐游、以辛口为主的自然生态游、以鸭淀水库综合开发为载体的休闲度假游、以霍元甲为品牌的精武文化游等并重的旅游发展态势。要打响杨柳青品牌，充分挖掘其文化底蕴和人文资源，把保存较好、有历史和艺术价值的七个清代四合院进行复原修缮，形成北方独具特色的大院文化，同时抓紧元宝岛数码影像世界、文昌阁公园、现代游乐园等项目建设，吸引人流物流带动休闲娱乐、餐饮、住宿等行业，激发杨柳青向更高格调的新型都市发展。继续坚持多渠道吸引旅游开发资金，鼓励社会各类投资主体来我区开发旅游景区景点，努力壮大旅游总体经济规模，尽快完善“吃、住、行、游、购、娱”配套服务，吸引国内大型旅行社、旅游饭店进行跨地区连锁经营。积极通过各种媒体和旅游宣传活动扩大影响，加快旅游资源信息系统的开发和应用，策划一些具有轰动效应的大型旅游活动，巩固发展以津、京、冀为主的中近程市场，开辟华北其他地区、全国及国际客源市场，把西青区建设成为国家级、在国际上具有一定知名度的旅游区。

加快提升商贸服务业水平。在具备条件的中心城区，规划建设中央商务区，集中布局金融商务服务机构和中高档商场、大型知名连锁店，形成中心商贸圈和特色商业街区。依托区位条件和交通便利，与发展块状经济相结合，规划建设杨柳青商业中心、王顶堤综合市场、王兰庄津淄路商业集聚区、王稳庄钢材市场、大寺商贸服务中心、当城无公害蔬菜批发市场等六大商贸区。调整经营业态，逐步推广竞买制、仓单交易、购销代理等多种现代商品交易方式，努力提高市场管理和运营水平，全面提升商品贸易集散能力，实现规模化经营，形成强大的影响力和辐射力。全面实施“三进”工程。到2007年，基本形成区、街镇、村三级布局合理、设施达标、功能齐备的日用消费品和农业生产资料连锁经营服务网络，基本形成农业产业化龙头企业、农民专业经济合作组织、产地型农副产品批发市场等多种载体强力带动的农产品流通体系。

大力发展现代物流业。加快交通体系建设，强化各种运输方式的衔接、配套和功能分工，构建快速便捷、货畅其流的支撑体系。建立公共物流信息平台，促进物流信息资源共享和物流网络互通互联。推进现代物流基地建设，大力发展综合物流中心、专业物流中心和配送分拨中心，着力培育连接城乡、辐射全国的大型化、高档次的产品交易市场。整合区内物流资源，引进国内外知名现代物流企业，加快发展第三方物流，催生一批具有先进物流经营理念、掌握现代物流技术的本土大型现代物流企业集团。加大对现有物流企业的提升改造，重点加强物流市场的培育和物流体系的建设，利用地缘、交通和资源优势，按照现代物流模式打造规模、信息、管理、服务等各种优势，逐步解决粗放型运营方式，培育具有较强竞争力和辐射力的第三方物流企业，做大做强津西南物流园区，建成天津西部的内地“无水港”和货物分拨中心。

鼓励发展新兴服务业。依托杨柳青商务活动中心和城郊地带，以楼宇为载体，大力引进国内外著名中介服务机构来西青置业，引导发展法律、会计、审计、咨询、评估、广告、策划、调查、就业和劳务中介、经纪代理等服务业态。扩大对外合作，打造一批具有知名品牌的大型事务所或中介法人机构，提高全区商务服务的整体竞争能力。继续深入推进各类行业协会与政府部门脱钩，引导中介机构独立、依法、客观执业，按照公平、公开、公正的原则，规范中介服务市场秩序。要结合城镇化的快速推进，大力发展家政服务、物业管理、养老托幼、便民商业、医疗保健等与人民生活密切相关的社区服务业，增加就业岗位，要扶植和培育1–2家规模大、信誉好的家政公司或物业集团满足群众生活多层次需求。李七庄、南河等街镇要依托大学城建设，广泛开展高校后勤服务区建设，带动区域服务业快速发展。

5、加大扶持服务力度，积极发展个体私营经济

努力创造良好发展环境。坚持“放心、放胆、放手、放开、放宽、放活”的原则，认真贯彻《国务院关于鼓励支持和引导非公有制经济发展的若干意见》和市政府《关于鼓励个体私营经济和中小企业发展的意见》，鼓励个体私营经济做优做大做强，努力为我区个体私营经济发展创造良好的治安环境、市场环境和舆论环境。允许个体私营经济进入法律法规未禁止的行业和领域。鼓励民间资本参与公用事业和基础设施建设、兴办各项社会事业。依法保护个体私营企业的合法权益。

提高个体私营企业整体素质。引导私营企业打破"家族式"管理模式，从业主制、合伙制向有限责任公司、股份有限公司过渡，形成产权清晰、职责分明、运行协调、管理规范的法人治理结构和管理结构，努力实现决策和管理的科学化、制度化。要引导私营企业加强对外合作，通过合资合作、兼并参股等形式扩大规模，带动一批私营企业向集团化方向发展。鼓励个体私营企业从事加工制造业，大力发展信息、中介、社会化服务等现代服务业，加快私营企业科技创新，发展科技型私营企业。

积极探索融资渠道多元化。鼓励个体私营企业通过企业入股、社会筹集和政府支持等方式建立互助资金。政府积极创造条件，引进担保机构，为个私企业贷款提供规范的信用担保，引导私营企业利用产品的"品牌效应"，发展连锁经营，用无形资产吸纳民间资本，采取企业内部增股、扩股的方法，聚集资金，解决发展后劲不足问题。

充分发挥行业协会作用。鼓励自下而上地组建以行业自律为宗旨的行业协会，充分发挥其中介组织的作用。支持协会按照"自我管理、自我协调、自我约束、自我教育"的方针，制定行业发展规划和行业服务标准，组织行业内企业依法经营、依法自律和依法维权，认真履行行业职能，使其真正成为促进个私经济发展的桥梁和纽带。

力争到2010年，全区个体私营经济销售及营业收入年均增长15%，增加值年均增长18%。

（二）坚持自主创新，实施人才资源优先开发战略

自主创新是提升科技水平和经济竞争力的关键，也是调整产业结构，转变增长方式的中心环节。我区经济社会发展势头强劲，又是天津市制造业重要基地，具有自主创新的经济基础和技术基础，要把增强自主创新能力作为全区的大战略，努力提高原始创新、集成创新和引进消化吸收再创新的能力。

强化科技创新和科技成果转化，努力提高区域创新能力和竞争力。建立起与我区经济快速发展相适应的科技创新体系，创建国家级科技进步示范区，使我区科技综合实力进入全国先进地区行列。实施专利战略，建立鼓励知识产权的创造、保护和运用的机制，引导企业加强技术开发中心或产品研发机构建设，促进自主知识产权拥有量的提高，加强企业自主知识产权保护，增强企业自主开发能力和市场竞争力。"十一五"期间，全区年专利申请量争取达到700件以上，市高新技术企业达到30家以上，每年组织骨干企业承担市级以上科技计划项目不少于20项。强化科学普及，积极创建"全国科普示范区"，提高全民科技素质。组织利用各种科技教育资源，采用多种形式和手段，建立培训体系，把新成果、新技术推广到广大农民层面，形成科技创新的良好舆论氛围。

构建终身教育体系，全面提升教育水平。大力发展基础教育、职业教育、成人教育。加速国办幼儿园建设，搞好特殊教育，办好老年大学，到2010年，基本建成与我区产业结构和市场需求相适应的教育体系。进一步推进素质教育，优化教育资源配置，抓好农村中小学改造，建成第二所示范高中校、职成教育中心和天津师范大学第三附属小学。加强教师队伍建设，深化课程改革，2010年义务教育年巩固率达到99%，高中阶段入学率达到98%。进一步扩大教育的对外开放和交流。强化职业教育，结合我区开放型经济的发展形势，面向企业用工需求，加强职业教育基地建设，大力拓宽职业培训的领域，到2010年，城镇新增劳动力接受职业技能培训达到90%以上，中高级职称占全部技术工种的比例分别提高20%和10%，企业职工平均受教育年限达12年，新增劳动力达15年。继续推进"351"培训工程，加快农村剩余劳动力向非农产业转移，努力将农民转化为高素质的现代职业劳动者。

营造良好环境，引进、培养和用好人才。根据工作业绩，重奖有突出贡献的各类人才，最大限度地调动他们的积极性。深化干部人事制度改革，建立公平竞争、优胜劣汰的用人机制，推动人才脱颖而出，形成人尽其才、才尽其用的社会氛围。充分发挥人才发展专项资金作用，大力引进、培养急需人才。采取多种形式，积极吸引海内外优秀人才来我区定居、讲学、合作科研项目等，为他们创造良好的工作环境和生活条件。每年中引进高层次专业技术人才50名以上，吸纳大专院校本专科毕业生500名以上。建立并利用好博士后创新实践基地，实现人才与项目的对接，推进博士后科研成果转化。重视对人才的培养，注重同各类院校的合作，多渠道、多形式培养人才。抓紧对中青年科技人才的培养，造就一批学术、技术带头人和科技型实业家。不断完善服务机制，提高服务水平，为经济和社会发展提供有力的智力支持和人才保障。

（三）突出以人为本，提高社会和谐程度

提高人民生活水平。进一步增加农民收入，“十一五”期间，农民人均纯收入年均增长10%以上。加大对发展相对较慢地区的帮扶力度，改善弱势群体生产生活。高度关注失地农民，采取各种有效措施，确保农民失地不失利、不失业、不失居。在适度开发商品房的同时，根据需要建设经济适用房、经济租赁房和廉租房，改善居民居住条件。积极扩大就业和再就业，推行灵活的就业形式，鼓励从事多样化有报酬的劳动，全区登记失业率控制在3.5%以下。

完善社会保障体系。“十一五”期间，社会保险覆盖面进一步扩大。养老、医疗、失业、工伤、生育五个险种实行统一经办、统一基数、统一结算，使保险费用从征缴到支付结算更加方便于基层和群众，到2010年，参加养老保险和医疗保险的人数分别达到10万人左右，参加工伤保险人数达到20万人左右，失业保险征缴力争达到应保尽保。巩固新型农村合作医疗参合率，进一步扩大受益面。继续完善以最低生活保障、五保供养、灾民救助为基础，以特困救助、临时救济为补充，以医疗、教育、住房、取暖、就业、法律等专项救助为辅助，政府责任明确、城乡一体化、组织网络化、保障法制化，与经济社会发展水平相适应的新型社会救助体系。

推进各项社会事业发展。到2010年，逐步建立起比较完善的医疗服务体系、疾病防控体系、卫生执法监督和公共卫生事件应急处理体系，新建西青医院，改建疾病控制中心和妇幼保健所，迁建滨湖医院和中北医院。不断完善体育设施，大力实施全民健身计划纲要，继续提高竞技体育水平。坚持计划生育基本国策，提高出生人口素质，优化人口结构，控制出生人口性别比例，稳定低生育水平。重视妇女儿童工作，大力发展妇女儿童事业，确保妇女儿童发展规划的实现。关注人口老龄化趋势，发展老龄事业，积极建立养老机构及老年人活动中心。做好残疾人的康复工作，搞好残疾人教育和就业。认真做好人民来信来访工作，推进人民调解工作的组织建设和机制创新，逐步把化解人民内部矛盾工作纳入法治化轨道。建立和完善突发公共事件应急救援体系，全面提高应对各种突发公共事件和抵御风险的能力。深入开展“严打”整治斗争和社会治安综合治理工作，加强警防网、民防网、技防网建设，切实提高维护国家安全、驾驭社会治安局势、处置突发事件和为经济社会发展服务的能力，完善处置突发事件的快速反应机制，切实维护社会稳定。民族、宗教、人防、档案、文物保护等项事业，都要取得新成绩。

加强社区建设。适应城市化建设要求，按照“便于服务管理、便于开发社区资源、便于社区居民自治”的原则，科学合理地建立以地域性为特征，以认同感为纽带的新型社区。加强社区组织建设，建立具有现代城镇特征的社区组织机构和网络，培养和推选专职人员充实社区基层组织，设置相应专项经费，不断提高社区工作人员的管理水平，加大社区管理的载体建设，大力发展社区福利、卫生保健、文化体育、就业、法律、安全等服务，充分利用、合理配置社区资源，提高使用效益，大力推进社区服务社会化和产业化，满足广大群众不同层次的需求。

强化安全生产工作。深入贯彻落实《安全生产法》，坚持“安全第一、预防为主”的方针，落实安全生产责任制，强化企业安全生产主体责任，健全安全生产监管体制，促进安全生产与经济建设和社会进步统筹规划、协调发展，构建政府统一领导、部门依法监督、企业全面负责、群众监督参与、社会广泛支持的安全生产工作格局。加大投入力度，建立长效机制，完善生产安全、消防安全、交通安全等管理制度，形成权责明确、行为规范、保障有力的安全监管机制，不断创新安全生产监管方式和手段，提高安全生产管理水平。严格执行安全生产行政责任追究制度，建立安全生产控制指标体系，将指标控制在天津市下达的安全指标以内，逐级分解，把安全生产纳入政绩考核指标体系，层层落实责任，一级抓一级，对存在失职、渎职行为或对事故发生有责任的企业负责人、有关部门和人员依照法律法规追究责任。加大安全生产监督检查和行政执法力度，建立联合执法工作机制，大力开展安全生产专项整治活动，加强全区建设工地、工厂、学校、医院、市场以及水、电、气等城镇公共设施的监督检查，对安全隐患限期整改，整改不力的，坚决停产整顿，触犯刑律的依法惩处。严格落实安全生产许可证制度，根据国务院的要求，将安全生产纳入政府行政许可，新开办企业必须具备法律规定的安全生产条件，高危行业的企业必须依法办理安全生产许可证，对严重危及生产安全的工艺、设备坚决淘汰。落实新、改、扩建设项目安全防护设施“三同时”制度，严把安全审批关。加强职业病防治和职业危害治理工作。推进社区安全建设，充分发挥政府组织引导作用，把社区安全建设与社区精神文明建设结合起来，完善社区安全管理体系。健全气象、防震减灾体系，加强防震减灾设施建设，不断提高防灾减灾及避险能力，最大限度地减少灾害损失。强化对食品、药品、餐饮卫生、农资等市场的监管，保障人民群众健康安全。

（四）提高城市化水平，建设现代化西青新城区

继续按照“规划设计高标准、因地制宜有特色、科学布局配套建设、多元投资综合开发、管建结合提高水平”的原则，加快提升城市载体功能，建设现代化西青新城区。

加快基础设施建设，增强城区载体功能，抓好道路、管网体系的配套建设，完善生活服务设施。“十一五”期间，全面改造升级镇村公路，形成交通便利、四通八达的立体路网体系；新增自来水日供水量12.6万立方米，达到17.6万立方米，杨柳青水厂建设5万立方米／日净水系统，使我区居民自来水普及率达到100%，消除饮用高氟水状况；新建3座220KV、8座110KV、9座35KV变电站，用电负荷平均增长15%左右；新修污水管道53公里，解决大寺、南河污水处理问题，污水处理率达到80%；新增供热面积600万平方米，新建楼房集中供热率、供气率均达到100%，新增燃气用户6万户；新建5处公交车首末站，方便群众出行。搞好区内10条二级河道的清淤改造，对区属9座三类泵站和二类泵站进行更新改造，扩建、新建7座泵站，进一步增强全区的设施抗旱除涝能力。

加强环境保护工作。继续实施“蓝天”、“碧水”、“安静”、“生态”、“污染防治”、“细胞”等六大工程，深入开展整治违法排污企业保证群众健康环保专项行动，加大对污染企业的执法监督力度，凡是排放不达标的坚决停产整顿，对污染大、治理不力的坚决予以关闭。积极推行ISO—14000环境管理体系认证，提高企业的环境保护工作水平。继续落实环境影响评价制度和“三同时”制度，对有污染的项目实行环保一票否决，严把项目审批关，从源头上遏制新污染源的产生。努力建设全国生态示范区，为广大群众创造良好的生产生活和居住环境。

进一步提高环境质量。加强环境卫生基础设施建设，建设渣土堆放场和粪便处理场。到2010年，镇区生活垃圾无害化处理率达到95%以上，粪便无害化处理率达到80%，居民小区生活垃圾袋装率达到90%。实施灯光夜景工程，建设道路、沿河景观带和公园绿地，进一步美化城市环境，2010年杨柳青镇绿化覆盖率达到45%，人均公共绿地达到9.8平方米。结合农村城市化建设和环境治理工程，加速农田林网、护路林网、护岸林网的建设，形成林业与经济开发、城镇建设兼容的大林业格局，2010年全区林木覆盖率要达到17%以上。五年中，建设示范型文明生态村85个，标准型文明生态村27个，杨柳青、中北、大寺、张家窝要达到全国卫生镇标准，创建一批国家级卫生村，争创全国卫生区。

进一步创新城市管理思路。加强城市运行重点环节的管理，显著提高城市运行效率。认真实施并不断完善全区控制性详规，进一步强化监督管理，建立健全城市规划监督检查制度。规范城市交通管理，健全交通指挥调度系统。积极推进综合执法，加强城管监察队伍建设。继续深化城市管理体制改革，重点理顺区、街镇两级在城市管理中的职能划分，推动管理重心下移，不断提高街镇级的管理水平，形成“统一领导、各司其职、规范管理、强化基层”的城市管理格局。

（五）发展先进文化，促进社会主义精神文明建设

加强思想道德建设。坚持唱响主旋律、打好主动仗，科学生动地进行邓小平理论和“三个代表”重要思想的宣传教育，提高人民群众的思想道德素质。坚持不懈地进行党的基本理论和基本路线教育，巩固和加强马克思主义的指导地位。弘扬爱国主义、集体主义、社会主义精神，提倡勤俭节约、艰苦奋斗的创业精神。引导广大干部群众树立正确的世界观、人生观和价值观。大力倡导社会公德、职业道德和家庭美德。特别要加强未成年人的思想道德教育，建设好一批青少年活动场所，为青少年的健康成长创造良好社会环境。

繁荣文化事业。以深化文化体制改革为动力，充分发挥区文化资源和市场机制作用，积极发展公益性文化，提高全社会文化生活质量。加强文化艺术创作，坚持“百花齐放，百家争鸣”的方针，培养引进文化专业人才，加强文化队伍建设，努力提高精神产品的质量，在文学、艺术等领域，创作和生产出更多的融思想性、艺术性和欣赏性为一体的艺术精品。提高群众性文化活动水平，推动群众艺术创作和群众文化活动不断向高层次发展。继续开展社区文化、企业文化、校园文化、家庭文化，不断丰富人民群众的精神文化生活，努力打造几个在全市乃至全国叫得响的文化品牌。大力开发文化资源，加快发展新闻出版、广播电视等事业。加强文化设施建设，重点建设区文化中心和杨柳青年画博物馆。积极培育和规范文化市场。

（六）推进依法行政，加快政府职能转变

加强社会主义民主政治建设。坚持政府向人大及其常委会报告工作、向政协通报情况的制度，调动各方面参政议政的积极性。巩固和发展广泛的爱国统一战线，依法做好民族、宗教、侨务和对台工作。完善政务公开、村务公开、厂务公开，进一步扩大基层民主，保证广大人民群众参与民主管理、民主决策、民主监督的权利。

全面推进依法行政。高质量实施“五五”普法规划，提高全体公民特别是各级领导干部的法制观念。积极推进政府工作法治化，从严治政，依法行政。加快完善执法责任制、评议考核制，提高行政执法水平，健全行使权力的制约机制，加强对权力运行的监督。加强行政执法队伍建设，不断提高行政执法人员整体素质。

进一步推行政企分开，把政府职能切实转化到“经济调节、市场监管、公共服务、社会管理”上来，建立“政府策划、市场运作、企业经营、行业自律”的新型政企关系。继续落实和完善优质高效的一站式服务制度，全面落实行政许可法，努力创造亲商、富商、兴商的良好氛围。积极营造稳定、透明的政策和法律环境，诚信、公平的市场环境，廉洁高效的管理环境，成本低、回报高的运营环境，安心、舒心的社会环境。

加强对公务员队伍的综合管理，认真规范办事规则，提高办事效率，改进服务质量，建立勤政廉洁、办事高效、运转协调、行为规范的行政管理体系，努力建设实干型、通畅型、法治型、廉洁型、服务型政府。切实加强政府机构的服务功能，为社会提供基本的公共产品和信息服务，树立良好社会形象。

（七）强化信息技术应用，提升信息化水平

“十一五”期间，要把推进经济、社会信息化放在优先发展位置，大力推动信息技术在经济社会各领域的应用，建立信息服务体系，向“数字西青”的目标迈进。到2010年，互联网宽带接入用户达到35000户，全区机关事业单位实现网络化办公。

加强信息基础设施建设。加速推进高速宽带多媒体信息区域网络建设，建设西青区信息公用平台，大力整合政务、工业、农业和社会公益服务的信息资源，建设公用信息资源库，提供办公、娱乐、教育、医疗等交互式信息服务，资源共享。

推动电子政务，建设电子政务专网、机关局域网和政府办公内网，应用党政 OA 系统，积极推进办公自动化，实现无纸化办公，提高整体工作效率；加强“西青政务网”建设，进一步推动网上政务公开和网上办公，为社会提供法规、管理咨询和申报、登记、审批等服务，加大网上政务公开和网上办公力度，在网上开展行政审批业务，建立起开放式、交互式、一表式、一网式的对外服务与管理的网上办公系统，提升为公众服务水平。用现代信息技术装备企业，以信息化带动工业化，有针对性地在骨干企业中推动实施 ERP、OA、CIMS 的应用，提高传统企业现代化管理水平和生产自动化程度，促进技术创新，加快产品更新换代，提高企业核心竞争力。推进农业信息化建设，注重人才培养、网络建设和信息服务，促进农民利用现代化手段从传统农业向订单农业迈进，从粗放式农业向集约型农业转变。推动电子商务，引导企业网上营销，提高市场竞争力。开发为公众服务的公益信息资源，包括社会公众普遍关心的衣食住行等多种信息服务体系，建立就失业、退休、医疗保险等方面信息资源库，推出智能化小区，实行全方位自动化管理，包括物业管理监控、水电气智能收费、可视电话、视频 VOD 点播、远程教育、远程家庭办公等。

（八）科学利用资源，建设节约型社会

坚持资源开发与节约并重，把节约放在首位的方针，紧紧围绕实现经济增长方式的根本性转变，以提高资源利用效率为核心，以节能、节水、节材、节地、资源综合利用和发展循环经济为重点，加快结构调整，推进技术进步，加强法制建设，完善政策措施，强化节约意识，尽快建立健全促进节约型社会建设的体制和机制，逐步形成节约型的增长方式和消费模式，以资源的高效和循环利用，促进经济社会可持续发展。

大力推进能源节约，抓好重点耗能行业和企业节能，推进交通运输和农业机械节能，推动新建住宅和公共建筑节能，引导商业和民用节能，开发利用可再生能源，强化电力需求管理，加快节能技术服务体系建设。深入开展节约用水，推动节水型社会建设，推进城市节水、农业节水和节水技术改造，加强地下水资源管理。积极推进原材料节约，加强重点行业原材料消耗管理，大力研究和开发利用太阳能、地热能、生物能等“绿色能源”，减少污染型能源的消耗量。认真贯彻“十分珍惜和合理利用每寸土地，切实保护耕地”的基本国策，严格实行土地用途管制制度和基本农田保护制度，提高土地资源市场配置水平和集约利用程度，确保耕地总量动态平衡。

积极发展循环经济，推行节约型增长方式，着力构建节约型产业结构。在工业系统内建立原料和产品之间的相互关联，鼓励企业循环式生产，全面推广清洁生产技术，逐步形成重效益、节时、节能、节约原材料的工业体系。积极发展低资源消耗的服务业和高新技术产业。注重再生资源回收利用，进而推动经济增长模式从以资源依赖和投资驱动为主向以“减量化、再利用、再循环”为主的循环经济模式的转变，坚持经济增长的速度与结构、质量、效益相统一，坚持经济社会发展与环境保护、生态建设相统一。

在全区树立节约意识、建设节约文化，通过深入普遍的宣传教育，使广大群众了解我国资源现状和供求矛盾的严峻形势，认清节约资源对国家、对民族、对经济社会发展的重大意义，发扬艰苦奋斗的优良传统和作风，树立节约光荣、浪费可耻的观念，倡导艰苦创业、厉行节约、善用资源，反对比排场、摆阔气、挥霍浪费的行为。广泛开展节约型机关创建活动，形成崇尚节约的良好风气。

全面实现我区“十一五”国民经济和社会发展的战略任务目标，为提前实现现代化奠定坚实基础，具有十分重要的意义。只要我们在市委、市政府和区委的正确领导下，带领全区人民积极投身于社会主义现代化建设的伟大事业，同心同德，锐意进取，就一定能够圆满完成确定的各项任务目标，创造出更加辉煌的成绩！

附表

西青区"十一五"期间社会发展目标列表

社会发展目标		2010年目标
1	城镇基础设施建设投资（亿元）	41
2	城市化率（%）	70
3	城区绿化率（%）	45
4	失业率（%）	3.5
5	农村路网密度（公里/百平方公里）	56.83
6	新型农村合作医疗农民参合率（%）	90
7	科技进步贡献率（%）	66
8	年均人口增长率（‰）	3.4
9	社区文体设施覆盖率（%）	80
10	城区垃圾无害化处理率（%）	95

二、文　存

（一）杨柳青南三十六村画业史略

驰名中外的杨柳青年画起源于元朝末年。明代年画从单一色调的木版印刷发展为套色印刷，直至印版和手工敷粉、着色相结合，使年画五颜六色，题材丰富多彩。清中期远销西北、东北，沿大清河、子牙河、南运河、北运河、永定河和蓟运河销往各地，并很快打入北京市场，年画业达到鼎盛。

年画业给南部村庄带来勃勃生机。清道光年间，年画作坊、画店和从事年画加工的画工如雨后春笋，集中出现在南36村，其中最著名的是炒米店村。

炒米店村制作年画于清道光年间，到光绪年间呈现繁盛景象。年画裱糊、加工业成为家家户户的经济支柱。从事年画购销业务的画店纷纷成立，全村140多户人家年画店就有近百家，其中德盛祥、德义样、大吉祥画店经理原籍都是河北省武强人，被称为"武强帮"。义盛发、义顺发、永和德、增兴、成庆永、万泰长、永和号、恒元盛、新记、盛恒、德盛恒、万顺恒等画店经理都是东丰台人，人称"丰台帮"。

炒米店本村人开设的画店，一般规模不大，著名的有祥和顺、宝和顺、和平题、万兴隆等。为了扩大经营范围，炒米店村民纷纷在天津市里开设画店，对画业发展起了很大作用。在众多的画店中，资金最雄厚、雇工最多、经营范围最广的是德盛祥画店。长年经营购销业务，有十多人专门负责送货，几乎每天都有货物送交到杨柳青和天津市办理邮递业务。画店里修建有岗楼，设专人昼夜站岗，保卫画店财产和人身安全。这近百家画店的货源，主要来自炒米店附近各村的画作坊和各家各户从事画业的画工之手。有稳定的货源，建立起与东北、西北、北京、天津及全国各地年画客商的供销业务网。每年中秋节一过直到年关，登门购画者络绎不绝，交售年画的人川流不息。炒米店村成为名副其实的年画集散地。 炒米店年画，做工精细，很多能工巧匠，画出不少精美作品。年画质量好，色调鲜艳，立体感强，深受消费者喜爱。

除炒米店外，有画店的村还有周李庄和南赵庄。周李庄村有华兴隆、福兴隆两个画店，都在清朝光绪年间开业，人称其为周李庄年画业的两条龙。华兴隆画店在炒米店开业，画版较全，题材有大缸鱼、小缸鱼、三才、贡笺等多种。福兴隆画店，清朝光绪年间在山东省潍县灵通街开业，年画多为三才、贡笺等。每年中秋节至年关在山东潍县经营零售和批发业务，买卖兴隆。每年腊月，福兴隆画店派人到天津市西关街万顺容店经营批发和零售业务。

义成永为南赵庄画作坊。清朝光绪年间由杨氏兄弟合伙经营。其规模大、产品精，驰名全国。这一时期，北京城各大门楼贴的巨幅门神多是义成永画作坊加工制作。画纸拼合的，画版亦为拼合，制作费时费力，价钱昂贵。民国初年，杨氏兄弟各立门户，其中一支在北京打磨厂东口开设杨正记画店，销售杨柳青年画和从上海贩来的“洋画”，吸引东北、热河及全国各地画商，买卖兴隆。

薛庄子曾是年画较昌盛的一个村。各家各户都以加工年画为生，村民从炒米店领来画坯子，经敷粉、着色完成各道工序后，再把产品交售给炒米店。

邻薛庄子的董庄子村，画业发展以裱糊业为主，主要给市德裕宫画店裱活。

和董庄子相似，张家窝村也以裱糊年画出名，当时全村300多户人家就有100多户从事年画裱糊。多为炒米店和天津市德裕宫画店干加工活。

南36村中，不少村民经营售卖年画业务，天津市区多处有南36 村人销售年画摊点。张家窝村民久占宫北大街（即今文化街），每值农历十一月，张家窝印画布满天津大街。摆摊设点者为占据摊点一席之地，常用红纸写“年年在此” 四个字，贴在自己摊位的墙面上，以示别人不能占用。

康庄子、房庄子、东流城三村毗邻，年画各有特色。有的擅绘制字画，题材有八仙对和馗星两种，独具风范；有的擅长画老人画、兰、草、竹、梅和美人，做工精细。

房庄子村画美人、佛像堪称一绝。

东流城村画师画艺超群，出样、刻板样、印刷、敷粉、着色形成流水作业。缸鱼、娃娃等年画精细美观，画业兴隆。

古佛寺、宫庄子、阎庄子、小甸子4个村给炒米店画店加工作画的遍布全村，有不少能工巧匠。

小甸子村是家家都有画版、人人干加工的村子，画业兴盛一时。

阎庄子村画师以画神、鬼、佛像出名，所画的佛像与众不同，都是独具风格的特殊佛像。产品通过炒米店永和号、德盛祥、万寿长画店畅销密云县。

宫庄子村以画 “过新年、阖家欢乐、庄稼忙、三侠五义、薛仁贵征东、龙生虎奶” 等题材的年画著名。

大沙窝村，当年画业曾兴旺一时。画师多自画自裱，产品交售炒米店画店。

除上述各村外，还有一些画工零星分布于各村。

（本文作者张茂之。节选于西青区政协文史资料研究委员会编著的《西青文史》第五册）

（二）《当城砦考》节选

注：本文来自于西青区政协文史委员会编著的《西青文史》。作者高若敏，西青区当城村人。

当城砦建于北宋时期，为北宋设在北部边境的军事住所。当城砦是北宋时期北方300多个城砦中，天津地区唯一一处保留着宋砦堆积文化土层的遗址。2013年2月，天津市人民政府第一号文件将西青区当城村确定为宋元古村址。

当城砦建置较早，相关军砦史实需要详细全面加以考证甄辨。本志因该文为研究当城村较为系统和完整性文献，故节选部分内容收录入志。

宋砦堆积文化土层遗址的考证专著《当城砦考》

古地史

西青区上辛口乡（后改为辛口镇）当城村，位于津西子牙河畔，距津城20千米，西距霸州市界4千米，东距静海县界3千米。

当城位于白洋淀的东边，故当城河西称东淀。当城人在此生活历史悠久，有2700余年。第一期为春秋战国和两汉的红土岗时期，第二期南北朝隋唐五代的古当城遗址时期，第三期北宋当城砦老村基时期。五代之前称古当城，北宋时期称当城砦，元朝以后称当城村，民国时期曾称过当城镇。

隋唐五代时期，古当城隶属东平舒县。后隶属或平舒（今大城）、或章武（今青县）、或永安、乾符、鲁城等（均今青县地）。宋代，隶属乾宁县。金元时期隶属靖海县。明代靖海县改为静海县，当城于明清至中华人民共和国成立一直为静海管辖。1960年归属南开区，后归西郊区（今西青区）。

古代军事要地

五代时期，当城成为抵抗辽的前线，军事战略位置更加凸显。

北宋时期，朝廷在古当城所建临时军事驻地。宋雍熙四年（987），增筑河北城堡，防辽兵攻扰。古《静海县志》载：当城方兴纪要，北河可涉，宜有城守，以备北边。诏筑城，其地谓之当城。始建当城营，而当城之规模为六之首，位置居六砦之中心。

当城砦分主砦城和砦边疆域，主砦城即现在的老村基四边城，边疆城是指河西沿河边的土长城。主砦城城基占地面积约有20万平方米，中间最高处（今量）相对高度有10.7米，四周相对较低，北边高、南边低。中间最高处建有砦监指挥所，其位置是近代和解放前后的村公所、乡公所所在处，主砦城四周建有土城墙，其势呈方形，城墙高于主砦城城基。城墙外有护城河，至20世纪50年代，当城村四周仍有十余条水坑环绕，水坑形状有长形、圆形，村角处呈直角形，十余条水坑为北宋亡后，推城埋河，将护城河分割成各段，实为护城河的遗迹。主砦城设城门五处，为西门、南东门、北门。五门中唯南门特殊，进门后坡度不大，与今南街位置基本在一个平面上，呈丁字形，但南门进门的南北通道两侧，为高高的带土台基，使得该南门通道相当于沟。既可以为雨季集中城内雨水泄入护城河，又可以方便通行。作为军事要塞，此南门为弱势，但当城砦南方为宋之后方，弱势一面靠近自己的后方，军队进出和关键时撤退方便。其他四门则进门就登高台阶，便于防守。监指挥所置于现在当街中间的北侧，靠近当城北门，因为北门是防守的重点。主城中间地带，即现在的当街和南街之间，为砦军官兵家属居住区，家属区外围为军事活动区。

砦边疆域称当城砦土长城，以当城砦为中心，砦边疆城分别向南北两个方向，在北河（今称子牙河）西河沿，砦边疆城向南至独流北砦土城相接，两砦的分界为今独流减河。砦边疆域向北至原黄家房子，黄家房子以远则是洁水面地区。当城砦边疆城全长约九华里。当城砦土长城在20世纪60年代，仍有遗迹存留，如当城西河过渡口向北至黄家房子，延河西沿边有一条长长的两侧平缓的土丘带，黄家房子就建在这个土丘带的最北边。西河边渡口向南，在20世纪50年代初期，还有当城十几户人家的房子，建在高高的长条形土丘岗上，这一段土丘相当高。再向南仍是两侧平缓的土丘带，然后，又与今水高庄村50年代初的长条形村庄土高岗相连接，这个村庄也建在高丘上。上述两段平缓的土丘带与黄家房子、当城部分人家、水高庄村高高的房基土丘岗带连成一条线，这就是北宋当城砦土长城的遗址，是北宋防辽的砦边疆域。从土丘两侧平缓的坡度占土量推测，当时的土长城高度也应有近三丈，宽度也应有两丈。据宋城特点，土城上应有垛口，垛口上有望孔。特别是宋朝时期对砦城规定，砦城外挖田字沟，所挖田字沟像围棋盘一样，当城城外“田字沟，沟中有水”，辽骑兵难以行进。清光绪年间，因西河改道，将当城砦西城墙与当城砦隔离。

当城砦兵源为地方兵，府兵、禁军和厢军。北宋时期募灾民为兵，迁往守地，这就是当城营的砦兵来源，实行三时务农、一时教战。当城营带兵和后来所称的乡兵（或土兵）守当城砦140年（987—1127）。此期间，当城住民户户代代出兵。当城砦军各级首领为世袭。行政归乾宁县管辖，乾宁县隶属范宁军节制。当城砦兵军需给养，通过三时务农自给一部分，其余由附近村庄的税赋补充一部分，当城砦军户免税赋。

当城建筑工程量浩大，远大于其他五带，城墙为堆土而成，面积20万平方米，最高处高于地面10余米，并有四周土城墙护城河，还有土长城（重要地方用青砖）。当城砦城应是为依旧基而建，宋雍熙四年，或有过基本工程，砦城建至能防敌作用的程度。以后不断扩建、维修等。宋时，经常采取征某砦周边数县民工数万，参加河北东路、河南北部、陕西北部工程，当城砦也不例外。

当城厢兵军需主要是兵器和吃、穿，兵器主要是矛、刀、弓箭弩，由朝廷统一配发，或乾宁军将替换下来的兵器，再修造利用。而吃、穿供应当城营兵不能自给自足。多由无参战能力之丁员的家庭，在各砦周围另建村落开荒种地交粮纳税，以补兵军需之不足。当城河西地名现仍有马场、放牛台、牛圈子等，应是古时留下来的地名。

1215年金灭辽，金军从河北西路大举南侵，当城成为金之后方。北宋亡，当城成金领地。蒙古灭金，当城成为元朝后方，当城砦失去军事要地意义，当城砦所筑之军事设施遭破坏。当城砦城和砦边疆城遂成为古军事村落遗址。

古　迹

当城砦　民国三十四年《静海县志》将当城砦编入古迹中。时当城营城和河西边疆城还很明显。县志记载有当城西河的渡口10万平方米的当城村村基，砦基下层或有更古老的文化层。砦城墙、河西土长城（20世纪50年代有的地段还有两丈高城基）仍有遗迹可寻，如主村基街道、胡同走向，城门位置，残存的村周边水坑，似为护城河旧址。

将军钟　钟置于青砖所建钟亭之内，钟亭位于菩萨庙院内东南角处。将军钟为铁铸，高1.8米，头部戴宋军将军头盔，浓眉大眼、高鼻梁、厚脖，神色威严，钟身铸成铠甲衣状，铠甲衣的方格中，有几十名叶姓和少数尚姓资助者的姓名。钟底角呈外翻，落地后为八脚八洞，有助声响之作用。此钟为北宋实用之钟，如有军情，鸣钟为号，乾宁军所辖之队即可前来参战。后钟弃用，被后人建亭置入其中。该钟与亭在1958年时被毁。

村中古迹另有地藏王落萨庙、关帝庙、奶奶庙、东影壁、高氏家祠和商户“春和祥”“春立德”等。

本文作者：高若敏

附

当城村遗址调查勘探报告

受天津市西青区文化广播电视局的委托，洛阳古韵钻探有限公司对当城村遗址进行考古调查勘探工作，勘探情况如下。

一、相对位置

当城村遗址位于西青区辛口镇当城村内西部，子牙河东岸，省道110的西侧。

二、地形地貌

形为一处相对较高的台地，现当城村庄。

三、工作方法

按《田野考古操作规程》和当地文物部门的要求，结合当地的实际情况，采取以台地最高处为中心的“十”字布孔法，向四周勘探，孔距根据地形条件一般采取20~30米之间，根据地层决定深度，从整体上把握该地的地层堆积和文化堆积层的范围与厚度，以及包含物等。

四、地层堆积

大致可分为六层。

第一层：地表层，厚1.2~2.5米，土质相对较硬，含现、近代遗物及大量的建筑垃圾。

第二层：深1.2~2.5米，厚0~2.3米，褐色淤积土层，土质相对较松，未发现包含物。

第三层：深2.5~3.4米，厚0~2.8米，文化堆积层。开口于地层的一层和二层下，测绘地图海拔4米台地的周围，南北约330米，东西约370米（西至子牙河）。呈灰褐色，局部黑褐色，土质相对较松，含碎青花瓷片、酱釉瓷、草木灰、鱼麦粒、红烧土粒、碎砖瓦等，个别探孔发现有踩踏层，厚10厘米左右，质量相对较好，初步推测可能为道路类遗址。因村内建筑等，遗迹单位未能详细勘探。根据遗迹遗物，初步推断为明、清时期。

第四层：深2.5—3.5米，厚0~2.0米，褐色淤积土夹大量红褐色土块、粒，土质相对较硬，未发现包含物。

第五层：文化堆积层，深4.2~6.0米，厚0~1.7 米。南北250米，东西240米，测绘地图海拔4米台地范围内，5米台地的周围，呈黑色，局部黑褐色和灰褐色，土质相对较硬，大部分为水腐质土，含相对较多的腐朽植物相对较少的碎砖瓦、烧土粒、草木灰等，个别探孔发现有踩踏层，厚10厘米左右，质量相对较好，初步推断为道路类遗址，发现有大块砖未能探穿，疑为建筑类遗址，因村内建筑等条件，遗迹单位未能详细勘探，根据遗迹遗物，初步推断为宋、元时期。

第六层：深4.5~65米黄褐色淤积土层，土质相对较松，未发现包含物，厚度因见水等条件未能探至生土层，厚度不详。

五、总结建议

此次勘探结果为初步勘探，只能了解到当城村古代遗址的初步情况，详细情况还需做进一步的勘探工作，建议此结果作为参考。

洛阳古韵钻探有限公司

上志勘误

页数	行数	误	正
4	9	左的错误路线与政策	“左”的错误路线与政策
68	倒9	津兰染化厂	津兰化工厂
95	倒10	张家窝乡辖5保	张家窝乡辖6保
115	倒13	拥有可耕地7970	拥有可耕地7970亩
153	倒14	非农业……占总土地面积的38.23%	占总土地面积的39.54%
194	4	小年庄旧址	小年庄
210	6	多为冬、黑、蓝、夏、白、灰	多为冬黑、蓝，夏白、灰
213	倒9	谓楮前纸 楮前纸的折叠节数	楮钱纸 楮钱纸的折叠节数
235	11、14、15	响	晌
246	倒14	张景辉	张景慧
278	4	交念曾	焦念曾
380	12	朱占熬	朱占敖
437	12	水货	水质
511	10	村南防公路	村南国防公路
532	表13—13	笔竹	毛竹
603	7	四镇内	杨柳青镇内
604	1	8.095亿万元	8.095亿元
609	倒18	10400万亿元	10400万元
611	2	1284万亿元	1284万元
638	倒10	新台牲畜市场和五台机动车	武台牲畜市场和武台机动车
732	6	区城乡镇委员会	区城乡建设委员会
817	倒10	县有	具有
836	倒9	大仁庄	大任庄
897	10	东富	东寓
920	倒9	杨柳青	柳梢青
949	倒13	王洪逵	王鸿逵
1029	9	天津六经路	天津河北大经路
1043	倒13	度真真	度真人
1066	倒2	汉阳	濮阳
1080	倒15	库民	库车
1082	5	河南大名	河北大名
1103	倒10	温德树	温树德
1117	表14	孙汝良	孙儒良
1157	18	大寨	大营
1161	14	礼门	理门
1164	倒4	河北徐州	河北深州
1245	28	高任斋	高仁斋

索　引

图

表

照

人　名

地名　单位

道路、桥梁

火车站

文物

旅游景点

企业

工业园区

集贸市场　超市

物流

金融机构

学校、幼儿园

文体单位

医疗机构

文存

编纂始末

《西青区志（1979—2010）》编修始于2015年，编纂主要经历六个阶段：

一是区志编修准备和启动阶段（2015年10月至2016年12月）。

2015年10月29日，召开由125个承编单位参加的区志编写动员大会，《西青区志》第二轮编修工作在全区启动。成立由区长任主任，区委办公室主任、区人大常委会分管副主任、区政府分管副区长、区政协分管副主席任副主任，全区125个承编（协编）单位行政主要领导为成员的编修委员会。成立修志工作机构，组建700余人参与的编修队伍，开展资料搜集、撰写工作。2015年底至2016年9月，分三次对区志供稿人员就如何搜集资料、如何撰写初稿开展集中专业培训。2016年10月，组建区志编辑部，由1名主笔和6名责编组成。由区志责编对分管承编单位进行培训、指导。

二是资料征集和撰写初稿阶段（2017年1月至2017年12月）。

2017年，对各承编单位开展分系统培训，进行资料征集、编写指导，对重点部门确立个性化方案，有针对性地进行深入跟踪、指导。区志编写人员对承编单位分编承包，逐编落实资料征集。

三是制订分纂方案，组织区志分纂阶段（2018年1月至8月）。

编写、印制区志分纂大纲，确定分纂方案，对区志责编（分编编辑）就志稿的指导思想、结构优化、去部门化痕迹、组织安排资料、行文规范等开展系统培训。对篇目进行调整修改和完善。对已经完成的区志分纂稿进行审读、修改，并逐编列出修改建议，对未达标的分纂稿再次调整、修改。

四是组织蓝本撰写和区志复审阶段（2018年9月至2019年3月）。

重新组织人员，创新编写机制，借用社会专业力量，按照蓝本规范要求，重新调整区志篇目，突出西青特色和时代特色。编写中严格从目级写起，做到编下有章、章下有节、节下有目，对图表和照片进行合理分布，图文并茂。完成区志蓝本的撰写后，召开区志蓝本评审会，完成区志复审工作。

五是区志终审和出版阶段（2019年4月至2019年12月）。

复审会后，组织制定西青区志蓝本修改方案，再次开展区志资料补充征集。按照区志修改方案，按篇章逐一审核，反复讨论，对志稿进行调整、补充、修改、完善，形成

2019年3月28日，《西青区志（1989—2010）》志稿复审会会场

区志终审稿。

10月12日，召开区志终审会。终审会由市、区领导，方志专家及西青区档案局、馆领导和二轮区志主要编修工作人员参加，并就志稿中存在的主要问题提出修改意见。

终审会后，编修人员对终审稿修改意见进行汇总，对各类问题进行梳理，进行归纳后合理吸收。修改后定稿于2019年底交北京方志出版社审核出版。

《西青区志（1979—2010）》编写时间紧、任务重、标准高，志稿中肯定还存有很多不足，恳请各位领导、专家及广大读者批评、指正。

在区志编修过程中，得到区委、区政府领导的关心和支持，得到市志办领导、专家学者、兄弟区志办同仁的大力支持与帮助，在出版阶段得到北京方志出版社领导和区志责编的热心指导、帮助，在此一并表示衷心的感谢！

编者

2019年12月28日

ISBN 978-7-5144-4120-8

9 787514 441208 >

定价：598.00元